彭州市志

PENGZHOUSHI ZHI

1986-2005

彭州市地方志编纂委员会 编

方志出版社
Publishing House of Local Records

图书在版编目(CIP)数据

彭州市志：1986-2005/彭州市地方志编纂委员会编.--北京：方志出版社，2018.2
ISBN 978-7-5144-2985-5

Ⅰ.①彭… Ⅱ.①彭… Ⅲ.①彭州-地方志-1986-2005
Ⅳ.①K297.14

中国版本图书馆CIP数据核字(2018)第037854号

彭州市志(1986-2005)

编　　者：彭州市地方志编纂委员会
责任编辑：王俊

出 版 人：翼祥德
出 版 者：方志出版社
地址　北京市朝阳区潘家园东里9号(国家方志馆4层)
邮编　100021
网址　http://www.fzph.org
发　　行：方志出版社发行中心
电话(010) 67110500
经　　销：各地新华书店
印　　刷：四川川印印刷有限公司

开　　本：889×1194　　1/16
印　　张：52.5
字　　数：1596千字
版　　次：2018年2月第1版　　2018年2月第1次印刷
印　　数：0001~1500册

ISBN 978-7-5144-2985-5　　定价：650.00元

撤县设市

1993年12月29日，彭州市举行撤县设市庆祝活动

四川省人民政府

川府函〔1993〕754号

四川省人民政府关于
同意撤销彭县设立彭州市（县级）的批复

成都市并彭县人民政府：

成府发〔1993〕26号请示收悉，经省政府同意并报国务院批准，同意撤销彭县，设立彭州市（县级），由省直辖，以原彭县的行政区域为彭州市的行政区域。省政府委托成都市代管彭州市，原有的一切关系不变。

四川省人民政府（印）

一九九三年十二月一日

主题词：行政区划　批复

抄送：省委办公厅，省人大常委会办公厅，省政协办公厅，省法院，省检察院，成都军区，省军区，
各市、州、县人民政府，各地区行政公署，省政府各部门。

（共印550份）

四川省人民政府关于同意撤销彭县设立彭州市（县级）的批复

重要会议

1990年2月12日，中国共产党彭县第八次代表大会召开

1999年1月27日至30日，彭州市第十四届人民代表大会第三次会议召开

1999年1月26日至29日，政协第十届彭州市委员会第二次会议召开

2000年12月28日，市委召开“三个代表”重要思想学习教育活动暨骨干培训会

2004年，公推直选桂花镇党委书记

2004年，公开选拔市级部门部分领导干部

工业经济

2005年，成都市重大产业化项目——亚东水泥有限公司落户彭州

首期投资1.3亿元的华岐钢管有限公司于2003年5月18日竣工投产

四川台钻总厂

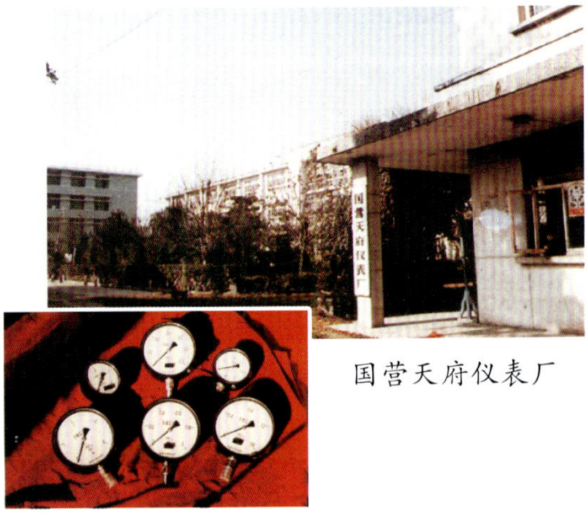

国营天府仪表厂

天星照明公司

联邦制药（成都）有限公司

第5719工厂

国营中和无线电厂

锦江油泵油咀厂

四川省彭州工业开发区

四川光大制药有限公司

农业经济

彭州大地菜

全国蔬菜种植10强县

彭州蔬菜批发市场

川芎种植基地

彭州蒜薹

国家地理保护产品——隆丰大蒜

厚朴

杜仲

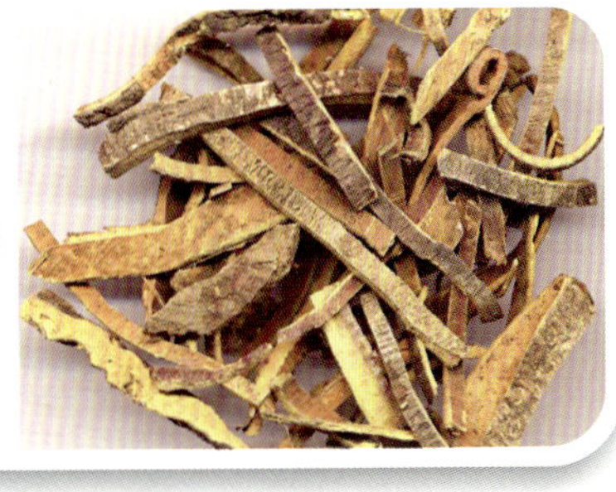

黄柏

猕猴桃种植基地

城市建设

彭县人民公园

彭县电视塔

彭县凯兴商场

彭县影剧院

牡丹新城

东大街

中心广场钟楼

南大街

西大街

北大街

2001年，新建成的彭州市中心广场

2002年，新建成的天泰商业街

2004年，行政中心大楼投入使用

2005年，泰和中心商城投入使用

彭州园

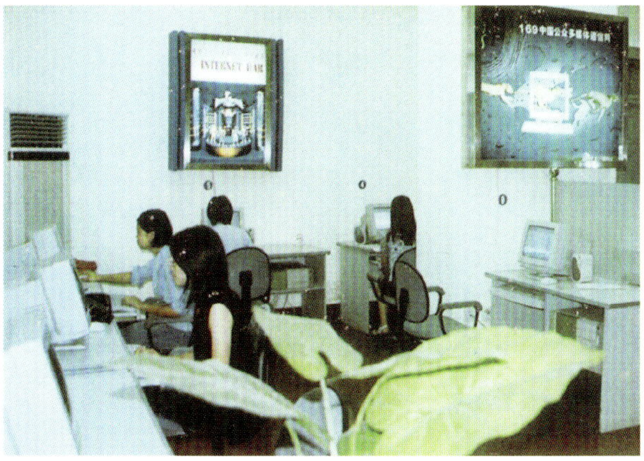

1998年，国际互联网彭州节点开通

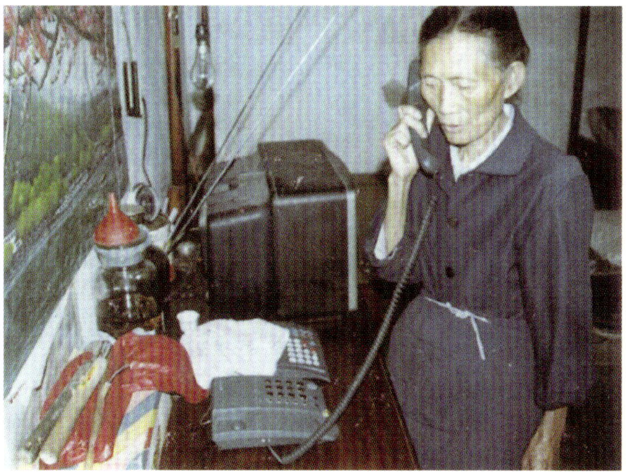

1998年，实现村村通电话

1999年，彭州市电信局程控交换机房投入使用

1999年，自来水厂二期工程投入使用

坑口火力发电厂

红石桥水电站

交通建设

2004年11月1日，成彭高速公路正式通车

2000年，彭州客运中心建成

2001年12月，成青路彭州绕城段（牡丹大道）建成通车

2004年，基本实现村村通水泥路

改建后的彭白公路

友好往来

1998年，彭州市与日本石狩市举行友好合作关系签字仪式

1986年7月4日，英籍华人、著名作家韩素音到彭县考察

1999年11月3日，彭州市与日本石狩市签署建立友好城市备忘录和友好合作宣言

2000年6月7日，美国堪萨斯州巴克雷大学教育代表团到彭州一中进行友好访问和交流活动

2001年，外国友人考察彭州“小火车”

教育事业

成都师范高等专科学校

彭州中学

彭州市第一中学

彭县职业中学校

彭州市延秀小学

彭州市实验小学

南街幼儿园

《彭州市志（1986—2005）》通过成都市终审验收

2016年6月8日，召开《彭州市志（1986—2005）》终审验收会议

《彭州市志（1986—2005）》终审评议会合影留念

《彭州市志（1986—2005）》编纂委员会

市公众信息服务中心	市市场监督管理局	市国税局
市地税局	市气象局	市邮政局
人行彭州支行	农行彭州支行	建行彭州支行
彭州供电公司	电信彭州分公司	移动彭州分公司
盐业彭州支公司	市自来水公司	人保财险彭州支公司
中国人寿彭州支公司	四川省都江堰人民渠第一管理处	

四川龙门山旅游发展有限公司

四川省有线广播电视网络股份有限公司彭州分公司

天彭镇	致和镇	濛阳镇	丽春镇	龙门山镇
小鱼洞镇	磁峰镇	通济镇	白鹿镇	新兴镇
丹景山镇	隆丰镇	桂花镇	红岩镇	葛仙山镇
敖平镇	军乐镇	三界镇	升平镇	九尺镇

《彭州市志（1986—2005）》总编室

总　　编　陈提超　徐　伟　蓝　瑾　易晓峰　陈　昱
　　　　　　袁熙玉　欧阳笑柳　刘兰考

执行总编　江忠俊

常务副总编　蒋　铭　文　李　曾　勇

副 总 编　廖光全　陈贵洪　高　华　王凤艳

编　　辑　袁玉泽　沈定方　胡应树　代祖丽　王　涯

《彭州市志（1986—2005）》编辑部

总　　纂　江忠俊

分　　纂　江忠俊　沈定方　胡应树　袁玉泽

成都市地方志审查验收委员会
《彭州市志（1986—2005）》终审验收组成员

苏碧群 成都市地方志审查验收委员会主任委员、原中共成都市委副书记

邹翰铭 成都市地方志审查验收委员会委员、原成都市政协副主席

鲜开值 成都市地方志审查验收委员会委员、原成都市市长助理

马村臣 成都市地方志审查验收委员会委员、原成都市经济体制改革委员会主任

曾祥麟 成都市地方志审查验收委员会委员、原《郫县志》主编

高志刚 成都市地方志办公室党组书记、主任

王家球 成都市地方志办公室党组成员、副主任

杨文华 成都市地方志办公室编纂处处长

黄小华 成都市地方志办公室编审处处长

序

古人云："事有古而后可以质于今。"编修地方志，在我国已有两千多年的历史。以翔实的史料，丰富的内容，简洁的文字，记述中华民族悠久的历史，留给了后世许多思考和启迪。

彭州处于"天府之国"的腹心之地，早在新石器时代就有古蜀族先民在此劳作生息，是古蜀国宜居置业之地和古蜀文明的发祥地之一。这里群山巍峨，气候温和，土地肥美，物产丰富，被誉为"天地会昌之国""英灵秀出之乡"。

新中国成立后，彭州人民在党和政府的领导下，齐心协力共建家园，取得了许多可歌可泣的辉煌成就。特别是在改革开放以后，彭州大地更是"东方风来满眼春"，全市人民抓住西部大开发的历史机遇，万众一心，团结拼搏，用勤劳和智慧，谱写出一幅幅美丽的画卷，沿着中国特色社会主义道路高歌猛进。至2005年末，彭州市实现地区生产总值77.32亿元，为1985年8.28亿元的9.34倍，各行各业跃上了一个又一个新的台阶，全市经济和社会事业实现了跨越式发展，城乡面貌焕然一新。

盛世修志是中华民族的优良传统。2006年，中共彭州市委、彭州市人民政府按照党中央和各级党委、政府续修地方志工作的安排部署，积极组织编修力量，开展《彭州市志（1986—2005）》编修工作。全体修志人员始终坚持以马克思列宁主义、毛泽东思想、邓小平理论、"三个代表"重要思想、科学发展观、习近平新时代中国特色社会主义思想为指导，以新方志编修操作要求为准则，在新编《彭县志》的基础上，广征博引，全面、客观、系统地记述1986—2005年全市的发展状况，全志共分25篇，共计96余万字，将各行各业真实地载入彭州发展史册，以资后世。

《彭州市志（1986—2005）》是继1989年新编《彭县志》后，彭州市人民在加强地方文化建设方面所取得的又一丰硕成果，可喜可贺。这部志书的问世，记录了彭州历史发展中令人振奋的一页，不仅是对过去20年全市人民解放思想、深化改革、开放搞活的真实写照，更是对勤劳淳朴、励志图新彭州精神的充分肯定。

修志乃经国之伟业，不朽之盛事。《彭州市志（1986—2005）》是全市各级党政领导、上级修志主管部门和兄弟市县修志同仁关心指导的结果，是全市各部门、各镇（街）修志人员共同努力，辛勤劳动的结晶，在此，谨向大家表示诚挚的谢意！

简言略语，是以为序。

中共彭州市委书记

彭州市人民政府市长

2018年2月23日

凡　例

一、《彭州市志（1986—2005）》坚持以马克思列宁主义、毛泽东思想、邓小平理论、“三个代表”重要思想、科学发展观、习近平新时代中国特色社会主义思想为指导，运用辩证唯物主义和历史唯物主义的立场、观点与方法，实事求是记述彭州市20年来经济、政治、自然环境和社会事业发展历史与现状，力求达到思想性、科学性和资料性的统一。

二、《彭州市志（1986—2005）》记事时限与《彭县志》下限1985年相衔接，始于1986年，终于2005年。对少数事物，为理清脉络，彰明因果，其断限适当上溯，一般不下延。

三、本志采用章节体结构体式，主体部分分为25篇。全志除概述、大事记、人物、艺文、附录不设章节外，一般分篇、章、节、目4个层次，必要时设子目，目与子目以汉字字号大小粗细相区别。

四、体裁包括述、记、志、传、图、表、录等，以志为主体，各种体裁综合运用，以述为主。除卷首图片外，根据需要酌加随文图片，以求增强阅读效果。

五、纪年按公元纪年为主，引用史实按帝号纪年，注以公元年份。

六、采用的数据以统计部门的为准；统计部门未掌握的，以主管部门的为准。

七、采用规范的语体文撰写，行文力求准确、简明、朴实、流畅。文字、标点、数字、计量、纪年、称谓、行文注释等，均按国家技术监督局《出版物上数字用法的规定》和《标点符号用法》执行。行文中凡涉及组织机构、会议、职务等名称时，首现时用全称，再现时均用简称。

八、1993年11月18日，经国务院批准，彭州撤县设市后，县、市称谓变更以1993年12月28日市政府挂牌行政为界，前称“县”，后称“市”。涉及记述挂牌前后事宜时，称“市（县）”。

九、本志人物篇分传记、简介、名录三部分。入传记者为本志限断前已逝世的为中国和彭州革命、建设事业做出重大贡献的彭州本、外籍人士；入简介者为在中国科技、教育界享有盛誉的在世的彭州籍人士和长期在彭州工作，为革命和建设事业做出贡献和牺牲的本、外籍人士；入名录者均是为中国革命和建设事业牺牲的彭州籍人士。

目 录

第三篇 中国共产党组织

第四篇　彭州市（县）人民代表大会

第五篇　彭州市（县）人民政府

第六篇　政协彭州市（县）委员会

第七篇　民主党派　社会团体

第八篇　政　法

第九篇　军　事

第十篇　城乡建设

第十一篇 经济总情

第十二篇 农业和农村经济

第十三篇　工业和建筑业

第十四篇 商业与对外经济合作

第十五篇　金融和保险业

第十六篇　经济管理

第十七篇 邮电 通信

第十八篇　交通运输

第十九篇　旅游业

第二十篇 文 化

第二十一篇 教 育

第二十二篇　科技　气象

第二十三篇　医疗卫生和体育

第二十四篇　人　物

第二十五篇　艺　文

附 录

概 述

1986—2005年，中国从计划经济到市场经济顺利转型，这20年，是中国改革开放最为关键的时段；这20年，也是彭州人民奋发图强、励精图治 不断深化经济体制改革的重要时段。20年间，全市（县）人民在市（县）委、市（县）政府的领导下，秉承先辈的勇敢、勤劳和智慧，团结一致，齐心协力，艰苦奋斗，致力于经济体制的转型工作，坚持以经济建设为中心，奋力推进农业开发、工业开发和旅游开发及市场开发；以教育为本，科技领先；创新改革，科学发展；加大投入，关注民生。推进彭州经济社会的发展，为建设彭州小康社会奠定了基础。

蜀中名区 膏腴金彭

彭州人文肇早，在新石器时代就有人类的活动，他们与汇入盆地的其他先民们创造了辉煌灿烂的古蜀文明。彭州市是古蜀文明的核心区域，在这里存留有成都平原上最大的古蜀青铜器群。战国时期，秦灭蜀国后的30年（公元前285年）开始在蜀推行封建制度，今彭州为蜀郡繁县，是最早所设县之一。秦以蜀国之富饶而灭楚，“楚亡则天下并也”。今彭州贡献大矣。历史进入汉朝，蜀守文翁兴学兴水利，在繁县“穿湔江口灌溉郫繁田千七百倾”的人工河道，至今犹存。彭州成为“沃野千里，天府之土”的核心地区，也是汉初蜀地封侯国（繁侯）的少数地区之一。三国时，蜀诸葛亮驻军屯垦，种桑养蚕之地，地名还在。

所以，至此以后，从肖梁置东益州，隋置濛州，唐置彭州，至明初废州设彭县，今彭州一直都是国家重要的行政区域。明降州为县后，市境政区基本稳定。1993年11月18日，经国务院批准撤县设市后，以原彭县行政区域为彭州市行政区域。辖区面积1421平方公里，总人口75.4万人。政区北与汶川县、茂县接壤，南隔蒲阳河、清白江与郫县、新都区相望，东邻什邡、广汉市，西连都江堰市。从秦繁县到唐彭州至彭州市，其治地几千年来都是在天彭镇。

彭州悠久的开发历史，优越的自然条件和地理位置的重要，使彭州成为历代政权重要的政治、军事、经济、文化区域，是其所倚重的“隔夷限蛮”的“屏障”和“郫繁膏腴”的“金彭”。

彭州市位于四川盆地西北部与青藏高原东部边缘相接地带，地处成都平原与龙门山脉的过渡地带，地质构造复杂，地形地貌多样，地势呈阶梯状分布。西北部的龙门山脉为天然屏障，海拔4000多米的红龙池、乾龙池是沱江三源之一的湔江发源地，东南部为沃野千里的成都平原，山、丘、坝俱全，可概括为“六山一水三分坝”。地跨东经103°40′～104°10′，北纬30°54′～31°26′，市境属四川盆地亚热带湿润气候区，年平均温度15.6℃，冬暖夏凉，无霜期长达277天，雨量充沛，年平均降水量865.3毫米，有利于植物的生长。因受地理、纬度等因素影响，境内自然资源丰富，蕴藏金、银、铜、铁等金属矿资源，丰富的铜矿资源造就了古蜀国独特的青铜文明，丰富而易于开采的蛇纹石和湔水碧玉成为古蜀国玉文化重要的源泉。生物资源复杂多样，植被呈立体分布，从阔叶林带逐步过渡到阔叶针叶混交林带，到针叶林带、高山灌木丛和高山草甸。林木资源丰富。其中不乏国家一、二级保护树种；药用、食用、观赏植物资源非常丰富。2005 年底，全市森林面积达 46.49 万亩，森林覆盖率为 48.2%。野生动物资源丰富，其中列入国家一、二级保护动物的有大熊猫、金丝猴等 32 种。还有彭州特有的鱼种“桃花斑”（学名成都鱲）和“沙网子”（学名彭州似鲭）。市境土地总面积 212.91 万亩，其中耕地 77.87 万亩。这些都是当代彭州进行经济建设和推进社会发展不可或缺的优势条件和必须的宝贵物质基础。

改革奋进　发展经济

1984 年中共十二届三中全会通过了《关于经济体制改革的决定》后，1985 年进入城市市场经济体制。1993 年十四届三中全会通过了《中共中央关于建立社会主义市场经济体制若干问题的决定》，进一步推动改革向纵深发展。经济体制的改革，促使管理体制的改革，以适应新的经济体制，而推动经济、社会的发展。彭州市（县）在 20 年间，遵照中央和省、成都市的精神，历经艰辛，初步建立起适应社会主义市场经济发展的体制。

彭州市（县）从 1986—2005 年经过“七五”“八五”“九五”“十五”计划时期。2005 年国内生产总值（GDP）达到 77.32 亿元，比 1985 年的 42710 万元增长 17.1 倍，平均每年递增 15.6%。人均 GDP 达到 10188 元，比 1985 年的 608 元增长 15.7 倍，平均每年递增 15.14%。第一、二、三产业结构比重，从 1985 年的 48∶33∶19 发展到 2005 年的 24.5∶41.6∶33.9，但第三产业低于成都市 49.8% 的平均水平，市域经济的城镇化水平还不高。

农业和农村经济　1986 年以后，彭州市按照“稳粮增收奔小康”的指导思想，坚持把农业放在国民经济发展的首位，不断强化农业基础地位，实施科教兴农战略，稳定党在农村的基本政策，深化农村改革，调整优化农业产业结构。1989 年底，全国开始实施农业综合开发。1990 年 5 月 3 日，国家农业综合开发办公室批准彭县低息贷款 200 万元，并列入全国“农业综合开发市（县）”。彭州市（县）实施农业综合开发，以国家农业综合开发项目为载体，实施生态农业和农产品开发，大力发展乡镇企业，推进农业产业化和机械化进程，全面发展农业和农村经济。1998 年被省委、省政府命名为“小康县（市）”。2005 年，实现农村牧渔总产值 30.57 亿元，是 1985 年 3.09 亿元的 10 倍，年平均增长 12.14%；实现农林牧渔业增加值 18.99 亿元，是 1985 年 2.05 亿元的 9.2 倍，年平均增长 11.77%；农民人均纯收入达 4262 元，是 1985 年 404 元的 9.5 倍，年平均增长 12.5%。实现乡镇企业总产值 72.3 亿元，比 1985 年 2.36 亿元，增长 29.6 倍，平均每年递增 18.66%。

工业经济　彭州市（县）现代工业从无到有，从弱到强，从少到多，不断发展。特别是改革开放后发展较快，随着改革的深入，结构的调整，工业企业由多变精，工业经济得到健康稳定的发展。

“七五”期间（1986—1990），在中央“改革开放搞活”方针的指导下，彭县工业开始形成初具规模、初具特色的综合型工业体系。初步形成能源、机械仪表、电子、制药、化工、食品等行业组成的基本产业结构。到 1990 年已有工业企业 4635 个。实现工业总产值（1980 年不变价）6.41 亿元。工业增加值（1980 年可比价 2.14 亿元，占 GDP 比重 35.2%。

“八五”期间（1991—1995），彭州市（县）以增强企业的后劲上规模，调整产品结构，建立现代企业制度为目标，以全面转换企业经营机制，大力提高经济效益，加速度上台阶为重点，加大改革开放和发展经济的步伐。到1995年有企业6251个，实现工业总产值（1990年不变价原规定）62.90亿元。工业增加值（1990年可比价）7.01亿元，占GDP比重37.19%。

“九五”期间（1996—2000），企业改革重组滞后，彭州市工业未能化解因国家产业政策调整和市场变化等多种因素产生的不利影响，能源、建材、化工行业受到影响生产下滑，工业经济处于徘徊状态。到2000年有企业3637家，实现工业总产值（1990年不变价新规定）42.88亿元，工业增加值（1990年可比价）8.79亿元，占GDP比重33.50%。

“十五”期间（2001—2005），彭州市实施对外加大招商引资力度，对内狠抓企业改革和资产重组的工作方针，大力实施“工业富市”的发展战略。经过一系列努力，走出“九五”期间的低谷，工业经济总量不断增长。至2005年有企业3511家，实现工业总产值（2000年不变价）87.58亿元，比2001年增长138.63%；工业增加值（2000年可比价）23.83亿元，占GDP34.86%，比2001年增长100.77%，实现利税3.68亿元，比2001年增长131.45%。

服务行业　1986—2005年的20年间，商贸服务经营，处于经济发展和管理模式转型期。1986—1992年，商贸经济经营方式属计划经济模式。

1993—2005年的13年里，通过经济体制改革，逐步转向市场经济，到2005年底止，除市粮食局、市供销社机关保留外，市财贸办公室、商业局、医药局均撤销，机构人员合并到彭州市经济贸易局。这些单位下属的各公司国有企业，除保留个别公司外全部撤销或破产、改制，其商品经营转为民营（即私营、个体）企业，有的转为股份制企业，并大力引进外地贸易公司入驻。

从1987年起，县政府成立“经济技术协作办公室”，开展县与县、市之间的经济交流活动，搭建“友好市县交往活动”的平台。随着市场经济的发展，“经协办”改为“对外经济合作局”“招商局”“商务局”以适应经济形势的发展。

金融业　1986年以后，彭州市（县）逐步建立和形成以中国人民银行彭县支行为领导，各商业银行支行为主体多家金融机构并存和分工协作的金融组织体系。1993年12月以后，为贯彻国务院《关于金融体制改革的决定》，市境内设有工商银行、农业银行、农业发展银行、农商银行、建设银行和中国银行六家，各行其是，但各银行都开展城乡居民的储蓄业务。据统计，全市金融机构城乡储蓄存款余额1985年底为8648万元，2005年为53.10亿元，20年增长60.4倍，平均每年递增22.86%。

财政税收　彭州市（县）1986年财政收入为3293万元，2005年为55564万元，20年全口径财政收入共计完成38.37亿元，每年平均收入1.92亿元，平均每年递增16.04%。全市1986年财政支出为2717万元，2005年达到5.64亿元，20年全市财政支出累计36.05亿元，平均每年1.80亿元，每年平均递增17.97%。

科学发展　城乡一体

1986—2005年，彭州市依托国家相关改革举措，大力发展交通运输业、邮电事业、能源保障事业，大力推进城乡建设，从而使居民生活的基础设施建设和城乡一体化进程得以较大程度的推进。

交通运输　改革开放以后，为促进社会经济发展的需要，彭州市大力发展交通运输业。

1986—2005年，新、改、扩建省道，跨地区县道，跨县县道，县内公路骨干道路16条、255.178公里。新、改建主干道桥梁57座，铁路立交桥4座。实现“村村通”公路，特别是成彭高速公路的建成，对经济的发展更是影响重大。至2005年基本形成以天彭镇为中心，以成彭、彭白、蒲新、小夫、川西环线、温彭、汉彭路等为骨架的干线公路网络，覆盖城乡、四通八达。

公路建设的发展，交通状况的改善，使运输业加快发展。全市建起管理现代化、有安检设施的宽敞舒适的省二级枢纽客运中心和两个三级客运站。开通市际、县（区）际、县内和乡村客运线路49条。市内公交客运线路10条。营运车辆83台，客运出租车320辆。普通货运起伏较大，20世纪80年代后期至90年代后期，营运车5000余辆，而2000年以后，锐减一半，但货运量却略有增长。线路仅限于中短线。危险货运方面，2005年有专业运输企业3家，车辆76辆，线路运行至省外。

邮电事业　遵照信息产业部和省邮电局的有关文件精神，1998年10月邮政、电信挂牌分营。贯彻落实国务院批准的《中国电信重组方案》，1999年7月移动通信从电信公司剥离。一分为三后，彭州市邮政、通信进入快速发展的轨道。邮政投递的线路、工具增加、改善，服务、办公实现电子化，业务由单一的投递、汇兑、征订发展到快件、专递、集邮等特色服务和金融业务。主要业务收入从1986年的33万元增加至2005年的1126万元。通信基站的建设覆盖90%的地区，SDH光纤同步传输系统达28个乡镇，建成全省第一个县级国际因特网，最终形成有线、无线相结合的信息公路，解决农村、山区通信难的问题，完成城乡通信一体化，促进社会的快速发展。

能源保障　1989年以前，彭州尚无天然气使用，城市居民生活主要依赖蜂窝煤和柴火作燃料。1989年11月，成立天然气公司，开始进行城区4条大街天然气管网建设，同时对市区住宅区供气管道的埋设进行施工前准备。1990年开始大规模天然气管网建设，同年7月，首先动工铺设彭什线。1994年9月，市天然气公司实施“青三线”管网工程建设，全线长12公里。1999年12月，实施天然气管网第四期扩建工程，此工程大部分管网沿二环路铺设，全长9公里。2001年11月，实施成青路管网工程建设，全长8公里。2005年底，天然气年供气量3171万立方米。其中家庭用气量682万立方米，用气人口15.62万人。市区天然气普及率达90%以上。

彭州市蕴藏丰富的水力，煤炭资源，四川省在1987年把彭县列为初级电气化重点县，1989年彭县又被列为全国初级电气化试点县。县委县政府决定把资源优势转化为产品、商品优势，多方筹措资金积极办电，促进县城经济的发展。至1998年彭州市境内共有电力生产电源点90处、201台机组，总装机容量210679千瓦。其中：火力发电9台机组，总装机容量89000千瓦；水力发电192台机组，总装机容量121679千瓦。1998年发电量91676千瓦小时。2005年，全市共有火力电厂4个，12台机组，总装容量12.65万千瓦；共有水力发电站90座，总装机容量15.37万千瓦。年发电能力达10亿千瓦小时。

城乡建设　改革开放以后，彭州市（县）城乡建设步伐加快。1985年底城区面积为1.873平方公里，城区街巷35条。1990年4月，成立县城建设指挥部，实施天彭镇城区旧城改造，提出“推倒一座旧城，建设一座新城”的发展目标。拆除城区小青瓦建筑物，拓宽街道，修建商住楼，配备公共设施，兴建现代城市。经过15年的努力，至2005年底，天彭镇城区旧城改造共拆除旧房500万平方米，街道发展至65条，总长40.16千米，城区总面积扩大至125万平方米。1985年底，天彭镇城区共有住宅建筑面积46.06万平方米，实际居住人口人平建筑面积14.27平方米。至2005年末，天彭镇城市居民住房人均达31平方米。

1986年以前，农村集镇居民及农民生活用水多以打沉井或钢管井取用地下水为主。少数无条件的村民则直接使用河沟水作生活用水。随着经济的发展，各级政府把解决好集镇居民和农民的饮水问题逐步提上议事日程。从1990年，乡镇新建自来水厂6座，日供水2860吨。至2003年，集镇、乡村自来水厂增至35座，日供水量19967吨，铺设供水管94千米。2005年，集镇、农村日供水量达25160吨，供水水源90个，自备供水源能力6240吨/日。

1986年以来，彭州市（县）农村经济发展较快，1993年农民人均纯收入达1026元。1994年5月，全市有大宝镇宝山村等6个村达小康标准，被市委、市政府命名为“小康示范村”。同年起，开始进行小城镇试点建设，全市有5个镇被确定为市试点镇、3个镇为成都市试点镇、4个镇为四川省试点镇。至1998年3月，全市有460个村步入小康行列。小城镇建设建立起以天彭镇为中心，以小城镇为纽带，以中心村为基础的城镇体系，城乡一体化建设进程加快。2005年，基本建成经济繁荣、交通方便、基础设施配套、环境优美、城乡渗透，各具特色的现代小城镇群体。

科技领先　文旅并进

科学技术　1992年县政府成立科技工作领导小组。随着改革开放的发展，1994年，市委、市政府提出“科教兴市”战略，成立科教兴市领导小组，正、副组长由市委副书记、副市长担任。同年建立市科技顾问团，作为市委、市政府在科技、经济和社会发展中决策的顾问和参谋机构。2001年，贯彻落实中央“党政一把手亲自抓第一生产力”的精神，科教兴市领导小组正、副组长由市委书记、市长担任。全市科技工作不断向前发展，1993年建立全国第一家县级科技中心，1997年被国家科委评选为先进集体。1997年首批荣获“四川省科技工作先进区（市）县”称号，被省科委推荐申报1999年“全国科技工作先进区（市）县”，同年荣获“全国科技工作先进区（市）县”称号。科普宣传、科技培训、科技示范，以及新技术的推广应用、对外科技合作与交流都取得成果。荣获省、成都市各级科学技进步奖，促进彭州市的经济发展、社会进步。

文化事业　彭州市历史悠久，文化积淀深厚。地下、地面文物丰富，从新石器时代到近现代都有，类别尽备，形态各异，其中不乏国家一、二级文物，甚至堪称国之瑰宝。商周青铜礼器、兵器、生活用器的造型设计、文饰，繁复精巧独具风格；铸造所用的先进工艺和技术比同时期的中原早几百年时间。出土礼器被国家博物馆收藏，巨制兵器被赞誉为“四川最大的和最精美的”。彭州市是成都平原最大的青铜器埋藏地，这些精美的青铜器是“四川盆地青铜文化高度发展的典型代表”，是研究四川先秦历史、文化不可或缺的珍贵器物。彭州汉墓群是全国四大集中区之首的四川区最为集中之地，烧制精美、图纹丰富的汉画象砖，反映出彭州市在汉代时“郫繁膏腴”“不知饥馑”的天府之国核心区域的历史状况，确实是“研究东汉时期生活最生动、最可靠的资料”。彭州市西大街出土的金银窖藏，被中国考古界誉为“天下金银第一窖”，374件器物中，国家一级文物多达115件。种类丰富，制作精美，价值之巨，堪称中国第一。如此奢华之家用品，反映出彭州在两宋时期经济发达的繁荣景象。佐证了史书记载宋时彭州在川陕四路居前四位的经济贡献地位。藏品丰富、陈列精美的市博物馆，深深吸引着国内外的民众、专家学者，已成为展示彭州文化、对外文化交流的重要窗口。

彭州市群众文化丰富多彩，每凡重大节庆纪念日都要举办文艺演出、艺术展览。业余创作收获颇丰，特别是肖箫为中纪委《四大纪律八项要求》谱的曲，2005年连获成都市纪委、宣传部、文化局、音协，省纪委、监察厅、文化厅反腐倡廉、歌曲创作等奖，省纪委将此歌报送参加“全国反腐倡廉歌曲创作评选和演出活动”，获“全国反腐倡廉歌曲创作奖”优秀奖。市群众艺术馆（县文化馆）1986年开始每年坚持送文化下乡活动，基层辅导、培训不少于100天，发展农村文化活动。在办月刊《湔江》的同时，还编辑出版5部作品。

图书馆的状况是一个地方文明程度的重要反映。彭州自古就是人文荟萃之地，人们喜好读书。战乱初定的元代彭州“尚有遗儒头雪白，见人犹自问诗书”，清代的彭县乡村“隔林书韵朗，谁氏夜挑灯”。市图书馆在改革开放的20年发展很快，建设新馆扩大规模，设施升级完善功能，藏书大增读者众多，组织活动激发热情。为市民提供更好的读书学习条件和环境。市图书馆已发展成为国家二级图书馆。

旅游开发　改革开放以后，旅游作为新兴产业逐步成为一个区域新的经济增长点。市（县）委、政府对旅游发展进行多次规划，投资金开发建设，逐步打造出成都市级风景名胜区、省级风景风胜区、国家级风景名胜区和省级、国家级地质、森林公园和自然保护区。20年里到彭旅游人数逐年增加，截至2005年，游客人数达210.6万人次，旅游收入达3.88亿元。

彭州市丰富的自然、人文旅游资源经过20年的开发建设，至2005年建成龙门山国家地质公园、白水河国家森林公园、白水河国家自然保护区、白鹿省级森林公园和以自然景观为主的银厂沟国家重点名胜区，以牡丹观赏为主的丹景山风景名胜区等旅游景区。

关注民生　泽被城乡

教育、医疗、社会保障、劳动就业历来是人民群众最关心、最直接、最现实的利益问题。20年间，彭州始终关注民生，注重改善民生，凝聚民心，集中民智，发挥民力，不断推进现代化建设进程。

教育事业　百年大计，教育为本。彭州市（县）委、市政府坚持把教育放在优先发展的战略地位，制定“科教兴市”的战略目标。为改善办学条件，每年加大教育投资，财政拨款从1986年的688.85万元增加至2005年的1.41亿元，加上预算外投入共1.87亿元。20年间新建中小学26所，迁建15所，扩建47所，改造小学54所。所有学校的校舍、食堂、运动场所、器械、实验室设备、图书室等教学设施设备都有很大改善。建起“模式三”学校30所，“模式二”学校37所，远程教育项目工程全面覆盖。同时从管理、结构、办学等方面进行教育体制的改革。实行“分级办学、分级管理”“校长负责制”“教职工聘任制”，鼓励民间资本办学。在教育的主体——教师方面，实行尊师重道，提高地位、保障权益，加强培训、提高素质。

办学条件的现代化，教育体制的改革，教师队伍的建设，促进了教育事业的发展。幼儿入园率从1986年的12.7%提高到2005年的91%以上，1996年实现“普九”目标，2000年再次接受成都市人民政府复查验收，“普九”成果得到巩固提高，2005年仍保持入学率99.9%。2003年实现“基本普及高中阶段教育”，普及率85%。2005年巩固提高“普高”成果，普及率达88.3%。基础教育的教学质量不断提高，初升高比例达88.32%，2001—2005年高考上线率、录取率一直居于成都市区（市）县前列。特殊教育方面，1990年就建立特教中心，2005年开始新建环境、设施更好的特教学校。职业教育，建成1所省级重点职业中学，1所省级合格职业中学，毕业率99.2%，就业录用率达100%。成人教育方面，从科普培训到各级各类学历班，从扫盲教育到社区教育形成体系。

医疗卫生　20年间，彭州市医疗卫生事业在改革中不断发展。改革提升医院服务功能，调动医卫人员积极性，投入大量资金，加强医卫设施设备建设，提高医疗质量，提高疾病预防与控制能力，管理工作进一步规范化、法制化，建立起良好的就医条件、规范的医药市场和卫生安全的生活工作环境，改善人民群众就医治病的环境和条件，保障人民群众的健康。医卫教育和科研成效显著，综合素质能力不断提高。1995 年成功创建“爱婴市”，2000 年成功创建“四川省农村中医工作先进县（市）”，2005 年成功创建“全国农村中医工作先进县（市）”，1995 年成功创建“国家级卫生城市”。

体育运动　彭州市重视体育事业的发展，市委、市政府将其列入《“九五”发展规划》《2010 年远景发展纲要》。加强领导，加大投入，20 年间先后建成设施先进的体育中心 1 个，体育活动场地 424 个，全民健身路径 37 条，1985 年以后，连续 12 年被成都市政府评为“体育工作先进单位”，1993 年、1996 年被省体委评为体育工作优胜单位，1994 年被评为“成都市体育竞赛最佳赛区”，1996 年利安乡被评为“全国亿万农民健身先进镇”，1997 年被省体委命名为“风筝之乡”，1998 年成功创建“全国体育先进县（市）”。

计划生育　20 世纪 80 年代彭州提倡“一对夫妇只生一个孩子”，并实行奖励、优待政策，人口增长速度逐步趋缓。到 1985 年总人口为 70. 26 万人，此前 10 年净增 3 万余人。1986 年继续贯彻执行计划生育基本国策，提倡“优生优育”，建立机制，制定措施，深入宣传，严格管控。20 年间成效显著，全市总人口量从 1986 年的 71. 20 万人增长到 2005 年的 78. 736 万人，在物质生活水平、医疗卫生条件提高，生育基数增大的情况下，20 年人口净增不到 8 万人，年均增 4000 人。从 2001 年开始人口呈负数增长。因计生工作成效显著，2005 年获省政府“四川省计划生育优质服务市”荣誉称号。

社会保障　彭州市（县）社会保险制度改革起始于 1986 年。截至 2005 年 12 月底，全市各类城镇企业、个体经济组织基本养老保险参保户数和人数由 1992 年底的 117 户，参保人数 2. 09 万人，上升到 395 户，参保人数 4. 63 万人。

1987 年，彭县开始对公费和劳保医疗制度进行改革试点，试行小病门诊包干。1992 年 7 月开始试行大病“医疗统筹”。至 2000 年 12 月底，全市纳入“小病包干，大病统筹”的企业 86 户，1. 2 万人；机关事业单位 202 户，1. 07 万人。

至 2005 年底，全市城镇职工基本医疗保险参保人数 4. 95 万人，征集基金 7672. 87 万元。

2002 年 7 月，彭州市开始实施城镇职工补充医疗保险，凡参加的单位和人员（含退休人员），在职职工每人每年按成都市上年度职工社会平均工资的 1. 3%，退休人员每人每年按成都市上年度职工社会平均工资的 1. 4% 缴费。

1994 初，建立统一的工伤保险基金，将全市的工伤保险实行统一的管理。至 2005 年底，全市工伤保险参保人数 2. 16 万人，征收基金 512. 8 万元，工伤保险基金征集率达 95. 8%。

1988 年 9 月，国务院下发《关于女职工生育待遇若干问题的通知》，将产假期由原来的 56 天延长到 90 天。1997 年 7 月，全市贯彻实施成都市《企业职工生育保险暂行办法》。截至 2005 年底，全市生育保险参保人数 4. 63 万人。

大事记

（1986—2005）

1986 年

1 月 17 日，彭县乡镇企业总产值超过 2 亿元。位列成都市辖 17 个区、市（县）第 12 位。

2 月 26 日，彭县与全国 20 多个省、市建立蔬菜产销渠道。

3 月 11 日，县委、县政府发文，决定试行农民应负担的集体提留随同农业税附加一并收取的办法，定项限额、乡报县批、统一收取、统一管理、分级使用。

4 月 16 日，彭县北京堂农民出资办公园，正式挂牌迎客。

4 月 23 日，县委提出教育体制改革意见，县、乡镇建立教育委员会，村建立教育领导小组，实行“分级负责、分级管理”的领导体制，实行办学经费包干制，试行校长负责制。同时颁发《彭县基础教育分级管理暂行办法》。

5 月 29 日，成都市委将彭县列为全省综合体制改革试点县。

9 月，洛杉矶奥运会射箭银牌得主李玲娟在全国射箭锦标赛中创两项全国纪录，夺得 5 枚金牌。

10 月 27—29 日，省政府顾问丁长河到彭县调研旅游事业开发情况。

11 月 4—5 日，成都市在彭县召开樟州柚商品基地优质果品评审会，彭县樟州柚以其独特风味名列榜首。

11 月 27 日，县政府发出通告，要求竹瓦乡保护青龙村商代蜀人遗址。

是年，彭县人大常委会作出《关于加强土地管理，坚决制止乱占耕地的决议》。

1987 年

1 月 27 日，彭县农村收入达 4 亿元以上，占全县总收入的 74%。彭县涌现一批牧场、渔场、林场、药场、矿山、工厂和小商品店铺。

5 月 11 日晚 10 时左右，永定乡新春村 8 组农民杨兴文非法生产鞭炮，一家 5 口被炸身亡，5 间房屋夷为平地，附近 4 户民房严重受损，其中两人受伤。

6 月，县委召开首次人大工作会议，加强党对人大工作的领导，使人大工作得到进一步加强。

6 月，经省人民政府批准，兴建彭县关口火电厂。

7 月，《彭县浅层天然气资源勘探开发可行性报告》通过专家评审。西南石油局投资 1500 万元，在隆丰镇境内钻井深2000米，日产天然气5000立方米，在三界镇新埝村钻井深2000米，日产天然气1万立方米。

11月18日，县委、县政府在全县推行农村股份制。

是年，电力部门在桂花境内兴建红石桥水电站。

1988年

1月18日，彭县濛阳镇生产的6种香肠获“四川省乡镇企业系统优秀产品”荣誉称号。

3月，全县生产队全部改名为农业合作社。

6月18日，原国务院副总理、原国防部长张爱萍，解放军总政治部原副主任黄玉昆，解放军原军事学院副院长陶汉章，军委办公厅主任张凯，成都军区副司令员陈明义等到彭县视察交通、战备、人防工作。

8月10日，经县委七届四次全委会通过，县委决定建立县级农业发展基金和乡镇级农村合作基金会。

7月15日，全县发生大面积玉米虫害，1.62万余亩玉米不同程度受损，其中400余亩基本绝收，县有关部门调拨农药及时防治。

9月，省地矿局考察队到彭县万年、红岩、白鹿3地考察，发现大型溶洞群，有大、小溶洞60多个。

9月19日，应日本北海道中国研究会邀请，彭县5名农业企业家出访日本。

9月，应县委、县政府邀请，四川省科技顾问团一行16人，到彭县考察银厂沟旅游资源。

11月20日，彭县农机公司在全县25个乡镇推广小麦播种机1.5万部，占全县小麦播种面积50%以上，较人力播种提高效率12—15倍。

12月7日，彭县实行优惠政策扶持养猪大户，首批发展100户，年出肥猪30万头以上。发展屠宰销售专业户1321户。

12月22—24日，县委、县政府召开全县农村工作会议，深化农村体制改革，加快农业发展。

1989年

2月28日，成都军区副司令员张太恒中将到彭县西郊乡检查征兵工作。

7月23日凌晨，彭县浅丘地区发生特大风灾，4.6万亩玉米倒伏，1.7万亩玉米基本无收。灾区人民奋力弥补损失，改种蔬菜、洋芋、红苕。

9月4日，新编《彭县志》首发式在县招待所隆重举行，四川省、成都市相关领导以及县四大班子主要领导出席。

11月，四川省和成都市有关部门检查验收彭县红石桥电站，作为先进典型在全省推广。

12月3日，农业部组织京、津、沪、浙等地专家学者到彭县考察蔬菜生产种植情况。

是年，成都市在彭县三邑乡兴建“三邑炼钢厂”。

是年，彭县开始兴建全省首家县级“氧化沟”污水处理厂。

是年，彭县电站总装机容量居全国县级之首，形成了水电、火电并举的格局。

1990 年

1月3日，县委、县政府发出《关于扶持引导乡镇企业健康发展的若干意见》，引导全县乡镇企业在治理整顿和深化改革中持续、稳定、协调发展。

1月13—15日，四川省农村电气化建设验收领导小组在彭县召开“彭县农村电气化建设验收大会”。彭县农村电气化建设达到并超过新颁布的农村电气化标准。

1月16日，经县委常委会和县政府研究决定，成立彭县人民政府台湾事务办公室。

2月12—14日，中共彭县第八次代表大会在彭县影剧院召开。选举产生中共彭县第八届委员会和中共彭县第七届纪律检查委员会。15日，中共彭县第八届委员会召开第一次全体会议，选举蓝志银为县委书记。中共彭县第七届纪律检查委员会第一次会议选举刘继松任纪委书记。

2月21日，县委、县政府发出《关于1990年继续实行农业生产集团承包的通知》。

3月4—9日，县政协召开第八届一次全体会议，选举龙声荣为县政协主席。

3月4—10日，彭县第十二届人代会第一次会议召开，选举段耀华为县人大常委会主任，刘仆为县长。

4月11日，中共彭县县委办公室、彭县人民政府办公室联合发出《关于认真做好搜集县情资料工作的通知》。

5月11日，彭县天燃气供气工程指挥部成立。

6月4日，修建彭县离退休干部活动中心领导小组成立。县委、县政府决定将离退休干部活动中心修在彭县人民广场北侧。

6月25日，成立彭县人民对外友好协会，蓝志银任名誉会长，弓继权任会长。

7月16日，县委、县政府提出《关于清理整顿乱收费乱摊派乱罚款的意见》。

7月，北君平乡自行车修理店主江从德非法自制手枪，被县公安局查出枪支17支，枪管80支。后被县人民法院以危害公共安全罪判处有期徒刑8年（1987年7月因非法自制手枪，被派出所没收并处以罚款）。

8月26—28日，彭县境内连续普降特大暴雨，受灾农田14.62万亩，冲毁农田1.17万亩，损失粮食1596.5万公斤，冲毁河堤2.57万米、农房1.537万间，倒塌房屋2929间，经济损失约5188万元。

11月6日，中日合资兴建的四川省第一家县级同位素检测医院——彭县北海道同位素检测医院建成开业。

11月9日，国务院副总理田纪云带领水电部、农业部、民政部有关负责人，在四川省委常委、副省长谢世杰，副省长刘昌杰等的陪同下，到彭县调查开发农业和水利建设工作。

12月3日，县纪委荣获“全国先进纪检组织”称号，是全国55个获此殊荣的纪检组织之一，是四川省荣获此荣誉称号的唯一的县级纪检组织。

12月21日，彭县城市建设指挥部成立。

12月26日，省委常委、纪委书记杨崇汇一行到彭县召开座谈会，征求彭县县委和县纪委对省纪委1991年工作要点的意见。

12月28日，彭县风景名胜旅游管理局正式成立。

是年，彭县跻身全国初级电气化县的行列。

1991年

年初，彭县地方志编纂委员会办公室编纂的综合性大型画册《天府金盆》正式出版发行，《天府金盆》是第一本宣传彭县的画册。

1月2日，县委、县政府发出《关于加强以党支部为核心的村级组织配套建设的意见》。

1月23日，县委、县政府发出《关于建立彭县创建“卫生城镇”指挥部的通知》，迎接全国卫生检查评比。刘仆任指挥长。

3月3日，县委作出《关于在全县党员中开展“党纪教育周”活动的安排意见》。要求全体党员学习有关违反党纪的处分规定，进行党规党纪教育。

3月20日，县委、县政府做出《关于向宝山村、蟠龙村、天星村学习》的决定。

8月3日，县委发出《关于进一步加强和改进知识分子工作的意见》。

8月13日，县委、县政府发出《关于进一步加强老干部工作的通知》。

11月8日，县委、县政府批转县委宣传部、县工商行政管理局《关于加强对个体和私人经济管理、促其健康发展的意见》。

11月21日，县委、县政府决定建立“彭县撤县建市筹备领导小组”。弓继权任组长，卿尚福、周芝茂任副组长。

1992年

1月3日，县委召开县社教领导小组会议，决定举办由各乡镇社教工作队第一副队长和乡镇党委管党副书记参加的骨干培训班，并编写《农业和农村工作在全面实现全国第二步战略目标中的重要地位和作用》等辅导讲稿。

1月6日，县委做出《关于认真贯彻〈中共中央关于加强公安工作的决定〉的意见》。

1月7日，省委常委、成都市委书记吴希海，成都市委副书记骆隆森等一行到彭县检查指导工作，听取县委工作汇报，察看彭县蔬菜批发市场、南菜北运转运站和农田水利建设。

3月16日，彭县成立综合体制改革领导小组。组长李登菊，副组长孙从康、弓继权、朱顺刚、周芝茂。

3月20日，彭县凤鸣桥梯级水电站筹建领导小组成立。组长弓继权，第一常务副组长周芝茂，常务副组长刁一，副组长张思冰。

4月6日，全县贯彻落实中共中央中发〔1992〕2号文件精神动员大会在彭县影剧院召开，要求进一步解放思想，加快改革开放步伐，加速彭县经济发展。是月20日，县委、县政府发出〔1992〕25号文件，就如何进一步解放思想、加快改革、扩大开放、发展经济制定24条措施和办法。

4月14日，省委副书记聂荣贵到彭县考察工作，提出“改革要走群众路线，引进要有计划有目标”的要求。

4月17日，成立“彭县见义勇为基金会”。

4月24—26日，省委书记杨汝岱在成都市委副书记、市政府常务副市长骆隆森，成都市乡镇企业管理局局长刘仆的陪同下到彭县检查工作，决定把彭县纳入四川经济发展“一条线”。

5月11日，县委，县政府发出《关于促进科技发展振兴彭县经济的决定》。

同日，县委召开常委会，围绕贯彻落实中央二号文件，加快彭县改革开放和经济发展步伐，具体研究10个方面工作并形成决议。

5月28日，成立“彭县工业开发区管理委员会”，张忠恕任主任。

6月4日，县委、县政府制定《关于加快开发彭州工业区的决定》。新设立的工业区面积3—5平方公里，投资8亿—10亿元。

6月12日，川西平原装机容量最大的电站——彭县红石桥电站竣工，省、市有关部门到彭祝贺。

7月27日，彭县草坝坑口火电厂工程指挥部成立。方品清任指挥长。

8月28—29日，县委召开常委会议，传达贯彻成都市委常委扩大会议和成都市农村工作会议精神，研究实施粮油购销体制和价格改革、新建自来水厂方案、关于第三产业发展等议题并作出相应决议。

9月8日，省军区副政委周灿西少将一行到彭县检查民兵预备役工作和“四个一”达标情况。

9月28日，长2380米、宽34米的金彭大道全线通车。

10月13日，省政府做出《关于同意彭县撤销区公所和调整乡镇建制的批复》。同意撤销通济区公所和清平乡等11个乡，新建磁峰等5个镇，调整思文等6个乡所属行政区域。调整后全县分为13个乡、15个镇。

11月12日，彭县万吨甲醇生产工程动工建设，该工程为成都市重点调度工程之一。

11月17日，县委、县政府决定：自1993年起，改过去统一收取集体提留、统筹费为收取土地承包费。

11月20日，彭县蔬菜批发市场正式投入使用。该市场投资1500万元，占地4.2万平方米，建筑面积3.2万平方米。其规模为西南之冠。

1993年

1月2—6日，中共彭县第九次代表大会在彭县南街影剧院召开。6日，中共彭县第九届委员会召开第一次全体会议，选举蓝志银为县委书记。

1月7日，副省长刁金祥到彭县参加全省商业局长会议。

1月9—13日，政协召开九届第一次全体会议。选举龙声荣任县政协主席。

1月10—14日，彭县第十三届人民代表大会第一次会议召开。选举刘继松为县人大常委会主任，李登菊为县长。

1月18日，经过3年的建设，投资946万元的彭州园对公众开放。

1月20日，县委、县政府召开表彰会，表彰乡镇企业产值过亿元的乡镇和对全县乡镇企业发展做出贡献的单位和个人。

2月3日，县委召开九届一次常委会议。研究3条公路改造、修建第二自来水厂、安装1万门程控电话、兴建11万伏变电站等重大工程项目并形成相关决议。

3月6日，县委、县政府作出《关于表彰1992年度引进项目资金有功单位和个人的决定》，表彰的有功单位43个，有功人员35人。

3月11日，彭县第二自来水厂工程建设指挥部成立。指挥长张思冰，副指挥长朱顺刚、杨千程、郑荣鑫。

3月18日，县委、县人大、县政府、县政协召开干部任命大会，任命彭县部委局领导干部290名。

3月19日上午10时许，白鹿乡三河店村宏口煤矿（无证开采）发生特大井底平巷透水事故，县委书记、县长等当即赶赴现场组织抢救。

4月1日，彭县重点工程——彭县草坝坑口火电厂在新兴镇光辉村举行开工典礼。

4月6日，成都市天星照明电器公司兼并彭县造纸厂，原彭县造纸厂的一切资产、债权债务和人员全部移交给成都市天星照明电器公司。

5月20—24日，由彭县人民政府承办的全国第四届“华罗庚金杯”少年数学邀请赛（决赛）在县举行。

6月7日，彭县同新疆伊宁市签订友好县市协议。

6月30日，彭县邮电局举行万门程控电话工程首批程控电话开通剪彩仪式，标志着彭县通信事业跨入全数字式、光缆的现代化通信时代。

7月1日，彭县劳务人才市场开业。

7月12日，广电部、省广播电视厅正式批准建立彭县人民广播电台、彭县电视台。

9月12日，省长肖秧到彭县出席省政府学习班，并在蓝志银、李登菊等领导陪同下实地察看炼油厂选址现场。

9月14日，省人大常委会主任杨析综到彭县检查“企业法”“转机条例”实施情况。

9月21日，国内贸易部部长张皓若考察彭县蔬菜批发市场。

9月28日，成都市电业局彭县供电局成立。

10月23日，国家农业综合开发项目检查验收组到彭县检查第一期农业综合开发工作，对彭县实施的优良工程表示十分满意。

11月15日，县委发出“关于认真贯彻《中共中央关于学习（邓小平文选）第三卷的决定》的通知”。

11月17日，彭县机构改革领导小组成立。组长李登菊，副组长弓继权、张忠恕、冯跃国。

11月18日，经国务院批准，撤销彭县设立彭州市（县级），以原彭县行政区域为彭州市的行政区域。

12月1—2日，省委副书记秦玉琴到彭县考察。

12月9日，建筑工人在彭县天彭镇西大街居委会建筑工地发现一处南宋时代文物窖藏，出土碗、盘、瓶等各类金银器皿146件和18根金钗。

12月16日，县人大常委会召开第九次会议，就撤县设市后市人大及其常委机构更变名称、人大常委会组成人员及各办事机构正、副主任人事任命进行研究决定。

12月18日，县政协召开第六次会议，通过关于撤销中国人民政治协商会议四川省彭县委员会，设立中国人民政治协商会议四川省彭州市委员会等8项决定。

12月27日，成都市委书记黄寅逵，副书记陶武先、李任仕，成都市政府副市长朱永明、刘家忠等带领成都市有关部门负责人到彭州市现场办公，并参加次日设市庆典。

12月28日，彭州市委、市政府召开撤县设市庆祝大会。省委副书记秦玉琴、成都市委书记黄寅逵到会祝贺，并分别代表省委、成都市委讲话。市委书记蓝志银，市长李登菊分别在会上作了题为《为建设现代化的新彭州而努力奋斗》和《彭州景色分外好，欢迎八方朋友来》的讲话。

1994年

1月4日，市委召开九届第二十五次常委会议，传达学习省委六届二次会议和省长肖秧在全省县委书记读书班上的讲话精神，讨论研究撤县设市后的工作思路等问题。

1月8日，《彭州市市区总体规划》经彭州市四大班子领导和省建委、成都市建委、成都市规划局以及专家、工程技术人员审查通过。彭州市城市性质为政治、经济、文化中心，综合性工业、商贸城市。城市规模近期（1995年）人口达15万，用地13.8平方公里；远期（2010年）达到城市人口25万—30万，用地30平方公里，规划控制区158平方公里。

1月12日，市委、市政府召开1993年农业集团承包总结会议。会议提出1994年农村要围绕“稳粮、增收、调结构”做好各项工作，重点是搞好稳定，各乡镇党委、政府要牢固树立农业是国民经济基础的思想，努力实现各项指标。

4月5—7日，巴西帕尔市农业秘书阿尔贝雷多到彭州考察农业、林业、畜牧业和乡镇企业发展情况。

4月20日，市委、市政府召开彭州市发展个体经营经济表彰暨动员大会。12户私营企业标兵、23名个体工商户标兵、15户先进私营企业、90名先进个体工商户受到表彰。

是日，在九峰宾馆召开招商引资新闻发布会，市委、市政府下发《关于大力发展个体私营经济的决定》。

5月5日，市委作出《关于适应社会主义市场经济形势进一步加强党管武装的决定》。

5月10日，市委、市政府召开全市小康示范村命名大会。大宝镇宝山村、通济镇羊叉村、丽春镇黄鹤村、天彭镇大南村、三邑乡踏水村、清白村等6个村被授予“彭州市小康示范村”称号。

5月15—19日，中国国际工程咨询公司疆油入川专家组到彭州市考察。听取成都市、彭州市的基本情况和四川省石油市场情况，对炼油厂选址和入川管线走向等方案进行充分论证。实地考察拟选厂址、生活区、水源等方案。

6月11日，彭州市利达企业集团公司总经理杨发益、西郊油脂厂厂长徐通杰受到中国农业劳动力资源开发研究会组织的全国首届“创业之星”表彰会的表彰。

7月21日，省委常务副书记宋宝瑞到彭调研，听取彭州市委、市政府工作汇报。

7月28日，成都湔江化工厂同九尺镇工贸公司联办烧碱项目协议签字。

7月31日，凤鸣湖电站试通水发电成功。

8月16日，市委、市政府召开重点小城镇建设工作会议。除九陇、丽春等省、成都市小城镇建设试点镇外，又确定濛阳、九尺、军乐、敖平、隆丰等5个小城镇建设重点镇。

9 月 22 日，市医药局所属集体企业成都市制药十厂以 430 万元的价格转让给私营企业四川省彭州市光伟生化厂。

10 月 3 日，成彭快速公路全线正式通车。改建后的成彭公路路面宽 18 米，全长 33.3 公里，为高等级二级公路。

10 月 30 日，甲醇工程竣工投产，该工程 1992 年 11 月 18 日动工，总投资 6000 万元，可年产精甲醇 1.5 万吨，实现产值 2100 万元，利税 1000 万元。

10 月，由张文锦、陈光后、岳松健汇编的《彭州药录》，经市地方志办公室编辑成书。

11 月 7—10 日，在林业部召开的全国林业技术开发试验示范区建设工作会上，彭州市荣获国家林业部命名的第一批“全国科技兴村示范市（县）”称号。彭州市是西南片区唯一获此殊荣的县（市）。

11 月 30 日，彭州市首家村级企业集团——彭州市宝山企业集团公司成立。

12 月 14 日，四川省重点联系村工作会议在银厂沟召开，省委副书记杨崇汇，省委常委、副省长张中伟出席会议并考察大宝镇宝山村。

12 月 19 日，市委、市政府召开市区街道改建工程总结表彰大会。市区东南西北 4 条大街改建工程于 5 月 12 日动工，11 月底竣工，工程总投资 1400 余万元，街道宽 22 米，总长度 1928 米，配套设施完善。至此，基本实现市委提出的“推倒一座旧城，重建一座新城”的目标。

12 月 20—23 日，全省组织工作会议在彭州召开。会议期间，省市领导秦玉琴、罗良仰、张中伟、颜家瑾到彭州市部分乡镇企业和重点工程调研。

12 月 22 日，省委常委、副省长张中伟在彭州市凤鸣桥梯级水电站考察，要求彭州立足本地资源，加紧开发电力，以电养电，滚动发展。

1995 年

1 月，市委、市政府决定，将烈士陵园、秉彝亭、抗日阵亡将士纪念碑、刘邓潘起义旧址、博物馆、九峰山银厂沟、解放军 66017 部队等 10 处作为爱国主义教育基地。

2 月 15 日，市委、市政府做出《关于命名来寿村等 106 个村为“基本实现小康村”的决定》。

3 月 25 日，市委、市政府做出《关于 1995 年全市综合体制改革工作的意见》。

4 月 6 日，国务院副总理邹家华到彭州考察炼油厂选址，到军乐镇炼油厂选址现场听取汇报后，进行实地考察。

5 月 21 日，彭（州）什（邡）公路敖平段发生一起恶性交通事故，一辆小客车翻入人民渠中，造成 12 人死亡。

7 月 25 日，彭州市重点工程之一的草坝火电厂一号机组竣工发电。

7 月 26 日，市委、市政府做出《表彰奖励 1994 年度引资引项先进单位和个人的决定》。1994 年共引进项目 13 个，项目总投资 4.22 亿元。

8 月 9—11 日，全市连降暴雨，降雨量 346.6 毫米，湔江河水最大流量持续 2 小时达到 5000 立方米/秒，超警戒流量 8 倍多。420 个村、21 个居委会、3380 个农业合作社、57152 户受灾；冲毁农田 6977.4 亩，损失粮食 760 万千克，在建项目及公共设施损失 742.5 万元；冲毁河堤 57136 米，山体滑坡 302 处，房屋倒塌 6608 间。各种经济损失累计 1.14 亿元。

8月21日，市政法委召开禁毒工作会议，部署全市禁毒第一战役工作。

10月4日，彭州市第一次农业普查领导小组成立。

10月16日，越南共产党和平省委副书记、省人大主席黄文洪率团到彭州访问。

11月8日，成都军区副司令员朱成友中将考察彭州市征兵工作。

11月14日，成都市委书记黄寅逵考察彭州电网建设。

11月15日至17日，基本普及九年制义务教育工作通过省政府和成都市政府验收。

11月16日，彭州市反贪污贿赂工作局成立。

1996年

1月1日，在体育中心举行“96元旦迎春越野赛”，参加比赛的有工人、学生、机关干部、教师、离退休人员等共1100多人。

1月9日，市政府召开第五十五次常务会议。讨论通过《关于林业科技示范市总体规划上报并组织实施的请示》《1996年彭州市国民经济和社会发展计划主要指标》《关于在我市试行出租车经营权无偿使用制的报告》《关于1996年经济工作的意见》《彭州市基本建设项目管理暂行规定》《关于城市规划区天彭镇、庆兴乡等部分街道命名的报告》。

1月16日，西南最大的花鸟文化综合市场在彭州市破土动工。

1月19日，占地20余亩、建筑面积1.03万平方米的彭州市天府路市场正式开业。

1月27日，彭州市天彭镇北大街居民委员会被民政部授予“全国模范居民委员会”称号，成为成都市区（市）县唯一获此殊荣的居委会。

3月1日，全国绿化委员会、林业部、人事部在北京人民大会堂召开全国绿化先进单位表彰会，彭州市白鹿乡三河店村获全国绿化造林“千佳村”称号。

3月6日，在天彭镇东南村606地质队宿舍工地基建处发现一批宋代青铜器窑藏文物。其中有铜釜、鎏金铜佛像、铜瓶等近百件。

3月7日，市委、市政府召开全市农村工作会议。会议要求确保1996年粮食增产，钱增收。为“九五”开好头，起好步。

3月26日，省委检查组检查省委、省政府重点联系村宝山村，对宝山村近三年的工作表示满意。

4月1日，根据中央文件精神，彭州市人武部收归军队。

4月8—11日，全国中医急症工作暨学术研讨会在彭州召开。各省、市中医管理局、中医药大学、中医院、研究所等60多个单位，70多位专家教授出席会议。

4月11日，民政部部长多吉才让在副省长欧泽高、成都市委书记黄寅逵等陪同下，到到彭州检查民政工作。

4月13日，彭白公路（小鱼洞乡大湾石关门）发生一起特大恶性交通事故，死亡10人（当场死亡6人），重伤14人，轻伤3人。

4月14—16日，国家农业综合验收组到彭验收1993—1995年农业综合开发工作。认为彭州市农业综合开发取得明显成效。

5月4日，公安部户政管理局副局长武冬立、办公室主任谢斌率严打检查团到彭州市检查严打工作，对彭州市的严打工作给予充分肯定。

5月13日，国家计委主任陈锦华到彭州考察四川炼油厂厂址，对疆油入川建设四川炼油厂所做的前期工作给予充分肯定。

5月14日，市政府召开第五十九次常务会议，对农业用肥，防旱、防寒、防洪及落实小春收购资金等进行安排；讨论并通过《彭州市破坏性应急方案》《关于加快城乡建设的意见》《加强道路交通安全的意见》《关于建立农村生活保障制度的请示》和《农村社会养老保险工作的情况汇报》。

5月25日，中华全国供销合作总社综合计划部、财政部基本建设司有关负责人到彭州了解“八五”基本建设投资规划，并对南菜北运转运站肉食品加工厂、冰厂和三界供销社盐渍出口加工厂进行实地考察。

5月27日，美国埃克森—埃索集团应省计委、中国石油天然气总公司邀请到彭州考察炼油厂选址。

6月15日，彭州市提前完成夏粮入库任务，夺得成都市第一名。

7月1日，CCTV杯全国足球乙级联赛西区复赛在彭州市体育中心揭开战幕。来自西部五省区的12支乙级劲旅汇聚彭州，历时半月共比赛39场，于7月16日落下战幕。

7月17日，省委书记谢世杰到彭州调查研究，参观彭州城市建设和宝山集团高分子厂。

7月26日，市境内持续40小时降暴雨，湔江、鸭子河等河流超过警戒水位，沿河部分乡镇遭受不同程度的洪灾损失。

7月31日，彭州市邮电局开通世界最先进的无线移动通信系统GMS网，推出“全球通”139数字移动电话。G网的开通，标志着彭州市无线移动通信进入新的历史时期。

8月28日，市委、市政府在成都市新华宾馆举办1996彭州市招商引资暨四川炼油厂项目信息发布会。

9月9日，彭州市煤炭工业管理局成立。

9月10日，彭州市第一家康复颐养科大楼正式设立。该科地处彭州市繁江南路，投资30余万元，建筑面积960平方米。

9月24日，林业部科技司司长刘效章一行到彭州视察科技兴林示范工作情况。

9月27日，四川炼油厂项目评审会在北京圆满结束，27名专家组成员一致认为，建设具有战略意义的四川炼油厂十分必要，方案合理，经济可行，建议尽快报国家计委，争取早日开工建设。

9月28日，阿坝州与成都市三县（市）交汇点的行政区域界线勘定会在汶川县政府举行签字仪式。副市长周芝茂代表彭州市参加会议，并与都江堰市、汶川县签字，正式确认交汇点和边界线。

10月23日，彭州市顺利通过成都市政府基本农田保护区划定工作验收。

11月15—17日，成都市普及九年义务教育验收领导小组受省政府委托，对彭州市普及九年义务教育工作进行检查验收，并宣布彭州市已经胜利完成基本普及九年义务教育的历史任务。

11月19—20日，全国政协副主席杨汝岱对彭州农业产业化和政协委员办企业的情况进行调研。

12月1日，以乌巴蒂亚为团长的世界银行结核病控制贷款项目督导团和卫生部有关负责人到彭州检查结核病贷款项目实施情况，并顺利通过督导团的检查。

12月25日，在温江召开的县委书记学习会上，省委、省政府授予彭州市全省县级经济综合评价“十强县”（彭州名列第九位）。

12月27日，彭州市草坝发电厂二号机组经过近半个月的试运行，正式并入成都市大网。

12月30日，国家兵工集团企业157厂在彭州工业开发区举行开工奠基仪式。

1997年

1月9—11日，彭州市人民医院通过卫生部“二甲”评审，成为全省区（市）县级医院首家“二甲”综合性医院。

1月15日，彭州市计划生育工作连续9年（1988—1996）获成都市委、市政府一等奖。其中1993年被成都市委、市政府授予“计划生育工作红旗县（市）”称号；1996年12月获四川省“八五期间”计划生育先进集体殊荣。

2月21日，市委召开紧急会议，传达中央关于邓小平逝世的通知和治丧事宜的决定。全市人民深切悼念邓小平。25日，全市20多万名党员、干部、群众、学生、驻军等收看中央电视台转播的邓小平追悼大会实况，寄托哀思，深切缅怀伟人的丰功伟绩。

3月9日，彭州市正式成立四川省球迷协会。

3月20日，四川炼油厂筹建组在四川石油管理局正式挂牌办公。

3月25日，中央宣传部公布彭州大宝镇宝山村为全国创建文明村镇活动示范点。

4月23—25日，四川省20个县（市、区）政协工作会在彭州召开。会议期间，与会领导参观彭州私营企业。

4月25日，市委、市政府召开全市体制改革工作会议。

5月1日，日本日中铁道交流协会会长、日本铁道杂志社社长竹岛纪元率日本铁路考察团参观考察彭州境内的彭白铁路。

5月3日，林业部批准彭州花木基地为国家级项目。总投资2045万元，国家贴息投资贷款1000万元，拟建占地400亩，以花为主的多功能花木基地。

5月3—5日，彭州市举办周开文老师从事川剧艺术60周年庆祝活动。

5月7日，市委举行“香港回归报告会”。

5月26—27日，煤炭部副部长范维唐等对彭州煤炭工作实施行业管理和安全生产工作情况进行检查。

5月30日，林业部副部长刘于鹤率检查组检查彭州市科技兴林示范工作。

6月3日，市委、市政府召开全市国土工作会议，传达贯彻全国、全省、成都市国土工作会议精神，要求进一步加强国土管理，切实保护耕地。

6月19日，市委、市政府领导分别为烈士陵园、秉彝亭和抗日阵亡将士纪念碑、刘邓潘起义旧址、市博物馆、九峰山银厂沟省级风景名胜区、丹景山、宝山村、红石桥水电站、市国防教育射击场、坦克旅等10个爱国主义基地授牌。

6月26日，彭州市“110”报警服务台正式开通成立。

同日晚，一场大到暴雨，彭州市通济镇岩鹅村六社朱家山一带山洪暴发，造成山体滑坡20多亩，堵塞大小沟渠和桥洞。经过10多个小时才排除险情。

6月27日，市委、市政府召开彭州市全面绿化达标、护林防火工作总结表彰暨春季植树造林大会。

7月1日前后，彭州市各界以多种形式喜迎香港回归。

7月15日，省体委授予彭州市“四川省风筝之乡”称号。

7月22—26日，煤炭部在彭州市召开整顿煤炭生产秩序现场会。

8月14—15日，彭州市境内连续普降暴雨，降雨量达190毫米。湔江最大流量达4925立方米/秒，两岸大坝、河堤、公路、桥梁被冲毁54处，长达6530米；毁没良田2445亩，损失粮食361万公斤；倒垮房屋410间，内部渠系工程10300米，直接经济损失4280万元。

9月2日，西北石油管道建设指挥部指挥长张德国、副指挥长王树宽等领导、专家和工程技术人员，由陕西宝鸡沿入川输油管线踏勘至彭州。

9月9日，市委召开专门会议，欢送出席党的十五大代表贾正方。

10月5日，中共成都市委任命韩延辉为中共彭州市委书记，周芝茂为市委副书记、代理市长，免去蓝志银市委书记职务。

10月7日，市委召开市级部门领导干部思想政治建设座谈会。会议以党的十五大精神为指导，围绕进一步落实党中央提出的“讲学习，讲政治，讲正气”，加强各级领导干部思想政治建设，建设一支高素质干部队伍进行经验交流。

10月9日，为弘扬中华民族尊老、敬老、爱老、养老的传统美德，彭州市召开“十佳孝子”表彰大会。

10月23日，彭州市委召开九届十四次全委（扩大）会议，要求把学习贯彻党的十五大精神作为头等大事来抓。

10月29日，市委召开第十次党代会代表选举工作会议，对选举工作作具体安排。

11月10日，彭州市重点工程人民大桥新建工程开工。

11月12日，彭州市人民法院“司法警察大队”成立，这是成都市各基层法院中首家正式授牌成立的司法警察大队。

11月12—13日，市委、市政府主要负责人分别会见日本大阪理研株式会社董事长田中藤博，就加强合作与进一步开发农产品新项目进行广泛交谈。

11月24—28日，在全省县委书记学习会上，彭州市被省委、省政府评为“四川省县级经济综合评价十强县”。

12月9日，彭州中学被评为四川省“校风示范校”。

12月23—26日，中共彭州市第十次代表大会召开。第十届委员会第一次会议选举韩延辉为市委书记。中共彭州市纪律检查委员会第一次会议选举范毅为市纪委书记。

12月24日，彭州市被民政部授予“全国民政工作先进市”称号。

1998年

1月9—13日，政协第十届一次会议召开，出席委员244人。选举朱顺刚为市政协主席。

1月10—15日，市第十四届人代会第一次会议召开，选举张忠恕为市人大常委会主任。

1月21日，市人民法院召开荣获全国法院集体一等功表彰座谈会。

3月9日，市委、市政府召开全市经济工作会议，传达中央、省、成都市经济工作会议精神，下达彭州市 1998 年国民经济和社会发展计划，安排全市工业经济和体制改革等工作。

3 月 17 日，彭州市通过省、成都市农村小康考核验收组的考核验收，全市 460 个村基本达到小康标准。

3 月 30 日，成都军区副司令员陈显伟中将考察彭州市人防疏散基地建设。

4 月 10 日，中纪委副秘书长彭吉龙在成都市委常委、纪委书记黄忠莹陪同下到彭州市调查研究，召开座谈会。

4 月 23 日，日本大阪府富田林市市长内田次郎，议长多田利喜为团长，副议长山冈清司、市长助理木下昌久为成员的代表团到彭州市进行非正式访问。

5 月 17 日，庆祝“世界电信日”之际，市邮电局免费为 50 名下岗职工安装公用电话。

5 月 27 日，副省长敬政书率有关部门负责人到彭州考察防洪工作和农业产业化进程。

是月，彭州市评为四川省科技工作先进县（市），成为全省首批 26 个科技工作先进县（市、区）之一。

6 月 27—30 日，中共中央组织部在北京召开的全国农村基层组织建设经验交流暨表彰会上，宝山村党委荣获“全国先进村党支部”称号。

7 月 5 日，市境内普降暴雨，降雨量达 239 毫米，4.6 万亩农田积水遭灾，862 间房屋毁坏，粮食减产 2100 吨，直接经济损失 1361 万元。

是月，市人民医院被评为四川省卫生系统“讲文明、树新风”活动先进集体和全省“十佳县级医院”。

是月，四川省利达集团公司和彭州市宝山企业集团公司获首批 1998 年“四川省文明乡镇企业”称号。

8 月 12 日，市委、市政府出台《关于加快浅丘地区经济发展的意见》，对开发和发展浅丘地区经济作出全面规划和部署。

9 月 1 日，彭州市公安局破获全市首例贩毒案，抓获 4 名犯罪嫌疑人，缴获海洛因 96 克。

9 月 8 日，彭州市被国家体育总局命名为全国体育先进县（市）。

9 月 25 日，市人民法院依法拍卖成都外贸亚中药厂，成交价为 1800 万元。拍卖企业在彭州尚属首次。

10 月 5—8 日，日本北海道石狩市副市长吉田资也、市议会总务常任委员长士门忍一行 9 人到彭州进行友好访问，考察彭州社会经济发展和投资合作环境，签署确认两市深入交流与合作备忘录。

10 月 21 日，日中友好协会理事长林冈久平率领代表团一行 10 人，对援建的桂花镇“双和友谊希望小学”进行访问。

11 月 24 日，市委、市政府召开第四批有突出贡献的拔尖人才和第二批有突出贡献的专业技术人员命名暨知识分子工作总结表彰大会。

同日，国防部征兵办公室工作组一行在成都军区、四川省军区和成都军分区有关部门负责人陪同下，到彭州检查、指导冬季征兵工作。

12 月 27 日，彭州市菩提印经院成立暨重印《洪武南藏》经书开机仪式在慈济堂举行。现存《洪武南藏》经书为仅存的孤本，系传世的文化瑰宝。

是年，彭州市完成 3 个端局的选址征地，G 网 27 个载频的扩容和基站建设，使 A、B、G 网移动基站达到 8 个，共 2000 个信道，覆盖了彭州 90% 的地区。SDH 光纤数字同步传输系统通达 28 个乡镇，历时一年零八个月的“村通工程”顺利完成，建成全省第一个县级（市）国际因特网彭州节点站。电话交换、数字传输到有线、无线相结合的多样化网络格局的形成，标志着彭州市信息公路已初具雏形，并在“天府热线”的指导下，建立“蜀绣彭州”网站。

1999 年

1 月 6 日，彭州市白水河自然保护区被省政府确定为省级自然保护区。

15 日，市委、市政府召开 1999 年经济工作会议，提出全年总体要求：稳中求发展，进中增效益。

2 月 4 日，市人民检察院召开庆功大会。该院荣获省检察系统一等功，被成都市命名为“先进检察院”。

2 月 23 日，敖平法律服务所被司法部首批授予全国一百家“部级文明法律服务所”称号。

3 月 13 日—4 月 3 日，红岩梨花坪首届梨花会开幕。

4 月 1 日，市委办、市政府办联合发出《关于编纂〈彭州年鉴〉（1998）的通知》，成立年鉴编审领导小组和编辑部，正式启动首部《彭州年鉴》的编纂工作。

4 月 13 日，彭州市举行“告别不文明行为，创建文明卫生城市”万人签名活动。

4 月 16 日，彭州工业开发区为省级开发区授牌仪式暨投资说明会在彭州举行，省政府秘书长柳斌杰代表省政府授牌。

5 月 4—5 日，省委、省政府农工委调研组到彭州调研蔬菜产业化经营情况。

5 月 9 日，市委、市政府召开紧急会议，传达中办发电〔1999〕16 号文件精神，谴责和抗议以美国为首的北约悍然轰炸中国驻南联盟使馆，侵犯中国主权的暴行，坚决拥护中国政府严正严明。

5 月 11 日，市委召开全市党员领导干部会议，传达学习江泽民总书记视察四川有关情况，会议要求全市党员干部要认清国内外形势，坚定信心，发奋工作，把改革、开放与稳定工作同步推向前进。

6 月 3 日，成都市委副书记、市长王荣轩，市委副书记王少雄等领导到隆丰镇、楠杨镇了解农村合作基金会首期兑付情况，视察农基会清理整顿工作。

6 月 5 日，彭州市农村合作基金会开始首期兑付，全市设兑付点 28 个。

7 月 6 日，彭州宝山温泉通过省地矿厅组织的专家初步评审。

8 月 2 日，国家关井压产赴川督查组到彭州检查关井压产工作，对彭州完成关闭 29 个布局不合理矿井，压减实际生产能力 55 万吨煤炭给予充分肯定。

8 月 14 日，彭州小石河河水突涨，21 人被困，经公安武警、群众 600 多人奋力营救，20 人得救，1 人失踪。

11 月 27—30 日，国家文物局局长张文彬、副局长张柏两次率北京大学、中科院文物考古专家到彭州市博物馆考察馆藏出土文物。

是月，彭州市荣获“全国科技工作先进（县）市”称号。

12 月 7 日，全市乡镇土地利用总体规划通过成都市国土局专家组评审验收。

是月，1998 年全省县级经济综合评价结果揭晓，彭州市再次名列全省“十强县”。

2000 年

1月4日，副省长李进一行到彭州市考察中药材基地建设情况。到敖平镇实地查看川芎种植情况，考察了联系种植中药材农户达3000余户的天乐药业集团公司的种植基地和建设中的药业集团公司中药材加工厂。

1月11日，106名省政协委员到彭州市九尺镇高林村考察大棚蔬菜基地建设情况。

1月14日，成都市委、市政府授予彭州市的庄洪清为“成都市农村农产品十佳营销大户”称号，廖明杰、余道发、喻帮清、吴贵全、黎兴浩“成都市农村农产品营销大户”称号。

1月24日，彭州市首届房地产交易会开幕。总成交金额达6049.5万元。

2月18日，市政府召开常务会议，专题讨论“西部大开发，彭州怎么办?”研究彭州市在西部大开发中的具体措施。

是月，成都市工商局彭州分局被国家工商局评为“全国个体私营经济管理工作先进联系点”，为四川省唯一获此殊荣的先进单位。

3月10日，彭州市关井压产工作通过国家验收组验收。

3月12日，小鱼洞乡中坝村任天华等8位村民在向阳坪发现两只野生大熊猫。

3月26日，彭州市开通蔬菜“绿色通道”。

4月3日，国家石化局规划设计院副院长、总工程师白颐率四川60万吨/年乙烯项目专家组到彭州市军乐镇拟定厂址进行现场考察。

4月4日，日本广岛县日中友协青年委员会事务局长由木荣司一行到彭州市桂花镇捐资300万日元，新建一所“双和友谊希望小学校”。

同日，市委、市政府召开全市加快个体私营经济发展暨表彰大会，表彰和奖励25家个体私营企业。

4月25日，全市乡村水泥路通达工程现场动员会在升平乡召开，标志着彭州市“村村通水泥路”工程全面启动。

4月28日，省政协领导、省藏学研究会会长杨岭多吉到彭州视察龙兴寺建设情况；香港飞雁洞观主到新兴镇阳平观参加八卦亭开工仪式。

4月29日，香港中药现代化科技产业促进会访问团到彭州考察天乐药业集团和川芎优质无公害产业化生产示范区。

5月2—3日，省委副书记、省长张中伟到彭州部分风景区调研旅游产业和“假日经济”发展情况。

5月7日，彭州市召开“三讲”教育总结通报会。

5月12日，出席“全国中药材基地建设与中药现代化专题研讨会”的专家、企业家150余人到彭州参观敖平镇石泉川芎无公害种植示范基地。

是月，党政机关中层干部、一般干部竞争上岗、双向选择、末位待岗的用人机制开始在全市推行。

6月5日，中国地质科学院地质研究所研究员韩同林教授与中国地质博物馆教授郭克毅再次到彭州市，对“冰川漂砾”及其边缘地带什邡市八角乡进行考察。

7 月 20 日，四川省军区副司令员邹云华，成都市委常委、成都军分区司令员谭佑贤到彭州市人武部考察武器装备管理。

8 月 13 日，省委副书记席义方到彭州市考察广播电视“村村通”工程。

9 月 7—9 日，兰州—成都—重庆输油管道工程项目经理部，中石油天然气管道工程有限公司组织专家对管道工程彭州分输站进行选址考察，确定分输站位于天彭镇星光村五社。

10 月，市十四届人大常委会第 24 次会议，对市人民政府《关于中华人民共和国四川省彭州市与日本国北海道石狩市缔结友好城市关系的报告》进行审议，会议决定通过《中华人民共和国四川省彭州市与日本国北海道石狩市缔结友好城市关系》。

10 月 18 日，人事部、农业部授予宝山村党委书记贾正方“全国农村优秀人才”荣誉称号。获此殊荣全国仅 10 人，贾正方为四川省唯一获得者。

10 月 28 日—11 月 3 日，彭州市举办第二届房地产交易会，20 家房地产开发商进场展销。总成交额 6094.44 万元，超过首届。

11 月 15 日，成都市委决定：陈家荣任彭州市委委员、常委、书记，同时免去韩延辉彭州市委书记、常委、委员职务。

是月，彭州市南城小学被教育部正式批准为“全国中小学现代教育技术实验学校”。

12 月 8 日，省委常委、成都市委书记陶武先，成都市委副书记王体乾等到彭州检查党风廉政建设和社会治安综合治理目标工作。

12 月 9 日，小鱼洞乡杨坪村村民刘树奎在该村飞来岩的沟谷里发现一只大熊猫。

12 月 25 日，彭州市召开“打黑除恶”专项斗争动员部署会议。

12 月 28 日，市委召开“三个代表”重要思想学习教育活动工作暨骨干培训会议。

2001 年

1 月 5 日，九尺镇等 8 个乡镇接受“国家级科技产业化示范工程绿色蔬菜基地”的授牌，实施国家绿色蔬菜示范工程。

1 月 14—15 日，省人大常委会副主任、四川大学校长卢铁城，四川大学副校长、博士生导师杨继瑞率四川大学博士生经济顾问团一行 30 多人到彭州考察调研，为彭州经济社会发展进行会诊，献计献策。

2 月 16 日，彭州市申办 2002 年第十二届全国兰花博览会获得成功。

2 月 19 日，彭州市与中国科学院热物理工程研究所、北京万象新新科技开发有限公司、北京通用能源动力公司达成协议，投资 2500 万元修建彭州市生活垃圾焚烧厂。

3 月 5 日，省政府派驻成都市“三个代表”重要思想学习教育活动督查组组长赵文欣到彭州市检查“三个代表”重要思想学习教育活动开展情况。

3 月 7 日，四川 60 万吨乙烯项目前期工作组第一次会议在彭州市召开。

3 月 16 日，经国土资源部批准，以彭州市境内葛仙山等景点为主体的龙门山地质公园正式成为全国首批命名的 11 个国家地质公园之一。

3 月 29 日，市委召开“三个代表”重要思想学习教育活动工作会议，总结前一阶段工作，安排部署整改提高阶段的任务。

4 月 17 日，年产高纯度氢氧化钾 2 万吨的生产项目在彭州正式启动，新希望集团公司将陆续投资 2.49 亿元全面实施该项目。

5 月 10 日，成都市委常委、军分区司令员谭佑贤到彭州检查基层武装机构改革和民兵组织调整工作。

是月，《彭州年鉴》(1998 卷) 获省地方志系统优秀成果一等奖。

6 月 29 日，市委召开纪念建党 80 周年座谈会。

7 月 2 日，全国优秀共产党员、宝山村党委书记贾正方在北京参加建党 80 周年庆祝大会，受到江泽民、胡锦涛等中央领导的亲切接见。

8 月 4—6 日，中国工程院院士、国家环保总局局长顾问金鉴明教授率国家级自然保护区评审委员会一行 6 人到彭实地考察白水河自然保护区。

10 月 8 日，彭州市纪念辛亥革命 90 周年暨尹昌衡故居落成典礼在尹昌衡故乡升平镇双丰村举行。

10 月 29 日，台湾中台禅寺高僧惟觉大和尚率中台禅寺宗教文化艺术参观团一行 76 人到彭州访问。

11 月 10 日，世界银行集团国际金融公司高管到彭州考察华融化工 3 万吨高纯度氢氧化钾工程建设情况。

11 月 23 日，白水河森林公园被国家林业局批准为白水河国家森林公园。

12 月 5 日，国务院办公厅农业产业化调研组一行 6 人到彭州调研农业产业结构调整及农民增收工作。

2002 年

1 月 15 日，投资 6800 万元的彭州牡丹大道竣工通车。牡丹大道全长 4.52 公里，宽 83 米，成为连接成彭、彭什、汉彭、彭白公路段的过境快速通道。

1 月 15 日，省委副书记秦玉琴，成都市委常委、组织部长苏海红到彭州市大宝镇宝山村等地调研村级“三个代表”重要思想学习情况。

2 月 27 日—3 月 5 日，第十二届中国 (成都) “金花杯” 兰花博览会暨成都市花卉蔬菜展销会在彭州市举行。40 多万人次参观博览会，成交达 5000 万元以上。

4 月 7 日，全国政协副主席杨汝岱到彭视察成都市第十八届彭州牡丹花会展和华融化工 3 万吨高纯氢氧化钾生产基地。

6 月 18—19 日，四川省计委、交通厅，成都市计委、交通局，四川省及成都市公路规划设计院和四川省国际工程咨询公司共同组成专家组，对“成都至彭州高速公路工作可行性研究报告”进行评审。

7 月 2 日，国务院批准彭州市白水河自然保护区为新建国家级自然保护区。

7 月 10 日，民革中央副主席、省人大常委会副主任、省民革主委钮小明，省政协副主席阿称，成都市政协主席骆隆森率省市政协、省市民革部分委员、专家对彭州拟建中的湔江水库进行联合考察调研。

9 月 19 日，中石油集团规划部副总经理连建家等一行就 90 万吨乙烯项目拟建彭州有关情况进行调研考察。

9 月 26 日，彭州市举行龙门山国家地质公园揭碑典礼。

12 月 16 日，成（都）彭（州）高速公路正式动工建设。

12 月 18 日，香港联邦制药 · 四川制药（彭州）有限公司举行抗生素产品建设工程竣工庆典，省、市领导谢世杰、王荣轩、葛红林等出席。

12 月 27—30 日，中国共产党彭州市第十一次代表大会召开。大会选举产生了由 27 名委员、4 名候补委员组成的中共彭州市第十一届委员会，选举出彭州市纪律检查委员会委员 19 名。通过了《关于中国共产党彭州市第十届委员会工作报告的决议》和《关于中国共产党彭州市纪律检查委员会工作报告的决议》。

12 月 30 日，中共彭州市十一届一次全委会议召开，选举产生了新一届常委会委员和书记、副书记，通过了纪委第一次会议选举结果。陈家荣任市委书记，薛敏任市纪委书记。

2003 年

1 月 19—21 日，市政协第十一届委员会召开第一次会议。选举刘纪章为市政协主席。

1 月 20—23 日，市第十五届人民代表大会第一次会议召开。选举陈家荣为市人大常委会主任。

3 月 5 日，“诚信在彭州”公民道德宣传月活动正式启动。

3 月 11 日，彭州市第一中学被省教育厅授牌为“四川省示范性普通高中”。

4 月 2 日，成都市安全生产规范化工作动员暨现场会在彭州市召开。

4 月 16 日，市政府召开防治传染性非典型肺炎工作协调会，对全市防治工作进行安排部署。

是月，市委、市政府向全市执法、执纪部门下达“禁酒令”。

5 月 14 日，副省长刘晓峰一行到彭州视察基层传染性非典型肺炎防治工作，对彭州所采取措施和取得的成效表示满意。

5 月 15 日，5 名普通市民作为首批旁听嘉宾，首次旁听市政协常委会议。

7 月 10 日，成都市农村药品供应和监管网络建设试点工作现场会在彭州市召开。

7 月 21 日，参加成都市农村药品监督供应网络建设试点工作会的北京、江西、陕西、四川等省市代表团成员，到彭州考察农村药品集中配送试点情况。

8 月 15 日，省委书记、省人大常委会主任张学忠到华融化工有限公司调研，指出民营经济越大越强越好。

9 月 17 日，中石油股份公司副总裁段文德一行到彭州，对四川 60 万吨乙烯项目选址进行考察。

9 月 25 日，韩国文化广播公司（MBC）《中国药草》电视节目摄制组一行 5 人，到彭州采访拍摄中医药基地。

10 月 21 日，成都市考古队在太清镇龙泉村进行发掘，发现商周、战国遗址。

10 月 22 日，受中石油股份公司和国家有关部委委托，中国寰球工程公司专家组到彭，对 60 万吨乙烯工程可行性报告进行调研。

12 月 20 日，全市城乡居民生活用电实现同网同价。

2004 年

1 月 13 日，龙门山风景区被国务院列为国家重点风景名胜区。2 月 11 日正式命名挂牌。

是月，市国土资源局、市公安局、市建设局和天彭镇启动规范化服务型政府建设试点。

3 月 1 日，市级机关和各镇人民政府试行 9：00—12：00、13：00—17：00 的“朝九晚五”作息制度。

3 月 10 日—6 月 30 日，市环保部门根据市政府决定，对湔江、土溪河沿岸 38 家超标排污的煤矿企业实施限期治理。

4 月 10 日，市委组织部在丽春镇青光村、天顺村和白鹿镇回水村试点，采取“海选”方式进行村级组织换届选举。

4 月 12 日，国家发改委和交通部、商务部、农业部到彭州调研鲜活农产品“绿色通道”建设工作。

5 月 9 日，中央电视台披露彭州市九尺镇古堂村 4 组熊小兵非法使用工业用盐生产泡菜，彭州市委、市政府立即采取措施查处，并专项检查全市 23 家盐渍食品加工厂。

5 月 16 日，成都市委副书记、市长葛红林到彭州调研人畜饮水解困工程和防汛工作。

6 月 1 日，龙门山风景区设为烟尘控制区，按《成都市建设烟尘控制区管理规范》进行管理。

6 月 11 日，市委、市政府出台《彭州市事业单位人事制度改革方案》和《彭州市事业单位人事制度改革未聘人员分流安置意见》，改革事业单位人事管理体制，推行以聘用制度为核心的用人制度。7 月 12 日召开动员大会，启动事业单位人事制度改革。

8 月 30 日，召开全市领导干部大会，安排部署专项治理党员干部收送“钱物”工作。

9 月 17 日，举行四川 80 万吨乙烯项目环境影响评价公众听证会。

10 月 1 日，成彭高速公路试通车。11 月 1 日正式通车。

10 月 25 日，彭州市发出公告，公开选拔市民政局局长、市林业局局长、市安监办（局）主任（局长）。

11 月 1 日，全国科协副主席黄孟复到彭州市调研成都华融化工有限公司。

11 月 13 日，白鹿镇水观村宏盛煤矿发生特大瓦斯爆炸事故，造成 19 人死亡，4 人重伤，7 人轻伤。14 日，彭州市政府对全市煤矿进行停产整顿。

12 月 11 日，按照国家产业政策，全市分 3 个阶段强制关闭黏土砖生产企业。

12 月 15 日，国家安监局领导孙华山到彭州督查煤矿安全生产工作。

12 月 28 日，总投资 2.5 亿美元的四川亚东水泥有限公司开工建设。

2005 年

1 月 26 日，市委召开保持共产党员先进性教育活动工作会议，确定从 2005 年 1 月至 2006 年 6 月在全市开展保持共产党员先进性教育活动并作好安全部署。

2 月 7 日，彭州市召开领导干部大会，成都市委常委、组织部长唐平川宣布成都市委决定：门生任中共彭州市委书记。

5 月 30 日，市委市政府决定组建市建设经营投资有限公司，集中统一管理全市党政群机关和事业单位国有资产。

5 月 31 日，中咨公司组织乙烯项目专家组一行 60 余人到彭州召开四川 80 万吨乙烯项目申请报告现场调研及评估会议。

6 月 9 日，召开彭州市第二届地方志编纂工作会议，全面启动第二轮修志工作。

6 月 20 日，中央保持共产党员先进性教育活动督导组组长何永康到彭州市走访调研，高度评价彭州开展保持共产党员先进性教育活动所作的努力。

6 月 27 日，省委副书记甘道明率省、成都市相关部门负责人到彭州调研四川石化基地前期准备工作，对交通运输，石化配套区建设和拆迁安置工作提出要求。

7 月 22 日，设立彭州市石化产业发展局。

是日，中国银行四川省分行行长白树屏一行到彭州市考察调研。

8 月 5—8 日，在川的中国科学院院士刘宝珺、刘盛纲、陈星弼、经福谦，中国工程院院士孙玉发、李乐民、林祥棣、罗平亚、姜文汉、殷国茂、高洁到彭州参观考察，为石化产业和经济社会发展出谋划策。

10 月 10 日，市委首次开放市委常委会议，7 名群众代表列席十一届市委第七十次常委会议。

10 月 26 日，中央精神文明建设指导委员会授予宝山村“全国文明村镇”称号，授予 5719 工厂“全国精神文明建设先进单位称号”。

11 月 28 日，国务院核准四川 80 万吨/年乙烯项目。12 月 13 日，国家发展和改革委员会以发改工业〔2005〕2634 号文正式通知中国石油天然气集团公司和四川省人民政府，批准四川 80 万吨/年乙烯建设项目，该项目落户彭州市。

12 月 8 日，《彭州市石化配套产业发展规划》通过评审。

12 月 9 日，举行招商引资项目集中签约仪式，市政府与华源集团、华融化工、西星实业、新加坡亚洲工程企业等 14 家企业签订投资协议书，投资总额 29. 2 亿元。

是日，彭州市社会科学界联合会成立并召开第一次代表大会。

第一篇　政区　环境

彭州市多处出土的新石器时代器物证明，早在5000多年前彭州先民就生息、劳动在这片土地上，创造了辉煌灿烂的古蜀文明。彭州市是古蜀文明的核心区域，是长江文明重要的组成部分。周慎靓王五年（公元前316年），秦惠王灭蜀后，鉴于蜀国的势力和影响力，破例实行封侯置相治理。秦昭襄王二十二年（公元前285年），蜀侯绾叛诛后，方设郡置守，推行郡县制，今彭州为蜀郡繁县，这是彭州进入封建社会的开始，距今有2300余年历史，治地在今彭州市天彭镇。以后不管升州降县、撤县设市，治地一直不变，天彭镇几千年一直是地方政治、经济、文化的中心，这在成都平原是不多见的。纵观彭州建置，从肖梁置东益州，隋置濛州，唐置彭州，至明初废州设彭县，一直作为国家重要行政区域达870余年之久。明降州为县后，市境政区基本稳定。1993年11月18日，经国务院批准撤县设市后，以原彭县行政区域为彭州市行政区域。辖区面积1421平方公里，总人口75.4万人。政区北与汶川县、茂县接壤，南隔蒲阳河、清白江与郫县、新都区相望，东邻什邡、广汉市，西连都江堰市。

彭州市位于四川盆地西北部与青藏高原东部边缘相接地带，地处成都平原与龙门山脉的过渡地带，地质构造复杂，地形地貌多样，地势呈阶梯状分布。西北部的龙门山脉为天然屏障，海拔四千多米的红龙池、乾龙池是沱江三源之一的湔江发源地，东南部为沃野千里的成都平原，山、丘、坝俱全，可概括为“六山一水三分坝”。地跨东经103°40′~104°10′，北纬30°54′~31°26′，市境属四川盆地亚热带湿润气候区，年平均温度15.6℃，冬暖夏凉，无霜期长达277天，雨量充沛，年平均降水量865.3毫米，有利于植物的生长。因受地理、纬度等因素影响，境内自然资源丰富，蕴藏金、银、铜、铁等金属矿资源，丰富的铜矿资源造就了古蜀国独特的青铜文明，丰富而易于开采的蛇纹石和湔水碧玉成为古蜀国玉文化重要的源泉。生物资源复杂多样，植被呈立体分布，从阔叶林带逐步过渡到阔叶针叶混交林带，到针叶林带、高山灌木丛和高山草甸。林木资源丰富，材蓄量300多万立方米。其中不乏国家一、二级保护树种；药用、食用、观赏植物资源非常丰富。2005年底，全市森林面积达46.49万亩，森林覆盖率为48.2%。野生动物资源丰富，主要的有331种，其中列入国家一、二级保护动物的有大熊猫、金丝猴等32种。还有彭州特有的鱼种“桃花斑”（学名成都鱲）和“沙网子”（学名彭县似鲋）。市境土地总面积212.91万亩。这些都是彭州市进行经济建设和推进社会发展不可或缺的优势条件和物质基础。

第一章　政　区

彭州在公元前285年设置繁县，为行政建置至今已有2300年历史。其间历经升降省复，隶辖变化。中华人民共和国成立后，彭县隶属温江专区，1983年后隶属成都市，1993年撤县设市，行政区名为彭州市，仍隶成都市。彭州市人民政府驻地天彭镇，距成都市主城区25公里。彭州市辖区区划经1992年进行撤乡并镇，至2002年成为成都市唯一无乡建制的区（市）县。2004年实行撤镇并镇，至2005年市辖内区划由1985年的34个区、乡、镇调整为20个镇，人口总计77.8万人。

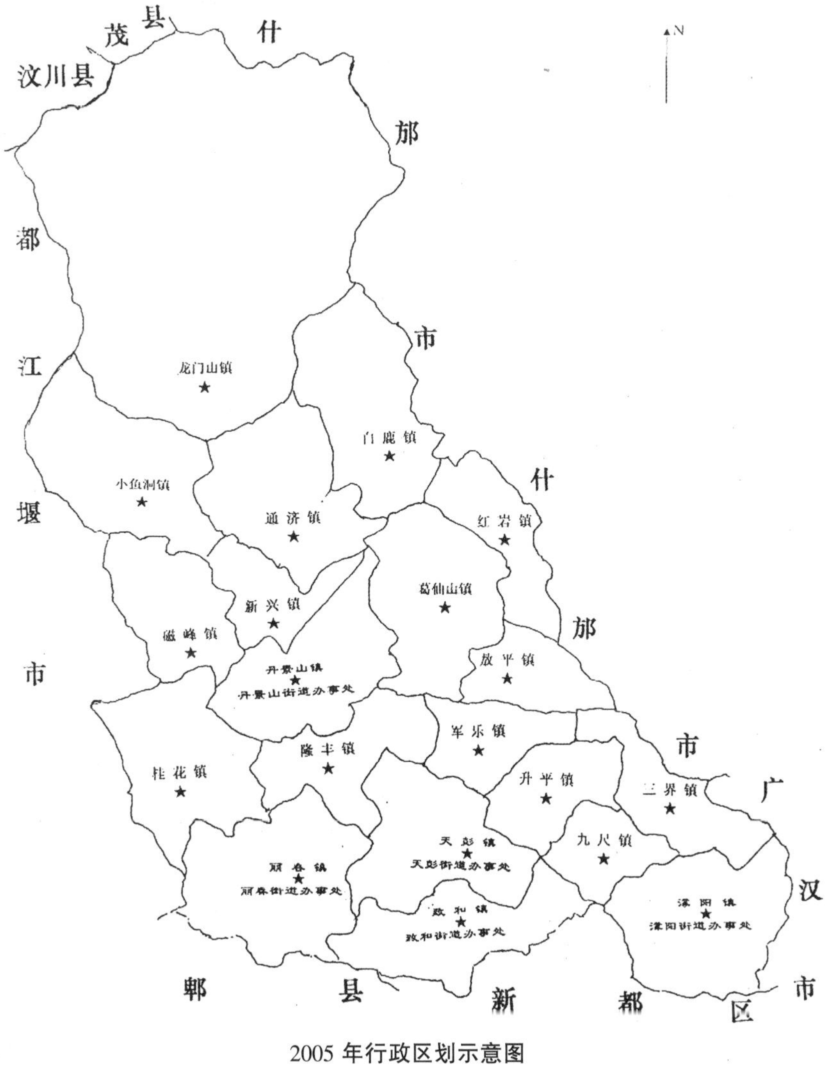

2005年行政区划示意图

第一节　建置沿革

战国时期，秦于公元前285年，结束在蜀封侯置相管理制度，开始推行郡县制，在今彭州市境设繁县，其时为蜀郡十二县之一，区划范围甚广。繁县名历西汉、三国、两晋、南北朝，到北周明帝武成二年（560）徙九陇郡治于繁县并改名九陇县，另置新繁县，长达870余年。其间，在南朝梁武帝天监（502—519）中，分繁县地置东益州，辖南晋寿郡（治地今九陇关口）。西魏时，东益州辖九陇郡（本北魏天水郡，西魏改，废南晋寿郡，治地关口）、广汉郡（治地今广汉市北郊乡，辖四县）、西遂宁郡（治地广汉市新华乡）、金渊郡（治地今金堂县同兴乡，辖二县）等四郡七县，区划范围涉彭州市、广汉市、新都区、金堂县、青白江区部分区域。于北周武成二年（560）省去。

隋初，文帝仁寿二年（602）改九陇郡置濛州，属益州总管府，下辖九陇县（州治）、清城县（治地今都江堰徐渡）、郫县（治地今郫县郫筒镇）。隋炀帝大业初年（609）废濛州，还属蜀郡。唐初，武德元年（618）改郡为州，三年（620）由益州分出九陇、绵竹（治地今绵竹市城关镇）、盘龙（治今灌口镇）三县置濛州，属成都府。太宗贞观二年（628）州废，还属益州，贞观十年（636）太宗李世民封弟李元则为彭王，于原隋濛州治所（今天彭镇东古城大缺口）建王子城。高宗仪凤二年（677）置濛阳镇，武后垂拱二年（686）分益州九陇、灌宁［治今都江堰市灌口镇，本高祖时盘龙县，太宗时改灌宁县，玄宗开元中又改为导江县，并徙治于今导江铺）、唐昌（治今郫县唐昌镇，武后长寿二年（693）又改名周昌县，中宗神龙元年（705）复名唐昌］三县和濛阳镇、镇静军（驻灌口镇，太宗贞观中置）置彭州，属剑南道。玄宗天宝元年（742）实行郡县制改彭州为濛阳郡。肃宗乾元元年（758）复为彭州。彭州这一行政区域名从686年武后设置以后，除一度变名濛州，属辖有变，历五代、两宋、元，到明太祖洪武十年（1377）降州为县长达690余年。

州降县后的285年，即清康熙元年（1662）因连年战争，州县荒废，人烟稀少，实不成治，彭县省入新繁。到雍正六年（1728）复置，消失达66年。彭县作为行政区域名历清、民国到中华人民共和国1993年，达211年。其间，隶属有变，清顺治三年（1646）属四川省成都府，嘉庆初设道，属成绵龙茂道成都府，光绪三十四年（1908）改道名，属川西道成都府。民国3年（1914）属四川省西川道（元年裁道，2年恢复道制，3年改道名）。民国17年（1928）裁道，县直属四川省。民国24年（1935）设行政督察区，属第一区（治地今温江柳城镇）。

中华人民共和国成立后，1949年属四川省川西行署温江专区。1959年7月，将柏条河以北与彭县接壤的原崇宁并入郫县的庆兴、桂花、丰乐、君平4个公社划入彭县管辖。1968年改专区为地区，彭县仍属。1978年改为地区行政公署，彭县仍属。1983年3月，温江地区行政公署并入成都市，彭县归属成都市所辖。1993年12月28日，根据民政部民行批〔1993〕232号批复，撤销彭县，设立彭州市（县级），由四川省直辖，以原彭县的行政区域为彭州市的行政区域。省政府委托成都市代管彭州市，原有一切关系不变。历经撤乡并镇、撤镇并镇，到2005年，彭州市辖20个镇，271个行政村，85个社区居民委员会。

第二节　行政区划

乡镇调整

1986 年 11 月，经四川省人民政府同意建立九陇镇。

1992 年 10 月，经四川省人民政府同意，撤销通济区公所、思文乡、丰乐乡、桂花乡、永定乡、楠木乡、军乐乡、百贤乡、三界乡、罗万乡、清平乡、磁峰乡，建立桂花镇、楠杨镇、三界镇、磁峰镇、军乐镇。此次调整全县由 33 个乡镇调整为 15 个镇、13 个乡，减少率为 15.2%。

2000 年 6 月，经四川省人民政府同意，撤销庆兴乡，建立庆兴镇，建镇后所辖行政区域不变，镇政府驻地不变。

2001 年 6 月，经四川省人民政府同意，撤销小鱼洞乡、太清乡、升平乡、红岩乡，建立小鱼洞镇、太清镇、升平镇、红岩镇，撤乡建镇后所辖行政区域不变，镇政府驻地不变。

2002 年 8 月，经四川省人民政府同意，撤销西郊乡、致和乡、利安乡，建立西郊镇、致和镇、利安镇。撤乡建镇后所辖行政区域不变，镇政府驻地不变。同年 9 月，撤销万年乡、白鹿乡、竹瓦乡、北君平乡，建立葛仙山镇、白鹿镇、竹瓦镇、北君平镇。建镇后所辖行政区域不变，镇政府驻地不变。至此，彭州市成为成都市 19 个区（市）县中唯一没有乡建制的市（县）。

2004 年 9 月，经四川省人民政府同意，撤销西郊、利安、北君平、庆兴、竹瓦、三邑、太清、楠杨 8 个镇。原西郊、利安 2 个镇所辖行政区域划归天彭镇管辖；原北君平、庆兴 2 个镇行政区域划归丽春镇管辖；竹瓦、三邑 2 个镇行政区域划归濛阳镇管辖；原太清镇所辖行政区域划归致和镇管辖；原楠杨镇所辖行政区域划归葛仙山镇管辖。

2004 年，经成都市人民政府批准，设置致和镇街道办事处，与致和镇政府合署办公，实行“两个牌子，一套人马”的管理模式。2005 年 3 月，经成都市人民政府批准，增设天彭、濛阳 2 个街道办事处，与镇政府合署办公。

至 2005 年底，全市由 1985 年的 34 个区、乡、镇减至 20 个镇。乡镇行政区域调整后，各镇平均人口由 2.8 万人增至 3.9 万人，面积由平均每镇 51 平方公里增至 71 平方公里。

村、社区调整

1986 年 11 月，经四川省人民政府同意，隆丰镇所辖的关口场居委会、双松村、白塔村、马桑村、石牛村，新兴镇所辖丹景村，百贤乡所辖前方村、东前村划归新建的九陇镇管辖。

1992 年 10 月，经四川省人民政府同意，原丰乐乡、桂花乡所辖行政村、居委会划归桂花镇管辖。原楠木乡行政村、居委会和原永定乡所辖尖峰村、凤鸣村、永埝村、将军村、新春村、五杨村、武备村、石洞埝村划归楠杨镇管辖。原三界乡辖地及罗万乡所辖凌泉村、红狮村、何家村、山包村、春光村、罗万场居委会划归三界镇管辖。原磁峰乡所辖行政村、居委会属磁峰镇管辖。原军乐乡所辖行政村、居委会属军乐镇管辖。原清平乡所辖行政区域划归天彭镇管辖。原罗万乡所辖河北村划归敖平镇管辖。原永定乡所辖东河村、六龙村、多宝村、石河村和原百贤乡所辖东方村、前方村、杉柏村、万安村、白衣庵村划归九陇镇管辖。原百贤乡所辖新华村、高皇村、富集村、回龙村、团结村、岚锦村、桂花林村、九龙村、红光村，原楠木乡所辖双河村，九陇镇所辖马桑村划归隆丰镇管辖。原思文乡所辖行政区域划归通济镇管辖。

1995 年 5 月，经成都市人民政府同意，原楠杨镇所辖武备村、五柏村、新春村、将军村、凤鸣村、永埝村、尖峰村、石洞埝居委会划归九陇镇管辖。

1996 年 12 月，经成都市人民政府同意，将隆丰镇马桑村划归九陇镇管辖。

村、社区撤并和更名

2004 年开始，彭州市人民政府根据全市实际情况和成都市《关于做好农村村组管理体制改革工作的意见》精神，对所辖镇的部分行政村（社区）居委会进行撤并、更名等改革。

经过农村村组管理体制改革，全市将 450 个村 54 个社区居委会调整为 271 个村、85 个社区居委会。

彭州市 2005 年行政村、社区设置情况表

表 1-1-2-1　　单位：个

镇	村、社区	村	社区	合计
天彭镇	三星村、银木村、白庙村、牌坊村、双星村、八一村、壁山村、星光村、七里村、二龙村、雷音村、旌旗社区、光明社区、白马社区、檀木社区、谢家社区、周家社区、陈家社区、顾福桥社区、繁江南路社区、繁江北路社区、滨河路社区、杜家社区、寂光社区、先锋社区、利安场社区、东大街社区、南大街社区、西大街社区、北大街社区、天府西路社区、金彭东路社区、天府中路社区、金彭中路社区、金彭西路社区、朝阳中路社区、东湖社区、翠湖社区、外北街社区、延秀街社区、龙塔社区、隆兴社区、安澜社区、花龙社区	11	33	44
龙门山镇	国坪村、宝山村、团山村、九峰村、三沟村、白水河场社区	5	1	6
通济镇	景山村、崇德村、羊叉村、筒西村、麻柳村、春芽村、龙定村、红山村、大坪村、花溪村、黄村、桥楼村、官田村、姚家村、天生桥村、梓柏村、双杨村、洞安村、通济场社区、思文场社区	18	2	20
新兴镇	君山村、阳平村、龙怀村、花坪村、石梯村、断山村、止马村、狮山村、海窝子社区	8	1	9
磁峰镇	莲水村、蟠龙村、石门村、小石村、庙坪村、涌华村、花塔村、皇城村、滴水村、鹿坪村、西一村、磁峰场社区	11	1	12
小鱼洞镇	大湾村、罗阳村、杨坪村、中坝村、太子村、董坪村、鱼洞村、江桥村、大楠村、草坝村、小鱼洞场社区	10	1	11
白鹿镇	金桥村、白鹿村、水观村、关沟村、塘坝村、回水村、天台村、红华村、三河店村、白鹿场社区	9	1	10
丽春镇	黄竹村、景林村、利和村、长廊村、黄龙村、花草村、青光村、黄鹤村、元义村、白果村、天鹅村、合江村、碧鸡村、天顺村、保平村、蒲阳村、联合村、红旗村、东风村、跃进村、土溪村、塔子村、花棚社区、石匣社区、花街子社区、君平街社区、谭家场社区、官渠社区、白鹤社区、清河社区	22	8	30
桂花镇	灯塔村、双林村、清桥村、三圣村、双红村、石花村、插旗村、红石桥村、沂水村、高峰村、龙头村、利济村、衡州村、一龙村、丰乐场社区、桂花场社区	14	2	16
敖平镇	平安村、兴泉村、凤泉村、鹤泉村、星河村、友谊村、紫泉村、楠桥村、石音村、敖家场一社区、敖家场二社区	9	2	11

续表1-1-2-1

镇	村、社区	村	社区	合计
军乐镇	乐兴村、迎春村、石埂村、银定村、玉皇村、香水村、朝阳村、黑龙村、军屯村、华光村、红星村、军乐场社区	11	1	12
红岩镇	窝店村、龙九村、塔桥村、虎形村、梨花村、幸福村、灵石村、白石沟村、八角村、红岩场社区	9	1	10
葛仙山镇	熙玉村、永乐村、楠新村、文林村、杨柳村、群柏村、山泉村、红庙村、普胜村、建新村、大曲村、蒲沟村、乐江村、八井村、百顺村、华南村、东虎村、官仓村、张泉村、花园村、万年场社区、楠木场社区	20	2	22
丹景山镇	前方村、杉柏村、东方村、东前村、集埝村、双松村、石牛村、白塔村、丹景村、石河村、东河村、将军村、新春村、五柏村、武备村、马桑村、万安村、石洞埝社区、关口场社区、	16	2	18
隆丰镇	西北村、文家村、金山村、同德村、九九村、太尉村、公林村、大宝村、高皇村、富集村、回龙村、团结村、岚锦村、桂花林村、九龙村、红光村、新华村、双河村、双埝社区、新润社区	19	2	21
升平镇	积泉村、玉泉村、莲泉村、龙吟村、龙福村、青春村、银雀村、石桥村、昌衡村、广圣村、墓山村、升平场社区	11	1	12
致和镇	龙泉村、青石村、连封村、东远村、京果村、大林村、元通村、棋盘村、高泉村、清洋村、白祥村、梅花村、百苍村、仁义村、复兴村、中平村、明台村、观泉村、晓阳村、红瓦村、古云村、清林村、花土村、太平社区、万家社区、高山社区、九江社区、四方社区、护国社区、贤德社区、清泉社区、斑竹社区、独柏社区、双龙社区、北京堂社区、五里社区	23	13	36
九尺镇	玉源村、金鼓村、双土村、金沙村、永兴村、天宝村、高林村、宝马村、鹿鹤村、九尺场第一社区、九尺场第二社区	9	2	11
濛阳镇	凤霞村、双林村、普华村、彩林村、三湾村、大汉村、天王村、文山村、青卓村、佛踏村、宝祝村、东星村、南佛村、泉沟村、三王村、永桥村、伏龙村、桂桥村、电光村、戊寅村、白土河村、东塔社区、园石社区、柏桥社区、濛阳场一社区、濛阳场二社区、青江社区、杨湾社区、	21	7	28
三界镇	三界村、北泉村、白衣村、方义村、东平村、元胜村、丰碑村、高寿村、祇园村、观圣村、清凉村、新埝村、红家村、春山村、凌泉村、三界场社区、罗家场社区	15	2	17
合计		271	85	356

第三节　勘　界

1991年12月6日，彭县成立勘界领导小组。彭州市获得成都市人民政府“成都市全面勘界工作先进集体”称号，2002年1月，彭州市被四川省人民政府授予“四川省全面勘界工作先进集体”称号。

区市县际勘界

彭州市（县）—广汉市　1992年5月5日至1996年4月23日，彭州市人民政府与广汉市人民政府联合勘测30.2公里的边界线，共涉及7个乡镇18个行政村，埋设界桩13个并签订域界线协议书，2001年经省人民政府批复同意。

彭州市（县）—新都县　1992年4月23日至1996年4月23日，彭州市人民政府与新都县人民政府联合勘测42.22公里的边界线，共涉及11个乡镇18个行政村，埋设界桩6个（包括1个三交点）。2000年经省人民政府批复同意。

彭州市（县）—什邡市　1992年5月6日至1999年10月20日，彭州市人民政府与什邡市人民政府联合勘测87.32公里的边界线，共涉及12个乡镇41个行政村，埋设界桩34个（包括2个三交点）。1—10号设为界点，未埋设界桩；11—34号均埋设双面型单立石凿界桩。2001年经省人民政府批复同意。

彭州市—郫县　1996年7月5日至1997年11月19日，彭州市人民政府与郫县人民政府联合勘测16.2公里的边界线，共埋设界桩4个（包括2个三交点）。2000年经省人民政府批复同意。

彭州市—都江堰市　1996年9月19日至1997年9月18日，彭州市人民政府与都江堰市人民政府联合勘测75.2公里的边界线，共涉及10个乡镇25个行政村，埋设界桩3个（包括1个三交点）。2000年经省人民政府批复同意。

彭州市—汶川县　1996年9月19日至1997年8月18日，彭州市人民政府与汶川县人民政府联合勘测10.45公里的边界线，共涉及2个乡镇3个行政村，设置界点5个（包括1个三交点）。2001年经省人民政府批复同意。

彭州市—茂县　1996年11月19日至1997年8月28日，彭州市人民政府与茂县人民政府联合勘测7.15公里的边界线，共涉及3个乡镇3个行政村，设置界点3个（包括1个三交点）。2001年经省人民政府批复同意。

截至1998年8月，彭州市完成了与茂县、汶川县、都江堰市、郫县、新都区、广汉市、什邡市7县（市）273.9公里边界线勘定工作。共埋设县（市）界桩51个，其中三交点界桩5个，界点15个。通过全面勘界工作，明确了彭州市与周边县（市）边界线的走向，解决了与周边县（市）的争议问题15处、图上纠错4处，确认了彭州市与周边县（市）边界线的起止点，并将双方认定的边界线走向和三交点分别标绘在1∶5万、1∶1万地形图上。

市内乡镇际勘界

1997年4月1日，彭州市人民政府发出《关于勘定乡镇行政区域界线工作的通知》（彭府发〔1997〕35号）文，在全市乡镇开展勘界工作。1997年4月28日至1999年12月30日，完成28个乡镇703.2公里行政区域界线的勘定工作，埋设乡镇界桩31个，明确了乡镇的边界线，解决了乡镇村组之间对河流、矿山、林地、飞地等有争议的地段，双方乡镇、村组干部对边界走向进行了认定，对保护资源和合理利用资源有了新的认识。

第四节　镇区概况

天彭镇

天彭镇是彭州市政治、经济、文化、商贸中心。全镇面积66.61平方公里，耕地面积50982亩。1992年10月13日原清平乡并入，2004年9月8日原西郊镇、利安镇并入（2002年8月19日西郊乡、利安乡撤乡建镇），镇政府驻地东湖路。2005年3月23日，设天彭街道办事处。辖11个行政村、33

个社区居委会。总人口16.11万人、59990户，其中非农业人口12.53万人。

境内粮食种植主要有水稻、小麦，经济作物种植主要有油菜、蔬菜等，养殖主要有生猪、家禽等。2005年，蔬菜种植以国家高新蔬菜科技示范基地、雷音果蔬种植基地、牌坊番茄种植基地、光明精细蔬菜种植基地为龙头，带动农村经济发展，村（社区）集体经济收入548万元。种植蔬菜面积4400余亩。农民人均收入4500元。

境内镇村企业门类繁多，主要有建工建材、制药、石化仪表、稀土、保护渣、石棉制品，包装装潢、印刷、铸造、配气站、农机、房地产开发等企业5537个，从业人员14859人。2005年，天彭镇完成工业总产值7.7亿元，利润667万元，入库税金711万元。

20年间，居民大部分住上楼房，住宅逐步向高层发展，城区升华台楼房最高层已达12层。镇内交通四通八达，成彭高速公路20分钟可到达成都。绵阳、德阳、广汉、什邡、郫县、温江、都江堰等周边市县均通直达班车。20年间，镇区电力设施不断完善，先后数次扩容。尽管企业、人口倍增，仍能保证城市居民生活和企业生产用电的供应，杜绝停电现象。天然气管道遍布全镇，不仅供应城市居民生活、企业生产用气，且向远郊输送。彭州自来水厂几经改建、扩建，自来水供应能力不断提高。改地下取水为地表取水，修建了第二自来水厂，从西河水库引水，使城区居民100%用上自来水，并向郊区提供饮用水。境内有西华大学、彭州中学、彭州一中、彭州职中、城南中学等15所，医院7家，敬老院、邮电、通信、银行、广播电视等公共服务设施齐全。

龙门山镇

龙门山镇位于彭州市北部，北接阿坝州，西连都江堰市，东邻什邡市，南靠小鱼洞镇，全境皆山。国家级风景名胜区银厂沟、九峰山风景区、回龙沟风景区均在镇内。1990年9月5日撤销大宝乡建大宝镇，2002年7月25日大宝镇更名为龙门山镇。辖5个行政村、1个社区居委会。全镇面积384.34平方公里，有耕地6990亩。境内资源丰富，有林地面积48万余亩，森林覆盖率达87.6%。截至2005年，总人口10672人、3213户，其中非农业人口731人。

镇域内粮食主产玉米、洋芋。经济作物主要种植黄连、川芎、“三木”药材（厚朴、杜仲、黄柏）、重楼、天麻等。2005年药材种植面积3000余亩，销售额达2000余万元。全镇农民纯收入达4638元。

镇内企业主要有水电、旅游、餐饮等。2005年工业产品销售额3亿多元。其中以水电企业为龙头，全镇共有16个水力发电站，26台发电机组，装机容量18100千瓦/小时。境内乡村酒店、农家乐众多，2005年达800余家，从业人员5000余人，营业收入3500余万元。

1986年，白水河城镇面积0.2平方公里，人口1300人。2005年，城镇建成区面积达0.56平方公里，人口发展至6940人。镇内交通方便，是彭白公路的终点。另有40公里的小火车通达镇治白水河。至2005年，镇域内有省道1.5公里、镇道4.6公里、村道8.6公里、矿山道路4.8公里（均为砼路面），实现村村通公路。以公共汽车、乡村小客车、小汽车、摩托车为主要交通工具。境内建有邮政所、电信所、自来水厂各1个、农贸市场2个、卫生院1所及中小中学。广播电视光纤覆盖率达100%。

通济镇

通济镇位于彭州市西北部，面积70.04平方公里。东与葛仙山镇、白鹿镇接壤，南与新兴镇以湔江为界，西临小鱼洞镇，北靠龙门山镇。1990 年 9 月 5 日，撤销通济乡建通济镇，1992 年 10 月 13 日，撤销思文乡，并入通济镇。辖 18 个行政村、2 个社区居委会。总人口 28422 人、8554 户，其中非农业人口 1820 人。耕地 16279 亩。

粮食主产水稻、小麦。经济作物主要种植油菜、黄连、蘑菇等。家庭养殖主要有生猪、家禽。2005 年，种植香菇 720 万袋、黄连 1700 亩；生猪出栏 20325 头、家禽出栏 2.5 万只。

境内乡镇企业 2003 年工业企业、个体工商户达 967 家，其中有煤矿、石灰矿山、水电、机砖、酿酒等。从业人员 4469 人。是年生产原煤 40 万吨、矸砖 7600 万块、石灰 50 万吨、石灰系列产品 33 万吨、焦煤 3500 吨、白酒 180 吨、水电 270 万度。实现企业总产值 9613 万元，利润 169 万元，入库税金 352 万元。随着市内生态环境保护力度加大，2005 年，镇内煤矿企业减至 6 家，诸多炼焦、石灰生产等企业相继关闭。全镇有产值收入上百万元的企业 20 家，龙头企业专合组织带户面达 100%。

镇内拥有中学 2 所、中心小学 2 所、村小 8 所。有镇文化站 1 个，中心卫生院 2 所，村级医疗站 17 个。敬老院 1 所。

新兴镇

新兴镇位于彭州市西北部，面积 33.77 平方公里，耕地面积 8365 亩。辖 8 个行政村、1 个社区居委会，总人口 20939 人、6567 户，其中非农业人口 6948 人。

镇内粮食主产水稻、玉米、洋芋。经济作物主要种植黄柏、黄花梨、核桃、板栗、樱桃为主。境内竹林面积大，分布广，有楠竹、斑竹、慈竹等 10 多个品种，面积 2 万多亩。淡水鱼养殖面积 500 亩，其中狮山村鲟鱼人工繁殖基地发展到 50 余亩，为西部规模最大。2005 年，全镇人均纯收入 4497 元。镇内乡镇企业主要有煤矿、煤矸石、砂石等。2005 年企业实现工业增加值 1945 万元，税金入库 375 万元，企业利润 101 万元。

境内有彭白公路贯穿全境。全面实现村村通水泥路，建成水泥路总长 44 公里。1998 年将狮山铁索桥、止马铁索桥改建为钢筋混凝土大桥。2003 年修建人畜饮水工程，先后投入资金 100 余万元，建蓄水池 4 座、铺设输水管道 4890 米，使三尖、花坪、龙怀、定山村、狮山 5 个村 2800 余人的饮水问题得到解决。镇内拥有九年制义务教育学校 1 所、村小 1 所、成人教育学校 1 所、幼儿园 3 所。另有卫生院、邮政所、广播电视、文化站等公共设施齐备。2005 年，全镇拥有座机电话 5470 部、移动电话 13395 部。

磁峰镇

磁峰镇位于彭州市西北部，东与新兴镇毗连，南与丹景山镇、桂花镇接壤，西与都江堰市向峨、虹口乡相邻，北倚小鱼洞镇。面积 47.66 平方公里。2005 年末有耕地面积 9371 亩，其中水田面积 2221 亩、旱地 7150 亩。1992 年 10 月 13 日，撤销磁峰乡建磁峰镇。截至 2005 年，辖 11 个行政村、1 个场镇社区居委会，总人口 17485 人、4991 户，其中非农业人口 940 人。

镇境内粮食主产水稻、小麦、玉米等。经济作物主要种植油菜、食用菌、蔬菜等。2005 年，全镇种植水稻面积 2189 亩，总产量 946 吨；种植小麦 2745 亩，总产量 698 吨；种植油菜 1641 亩，总产量 92 吨。种植珍稀食用菌 200 万袋，产值 500 万元。生猪出栏 1.41 万头，家禽出栏 15.22 万只。农民可支配收入达 4350 元。

1986—1996 年，镇内企业有煤矿、玻璃、水泥、矸砖等生产企业 114 家，其中煤矿企业达 108 家。

1996年企业总产值2.6亿元，销售收入2.47亿元，利润880万元。1996年后，企业在产业结构调整中逐步转型。2005年，仅存煤矿企业15家、矸砖厂5家、非煤矿山3个，实现工业增加值3180万元，入库税金290万元，利润220万元。

境内蒲新路穿境而过。2001年，开始实施道路“村村通”工程建设，先后投资400余万元，硬化庙坪、涌华、荷包等9村村道及磁桂路共23.5公里。同年，实施农村电网改造，投入资金297.51万元，新建、改建350V高压输电线路15.31公里，220V输电线路137.53公里，并进行户表改造和投配变压器等。1998—2005年，先后新建无线移动通信网站6个、“小灵通”机站5个。2005年全镇有线、无线电话拥有量达3100部，有84户居民安装宽带和互联网。境内有中学、小学、医院、信用社、邮电所、综合市场等公共设施。

小鱼洞镇

小鱼洞镇地处彭州市北部边缘山区，北靠龙门山镇，西接都江堰市，南邻磁峰、新兴两镇，东连通济镇。全镇面积59.15平方公里。有耕地5400亩（其中水田1680亩，旱地3720亩）。2001年6月26日撤销小鱼洞乡建小鱼洞镇。辖10个行政村和1个社区居委会。截至2005年，总人口13050人，3809户，其中非农业人口556人。

该镇境内粮食主产玉米、水稻、小麦，经济作物油菜，主要种植中药材、水果、反季节蔬菜等。2005年，玉米种植面积5340亩，总产量1653吨；水稻1381亩，总产量486吨；小麦种植面积80亩，总产量24吨；油菜种植面积150亩，总产量12吨。“三木”药材、黄连等种植面积2万余亩，大湾、罗阳、阳坪等8个村种植农户达60%以上。银杏、猕猴桃、青梅、笋用竹等经济林种植面积1万亩（其中，青梅种植面积1700亩，笋用竹500亩）。生猪出栏1.13万头；家禽出栏1.51万只。年产冷水鱼200吨。镇内新建专业经济合作组织田梦生态农业合作社，推进土地向业主集中，流转土地600亩。农民人均纯收入4392元。

境内乡镇企业主要有化工、煤矿、石灰窑、水电等。20世纪90年代中后期，全镇乡镇企业最为兴旺，各村社相继兴办小煤窑34个、采矿场14个、石灰窑167个。20世纪90年代末，市里加大对生态环境的治理和地质灾害防治，开始限制兴办矿山企业，并逐步实施关闭。至2005年，境内大批矿山、小煤窑、石灰窑等企业关闭。

镇内运输业较为发达，全镇拥有大型货车176辆、中型货车41辆、农用车18辆、小四轮拖拉机（包括手扶式拖拉机）173辆，农用三轮车112辆，年货运量达214万吨。随着第一、二产业的发展，镇内服务业逐步兴旺，并突破传统模式，向特色餐饮、茶庄等旅游服务方向发展，消化大量农村剩余劳动力。全镇有农家乐20家、特色冷水鱼餐馆8家，年接待游客25000余人次。乡镇企业实现增加值5360万元，入库税金505万元，利润255万元。

镇内有彭白公路、彭白铁路纵贯全境，县级公路总长19.41公里、小铁路10公里（2004年，彭州市小火车停止运行并拆除）、村级公路11条45公里。2001年，镇政府投资18万元，新修建小鱼洞自来水厂，铺设主管道长2800余米，日供水量3000吨，使罗阳村、大湾村等1500余户、5000余人用水难问题得以解决。次年由市水务局投资40多万元，修建小鱼洞饮水工程，本镇江桥村、大楠村和通济镇黄村、桥楼村、青杠林场等2500余户、1万余人受益。从20世纪80年代初期开始，生活照明用电逐渐进入辖区农村家庭。镇内先后修建小水电站5座，总装机容量2970千伏/小时。2004年，开始实施农村电网改造，至2005年底，大湾、罗阳、太子、渔洞、江桥、大楠、草坝等7个村2800余户农户用上“放心”电。镇区内学校、敬老院、卫生院、邮政、通信等公共服务设施不断完善。2005年，全镇拥有座机电话1242门、手机6492部，百人拥有率达50.5部，电脑入网115台，各种信息传输开始普及。

1999年，依托彭白公路的改扩建，按规划开始建设场镇新区，采取统规自建的方式，在罗阳村4、5、6、7社的公路两旁修建3条街道，建铺面388间，至2005年，共有246户740人在新区建房，总建筑面积5.26万平方米。

白鹿镇

白鹿镇位于彭州市东北部。全镇面积86.79平方公里。2002年9月2日撤销白鹿乡建白鹿镇。辖9个村民委员会、1个社区居委会。截至2005年，全镇总人口10110人（其中非农业人口366人）、3065户。实有耕地面积5299亩。

境内粮食主要种植玉米、洋芋，2005年农作物总播种面积15946亩，其中粮食面积11085亩，粮食产量2764吨，油料作物面积178亩，蔬菜面积2200亩。盛产药材、茶叶、棕片、生漆等。截至2005年已有32年的黄连种植历史，在地黄连11284亩，三木药材1865亩。发展猕猴桃、核桃等果树种植，有猕猴桃1128亩，核桃200亩。无公害蔬菜2200亩。农民人均收入4274元。

镇域内乡镇企业主要有煤矿、石矿山等。随着煤矿、矿山企业的关闭，镇内企业结构逐步调整，以国家地质公园、省级森林公园为依托，实施“绿山富民、旅游兴镇”战略，发展旅游业.2005年，全镇有企业414家，从业人员2058人。总产值12825万元。

1998年，镇内开始实施小城镇规划，先后按照小康住宅通用图建房40户。投资5.5万元当年完成村村通电话，发展有线电视用户336户。2005年新建移动通信差转台2座，全年新增光纤电视用户15户。境内交通有县道小夫路通达过境，村村通水泥路。2002年全镇实施农村电网改造，实现村村通电。境内学校、邮政所、卫生院、集贸市场等公共服务设施不断完善。

丽春镇

丽春镇位于彭州市西南部，全镇面积77.12平方公里，耕地面积50671亩。西北高东南低，北部为丘陵，平均海拔612米。1990年9月5日撤销丽春乡建丽春镇，2004年9月8日撤销北君平镇、庆兴镇并入丽春镇（2000年6月25日庆兴乡撤乡建镇，2002年9月2日北君平乡撤乡建镇），镇政府驻地花街子。辖22个村民委员会、8个社区居民委员会、293个村民小组、92个居民小组。2005年，全镇总人口65664人，总户数19640户，其中非农业人口8199人。

镇境内土壤肥沃，有柏条河、蒲阳河、人民渠过境，灌溉便利。粮食种植以水稻、小麦为主，占总耕地面积的70%左右。经济作物种植主要有花生、油菜籽、蔬菜、水果、地瓜等。畜牧业以养猪、家禽为主。2005年种植无公害蔬菜1.2万亩，大棚蔬菜300亩；生猪出栏90100头、家禽出栏235万余只。成立有万富猪业协会、蔬菜协会，带动农户1720户。全镇农民人均纯收入4264元。

丽春镇工业起步早，发展快。有电力、电冶、建材、机械加工、医药、食品加工、纸业加工、服装生产等。特别是以5719工厂为依托的机械加工业，围绕红星电站的白果纸业群最具规模。2005年有乡镇企业181家，个体工商户2516户，务工从业人员4738人。乡镇企业总产值4.8亿元。

丽春镇是彭州市西部重镇，境内成汶铁路、温彭公路、北灌公路、庆桂公路穿境而过。随着“村村通”工程的实施，建成有村级水泥路103.73公里，形成完善的交通体系。1983年始建自来水厂，

1996 年进行扩建，月产自来水 5000 吨。2002 年新建自来水厂 1 座，庆兴、北君平镇并入后，共有水厂 4 座，日供水能力达 2500 吨。镇境内电力充足，2001 年实现村村通电，2005 年实现户户通电。境内建有天然气井 2 口，日供气量 11 万立方米。1998 建成开通电信机站，当年实现村村通电话，到 2005 年，全镇安装固定电话 3018 部、小灵通 200 部，平均每户拥有手机 2 部，百人拥有率达 64.7%。镇内有中学 3 所（其中高完中 1 所）、中心校 3 所、村小 9 所；体育场馆 1 个；医院 3 所；文化站及图书馆 4 所；敬老院（福利院）3 所。

桂花镇

桂花镇位于彭州市西部，全镇面积 64.42 平方公里。1992 年 10 月 13 日撤销桂花乡、丰乐乡建桂花镇，丰乐乡并入桂花镇。辖 14 个行政村，2 个社区居委会。2005 年，全镇总人口 28355 人、8828 户，其中非农业人口 4952 人。

该镇农业种植以水稻、油菜为主。经济作物种植以牧草、大头菜、稻田蘑菇为主。畜禽养殖主要有生猪、奶牛、肉牛、鸡、鸭、鹅等。2005 年，建大头菜种植基地 800 亩，并组建大头菜专业协会。示范种植菌灵芝 50 亩。生猪出栏 3.8 万头，家禽出栏 80 万只。实现农业增加值 5070 万元，农民人均收入 4130 元。境内企业主要有建筑及陶瓷、机砖等非矿山企业，其中尤以陶瓷企业为盛。2005 年，乡镇工业企业共实现产值 5400 万元，入库税金 215 万元。镇域内交通便利，省道川西旅游环线，县道庆桂路穿境而过。1975 年后建成的 22 条村机耕道，从 2003 年起陆续扩建为水泥路面，总长达 45 公里。水利有蒲阳河、土溪河、挨山河、桐麻河等河流及沿山渠流经润泽，为农业发展创造了有利条件。2005 年末，建成有 3 座自来水厂，铺设主管道 5000 米，供水用户 700 余户、3700 余人，年供水量 32850 立方米。镇内供电充足，1996 年实现村村通电，用电农户占 85%。2000 年，实施农电管理体制改革，由都江堰市供电局出资改造全镇电网，建成 10 千伏高压线路 32.8 公里，低压线路 385 公里，安装变压器 118 台。通信、广播电视发展迅速，2005 年，全镇拥有手机 14840 部，电话百人拥有率 46.4%。2003 年 5 月开通 ADSL 宽带网，2005 年底用户达 108 户。拥有光纤电视用户 1165 户，无线接收天线电视用户 4830 户，地面卫星接收天线电视 1460 户。公共服务设施有中学、小学、综合农贸市场、信用社、敬老院、卫生院等。

敖平镇

敖平镇位于彭州市东北部。东与什邡市隐丰镇交界，南靠小石河与军乐镇、三界镇相通，西与葛仙山镇相连，北与红岩镇相邻。面积 34.02 平方公里，耕地面积 28736 亩。1992 年 10 月 13 日原罗万乡的 1 个行政村划入。辖 9 个行政村、2 个街道社区居委会。2005 年，总人口 29302 人、9281 户，其中非农业人口 2044 人。

镇域主要属湔江灌溉区，人民渠贯穿全境，其支、斗、毛渠呈网状分部全境。粮食作物以种植水稻、小麦、玉米为主。2005 年水稻种植面积 26007 亩，总产量 12402 吨；小麦种植面积 1563 亩，总产量 539 吨；玉米种植面积 551 亩，总产量为 180 吨。经济作物以种植川芎、油菜籽、叶烟、食用菌、山露为主。其中尤以川芎种植最盛。2001 年，被四川省农牧厅授予“川芎之乡”称号。2003 年开始普遍推广 GAP 规范化栽培技术。2005 年川芎种植面积达 12067 亩，总产量 3137 吨，油菜籽种植面积 3879 亩，总产量 524 吨；蔬菜产量 24928 吨，水果产量 35 吨。畜牧业养殖主要有猪、牛、羊、兔以及家禽等。2005 年，生猪出栏 38500 头，家禽出栏 83 万只。全镇实现农业总产值 5285 万元，农民人均纯收入4057元。

2005年，镇内企业有食品、建工、建材等769家，从业人员1856人。企业实现增加值3736万元，实现利润142万元，入库税金180万元。

镇内彭什公路、川西旅游环线穿境而过，已建成有乡村公路25公里，纵横分布各村。镇内生产、生活供电充足，有高低压线路180公里，呈网状分布，实现社社户户通电。2005年底，全镇安装固定电话3671部、移动电话3914部。学校有高完中1所、中心小学1所、村小2所、幼儿园4所。其他公共设施有卫生院、信用社、邮政所、畜牧兽防站、文化站、福利院等。

军乐镇

军乐镇位于彭州市北部，全镇面积31.28平方公里，耕地面积20236亩。1992年10月13日撤销军乐乡建军乐镇。原楠木乡1个行政村划入。辖11个行政村和1个场镇社区居委会。2005年末总人口27412人、8895户，其中非农业人口1929人。

境内小石河、马牧河、濛阳河、人民渠杨柳分干渠和九9号、10号、11号支渠由西向东纵贯全境，灌溉便利，土壤泥沙结合，气候温和，物产丰富。

粮食作物以种植水稻、小麦、油菜为主。随着农业产业结构调整，该镇种植业逐步向蔬菜等经济作物转变，主要种植大蒜、韭菜、大葱、茄子、地瓜、红豆、辣椒、川芎等。2005年成立华光村制种协会、红星村蔬菜产销协会，新建2000亩无公害韭黄、大葱生产基地。实现农林牧副渔总产值12118万元，其中农业2981万元、林业16万元、牧业4017万元、渔业49万元，粮食总产量10493吨。畜牧养殖主要有猪、牛、羊、鸡、鸭、鹅、兔等。2005年生猪出栏3.6万头，家禽出栏70万只。农民人均纯收入4494元。

境内乡镇企业较为发达，1986年有企业138家，固定资产4300万元。2004年，有企业656家，其中工业企业106家。2005年，工业总产值为1.18亿元，同时发挥特色产业优势，加大招商引资力度，通过成立陶瓷协会，依托现有陶瓷企业以商招商，年内引进陶瓷企业4家，引进到位资金1133万元，逐步使陶瓷生产成为镇特色产业。

镇境内彭什公路贯穿南北，已建成乡村公路52公里，纵横网状分布各村（社区）。建有35千伏的变电站1座，安装有高低压线路200公里，实现社社户户通电。境内天然气公司可日供天然气10万余立方米。通信村村通工程竣工投入使用，全镇安装固定电话约4000部、移动电话约3000部。学校、卫生院、邮政所、敬老院等公共服务设施齐全。2000年，被四川省确定为省级小城镇建设试点镇。

红岩镇

红岩镇位于彭州市东北部，东北与什邡市民主、湔氐镇相连，西北与葛仙山镇、白鹿镇接壤，南与敖平镇、什邡市隐丰镇相邻。全镇面积41.60平方公里。2001年6月26日撤销红岩乡建红岩镇。辖9个行政村、1个社区居委会。2005年，总人口16557人、5375户，其中非农业人口634人。

全镇山丘多，平坝少。林地面积26900亩，森林覆盖率达53.8%。耕地面积13211亩。粮食主产水稻、小麦、玉米。经济作物以油菜、川芎、木耳、西瓜种植为主。20年间，不断调整农业经济结构，大力发展品牌农业，建立有木耳、西瓜、大棚蔬菜及水稻制种生产基地。2005年，水稻种植面积11718亩，总产量5772吨；小麦种植面积3208亩，总产量1014吨；油菜种植面积3731亩，总产量474吨；川芎种植面积3224亩，总产量412吨；蔬菜种植面积1697亩，总产量2651吨；莲藕种植面积375亩，总产量619吨；西瓜种植面积1500亩，总产量480万公斤；黄背木耳种植面积55亩，总产1169吨。生猪出栏15456头，家禽出栏65万只。全镇农民人均收入4215元。

镇内企业主要有制砖、水泥、煤矿、非煤矿山、造纸、酿酒等。2005年，实现企业总产值5533万元。

境内道路建设逐步完善，彭什公路、红滀公路不断改造拓宽。先后实施百花村、梨花村、八角村、红塔村、幸福村13.7公里村道硬化，基本实现村村通水泥路。镇域内有学校、卫生院、邮电所、敬老院、信用社等公共设施齐全。2005年末，全镇有窝店、龙九、塔桥、虎形、梨花、白石沟等70%的村开通有线电视，固定电话用户2700余户，手机3800余部。小城镇建成区由1986年的0.18平方公里，扩展到2005年的0.8平方公里。镇住人口达2500余人。

葛仙山镇

葛仙山镇位于彭州市东北部，东接红岩、敖平两镇，南邻军乐、隆丰镇，西与丹景山镇接壤，北接白鹿镇、通济镇，面积68.07平方公里。2002年9月2日撤销万年乡建葛仙山镇，2004年9月8日撤销楠杨镇并入葛仙山镇（1992年10月13日撤销楠木乡建楠杨镇）。镇政府驻地万年场。辖20个村民委员会、2个社区居委会。截至2005年，总人口36305人、11237户，其中非农业人口950人。耕地面积35531亩。

镇境内粮食主产水稻、小麦等。经济作物主产油菜、水果、蔬菜等；家庭养殖主要有生猪、家禽等。贯彻执行"推进城乡一体化"发展战略，提出一园（熙玉园区）一山（葛仙山）二场镇（万年场、楠杨场）三基地（蔬菜、制种、食用菌）发展思路，加大农业产业化经营力度，建标准化生产基地1000亩，以龙头"专合"组织、蔬菜产销协会带动农户增收致富。2005年，全镇粮食总产量16073吨，油菜总产量33321吨，肉类总产量5409吨，禽蛋产量1231吨。水产品产量16吨。农民人均纯收入4142元。

镇内企业有企业、个体工商户889家，从业人员2109人。境内以地质公园、葛仙山道教文化、熙玉园区生态环境为依托，兴办旅游业，大力发展农家乐。2005年，实现税收总额82万元。

境内交通有敖万路、川西旅游环线贯穿过境。2002年，开始实施村村通水泥路工程建设，至2005年末，全镇硬化村道47.51公里。学校有中学2所、小学8所；其他公共服务设施有卫生院、敬老院、邮政、电信、信用社等。

丹景山镇

丹景山镇位于彭州市中部，面积65.39余平方公里。1986年11月10日，设立九陇镇建制，将隆丰镇的关口场和5个行政村，新兴镇1个行政村，百贤乡2个行政村的8个组划归九陇镇管辖。镇政府驻地关口场。1992年10月13日将永定乡4个行政村、百贤乡5个行政村划入九陇镇。1995年5月22日楠杨镇7个行政村，1个社区居委会划入，1996年12月24日隆丰镇1个行政村划入。2003年11月21日九陇镇更名丹景山镇。辖16个行政村和2个社区居民委员会。2005年，总人口32337人、11030户，其中非农业人口5676人。耕地面积17068亩。

境内山丘坝俱全，地势呈西北高、东南低。牛心、寿阳二山夹湔江对峙，地势险要，故称天彭门。鸭子河、小石河、马牧河、新润河、新开河等皆于境内分水，灌溉便利。粮食主产水稻、小麦、玉米，经济作物有油菜、蒜薹、大蒜等。养殖业以生猪、家禽、淡水鱼为主。2005年，生猪出栏3.55万头，家禽出栏65.2万只。年内引进业主4家，大力开发丘陵荒坡，流转土地1305亩，种植杨树600亩，退耕还林面积达9631.2亩。林业用地38853亩，占全镇总面积的41.4%，其中防护林967.7亩。活立木蓄积量2999立方米，主要优势树种有：桤木、桦木、喜树、楠木、柏树、马尾松等。全镇农业总产值9344万元，农民人均纯收入4212元。

镇内企业涉及机械、建材、砂石等多个行业。2005年有企业90余家，从业人员4053人。实现工业增加值6964万元，总产值2.5亿元，营业收入20156万元，实现利润331万元，上缴税金263万元。

境内有丹景山省级风景旅游区和三昧禅林、佛山古寺、法藏寺、镇国寺塔、张松墓等。丹景山广植牡丹，每年4月举办牡丹花会，成为全国三大牡丹观赏基地之一。2005年，丹景山风景区有牡丹观赏园12处，牡丹品种达260余个，数量近100万株，为彭州牡丹花会主展区。

丹景山镇交通方便，彭白公路、川西旅游环线贯穿过境。1988年底建成自来水厂1座，铺设管道800余米，始供水几十户人家。2002年，供水量达6万余吨，供水人口增至3万余人。镇内建有电站1座，1989年全镇居民用电实现户户通。1997年，全镇安装固定电话用户358户。2005年，固定电话用户发展到3000多户、移动用户1.3万户，百人拥有率达46.2台。电信宽带用户200多户。

隆丰镇

隆丰镇位于彭州市中部，面积49.48平方公里。辖行政村19个、社区居委会2个。2005年，全镇总人口46139人、14179户，其中非农业人口2765人。耕地面积28605亩。

该镇以大蒜种植为自身特色。2001年被农业部命名为“中国大蒜基地镇”。2005年，建成大蒜标准化示范区30000亩，年产蒜薹1500万公斤、蒜子1400万公斤，外销98%以上。农民人均增收350余元。镇域内乡镇企业有大蒜深加工、建材、墙材、食品、弹簧、汽修等。2005年，该镇完成地区生产总值29730万元，农民人均纯收入4338元。

建成“八街三市一广场”，建成区面积达0.9平方公里，并向周围辐射，场镇入住总人口达7000余人。对彭白公路过境段两侧实施川西民居风貌改造，建筑面积60000平方米，城区绿化面积12.2公顷；修建综合市场1个、大蒜专业市场1个、畜牧市场1个；境内交通有彭白公路贯穿过境，村村通水泥路；镇内电力充足，有隆丰供电所和百贤供电所，总供电户15003户，供电企业28个。1987年建自来水厂1座，主要为社区居民及场镇周边群众提供生活用水，主管道长18.5公里，日供水能力达1800立方米，供水总人口6400人；境内有学校、邮政、卫生院、文化站等公共服务设施；1999年实现村村通广播电视。该镇群众性文化活动开展活跃，2000年5月被文化部命名为“中国民间艺术（川剧）之乡”。

升平镇

升平镇位于彭州市东北部，清罗公路南北向横穿境内。湔江分支白土河、濛阳河、马牧河3河，人民渠8号、9号支渠及杨柳支渠均呈“川”字形由西向东穿流而过。全镇总面积32.13平方公里。耕地面积30758亩。2001年6月26日撤销升平乡建升平镇。辖11个行政村，1个社区居委会。2005年，总人口32736人、10091户，其中非农业人口557人。

境内土质、气候、水源等条件优越，适合农作物生长。改革开放以前，升平镇农业以种植水稻、小麦、油菜为主。秋收完毕后仅种些秋红苕、秋洋芋，其余农田大部分空闲，等待来年播种小春作物。1986年以后，农业种植结构逐步改变，一田多次复种蔬菜，种植面积逐步扩大。当年，全镇种植莴笋、白菜、芹菜、黄瓜、豇豆、韩国萝卜等蔬菜面积2182亩。2005年发展到45320亩。镇内建有吕衡村、墓山村无公害蔬菜基地，复种蔬菜面积达9000余亩。其中墓山村蔬菜复种面积达4000亩，现有两个社农田都种植蔬菜，人均蔬菜种植收入达2500元。基本成为“无粮社”。随着全镇蔬菜产业的发展，各村蔬菜产业合作社纷纷建立，不断拓宽蔬菜销售渠道，着力解决农户卖菜难问题。境内除规模种植蔬菜外，也大量种植叶烟，尤以墓山村最盛。常年种植面积700亩，单产500斤，总产值达350万元，仅此一项，全村人平收入可增加1458元。2005年，全镇实现总产值2.5亿元，农民人均可支配收入4430元。镇内企业主要有水电、羽绒制品、养殖、纸业等。2005年，全镇实现地区生产总值20498万元。

2001年，全镇实行农网改造，完成村村通电工程建设，农户用电覆盖每个角落。1997年，境内实施村村通电信工程，当年安装固定电话60部。2005年末，镇内无线电话数量从1986年的2部发展到1.2万部，拥有率达30%，固定电话用户2800户。

致和镇

致和镇位于彭州市城区以南，东连九尺镇，南与新都县接壤，西与丽春镇和郫县相接，北邻天彭镇。全镇面积63.78平方公里，耕地面积50930亩。2002年8月19日致和撤乡建镇，2004年9月8日太清镇并入（2001年6月26日太清撤乡建镇），镇政府驻地北京堂。2005年3月23日设致和街道办事处。辖23个行政村，13个社区居委会，总人口69343人、22894户，其中非农业人口10623人。

镇内有清白江、新开河、新润河、白土河、人民渠1—7号支渠贯穿全境，农业灌溉便利。粮食作物以种植水稻、小麦、玉米为主。经济作物以种植油菜、食用菌、鱼腥草、黄姜等为主。畜牧业以养猪、家禽为主。2005年，全镇推行“公司+协会+基地+农户”模式，先后成立众益水稻制种、观泉鱼腥草协会，水稻制种面积达5000亩，蘑菇种植面积500亩。生猪出栏9.91万头，家禽出栏201万只。全镇实现农业总产值7451万元，农民人均收入4489元。

该镇是彭州工业开发区所在地。境内有家具、医药、化工、机械、服装、电器、食品等生产企业。威亨塑胶工业园、新孟盛及华茂服装产业园、百祥家具产业园等园区已初具规模，产业集群效应明显。2005年企业增加值1.45亿元，实现利润864万元。

境内地理位置优越，位于市区向南发展主区域。成灌铁路、成彭高速公路、成彭公路、彭郫路、汉彭路等纵横交错，已实现村村通水泥路，形成完善的交通体系。境内公共服务设施完备，有医院2家，学校3所。2005年安装固定电话4020部，手机平均每户拥有2部，人均拥有率69.88%。

九尺镇

九尺镇地处彭州市东南部。全镇面积27.95平方公里，耕地面积23342亩。2005年实施行政村合并后，辖9个行政村、2个社区居委会。总人口29863人、9470户，其中非农业人口2195人。

辖区地势平坦，土地肥沃，农业以种植、养殖业为主，尤以家禽养殖业发达。1986年后，不断调整农业产业结构，发展特色农业，以蔬菜种植为依托，逐步将蔬菜产业做强做大。以高林村为中心，发展大棚蔬菜，常年规模种植大棚三月红茄1800余亩、苦瓜200余亩，秋冬季蔬菜种植面积逐年增加。同时，围绕“彭州九尺板鸭”这一知名品牌大做文章，发展家禽养殖业，逐渐形成孵抱育雏、养殖、宰杀、加工的“小家禽产业经济”，年宰杀量达500万只。2005年，生猪出栏45000头，小家禽出栏135万只。实现农民人均纯收入4496元。

镇内企业有化工、羽绒制品、农副产品加工、机械加工、食品、纺织印染等。2005年，实现企业增加值14922万元，其中工业增加值10975万元。

境内交通有省道汉彭路贯穿。先后投资600余万元，实施村村通水泥路工程建设，修建村道32公里。2005年末，发展有线电视用户1310户，固定电话、移动电话、小灵通百人拥有率达79.3%。公共服务设施有卫生院、信用社、粮站、供电所、工商所、税务所、派出所、邮电支局、天然气配气站等。镇内有中学1所、中心小学1所、村小3所、幼儿园5所。

濛阳镇

濛阳镇位于彭州市东部。2004年9月8日竹瓦镇、三邑镇并入。(1994年8月3日三邑撤乡建镇，2002年9月2日竹瓦撤乡建镇)，镇政府驻地濛阳新城。2005年3月23日设濛阳街道办事处。辖21个村民委员会、7个社区居民委员会，全镇人口69074人、22684户，其中非农业人口10672人。全镇面积75.47平方公里，耕地面积62628亩。

镇境主要属都江堰自流灌区，白土河、黄土河、东风九号支渠、濛阳河等6条主渠供各村社农田用水。该镇以种植水稻、小麦为主；经济作物以种植油菜、莴笋、大蒜、西芹、韩国萝卜、白菜等蔬菜为主。2004年，成都百信生态农业发展有限公司在双林村投资1.2亿元，建成占地800亩的农业科技博览园，采用工厂化育苗，蔬菜冷藏保鲜直接进入国内外大型超市，并承担新品种、新技术的科研、实验与推广，镇域逐步形成川西最大无公害蔬菜生产基地。同时，大力发展养殖业，主要养殖生猪和鸡、鸭、鹅等畜禽，镇内共有大小不等的养鸭场45个。2005年，建立高新蔬菜生产示范区和城市基础菜地，蔬菜种植面积增至4.5万亩，实现销售收入6750万元。大春、小春粮经面积比分别为5∶1和2∶3，推广新品种38个。全镇农民人均收入4703元。

境内企业有冶金、食品、建筑、化工机械等企业103家，是彭州市的冶金工业基地和食品加工基地。食品加工是濛阳镇的传统工业项目，以加工肉食品和蔬菜食品而闻名，食品加工企业达59家，年加工蔬菜食品2.8万吨。2005年，全镇实现工业总产值13.8亿元，工业增加值3.36亿元。

境内交通以汉彭公路、新什公路呈十字形贯穿全境，成灌铁路从东到西横跨三邑、竹瓦境内。全镇各村、居委会均水泥路面村村通，形成公路网络四通八达的格局。镇区内通信发展迅速，2005年，全镇共安装有程控电话4865部，占居民总户数的52%，移动和联通手机、小灵通、大灵通拥有率约占总人口的35%，宽带用户1250户。

村民生活用水一般采用钢管打井取水饮用。1983年新建自来水厂一座，容量达500立方米，可供场镇一、二社区85%居民饮用。1998年修建第二座自来水厂，使镇区内供水能力进一步加强。镇内濛阳、三邑、竹瓦分别设有电管站和濛阳供电所，先后投入资金450余万元，改造10千伏高压线路96.6公里，380伏、220伏线路640.5公里，更换新型变压器209台，总用电户达21888户，其中大中用户35户，公用容量达19605千伏安。境内有中学2所、中心小学2所、特标小学2所、卫生院1所，敬老院3所。

三界镇

三界镇位于彭州市东北部，东临广汉，北接什邡，西与九尺镇、军乐镇、升平镇毗邻，南与濛阳镇接壤，因地处彭州、什邡、广汉三市交界，故名“三界”。面积42.36平方公里。1992年10月13日，撤销三界乡建三界镇，原罗万乡5个行政村，1个社区居委会并入，镇政府驻地义和场。辖15个行政村和2个社区居委会。2005年，全镇总人口33966人、10529户，其中非农业人口975人。耕地面积39753亩。

镇域内人民渠灌区杨柳堰干渠贯穿全境，属自流灌溉。农业以种植水稻、小麦、油菜、蔬菜和发展养殖业为主。1986年以后，境内大力发展以莴笋种植为主的特色农业，不断改良品种，提高种植技术，年内可产三季莴笋，逐步形成产、供、销一条龙。随着蔬菜产业的不断发展，该镇成立有莴笋专委会，蔬菜采集队达150支、4500余人，遍布各村社，使农村剩余劳动力有效转移。仅此一项，农民年创收达3600万元，全镇人均达1000余元。2001年、2004年，先后被命名为“四川省莴笋之乡”“四川省绿色食品生产基地”。2005年，生猪出栏4.8万头，家禽出栏185万只；建标准化生产基地680亩，重点龙头企业年产值达到5600万元，龙头企业带户面达到60%。全镇农民人均可支配收入4271元。

镇内企业964家。其中：集体企业3家、股份合作企业2家，有限责任公司8家、独资私营企业42家、个体工商户909家。2005年，总产值2.59亿元，增加值7860万元，利润358万元，入库税金435万元。

境内交通便利，105省道、小马公路、义九路、什新路、什彭路、三三路穿过辖地，纵横交错。2000年，开始实施“村村通水泥路工程”建设，全镇共建村道92公里。镇内电力基础设施建设不断完善，全面完成农村电网改造，户户通电。境内有学校、文化站、卫生院等公共服务设施。

彭州市行政2005年区划统计表

表1-1-4-1

镇、街道办事处名称	驻地	面积（m^2）	总人口（万人）	非农人口（万人）	行政区划代码	村委会（个）	社区居委会（个）
天彭镇	东湖路	66.61	16.11	12.53	510182100	11	33
濛阳镇	濛阳新城	75.47	6.90	1.07	510182105	21	7
丽春镇	丽蓉路	77.12	6.57	0.82	510182103	22	8
致和镇	北京堂	63.78	6.93	1.06	510182126	23	13
通济镇	景山路1号	70.04	2.84	0.18	510182106	18	2
龙门山镇	金沙街3号	384.34	1.07	0.07	510182101	5	1
小鱼洞镇	千喜街203号	59.15	1.31	0.06	510182116	10	1
白鹿镇	清河街	86.79	1. 01	0.04	510182121	9	1
磁峰镇	伍省公街12号	47.66	1.75	0.09	510182110	11	1
新兴镇	瞿上街	33.77	2.09	0.69	510182102	8	1
桂花镇	桂花场西街	64.42	2.84	0.50	510182111	14	2
葛仙山镇	万年西街	68.07	3.63	0.10	510182123	20	2
敖平镇	敖兴街16号	34.02	2.93	0.20	510182109	9	2
军乐镇	政通街20号	31.28	2.74	0.19	510182113	11	1
红岩镇	金阳街48号	41.60	1.66	0.06	510182118	9	1
丹景山镇	南郡西街18号	65.39	3.23	0.57	510182107	16	2
隆丰镇	兴府街33号	49.48	4.61	0.28	510182108	19	2

续表1-1-4-1

镇、街道办事处名称	驻地	面积（m^2）	总人口（万人）	非农人口（万人）	行政区划代码	村委会（个）	社区居委会（个）
升平镇	瞿家院子	32.13	3.27	0.06	510182120	11	1
九尺镇	兴隆街64号	27.95	2.99	0.22	510182104	9	2
三界镇	南街62号	42.36	3.40	0.10	510182114	15	2

第二章　自然环境

彭州市地质地貌复杂多样，其成因以“推覆说”（中科院院士、自然地理学家乡人李吉均教授）为主，另有“冰川漂砾”说。(两说请参见本志《附录》载文)，所以有“地学迷宫”之称。因处于平原向高原的过渡带上，地势由西北向东南逐渐降低，形成阶梯状分布，高差竟达4323米。气候受纬度位置影响的同时，也受地理因素的影响，呈垂直分布，使植被也复杂多样。地质地貌和自然位置为全市的生产建设提供了诸多优势，比如资源丰富，土地肥沃，气候温暖，降水充沛等等。同时，也存在一些不利的自然因素，再加上人们在对自然的开发利用中，不科学的措施，不自觉的过度索取破坏了生态的平衡，形成洪涝、干旱、泥石流等多种自然灾害。

第一节　地质地貌

地　质

根据四川省地质局《中华人民共和国区域地质调查报告》灌县幅、成都幅等资料，彭州市在地质构造上，跨“东部四川中台拗”和“西部龙门山褶断带”两大地质构造单元。在漫长的地质时代中，境内地质构造经历了长期、复杂、多阶段的发育过程。在地质史上，龙门山区最老一次强烈的造山运动发生在元古代晚期，即微江运动。它使元古界黄水河群地层强烈褶皱，形成断裂并遭受区域变质。三叠纪晚期，龙门山区发生第二次强烈造山运动，即印支运动，使上震旦—中三迭统地层发生褶皱，并形成断裂。新、老第三纪时期，龙门山区发生第三次强烈造山运动，即喜山运动，使龙门山脉进一步抬升，并使古断裂构造复活，同时形成一些新的断裂。至此，龙门山区基本构造格局定型。以后，新构造运动又将龙门山区抬升，平原区相对下降。强烈的造山运动和新构造活动，使境内地质构造较为复杂。

地　貌

地貌类型分为山地、丘陵（含台地）和平原三大类型。市境大体以谭家场、关口、万年场、红岩场一线为界，以北属“龙门山山地区”，以南属“成都平原区”。

山地　地处市境西北部，属龙门山脉南段，分玉垒、蓥华和光光山三条支脉。主要由齿状高山、垄状和脊状中山、帽状和梁状飞来峰、浅切状和脊状低山组成，由西北向东南呈阶梯依次排列，海拔高度由4800米以上逐渐下降到1000米以下。分布于龙门山、白鹿、小鱼洞、通济、磁峰和新兴等镇境内。

丘陵　地处山地与平原之间，由浅丘、深丘和台地组成，海拔高程700～1000米之间。浅丘起伏量不大，一般为20～100米，主要分布于桂花、隆丰、丹景山、葛仙山和红岩等镇境内，深丘起伏量达100～200米，丘体间多为冲沟所隔，坡度一般为15～25度，主要分布于蟠江河、土溪河等河谷地区和桂花场以北及新兴部分地区；台地主分布于平原西部及北部周边的桂花的朱家山，丽春的挖断山、三合山、张家坎、象耳子，丽春的梁平、涌山子和红岩的虎形、双江村等地。因侵蚀作用，微地貌起伏不平，一般具有坡度较陡的台坎和坡度较平缓的台面。

丘陵地区形成垄状的浅丘或台地，主要集中在桂花镇，按垄状山形命名“九陇”。即伏陇、豆陇、秋陇、龙奔陇、走马陇、骆驼陇、千秋陇、绞车陇、横担陇。“九陇”，早在1460年前的南北朝西魏时就作为行政区域名而载记中国史册。

平原　地处市境东南部的湔江冲积扇是成都平原的一部分，海拔高程489～700米之间。主要由河漫滩及心滩；冲洪积扇及一级阶地；冰水堆积扇状平原及二级阶地组成。河漫滩及心滩：分布于湔江河心及岸畔，高出河水面0.5～2米，向河床微倾，一般不具明显陡坎，系现代河流冲洪积沙砾石层组成。冲洪积扇及一级阶地：湔江、土溪河出山后，地势突见开阔，河流坡降急剧变小，水流分散，流速大减而形成扇状堆积，扇之边缘与上更新统冰水堆积之平原或下更新统冰碛—冰水台地的接触部位，多具陡坎。在河流下游，形成一级阶段，于沿河两侧呈窄条状延伸，高出河水面2～4米，由具有二元结构的冲、洪积沙土和砂卵石层组成，一般宽数百米，长数公里或数十公里。冰水堆积扇状平原及二级阶地：由上更新统冰水积物——广汉层形成的扇状平原，由西北向东南微倾。由于近代河流的侵蚀作用，扇面多残存为河间地块，呈窄条高埂状或鱼脊垄岗状，分布于湔江下游河道两侧，一般高出河流水面4～17米，由黄褐色粉质黏土、粘质沙土及沙砾卵石组成。

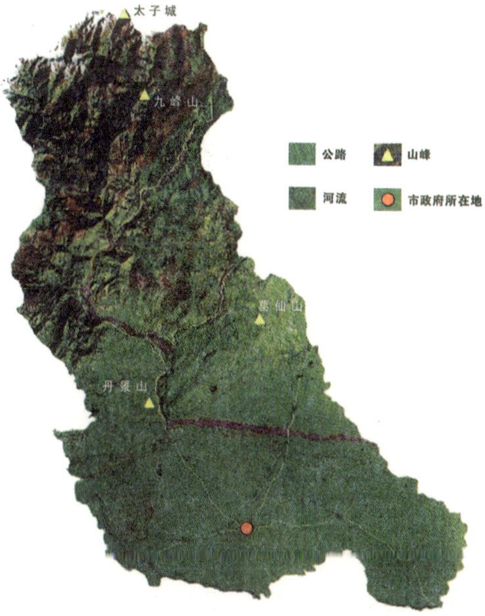

彭州市地形地貌卫星影像图

第二节　气　候

气候特征

彭州市属四川盆地亚热带湿润气候区，主要特征表现为：气候温和、雨量充沛、光照较同纬度地区偏少，四季分明，无霜期长。春季气温回暖早，但不稳定，夏无酷热，冬无严寒。四季降水量分配不均，秋季多阴雨。因境内山、丘、坝俱全，地形地势各异。气温东南部高，西北部低，降水量山丘多于平坝，自西北向东南递减。气候随地形差异而变化，山区、平坝的差异较大。从气温看，平原区、海拔高度每升高 100 米，温度降低 0.5℃；前山区丹景山镇至龙门山镇，高度每升高 100 米，温度降低 0.8℃；龙门山镇以北地区，高度每升高 100 米，温度只降低 0.54℃。从降水量看，山丘多于平原，自西北向东南递减，北部山区的白果坪，年降水量约 1500 毫米左右，东南部的濛阳镇年降水量约 850 毫米左右。从日照看，平原地区日照时数 1071.7 小时，山区约 700 小时。

影响气候的因素

影响彭州市气候的主要因素是地理位置、纬度、大气环流和地形。

冬季　主要受蒙古高压（冷高压）控制，成为冬季降温的重要因素。

春季　东亚大气环流调整，南北冷暖空气交替频繁。入春后天气变暖，大陆开始增温，蒙古冷高压减弱并逐渐北撤，但势力仍较强，“倒春寒”天气时有出现。由于温度回升快，蒸发较大，降雨较少，出现春旱概率较大。

夏季　大气环流最复杂。从 5 月末到 6 月初，高空西风环流南支急流北跃，大陆蒙古高压消失，印度低压伴随西南季风盛行，带来较多降水，直到 10 月印度低压消失，高压建立，西南季风退出，雨季才告结束。同时，夏季是副热带高压盛行季节，它移动的位置和强弱，常成为四川盆地降水量多寡的决定因素。市境地处盆地边缘，位于“副高”边缘的暖湿气流和北来的冷空气交锋地带，因而降水量大，盛夏易出现洪涝。此外，青藏高压若中心东移，位于东经 100°以东时，叠加在低空“副高”上，则常引起副高脊加强，盆地西部包括彭州市，降水就增多。该中心西移至东经 100°以西时，则少雨。同时，川西是西南低涡（青藏高原特殊地形下形成的动力性低压）主要生成地之一。若移入盆地，在夏季常引起雷暴和大雨、暴雨。

秋季　大气环流从夏季流型向冬季流型过渡。地面气压场由原来的印度低压和西太平洋高压控制逐渐转为印度高压和蒙古高压控制。但受纬度和盆周山地地形影响，极锋南撤缓慢甚至出现准静止状态，故多秋绵雨，与同纬度的长江中下游秋高气爽天气，恰成鲜明对比。

气　温

平均气温　根据彭州市气象资料统计，1986—2005 年，年平均气温为 15.8℃，比 1959—1985 年的平均气温 15.6℃高 0.2℃。北部山区的龙门山镇一带和东南隅的竹瓦、濛阳一带温差达 3.5℃左右。年平均气温最高地区为竹瓦、濛阳、三邑一带，年平均气温最低是北端太子城一带。15℃等温线与山地和平原分界线大致吻合，等温线呈东北—西南向。

极端气温　据统计，1986—2005 年，气温的年际变幅为 1.5℃，比 1959—1985 年的 1.3℃高 0.2℃；气温年较差（最热月与最冷月气温之差）为 19.6℃，比 1959—1985 年的 20℃低 0.4℃。最热月份在 7 月，平均气温为 25.0℃，比 1959—1985 年 25.1℃低 0.1℃；最冷月份在 1 月，平均气温为 5.4℃，比 1959—1985 年 5.1℃高 0.3℃。日平均气温最高达 29.5℃，比 1959—1985 年 30.1℃低 0.6℃；最低为 -1.8℃，比 1959—1985 年 -1.7℃高 0.1℃。日平均气温低于零度的只有 2 天，比 1959—1985 年 14 天少 12 天；无高于 30.0℃时段。年极端最高气温是 2001 年 7 月 7 日 36.2℃，年极端最低气温是 1991 年 12 月 28 日 -4.6℃。

积温　年总积温（≥0℃）为 5836.1℃，比 1959—1985 年 4901.8℃高 934.3℃。

无霜期　据 1986—2005 年资料统计，年平均无霜期为 275 天，比 1959—1985 年 277 天少 2 天。最长的是 1997 年 313 天，最短的是 1986 年 220 天。初霜出现最早的是 1987 年 10 月 29 日，最晚的是 1992 年 12 月 17 日。终霜出现最早的是 1997 年 1 月 28 日，最晚的是 1986 年 3 月 23 日。年平均有霜日为 19 天，比 1959—1985 年 21 天少 2 天。

彭州市（县）1986—2005 年 1—12 月平均气温表

表 1-2-2-1　　单位:℃

月份	1	2	3	4	5	6	7	8	9	10	11	12	年平均
气温	5.4	7.5	11.1	16.3	20.7	23.3	24.9	24.3	21.9	16.5	11.9	6.7	15.8

水　温

根据气象站对全市主要河渠进行定时定点的观测得出，湔江灌区和人民渠灌区的水温是随流程的增长而升高。湔江河水平均水温为 16.3℃，到隆丰平均每十里升高 0.4℃；人民渠从庆兴入水口平均水温为 15.3℃，到竹瓦后即升高 3.2℃。湔江的水温较人民渠高 1℃。从水温与气温的比较来看，除冬季和初春较气温偏高外，其他季节水温均低于气温，特别 5—8 月偏低，从成都地区来看，彭州市属冷水区。

地　温

地面 0 厘米年平均为 18.1℃，极端最高可达 64.3℃（1962 年 11 月 7 日），最低曾降到 -7.2℃。地温季节变化是夏季高，冬季低，夏季明显上升，秋季显著下降，和气温的变化趋势一致，而地温都高于气温，一般 1—3 月高 1 ~3℃，4—9 月高 3 ~4℃，10—12 月高 1 ~2℃。极端最高地温几乎比气温高一倍，最低则比气温低 1℃。0 ~20 厘米地温的变化是：春夏季随深度的加深而逐渐降低，冬季则随深度的加深而增高。

降　水

彭州市地处“鹿头山暴雨区”，平坝区的降水量也较丰沛。年平均降水量为 865.3 毫米，较前 20 年平均有所下降。最多年是 1990 年达 1217.1 毫米，最少年是 2000 年仅 584.8 毫米。全年雨量最多的是 8 月为 228.3 毫米、最少是 12 月为 7.6 毫米。下半年平均降水量为 695.8 毫米，占全年 80%，6、7、8 三个月雨量占全年 63%。

降水强度为夏季多大雨，秋季多绵雨。每年5月至9月都可出现暴雨（日降雨量达50毫米），年平均暴雨日数2—3次。年平均大于0.1毫米的降水日数为147天。夏秋季雨日较多。

平坝区年平均降雪日数为3天，最多的1996年有8天，大宝山区年平均降雪日达6天以上。降雪初日多在1月上、中旬，终日一般在2月中旬，初终间平均间隔23天左右。大宝山区从头年11月中旬至次年4月初，均出现过降雪。平坝地区的最大积雪深度为1994年7厘米。

彭州市（县）1986—2005年1—12月平均雨量表

表1-2-2-2　　单位：mm

月　份	1	2	3	4	5	6	7	8	9	10	11	12	年平均
雨　量（毫米）	8.3	11.3	23.6	52.2	64.1	107.9	204.9	228.3	108.8	40.4	15.5	7.6	865.3

气压、水汽压和蒸发量

气压　一般随着海拔高度升高而降低。据近20年资料统计，彭州市年平均气压为947.9毫巴。7月最低为936.3毫巴，12月最高为956.4毫巴。

水汽压　年平均为15.9毫巴，7月最高为26.8毫巴，1月最低为7.3毫巴。年平均相对湿度一般都在82%以上，适宜农作物生长。

蒸发量　年平均蒸发量为706.9毫米，8月最大为108.2毫米，12月最小为30.1毫米。一般夏半年的降雨量大于蒸发量，冬半年蒸发量大于降水量，故土壤表层为夏湿冬干。

风

彭州市境内平坝地区在夏半年多偏南风，冬半年多偏北风，盛行风向多东北风，河谷和山区则受地形影响，盛行风视地形决定。瞬间风速为17米/秒（≥8级风力）的大风，每年可发生1～2次，往往与暴雨冰雹同时发生，极易造成气象灾害。年平均风速为1.3米/秒，山口、河谷地区风力一般比平坝地区大。

云、雾、日照

凡云量小于二成为晴天，大于八成为阴天。彭州市年平均总云量为8.1成。总的是晴天少，全年只有17.2日；阴天多，全年达237.4日。

据1986—2005年资料统计，共出现雾日304天，全市雾日最多为12月，20年累计达68天；最少月是5月，20年累计只有4天。由于近年空气污染严重，平坝低洼地区，冬季晴天早晨常出现浓雾，能见度低，给交通造成困难。

年平均日照时数为1071.7小时，日照百分率为24%。最多的是1986年为1312.8小时，最少的是2005年为779.6小时。境内年日照时数比同纬度地区偏少。从时段分布上看，4—8月的日照时数占全年总日照时数50%以上。

第三节　水　系

彭州市境内河流众多，水系发达，全市有大小河流 15 条，连同溪、沟共计 130 多条，分属沱江、岷江水系。关口以北山区及市东南部大片面积属沱江流域，主要河流为湔江。在关口将灌溉渠与排洪道分设，灌溉农田 15 万亩。市境内西南和南部边界地区属岷江流域。“引岷济湔入沱”的蒲阳河、人民渠等都江堰渠系，在平原区与湔江分流各河道相交叉，形成网络状水系。

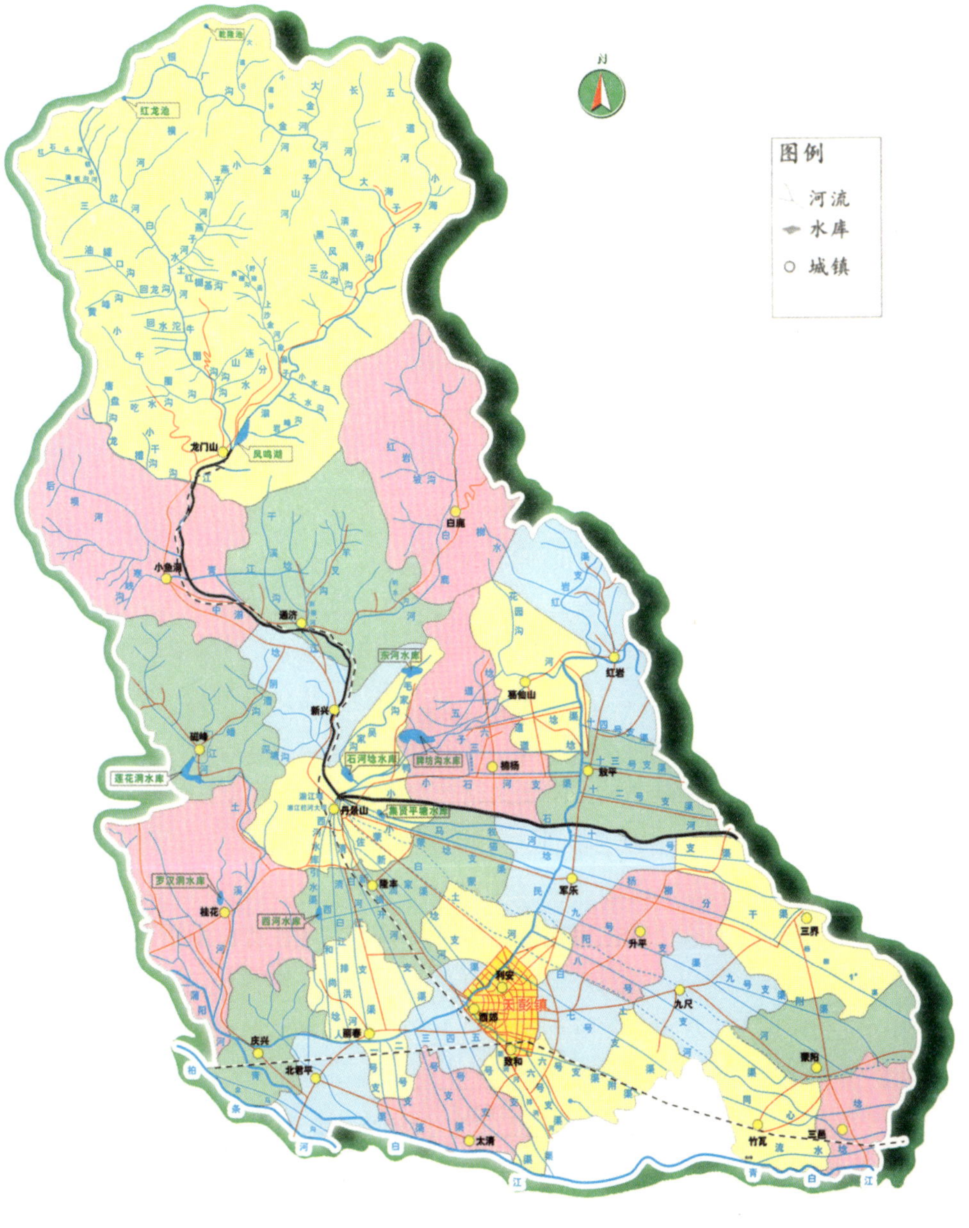

彭州市水系图

河 渠

湔江　沱江三大上源之一，全长128公里，流域面积2057平方公里，孕育了“郫繁膏腴”的辉煌历史，是彭州的母亲河。湔江发源于龙门山脉玉垒山支脉海拔4814米太子城峰下的红龙池（海拔4020米）和海拔4340米的乾龙池。两源合流后，分段有银厂沟、沙金河等名称，呈“⊃”形曲屈奔流。东南向流至海汇桥，又折向西南流至大宝（龙门山镇），接纳最大支流白水河（发源于龙门山脉光光山支脉），源头至此为湔江上游。出大宝后沿途接纳两岸支流呈“S”形蜿蜒南流至关口，此段为湔江中游。湔江中上游全长71公里，集雨面积627.3平方公里，湔江出山谷处海拔750米，总高差4061米，主河道比降为15.3‰。河源山峰陡峭，多急流瀑布，河床狭窄，河谷多呈“V”形，流出龙门山镇后，河床由陡而缓，由窄渐宽，支流密集短小，多呈树枝状向主流汇入。

湔江出关口山谷后，从唐宋的“光、涵二水”、“江析二派”演变为元代六堰，至光绪四年（1878年）又分为九支，从东北向往西南向分别为鸭子河、小石河、马牧河、小濛阳河、濛阳河、白土河、新润河、新开河、清白江，九河呈放射状切入平原，形成以关口为顶点的冲积扇。20世纪60年代湔江堰实施“九河归一”改造工程后，以小石河为湔江主河，为集中排洪河道，并于境内河段修筑达到抗御20年一遇防洪标准的堤防工程，其余八条河流为灌溉河道。这一项被称为“划时代伟大工程”，最终实现了人民多年来排灌两利的愿望。小石河为湔江下游主河道，河床均宽300余米，平均比降9.6‰，全长57公里，境内长21公里。下游从湔江拦河坝往东偏南向流13.6公里在敖平镇境与人民渠总干渠直交，进入人民渠灌区。又东向流至什邡市马井镇北与鸭子河汇合（马井以下鸭子河道改为小石河下游，成为湔江主流），折向东南与人民渠杨柳分渠相交进入广汉市境，至三星镇白马寺与马牧河汇合，又至广汉市区北金雁桥下相继与沉犀河、白玉河相汇，经和兴镇在皮洞池与沱江第三源——石亭江汇合，至易家河坝汇入沱江最大上源——绵远河，三源汇合后称为北河，再偏南向流于金堂县赵镇汇集中河（蒲阳河—清白江）、南河（毗河）为沱江。

蒲阳河—清白江　属双生水源河道，沿途所汇集的各支流属沱江水系，为主水。客水引至都江堰的岷江水。河道全长107公里，是彭州市灌溉输水的主要河道。也是人民渠380万亩灌区的输水干渠。

河道从都江堰仰天窝蒲柏闸进水，流经蒲阳镇，傍山曲行。接纳麻柳林、南溪口二支流后，在桂花镇杨柳湾进入彭州市境，接纳埃山河、桐麻河、在丽春塔子山下接纳主要支流土溪河，土溪河发源都江堰市虹口镇土地岭，南流经象鼻子入彭州境，流经磁峰、桂花、丽春三镇丘陵地区，全长34.2公里。东偏南向流一公里至人民渠总干渠进水口，以此为界以上河段称“蒲阳河”，以下河段称“清白江”。

河道沿湔江流域南界东流，在丽春镇桃花滩接纳汉文翁“穿湔腴口，灌繁田”的清白江，在致和镇圆通桥接纳新开河，经骆家嘴注入新都区，在清白江大桥下里许接纳新润河，流经王中寺北复入彭州境，流经濛阳镇三邑桥进入广汉市，在新丰接纳白土河，在三水接纳濛阳河，流经三水镇进入金堂县后称中河，在赵镇与北河、南河合流为沱江。

人民渠　原名“官渠埝”，都江堰扩灌工程之一，是中华人民共和国成立后四川省建设的第一座大型水利工程。总干渠渠首在彭州市丽春镇塔子坝，自蒲阳河引水至绵阳市与涪江汇合，横跨岷、沱、涪三江流域，总长3621公里。在彭州市境自渠首由西向北呈扇形流经丽春、天彭、军乐、敖平、葛仙山、红岩六镇长39.7公里，形成人民渠灌区，建有支渠16条，水闸83处，灌溉面积31万多亩，十二镇农田、水利受益。

水　质

彭州市北部为丘陵山区，属龙门山脉中段，南部属湔江河流冲积扇平原，由于特殊的地理位置，相对受污染程度较少，地下水水质好、地表水水质相对成都平原其余地方较好。

湔江水质　湔江上游水质：超标项目为石油类、粪大肠菌群、氨氮、总磷、高锰酸盐指数等；主要污染物是粪大肠菌群、石油类。水质一般为V类，部分时段为劣V类。湔江中游水质：超标项目为石油类、粪大肠菌群、总氮、高锰酸盐指数；主要污染物为粪大肠菌群、总氮，水质一般为V类，部分时段为劣V类。湔江下游水质：超标项目为石油类、粪大肠菌群、非离子氨、总氮，主要污染物为粪大肠菌群和总氮；水质类别均为劣V类。

蒲阳河水质　超标项目为：石油类、粪大肠菌群、总氮、高锰酸盐指数。主要污染物为粪大肠菌群和石油类。水质一般为V类和劣V类。

人民渠六号支渠水质　超标项目为：溶解氧、高锰酸盐指数、五日生化需氧量、非离子氨、亚硝酸盐氮、石油类、粪大肠菌群、氨氮、硫化物、阴离子表面活性剂、总磷、总氮等。主要污染物为粪大肠菌群，水质为劣V类。

第四节　自然灾害

气象灾害

暴雨和洪涝　彭州市出现暴雨一般在5—9月，年平均2～3次。最多年为1990年出现7次暴雨，仅1988年例外全年无暴雨。日降雨量最大的年份是1995年8月11日，日降雨量达228.4毫米。20年间洪涝灾害最早出现在6月，最迟发生在9月底，以盛夏7—8月出现最多，约占65%，其余多发生在9月，洪涝造成各种经济损失达1000万元以上共6次。比较典型的是1990年、1995年发生的水灾。

1990年8月26—28日，大宝乡降雨量达364毫米，尤其28日凌晨2时至8时，仅6个小时降雨量达到151毫米，全县平均降雨量达200毫米。连续的暴雨造成县境内的湔江、蒲阳河、鸭子河、清白江、黄土河等几条河流水位猛涨，暴满横溢。特别是湔江河水的最大洪峰流量达到3251立方米/秒，持续了3个小时；蒲阳河最大流量达到1140立方米/秒。随后，9月7—8日，全县境内又普降大到暴雨，造成极大危害，受灾面积达91%。全县有31个乡镇，401个村，2741个社，42034户灾情严重，各种经济损失共达5188万元。

1995年8月10—11日，持续降雨，总降雨量达334.3毫米，最大日降雨量达228.4毫米，市境内湔江、清白江、蒲阳河、小石河、鸭子河、土溪河等9条河流水位猛涨。11日凌晨湔江洪峰流量达5000立方米/秒，蒲阳河达1190立方米/秒。冲毁堤防工程404处、51949米，农作物受灾面积9451.5亩。经济损失8507万元。

干旱　干旱是彭州市农业主要的气象性灾害之一，几乎年年都有不同程度的旱象发生，其出现的季节和旱情主要是3—4月的春旱，5—6月的夏旱和7—8月的伏旱，20年间，最为严重的旱情出现过3次。

1994年，发生一场罕见的遍及全成都市19个区（市）县的特大干旱，形成冬干春旱，夏旱连伏旱的罕见旱情。彭州市 1994 年 1—5 月，总降雨量仅为 103.9 毫米，较往年平均降雨量减少 40%；5 月 1 日至 25 日降雨量仅为 15.7 毫米，比多年同期平均降雨量减少 77%，比上年同期减少 67%。湔江堰连续多日出现流量仅 4 立方米/秒的历史同期最低值，5 月份径流总量为 1880 立方米，仅为 1993 年同期径流总量 8489 立方米的 22%。全市已栽下的水稻出现“洗手干”，受灾面积 2.5 万亩（“洗手干”，指刚刚栽插完稻秧之后出现的干旱，一般发生在 6 月份，是夏旱的一种），因缺水无法泡田栽秧的有 14 万亩。仅湔江灌区无水泡田栽秧面积就达 8.2 万亩，秧田干裂面积 8100 多亩，栽后枯死改种面积 1060 亩。全市沿山丘陵区玉米有 60% 受灾，面积达 3.2 万亩。

2000 年 6 月，一次夏旱，造成全市 51 万亩农作物面积受旱。其中水稻受旱 29.6 万亩，成灾 10.3 万亩，3.5 万亩无水泡田；玉米和其他作物受旱面积 21.4 万亩，成灾面积 14.9 万亩。“洗手干”田块 3.5 万余亩。

2001 年 7 月 1—23 日，彭州市出现高温少雨伏旱时段，直接经济损失达 1560 万元以上。

寒潮低温冻害　低温冻害也是彭州市农业天象性灾害之一，近 20 年间共出现寒潮降温过程 15 次，均伴有不同程度的低温时段，给农业生产造成一定影响。1987 年 3 月 21—30 日的低温天气造成部分乡镇秧苗烂死 10% 左右，给水稻栽插用秧带来一定困难。

冰雹、雷击　冰雹主要发生在六七月，频率为 23.3%、25.6%，常伴以大风出现，成都地区冰雹首先在九顶山、龙泉山等山区形成，再向南影响近邻地带，降雹路线常见的有都江堰市、郫县、成都、青白江区、龙泉驿区等地，在彭州市发生较少。雷击则较为普遍地发生在春、夏雷雨季节。

冰雹、雷击在彭州市发生概率较小，一旦发生造成的危害都较大。2005 年 6 月 22 日，市境桂花、隆丰、天彭、丽春等镇的 32 个村遭受大风、冰雹袭击，受灾人口 37000 人，因灾受伤 7 人，农作物受灾面积 14122.5 亩，房屋损坏 4212 间，直接经济损失 696.2 万元。2003 年 4 月 1 日，太清镇大林小学遭雷击，30 多名学生出现全身麻木，几名学生当场被雷击倒，其中一名学生休克。2004 年 8 月 3 日早晨，致和镇斑竹村 4 组村民李某在田间施肥时被雷击，当场死亡。

秋绵雨　秋绵雨常伴降温，造成气温低，日照减少的危害。据气象资料记载，2001 年 9 月 1—13 日、18—29 日，出现历年少有的秋绵雨天气，给水稻收晒入库和晚秋经济作物的栽种带来极为不利的影响。

地质灾害

彭州市主要地质灾害有地震、崩塌、滑坡和泥石流、水石流等山地灾害。

龙门山构造带的三条主干断裂带之映秀断裂带和灌县断裂带斜穿彭州。在城区以北 300 米地下有一条隐伏断裂带，因而受地震波及和发生地震的概率较大。这 20 年间小震不断，最大级别的是 1995 年 9 月 9 日在银厂沟发生的 4.0 级地震。据《成都水旱灾害志·冰雹及山地灾害》称“彭县则以泥石流为常见”。崩塌、滑坡、泥石流等地质灾害形成的自然因素有，地处构造破裂带、地形陡峭、多暴雨地带等。1992 年发生在磁峰乡的山体滑坡（面积 180 亩）就是在构造破碎地带，山坡陡峭，发生前长时间干旱，后又遇连绵阴雨，造成大面积滑坡。

人类生产活动是造成地质灾害的重要因素。一是边坡开挖：因发展山区交通进行道路建设时，改变了原有斜坡形态，形成新的边坡。一些不科学的边坡开挖，破坏斜坡原有的稳定状态，形成不稳定斜坡，造成地质灾害隐患，或造成滑坡发生。这些情况主要集中于白鹿镇、磁峰镇和通济镇等山区。二是矿山开采：彭州市主要有煤矿、石灰矿、页岩矿。这些矿山的开采，往往会改变地质环境条件，诱发地质灾害。彭州市煤矿多分布于中低山地区，煤系地层为三叠系须家河组，一般采用井下开采，煤矿的采空区诱发滑坡、塌陷等，此现象主要集中于白鹿镇和新兴镇。石灰矿、页岩矿开采主要为露天开采，露天采场实际上是一种巨型切坡开挖，若开采边坡比不当，易形成高陡人工边坡，对斜坡稳定性的破坏较大，较易产生崩塌、滑坡灾害。三是农耕垦殖：农耕垦殖是彭州市丘陵、山区分布最广、最普遍、最频繁的一类活动，斜坡地带（大于25°）的农耕垦殖乱砍滥伐使得大量植被破坏，土体裸露，雨水入渗，常常引发表层土石产生滑坡灾害。

病虫害

玉米粘虫和田螟虫疫病　1988年入夏以后，由于气温起伏较大，潮湿多雨，光照减少，玉米粘虫和田螟虫相继大量繁殖，全市半数以上的水稻和玉米都不同程度地受到灾害，从6月上旬，发现虫害的20天里，全市受灾面积66900亩，成灾26330亩，因灾损失粮食251.5万公斤。

马铃薯晚疫病　1990年，山区马铃薯晚疫病大发生，是彭州近30年中最重的一年。当马铃薯薯块刚形成不久，晚疫病迅即蔓延4.6万亩马铃薯田块，加之发病期间雨水频繁，施药困难，稍遇晴天强行施药，药液又迅速被雨水冲刷，没有作用。至5月上旬末，若干薯苗已经枯死，当时薯块直径仅1厘米左右，虽经农民抢治2.3万亩，仍然大面积歉收，全县损失马铃薯105万公斤（折原粮）。

南美斑潜蝇　南美斑潜蝇是一种危害蔬菜及其他植物的多食性害虫。1997年秋在市内利安乡（今天彭镇辖区）安澜村菜豆上发生。1997年有12896.8亩次发生，1998年发生面积2469亩次，1999年发生7450亩次。

第三章　自然资源

彭州市辖区总面积1421平方公里，居成都市各区（市）县第一位。因地形的原因，土壤种类较多，从平原的水稻土到高山草甸土共10种。加之纬度、地理位置的原因，使彭州市具备丰富的生物资源，并生存着不少国家珍稀物种，为四川省生物资源富庶地区之一，是著名中药材产地，有较大的经济和科学价值。因地质构造的原因，使彭州市形成矿产资源具有种类多、分布广，主要矿产资源开发条件较好，但矿床规模小，金属矿种类少的特点。因位置和地形的原因，使彭州市降水丰沛，河流发育，水资源丰富，加上都江堰客水，全年可用水量20.85亿立方米。湔江水系山区流域山势陡峭，北高南低，各支流蜿蜒于高山峡谷，因而水能资源丰富，开发潜力巨大。丰富的自然资源使彭州在古代就成为天府之国的“膏腴”之地，近代天府的“金彭”和当代成都市“十强”之一。丰富的自然资源也是彭州市经济建设、社会发展的物质基础。

第一节　土地资源

彭州市土地面积2129067.8亩。据2005年统计，其中农业用地183.41万亩，建设用地18.92万亩，未利用土地10.57万亩，和以前对比看出，1986年以后土地使用呈农业用地逐步减少而建设用地逐步增加的趋势。

农用地

耕地　1985年全县有耕地73.78万亩。1993年，经土地详查，全县实有耕地84.8万亩。以后年份实施农业区划，山区退耕还林和城镇工矿乡村企业发展的占用，耕地面积呈下降趋势。1998年底统计全市实有耕地81.2万亩，其中，灌溉水田60.24万亩，望天田7325.5亩，水浇地1.26万亩，旱地18.75万亩，菜地2200.2亩。到2005年全市耕地面积减少至778686.6亩。

林地　1955年统计有林地71.43万亩，随着退耕还林、封山育林的开展，全县林地有所增加。1993年土地详查结果，林地为86.11万亩，1998年年底统计为86.51万亩，其中，有林地57.62万亩，灌木林26.19万亩，疏木林1.38万亩，未造成林地1.23万亩，苗圃882.8亩。林地占全市辖区总面积的40.6%，主要分布在山丘地区，平坝区除少量小块成片林地外，多为四旁零星树，其面积占全市林地总面积的0.67%。2005年林地面积88.65万亩。

园地　1985年园地面积48408亩，以后，第二、三产业的发展，园地大面积减少，全市园地1998年统计为1.62万亩，其中，果园11136亩、茶园2402.5亩、桑园100亩，其他花卉园等2530.6亩。随着水果、花卉市场的发展，面积逐步增长，到2005年园地面积增加至25234.7亩。

水域用地　1985年18.01万亩，以后河滩被开垦、修建公路、厂房等建筑占用，水域面积大大减少，1998年统计为8.09万亩，其中，河流水面45632亩，水库水面2045.7亩，坑塘水面4398.8亩，苇地200亩，滩涂8615.6亩，沟渠19628.7亩，水工建筑物385.4亩。到2005年水域用地面积78149.8亩（其中，坑塘水面、滩涂减少约5000亩）。

建设用地

居民点及厂矿用地　1985年全县居民点及厂矿用地12.51万亩。随着经济建设和社会发展，用地面积大幅增长。到1998年统计为157294.5亩，比1985年增长3万余亩，其中城市13679亩，建制镇14318亩，农村居民点127314亩，独立工矿用地13254.7亩，特殊用地1983.5亩。到2005年达到175905.7亩，比1985年增长约4万亩。其中城市用地面积增长7000余亩。

交通运输用地　1985年，全县交通用地（含小道）35017亩。1993年土地详查资料，全市交通用地19161亩（不含1米宽以下的小道）。随着经济发展的需要，交通用地逐步增加。1998年彭州市国土局统计为2.5万亩，其中铁路2058.4亩，公路6408.3亩，农村道路1.66万亩。特别是高速路和村村通公路的建设，2005年交通用地1.1万亩，加上村道为27554.2亩。

土地后备资源

1986—2005年间，因彭州市经济建设和社会发展的需要，土地资源被大量利用。在全市辖区内尚待开发利用的后备土地资源有105742.5亩，约占总土地面积的5%，占建设用地面积的56%，若除开水面面积，占2005年建设用地面积的32%。

彭州市2005年土地利用现状面积表

表1-3-1-1

土地分类			面积（亩）
一级地类	二级地类	三级地类	
农用地	合计		1834097.2
	耕地（11）	小计	778676.6
		灌溉水田（111）	590351.9
		望天田	7097.5
		水浇地（113）	12420.6
		旱地（114）	166606.4
	园地（12）	小计	25234.7
		果园（121）	17659.6
		茶园（123）	2402.5
		其他园地（125）	5072.6
	林地（13）	小计	886445.8
		有林地（131）	576152.3
		灌木林地（132）	261929.4
		疏林地（133）	13925.7
		未成林造林地（134）	33356.3
		苗圃	1082.1
	其他农用地（15）	小计	143740.1
		畜禽饲养地（151）	129.7
		设施农业用地（152）	169.0
		农村道路（153）	16582.3
		坑塘水面（154）	2644.5
		养殖水面	1868.8
		农田水利用地（156）	19627.8
		田坎（157）	102718.0

续表1-3-1-1

土地分类			面积（亩）
一级地类	二级地类	三级地类	
建设用地	合计		189228.1
	居民点及工矿用地（20）	小计	175905.7
		城市（201）	21183.7
		建制镇（202）	14270.1
		农村居民点用地（203）	126927.4
		独立工矿用地（204）	11091.3
		特殊用地（206）	1983.2
	交通运输用地（26）	小计	10972.2
		铁路用地	2058.4
		公里用地（262）	8913.8
	水利设施用地（27）	小计	2350.2
		水库水面（271）	1964.8
		水工建筑用地（272）	385.4
未利用地	合计		105742.5
	未利用土地（31）	小计	54084.0
		荒草地（311）	4810.9
		裸岩石砾地（316）	48520.0
	其他土地（32）	小计	51658.5
		河流水面（321）	46039.8
		滩涂（3241）	5418.7
土地总面积			2129067.8

第二节　水资源

河流水资源

境内河流湔江—小石河、土溪河等，年均流量32.21立方米/秒，径流量10.16亿立方米，年均有效降水3.8亿立方米；其中湔江多年平均流量26.3立方米/秒，径流量8.3亿立方米。

过境河流人民渠、东风渠、蒲阳河—清白江，每年可补充彭州市供水2.6亿立方米。其中人民渠自蒲阳河引水，设计最大引水流量135立方米/秒，多年最小流量65立方米/秒，具有以灌溉为主，兼有发电、工业用水、水产养殖、防洪等综合效益。全市可利用河流水资源达到16.56亿立方米。

蓄、储水资源

彭州市水库平塘甚多，水利设施完备，主要分布在湔江流域，水库蓄水0.25亿立方米。有中型水库1座，可蓄水1538万立方米；小（一）型水库3座，可蓄水800万立方米；小（二）型水库4座，蓄水量92万立方米；山平塘436口，蓄水量121万立方米；提灌站（池）有192处，可抽水、蓄水来补充工农业用水。

市境内平坝区孔隙水补充充沛，地下水资源丰富。山地区除部分低山富水性不均外，其余山区较富水。全市地下贮水3.97亿立方米，常年可利用储、蓄水存量达4.22亿立方米。

水　能

市境内湔江等河流源头海拔高、山区流域内山势陡峭、峡长谷深落差大；过境河渠蒲阳河、清白江、人民渠等流经山地、平原，都有较大水头，可利用水能资源较丰富，具有水利开发条件。据水利部门勘测计算，全市水能资源理论蕴藏量约33万千瓦，到1998年底已经先后修建中小型电站86处，装机10.82万千瓦，全市小水电站蓬勃发展，改变“贫电”状况，并成为全国初级电气化县（市）。到2005年全市水电站已经增加至90座，装机达15.37万千瓦，尚有很大水能开发潜力。

第三节　矿产资源

概　况

资源种类　截至2001年底，全市共发现金、铜、铁、煤、水泥用灰岩、水泥用黏土、水泥用砂岩、蛇纹岩、石棉、滑石、石墨、耐火黏土、砖用页岩、矿泉水、医疗用热矿泉水等15个矿种，矿产地58处，其中铜、煤、水泥用灰岩、蛇纹岩、砖瓦用页岩为主要矿种。

矿床规模　市境内共有矿区（床）28个，其中矿床规模达中型的有4个：蛇纹岩矿2个，水泥用灰岩1个，石墨矿床1个，仅占矿区（床）总数的14%。其余24个均为小型矿床，占矿区（床）总数的86%。

分布　彭州市矿产资源除平坝地区以外，其余地区均零星分布有不同矿产的矿床。铜、磁铁矿、蛇纹岩、石棉、石墨等矿产分布在映秀断裂以北地区，以南地区则以煤矿、水泥用灰岩、砖用页岩等非金属矿产为主。

开发条件　煤矿资源分布相对集中，经过矿山重组联合可形成规模化开采，含硫量低，属易采选的优质煤。水泥用灰岩、砖瓦用页岩，均可露天开采，成本低，其矿产品易销售，开发利用可获得较好的经济效益。

主要矿产资源

金属矿资源　铜矿是彭州市的主要金属矿产，开采历史悠久，曾经是古蜀国青铜器铸造、秦半两钱铸造、清四川铸币局铜圆铸造的原料供应地。中华人民共和国成立后，又为军事工业提供原料，直到2003年因资源枯竭而闭坑。

煤矿资源　分布于龙门山镇以南的三叠系须家河组地层中，有白马庙、老君山、利民、姚家沟4个井田，至2003年底，保有煤炭储量523.3万吨，基础储量625.6万吨，资源量1693.3万吨，属低硫优质煤。但未能形成规模化开采，资源浪费大。

建材矿资源　水泥用灰岩来源二叠系、三叠系的灰岩分布区，主要集中在白鹿、通济、小鱼洞境

内，质量好。砖瓦用页岩来源于侏罗系、白垩系的页岩分布区，主要开发集中在九陇、桂花等丘陵地区，年开采量达 7.58 万吨。砂砾石分布于湔江、小石河及蒲阳河流域，年产量为 21.53 万立方米。这三类建筑原材料，在市域中南部均有较大面积的分布，资源量较大，且适合露天开采。

化工原料矿资源 龙门山镇红岩及铜矿湾两个化肥用蛇纹岩矿均为经过勘探的中型矿床，保有储量 1369.3 万吨，基础储量 3889.7 万吨，资源量 1295 万吨。

天然气资源 1980 年起，西南石油管理局在境内进行浅层天然气开发工作，至 2005 年止彭州市境内天然气生产量 2.2 万立方米/天，输入天然气主管道。丽春镇塔子村日产气 1 万立方米；1997 年三界镇 7 号井（马井构造）日产气 1 万立方米；1997 年隆丰镇 189 号井日产气 5000 立方米，输入附近天然气管道使用。原楠杨镇气井每日可产气 5000 立方米，不输入主管道，只用于罐装气，加气站用于汽车加气（两井属鸭子河构造）。

矿泉水 龙门山镇的宝山医疗热矿泉水和响水洞饮用天然矿泉水适应市场需求，近年来开发成功。

资源利用方向

按照成都市产业发展政策和《彭州市矿产资源开发利用管理办法（试行）》的精神，彭州市将逐步退出矿产资源开采行业。

彭州市主要矿产资源储量表

表 1–3–3–1

矿产名称	计量单位	储量	基础储量	资源量
煤炭	千吨	5233	6256	16939
磁铁矿	矿石千吨	—	—	1370
铜矿	铜吨	—	—	2468
锌矿	锌吨	—	—	894
硫铁矿	矿石千吨	—	—	32
水泥用灰岩	矿石万吨	790	1468	19487.2
水泥用黏土	矿石万吨	—	—	180
砖瓦用页岩	矿石万吨	—	—	537.47
陶瓷黏土	矿石万吨	—	—	59.91
石墨	矿石千吨	—	—	869
滑石	矿石千吨	—	—	35410
石棉	石棉千吨	—	—	717.55
化肥用蛇纹岩	矿石千吨	13693	38897	22750
建筑用砂岩	矿石万立方米	—	—	352
建筑用砂、砾石	矿石万立方米	—	—	195
医疗热矿泉水	液万立方米/年	—	—	489.68

第四节　生物资源

林　木

概况　彭州森林资源比较丰富。森林五大类俱全，有用材林、经济林、防护林、薪炭林、特种用途林，但地域分布不均，林分起源有天然林与人工林、实生林与萌生林，林分组成有混交林与纯林；同龄林与异龄林各种林龄并存，但人工林、针叶林比例太大，林分生产力低。树种品类繁多，据1988年县级林业区划和国有彭州市林场二类调查资料，主要木本植物有107科，297属681种（包括亚种、变种），其中裸子植物10科、23属、48种；被子植物97种、274属、633种。

2005年，全市有用材林地24.29万亩，防护林地4.86万亩，特种用途林地13.96万亩，经济林地3.39万亩，竹林地2.14万亩，灌木要地43.84万亩。

2005年，全市共有林业用地100.76万亩。活立木总蓄积325.69万多立方米。年生长量约为12.09万立方米。2005年编报的森林限伐消耗限额为6.9万立方米，采伐限额1.2万立方米。

据20年统计，年度（除1999—2002年禁伐期）采伐量都在1万立方米左右，保持了消耗量低于生长量。

植被分布　平坝区（海拔479～680米）。以桉树、桤木、千丈、水杉、慈竹为主，楠木、柏木、泡桐、法国梧桐、麻柳、苦楝等次之。皆零星植于“四旁”。还有利用农田种植的种类繁多的观赏花木。个别较宽阔河滩地带间有小面积成片桤木或桉树的中幼龄人工林。

丘陵浅山区（海拔680～1000米）。以马尾松、青杠、桤木为主，杉木、千丈、柏木、桉树、香樟、水杉、刺秋、香椿和楠竹等次之。海拔600～800米之间，多面积较小的马尾松、青杠、桤木等中龄天然林和幼龄人工林。海拔800～1000米之间，多数针阔混交林，少数杉木水杉中龄，还有从1999—2005年退耕还林种植的4.5万亩杉木、桤木、巨桉、楠抗杨等以及桃、梨、李等经济林木幼龄人工林。

高、中山区（海拔1000～3500米）。海拔1000～1700米之间，多柳杉林和杉木林、桤木林、檀木、桦木、木姜子、漆树、油樟、桢楠、润楠、青冈、山毛榉和百家竹、拐棍竹、甜竹、刺竹，还有从1999—2005年退耕还林种植的3万亩的杉木、柳杉、银杏、红桦、尤曼桉、厚朴、黄柏、杜仲等幼龄人工林。1700～2000米之间为常绿、落叶阔叶针混交林带，多为植被较好的灌杂木天然林如红桦、润楠、山杨柳、山核桃、石栎、峨眉栲、水青树、珙桐、连香树及箭竹林。2000～2500米为针阔混交林，多属天然林。灌丛中散生红桦、槭树、润楠，再高则有冷衫、铁杉、粗皮桦、扇叶槭及箭竹林等。2500～3500米，全为天然生长的针阔混交的成熟疏林，如桦木、冷衫、铁杉。3500米以上有少量冷衫、铁杉，多为杜鹃、岩柏、山石柳以及高山草地。4000米以上多为裸露岩石。

林副产品植物　淀粉植物有魔芋、蕨菜、野葛、岩豆、百合等；纤维植物有构树、斑茅、箭竹、棕榈等；油脂植物有山胡椒、野桐、杉木、灯苔等；芳香植物有樟树、木姜子、黑壳楠、川桂等；树脂及树胶植物有化香、麻栎、山合欢、铁子、光皮桦等；食用植物有竹笋、猕猴桃、刺梨等。

观赏植物

观赏植物有牡丹、木兰、珙桐、杜鹃、兰草、小蘖、枸子、花楸、黄迷、海棠、虎耳草、四照花、槭树等，其中尤以牡丹最为有名。彭州牡丹种植历史悠久，唐宋时始以此著称。1985 年，彭县人大常委会将牡丹确定为“县花”，同年 4 月举办首届牡丹花展。至 2002 年，彭州牡丹品种已发展到 260 余种，150 余万株，1985—2005 年已举办花会 21 届。兰草也盛极一时，金钱炒作甚于观赏价值。

野生中药材

据张文锦《彭州药录》记载：彭州产植物药 172 科，药 1400 余味；动物学 47 科，药 100 余味；矿物药 9 种。其中彭县雪胆、长果雪胆、彭什藤乌、彭州岩乌头、彭州黑水翠雀、天台山翠雀花、什邡槀吾和彭州睡莲属 4 新种 4 新变种。龙门山镇光光山有羌活、大黄、雪茶、重楼、狼毒、贝母、秦艽、独活、麻黄、草乌、虫草、黄精、雪莲花、党参等十几种名贵野生中草药；龙门山镇、小鱼洞镇、白鹿镇、通济镇等还有天麻等十几种名贵野生中草药。

野生动物

市境内野生动物有 25 目 100 科 222 属 331 种，其中兽类 97 种，鸟类 166 种，两栖类 21 种，爬行类 23 种，鱼类 24 种。属国家特有的动物有红腹角雉、红腹锦鸡、猕猴、大熊猫、小熊猫、林麝、牛羚、斑羚、成都鱲、彭州似鲌和川西黑鳍鳈等。其中，彭县（州）似鲌（俗名沙网子）、成都鱲（俗名桃花斑）是彭州的特产鱼种。

珍稀动、植物

列入国家重点保护的一、二级珍稀动物有大熊猫、金丝猴、豹、云豹、牛羚、金雕、绿尾虹雉等 32 种。

有珍稀、濒危植物 24 种 1 个亚种 1 个变种，占全国珍稀、濒危植物总数 389 种的 6.7%。属国家一级保护植物有银杏、珙桐、光叶珙桐、红豆杉 4 种；二级保护植物：连香、水青、领春、香果等 22 种。

有银杏 78 株，楠木 73 株，香樟树 28 株，柏树 31 株，喜树 44 株，其他树种 24 株。

第二篇　人　口

彭州自秦灭蜀设县以后的2300年，人口虽几经增减却一直是人口大县。1949年总人口约40.89万人，此后经历两次人口大增长。20世纪50年代初，鼓励生育，使人口大增。到1966年增至53.57万人，16年净增12万余人。"文化大革命"十年人口剧增，到1976年总人口达66.75万人，净增13万余人。20世纪70年代逐步全面实施计划生育政策，提倡"晚、稀、少"，20世纪80年代提倡"只生一个"子女，并实行奖励、优待政策，人口增长速度逐步趋缓。到1985年总人口70.26万，此前10年净增3万余人。1986年继续贯彻执行计划生育基本国策，提倡"优生优育"，建立机制，制定措施，深入宣传，严格管控。从1986年（71.2万人）到2005年（77.88万人），在物质生活水平、医疗卫生条件提高，生育基数增大的情况下，20年间人口净增不到7万人，年均增加不到4000人，还不到"文化大革命"十年人口年均增长的三分之一。从2001年开始人口呈负数增长。2005年获省政府"四川省计划生育优质服务市"荣誉称号。

彭州市人口分布受地理因素的影响，大致由东南平原向西北丘陵山地逐渐减少。人口密度还受历史、经济发展因素的影响，差别较大，天彭镇在历史上一直处于中心城市的地位，经济发达，与周边的乡镇成为高密度区域，人口密度高至2266人/平方公里。而处于山区的龙门山镇仅30人/平方公里。人口的自然变动在20年中基本保持稳定。

人口构成方面，性别比（女性=100）20年间保持平衡和稳定。2000年开始，老年比、老少比均超过联合国的规定，已经步入老年社会行列，在一定时期内还会增大。人口的文化素质因教育事业的快速发展得到很大提高。职业构成，从事二、三产业的人口逐年增加，但第一产业从业人口还相对较大，有待通过产业结构调整，加快"城镇化"的进程来改变。

第一章　人口规模和分布

彭州市（县）人口总量居成都市前列。改革开放以后，严格贯彻执行中央计划生育政策，有效控制人口的过快增长，1986—2005年，总人口量从711954人增至778835人，20年增长6.7万余人。人口自然增长率由14.25‰降到-1.26‰，保持"低出生、低死亡、低增长"的稳定状态，人口分布和密度受区位影响分为高密度、较高密度、中密度和低密度区域。

第一节　人口总量变化

2005年末，全市总人口778835人，占成都市总人口的6.94%，居成都市各区（市）县第三位。

彭州市人口发展在20世纪70年代以前经过几个波动阶段。1971—1978年，随着计划生育工作的全面开展，全县的人口出生率呈逐步下降趋势。人口出生率自1971年的34.93‰，自然增长率从26.30‰，到1978年人口出生率下降至8.69‰，自然增长率下降至2.07‰，8年间人口出生率年平均下降3.28个千分点，自然增长率下降3.03个千分点，人口过快增长的势头得到了有效控制。

1979—2005年，是全县（市）人口自然增长有效控制阶段，到2001年人口出生率5.65‰，死亡率5.83‰，自然增长率为-0.19‰，2001—2005年连续5年出现人口负增长。

彭州市（县）“七五”至“十五”人口总量变化统计表

表2-1-1-1　　单位：人

年　度	人口总量	人口增减数	人口增减比例（%）
1985	702576	—	—
1986—1990	735325	32749	4.45
1991—1995	760082	24757	3.26
1996—2000	774626	15544	2.00
2001—2005	778835	11619	1.50

全国“四普”“五普”彭州市（县）人口总量与同期计生统计人口比对情况统计表

表2-1-1-2　　单位：人

<table>
<tr><th colspan="2" rowspan="2">合　计</th><th colspan="4">家庭户普查人数</th><th colspan="4">集体户普查人数</th><th rowspan="2">家庭户中户平均数</th><th rowspan="2">计划生育统计人口数</th><th rowspan="2">“人普”与计生统计人口数比差“+　-”</th></tr>
<tr><th>小计</th><th>男</th><th>女</th><th>性比</th><th>小计</th><th>男</th><th>女</th><th>性比</th></tr>
<tr><td>“四普”1990.7.1</td><td>735177</td><td>734411</td><td>374772</td><td>359639</td><td>104.21</td><td>21735</td><td>18151</td><td>3602</td><td>500.3</td><td>3.31</td><td>730325</td><td>-4794</td></tr>
<tr><td>“五普”2000.11.1</td><td>770749</td><td>756630</td><td>381485</td><td>375145</td><td>101.69</td><td>14119</td><td>8212</td><td>5907</td><td>139.02</td><td>3.32</td><td>774840</td><td>+4091</td></tr>
</table>

实施计划生育以后，群众的生育观不断转变，法制观念增强，支持计生工作，使计生工作质量不断提高。“四普”登记的人口总量与同期计生统计人口总量相比，计生统计少4794人。2000年11月1日进行的“五普”登记的总人口为770749人，计生统计的总人口为774840人，两者均以常住人口为准，计生统计人口较普查人口多4091人，计生统计人口的数量应该更接近真实。

第二节　人口分布

人口分布及密度

全市人口分布以天彭镇为中心，向周边辐射。人口密度大致呈由东南、向西北逐渐减少的态势。

彭州市2005年末各镇人口分布及人口密度情况表

表2-1-2-1　　　　单位：人

区域	总人数（人）	比例（%）	人口密度（人/平方公里）	地域面积（平方公里）
全市	778835	100	—	1421
高密度区域	—	—	—	—
天彭镇	156350	19.86	2266	66.61
敖平镇	29511	3.74	1132	34.02
致和镇	70671	8.98	1091	63.78
隆丰镇	47929	6.09	1088	49.48
升平镇	33429	4.25	1084	32.13
九尺镇	29735	3.78	1072	27.95
较高密度区域	—	—	—	—
濛阳镇	70412	8.94	910	75.47
军乐镇	27568	3.50	899	31.28
丽春镇	67263	8.54	856	77.12
三界镇	33203	4.22	837	42.36
中密度区域	—	—	—	—
新兴镇	22703	2.88	722	33.77
丹景山镇	32337	4.12	567	65.39
桂花镇	29351	3.72	456	64.42
红岩镇	16915	2.15	437	41.60
葛仙山镇	37314	4.73	371	68.07
通济镇	29071	3.63	391	70.04
磁峰镇	18195	2.31	354	47.66
低密度区域	—	—	—	—
小鱼洞镇	13678	1.74	168	59.15
白鹿镇	10460	1.33	133	86.79
龙门山镇	10973	1.39	30	384.34

从表中可以看出，境内人口分布及密度可分成四个层次。以天彭镇为中心，敖平镇、致和镇、升

平镇、九尺镇人口密度达1072—2266人/平方公里，占全市总人口的46.70%，而面积仅占全市的18%，属人口高密度集中区。第二层是濛阳、军乐、丽春、三界4个坝区镇，人口密度为837—910人/平方公里，属人口较高密度集中区。接近高山区的丘陵镇丹景山（原九陇）、桂花、红岩、葛仙山及靠近高山区的新兴镇、通济镇属中密度集中区域。小鱼洞、白鹿、龙门山3个镇属于人口分布稀少区，最少的龙门山镇每平方公里仅30人，比1986年末每平方公里28人增加2人。龙门山、小鱼洞、白鹿3镇总人口占全市总人口的4.46%，面积占全市的36%。全市人口分布密度悬殊较大，天彭镇每平方公里人口密度是龙门山镇的75.5倍。

造成全市人口密度分布差异的主要原因有三：一是地形地貌的影响，靠近天彭镇的坝区镇，便于工、农业生产，招商引资，故而人口密度相对较高；靠近山区的丘陵、浅山区，人口容量相对较低；二是受社会经济发展程度的影响，天彭镇周围社会经济发展水平相对较高，经济容量大，对人口有较强的吸引力。三是人口密度与城市化水平有关，城市化水平越高，人口的集中量越大，市属的几个小城镇及濛阳重点镇人口容量都比一般镇容量大，吸引不少农业人口向非农业人口转化，促进农业人口向城镇集中转变，使人口分布更趋合理。

人口变动

1978年以后，人口过快增长的势头已得到有效控制。1979—2005年，全市一直保持“低出生、低死亡、低增长”的态势。1980年以后，中共中央、国务院进一步加强人口与计划生育工作，各级党委、政府对人口计划的执行得到真正落实，计生工作质量不断提高，人口再生产得到很好的控制。

彭州市（县）1986—2005年人口自然变动情况表

表2-1-2-2　　单位：人

年度	总人口数	出生		死亡		自然增长	
		人数	‰	人数	‰	人数	‰
1986	711954	14665	20.73	4583	6.48	10082	14.25
1990	735325	10043	13.69	5079	6.92	4964	6.77
1995	760082	7874	10.39	4969	6.56	2905	3.83
2000	774626	5481	7.08	4668	6.03	813	1.05
2005	778835	4428	5.64	5414	6.89	-986	-1.26

从表中可以看出，1986年全县总人口711954人，比1985年增加9378人，年度总人口增长率为14.25‰。1990年，全县总人口达735325人，全年净增人口4964人，年增长率为6.77‰，比1986年下降7.48‰，年平均下降1.5‰。2000年，人口增长率为1.05‰，人口增长的速度再次放慢。2001年全市出生4405人，死亡4543人，出生人数比死亡人数少138人。开展计划生育工作以后，首次出现人口负增长，当年人口增长-0.19‰。此后，全市人口一直呈负增长态势，2005年人口增长率为-1.26‰。

第二章　人口构成

彭州市人口性别构成从1986年以后一直保持正常比例。1995—2005年全市新生儿性别比保持在109.10—110.19水平。改革开放后因医疗卫生条件的提高，新生儿成活率和老年人寿命得到提高和延长，老年人口比例、老少比例加大，青年比例下降，总抚养比增大，人口再生产已经开始转向缩减型，这对彭州市的经济发展和社会保障将产生较大影响。改革开放以后人口流动加大，全市少数民族的个数由1985年的15个增加到24个，人口比例由16%增加到30%。教育事业的发展使全市人口文化素质提高，产业结构的调整使二、三产业人口增加。

第一节　自然构成

性别构成

在社会发展中，正常和稳定的男女性别比例，对婚姻、家庭、社会安定和谐，经济发展具有重要意义。正常的性别比应为男性略多于女性。

男女性别比到1975年已趋于正常。1986年到2005年间，无论是成年人口中，还是当年出生婴儿，性别比都保持着平衡和稳定。

彭县1990年各年龄段性别构成情况表

表2-2-1-1　　单位：人

年龄别	男性人口	女性人口
0—4	33326	31008
5—9	22277	20828
10—14	21577	20341
15—19	36894	35206
20—24	45598	45911
25—29	37637	35808
30—34	27678	26286
35—39	35924	36973
40—44	25046	24233
45—49	21298	19346

续表2-2-1-1

年龄别	男性人口	女性人口
50—54	16671	14523
55—59	14972	13712
60—64	12982	11309
65—69	10750	9365
70—74	6306	6530
75—79	3597	4261
80—84	1571	2558
85—89	547	1151
90—94	92	243
95—99	26	40
100岁及以上	3	7

1990年全国第四次人口普查资料显示，彭县总人口734411人，男性374772人，女性359639人，男性比女性多15133人，按男、女比例计算出的性别比是105。属正常性别比。另根据县计生委统计，1990年出生婴儿10043人，其中男婴5268人，女婴4775人，男婴比女婴多493人，当年出生婴儿性别比为111。1995年到2005年出生婴儿性别比保持在109.10—110.19的水平。

年龄构成

1990年末与2000年末比较，彭州市人口有四个方面的变化：第一，由于计划生育工作的高效开展，人口出生得到有效控制，人口出生率已经下降到较低水平。第二，自1978年计划生育工作步入稳定阶段以后，人口出生率不再有大起大落的现象，使人口年龄结构显得更为合理。第三，18—40岁年龄段数量增长。第四，30—39岁之间的人口数量较大，这意味着再过30年，全市的老年人口将大幅度增加。

2000年末，全市0—14岁少年儿童人口数为143783人，占总人口的18.65%；65岁以上人口63886人，占全市总人口的8.28%，老年人与少儿人口比为44.43%。根据联合国人口司1956年《人口老龄化及其社会经济含义》的报告，只要是老年人口比例大于7%或者老少比大于30%的人口即为老年人口社会。全市2000年末老年人口比和老少人口比分别是8.28%和44.43%，均大于联合国人口司规定的数据，说明人口已进入老年人口社会行列。从负担指数来看，经济发达程度与负担系数成正比的趋势。2000年末，全市儿童负担系数为25.53%，老年人口负担系数为11.35%，全市总抚养比为36.88%，人口老龄化社会已经到来。

1990年全国第四次人口普查资料反映：0—14岁儿童占20.3%，15—49岁占61.8%，50岁及以上年龄人口占17.9%，这些数据已反映出全市人口再生产已进入较为巩固的稳定型。再与2000年第五次人口普查比较：14岁以下儿童组比例下降到18.7%，下降1.6个百分点；15—49岁中、青年组下降到58.2%，下降3.6个百分点，50岁及以上人口上升到23.2%，上升5.3个百分点。这些数据说明了中年人口比重较大，儿童人口比例下降，50岁及以上人口上升，全市人口再生产已由稳定型转向缩减型，人口再生产的速度明显减慢。

随着人口与计划生育工作的深入开展，群众生育观念的转变与法制观念的增强，全市人口再生产缩减型的这一特点将得到进一步巩固。

彭县1990年第四次“人普”分段年龄统计表

表2-2-1-2　　单位：人

年龄别	人口			占总人口的百分比			性别比
	合计（人）	男（人）	女（人）	小　计	男	女	
全市	734411	374772	359639	100	—	—	102.27
0—4	64334	33326	31008	8.8	4.54	4.23	103.61
5—9	43105	22277	20828	5.87	3.04	2.84	103.37
10—14	41918	21577	20341	5.71	2.94	2.77	102.95
15—19	72100	36894	35206	9.83	5.03	4.80	102.35
20—24	91509	45598	45911	12.47	6.21	6.26	99.65
25—29	73445	37637	35808	10.01	5.13	4.88	102.49
30—34	53964	27678	26286	7.35	3.77	3.58	102.58
35—39	72897	35924	36973	9.94	4.9	5.04	97.16
40—44	49279	25046	24233	6.71	3.41	3.30	103.36
45—49	40644	21298	19346	5.54	2.90	2.64	101.00
50—54	31194	16671	14523	4.25	2.27	1.98	101.48
55—59	28684	14972	13712	3.19	2.04	1.87	108.86
60—64	24291	12982	11309	3.31	1.77	1.54	101.48
65—69	20115	10750	9365	2.75	1.47	1.28	100.15
70—74	12836	6306	6530	0.02	0.01	0.01	96.6
75—79	7858	3597	4261	0.01	—	—	84.41
80—84	4129	1571	2558	—	—	—	61.40
85—89	1698	547	1151	—	—	—	47.52
90—94	335	92	243	—	—	—	37.86
95—99	66	26	40	—	—	—	46.15
100岁以上	10	3	7	—	—	—	42.85

彭州市2000年第五次人口普查分段年龄统计表

表2-2-1-3　　单位：人

年龄别	人口数			占总人口数的百分比			性别比
	合计（人）	男（人）	女（人）	小计	男	女	
全市	770749	389697	381052	100	50.56	49.43	102.27
0—4	32655	16845	15810	4.24	2.19	2.05	106.55
5—9	47302	24220	23082	6.14	51.2	48.8	104.93
10—14	63826	33100	30726	8.28	4.29	3.99	107.73
15—19	45756	23382	22374	5.94	3.03	2.90	104.51
20—24	41246	19529	21717	5.35	2.53	2.82	89.92

续表2-2-1-3

年龄别	人口数			占总人口数的百分比			性别比
	合计（人）	男（人）	女（人）	小计	男	女	
25—29	72139	35542	36597	9.36	4.61	4.75	97.12
30—34	91284	46207	45077	11.84	6.00	5.85	102.51
35—39	77787	40067	37720	10.09	5.20	4.89	106.22
40—44	49464	25285	24179	6.42	3.28	3.14	104.57
45—49	70657	34923	35734	9.17	4.53	4.64	97.73
50—54	47677	24080	23597	6.19	3.12	3.06	102.05
55—59	37969	19553	18416	4.93	2.54	2.39	106.17
60—64	29101	15470	13631	3.78	2.01	1.77	113.49
65—69	23658	12046	11612	3.07	1.56	1.51	103.74
70—74	18597	9436	9161	2.41	1.22	1.19	103.00
75—79	12438	6235	6203	1.61	0.81	0.80	100.52
80—84	5896	2620	3276	0.76	0.34	0.43	79.98
85—89	2443	900	1543	0.32	0.12	0.20	58.38
90—94	651	213	438	0.08	0.03	0.06	48.63
95—99	185	41	144	0.02	0.01	0.02	28.47
100岁以上	18	3	15	—	—	—	20.00

民族构成

据1990年第四次人口普查资料，彭州市总人口734411人，汉族占99.80%，少数民族人口占0.20%；2000年第五次人口普查资料，彭州市总人口770749人，汉族占99.70%，少数民族人口占0.30%。10年间少数民族人口占总人口的比例上升了0.10个百分点。

彭州市（县）1990年和2000年少数民族人口及比重统计表

表2-2-1-4　　单位：人

民族	1990年		2000年		2000年与1990年比	
	人口	比重（%）	人口	比重（%）	增减人口	比重（±%）
回族	922	63.00	916	40.39	-6	-0.6
藏族	192	13.14	406	17.9	214	111.46
羌族	128	8.76	250	11.03	122	95.32
蒙古族	29	2.00	247	10.89	218	851.70
满族	67	4.59	66	2.91	-1	-1.50
土家族	35	2.40	53	2.34	18	51.43
壮族	35	2.40	—	—	—	—
苗族	19	1.30	—	—	—	—
彝族	10	0.60	65	2.91	—	550.00
瑶族	6	0.41	—	—	—	—

续表2-2-1-4

民　族	1990 年		2000 年		2000 年与 1990 年比	
	人口	比重（%）	人口	比重（%）	增减人口	比重（±%）
侗　族	4	0. 28	—	—	—	—
白　族	4	0. 28	—	—	—	—
傣　族	4	0. 28	—	—	—	—
布依族	2	0. 14	—	—	—	—
哈尼族	2	0. 14	—	—	—	—
朝鲜族	1	0. 07	—	—	—	—
景颇族	1	0. 07	—	—	—	—
锡伯族	1	0. 07	—	—	—	—
其　他	—	—	322*	—	13. 85	—
合　计	1462	100	2325	100	806	55. 13

*2000 年人口普查资料将蒙古族、回族、藏族、彝族、满族、羌族、土家族之外的 17 个少数民族人口 265 人统在一起，1990 年至 2000 年新迁入维吾尔族、傈僳族、佤族、撒拉族、仡佬族、塔塔尔族等 6 个少数民族。

2000 年以来，全市有少数民族族别 24 个，较 1990 年末增加了 6 个。少数民族人口增加了 806 人，上升 55. 13 个百分点。

从少数民族内部人口组成来看，1990 年少数民族比重最大的为回族、藏族、羌族，其人口占全市少数民族比重分别为：63%、13. 14%、8. 76%，占全市少数民族总人口的 84. 90%。到 2000 年，这三个少数民族的人口比重仍居全市少数民族人口的前三位，分别占 40. 4%、17. 9%、11. 03%。其中除回族人口减少 6 人之外，藏、羌两个民族分别增加 214 人、122 人。增加幅度藏族为 111. 46%，羌族为 95. 32%。

从少数民族人口分布来看，随着市场经济的发展，少数民族集中化的优势已减弱。少数民族人口逐步增加，居住逐步分散，民族政策进一步得到贯彻落实。

第二节　社会构成

文化构成

改革开放 20 多年间，文化教育事业发展，使人口的文化科学素质得到较大提高。从受高等教育、中等教育、初级教育人数比例看：1990 年受过各等级教育人数是 661700 人，其中受过高等教育占 1%，中等教育 5. 53%，初级教育 75. 2%。到 2000 年第五次人口普查资料反映，全市有研究生 60 人，占 0. 1%，受高等教育占 2. 05%，较 1990 年上升 1. 11 个百分点；中等教育占 7. 54%，较 1990 年上升 2. 01 个百分点；初级教育的占 82. 35%，较 1990 年上升 9. 85 个百分点；文盲及识字很少人数占 8. 08%，较 1990 年下降 10. 32 个百分点。

彭州市“四普”“五普”中6岁以上人口受教育程度分析表

表2–2–2–1　　单位：人

年度	合计	研究生	本科	专科	中等	高中	初中	小学	文盲及识字很少
1990“四普”	661700	—	1520	4671	6793	29616	177149	319953	121998
	%	—	0.23	0.71	1.03	4.50	26.80	48.40	18.40
2000“五普”	729459	60	2643	12251	12644	42293	268666	331998	*58904
	%	0.01	0.37	1.68	1.74	5.80	36.83	45.52	8.08
“四普”“五普”“十·一”	—	0.01	0.14	0.97	0.71	1.30	10.03	–2.88	–10.32

*此栏58904含未上学39510人，上扫盲班19394人

职业构成

经过改革开放20多年的发展，到2000年全市GDP总量已达到39.63亿元，经济结构得到较大调整，第二、三产业逐步扩大，第一产业人口开始下降。

1990年，全市农业人口637719人，占全市人口的86.84%；非农业人口91677人，占总人口的12.49%。到2000年全市农业人口达651841人，占总人口的84.5%，非农业人口115955人，占总人口的15.1%，10年来，农业人口比例下降2.34个百分点，非农业人口上升2.61个百分点。

从就业人口的从业情况看，1990年行业门类共分13大类，从业人口仅494492人，其中从事二、三产业的87085人，到2000年行业门类分16大类91个小类，经济社会发展导致第二产业飞速发展，制造业发展特别快。产业分类更细。从事二、三产业人口增加到125363人。全市“九五”期间加大产业结构调整力度，第二、三产业人员比重不断提高，全市三大产业从业人员比例为48∶30∶22。这主要是由于工业、房地产、金融、保险业、社会服务业、交通运输、邮电、通信的快速发展，促进劳动力不断由农业转向第二、三产业，从而使劳动力从业结构不断得到优化。

但与周边发达县、市相比，第一产业的从业人口比重相对较高，第三产业发展相对迟缓。

彭县1990年第四次人口普查15岁及以上人口职业分类统计表

表2–2–2–2　　单位：人

职业类别	小计		男		女	
	人数	%	人数	%	人数	%
农、林、牧、渔水产业	403041	68.89	200111	49.65	202930	50.35
工业	45855	7.84	32618	71.14	13237	28.87
地质普查勘探	1546	0.27	1134	73.35	412	26.65
建筑业	2672	0.46	2474	92.59	198	7.41
交通运输、邮电通信	6064	1.04	5268	86.88	796	13.13

续表2-2-2-2

职业类别	小计		男		女	
	人数	%	人数	%	人数	%
商业公共饮食物资供应	17199	2.19	9336	54.36	7863	45.72
房地产受理公共事业、居民服务和咨询服务	2842	0.49	2041	71.82	801	28.19
卫生体育和社会福利事业	2351	0.41	1270	54.02	1081	45.98
教育文化艺术和广播电视事业	7094	1.22	3536	49.85	3558	50.16
科学研究和综合技术服务事业	646	0.11	431	66.72	215	33.29
金融保险业	800	0.14	453	56.63	347	43.38
国家机关和社会团体	4366	0.75	3452	79.07	914	20.94
其他行业	16	0.01	9	56.25	7	43.75

彭县1990年第四次人口普查15岁以上人员在业情况统计表

表2-2-2-3 单位：人

合计	15岁及以上人口		从业人口占同龄人口百分比					
	男	女	合计	男	女	合计	男	女
585054	297592	287462	494492	262133	232359	84.52	44.80	39.72

彭州市2000年第五次人口普查农业人口与非农业人口统计表

表2-2-2-4 单位：人

	小计	男	女	15岁以下人口	15岁以上人口
农业人口	651841	326521	325320	13580	634945
非农业人口	115955	61723	54232	未工作人员：1873人，在校生占1143人，失去工作的270人，丧失工作能力的2604人	
非农业人口占总人口%	16%	9%	8%		

第三章　人口控制

1950年以后人口快速增长，制约彭州市社会经济的发展。为使人口过快增长速度减缓，1986年严格实行人口控制管理，在组织措施、政策保障、宣传教育上加大力度，财力上加大投入，以保证鼓励优惠政策的落实，建立完善计生设施设备。经过20年的不断努力，人口自然增长得到有效控制，2005年，人口自然增长数-986人，增长率-1.26‰。同时协同北京、省计生科研所进行计生科研，所参与项目获国家、四川省科学技术进步一等奖、二等奖。并得到世卫组织的称赞。

第一节　计划生育管理

组织措施和政策

1985年，县计生委制定《关于照顾生育二胎的规定和若干具体政策的说明》，全县计划生育工作的管理更加有序和规范，1986年起，县政府对年初下达的计划生育工作指标制定考核考评细则，1987年县政府向各乡镇下达工作指标的同时签订年度计划生育目标承包责任书。到1989年成都市向各区、市、县下达人口计划，成都市计生委向各区、市、县计生委下达业务工作目标并与各区、县计生委主任签订目标责任书，自此，人口与计划生育目标管理纳入党政一级目标管理。

市委、市政府为进一步加强各级党政对计划生育工作的重视，从市到乡镇、村层层成立计划生育领导小组，市上由分管党务工作的主要领导任组长，分管副市长任副组长；乡镇由党委一把手任组长，分管领导任副组长，村由村支书任组长，领导小组负责所在地区人口与计划生育的全面工作。市委为切实把人口与计划生育工作责任落到实处，人口与计划生育目标管理责任书每年一签订，考核细则与目标任务同时下达，横向目标管理责任书与纵向目标管理责任书同时签订。

坚持党政一把手亲自抓负总责，在具体工作中切实解决政策性的重大问题，在全市建立人口与计划生育目标责任制，确保人口与计划生育的政策到位。为稳定低生育水平，提供了思想、组织、财力和政策保障。

1993年以后，经市委、市政府目标办同意，人口计划完成情况由市计生委单独进行目标检查。检查重点放在工作质量上，把统计上的错、重、漏作为考核评分重要依据，促使基层领导在挤干计生统计水分上狠下功夫，使计生工作质量明显提高。

1986—2005年，坚持人口与计划生育工作目标管理“四到位”，即责任到位，措施到位，投入到位，政策到位。市委制发《关于贯彻〈中共中央国务院关于加强人口与计划生育工作稳定低生育水平的决定〉的意见》，以及《关于将流动人口计划生育管理工作纳入目标管理的通知》等重要文件。市人大、市政协十分重视人口与计划生育工作，每年坚持 1—2 次专题听取计划生育工作汇报，多次视察计划生育技术服务工作，为人口与计划生育工作稳定健康发展给予了有力的保障和支持。

依法管理计划生育工作

依法管理计划生育工作，是依法治市的重要内容之一。贯彻实施的法律、法规主要有《中华人民共和国人口与计划生育法》《流动人口管理办法》《计划生育技术服务管理条例》《社会抚养费征收管理办法》《四川省人口与计划生育条例》《成都市流动人口管理规定》等。

1987 年《四川省计划生育条例》实施以后，严格按照《条例》规定，执行独生子女父母奖励和其他各项优待政策，包括让有困难的独生子女父母优先在乡镇企业务工，并在落实扶贫救济，确定计生“三结合”户时优先考虑。

严格执行“七不准、十禁止”是对计划生育工作的高标准严要求，是维护群众合法权益，以人为本，依法维权的具体体现。在具体的行政执法工作中：一是要求基层将“七不准、十禁止”张贴上墙，让群众监督；二是坚持以“七不准、十禁止”为办事行为准则；三是坚持严格执法，正确执法，文明执法，依法行政；四是不以言代法，各行其是，切实保护好人民群众的合法权益，坚决查处违反“七不准、十禁止”的人和事。一经发现即时处理，并在年度考核中实行“一票否决”。全市十多年来未发生“七不准、十禁止”的违法案件和事故。

市计生委（局）每年坚持 1—2 次请回来、走下去的行风评议活动，乡镇每年结合“三查”工作至少开展一次群众评议计生分管领导、计生办工作，评议该乡镇计生行风建设。2002 年 11 月国家计生委纪检监察室李戎副主任到彭州市调研计生行风建设，视察了局机关、市计划生育宣传技术指导所和白鹿乡的计生行风建设，经过听汇报、查看资料、群众座谈等多种形式，调研结束后，对市计生行风建设给予了高度评价。

优化计划生育工作

随着社会经济改革的深化，改革计划生育利益导向和社会保障机制。在全市推行独生子女“双全”保险，为独生子女父母解除养老的后顾之忧。落实计划生育奖励优待政策，探索和建立计划生育社会保障制度，使广大计划生育户在社会上有地位，经济上有实惠，生活上有保障。1980 年以后，在调查研究、多方论证的基础上，采取城镇居民付现金，农村多划承包地和宅基地，减免义务工等方式兑现独生子女父母优待政策。在市劳动和社保部门的配合支持下，对独生子女父母退休增加 5% 的退休金。开展计划生育生产、生活、生育“三结合”工作，至 2005 年全市完成计划生育“三结合”帮扶 5052 户，有成片帮扶基地 81 个，新增和巩固基地各 20 个，帮扶计划生育贫困户 112 户。

2004 年，全市在农村开展部分计划生育家庭奖励扶助试点工作。经严格政策，认真摸底调查，精心组织、精心实施、规范操作，在 2004—2005 年全市共有 2725 人享受了奖励扶助金，发放奖励扶助金 250 余万元。落实独生子女父母奖励金，市政府划拨独生子女父母奖励专项经费 490 余万元，全市共有 90230 户独生子女父母领到独生子女父母奖励金。2001—2005 年全市为农村育龄妇女支付免费“三查一治”及各种计划生育手术费 460 余万元。市委、市政府还通过独生子女父母养老保险的形式，解决独生子女父母养老的后顾之忧。利益导向与养老机制有效地调控计划生育管理工作。

2000 年经成都市考核评估，彭州市率先在成都市区（市）县中实现了计生“三为主”规划目标；1990 年以后，连续 15 年获成都市人口与计划生育目标管理一等奖，“七五”“八五”“九五”三次获成都市人口与计划生育工作“红旗县（市）”称号；2001 年彭州市获四川省“计划生育先进集体”称号。

计生经费来源管理

1990 年以前，财政投入的事业费较少，计生工作运转正常。随着计生工作的深入开展，计划外生育得到有效控制，计生事业费出现短缺，影响工作的正常进行。1990 年成都市出台《成都市人民政府关于进一步加强计划生育若干问题的通知》（成府发〔1990〕50 号），把计划生育事业费正式提上了议事日程，要求成都市按人平 0.10 元投入，区、县按人平 0.70 元投入，根据计划生育工作的开展逐年递增。到 1996 年，市级财政投入计划生育事业费人平达 1.71 元；2000 年市委、市政府贯彻《中共中央国务院关于加强人口与计划生育工作稳定低生育水平的决定》，要求市、乡镇两级要逐步提高人口与计划生育经费投入的总体水平，计生事业费的增长幅度应高于财政收入增长幅度。从 2001 年起，市级财政（含乡级）投入在原有的基础上，按人均 0.60 元的标准逐年增加。2001 年市财政投入的计划生育事业费达到人均 3.95 元，以后每年递增 0.61 元，到 2005 年全市投入计划生育事业费达人均 6.39 元。乡镇从统筹费中提取计划生育事业费人均 2 元。

计划外生育费在 1986—2000 年作为预算外资金，纳入财政专户管理，专项开支；2001—2003 年实行预算管理，收支两条线，全额上缴按计划下拨；2004 年至今，作为独生子女奖励扶助金。

计划生育事业费的开支，定期接受审计部门审计监督，每年审计 30% 的乡镇。审计中发现挤占和挪用的情况，及时予以纠正和追回。计生局计生事业费接受市上安排的审计，接受离任审计。

流动人口计划生育管理

1997 年《成都市流动人口计划生育管理规定》实施后，全市的流动人口计划生育管理由市计生委政策法规科负责管理日常工作。1999 年国务院《流动人口计划生育工作管理办法》和成都市修改后的《成都市流动人口计划生育管理规定》在全市贯彻实施后，市计生委指派专人负责管理流动人口计划生育工作。

2000 年彭州市成立流动人口计划生育领导小组，由市委副书记、市政府副市长任正副组长，市级相关部门的领导和天彭镇等重点镇的分管领导任成员，领导小组下设办公室。同年 6 月市委以彭委办〔2000〕59 号文，向全市发布《关于进一步做好全市流动人口计划生育工作的通知》，要各相关职能部门按“单位负责，条块保证，以块为主，条块结合”的管理体制，做好管理工作。同时将此工作纳入市政府的一级目标管理，纳入市委、市政府对各级领导干部工作实绩的考核内容，实行“一票否决”制。为适应形势发展的需要，2001 年市政府决定成立市流动人口计划生育管理办公室，负责全市流动人口计划生育工作管理，办理、查验流出人口婚育证明、流入人员计划生育证明，指导各乡镇流动人口计划生育管理工作。

根据成都市政府与彭州市签订的目标责任书，要求流动人口流出前必须到所在乡镇计生部门办理流动人口婚育证明、办证率必须达到 75% 以上，流入人员必须定期到所在地计生部门验证，验证率必须达到 75% 以上，流动人口计划外生育控制在 5‰以内。1998—2005 年，全市流出及流入人员的办、验证率均达到 80% 以上。全面完成成都市下达的流动人口计划生育目标任务。2005 年全市流动人口计划生育管理按“三同”（同宣传、同管理、同服务）管理。管理工作由市级各部门、乡镇齐抓共管，使这项工作取得更好的成效。

彭州市（1998—2005 年）流动人口计划生育办、验证情况统计表

表 2-3-1-1　　单位：人

年度	合计	流出人口					流入人口				
		小计	男	女	办证人数	办证（%）	小计	男	女	验证人数	验证（%）
1998	11236	10621	6236	4385	8597	80.95	615	315	300	493	80.17
1999	12124	11468	6317	5151	9277	80.90	656	362	294	533	81.25
2000	13081	12343	6528	5815	10183	82.50	738	415	323	606	82.12
2001	13733	12975	6738	6237	11151	85.94	758	456	302	622	82.07
2002	13852	13051	6893	6158	11407	87.41	801	508	293	684	85.35
2003	22005	21014	12447	8567	18742	89.19	991	592	399	854	86.18
2004	26267	25126	15311	9815	22636	86.18	1141	734	407	999	87.56
2005	26975	25844	15098	10746	23536	91.07	1131	735	396	997	88.16

第二节　宣传教育

20 世纪 80 年代后期，全县开展“五期”教育，并把“五期”教育的重点放在青春期、婚前期、哺乳期教育上，把《中华人民共和国婚姻法》《四川省计划生育条例》人口理论、晚婚晚育、新法育儿作为主讲内容，各乡镇计生办每月举办一期婚前教育。各中小学、医疗卫生单位、县计划生育宣传技术指导所都参与“五期”教育授课。对参加婚前教育的婚龄青年组织考试，成绩及格者发给合格证，凭合格证到民政部门办理结婚登记。十多年来接受教育的达 15 万多人次。

20 世纪末，结合全市人口与计划生育工作实际，进一步加强人口与计划生育宣传教育，以建立新型人口文化和生育文化为中心，围绕“婚育新风进万家”活动深入开展宣传教育。着力建立婚育新风特色化、宣传内容多样化、宣传环境温馨化、宣传手段现代化、“三大工程”制度化、服务手段具体化的“六化”工作模式。开展人口理论“一法三规”知识竞赛，结合各种节日举办多种形式的宣传活动。以天彭镇为中心，由天彭镇至龙门山银厂沟，由天彭镇至什邡市、至广汉市交界处，由天彭镇到郫县唐昌镇交界处建起了四条生育文化长廊。长廊上以大型宣传画，规范的大幅标语，以及公路沿线的生育文化大院等营造生育文化宣传氛围。经过宣传教育，全市人民的婚育观念有较大转变，自觉遵守计划生育政策法规的人不断增多。

在宣传教育下，晚婚晚育、优生优育知识已为大多数群众接受。1986—2005 年女性初婚统计中，1995 年以前，晚婚比例在 17.49% 至 35.45% 之间；1996—2005 年晚婚晚育占初婚人数的比例在 22.55% 至 38.88% 之间，晚婚比例有所上升。

彭州市（县）1986—2005 年女性初婚统计表

表 2-3-2-1　　单位：人

年　度	女性初婚				
	合　计	其中小于19岁人数	占初婚人数（%）	其中大于23岁人数	占初婚人数（%）
1986	8084	—	—	2832	35.18
1987	10030	—	—	3509	34.99
1988	8778	—	—	3112	35.45
1989	8237	—	—	2012	24.43
1990	8635	—	—	2097	24.28
1991	9062	—	—	2242	24.74
1992	7547	—	—	1320	17.49
1993	6348	—	—	1366	21.51
1994	4384	—	—	1094	22.40
1995	5584	—	—	1484	26.57
1996	4518	1	—	1442	31.92
1997	7392	16	0.2	2874	38.87
1998	4439	—	—	1272	28.3
1999	4217	5	0.12	1317	31.23
2000	2875	29	1.0	969	33.71
2001	3311	22	0.6	877	26.49
2002	2855	17	0.6	745	26.10
2003	2104	53	2.52	514	24.43
2004	1192	63	4.45	270	22.66
2005	1446	81	5.61	326	22.55

第三节　计划生育分类指导

1985 年 8 月，彭县计生委根据川委办〔1984〕71 号文件精神，对山区计划生育实施分类指导。首先从实际出发结合地形地貌、生产条件、人口密度、人均土地、劳动强度、生活水平等因素，通过摸底调查，研究协商，报请县政府批准，城镇和机关企、事业单位为一类，县区乡镇划为二类地区，大宝、通济等 9 个乡镇中的 62 个村 347 个村民组划为四类地区，人口 34428 人，占总人口 4.9%，大宝、隆丰等 15 个乡镇中的 97 个村的 347 个村民组划为三类地区，人口 60272 人，占总人口的 8.58%。此次划分的类别实行两年以后，发现尚存在一些难以解释和不合理的地方以及个别乡镇自扩类别的情况，于 1987 年 4 月作分类调整。对 1985 年已划定的类别，不符合划分标准的一律按条件重新审定。全县原属四类退三类的 17 个村民组，占原四类组的 5%，人口 1843 人，调整后少生育二胎 80 人。三类退二类的 107 个村民组，占原三类组的 19%，人口 12721 人，少生育二胎 434 人。

实行分类指导后，县计生委对1984年到2000年人口增长进行测算，测算2000年全县总人口可达79万左右，年平均人口出生率为22‰，总和生育率为1.3。在此后的17年中，经过全县（市）各级党政干群的共同努力，在开好“小口子”、堵住“大口子”、刹住“歪口子”上狠下功夫，1990年以后，又在抓基层、打基础，把抓计生工作质量作为保证人口计划完成的重点来抓，在挤干统计水分上狠下功夫，保证了计生统计数据的真实性、可靠性和科学性。由于各级党委、政府的重视，确保了“七五”到“九五”期间人口计划的全面完成。到2000年末，人口控制情况完全在1984年的预测范围内，全市总人口774626人，年平均出生率12.08‰，妇女总和生育率1.15，2001年至今实现全市人口零增长。

彭县政府1988年对各乡镇责任书指标

表2-3-3-1 单位：人

项目 指标 乡镇	出生人数	其中		出生率	计划生育率
		一胎	二胎		
合计	11023	10137	886	15.4	95
天彭镇	673	660	13	13.5	98
新兴镇	509	450	59	17.7	95
敖平镇	497	477	20	17.7	95
隆丰镇	484	467	17	21.7	95
九尺镇	468	446	22	15.8	95
濛阳镇	395	377	18	16.1	95
九陇镇	172	130	42	15.3	95
大宝镇	160	111	49	16.7	95
小鱼洞	188	141	47	16.6	95
磁峰镇	252	202	50	15.4	95
通济镇	299	235	64	15.8	95
思　文	145	113	32	17.7	95
白鹿镇	167	109	58	15.7	95
丽春镇	358	343	15	13.4	95
桂花镇	271	241	30	17.3	95
庆　兴	295	278	17	16.6	95
丰　乐	207	182	25	18	95
北君平	270	257	13	14.8	95
百　贤	349	331	18	14.3	95
红　岩	254	228	26	16.9	95
万　年	256	216	40	17.4	95
永　定	195	185	10	18.4	95
楠　木	343	308	35	14.1	95

续表2-3-3-1

项目/指标/乡镇	出生人数	其中		出生率	计划生育率
		一胎	二胎		
军　乐	337	330	7	14.8	95
利　安	350	332	18	13.7	95
致　和	574	552	22	14.7	95
太　清	330	310	20	14	95
西　郊	334	320	14	15.5	95
清　平	326	316	10	6.2	95
升　平	448	433	15	14.6	95
罗　万	123	113	10	13.8	95
三　界	375	355	20	14.9	95
三　邑	289	275	14	16.6	95
竹　瓦	330	314	16	13.8	95

彭县1985年完善山区生育政策批复统计表（四类）

表2-3-3-2 单位：人

乡别	单位		总人口数	育龄妇女	独生子女	
	村	组			人数	其中女孩
大　宝	5	39	4184	620	126	46
小鱼洞	7	40	4011	450	198	77
通　济	9	52	4703	618	175	78
白　鹿	11	66	6807	976	260	107
思　文	7	37	3520	716	115	38
新　兴	8	40	3408	523	134	51
磁　峰	11	55	5321	746	215	105
红　岩	3	13	1517	260	35	41
永　定	1	6	452	70	21	4
合　计	62	347	34423	4979	1324	547

彭县1985年完善山区生育政策批复统计变（三类）

表2-3-3-3 单位：人

乡别	单位		总人口数	育龄妇女	独生子女	
	村	组			人数	其中女孩
大　宝	4	31	4659	754	269	129
小鱼洞	5	25	2702	328	157	72
通　济	11	47	1553	696	222	103
白　鹿	6	34	3974	599	175	72
思　文	8	40	3915	817	184	73

续表2-3-3-3

乡别	单位		总人口数	育龄妇女	独生子女	
	村	组			人数	其中女孩
新　兴	11	78	6776	1176	360	154
磁　峰	12	65	7646	1002	377	177
丰　乐	8	52	4434	733	309	125
桂　花	10	67	7821	1314	457	186
庆　兴	6	32	3372	446	216	112
红　岩	1	4	651	118	45	24
万　年	6	26	3205	445	224	92
楠　木	2	23	2279	402	203	96
永　定	5	36	3444	550	239	106
隆　丰	2	11	841	100	37	19
合　计	97	571	60272	9580	3474	1540

第四节　节育与优生优育

配置建设和服务工作

1983 年，经县政府批准，成立县计划生育宣传技术指导所，明确编制和人员配置，当年调入医技人员 9 人，由县医院妇产科主任调任该所所长。初步实现“人员、房屋、设备、制度、管理”五配套。1986 年全所医技人员增至 15 人。当年全县共施行各种节育手术 16548 例，其中 60% 左右的手术是县计划生育技术指导所完成的。根据省、市要求节育技术队伍要“布局合理、规模适当、人员精干”的原则，1994 年，市编委为镇服务站下达事业编制 56 人，1996 年经成都市人事局组织统一考试，市人事局正式招聘乡镇服务站人员 10 名，加上原有临时聘用人员，全市乡镇服务站共有技术服务人员 49 名。到“九五”末，全市三级计划生育服务体系基本形成，市所 1 个，乡镇服务站 28 个，“五个一”村室 396 个。三级服务机构业务用房，市所 2000 平方米，每个乡镇站业务用房 80—200 平方米，平均 100 平方米左右。

1996 年开展创成都市级规范站活动，1999 年开展争创省级计划生育甲级站活动和 2000 年成都市委、市政府将建设计划生育技术服务站纳入为农村办实事目标，有力地推动全市计划生育技术服务机构的发展。2001 年市计生局投入 80 余万元改造市指导所房屋，此后逐年加大指导所的设备配置，各乡镇党委、政府加大对乡镇站的资金、设备投入，保证乡镇站“资金、房屋、人员、设备、管理”五配套。到“九五”末，全市已建成规范站 3 个。2005 年市计划生育技术指导所更名为计划生育服务站，同年，经省上组织专家验收，市计划生育服务站被授予“四川省计划生育甲级技术服务站”。

1987 年，全县当年下基层男扎 3440 人，女性结扎 53 人，安环 15778 人次，施行补救手术 13962 人，查环查孕 6 万多人次。“九五”以后，手术量明显减少，服务项目增多，服务内容更加广泛。2004 年市指导所组织“三下乡”服务 6 次，全年普查育龄妇女 22 万人次，是 1987 年普查量的三倍多，查出妇科疾病 1543 人，治疗 1520 人，放宫内节育器 3200 人，取环 1903 人，安取环均采取自愿原则。市指导所在配齐、配强领导班子和技术力量的同时，引进先进技术，完善科室设备，在购进先进检查设备等方面做了大量工作，同时加强服务质量监控。2005 年市站发放优质服务跟踪调查表 3 万多张，群众满意率达 98%。市站还派出生殖快车从乡镇接送育龄妇女到市站接受生殖健康服务，市站在全市医疗单位的协助下，对青年夫妇大力宣传优生优育，积极开展产前诊断，出生缺陷干预的药物发放。1996 年以后开展优生遗传外周血染色体检验已完成 2721 例，查出染色体异常的 30 例。另外，还积极开展为计生困难户和“三结合”户做实事活动。

创计生优质服务先进市

1996 年以后，随着生殖健康这门新兴科学的确立，计划生育技术服务的重点转入优质服务试点工作。计划生育技术服务工作由原来的“四术”服务逐步向生殖健康拓展。2001 年国务院《计划生育技术服务管理条例》颁发实施后，确立计划生育技术服务机构的法律地位，明确计生行政部门对计生技术服务机构的管理监督职能，结束计划生育技术服务长期依靠行政命令的历史。

2002 年，市计划生育领导小组制定《关于创建省级计划生育优质服务先进县（市）规划》，在全市广泛推广计划生育技术服务“三大工程”（避孕节育知情选择优质服务、生殖道感染、出生缺陷干预)。围绕“生育、节育、不育”开展生殖保健服务，着力提高综合节育率，抓好避孕措施及时率、落实率、有效率。

2004 年 11 月 20 日，成都市计生委代表成都市政府，组织对彭州市创优工作进行考评验收。全市 17. 2 万已婚育龄妇女中有 15. 8 万人落实各种节育措施，综合节育率 92. 24%，计生率 95. 74%，人口自然增长率–0. 64‰，连续 4 年出现人口负增长。全市计划生育优质服务软、硬件均达到了成都市计划生育优质服务先进县、市、区评估标准，2004 年 12 月被成都市政府授予“成都市计划生育优质服务先进市”。

2005 年 10 月 21 日，省计生委代表省政府对彭州市创省计划生育优质服务市工作进行考评验收。全市 20 个乡镇、271 个行政村、85 个社区居委会，78. 47 万人积极投入创建“四川省计划生育优质服务市”活动。到年底，全市 17. 2 万已婚育龄妇女中，15. 8 万人分别落实了各种节育措施，综合节育率达 92. 60%，计生率达 95. 1%；自然增长率–0. 8‰，连续 5 年人口负增长；农村计划生育免费受术人口达 100 万人，免费金额达 400 余万元。计划生育优质服务工作成绩显著，当年 12 月省人民政府授予彭州市“四川省计划生育优质服务市”光荣称号。

计生科研

1985 年以后，协助北京市计划生育科研所和省计划生育科研所开展科研工作，开展“男性输精管结扎术后流行病学调查”。通过对比观察，证明男性输精管结扎对人体健康无任何副作用。此课题成果引起世界关注，获国家科技进步一等奖；“男性输精管结扎后残留精液的观察”，由省计划生育科研所主持彭县现场实施，共完成 208 例调查，此项科研成果获四川省科技进步二等奖；“女性宫内节育器的效果观察”，由北京计划生育科研所和省计划生育科研所共同主持研究，全县参与实施，共完成 430 例观察。“八五”和“九五”期间，还参加“四川省人工流产随访调查”“成都地区未婚青少年生殖健康需求调查”等课题的研究。当年，在全市开展的各项科研活动中，WHO（世界卫生组织）的官员、专家先后 7 次到现场指导，对现场组织、科目实施都表示极为满意。

第三篇　中国共产党组织

1986—2005 年，中国共产党彭州市委员会（彭县委员会）相继召开第七至十一次党员代表大会，进行了市（县）委领导班子的换届选举。中共彭县县委暨中共彭州市委，认真贯彻中共中央十一届三中全会以来的路线、方针、政策，提出政治、经济、文化和社会发展的重大决策，推动了全市（县）的政治、经济和社会的大发展。

以经济建设为中心，建天然气管道，使居民和工商企业开始使用天然气；建设水力、火力发电站，实现“电气化县”；提出“工业富市、城建活市”的发展战略，建立“彭州工业开发区”；大力开展招商引资，做好引进石化炼油厂工作，引进长庆、晋林、联邦制药、亚东水泥等一大批企业。按照经营城市的理念，改造旧城，建设牡丹新城，吸引诸多的房地产开发商，兴建“泰和”“天一”等商场。

提出“旅游活市”的发展策略，依据“牡丹之乡、宗教文化、地质奇观、避暑胜地”四个旅游特色，建立“龙门山国家地质公园”“白水河国家自然保护区”“白水河国家森林公园”等四个园区。

十一届三中全会，提出建设“小康村”，加强发展乡镇企业、蔬菜产业、畜牧业，增加农民收入。1993 年被农业部评为“全国发展乡镇企业好·对社会贡献大”的市（县）。2005 年全市地区生产总值（GDP）达到 77.32 亿元，城镇居民人均可支配收入 7444 元，农民人均纯收入 4262 元。

政治工作　党员队伍和党的基层组织建设。1986 年初全县有党员 22308 人，2005 年底增至 31731 人。全市基层党组织 996 个，其中党委、总支 73 个，党支部 923 个。2005 年将原有的 430 个行政村、58 个社区，调整合并为 271 个行政村、85 个社区，减少行政村 159 个，增加社区 27 个，对调整合并的村（社区）党支部书记全部实行公推直选。

1986 年初，全县共有干部 6739 人，其中行政机关干部 2332 人，事业单位 3170 人，企业单位 1237 人。20 年间选拔各级各类干部 2000 余人。1990 年随着改革开放不断深化，鼓励干部参加函授、电大，带薪脱产学习等。县委党校、教师进修校开设中专班，先后有 300 余名干部完成中专学历培训。之后，以干部学历培训为主，转向以岗职为主，2005 年止先后举办培训班 20 期，培训各类干部 9210 人（次）。

1986 年以后，加强对知识分子工作的领导，落实党的知识分子政策，纠正“反右”和“文化大革命”中形成的冤假错案 250 件。

宣传工作　1990 年按照党中央《关于加强宣传思想工作的通知》精神，坚持用“一个中心、两个基本点”教育人民。1992—1994 年各乡镇各部门开展“三德”（社会公德、家庭伦理道德、职业道德）教育，评选“三户”（遵纪守法户、五好家庭户、双文明户）。1995 年制定《彭州市爱国主义教育实施细则》，把开展爱国主义教育活动纳入各单位工作目标进行考核。

党风党纪教育　1988—2005 年先后制发 20 多个党风廉政的规章条文，如《关于进一步加强党内监督的意见》《关于重申党员干部以及工作人员“九不准”纪律规定》等。1986—2005 年，受党纪政纪处分的共 639 人，其中受党纪处分的 497 人（警告 101 人，严重警告 118 人，撤销党内职务 12 人，留党察看 70 人，开除党籍 196 人）、受政纪处分的 142 人（警告 26 人，记过 35 人，记大过 17 人，降级、撤职、开除留察 11 人，开除 31 人）。

1986 年以后，开展创建文明城市、文明场镇、文明行业的活动。在农村开展“三户”评选活动，在群众中开展“讲文明、讲礼貌、讲道德、树新风”活动。经过考核每年都有 160—300 多个文明单位产生。特别是 2003 年有文明单位 473 个，其中成都市级 68 个、四川省级 16 个。

第一章　中国共产党彭州市（县）代表大会

1993 年 12 月，彭县撤县设市，中国共产党彭县委员会改称中国共产党彭州市委员会。从第八次党代会开始，党员代表产生的程序逐步规范，代表构成进一步适应彭州市经济、社会发展需要，尤其在文化结构和年龄结构上变化明显。1986—2005 年，按照《中国共产党章程》和《中国共产党基层组织选举工作条例》规定，中国共产党彭州市（县）共召开五次党的代表大会进行市（县）委领导班子换届选举。

第一节　党代会代表

代表产生

1987 年，第七次党代会代表产生的程序是按中共彭县县委确定的代表名额分配原则和要求，各选举单位经过充分酝酿讨论，提出代表候选人预备名单，报第七次党代会筹备组同意后，各选举单位分别召开党代表会议或党员大会进行正式选举，共选出第七次代表大会代表 383 名。

第八、九、十、十一次代表大会代表的产生程序是由中共彭州市（县）委确定的代表名额分配原则和要求，各选举单位经过自下而上、上下结合、反复酝酿讨论，提出代表候选人初步人选，然后对初步人选进行考察，征求所在单位党员和有关方面意见，再由选举单位召开党委（总支、支部）会，按照代表候选差额不少于应选代表名额 20% 的原则，确定代表候选人名单，报党代会筹备组初步审查同意后，各选举单位分别召开党代表会议或党员大会进行差额选举。第八、九、十、十一次代表大会的代表分别为 390 名、390 名、398 名、398 名。

代表构成

为适应社会主义现代化建设需要，进一步加强党的建设，各次代表大会中代表的年龄、文化、知识结构各方面都发生较大变化，代表的构成具有广泛的代表性和先进性。1987 年，第七次代表大会 383 名代表中：各级领导干部 230 名，占 60.05%；各类专业人员 62 名，占 16.18%；各条战线先进人物 87 名，占 22.71%；妇女代表 80 名，占 20.89%；年龄在 45 岁以下的 218 名，占 56.92%；高中、中专以上文化的 183 名，占 47.8%。1993 年第九次代表大会 390 名代表中：各级领导干部 273 名，占 70%；各条战线先进人物 117 名，占 30%；妇女代表 87 名，占 22.31%；年龄在 45 岁以下的 235 名，占 60.26%；高中、中专以上文化的 273 名，占 70%。2002 年第十一次代表大会 398 名代表中：各级领导干部 241 名，占 60.55%；各条战线先进人物 157 名，占 39.45%；妇女 117 名，占 29.39%；45 岁以下的 248 名，占 62.31%。

第二节　党代会

第七次党代会

1987 年 2 月 12—15 日，在彭县南街影剧院召开。出席会议正式代表 383 名。大会听取审议并通过上届县委关于《坚持四项基本原则，搞好两个文明建设，为建设繁荣昌盛文明富裕的新彭县而奋斗》工作报告，通过中共彭县纪律检查委员会工作报告。选举产生中共彭县第七届委员会委员 24 人，候补委员 4 人；选举产生新一届中共彭县纪律检查委员会委员 15 人。

第八次党代会

1990 年 2 月 12—14 日，在彭县南街影剧院召开。出席大会正式代表 390 名。大会听取审议并通过上届县委关于《坚持党的基本路线，搞好两个文明建设，在治理整顿和深化改革中振兴彭县》工作报告，通过中共彭县纪律检查委员会工作报告。选举产生中共彭县第八届委员会委员 23 人，候补委员 4 人；选举产生新一届中共彭县纪律检查委员会委员 14 人。

第九次党代会

1993 年 1 月 3—6 日，在彭县南街影剧院召开。出席大会正式代表 390 人。大会听取审议并通过上届县委关于《思想更解放，步伐更加快，夺取彭县改革开放和经济建设的新胜利》工作报告，通过中共彭县纪律检查委员会工作报告。选举产生中共彭县第九届委员会委员 25 人，候补委员 4 人；选举产生新一届中共彭县纪律检查委员会委员 17 人。

第十次党代会

1997 年 12 月 22—26 日，在彭州会堂召开。出席大会正式代表 398 人。大会听取审议并通过第九届市委关于《高举伟大旗帜，奋力开拓进取，全面开创彭州跨世纪发展的新局面》工作报告。通过中共彭州市纪律检查委员会工作报告。选举产生中共彭州市第十届委员会委员 25 人，候补委员 4 人；选举产生新一届彭州纪律检查委员会委员 19 人。

第十一次党代会

2002 年 12 月 28—30 日，在彭州会堂召开。出席大会正式代表 398 人。大会听取审议并通过上届市委关于《解放思想，求实创新，为全面建设宽裕型小康市而努力奋斗》工作报告。通过中共彭州市纪律检查委员会工作报告。选举中共彭州市第十一届委员会委员 27 人，候补委员 4 人；选举产生中共彭州市纪律检查委员会委员 19 人。

第三节　党员代表会议

1988—2003 年，彭州市（县）委先后召开四次党员代表会议。

1988 年 7 月 16 日，县委在县委四楼会议室召开党员代表会议，县委委员、候补委员、县委顾问，纪委委员，县人大、县政府、县政协的党员领导干部，县级各部门党组书记，各乡镇党委书记，共 151 人参加会议，选举彭县出席中共成都市第七次代表大会代表 26 人。

1993 年 7 月 17 日，县委在县委四楼会议室召开党员代表会议，县委常委、县委委员、候补委员，县人大、县政府、县政协、县纪委的党员领导干部，县级各部门党组书记，各乡镇党委书记，共 126 人参加会议，选举彭县出席中共成都市第八次代表大会代表 22 人。

1998 年 5 月 8 日，市委在市委四楼会议室召开党员代表会议，市委常委、市委委员、市委候补委员，市纪委常委、纪委委员，市人大、市政府、市政协的党员领导干部，市级各部门党组书记，各乡镇党委书记，生产工作一线党员代表，党组织关系在彭的成都市属以上单位的主要负责人，共 175 人参加会议，从 28 名代表候选人中选举产生彭州市出席中共成都市第九次代表大会代表 23 人。

2003 年 7 月 22 日，市委在市委四楼会议室召开党员代表会议，市委常委、市委委员、市委候补委员，市纪委常委、纪委委员，市人大、市政府、市政协的党员领导干部，市级各部门党组书记，各乡镇党委书记，生产工作一线党员代表，党组织关系在彭的成都市属以上单位的主要负责人，共 163 人参加会议，选举产生彭州市出席中共成都市第十次代表大会代表 23 人。

第二章　中共彭州市（县）委员会

1986—2005 年，中共彭州市（县）委员会历经五次换届选举。第七至八届委员会每届任期三年，第九至十一届委员会每届任期五年。每届第一次全委会以无记名投票选举常务委员会委员（书记、副书记）。

第一节　常委会组成

第七届委员会选举常委 10 名（含书记 1 名、副书记 4 名），第八届委员会选举常委 10 名（含书记 1 名、副书记 4 名），第九届委员会选举常委 10 名（含书记 1 名、副书记 3 名），第十届委员会选举常委 10 名（含书记 1 名、副书记 3 名），第十一届委员会选举常委 10 名（含书记 1 名、副书记 4 名）。

1986—2005 年历届中共彭州市（县）委书记、副书记、常委名录

表 3-2-1-1

届次	职务	姓　名	任职时间
第六届（1984. 1—1987. 2）	书　记	骆隆森	1984. 1—1987. 2
	副书记	段耀华	1984. 4—1987. 2
		蓝志银	1984. 4—1987. 2
		龙声荣	1984. 4—1987. 2
		孙从康	1987. 2 调任—1987. 2
	常　委	王　军	1984. 4—1987. 2
		刘世春	1984. 4—1987. 2
		刘国新	1984. 4—1987. 2
		余象勤	1984. 1—1986. 1
		陈昌荣	1984. 4—1987. 2
		蔡统成	1984. 4—1987. 2
		廖志华	1984. 4—1987. 2
		刘继松	1986. 1—1987. 2
第七届（1987. 2—1990. 2）	书　记	骆隆森	1987. 2—1987. 11 调任
		蓝志银	1988. 3—1990. 2
	副书记	龙声荣	1987. 2—1990. 2
		蓝志银	1987. 2—1988. 3
		孙从康	1987. 2—1990. 2
		弓继权	1988. 5 调任—1990. 2
		刘　仆	1989. 1 调任—1990. 2
	常　委	王　军	1987. 2—1990. 2
		刘世春	1987. 2—1990. 2
		刘国新	1987. 2—1989. 11 病故
		刘继松	1987. 2—1990. 2
		陈昌荣	1987. 2—1990. 2
		蔡统成	1987. 2—1990. 2

续表3-2-1-1

届次	职务	姓　名	任职时间
第八届（1990.2—1993.1）	书　记	蓝志银	1990.2—1993.1
	副书记	刘　仆	1990.2—1992.1
		孙从康	1990.2—1993.1
		弓继权	1990.2—1993.1
		李登菊	1992.1 任命—1993.1
	常　委	刘继松	1990.2—1993.1
		王　军	1990.2—1993.1
		陈昌荣	1990.2—1993.1
		张忠恕	1990.2—1993.1
		李登菊	1990.2—1992.1
		胡德林	1990.2—1993.1
第九届（1993.1—1997.12）	书　记	蓝志银	1993.1—1997.10 退免
		韩延辉	1997.10 任命—1997.12
	副书记	李登菊	1993.1—1997.9 调离
		孙从康	1993.1—1997.12
		弓继权	1993.1—1995.12 调离
		陈代生	1993.4 任命—1994.8 调离
		韩延辉	1993.11 任命—1997.10
		冯跃国	1996.1—1997.12
		周芝茂	1997.10 任命—1997.12
		胡德林	1997.11—1997.12
		李　榕	1997.11 任命—1997.12
	常　委	张忠恕	1993.1—1997.12
		王　军	1993.1—1995.6 调离
		胡德林	1993.1—1997.11
		朱顺刚	1993.1—1997.12
		冯跃国	1993.1—1996.1
		谭清平	1993.1—1997.12
第十届（1997.12—2002.12）	书　记	韩延辉	1997.12—2000.11 调离
		陈家荣	2000.11 调任—2002.12
	副书记	周芝茂	1997.12—2001.7 调离
		曾万明	2001.7 调任—2002.12
		戴志勇	2002.12 调任—2002.12
		冯跃国	1997.12—2002.12
		胡德林	1997.12—2002.12
		李　榕	1997.12—2001.6 调离
		王慎云	2001.8 增补—2002.12

续表3-2-1-1

届次	职务	姓　名	任职时间
第十届（1997. 12—2002. 12）	副书记	薛　敏	2002. 1 调任—2002. 12
		杨英军	2002. 12 调任—2002. 12
	常　委	刘纪章	1997. 12—2002. 12
		王慎云	1997. 12—2001. 8
		胡冠军	1997. 12—2002. 11
		范　毅	1997. 12—2002. 1 调离
		刘志聪	1997. 12—2002. 12
		谭清平	1997. 12—2002. 12
		张忠海	1999. 8 增补—2002. 12
		马立新	2000. 9—2001. 7 未到职
		邓　谊	2002. 12 调任—2002. 12
		王华强	2002. 12 调任—2002. 12
第十一届（2002. 12—2005. 12）	书　记	陈家荣	2002. 12—2005. 2 调离
		门　生	2005. 2 调任—2005. 12
	副书记	戴志勇	2002. 12—2005. 12
		王慎云	2002. 12—2005. 10
		薛　敏	2002. 12—2005. 12
		杨英军	2002. 12—2005. 12
	常　委	张忠海	2002. 12—2005. 12
		邓　谊	2002. 12—2005. 12
		王华强	2002. 12—2005. 12
		吴宇峰	2002. 12—2005. 12
		王翼刚	2002. 12—2005. 12
		蓝　唯	2002. 12—2004. 4 调离
		刘　刚	2002. 12—2004. 4 调离
		刘汉元	2003. 8—2005. 12
		陈　梦	2003. 8—2004. 4 挂职锻炼
		何维楷	2004. 4 调任—2005. 12
		李　燎	2005. 12 调任—2005. 12

第二节　会议制度

全委会

出席市委全委会的人员为：市委委员、候补委员，同时，根据工作需要确定列席市委全委会的人员。市委全委会必须有三分之二以上委员到会方能举行。市委全委会由市委常委会主持，议题由市委常委会研究决定。市委全委会的议事范围：对全市经济建设、社会发展、社会稳定、党的建设等全局性重大问题做出决策；制定贯彻执行中央、省、市（党代表大会）决议决定的措施；听取和审议市委常委会工作报告，对市委常委会及其成员的工作进行监督和评议；决定召开党代表大会或党代表会议；选举市委常委、副书记、书记；通过市纪律检查委员会全体会议选举产生的常委会和书记、副书记；投票表决由市委常委会提名的市委工作部门、市政府工作部门、工青妇的领导班子正职和镇党政领导班子正职拟任人选和推荐人选；对市委常委会提请决定的事项或必须由市委全委会决定的其他重要事项做出决策。

常委会

市委常委会必须有半数以上常委到会才能举行。讨论干部任免、奖惩事项时，必须有三分之二以上常委参加。市人大常委会党组书记、市政协党组书记，市委办主任、副主任，市政府办主任，市委有关部委负责人可列席市委常委会。根据市委常委会讨论的内容，还可适当扩大列席人员范围。市委常委会由市委书记召集并主持，书记不能参加会议时，可委托副书记召集并主持。市委常委会议题由市委书记确定或由副书记、常委提出，书记确定。市委常委会的议事范围：学习研究国家法律法规及中央、省、成都市的重要会议、重要文件精神和中央、省、成都市领导人的重要指示，并提出贯彻意见；分析研究市委全委会决议、决定的贯彻执行情况；讨论决定以市委名义发布的或上报成都市委和省委的涉及全局的重要文件和重要工作部署；审议常委会向市党代表大会和市委全委会所作的工作报告；研究决定全市改革开放和现代化建设中带有全局性和政策性的重大问题，对经济社会发展长远规划、年度计划、财政预算、大额度资金安排和重大建设项目等重要问题提出意见和建设；研究决定党的建设和社会主义精神文明建设，社会主义民主法制建设等方面的重大事项；研究决定全市社会政治稳定方面的重大问题，对突发事件及时提出处理意见；制定干部管理政策，讨论决定市管干部的任免、提名、调动、处理，并向市人大常委会、市政府、市政协及群众团体推荐干部；在全委会闭会期间，按照干部管理权限和任免程序，讨论决定市委工作部门、市政府工作部门、工青妇、镇的党政领导班子正、副职拟任人选和推荐人选；讨论决定市纪委及市人大常委会、市政府、市政协、市法院、市检察院党组提出的需要由市委讨论决定的事项；讨论决定各镇、市级各部门报请市委研究决定的重大问题；讨论需要由市委常委会决定的其他事项。市委常委会议题议决程序：议题主要提出人就议题作简要说明；常委就议题发表意见；会议主持人归纳讨论情况提出初步意见；由到会常委表决。

书记办公会

市委书记办公会由市委书记根据工作需要决定召开并主持，市委副书记参加。市人大常委会党组书记、市政协党组书记、市委办主任可列席会议。根据会议内容可通知分管常委参加会议。书记办公会议事范围：酝酿提交市委常委会讨论决定事项；协调市委常委会拟议决事项；交流日常工作情况；其他需要讨论的事项。市委书记办公会不得代替市委常委会决定重大事项。

市委专题会

市委专题会根据工作需要召开，由书记或副书记召集并主持。分管常委、副市长、市级有关部门和有关镇负责人参加。市委专题会的议事范围：对不需要市委常委会讨论，但分管副书记、常委个人又不便决定的事项。

市委工作会

市委工作会是市委研究部署全市性重要工作的会议。经市委常委会研究决定召开。会议筹备工作由分管副书记、常委或市委办主任牵头，市委办公室会同有关部门承办。以市委名义召开的有关方面工作会议，由承办部门提前向市委报告，经市委常委会批准后召开，会议筹备工作由分管副书记或常委牵头，有关部门承办。

第三节　机构设置

1986年，中共彭县委员会工作部门：组织部、宣传部、统战部、办公室、县级机关委员会、政策研究室、政法领导小组办公室、保密委员会办公室、党史工委办公室、党校、档案馆、对台工作办公室。

1989年，县委决定将中共彭县县级机关委员会改为中共彭县直属机关工作委员会（机关工委）。1989年，党史工作委员会及办公室更名为中共彭县县委党史研究室。1990年成立县老干部局。1990年，县委决定撤销县委政法领导小组建立县委政法委员会（政法委）。12月，中共彭县县委、县政府信访科更名为县委、县政府信访办公室。1991年建立彭县社会治安综合治理委员会办公室（综治办）；1991年，县委机要科更名为机要局。1992年，县老干部局更名为县离退休干部管理局。1993年设立县目标管理督查办公室。1994年，市委目标管理办公室更名为市委目标管理督查办公室；市民族宗教事务科更名为民族宗教事务局。

1997年党政机构改革，市委设置7个工作部门：办公室、组织部（挂离退休干部管理局牌子）、宣传部、统战部、政法委（与社会治安综合治理办公室合署办公）、直属机关工委、政策研究室（挂经济体制改革办公室牌子）。机要局其机构和职能并入市委办公室。精神文明办公室为市精神文明建设委员会的办事机构，由市委宣传部管理。保密委员会办公室为市保密委员会的实体办事机构。1998年6月，设立市委常委办公室。2001年3月建立610办公室。

2001年10月实施的党政机构改革，对市委机构的设置作调整：

保留市委目标管理督查办公室的牌子，由市委办管理。不再保留市委政策研究室、市委常委办，其职能交由市委办。不再保留市农村工作委员会，在市委办挂市委农村工作领导小组办公室牌子，为市委农村工作领导小组的办事机构。市委机要局、市委保密委员会办公室（市国家保密局）并入市委办。市离退休干部管理局更名为老干部局由市委组织部管理。市精神文明办并入市委宣传部，保留牌子。市民族宗教事务管理局和市委、市政府对台湾工作办公室并入市委统战部，保留牌子。610办公室并入市委政法委，保留牌子。市综治办仍实行与市委政法委机关合署办公体制。机构编制委员会办公室为市机构编制委员会的常设办事机构，既是市委的工作机构，又是市政府的工作机构，挂靠市人事和劳动社会保障局。保留纪委（监察局与其合署办公）、办公室、组织部、宣传部、统战部、政法委、直属机关工委。市委党校与行政学校合并为市委直属事业单位，挂行政学校牌子。市委党史研究室为市委直属事业单位。通过此次机构改革，市委设置工作部门7个，部门管理机构1个，议事协调机构的常设办事机构1个，直属事业单位2个。

2003年6月，恢复设立市委政策研究室，为正局级机构，挂靠市委办公室。9月撤销市委政策研究室，其职能并入市委办公室。

2004年6月，市委决定将610办公室更名为防范和处理邪教问题领导小组办公室。同年6月，恢复设立市委机要局、市国家保密局，在市委办挂牌，为副局级机构。

第三章　重大决策

1986—2005年，市委贯彻执行党的路线、方针和政策，结合市情，作出了一系列重大决策和部署。

1988年，制定《中共彭县县委对重大问题进行决策的规则（试行）》和《中共彭县县委常务委员会工作规则（试行）》，规定重大问题和事项由县政府和有关部门提出方案，县委分管领导签署意见后，由县委常委会和县委办公会审议决定；按照少数服从多数的原则做出决定，必要时进行表决。2004年11月，制定《中共彭州市委工作规则》，规定重大事项和重大决策，须经市党代表大会、市委全委会和市委常委会讨论决定，决策前广泛听取和吸收民主党派、群众团体、专家学者等各方面的意见和建议。

第一节　政治建设决策

机构改革

1997年，彭州市实施机构改革，市级机构由56个减少到35个，市级机构的内设机构由349个减少到299个，乡镇内设机构由252个减少为168个。

2001年10月，市委市政府印发《彭州市机构改革方案》和《彭州市市级机关人员分流实施办法》。市委设置工作部门7个，部门管理机构1个，议事协调机构的常设办事机构1个；市政府工作部门设置23个，议事协调机构的常设办事机构2个；乡镇党政机关的办事机构综合设置，一类乡镇内设机构5个，二类乡镇内设机构4个。市人大机关设置综合办事机构和工作机构4个，市政协机关设置综合办事机构和专门委员会的办事机构3个。市级党政群机关行政编制由683名减为557名，减少137名，精简20%；乡镇机关行政编制由827名减为688名，减少139名，精简16.81%。3年完成人员分流，在“定职能、定机构、定编制”的基础上，全面推行机关人员竞争上岗、双向选择。

2004年10月，市委市政府印发《彭州市深化乡（镇）机构改革实施方案》。天彭镇设置党政办公室等6个党政办事机构，致和镇等19个一类镇设置5个党政办事机构，濛阳镇等10个镇设置城镇管理执法队。整合事业机构，综合设置镇事业单位，设置片区服务机构。精简行政编制，核定领导职数。

基层民主政治建设

2005年10月，市委制定《关于加强基层民主政治建设的实施意见》。提出：全面推行基层党组织书记、镇党委书记的公推直选。扩大全委会权力，全市中长期发展规划、党的建设方面的重大问题、重大经济社会发展项目以及关系人民群众切身利益的重大事项，影响社会稳定等重要问题，直接提交全委会讨论决策；全面推行常委会向全委会报告工作制度，取消书记办公会。推进市、镇、村（社区）三级党务公开；全面开放市委常委会议（全委会议）、市人大常委会议、市政府常务会议；建立党内决策征求意见制度，完善情况通报制度；规范政务、村（居）务公开的内容、方式和程序；以信息化促进基层民主。全面推进市级机关规范化服务型政府（机关）建设，加强规范化服务型镇党委政府机关建设。市委、镇党委建立市、镇党委委员联系党代表，党代表联系党员，党员联系群众的“三联”制度；试点党代表常任制，建立党代会年度例会制度。建立社会评价机制，规范社会评价主要内容，实行领导班子成员的满意度测评，落实年度民主测评。保证人大依法行使职权；进一步建立和完善“一府两院”组成人员向人代会及其常委会述职评议制度；完善民主协商制度；发挥政协委员作用。

第二节　经济建设决策

农村经济区域发展战略

1992年10月，县委县政府根据自然条件和农民种养习惯，制定“山区发展菌药林，丘陵发展果牧桑，坝区发展粮菜养”的农村经济区域发展战略。山区在保持食用菌生产水平的同时，发展竹荪；加强“三木”药材黄连的管理，开发五倍子和猕猴桃的生产；在加强速生丰产林基地建设的同时，营造经济林；充分利用山区与平原的季节差发展淡季蔬菜。丘陵发展彭州柚和优良小水果；在抓好奶牛基地建设的同时，发展肉牛生产；充分利用荒山荒坡发展蚕桑生产，进行粮桑间作；努力开发五倍子生产，此外适当发展食用菌、蔬菜、水产。坝区依靠科学技术，在稳定粮食播种面积的前提下，主攻单产；发展蔬菜生产，不断研制和引进新蔬菜品种，提高品质，增强蔬菜竞争力和商品辐射力；发展以节粮型小禽畜、三元杂交猪、稻田养鱼为主的养殖业。此后，据此战略相继实施农业结构调整、浅山丘陵地区开发和农业产业化发展。

乡镇企业超常规发展

中共十一届三中全会后，彭州市乡镇企业蓬勃发展，逐渐成为农村经济的重要支柱和农民致富的重要途径。

1992—1995年间，市委市政府制定并实施乡镇企业“大发动、大发展、大提高”战略，坚持“高科技、大规模、外向型”发展格局，多轮驱动、多轨运行、多业并举、多向投入、多层次发展，上规模、上速度、上效益、上水平，促进乡镇企业超常规、跳跃式发展。乡、村、组、联、户“五个轮子”一齐转，以乡、村两级集体企业为主，鼓励发展“后三轮”；工、商、建、运、服“五业”并举，大力发展工业和第三产业；加大投入、狠抓重点，发展规模经济；扩大开放、拓展联合，发展外向型经济；优化布局，建立“乡镇企业城”和“乡镇企业发展小区”，相对集中、连片发展；提高产品质量，增加经济效益。制定若干扶持和奖励政策，提出“十年规划五年完成，‘八五’计划两年完成”和“奋战三年实现乡镇企业总产值100亿元”。1993年，彭州市成为农业部表彰的全国200个“发展乡镇企业好，对社会贡献大”的县（市）之一。1995年，全市实现乡镇企业总产值107亿元。

建立工业开发区

1992年5月，为把彭县经济建设推上新台阶，县委常委会决定在县城东南设立彭州工业开发区，面积3~5平方公里，后规划为17.2平方公里。组建开发区管理委员会，履行统一领导、统一指挥、统一管理职能，行使县一级行政、经济管理权；实行优惠和奖励政策。经过多年滚动发展，引进一批企业，渐成规模，1998年10月成为省级工业开发区。2005年7月，市委市政府制定《关于加快彭州工业开发区建设的意见》，明确界定彭州工业开发区区域规划为：彭州市城市总体规划（2003—2020）规划范围内天府大道及其规划的东、西延伸线以南部分；牡丹大道以东外东街规划的东延线以南部分的城市规划区范围内。发展目标是：以引进科技含量高、工业附加值高的工业企业为核心，引导工业项目向彭州工业开发区集聚，形成医药化工、新型建材、机械制造、服装生产、家具制造五大产业园区。开发区管委会采取“优化功能、封闭运作、开放经营、一站服务”的模式，实行特事特办的全程代理服务。

大开放促大发展

1994年，市委九届三十一次常委会决定，以“大开放促大发展”为指导方针，实施全方位开放战略。4月，召开全市对外开放工作动员大会，印发《关于进一步扩大开放加快发展的决定》，要求强化整体开放意识，拓宽开放思路，扩大开放领域，推进对外开放向高层次、宽领域、纵深化发展，确定1994年为“对外开放年”，全市开展大宣传、大动员，抓解放思想、更新观念，提高广大干部群众对扩大开放的认识，增强全市人民特别是各级干部的开放意识。坚持以大开放推动改革的深入，促进经济的大发展。在招商引资、基础设施配套、土地税收金融、激励机制等方面定出若干具体政策措施。同时成立对外开放领导小组，统筹领导，组织制定发展规划、目标和政策，协调解决对外开放中的重大问题；建立目标考核体系和考核办法，对外开放和招商引资工作纳入目标管理。

旅游兴市

20世纪80年代中期，彭州市旅游业起步发展，但投入不足，总体发展水平较低。2004年1月，为把旅游业培育成为支柱产业，市委市政府决定实施“旅游兴市”发展战略。围绕“避暑胜地、休闲港湾”的旅游定位，充分发挥“龙门山国家地质公园、白水河国家自然保护区和白水河国家森林公园”三大国家级旅游资源的品牌效应以及“牡丹故乡、宗教文化、地质奇观、古蜀文明”四大特色优势，着力改革旅游管理体制和运行机制，促进产业联动；全面整合旅游资源，开发多样化的特色旅游；加快公路网络、酒店等基础设施建设，旅游资源开发和景区经营性项目向国内外投资者开放，形成“全社会办旅游，有实力的人办旅游”的新格局，争创旅游产业新优势，提高旅游综合收益，建成全省旅游强市。

第三节　社会建设决策

改旧城，建新区

20 世纪 90 年代初，县委根据经济发展需要和群众愿望，决心搞县城改造建设，用 3—5 年时间改变旧县城面貌。按中等城市发展规划，旧城改造和新区开发并举，街道、建筑和基础设施建设并举，机关单位建房和城建指挥部统建并举，铺开大规模的成片开发。先后新建和改造天府大道、金彭大道、东西南北四条大街等大小街道，人民医院住院楼、体育中心、第二自来水厂等大批基础设施项目。2000 年，全市旧城改造基本完成。2001 年，市委实施“城建活市”战略，按照“北园南区中商贸”的总体布局，在城区东面建设新区，市委市政府等机关办公区土地使用权公开出让。

科教兴市

1995 年 12 月，市委市政府发出《关于科教兴市的决定》，全面落实科学技术是第一生产力的思想，坚持教育为本，把科技和教育摆在全市经济和社会发展的重要位置，增强科技实力和科技成果向现实生产力转化的能力，提高市民的科学文化素质，切实把经济建设和社会发展转移到依靠科技进步和提高劳动者素质的轨道上来，实现经济增长方式由粗放型向集约型的根本转变，促进经济和社会的全面进步和协调发展。全民动员、全社会参与，抓住增加科技投入和调动科技人员积极性两个关键，突出加速科技成果转化这个重点，做到领导、组织、投入、政策、目标任务五个落实，实现思想观念、运行机制、工作职能三个转变。加强科技宣传和科普工作，提高全社会科技意识，形成尊重知识、尊重人才的社会风尚。深化改革，从根本上解决科技与经济结合的深层次问题。建立全社会多元化科技投入体系，实现良性循环。建立科技进步统计监测体系和科教兴市目标考核制度。加速决策科学化、民主化进程。到 2000 年和 2010 年，科技进步对经济增长的贡献率分别达到 50% 和 60% 以上，科技成果转化率分别达到 60% 和 70% 以上。

城乡一体化

2003 年 12 月，市委市政府做出“统筹城乡经济社会发展、推进城乡一体化”战略部署。着力推进工业向园区、土地向业主、农民向城镇“三个集中”，加快工业化和城镇化进程。打破长期形成的城乡二元体制矛盾，着力统筹城乡规划、产业布局、基础设施建设和社会事业发展，配套政策措施，突出建立和完善城乡基本统一的社会保障制度、城乡统一的新型户籍管理制度、农村土地管理和使用制度、公共财政城乡合理分配制度，推进城乡规划一体化、城乡产业布局一体化、城乡就业和社会保障制度一体化、城乡基础设施建设一体化、城乡社会事业发展一体化、城乡政策措施一体化，构建城乡统筹发展机制体制，实现城乡发展一体化。以“三抓三促”（抓工业富市、城建活市、旅游兴市，促工业化富民、城市化移民、产业化惠民）为抓手，以城区和 6 个区域中心镇（濛阳镇、丹景山镇、丽春镇、龙门山镇、隆丰镇、葛仙山镇）为载体，打造城乡一体化的人居环境；在工业上以彭州工业开发区为载体，大力发展医药、化工、建材等产业，在农业上以熙玉生态科技园、石泉中药材科技园、蔬菜高科技示范园为载体，大力发展蔬菜、中药材、小家禽畜等产业，在旅游业上以龙门山银厂沟、丹景山、葛仙山为载体，大力发展第三产业，构建城乡一体化的产业支撑。同时大力实施农业产业化经营、农村扶贫开发、农村环境建设“三大重点工程”。2004 年，全市城市化率比上年提高 1.5%。

第四章　纪检监察

1993 年 4 月，中共彭县纪律检查委员会与彭县监察局合署办公，在县委的统一领导下，进一步加强纪律检查工作和强化行政监督职能。通过编印学习资料、组织培训学习、观看影视资料和组织相关法律法规的知识竞赛等方式，进行作风纪律的教育。提高公务人员的服务意识，增强法纪观念；组织观看、学习先进典型、腐败典型的资料，进行倡廉反腐教育，警醒公务人员特别是领导干部要严于律己、洁身自好；同时开展对违纪违规现象的治理。纠正不正之风，查处违纪违法案件，保持党的纯洁性，维护人民政府的形象，保障全市改革开放、经济建设顺利进行。

第一节　纪检监察组织

纪律检查委员会

1984 年 1 月，中共彭县第六次代表大会选举产生中共彭县第五届纪律检查委员会。选举产生委员 11 名，常委 5 名。余象勤任书记，刘继松任副书记。

1987 年 2 月，中共彭县第七次代表大会选举产生中共彭县第六届纪律检查委员会。选举产生委员 15 名，常委 7 名。刘继松任书记，朱顺刚、王孝琼任副书记。

1990 年 2 月，中共彭县第八次代表大会选举产生中共彭县第七届纪律检查委员会。选举产生委员 14 名，常委 6 名（届中调走 2 名，增补 1 名），刘继松任书记，王孝琼任副书记。

1993 年 1 月，中共彭县第九次代表大会选举产生中共彭县第八届纪律检查委员会。1993 年 4 月 1 日，县纪委与县监察局合署办公后，常委也进行增补。此届纪律检查委员会书记：朱顺刚（1997 年 11 月调离）、范毅（1997 年 11 月调任），副书记：王孝琼、胡开德、杨开宗（1993 年 6 月任命）、代明生（1995 年 11 月任命）。

1997 年 12 月，中共彭州第十次代表大会选举产生中共彭州市第九届纪律检查委员会。选举产生委员 19 名，常委 11 名。范毅（2002 年 1 月调离）、薛敏（2002 年 1 月调任）任书记，代明生、龙元琼（2001 年 12 月调离）、赖云建、李洁（1998 年 1 月调任，1999 年 1 月调离）、范威（2002 年 6 月任命）任副书记。

2002 年 12 月，中共彭州市第十一次代表大会选举产生中共彭州市第十届纪律检查委员会。选举产生委员 19 名，常委 8 名。薛敏任书记，徐友贵、范威（2004 年 10 月调离）、张兴乾、杜初阳

(2005 年 6 月任命) 任副书记。

监察局

1988 年 3 月，成立彭县监察局，监察局长按法定程序由纪委副书记担任。下设办公室、控告申诉股、监察股、案件审理股和经济案件举报站、行政监察举报站。县政府各部门、局级企事业单位负责组织人事的领导分管行政监察工作，组织人事干部兼做行政监察工作。区、乡镇分管党务的副书记分管行政监察工作，组织委员或组织干事兼做行政监察工作。至 1990 年 10 月，全县建立监察组（室）4 个，共配备专兼职监察干部 108 人。监察组（室）及其专兼职人员受本部门、乡（镇）和县监察局的双重领导。1988 年 3 月，监察局组建时，编制为 15 人，实有 2 人，年底增至 6 人。1989 年 12 人，1990 年 14 人。

1993 年 4 月，县纪委与县监察局合署办公，实行“一个领导班子，两块牌子，一套工作机构，两种职能”，在纪委常委会的统一领导下，履行纪检、监察两种职能。县纪委常委 7 人，其中书记 1 名，副书记 3 名。县监察局局长 1 名，副局长 1 名，党员正、副局长进纪委常委班子。县纪委在县委和成都市纪委领导下按《党章》开展工作。内设机构有办公室、监察综合室、信访室、纪检监察室、案件审理室、党风廉政建设室、研究教育室。另设县委廉政建设领导小组办公室和县政府纠正不正之风办公室。行政编制 36 人，实有 32 人。

基层纪检监察组织

1984 年，全县 1 个区（通济区）和 32 个乡镇建立了纪检小组，有兼职纪检员 95 人。

1987 年 2 月前，区、乡镇和部分局行有纪检组 33 个，配备专兼职纪检干部 99 名。年底，彭县有纪检组 44 个，配备专职纪检干部 43 名，兼职纪检干部 86 名。为加强基层党委的案件审理工作，还分 5 个片区建立 5 个案件审理小组。

1988 年 12 月以前，县纪委向县经委等 7 个局行分别派一名专职区（科）级党员干部任纪检组长，区、乡镇纪检组 35 个，组长由分管党务工作的副书记兼任。未设纪检组的部门由党委（总支）、支部成员分工负责纪检工作。

1990 年底，新增 9 个县级部门纪检组。

1992 年，28 个乡镇党委建立纪委，由分管组织的副书记兼任纪委书记，设专职副书记 1 名。在撤乡建镇前，县级部门和乡镇共有 54 个纪检组，专兼职纪检干部有 153 名。

1993 年，县级部门建立 13 个纪委和 11 个纪检监察组。县纪委和县监察局完成合署办公后，各乡镇、县级部门的纪检监察组织也实行合署办公。

1997 年底，全市共有乡镇纪委 28 个，机关纪委 16 个，派驻纪检组 5 个，专兼职纪检干部 153 人。

2001 年，28 个乡镇全部建立纪委。2001—2003 年，市纪委向教体局等 20 个市级部门派驻纪检组。

2004 年，全市共有镇纪委 20 个，市纪委派驻纪检组 20 个，部门纪委 1 个，内设纪检组 22 个，监察室 18 个，共有专兼职基层纪检监察干部 84 人。

第二节　制度建设

领导体制和工作机制

市（县）纪检监察机关接受本级党委、政府和上级纪委、监察机关双重领导，由市（县）党委、政府领导为主，主管彭州市（县）的纪律检查和行政监察工作。市（县）纪律检查委员会委员由市（县）党员代表大会换届选举产生。纪委书记由成都市委任免，纪委副书记由成都市委组织部任免，监察局局长由彭州市（县）委上报成都市纪委、成都市监察局，经成都市纪委、成都市监察局考察研究同意后，按法律程序任免。市（县）纪委常委会议一般每半月召开1次，应有半数以上常委到会方能召开，若讨论干部任免、奖励和市管干部的党纪政纪处理等重大事项，须有三分之二以上常委到会才能召开。常委会决定的事项，由常委按照分工确定的领导负责组织落实。

党风廉政建设责任制

1988年，中共中央下发《关于党和国家机关必须保持廉洁的通知》后，彭州市将党风廉政建设列入全市反腐败斗争的三项任务之一，通过廉政制度建设和专项治理，促进各级党政机关成为廉洁、高效、遵纪守法的机关。1989年，县委、县政府成立廉政领导小组。1993年，纪委、监察局合署办公后，机关内设党风廉政建设室。1999年，党中央、国务院颁布《关于实行党风廉政建设责任制的规定》，彭州市制发《关于1999年度党风廉政建设责任制专门考核实施意见》，每年对乡镇、部门执行党风廉政建设责任制进行一次专门考核。2000年，全市的党风廉政建设责任制和反腐工作形成较为完整的责任网络。市委书记、市长负总责，党风廉政建设责任制和反腐败工作分解为40项，确定13名副市级领导和市委、市政府秘书长分别负责，26个牵头部门具体承办，36个部门协办，把反腐败专项工作和其他工作一起部署，一起落实，一起检查，一起考核。2001年，全市28个乡镇和95个部门分别与市委、市政府签订目标责任书，市级部门的科、室、站、所和行政村分别与部门、乡镇签订目标责任书。2002年，重点抓责任追究，全年36名党员干部受到责任追究。2003年，在年终考核时，增加有市纪委监察局牵头，组织市纪委委员、市巡视员、市特邀监察员和监督员组成考察组对牵头单位进行专项检查考核。2004年，由市纪委牵头，每季度组织特邀党风巡视员、党风廉政监督员和监察员对全市各部门牵头单位落实分工任务情况及落实责任制的情况开展督促检查。2005年，党风廉政责任制工作狠抓“四到位”，对17名党政干部进行责任追查，给予党纪政纪处分8人，组织处理9人。

党风廉政建设监督约束机制

党风廉政规章　1988—2005年，先后制发20多个党风廉政的规章条文，如《关于县级党政机关必须保持廉洁的决议》《县委常委和副县长廉洁从政的暂行规定》《关于进一步加强党内监督的意见》《关于在领导班子中加强党内监督的决定》《关于重申党员、干部以及工作人员“九不准”纪律规定的通知》《关于进一步加强农村党风廉政建设的通知》等。

自律约束制度　建立廉政承诺制度、领导干部廉政档案制度、廉洁自律自查自纠专题民主生活会制度。1993年，只是副县级以上领导干部在专题民主生活会上进行自查自纠，1995年全市党风廉政建设纳入目标管理，自律自查自纠的范围延伸到市级部门、乡镇、国有企业领导干部和基层站、所负责人。

党内监督制度　建立干部任免前廉政情况签字、票决、联席会议等制度，谈话制度（廉政谈话、信访谈话、诫勉谈话），述职述廉制度，重大事项报告制度，巡视制度。

公开监督制度　村务、厂务、政务、党务公开制度；行政事业性收费“收支两条线”制度；领导干部任期经济责任审计制度；政府采购和会计委派制度；干部任前公示制度；工程项目招投标制度；经营性土地使用权招标拍卖挂牌出让制度；产权交易进入市场制度；民主评议行风制度；行政监察执法制度。

第三节　党风廉政教育

党性党风教育

1987 年，县纪委设立教育组，配合组织部、宣传部和党校等单位，结合党员队伍的思想实际，采取多种形式对党员进行党性党风教育。针对党内存在的以权谋私、官僚主义和纪律松弛情况，编印《牢固树立和认真实践全心全意为人民服务宗旨》《维护党的政治纪律，在政治上、思想上同党中央保持一致》等 5 个党课教材发到各单位，组织党员学习。1988 年，认真贯彻党的十六届三中全会精神，对党员进行坚持四项基本原则，加强民主集中制和反腐倡廉的教育。1990 年以后，针对东欧剧变和苏联解体等国内外新形势，把保证党的领导，坚持走中国特色社会主义道路作为重要内容，多次在党校举办培训班，对基层党员干部进行党风教育，并深入基层对广大党员干部进行 28 场（次）党风党纪教育辅导。1992 年，在党员中开展党纪基础知识教育活动，突出进行党的政治纪律、组织纪律、财经纪律和群众纪律教育，有 2.442 万党员受到教育，受教育面达 96% 以上。并对 2442 名党员进行基础知识测试，有 760 名党员干部参加省纪委组织的基础知识竞赛活动。1993—1997 年，纪委自办《平凡中生辉》刊物 11 期，宣传改革开放和经济建设中廉洁奉公、艰苦奋斗的先进党员事迹。1995 年，开展“学一本党员干部行为规范的书，读一组党员违纪违法的典型案例，看一套正反典型录像片”的“三个一”教育活动，购买教材 2300 册、录像带 218 盘（盒），放映录像 250 场（次），举办讲座 369 场（次），组织知识竞赛 60 场（次），参赛人员 6000 人（次），受教育的党员干部 2.48 万人，受教育面达 95%。2003 年，党风党性教育的重点是深入学习邓小平理论、“三个代表”重要思想、新党章和党的十六大精神，引导广大党员干部牢记两个“务必”，树立正确的世界观、人生观、价值观，正确对待权力、地位和自身利益，不断提高拒腐防变能力。2005 年，以保持共产党员先进性教育为契机，重点学习中央《实施纲要》，市纪委下发 3500 册《实施纲要》供各级党组织和广大党员干部学习。

党纪政纪教育

1991 年 3 月，开展学习《党章》和党纪处分条规的“党纪教育周”活动，印发《党纪教育辅导材料》180 份，组织辅导讲座 158 场（次），放映《党规党纪》等教育片 131 场（次），受教育党员 2.4219 万人，受教育面达 96%，机关企事业单位受教育面达 98.3%。1992 年 3 月至 6 月，在全县党员中开展党纪基础知识教育活动，突出党的政治纪律、组织纪律等，受教育面达 96% 以上。1996 年，学习贯彻《廉政准则》，做到教育有文、有声、有形，受到成都市纪委肯定。全市有8000人参加党纪政纪条规知识竞赛活动，市纪委荣获成都市颁发的组织奖。1997年，下发中纪委编印的《廉政准则解说》《党风廉政法规汇编》《中华人民共和国行政监察法问答》等系列资料1000余册，供党员干部学习。组织开展行政监察法知识竞赛，全市有3894名党员、干部参加竞赛活动，其中38名分别获得中纪委、监察部和省、成都市、彭州市的表彰奖励。1998年，各级党组织利用机关学习日、党支部活动日、专题民主生活会等形式，组织党员学习《廉政准则》《党政机关厉行节约制止奢侈浪费行为的若干规定》。2003年，开展全市《党纪政纪知识条规测试》活动，有345名党员领导干部参加，其中市级领导干部38人。2004年，对全市党员、干部进行《中国共产党内监督条例（试行)》《中国共产党纪律处分条例》的学习，对全市1300名党外干部、市级部门干部和基层村级干部进行专题培训，邀请成都市反腐倡廉宣讲组为全市400多名党员领导干部讲解两个《条例》和预防职务犯罪方面的知识，组织7000余人参加“电信杯”党内法规知识竞赛。通过各种形式的教育，使党员干部对两个《条例》的知晓面达100%。

正反典型教育

1987年，请成都市优秀党员给县级机关、部门、乡镇和县属企事业单位的党员代表作先进事迹报告。1988年，总结宣传宝山村等5个单位和个人“抓党风、促改革”的事迹，编写《22位共产党员的先进事迹集锦》供党员学习。1987—1989年，先后剖析12个典型，向全县发15期通报。1990—1992年，编发《共产党员要做反腐倡廉的模范》等教育资料，巡回播放《规矩与方圆》《蜀都廉政录》等教育录像片174场（次）。1993—1997年，撰写宣传彭州市优秀共产党员和先进集体事迹的文章在省、成都市刊物上刊载达40篇，其中《群众利益的带头人，共同致富的带头人》被省纪委作为1994年全国纪检监察教育研究会议的交流文章。1998—1999年，投资2.3万元协助成都市纪委拍摄党纪条规《红颜设骗》专题教育片，组织收看《烟草大王的人生悲剧》等5部反腐倡廉录像片。发放四川省大案要案案例《红色基线警戒线》300册作为教育资料。2003年，在彭州电视台连续播放《胡长青案件警示录》等4部教育片。将全市查处村级党员干部违纪违法的典型案件汇编成书，下发4000余册供村级党组织和党员干部学习，从中吸取教训，提高廉洁自律意识。2004年，组织全市1.6万多党员干部观看《昨日的承诺》《邓小平的一生》，对广大党员干部进行正确人生观、政绩观和权力观的教育。在全市树立先进典型，表彰58名勤廉兼优党组织书记和1名“人民满意公仆”。将彭州市1997年以后查处的40余件机关干部违纪违法典型案例汇编成册，拍制《代价》电视专题片，对党员进行教育。

第四节　党风廉政建设

领导干部廉洁自律

对党政机关汽车配备和使用公车开展专项检查。1986年以后，全市党政机关共购买小汽车134辆，其中领导机关16辆，单位部门118辆，通过清理，超标车全部改作外事活动业务接待车，不作领导干部专车。清查出“公车私户”59辆，违规使用警车公安专用牌证车1辆，全部进行纠正处理。

1990 年，市监察局主要纠正公款大吃大喝，送礼收礼，党政干部占地建私房等问题。

1992 年，彭县召开专项监察工作紧急会议，向 103 个行政事业单位和乡镇发出禁止公款吃喝送礼自查自纠统计表，并对 14 个乡镇和行政单位进行抽查，对公款娱乐消费进行突击检查，针对存在问题制定相应的规章制度。1995 年，制定《关于做好我市对内接待工作的规定》，规定了接待标准，同时禁止各级领导干部接受可能对公正执行公务有影响的宴请。公安、水务等部门还推出“禁酒令”。与往年相比，县委、县人大、县政府、县政协机关的业务接待费节约 2.8 万元，乡镇、县级部门共节约 100 余万元。1997 年制发《关于进一步加强党政机关、行政事业单位预算会议管理意见》，全市减少会议 32 次，节约 11 万元，制止公款吃喝玩乐共节约接待费 162.65 万元。1995 年以后先后查处公款进营业性歌舞厅的案件 15 件，批评教育 12 人，给予党纪、政纪处分 7 人。

1995 年起，实行县处级以上干部报告个人重大事项制度。1996 年，市政府制定《关于机关工作人员在公务活动中收受礼品管理办法》。1995—2004 年，领导干部上交收受礼金（含礼品折价）共 18.58 万元。

1995—1996 年，全市共清理出多占和超面积住房 168 户，其中有两处住房的 112 户作退出处理，56 户超面积住房按规定全部纠正，共收超面积住房款 50.5 万元。2002—2003 年，对全市 47 户干部（职工）多购、多占公有住房进行集中处理，涉及金额 45 万元。

1997 年，开始清理公费住宅电话和移动电话，共清理出移动电话 454 部，其中 441 部折价转让给个人，折价款 55.757 万元，国有资产管理局收回手机 13 部；清理出住宅电话 747 部，全部折价转归个人，折合人民币 32.55 万元，折价款共计 85.31 万元全部上缴财政。对符合规定使用的 282 部移动电话和 424 部住宅电话一律实行“限额报销，超额自负”。通过清理，全市每年每月节约通信费 8 万元。

1997 年，市委组织部下发《关于认真贯彻中纪委〔1997〕4 号文件精神，加强出国（境）工作管理的紧急通知》，进一步完善出国（境）人员的审批程序。1998 年，彭州市纪委、监察局下发《关于严禁用公款外出旅游的紧急通知》，提出五条要求，全年无一例借各种名义用公款出国（境）旅游的情况。

2004 年，清查出党政机关用公款购买商业保险的 7 个单位被保 187 人次，资金 8.53 万元全部清退。

2004 年，市委发出《关于对党员干部经商、办企业进行专项清理的通知》。清理出 31 名参股和经商办企业人员进行纠正，清理出违规经商办企业 17 人，清理出 7 名局级干部在企业兼职，及时免去兼任职务。

2004 年，全市清理出个人拖欠公款以及借公款给亲友的总金额 110 万元，通过督促追查已归还 80 万元。

纠正部门和行业不正之风

1991 年，县政府成立纠正不正之风领导小组，制发《关于纠正不正之风的意见》，指出行业不正之风的 9 种表现。各乡镇都成立纠正不正之风领导小组。1991—2005 年，先后对重点部门和部位进行纠风专项治理。

减轻农民负担　1992 年，开展《减轻农民负担管理条例》的执法监察，全县农业负担基本控制在 3%左右。1993 年取消法定限额以外的各种摊派、集资收费项目 23 个，涉及金额 243.67633 万元。

1994年，对取消农民负担项目进行抽查，是年全市人均负担23.06元，占1993年人均纯收入的2.2%，比《条例》规定低2.71个百分点。1995年，向农民乱收费、乱摊派基本得到制止。1996年重点对全市农民负担合同的签订、农民负担卡的发放填报、农副产品收购资金的管理使用等进行执法监察。1997年，市委、市政府下发《关于加强农民负担监督管理工作的决定》，保证中央关于“三稳定”政策和“五禁止”规定的落实。对1996年规定收取农村教育附加费和民工建勤费作调整，仅此两项就减轻农民负担770万元。2002年，把“农负”监管工作纳入市上一级目标管理。2003年，实行减轻农民负担领导干部考核制度。2004年，开展对农税减负专项检查，将140.3万元减负款全部发到农户手中。

减轻企业负担 1993年，取消对企业行政事业性收费项目11个。1994年，清理党政机关工作人员借款、挪用、占用企业资金13.2万元，其中3万元作清退，其余做出限期退还计划。1998年共取消收费项目84项，共减少企业收费1006万元，属彭州市制定应予取消的34项。2001年，对成长型、科技型企业进行挂牌保护，把民营企业和乡镇企业纳入减负范围，纪委监察局加强监督检查，共查处加重企业负担的违规问题65件，涉及金额32万元。2005年，建立健全减轻企业负担的长效机制，制定《彭州市涉及企业行政事业性收费公示目录》，使企业明明白白交费。对乱评比、乱检查、乱摊派等加重企业负担的行为进行严肃查处。

清理党政机关经商、办经济实体 1994年，清理出党政机关办经济实体17个。1997年，清理出“三不准”企业75户，当年就督促注销17户。

治理公路“三乱” 1993—1998年共撤销未经批准和私设的收费站（卡、点）10个，规范4个。2002年整理重点路段12处，全市公路无“三乱”。2003年，重点抓治理村级道路设卡收费问题，对北君平镇义合村在村道乱收费进行及时纠正取缔，并对负有责任的村党支部书记、村委会主任追究责任。2004年，开展“治超”工作，全年共检测车辆3400辆，涉及超限车88台，全部实施卸载处理。2005年，把乡村道路“三乱”治理纳入镇目标管理，全年未发生“三乱”情况。

治理中小学教育乱收费 1993年，对彭县各级各类中小学校收费进行清理和加强管理。当年取消中小学5个收费项目，金额达12万余元。1996年查出违纪收费4.65万元，全部退还。2000年，把巩固治理中小学乱收费成果纳入常规性工作，坚持“一证、一册、一据、一公告”制度。2003年查出19个学校应退而暂时未退给学生的结余代管费，及部分违规收费140万元，分别进行处理。2005年，综合治理乱收费，共接到投诉举报73起，全部办结，未发现有违纪违规行为。实行“两免一补”政策，减轻学生家长负担194.6万元。治理借“社会力量办学”之名乱收费行为，关闭不合格幼儿园26所，关闭培训机构4个。

治理医药购销和医疗服务中的不正之风 1999年，纪检监察部门对医药购销中的不正之风进行监督检查和考核，查处违规医疗单位12个，收缴违规资金15.3万元。2000—2002年重点清理药品生产经营企业、药品的市场价格和完善医药分开核算、分别管理，坚持进药审批程序，严格执行国家规定的药品折率管理规定，推行药品集中招标采购制度，彭州市所有市级以上公立医疗机构都参加药品集中招标采购。2003—2004年，围绕确保群众用药安全和把医药费用不合理负担减下来，加强医德医风监督，加强考核。共招标采购药品6505件，金额达2397万元，平均占医院购药量的72%，让利消费者250万元。2003年对假劣药和一次性医疗器械进行38次专项打击，出动执法人员186人次，进行常规监督检查140多次，查处假劣药品、医疗器械案件14件，没收假劣药品3600余盒（支），没收医疗器械620余件（支），价格2万多元，处罚1万多元，确保广大群众用上优质价廉安全有效的放心药。

2004年销毁过期药品、医疗器械价值20多万元；取缔非法药品生产、经营户13家和药店坐堂行医3家；查处违规收费医院、卫生院9家。加强农村药品质量监督网络和供应网络的建设。对卫生室（站）的药品价格实行公示制。聘请11名行风监督员加强监督，查处1起医生私收病人药费并对责任人进行严肃处理。2005年，加强医药购销行为的规范和监督，中标药品和网上公开采购药品占用药总量的88%。对医疗设备的采购进行现场监督10次，未发现违纪违规行为。加强农村药品质量监督网络和药品供应网络建设，配送面达100%。全年退还患者“红包”3970元，取缔个别单位“开单提成”的辅助检查项目，未发现有拿“回扣”等问题。

纠正征用土地和拆迁中不正之风　2004年，市政府办下发《关于对征地农民集体所有土地补偿费管理使用情况开展专项检查的通知》，成立以市长为组长的专项检查领导小组。查出2起违规批地问题，给予党纪政纪处分3人。设立城镇居民拆迁安置咨询举报电话，共受理拆迁中的问题8件并进行处理。纠正企业重组改制和破产中损害职工合法权益的问题。对破产改制企业职工实行免费求职登记，发放再就业优惠证1162本，腾岗安置“4050”人员96名，为500余人办理提前退休手续，为162名破产改制企业死亡职工的家属每月发放生活费2.59万元。对职工反映涉及群众利益的8件问题都按政策法规及时解决处理。

追讨克扣的农民工工资　2004年，制发《关于解决和预防我市建设领域拖欠工程款和克扣农民工工资的工作计划》，对全市1100余个用人单位及业主进行执法检查，共发出询问通知书125份和限期整改通知21份，共接到投诉59起，涉及农民工工资50起，金额148余万元，涉及工程款9起，金额78余万元，59起投诉中除1起因资料不详暂无法处理外，其余58起全部进行处理。2005年，共受理拖欠农民工工资的举报投诉42起，组织召开民工工资协调会5次，妥善处理28起追讨民工工资的突发事件，追讨金额150余万元。

整治投资软环境　2000年，市政府下发《关于进一步规范政务行为改善投资环境的通知》，明确提出6个方面的要求，同时开展“人人事事都是投资环境”的教育活动。2002年，市纪委、市纠风办发出《关于进一步治理投资软环境工作的通知》，按照建立“廉洁、勤政、务实、高效”政府的要求，开展5个方面的工作。2003年，成立市治理经济发展软环境领导小组和治理经济发展软环境投诉中心。2004年，提出治理软环境的重点是法制环境、政策环境、服务环境、廉政环境、舆论环境、人文诚信环境等7个方面，2005年增加治理生态环境。

查处违纪违法案件

20年间，把查处违反党纪、政纪案件作为惩治腐败的重要手段，列为每年反腐败三项任务之一，按照“事实清楚、证据确凿、定性准确、处理恰当、程序合法”的办案方针，重点查处大案要案。随着社会的发展和社会环境的变化，不同时期不同年份，大要案涉及的领域也有所不同。坚持标本兼治的原则，发挥办案的治本功能，推进党风廉政建设，确保政令畅通。1986—2005年，受党纪政纪处分的共计635人，其中受党纪处分的497人：警告101人，严重警告118人，撤销党内职务12人，留党察看70人，开除党籍196人；受政纪处分的138人：警告22人，记过35人，记大过17人，降级、撤职各11人，开除、留察42人。13人受双重处分。2005年，对26名一般党员干部的处理实行由市纪委常委会无记名投票表决，对11名副局级以上领导干部的处理实行由市纪委常委会和市委常委会“两级”票决。

第五章　组织建设

1986—2005 年，市（县）委组织部不断加强领导班子、党员队伍、干部队伍、人才队伍建设，改善组织结构，加强干部管理监督，使各级党组织的整体素质有新的提高。在农村基层组织建设上，通过先后几次整顿，党的支部建设得到加强。领导班子成员团结一致，率领广大群众走“企业+农户”“公司+农户”“支部+协会”的发展道路，使农村党建与经济建设有机结合，促进了农村经济和小康建设的不断发展。2004 年，实施村组干部设置体制改革和优化精减村组干部试点工作，受到四川省委组织部的充分肯定。当年，省委组织部在彭州市召开农村基层组织建设现场会，对彭州市开展的农村基层组织建设先进经验进行推广。

第一节　领导班子建设

领导班子组织建设

1986—2005 年，市（县）委先后 5 次召开党代表大会，随之，各乡镇、市级机关各部门领导班子进行换届选举，按照“革命化、年轻化、知识化、专业化”的方针和“德才兼备”的原则配备领导班子和选拔任用干部，特别是注重配强配好乡镇、市级机关部门的“一把手”，全市乡镇、市级相关部门领导班子的年龄、文化、性别结构逐步改善，整体素质有较大提高，干部队伍中 30—40 岁的中青年干部占绝大多数，大专以上文化程度占 80% 以上。同时，在一些领导班子中配备妇女干部和非党干部。

领导班子思想建设

根据不同时期的形势任务要求，加强领导干部队伍政治理论学习。对各级领导干部进行理想、信念、宗旨、纪律、道德教育，社会主义、爱国主义、集体主义教育，党的基本路线、四项基本原则教育等。1996—2000 年间，开展“讲学习、讲政治、讲正气”为主要内容的党性、党纪、党风教育活动。2001—2005 年，开展“三个代表”重要思想的学习教育活动和保持共产党员先进性教育活动。

领导班子作风建设

1992 年，县委下发《关于在全县县属单位领导班子中开展“学习、团结、勤政、廉洁”四好活动的意见》，决定在全县区、乡（镇）、县级机关各部门、县属企事业单位领导班子中开展“四好活动”。后又先后下发县委《关于在全市各级领导班子中继续深入开展“四好”活动的意见》等文件，对深入扎实开展“四好”活动做出安排。1994—2006 年，市委逢双年先后六次“七一”前夕召开纪念“七一”暨创先争优表彰大会，全市有 162 个（次）领导班子先后被评为“四好”领导班子。2005 年，“四好”的内容由“学习、团结、勤政、廉洁”修改为“学习创新、民主团结、勤政为民、清正廉洁”。

乡镇党委班子建设

1998 年，市委农建领导小组提出乡镇党委班子建设“六个好”目标，1999 年以后，又先后制发《关于进一步加强农村基层干部队伍建设的意见》等文件，突出重点、分类指导，加强乡镇党委班子建设。2004 年，把村党支部、乡镇党委建设的目标统一规范为“领导班子好、党员队伍好、工作机制好、小康建设业绩好、农民群众反映好”新的“五个好”，将三级联创活动规范为“五个好”村级组织。分解目标、落实责任，加强制度建设，深入开展村务公开、民主管理等“民心工程”，发展壮大后进村集体经济实力，夯实农村发展的基础。

领导班子制度建设

1994 年，市委组织部印发《关于进一步建立健全领导班子思想作风建设九项制度的实施意见》，建立了领导班子中心组学习、民主生活会、领导干部个人重大问题报告、廉政档案等制度。1997 年，建立领导干部离任审计制度，进一步建立和完善领导干部双重组织生活制度。2001 年，重点加强“一把手”的管理和监督，建立落实领导干部谈话制度，严格按照《党政领导干部选拔人员暂行条例》，把好选拔任用关，逐步实行干部选拔工作责任制、用人失察追究制度，严查用人上的不正之风。

第二节　基层党组织建设

农村党组织

1986 年，县委批转《关于加强农村党的基层组织建设的意见》，对基层党组织的设置、干部配备管理、正确处理党政分工、整顿和完善乡镇一级地区性合作经济组织、建立健全各项制度、干部和党员培训、党员发展等方面做出明确规定。1987 年，县委、县政府下发《关于进一步加强农村基层组织建设的意见》，对理顺党政关系、精干乡镇班子，政企分开、促进农村经济发展，简政放权、发挥乡镇职能，加强村级组织建设等方面提出明确的要求。1988 年，县委组织部下发《关于加强农村基层组织建设的意见》，对转变观念、完善党政分工、从严治党等 9 个方面提出要求。是年，对届满两年的 176 个村党支部进行换届。全县 466 个村党支部书记年龄在 35 岁以下的占 20.8%，36—45 岁的占 68%；高中、中专文化程度的占 11.2%，初中占 36%。1990 年，开展整顿农村软弱涣散党支部班子工作，成立由县委组织部、宣传部、纪委、农办等 11 个部门负责人组成的领导小组，从各部门抽调 190 名机关干部到农村助村帮社，对 32 个后进村党支部进行思想整顿和组织整顿，调整充实村党支部 26 个（其中新组建班子 8 个），调整村支部书记 14 人，调整和充实村支委 41 人。通过整顿，到 1992 年底，全县有较好的村级党支部 303 个，占 65%，一般的有 144 个，占 31%，后进的 19 个，占 4%，“空壳”村从 170 个减少到 108 个。

1994年，开始开展“党员奔小康、支部争双强”竞赛活动，对开展活动的对象、时间、基本步骤，及党员“小康户”“双强”党支部的条件提出具体要求，261个村党支部、6272名党员参加活动。加强农村基层干部和党员实用技术培训。年末缓慢村人平收入超过950元。12月，市委下发《关于加强农村基层组织建设的意见》，提出1995年起加强农村基层组织建设纳入各乡镇、市级部门的一级目标考核，抽调100名干部到农村基层组织帮助支持工作等。1995年，市委加强农村基层干部队伍和党员队伍建设，加强后备干部培养，大力发展农村党员，培训农村党员干部，提高经济待遇，实施“451”工程（每年在农村发展党员400名，每发展1名党员有5名以上入党积极分子，每个村党支部争取每年发展1名党员）。1996年，开展加快经济发展缓慢村工作，确定七星村、东城村等50个村为经济发展缓慢村，并确定26名市级领导干部分别联系26个经济发展缓慢村，50个市级部门分别联系帮扶1个村。1997年底，50个经济发展缓慢村农民人平年纯收入从1995年的1401元增长到1997年的2325元，都基本达到小康标准。村级班子年龄结构有效改善，村级后备干部队伍和入党积极分子队伍建立，举办培训班566期。1998年，全市农村基层组织着力于巩固成果，通过公推直选、村务公开，加强村级领导班子建设。1999年，全市着力实施“五大工程”（形象工程、能力工程、民心工程、发展工程、头雁工程），全面提高农村基层组织的整体水平。

2000年，深入开展“三级联创”活动，着力加强乡镇干部作风转变，努力形成农村基层组织建设新的工作机制和责任机制。2001年，突出实施“三三”工程，即抓培训、强素质，增强农村基层干部“三种”能力，促后进、求发展，实施三级帮扶，抓先进、做示范，树立三种典型”。2002年，开展“三个代表”重要思想三个阶段的学习教育活动和回访复查活动，全市28个镇459个行政村2589名村级党员干部参加了“学教”活动。2003年，对23500名农村党员开展政策理论、实用技术等知识培训，推行党员民主评议“双评制”，党员参评率达98%；启动社区党员共建活动，在天彭镇建立3个社区党建工作示范点。2004年，在天彭、丽春、白鹿进行精简优化村组干部队伍试点，省委组织部在彭州专门召开现场会，推广彭州市做法。在全市树立100个“党支部助民致富”示范村。2005年，以“百村党支部助民致富示范行动”为重点，加强“支部加协会”工作，年底“支部加协会”达126个，覆盖面达到66.65%。对151个村和社区的党支部书记及其领导班子成员全部实行了公推直选。建立完善村民代表会议、党员会议、民主评议村干部制度，推行农村“和谐家庭档案”受到省、成都市组织部肯定。在天彭镇试点党代表常任制，在红岩镇试点党务公开。

企业党组织

严格贯彻执行《党的基层组织工作条例》《厂长工作条例》和《职代会工作条例》，抓好国有企业党的建设。1986—1997年，先后下发《关于加强县级各部门和所属企事业单位党的基层组织建设的意见》《关于加强县属国营企业党组织建设的意见》等文件。1990年，针对国有企业党的建设方面存在的问题，制定企业《党建工作例会制度》《民主生活会制度》等规章制度，对全市（县）62家国有企业党组织贯彻落实《中国共产党成都市企业基层组织工作细则》情况进行检查。在3名党员以上企业建立党支部，50名左右企业设党总支，100名左右企业设立党委。开展“我为党旗添光彩，我为彭州经济建设做贡献”等活动。不断加强国有企业党组织班子建设，配备企业党组织年轻干部，1997年底，为每个企业配备1名30岁左右的年轻干部，并适时调整充实。1999—2001年，对国有企业执行企业年度审计和厂长（经理）离任审计制度，逐步建立完善企业领导人收入申报等制度，使企业领导干部的监督规范化、制度化。

合理设置乡镇企业党的组织。1985 年，乡镇企业有党支部 129 个，从业党员 2251 人。1990 年，1144 个乡镇企业中建立党支部 160 个，从业党员 1493 人。1996 年随着乡镇企业的发展和从业党员人数的增加，在 16325 个乡镇企业中建立党委 1 个，党总支 16 个，党支部 111 个，联合党支部 22 个。2002 年在 1812 个乡镇企业中建立党委 1 个，党总支 3 个，党支部 55 个，加强乡镇企业党支部书记的培训，完善学习制度、组织生活会制度等，定期对党组织班子进行考核。开展“党员责任区”“党员身边无事故”等活动，积极发展党员。

对新经济组织的党组织，采取“属地”“归口”和“直属”方式，实行由企业所在镇管理、市主管部门管理和市委组织部直接管理。采取“独立组建”“企业联建”“实行挂靠”“改组重建”方式合理设置。2005 年底，全市私有企业建党委 3 个、党总支 4 个、党支部 61 个，有党员 879 人。

机关、事业单位党组织

1989 年，中共彭县县级机关委员会改为中共彭县直属机关工作委员会，领导县直机关和企事业单位党组织工作。1993 年，在县级机关各部门、各人民团体建立党组，并提出指导机关党组织的意见。1994—2005 年，围绕经济建设中心，先后开展各种主题活动，拓宽党建工作思路，提高党员干部队伍素质。如：1994 年，机关党组织围绕“抓住机遇，深化改革，扩大开放，促进发展，保持稳定”的全党工作大局，在党员中开展“写好一篇文章，办好两件实事，学好三本书，搞好四个培训，开展好六个活动”；1998 年开展“为人民服务，做人民满意公仆”活动；2004 年开展双深入调研活动等。1995 年起，根据成都市级机关工委印发《成都市级机关建设规范化党支部执行规定》，在机关、企事业单位党组织中开展创规范化党支部建设活动。2000—2002 年开展的“为农村贫困户脱贫致富献爱心”活动，2004 年“双深入”调研活动等。开展创规范化党支部活动，并实行动态管理。2005 年底，规范化党支部 204 个，占支部总数的 86%。抓好发展党员工作，1986—2005 年间，市直机关、企事业单位共发展新党员 9183 名，先后举办党务干部培训班 10 多期，培训党务干部 1200 多人次。加强机关作风建设。先后于 1996 年 9 月、2002 年 8 月、2003 年 7 月，分别集中 2 个月时间，对全市市级机关、乡镇机关干部作风继续进行整顿。2005 年，作风整顿主要整顿部分党员干部党性不纯、事业心不强、能力素质不高、作风不实、形象不佳等五个方面的问题。建立党建工作目标责任制制度、党建工作联系点制度、党建工作例会制度、党建工作考核制度、党建工作表彰制度等，使机关、企事业单位党组织建设走上制度化、规范化的轨道。

1991 年，制定《关于加强我县事业单位党组织建设的意见》（彭委发〔1991〕38 号）。1995 年，制定《关于进一步加强和改进机关、企事业单位党组织建设的意见》（彭委发〔1995〕25 号），明确坚持和完善党组织领导下的行政领导负责制等。在学校、社区、街道加强党组织建设，2005 年，全市 85 个社区，49 个建立党组织，成立 14 个社区党建工作联系站，组建 19 支社区党员志愿服务队，推行社区党支部成员与居委会成员“双向进入、交叉任职”，建立社区党员志愿者示范服务中心，开展争创党员“示范岗”“示范户”活动。

第三节　干部队伍建设

1985 年，全县共有干部 6739 人。其中：行政机关干部 2332 人，事业单位干部 3170 人，企业单位干部 1237 人。2005 年底，彭州市行政机关共有干部 2350 人。

彭州市（县）1985—2005 年干部情况统计表

表 3-5-3-1　　　　单位：人

年度＼项目	干部总数	性别		组别		机关			事业单位	其中：教师
		男	女	汉族	少数民族	机关合计	市级行政机关	乡镇机关		
1985	6739	4492	2247	6658	54	2332	1845	487	3170	1237
1990	8567	5974	2593	8523	44	2880	2228	652	4391	1296
1995	10676	6670	4006	10600	76	3896	3138	758	5674	1106
2000	2670	2501	169	2667	3	2670	2126	544	—	—
2005	2350	1731	619	2322	32	2350	1808	542	—	—

1986—1990 年，随着改革开放不断深化，各级各部门对干部政治素质、文化知识水平要求逐步提高，鼓励干部参加函授、电大、带薪脱产学习等各类大、中专班自学考试，走在职自学成才之路。县委党校、教师进修校开设中专班，先后有 300 余名干部完成中专学历培训。至 1990 年底，全县基本完成以干部学历培训为主的任务，转向以岗职培训为主。

1991 年，县委组织部下发《关于加强干部培训的通知》，要求对干部的培训工作要制度化、规范化，理顺干部培训的关系。1996—2000 年，先后选送 40 多名副市级领导干部到省、成都市委党校轮（培）训，500 多名干部到成都市委党校和行政学院培训，2000 多名副局级干部到彭州市委党校培训。2001—2002 年，针对我国加入世贸组织，举办专题学习班、研讨班，邀请专家、学者讲授等培训，2002 年，举办干部计算机应用人才中级培训班 10 期，培训干部 200 人。培训年轻干部，市委党校“九五”期间，每年举办青年干部培训班至少一期，五年共培训青年干部 200 多人。结合普法教育，组织部、司法局举办法治培训班 8 期，培训干部 1600 多人次。教育、卫生、财贸、农业等部门，根据本系统后备干部队伍状况，每年举办一期中青年干部培训班，学习时间保证在 20 天。

1990 年，重点理顺党群机关和人大、政协、法院、检察院及区、乡镇干部职工调配原则程序和要求。1999 年，开展领导干部离任审计工作。2000 年，完善干部监督管理联席会议制度，定期通报干部监督管理中存在的问题。2003 年，认真落实干部谈话、诫勉、差额考察、考察预告、任免票决、离任审计及任期经济责任审计等制度。对 6 个单位领导干部进行离任审计和经济责任审计。2005 年，组织部、纪委对 108 名提拔、交流、轮岗的干部实行了任前谈话，为 10 名干部监督工作员颁发证书。对领导干部家属、子女及配偶违规经商办企业情况进行专项清理。

按照干部队伍“革命化、年轻化、知识化、专业化”新时期党的干部工作方针，1986—2005 年，共选拔干部 2000 多人，其中女干部 500 多人，非党领导干部近 100 人。同时，还建立一支质量高、数量足的后备干部队伍，并且经常保持常数。

第四节　党员队伍建设

1985年底，全县有党员22308人。1986年以后，全市（县）按照发展党员“坚持标准，保证质量，改善结构，慎重发展”的方针，发展党员9423人。新发展的党员中，先进模范人物、优秀共青团员占30%，高中、大专以上文化程度的占80%，农民党员占55%，35岁以下党员占70%。2005年底，全市共有党员31731人。

党员教育

1986—1991年，紧紧围绕建设有中国特色社会主义的总任务、总目标和改革开放路线方针政策教育。1990年按照成都市委组织部关于“党员教育电教化、党员管理微机化、党员发展规范化、党员评议制度化”的要求，对党员进行马克思主义基本理论、党的基本路线等教育，利用党校、农村党员活动室等阵地，在党员中普遍开展理想信念、宗旨、党性党风、坚持四项基本原则，反对资产阶级自由化教育，举办“三基教育”培训班213期，培训党员共2.1万余人次，举办科技知识培训班，培训党员8900余人次。1992—2000年，开展“双学”（学理论、学党章）和“三讲”教育活动，1998年开展“高举伟大旗帜，推进伟大事业，争做合格党员”主题活动。2001—2005年，开展“三个代表”重要思想学习教育和保持共产党员先进性教育活动。加强实用技术培训，1986年以后，28个乡镇建立农村党员干部实用技术培训基地59个，举办培训班50期，培训人员30多万人次。1999年10月在全市表彰树立科技致富奔宽裕户100户。

党员管理

1986年以后，先后建立完善组织生活制度、轮（培）训党员制度、党员目标管理制度、民主评议党员制度等。1988年底至1990年底，全县先后分四批集中对机关、事业、企业、农村党员进行民主评议党员工作，评出合格党员12332名，基本合格党员10538名，有问题不合格党员978名，分别占党员总数的51.7%、44%和4.3%。妥善处置有问题的不合格党员477名。

1995年底，全市共有流动党员376人，至2005年底共有流动党员737人。从1995年7月1日起，试行《流动党员活动证》制度，在具备条件的企业、集贸市场中建立党小组或党组织，在乡镇设立流动党员服务站，建立外出党员的请销假制度，始终保持流动党员对党组织的归属感。

开展“党员先锋工程”“创先争优”活动。2001—2005年，在农村党员中开展“学科技、调结构、促增收”活动，在企业党员中开展“工业挑大梁、党员作先锋”，在社区党员中开展“精神文明共建、社会事务共管、社会稳定共保”，在机关党员中开展“实践三个代表，争当优秀公仆”活动。

2002年彭州市委组织部下发《关于加强教育管理，充分发挥农村无职党员作用的意见》，建立健全农村无职党员分类管理的措施和办法。

第五节　人才队伍建设

1980年成立知识分子工作领导小组。20多年间，先后下发市委《关于加强和改进知识分子工作的意见》，市委、市政府批转《彭州市有突出贡献的中青年人才选拔管理的通知》等文件，并于2002年将“一抓一”（党政一把手抓第一生产力）纳入乡镇、市级部门年度目标考核。

1992—1998年，帮助105名知识分子解决学非所用问题，为758人解决住房问题，吸收录用6名乡镇企业优秀厂长（经理）为国家干部，为事业单位有突出贡献的237名专业技术人员调整工资。评定高级专业技术职称35人、中级428人、初级240人。评定高、中、初级农民技术员职称5434人。向国家部委、省、成都市申报获奖项目82项，评定各级科技成果（进步）奖75项。推荐3名专业技术人员享受政府特殊津贴。

1988—2004年，市（县）委、政府先后授予71人拔尖人才称号、45人有突出贡献专业技术人才称号，6人农村优秀人才称号，以及多名知识分子先进个人。

健全各级领导干部联系知识分子制度。1991年起，市（县）委、人大、政府、政协领导及市（县）知识分子领导小组成员，每人分别联系1—2名中高级知识分子或拔尖人才。教育、卫生、文广等知识分子比较集中部门的领导班子成员每人分别联系本部门（系统）的知识分子2—3名。2002年，32名副市级以上领导联系拔尖人才15名，有突出贡献专业技术人员17人，有代表性知识分子或学科带头人126名，建立知识分子联系点48个，350名副局级以上领导干部联系知识分子1978人次。

深化干部人事制度改革，先后在全国公选职业中学、丽春中学副校长，在全国公选旅游局长、规划局长，海选21个副局级以上职务，公推直选4个镇党委书记。开展各级各类培训班，先后举办4期副局级领导干部12次培训班等。大力引进优秀党政人才，争取省、成都市选调生共21名。

20年间，先后培训入党积极分子4000余人，在知识分子中发展党员2500余人，提拔启用500余名优秀中青年知识分子担任副局级以上领导干部，300余人担任乡镇党委委员副乡镇长以上职务，另有几百人担任各部门的中层干部，先后有10余名非党知识分子担任副市（县）级领导干部和政府部门领导职务。

第六章　宣传教育

1986—2005年，全市（县）宣传教育工作以宣传马列主义、毛泽东思想、邓小平理论、“三个代表”重要思想和党的路线、方针、政策为重点，以开展形式多样的爱国主义、集体主义和社会主义教育活动为载体，加强全市人民的思想政治教育，引导广大党员、干部和群众努力争做有理想、有道德、有文化、有纪律的社会主义“四有”新人，把思想统一到建设有中国特色社会主义事业上，推动全市

（县）经济建设、精神文明建设、民主法制建设不断发展。

第一节　理论学习

1986年，配合农村整党工作，县委宣传部组织下发《浅谈商品经济》一书，供党员干部学习。1987年，分层次、分对象学习社会主义商品经济理论，县委中心学习组重点学习《政治经济学》的社会主义部分，机关干部以学习《社会主义商品经济知识读本》为主，对农村党员和一般群众采取宣讲等形式进行商品经济理论教育。1988—1991年，全县在职干部学习《马克思主义哲学纲要》《社会主义若干问题学习纲要》《马克思主义哲学基础》等，有8647名干部参加学习考试，取得马克思主义哲学合格证的达99.98%。1991年7月起，又组织学习《毛泽东选集》《中国共产党的七十周年》等。1992—1994年，全市（县）在职干部主要学习宣传部规定的《社会主义概论》《邓小平文选》第三卷等。举办为期四天的培训班，为企业转制提供指导，召开“彭县转制工作理论研讨会”。对129名理论辅导员进行理论培训，市级机关1218名股所级以上干部参加《邓小平文选》第三卷学习考试。1995年，主要组织学习社会主义市场经济体制，现代科学技术知识等。1996—1997年，彭州电视台等媒体开办“理论宣传”栏目，开办理论知识条目4个，播放农村党员学习邓小平理论知识问题76个。1998年，市委制定下发《关于全市党员干部深入学习邓小平理论的意见》，以召开理论座谈会、学习辅导报告会、撰写调研报告等形式为载体，使全市党员受教育面达95%以上。1999年，县级以上党政领导干部开展“三讲”有关文件学习，联系实际写出调研报告、理论文章38篇，各单位开展“农耕文化”讨论活动。《彭州报》、彭州电视台等宣传媒体先后刊登和播出有关文章、访谈56篇次。

2000年，加强“三个代表”重要思想学习，确定致和乡、民政局、人民医院、天星照明集团、天彭镇北街居委会为学习“三个代表”重要思想联系点。开展“西部大开发，彭州怎么办”“三个代表怎样落实”的大讨论。2001年，组成5个学习江泽民“七一”讲话宣讲团，赴全市28个乡镇作宣讲报告29场次，听报告人数达5200余人次。开展中国共产党建党80周年理论征文活动，遴选文章11篇参加成都市建党80周年理论研讨会。2002年，学习江泽民“5·13”讲话，开展“我为彭州‘工业富市、城建活市’做什么”的大讨论。2003年，加强“三个代表”重要思想学习，宣传部被四川省“三个代表”重要思想学习领导小组评为先进单位。2004—2005年，市委宣传部不断创新宣传工作方式，在机关干部中开展“保持共产党员先进性”“构建社会主义和谐社会”“城乡一体化”“石化产业知识”“落实科学发展观”等专题的学习。

第二节　舆论宣传

党的重要决议宣传

1986年，党的十二届六中全会通过《中共中央关于社会主义精神文明建设指导方针的决议》，县委宣传部编写出《社会主义精神文明建设的战略地位》等3个学习资料，在县总工会、法院、公安局等单位开展宣传，推动群众性学习决议活动不断深入。党的十三大召开后，县委及时作出部署，举办学习读书班，有乡镇以上领导干部447人参加学习。1992年，中共十四大召开后，举办宣传骨干培训班160期，培训2400人（次），在隆丰镇进行学习宣传党的十四大精神试点，成都市委宣传部《宣传工作动态》刊登“隆丰镇学习、宣传、贯彻十四大精神声势大、效果好”的经验。

专项宣传

1990年，先后对城镇改造、创卫、计划生育、义务教育法、血防知识等进行专题宣传，举办电视专题节目200个，设立场镇宣传站500个，出动宣传车450车次，张贴标语9836条，举办专栏2318期。1992年，加强科技、环境保护、税法、计生等宣传。1992年起，对县乡换届选举进行宣传。1993年，对学雷锋活动进行重点宣传。1997年，积极宣传文化、卫生、科技“三下乡”活动。1998年，大力宣传20年里改革开放和经济建设、社会发展所取得的辉煌成就及经验。1999年，对建国50周年，澳门回归和迈向新世纪进行宣传。2001年，围绕建党80周年，开展群众性歌咏比赛、“党旗在我心中”演讲比赛等。2004年，加强党风廉政建设和软环境治理宣传，在彭州电视台播出节目180次，《今日彭州》刊发文章100篇。2004年，围绕邓小平100周年诞辰，召开座谈会，在媒体开辟专栏，缅怀伟人丰功伟绩。2005年，对“推进城乡一体化、建设和谐新彭州”、规范化服务型政府建设、旅游发展等市委、市政府中心工作进行宣传。

对外宣传

1985年，向回乡探亲的台湾同胞宣传全县改革开放成就。1992年，编印彭县简介、招商引资书籍，组织11篇文章在《成都宣传》上开辟“彭县在腾飞”专栏。1993年，为《中国成都93国际熊猫节纪念画册》撰稿并组织图片，制作《彭州风采》拉页。利用撤县设市契机，向到彭州的嘉宾赠送《锦绣彭州》画册、《咏彭州》诗词集等。1994年，调整充实对外宣传领导小组并建立对外开放工作领导小组，对外宣传领导小组办公室挂靠宣传部，并于1995年落实外宣机构编制和人员，下发《关于加强和改进对外宣传工作的意见》。积极参加在日本札幌市举办的“世界物品展销会”，组织了20多件宣传制品参加成都市“五个一工程”展评，获1个二等奖、2个三等奖，以及组织奖。1996年建立健全对外新闻发言人和新闻发布会制度。1997年，完成《香港商报成都之窗》专版、《大西南画报》彭州版、《中国97成都之窗》电子光盘中的彭州市部分的编制。1998年，在《香港商报》“今日成都”专栏刊发彭州医药行业专版。2000年，加大彭州资源优势、投资环境和招商引资的宣传力度，在西部论坛期间加大外宣力度，对彭州市与日本石狩市缔结友好城市等重大活动进行报道。2003年，突出“牡丹故乡、宗教文化、地质奇观、古蜀文明”四大特色，大力宣传龙门山国家地质公园、白水河国家森林公园和白水河国家自然保护区等国家级品牌。2004—2005年，加强上宣力度，组织撰写《彭州打造四大工业基地》《人海——五万人跑到彭州放风筝》等文章，在《四川日报》《四川农村日报》《成都日报》等刊发。中央电视台新闻综合频道报道彭州市打通绿色通道，为客商提供便利、为农民增收打通渠道的举措。

新闻报道

1986年，围绕宣传报道彭县新人新事新经验，全县2名通信员和800余名业余通信员，全年在市一级以上报刊电台发表新闻稿件480篇，居成都市郊县第4名。1987—1991年，培训骨干通信员3期150多人次，壮大通信员队伍；制发《关于新闻稿件的奖励办法（试行）》《改进会议和领导人活动报道的意见》，至1991年底，全县有通联站10个，通信报道组34个，业余通信员150人。1992年，有通联站11个，28个乡镇都建有报道组，有业余通信员160人，全年举办培训班3期，培训200余人次。1993—1997年，加强对广播电视台、彭州报社新闻舆论部门的宏观调控和内部教育管理，定期组织采编人员学习党的宣传方针、政策和宣传纪律，加强职业道德教育，保证全市正确的舆论导向。1998年，围绕全市抗议北约轰炸驻南斯拉夫中国大使馆，批驳"两国论"，彭州经济建设等，发挥舆论导向作用，在成都市以上报台刊播稿件1203篇，全市征订《人民日报》《四川日报》等党报党刊9513份。2001年，以"工业富市、城建活市"两大战略为重点，在"一报两台"开辟国企改革、城管动态、《看周边》等系列报道栏目。2002年，制定《彭州市新闻阅评制度》。以宣传党委、政府中心工作和阶段性重点工作为主线，组织策划第十二届中国兰花博览会等大型主题宣传活动，举办新闻媒体发布会3次，参会的中央、省、成都市新闻媒体30余家，刊播新闻稿件200余篇，接待各级新闻媒体200批次。制发《关于认真做好彭州境外媒体在我市进行新闻采访接待工作的通知》，规范市外媒体采访活动。2003年，先后召开3次新闻宣传工作恳谈会，2次新闻宣传策划专题座谈会和庆祝第四届记者节座谈会，增进媒体与市民的沟通。2004—2005年，坚持"三贴近"（贴近生活、贴近实际、贴近群众）搞好新闻宣传工作。

第三节　思想政治教育

1986—1989年，制定《关于思想政治工作的实施意见》《农村、机关、企业、社区、学校思想政治工作条例》，着重开展中共中央关于坚持四项基本原则、反对资产阶级自由化斗争的有关文件和指示的学习宣传，各机关单位干部职工围绕社会主义初级阶段理论和党的基本路线展开讨论。1990年，按照党中央《关于加强宣传、思想工作的通知》精神，坚持用"一个中心，两个基本点"教育人民。1991年，隆丰、丽春等乡镇开展"农民思想教育日"活动，把加强思想教育与解决实际问题相结合；经委、供销、粮食等10个系统进行企业思想政治工作人员摸底，开展专业职务评聘工作，受到全国企业思想政治工作专业职务评定领导小组的通报表扬；街道思想政治工作主要抓个体工商户的法律法规知识学习，开展职业道德教育；学校思想政治工作坚持每月召开一次县属中小学、幼儿园党支部联系会，交流思想政治工作经验。1992—1994年，各乡镇、各部门开展"三德"（社会公德、家庭美德、职业道德）教育，评选"三户"（遵纪守法户、五好家庭户、双文明户），着力抓好基层时事报告员、理论辅导员等5支队伍建设，组织离退休老干部到全县各中小学作报告，受爱国主义、集体主义、社会主义教育学生达1.3万余名。

1995年，成立彭州市爱国主义教育领导小组，制定《彭州市爱国主义教育实施细则》，把开展爱国主义教育活动纳入各单位工作目标进行考核。是年，彭州电视台、电影公司播放爱国主义影视片296部。市级各部门向全市农村选送爱国主义图书1.3万册。各党政机关建立插国旗、佩戴国徽活动制度，在元旦、国庆等重大节日组织升国旗活动。将烈士陵园、尹昌衡故居、彭州博物馆等8个点列为彭州市爱国主义教育基地。1998年，实施《爱国主义实施细则》，开展"三德"教育，组织机关干部和学生3万余人，观看《周恩来生平事迹展》《大进军　席卷大西南》等展览和电影片。举行元旦、"五一"、国庆节升国旗和成人宣誓仪式，参加活动人员达3000余人次。是年，在开展"文明新风双月评"活动中，评选表扬好人好事40件。2000年，贯彻落实《中共中央关于加强和改进思想政治工作的若干意见》精神，市委制定《关于思想政治工作的改进意见》《彭州市思想政治工作联席会议制度》，成立彭州市宣传思想政治工作领导小组，建立思想政治工作网络12个，全年开展文明新风评选4期，表扬好人好事40件。2003年，制定下发《农村、机关、企业、社区、学校思想政治工作条例》《关于认真开展公民道德建设宣传教育活动的通知》，通过宣传站、报纸、电视等载体，在全市开展“诚信在彭州”“百城万店无假货”“十佳文明市民”评选活动。2005年，市委宣传部下发《彭州市2005年思想政治工作专项目标任务》的通知，开展统筹城乡经济社会发展、推进城乡一体化思想政治工作专题调研活动。大力宣传《公民道德建设实施纲要》《市民文明守则》，开展和谐镇村建设，公民受教育面达100%。

第七章 精神文明建设

1983年11月28日，成立彭县“五讲四美三热爱”委员会，1987年6月，更名为彭县精神文明建设指导委员会。2002年3月27日，成立彭州市精神文明建设委员会，对全市群众性精神文明建设活动进行组织、指导和督促检查等。彭州市精神文明建设委员会下设办公室，内设综合科、创建科，行政编制3名，办公室主任1名，副主任2名，科级领导职数2名，机关后勤服务人员事业编制1名。

第一节 文明创建活动

创建文明城市

1985—1992年，参加四川省、成都市“三优一学”创建文明城市共4届竞赛活动。第一届为1985—1986年，评为成都市第二名；第二届为1987—1988年，获成都市二等奖；第三、四届为1989—1992年，两届均获得成都市全优。

创建文明场镇

1985—1992年，开展“三优一学”创建文明场镇共4届竞赛活动，第一届1985—1986年，活动内容为解决脏、乱、差，评比结果为场镇脏、乱、差情况有较大改观；第二届1987—1988年，活动内容为军民共建、工农共建，评比结果为效果较好；第三届1989—1990年，活动内容为抓环境卫生、服务态度，评比结果为效果好；第四届1991—1992年，活动内容为环境卫生、食品卫生，评比结果为镇容村貌大为改观。

创建文明行业

文明办以社会主义职业道德建设为重点，开展四职教育、优质服务竞赛和优质服务创评活动，由团市委牵头在窗口行业开展以“青年文明号”为重点的优质服务创评活动；在财贸系统进行“优质服务示范窗口”；工商系统开展“做合格的工商行政管理干部，当人民满意公务员”；在国税、邮电、供电、卫生等系统开展“行风评议活动”。评选优质示范窗口、优质服务窗口、优质服务标兵活动等。在旅游行业广泛开展“风景旅游区文明示范点”和“文明农家乐”竞赛活动，塑彭州市良好的旅游形象。

其他文明建设

以创建文明单位为主体，狠抓文明细胞建设，在农村开展“三户”评选活动。1990 年，全县评选文明户 6099 户，五好家庭 2.55 万户，遵纪守法 4.02 万户。1992 年，全县评选文明户 1.42 万户，五好家庭 4.14 万户，遵纪守法 15.79 万户（分别占总户数的 7.2%、21%、80.1%）。1993 年，全县评选文明户 1.99 万户，五好家庭 4.73 万户，遵纪守法 17.74 万户（分别占总户数的 10%、25%、90.1%）。1994 年，全市评选文明户 2.38 万户，五好家庭 5.61 万户，遵纪守法 1.98 万户（分别占全市总户数的 11.6%、27.3%、96%）。1995 年全市评选文明户 2.3 万户，五好家庭 5.79 万户，遵纪守法 19.34 万户（分别占总户数的 11.7%、29.3%、97.9%）。1996 年，全市评选文明户 3.2 万户，五好家庭 6.11 万户，遵纪守法 17.73 万户（分别占全市总户数的 15.6%、33.3%、87%）。1997 年，全市评选文明户 3.69 万户，五好家庭 6.39 万户，遵纪守法 19.52 万户（分别占全市总户数的 18.9%、32.7%、95.2%）。2001 年，全市评选文明户 3.24 万户，五好家庭 5.82 万户，遵纪守法 11.03 万户（分别占全市总户数的 16%、28%、53%）。

文明单位考核结果

加强对文明单位的考核管理。翻印《文明村镇条件》《文明单位条件》《彭州市（县）文明单位管理办法》等文件下发各单位。按时验收复查，村文明单位实行动态管理，符合条件的批准，不合格者立即撤销。1986 年有 166 个文明单位，其中，县级 150 个，成都市级 14 个，四川省级 2 个。1988 年有 261 个文明单位，其中，乡镇局级 72 个，县级 176 个，成都市级 12 个，四川省级 1 个。1990 年有 210 个，其中，县级 188 个，成都市级 19 个，四川省级 3 个。1991 年有文明单位 265 个，其中，县级 234 个，成都市级 26 个，四川省级 5 个。1992 年有文明单位 284 个，其中，县级 245 个，成都市级 35 个，四川省级 4 个，另有文明片区 3 个。1993 年有文明单位 270 个，其中，县级 231 个，成都市级 35 个，四川省级 4 个。1994 年有文明单位 319 个，其中，彭州市级 264 个，成都市级 50 个，四川省级 5 个，另有市级文明标兵 4 个。1995 年文明单位 372 个，其中，彭州市级 305 年，成都市级 60 个，四川省级 7 个，另有文明标兵 5 个。1996 年文明单位 483 个，其中，县级 386 个，成都市级 85 个，四川省级 12 个，另有文明标兵 6 个。1997 年有文明单位 504 个，其中，彭州市级 401 个，成都市级 90 个，四川省级 13 个。2003 年有文明单位 473 个，其中，彭州市级 389 个，成都市级 68 个，四川省级 16 个，另有文明标兵 13 个。

第二节　文明共建活动

军民共建

同彭州驻军56017部队、56005部队、56036部队联合开展共建活动，市（县）委领导和驻军首长亲自参加打扫街道、公共场所卫生，广大官兵热情踊跃地投身到活动之中，不仅密切军民关系，还为文明创建活动的开展起到很好的推动作用。

警民共建

警民共建坚持“积极领导、热情支持、稳步发展、讲求实效”的方针，广泛开展工农、干群、厂街等共建活动，共建点达42个，已建成省级文明单位1个、成都市级文明单位2个、彭州市级文明单位10个。

工农共建

和锦江油泵油咀厂等开展共建，共建点不断增加，达24个。锦江厂为集埝村送政策、送技术、送信息，帮助村民脱贫致富，集埝村也努力创建条件，积极支援国家建设。

街企共建

街企共建活动开展得有声有色，天彭镇与5719工厂联手开展创建活动，设立5个创建点，有力地推动创建活动的普及和向前发展。

第三节　思想道德建设

教育、培养“四有”新人

精神文明办公室始终以提高思想道德素质和科教文化素质为重点，在各行各业进行“四有”（即有理想、有道德、有文化、有纪律）和“四职”五爱教育，开展各种主题活动。在党政部门狠抓“反腐倡廉”，增强公仆意识；在企事业“窗口”单位狠抓质量、服务意识，纠正行业不正之风；在学校坚持“教书育人、管理育人、服务育人”，强化道德建设，规范学生品德行为。印发《精神文明知识宝库》《农村精神文明知识讲座》《创造优美的社会环境，培养高尚的道德修养》等书籍和宣传资料，编制《精神文明测试题》，效果良好。

道德建设实践活动

为加强公民思想道德建设，各单位相继开展爱国主义、集体主义和社会主义教育，同时把社会公德、职业道德注入家庭美德作为重点来抓。如国税局向全局干部职工发出进一步开展三德教育的通知，要求寓教于工作和活动中，效果显著。根据道德建设标准，在天彭镇评选文明市民，表彰青年文明号。为配合道德建设活动开展，市文明办编印《彭州市民守则》600 份、《建设社会主义新农村》宣传资料 5.2 万张，宣传标牌 2900 幅，这些资料深受广大市民的好评。2002 年 11 月中共十六大通过的《党章》中，提出“中国共产党领导人民建设物质文明、政治文明的同时，努力建设社会主义精神文明，实行依法治国和以德治国相结合”。胡锦涛提出精神文明建设“八荣八耻”的道德规范，将思想道德建设引向深入。各镇、各部门、各行业对“八荣八耻”道德规范进行大力宣传，后来在全社会开展“评选道德模范”活动。

第四节　文明新风尚

讲文明、树新风活动

彭州市在 1997 年 7 月开展“讲文明、树新风”活动以后，文明言行、服务质量、交通秩序、环境卫生等方面取得实实在在的成效，城镇面貌发生很大变化，城镇文明程度有明显提高，为巩固全国卫生城市创造条件。

2003 年，为贯彻中央、省、成都市关于夺取抗击非典和促进经济发展双胜利的一系列重大部署，贯彻落实成都市委、市政府开展的“三讲一树”（讲文明、讲礼貌、讲道德、树新风）活动动员大会精神，按照市委、市政府的要求，从 6 月开始在全市开展以“三讲一树”为主要内容的大型活动。一是市委、市政府高度重视，专门成立“三讲一树”活动领导小组，并下发安排实施意见，文明办、科技局、卫生局也分别下发单项工作意见；二是实行目标管理，强化督促检查。市“三讲一树”领导小组带领相关职能部门到各责任部门进行督察，并以文件和简报的形式进行通报。三是加强“三讲一树”的宣传教育，举行“同做文明新人，建设美好花都”“千首好歌大家唱”等活动。

新风新貌

在创建文明活动期间，广大干部群众自觉献爱心、送温暖，纷纷向灾区、贫困党员、孤寡老人、残疾儿童和希望工程捐款捐物。驻军 56017 部队坦克 2 营 6 连、彭州市供电局等长年慰问“五保老人”。仅 1994 年全市干部、职工、群众就为灾区人民捐资 182138.42 元，捐物折价 4.8 万元。文明办还组织各级文明单位 25 个慰问巡察大队和环卫职工。

彭州一中高 2000 级 1 班学生王元驰经市文明办、市教委推荐，经省、成都市文明办考察审核，获得“西部助学工程”资助。2000 年 1 月 17 日，王元驰到四川省精神文明办公室领到“西部助学工程”资助证书。王元驰家住军乐镇玉皇村，家庭经济和生活特别困难，但从小刻苦学习，各方面表现较好。2000 年参加全国高等院校招生考试，以 561 分的优异成绩考入四川大学电气自动化专业。他是“西部助学工程”成都市仅有的 5 名资助对象之一，也是中央对西部品学兼优的特困大学生的关怀。

第八章　统一战线

1986—2005 年，彭州市认真贯彻执行党在新时期的统战政策和“长期共存，互相监督，肝胆相照，荣辱与共”的十六字方针，通过政治协商、理论学习、统战宣传等途径，做好民主党派、工商联、党外人士的工作。宣传贯彻“一国两制、和平统一”方针，加强港澳台同胞的联系，做好接待工作，宣传介绍彭州市社会、经济环境，推荐项目，提供服务。彭州市佛教、道教、伊斯兰教、基督教、天主教五教俱全，认真贯彻执行党的宗教政策、团结引导宗教界人士为慈善、公益、旅游产业服务，依法取缔非法的宗教场所和活动。凝聚各种力量，调动各方积极因素，齐心协力，促进彭州市（县）经济社会全面发展。

第一节　政治协商和民主党派工作

统战部每年定期不定期组织召开通报、协商、座谈会。由市（县）委主要领导或分管领导、市（县）政府领导或所委托的部门负责人进行通报。邀请各民主党派、工商联负责人，无党派人士，党外知识分子，民族宗教界上层人士，民营企业代表及离退休的党外老领导、老朋友参加。通报协商座谈会涉及换届中市（县）政府、人大、法院、检察院领导候选人名单，市（县）委全委会工作报告（征求意见稿），市（县）经济发展规划及经济运行和发展情况，两个文明建设，反腐败斗争和党风廉政建设，深化改革等方面的内容，广泛听取各界人士的意见和建议。1988—2005 年，共召开 43 次通报协商座谈会。1992 年，统战部将征集各界人士深化改革的意见信 160 多封整理上报，供县委决策参考。

全市（县）有民革、民盟、民进、九三学社 4 个民主党派组织（总支、支部），市（县）委主要领导定期不定期邀请民主党派负责人，听取他们对彭州市（县）建设和发展的意见，积极协助民主党派做好组织发展和建设工作。2005 年，市政协安排民主党派成员担任实职，1988 年后，民主党派成员有 3 名担任市（县）政协副主席，33 人安排为政协委员（其中政协常委 7 人），6 人被选为人大代表（其中人大常委 2 人），担任副市长 1 人，正局级干部 1 人，副局级干部 1 人，成都市人大代表 1 人。2003 年建立市委书记、副书记，市长、副市长对口联系民主党派、工商联制度。帮助民主党派改善办公条件，解决办公用房和活动经费。组织民主党派和工商联负责人到外地学习参观考察，让他们知情知政，发挥参政作用。

第二节　党外干部和党外知识分子工作

1991—2001 年，由各单位推荐，经统战部考察，先后 4 次确定 80 名非党知识分子为重点联系对象。1992年2次召开重点联系的知识分子座谈会，传达中央和县委常委扩大会议关于加快改革开放，振兴全县经济的精神，并听取他们的意见和建议。组织他们学习中共十四大报告，深入各单位找重点联系对象谈心，将他们的意见建议收集整理上报县委、县政府。1994年，市委统战部走访工商企业和经济部门重点联系的知识分子，了解各单位贯彻落实知识分子政策及使用知识分子的情况，并把他们在企业改制中的心态、意见和建议及时向市委、市政府反映，先后有12名非党知识分子被市（县）委、市（县）政府授予拔尖人才。重视对非党知识分子的政治和实职安排。1994年，有46人当选为市人大代表、50余人安排为市政协委员，1人担任副市长，14人担任副局级领导干部。2003年，有40余人当选为市人大代表、50余人安排为市政协委员，13人担任政府部门领导职务。2005年，进一步建立完善党外知识分子联系制度，建立党外知识分子人才库。

第三节　经济统战工作

1990年起，统战部同市政协、工商联对民营经济发展情况进行调查研究，及时提出建设性意见和建议，得到市委、市政府采纳。引导和鼓励民营企业家肖官文投资1000万元，分别在河北省平山县和彭州市创办河北省平山县生化厂、彭州光彩石材厂，帮助培训技术人员170余人，解决当地剩余劳动力150多人，帮助脱贫500多人。1992年，民营企业家王兴太出资22万余元，在楠杨修建一座铁索桥，便民交通，促进当地经济发展。1995年，彭州市光彩事业推动委员会成立，至2002年，开发光彩事业项目6个，总投资2000余万元，对革命老区、贫困地区扶贫，吸收当地剩余劳动力1000余人，帮助脱贫近万人。全市民营企业经济人士参与光彩事业和社会公益活动657人次，捐钱物180多万元。民营企业家陈舫及其天恒仪表成套公司捐钱物10多次，金额达20余万元。15位民营企业家在升平、九陇中心校开展“1+1”扶贫助学活动，民营企业家捐资3.99万元，帮助8名学生完成义务教育阶段的学业。1998年，民营经济代表人士为40名贫困中小学生捐资10万元，为考上大学的5名贫困生捐资2.4万元。2003年，民营企业代表人士为见义勇为、抗击“非典”和其他公益事业累计捐款57.02万元，其中助学资助36人、扶贫31户。

第四节　民族宗教工作

1983年11月恢复彭县民族宗教事务科，1994年4月，设立彭州市民族宗教事务局，管理全市民族宗教事务工作。

民族工作

据2000年第五次人口普查资料，全市有回族、藏族、羌族等24个少数民族，约3400余人。1998年，全市各有关部门为帮助少数民族发展经济提供政策支持，搞好信息咨询服务，重点扶持少数民族贫困户脱贫致富。按照《成都市清真食品管理办法》规定，会同清真寺管委会对全市清真饮食经营户进行资格确认，颁发清真标牌。尊重少数民族风俗习惯和宗教信仰。2000年，在桂花镇落实占地33.4亩的回民公墓。2003年，协助妥善处理致和镇未按少数民族有关政策进行房屋拆迁赔偿、大自然食品有限公司所产酸菜鱼火锅底料出现清真禁忌字样等问题。2004 年，提高清真伙食标准，为少数民族优秀学生颁发奖学金近万元。为少数民族特困户发放生活补贴 5000 元。协助清真寺管委会举办“开斋节”“圣纪节”等活动。妥善处理民族纠纷和突发事件 11 起。2005 年，为少数民族特困户发放生活补助 1.2 万元，颁发少数民族优秀学生奖学金 3 万元。关心少数民族政治生活，加强少数民族干部培养，推荐 5 名少数民族担任政协委员。妥善处理纠纷和突发事件 3 起。

宗教工作

中华人民共和国成立前，彭县有寺庙 343 座。1951 年全县寺庙全部关闭，有 222 座分配给群众居住，22 座收为公房，57 座用作敬老院、学校、粮站和信用社，42 座被损毁。1986 年，按照《关于落实宗教团体房产政策等问题的请示报告》精神，认真落实宗教房产清退工作，清退宗教房产 8200 平方米，收回房租和撤建变价款 520 万元。1998—2000 年，贯彻落实《宗教活动场所管理条例》《四川省宗教教职人员管理规定》，每年召开 2 次以上全市会议进行宣传；每年办僧人培训班，宣传爱国爱教；将宗教法规列入干部“普法”教育的重要内容。对已登记的 23 个宗教活动场所进行年检，全市符合条件的宗教场所 22 个，要求 1 个宗教活动场所进行整改，予以暂缓 6 个月年检的处罚。指导促进各寺观、教堂建立健全管理制度，促进宗教活动场所内部管理逐步规范化、制度化。对农村乱建寺庙的现象予以治理，拆除取缔非法活动场所 3 处。指导帮助龙兴寺、阳平观、金华寺、佛山古寺、三圣寺、清真寺等宗教活动场所搞好寺观建设，当年共投入资金 1000 余万元，竣工房屋面积 9000 多平方米。引导宗教界人士为社会服务，捐资助学，社会公益，为伤残退伍军人捐资 1 万元建房，为抗洪救灾捐款 4.5 万元。印刷出版《洪武南藏》经书，继承弘扬佛教文化。

2001 年，市委统战部等 6 部门联合下发《关于对乱建小寺庙实施综合治理的意见》，依法管理宗教活动场所，满足信众参加正常宗教活动。依法取缔非法庙宇 420 余处和“九陇中华道统圣城”非法活动点。帮助龙兴寺追回流失到香港的唐代石刻佛像头 2 尊。2003 年，征地 20 亩建设基督教教堂。2004 年征地 100 亩，修建四川尼众佛学院。2005 年，全市寺庙、教堂开展创建文明宗教场所活动，拓展“突出宗教特点，展示文化亮点”的思路，初步制定出宗教文化旅游发展方案。年内龙兴寺舍利宝塔开光，佛山古寺、钟银寺、清凉寺、三昧禅林等一批宗教活动场所建设投入资金 1030 万元。20 年间，全市恢复开放宗教场所 38 处，其中佛教活动场所 29 处，天主教活动场所 2 处，道教活动场所 4 处，伊斯兰教活动场所 1 处，共有教职人员 147 人，信教群众近 10 万人。

第五节　对台工作

1981 年 11 月，县委成立对台工作领导小组和对台工作办公室，对台工作领导小组组长由县委副书记担任。1988 年成立彭县台湾同胞接待领导小组和彭县台湾同胞接待办公室，台湾同胞接待领导小组组长由县委副书记担任。1990 年 1 月，成立彭县人民政府台湾事务办公室，与彭县县委对台工作办公室“两块牌子、一套人马”，由县委、政府直接领导。同年 12 月，彭县台湾同胞接待办公室更名为彭县台湾同胞接待站，工作由县政府台湾事务办公室承担。2001 年，对台工作领导小组组长由市委书记担任。

对台宣传和涉台教育

2002 年 3 月，根据中央办公厅《关于正确引导群众情绪，保持社会稳定的紧急通知》要求，按照市委、市政府和上级台办的部署，迅速向彭州市广大干部群众和在彭州的台胞及台资企业宣传党的对台方针政策，召开“一个中国的原则与台湾问题”学习座谈会，消除疑虑，稳定情绪，共同反对台独。市台办全年编发《台事简报》6 期、《台事内参》8 期，印发宣传资料 1600 余份，征订《海峡两岸》杂志 150 份。2002 年，向台湾省新闻媒体提供宣传彭州市特色的专题资料 4 件，在国际中医药大会期间向台商发送市中医药宣传资料 45 套，上一类稿件 9 篇，二类稿件 9 篇。2003—2004 年，向台胞宣传党的“和平统一、一国两制”方针，向在台湾的彭州籍台胞与彭州有联系的台商发去慰问信、贺年卡、邀请信函 150 余封。对大陆赴台人员进行行前宣传教育和归来回访座谈工作，宣传教育面达 100%。2005 年，根据中央、四川省、成都市的安排部署，进行《反分裂国家法》的宣传贯彻工作。

对台交流交往

1986 年，彭县有对台通信台属 350 户。1987 年，对台办、公安局、统战部等部门专门查访通信户，帮助他们解决一些实际困难。1988 年，为台胞台属平反“文化大革命”中错判的冤、假、错案，对台胞台属的子女参军、升学、就业等问题，按照“一视同仁”、不得歧视的政策予以优先解决。从 2000 年开始，对台办通过发出邀请函、提供商机信息等多种途径，激发台胞到大陆的热情。利用召开中秋茶话会，增进与台胞台属的联络和友谊，台胞、台属、台商到彭州探亲、考察、办企业的人数逐年上升。2000 年 7 月，台湾王永庆集团到彭州市考察川芎等中药材项目，就中药材种植加工问题与有关方面进行洽谈。同年 8 月，接待台湾北国兰联全会到彭州市参加四季兰花展销会，台胞吴福生一行专程到彭州中学看望受他资助的 8 名学生，继续资助 2 名学生参加成都市教育学会组织的教育考察团进行教育考察。2001 年实现交流团组 9 批 502 人次，接待台胞台属 1093 人次。以台湾中台禅寺主持惟觉大和尚为首的台湾佛教文化交流考察团一行 397 人，到彭州市菩提印经院参观考察，进行宗教文化交流。惟觉大和尚得知唐代高僧悟达国师墓在彭州市时，当即发愿要动员台湾信众及社会各界捐建悟达国师纪念馆，开发三昧水资源。彭州籍台胞曾敬馀为上报亲恩、回馈桑梓，自愿将积蓄的 3.15 万美元捐助彭州市通济镇改建一所环保希望小学。2002 年，对台工作实现交流 5 批 720 人次。台湾中药行业同业协会与彭州市绿色药业有限公司达成开发中药材川芎新药品协议。2003 年，市对台办协助台湾同胞和台属办理婚姻登记、签证、遗产继承等 17 件次。台湾信益陶瓷（中国）有限公司捐赠 20 万元建成葛仙山镇东虎小学校。2005 年，两位市级领导参加成都市组织的经贸考察团赴台湾考察，分别前往台湾电子商会、力昌公司、统一集团、远东集团、旺宏电子以及中央映馆等台湾多家大型企业考察交流。

对台经济工作

贯彻落实《台湾同胞投资保护法实施细则》、四川省实施细则，以及成府发〔2000〕120 号文件精神。2000 年 10 月，台胞范哲纲投资 30 万元在彭州市开办台北芳邻西餐厅。对台资企业在生产经营中出现的销售难、收款难及债务纠纷等问题积极做好协调工作，2001 年，对台办竭尽全力帮助台资企业彭州市先锋铭牌厂解决生产中遇到的困难，受到台资企业主的好评。2002 年 6 月，接待台商邱永汉和日本蔬菜商一行 15 人到彭州市考察蔬菜加工；同年 7 月，接待台湾永信药业到彭州市考察原料生产基地。2002 年，利用彭州市举办第十二届中国兰花博览会的机会，邀请台湾兰艺界的朋友组团到彭州市考察。2003 年，台胞江元天投资 120 万元在彭州市建立四川兰世界园艺有限公司，从事兰花种植及花卉设备的生产经营。

第九章　政法工作

为彭州市的社会发展和经济建设创造一个安全的社会环境，20 年间，市委政法委员会在市委的领导下，不断总结、改进和完善政法工作的经验、工作方法和机制。建立起从上至下、深入社区的社会治安综合治理网络；开展“创安”“创模”活动，调动全市维护社会治安、预防犯罪的积极性；开展严厉打击、重点整治工作。同时妥善处理突出的社会矛盾和民间纠纷，避免造成更大影响；成立“关心青少年”机构，学校设置“法治副校长”，对青少年进行法制宣教，预防和减少青少年犯罪；加强政法队伍的建设，提高自身素质，增强执法能力；设立“见义勇为”基金，奖励见义勇为者，弘扬正气。1992 年基金设立以后共表彰奖励 82 人。

第一节　社会治安综合治理网络建设

综合治理网络的建立

公安局负责时期　1986—1990 年社会治安综合治理工作由县公安局负责，乡镇设有治安室，村镇有治保巡逻队。社会治安综合治理工作主要实行分片包干和承包责任制。县政府与城区单位签订治安保卫责任制，在农村实行综合治理社会治安承包责任制。城乡分成 5 个治安联防片，实行白天在交通要道、公共场所、商店执勤，晚上巡逻执勤。1989 年县政府同内部 56 个重点单位签订治安责任书。

综治委与政法委负责时期　1991 年成立“彭县社会治安综合治理委员会”（简称“综治委”），后与县委政法委合署办公，社会治安综合治理工作由县委政法委组织实施。开始以领导责任制和治安承包目标管理责任制为主要形式，全面落实“打击、防范、教育、管理、建设、改造”的综合治理措施。责任层层落实，与 76 个内部单位签订目标责任书，有 22 个单位确定二级治安责任人，有 50 个单位确定三级治安责任人，有 3 个单位还确定四级治安责任人，有 43 个单位实行综合治理一票否决权制度。全县有乡镇治安室 34 个，治保会 659 个，行业治安室 15 个，联防队 100 个，护厂护校队 248 个，守楼护院组 937 个，店铺执勤队 31 个，执勤点 66 个，村户义务联防队 724 个，群防成员达 2 万多人，以派出所为依托以治保会为桥梁的治安防范网络基本形成。

1992 年，与 34 个乡镇签订治安责任书，全县各乡镇把综合治理列入本单位的经济社会发展规划，并纳入党政目标管理，各乡镇、各机关先后成立综合治理领导小组，建立办事机构，按照“条块结合，以块为主”和“谁主管，谁负责”要求，将治安责任层层分解，逐级落实，建立各种形式的治安防范网络，形成贯通全县城乡的综合治理体系。

完善治安综合治理网络体系 1999年随着机构改革的推进，全市设“五办一所”，乡镇保留综治办及工作人员，对全市157个村的调委会和31个村的治保主任进行调整，建立以“110”快速反应机制为重点和人防、技防、物防相结合的城乡治安防控体系。落实指挥室与“110”报警服务台一体化建设，不断完善健全多警种协同配合的打、防、控体系，提高对社会面的控制能力。全年接警4200次，城区接警5分钟内到达现场率100%，主动处警率达65%，接受公民求助149次，帮助走失人员55人，挡获各类犯罪嫌疑人60人。

2000年，全市28个乡镇，68个市级单位，33个市属以上单位都建立综治委或综治领导小组。全市共有派出所19个，司法所32个，法庭6个，调委会518个。各乡镇、单位强化护厂、护校队、严格值班制度，完善乡、村、社、院四级防范网络。

2001年，选派14名综治特派员到一些治安状况复杂城区、城郊结合部的村（居）委会开展调解、创安、流动人口和暂住人口管理，基层治安防范、法制宣传等工作。针对天彭镇飞车夺包、扒窃、抢金耳环、入室盗窃等案件时有发生的情况，天彭镇成立全市首支社区治保会巡逻队，在维护辖区治安方面发挥很好的作用。截至年底，有9个乡镇成立3—8人的治保会巡逻队。该年，全市已基本形成天彭派出所、公安武警、天彭镇治保会巡逻队、市场治保会巡逻队、景区治保会巡逻队等专群结合的治安防范网络。

2004年，完善以整体联动防范工程为主的社会治安防控体系，全市有1级指挥平台1个，2级指挥平台6个，38个一级联动卡点，12个二级整体联动防范卡点，进一步强化对社会面的控制力度。

综合治理体系的管理机制建立

1993年开始，逐步完善综合治理基层基础工作，各乡镇、各单位的综治委、办公室、村级自治组织得到调整和充实，截至1997年底，有综治委成员单位30个，综治领导机构113个、办事机构113个、378人，其中专职干部284人、兼职干部94人。全市467个村全部建立治保会、调委会、帮教小组等自治组织。加强以党支部为核心的配套组织建设，全市各基层党支部配齐专抓政法综治工作党委委员、保卫委员1097人，28个乡镇配备专抓综治工作的副职。认真贯彻、执行、完善社会治安综合治理领导责任制。1994年，制定《彭州市社会治安综合治理领导责任制实施办法》，明确全市各级党、政领导在综治工作中的责任和奖惩办法，把抓社会治安综合治理工作作为各级党政领导干部的任期目标之一，纳入目标管理。市综治委、市纪委、市委组织部、市人劳局、市监察局还制定联席会议制度。通过年终考评，各乡镇第一、第二责任人抓综治工作优秀的25%，较好的54%，一般的21%。在全市实行以量化指标、计分考核、奖优罚劣为主要内容的社会治安综合治理目标责任制，每年初各乡镇、各单位同市委、市政府签订综治责任书，各乡镇又同村（居）、社、辖区内各单位签订责任书，全市综合治理形成横向到边、纵向到底的责任机制。同时市综治办加强目标运行情况的监督、检查、考核，定期召开片区月会或季会，检查、总结、交流经验，及时发现解决问题，群防群治工作得到强化。全市实行以公安派出所为依托的厂乡（村）联防，军警民联防，村社联防，街段联防。基本形成以党政为龙头、政法部门、综治机构为依托、治保、调解、民兵组织为骨干、群众为基础横向到边纵向到底、多层次、全方位的群防群治网络。1994年底，全市各乡镇、村两级联防队，厂、乡联防队，军警民联防队，民兵应急分队共522个、4236人，单位落实守护制度的1298幢，划区管理的457幢，聘专人看守632幢，职工轮流看守的209幢。1995年，市委政法委制发《关于加强农村基层治保组织工作和人民调解工作的实施意见》，明确治保会的职责和任务，以及治保人员、经费的落实。1996年，全市有治安联防队56个、4381人，民兵应急分队756人，守楼护院组1485个。1997年，全市已有治保会725个，调委会684个，帮教小组876个，守楼护院小组3215个。

1998年，彭州市五部委联合制定可防性案件责任追究制，对发生大宗财物被盗、被骗的刑事案件或重大火灾、爆炸、垮塌、恶性交通事故等重大治安灾害事故和责任事故的，要追究单位第一责任人的责任，使综合治理“谁主管，谁负责”“谁发案、谁负责”基本成为各级领导的共识，该措施得到省委领导的高度肯定，并推广到成都市各区（市）县，截至1999年底共发出13份整改通知书。对全市461个村的治保会、调委会、帮教小组进行调整，免去5名不合格的治保主任，加强基层综治干部的培训，培训面达98%。

第二节 “创模”“创安”活动

1987年在农村推行治安承包责任制，开展无刑事案件、无封建迷信、无事故、无赌博、无违法人员“五无村”和“文明安全户”创建活动。

从1995年开始，全市开展争创社会治安综合治理模范乡镇、村、单位的活动，成立领导小组和办公室，制定规划、拟定考核标准。1996年积极开展争创社会治安综合治理模范市、乡镇活动，九陇镇，九尺镇被命名为成都市级模范镇，7个乡镇被命名为彭州市级模范乡镇，286个村、居委会被命名为乡镇级模范村、居委会。1997年，全市开展为期三年的创“安全文明小区”活动，市综治委制定《安全文明小区创建活动实施意见》和《关于开展安全文明小区创建活动的几点具体办法》，全市468个小区，80多个市级单位，27个成都市以上驻彭单位均纳入创建范围，实现覆盖面达40%、60%、90%以上的创建目标。全市市乡两级安全文明村252个，单位94个，安全文明小区覆盖农村率达53%，城镇达67%。1999年全市创建工作得到巩固和深化，投入5.8万元，量化创建标准，市综治办组织力量对彭州市级“安全文明村”“文明单位”、综治模范乡镇进行复查，对复查合格的62个村、单位进行重新命名，对3个有问题的单位发整改通知，取消4个不合格的安全文明村，并全市通报。三界、敖平、天彭镇被命名成都市级模范镇。全市安全文明小区建成率城镇达68%，农村达53%。2000年，将“创安”“创模”工作纳入一级目标管理，各企事业单位、学校等，均列为单独创建单位，开展企地共建活动，增强创建活力。大力开展安全文明户、遵纪守法户等细胞创建，确定天彭镇北街为细胞工程示范街。

第三节 重点整治 严厉打击

重点整治

1986年，制订重点整治方案，集中人力、物力、财力对全县文体场所、公共场所、校园周边进行清理整顿，集中打击天彭、西郊、城关结合部“车匪路霸”、带黑社会性质的犯罪团伙等重点犯罪活动。1992 年的整治重点是天彭镇、城郊结合部、铁路、公路沿线、旅游区和治安秩序不好、刑事犯罪活动频繁的地方。1993—1997 年，针对突出的治安问题，坚持什么问题突出就整治什么，哪里混乱就在哪里治理，先后开展“反盗”“整治农村社会治安”“打击车匪路霸”“打击卖淫嫖娼”“打击清理邪教组织”“打击拐卖妇女儿童”等专项斗争及不间断的严打斗争。对人民群众反映强烈的治安复杂场所和重点部位如天彭镇、城郊结合部、几大农贸市场、车站、重点路段等进行重点治理。有效维护全市的社会、政治稳定。1994 年共列出重点治理部位 88 个，通过治理治安秩序有不同好转的 82 个。开展集中整治农村社会治安斗争，成立整治领导小组，参战力量 3340 人，共侦破各类刑事案件 185 起，其中重特大案件 9 起，摧毁犯罪团伙 13 个、56 人，收缴赃物赃款总价值 60 余万元，打击办理各类罪犯 153 人。1996 年，列出重点地区和部位，拟定整治方案，明确责任，落实措施。为弥补天彭辖区警力不足，由天彭派出所牵头组建一支天彭镇治安队，重点搞好天彭镇重点部位的守候和夜间巡逻，取得较好的效果，刑事案件较上年下降 29.9%，重特大案件较上年下降 32.6%。

1999 年以天彭镇、大宝镇、龙门山风景区、大中小学校周边、大的集贸市场为重点进行集中整治。天彭镇作为彭州市的政治、经济、文化中心，一直是整治的重点，重点在加强机构发挥合力上下功夫，成立镇、片区、街道综治领导小组，层层落实责任，通过整治刑事案件同比下降 3%，治安案件同比下降 46.5%，天彭镇属地管理，齐抓共管的做法得到成都市委政法委的充分肯定。2000 年，将天彭镇、西郊乡、利安乡、致和乡城郊结合部和蔬菜批发市场、生资市场等列为重点整治部位。经测评，治安满意度超过 95%。2001 年，市综治办牵头对治安问题突出的致和乡双龙小区、蔬菜批发市场、生资建材市场、天府市场等 7 个部位进行重点整治。针对三大市场存在的敲诈勒索、估吃霸赊、抢劫偷扒等犯罪猖獗的情况，成立 1 支由 20 名退伍军人组成的市场治保会巡逻队，专门负责三大市场的治安秩序，刑事案件和治安案件明显下降。2004 年，坚持对银厂沟景区进行经常性的治安、消防大检查，共整治安全隐患 40 多处，全年各景区未发生重大刑事案件。

严打整治

1983—2005 年，全市按照中央的决策和全国、全省以及成都市部署，持续不断开展以打击严重刑事犯罪和严重经济犯罪为重点的严打整治斗争。在严打斗争中，政法各部门不怕困苦和牺牲，从严、从快、破获一大批重特大刑事案件，成功破获发生在彭州、广汉、什邡等地的系列茶楼抢劫案、公安部挂牌大案“3·16”抢劫中国银行濛阳镇分行大案；摧毁一大批流氓恶势力，仅 2001 年就摧毁流氓恶势力 11 个、涉及 58 人；抓获大批行凶杀人、抢劫、重大伤害、入室盗窃、流窜作案等严重刑事犯罪分子，并配合开展查禁取缔卖淫嫖娼、吸毒贩毒，通信线路、铁道维护，打击拐卖妇女儿童等专项斗争。逮捕大批刑事、经济犯罪分子。2001—2005 年，共打击处理犯罪分子 2000 余人，震慑违法犯罪分子，打击犯罪分子的嚣张气焰，增强人民群众的安全感，为全市改革开放和经济发展创造良好的社会环境。

第四节 社会矛盾纠纷排查调处

妥善处理群体性事件

1992 年妥善处理“7·5”特大车祸事故，军乐石埂、银定村民哄抢砸毁自来水厂施工器材、设备等事件。1994年政法委协调各部门重大疑难案件6件、上访闹事事件10件，接待群众来信来访54人次。1996年超前预防，及时发现和处置不安定因素和闹事苗头44起，相继平息800余名民工在就业局闹事、20余辆中巴车到市委、市政府找领导解决在成都停车等事件。1997年，妥善处置工业开发区征地遗留问题引发的东南村部分村民群体性上访事件；三邑钢厂不能及时向职工兑现集资款的群体性上访事件；新兴镇村办煤矿工人因工资问题形成的群体性上访事件；军乐镇乐兴村征地纠纷和天彭镇稀土公司污染问题等群体性事件，全年共接待来信来访100余次。1998年，“三会”期间政法委牵头成立工作组，深入基层，妥善处理天彭镇东南村因征地补偿，利安乡因占地引起的阻碍公路建设等群体性事件。1999年为解决征地拆迁遗留问题、企业污染问题、农村合作基金会、村务财务公开、农民不合理负担等方面存在的问题，市委、市政府先后成立处理升平乡稀土厂污染问题工作组；处理“三乡一镇”问题领导小组和办公室；处理农税、提留问题工作组，先后抽派100多名干部驻乡、驻镇、协助解决实际问题，加强和促进基层基础工作和基层组织建设，协调解决湔江水泥厂污染、四川协力制药有限公司制药废水引发的群体性事件。制定《关于进一步明确维护社会稳定领导责任制》文件，成功处置天彭镇东南村“8·9”群体性闹事事件；三轮车主和群众阻断交通事件；彭煤工人阻断交通事件以及城区周围部分村民阻挡建筑施工，九尺镇、北君平乡部分村民阻止建筑施工等群体性事件。

2000年基本健全处置群体性事件的组织指挥、信息报送、情况分析、前期预防、现场处置、善后处置等工作机制。隆丰镇太尉村少数人煽动村民暴力阻碍执行公务；楠杨镇因收取农税提留问题导致的群体性越级上访；军乐镇因垃圾填埋场污染引发的大型群体性事件；致和花卉基地与当地农民的纠纷等，由于参与及时、处置妥善，避免酿成大的事端。2001年协调解决涉及企业改制、征地拆迁遗留问题、环境污染、集资还本付息、村务不清等方面的集体性上访35批551人次，群体性上访49批136人次。2002年市维稳办制发《重大突发事件处置预案》和《社会稳定问题责任分工》，进一步明确突发事件的处置流程和明确责任分工，实行领导责任追究制。2004年，集中力量调处一大批群体性事件，如百花园拖欠工程款、致和镇双龙村征地遗留问题、金茂商城购房纠纷、三邑华岐厂排放三废超标和彭州天星照明电器有限公司改制等引起的群体性上访、罢工、阻断交通等事件。

民间矛盾纠纷调处

1995—1997年，全市共发生各类民间纠纷9418件，调解9385件，调解率达99.6%；调解成功9370件，成功率99.4%，防止民转刑52件61人，防止非正常性死亡32件26人。1999年，共发生各类民间纠纷4517件，调解4514件，调解率达99.93%；调解成功4414件，成功率97.78%，防止民转刑10件10人，防止非正常性死亡8件8人。2004年，全市共排查出不稳定因素和闹事苗头315起，调处率达100%，调解民间纠纷2103件，调处率达95.5%，成功率达98.5%。

第五节　预防和减少青少年违法犯罪

1991年，成立“关心青少年协会”“关心青少年工作委员会”等机构，以政法部门为主体加强青少年预防犯罪教育。

宣传教育

积极协调各单位、各部门、各条战线加强对青少年，尤其是在校生的道德、理想、法制教育。教育部门加强学生政治和思想品德教育的“两课”教育，聘请司法人员和关工委的同志到学校进行法制教育专题知识讲座；举办“彭州市中保杯法律知识竞赛”；组织部分中学师生去成都“青少年法制教育基地”参观；开通“148”法律服务热线电话。

综治办制作《中华人民共和国预防未成年人犯罪法》《中华人民共和国未成年人保护法》等宣传挂图，同市法制办编印青少年法制教育学习资料10万余册，司法局编写《青少年法制学习资料》8万余册，使全市在校生法制教育面达到100%。组织700余名中小学生到成都市月亮湾青少年教育基地参观法制教育展览。组织市关工委讲师团政法小组的人员定期到中小学上法制课，全年共讲课8场，受教育7265人次；邀请成都市法制教育基地到彭州市进行青少年法制教育巡回展，有1.2万师生参加。有关单位组织模拟法庭开庭表演，以案说法，生动形象。

净化学校周边环境

综治委牵头加强校园周边环境整治，组织、协调公安、教委、工商、文化、卫生、城管办等有关部门对中小学周边秩序进行清理整顿。2002年，市委制定《关于进一步加强青少年教育和预防违法犯罪工作的意见》，要求公安、教育、文化等职能部门要在市青少年工作领导小组的组织协调下，形成全社会的组织保护网络。公安、文化部门要认真执行《娱乐场所管理条例》、开展电子游戏经营场所专项治理、严厉打击卖淫嫖娼赌博吸毒贩毒等社会丑恶现象。

依法保护权益

全市举办违法青少年法制学习培训班78期1654人。对“违青”和“两劳人员”通过帮教小组，建立帮教档案，实施帮教责任制，截至1997年底，全市有帮教小组530个，帮教人员1714人，帮教率达100%，两劳人员重新犯罪率控制在6%以内。政法部门对侵害青少年合法权益的犯罪案件及时侦破，及时审理，法检两院办理未成年人刑事案件，坚持“教育、感化、挽救”的方针，设立专门机构或指定专人办理。

全市72所中小学，均聘请“法制副校长”和“法制辅导员”。2001年，市委办转发市综治办《关于进一步加强预防青少年违法犯罪工作的实施意见》，明确各乡镇和有关单位抓预防青少年犯罪工作的职责任务；进一步发挥兼职法制副校长的作用，市综治委与市委宣传部联合发文《关于成立法制副校长领导小组的通知》，从公、检、法、司中选派优秀干警47名到各中小学兼任法制副校长，定期开展法制教育课和组织其他教育活动；要求中小学校兼职法制副校长，对学生进行安全教育、禁毒教育和心理健康教育，协助学校对有不良行为的学生进行帮教，协调解决学校及其周边地区的治安环境问题，参与学校社会化管理工作。

第六节　政法队伍建设

1991年政法各部门开展“遵纪守法教育活动”。1992年开展“四职”教育和热爱本职工作，全心全意为人民服务，教育、纠正行业不正之风。1993—1997年政法系统认真贯彻“一手抓维护稳定，一手抓队伍建设”的方针，先后开展“队伍教育整顿活动”“学济南交警活动”“学梁强”“学马森贵、学孔繁森活动”，并且以“争先达标活动”为载体，抓住机关干部思想作风整顿的契机，不断健全和完善各种管理制度，责任制度，政法各部门在“创四好”“创文明单位”“党支部规范化建设”和年度目标完成等方面，均取得较好成绩。涌现一大批“严打”先进个人，见义勇为先进个人，优秀政法工作者，优秀警官、法官和检察官，单位的单项工作不断受到上级业务部门的表彰和奖励。1999—2002年政法委队伍建设以“三讲”教育为契机，切实加强领导班子建设。开展“三个代表”重要思想教育活动和纪律作风建设，加强政法队伍思想政治建设。以“形象工程”为载体，开展争创人民满意的政法干警和单位活动，争创“人民满意公仆”，实行“警务公开”“检务公开”“审判公开”，健全错案责任追究制，完善监督制约机制。1999年市公安局天彭派出所被省公安厅授予“省级优秀派出所”称号并荣立集体二等功，被成都市公安局评为1998年以后“创建”活动十个优秀单位之一，天彭派出所民警伍雪兰被省公安厅授予“优秀民警”称号并荣立三等功。2000年，彭州市检察院首先实行中层干部竞争上岗，一般干警双向选择的竞争机制，并在政法系统全面铺开。2003年政法委队伍建设以“党员先锋工程”为主线，以集中教育整顿活动为重点，取得明显效果。政法队伍评选出先进党支部13个，优秀共产党员22名，其中有2个先进党支部和3名优秀共产党员被成都市命名为示范党支部和党员示范岗。集中教育整顿活动中，给予3名违纪党员民警党内警告处分，1名违规党员民警被开除党籍并辞退。一批行之有效的规章制度的建立，使政法队伍形象进一步好转。2004年，开展“创建一流”“大练兵”“党员先锋工程”等一系列活动强化队伍建设，涌现出大批先进单位和个人，市法院4项工作被评为省先进，15项工作被评为成都市先进；市检察院被成都市委、市政府评为思想政治工作先进单位，控申科被成都市评为“优质服务示范窗口”，全院连续18年无违法违纪事件发生；市公安局2项工作被省公安厅评为先进，天彭派出所被评为公安部一级派出所，被省委、市政府表彰为全省优秀派出所，记集体二等功；市司法局普法、公证管理、人民调解等工作也被省司法厅、成都市司法局评为先进。2005年，开展“争创全国一流政法工作”和“规范执法行为、促进执法工作”专项活动。市法院有26项工作、市检察院有24项工作、市公安局有43项工作、市司法局有6项工作被中央部委、国家、省、成都市和彭州市表彰。

第十章　其他党务工作

其他党务工作包括机关工委、党校教育、党史研究、政策研究、老干部管理、目标管理督查和信访工作等方面。20年间，都分别取得较好成绩。

第一节　机关工委工作

1989年，中共彭县县级机关工作委员会改为中共彭县直属机关工作委员会（简称机关工委），作为县委派出机构，负责领导县直属机关党建工作。1993年撤县设市后，更名为中共彭州市直属机关工作委员会。机关工委批准设立直属机关企事业单位党的基层组织。

组织建设

1986年，县直机关共有党员3299人，有党总支31个，党支部260个。2005年，市直机关有党员7052人，有党委28个，党总支21个，党支部337个。1982—2005年，共举办入党积极分子培训班24期2800多人次，在机关企事业单位发展党员2722名。2000—2005年，在职中、高完中发展33名品学兼优的学生入党。坚持党委、总支三年，支部两年进行一次换届选举。

1995年，机关工委制发关于贯彻《成都市机关建设规范化党支部工作暂行条例》的意见，在市直机关、企事业单位中开展建设规范化党支部和“十佳”党支部活动。进一步建立健全“三会一课”、民主生活、民主评议党员、党内监督、培养教育入党积极分子、党建目标管理、思想政治工作等七项制度。到1998年，共建成规范化党支部303个，占机关党支部总数的89%。2002年，市民政局等12个党支部被市委表彰为“十佳”党支部。2005年，在成都市党建研讨会上，彭州市机关工委作《深入开展创建规范化党支部活动不断加强基层党组织建设》的发言，受到成都市机关工委肯定。

在领导班子中开展“学习、团结、勤政、廉洁”为主要内容的“四好”活动。市委先后六次召开创先争优表彰大会，市直机关有162个（次）领导班子被评为“四好”领导班子。市直机关工委连续六次被评为“四好”领导班子受到表彰。

加强党务干部队伍建设，不断提高党务干部队伍的思想素质和工作能力。先后举办党务干部培训班10多期，培训1200多人次。

思想建设

机关工委坚持“围绕经济抓党建，抓好党建促发展”的指导思想，开展形式多样、内容丰富的主题活动。1994年，紧紧围绕“抓住机遇，深化改革，扩大开放，促进发展，保持稳定”的全党工作大局，在机关开展“写好一篇文章，办好两件实事，学好三本书，搞好四个培训，开展好六个活动”的“1、2、3、4、6”活动。1996年以后，在党员中开展学理论、学党章、“做时代先锋，为现代化建设贡献力量”“高举邓小平理论伟大红旗，推进伟大事业，争做合格党员”等活动；在领导班子和领导干部中开展“三讲”和“三个代表”重要思想的学习教育；在机关干部中开展“为人民服务，做人民满意公仆（公务员）”活动；在入党积极分子中开展“树立正确入党动机，认真接受组织考验”为主要内容的面向21世纪“形象工程”的主题活动。2000—2002年，在市直机关各部门开展“为贫困、特困户脱贫致富献爱心”活动；开展“人人事事都是投资环境，人人参与改革”“西部大开发，我们怎么办”、“我为彭州新跨越做什么”的教育活动和大讨论；深入开展“与党同心，与群众贴心，让人民放心”的活动。2005年，机关工委以“推进城乡一体化，构建和谐新彭州”为主题，开展“支部手拉手，共建社会主义新农村”活动，开展10个机关党支部与10个农村党支部“手拉手”试点工作。通过各项活动的开展，加强和改进机关党的建设，提高党员和干部队伍的素质，为加快彭州新发展，构建和谐新彭州做出贡献。

作风建设

1996年，按照市委关于机关作风整顿的意见，组织部、纪委、监察局、机关工委制发《关于切实加强和改进机关作风建设的意见》，先后4次集中2个月时间对机关作风进行整顿，主要解决机关干部在思想、工作和作风方面存在的“松、散、虚、懒”等问题；2002 年重点解决“肠梗阻、行动不一、软拖硬抗、工作比较水，作风漂浮、懒散、办事拖拉，门难进、脸难看、事难办”等问题；2003 年，重点解决“四差”（政策水平差、工作作风差、政治敏锐性差、对群众的态度差）问题；2005 年主要解决部分党员干部党性不纯、事业心不强、能力素质不高、作风不实、形象不佳等 5 个方面的问题。较好地解决机关作风建设上的突出问题，机关干部精神面貌明显改善，组织纪律性明显增强，党群关系更加密切，办事效率明显提高。

第二节　党校教育

中共彭州市委党校、彭州市行政学校（2003 年成立）实行两个牌子、一套班子。党校校长由市（县）委副书记兼任，设常务副校长 1 名、副校长 1—3 名。行政学校校长由常务副市长兼任，一名副校长由人事局副局长兼任。

党校集干部培训、函授教育、教学科研为一体。

干部培训

从 1986 年开始至 1990 年后，主要从事干部学历教育和干部轮训，先后举办干部电大班两期、中专班三期、中专专修班五期。20 世纪 90 年代初至 20 世纪 90 年代中期，主要对干部进行“三基”培训。20 世纪 90 年代末至 2005 年，主要围绕经济建设和时事政治开展培训。

每年结合工作需要，党校与组织部共同举办村支两委主要负责人培训班、中青年干部培训班、副局级领导干部培训班，与统战部共同举办党外干部培训班，与机关工委共同举办入党积极分子培训班，与人事局共同举办事业单位职员初任、晋级培训班等，配合有关单位和部门举办若干短训、长训班。1986—2005 年，举办的短训班（时间在两周内）主要有：企业干部培训班、妇女干部培训班、股份制和证券交易培训班、纪检监察干部培训班、计划生育干部培训班、机关工勤人员培训班、宣传干部培训班等 172 期；举办的长训班（时间在 1—2 月）主要有县属企业厂长经理培训班、乡镇招聘干部培训班等 10 余期。2001—2005 年，党校、行政学校培训村干部 4315 人次、局级干部 2836 人次、中青年干部 547 人次、入党积极分子 888 人次、公务员 4721 人次、事业职员 264 人次、党外干部 79 人次，总计培训 13650 人次。

函授教育

函授教育是党校教育的重要组成部分，党校函授教育是对干部职工的政治、理论、文化素质进行在职教育。自 1985 年建立彭县函授站后，党校函授教育在组织机构和教学管理上实行省、市、县（市）三级党校联合办学。1984—1990 年，举办学历培训长训班 11 个，培训 396 人，其中中央党校函大班 1 个 19 人；中央广播电视大学专修班 2 个 32 人。两年制干部中专班 3 个 149 人；一年制干部专修班（专业证书班）4 个 153 人；一年制专业证书班 1 个 43 人。1991—2005 年，党校主要配合四川省委党校举办函授大专、本科班共 31 个，毕业 3178 人。

教学科研

党校在坚持以教学为中心的同时，积极开展科研活动，强调教学是主导，科研是基础。科研内容以彭州政治建设和经济发展的重大、现实问题为主。党校中高职教师大都参加省、市、县（市）各学术团体活动，1986—2005年，先后在中央、省、市、县（市）刊物发表交流科研论文、调研报告1000余篇，并积极参与各类教材、书籍的编写工作。

第三节　党史研究

党史资料的征集

从1982年开始，在市（县）内及全国各地征集与彭州市（县）党史有关的资料。先后征集新民主主义时期彭县党组织的建立和发展及开展革命活动方面的文字、照片、实物等资料。征集革命先烈杨石琴、刘月亭、何秉彝、周志孚、钟辉、何庸康、何绍文、杨达、谷时逊，李一氓、旷继勋、罗南辉等党史人物的个人生平、革命经历以及“彭县起义”等方面的大量历史资料。征集中华人民共和国成立后到改革开放以后的党史资料。

党史编写

1986—2005年，先后编写出版3本《中共四川省彭州市组织史资料》。第一本《组织史资料》分上、下两篇，上篇记述1926—1949年中共彭县地下党组织沿革及历史事件，下篇记述1950—1987年基本完成社会主义改造和全面建设社会主义、十年“文化大革命”、社会主义现代化建设新时期3个不同历史阶段彭县党组织沿革及历史事件。第二本《组织史资料》续编，记述1988—1997年社会主义初级阶段市（县）委、人大、政府、政协及纪委、军事、群团、党组、党委、政府工作部门，区、乡、镇党委、政府的组织机构沿革、领导干部名录及党代会、政协会议召开的情况。第三本《组织史资料》续编（一），记述1998—2003年彭州市党、政、军、群团组织、机构和领导干部名录的情况。

1996年，编写出版《异军谱新篇——彭州市乡镇企业产值过百亿》一书。邓小平南方谈话后，乡镇企业发展异军突起，到1995年彭州市乡镇企业产值突破100亿元，达到107亿元。该书记述全市乡镇企业发展背景、进程、规模，反映彭州人“团结务实，奋发自强，开拓创新，争创一流”的创业精神。

编写的《中共彭州历史》一书，是全省范围内率先出版发行此类写作县级正史的书刊。该书记述中共彭县地下党组织的建立、发展及进行革命斗争的情况。记载在“五卅”反帝运动、南昌起义、广州起义中英勇献身的九位革命烈士，他们是在彭州乃至全国有重大影响的革命先辈，都先后在彭州工作或生活过。在2005年保持共产党员先进性教育中，该书被指定为全市每个共产党员的必读教材。

1994年，党史研究室与市委办共同编撰出版的《今日彭州》一书，共45万字。记述中华人民共和国成立后45年间，特别是改革开放以来彭州市（县）各条战线、各个行业取得的巨大成就。

宣传教育

1986—2005年，采用上党课、办讲座、搞培训、办刊物、拍摄影视实例、撰写回忆录、开辟专讲栏目等多种形式开展党史宣传教育。先后创办《彭州党史》《彭州党史通信》，编写《今日彭州》等刊物在全市发行，扩大党史宣传教育面。20世纪90年代初组织拍摄反映彭县党组织活动及其负责人革命经历的电视短剧《人民不会忘记你》在全市播放。组织一批老干部撰写回忆录，如彭县解放后第一任县委书记贾噻写的《风雨人生路》等，在《彭州党史》发表。在《今日彭州》《彭州报道》中先后开辟《历史的天空》《红色记忆》等栏目，介绍彭州籍烈士、重大历史事件、英模人物等，全面宣传彭州党史。还为成都市、四川省及中央电视台等在一些大型专题栏目提供相关资料。

第四节　政策研究

20 年间，市（县）委政策研究工作，有 20 多份调查报告获得中央、省、市政策研究室的优秀调研成果奖。其中《土地承包中几个问题及其对策浅析》《城郊家庭经济初探》《浅谈“挂靠企业”的可塑性和可控性及其对策》《水火并举大力开发电力，促进农村经济持续发展》《关于农村土地特色问题的思考》《进一步促进个体私营经济的发展是社会主义经济发展的需要》《关于发展问题的理论探索》《浅谈乡镇企业如何实现再发展》《影响彭州市 GDP 增长情况的调查报告》等 10 篇调研文章被成都市政策研究室评为优秀调研成果奖。《十年农村改革，农村十大变化——关于深化农村改革的调查材料之一》《基层干部和群众谈农村改革中的不足——关于深化农村改革的调查材料之一》《基层干部和群众谈农村改革中的不足——关于深化农村改革的调查材料之二》《农民对深化改革的“十盼”——关于深化农村改革的调查材料之三》，该系列调查报告进入县委决策机制，并被成都市评为优秀调研成果。《农村改革得失谈——来自彭县农村的调查》获成都市政府第一次哲学社会科学优秀科研成果三等奖。《国有亏损企业摆脱困境的有益尝试》《搞好农业产业化，迎接西部大开发》《关于彭州市小城镇建设与发展的情况调查与思考》等三篇文章获四川省委政策研究室优秀调研成果奖。《关于土地规模经营与农业现代化的思考》被评为省级优秀调研成果。《制约县域经济发展的五个问题应引起高度重视》获省、成都市优秀调研成果奖。《集约化经营是农民致富的好路子》被中央政策研究室和农业部评选为全国优秀调研成果。

第五节　老干部管理

1990 年 4 月，县委组织部撤销老干科，设立老干局，负责副县级以上级别离退休干部的服务工作。局长由组织部一名副部长兼任。

2005 年，全市共有县级离退休干部 121 人。其中：离休干部 65 人，退休干部 45 人，异地安置在彭州市的干部 11 人。在离休干部中，抗日战争时期参加革命的 16 人，解放战争时期参加革命的 57 人。

1986 年以后，贯彻执行有关老干部工作的政策，从政治上、生活上关心爱护老干部，落实老干部待遇。1995 年，正县级退休干部享受副厅级待遇。2002 年，有 40 名退休干部享受副处级待遇。2004 年，有 37 名退休干部享受副厅级待遇。2005 年，有 16 名老干部享受正处级待遇。

坚持学习制度，每月 25 日定为县处级离退休干部学习日。坚持慰问制度，每年春节、重阳等节日登门慰问老干部。坚持每年为老干部订阅《蓉城金秋》《晚霞》等报刊。

鼓励支持老干部在经济、社会发展中继续发挥余热。20 年间，先后有 20 多位老干部分别在市老年体育协会、市关心下一代工作委员会、丹城书画院、门球协会、钓鱼协会等组织担任主要职务。

第六节　目标管理督查

1990 年 12 月，成立彭县目标领导小组并成立县委目标办，负责党群序列及归口目标管理单位目标工作。1993 年，设立市委目标管理督查办公室，归口市委办公室管理。目标管理督查紧紧围绕市（县）委中心工作和各阶段的重点工作进行，为市（县）委科学决策和决策落实服务。

目标管理

目标编制　编制各项主要工作目标并分解下达。在目标编制中，突出经济建设中心，做到定性和定量、先进性和可行性、全面性和重点性、稳定性和动态性，当前和长远相结合，使目标体系更科学、合理、有效，充分发挥目标的导向作用，有力促进经济发展和社会进步。

目标监控　在目标运行过程中，重点突出对招商引资、重点工程建设目标、成都市下达的主要经济目标、为民办实事目标的监控，并及时发现研究目标运行中出现的新情况、新问题，制定解决问题的措施建议，保证市委、市政府主要工作目标的圆满完成。1998 年以后，共形成目标运行分析及建议 62 期。

目标管理机制　完善目标管理网络建设，市级各部门和各镇都成立目标管理办公室或目标管理领导小组，机构健全，人员落实。1998 年以后，先后 6 次对《彭州市目标管理考核奖惩办法》作修改、完善，使目标考核奖惩更加符合实际，更科学合理，简便易行，可操作性强。

目标考核　每年制定年度考核的原则、细则和具体实施方案，坚持一把尺子量全体，使目标考核做到客观公正，考核结果客观反映各单位的工作情况。1998 年以后的 9 次目标考核没有发生过一起违纪情况。

目标督查

1998 年以后，共办理市以上领导批示 430 余件，开展各类专项督查 170 余次，完成市领导临时交办事项 500 余项，形成督查专报 800 多期，督查通报 240 多期。

重点目标督查　围绕市委、市政府中心工作和重要工作部署，主要开展经济运行发展情况、招商引资、争创国家卫生城市、“三优一学”和创建文明城市竞赛活动、清理农村合作基金会、煤矿安全生产、农村电网改造、村村通工程、重点建设项目等工作的督查，通过督查，促进市委、市政府中心工作和重要工作部署的实现。

决策督查　紧紧围绕市委常委会、市政府常务会的重要决议、决定的落实开展督查，并将督查情况及时反馈给市委、市政府主要领导。1998 年以后，共开展决策督查 92 项，确保市委、市政府重大决策的贯彻落实，政令畅通。

领导交办事项督查　按照市委、市政府要求，对领导交办的 500 余项工作进行督查。主要涉及全市阶段性重要工作的落实、突发遗留问题的处理、群众来信来访等，做到按时办结，件件有回音。

重要会议精神贯彻落实督查　对上级党委、政府的重要会议精神的贯彻落实进行督查，及时上报彭州市贯彻落实情况。同时，加强对市级各部门、各镇贯彻落实市委、市政府重要会议精神情况的督查。1998 年以后，上报彭州市贯彻落实上级重要会议、重要文件精神专报 60 余期。

第七节　信访工作

群众来信来访

按照《信访条例》的有关规定和“分级负责，归口管理”的原则进行处理群众来信来访工作。1986—2005 年，共受理群众来信 1.5517 万件，其中联名信 207 件；共接待群众来访 1.7228 万次，其中集体上访 923 批次，重复上访 519（件）次，处理 1.5904 万（件）次。处理率达 100%。

20 年间，随着社会经济的发展，各种改革措施的出台，各种利益关系的调整变化，社会矛盾不断增加，同时各级信访渠道的畅通，群众来信来访总体上呈上升趋势。1986 年受理群众来信为 1015 件次，到 2004 年达最高峰为 2688 件次，增加 1.65 倍。1986 年接待群众来访 297 人（批）次，到 2002 年达最高峰为 3078 人（批）次，增加 9.36 倍。1991 年前，群众来信来访主要涉及历史遗留的房屋产权、基层干部违法违纪打骂群众、乱罚款、生活困难及待遇等问题。1990 年以后，群众来信来访主要涉及干部以权谋私、侵占集体财产、违法违纪、产权纠纷、减轻农民负担，征地拆迁，各种集资债务兑付，企业改制，环境污染，涉法涉诉，企业军转干待遇等方面的问题。通过信访工作的开展、调处大量社会矛盾，维护社会安定，促进经济发展。

重大信访案件

20 年间，各级党政领导重视信访工作，信访部门把重大疑难信访案件作为工作重点进行认真解决。共办理信访案件 1.2005 万件，领导批阅 1462 件，办理上级交办和督办案件 197 件，自办联办案件 561 件。2003 年群众越级上访、重复上访的现象突出，全市开展专项治理，对重复的上访案件实行相关领导、相关部门包案负责制，排查重复上访案件 23 件，通过专项治理，办结 16 件，上访人息诉息访。20 年主要信访突出案件有：1993 年升平乡莲花村“3·5”事件；1995 年大宝镇一铜矿职工进京上访案件；1997 年天彭镇东南村群众集体访事件；1998 年崔先国拆迁案；2001 年代课教师集体信访、上访案；2002 年“北花园”工程包工头集体上访案；2003 年“金茂商城”购房户集体上访事件，致和镇双龙村集体进京上访事件；2001—2004 年胡家才多次进京缠访案；2004 年祝家碾权属纠纷案；2005 年“两会”期间太清乡一村民进京上访案，苏安元上访发病事件。

信访制度建设

各有关部门和乡镇、村、社区建立信访工作小组和专兼职信访信息员，村、社以下村民小组组长兼任信访信息员，形成信访工作网络。1988 年建立正、副县长挂牌轮流接待信访日制度，其后税务局、法院建立局长、院长信访日接待制度。1990 年，县委、县政府领导阅批群众来信采取由信访办“一个口子出”的办法来处理。1994 年，采取“预约接待，分管领导参加接待，信访办和相关部门协助市领导接待”的方法接待群众上访。1998 年，出台市委常委、市政府副市长以上领导接待处理群众上访的办法，至 2005 年，市（县）领导接待群众来访 568 天，接待来访 4354 件（人）次，集体上访 1036 件（批）次，处理率 81.1%。是年，信访部门开始试行“逐级上访，分级受理”制度，开展

“争创文明接待室，争做文明接待员”活动。1999 年市委、市政府制发《关于进一步加强信访工作意见》《乡镇和市级部门信访工作实施意见》，使信访工作目标管理更加规范化。2000 年建立有关部门信访工作联席会议制度。2004 年建立信访听证制度，对重大信访疑难案件实行信访听证。2005 年，市委、市政府领导改变群众上访为领导下访，深入基层面对面做群众工作。确定每周星期五为市级各部门主要领导信访接待日制度。是年，市委、市政府建立信访听证委员会和办公室。市信访办开设“专家门诊”，邀请反映同类问题的群众参加，由相关部门主要领导接待，市国土局、农牧局、社保局等 8 个职能部门多次参加“会诊”，受理重要信访事件 16 件，办结 15 件，受到群众赞扬，得到上级信访部门的肯定。

第四篇　彭州市（县）人民代表大会

1986—2006年，彭州市（县）历经第十一届至第十五届人大代表换届选举。各届人民代表大会及其常务委员会认真履行地方国家权力机关职能，20年间，通过人大会议审议报告133件（次），听取审议“一府两院”及相关部门工作报告720项（次），提出审议意见1000余份，做出决定160项（次）。期间，市人大常委会依法行使任免权，依法任免国家机关工作人员1107人（次）。

市人大常委会行使监督权，不断开展执法检查，重点检查环境保护、土地管理、义务教育、药品管理、水污染防治、城市规划、河道管理、文物管理等法律法规执行情况，及时纠正违法事件。

历次人大代表会议上人大代表提出的议案、建议、批评和意见共2113件，群众来信4121件，接待来访4996人（次），都得到认真的办理。1993年被成都市人大常委会评为信访工作先进单位。

市人大常委会采取多种形式，加强与代表的联系，围绕两个文明建设，发挥人大代表在闭会期间的作用，提高人大代表参与管理国家事务的能力。

第一章　人民代表大会

1986—2006年，市（县）人民代表大会及其常委会，认真履行地方国家权力机关职能，通过人大会议审议报告133件（次），提出议案3件，提出批评、建议和意见2129件，召开常委会议203次，听取审议“一府两院”及相关部门工作报告720项（次），提出审议意见1000余份，形成审议意见书150余份，作出决议、决定160项（次），履行对“一府两院”的法律监督和工作监督职责，为推动全市（县）物质文明、政治文明、精神文明建设发挥了重要作用。

第一节　人民代表大会代表

市（县）人民代表大会代表（人大代表），依照法律规定由选民直接选举。1980—1992年，市（县）人大代表每届任期3年。1992年底起，改为每届任期5年。

第十一届人大代表

第十一届县人大代表于1986年12月26日进行换届选举。全县总人数为70.7205万人，其中选民为49.8540万人，选出县人大代表341名。

在选出的人大代表中，女性84名，占代表总数的24.63%；非中共党员141名，占代表总数的41.35%。从代表组成看，工人19名，占代表总数的5.57%；农民186名，占代表总数的54.55%；干部57名，占代表总数的16.72%；军人5名，占代表总数的1.47%；知识分子20名，占代表总数的15.25%。从年龄看，30岁以下56名，占代表总数的16.42%；31岁至50岁216名，占代表总数的63.34%；51岁以上69名，占代表总数的20.23%。从文化程度看，大专以上51名，占代表总数的14.96%；中专（高中）95名，占代表总数的27.86%；初中125名，占代表总数的36.66%；小学68名，占代表总数的19.94%；文盲2名，占代表总数的0.59%。

第十二届人大代表

第十二届县人大代表于1990年1月10日进行换届选举。全县总人数为73.02万人，其中选民为54.73万人，选出县人大代表246名。

在当选的246名县人大代表中，女性代表63名，占代表总数的25.6%；非中共党员代表98名，占代表总数的39.8%；少数民族代表4名，占代表总数的1.6%；工人代表13名，占代表总数的5.3%；农民代表112名，占代表总数的45.5%；军人代表4名，占代表总数的1.6%；干部代表67名，占代表总数的27.2%；知识分子代表44名，占代表总数的17.9%；其他方面代表6名，占代表总数的2.4%；上届连任代表91名，占代表总数的37%。从代表的年龄结构看，35岁以下的47名，占代表总数的19.1%；36至55岁的177名，占代表总数的72%；56岁以上的22名，占代表总数的8.9%。从代表的文化程度看，大专以上的44名，占代表总数的17.9%；中学、中专150名，占代表总数的61%；小学以下52名，占代表总数的21.1%。

第十三届人大代表

第十三届县人大代表于1992年12月10日进行换届选举。全县总人数为74.34万人，其中选民为56.52万人，选出县人大代表247名。

在选出的247名代表中，非中共党员代表94名，占代表总数的38.1%；女性代表65名，占代表总数的26.3%；少数民族代表3名，占代表总数的1.2%；工人代表4名，占代表总数的1.6%；农民代表97名，占代表总数的39.3%；军人代表3名，占代表总数的1.2%；干部代表116名，占代表总数的47%；其他方面代表27名，占代表总数的10.9%。从选出代表的文化程度看，大专以上学历63名，占代表总数的25.5%；中专学历49名，占代表总数的19.8%；初中、高中学历102名，占代表总数的41.3%；小学学历33名，占代表总数的13.4%。

第十四届人大代表

第十四届市人大代表于1997年12月20日进行换届选举。全市总人数为75.81万人，其中选民为59.38万人，选出市人大代表272名。

在选出的272名代表中，女性73人，占代表总数的26.8%；非中共党员99人，占代表总数的

36.4%；少数民族5人，占代表总数的1.8%；工人12人，占代表总数的4.4%；农民102人，占代表总数的37.5%；干部110人，占代表总数的40.4%；知识分子31人，占代表总数的11.4%。从选出代表的学历看，大学以上的31人，占代表总数的11.4%；大专63人，占代表总数的23.2%；中专及高中101人，占代表总数的37.1%；初中64人，占代表总数的23.5%；小学以下13人，占代表总数的4.8%；上届代表连任67人，占代表总数的24.6%。

第十五届人大代表

第十五届市人大代表于2002年12月20日进行换届选举。全市总人数为77.26万人，其中选民为60.62万人，选出市人大代表272名。

在选举出的272名代表中，工人代表34人，占代表总数的12.5%；农民代表84人，占代表总数的30.88%；干部代表111人，占代表总数的40.81%；知识分子代表20人，占代表总数的7.35%；其他方面代表18人，占代表总数的6.62%；非党代表107人，占代表总数的39.34%；妇女代表79人，占代表总数的29.04%；上届连任代表68人，占代表总数的25%。

彭州市（县）1986—2005年历届人大常委会正副主任名录

表4-1-1-1

届次	职务	姓　名	任职时间
第十届（1984.4—1987.2）	主任	吕建中	1984.4—1986.4
		段耀华	1986.4—1987.2
	副主任	李方仪	1984.4—1986.4
		陈开翠	1984.4—1986.4
		周理中	1980.10—1984.4
		余象勤	1986.4—1987.2
		方品清	1986.4—1987.2
第十一届（1987.2—1990.3）	主任	段耀华	1987.2—1990.3
	副主任	余象勤	1987.2—1990.3
		方品清	1987.2—1990.3
		廖志华	1987.2—1990.3
		周理中	1987.2—1990.3
第十二届（1990.3—1993.1）	主任	段耀华	1990.3—1993.1
	副主任	余象勤	1990.3—1993.1
		廖志华	1990.3—1993.1
		方品清	1990.3—1993.1
		刘世春	1990.3—1993.1
		胡志伟	1990.3—1993.1

续表4-1-1-1

届次	职务	姓　名	任职时间
第十三届（1993. 1—1998. 1）	主任	刘继松	1993. 1—1998. 1
	副主任	刘世春	1993. 1—1998. 1
		陈昌荣	1993. 1—1998. 1
		卿尚福	1993. 1—1998. 1
		胡志伟	1993. 1—1998. 1
第十四届（1998. 1—2003. 1）	主任	张忠恕	1998. 1—2003. 1
	副主任	刘世春	1998. 1—2003. 1
		陈昌荣	1998. 1—2003. 1
		卿尚福	1998. 1—2001. 9
		胡志伟	1998. 1—2003. 1
		张孝洪	1998. 1—2003. 1
第十五届（2003. 1—2006. 12）	主任	陈家荣	2003. 1—2005. 3
		门　生	2005. 3—2006. 12
	副主任	胡冠军	2003. 1—2006. 12
		张孝洪	2003. 1—2006. 12
		唐岷成	2003. 1—2006. 12
		宁佐福	2003. 1—2006. 12
		代明生	2003. 1—2006. 12
		张华芬	2003. 1—2006. 12

第二节　人民代表大会会议

第十届人民代表大会第三次会议

第十届人民代表大会第三次会议　于1986年4月10—13日在南街影剧院召开。出席会议代表368人，列席人员86人。

会议的主要议程是听取和审议县人民政府工作报告、彭县1986年国民经济和社会发展计划（草案）的报告、彭县1985年财政决算和1986年财政预算（草案）的报告、县人大常委会工作报告、县人民法院工作报告、县人民检察院工作报告，通过相应的决议，并批准县1986年国民经济和社会发展计划、县1985年财政决算和1986年财政预算。

经过与会代表的酝酿讨论并表决通过，做出关于接受吕建中辞去县十届人大常委会主任职务，李方仪、陈开翠辞去县十届人大常委会副主任职务，王茂达辞去县十届人大常委会委员职务请求的决议；做出关于接受段耀华辞去县人民政府县长职务，方品清辞去县人民政府副县长职务请求的决议。

会议以无记名投票、预选候选人方式，补选段耀华为县十届人大常委会主任，余象勤、方品清为县十届人大常委会副主任；补选龙声荣为县人民政府县长，增选王家兴为县人民政府副县长。

会议共收到代表联名提出的议案23件，经议案审查委员会审查，主席团决定，对上述议案均改作建议、批评和意见。代表提出建议、批评和意见154件，连同议案转入共177件。

第十一届人民代表大会

第十一届人民代表大会第一次会议　会议于1987年2月20—25日在南街影剧院召开。出席会议的代表341名，列席人员82名。

大会的主要议程是听取和审议县人民政府工作报告、彭县1986年国民经济和社会发展计划执行情况及1987年计划报告、彭县1986年财政决算和1987年财政预算（草案）报告、县国民经济和社会发展第七个五年计划（草案）报告、县人大常委会工作报告、县人民法院工作报告、县人民检察院工作报告，通过相应的决议，并批准县1987国民经济和社会发展计划、县国民经济和社会发展第七个五年计划、批准县1986年财政决算和1987年财政预算。

大会选举县十一届人民代表大会常务委员会主任、副主任、委员17人，选举县人民政府县长、副县长5人，选举县人民法院院长和县人民检察院检察长。

会议共收到代表联名提出的议案22件，经议案审查委员会审查，主席团决定合并为16件，对上述议案均改作建议、批评和意见。代表提出建议、批评和意见399件，连同议案转入共415件。

第十一届人民代表大会第二次会议　于1988年3月21—24日在南街影剧院召开。出席会议的代表338名，列席人员76名。

大会的主要议程是听取和审议县人民政府工作报告、彭县1987年国民经济和社会发展计划执行情况及1988年计划报告、彭县1987年财政决算和1988年财政预算（草案）的报告、县人大常委会工作报告、县人民法院工作报告、县人民检察院工作报告，通过相应的决议，并批准县1988年国民经济和社会发展计划、县1987年财政决算和1988年财政预算。

会议共收到代表联名提出的议案23件，经议案审查委员会审查，主席团决定，对上述议案均改作建议、批评和意见。代表提出建议、批评和意见78件，连同议案转入共101件。

第十一届人民代表大会第三次会议　于1988年9月12—13日在南街影剧院召开。出席会议的代表337名，列席人员8名。

大会的主要议程是：选举彭县出席成都市第十一届人民代表大会代表33名。

第十一届人民代表大会第四次会议　于1989年3月15—18日在南街影剧院召开。出席会议的代表335名，列席代表79名。

大会的主要议程是：听取和审议县人民政府工作报告、彭县1988年国民经济和社会发展计划执行情况及1989年计划（草案）的报告、彭县1988年财政决算和1989年财政预算（草案）的报告、县人大常委会工作报告、县人民法院工作报告、县人民检察院工作报告，通过相应的决议，并批准县1989年国民经济和社会发展计划、县1988年财政决算和1989年财政预算。

会议共收到代表提出的议案19件，经议案审查委员会审查，由主席团决定，除《关于防止中小学生流失的决议》列入本次会议议程外，其余18件均改作建议、批评和意见处理。代表提出建议、批评和意见61件，连同议案转入共79件。

第十二届人民代表大会

第十二届人民代表大会第一次会议　于1990年3月4—10日在南街影剧院召开。出席会议的代表246名，列席人员95名。

大会的主要议程是听取和审议县人民政府工作报告、彭县1989年国民经济和社会发展计划执行情况及1990年计划（草案）的报告、彭县1989年财政决算和1990年财政预算（草案）报告、县人大常委会工作报告、县人民法院工作报告、县人民检察院工作报告，通过相应的决议，并批准县1990年国民经济和社会发展计划、县1989年财政决算和1990年财政预算。

大会选举县十二届人民代表大会常务委员会主任、副主任、委员19人，选举县人民政府县长、副县长6人，选举县人民法院院长和县人民检察院检察长。

会议共收到代表联名提出的议案18件，合并为17件，经议案审查委员会审查，主席团决定，除《清理计划生育罚款》1件作议案处理外，对上述议案均改作建议、批评和意见。代表提出建议、批评和意见82件，连同议案转入共98件。

第十二届人民代表大会第二次会议　于1991年3月5—9日在南街影剧院召开。出席会议的代表246名，列席人员163名。

大会的主要议程是听取和审议县人民政府工作报告、彭县1990年国民经济和社会发展计划执行情况及1991年计划（草案）的报告、彭县1990年财政决算和1991年财政预算（草案）的报告、县人大常委会工作报告、县人民法院工作报告、县人民检察院工作报告，通过相应的决议，并批准县1991年国民经济和社会发展计划、县1990年财政决算和1991年财政预算。

大会还根据县十二届人大一次会议决议要求，听取和审议县计生委主任陈代明作的关于清理计划生育超生子女费情况的报告。

会议共收到代表联名提出的议案17件，经议案审查委员会审查，主席团决定，对上述议案均改作建议、批评和意见。代表提出建议、批评和意见72件。

第十二届人民代表大会第三次会议　于1992年2月24—29日在南街影剧院召开。出席会议的代表241名，列席人员168名。

大会的主要议程是：听取和审议县人民政府工作报告、县1991年国民经济和社会发展计划执行情况及1992年计划（草案）的报告、彭县1991年财政决算和1992年财政预算（草案）的报告、彭县国民经济和社会发展十年规划和第八个五年计划纲要（草案）的报告、县人大常委会工作报告、县人民法院工作报告、县人民检察院工作报告，通过相应的决议，并批准县1992年国民经济和社会发展计划、县国民经济和社会发展十年规划和“八五”计划纲要、县1991年财政决算和1992年财政预算。

原任县长刘仆，因工作调动辞职。大会以无记名投票表决方式，补选李登菊为县人民政府县长。

会议共收到代表联名提出的议案24件，合并为21件，经议案审查委员会审查，主席团决定，对上述议案均改作建议、批评和意见。代表提出建议、批评和意见41件，连同议案转入共62件。

第十三届人民代表大会

第十三届人民代表大会第一次会议　于1993年1月9—14日在彭县南街影剧院召开。出席会议的代表247名，列席人员125名。

大会的主要议程是听取和审议县人民政府工作报告、彭县1992年国民经济和社会发展计划执行情况及1993年计划（草案）的报告、彭县1992年财政预算执行情况及1993年财政预算（草案）的报告、关于调整彭县国民经济和社会发展十年规划和“八五”计划的报告、县人大常委会工作报告、县人民法院工作报告、县人民检察院工作报告，做出相应的决议，并批准县1993年国民经济和社会发展计划、县1992年财政预算执行情况及1993年财政预算。

大会选举县十三届人大常委会主任、副主任、委员 19 人，选举县人民政府县长、副县长 8 人，选举县人民法院院长和县人民检察院检察长。

会议共收到代表联名提出的议案 23 件，合并为 22 件，经议案审查委员会审查，主席团决定，对上述议案均改作建议、批评和意见。代表提出建议、批评和意见 75 件，连同议案转入共 97 件。

第十三届人民代表大会第二次会议　于 1993 年 9 月 2—3 日在南街影剧院召开。出席会议的代表 243 名，列席人员 47 名。

会议的主要议程是选举彭县出席成都市第十二届人民代表大会代表 33 名。

第十三届人民代表大会第三次会议　于 1994 年 2 月 23—27 日在南街影剧院召开。出席会议的代表 243 名，列席人员 132 名。

大会的主要议程是市人大常委会报告第 9、10 次人大常委会会议关于撤县设市的有关决定；听取和审议市人民政府工作报告、关于彭州市 1993 年国民经济和社会发展计划执行情况及 1994 年计划（草案）的报告、关于彭州市 1993 年财政决算及 1994 年财政预算初步安排的报告、市人大常委会工作报告、市人民法院工作报告、市人民检察院工作报告，通过相应的决议，并批准市 1994 年国民经济和社会发展计划、1993 年财政决算和 1994 年财政预算初步安排。会议授权市人大常委会审查批准市 1994 年财政预算。

会议共收到代表联名提出的议案 17 件，合并为 16 件，经议案审查委员会审查，主席团决定，对上述议案均改作建议、批评和意见。代表提出建议、批评和意见 30 件，连同议案转入共 46 件。

第十三届人民代表大会第四次会议　于 1995 年 2 月 22—26 日在彭州会堂召开。出席会议的代表 240 名，列席人员 122 名。

大会的主要议程是听取和审议市政府工作报告、市 1994 年国民经济和社会发展计划执行情况及 1995 年计划（草案）的报告、市 1994 年财政决算和 1995 年财政预算（草案）的报告、市人大常务委员会工作报告、市人民法院工作报告、市人民检察院工作报告，做出相应的决议，并批准市 1995 年国民经济和社会发展计划、1994 年财政决算和 1995 年财政预算。

会议共收到代表联名提出的议案 33 件，经议案审查委员会审查，主席团决定，对上述议案均改作建议、批评和意见。代表提出建议、批评和意见 31 件，连同议案转入共 64 件。

第十三届人民代表大会第五次会议　于 1996 年 1 月 25—29 日在彭州会堂召开。出席会议的代表 236 名，列席人员 189 名。

大会的主要议程是听取和审议市政府工作报告、关于彭州市国民经济和社会发展“九五”计划和 2010 年远景目标纲要（草案）的报告、市 1995 年国民经济和社会发展计划执行情况及 1996 年计划（草案）的报告、市 1995 年财政预算执行情况和 1996 年财政预算（草案）的报告、市人大常委会工作报告、市人民法院工作报告、市人民检察院工作报告，做出相应的决议，并批准彭州市国民经济和社会发展第九个五年计划及 2010 年远景目标纲要、1996 年国民经济和社会发展计划、1995 年财政预算执行情况和 1996 年财政预算。

会议共收到代表联名提出的议案 22 件，经议案审查委员会审查，主席团决定，对上述议案均改作建议、批评和意见。代表提出建议、批评和意见 16 件，连同议案转入共 38 件。

第十三届人民代表大会第六次会议　于 1997 年 3 月 3—7 日在彭州会堂召开。出席会议的代表 234 名，列席人员 198 名。

大会的主要议程是听取和审议市政府工作报告、市 1996 年国民经济和社会发展计划执行情况及

1997 年计划（草案）的报告、市 1996 年财政预算执行情况和 1997 年财政预算（草案）的报告、市人大常委会工作报告、市人民法院工作报告、市人民检察院工作报告，通过相应的决议，并批准市 1997 年国民经济和社会发展计划、1996 年财政预算执行情况和 1997 年财政预算。

会议共收到代表联名提出的议案 20 件，经议案审查委员会审查，主席团决定，对上述议案均改作建议、批评和意见。代表提出建议、批评和意见 19 件，连同议案转入共 39 件。

第十四届人民代表大会

第十四届人民代表大会第一次会议　于 1998 年 1 月 10—16 日在彭州会堂召开。258 名代表出席会议，列席人员 169 人。

大会的主要议程是听取和审议市政府工作报告、市 1997 年国民经济和社会发展计划执行情况与 1998 年计划（草案）的报告、市 1997 年财政预算执行情况和 1998 年预算（草案）的报告、市人大常委会工作报告、市人民法院工作报告、市人民检察院工作报告，通过相应的决议，并批准市 1998 年国民经济和社会发展计划、1997 年财政预算执行情况和 1998 年财政预算。

大会选举产生市第十四届人大常委会主任、副主任、委员 21 人，选举市人民政府市长、副市长 7 人，选举市人民法院院长和市人民检察院检察长。

会议共收到代表联名提出的议案 37 件，经议案审查委员会审查，主席团决定，对上述议案均改作建议、批评和意见。代表提出建议、批评和意见 50 件，连同议案转入共 87 件。

第十四届人民代表大会第二次会议　于 1998 年 4 月 27—29 日在彭州会堂召开，251 名代表出席会议，列席人员 57 人。

大会主要议程是选举彭州市出席成都市第十三届人民代表大会代表 35 名。

第十四届人民代表大会第三次会议　于 1999 年 1 月 26—30 日在彭州会堂召开，218 名代表出席会议，列席人员 174 人。

大会的主要议程是听取和审议市政府工作报告、市 1998 年国民经济和社会发展计划执行情况与 1999 年计划（草案）的报告、市 1998 年财政预算执行情况和 1999 年财政预算（草案）的报告、市人大常委会工作报告、市人民法院工作报告、市人民检察院工作报告，通过相关的决议，并批准市 1999 年国民经济和社会发展计划、市 1998 年财政预算执行情况和 1999 年财政预算。

会议共收到代表联名提出的议案 33 件，经议案审查委员会审查，主席团决定，对上述议案均改作建议、批评和意见。代表提出建议、批评和意见 22 件，连同议案转入共 55 件。

第十四届人民代表大会第四次会议　于 2000 年 1 月 10—14 日在彭州会堂召开，238 名代表出席会议，列席人员 172 人。

大会的主要议程：听取和审议市政府工作报告、市 1999 年国民经济和社会发展计划执行情况与 2000 年计划（草案）的报告、市 1999 年财政预算执行情况和 2000 年财政预算（草案）的报告、市人大常委会工作报告、市人民法院工作报告、市人民检察院工作报告，通过相应的决议，并批准市 2000 年国民经济和社会发展计划、1999 年财政预算执行情况和 2000 年财政预算。

会议补选市总工会主席杨基琼（女）为市十四届人大常委会委员。

会议共收到代表联名提出的议案 31 件，经议案审查委员会审查，主席团决定，对上述议案均改作建议、批评和意见。代表提出建议、批评和意见 30 件，连同议案转入共 61 件。

会议期间，市人民政府组织 28 个职能部门的领导，深入到各代表小组听取建议和意见，现场答复代表提出的建议和意见。

第十四届人民代表大会第五次会议　于2001年1月10—13日在彭州会堂召开，246名代表出席会议，列席会议人员180人。

大会的主要议程是听取和审议市政府工作报告、关于国民经济和社会发展第十个五年计划纲要（草案）的报告、关于彭州市2000年国民经济和社会发展计划执行情况及2001年计划（草案）的报告、关于彭州市2000年财政预算执行情况和2001年财政预算（草案）的报告、市人大常委会工作报告、市人民法院工作报告、市人民检察院工作报告，通过相应的决议，并批准市国民经济和社会发展第十个五年计划纲要、2001年国民经济和社会发展计划、2000年财政预算执行情况和2001年财政预算。

会议共收到代表联名提出的议案58件，经议案审查委员会审查，主席团决定，对上述议案均改作建议、批评和意见。代表提出建议、批评和意见17件，连同议案转入共75件。

会议期间，市政府和“两院”组织44个职能部门，深入到各代表小组听取和答复代表提出的建议、批评和意见。

第十四届人民代表大会第六次会议　于2002年1月14—18日在彭州会堂召开，228名代表出席会议，列席会议人员184人。

会议的主要议程是听取和审议市人民政府工作报告、市2001年国民经济和社会发展计划执行情况及2002年计划（草案）的报告、市2001年财政预算执行情况及2002年财政预算（草案）的报告、市人大常委会工作报告、市人民法院工作报告、市人民检察院工作报告，通过相应的决议，并批准市2002年国民经济和社会发展计划、2001年财政预算执行情况和2002年财政预算。

会议补选曾万明为市人民政府市长；补选潘昆为市人民检察院检察长。

会议共收到代表联名提出的议案32件，合并为31件，经议案审查委员会审查，主席团决定，对上述议案均改作建议、批评和意见。代表提出建议、批评和意见30件，连同议案转入共60件。

会议期间，市政府和“两院”组织20个部门，深入到15个代表小组，听取代表的建议、批评和意见，并现场作解答。

第十五届人民代表大会

第十五届人民代表大会第一次会议　于2003年1月19—22日在彭州会堂召开。应出席会议代表272人，实到269人，列席会议人员163人。

大会的主要议题是听取和审议市人民政府工作报告、2002年国民经济和社会发展计划执行情况和2003年计划（草案）的报告、2002年财政预算执行情况及2003年财政预算（草案）的报告、关于“加强城市管理建设美好彭州”议案办理的报告、市人大常委会工作报告、市人民法院工作报告、市人民检察院工作报告，做出相应的决议，并批准市2003年国民经济和社会发展计划、2002年财政预算执行情况和2003年财政预算。

会议选举市第十五届人大常委会主任、副主任、委员21人，选举市人民政府市长、副市长8人；选举市人民法院院长和市人民检察院检察长。

会议共收到代表联名提出的议案50件，经议案审查委员会审查，主席团决定，对上述议案均改作建议、批评和意见。代表提出建议、批评和意见63件，连同议案转入共113件。

第十五届人民代表大会第二次会议　于2003年8月7—9日在彭州会堂召开。应出席会议代表272

人，实到会244人，列席会议人员163人。

大会的主要议程是选举彭州市出席成都市第十四届人民代表大会代表35名；补选李刚为市第十五届人大常委会委员。

十五届人民代表大会第三次会议　于2004年1月8—11日在彭州会堂召开。应到会代表272人，实到会252人，列席会议人员40人。

大会的主要议程是听取和审议市政府工作报告、市2003年国民经济和社会发展计划执行情况与2004年国民经济和社会发展计划（草案）的报告、市2003年财政预算执行情况和2004年财政预算（草案）的报告、市人大常委会工作报告、市人民法院工作报告、市人民检察院工作报告，做出相应的决议，并批准市2004年国民经济和社会发展计划、2003年财政预算执行情况和2004年财政预算。

会议共收到代表联名提出的议案35件，经议案审查委员会审查，主席团决定，对上述议案均改作建议、批评和意见。代表提出建议、批评和意见53件，连同议案转入共88件。

第十五届人民代表大会第四次会议　于2005年1月8—12日在行政中心二楼会议室召开。应出席会议代表267人，实到代表231人，列席会议160人。

会议的主要议程是：听取和审议市人民政府工作报告、市2004年国民经济和社会发展计划执行情况与2005年计划（草案）的报告、市2004年财政预算执行情况及2005年财政预算（草案）的报告、市人大常委会工作报告、市人民法院工作报告、市人民检察院工作报告，通过相应的决议，并批准市2005年国民经济和社会发展计划、2004年财政预算执行情况和2005年财政预算。会议补选龚成为市人民法院院长。

会议共收到代表联名提出的议案42件，经议案审查委员会审查，主席团决定，对上述议案均改作建议、批评和意见。代表提出建议、批评和意见59件，连同议案转入共101件。

第十五届人民代表大会第五次会议　于2005年3月29—31日在行政中心二楼会议室召开。应出席会议代表267名，实到代表239名，列席人员40名。

大会的主要议程是补选门生为彭州市第十五届人大常委会主任。

第十五届人民代表大会第六次会议　于2006年1月10—13日在行政中心二楼会议室召开。应出席会议代表262人，实际到会243人，列席会议人员180人。

大会的主要议程是听取和审议市政府工作报告、市2005年国民经济和社会发展计划执行情况与2006年计划（草案）的报告、市2005年财政预算执行情况及2006年财政预算（草案）的报告、关于制定《彭州市国民经济和社会发展第十一个五年纲要（草案）》的说明、市人大常委会工作报告、市人民法院工作报告、市人民检察院工作报告，通过相应的决议，并批准市国民经济和社会发展计划第十一个五年规划纲要、2006年国民经济和社会发展计划、2005年财政预算执行情况及2006年财政预算。

会议共收到代表联名提出的议案27件，经议案审查委员会审查，主席团决定，对上述议案均改作建议、批评和意见。代表提出建议、批评和意见60件，连同议案转入共87件。

第二章　人大常委会

市（县）人大常委会依照《中华人民共和国宪法》和《中华人民共和国地方各级人民代表大会和地方各级人民政府组织法》赋予的职责，行使决定、监督、任免职权，对市（县）人民政府、人民法院、人民检察院的工作，对法律法规的执行和上级的决议、决定的贯彻实施情况进行有效地监督，为发展社会主义民主、健全社会主义法制，推进全市（县）的社会主义物质文明、精神文明、政治文明建设，发挥地方国家权力机关的作用。做好代表联络工作、收集对各方面工作的建议意见并转交相关部门办理；接受并处理代表议案、建议和意见；做好人民群众来信来访工作；领导组织好县、乡二级的换届选举工作；同时做好自身建设。

第一节　第十届人大常委会

第十届县人大常委会，任期为1984年4月至1987年2月。1986年，县人大常委会共召集县人民代表大会会议1次，常委会会议8次；听取和审议重大事项12项，并就其中6项作出决议、决定；依法任免国家机关工作人员29人（次）；督促办理代表提出的建议和意见181件；处理群众来信来访226件（次）；领导和组织县十一届县、乡镇人民代表大会代表的换届选举工作。

行使决定权　1986年，县人大常委会在西郊乡调查乱占滥用土地的情况，并先后3次在人大常委会会议上听取和审议县政府《关于加强土地管理坚决制止乱占耕地以及清理乱占土地情况及处理意见的报告》，做出《关于加强土地管理坚决制止乱占耕地的决议》，通过清查处理，坚决刹住乱占耕地、滥用土地的歪风，把加强土地管理纳入法制管理轨道上来。

行使监督权　县人大常委会先后听取和审议县政府关于环境保护、义务教育、森林绿化、会计统计、药品管理、经济合同、产品质量、兵役、渔业、农作物种子等法律、法规贯彻实施情况的汇报，做出相应的决议和决定，保证宪法、法律在本行政区域的遵守和执行。

行使任免权　共任免国家机关工作人员29人（次）。

代表联络工作　此届县人民代表大会换届后，将全县375名代表按照地域或系统，建立代表小组48个，制订《代表小组工作暂行办法》。

1986年，共收集代表对各方面工作的建议、意见81条，及时转交有关部门办理，使一些群众关心的实际问题得到解决。

议案、建议、批评和意见及来信来访　第十届人民代表大会第三次会议上，共收到代表提出建议、批评和意见177件。其办理结果均以书面答复代表。1986年共收到人民来信来访226件（次）。

自身建设　制定《关于加强自身建设，开创人大工作新局面的意见》《关于进一步完善议事程序的规定》，进一步健全和完善各科室工作条例、规章、岗位责任制度。

在第14次人大常委会议上通过《监督本级司法机关执行法律的暂行规定》，以推进工作的开展。

领导和组织县、乡镇两级的换届选举工作　人民代表大会于1986年进行换届选举。县十届人大常委会召开第18次会议，任命县选举委员会和34个乡镇选举委员会组成人员，依法确定县、乡两级人大代表名额及县分配方案，通过关于县、乡镇人民代表大会换届选举工作的安排和选举工作日程。于1986年12月26日“选举日”全县选民485753人参与投票选举，参选率为97.44%。共选出县十一届人民代表大会代表341名，为应选代表名额364名的93.68%；共选出乡镇人民代表大会代表2099名，为应选代表名额2172名的96.6%。经过及时召开新一届乡镇人民代表大会，选举产生各乡镇长和副乡镇长。

第二节　第十一届人大常委会

第十一届县人大常委会，任期为1987年2月至1990年3月。任期内，召集县人民代表大会会议4次，常委会会议28次，主任会议66次。听取和审议全县改革开放和建设中的重大事项151项，并就其中33项作出决议、决定；依法任免国家机关工作人员103人（次），聘任51人；加强和改进代表联络工作；领导和组织彭县十二届县、乡镇人大代表的换届选举；建立和健全人大常委会及办事机构规章制度28项。

行使决定权　通过《关于学习贯彻全国人大常委会〈关于加强法制教育维护安定团结的决定〉的决议》《关于认真贯彻全国人大常委会〈关于加强民主法制维护安定团结保障改革和建设顺利进行的决定〉的决议》《关于认真学习坚决拥护和贯彻党的十三届四中全会精神的决议》《关于学习贯彻〈成都市保护老年人合法权益的暂行规定〉的决议》，做出《关于实行城镇集体所有制单位职工养老金统筹保险和建立乡镇企业职工养老保险制度的决议》《关于治理天彭镇交通秩序市容市貌环境卫生的决定》。常委会第23次会议听取和审议县人民政府关于加强廉政建设情况汇报后，通过《关于廉政工作的决议》《关于继续深入普及法律常识的决议》，批准《彭县贯彻〈成都市城镇基本建设拆迁管理条例〉及〈成都市城镇基本建设拆迁管理条例实施细则（试行）〉的办法》，批准县1987年财政收支预算部分变更。

行使监督权　十一届人大常委会对环境保护、土地管理、义务教育、食品卫生、药品管理、水污染防治、渔业、森林、计量、会计统计、档案、文物管理等法律，以及计划生育、治安管理处罚、道路交通管理、种子管理、农副产品购销、税收征管、价格管理、违反财政法处罚、成都市城镇基本建设拆迁、管理条例等法规的贯彻实施情况进行监督，对治理经济环境、整顿经济秩序、加强农业、抗旱备耕、多种经营发展、农副产品购销、乡镇企业、工交生产、能源开发、体制改革、工商管理、金融信贷、财税物价、审计监督、科技管理、劳动安全、城镇规划管理、绿化国土、公路建设、广播网络、电气化建设、司法行政、民事审判、严厉打击经济犯罪和严重刑事犯罪等工作实施监督。

行使任免权　三年间，共任免国家机关工作人员103人（次），聘任县人大常委会各工作委员会兼职委员17人。县人大常委会通过《关于在我县乡镇设置人大工作联络员的决定》，并聘任34人为各乡镇人大工作联络员。

代表联络工作　全县341名代表，划分为44个代表小组，制定活动制度，整理“关于当前影响社会安定团结方面的几个问题情况反映”“关于目前乡镇财力负担过重和农民负担过重的问题和建议”“关于发展我县农业生产的几点建议”等三个专题材料，送县人民政府研究办理，同时向县委反映，帮助和支持政府推进工作。

1989年5月，向政府提出加强和改进工程质量管理的意见和建议，县政府和主管部门及时采取补救措施，提高街道路面的质量。

议案、建议、批评和意见及来信来访　十一届人大会议上，代表共提出议案19件，各种建议、批评和意见536件。1988年起，在代表大会上，政府组织专门班子，现场办理代表提出的建议、批评和意见，使许多问题得到答复和解决。此届任期内共收到群众来信762件，接待来访495人（次）。

自身建设　第2次常委会会议起，制订县人大常委会关于《加强自身建设发挥权力机关作用的意见》《全委会议事程序的规定》《代表小组工作的意见》《主任会议制度》《主任三长联系会议暂行办法》《人事任免试行办法》《关于质询的暂行规定》《乡镇人大主席团工作职责试行办法》《常务委员会会议制度的试行办法》《加强同人民代表联系的试行办法》《信访工作暂行办法》等多项制度，使常委会的工作逐步迈上有章可循的轨道。此外，常委会还建立和完善接待代表制度，以及工作职责、岗位责任制、学习制度、保卫保密制度、卫生生活制度等管理制度。

为扩大人大常委会审议决定重大事项的公开程度，决定在每次召开人大常委会会议时，有计划地轮流邀请部分乡镇人大主席团常务主席和人大代表列席会议。

常委会还专题向县委报送《关于在人大自身建设中解决好常委会成员有关几个问题的请示报告》。

领导和组织县、乡镇两级换届选举工作　1989年8月起准备，10月18日建立选举委员会，至1990年1月10日，全县统一投票选举，选出新的一届县、乡镇两级人大代表，全面完成换届选举工作任务。选举日当天，有选民53.7万人参加投票选举，参选率为98.1%，共选出县十二届人大代表246名，为应选代表数的100%；共选出乡镇人大代表1498名，为应选代表数1501名的99.8%。

第三节　第十二届人大常委会

第十二届县人大常委会，任期为1990年3月至1993年1月。三年间，县人大常委会共召集县人民代表大会会议3次，常委会会议26次、主任会议68次，审议县经济建设和改革开放的重大事项125项，并就其中35项作决议和决定。为保障宪法和法律在彭县的贯彻实施，加强法律监督和工作监督，依法任免国家机关工作人员145人（次），聘任6人，组织市、县人大代表开展视察活动25次，督促办理3次代表大会提出的议案、建议、批评和意见253件，处理人民来信644件，接待人民群众来访534人（次），召开代表组长会议、交流代表活动经验会议11次。领导和组织县十三届县、乡镇人民代表大会的换届选举工作。建立和健全人大常委会和办事机构的规章制度29项。

行使决定权　常委会先后听取和审议县政府关于支持发展农业、减轻农民负担、抗洪救灾、加强农田水利基本建设、绿化达标、促进农村经济发展等涉农方面的情况汇报，并作出相应的决议、决定或提出审议意见。

行使监督权　县人大常委会在实施监督中，先后对食品卫生、义务教育、刑法、刑事诉讼、行政诉讼、城市规划、环境保护、兵役法、土地管理、野生动物保护、邮政、传染病防治、违反财政法规处罚、计划生育、乡村集体所有制企业、农民负担、社会治安综合治理、道路交通等法律、法规及上级人大常委会决议、决定的贯彻实施情况进行监督。

行使任免权　县人大常委会共任免国家机关工作人员145人（次），聘任县人大常委会工作委员会兼职委员6人。

代表联络工作　全县246名代表划分39个代表小组，制订《代表活动安排意见》。

议案、建议、批评和意见及来信来访　十二届在三次大会上，共收到代表提出的议案、建议、批评和意见253件。

十二届人大常委会共处理人大代表和群众来信来访1178件（次），其中处理来信644件，接待群众来访534人（次）。

指导乡镇人大工作　人大常委会于9月做出《关于贯彻实施〈四川省乡镇人民代表大会主席团工作条例〉的决议》。

常委会通过轮流邀请乡镇人大主席团常务主席列席县人大常委会会议，以及组织培训、深入指导、以点带面、订阅报刊、送发文件资料等，指导乡镇人大主席团依法履行职责。

自身建设　1990年3月，县十二届人大常委会选举产生后，在第一次全委会上，通过《彭县人大常委会关于常委组成人员工作政治生活待遇有关问题的决定》《关于认真学习，加强团结，联系群众，努力工作的决定》。

县人大常委会于1992年制定《关于学习贯彻〈四川省县级人大常委会行使职权的规定〉的意见》，并通过《彭县人大常委会关于学习贯彻〈四川省县级人大常委会行使职权的规定〉的决议》，使人大常委会工作逐步制度化、规范化。

领导和组织县、乡镇换届选举工作　县人大常委会于1992年10月，召开第23次会议，专题讨论决定第十二届县、乡镇人民代表大会换届选举工作，成立县选举委员会及其办事机构，确定选举工作日程，通过选举工作安排意见，确定县、乡两级应选代表名额和县人大代表的分配方案。

1992年12月10日，经全县选民无记名投票直接选举，共选出县十三届人民代表大会代表347名，为应选代表349名的99.2%；28个乡镇共选出乡镇人民代表大会代表1568名，为应选代表1583名的99.1%。

第四节　第十三届人大常委会

第十三届市人大常委会，任期为1993年1月至1998年1月。五年间，共召集市人民代表大会会议6次，常委会会议51次，主任会议64次、主任“三长”联系会议7次；审议市经济建设和改革开放的重大问题191项，并就其中46项作出决议和决定；依法任免国家机关工作人员227人（次），聘任20人；组织成都、彭州两级市人大代表开展视察活动18次；督促有关部门办理人大代表提出的议案、建议、批评和意见335件；认真接待、办理人大代表和人民群众来信来访2305件（次）；开展16次执法检查；领导和组织市、乡镇两级人民代表大会的换届选举工作。

行使决定权　审议涉及全市（县）国民经济和社会发展的重大事项。五年中，市（县）人大常委会坚持每半年听取和审议市（县）人民政府关于上半年国民经济和社会发展计划执行情况及下半年计划安排、上年度财政决算和上半年财政预算执行情况的汇报，年终听取和审议市（县）人民政府关于当年财政支出预算收支预算部分变更的情况汇报，并作出相应的决议，批准上年财政决算，批准当年财政预算的部分变更。

审议经济建设和改革开放中的重大事项。市（县）人大常委会先后听取和审议政府关于贯彻实施城市规划法、城市建设和管理等工作情况汇报，提出审议意见和建议，做出《关于〈彭州市总体规划〉的决议》《关于批准〈彭州市城市建设规划管理实施细则〉的决议》《关于〈彭州市市区总体规划道路系统南北间通道有关问题的报告〉的审议意见》。

1996年10月批准市人民政府提出的《关于申请验收我市普及九年制义务教育的请示》；1997年6月，听取和审议市人民政府《关于提请依法宣布我市基本普及九年义务教育的报告》。

做好撤县设市的相关工作。县十三届人大常委会于1993年12月16日先后召开第9次、第10次会议，做出15项决定，完备本级人民代表大会、人大代表、人大常委会组织机构、人民政府、人民法院、人民检察院的名称变更、届次确定以及由人民代表大会选举、人大常委会任命干部职务的确认工作。

行使监督权　常委会和主任会议，通过会议审议、深入检查、组织视察等方法，先后对《中华人民共和国劳动法》《中华人民共和国农业技术推广法》《中华人民共和国乡镇企业法》《中华人民共和国行政诉讼法》《中华人民共和国矿山安全法》《中华人民共和国水土保持法》《中华人民共和国环境保护法》《中华人民共和国城市规划法》《中华人民共和国土地管理法》《中华人民共和国义务教育法》《中华人民共和国村民委员会组织法》《中华人民共和国兵役法》《中华人民共和国律师法》《中华人民共和国人民警察法》《中华人民共和国法官法》《中华人民共和国检察官法》《中华人民共和国国家赔偿法》《中华人民共和国妇女权益保障法》《中华人民共和国道路交通管理条例》《中华人民共和国农业机械安全监督管理条例》《中华人民共和国乡村集体所有制企业条例》《农民承担费用和劳务管理条例》《中华人民共和国人口与计划生育条例》《中华人民共和国河道管理条例》《中华人民共和国国防教育法》《中华人民共和国民兵工作条例》《全民所有制工业企业转换经营机制条例》等法律法规的贯彻实施情况进行监督和检查。

行使任免权　五年间，共任免国家机关工作人员227人（次）；聘任市人大常委会各工作委员会兼职委员20人。

代表联络工作　一是积极创造条件提供服务；二是以会代训；三是组织代表开展视察活动。五年间，市人大常委会分别组织成都市和彭州市人大代表，围绕两个文明建设及广大人民群众关心的“热点”、“难点”问题进行视察、调查、执法检查18次；组织代表评议“一府两院”工作，对市公安局、市人民检察院的工作进行评议，推动工作开展。

议案、建议、批评和意见及来信来访　五年间，市人大代表在代表会议期间，共提出议案、建议、批评和意见335件，并将办理结果以《公报》形式印送各位代表。五年间，共受理人大代表、公民、法人和其他组织来信来访2305件（次），其中：办理来信763件，接待来访1542人（次）。1993年，被成都市人大常委会评为信访工作先进单位。1994年，被成都市人大常委会评为办理代表议案、建议、批评和意见的先进单位。

指导乡镇人大工作　28个乡镇先后建立人大主席团办公室，配备相应的工作人员，加强乡镇人大主席团建设。

领导县、乡镇两级换届选举工作　1995年12月5日，是全市乡镇人大代表统一的选举日。经选民无记名投票直接选举，选民参选率达到97.3%，共选出乡镇人民代表大会代表1591名，为应选代表1603名的99.3%。

1997年12月20日，是全市人大代表选举日。经全市选民580540人无记名投票直接选举，共选出市十四届人民代表大会代表272名，为应选代表数的100%。选民参选率达到97.8%。

第五节　第十四届人大常委会

第十四届市人大常委会，任期为1998年1月至2003年1月。五年间，市人大常委会共召集市人民代表大会会议6次，常委会会议51次，主任会议41次，主任“三长”联系会议5次；听取和审议“一府两院”工作报告116项，主任会议审议21项；对有关重大事项作出决议、决定17个；开展执法检查24次，组织调查97次，视察12次；依法任免地方国家机关工作人员336（次），聘任20人；接待和处理人民群众来信来访2928件（次）；督促办理代表议案、建议、批评和意见355件；组织部分省、成都市和彭州市人大代表对市人民法院、成都市质量技术监督局彭州分局、市教体局、市农牧局的工作进行评议；领导和组织市、乡镇人民代表大会换届选举工作。五年间，彭州市多次被省和成都市人大常委会评为宣传人民代表大会制度先进单位。

行使决定权　常委会每年坚持听取和审议市人民政府关于上年度财政决算、当年国民经济计划和社会发展计划及财政预算半年执行情况的汇报，提出审议意见，作出决议，批准上年度的财政决算。年终，听取和审议市人民政府关于财政预算部分变更的报告，并通过决议，批准当年财政预算的部分变更。

1998年5月，在市十四届人大常委会第5次会议上，听取和审议市人民政府《关于依法治市工作情况汇报》，通过《关于进一步加强依法治市的决议》。

市人大常委会在第30次会议上听取和审议市人民政府的专题报告，通过《关于进一步开展法制宣传教育的决议》。

1999年9月，市十四届人大常委会第16次会议，听取和审议市人民政府关于加强审计工作的议案，通过《关于加强全市审计工作的决议》。次年9月，市人大常委会第23次会议，听取和审议市人民政府关于贯彻执行该项《决议》的情况汇报，提出审议意见。

2000年10月，市十四届人大常委会第24次会议，对市人民政府《关于中华人民共和国四川省彭州市与日本国北海道石狩市缔结友好城市关系的报告》进行审议，会议决定通过《中华人民共和国四川省彭州市与日本国北海道石狩市缔结友好城市关系》。

2001年2月，为加强城市管理，按照《中华人民共和国道路交通管理条例》《国务院城市市容环境卫生管理条例》的规定，根据市人民政府提出的议案，市十四届人大常委会第26次会议通过决定，批准《彭州市人民政府关于加强城市管理的意见》。要求市人民政府根据有关法律、法规，制定加强城市管理的行政措施，予以公布施行。

行使监督权　对“一府两院”贯彻实施《中华人民共和国刑法》《中华人民共和国国防法》《中华人民共和国档案法》《中华人民共和国体育法》《中华人民共和国森林法》《中华人民共和国兵役法》《中华人民共和国土地管理法》《中华人民共和国动物防疫法》《中华人民共和国义务教育法》《中华人民共和国水法》《中华人民共和国村民委员会组织法》《中华人民共和国保险法》《中华人民共和国环境保护法》《中华人民共和国乡镇企业法》《中华人民共和国食品卫生法》《中华人民共和国煤炭法》《中华人民共和国工会法》《中华人民共和国审计法》《中华人民共和国矿山安全法》《中华

人民共和国文物保护法》《中华人民共和国税收征收管理法》《中华人民共和国会计法》《中华人民共和国行政处罚法》《中华人民共和国产品质量法》《中华人民共和国法官法》《中华人民共和国检察官法》《中华人民共和国种子管理条例》《中华人民共和国人口与计划生育条例》《中华人民共和国殡葬管理条例》《中华人民共和国民用爆炸物品管理条例》《中华人民共和国自然保护区条例》《中华人民共和国文化市场管理条例》等法律、法规的情况进行法律监督。

市人大常委会通过会议审议、深入检查、会议指导等形式，对“一府两院”关于农业发展、大春备耕、退耕还林、农村经济、农牧执法、招商引资、城市建设、市容管理、道路交通、市场建设、企业改革、税收征管、审计监督、风景旅游、发展个体私营经济、社会治安综合治理、政法公安、普法教育、社区建设、村民自治、科技兴市、文教卫生、广播电视、民族宗教、社会保障、民事审判、经济审判、执行、民事、行政检察、刑事检察、查处和预防职务犯罪等工作的情况汇报，提出建议和意见。

组织部分省、成都市和彭州市人大代表评议。1998 年至 2001 年，市人大常委会组织市人民法院、成都市质量技术监督局彭州分局、市教育局、市农牧局的工作进行评议。

行使任免权 五年间，共任免市人大常委会机关、市人民政府、市人民法院、市人民检察院的地方国家机关工作人员 336 人（次）；聘任市人大常委会各工作委员会兼职委员 20 人。

代表联络工作 围绕两个文明建设及广大人民群众关心的“热点”“难点”问题进行视察、调查、检查 133 次，参加代表达 300 余人（次），发挥人大代表在闭会期间的作用，提高人大代表参与管理国家事务的能力。指导代表小组开展“提一个好建议”“为民办一件实事”“协助解决一个群众关心的热点、难点问题”等多种形式的活动。

议案、建议、批评和意见及来信来访 此届历次人大代表会议上，共收到人大代表提出的议案、建议、批评和意见 355 件，其中 1 件《关于加强城市管理，建设美好彭州》作为议案办理。1998 年和 2000 年，被成都市人大常委会评为督促办理人大代表议案、建议、批评和建议先进单位。五年间，市人大常委会共办理群众来信来访 2928 件（次），其中，办理来信 1236 件，接待来访 1692 人（次）。

指导乡镇人大工作 1999 年以后，彭州市连续 4 年被成都市人大常委会评为指导乡镇人大工作先进工作单位。

自身建设 优化机关工作人员的年龄和知识结构。

领导市、乡镇两级的换届选举 1998 年，全市 28 个乡镇人民代表大会换届选举，时有总人口 72.97 万人，其中选民 56.52 万人，确定应选代表名额 1603 名，划分选区 656 个。12 月 5 日为选举日，参加投票选举的选民 55.41 万人，参选率达 98%，共选出乡镇人大代表 1602 名。

2001 年，全市 28 个乡镇人民代表大会换届选举，时有总人口 73.36 万人，其中选民 57.83 万人，确定应选代表名额 1603 名，划分选区 654 个。11 月 28 日为选举日，参加投票选举的选民 56.86 万人，参选率达 98.3%，共选出乡镇人大代表 1599 名。

2002 年，市十五届人民代表大会换届选举，时有总人口 77.26 万人，其中选民 60.62 万人，确定应选代表名额 272 名，划分选区 137 个。12 月 20 日为选举日，参加投票选举的选民 59.39 万人，参选率达 98%，共选出市十五届人大代表 272 名。

第六节　第十五届人大常委会

第十五届市人大常委会，任期为2003年1月至2006年12月。四年间，市人大常委会共召集市人民代表大会会议6次，常委会会议39次，主任会议115次，主任“三长”联席会议4次；听取和审议“一府两院”工作报告125项，对市有关重大事项作出决议、决定23项；开展调研、视察865次；依法任免地方国家机关工作人员267人（次）；办理人民强群众来信来访1223件（次）；督促办理代表建议、批评和意见457件；组织部分省、成都市和彭州市三级人大代表对市政府有关部门的工作、部分地方国家机关工作人员的述职进行评议；领导市、镇人民代表大会的换届选举；加强代表联络和乡镇人大工作的指导。

行使决定权　2003年，市人大常委会同意市政府的两项提议：将原110千伏太清变电站技改扩容项目调整为在致和镇新建一座110千伏变电站；将西南市街道路综合改造工程调整为四通街新华书店至市计生局路段道路建设。

2003年11月，市人大常委会通过《关于批准包先强等5人为彭州市人民检察院人民监督员的决议》。

2004年9月，做出《关于调整镇行政区划镇人民代表大会代表选举时间的决定》《关于我市、镇两级人民代表大会代表选举时间的决定》。

2005年12月通过《任命国家机关工作人员法律知识考试暂行办法》，自2006年1月1日起施行。

2006年4月，市人大常委会听取和审议市人民政府关于彭州市兴彭建设投资经营有限公司对“天彭镇调露村土地整理”项目资金申请贷款的专题报告，通过《关于同意彭州市兴彭建设投资经营有限公司向成都市商业银行申请贷款的决定》，并对资金的监管、使用、还贷等提出要求。

2006年，同意市政府将原日处理2万吨污水处理厂建设、日处理500吨生活垃圾卫生填埋场一期工程、延秀街低洼棚户改造一期工程三个项目，调整为彭关公路改造、桂花街、龙兴街南段改造、村村建放心商店三个项目。

市十五届人大常委会第38次会议通过《关于开展第五个五年法制宣传教育（2006—2010年）的决议》。

行使监督权　三年间，市人大常委会先后对“一府两院”关于贯彻实施《中华人民共和国环境保护法》《中华人民共和国传染病防治法》《中华人民共和国土地管理法》《中华人民共和国森林法》《中华人民共和国农业技术推广法》《中华人民共和国水法》《中华人民共和国种子法》《中华人民共和国农业机械化促进法》《中华人民共和国矿山安全法》《中华人民共和国价格法》《中华人民共和国产品质量法》《中华人民共和国消费者权益保障法》《中华人民共和国统计法》《中华人民共和国残疾人保障法》《中华人民共和国村民委员会组织法》《中华人民共和国行政许可法》《中华人民共和国保密法》《中华人民共和国兵役法》《中华人民共和国人民防空法》《中华人民共和国警察法》《中华人民共和国律师法》《中华人民共和国执业医师法》《中华人民共和国献血法》《中华人民共和国教师法》《中华人民共和国民办教育促进法》《中华人民共和国传染病防治法》《中华人民共和国食品卫生法》《中华人民共和国药品管理法》《中华人民共和国人口与计划生育法》《城市房屋拆迁管理条例》《国家投资工程建设招标投标条例》《广播电视管理条例》《医疗机构管理条例》《突发公共卫生事件应急条例》《中华人民共和国法律援助条例》《中华人民共和国公证暂行条例》《中华人民共和国看守所条例》《殡葬管理条例》《中华人民共和国行政监察法实施条例》《劳动保障监督条例》《农药管理条例》《广播电视管理条例》《成都市劳动用工和社会保险管理暂行规定》等法律、法规的情况进行监督，提出意见和建议，保证法律、法规在本行政区域的遵守和执行。

行使任免权　三年间共依法任免地方国家机关工作人员 267 人（次）。

代表联络工作　将 272 名市人大代表和 35 名成都市人大代表编为 32 个代表小组，制定《关于市人大代表接待选民、信访工作的意见》，在各镇建立市人大代表接待选民、信访工作室。

议案、建议、批评和意见及来信来访　三年间，共收到市人大代表提出的议案、建议、批评和意见 457 件，并办理完毕。

2003 年，被成都市人大常委会评为办理工作先进单位。

为密切人大代表与人民群众的联系，巩固和加强代表基层基础工作，充分发挥代表作用，市人大常委会于 2005 年 7 月通过《关于市人大代表接待选民、信访工作的意见》。三年间，共办理代表和群众来信来访 1223 件（次），其中办理来信 490 件，接待来访 733 批（次），共 1645 人。2005 年 7 月，市人大常委会通过《彭州市人大常委会关于市人大代表接待选民、信访工作的意见》。

指导乡镇人大工作　按照《四川省乡镇人大主席团工作条例》的规定，市人大常委会从坚持文件、资料、信息交流；指导镇人大主席团依法开展好镇人民代表大会会议、代表小组活动，坚持每季度召开镇人大主席工作联系会议；坚持邀请镇人大主席列席市人大常委会会议等三个方面加强对镇人大工作指导。2005 年 6 月起，将原每次轮流邀请 2 名镇人大主席，变为邀请全体人大主席列席会议。2003 年，被成都市人大常委会评为指导乡镇人大工作先进单位。

自身建设　建立市人大常委会主任（副主任）信访接待制度、市人大常委会法律咨询信访接待制度等；2005 年 8 月，建立健全从常委会领导分工、办事机构职能、个人职责、目标管理、工作流程、会议服务、管理等系统的 25 项制度规定（试行），使机关工作更加制度化和规范化。

领导市、乡镇两级换届选举　依照宪法、选举法的规定，2004 年以后，市人大常委会领导完成 2004 年 10 月五个调整行政区划镇人民代表大会的换届选举、2006 年四季度的市、镇人民代表大会的换届选举。

第三章　乡镇人民代表大会

乡镇人民代表大会是乡镇级国家权力机关，这是宪法所规定的地位。根据地方组织法的规定，乡、民族乡、镇人民代表大会行使十三项职权和罢免权。这十三项职权，可以概括为四个方面：（一）保证宪法和法律在本行政区域内的贯彻实施。（二）决定本行政区域内的重大事项。（三）选举乡镇人民代表大会主席、副主席，乡长、副乡长，镇长、副镇长。（四）监督本级人民政府的工作。

第一节　乡镇人大代表

依照《选举法》《地方组织法》的规定，乡镇人民代表大会代表，由选民直接选举。

1986 年 12 月 26 日，全县 34 个乡镇，有选民 49.85 万人，参加投票选举的选民 48.58 万人，投票选举出乡镇人民代表 2099 名。

1990 年 1 月 10 日，全县 34 个乡镇，有选民 54.735 万人，参加投票选举的选民 53.7 万人，投票选举出乡镇人民代表 1498 名。

1992 年 12 月 10 日，全县 28 个乡镇，有选民 56.52 万人，参加投票选举的选民 55.6 万人，投票直接选举出乡镇人民代表 1568 名。

1995 年 12 月 5 日，全市 28 个乡镇，有选民 55.98 万人，参加投票选举的选民 54.36 万人，投票直接选举出乡镇人民代表 1591 名。

1998 年 12 月 5 日，全市 28 个乡镇，有选民 56.52 万人，参加投票选举的选民 55.41 万人，选举出乡镇人民代表 1602 名。

2001 年 11 月 28 日，全市 28 个乡镇，有选民 57.83 万人，参加投票选举的选民 56.86 万人，选举出乡镇人民代表 1599 名。

根据省政府《关于同意彭州市调整镇行政区划的批复》，2004 年 10 月 28 日，天彭镇、致和镇、丽春镇、濛阳镇、葛仙山镇进行换届选举，5 个镇共有选民 30.46 万人，参加投票选举的选民 29.84 万人，选举出镇人民代表 450 名。

第二节　乡镇人民代表大会会议

1987 年 1 月，全县 34 个乡镇先后召开新一届人民代表大会第一次会议，听取和审议乡镇人民政府、乡镇人大主席团的工作报告，通过相应的决议、决定，民主选举出正副乡镇长 113 名（其中女性 20 名）。

1990 年 1 月 10 日人大代表选出后，2 月底前，各乡镇先后召开新一届人民代表大会第一次会议，听取和审议乡镇人大主席团工作报告、乡镇人民政府工作报告和财政预决算报告，通过相应的决议和决定。全县 34 个乡镇，共选出乡镇主席团成员 216 名、乡镇人大主席团常务主席 34 名（专职 11 名）、正副乡镇长 113 名（其中女性 18 名）。

1992 年 12 月 10 日至 1993 年 1 月，各乡镇先后召开新一届人民代表大会第一次会议，听取和审议乡镇人大主席团工作报告、人民政府工作报告和财政预决算报告，通过相应的决议和决定。全县 28 个乡镇，共选出人大主席团成员 214 名（其中女性 43 名），选出正副乡镇长 125 名（其中女性 14 名）。

1995 年 12 月 5 日—22 日，各乡镇召开新一届人民代表大会第一次会议，听取和审议乡镇人大主席团工作报告、乡镇人民政府工作报告和财政预决算报告，通过相应的决议、决定。全市 28 个乡镇共选出乡镇人大主席 28 名（其中女性 8 名）、人大副主席 27 名（其中女性 6 名），共选出乡镇长 28 名、选出副乡镇长 122 名（其中女性 22 名）。

1998 年 12 月 5 日人大代表选出后，各乡镇都召开新一届人民代表大会第一次会议，听取和审议乡镇人大主席团、乡镇人民政府工作报告和财政预决算报告，通过相应的决议、决定。选举乡镇人民代表大会主席 28 名（其中女性 5 名）、副主席 16 名（其中女性 4 名），选举乡镇长 28 名（其中女性 2 名）、副乡镇长 159 名（其中女性 19 名）。

2001 年 11 月 28 日至 12 月 16 日，各乡镇先后召开新一届人民代表大会第一次会议，听取和审议乡镇人大主席团、乡镇人民政府工作报告和财政预决算报告，通过相应的决议、决定。全市 28 个乡镇，共选出乡镇人大主席 28 名（其中女生 3 名）、副主席 13 名；选出正副乡镇长 122 名（其中女性 1 名）。

天彭、丽春、致和、濛阳、葛仙山 5 个镇的行政区划合并调整后，2004 年 10 月 28 日，各镇选出人民代表后召开新一届人民代表大会第一次会议，听取和审议镇人大主席团、镇人民政府的工作报告和财政预决算报告，通过相应的决议、决定。选举出镇人民代表大会主席 5 名，副主席 5 名（其中女性 2 名）；选举镇长 5 名、副镇长 14 名（其中女性 2 名）。

第五篇 彭州市（县）人民政府

1986—2005 年，彭州市（县）随着改革开放的深入发展，逐步建立社会主义市场经济体制，政府职能随之逐步转变。1997 年，实施市级党政机构改革，对政府机构进行精减、调整、撤并或职能划转。政府工作部门由 46 个精减至 28 个，保留部门的内设机构和人员编制也相应减少。2001 年，实施新一轮机构改革，市政府机构设置为 23 个，机构重叠、职责交叉、政企不分等问题得到进一步解决。在机构改革的同时，全面推进公务员制度改革，先后制定《彭州市推行国家公务员制度实施方案》等文件，在全市各乡镇、行政机关全面开展“为人民服务，做人民满意公务员”活动。

随着政府职能转变，市政府围绕深化农村改革，完善统分结合的双层经营体制，建立健全农村五大服务体系；搞好企业改革，促进“两权”分离；着眼改善投资环境；加强基础建设，改进政府工作。按照经济体制改革和政企分开的要求，逐步把政府的主要精力集中到搞好统筹规划、掌握政策、组织协调和监督服务上来。

在建设规范化、服务型政府中，将依法行政纳入政府目标考核，不断深化行政审批制度改革。2003 年，在多次取消（调整）行政审批项目的基础上，向社会公布 203 项保留的行政审批事项、150 项行政事业性收费项目。在制定并实行科学民主制度、规范办事流程、建立政务服务体系、实施政务信息公开、完善目标绩效考核机制、政府与企业对话沟通制度等方面都取得实效。

20 年间，彭州市（县）人民政府重视对自然环境的保护、对土地资源的管理，对所有环境污染源进行分类严格管理和治理，研制出先进的燃气汽车尾气减排装置。改革土地使用制度，关、停、转矿山企业，加强自然保护区建设，建成“白水河国家自然保护区”和“龙门山国家地质公园”。

20 年间，彭州市（县）人民政府坚持以人为本，改革企业用人制度，优化服务，坚持为民办实事。1988 年全面推行劳动合同制度，开始与劳动合同制工人签订劳动合同并参加养老保险。1992 年在部分全民所有制企业中推行管理人员聘用制度试点，改革招工办法，实行企业面向社会自主招工。1995 年，全面启动再就业工程，指导企业下岗失业职工再就业。10 年间，实现城镇下岗职工再就业 27107 人。为下岗职工发放生活费、救济金 1237.84 万元。

第一章　彭州市（县）人民政府的组成

1986年1月—2005年12月，市（县）人民政府共进行5届换届选举。2000年开始有少数副市长是下派挂职锻炼。政府领导班子组成人员年轻化、知识化、专业化程度不断提高。1985年底，县人民政府直属机构30个，其他机构22个。1993年12月，撤县设市后，市政府工作部门39个，其他机构14个。1997年进行机构改革后，市政府工作机构减至28个，其他机构3个。2001年进行新一轮机构改革，市政府工作部门精减至23个，其他办事机构2个，直属事业单位7个。至2005年，市政府工作部门23个，议事协调机构2个，其他工作机构7个，直属事业单位8个，经济实体1个，实行垂直管理的机构22个。

第一节　人员组成

彭县人民政府，由县长、副县长和县人民政府序列的办事机构的正职等人员组成。彭州市人民政府，由市长、副市长、秘书长（1993年12月—2004年7月设此职务，由政府办主任兼任）和市人民政府序列的办事机构的正职等人员组成。1993年12月16日，彭州市第十三届人大常委会第十次会议通过决定：确认彭县人民政府县长、副县长为彭州市人民政府市长、副市长，县政府组成部门的正职为彭州市人民政府各组成部门的正职。正、副市长仍由市各届（次）人民代表大会选举产生。大会闭会期间，副市长的个别任免由市人民代表大会常务委员会（简称“人大常委会”）根据市长的提名决定任命。代理市长由市人大常委会主任会议提名，人大常委会决定任命。市长、副市长因故辞职，由市人民代表大会或人大常委会决定是否接受其辞职请求。市人民政府组成部门的正职的任免，由市人大常委会根据市人民政府常务会议通过的任免议案决定任免。

彭州市（县）1986—2005年历届人民政府正副市（县）长名录

表5-1-1-1

届次	职务	姓　名	任职时间
第十届（1984.4—1987.2）	县长	段耀华	1984.4—1986。4
		龙声荣	1986.4—1987。2
	副县长	刘世春	1984.4—1987.2
		方品清	1984.4—1986.4
		李同心	1984.4—1987.2
		卿尚福	1984.4—1987.2
		李登菊	1986.2—1987.2
		王家兴	1986.4—1987.2

续表5-1-1-1

届次	职务	姓　名	任职时间
第十一届（1987. 2—1990. 3）	县长	龙声荣	1987. 2—1990. 3
	副县长	刘世春	1987. 2—1990. 3
		李同心	1987. 2—1990. 3
		王家兴	1987. 2—1990. 3
		李登菊	1987. 2—1990. 3
		刘　仆	1987. 5—1990. 3
		卿尚福	1988. 3—1990. 3
第十二届（1990. 3—1993. 1）	县长	刘　仆	1990. 3—1992. 1
	代理县长	李登菊	1992. 1—1993. 1
	县长	李登菊	1992. 1—1993. 1
	副县长	李登菊	1990. 3—1992. 1
		卿尚福	1990. 3—1993. 1
		李同心	1990. 3—1993. 1
		郑心泰	1990. 3—1993. 1
		朱顺刚	1990. 3—1993. 1
		陈少鸣	1990. 7—1991. 11
		周芝茂	1991. 10—1993. 1
		刘纪章	1992. 6—1993. 1
第十三届（1993. 1—1998. 1）	市（县）长	李登菊	1993. 1—1997. 9
	代理市长	周芝茂	1997. 10—1998. 1
	副市（县）长	张忠恕	1993. 1—1998. 1
		刘纪章	1993. 1—1998. 1
		李同心	1993. 1—1998. 1
		郑心泰	1993. 1—1998. 1
		周芝茂	1993. 1—1998. 1
		张思冰	1993. 1—1998. 1
		王慎云	1993. 1—1998. 1
	副市长	孟　渝	1995. 1—1998. 1
		游　浩	1996. 12—1998. 1
第十四届（1998. 1—2003. 1）	市长	周芝茂	1998. 1—2001. 8
	代理市长	曾万明	2001. 8—2002. 1
	市长	曾万明	2002. 1—2002. 12
	代理市长	戴志勇	2002. 12—2003. 1
	副市长	刘纪章	1998. 1—2003. 1
		王慎云	1998. 1—2001. 11
		张思冰	1998. 1—2002. 12
		游　浩	1998. 1—2003. 1

续表5-1-1-1

届次	职务	姓　名	任职时间
第十四届（1998.1—2003.1）	副市长	刘汉元	1998.1—2003.1
		徐尚甫	1998.1—2003.1
		孟　渝	1998.1
		吴宇峰	1998.12—2003.1
		张金泉	（下派挂职）2000.7—2003.1
		叶　浪	（下派挂职）2000.10—2002.12
		曾万明	2001.8—2002.1
		李贵卿	（下派挂职）2001.11—
		谭学军	2001.12—2003.1
		戴志勇	2002.12—2003.1
第十五届（2003.1—2006.12）	市长	戴志勇	2003.1—2005.12
	副市长	王翼刚	2003.1—2005.12
		刘汉元	2003.1—2005.12
		徐尚甫	2003.1—2005.12
		游　浩	2003.1—
		谭学军	2003.1—2005.12
		杨明祥	2003.1—2005.12
		易孔盛	2003.1—2005.12
		潘继平	（下派挂职）2004.12—2005.12
		董淑乾	（下派挂职）2005.4—2005.12
		付　超	2005.12.2—2005.12.31

第二节　机构设置

常设机构和改革

撤县设市前　1985年底，彭县人民政府直属机构30个，其他工作机构22个。1987年4月，计划经济委员会分设为计划委员会（简称“计委”）、经济委员会（简称“经委”），农贸办公室分设为农业办公室、财贸办公室，标准计量管理站改为标准计量管理局，成立经济协作办公室（简称“经协办”）；同月撤销工业局，其机构、职能并入经委；6月，农牧局分设为农业局、畜牧局；8月，县志编写委员会办公室更名为地方志编纂委员会办公室（简称“地方志办公室”）。1988年2月，成立监察局、国土局；6月，政府农业区划办公室划归国土局，保留牌子；8月，恢复设立档案局。1989年7月，撤销标准计量管理局，组建技术监督局；在县保密委员会增挂国家保密工作局牌子；10月，文化体育局分设为文化局、体育运动委员会（简称“体委”）；11月，成立天然气公司；12月，建立环境保护局，城乡建设环境保护局更名为城乡建设局；同年税务局上划垂直管理。1990年1月，成立县政府台湾事务办公室（后与县委台办一套人马）；5月，撤销城乡建设局，建立城乡建设管理委员会（简称“城建委”），同月建立县体制改革办公室；7月，二轻工业局更名为轻纺工业局；11月，县蔬菜购销领导小组办公室更名为县人民政府蔬菜办公室；12月，地名办公室移交民政局归口管理，成立县政府目标管理办公室。1991年5月，财政局增挂县国有资产管理局牌子；6月，医药总公司增挂县医药管理局牌子；8月，建立农业机械管理局；11月，县政府农业办公室更名为县农业委员会。1992年7月，建立县工业总公司；8月，乡企局改称乡镇企业管理委员会（简称“乡企委”）。1993年11月，撤销轻纺工业局，组建轻纺工业总公司。

撤县设市后　1993年12月撤县设市，县人民政府各委、办、局，更名为彭州市人民政府各委、办、局，其他派出机构、政府各非常设机构、所属事业单位等相应更名。撤县设市时，市政府工作部门39个，其他机构14个。

1994年6月，设立对外经济贸易委员会（简称“外经委”，与计委两个牌子一套人马）；撤销农业委员会，设立市委农村工作委员会、市政府农村工作委员会（简称“农工委”，两块牌子一套班子）；7月，市政府目标管理办公室更名为市政府目标管理督查办公室；8月，设立招商局（与经协办两个牌子一套人马）；9月，设立地方税务局。1995年4月，爱国卫生运动委员会办公室（简称“爱卫办”）列入政府序列。1996年4月，设立住房制度改革委员会办公室（简称“房改办”）；8月，设立煤炭工业管理局。

1997年，实施市级党政机构改革，对政府机构进行精减、调整、撤并或职能划转。市劳动人事局、城建委、教育局、乡企委、财贸办、农工委，分别更名为市人事与劳动局、建设管理委员会（简称“建委”）、教育委员会（简称“教委”）、乡镇企业管理局（简称“乡企局”）、贸易局、农村工作领导小组办公室（简称“农工办”，为市农村工作领导小组的实体办事机构）。计委、经委合并为计划与经济委员会（简称“计经委”）。文化局、体委合并为文化体育局（简称“文体局”）。档案局与档案馆合并为档案事业局（简称“档案局”，一个机构两个牌子），为市政府直属事业单位。农业机械管理局改为农业机械事业局（简称“农机局”），为市政府直属事业单位，保留行政管理职能。侨务外事办公室、地方志办公室、人防交战办等机构和职能并入政府办，信访办公室保留牌子归政府办统一管理。经协办、招商局、外经委、物价局等机构职能并入计经委，保留物价局牌子。地震办其机构和行政管理职能并入科委。市机构编制委员会办公室为市机构编制委员会的实体办事机构。粮食、商业、轻纺、医药、物资等部门成建制转为经济实体成立总公司，同时挂相应局牌子。保留市政府办、公安局、民政局、财政局（挂国有资产管理局牌子）、交通局、农业局、卫生局、计划生育委员会、审计局、统计局、工商行政管理局、地方税务局、国土局、科学技术委员会、司法局、监察局（与纪委机关合署办公）、环境保护局、技术监督局、林业局、水电局、广播电视局。经过机构改革，市政府工作部门减至28个，议事协调实体办事机构2个，直属事业单位2个。

1998年1月，市地方税务局上划垂直管理；3月，设立创建卫生城市指挥部办公室（简称“创建办”）、城市综合管理指挥部办公室（简称“城管办”），两办合署办公（一套人马两个牌子），为市政府非常设正局级机构；同月成立建材工业总公司（建材工业管理局）；5月，撤销市工业总公司。1999年4月，工商局上划垂直管理；9月，技术监督局上划垂直管理；同月市蔬菜办公室作为非常设正局级机构设立，归口市农村工作领导小组办公室；11月，撤销轻纺工业局（轻纺工业总公司）。2001年2月，撤销创建办、城管办，设立城市综合管理办公室，8月，组建旅游局。

2001年10月，实施新一轮机构改革，市政府机构设置又有较大的调整和变化。组建对外经济合作局（简称“外经局”）；不再保留教委和体委（1997年机构改革后体委实际未与文化局合并为文体局仍单设)，组建教育和体育局（简称“教体局”)；撤销农业局和畜牧局，组建农牧局；撤销文化局和广电局，组建文化广播电视局（简称“文广局”)；组建市容环境管理局，城市综合管理办公室并入市容环境管理局。计划委员会、经济委员会（两委实际未合并仍单设)、人事与劳动局、科学技术委员会、国土局、建设管理委员会、水电局、计划生育委员会，分别更名为发展计划局、经济贸易局（简称“经贸局”)、人事和劳动社会保障局（简称“人劳局”)、科学技术局（简称“科技局”)、国土资源局、建设局、水利局、计划生育局（简称“计生局”)。保留市政府目标管理督查办公室（简称“目督办”，挂牌子)，维持由政府办管理体制；体制改革办公室、侨务外事办公室、市委市政府信访办公室并入政府办，保留牌子；物价局、统计局并入发展计划局，保留牌子；撤销外经委、经协办、招商局，其职能并入外经局；不再保留贸易局、乡企局、建材工业总公司（建材工业局)、煤炭工业管理局、医药总公司、商业总公司，其行政管理职能均划入经贸局；地震办公室行政职能并入科技局；蔬菜办并入农牧局，保留牌子；爱卫办归并卫生局，挂牌子。设立安全生产监督管理委员会办公室（简称“安监办”)，为安监委的常设办事机构。保留政府办、监察局、公安局、民政局、财政局（挂国有资产管理局牌子)、交通局、林业局、卫生局、审计局、司法局、环境保护局。保留人民防空办公室（简称“人防办”，原交通战备办公室职能划转市交通局)，为市国防动员委员会的常设办事机构，也是市政府人民防空工作主管部门。农机局、档案局（与档案馆一个机构两块牌子)、旅游局、龙门山风景区管理局（由风景名胜旅游管理局更名)、房委办（住房基金管理办公室)、粮食局、地方志办公室为市政府直属正局级事业单位。通过机构改革，市政府设置工作部门23个（监察局与市纪委机关继续合署办公，列入市政府工作部门序列，不计入政府机构个数)，议事协调机构的常设办事机构2个，直属事业单位7个。

2002年1月，设立丹景山风景区管理局，为正局级事业单位；7月，广播电视台与文化广播电视局局台分设。2003年4月，成立彭州工业开发区管理委员会，为非常设正局级机构；6月成立机关事务管理局。2004年5月，在文化广播电视局增挂新闻出版（版权）局牌子，与文化广播电视局合署办公；6月，确认机关事务管理局为市政府机关事务管理局，为市政府直属正局级事业单位；7月，住房委员会办公室机构及人员划归建设局，为市政府直属正局级事业单位（与房管局实行一套人马，两个牌子)。2005年4月，成立政务服务中心，为市政府管理的事业机构；7月，将旅游局与丹景山、龙门山两个风景区管理局的职能进行整合，组建风景名胜旅游管理局，为市政府直属正局级事业单位；8月，设立石化产业发展局，为市政府直属正局级事业单位；同月在建设局基础上设立规划和建设局，不再保留建设局；11月，设立医药、建材、家具、食品和现代物流5个产业推进办公室；12月，在市科学技术局挂知识产权局牌子。至此，市政府工作部门23个（监察局与市纪委机关继续合署办公，列入市政府工作部门序列，不计入政府机构个数)，议事协调机构的常设办事机构2个，直属事业单位7个，其他工作机构7个，经济实体机构1个，实行垂直管理机构或为企业22个。

派出机构

市（县）政府一度设有派出机构。1986年至1992年10月设立通济区，区公所为县政府派出机关。1986年至1989年，通济区辖通济、小鱼洞、大宝、思文、白鹿、磁峰6乡和新兴镇。1990至1992年9月，辖新兴、通济、大宝3镇和磁峰、白鹿、小鱼洞、思文4乡。1992年10月撤销通济区及区公所。

1992年相继设立县人民政府驻北京市（地点：西城区民族宫南街永宁胡同23号)、乌鲁木齐市

（地点：北京路11号工区20号）、深圳市（地点：怡景路景贝南49栋707室）办事处。1996年1月设立市人民政府驻上海市办事处。

彭州市人民政府2005年机构设置情况表

表5-1-2-1

机构类别	机构名称
政府工作部门	政府办公室、发展计划局、经济贸易局、教育和体育局、科学技术局（知识产权局）、公安局、监察局（与市纪委机关合署办公，不计入政府机构个数）、民政局、司法局、财政局（挂国有资产管理局牌子）、人事和劳动社会保障局、国土资源局、规划和建设局、交通局、水利局、农牧局、林业局、对外经济合作局、文化广播电视局（新闻出版局［版权］局）、卫生局、计划生育局、审计局、环境保护局、市容环境管理局
议事协调机构	人民防空办公室、安全生产监督管理委员会办公室
其他工作机构	工业开发区管理委员会，政务服务中心，医药、建材、家具、食品、现代物流5个产业推进办公室
经济实体机构	供销合作社联会社
市政府直属事业单位	农业机械事业局、档案事业局、政府机关事务管理局、石化产业发展局、风景名胜旅游管理局、粮食局、地方志办公室
实行垂直管理机构或企业	人行彭州市支行、中行彭州市支行、工行彭州市支行、农行彭州市支行、建行彭州市支行、农发行彭州市支行、商行彭州市支行、信用联社、人保彭州市支公司、财保彭州市支公司、邮政局、电信彭州市分公司、移动通信彭州市分公司、电力公司（供电局）、气象局、烟草专卖局（烟草公司）、盐业彭州市支公司、国税局、地税局、工商局、质监彭州市分局、药监彭州市分局

第二章　政府会议及工作制度

政府会议，按各个时期市（县）政府工作规则的规定有所不同。第十届县政府分为县长办公会议、政府办公会议、乡镇长联席会议。第十一届县政府分为政府全体会议、政府常务会议、乡镇长联席会议，另有县长和政府党组成员学习会议。第十二届至第十五届市（县）政府分为政府全体会议、政府常务会议、市（县）长办公会议（政府领导碰头会议）、乡镇长会议。政府会议决定的事项，由政府办公室整理、印发会议纪要，并由政府目标管理督查办公室督查落实情况。

20年间，随着地方经济和各项事业的不断发展，政府各项工作制度得以建立和完善。第十届政府建立有4项工作制度。第十一届政府增加完善至12项制度，不断促进政府工作向规范化、制度化、科学化迈进。第十二届政府完善并施行《政府工作规则》（以下简称《规则》），《规则》共分6章35条，对政府职权职责等都做了明确规定。以后，历届政府都根据党和人民对政府工作的要求不断完善《规则》内容。

第一节　政府全体会议

1987 年 4 月至 1995 年 5 月之前，规定为市（县）长、副市（县）长、市（县）政府调研员、市（县）长助理、政府办公室主任和组成部门的正职出席政府全体会议，其他有关单位负责人列席会议。1995 年 5 月至 2003 年 10 月，规定为市政府全体成员，即市长、副市长、秘书长和市政府组成部门的正职参加会议，市政府调研员、市长助理、政府办副主任、乡镇长和其他有关部门的负责人列席会议。2003 年 11 月以后，由市长、副市长、秘书长和市政府组成部门的正职组成，市政府调研员、副秘书长、市级有关单位主要负责人列席会议。邀请市人大常委会、市政协、市法院、市检察院、各人民团体负责人列席会议，并根据需要安排各镇镇长列席会议。1987 年 5 月至 1990 年 2 月，政府全体会议每半年召开一次，由县长召集和主持。1990 年 3 月至 2003 年 10 月，一般每季度召开一次，由市（县）长或委托常务副市（县）长主持。2003 年 11 月之后，一般每半年召开一次，由市长召集和主持，议题由市长确定。会议的主要任务：传达贯彻上级的重要指示、决议、决定和重要会议精神；讨论和决定政府工作中的重大事项，部署政府重大改革措施和其他重要工作；通报国内外重大事件和全市政治经济形势；总结、部署政府工作；讨论通过提交市人民代表大会审议的政府工作报告、市国民经济和社会发展计划报告，以及市财政预、决算草案；讨论通过其他需由政府全体会议决定的重要事项。

第二节　政府常务会议

1987 年 4 月至 1990 年 2 月，规定由县长、副县长参加会议，必要时县政府办公室主任及有关部门负责人列席会议。1990 年 3 月至 1993 年 1 月，由县长、副县长、县政府调研员、县长助理、政府办公室主任出席会议，有关部门负责人列席会议。1993 年 2 月至 1995 年 4 月，市（县）长、副市（县）长、市（县）政府调研员、市（县）长助理出席，政府办公室主任和有关部门负责人列席会议。1995 年 5 月至 2003 年 10 月，由市长、副市长、秘书长组成，市政府调研员、市长助理、政府办公室副主任、与议题有关的市级部门主要负责人列席会议。2003 年 11 月至 2005 年 12 月，由市长、副市长、秘书长组成，市政府调研员、副秘书长、与议题有关的市级部门主要负责人列席会议；邀请市人大常委会、市政协、市人武部有关领导及有关部门主要负责人列席会议。1987 年 5 月至 1990 年 2 月，一般每 10 天召开一次政府常务会议，由县长召集和主持。1990 年 3 月至 2005 年 12 月，一般每月召开一次，由市（县）长或市（县）长委托常务副市（县）长主持。其主要任务：传达贯彻中共成都市委、成都市人民政府和中共彭州市（县）委的重要指示、决议、决定并研究贯彻措施；讨论决定上报中共成都市委、成都市人民政府及中共彭州市（县）委的重要请示、报告；讨论通过提交市（县）人民代表大会及其常务委员会审议的规范性文件（议案）草案和必须经市（县）人民代表大会及其常务委员会通过的人事任免事项；讨论通过由市（县）政府公布的通告、布告、规章、决定、命令等规范性文件；讨论市（县）政府各部门、各乡镇政府请示市（县）政府决定的重要事项；讨论决定其他人事任免及奖惩等事项。

2005 年 10 月，市政府颁发《关于开放市政府常务会议的意见（试行）》，对常务会议开放内容、开放形式和开放要求作出规定，其中规定市政府常务会议邀请人大代表、政协委员和其他群众代表列席会议，每次由市政府办公室结合常务会议议题内容，通知相关单位选派代表，代表可在会上充分发表意见。

第三节　市（县）长办公会议

1986 年 4 月至 1987 年 4 月，由正、副县长参加县长办公会议，可以根据情况请有关部门负责人参加。1990 年 3 月至 1993 年 2 月称为政府办公会议，由县长、副县长、政府调研员、县长助理出席会议。1993 年 3 月至 1995 年 4 月，由市（县）长、副市（县）长、政府调研员、市（县）长助理出席。1995 年 5 月起至 2003 年 10 月，由市长、副市长、秘书长、政府办副主任和与议题有关的部门负责人参加会议。2003 年 11 月至 2005 年 12 月，由市长、副市长、秘书长出席会议，市政府调研员、副秘书长和情况汇报人列席。1995 年 5 月以前，市（县）长办公会议一般每周召开一次，由市（县）长、常务副市（县）长或委托其他副市（县）长主持。1995 年 5 月至 2003 年 10 月，根据需要不定期召开，由市长、常务副市长或委托其他副市长主持。2003 年 11 月至 2005 年 12 月，一般每周星期一召开，由市长或常务副市长主持。其主要内容：研究处理政府日常工作中的重要事项，会议组成人员互通情况，听取有关情况汇报，对有关工作提出意见和做出安排。

第四节　乡镇长会议

1986 年 4 月至 1987 年 4 月，由县长、副县长召集乡镇长（联席）会议，各乡、镇长参加，一般每月召开一次。1987 年 5 月至 1990 年 2 月，分为全县集中召开和分片区召开两种形式：全县性的乡、镇长会议，每季度召开一次；分片区召开的乡镇长会议，每隔一至两个月召开一次。1993 年 2 月至 1995 年 4 月，一般每季度召开一次，由市（县）长或委托常务副市（县）长主持，全体乡、镇长，市（县）长、副市（县）长，政府调研员、市（县）长助理、政府办公室主任和有关委办主任出席。1995 年 5 月至 2003 年 10 月，由市长、副市长、秘书长、市长助理、市政府调研员、乡镇长、市政府办公室副主任参加会议，每半年召开一次。其主要任务：总结、部署市（县）政府的工作，听取乡镇的工作汇报，讨论涉及乡镇的有关重大问题。

第五节　其他会议

市（县）长、副市（县）长，市（县）长助理、政府调研员、秘书长（政府办公室主任）、副秘书长（政府办副主任），根据各自的分工和工作需要，或受市（县）长、副市（县）长的委托，可召开各种专题会议，听取汇报，征求意见，检查工作，研究、协调、处理有关业务问题。有关单位按专题会议形成的纪要抓好工作落实。这种会议形式，有利于及时解决问题和把工作落到实处，在实际工作中运用比较多。

第六节　工作规则

1986 年 4 月 28 日，第十届县政府召开第五十二次办公（扩大）会议，会议形成的《纪要》提出改进和加强政府工作的意见，就政府与县委和县人大常委会以及政府班子成员之间的关系、工作职责和原则及办事程序、建立健全会议、调研等四项制度，提出明确要求和规定，对政府工作进行规范。

1987 年 4 月 25 日，县政府第十一届一次全体会议通过《彭县人民政府工作制度》，对建立请示报告制度、政府领导分工制度、各委办工作制度、政府常务会议和全体会议制度、公文办理制度、接待工作制度提出明确规定和要求。5 月 18 日，县政府第十一届九次常务会议又通过《彭县人民政府工作制度补充规定》，对以上政府工作制度进行充实、完善，一并贯彻执行。

1990 年 3 月 10 日，县政府第十二届一次常务会议通过《彭县人民政府工作规则（试行）》。《规则》规定县政府的主要工作任务，县长、副县长、县长助理、调研员的工作职责，政府会议制度，请示报告制度，工作通报制度，政府文件审批制度，并提出具体要求，使政府工作开始走向规范化、制度化、科学化。

1993 年 2 月 4 日，县政府第十三届一次常务会议通过《彭县人民政府工作规则》，对第十二届政府试行工作规则进行补充完善并施行。1995 年 5 月 3 日，市政府以第 7 号政府令，向市政府各部门、各乡镇人民政府发布施行市政府第十三届四十五次常务会议通过的《彭州市人民政府工作规则》。《规则》共 6 章 35 条，对政府职权职责、会议制度、文件审批制度、调查研究和协商联系制度、其他制度等进一步做出明确具体规定。

1998 年 4 月 2 日，市政府第十四届四次常务会议通过的《彭州市人民政府工作规则》以市政府第 1 号政府令发布施行。该规则重申上届市政府《规则》的各项条款。

2003 年 11 月 14 日，市政府发布施行 2003 年 11 月 10 日第十五届八次常务会议通过的《彭州市人民政府工作规则》。该《规则》分为总则、组成人员职责、决策程序、行政要求、行政监督、会议制度、公文审批、作风纪律等 8 章，共 50 条，在上届政府工作规则的基础上，突出政府决策的民主化、科学化、依法行政、接受各种监督、转变职能和工作作风、严格纪律等方面的新规定，进一步全面规范政府工作，并在促进规范化服务型政府建设中见到成效。

第七节　重要制度

2001 年 4 月，市政府决定建立政府工作落实情况报告制度，并对报告内容、时间、联络人员等事项做出具体规定。

2004 年 6 月 3 日，市政府第十五届十三次常务会议通过《彭州市人民政府重大行政决策基本程序规定（试行）》《彭州市人民政府重大行政决策事项听证暂行规定》，并于 6 月 10 日公布，自 7 月 1 日起施行。两项规定均适用于重要的规范性文件、重大政策措施、重大政府直接投资项目等事项。《彭州市人民政府重大行政决策基本程序规定（试行）》对重大行政决策决定以前和决定时的程序提出明确要求，《彭州市人民政府重大行政决策事项听证暂行规定》就重大行政决策基本程序中的听证程序进行具体规范。6 月 18 日，建立市政府与市总工会联席会议制度。联席会议每年召开一次，遇特殊情况时可随时召开。会议主要内容包括商议、研究全市经济建设和社会发展问题，职工队伍建设，涉及职工利益的重大问题，有关工会自身建设等 9 个方面。每次联席会议的议题，在会前半个月由市政府和市总工会共同商定。联席会议确定的事项，形成会议纪要。应由政府解决的事项由政府组织实施，属于工会范围的事项由市总工会组织实施，并在下次联席会议上通报实施情况。是月，建立市政府与企业对话沟通制度。该《制度》包括对话沟通的内容、主要形式、建立对话沟通机制、建立实施重大政策事先征询企业意见制度、建立政府信息定期发布制度、帮助企业解决生产经营活动中应由市政府解决的重大问题、发挥工商联和行业协会等机构的联系沟通作用等方面的规定和要求。市政府有关部门在 8 月 1 日前制定出具体的实施办法并对外公布。11 月，市政府决定建立全市经济形势分析会议制度。每季度召开一次全市经济形势分析会议，市委、市政府有关领导和市政府各主要经济部门负责人参加会议，由市政府各主要经济部门分别通报各自领域前一阶段的主要工作情况，分析存在的主要问题和矛盾，预测下一阶段的发展态势和相关指标完成程度，提出工作重点和具体措施，为市政府决策提供依据和有价值的参考意见。

2005 年 7 月 4 日，市政府第十五届三十二次常务会议通过《彭州市重大行政决策事项专家咨询论证办法》，并于 7 月 15 日公布，自 8 月 1 日起施行。该办法是对《彭州市人民政府重大行政决策基本程序规定（试行）》中研究论证程序的进一步完善，对专家咨询论证事项、设立专家咨询论证委员会及办公室、建立咨询专家库、咨询论证办法和方式、咨询专家的选取聘任和权利义务等做出具体规定，明确提出凡重大行政决策事项在提交市政府全体会议或市政府常务会议讨论决定前，原则上应经专家咨询论证。7 月 8 日，市政府公布《彭州市行政效能投诉举报制度》，并在市政府各部门和各镇政府中实行。该《制度》对投诉举报机构的设置和受理范围、受理原则和办理办法、对被投诉人有损行政效能行为的查处等做出明确规定。制度实行后至 2005 年底，监察局共受理举报投诉 22 件并全部办结，查处效能低下问题 5 件，给予组织处理 6 人。11 月 12 日，市政府第十五届三十八次常务会议通过《彭州市重大行政决策调查研究制度（试行）》（以下简称《制度》），12 月 8 日发布执行。该《制度》使《彭州市人民政府重大行政决策基本程序规定（试行）》中决策前的调查研究程序进一步规范和健全。《制度》规定有计划地围绕重大行政决策事项进行前期调查研究工作，并形成调研报告，提出决策建议，供政府决策参考。

第三章　施政纪要

1986—2005 年，历届政府认真贯彻执行党的路线、方针、政策，以经济建设为中心，紧紧围绕党中央“改革、开放、搞活”的方针，着力搞好全市农村经济体制改革、企业改革、整顿经济秩序，调整产品结构、为人民群众办实事、构建“阳光政府”、推进城乡一体化、招商引资、转变政府职能等 23 方面工作，努力推进彭州市经济实现跨越式发展和社会各项事业全面进步。

第一节　第十届政府

1984年4月至1987年2月，先后实施县国民经济和社会发展第六个和第七个五年规划，按照中央“改革、开放、搞活”的方针，积极开拓进取，在加强和改善宏观调控的同时，以提高效益为中心，探索搞活微观的路子，保持经济增长速度，用更多的精力加强社会主义精神文明建设。

持续稳定发展经济

继续强化农业基础地位；在稳定和完善家庭联产承包责任制的同时，深入进行农村第二步改革；贯彻中央“决不放松粮食生产，积极发展多种经营”的方针，积极稳慎地进行农业生产布局和产业结构调整；增加农业投入，加强农业科技成果的推广、应用，建立和配套农业服务体系，三年间，用于农业科技、小型水利和农田基本建设的财政资金达177.9万元，以促进农村经济全面发展。在工业生产方面，以提高经济效益为中心，坚持改革，搞活企业；深化厂长（经理）负责制改革，建立健全企业内部经济责任制；抓好技术改造和新产品开发；进行产业、产品结构调整；开展跨地区、跨行业的横向经济联合；促进工业企业由生产型向生产经营型的转轨变型，提高企业素质和适应市场的能力。在商业贸易方面，放手搞活多层次、多渠道、多形式的流通网络和服务体系，积极组织商品购销，促进商品生产，繁荣市场；大力搞好市场建设，合理调整市场布局。培育乡镇企业“五个轮子”（乡镇、村、组、联办、户办企业）齐转的格局。

发挥经济杠杆的职能作用

进行利改税和税收、财务、物价、信贷大检查以及清理整顿公司等工作，维护正常的经济秩序。物价部门初步对价格体系进行改革，及时放开农副产品购销价格，财政、税收部门按有关政策为企业减免税收，三年发放生产扶持周转金201万元，积极为企业提供贷款。

加强基础设施建设

加大投入，完善生产、生活设施，加强能源、交通、旅游等基础设施和小集镇建设。完成全社会固定投资6647万元，新建住宅8万平方米，投入资金250万元建成小马公路、三邑大桥，加宽改造公路318公里等。

社会主义精神文明建设

在干部群众中深入开展坚持四项基本原则、“四有”（有理想、有道德、有文化、有纪律）、政策法纪、职业道德等教育和“五讲四美三热爱”、“三优一学”、创建文明单位等活动；加强科技、教育、文化、广播、体育、卫生等事业的建设和管理。

第二节　第十一届政府

1987 年 2 月至 1990 年 3 月，第十一届县政府任期的三年，正处于全国性经济过热，消费增长过快，物价上涨过猛，通货膨胀明显，进而转向治理经济环境，整顿经济秩序，经济体制改革从农村到城镇全面展开的形势之下，政府工作以深化改革统揽全局，以治理整顿为重点，调整经济结构，增加有效供给，转变政府职能，按照发展社会主义商品经济的总目标，依靠科技进步提高经济效益，促进全县国民经济逐步走向健康、稳步发展的轨道。

全面展开经济体制改革

深化农村改革，进一步发展和完善统分结合的双层经营体制，实行农业集团承包，进行“队改社”（生产队改农业生产合作社），建立 4149 个农业合作社，成立 34 个合作基金会，聚集资金 824 万元，新建和扩建 26 个乡镇服务站。全民、集体工商企业普遍推行以效益目标为主的承包经营责任制和联购联销计酬经营责任制，实行招标承包、全民承包和风险抵押承包及租赁经营等。

治理经济环境和整顿经济秩序

继续深入进行税收、财务、物价、信贷、现金大检查，清理整顿公司、基建项目。三年共查处投机违法案件 5617 件，制造销售假冒伪劣商品案件 32 件，对 160 个项目和单位进行经济审计和调查。

改善投资环境和基本设施建设

集中资金保证重点建设。针对市政建设欠账多的问题，加强城市基础设施建设和城市综合治理。三年间，通过上级扶持、贷款、集资等方式，筹措、投入资金 2.67 亿元，用于能源、交通、通信、城市基础建设、教育等方面的建设，新建关口火电站、桂花树水电站等 17 座水火电站，新改扩建公路 116 公里，敷设城区 16432 米供水、污水管网等。

发展各项社会事业

科技工作增加开发、推广、攻关课题，推动科技工作直接为经济建设服务，进行和完成职称改革。深化教育改革，巩固发展教育成果。加强文化、广播电视工作。继续推进体育事业，抓好群众体育组织建设，开展好群众体育活动。进行卫生管理体制改革，抓好县、区、乡（镇）、村四级卫生网络建设，提高防保工作质量。改革计划生育管理工作，层层建立人口目标管理责任制，加强基层基础工作，提高计划生育率。

转变政府职能和改进政府工作

按照经济体制改革和政企分开的要求，探索改革经济管理方式，逐步改变政府把主要精力用来定指标、批项目、分资金、分物资的做法，集中力量搞好统筹规划、掌握政策、组织协调和监督服务等工作，学会主要运用经济的、法律的手段，提高政府对宏观经济活动的调控能力，为经济发展创造良好的外部条件。积极推行公开办事制度，增进政府与人民群众的联系，提高政府工作透明度。

第三节 第十二届政府

1990 年 3 月至 1993 年 1 月，第十二届县政府任期的三年，处在完成县“七五”计划和制定、实施县“八五”计划的交替时期，是三年治理整顿和深化改革、扩大开放的关键年份，同时面临稳定政治、稳定经济、稳定社会的根本任务。县政府各项工作着眼于稳定、服从于稳定、服务于稳定，坚定不移地贯彻执行党的基本路线和邓小平南巡重要谈话精神，贯彻执行保持国民经济持续稳定协调发展、物质文明和精神文明一起抓等方针，继续推进治理整顿和改革开放，把经济工作的重点切实转变到调整结构和提高效益的轨道上来，促进经济建设、改革开放和社会事业的全面发展。

深化改革，扩大开放

加快改革开放步伐，继续推进企业、农村、流通体制、劳动人事、住房和社会保障等制度的改革；巩固和发展与国内外友好城市和地区、企业等的横向联系与协作，致力形成全方位开放格局。

调整结构，提高效益

把农业放在优先发展的地位，在稳定粮食生产面积、主攻单产、确保粮食增产的同时，科学安排种植结构，优化作物布局，加快调整蔬菜生产结构。积极发展多种经营，下功夫继续抓好商品生产基地建设，逐步扩大生产规模，形成商品生产优势。扶持专业村、专业户的发展，抓好科技示范户、村、乡（镇）建设。抓好农田水利基本建设，全面推进农业综合开发。建立多层次、多渠道的农业资金投入体系，增加农业收入，切实抓好科教兴农，增强农业发展后劲。积极调整、优化工业产业、产品结构和企业组织结构，巩固以电力为主的能源基础产业，适度发展煤炭工业，逐步开发天然气。建材、食品等支柱产业上规模、创名优。集中人力、物力和资金，重点扶持医药、机械、化工等领先产业；逐步发展有一定基础和条件的冶金等工业；加快现有企业特别是老企业、重点企业的技术改造，推进企业的技术开发、引进和推广。进一步开拓市场，扩大产品销售。按照“调整、整顿、改造、提高”和“积极扶持、合理规划、正确引导、加强管理”的方针，促进乡镇企业健康发展，逐步提高技术水平、经济效益和企业整体素质。治理、整顿流通领域秩序，搞活流通，抑制物价上涨幅度，加快商贸和其他服务业的发展。

发展各项社会事业

把发展科技放在经济社会发展的关键地位，依靠科技进步振兴经济。加快推行九年制义务教育，大力发展各类职业教育、技术教育和成人教育，推动和加快农村教育综合改革。繁荣文化事业，加强文化市场管理，开展好群众性体育活动。以除害防病为中心，开展爱国卫生运动，做好普及初级卫生保健工作。计划生育以农村为重点，加强基层和基础工作，努力控制人口增长。

做好为民办实事项目

根据人民群众的实际需要和地方财政的承受能力，尽力为人民群众办实事，并列入每年的目标管理进行考核。三年共安排重点工程 48 个，涉及能源、交通、通信、城市基础建设等方面，总投资 7.24 亿元。

第四节　第十三届政府

1993 年 1 月至 1998 年 1 月，第十三届市（县）政府任期由原来三年改为五年。五年间，正是市、县建制交替，经济社会发展“八五”“九五”计划前后实施，建立社会主义市场经济体制起步推进，改革开放步伐加快，全市农村“小康”建设有序进行的重要时期。政府工作牢牢把握“抓住机遇、深化改革、扩大开发、促进发展、保持稳定”的大局，逐步把工作重点转向依靠科技、优化结构、提高效益上，致力推进国民经济持续、快速、健康发展和社会全面进步，全市综合经济实力明显增强，1994 年获全省平原先进县（市）称号，1995—1997 年连续三年被评为全省县级经济综合评价十强县（市），排名从 1995 年的第 9 位升至第 8 位。

加大改革开放力度

围绕建立社会主义市场经济体制，全面深化各项改革，加快对外开放步伐。以企业改革为重点，在转换企业经营机制的基础上，积极推进国有、集体企业产权制度改革，试点并逐步建立现代企业制度，发展企业集团，形成规模经济，积极稳妥地把企业推向市场。农村改革以稳定土地承包权、放活经营权为目标，完善多种形式的农业社会化服务体系，探索建立以土地使用权有偿转让为中心内容的土地流转机制。实施计划、财税、金融、价格、投资、国有资产管理、粮食、商品、供销、外贸、劳动人事、工资分配、住房、社会保障等方面体制和制度改革，逐步形成统一、开放、竞争、有序的市场体系。扩大对外开放，利用区域内的资源优势、优惠政策和投资环境的逐步改善，多种形式广泛进行招商引资，形成多层次、宽领域、全方位的开放格局。

转变经济增长方式

强化农业基础地位，以“稳粮增收达小康”统揽农业和农村工作，实施“山区发展菌药林、丘陵发展果牧桑（草）、坝区发展粮菜养”的区域经济发展战略，调整农业内部结构，发展高产优质高效农业，抓好商品生产基地建设，发展和扶持“一乡一业、一村一品、一户一专”的规模经营，推进农业产业化进程，加快农村小康建设。调整工业产业和产品结构，提高工业经济增长质量和效益。实行“多轮驱动、多轨运行、多业并举、多向投入”的方针，推进乡镇企业大发展、大提高、上台阶。积极扶持和发展非公有经济。按照国家、集体、个人一起上的原则，发展第三产业，培育、繁荣城乡市场，搞活商品流通，稳定市场物价，促进商贸、餐饮等传统服务业，发展保险、旅游、房地产等新兴产业。

加快城市和重点建设

城市建设按照规划主要搞好旧城改造和新区开发，提高城市的现代化水平。新建一批能源、交通、通信、商贸等领域的重点工程。加快完善彭州工业开发区、乡镇企业城（后改称乡镇工业开发园区）的基础设施，抓好试点和重点小城镇建设。

全面发展各项社会事业

坚持实施“科教兴市”战略，加速科技成果的转化；深化教育改革，1996 年按期完成“普九”任务并巩固和发展其成果，发展高中教育、职业技术教育等各种形式的教育，促进应试教育向素质教育的转变，鼓励和实行多渠道、多形式的社会集资办学和民间办学；开展创建全国卫生城市和卫生城镇活动；加强环境保护，搞好城市环境、湔江水域、饮用水源保护区的综合治理等。

第五节　第十四届政府

1998 年 1 月至 2003 年 1 月，第十四届市政府任期的五年间，正值世纪更替，面临亚洲金融危机和国内市场需求乏力的深刻影响，处在国家宏观产业政策调整，实施西部大开发战略，中国加入世界贸易组织，全市宽裕型小康建设起步推进，机遇和挑战并存、希望和困难同在的内外部经济环境之中，市政府外抓招商引资、内抓企业改革，实施“工业富市、城建活市”两大发展战略，努力摆脱经济发展缓慢的被动局面。1998 年连续第四年被评为全省“县级经济综合评价十强县（市）”，排名从 1997 年的第 8 位降至第 10 位。

加大投资，鼓励消费，拉动经济增长

抓住国家实行投资拉动政策和实施西部大开发的机遇，树立适度负债发展的新观念，扩大投资需求，调整基础设施建设结构，集中力量重点加强农田水利、交通、通信、广播电视、生态、环保、城建、旅游、天然气、城乡电网改造等基础产业和基础设施建设，并争取上级支持。同时，积极引导消费，扩大内需，促进消费拉动。全面清理和取消限制消费和流通的一些政策规定，落实鼓励消费的各项政策；在城镇停止住房实物分配，扩大住房信贷规模，引导和鼓励居民增加住房、家电等高档商品消费，不断形成新的消费热点；开拓农村消费市场，为农民扩大消费创造条件；拓宽城乡消费领域，扩大信息、旅游、教育、文化娱乐、体育、社区服务等非商品消费；大力组织促销扩销活动，办好各种节会，激活消费市场，营造商机，刺激消费。

企业改革

坚持“放开、搞活”的原则，按照“产权清晰、权责明确、政企分开、管理科学”的要求，加大国有、集体企业改革的力度，攻坚破难，从根本上扭转企业改革滞后的局面。以企业产权制度改革为核心，调整完善结构为重点，推行各种形式的改组改制，改制不彻底的企业进行规范性的第二次改革，围绕国有企业三年改革和脱困目标，采取“一企一策、一企多策、因企施策”的办法，务求企业改革取得实质性进展；进一步完善改革配套政策，为企业改革创造宽松环境和条件；实行市领导联系改制企业责任制，及时协调处理企业改革中的诸多难题；多渠道筹措资金，支持企业改革。

调整经济结构

按照“围绕市场调结构、增收富民奔宽裕”的基本思路，实施山丘坝区域经济发展和浅山丘陵地区开发两大战略，调整优化农业产业结构和农村经济结构。工业经济结构调整方面，以培育发展支柱产业、优势企业和优势产品为重点，壮大能源、医药、建材、化工四大支柱产业，并根据国家产业政策和不断变化的新情况，采取综合性对策，提升医药工业，振兴食品工业，稳定电力、建材工业，压缩煤炭工业，培育环保、汽配机械工业，引进石油、化工工业。第三产业结构调整，以构建有彭州特

色的第三产业发展格局为重点，加快传统服务业的结构优化和升级，发展社区服务、物业管理、农业服务业、信息咨询、中介服务等新兴第三产业，以发展旅游业带动整个第三产业的发展。

增强经济发展后劲

主要工作有：抓好招商引资，力求取得突破性实效。放手发展非公有制经济，使其在国民经济中比重不断提高。抓好乡镇企业第二次创业，促进企业上规模、产品上档次。抓好农业产业化经营，加快农业产业化进程。发展旅游业，尽快形成吃、住、行、游、娱、购为一体的旅游经济。

提高对外开放水平和实效

坚持对内对外开放并重，抓住国家实施西部大开发的历史机遇，加强同东、中部地区和国内友好市县的区域经济技术合作，扩大和推进与日本石狩市、富田林市及其他国外友好地区在经济、文化、教育等方面的广泛交流与合作，以大开放促进大发展。

促进社会全面进步

巩固发展“两基”（基本普及九年制义务教育和基本扫除青壮年文盲）成果，大力普及高中阶段教育，推行办学体制改革，鼓励社会力量兴办教育。以“五个一”工程为龙头，繁荣文化事业。开展群众性体育活动，争创全国体育先进市。深化卫生改革，加强农村三级医疗预防保健网络建设。加强社会治安综合治理，消除各种不稳定因素，维护社会稳定。

第六节　第十五届政府

2003 年 1 月至 2005 年 12 月，第十五届市政府任期应为五年，至 2007 年 12 月，本志仅反映三年。三年间，在全国全面建设小康社会、构建社会主义和谐社会的新形势下，正是完成市“十五”计划的关键时期，同时又面临着非典型性肺炎、高致病性禽流感等疫情的严峻考验和不利影响。面对新的机遇和挑战，市政府顺势而为，乘势而上，树立和落实科学发展观，围绕“三个转变”和实现“三新”、“三最”目标，按照“推进彭州发展新跨越、建设宽裕型小康市”和“推进城乡一体化、建设和谐新彭州”的总体要求，抢抓新一轮竞争先机，推进彭州经济社会齐发展，城乡互动共繁荣。

继续实施“工业富市”发展战略

围绕实现工业发展新跨越，走新型工业化道路，加快工业化进程。加强企业改革力度，实施国有企业、集体企业百分之百改制、改制企业百分之百触动产权、企业职工百分之百转变身份。优化工业布局结构，推进工业向工业开发区集中，完善重点镇区域工业布局；优化行业结构，着力打造现代医药、精细化工、优质建材、绿色食品四大工业基地，加快发展和做大做强四大优势行业，增强行业带动力；优化工业规模结构，按照“助强扶弱带中间”的发展思路，促进大、中、小企业的合理分工和协调发展，发挥重点优势企业的龙头作用、规模以上企业的支撑作用、中小企业的补充作用；优化企业资本结构，提高资产重组质量，促进资本结构多元化；优化工业产品结构，利用高新技术和实用技术增加产品品种，提升产品质量，培育“彭州造”产品品牌。加大企业技术改造力度，重点加快优势行业的技改步伐，增强企业的竞争力；逐步淘汰污染重、工艺落后的“十五小”和“新五小”企业。

坚持实施“城建活市”战略

围绕营造最优创业环境和最佳人居环境及“创园林城市、建花都彭州”的目标，加强城市的高起点规划、高质量建设、高效益经营、高水平管理，提升城市整体形象；实施城市“净化、绿化、亮化、美化”工程，增强城市的综合功能；强化经营城市理念、盘活政府可支配的城市资产，推进城市资源市场化运营和城市投融资体制改革；探索和改革城市管理体制，完善城市管理制度，创新城市管理手段，加大监管和执法力度。加快小城镇建设步伐，重点抓好濛阳等试点和重点小城镇建设，发展各具特色的镇域经济，推进农村城镇化进程。继续加强交通等基础设施建设。

坚持实施“旅游兴市”战略

按照“避暑胜地、休闲港湾”的发展定位，突出“四大主体特色”，用好已有的国家级旅游资源品牌，全面提升彭州旅游整体形象，以旅游业的发展带动和促进第三产业的发展。

繁荣农村经济并推进城乡一体化

按照“统筹城乡发展，全面建设小康”和“统筹城乡经济，推进城乡一体化”的发展思路，走农村工业化、乡村城镇化和农业现代化之路，推进“三个集中”（工业向园区集中、农民向城镇集中、土地向规模经营集中），抓好“三大重点工程”（农业产业化经营、农村发展环境建设、农村扶贫开发），促进城乡共同发展。

开创对外开放新局面

以招商引资统揽经济工作全局，实施“一把手工程”，主要领导以主要精力抓招商；转变招商理念，实行“以资源换技术、以产权换资金、以市场换项目、以存量换增量”，“筑巢引金凤，让利求发展”，吸引外资进入各个领域；调整招商策略，以经济发达地区和海外为重点招商地域，以大企业、大公司、大集团和成都东郊外迁企业为重点招商对象，坚持招大引强，着力引进大中型、税源型、科技型、环保型项目；优化招商载体，以储备项目尤其是资源项目、优势行业、工业开发区和重点优势企业等为主要招商载体；不断创新招商方式，推行委托招商、代理招商、协作招商，注重以商招商、以厂引厂，搞好上门招商、定向招商、网上招商等；继续改善招商引资环境，尤其是优化软环境，提高招商引资队伍素质，诚信履诺兑现优惠政策，以“把方便让给企业，把麻烦留给政府”的积极姿态，做好项目建设协调服务工作，完善招商引资考核、激励机制。继续加强对外经济技术交流与合作，扩大对外贸易。

激活民间资本和壮大民营经济

切实营造有利于民营经济发展的良好社会氛围，着力推进民间资金向民间资本转变，进一步放宽经营领域、拓展发展空间，大力扶持科技型、就业型、农产品加工型、生态环保型和外向型五个重点领域的民营企业，鼓励、引导、支持民营企业进行技术改造、科技创新和争创名牌，促使有条件的私营企业建立现代企业制度，努力造就高素质的民营企业家群体。

加快和统筹发展社会事业

加大科技创新，坚持教育优先发展，深化医疗卫生体制改革，扎实开展群众性精神文明创建活动，实施积极的就业政策，开展普法教育和创建“平安彭州”活动。

建设规范化服务型政府

按照中共十六大报告对政府的职能定位，尽快将政府职能转变到经济调节、市场监管、社会管理和公共服务上来；围绕建立行为规范、运转协调、公正透明、廉洁高效的行政管理体制的目标要求，在搞好试点的基础上，突出依法行政、科学民主决策、规范优化办事流程、政务信息公开、完善目标绩效考核、建立政府与企业对话沟通制度等六个重点，在市政府及所属部门和镇政府中全面推行规范化服务型政府建设，每年为民办好十件实事。

第四章　环境保护与国土资源管理

1977年9月，彭县建立环境保护办公室，负责每年监测、分析县境内主要污染源的废水、废气、噪声污染情况。1989年12月，成立彭县环境保护局，列入县政府工作部门序列，承担着全县环境保护管理工作。1993年12月彭县撤县设市后，更名为彭州市环境保护局。随着地方经济社会的发展，市环境保护局主要工作职责由过去较为单一的监测，分析扩展到依据政府重大经济计划进行环境影响评价，以及实施监督检查国家颁布的大气、水体、土壤、噪声、辐射、固体废物、有毒化学品、机动车污染防治等60余项内容。

1988年2月，成立彭县国土局，县农业区划办公室划归国土局。彭县撤县设市后，彭县国土局更名为彭州市国土局，2001年10月，更名为彭州市国土资源局。1999年1月至2003年6月，国务院、国土资源部先后颁布和下发国家进行土地使用制度改革有关《规定》《通知》后，市国土资源局结合彭州市实际，先后建立健全《土地交易管理制度》《建设用地供应总量控制制度》等7项制度，不断引入市场竞争机制。围绕自然保护区和地质公园的建设，开展整治和保护工作。

第一节　环境保护

1993年，市环境保护委员会向全市各乡镇发出通知，要求成立以乡镇党委书记为组长，乡镇长为副组长，分管企业副乡镇长和企办室主任为成员的环境保护目标领导小组。对全市在"九五"期间环境保护实行目标管理，减缓污染加剧和生态恶化的趋势，并下达主要指标，根据生态环境条件调整工业布局，改善湔江河水域环境，规划建设经济开发区和乡镇工业小区。对天彭镇及城郊污染扰民和存在重大安全隐患的工业项目进行关闭、转产或迁出城区，对无法迁出城区的工业企业，在确保安全的前提下进行技术改造，增产减污。随着国家环境保护法律、法规的完善，在社会主义市场经济体制下运用经济手段促进环境保护。

排污企业的管理

制药、化工、造纸、宰杀行业

1992年，彭县的原药（主要有黄连素、芦丁、胆红素等）生产发展很快，为全县经济发展贡献较大，但另一方面也给彭县的环境造成一定程度的污染。这些污染不仅给当地的农业、渔业带来损失，同时也影响到原药行业自身发展。1992年初，县政府与成都市政府签订《目标责任书》，并将目标责任下达到有关部门。同年5月，县工商行政管理局、县环境保护局联合行动，对原药生产行业进行专项检查，并由县环保局与生产厂家签订《治理责任书》，明确规定从1993年起，未取得“环境保护设施验收合格证”的原药生产厂家，县工商局不予办理《工商营业执照》的年检、换证。通过一系列举措的实施，使县境内原药生产行业的污染状况大为改善。

2004年8月初，联邦制药有限公司建成投入试生产，对环境造成了一定的影响，经市环保局监察人员在对该公司进行例行检查时发现，企业废气、废水排放均未按环评要求进行处理，有严重隐患。市环保局向企业下达整改通知书，并向省、成都市环保局汇报，同时请示市政府责令该公司停产整改。在该公司整改期间，市环保局监察、监测人员实行24小时监控，并将每天的监控情况向省、成都市环保局汇报。经省环保局组织省、成都市专家对该公司整改情况进行验收合格，同意该公司于2004年9月8日恢复试生产。

彭州市林祥有色金属有限公司地处原利安乡白庙村八组。该公司为化工生产性企业。2001年4月7日夜间，因工作人员操作失当，致使酸雾外泄，造成白庙村15亩农作物大部分受害。市环保局立即对事故进行调查处理，向该公司提出4点要求：（1）停止生产，进行整改，消除可能存在的污染隐患；（2）加强对工作人员的教育，提高工人的素质和责任心；（3）建立和完善管理制度，全面强化生产管理；（4）对有关责任人员进行严肃处理。市委、市政府高度重视此事，召开专题会议研究解决该公司的环境污染问题。该公司通过整改达标后恢复生产。

2002年，彭州市境内18家造纸企业，均无制浆工艺，企业都以纸浆、浆板、废纸作原料生产卫生纸。经检查监测，造纸企业都不同程度存在污染现象，有的企业无治理污染设施，将生产废水直接外排；有的污染治理设施擅自闲置；有的企业监测结果超标。市环保局依据调查监测结果，分别对18家纸厂进行处罚。对其中2家企业给予经济处罚；3家企业给予停产治理，同时给予经济处罚；向9家企业下达限期治理通知书；责令2家企业办理环保审批手续；对1家企业实行关闭。2004年，对彭州市境内造纸企业排污进行监测，对9家纸厂限期进行治理达标。

作为农业大县，历来农村养殖业发达。1982年以后，彭县（市）生猪屠杀、销售政策有较大的改变，除国营食品公司经营外，允许个体经营猪肉，从此，结束三十多年猪肉按计划凭证供应和食品公司“一把刀”的经营方式。1995年，全市生猪出栏量实破50万头大关，创直接经济产值3.42亿元，市内生猪宰杀行业日益兴旺。1999年10月，彭州首次开展对乡镇畜牧业环境的管理工作。市环保局、市畜牧局联合下发《通知》，明确3条规定：（1）屠宰行业的选址定点必须符合当地环境功能的要求；（2）根据国家有关规定办理“三同时”和污染物排放注册登记证手续；（3）依法缴纳排污费。同年11月，市政府专门召开会议，对开展治理屠宰行业污染进行动员安排。2001年市中心粮站、洗脚河养殖场、洗脚河屠宰场被取缔。通过治理，使市境内屠宰行业周边生态环境得到改善。

水泥、发电、冶炼行业

成都湔江水泥厂、彭西余热发电厂与原太清乡大林、花土、京果三村相隔很近，两厂处在三村的东北方向。自从两厂建厂以后，粉尘、噪声污染给三村群众的农业生产和日常生活带来危害，周边群众怨声载道，并以此为理由拒交农业税。市政府组织有关部门成立专门工作组，深入调查了解有关问题，督促企业限期整改。对于两厂污染引起的农业等税费拖欠不交问题，要求两厂出资进行适当补偿，直到两厂实现全面达标为止，同时加强宣传，组织群众学法、懂法，督促农户依法上交各种税费。

2005 年 6 月 27 日，成都电冶厂经省环保局同意试生产以后，产生的废气、噪声对周围的环境造成污染，当地群众纷纷反映污染事件。经市环保局现场调查监测，成都电冶厂在试生产期间排放的污染物存在超标现象。对此要求该厂对距电冶厂硫酸分厂 200 米范围内的 3 户村民实施搬迁；对距该厂鼓风炉、转炉（该项处无组织排放 SO_2 严重）约 140 米，距硫酸分厂 210 米的 6 户村民实施搬迁；2006 年 4 月 1 日前，该厂必须作出 600 米的卫生防护距离的农户搬迁计划，严格按环评报告书及省环保局批复的要求予以落实。

危险废物管理（医疗垃圾、铜矿尾矿库、秸秆焚烧）

2003 年，市环保局、卫生局联合下发《关于进一步加强医疗垃圾污染防治工作的通知》，要求各医疗单位做好 6 项工作：(1) 制定医疗垃圾管理制度，确定管理人员，做好管理工作。(2) 按规定要求设置医疗垃圾专用收集容器，并定期清洁消毒。产生的医疗垃圾，必须装入专用袋后放入专用收集容器。(3) 不得将医疗垃圾混入生活垃圾、建筑垃圾和工业垃圾等其他废物排放处置。(4) 不得随意将医疗垃圾露天堆放、任意丢弃，不得在建成区内焚烧垃圾。(5) 医疗垃圾专用收集容器必须采取防泄漏、防雨淋、防流失措施。垃圾贮存地点必须符合国家环境保护、环境卫生、卫生防疫等标准和有关规定，并设明显的识别标志。(6) 不得擅自填埋医疗垃圾。《通知》对医疗垃圾的运输和焚烧都作出明确规定，并对违反规定的医疗机构或个人提出处理办法。2005 年，为进一步加强危险废物产生、收集、贮存、运输、利用、处置等监督管理，市环保局先后制发《关于加强工业危废物全过程管理的通知》《关于印发〈危险废物管理计划编制提纲〉和〈意外事故防范措施和应急预案编制提纲〉的通知》。

彭县铜矿因矿产资源枯竭，根据中办发〔2000〕11 号文件精神进行破产。彭县铜矿尾矿库位于大宝镇境内湔江河滩地上，1959 年建成使用。该库设计库容 51．5 万立方米，年限 12 年，至破产时实际堆存量已达 140 万立方米，超期使用 30 年。1995 年汛期部分坝体溃缺，冲蚀尾矿 4 万立方米，严重污染湔江河水体，给下游及彭州市城区饮用水源造成严重的影响。当年洪灾后，彭县铜矿以彭铜字［1995］第 043 号文，向中国有色金属工业成都公司企业处提出 320 万元的治理工程方案。1999 年再遭洪水袭击后，彭县铜矿再次以尾矿库存在安全隐患，向中国有色金属工业尾矿坝监测中心提出治理技术咨询，委托其进行论证评估，同年 11 月，该监测中心作出《四川省彭县铜矿尾矿库工程治理方案意见书》。2001 年市政府要求铜矿再次组织工程技术人员，对库区整治做出工程方案。该方案同时考虑综合利用、水土保持和覆土植被，整个工程总投资所需资金 423．87 万元，以期彻底整治。

随着农村生活水平的不断提高，秸秆不再作生活燃料使用，而是被人们焚烧后肥田。在大小二春季节，农民集中焚烧秸秆造成大气污染，且易造成火灾。

2001 年，市政府把“禁烧”工作提上重要议事日程，在“4·22”地球日、“6·5”世界环境日和夏秋两季农作物秸秆综合利用和禁烧期间，组织开展全市性环境保护宣传教育活动。市环保局组织各乡镇和各企业设环境保护宣传站61个，出动宣传车435台次，发放宣传资料1万余份，向广大农民宣传环境保护知识。市环保局、市农委、农业局、农机局实行包片包干负责制，于5月、9月，开展为期两个多月的农作物秸秆禁烧工作，出动执法人员1900人次，扑灭火堆380多处。

2002年，市政府先后在5月、8月两次召开全市农作物秸秆禁烧工作会议，对全市秸秆综合利用和禁烧工作作出安排，并与各乡镇签订目标责任书，禁烧区内的18个乡镇均成立领导小组、禁烧执法检查队。各镇实行目标管理，奖惩兑现，跟踪预防，重点巡查，拓宽利用渠道，加强综合利用。市环保局、市农工办、农牧局、农机局分别成立执法巡查队，分片包干进行检查。

2003年，市政府召开秸秆禁烧工作先进表彰会议，表彰在禁烧工作中成绩显著的先进单位和个人。在大小春禁烧工作期间，全市出动宣传车4972台次，执法人员9165人次，发放禁烧宣传资料6511份。

2004年，全市28个禁烧执法检查组出动宣传车1079台次，禁烧执法车3893台次，执法人员9165人次，发放宣传资料6500份，悬挂标语40条，使秸秆禁烧工作不断深入人心，秸秆集中燃烧事件逐步减少。

机动车排放管理（专用装置的研究与应用）

1998年，市交警部门检测机动车尾气排放和油缸清洗2300余辆；发放汽车排气合格证1805份、摩托车排气合格证512份。2001年，年审机动车2720辆，办理检测证、合格证2533套，治理不合格车辆187辆。2002年，市政府根据国家《大气污染防治法》、成都市人民政府〔2002〕44号令等有关规定，下发《关于加强机动车排气污染管理的通知》；当年年审450余辆机动车排污检测证，对排气不达标车辆进行治理。2003年，恢复对机动车尾气污染实施控制和管理工作，检测机动车17315辆，合格车辆13862辆，首检合格率达80．06%。治理尾气排放不合格车辆3453辆。

1991年，省交通厅下达“压缩天然气在公路客车上的应用”研究课题，由彭县汽车队承担研制任务。经过一年时间的研究，首次在国内将压缩天然气应用于公路客车，并取得成功。此后，“兴威公司”研制开发出一套汽车用压缩天然气专用装置，W—Z型减压阀和多功能控制器。1998年7月，经有关部门检测鉴定，各项技术指标居国内同类产品之首。2000年，CNG汽车第三代电喷式减压装置研制成功，“兴威牌”车用天然气汽车专用装置可节约燃料50%以上，尾气排放污染仅为燃油汽车的1/5。2005年，全市公路客运汽车、公交车、出租车及部分私家车改装使用CNG汽车专用装置，有效保护环境。

湔江综合治理

1990年以后，全市煤炭开采业、土法炼焦、烧石灰以及其他矿业的兴办，致使湔江这条“白水河”污染严重，部分指标低于国家划分的三类水域标准，对沱江水质也造成影响。1994年底，先后关闭土法炼焦窑90余座，清理洗煤业90余家。治理后，湔江水质达到国家三类水域标准，全部指标优于国家标准。2002年5月，强制关闭地质公园区内石灰窑175座。9月相继关闭小煤窑53个、洗煤场8个，共清除污染源416个。2005年，对湔江、土溪河水环境实施综合治理：（1）市政府与77113部队商榷，对营区污水管网处理系统实施改造，减轻对西河水库的污染。（2）在磁峰、新兴、通济3镇规划建设3座废水闭路循环机械化洗煤场，年生产精煤30万吨。环保、水利、安监部门联合下达《关于依法关闭非法洗煤场的通知》《关于规范洗煤场建设的通告》，要求对限期不能治理达标排放的洗煤场实施关闭。经环保、公安、司法等6部门多次联合执法，在60多个场点实施自行关闭的基础上，强制取缔非法洗煤场20余家。（3）把集镇污染纳入农村环境综合治理范畴，努力改善农村环境。协调建设、规划等部门，在集镇农民小区、农家乐建设过程中，进行环境影响评价，将生活污染防治措施纳入规划建设的重要内容。（4）推动农村能源改造，鼓励建设沼气池，治理集镇及农村生活废水对水源的污染。

第二节　国土资源管理

土地使用制度改革

土地转让　1999年初，召开全市关于加强土地转让管理、严禁炒卖土地工作会议，要求规范土地转让行为，严禁非法炒卖土地。全市逐步扩大土地有偿使用范围，加强对土地出让方案、出让使用、出让审批的管理，开展土地市场清理，规范国有土地使用权出让、转让、租赁、抵押的各种行为，逐步建立公开、公平、公正和有序的地产市场。当年，办理成都化工股份有限公司、四川银茂公司等64宗土地的出让手续，面积62.61万平方米，共收取土地出让金400余万元。办理土地抵押登记124宗，面积176.25万平方米。土地转让32宗，面积5.45万平方米。同年6月，市内第一家土地估价事务所通过四川省国土局资产处组织的土地估价机构资质评审。该事务所隶属于市国土局，成立后的半年间，对全市133宗国有土地进行地价评估，评估总面积14.05万平方米，评估总资产2.17亿元。

2001年，全市建立土地资源配置领导小组，负责全市土地资产管理中重大问题决策。由政府高度垄断土地一级市场，市国土局统一组织管理全市一切建设用地的供应。开展房改房（含全额集资房）土地出让登记和发证工作。在严格控制全市建设用地总量的前提下，放开搞活土地二级市场，加快土地有形市场建设，建立健全土地公开交易制度，并逐步在全市推行土地使用权招标、拍卖。继市检察院、市公安局办公楼转让后，四川省金茂建设集团有限公司通过竞价拍卖，以3050万元获得市政府原使用的25.86亩国有土地使用权。当年，全市土地资产收益首次突破1000万元。

2002年，市政府出台《关于进一步加强土地资产管理的通知》，使土地供应制度、土地交易制度发生根本性的变化。同年4月，彭州市建立土地收购储备中心，对国有土地按规定实行收购，按城市统一规划，挂牌招标转让。至8月底，全市在28个乡镇（含场镇）建成区内，开展营业铺面补办土地出让手续工作。营业铺面土地出让金作为政府土地收益，共收取土地出让金562万元。当年，全市出让土地163宗，转让土地66宗，抵押土地37宗，上缴财政各种土地资产收益2000余万元。

2003年，全市实施经营城市、经营土地，促进土地资源向土地资本转变的战略，成立由市委书记为组长的土地资源经营管理领导小组，市委、市政府制定《关于加强土地管理的意见》《关于进一步加强土地经营管理的补充通知》。出让市委原办公区域，收取土地出让金3456万元。

2004年，市国土局推行经营性用地百分之百招标拍卖挂牌出让，房地产用地百分之百拍卖出让方式，通过土地一级市场，全市出让土地41宗，收取土地出让金1700余万元，政府土地资产收益达1.27亿元。

2005年，市政府坚持由市场分配土地资源，土地公开交易，完善土地市场组织形式，转变政府职能，减少和规范行政审批，严格执行经营性用地两个百分之百的政策。全市共出让土地34宗（含划拨土地补办出让），面积992.4亩，实现经营土地收益7912万元。其中02号地块拍卖，创下34万元/亩的全市地价新高。

建设用地管理　1999年，新修订的《中华人民共和国土地管理法》正式施行，新征建设用地要按规划、计划进行，同时还要预审和“先补后占”，审批权在省政府和国务院两级。当年省国土局、省计委下达给彭州市的年度用地计划指标为424.5亩（其中耕地351亩）。8月30日，市国土局预审通过濛阳镇商业街建设项目用地方案，这是彭州市实施项目用地预审制度以来，首宗通过预审的建设用地项目。根据《中华人民共和国土地管理法》有关规定，规范全市农民建房用地的审批，实施农民建房规划证和用地许可证制度。全年有560户农民申请建房用地，市国土局批准其中符合建房用地条件的226户。

2000年，国家实施西部大开发战略，市国土局为保证及时、依法提供建设用地，简化建设用地审批程序，对重点项目减少上报资料和缩短批准时间。全市建设用地坚持集体审批和预报制度，农用地转用、耕地补偿、建设用地征用三个方案都由市领导、国土局和有关部门主要领导集体研究决定。是年，省下达给彭州市建设用地指标325.5亩，其中耕地280.5亩。全市上报天乐中药材基地、垃圾焚烧厂、成都统建办260亩征地、彭青公路过境段、花卉基地、双虎家具厂、体育场西路改建等重点用地项目报批资料。

2001年，省下达彭州市建设用地计划指标630亩（其中耕地600亩）。彭州市上报并办理行政中心、5719工厂、龙锦路、天泰公司、彭州中学、四川制药厂、康弘药业、兰成渝输油管道建设等项目用地手续。

2002年，全市共有四川福堂电站、5719工厂、信达房产、市内数个医药企业等20宗近千亩土地交付使用。

2003年，市国土局为香港联邦制药、四川尼众佛学院、新城区基础设施建设、彭州市建筑安装公司、宁波镇海房地产开发公司、双虎家具厂、亚恩信达公司、电力公司、力斯特药业等建设项目提供土地1263亩，使全市各项重点项目建设顺利进行。

2004年，国务院发文暂停土地审批。市国土局依法对全市913亩闲置土地采取不同的方式处置。

查处土地资源违法案件　1999年9月，全市集中开展对1992年以后转让土地和炒卖土地行为的清理工作，经过历时一个月的清理，共查出集体土地流转2475宗，面积190.82万平方米，其中非法流转4宗，4.31万平方米；国有土地流转3674宗，面积62.59万平方米，其中非法流转988宗，面积16.18万平方米，闲置土地3740平方米，农林开发项目用地172.92万平方米，彭州工业开发区规模用地1720万平方米，实际用地1435万平方米，批准用地169.5万平方米，已开发土地134.5万平方米，未利用土地34万平方米。对于查出的违法用地，根据新《中华人民共和国土地管理法》有关规定分别进行处理。1999—2005年，市国土局共发现（含举报）土地资源违法案件149件，56件已制止在违法初期，立案查处41件，结案41件，结案率100%。其中：查处土地违法案件23件，处罚罚款近50万元，拆除非法建筑物近2万平方米；查处非法转让煤矿采矿权10件，处罚款36万元。违法案件查处率、结案率均达到100%，并在查处过程中做到事实清楚、证据确凿、定性准确、处理恰当、程序合法。

矿产资源管理

机构建立和主要职责　1990年7月成立“彭县矿产资源管理办公室”，办公室设在县计委。该办公室是县人民政府的职能部门，行使矿产资源勘查开发管理和监督的职责，维护矿业生产秩序，保护矿产资源。贯彻执行矿产资源管理的法律、法规和政策。担负本行政区内集体、个体矿山企业采矿登记，发放采矿许可证的工作，处理矿山企业之间的矿区范围的纠纷，配合有关部门做好国营矿山企业核定、划定矿界、组织交流矿管工作经验等工作。2001 年 12 月，矿产资源管理办公室及相关人员划入市国土资源管理局。

矿产资源管理工作　矿管办成立以后，主要开展几项工作：加强矿法宣传，面向乡镇，深入矿山，利用板报、电视、宣传车等各种宣传媒体广泛宣传《中华人民共和国矿产资源法》。同时，印制《矿产资源管理文件汇编》发放到矿山企业，通过宣传进一步增强广大群众的矿法意识；对矿产资源的开发进行合理规划，开展乡镇矿产资源开发规划的编制工作，产煤重点乡镇还编制《矿产资源开发利用实施规划》，并组织有关专家进行评审，在此基础上，编制出全市的总体规划；对资源开发进行监督管理。严格新办矿的审查论证和审批工作。同时，取缔无证采矿，依法关闭无证煤矿，维护《中华人民共和国矿产资源法》尊严；做好协调服务工作，及时调解资源纠纷；依法征收矿产资源管理费。

1990—1992 年，主要是对境内的矿山企业进行摸底调查，开展矿产资源开采企业的登记和发证，矿法宣传。健全组织机构，充实矿管办工作人员，并在重点乡镇聘请矿管员。1992 年 7 月，由成都市人大、市计委在彭县召开的区县矿法检查总结现场会上，彭县受到成都市人大和市计委的表彰和奖励。

1993—1997 年，在矿法宣传上，印制《矿产资源管理文件汇编》1000 多册，按照成都市政府的要求，进行矿业秩序的清理整顿，并经成都市验收合格。关闭拆除 8 处无证非法开采以及 22 处无证开采矿场。

1998—2001 年主要工作是围绕“龙门山国家地质公园”“白水河自然保护区”的建设开展，2001 年，4 月中旬提出“四川龙门山国家地质公园彭州园区保护与开发工作方案、保护与开发规划工作方案”，11 月 19 日《四川龙门山地质公园彭州园区总体建设规划》通过省厅组织的专家评审。经过对地质公园内“飞来峰”周边地区矿山企业的全面调查，提出《矿山企业关闭转移方案》，关闭石灰石矿 12 个，完成 3 个矿山企业的转移定点工作。通过对全市地质灾害易发点及矿山企业进行全面调查，研究提出《地质灾害防治工作意见》，制定《彭州市地质灾害防治预案》。

自然保护区建设

1997 年，新华社《内参》《中国环境报》《人民日报》《中国地质矿产报》《四川日报》《成都晚报》等报纸陆续刊文，从不同角度报道彭州市境内龙门山脉丁家湾、葛仙山一带存在着具有重大科考价值的巨型冰川漂砾遗迹，并呼吁有关部门、当地政府和有识之士，采取紧急措施予以重点保护等。市政府结合全市白水河区域的自然条件，向成都市人民政府逐级提交关于建立“白水河自然保护区”“龙门山巨型冰川漂砾地质遗产自然保护区”的报告。2001 年 3 月 16 日，经国土资源部批准，以葛仙山等为主体的龙门山地质公园正式成为全国首批命名的 11 个国家地质公园之一。3 月 29 日，省政府以川府函〔2001〕84 号文件批复，同意将“白水河自然保护区”作为国家级自然保护区。同年 4 月 20 日，彭州市政府做出关闭自然保护区核心区内 16 个石灰石矿山的决定，并成立由分管副市长为组长的联合检查组，每周监督检查 2 ~ 3 次。6 月邀请“构造”和“冰川”专家实地确定核心保护区和保护点，并着手编制总体建设规划。2002 年 7 月，国务院办公厅以国办发〔2002〕31 号文件，批准白水河保护区升格为国家级自然保护区。同年 9 月 26 日，“四川龙门山国家地质公园”在关口（丹景山镇）揭碑开园。

第五章　民政事务管理

1986 年以后，彭州市（县）民政部门承担着基层组织建设、社会救济救助、地名管理、拥军优抚、民间组织管理、婚姻登记等 20 余项工作。在基层政权建设方面，1991 年，全县有绝大多数的村民委员会、居民委员会开展村民自治示范活动。1998 年建立起村务公开栏、村财务监督小组、村务公开档案。在社会救济救助方面，1996 年建立并实施农村最低生活保险制度。2003 年建立彭州市救助站。在地名管理方面，到 2005 年，全市命名、更名街道 359 条。

第一节　基层政权和社区建设

村（居）民委员会

城镇居民委员会和农村村民委员会是群众性自治组织。居民委员会经历群众福利组织和冬防服务队等阶段。居民委员会在做好居民福利工作外，还进行治安保卫、调解居民纠纷等工作。1985 年，居民委员会整顿、改选后，管辖范围和任务作了调整。特别是居民委员会开展居民自治示范活动后，基层自治作用得到发挥。农村村民委员会是 1982 年以后根据《中华人民共和国宪法》的规定，以原生产大队为基础，采用“一大队一村”的办法建立起来的。村民委员会干部依法选举产生，建立健全各种组织，制订必要的规章制度和村规民约，开展村民自治示范活动，实现村民的自我管理、自我教育和自我服务。

1988 年以后，村民委员会设置由主任、副主任、委员 3 ~ 7 人组成，通过村里 18 周岁以上村民直接选举产生，任期 3 年。下设人民调解、治安保卫、公共卫生、计划生育、青少年教育等委员会。村委会下设村民小组，组长由村民小组会议推选。1989 年，根据国家《中华人民共和国城市居民委员会组织法》，拟定了村（居）委会的工作职责、村规民约等制度。1990 年，对村民委员会、居民委员会进行改选，各乡镇对新一届“两委会”干部和居民小组干部进行全面培训。1991 年起，开展村民自治示范活动，至 2003 年，全市共有 21 个镇被成都市政府授予村民自治示范镇，410 个村委会和 42 个社区居委会被彭州市政府授予自治示范村（居）。1998 年，全市有 424 个村建立村务公开栏，453 个村建立财务监督小组，445 个村建立村务公开档案。有 11 个居委会建立居务、财务公开制度，制作公开栏，成立财务监督小组，建立居务公开档案。各村（居）委会都开展较为规范化的村（居）务、财务公开。2005 年，进行农村村组管理体制改革，将原 450 个村、54 个社区居委会调整为 271 个行政村、85 个社区居委会。当年，彭州市被授予“四川省村民自治模范市”称号，全市 20 个镇被成都市政府命名为“村民自治模范镇”，261 个村被彭州市命名为“村民自治模范村”。

社区建设

2000年，根据中办、国办《关于在全国推进城市社区建设的意见》精神，成立彭州市社区建设领导小组。多个部门联合对中心城区天彭镇进行区域勘查，调整居委会管辖范围，按照1000~3000户的规模设立12个社区居民委员会。同时陆续将全市其余40个居民委员会设立为社区居民委员会。至2003年，全市共有52个社区居民委员会。

2005年7月，全面完成全市社区整合和划分。每个社区居民住户均在500~1500户以上。全市共设立85个社区居委会，其中场镇社区35个、村（居）合并社区10个、村改居社区40个、居民小组745个。干部总人数392人，其中党员318人，占干部总数的81%；妇女干部149人，占38%；大专以上文化的占9.6%，中专（高中）文化的占58%；平均年龄43.6岁。

社区志愿者服务队伍作为社区建设的主体，在社区建设中发挥着不可替代的作用。志愿者主要来自党政机关、企事业单位、大中专学校在职人员、离退休人员、部分个体工商户及学生。本着“自愿参加、无偿服务、志在奉献”的原则自愿报名参加。他们利用下班、放学、节假日等空余时间，在社区居民间开展互帮互助服务活动。2001年，全市建立起公仆、青年、居民、安全防卫、子弟兵、红领巾、夕阳红、清洁等多种形式的志愿者服务队伍，志愿服务人数达3356人。至2005年，社区志愿者组织达85个，志愿者人数达5000人。

采取“三个一点”（市、集体、个人）的办法，累计投入1590余万元。截至2005年底，全市已建立社区服务中心2个，社区便民、利民服务网点153个，居委会社区服务站54个，星光老年之家4所、敬老院29所、老年卫生医疗站7所、老年活动中心23个、老年大学及分校16所、婚姻介绍所1个、婚庆服务中心1个、残疾人活动中心1所、盲人按摩康复中心10个、殡葬服务站1个、社区文化活动中心20个、家政服务公司28个、幼儿园173个、咨询中介服务站48个、餐馆服务网点48个、商业服务网点46个、维修服务网点32个、培训服务站54个、社区就业服务中心3个，已初步建成市、镇、社区居委会三级较完善的社区服务基础设施。

根据群众的需求，社区开设了服务、互助服务和志愿者服务。主要面向老年人、儿童、残疾人、社会贫困户、优抚对象的社会经济和福利服务，面向失业下岗人员的就业、再就业服务和社会保障化服务，多渠道开发社区就业岗位，落实完善社区就业的优惠扶持政策。

按照“责、权、利”相统一的原则，实行社区自治，将社区居委会工作界定为：自治事务和委办事务。并按“责随事转、权随责走”的原则，由政府职能部门赋予社区居委会在人口管理、征兵、驻区文明单位的评选、救济物资发放、居民最低生活保障金的发放、居民报建、准生证发放等方面以相应的管理权限。各社区先后制定了《社区居委会干部手册》《社区居委会会议学习制度》《社区居委会居民公约》《社区居务公开、民主管理工作制度》《社区办事工作流程制度》等。85个社区均做到制度公开、上墙，居委会干部实行挂牌上岗、亮证办公，实行社区内常住人口和流动人口分类造册建档，2005年底基本实现文件资料的档案化、办公环境大为改善。

1995年，天彭镇北大街居民委员会获得“全国模范居民委员会”称号。2000年，彭州市被省民政厅确定为“四川省县级城区社区建设试点城”；2002年，被评为“全国社区建设示范城”。

第二节 救 济

扶贫帮困

城乡低保 1996年5月，市政府批转民政局等四部门《关于建立彭州市农村最低生活保障制度的请示》，全市建立农村最低生活保障制度并从当年7月1日起实施。1997年，全市建立城镇居民最低生活保障制度，并于当年7月1日起正式实施。

1997年，农村低保标准由每人每月50元提高到60元。1999年城镇低保标准从110元提高到143元。2004年10月1日起，城镇低保标准从每人每月143元提高到160元，农村生活标准从每人每年720元提高到1000元。

1997年全市实行动态跟踪管理，对家庭收入发生变化的低保家庭及时办理增发、减发、停发手续，对新增的低保申请者及时调查审批纳入低保。2003年，在全国范围内创造性地建立低保义务监督小组，由每个村（居）委会干部、低保对象、热心公益事业且具有一定影响力的群众代表组成，保证享受低保政策对象的公开、公平、公正，此项工作作为低保工作先进经验在全国广泛推广。从2000年起，实行电算化管理，将低保对象基本情况录入微机，进行科学管理。

2001年，成都市民政局下达彭州市城保扩面1200人、农保扩面180人的任务。当年，全市净增农村低保619人，达2678人，城镇低保净增2059人，达3439人。2002年，成都市下达彭州市农保扩面和城保实现应保尽保的目标任务。当年6月30日，农村低保净增256人，达到2934人，城保净增3954人，达到7393人，实现全市城镇低保应保尽保的目标。2004年，成都市民政局要求城镇低保继续贯彻执行动态管理下应保尽保的原则，农村低保新增5783人。将全市20个镇3012户、5812名农村特困对象纳入农村低保范围，从10月开始发放低保金。2005年，根据成都市下达彭州市农村低保扩面9300人的目标任务，6月底如数完成，实现全市农村应保尽保。

至2005年12月，全市城镇、农村低保总人数达27818人、14613户，其中城镇8137人、4167户，农村19681人、10902户，实现全市城镇、农村低保的应保尽保全覆盖。

彭州市1997—2005年城镇低保基本情况一览表

表5-5-2-1 单位：人、万元

项　目	户数	人数	当月支出	全年累计支出	备注
1997年12月	329	490	2.263	13.578	7月1日建立
1998年12月	405	588	2.62	44.96	—
1999年12月	1065	1419	12.14	139.7	—
2000年12月	1050	1380	7.69	91.79	—
2001年12月	1361	2678	28.39	159.98	—
2002年12月	3680	7746	23.22	256.85	—
2003年12月	3600	7363	67.47	415.7	—
2004年12月	4053	7976	39.98	487.68	—

续表5-5-2-1

项　目	户数	人数	当月支出	全年累计支出	备注
2005 年 12 月	4167	8137	42.83	493.29	—
合　计	19710	37777	226.603	2103.528	—

彭州市 1996—2005 年农村低保基本情况一览表

表 5-5-2-2　　　　单位：人、万元

项　目	户数	人数	当月支出	全年累计支出	备注
1996 年 12 月	866	1904	1.9	11.42	7 月 1 日建立
1997 年 12 月	900	2005	2.06	26	—
1998 年 12 月	977	2104	2.2	29	—
1999 年 12 月	989	2095	2.5	32	—
2000 年 12 月	1055	2600	3.02	36.8	—
2001 年 12 月	1361	2678	3.4	40	—
2002 年 12 月	1515	2979	4.1	43.9	—
2003 年 12 月	1701	3938	6.69	74.19	—
2004 年 12 月	5496	9971	17.3	115	—
2005 年 12 月	10902	19681	33.76	303.68	—
合　计	25762	49955	76.93	711.99	—

扶贫　20 年间，每年对全市贫困户现状、贫困原因进行详细调查，准确掌握情况，始终坚持扶贫与扶志，扶标与治本、输血与造血、重点扶持与分类指导相结合，把解决贫苦户温饱作为重点，依靠和动员社会各方面力量扶持贫困户发展生产，促进贫困户尽快脱贫致富。1998 年，县民政局把扶贫工作纳入乡镇目标管理进行考核，发动专业户、个体户、乡镇企业扶持贫困户，实施包户扶持，帮助种好责任田，发展种植、养殖业，努力增加收入。将全市特、一等伤残军人纳入城镇最低生活保障。2001 年，创新扶贫工作方法，增强贫困户"造血功能"。政府办、民政局、市直机关工委相继下发文件制定扶贫措施。各乡镇、各部门把扶贫任务层层分解到户，落实"一帮一"扶贫责任制，由党委书记、乡镇长挂帅，各部门、企事业单位党员参加，年终评比，奖惩逗硬，做到不脱贫不脱钩。全年共投入资金 111.5 万元，提供化肥 130 吨，解决种子 4800 公斤，帮工 6790 余个，劳务输出 700 余人。引进优良水果种苗 2.5 万株，在楠杨镇、升平镇建小水果基地 200 余亩；协助各乡镇举办各种实用科技培训班 50 期，培训 1900 余人（次）。2005 年，采取政策扶贫、资金扶持、市领导参与扶贫等方式，扶持贫困户 1200 户，脱贫 800 户。20 年间，全市（县）共有 11500 名干部参与包户扶贫工作，扶持贫困户 50349 户，脱贫 27418 户，财政投入资金 1002.68 万元。

彭州市（县）1986—2005 年扶贫基本情况表

表 5-5-2-3　　　　单位：户、万元

年份	扶贫（户）	脱贫（户）	投入资金（万元）
1986	4000	2100	6
1987	4000	2640	7

续表5-5-2-3

年份	扶贫（户）	脱贫（户）	投入资金（万元）
1988	4206	1239	8
1989	3100	2500	7.8
1990	3122	1988	10
1991	3210	1316	7
1992	3300	1320	22.4
1993	3300	1300	19.8
1994	2100	1200	24.23
1995	2200	1100	6
1996	2100	1100	22
1997	2200	1100	34
1998	2200	1300	16
1999	2250	1153	22
2000	2150	1320	31
2001	1200	1000	115
2002	1211	842	23.45
2003	2100	1300	21
2004	1200	800	250
2005	1200	800	350
合　计	50349	27418	1002.68

安身工程　1986年以后，随着全市（县）经济、社会的不断发展，人民生活条件得到较大改善，特别在农村住房方面更为突出。但由于部分群众因病、因残等原因，无力改善居住条件。从1997年开始，全市开始开展帮助农村贫困家庭修建住房工作。对无房或有房但根本无法居住的且依靠自己的力量无法建房的贫困户，由个人向村委会提出申请，村委会在村务公开栏中公示无异议后报民政部门审批，采取市级财政、乡镇各出一部分，村、组帮工帮料，建房户自筹一点的办法解决经费来源。其中市财政的建房补助款下拨到各镇，由各镇组织。截至2005年，市财政共投入经费739.15万元，帮助全市2704户贫困户修建住房，使大多数贫困家庭住房条件得到改善。

彭州市1997—2005年“安身工程”建房情况表

表5-5-2-4　　　　单位：户、万元

年　份	建　房　户	市级财政补助经费（万元）
1997	77	7.7
1998	274	27.4
1999	158	15.8
2000	173	17.3
2001	145	17.4

续表5-5-2-4

年　份	建　房　户	市级财政补助经费（万元）
2002	215	32.25
2003	142	21.3
2004	700	250
2005	820	350
合计	2704	739.15

帮困助学　2001年秋，按照成都市民政局要求，全市实施帮困助学专项救助工程，一是对经全国统一高考进入大、中专院校的低保家庭学生，提供每人每学年1600~4000元不等的助学金补助；二是对高中及高中以下和经中考进入中专的低保学生，由所在学校给予学杂费减免。2004年，全市开展以“捐一日工资助寒门学子，献一份爱心帮贫困家庭”为主题的“慈善一日捐”活动，各级领导干部和广大群众积极参与，当年募集捐款共30.99万元，2005年实际募集35万元。同时，全市积极对非低保贫困大学生进行助学救助。2001—2005年，共帮助低保贫困大学生582人次，发放153.36万元，帮助非低保大学生303人次，发放63.66万元。

五保供养　20年里，全市五保供养大致经历了三个阶段：1986—1987年为村统筹供养，1988—2002年为乡镇统筹供养，2003—2005年为市财政转移供养。1986年至1987年10月，“五保”供养以村为单位负责供养本村的“五保”人员，供养标准不一。有的村民小组有多名“五保”户，而有的村民小组却没有“五保”户，出现村民负担“五保”费用不均的现象，使供养经费难以落实。1987年，市政府出台《关于批转县农办、粮食局和民政局关于做好农村五保工作的报告的通知》，要求全市实行以乡镇为单位统筹“五保”供给。“五保”人员所在村组负责口粮（现粮）供给和房屋维修，按月或季将粮食送到“五保”户家中，其中敬老院老人的粮食要一次性送交敬老院。食油、盐、燃料、衣服、零用钱、医疗等费用，由乡镇按人口共同负担，随农业税附加一并通知到户，乡镇财政统一收缴，民政或农经站统一按月或季发放。随着物价的提高，“五保”人员供养标准相应增长。2002年，按国家的有关规定，全市“五保”供养经费由市财政按每人每年1000元标准转移支付到各镇，由各镇人民政府代发。

彭州市（县）1986—2005年五保供养标准情况表

表5-5-2-5

年份	标准		年份	标准	
	现金（元/年）	粮食（斤/年）		现金（元/年）	粮食（斤/年）
1986	250	400	1996	650	420
1987	320	400	1997	700	420
1988	412	400	1998	800	420
1989	500	405	1999	800	420
1990	500	420	2000	800	420
1991	520	420	2001	800	420
1992	520	420	2002	1000	—
1993	550	420	2003	1000	—

续表5-5-2-5

年份	标准		年份	标准	
	现金（元/年）	粮食（斤/年）		现金（元/年）	粮食（斤/年）
1994	550	420	2004	1000	—
1995	550	420	2005	分散：1560 集中：1920	—

第三节 拥军优抚

拥 军

彭州市历来有着热爱人民军队，开展拥军优属的光荣传统。每年“八一”、春节来临之际，市（县）委、政府、人大、政协领导都要安排慰问活动，对驻彭部队官兵和重点优抚对象进行慰问。利用各种宣传工具，大张旗鼓地进行拥军优属宣传。召开驻彭部队、复退军人、烈军属代表座谈会等。有驻军的隆丰镇、丹景山镇、敖平镇、红岩镇也均开展拥军活动。帮助部队解决战备、训练、生活和工作中的实际困难。在部队子女入学方面，实行特殊优惠政策，妥善解决部队子女入学问题。2004年协助77113部队投资260余万元修建至隆桂路段约2公里的水泥路，解决该部队置换土地20余亩。投入经费100余万元，解决武警中队、消防大队、人武部的营建和训练器材。1987年以后，彭州市（县）双拥工作连续6届被成都市委、市政府、成都市警备区评为先进市（县）。2000年后，彭州市连续2届被四川省委、省政府、省军区授予双拥模范市称号。

抚 恤

牺牲、病故抚恤 1986年以后，国家先后多次提高烈属、因公牺牲军人家属、病故军人家属定期抚恤标准。1994年，按照中央、省、成都市“三属”抚恤标准，对214户“三属”进行了抚恤金兑现，农村人均按60元/月、城镇按80元/月计发。2000年1月1日，农村烈属、因公牺牲军人家属抚恤金标准提高到每人每月120元，病故军人家属提高到115元，城镇烈属、因公牺牲军人家属提高到130元，病故军人家属提高到125元。当年，按时兑现“三属”定期抚恤金162人、22.0944万元。2001年、2004年先后提高标准。至2004年，农村烈属达到每人每月220元，城镇350元；农村因公牺牲军人家属每人每月210元，城镇325元；农村病故军人家属每人每月320元。2004年10月1日起，施行一次性抚恤标准：烈士按80个月工资、因公牺牲40个月工资、病故20个月工资兑现。生前无工资或低于军队正排职干部者，按军队正排职干部工资标准计发。对获得荣誉称号或立功者，按其比例增发一次性抚恤金。如获得中央军委授予荣誉称号的增发35%，获得大军区荣誉称号的增发30%，荣立一等功的增发25%，荣立二等功的增发15%，荣立三等功的增发5%。

残疾抚恤 1985年，全县有革命残疾军人491人，特级和一等残疾人员每人每月生活补助费144元，二等72元，三等48元。1986年以后，按照国家抚恤条例，对因公致残人员由医疗单位根据《条例》规定的评残条件和伤残情况，提出评定残疾等级意见，残疾等级分为四等六级（特等、一等、二等甲级、二等乙级、三等甲级、三等乙级）。再根据是否任职和有无固定收入以及致残原因，确定抚恤

标准。凭证件在户口所在地民政部门领取残疾抚恤金。2004 年 10 月 1 日施行《军人抚恤优待条例》，将残疾等级评定改为：根据劳动功能障碍程度和生活自理障碍程度确定为一级至十级。因战因公致残等级评定为一级至十级的享受抚恤。因病伤残，可评定为一级至六级的享受抚恤。同时还规定，从当年 1 月 1 日起，把伤残人员在职伤残保健金改为伤残抚恤金。2005 年 3 月，对残疾等级进行套改等级和换证。

优待定补

在乡复员军人　按照国家军人优待政策规定，对 1954 年 10 月 31 日前入伍的在乡复员军人进行定期生活困难补助。在 1985 年实行定补标准的基础上，逐年提高老复员军人定期生活困难补助标准。1998 年，全市 2482 名在乡老复员军人定补标准提高到每人每月 50 元。2000 年 7 月每人每月增长到 70 元。2002 年提高到每人每月 90 元。2004 年提高到每人每月 113 元。2005 年提高到每人每月 160 元。

带病回乡退伍军人　1986 年以后，对全市长期不能劳动，生活确有困难的带病回乡退伍军人实行定期生活补助临时困难补助。2003 年起，对全市 800 余名带病回乡退伍军人实行每人每月 65 元定期定量补助。2004 年按照《军人抚恤优待条例》和省、成都市有关文件精神，对新增带病回乡退伍军人家庭生活特别困难的实行一次性临时困难补助和纳入最低生活保障等，妥善解决他们的生活困难。

义务兵家属优待　1986 年义务兵家属优待改为现金优待以后，义务兵家属优待金实行以乡镇为单位统筹，按照农村执行上年度当地村民人均收入的 70% 标准，城镇青年入伍不低于 200 元，在职入伍的义务兵家属优待金按本单位人均工资收入的 50% 标准发放，在每年 12 月 25 日前发到义务兵家属手中。随着军人优待政策的不断完善，1988 年农村义务兵家属优待金由户平 160 元提高到户平 201 元。

1990 年，农村提留义务兵家属优待金标准为上年度人均收入的二分之一，全县达到户平均 327 元，1993 年，义务兵家属优待金按照上年度人均收入的 70% 标准提取，全市户平 580 元，最高的天彭镇、大宝镇、白鹿镇达到户平 840 元。当年全市优待义务兵家属 1660 户，兑现优待金 96.28 万元。此后，又陆续提高标准。2003 年实行费改税政策后，全市义务兵家属优待金实行市财政转移支付到镇财政，由各镇在每年 12 月底前，农村按 1200 元标准，城镇按 400 元标准兑现。至 2005 年，农村义务兵家属优待金户平不低于 1500 元，于 8 月 30 日前全部兑现。

革命烈士陵园

彭州市革命烈士陵园位于天彭镇东大街外。1986 年进行第三次维修，增设革命烈士生平陈列室、接待室和工作人员用房等。投资 4 万余元，对烈士生平陈列室进行装修，新增党的三代领导人题词，栽种花草树木 150 余棵。1995 年投资 10 余万元进行第四次整修，重新调整烈士墓穴，新建成的每个墓穴占地约 1 平方米，四周用白色瓷砖贴面，采用黑色花岗石雕刻墓碑，新铺水泥路面 200 余米。对烈士陵园内安葬的 10 名非烈士人员墓进行清理搬迁。1998 年进行第五次整修，新建烈士碑铭录（墙），将彭州市在各个时期牺牲的 415 名烈士生平事迹镌刻在花岗石碑（墙）上，以供后人瞻仰。2004 年投资 29 万余元进行第六次整修，对烈士陵园全面规划，翻修烈士事迹陈列室和革命烈士纪念碑，将碑体及基座四周新安装黑色花岗石，扩建花园，铺设青石板道路，疏通四周排水沟，整治陵园周边环境秩序，使烈士陵园环境更加幽静。

第四节　安　置

退役士兵、转业士官安置

农村退役士兵和复员士官仍实行“从哪里来，回哪里去”的安置政策。对十年以上复员士官落户非农业户口。城镇退役士兵和转业士官的安置政策，实行按系统分配任务，包干安置和统筹安置的办法，属于单位职工子女退役的，由父母所在单位归口包干安置，转业士官由配偶所在单位接收安置，对归不了口的由市政府统筹分配计划安置的办法。2000 年以后，随着改革的不断深入，党政机关精简机构，裁员减编，企业单位改制与破产，计划经济时期的安置办法已不适应市场经济发展需要，出现退役士兵、转业士官安置难问题，对退役士兵、转业士官的安置实行改革，采取按系统归口包干安置与政府统筹实行货币安置的办法，企业单位职工子女退役的，由父亲或母亲所在单位接收安置，转业士官由配偶所在单位接收，对归不了口的由政府统一发给自谋职业安置补偿费，自谋职业标准：以 3000 元为基数，每当一年兵增发 1000 元，逐年递增。2003 年全市除成都市属以上单位子女归口以外，其余城镇退役士兵和转业士官全部实行货币安置，其自谋职业安置补助费标准按当地上年度人均工资数确定标准。其义务兵按基数 1.4 万元和增发 110% 标准计算，一级士官在基数 1.4 万元的基础上再增发 130% 计算，二级士官，在基数 1.4 万元基础上再增发 140% 计算，转业士官（满 10 年）在基数 1.4 万元的基础上再增发 210%，服役 11 年以上转业士官，每增加 1 年再增发 1470 元。退役士兵和转业士官在服役期间荣立个人一等功或荣誉称号及六级以上残疾军人除领取规定的自谋职业经济补助费外，可在前款规定的补助金基础上，再一次性增发 30%，荣立个人二等功及七级、八级残疾军人再一次性增发 20%，九级、十级残疾军人再一次性增发 10%，荣立个人三等功的再一次性增发 5% 的政策。

彭州市 1993—2005 年接收安置情况统计表

表 5-5-4-1　　　　单位：人

年度	接收总数	其　中				军队离退休干部	应安置人数	其中		
		义务兵	其中		转业士官			已安置单位	自谋职业	发放安置费
			农村	城镇						
1993	744	697	502	195	47	—	242	242	—	—
1994	677	633	445	188	44	—	232	232	—	—
1995	466	389	300	89	57	—	146	146	—	—
1996	359	303	232	71	56	—	127	127	—	—
1997	465	416	319	97	49	—	146	146	—	—
1998	—	—	—	—	—	—	10	—	—	—
1999	397	360	274	86	37	—	123	123	—	—
2000	485	421	320	101	64	—	165	165	—	—
2001	383	327	200	127	56	—	183	112	71	670000
2002	451	419	292	127	32	1	159	48	110	718000
2003	130	410	292	118	20	1	138	19	119	1040000

续表5-5-4-1

年度	接收总数	其中				军队离退休干部	应安置人数	其中		
		义务兵	其中		转业士官			已安置单位	自谋职业	发放安置费
			农村	城镇						
2004	444	348	252	96	10	2	106	17	89	1218000
2005	444	415	347	54	3	3	97	9	88	1072100

两用人才开发使用

1986年彭州市政府成立由民政局、人武部等部门组成的彭县退伍军人两用人才介绍所，把在部队服役战士学到的一技之长推荐到地方经济建设中去。全市在两用人才介绍所的指导下，因地制宜，把发展外向型经济、创办经济实体，发展种养殖业作为立足点，采取由安置部门推荐与退伍军人自荐相结合，乡镇企业安排与本人自谋职业相结合，市内安排与市外输送相结合，采取各种方式开发使用退伍军人两用人才，为两用人才当“红娘”找婆家。1993年科威特需要一批电焊工，三界镇何成桃，升平镇罗中地，被推荐到科威特务工就业。还有大批退伍军人两用人才，走上基层组织的领导岗位担任村支书、村主任，还有的办起矿山，办起加工企业，成为公司经理等，在各条战线上大显身手，发挥自己的聪明才智，全市退伍军人两用人才开发率一直保持在95%以上。

军队离退休干部接收安置与管理

根据《中国人民解放军干部服役条例》和国务院、中央军委《关于军队干部退休的暂行规定》，将军队退休干部纳入国家计划，军队移交地方政府妥善安置，中办发〔1984〕171号文件规定，对移交地方政府安置的军队离退休干部的安置去向、生活待遇和政治待遇以及机构设置人员配备等都作出规定。彭州市从1984年大批接收军队移交政府安置的军队离退休干部和军队无军籍退休职工以后，到2005年12月，接收安置军队离休干部2名，退休干部17名，退休士官3名，军队无军籍职工17人。彭州市按照上级文件精神，认真落实军队离退休人员的生活待遇和政策待遇，为他们征地在天彭镇烨炉街修建住房6套，天彭镇利民巷10套。2004年，中共中央办公厅、国务院办公厅、中央军委办公厅中办发〔2004〕2号文件规定：为加快军队离退休干部移交安置工作，中央在住房方面，实行以发放住房补贴和购买经济适用住房为主的保障制度。全市2004年接收的武警水电一总队退休干部和2005年接收安置的第13集团军装甲旅退休干部的住房费，由部队一次性按国家房改政策发给本人，自己购买住房。军休人员的各种待遇落实兑现。

第五节　社会事务

婚姻管理

婚姻登记机关　1985—1993年彭州市婚姻登记管理工作，城市由县民政局民政科负责办理涉港、澳、台地区人员结婚登记，农村由通济区、24个乡、10个镇政府负责办理结婚登记。1993年，民政局按照上级要求，采取集中和相对集中登记管理的方式进行婚姻登记工作：在民政局设婚姻管理处，抽调6名业务熟练，责任心强的工作人员负责婚姻登记管理；在庆兴镇、桂花镇、濛阳镇、三界镇设婚姻登记点；在山区丘陵的10个乡镇实行委托代办。1995年将4个设登记点的镇改为委托代办。2003年10月1日起，全市婚姻登记集中在彭州市民政局婚姻登记处。

结婚登记　1986年3月15日以前，彭县按照《婚姻登记办法》规定，要求申请结婚的男女双方持户口本和所在单位或村出具的结婚证明共同到一方户口所在地乡、镇政府办理结婚登记手续。经审查符合婚姻法规定的，准予登记并发给结婚证书，男女各一份。3月15日以后，凡男女自愿结婚的，持本人居民身份证、户籍证明、所在单位或村民委员会（居民委员会）出具的婚姻状况证明，到一方户口所在地的婚姻登记机关申请结婚登记。经审查符合婚姻法规定的，准予登记并发给结婚证书。婚姻登记机关还要求当事人到当地计划生育指导所或乡镇卫生院作健康检查。

1996年《婚姻登记管理条例》颁布后，要求当事人结婚时，必须双方亲自到一方户口所在地的婚姻登记管理机关申请结婚登记。申请时，应当持户口证明、居民身份证、所在单位或村民委员会（居民委员会）出具的婚姻状况证明、婚前健康检查证明。离过婚的，应持离婚证。

2003年10月1日《婚姻登记条例》实施后，规定内地居民结婚，男女双方应当共同到一方当事人常住户口所在地的婚姻登记机关办理婚姻登记，双方当事人持本人的户口簿、身份证、本人无配偶以及双方当事人没有直系血亲和三代以内旁系血亲关系签字声明，即可登记结婚，取消了由原所在单位、村（社区）出具婚姻状况证明、婚前健康检查证明的规定。

离婚登记　1993年以前，离婚登记在乡镇政府办理。1993年以后在民政局婚姻登记处办理。要求离婚当事人持户口证明、居民身份证、所在单位或村民委员会（居民委员会）出具的介绍信、离婚协议书、结婚证等证件，双方共同到一方户口所在地的婚姻登记机关办理离婚登记。2003年10月1日起，离婚登记手续有所简化，自愿离婚的男女双方须出具当事人的户口簿、身份证、本人的结婚证、双方当事人共同签署的离婚协议书，双方共同到一方常住户口所在地的婚姻登记机关办理离婚登记，不再需要所在单位或村（社区）出具介绍信。

复婚登记　2003年10月1日前，复婚登记程序与结婚登记相同，但必须注明复婚登记字样，原离婚证收回注销。2003年10月1日起，复婚登记程序与结婚登记相同，证件上不再注明复婚登记字样。

殡葬管理

1986年，全县积极宣传贯彻国务院《关于殡葬管理的暂行规定》、省政府《殡葬管理实施办法》精神，依靠群众，改革土葬，推行火化，节约办丧事。

1989年采取县、镇、村、组联办的形式，在距市区12公里的九陇镇双松村、集埝村建立九陇公墓，始建时属公益性公墓，1993年变更为经营性质。公墓占用荒地2万平方米。

市殡仪馆老区占地8749.92平方米，建筑面积2146平方米，火化炉2台，职工18人，汽车3辆，从1971年开业至1989年累计火化遗体36827具。1995年，全市在致和镇观泉村汉彭公路南侧新建的殡仪馆投入使用。全馆占地面积14960.81平方米，建筑面积3848平方米，绿化面积5460平方米，馆内配有车辆11台，正式职工46人。主要从事遗体接运、防腐、整容、冷藏、火化、骨灰存放、灵堂设置等殡仪服务，年火化遗体5000具以上。加强殡葬执法检查宣传，成立了常年保持3—5人的殡葬改革执法队，遗体火化率逐年上升，1986—2005年，累计火化遗体121635具，火化率92.6%。

救助管理

1986年以后，彭州市（县）救助工作根据1982年国务院发布的《城市流浪乞讨人员收容遣送办法》精神，以精神病医院为依托，建立收容遣送站。公安机关负责对城市流浪乞讨人员的收容，民政部门协助。民政部门负责被收容人员的管理和遣送，公安机关协助。2003 年 8 月 1 日，国务院《城市生活无着的流浪乞讨人员救助管理办法》、民政部《城市生活无着的流浪乞讨人员救助管理办法实施细则》开始实施。彭州市在彭白公路距城区 1.2 公里处原蛇纹矿汽修厂内设救助站，占地面积 4.99 亩，建筑面积 1500 平方米，设办公室、接待室 5 间，男女及儿童宿舍 12 间，住宿床铺 46 张，另设有厨房、食堂等，从 2005 年开始正式挂牌办公。建立规章制度，坚持自愿受助、无偿救助的原则，对符合救助条件的流浪乞讨人员实施 100% 救助。当年，实施关爱性救助 762 人，其中：老年人 242 人，儿童 72 人，青少年 448 人；残疾、痴呆及精神病人 264 人。护送回家 99 人，亲友接回 23 人，提供车票 376 人，现金救助 159 人，妥善安置 4 人，滞留站内 16 人。

民间组织管理

1989 年 10 月，按照国务院颁布的《社会团体登记管理条例》，彭县社会团体管理工作归口民政部门负责。1990 年 9 月，建立工作机构，配备工作人员。1991 年 2 月成立清理整顿社会团体领导小组，经调查统计，全县当年共有社团组织 178 个，其中县级社团 86 个，乡（镇）级社团 92 个。通过整顿，合并相似社团 11 个，解散几年间未开展活动社团 32 个，重新登记社团 135 个，新批准成立社团 7 个。全县清理整顿后的社团共 142 个，其中法人社团 18 个，非法人社团 124 个。按照中共中央办公厅、国务院办公厅 1996 年下发的《关于加强社会团体和民办非企业单位管理工作的通知》精神，1998 年完成社团清理整顿，合并社团 3 个，注销社团 15 个，在整顿中有 21 个社团更换领导班子成员，有 15 个社团参加财务审计。1999 年 11 月起，开始对彭州市气功类组织进行调查。2000 年，在上级民政部门指导下，取缔非法气功组织和注销了在业务主管单位登记的气功站，对 35 个非法人社团全部变更为法人社团。2001 年，复查登记民办非企业单位 661 个（卫生类 396 个、教育类 231 个、文化类 20 个、劳动类 13 个、其他 2 个）。2002 年，对行业协会、学会和中介组织收费中的违规违纪现象进行纠正处理。2003 年，根据成都市民政局《关于农村专业合作组织登记问题的通知》精神，市委、市政府下发《关于加快发展农村专业合作经济组织的意见》，对农村经济合作组织做出相应规定。2004 年彭州市蔬菜产销协会被四川省人民政府评为“全省先进民间组织”。2005 年，彭州市个体劳动者协会等 4 个社会团体，彭州市易通电脑等 3 个民办非企业单位受到成都市人事局、成都市民政局的表彰。

第六节　地名管理

彭州市（县）规范地名管理工作，着力解决历史上形成的带有迷信色彩、大跃进色彩、“文化大革命”色彩的地名，体现社会发展、经济交流、文化传播的时代特征。1986 年 11 月，县政府命名天彭镇街道 6 条，更名街道 6 条。1987 年 9 月，命名敖平镇街道 8 条，更名街道 2 条。1991 年 11 月，命名天彭镇街道 32 条，濛阳镇、隆丰镇、九陇镇、新兴镇、通济镇、丽春镇、敖平镇、思文乡、升平乡、大宝镇、万年乡命名街道 36 条，九龙镇更名街道 1 条。1994 年 11 月，命名天彭镇街道 17 条、更名 31 条、注销 9 条。1996 年 2 月，命名天彭镇街道 7 条，命名庆兴镇街道 5 条。1997 年 4 月，命名隆丰镇街道 6 条，更名 3 条；12 月，命名三界镇、红岩镇、致和镇、九陇镇、濛阳镇街道 21 条。1998 年 5 月，市民政局编辑出版《彭州市行政区划标准名称手册》，为四川省第一彭县级行政区划工具书。

同年，命名天彭镇、桂花镇、太清乡街道26条。1999年9月，制定《彭州市地名管理实施细则》，为成都市第一个县（市）级地名法规。2000年4月，命名升平乡街道6条；7月，命名楠杨镇街道5条。2001年4月，市政府决定将顾福桥街冠名为安信路，这是全市第一条以企业为名称冠名的路。命名小鱼洞镇街道6条。2003年7月，全市公布实施《地名冠名权有偿使用实施办法》，为四川省第一个县（市）级地名冠名权有偿使用法规。全年命名北君平镇、濛阳镇、天彭镇、白鹿镇、敖平镇、九尺镇、桂花镇街道67条，九陇镇更名丹景山镇。2004年5月，命名军乐镇、竹瓦镇、天彭镇街道16条；9月，命名九尺镇、葛仙山镇、濛阳镇、通济镇、桂花镇、天彭镇街道51条。20年间，先后出版1990年、1993年版《彭州市行政区划图》。

第七节　老龄工作

1985年4月成立彭县老龄问题委员会。1991年6月，县老龄问题委员会更名为彭县老龄工作委员会。内设彭县老年人体育协会、成都市老年大学彭县分校。至1992年，建村（居）委会老体协组织447个，参加会员42392人。从2001年起，老龄委办公室归口民政局管理。

1985年，老龄委成立后，积极宣传老龄工作的意义、性质和任务，调整充实基层组织机构和成员，对各单位从事老龄工作的人员进行业务培训。贯彻《中华人民共和国老年人权益保障法》，鼓励和支持老年人发挥作用。大张旗鼓宣传尊老、敬老、养老的传统美德，大力为老年人办好事和实事。1987年全县开展“尊老、敬老、养老”宣传月活动，各单位召开各种会议73次，参加会议人数2868人，走访慰问离退休干部职工、社会孤寡老人、军烈家属3万余人，为老年人办好事22552件，义务送粮、油11024斤，处理赡养案件14件。1988年给青少年上敬老课731次，受教育学生22652人，为老年人办实事8632件，落实离退休政策7387人，落实五保政策310人，参与为老年人送煤、粮、油77997人，数量达60余万斤。从2000年开始在全市开展“双签”活动。2001年共签订敬老保证书2682对、8046份，签订家庭赡养协议书246户、3462份。2002年被成都市老龄委评为老龄工作先进单位。2003年共签订敬老保证书1798对。2004年签订敬老保证书1476对、4428份，签订家庭赡养协议书12户、40余份。至2005年全市各镇已开办老年学校18所，学员3500余人。

第六章　人事劳动和社会保障管理

1985年起，彭县劳动人事局开始仿照高考形式举行招干文化考试，始建“人才资源库”，推荐到相关用人单位选用。1996年，全面推行公务员制度，根据《国家公务员暂行条例》，开始进行国家公务员资格考核。1998年，制定出台《推行国家公务员制度实施方案》等9个地方法规，建立起推行公务员制度的地方法规体系。并在全市开展“为人民服务，做人民满意公务员”活动。随着各行各业对干部、职工文化知识、专业水平要求不断提高，1988年，成立“人才交流服务中心”，负责向用人单位推荐人才，并鼓励大中专毕业生到基层单位工作，下岗职工到乡镇企业应聘就业。2003—2005年，开展以新技术、新知识、新信息、新理论继续教育培训，集中培训专业技术人员、党政人才、农村各类适用人才3.6万余人。

随着社会主义市场经济体制的建立，社会保障体系经历了由“国家—单位保障制”向“国家—社会保险制”的转型。1988年，全县参加统筹的国营企业单位共97家，参保职工8547人。2005年全市养老保险参保人数4.59万余人，征收养老保险金2.95亿元。

第一节　干部管理

公务员管理

1995年，为全面推行国家公务员制度作准备，年初，根据《国家公务员暂行条例》《公务员辞退条例》和《公务员回避暂行条例》等法规，对全市1900名（占全部应考人员的96.74%）干部进行了国家公务员资格考核，评出优秀277人，称职1550人，不称职4人。

1997年，开始全面推行国家公务员制度，按要求组织全市2824名机关工作人员进行公务员知识普及培训，并实施公务员过渡考试。开展国家公务员职位分类工作，按照有关规定全面完成政府序列国家公务员《职位分类说明书》的编制。完成了1996年年度考核工作，考核2219人，其中优秀316人，称职1856人，未确定等次37人。

1998年，根据国家、省、成都市有关国家公务员制度的法律法规，市里制定《推行国家公务员制度实施方案》等9个地方法规，建立起推行公务员制度的地方法规体系。政府办公室下发彭府办〔1998〕55号文件，决定在全市各乡镇、行政机关开展“为人民服务、做人民满意公务员”活动，并将此项工作纳入公务员年度考核。按照成都市委组织部成组发〔1998〕89号文件，开展乡镇推行国家公务员制度试点工作，并制订实施方案，是年9月，全面完成全市乡镇推行国家公务员制度工作。当年度考核公务员2042人，评出优秀333人，称职1615人，未确定等次92人，不称职2人。

2002年，人事和劳动社会保障局成立人事劳动争议仲裁科，2003年在市级各部门、直属事业单位和镇设立人事争议调解委员会93个，受理结案人事争议案件6件。2004年建立公务员绩效考核量化评价机制，从德、能、勤、绩、廉等五个方面，对全市公务员的绩效实行百分制量化考核。继续深入开展“为人民服务，做人民满意的公务员”活动，并在此基础上组织开展“人民满意公仆”和嘉奖、记三等功人员的评选表彰活动。经基层单位推荐，逐级研究审定，电视公示，共选出“人民满意公仆”1人，成都市劳模1人，记三等功27人，嘉奖50人，在2004年“七一”前由市委、市政府隆重表彰。对1998年以后违规进入公务员队伍以及政法系统人员再次清理上报，并按省委组织部、省人事厅有关规定，组织符合补考录用条件的102人参加培训考试。按照成都市委组织部、成都市人事局的安排部署，对全市2004年机关补充主任科员以下非领导职务的国家公务员进行了需求摸底，上报拟补充一般工作人员120人，并对2003年军队转业干部及家属、三州内调干部21人进行公务员非领导职务任职培训和考试，下发任命书。2005年印发《彭州市2005年国家公务员和机关工作人员培训教育实施意见》，对全市公务员组织实施12天培训。

离退休干部管理

1986 年，按照《彭县人民政府关于加强退休干部管理的意见》规定，将在全县乡镇安置的外省、区、市、县和县境内市属以上单位的退休干部和工人纳入管理范围，照顾好退休职工生活，重视退休职工思想政治工作，开展经常性文体活动，发挥退休职工“余热”。当年，全县有退休职工 4400 多人（外地安置到彭县近 1500 人）。

1987—1988 年，县劳动人事局先后以彭人劳发〔1987〕43 号、〔1988〕35 号文件，先后表彰退休管理服务工作先进退管会 31 个、先进退休职工活动室 5 个、先进个人 161 名。

1992 年，县编制委下发〔1992〕1、3 号文件，县委老干部局更名为彭县离退休干部管理局将原劳动人事局管理的国家行政机关、事业单位的离退休人员纳入离退休干部管理局管理对象。规定行政机关、事业单位、企业的人员在离退休后，由县离退休干部管理局、劳动人事局分别管理。异地到彭县安置的退休人员，接受安置工作由劳动人事局负责，安置后属行政机关、事业单位人员，由离退休干部管理局管理。各乡镇退休职工管理服务委员会（含县级机关退管会）隶属离退休干部管理局。对退休人员政治待遇的落实，按退休管理范围划分，各自负责督促检查落实；凡涉及退休人员有关生活福利待遇、生活补贴调整，由劳动人事局负责办理及政策性解释，离退休干部管理局协助检查督促落实。

1999 年，市委组织部、市人事与劳动局、市离退休干部管理局联合下发《关于进一步加强彭州市离退休干部管理工作的意见》，要求各乡镇党委政府，市级各部门建立健全离退休干部工作机构，进一步落实好离退休干部的政治、生活待遇，对全市离退休干部实行分级管理。

2003 年，全市离退休干部（公务员）1155 人，事业人员 1903 人，企业 207 人。

第二节　人才资源开发与交流

1985 年，彭县劳动人事局按照成都市委组织部和市人事局的要求，仿照高考形式举行招干文化考试，从应考的 934 名人员中录取 172 名进入始建的“人才资源库”，并建立相关的人才档案。从当年 11 月起，向法院、税务局、检察院、工商银行、农业银行、保险公司等 13 家用人单位推荐 133 名人才以供选用，被录用干部 43 名，合同制工人 32 名。

1988 年，彭县成立人才交流服务中心，该中心属彭县劳动人事局管理的事业单位，其主要任务是负责建立人才资源库，并向用人单位推荐人才。

1993—1997 年，彭州市（县）劳动人事局先后 3 次参加成都市人事局组织的大中专毕业生供需信息会和人才交流会，组织全县（市）22 家企业到会交流，共引进专业技术人才 55 人。1993—1997 年，实施专业技术人员继续教育工程，培训林业、农业、畜牧、城建、水利等各类专业技术人员 2.35 万多人次；完成工程、经济类 900 多人晋升职称文化考试、年度各类专业技术职称评审，考核 2.5 万余人次，评出高职 85 人、中初职 5190 多人。完成享受政府特殊津贴科技人员调查考核，从对各部门上报的 62 名专业技术人员中评定出有突出贡献专业技术人员 35 名，兑现每人每月 30 元政府突出贡献津贴；开展“人才百千万”工程，选拔推荐 5 人进入成都市人才库。

1998—2002 年，加大政策扶持力度，鼓励大中专毕业生到基层单位工作、下岗职工到乡镇企业应聘，指标向农业基层一线人员倾斜。注重引进对支柱产业、优势产业以及未来产业发展需求的高层次人才，制定优惠的政策。市委下发《关于引进、培训和使用人才的意见》，并将拔尖人才和有突出贡献人员补助，从每月每人50、40元提高到100元、80元。设立“杰出科技贡献奖”“科技进步奖”，奖金数额分别为每人每次3万元、2万元。注重“农技型”“工业型”“经营型”等各类农村乡土人才开发，不断壮大农村人才队伍。劳动人事局对首批满届的17名有突出贡献的专业技术人员进行考核，并启动第二批有突出贡献的科技人才遴选工作，评定有突出贡献的专业技术人员18名。举办各类继续教育工程培训班150余期，培训各专业、层次人员12000名。组织1033人参与各级各类资格考试，评定901人获得专业技术职称，其中高级23人，中级210人，初级677人。引进、交流、配置人才44人。实施“人才百千万工程”建设，加强动态管理，有7人入选该工程，另有3人被成都市命名为“名中医”。完成市属重点企业所需专业人才调查，通过人才市场为市内企业引进人才76人，提供人才信息1200多条。

2003—2005年，市委、市政府先后下发《关于进一步促进人才资源向人才资本转变的意见》《彭州市2005—2010年人才发展规划纲要（草案)》《彭州市农村实用人才培养选拔管理暂行办法》《彭州市农民专业技术职称评定意见》等文件，初步建立农民专业技术人员和农村实用人才的评价机制。邀请市纪委、市监察局会同成都市人事局巡视员，加强专业技术人员技术职称考试现场监督，组织参考2434人，评定各级各类专业技术职称1555人。开展以新技术、新知识、新信息、新理论为主要内容的继续教育培训，集中培训专业技术人员4120人、党政人才（以公务员为主）2250人、农村各类适用人才3万余人。

第三节　工资福利

1985年，国务院发布《工资基金管理办法》。1988年，彭县实施工资基金宏观管理，对行政机关、全民所有制企业、事业单位建立工资基金使用手册，实行工资总额使用计划，报开户银行监督支付。对各类公司工资、奖金、津贴，会同工商、税务等部门进行清理整顿，严格控制工资总额。

1990—1992年，推进工资制度改革，贯彻执行国发〔1989〕92号文件精神，普调国家机关、事业单位8177人工资，增资总额144.32万元；全县行政机关、事业单位离退休人员1598人提高生活待遇和增发退休费，人平月增19元，共计39977元；对全县73户国营企业10291名职工标准工资进行认定和调整，人均月标准工资增加23元；提高机关工龄津贴标准，受益9217人，增资96万元；农、林、水一线科技人员287人工资实行浮动升级，月增资总额2.76万元；提高568名边远山区工作人员补贴，增资总额6.816万元；机关事业单位实行编制工资总额挂钩，企业实行工效挂钩，或工资总额包干制度。

1993年，建立机关、事业单位工资基本管理台账。审批228名副局级以上干部，9000多名机关、事业单位人员奖金和奖励工资，发展乡镇企业有功人员12人晋升一级工资，机关中层干部82人增加地方补贴一级工资，民办教师967人实行工龄津贴，中小学教师546人进入专业技术职称工资最低档次，其他事业单位746人工资获准进入专业技术人员最低档次。

1994年，核实机关事业单位9379人的工龄、工资、任职时间等，培训“工改”工作骨干290多人，完成全市10673人的“工改”审批。1996年，审批机关2587人、乡镇794人、事业单位7195人晋升职务工资，有205人级别工资跨年滚动升级，事业单位职务变动晋升工资1190人，公安干警354

人警衔津贴，农、林、水一线人员88人浮动工资。

1998—2002年，完成全市行政机关、事业单位工资标准调整，连续两年度考核合格、连续5年称职或连续3年优秀者职务工资、级别工资正常晋升16144人。

第四节　接收安置

1985年，安置军转干部35名，家属18名，引进技校毕业生3名，分配32名大中专毕业生到财政局、物资公司、商业局、统计局、物价局、交通局、林业局、农贸办、计生委、劳人局、卫生局、粮食局、环保局、医药总公司等部门工作。

1987—1989年，安置军转干部73名，按照面向基层、专业对口的原则，派遣大中专毕业生157名到各部门工作，县党政群机关在职工人中17名“五大”毕业生转为干部编制，安排“三州”内调干部5名。

1990—1992年，接收安置军转干部27名，随迁家属8名，派遣大中专毕业生513名，安置内调干部12名。

1993—1997年，接收安置派遣大中专毕业生1292名，进入人才交流市场82人；安置军转干部94名，随迁家属25名；安置森工转产干部2名；安置“三州”、西藏内调干部11名。

1998—2002年，接收大中专毕业生1409名，指导帮助就业860名；按照公开、公平、竞争、择优原则，选录28名大学毕业生到农村基层工作。接收军转干部88名；安置军转干部家属1名；接收“三州”内调干部6名。

2003—2005年，接收军转干部75名，政策性安置48人，自主择业27人；对退休工资不足650元/月（成都市企业退休职工平均工资）的172名企业军转干部，按政策规定补足650元；指导帮助225名大中专毕业生就业。

第五节　劳动就业管理

劳动技能培训及鉴定

1985年，全县未安置城镇待业人员823人。为解决子女就业难问题，县劳动人事局广开就业门路，扩大安置渠道，采取统一安置与个体创业相结合的方式，实施技校招生、自办、联办技术培训班的形式，提高待业青年职业技能，努力实现就业目标。1986—1989年，配合招工、用工制度改革，举办各种技术培训班97期，培训待业青年3516人，就业3133人。1993—1997年，加强技校招生、劳务输出培训力度，同时把失业人员再就业培训纳入培训范畴，举办各类培训班109期，培训6381人，其中，完成就业培训4792人，培训失业人员500人，培训市（县）属企业职工1089人；技校招生1377人。1998—2002年，市政府制定下发《关于实行劳动预备制度试点工作意见》《企业职工培训规定》等文件，全面推行劳动预备制度。确定市就业培训中心、大康厨师与餐厅服务、交管所汽车维修、职高、经委职工校等培训机构36家，全方位、多渠道开展就业培训。举办各类培训班144期，培训城乡各类劳动者13344人，其中培训下岗失业职工6223人。2003—2005年，建立以职业教育为主体，以社会力量办学为补充的职业技能培训网络体系，全市认定培训机构16家，把培训工作的重点转向农村劳动力，将培训机构延伸到重点镇。实施未按劳动预备制度要求进行培训的人员，一律不予办理招聘手续，培训城乡各类劳动者32855人，其中培训下岗失业职工1486人，农村劳动力22100人，农村劳动职业技能8063人，取得职业技能合格证和《职业资格证书》11676人，创业培训312人。

1994—2003年，建立中式烹饪技能鉴定所、车工钳工技能鉴定站、摩托车维修技能培训中心等机构。10年间，完成厨师等级评定、汽车驾驶维修、计算机操作等从业人员职业技能鉴定4449人，并颁发等级证书。

劳动就业制度改革

1985年，彭县开始对劳动就业制度进行改革，面向社会招工，通过考试择优录取，实行劳动合同制。对县境内所有中央、省、市、县企业的计划外用工进行清理，补办计划外临时用工手续488份。

1987—1989年，全面推行劳动合同制，贯彻执行国务院改革劳动制度“四项规定”、成都市劳动局“61条”补充意见，全县2019名合同制工人均签订劳动合同并参加养老保险。

1990—1992年，对全民所有制企业管理人员推行聘用制试点，制定下发《关于全民所有制企业管理人员实行聘用制的意见》《关于全县试行全员劳动合同制试点企业人事制度改革的实施意见》，明确规定国营企业实行全员劳动合同化管理须遵循的原则、管理对象和范围、合同内容等。在19户试点企业中改革招工办法，采取面向社会自主招工的新形式，实行全员劳动合同化管理，与271名职工签订全员劳动合同。对企业5319名合同制工人、1800名临时工的劳动合同进行鉴证，与乡镇企业职工48833名、私营企业务工者186名签订并鉴证劳动合同。

1993—1997年，企业改制进入关键阶段，劳动人事局先后制发《彭县国有企业劳动、工资、社会保险制度改革实施意见》《劳动用工制度改革实施细则》《实行全员劳动合同制社会保险问题的通知》《三项制度改革后的招工办法》《改制后工资改革实施细则》《关于进一步实行劳动合同制的通知》《集体所有制企业实行劳动合同制的意见》等文件，全市（县）企业改制掀起高潮。5年间，有243户企业、18018名职工实行全员劳动合同制，另有51家混岗大集体企业1558名职工转为合同制工人，有1065名事业单位集体职工、59名混岗集体职工转为全民合同制职工。乡镇企业、私营企业、个体工商户鉴证劳动合同5532份。建立外商投资企业劳动备案制度，有11户外资企业登记备案。

1998—2002年，加强对企业执行劳动合同制度及劳动合同签订检查指导工作，就劳动合同的合法性、逻辑性依法进行审查鉴证。2002年，推行集体协商和集体合同制度，建立劳动保障部门、工会、企业劳动关系三者协商机制和联席会议制度。4年间，签订劳动合同21584份，签订集体合同6份，审查鉴证合同10157份。

2003—2005年，实施劳动用工备案制度，开始对用工单位招用人员简章、录用情况进行备案，并督促829家用人单位必须与劳动者签订劳动合同，完成各类用人单位签订劳动合同1.6万份。2005年，全市城镇用人单位劳动合同签订率达99%。

就　业

1988年，按照“三结合”的就业方针，全县全民、集体和个体共安置城镇待业人员1489人，其中集体和个体安置787人，补办计划外用工手续616人。1990—1992年，为减轻就业压力，县委、县政府拓展安置渠道，支持鼓励企业提供更多就业岗位，同时把乡镇企业作为安置待业人员就业的又一渠道。3 年间安置城镇待业人员 3589 人，其中在乡镇企业安置 552 人，占安置总人数的 15.38%。1994—1997 年，重视解决好特困户、老红军后代、烈士子女等待业人员的工作问题，安置特困户待业人员 88 人、残疾人 6 人、老红军后代 1 人、烈士子女 2 人。帮助城镇待业人员就业 6199 人。劳力输出 4494 人，其中向省外输出 2278 人，向国外输出 76 人。职业介绍经双向选择录用 3652 人。

下岗失业、再就业

随着企业改革不断深化，全市下岗职工人数逐年增加。1995 年，全面启动再就业工程，指导失业职工内部转业上百人。1996—1997 年，企业下岗失业率控制在 2.5% 以内，全市下岗职工 2940 人，分流安置 2150 名，安置率 73.12%。1998—2002 年，市委制发《关于实施解困再就业工程的意见》，人劳局印发《关于进一步做好国有企业下岗职工基本生活保障和再就业工作的通知》，不断规范下岗职工管理工作。市政府成立解困和再就业工程领导小组，由市长担任组长。国有企业主管部门成立再就业服务中心 8 个，所属国有企业建立再就业工作站 25 个，兴办社区就业服务实体 6 个。下岗职工进入再就业服务中心率达 100%。全面落实下岗职工社会保险费代缴、基本生活费按时足额发放等措施。5 年间，先后 4 次组织再就业专场招聘会，为下岗职工提供再就业岗位 8684 个，实现再就业 6531 人，发放基本生活费 25991 人次、690.84 万元，代缴社会保险费 158.75 万元。2003—2005 年，实施再就业“三到位”措施，即享受税费减免到位，提供岗位到位、免费培训到位。鼓励下岗失业职工、失地农民通过灵活方式自谋职业，自主创业。开发公益性岗位，落实公益性岗位申报和统一调控制度，优先安排“4050”等困难人员再就业。指导帮助城镇下岗职工再就业 18326 人，发放基本生活费 68 万元，发放救济金 19273 人（次）479 万元，代缴社会保险费 326 万元，为 18 家就业型企业、485 名灵活就业人员落实社保补贴 38.55 万元，提供小额贷款担保 40 万元，提供免费职业介绍 5050 人（次）。

劳动力市场

1988 年，为适应社会主义商品经济的发展需要，开放劳务市场，制定下发《彭县劳务市场暂行办法》《社会劳动力统筹管理办法》等文件，成立职业介绍所，全年登记 429 人次，交流 295 人，向成都等地输出劳动力 285 人。1990—1992 年，建立“彭县社会劳动力监察站”，逐步建立培育劳动力市场，推行用工制度改革。有 900 家单位办理用工许可证，2600 人办理务工证。1993—1997 年，加强乡镇、私营企业用工管理，实行劳动合同鉴证，建立劳动力有组织、有领导、有秩序地流动运行机制。鉴证劳动合同 346 份，办理计划外用工手续 650 人、工人换工 448 人、建筑行业务工证 1948 人、求职登记 7057 人、招工补员 260 人，安置森工转产工人 13 人，劳务输出 7422 人，向国外输出技工等各类务工人员 404 人，交流技术人员 68 人，安置随军家属、西藏内调工人 2 人，派遣技校生 165 人。

1998—2002 年，彭州市与成都市及其他区（市）县实现劳动用工信息微机联网，建立市劳动力市场，全市 28 个乡镇建立劳动保障所，社区建立就业工作领导小组和社区就业服务网络，天彭镇社区建立劳动保障工作站，指导帮助城镇人员再就业 12658 人，求职登记 7478 人，劳动输出 44679 人，其中输出省外 1414 人，输出国外 27 人，提供用工岗位 2441 个，转移农村劳动力 13.8 万人，农民实现务工收入 6.5 亿元。2003—2005 年，市委、市政府下发《关于促进统筹城乡充分就业的贯彻意见》，建立统筹城乡充分就业目标责任制，把帮助社区、农民集中居住区失地无业农民、“4050”人员、下岗失业人员就业作为重点，加快建设城乡一体化就业服务体系和信息网络平台，创建充分就业社区 12

个，实现农村劳动力转移 14.2 万人，其中劳务输出 4.2 万人，组织农村劳动力就业前培训 4.9 万人，职工技能培训 1.82 万人，引导失地农民就业 4237 人。

第六节　劳动工资管理

工资制度改革

1985 年，实施工资改革，行政工资实行结构工资制度，包括基础工资，工龄津贴等。工人工资由原 8 级制、财贸职工 10 级制的工资标准统一改为 15 级制。四类工资区调为五类工资区。

1993 年，深化企业劳动工资制度改革，逐步建立国家宏观调控，分级分类管理，企业自主分配的工资管理体制。根据国务院《全民所有制企业转换经营机制条例》和省、成都市《全民所有制企业转换经营机制实施办法》，制定下发《彭县国有企业劳动工资制度改革实施细则》。

1997 年，为适应彭州市经济和社会发展需要，建立以按劳分配为主体的“市场机制决定，企业自主分配，政府监督调控”的企业工资分配体制。按照企业工资增长“两个低于”的宏观调控要求，指导各种经济类型企业在社会经济发展和本企业劳动效率提高的基础上，合理适度确定年度工资增长。

2000 年，根据上级文件精神，建立以按劳分配为主体，多种分配方式并存的企业工资分配制度，促进企业微观自主分配行为与国家宏观政策相协调，颁发《企业工资总额使用手册》，指导改制企业根据劳动力市场工资指导价和职工实际劳动贡献确定职工工资水平，实行以岗位工资为主要形式的企业基本工资制度和灵活多样的分配形式，建立健全竞争上岗，以岗定薪，岗变薪变，工资收入能增能减的激励约束机制。

最低工资保障制度

根据成都市 2000 年企业工资指导线要求，制发彭州市《关于贯彻实施 2000 年企业工资指导线的意见》，以货币工资增长率 8%、12% 分别作为企业工资增长的基准线和预警线，确定当年全市最低工资标准为每月 240 元，对审批认定的国有企业开设工资预留账户，优先保证职工最低工资的发放。

2004 年，开展企业人工成本抽样调查，从 9 月 1 日起开始执行每月 400 元和每小时 4.3 元的最低工资标准。建立农民工工资支付监控制度，对拖欠农民工工资的 23 家用人单位进行清欠，责令其支付欠发工资 32 万元。

第七节　安全生产监督管理

彭州市（县）安全生产贯彻“安全第一，预防为主”的方针，以狠抓矿山、交通安全为重点，努力控制伤亡事故和职业危害。

1988—1989 年，实行单位“一把手”、分管领导、安全管理干部三级负责制，狠抓矿山、交通安全。从管理体系、基础建设、执法监察、安全技术措施等方面着手，全面深化安全生产管理。

1990—1992 年，坚持和完善安全生产责任制，成立“彭县矿山安全卫生监察室”，建立矿山、建筑安全监察管理和例会制度，与18个主管部门、单位签订“安全生产责任书”。开展全县性执法监察17次，举办厂长（经理）等各类人员培训班28期，培训2588人，组织开展“百日安全赛”“安全知识竞赛”4次，4100余人（次）参加竞赛，对锅炉、压力容器进行整顿治理，登记注册416台。

1993—1997年，市政府在下发安全生产指导性文件的同时，与28个乡镇、49个部门和单位签订安全生产责任书，成立安监办安全卫生检测中心，开展7次安全生产周活动。劳动人事局举办特种作业人员等各类培训班，培训129人。对184家矿山、建筑、工业企业安全生产情况进行检查，年检锅炉70台。对1673家企业进行安全检查，查出各类事故隐患6810处（次），下达整改通知书97份，责令7家矿山企业、8家建筑工地停产整顿。对乡镇煤矿安全生产条件，建筑装修企业安全生产资格进行审查认证，审查验收19个新进工程“三同时”。检查验收在用到期锅炉和压力容器293台（次）。审查复核矿长资格193人。

1998—2002年，市政府及安监办制定下发《预防重特大事故预案》等43份安全生产指导性文件，与21个部门和28个乡镇签订安全生产责任书，坚持每月召开全市矿山、建筑安全管理人员、交通安全联组、交通运输企业负责人例会制度。举办各类培训班13期，培训各类人员1714人。先后组织公安、交警对1116家矿山、化工、工业企业，建筑工地等进行安全生产大检查，出动警力25760人（次），检查各种车辆37830台（次）。检查重点防火单位28家，查出火险、事故隐患2364处（次），现场整顿2009处（次），限期整改22处，停产整改273处，关闭煤矿企业17家，非煤矿企业16家。

2003年，成立市安全生产监督管理局，使全市安全生产执法行为、监督管理工作不断规范。

第八节　劳动监察和仲裁

劳动监察

1990年10月，成立社会劳动监察站，1994年3月16日组建劳动监察大队（为副局级机构），2002年更名为市人事劳动监察大队，在各乡镇、企事业单位聘任劳动监察信息员198名，有33名监察信息员取得劳动监察行政执法证。1994—1997年，开展劳动用工、社保与失业保险金缴纳、拖欠农民工工资等专项检查，检查国有企业、集体企业、三资企业、私营企业、个体工商户累计1510家，临时用工7892人（次），查出未办理用工证、务工证、劳动合同2847人。国有、集体企业10375名合同制工人中，未缴纳社会养老保险金、失业保险金的167人。私营企业用工1078人，未投保职工864人，查处清退童工5名。补缴社会养老保险金113.53万元，处罚金4.5万元，查处劳动者投诉案件336件，为其挽回经济损失7000余元。1998—2002年，实行现场办公，检查各类企业2889户，涉及职工13.61万人（次），年检面达88.45%，办理用工许可证单位456户、职工2689人，核发务工证7052人、劳动保障年检手册720套，签订劳动合同388份，补缴社保金317.8万元、失业保险金161.51万元。2003—2005年，劳动用工年检企业3454户、涉及职工65805人（次），补签用工合同310份，补办用工证75个，清欠工资507.6万元，受理群众投诉举报案件130起，立案查处40起，结案率100%，协调处理90起，办结率100%。

劳动仲裁

1987年7月，成立劳动争议仲裁委员会。2001年7月，根据《四川省人事争议处理办法》规定，市政府将人事仲裁委员会与原劳动争议仲裁委员会职能合并，设立市人事劳动争议仲裁委员会，全市28个乡镇设立劳动争议协调委员会。1987—2005年，贯彻国务院《国营企业劳动争议处理暂行规定》《四川省人事争议处理办法》精神，做到有案即立，协调为主，及时结案。处理劳动争议23763件、受理劳动争议仲裁案件44件，结案率96.33%。收到群众来信68件，接待群众来访2700余人（次），为劳动者挽回经济损失29.84万元，为企业挽回经济损失5.78万元。

第九节　社会保险

养老保险

全市（县）社会保险制度改革起始于1986年，截至2005年底，用人单位不分性质、劳动者不分身份进入社会保险覆盖范围。

城镇企业职工基本养老保险　1986年至1992年6月，为企业职工基本养老保险制度的建立和统筹阶段；全县国营企事业单位110户，在职职工21175人，退休职工5367人，实行社会统筹。有176户用人单位、5290名劳动合同制工人参加社会养老保险，单位和个人投保率达100%。1992年7月至1995年12月，建立个人缴费制度，实施养老金计发办法的改革；1996年1月至2005年12月，建立个人账户，实行基本养老保险社会统筹与个人账户相结合。企业缴纳基本养老费的基数和比例，按职工月工资收入（缴费工资）合计额的20%为职工缴纳基本养老保险费。个人账户按职工本人缴费工资的11%记入基本养老保险费。记入个人账户的基本养老保险费，按国家规定计算利息。基本养老金从个人账户储存额中支付，支付完后，由社会养老保险基金继续为其支付至死亡。

截至2005年12月底，全市各类城镇企业、个体经济组织参保户数和人数由1992年底的117户，参保人数20847人，离退休人数5871人，分别上升到395户，参保人数46326人，离退休人数23097人。

另外，原手管、二轻、商业、供销系统老职工、返城“知青”及20世纪80年代中后期陆续关闭、变卖、歇业等企业职工和返城“知青”，从2004年12月起，实行必须缴满10年的缴纳办法，作一次性补缴处理，对符合退休条件的，办理退休手续，从次月起按月享受养老金待遇。截至2005年12月底，全市各类城镇企业、个体经济组织395户参保，人数达46326人，离退休人数23097人。原城镇集体企业老职工、返城“知青”参保4106人，退休3038人。

机关事业单位养老保险　单位按参保人员月工资总额的22%缴纳，个人按本人月工资总额的4%缴纳。职工工资总额按国家统计局规定列入工资总额统计的项目计算，低于上一年全市职工月平均工资70%的，按70%作为缴费基数。社保经办机构以职工个人缴纳的基本养老保险费为其建立基本养老保险个人账户。职工退休时，除按现行机关、事业单位离退休费计算办法计发基本养老金外，再以本人个人账户储存额除以120计算的金额按月加发个人账户养老金。截至2005年底，全市参保单位278户，其中机关61户、事业单位217户（内含全额拨款单位86户，差额拨款单位20户，自收自支单位111户）。在职参保人数13264人，其中，机关3126人，事业单位10138人。离退休人数1318人。

农村社会养老保险　2001年5月前，全市农村社会养老保险工作由市民政局农村社会养老保险事业管理局负责。共参保3.2万人，征收参保基金1269.25万元。之后，此项工作移交社保局养老保险科组织实施。经对各镇基本资料进行审核、办理输入微机管理。截至2005年底，全市参加农村养老保险人数2.75万人，征收基金1199.73万元，领保、退保人数2576人，金额215.41万元。

综合社会保险

2003年3月，根据《成都市非城镇户籍从业人员综合社会保险暂行办法》，全市开始实施综合社会保险。其范围涉及国家机关、事业单位、社会团体、民办非企业单位、有雇工的城镇个体工商户和与之形成劳动关系的非城镇户籍从业人员及无单位的非城镇户籍从业人员。其内容包括工伤补偿、因病或者非因工负伤住院医疗费报销、老年补贴三项待遇保障。至2005年底，参加人员3739人，征收基金955.78万元，退还个人账户349人次，金额11.46万元；工伤赔付112人次，金额68.67万元；住院医疗报销35人次，报销金额7.89万元。

征地农转非人员社会保险

2004年10月，按照《成都市征地农转非人员社会保险办法》和《成都市已征地农转非人员社会保险办法》要求，全市区域内征地农转非人员按以下标准一次性向社会保险经办机构缴纳社会保险费：1991年1月至1993年12月期间征地安置的人员每人1848元；1994年1月至1998年12月的每人2641元；1999年1月至2003年12月的每人3433元。

据统计，自2004年10月至2005年12月，全市从1991年起已征地农转人员参加社会保险人数15469人，养老个人缴纳8178.5万元。已征地农转非一类人员享受社保待遇的，领取养老金人数7368人，金额2279.93万元；住院医疗报销427人，金额108.35万元；死亡人数75人，支付丧葬费12.38万元，退还个人部分30.23万元。

符合一类人员条件（男年满60周岁、女年满50周岁），本人缴纳社会保险费和政府给予社保补贴后，市社保局从2004年10月起按每人每月210元标准发给基本养老金。

第十节 医疗保险

基本医疗保险

1987年以前，彭县公费和劳保医疗执行的是实报实销制度。从1987年起，全县开始对公费和劳保医疗制度进行改革试点，试行小病门诊包干。将医疗费总额的50%，作为门诊医疗定额包干基数，按工龄分五个档次核定到每个职工人头。对退休人员按照在职职工的最高一档核定门诊包干费；对离休人员不发门诊医疗包干费，实行实报实销。

1992年7月开始试行大病“医疗统筹”，全县的固定职工、劳动合同制工人、混岗大集体职工，1971年12月底前的长期临时工和退休职工（停薪留职除外），均参加统筹。

至2000年12月底，全市纳入“小病包干，大病统筹”的企业86户，12000人；机关事业单位202户，10677人。

2001年1月1日，全市开始试行基本医疗保险制度改革，要求城镇所有用人单位及其职工必须参加基本医疗保险，由用人单位和职工个人双方共同缴纳基本医疗保险费。用人单位按职工工资总额

（包括工资、奖金、津贴和补贴等）的7.5%缴纳，在职职工个人按上一年本人工资收入的2%缴纳，退休人员不交费，下岗职工一年以上按成都市职工平均工资的60%为基数缴纳；个体工商户、自由职业者以上一年按成都市职工平均工资为缴费基数缴纳。

至2005年底，全市城镇职工基本医疗保险参保人数49500人，征集基金7672.87万元。

城镇职工补充医疗保险

2002年7月，全市开始实施城镇职工补充医疗保险，凡参加的单位和人员（含退休人员），在职职工每人每年按成都市上年度职工社会平均工资的1.3%，退休人员每人每年按成都市上年度职工社会平均工资的1.4%缴费。参保单位应在每年的3月底前一次性缴清全年保费。当年度所发生的住院医疗费用均属于报销的有效期限。患者因病住院发生的符合基本医疗保险规定的住院医疗费用，先由社保局审核，并按规定报销支付后，剩余部分再按“三段式”分列报销。

工伤、生育保险

工伤　1993年12月以前，全市企业、单位按照国家《劳动保险条例》《实施细则修正草案》的规定自行实施，县劳动、工会、安全部门负责政策解答、审批、鉴定、监督、检查、协调、仲裁等工作。1994初，建立统一的工伤保险基金，将全市的工伤保险实行统一的管理。1994年初，市人民政府印发《彭州市企业职工工伤保险试行办法》，建立统一的工伤保险基金，将市境内企业职工工伤保险实行统一管理。1996年4月，彭州市工伤保险与成都市工伤保险并轨，统一按照《成都市企业职工工伤保险暂行办法》和《实施细则》贯彻实施。至2005年底，全市工伤保险参保人数21630人，征收基金512.8万元，工伤保险基金征集率达95.8%。

生育　1988年9月，国务院下发《关于女职工生育待遇若干问题的通知》，将产假期由原来的56天延长到90天。1997年6月前，全市各机关、企事业单位按照《劳动保险条例》和《关于女工工作人员生育假期规定的通知》等自行实施，县计生办、工会（女工部）、妇联等行政相关部门负责政策解答、监督、协调等工作。1997年7月，贯彻实施成都市《企业职工生育保险暂行办法》，要求全市行政区域内的各类城镇企业和与之形成劳动关系的劳动者都必须参加生育保险。

截至2005年底，全市生育保险参保人数46300人。

第十一节　企业离退休人员社会化管理

管理网络

1985年2月，全县建有34个退管会（即34个乡镇退管会）相继开展工作。聘请管理人员42名，每个退管会设1—2名专聘人员，每人每月发补贴费12元，由县财政局报销。

1987年，纳入管理的退休人员4860人，建有35个退管会（包括机关退管会）。1993年撤县建市后，调整为30个退管会。至2005年12月底，全市企业退休人员总数22156人，分布在44个社区、退管工作站。退休人员社会化管理率达100%。另外受成都市委托，代管5个成都市市属企业（如湔煤、湔化、湔水、彭县铜矿、锦江等）退管工作站，社会化管理服务人数近5000人，管理覆盖面达 100%。

养老金社会化发放

1992 年 7 月至 1995 年 12 月，全市企业退休人员的基本养老金由各单位发放。1996 年 1 月至 2000 年 7 月，基本养老保险建立个人账户，实施社会化统筹与个人账户相结合后，养老保险实行全额征收、全额拨付，仍由各单位代发。2000 年 8 月起，彭州市按照国务院国发〔2008〕8 号文件精神，将全市 148 户企业退休人员纳入基本养老金发放范围，实现养老金社会化发放。为保证养老保险基金不流失，按照成都市和彭州市的要求，市社保机构加大对退休养老金发放过程的防范和清查工作，明确规定居住在市内 20 个镇的企业退休人员，每年 4—6 月本人持身份证、退休证、联系卡、近期照片到所在街道居委会社区（退管站）验证养老金领取资格。截至 2005 年，全市企业退休人员养老金社会化发放人数 22165 人，全年发放养老金 1. 217 亿元。

彭州市企业退休人员基本养老金发放表

表 5-6-11-1

年度	退休人员年平均人数（人）	发放金额（万元）	备注
2000	8770	1902. 7	5 个月
2001	10099	5634. 3	12 个月
2002	11053	6964. 8	12 个月
2003	11984	7882. 1	12 个月
2004	14630	9402. 2	12 个月
2005	22156	12168. 3	12 个月

第七章　政府其他工作

本章主要记载政府信息调研、法制工作、目标管理、议案提案办理督察等 8 方面的工作。1998—2005 年，政府办编发有《政事快讯》《信息专报》《工作参考》等刊物，完成专题调研 47 项。法制办组织清理行政审批事项 289 项，取消（调整）164 项。目标管理督察办公室督办市人大代表议案 2007 件、政协委员提案 1937 件。至 2005 年，完成政府办公业务网络系统开发建设，基本实现公文无纸化传输。当年建成并投入使用的彭州蔬菜信息语音平台，平均日访量达 1300 余人（次）。其他政府采购、档案管理、史志等工作都卓有成效。

第一节　信息调研

1986年以后，市（县）政府办按照服务领导、指导基层的基本思路，做好政务信息工作。建立起三级信息员队伍，采取集中、分区片、分系统（条块）等方式不定期培训信息员，及时表彰先进，不断提高采编、报送信息积极性。1998年，在编发《政事快讯》的同时，开始新编专供市政府领导参考的《信息专报》。1999年开始对各乡镇政府、市政府各部门的政务信息工作实行专项目标管理，改信息单向服务为双向服务。2004年围绕市领导对信息的不同需求，编辑含上级政策、外地经验和其他信息等内容的《工作参阅》，全方位开展信息服务工作。至2005年底共编印《政事快讯》（2005年9月更名为《彭州信息》）915期、《信息专报》425期，为市领导和乡镇、部门提供大量有用信息。按照“特事特报、急事急报、重大信息不漏报、突发事件不迟报”的要求筛选、整理和上报信息，仅1998—2005年，上报省和成都市政府信息达3678条，被采用1433条，其中2004年上报信息590条，采用455条，采用率为77.1%。同时，坚持开展专题性、探索性的调查研究，1998—2005年完成专题调研47项，撰写调查报告49篇，编发《调查与研究》364期。

第二节　法制工作

1992年9月，设立彭县人民政府法制办公室。围绕学习贯彻《中华人民共和国行政诉讼法》《中华人民共和国行政复议法》《中华人民共和国行政处罚法》《中华人民共和国行政许可法》等法律法规，推进政府依法行政。1994年，市政府在部分行政执法部门试行行政执法责任制，1997年将之纳入政府目标考核。1998年，市政府下发《关于进一步加强政府法制建设全面推行依法行政的决定》，法制办制订出《彭州市依法行政实施方案》。对全市行政执法机构和行政执法人员多次进行清理和重新确认，相继建立和实行规范性文件制定、行政执法、行政处罚、行政复议等程序和制度，促进行政行为逐步规范。1998—2005年，法制办审查各类文件400多件，开展行政执法监督检查40余次，对25个法律、法规、规章执行情况进行专项检查，查处群众举报违法行政行为28件，受理并办结行政复议案件40多件，参与和指导行政执法部门行政应诉65件，组织清理行政审批事项289项，取消（调整）164项，取消（调整）比例达56.7%，清理市政府和政府办制发的文件、政策措施9469件，废除78件，修改25件。至2005年末，全市共有行政审批事项203项、收费项目150个。

第三节　目标管理与议案提案办理督察

目标管理

1988年，县政府开始实行目标责任管理，将全县经济和社会发展目标分解到各镇、各部门，规定完成时限，年终进行考核。1990年12月，县政府成立目标管理办公室（1994年更名为目标管理督察办公室，简称目督办)，主要负责各项目标任务的制定分解，实施过程监督，绩效考核。1991年起，政府系统全面推行目标管理工作，实行办理工作通报制度，每年初由目督办将各项目标任务下达政府系统各部门、单位，由“一把手”负总责。各部门、单位再将任务具体分解到科、室、站、所。实施过程中，目督办加强对各项主要经济目标、重点项目和为民办实事目标等的督办协调。坚持半年抽查，年终检查的考核制度，按照考核细则对各部门、单位完成目标任务进行检查考核，并以得分高低顺序实行奖惩。对连续两年得分倒数第一的部门、单位主要领导和领导班子追究责任。

立案、提案办理

1986年以后，随着县政府各项工作制度的建立健全，人大代表议案、政协委员提案的办理工作程序逐步规范。1992年将办理工作纳入县政府一级目标管理，制定办理工作制度。1993年开始向人大代表、政协委员寄发《征求意见表》，听取各方面人士的意见和建议。2001年实行书面答复审签制，对重要议案、提案办理由市长亲自批示。2002年，建立督察告诫制度，对事关全局的重点、难点事项实行全程督办。2004年以后，邀请部分人大代表、政协委员对重点议案、提案办理情况进行视察，承办单位与人大代表、政协委员面对面对话沟通，以求共识。1986—2005年，督办议案2007件，有1051件议案所提建议得到解决或基本解决，占议案办理总数的52%，代表满意率达99.65%。督办政协委员提案1937件，有1372件提案建议被采纳，占提案办理总数的70.8%，委员满意率达95%。

第四节　电子政务

全市电子政务工作始于2000年，当年政府办完成计算机网络系统方案设计。2001年3月，市政府成立信息化建设领导小组，下发《关于加快彭州市宽带信息网络建设的通知》，提出大力推进“政府上网”工程，搞好政府系统的“三网一库”为基本结构的网络体系建设意见。同年9月，公众信息网和中国西部牡丹网站、中国西部蔬菜网站开通运行。2002年，完成公众信息网建设，开设彭州新闻、市长信息、政府采购、信息报送、公众留言、重大公告、办事指南等栏目。年底，全市有27个镇、30个部门、50个重点乡镇企业建立起网页或网站，与公众信息网实现链接，有20余个镇和政府部门从网上报送信息，点击公众信息网人数达2.4万余人（次），信息办编辑《市长信箱摘要》22期，向市政府领导反映群众关注的问题80余条。2003年，市委、市政府下发《关于加快彭州市信息化建设和信息产业发展的意见》，明确全市信息化建设阶段目标和具体任务，加快政府上网工程建设步伐。是年11月底，全市各镇、政府部门都在公众信息网上建立起网页或网站，有90%的镇、部门通过公众信息网报送信息。2004年，完成电子政务基础平台建设，初步实现市内互联互通，并与成都市电子政务网对接，构建起政务网络系统的安全框架。同时对公众信息网进行改版，设政务新闻、政务公告、政府文库、市长信箱、金彭留言板、金彭论坛、网上调查等栏目。2005年初，完成政府办公业务网络系统的开发建设，2月1日起，与成都市政府办公厅实现网上传输交换电子公文。在全省区（市）县中首家进行市人代会、政协会议网上直播。6月，全市公文交换分中心正式投入使用，基本实现公文无纸化传输。开始实施政务服务中心、全市安全生产等信息系统建设，当年建成彭州蔬菜信息语音平台并投入使用，从7月开始，网站平均日访问量达1300余人（次）。当年全市完成信息化基础阶段建设，公众信息网名列全国县级政府网站第44名。

第五节　政府采购

1999年11月，开始推行政府采购制度。各镇政府、市级各部门、事业单位、群团组织使用财政性资金采购，依法制定的集中采购目录以内和采购限额标准及招标数额标准以上的货物、工程和服务行为，均纳入政府统一采购范围，按法律规定的采购方式和采购程序进行采购。2000年7月，设立市政府采购办公室，负责编制采购目录，落实政府采购计划，受理有关政府采购投诉。2002年首先将公务车辆定点保险、定点加油、定点维修等服务类项目纳入政府集中采购范围。2003年1月起，按照《中华人民共和国政府采购法》，实行政府采购管理和执行分离改革。2004年，成立市政府采购服务中心（非营利性独立法人事业单位），承办纳入政府采购目录的采购活动和接受采购单位委托代理采购。2005年将市级各部门、各镇的办公楼院维修、装修等工程类项目扩大到公开招投标集中采购范围，并将未列入集中采购目录以分散采购形式实行政府采购的项目限额标准，由单项或批量采购金额5000元以上调整到1万元以上。2000—2005年，全市集中采购各种货物1363批次，采购金额5525.24万元（采购预算6253.05万元），资金节约率11.64%。2003—2005年，全市公务用车实行“三定”总金额3483.32万元（采购预算4713.78万元），资金节约率26.19%。

第六节　侨务外事

1985年以前，彭县外事侨务机构有侨务办公室、归侨侨眷联合会。当年8月成立彭县人民政府外事办公室，与县侨务办公室合署办公。1986年为与日本北海道石狩町中国研修生受入协会对等，成立彭县研修生交流协会。1992年成立彭县国际交流服务中心，属县外办、县对外友好协会领导下的地方外事部门。

贯彻落实侨务政策

县侨办成立后，积极参与有关部门协调对“文化大革命”中因有海外关系受到不公正处理的2名侨属进行纠正，对有关单位侨属有所谓海外关系、特嫌等不实之词的材料按规定进行清理销毁。通过调查核实，全县有5户侨房被占用，面积196平方米，按有关政策规定，退还4户房屋产权，面积146平方米。对归侨、侨眷“一视同仁”，帮助他们解决工作和生活中的困难，协助有关部门批准5户侨资企业落户彭县。

派遣研修生

1983年，日本籍友人川口孝夫来信，希望彭县能派4人到日本北海道研修农牧业。因派遣研修生赴日研修尚属四川先例，通过请示批准，首批派遣4名研修生赴日研修农牧业，研修时间8个月。此后10年间，全县连续向日本北海道札幌市、石狩市、大阪府富田林市派遣研修生15批43人，研修农牧业、医疗卫生、园林绿化、建筑、商贸等。通过赴日研修，多数人员成为所在单位的技术、工作骨干，有9人日语水平达到四级，3人达到一级。

医疗卫生交流

1987—2002 年，日本北海道石狩町茨户病院、北海道札幌市东实内科诊疗院、日本北海道同位素检测中心、北海道精神病院等医疗方面专家、教授先后 8 次 20 余人到彭访问考察，双方就医疗卫生工作开展友好交流。1988 年 11 月，日本北海道检测中心决定在彭县建立同位素检测医院，并同卫生局达成书面协议。其内容包括检测技术人员由日方负责培训，检测设备由日方无偿提供，检测药品中凡中国药品不能替代的，由日方承担 50%，设备维修由彭县派人赴日学习或由日方派员到彭县培训。之后，日方派出核医学专家到彭举办为期 4 个月的培训班，彭县安排 15 人参加培训。1991 年 11 月，彭县—北海道同位素检测医院建成并开业。10 多年间，日方先后两次派员到彭县研修针灸技术。

主要互访

来　访　1986—1989 年，日本北海道石狩町（1996 年 9 月撤町设市）町长寺内靖治、国际山地综合发展中心副主任亚大夫等 17 人，应邀到彭县进行访问。双方就加强彭县与石狩町之间友好往来，派遣研修生、木炭开发、城市建设、坡地农业发展等有关问题进行交流，达成共识。1990—1992 年，日本北海道中国研究会会长川口孝夫、日本北海道石狩町政府代表团、日本北海道日中文化交流中心董事长国冈茂夫、日本北海道札幌市市民生活协会会长足羽进三郎等 26 人先后应邀到彭县访问考察。双方就发展农业、派遣建筑业人员赴日工作、派遣和接受研修生、蔬菜产销、蔬菜深加工、发展旅游业、道路交通建设、农村体制改革、企业改革、社会保险等问题进行交流。1993—1997 年，日本北海道中国研究会会长川口孝夫、日本北海道东友物产株式会社董事长国冈正治、日本东京山野贸易株式会社董事长冈田春等 70 余人到彭县进行访问考察，双方就建立成都丹玫食品有限公司、农副产品加工、引种日本甜叶菊、文化交流、紫苏栽培等有关方面问题进行商谈。1998—2002 年，日本中国友协理事长村冈久平、日本札幌市细胞工程株式会社董事长涉田仁志、日本北海道中国研究会会长川口孝夫、日本北海道有关人士访华团杉冈昭子、日中友好协会全国青年委员会委员长樱井政美、日本北海道石狩市国际交流协会会长稻见研二等 66 人到彭县进行友好访问。双方就加强经济合作、修建桂花镇双河友谊希望小学等问题进行商定。2004 年 10 月，彭州市举行与石狩市缔结友好城市 5 周年庆典活动，石狩市市长田冈介克率领 50 人的代表团到彭县参加庆典活动，共同在彭州园内种植樱花树 120 株。

出　访　1986—1989 年，县委书记骆隆森，县长龙声荣，科协、计委、农业局、卫生局、城建局、大宝乡等单位负责人应邀先后赴日本北海道石狩町进行访问。双方就农业发展，建立同位素检测医院等问题进行商谈，与日方签订无偿为同位素检测医院提供设备、培养检测技术人员协议书。1990—1992 年，县委书记、县长，城建委、财政局、财办等 42 个局行、乡镇、企业负责人 50 余人，应邀先后赴日本（北海道札幌市、石狩町、东京）、立陶宛、匈牙利、波兰、德国、俄罗斯、美国、乌干达、南斯拉夫、老挝、泰国等国家访问考察。双方就经济贸易合作、派遣研修生、兴建同位素检测中心、蔬菜和食品加工、引种日本甜叶菊等方面问题进行商谈。县长李登菊与札幌市民生协会理事长河村征治签订加强友好合作关系确认书、派遣研修生协议。商定日本北海道同位素检测中心无偿为彭县医疗卫生部门提供 CT、B 超、快速冲洗机各 1 台。1993—1997 年，彭州市四大班子主要领导，天然气公司、四川利达集团、妇联等 90 个部门、乡镇、企业负责人 177 人应邀先后赴俄罗斯、韩国、法国、越南、柬埔寨、澳大利亚、新西兰、比利时、意大利、德国、马来西亚、新加坡、美国、日本等国家和中国香港地区进行访问考察，就电力发展、城市建设、魔芋生产与加工、奶牛养殖和制品加工、城市管理、小城镇建设、教育、房地产开发等进行交流。1998—2002年，市委书记韩延辉，市长周芝茂、曾万明，市人大主任张忠恕，交通局、市委办、农业局、环保局等47个部门、乡镇负责人105人赴美国、法国、德国、日本、澳大利亚、新西兰、新加坡、加拿大、韩国、意大利、丹麦、俄罗斯、越南等国家进行访问考察。2003—2005年，市长戴志勇，市政协主席朱顺刚等等，供电局、水利局、民政局等21个部门、单位负责人73人，先后赴泰国、南非、津巴布韦、肯尼亚、奥地利、日本、加拿大等国家考察基础教育、社会保障救助，人力资源管理、农业机械化、水利建设等方面情况。

外　援

1985年，联合国儿童基金会援助彭县妇幼保健项目资金50万元，在全县示范乡镇普遍开展孕妇、产妇保健试点工作。1987年，联合国儿童基金会对全县2624名3—6岁儿童、289名孕妇进行调查，查出贫血儿童1043人，占39.4%，贫血孕妇193名，并进行治疗。1988年5月，日本北海道同位素检测中心董事长涉田仁志等到彭县考察，决定在彭县建立一座同位素检测医院，由该中心无偿提供价值3000万日元的援助，并派检测专家到彭县无偿培训技术人员。医院建成开业后又派6名专家、技术人员分期、分批到医院指导工作。1998年10月，日本中国友协理事长村冈久平率日中友好协会代表团到彭州市访问，筹措300万日元捐建桂花镇双河村希望小学，次年4月建成开学。该学校占地400平方米，建筑面积600平方米，可容纳学生120名。同年，日本友人三浦瞭一筹集10万日元，向红岩乡八角村小学，捐赠课桌49套。1999年，三浦瞭一得悉小鱼洞乡有3名学生家庭困难，主动捐赠书杂费4万日元。2002年7月，三浦瞭一在市外办、市教委领导陪同下，考察红岩乡中心小学，向该乡八角村小学捐赠图书100套、现金1万日元。2001年，日本北海道石狩市国际交流协会响应抢救野生大熊猫行动的号召，向市白水河国家野生动物保护区捐资10万日元，在小鱼洞保护站栽种一片熊猫喜食的箭竹，作为中日友好纪念林。同年12月，日本广岛日中青年委员会副委员长佐藤厚潮代表该会向桂花镇双河友谊希望小学捐赠价值2000元的学习用具和奖励基金2800元。2003年3月，日本广岛县日中友好协会青年委员会事务局局长由木荣司到彭州访问，受广岛县日中友协的委托，向双河友谊希望小学捐赠价值10万日元的学生生活用品。该协会每年都要派出人员到该小学看望并捐款捐物，合计人民币1万余元。全国爆发“非典”后，石狩市国际交流协会向侨外办赠送500支电子体温计，共计2万余元。

第七节　档案管理

建　档

1986年完成全县39个区乡镇35年间积存的零散文件清理，整理文书档案近1.6万卷。1987年完成农业区划、土壤普查、工业普查等资料的整理，共计300卷。1988年，完成全县335个重点乡镇企业建档工作，整理各门类档案3.6万余卷（册）。1996年，按照《成都市人民政府办公厅关于做好村级建档工作的意见》要求，在全市465个村全面开展村级建档工作，整理各门类档案5745卷，实现全市村村建档的目标。2005年5月，致和镇红瓦村在全国率先创立“和谐家庭档案”管理模式，经《成都日报》、彭州电视台等多家新闻媒体报道后，其先进经验在全市推广。当年底，全市建立“和谐家庭档案”21.041万户，占全市村（社区）居民总户数的99.8%。20年间，档案局按照《中华人民共和国档案法》、彭州市（县）《关于档案管理定级、升级工作实施意见》精神，开展机关、企事业单位档案管理达标工作，并进行复查，促进全市档案工作科学化、制度化、规范化、标准化。

彭州市1990—2005年档案管理达标单位情况表

表5-7-7-1

达标等级	达　标　单　位	达标个数	备　注
国标二级	彭州中学、实验小学、延秀小学	3	—
省标一级	法院、检察院、农行彭州支行、工商局、国税局、人行彭州支行、审计局、地税局、农发行彭州支行、教体局、水务局、烟草专卖局	12	—
省标二级	中保财险公司、国土局、建行彭州支行、公安局、稽征所、中行彭州支行、粮食局、敖平粮站、房地产管理局	9	—
省标二级	商业局、建设局、信用联社、财政局、交通局、工业开发区管委会、军乐镇、升平镇、西郊镇、敖平镇、丽春镇	11	—
省级先进单位	气象局、中医院、防疫站、人民医院、妇幼保健院、天彭中心医院、友邦医院、结石医院、第二人民医院、天彭中学、彭州中学、职业中学、濛阳中学、敖平中学、丽春中学、通济中学、教师进修校、濛阳小学、天然气公司、供电局、红光化工公司、军乐建筑公司	25	—

馆　藏

1983—2005年，档案馆有选择性地接收市（县）委办、政府办、组织部、劳动和社会保障局、通济区等117个单位档案25968卷。采集重大活动照片600余张，并对文件材料进行整理保存，实行计算机管理。馆藏有文书、科技、会计、统计、林业、土地证、声像等各门类档案51762卷，其中中华人民共和国成立前2613卷，中华人民共和国成立后49149卷。1990年开始对馆藏档案满30年的147个全宗、24611卷分18批向社会开放。先后接待8000余人次，调阅档案4万余卷次。

彭州市档案馆馆藏珍贵档案资料情况表

表5-7-7-2

序号	档案资料名称	所属年代	备注
1	刘文辉、邓锡侯、潘文华彭县起义通电	1949.12.9	（中华人民共和国成立前）彭县县政府2号全宗第57号卷
2	刘文辉、邓锡侯、潘文华给彭县县长刘度的信	1949.12.21	（中华人民共和国成立前）彭县县政府2号全宗第57号卷
3	革命烈士何秉彝给父母、妻、妹、子的信	1923.4—1925.5	革命历史档案38号全宗第1.2号卷
4	革命烈士何秉彝在“五卅”牺牲情况的报道、照片、书信	1925.5—1963.10	革命历史档案38号全宗第3.4.5号卷
5	何子湘、尹子勤、何均雨、何均地、贺星涛、魏元义关于革命烈士何秉彝、杨达、杨石琴情况说明的信件	1959.9—1981	革命历史档案38号全宗第6号卷
6	革命烈士何庸康给家庭的信件	1926.8—1928.4	革命历史档案38号全宗第7.8号卷
7	成都十二桥烈士谷时逊日记	1929.10—1933.8	革命历史档案39号全宗第1号卷
8	民主人士陈宝麟同志工作笔记本	1954—1963	革命历史档案39号全宗第2号卷

续表5-7-7-2

序号	档案资料名称	所属年代	备注
9	国务院副总理贺龙同志到彭视察工作	1956. 6. 15	RW31
10	高氏宗谱	（清）同治元年（1862 年）	Z123
11	支那疆域沿革图	（日）明治二十九年（1896 年）五月	地图 48

第八节　地方志

1985 年 9 月 6 日，县委，县政府根据四川省编制委员会、四川省财政厅、四川省地方志编纂委员会川志发〔1984〕8 号文件“关于各级地方志编纂委员会的编制和经费的通知”精神，县编委以彭编发〔1985〕6 号文件“关于重新核定党政群机关编制总额的通知”“县志办固定编制 5 人……”。

1987 年 8 月，彭县志编写委员会办公室更名为四川省彭县地方志编纂委员会办公室（简称“地方志办公室”）。1993 年 12 月撤县设市后，更名彭州市地方志编纂委员会办公室。2002 年，市编制委员会以彭机编〔2002〕3 号文件明确地方志办公室的职位设置，内设综合科、资料编辑室两个科室。

方志编修

新编《彭县志》　新编《彭县志》工作始于 1981 年 5 月。是年 2 月，县委、县政府下发《关于抓紧编写县志的通知》，成立县志编写领导小组、县志编写委员会开展《彭县志》的编写工作。在动员各单位编写部门志、乡镇志的同时，地方志办公室着手制订志书纲目，向社会广泛征集资料。先后动员 800 余人参加“部门志、乡镇志”的采写，共搜集、整理资料 3000 万字，编写出部门志稿 140 部。1985 年 5 月起，县委常委会议决定抽调 26 人组成总纂班子，实行总编领导下的岗位责任制，开始《彭县志》的总纂工作，完成专志 24 部以及卷首、卷末近 100 万字的总纂任务。1987 年 6 月 12—13 日，召开地方志编纂委员会第十六次（扩大）会议，全会通过对《彭县志》（送审稿）审议，认为符合上级要求，并完成《关于〈彭县志〉（送审稿）送审意见》的报告，正式报县委、县政府审批。7 月 27—29 日，县委、县政府审批《彭县志》会议在人大五楼会议室召开，通过三天审批，提出修改意见 200 多条。会议认为《彭县志》稿是一部成功的志稿，基本达到定稿要求，会议决定成立以段耀华、吕建中、杨志林、张士英、李方仪、林法仁、梅一东 7 人组成的《彭县志》审查修改领导小组。县委、县政府授权该小组负责对《彭县志》的最后审查修改。10 月 19 日，县委常委会批准县志审改小组《关于〈彭县志〉（修改稿）的报告》并讨论通过《中共彭县县委、彭县人民政府关于〈彭县志〉报请成都市地方志编委会审批的报告》。1988 年 3 月 11—12 日，成都市地方志编纂委员会在成都召开《彭县志》稿验收会，县长龙声荣在会上代表彭县发言。会议原则通过对《彭县志》稿的审查验收。4 月 19 日，成都市人民政府以“成办函〔1988〕52 号”文批复成都市地方志编纂委员会，同意出版《彭县志》。1989 年 9 月，新编《彭县志》面世，向 29 个省、市、自治区发行近 2000 册。1990 年，新编《彭县志》获四川省、成都市地方志成果一等奖。1996 年，获全国新编地方志优秀成果二等奖。

编修部门志（专志）　1992 年，地方志办公室加强与部门、厂矿、乡镇、学校等的联系，及时了解掌握编修部门志的动态，组织力量参与或指导部门专志编修。至2005年，先后有丹景山风景区、市政协、红光化工厂、国土局、南城小学、成都钜星皮革厂、外事办、法院、烟草专卖局、濛阳镇政府、公安局、工商行政管理局等10余个单位或部门编修出版专志。

续志前期工作　1990年4月11日，县委办和县政府办联合发文，要求各单位报送1986—1989年度的10类资料，并在图书馆、档案馆、广播电视局等单位查阅资料，用剪辑、收录、整理等方法完成约4000条近40万字的资料登记和整理，为续修志书作前期准备。1994年，搜集各种资料百万余字，建资料卡400余页，组卷归档20卷。在此后的10余年间，地方志办公室继续把搜集反映全市改革开放，开拓创新，搞活经济等方面情况作为日常工作着力搞好。1997年底，搜集整理、建档资料120余卷，制作卡片2000余份，积累文字史料逾千万字。从1998年开始以编印《彭州年鉴》的形式，做好多方面史料的搜集，为续编《彭州市志》打下基础。2004年9月，启动第二届地方志编修工作，并建立《彭州市志》编辑部。2005年6月，召开全市第二届地方志编修工作会议，对全市第二届地方志编纂工作作出具体安排部署。

地情资料编纂

编写《彭县志编纂文集》　1988年，为配合新编《彭县志》的出版发行，总结修志工作经验，年初开始搜集、整理编修县志过程中所形成的重要文献和文章。是年5月，《文集》定稿付梓。其内容由报刊简讯、编辑文献、经验交流、编纂体会、版前刍议和补白共六部分组成。全书收录文献、文章50余篇，16万余字，印刷1200册，获成都市地方志成果二等奖。

编写《彭县地理》　1988年，地方志办公室利用编修《彭县志》相关资料，会同教育局联合编撰《彭县地理》，以之作为彭县中小学的乡土教材。1989年1月，《彭县地理》教材通过四川省教育科研所的审查验收，共印刷2万余册。1990年，《彭县地理》获县科技进步三等奖。

编写《彭县历史》　1990年，县地方志办公室、教育局在完成《彭县地理》教材的基础上，综合彭县历史实际，按照中学历史教学大纲的要求，合力编写《彭县历史》。是年6月，完成编写任务，并出版发行。该书主要以彭县历史事件和历史人物为主要线索编纂而成，不仅供全日制中学生作为乡土教材使用，还可作为县情资料宣传、学习。

编纂《天府金盆》《锦绣彭州》画册　1990年，县地方志办公室在总结《彭县志》编修经验与实际应用的基础上，提出“成志后工程”新概念，进行进一步理论探索和实践。1991年初，县委、县政府为适应改革开放的需要，决定编辑出版《天府金盆》画册，介绍、宣传彭县的投资环境。县地方志办公室、经协办积极组织力量投入宣传画册的编辑工作，先后3次召开编辑工作会议，讨论制订《编辑方案》，明确指导思想，落实人员分工。经过编辑人员的共同努力，是年4月《天府金盆》画册面世。该画册为16开本、32页，刊载照片127幅、地图2幅，中英文对照，印刷5000册。全书分为：物华天宝、金盆生辉等5大部分。形象生动地反映出全县改革开放以来各行各业所取得的辉煌成就。1992年8月，彭县第二届编委会召开第二次会议。会议决定编辑《锦绣彭州》画册，县地方志办公室按照编纂委员会的要求，及时组织编写力量开展画册文字的编撰工作，同时配合图片社完成100多个景点的拍摄。是年10月完成初稿，并反复征求各界人士的意见。次年3月，《锦绣彭州》画册由香港联合出版社出版发行。该画册生动地展示出全县的地理、交通、通信、水利、电力、农副产品、风景名胜、城市建设等方面风貌，成为宣传县情，吸引投资者到彭经商办企业的重要宣传资料。

编写《彭州药录》　1994年，继1984年成都市中草药普查队汇编《彭县中草药名录》后，又陆续在彭州市境内收集到大批药物标本。经过整理，地方志办公室会同医药局、卫生局、药检所等单位进行充实修正，编写出《彭州药录》。书中收载植物药171科、883种，可入药1100余味；动物药47科、61种，可入药110余味；矿物药9种。全书25万字。1996年获四川省地方优秀成果三等奖、成都市地方志优秀成果奖。

编纂《彭州年鉴》　1999年初，彭州市第十四届人大第三次会议《政府工作报告》中首次提出编纂《彭州年鉴》。市委办、市政府办下发《关于编纂〈彭州年鉴〉的通知》，成立编审领导小组、编辑部，全面展开年鉴编纂各项工作。是年2月，制订出编纂大纲和详细纲目，地方志办公室组织全体人员分赴138个单位搜集有关资料，制定《彭州年鉴编写行文规范》，确定11名编写人员承担年鉴的撰稿和编辑工作。7月上旬完成初稿撰写，10月中旬完成书稿总纂。11月上旬通过年鉴编审领导小组评审。12月初首部《彭州年鉴》正式出版发行。全书近60万字，书中录载彩色图片200余幅。该年鉴全面、系统、科学地记载全市"两个文明"建设的情况。继后，市政府目督办将每年度编纂出版《彭州年鉴》工作纳入目标管理，至2005年底，地方志办公室编纂出版《彭州年鉴》共9部，计500余万字。

编印《彭州志通信》　地方志办公室结合彭州市情，每年不定期编发《彭州市志通信》，其反映的内容十分广泛，涉及彭州市市情、大事记、历史典故、民俗文化、公路交通、宗教文化等。2005年，编印《彭州志通信》共144期。此项工作，得到四川省地方志办公室领导及四川方志界同仁好评。

编制《彭州大全》光盘　2001年，彭州市地方志办公室按照成都市地方志办公室再版新编《彭县志》工作的安排部署，组织人员通阅全志，进一步核对史实，查缺补遗，纠正硬伤，校勘文辞。根据志书发行10余年来各方面的信息反馈，查证纠补订正60余处。在成都市区（市）县中首家制作《彭县志》软盘，并录入《彭州大全》多媒体光盘。是年8月底，成立市编审领导小组。编制《彭州大全》光盘，采取企业投入运作模式，选定与四川省新闻出版局电子音像出版中心多媒体技术分公司合作。次年3月，完成光盘制作。其内容包括清嘉庆版、光绪版《彭县志》、新编《彭县志》和《彭州年鉴》（1998—2000年）、文化、旅游、古今诗词、乡镇专辑、彭州风采、企业名录、教育星空、健康顾问、彭州蔬菜、彭州牡丹、彭州兰草等10余个方面。光盘中录入彩色照片1200余幅、文字600余万字。2002年，获四川省地方志编纂委员会"地方志系统先进单位综合奖"。

第六篇　政协彭州市（县）委员会

1986—2005年，彭州市（县）政协先后5次历经换届选举。1993年11月18日，经国务院批准，撤销彭县成立彭州市，根据川府函〔1993〕754号文件精神，是年，12月18日县政协九届六次常委会议决定，撤销政协彭县委员会，建立政协彭州市委员会。各届政协历任期间，第六届至第八届政协任期3年，第九届至第十一届政协任期5年。

改革开放以后，党的统一战线和人民政协进入新的发展阶段，市（县）政协坚持以邓小平理论、党的基本路线为指导，围绕经济发展中心，服务大局，积极促进地方改革开放和经济发展。认真履行“政治协商、民主监督、参政议政”职能，不断探索和拓展新形势下履行政协职能的新途径。充分运用各种会议、委员提案、专题调研、委员视察等形式、参与事关全市发展大局、民生重要问题的协商讨论，坦诚建言，为地方党委、政府及有关部门科学决策提供参考依据。同时，调动社会一切积极因素，通过开展咨询服务、招商引资、定点联系乡镇、企业和扶贫等工作，为促进全市两个文明建设服务。20年间，市（县）政协委员提出提案2057件，提案得到市委、市政府及有关部门办理的1223件，办理率为76.5%。围绕水电资源、车用压缩天然气装置的运用、治理病害莲花洞水库等，开展专题调查43项，提出意见和建议180余条。1996年起，先后对邮电、卫生、工商行政管理等15个部门和单位进行行风评议工作。编印彭州市（县）文史资料16辑，受到上级政协和社会的好评。

第一章　政协委员及机构设置

20年间，历届市（县）政协的构成界别因不同的时期的变革而数量有所不同，委员数量逐届增加，皆为各界的代表性人员。1986年，第六届县政协界别为18个，委员244名。2005年，第十一届政协界别为16个，委员增至285人。第六届县政协设14个工作机构、1个办事机构。第九届政协按照精简机构的原则，工作机构减至4个。2005年，第十一届政协改为设6个专门委员会。

第一节　委员构成

市（县）政协第七届至第十一届委员会参加单位、委员名额由市（县）委同意后，将名额分配到各单位、系统协商提出人选，汇总后交市（县）委审查提出建议名单，由上届政协常务委员会协商决定，并印发委员通知，第七届至第十一届政协还颁发了委员证书。

县政协第七届委员会由中共彭县县委、无党派知名人士、县总工会、共青团彭县委员会、县妇女联合会、县科学技术协会、县工商业联合会、县个体劳动者协会、县归侨侨眷联合会、县二轻工业联合会、县供销合作联合社、农业界、教育界、医药卫生界、工业交通界、财贸界、乡镇企业界、文化艺术界、体育界、少数民族届、宗教界、特别邀请人士界共22个界别、方面组成，委员总人数255名。其中知识分子135名，占委员总数的52.9%；以上委员中有城乡专业户、个体户和各种经济联合体的代表人士22名，占委员总数的8.6%；非中共党员人士156人，占委员总数的61.2%。

县政协第八届委员会组成界别、方面由上届的22个减至15个。“科学技术界”更替“科学技术协会”，将上届的“文艺界”和“体育界”合并为“文艺体育界”。取消了“个体劳动者协会”“归侨侨眷联合会”“二轻工业联合会”“乡镇企业界”“工交界”和“财贸界”6个界别。八届政协委员总人数240名。

第九届市（县）政协委员会组成界别由上届的15个增至16个，将“科学技术协会”重新纳入此届政协组成界别。委员总人数249名。其中非中共党员人士153人，占委员总数的61.4%；有中级以上专业技术职称的86人，占委员总数的34.5%。

市政协第十届委员会组成界别由上届16个增到17个，将经济界单列作为1个组成界别。委员总人数261名。

市政协第十一届委员会组成界别减至16个，将上届的“教育界”、“体育界”合并为“教育体育界”；将“文艺体育界”分离，组成“文化艺术界”。委员总人数285名。

1986—2005年历届政协委员会正副主席名录

表6-1-1-1

届次	职务	姓　名	任职时间
第六届（1984.4—1987.2）	主席	杨志林	1984.4—1987.2
	副主席	李儒卿	1984.4—1987.2
		林　立	1984.4—1987.2
		欧阳新	1984.4—1987.2
		陈尧坚	1984.4—1987.2
		周毅强	1984.4—1987.2
		梅一东	1984.4—1987.2

续表6-1-1-1

届次	职务	姓　名	任职时间
第七届（1987.2—1990.3）	主席	杨志林	1987.2—1990.3
	副主席	钟立全	1987.2—1990.3
		梅一东	1987.2—1990.3
		欧阳新	1987.2—1990.3
		陈尧坚	1987.2—1990.3
		刘兴徽	1987.2—1990.3
第八届（1990.3—1993.1）	主席	龙声荣	1990.3—1993.1
	副主席	钟立全	1990.3—1993.1
		梅一东	1990.3—1993.1
		李纪伦	1990.3—1993.1
		蔡统成	1990.3—1993.1
		刘兴徽	1990.3—1993.1
		李永明	1990.3—1993.1
		唐岷成	1990.3—1993.1
第九届（1993.1—1998.1）	主席	龙声荣	1993.1—1997.3
		李纪伦	1997.3—1998.1
	副主席	钟立全	1993.1—1998.1
		李永明	1993.1—1998.1
		李纪伦	1993.1—1997.3
		蔡统成	1993.1—1998.1
		刘兴徽	1993.1—1998.1
		唐岷成	1993.1—1998.1
		肖永一	1993.1—1998.1
第十届（1998.1—2003.1）	主席	朱顺刚	1998.1—2003.1
	副主席	郑兴泰	1998.1—2003.1
		刘兴徽	1998.1—2003.1
		唐岷成	1998.1—2003.1
		肖永一	1998.1—2003.1
		刁　一	1998.1—2003.1
		杨发益	1998.1—2003.1
第十一届（2003.1—2006.12）	主席	刘纪章	2003.1—2006.12
	副主席	谭清平	2003.1—2006.12
		肖永一	2003.1—2006.12
		刁　一	2003.1—2006.12
		杨发益	2003.1—2006.12
		高　跃	2003.1—2006.12
		方　虹	2003.1—2006.12

第二节　机构设置

县政协第七届委员会始设学习委员会、提案工作委员会、文史资料研究委员会、经济开发科技咨询委员会、农业工作组、工交工作组、财贸工商工作组、教育工作组、文体工作组、城乡建设工作组、法制宣传工作组、祖国统一工作组、医卫工作组、民族宗教工作组共14个工作机构。1988年5月，县政协第七届七次常委会议通过政协工作机构调整，将原设置的14个委组，调整为学习、提案、文史资料、经济、农业、教科文体、医药卫生、法制妇女青年、民族宗教祖国统一联谊、工交城乡建设、财贸11个专门委员会。

第八届县政协设置学习、提案、文史资料、经济、农业、教科文体、医药卫生、法制妇女青年、民族宗教祖国统一联谊共9个专门委员会。

第九届市（县）政协按照精简机构的原则，设置学习文史提案、经济科技、教育文体医卫、社会联谊共4个专门委员会作为政协常设工作机构，配备专职主任、副主任。

第十届市政协设置提案、经济科技、教育文体医卫、学习联谊、文史资料共5个专门委员会。各专门委员会主任分别由副主席兼任，配备了专职副主任和兼职副主任。

第十一届市政协设置提案、经济科技、教育文体医卫、社会联谊、学习民族宗教、文史资料共6个专门委员会。2004年6月，市政协第十一届委员会第八次常委会议决定，将社会联谊委员会更名为法制联谊委员会。同年10月，第十一届十次常委会议决定，撤销学习民族宗教委员会，设置农业委员会，将教育文体医卫委员会更名为教科文卫委员会。

第二章　政协会议

历届市（县）政协会议主要有全体委员会议、常务委员会议、主席会议等。政协全委会议一般每年召开一次，会议召开时间多数与人大会议同时进行。20年间，先后召开政协全体委员会议20次。政协常委会议一般每季度召开一次，也可根据工作需要临时安排召开会议。第七届至第十一届政协（2005年12月止）召开常委会议共121次。政协主席会议一般每月召开一次，2003年第十一届政协起，每星期一召开一次政协领导工作“碰头会”。1987—2003年，召开主席会议共249次。

第一节　全委会议

政协第七届委员会

此届任期3年，于1987年2月至1989年3月先后3次召开全委会议。第七届一次全体委员会议于1987年2月19—26日在天彭镇召开，会期7天。应出席会议的委员255人，实际出席会议的委员247人。会议中心议题：贯彻中共十二届六中全会和中共彭县第七次党代会精神，团结动员政协委员和各界人士为促进彭县两个文明建设做贡献。会议决定：（1）以改革创新，坚忍不拔，锐意进取的精神去实践开幕词中提出的七届政协工作指导方针和任务；（2）认真贯彻中共第十二届六中全会通过的《中共中央关于社会主义精神文明建设指导方针的决议》。会议以无记名投票选举产生县政协第七届委员会主席杨志林，副主席钟立全、梅一东、欧阳新、陈尧坚、刘兴徽，秘书长阳清澄，常务委员34人。

政协第八届委员会

此届任期3年，先后3次召开全体委员会议。第八届一次全体委员会议于1990年3月4—9日在天彭镇召开，会期6天。应出席会议的委员230人，实际到会委员227人。会议中心议题：贯彻中共十三届五中全会精神和中共中央《关于坚持和完善中国共产党领导的多党合作和政治协商制度的意见》（中发〔1989〕14号）文件精神，团结动员各界人士为落实中共彭县第八次代表大会提出的各项任务多做贡献。会议以无记名投票选举产生县政协第八届委员会主席龙声荣，副主席钟立全、梅一东、李纪伦、蔡统成、刘兴徽、李永明、唐岷成，秘书长胡应树，常务委员会委员30人。

政协第九届委员会

此届任期5年，先后5次召开全体委员会议。第九届一次全体委员会议于1993年1月9—13日在天彭镇召开，会期5天。应出席会议的委员240人，实际到会委员231人。会议中心议题：贯彻中国共产党第十四次全国代表大会和中共彭县第九次代表大会精神，团结动员政协委员、各界人士，为实现中共彭县第九次代表大会提出的奋斗目标献计出力。会议以无记名投票方式，选举产生县政协第九届彭县委员会主席龙声荣，副主席钟立全、李永明、李纪伦、蔡统成、刘兴徽、唐岷成、肖永一，秘书长罗万康，常务委员32人。1997年3月，第九届五次会议采取举手表决的选举方式，补选产生市政协第九届委员会主席李纪伦，秘书长温乐贤。

政协第十届委员会

此届任期5年，先后召开全体委员会议5次。第十届一次全委会议于1998年1月9—13日在天彭镇召开，会期5天。出席会议的委员244人。会议中心议题：深入贯彻党的十五大精神，巩固和发展新时期的爱国统一战线，落实中共彭州市第十次代表大会提出的各项任务，促进全市各项事业全面发展，开创政协工作新局面。会议以无记名投票选举方式，选举产生市政协第十届彭州市委员会主席朱顺刚，副主席郑心泰、刘兴徽、唐岷成、肖永一、刁一、杨发益，秘书长温乐贤，常务委员37人。

政协第十一届委员会

此届任期 4 年，截至 2005 年底已先后 3 次召开全体委员会议。第十一届一次全委会议于 2003 年 1 月 18—21 日在天彭镇召开。会期 4 天。出席会议的委员 238 人。会议中心议题：贯彻党的十六大和中共彭州市第十一次代表大会精神，团结动员政协委员和各界人士，为促进全市各项事业全面发展献计出力。会议以无记名投票选举方式，选举产生了市政协第十一届彭州市委员会主席刘纪章，副主席谭清平、肖永一、刁一、杨发益、高跃、方虹，秘书长袁玉泽，常务委员 30 人。2005 年 1 月 7 日，市政协召开第十一届三次全委会议，会期 4 天，出席会议的委员 255 人。大会以无记名投票方式，选举增补黎蕊为市政协第十一届彭州市委员会秘书长，选举增补常务委员 6 人。

第二节　常委会议

政协第七届委员会

召开常务委员会议 22 次，先后讨论通过此届政协副秘书长人选、工作机构设置及其构成人员名单、政协年度工作安排和总结、各专门委员会年度工作计划；协商决定此届政协增补委员名单和第八届政协委员名单等内部重要事务；听取县委、县政府及有关部门工作通报；参与全县重要事务的协商讨论，就发展彭县经济、税收管理、企业生产技术改造、加强企业管理人员和生产技术人员培训、建立蔬菜科研机构、城市建设与改造、社会治安综合治理、教育文化、计划生育等方面提出建议和意见 82 条。

政协第八届委员会

召开常委会议 27 次，先后协商决定政协和统一战线内部的重要事务；听取和协商讨论县政府及有关部门工作情况通报，就加大农业投入、抓好土地的开发利用和保护、加强天彭镇市政建设和管理、保护生态环境、加强文物保护、搞好产品质量监督和清查伪劣商品、加强城市交通管理、制定全县教育卫生等行业的改革措施、建立天彭工业开发区、严禁活猪引流取胆、发展旅游业等方面提出建议和意见 53 条。

政协第九届委员会

召开常委会议 33 次。先后围绕国有企业经营机制转换、农业和农村工作、计划生育、环境保护、重点工程建设、乡镇企业与私营企业发展、土地开发、城市建设和管理、公路交通建设和管理、普及九年制义务教育、发展邮电通信和广播电视、旅游开发、农村初级卫生保健、文化市场管理、创建卫生城市、绿化达标、小康市建设、物价管理、社会治安综合治理、社会医疗保险、修建关口水库和综合治理开发湔江、廉政建设等人民群众普遍关心的重要问题进行协商讨论，提出意见和建议 200 余条。

政协第十届委员会

召开常委会议 24 次，着重对事关全市全局性的工作及市委、市政府的重大决策部署、城市建设与管理、西部大开发项目储备、招商引资、国企改革、医药企业的发展、电力生产与销售、旅游业发展、农业和农村工作、乡镇企业发展、民营经济发展、重点工程建设、基础设施建设、科教兴市、财政税收、计划生育、教育、卫生、文化、民族宗教、社会治安综合治理、精神文明建设、民主法制建设等重要问题进行协商讨论，共提出意见和建议400余条。

政协第十一届委员会

截至2005年12月共召开常务委员会议15次，主要对“非典”、招商引资、城市建设和管理、旅游业发展、就业与再就业、基础设施建设、工农业生产、企业改制、农税改革、人事制度改革、科教文化、医药卫生、民族宗教、城乡一体化建设、社会治安综合治理等方面工作进行专题协商讨论，提出意见和建议200余条。

第三节　主席会议

会议组成

根据《中国人民政治协商会议章程》第四十七条“主席、副主席、秘书长组成主席会议”之规定，县（市）政协第七届至十一届委员会主席会议由主席1人，副主席5—7人，秘书长1人组成。主席会议处理常务委员会的主要日常工作。主席主持常务委员会的工作，副主席、秘书长协助主席工作。主席会议一般情况下一个月召开一次。会议由主席或主席委托的副主席主持。主席、副主席、秘书长参加会议，必要时邀请政协副秘书长和政协各专委会负责人列席会议。第七届政协主席会议共召开会议74次。第八届政协主席会议共召开会议32次。第九届政协主席会议共召开会议46次。第十届政协主席会议共召开会议58次。第十一届政协主席会议截至2005年底共召开会议39次。

会议议题

主席会议的主要议题是：(1) 协商决定主席会议成员的分工，提出政协工作机构设置（变更）及人选的建议；(2) 学习中共中央、省委、成都市委、县（市）有关文件，传达贯彻全国、省、成都市政协有关会议精神；(3) 研究政协一段时间的学习、提案、文史、调查研究、咨询服务和定点联系乡镇等主要工作；(4) 研究政协全委会议、常委会议、政协工作先进表彰会议、政协委员为四化建设服务经验交流会议以及重大纪念活动、座谈会议、委员活动日等的准备工作；(5) 研究政协年、季度工作总结和工作安排意见；(6) 研究走访委员和组织委员、常委参观考察的有关事项；(7) 听取和协商讨论有关部门工作情况通报；(8) 审议以政协名义向县（市）委、人大、政府提交的专题调查、视察报告和重要建议案；(9) 审议提交政协常委会议协商讨论决定的政协有关文件、材料和其他重要事项。

第三章　主要工作

1986年以后，特别是1989年随着中共中央《关于坚持和完善中国共产党领导的多党合作和政治协商制度的意见》精神贯彻落实，政协的地位和作用有了新的提高。市（县）政协紧紧围绕市（县）委、政府的中心工作，履行“政治协商、民主监督、参政议政”职能，开展参政议政、委员提案、调查研究、行风评议、招商引资、联络联谊、文史资料征编等方面的工作。

第一节　委员提案

委员提案是政协履行政治协商，民主监督，参政议政职能的重要形式。县（市）政协每次召开全委会议时都要成立提案审查委员会，委员提案须经提案审查委员会审查，确属有关全县（市）政治、经济、文化和社会生活等大事的内容便可立案，其余作意见、建议处理。

提案收集

1986年1月至2006年1月，县（市）政协委员以群众关心的热点、难点问题为重点，深入调查研究，提出提案，及时反映本地区经济和社会发展中存在的问题。从第七届至第十一届四次全体委员会议止，先后立案委员提案377件、320件、328件、328件、704件，主要涉及工业、交通、城建、环保、科技、教育、文化、卫生、农业、财贸、政法、体制改革、劳动人事、财政税收、统战、宗教、旅游、城乡一体化、占地农民拆迁等方面工作。

提案办理

县政协第七届委员会委员提案得到落实的250件，占提案总数的66.3%；第八届政协委员提案得到落实的201件，占提案总数的62.8%；第九届政协委员提案得到落实的254件，占提案总数的77.4%；第十届政协委员提案得到落实的288件，占提案总数的87.89%；第十一届政协截至到2004年底，委员提案得落实的230件，占提案总数的88.15%。

第二节　调查　视察

专题调查

1987—1989年　县政协第七届委员会会同有关部门对县水电资源、农业生产、人才管理与使用、

“三胞”和“三属”、中小学生流失等方面情况进行专题调查研究。先后撰写出《进一步巩固农业基础，促进粮食稳定增长的调查报告》《关于现有专业人才管理，使用情况的调查报告》《关于彭县中小学生流失情况的调查报告》等报告，共提出意见和建议63条。

1990—1992年　县政协第八届委员会先后进行农电收费、保护利用耕地等8项专题调查，分别向县委、县政府提交专题调查报告，提出意见和建议37条。其中《关于保护、开发利用耕地的专题调查》，在成都市政协召开的理论研讨会上作发言，《成都农村改革》予以刊载。

1993—1997年　市政协第九届委员会围绕调整农村产品结构、转换企业经营机制、中小学贯彻《教师法》、医疗保险制度改革、社会治安综合治理、民族宗教等方面工作，开展11项专题调查，向市委、市政府提交8个专题调查报告，提出意见和建议35条。

1998—2002年　市政协第十届委员会先后对科教兴农、养羊业现状与发展、环境污染、治理莲花洞病害水库、修建关口水库、修建成彭高速公路、车用压缩天然气装置的运用等进行专题调查。向市委、市政府提交《关于彭州市科教兴农情况调查的建议案》《关于彭州市养羊现状调查与发展对策的建议案》《关于天彭镇地区环境污染情况调查的建议案》等，提出意见和建议46条。

2003—2005年　市政协第十一届委员会先后围绕招商引资、城市管理、农村税费改革、安全生产、蔬菜产业发展、市容环境管理、治理西河水库污染、文化体育、龙门山景区经营权转让等方面工作进行了14项专题调查，向市委、市政府提交《关于尽快治理西河水库污染，确保市区饮用水安全的建议案》等，得到市委、市政府重视。

委员视察

1987—1989年　县政协第七届委员会多次组织政协常委和有关政协委员视察大宝乡小水电建设，并同县水电局、大宝乡有关领导共同总结该乡兴办小水电站的经验，就发展计划和解决资金、技术、管理等方面问题，提出意见和建议，并形成书面材料，由大宝乡领导先后在省、成都市政协召开的有关水利电力开发工作会议上作发言。

1990—1992年　第八届政协组织常委视察检察执法执纪、税务征收、文化市场管理、红石桥电站建设、楠木乡抗洪救灾、天彭镇市政建设和管理、北君平中学、天彭农贸市场、迎宾路和二环路建设、社会治安综合治理、宝山村集体经济发展、成都市制药十厂、亚中制药厂等方面工作，提出意见和建议40余条。

1993—1997年　第九届政协组织常委先后视察天彭镇文化市场管理、电影公司、青少年宫、图书馆、彭关公路建设、草坝火电厂、成都天星企业集团公司等58家单位、企业及重点工程建设，向市政府及有关部门提交视察报告10件，撰写简报共37期，提出意见和建议100余条。

1998—2002年　第十届政协组织常委先后对凤鸣桥水电站、草坝火电厂、车用压缩天然气技术开发公司、蔬菜深加工企业、制药企业、城市建设、农村有线电视建设、社会治安综合治理、“扫黄打非”、农业、林业、教育、文体、交通、税收、电力、计划生育、乡镇企业等单位和方面工作视察达45余次，提出意见和建议238余条。

2003—2004年　第十一届政协组织常委就工业、农业、税务、金融、电力、交通、财政、审计、安全、教育、文化、卫生、城市管理、防洪防汛、通信、社区建设、禽流感防治、药品监督网络和药品供应网络建设等方面工作视察达32次，涉及的部门和单位40余个，写出视察简报32期，提出意见和建议110余条。

第三节　行风评议　民主监督

开展对“行风”、职能部门工作的民主评议，是20世纪90年代中期政协所涉及的一项民主监督工作，已经成为政协履行政治协商、民主监督、参政议政职能的一种新的重要形式。

在开展民主评议行风工作中，第九届政协对邮电、卫生系统行风，工商行政管理局的工作进行民主评议。第十届政协对电力、天然气行业风气及建委、交通局等部门的工作开展民主评议。第十一届政协先后就旅游行风、市容管理局工作、民营经济发展环境等开展民主评议。2000年5—7月，县政协第十届委员会行风评议组向社会各界发送县建委行风状况征询意见表110份，评议员分别深入到机关、学校、施工企业、乡镇政府、居民委员会、私营企业等20个单位走访座谈，听取意见，并到房地产交易中心、房管局、彭州园等窗口服务单位明察暗访。将服务对象和人民群众对市建委系统的工作作风、服务意识、服务态度、文明执法等提出的意见，归纳整理出6条意见和建议，与市建委领导班子进行面对面的交换意见。2003年10月至2004年1月，市政协评议组分别深入到丹景山、银厂沟、回龙沟风景区、市区部分旅行社、有关单位、部门、局行、镇就旅游行风进行专题调研，听取情况通报。先后召开各类座谈会8次，向社会各界发送调查问卷400份。将了解到的市旅游行风工作存在的主要问题和不足归纳为5个方面，市旅游局也查找本行业存在的差距，并及时制订措施加以整改，取得明显成效。

第四节　联络联谊

第七届政协在城关按系统或部门建立委员小组，在区、乡镇建立委员联系小组，邀请有关人士参加。1987年9月，县政协成立老委员联谊会采取多种形式组织老委员开展学习座谈、参观视察、调查研究等活动。1988年12月，县政协领导、机关干部先后到全县27个乡镇，分别走访农村的84名非中共党员政协委员。听取委员关于环境保护、林政管理、科技兴农、发展教育、社会治安、土地管理、廉政建设等方面的意见和建议，并向有关部门作反映。2003年，第十一届市政协建立每月18日为“主席接待委员日”制度和定期走访委员制度，把政协联谊工作引向深入。

1990—1992年，第八届政协设置民族宗教祖国统一联谊委员会，并依托该专门委员会配合县民族宗教科，多次组织全县宗教界人士学习座谈。在每年春节、中秋节、教师节等重要节日和重大纪念日前夕，历届政协都要召开或同有关部门联合召开科技工作者、台侨属、教育界委员、妇女界委员、原国民党起义投诚人员、民族宗教界等各界人士茶话会，听取各方面人士的意见和建议。2002年，市政协建立主席、副主席联系经济界委员制度，并积极为黄埔同学会彭州联络小组开展活动提供服务。

加强横向联系，县政协与眉山县政协结为友好政协。会同金堂县、青白江区等政协举办书画联展。第十届政协加强与眉山、龙泉驿区、什邡市、红原县等政协的联系，1999年承办“第十届成都市政协第五次市、区、县秘书长联系会议”。

参与接待到彭县探亲访友、旅游观光、文化交流、经商办企业等的台湾同胞和港澳同胞活动。1995年，第九届政协组织委员学习座谈江泽民《为促进祖国统一大业的完成而继续奋斗》的重要讲话。在市政协九届三次会议期间增补3位港澳委员。1997年，召开彭州市政协成立40周年庆祝大会，开展“迎香港回归万人签名活动”，将签名长幅寄送给香港特别行政区政府后收到回复。会同市台办组织政协委员视察落户彭州市的香港力盛家私有限公司、日本贵藤食品有限公司，帮助他们解决发展中的困难。

第五节　咨询服务　引资引项

1985年1月，政协第六届三次常委会议决定，成立彭县政协咨询服务委员会。

咨询服务　1987—1989年，第七届县政协配合农牧局分别在丰乐、红岩、楠木、升平、庆兴等乡镇开展咨询服务活动，先后举办大宗蔬菜栽培，柑橘、樟州柚、葡萄、袋栽黄背木耳、大田蘑菇种植、生猪“双推技改”等技术培训班、“经济管理讲座”共31余期，参加咨询、培训人数达3761人次。1988年，协助思文乡釉面砖厂解决资金贷款、技术改造、人才引进等问题，使该厂的产品合格率由60%提高到80%。

引资引项　1994—1997年，第九届政协协助军乐镇引进日本大竹株式会社独资企业—成都新亚制缆有限公司等企业项目6个，资金776.5万元，提供信息和建议158条。

1998—2002年，第十届政协机关引进资金3260万元，市政协委员引进资金3.318亿元，引进项目60个，引进人才61人，提供信息和建议860余条。

2003—2004年，市政协引进金陵阀门、小康家美落户彭州市，政协委员引进资金1.2亿元，参与引进资金4.3亿元，引进技术和项目22个，引进人才8名，提出意见和建议200余条。

第六节　文史资料征编

1981—1995年，县（市）政协文史资料征集近现代各方面史料300余篇，100余万字，从中选出240余篇，近100万字，编印《彭县（彭州市）文史资料选辑》1—11辑，每辑20余篇约10万字，印数1000册。1998年，征集政区方面史料15万字，编印《政区览要专辑》。同时帮助市交通局撰写《川西大桥碑记》，并为四川省、成都市文史资料委员会撰写了2万余字的关于个体私营经济发展的文史资料，当年被成都市政协授予“文史资料工作先进单位”。1999年，有针对性地征集彭县和平解放50周年纪念文史稿件25篇，约10万字，先后编印《彭州文史》共4期。2000年，收集历代诗人、名家、名士咏彭州诗词240余首，精选140首，编印《彭州古今诗词选》，印数2000册。2001年，市政协文史资料委员会收集刘、邓、潘3将军彭县起义史料50余篇，选录23篇、20余万字，编印《刘、邓、潘彭县起义专辑》。2003年，编印《彭州市古今楹联集》。2004年，征集文史资料90余篇，入选45篇，编印反映市内名人、名景、名胜等方面的《彭州八名》专辑。

第七篇　民主党派　社会团体

2005 年彭州市有中国国民党革命委员会、中国民主同盟、中国民主促进会、九三学社 4 个民主党派。民盟在彭州的活动最早，一开始就配合共产党在彭县开展革命活动，载入史册的“刘邓潘起义”，其功不可没。1986—2005 年，各民主党派与共产党通力合作，互相监督，参政议政，围绕全市（县）的改革开放，经济建设和社会发展建言献策，发挥自身独特的作用。

彭州市有工会、共青团、妇联、工商联、科协、残联等社会群众团体。20 年间在市（县）委的领导下，在各自界别的群众中开展工作，利用自身优势，组织各项活动，为彭州市（县）的两个文明建设和社会发展，发挥积极作用。

第一章　民主党派　工商联（商会）

彭州市各民主党派中，最早在彭县发展的是中国民主同盟彭县支部。1947 年民盟彭县小组成立，1985 年民盟彭县支部成立。至 2005 年有盟员 38 人；中国民主促进会彭州支部，成立于 1989 年 6 月，至 2005 年有成员 44 人；九三学社彭州支社成立于 1993 年 10 月，至 2005 年有社员 35 人；中国国民党革命委员会彭州支部，成立于 2002 年 9 月，至 2005 年有成员 12 人。工商联筹委会于 1950 年 8 月 1 日建立，1954 年 11 月正式成立，1985 年有会员 446 人，至 2005 年有会员 1363 人。

各民主党派积极参政议政，全市人大代表中，民革有人大代表 1 人；民盟有人大代表 4 名；民进有人大代表 2 人，常委 1 人；九三学社有人大代表 1 人。全市政协委员中，民革有委员 3 人；民盟有委员 18 人，常委 6 人，副主席 1 人；民进有委员 3 人，常委 1 人，副主席 1 人；九三学社有委员 10 人，常委 3 人。

20 年间，各民主党派人士撰写委员提案、代表建议 120 多份。

第一节　中国国民党革命委员会彭州支部

组织建设

2002 年 9 月 18 日，民革彭州支部成立，有党员 5 人，蔡顺德任主委。2004 年民革彭州支部进行调整，选举蔡顺德任主委，曾维谊任副主委。2005 年底，民革彭州支部共有党员 12 名。

参政议政

民革彭州支部党员中有市人大代表 1 人，市政协委员 3 人。以各种形式积极参政议政，为全市的经济建设、社会发展、民生问题撰写提案，建言献策。蔡顺德撰写的《关于加强彭州市农村民主法制建设的建议》被彭州市政协评为 2004 年优秀提案。张景琪撰写的《针对建材装修及家具等引起的室内污染严重危害居民健康的问题，建议相关部门对市场加强监督管理并采取相应措施提高市民的环境意识》提案，被彭州市政协评为 2005 年度优秀提案奖。

第二节　中国民主同盟会彭州支部

组织建设

1947 年成立彭县民盟小组，1985 年 9 月成立民盟彭州支部，周毅强任主委，文灿元任副主委。1988 年 5 月，换届选举文灿元任主委，熊德康任副主委。1992 年 11 月换届选举张训金任主委，文灿元、熊德康任副主委。1997 年 3 月换届选举张训金任主委，熊德康、郭树人任副主委。2005 年有盟员 38 人，其中主要是中高级知识分子，具有人才智力优势。从 1998 年开始，民盟彭州支部坚持“讲学习、讲政治、讲正气”，加强思想建设，坚持正确的政治方向，着力提高盟员的政治素质、业务素质、领导素质。在组织建设方面，逐步完善支部干部工作制度、支委会议制度、组织发展工作制度、组织生活考勤制度、支部印章管理制度、节假日慰问老龄盟员制度、关心困难盟员互助制度。

参政议政

民盟彭州支部盟员中有成都市人大代表 1 人，彭州市人大代表 4 名，彭州市政协委员 18 名。积极参政议政，1998—2005 年共写提案、议案、建议 48 份。

1999 年，张训金等 5 人提出《尽快补齐彭安公路湔江水泥厂至济生制药厂路段》的 58 号政协提案，被市政府作为 2000 年为民办十件实事之一加以落实，年底竣工通车。郭树人撰写《改造龙兴寺建宗教文化公园》的政协提案上报成都市，被《四川政协报》刊登。张训金向成都市人代会提交的《关于进一步扩大干部公选范围的建议》《关于创新人才引进体制的建议》《坚持制止教育乱收费的建议》，均得到有关部门的答复办理。梁红撰写的调研文章《就彭州市农业现状谈对发展特色农业的一点建设》被民盟成都市委采纳。

社会活动

1998—2005 年，与民进支部联合主办彭州育才学校，开设特长班近 40 个，在校学生有 1400—1500 人。2005 年辅导学生参加第七届全国少儿美术书法摄影比赛，26 人获国家级金奖，17 人获国家级银奖，12 人获国家级铜奖。辅导学生参加四川省中小学生优秀人才大赛，2 人获美术一等奖，9 人获美术二等奖，2 人获美术三等奖。辅导学生参加第五届全国中学美术作品比赛，1 人获国家级金奖，2 人获国家级银奖，2 人获国家级铜奖，15 人获国家级优秀奖。开展送温暖活动，1998 年，为农村特困户捐献衣物 30 余件，为长江中下游地区遭受洪灾捐款 2000 余元，资助 1 名贫困优秀学生从初一至高中毕业生活费用 6000 元。1999 年，组织成员到新兴镇开展义诊、科技咨询、子女教育咨询服务，捐资认养白鹿乡森林公园“红枫树”58 棵。盟员杨斯华引进久特集团到彭州市与中亚制药厂、金鑫饮料厂合作，资金达 600 余万元。从 1998 年开始，民盟彭州支部在盟员中开展“我为民盟添光彩”和“爱彭州、献才智、比贡献”的活动。盟员樊文生在省级以上刊物发表文章 100 余篇。盟员姚思源 1985—1999 年出版长篇小说《晓风残月》等 13 部，成为全市首位中国作家协会会员。2002 年，盟员张训金被评为“彭州市首届名师”（全市 10 人），被聘为成都市学术评审委员会委员。盟员画家贺上栋的作品先后参加四川省、成都市民盟组织的迎接党的十六大画展。2005 年，盟员高崇禄撰写的《彩色多谱勒超声对肝脓肿的诊断》等 3 篇学术论文在国家级刊物《中医药学》上发表。

第三节　中国民主促进会彭州总支部

组织建设

1987 年 2 月，成立民进彭县支部筹备小组，李志凡任组长，有会员 7 人。1989 年 6 月，民进彭县支部成立，李志凡任主委，李永明任副主委，支部委员陈述清、任玉璋、张效民，时有会员 17 人。1993 年 12 月，彭县撤县建市，民进彭县支部更名为民进彭州支部，时有会员 25 人。1996 年换届，李志凡任支部主委，李永明任副主委。2001 年民进彭州支部扩建成立民进彭州总支（部）委员会，同时进行换届，李志凡任总支主委，包先强、李永明、何宏伟任副主委，时有会员 33 人。总支下设 3 个支部：“成都师专支部”李志凡（兼）任主委，石红任副主委，“中学支部”包先强（兼）任主委，夏光敏任副主委，“天彭支部”何宏伟任主委，郑自彬任副主委。2004 年换届，包先强任民进彭州总支主委，郑自彬、陈邦明、乌红丽任副主委。按上级指示原成都师专支部划归民进西华大学支部后，民进彭州总支实有会员 39 人，下辖 3 个支部分别调整为：“城北支部”陈帮明（兼）任主委，乌红丽任副主委；“城南支部”郑自彬（兼）任主委，涂海任副主委；“退休支部”李永明任主委，夏光敏任副主委。2005 年民进彭州总支有会员 44 人，在职 31 人，90% 为教师，90% 为中高级职称，其中彭州骨干教师 13 人，彭州名师 7 人，成都市学科带头人 2 人，四川省特级教师 1 人。

民进彭州总支坚持每年召开 4 次支委会，过 6 次组织生活会，形成“入会为公的公心、对会务的热心，对会员的关心”，以真诚服务形成组织的亲和力、以丰富活动内容增强组织凝聚力、以集体智慧提高参政议政能力的“三心、三力”组织活动理念，把思想建设和制度建设作为组织建设的重点，使会务工作朝着制度化、规范化发展。2000 年初，全国人大常委会副委员长、民进中央主席许嘉璐到四川考察，听取民进彭州总支组织工作汇报，对民进彭州总支组织建设予以充分肯定。民进彭州总支连年被民进成都市委评为先进单位，2005 年被民进中央评为全国先进基层组织。

参政议政

民进彭州总支有彭州市人大常委 1 人、人大代表 2 人；彭州市政协委员 3 人，常委 1 人、副主席 1 人；成都市人民检察院人民监督员 1 人，彭州市监察员 2 人、评议员 2 人；成都市政协委员 1 人。民进彭州总支的各级人大代表、政协委员积极参政议政，撰写提案、议案、建议 40 多件。2002 年市政协常委李志凡提出的有关建设彭州的提案，被政协十届四次会议列为“一号提案”，其中关于建议兴建步行街商业区和尽快兴建成彭高速公路两个提案，均被采纳并于次年落实。

社会活动

民进总支部主办的彭州育才学校坚持服务社会为宗旨，到 2002 年共开办趣味数学等 40 个班，在校学生达 2000 人。2002 年参加全国小学数学奥林匹克竞赛，获得全国团体第一、第四、第六名，获一等奖 11 人次，是四川省在西南三省获全国大赛成绩最好的市（县）。同年，育才学校绘画班学员作品参加第十五届“双龙杯”全国少年书画赛，6 人获金奖，21 人获铜奖。被成都市教委授予“社会力量办学先进单位称号”，李志凡被评为“成都市社会力量办学先进个人”。

第四节　九三学社彭州支社

组织建设

九三学社彭州支社成立于 1993 年 10 月，有社员 18 人。2005 年有社员 35 人（含西华大学九三学社的社员和转来 1 人，不含因病故和转走 2 人），其中男社员 23 人，女社员 12 人，已退休 13 人，在职 22 人，以高中级知识分子为主，人才优势明显。

1993 年 10 月，第一届支社委员会由李学仁任主委，林法仁任副主委。1999 年 4 月第二届换届选举，李学仁任主委，张驰任副主委。2001 年增补张登华为支社副主委。2003 年 6 月第三届换届选举张驰任主委，张登华、谢晓芹任副主委。2004 年初，西华大学建立九三学社基层委员会，原属九三学社彭州支社的 10 位社员归属九三学社西华大学委员会，九三学社彭州支社于 2004 年 6 月进行改选，张登华任主委。2005 年、2006 年分别增补吴忆陵、徐勇任副主委。支社按照“积极稳妥，注重质量，主动发展，重点中青”的原则，做好组织发展工作，1999—2005 年发展社员 13 人。

参政议政

九三学社彭州支社社员中有成都市人大代表 1 人，成都市政协委员 3 人，彭州市人大代表 1 人，彭州市政协委员 10 人，彭州市政协常委 3 人。2001—2005 年，共写提案、建议 27 件。2002 年，张登华应邀参加成都市政协专题协商会，提出的有关畜牧业生产方面的建议，成都市委副书记李登菊指示有关部门认真落实。张登华两次被市政协聘为民主评议员，参加对彭州市容管理局，四川省、成都市、彭州市三级联动的民营经济发展环境的民主评议工作，两次被市政协评为优秀评议员。2005 年，徐勇在成都市政协第十二届三次会上撰写的《成都市工程勘察行业恶性竞争，造假成风，建设项目质量堪忧》的提案，被确定为成都市一号提案，市长葛红林亲自指示督办。

社会活动

1997 年，李学仁获国内地质科学最高奖——李四光地质科学奖，并参与国家标准《固体矿产资源/储备分类》的编制工作。画家谢厚星的书画作品在 1998 年书画名家作品展上获奖，入选《中国美术选集》，并载入《世界美术家》《世界华人文学艺术界名人录》。他的作品《黄山烟云》《明珠戏苍龙》被国家选送奥运会组委会，陈列于澳大利亚中国美术馆。张驰教授主持完成国家教委下达的进行贷款师范教育改革课题 TC293 的研究任务，通过专家鉴定并获得高度评价，出专著 3 部。2000 年，张登华承担的农业部丰收项目良种猪配套技术通过验收，获市政府表彰的有突出贡献的十佳农业科技人员之一。2001 年张登华主持研究的《良种猪及增产配套技术推广》项目获农业部丰收奖二等奖，被评为四川省畜禽繁育改良先进个人。徐勇被四川省冶金地勘局评为先进个人和系统科技带头人。郭萍主持彭州市矿产资源规划等 6 个项目，均通过省、成都市专家评审。九三学社彭州支社积极开展社会服务工作，2005 年 9 月 27 日，九三学社彭州支社组织医疗专家、农业畜牧专家，开展“送医药、送科技”下乡活动，120 名农民接受诊治并领到价值 500 元的药品和 500 份家畜家禽和果树栽培技术资料，接受咨询服务 100 人。徐勇负责实施安哥拉共和国威吉市、卡西托市供水项目勘察设计工作，荣获成都市安全生产先进个人称号。

第五节　工商业联合会（商会）

组织建设

1985 年 5 月，彭县工商联恢复活动。1994 年 11 月，市政府同意彭州市工商联同时称彭州市商会。1986 年，工商联重新登记确认个人会员 446 个。中央〔1991〕15 号文件下发后，各乡镇设立会员活动小组为工商联的基层组织。1997 年开始，通济、桂花、新兴、隆丰、濛阳先后建立分会。随着民营经济的快速发展，工商联发展一批个体工商户、民营企业主、“三胞”投资企业、独资企业、外商投资企业家为会员。2005 年，工商联会员总数为 1363 个。

1986 年 5 月彭县工商联第四届会员代表大会，选举 25 人组成第四届执行委员会，选举徐刚乾为主任委员。

1989 年 12 月彭县工商联第五届会员代表大会，选举 31 人组成第五届执行委员会，选举徐刚乾为主任委员。

1993 年 6 月彭县工商联第六届会员代表大会，选举 31 人组成彭县工商联第六届执行委员会，选举高荣代为主任委员。

1997 年 5 月彭州市工商联第七届会员代表大会，列席代表 33 人。选举 36 人组成彭州市工商联第七届执行委员会，选举郭为人为主任委员。

2002 年 1 月彭州市工商联第八届会员代表大会，选举 37 人组成彭州市工商联第七届执行委员会，选举陈舫为主任委员。

工商联是中国共产党联系非公有制经济桥梁，在新时期，工商联协助党和政府贯彻对工商界人士“团结、帮助、引导、教育”的方针，加强对非公有制经济代表人士“爱国、敬业、守法”教育，努力为经济社会发展做贡献。

参政议政

1986—2005年，工商界被推荐担任市（县）的政协委员有91人次，工商界的人民代表、政协委员共写出议案、提案95件，建议106条，专题报告23份，为彭县经济社会发展建言献策。1987年，向县委、县政府提出的“彭县建成蔬菜生产基地”的建议，县委书记骆隆森批转政府有关部门制定全县蔬菜生产规划。1988年，出席成都市政协九届一次会议的彭县政协委员联名提交的《挖掘潜力，用好资金，控制信贷规模》的提案，被成都市政协办公厅以〔1988〕25号文发成都市工行办理。1990年8月，彭县遭遇特大洪灾，市场蔬菜供应品种少、价格高、群众吃菜难，工商联向县政府提交《关于我县蔬菜生产和市场供应情况的调查报告》，县委、县政府及时批转《报告》，各蔬菜部门从外地组织回30多个品种、近15万公斤蔬菜投放市场，实行进销价格倒挂销售，很快稳定市场物价，为此亏损2.37万元。1991年，工商联主委徐刚乾在成都市、彭县政协会议上提出《启动市场、搞活流通、搞好双增双节活动》《开源节流，压缩非生产性开支，扩大生产性开支，增加财政收入》的提案，引起成都市、县相关部门的重视，成都市政协办公厅、成都市工商银行对提出的解决彭县红石桥电站建设资金缺口问题及时做出书面答复，商议解决建站资金缺口的办法和措施。1992年，工商联对一些集体和私营企业为获取高额利润，把非法药品注入生猪体内引流胆汁提取胆红素，严重影响生猪生产，危害人民群众健康的重大问题进行调查，向县政府提出尽快刹住引流胆汁提取胆红素，严重影响生猪生产，危害人民群众健康的重大问题进行调查的建议，向县政府提出尽快刹住引流胆汁猪肉销售的五条措施，均被采纳。2002年，市工商联组织民营经济代表人士参加交通、纪检、税务、人事局、审计局、电力局等单位的行风评议，就有关问题提出切实可行的评议建议均被有关部门采纳。2004年，工商联组织工商界的人大代表、政协委员开展视察调研活动，向市政府写出《双虎向做大做强迈进》的调查报告，得到市政府的重视，市长戴志勇召开专题会议研究双虎实业有限公司的发展，对双虎家私的发展起到有力推动作用。2005年，市工商联将民营企业家提出的意见和建议以及民营经济发展中的有关问题进行整理，向市委呈报《民营企业家面对面》一文，及时沟通民营企业家与党和政府的联系和对话。

主要工作

倡导光彩事业　光彩事业是民营企业家和非公有制人士致富不忘国家、社会和弱势人群，自愿参加的一种义举和社会责任。1995年12月8日，彭州市光彩事业推动委员会成立，开展扶贫济困工作，有民营经济人士505人次参加光彩事业和社会公益事业，活动项目73个。1997年5月28日，市委统战部、市工商联组织15名民营企业家，分别在九陇镇、升平乡中心小学举办光彩事业“1+1”资助贫困生结队仪式，确定资助贫困家庭子女每人每年500元，解决从小学到初中毕业的书杂费。1995—2004年，捐赠资金415.52万元，资助贫困学生上学、疑难病患者医治和慰问军烈属、伤残军人、五保户、敬老院老人、困难户等。帮助700余人次下岗职工重新就业。2003年3月，组织民营企业家为全市抗击“非典”捐资6.8万元、捐物13.85万元，兴办光彩事业项目1个，金额达287万元。2004年市工商联到广安开展“致富思源，共建广安”活动，24户民营企业家向当地农民捐赠中华鲟鱼苗10

万余尾。2005 年组织扶持开发投资金额 20 余万元，支持彭州市的各项社会发展事业。

服务经济发展　1987 年，县工商联为会员企业“华华童装厂”提供全国商品展销订货会信息，该厂参展销售童装 2 万件，金额 10 余万元，购回 40 多万元的童装面料，节省进批差价 4 万多元。工商联创办的《经济信息》，收集整理全国各地经济技术信息 4773 条，供各乡镇和会员企业选用。1987—1988 年，县工商联与有关部门联合举办《经济合同法》《食品卫生法》《商标管理法》及工商专业培训班，有 69 个会员企业单位的厂长、经理、主任及业务、供销人员 470 多人参加培训。1990—1993 年，组织工商企业、乡镇企业参加成都市统一战线“一条线经济服务”科技成果交易会，达成 11 项意向性协议，为 12 个企业会员提供项目 54 个、科技信息 500 余条。2000 年，工商联为 5 家民营企业提供法律咨询，帮助 2 家民营企业胜诉经济官司，为其挽回经济损失 60 万元。促成 28 家民营企业中的 47% 聘请常年法律顾问。2003 年，组织会员企业解决就业 9906 人。2005 年市工商联为晨光等民营企业融资 840 万元。

工商联为经济发展积极开展引资引项工作，把引进资金、人才、技术作为一项重要任务。向各乡镇、企业推荐开发项目对企业进行 GMP 技术改造，为民营企业扩大生产规模和发展空间。工商联为民营企业生产项目牵线搭桥，充分利用废弃资源，解决农村剩余劳动力。

第二章　社会团体

彭州市总工会、共青团彭州市委员会、彭州市妇女联合会、彭州市科学技术协会、彭州市残疾人联合会等社会群众团体，在中共彭州市委领导下，分别在职工、青年、妇女、科技界等群体中，开展诸多的工作与活动，有益于彭州市社会稳定和经济文化的繁荣发展。

第一节　总工会

组织建设

1986 年，全县有系统工会工作委员会 12 个，直属机关工会 19 个，所属基层工会组织 178 个，工会小组 860 个，工会专职干部 37 人，全县职工总数 1.86 万人，工会会员 1.62 万人，占职工总数的 87%（其中女会员 6522 人，占会员总数的 40.4%）。1986—1990 年，先后增设基层工会 26 个，全市职工总数 2.19 万人，工会会员 1.83 万人，占职工总数的 83.7%（其中女会员 7286 人，占会员总数的 33.2%）。1990 年在各类型新经济组织中建立基层工会 4 个，发展会员 488 人。到 2005 年底，新建基层工会组织 304 个，全市基层工会组织达到 463 个，新增会员 5.58 万人。5 户转制企业重建工会。2004 年，丹景山镇建立四川省第一个外出务工人员联合会，吸收 21 名农民工入会。2005 年底，全市

20 个乡镇均建立外出务工人员联合会，发展农民工会员 4478 人。

会员代表大会

1987 年 6 月 26—27 日，召开彭县总工会第八次代表大会，出席会议的正式代表 221 人。选举彭县总工会第八届委员会委员 21 人和经费审查委员会委员 5 人，选举杨家箭为总工会主席。

1990 年 6 月 26—27 日，召开彭县总工会第九次代表大会，出席会议正式代表 163 人。选举彭县总工会第九届委员会委员 21 人和经费审查委员会 5 人，选举杨家箭为总工会主席。

1993 年 4 月 28—29 日，召开彭县总工会第十次代表大会，出席会议的正式代表 169 名。选举彭县总工会第十届委员会委员 23 人和经费审查委员会委员 7 人，选举解红为总工会主席。

1998 年 4 月 3 日，召开彭州市总工会第十一次代表大会，出席会议的正式代表 119 人。选举彭州市总工会第十一届委员会委员 31 人和经费审查委员会委员 8 人，选举杨基琼为总工会主席。2003 年 11 月，在彭州市总工会第十一届十次全委会上，选举王华强为彭州市总工会主席（市委常委兼）。

2004 年 4 月 27—28 日，召开彭州市总工会第十二次代表大会，出席会议的正式代表 149 名。选举彭州市总工会第十二届委员会委员 31 人和经费审查委员会委员 7 人，选举王华强为总工会主席（市委常委兼）。

主要工作

完善职工代表大会制度　1986—1991 年，彭县县属各厂职代会由单一的代表型向专业型、管理型、工作型发展。建立与政府（行政）的民主协商讨论制度、职工代表大会制度，搞好三级民主管理（厂、车间、班组）。1992—2000 年，职代会加强企业民主管理，推行“双保合同”签订集体合同制度，坚持改革方案经职代会审议制度。2001—2005 年，推行平等协商集体合同，进行工资待遇谈判制度，积极参与职工养老保险和医疗互助保险的缴纳以及赔偿工作。

推行厂务公开　1999 年，有 36 个国营、集体企业推行厂务公开，125 家事业单位、98 家民营企业全部实行厂务公开。彭州市的厂务公开工作先后被四川省、成都市评为厂务公开工作先进单位。

建立与政府的联席会议制度　2004 年，建立《彭州市政府与彭州市总工会联席会议制度》，联席会每年召开一次。2005 年总工会向市政府提交联席会议进行商议的 2 个议题均得到解决，市财政拨款 5 万元作为帮扶基金。

职工教育和活动　坚持马列主义、毛泽东思想、邓小平理论、“三个代表”重要思想的学习，坚持用科学观、荣辱观、社会和谐观指导工作，积极组织职工参加各种法律法规知识学习。以“双爱双评”为重点开展建设职工之家活动，开展“爱党、爱祖国、爱厂、爱家乡”的四爱活动，组织职工参与“三五”“四五”普法宣传活动。1992 年，总工会自办 7 个教育活动项目（职工幼儿园、职工旱冰场、露天舞场、国际舞蹈培训班、职工卡拉 OK 厅、职工茶园、职工餐厅）。2004 年，开展“工会是我们的家”大型系列宣传活动。

主要活动

开展劳动竞赛　1986 年，开展“双过半，两提高”的厂际立功夺杯赛，“赛产值、比速度，赛销售收入、比效益，赛上缴利润、比贡献活动”，全县有 183 个单位、1.32 万人参赛，全县工业产值比上年增长 13.6%，有 37 个单位在竞赛中立功。1987—1990 年，开展增产节约、增收节支的社会主义

劳动竞赛。1991—1995 年开展“品种、效益年活动”“效益优胜杯竞赛”，全市（县）187 个单位 1.55 万名职工参赛，参赛面达 80% 以上，创经济价值 1261.4 万元。1996—2000 年，开展“三提高，两降低、扭亏增盈和学邯钢，降成本，做主人”的劳动竞赛。2001—2005 年，围绕“工业富市、城建活市、旅游兴市”发展战略，开展为实现彭州新跨越建功立业的劳动竞赛活动，全市有 330 个单位，2.0316 万名职工参加，提出合理化建议 8797 条，节约和创经济价值 2783.8 万元。1986 年 10 月，县总工会技术协会建立，至 1991 年底技协先后攻破技术难关 72 项，推广新技术 59 项，创经济价值 473 万元。1992—2004 年，开展“学科学、学技术、爱岗位、当能手”为主题的职工岗位练兵、技术比赛活动，开展技术攻关 52 项，推广新技术 139 项，涌现出技术能手 4831 人，评选标兵能手 706 人，技师 144 人。1986—2005 年，举办 18 期职工业务技术培训班，培训职工 8664 人次，工会干部岗位培训 453 人。组织 192 名农民工会员到浙江义乌、宁波和郫县等地打工。1993 年 3 月 5 日成立彭县总工会女职工委员会。开展女职工“双文明建功立业”竞赛活动，1993—2005 年，全市（县）评出竞赛标兵 130 人，学习成才 560 人，文明家庭 325 户。1986—2005 年全市（县）召开 5 次总结表彰大会，对评选出的 42 名全国、省、成都市劳模，183 个先进集体，189 名先进个人进行表彰。

维护职工合法权益　1986—2000 年，推行平等协商签订集体合同制度，全市（县）有 53 家企业签订集体合同。1999—2000 年，新建工会劳动法律监督组织 13 个，参与全市安全大检查，查出隐患 35 件。2001 年，成立彭州市职工法律援助中心，开展女职工特殊权益的宣传维护活动。2000 年，市总工会接待职工来信 35 件、来访 360 人次，参与处理伤亡事故 10 起，开展女职工“四期”保护检查工作，开展助困女职工子女的捐资助学活动，捐资 1.37 万元。2003 年，全市有 142 个企事业单位建立健全职代会制度，56 户民营企业进行扩大民主管理的试点，在 28 户民营企业中推行平等协商集体合同制度。配合成都市总工会为 80 名民工讨回工资。2005 年 9 月，市总工会与浙江义乌市总工会共同解决彭州籍 12 名农民工因纠纷离岗一事。

下岗职工再就业　市总工会职业介绍所于 1998 年 6 月 9 日成立。全市建立下岗职工档案 3600 个（其中国有企业职工 1877 人），建立求职登记档案 794 个。组织再就业招聘会 4 次，有 59 个单位提供 2003 个就业岗位，有 1144 人实现再就业。举办下岗职工技能培训班 4 期，免费培训 1021 人次。成立“下岗职工社区服务中心”，拓展再就业渠道。2011 年开展“一走五送”活动，即走访下岗困难职工，送政策咨询，送就业岗位，送生活保障，送职业指导，送职业培训。

送温暖工程　市总工会从 1997 年开展“送温暖工程募资活动”，对困难职工进行扶助。1998 年建立特困职工档案 265 户。1998—2001 年，组织单位和在职职工筹集资金 46.1506 万元，对 1789 户特困职工和特困劳模进行慰问帮扶，促进 45 个单位的 247 人享受低保待遇。2003 年，为考上大学的困难职工子女 13 人发放助学金 1.32 万元。2004 年，成立特困职工帮扶工作领导小组，建立特困职工帮扶中心，筹集帮扶资金 10.38 万元，用于帮扶特困劳模，特困职工和“阳光助学工程”。2005 年春节前夕，四大班子领导和总工会人员走访慰问特困户 50 户，送慰问金 3.2 万元，帮助 8 户因病求助的职工 3.3 万元，补助特困劳模 3.94 万元。

第二节 共青团彭州市（县）委员会

组织建设

1986年，全县共有基层团委40个，团总支26个，团支部988个，专职团干部86人，青年人数16.63万人，其中团员1.9937万人，团员占青年总人数的11.97%。1994—1997年，团市委连续三年被共青团成都市委授予“五四红旗团委”称号。1997年4月，团市委被共青团四川省委授予“四川省优秀团组织”称号。1998年，全市团组织以争创规范化团支部为载体，着力加强团的组织建设，本年发展新团员4895名，推荐入党积极分子2000余人。1999年，团市委获“成都市共青团先进集体”称号。2003年，成立成都华融化工有限公司团委和成都市湔水建材水泥有限公司团总支。2004年，团市委深入开展“五四红旗团委”创建活动，被共青团成都市委授予“五四红旗团委”称号，彭州一中等5个团组织被共青团成都市委授予“先进基层团组织”称号。1998—2003年，团市委各级组织举办各种团干培训班228期（其中1998年举办118期，培训2077人）。1996—2010年，在“双推”工作中，推荐优秀团员作为党的发展对象6700人，推荐优秀团干部540余人作为党的后备干部。2001年在乡镇换届中，有6名团干部走上乡镇领导岗位。2003年，建立青年党政人才库，收录40名青年党政人才，3名直属团干部走上副局级领导岗位。2005年，团市委有直属团委（总支、支部）60个，下辖团支部827个，直属专兼职团干部240人、团员3.8万人、青年21万人，其中团员占青年总人数的18.38%。团市委把“党建带团建”作为强化团组织建设的重要手段，深入推进基层民主建设进程，公推直选产生致和镇团委书记，2名优秀基层团干走上团市委领导岗位。2005年，团市委获得“四川省团建先进县（市、区）创建单位”“成都市红旗团委”“成都市先进团委”称号，九尺镇团委荣获“全国五四红旗团委”称号。

团代会

1988年7月26—28日，召开共青团彭县第十届代表大会，出席会议正式代表250人。选举4名常务委员、17名委员、4名候补委员组成共青团彭县第十一届委员会，选举刘汉元为团县委书记。

1991年8月6—7日，召开共青团彭县第十一届代表大会。出席会议正式代表250名，列席代表30名，特邀代表20名。选举4名常务委员、17名委员、4名候补委员组成共青团彭县第十一届委员会，选举黄勤为团县委书记。

1995年8月16—17日，召开共青团彭州市第十二届代表大会。出席会议正式代表250名，列席代表11名。选举7名常委、17名委员、4名候补委员组成共青团彭州市第十二届委员会，选举黄龙蓉为团市委书记。

1998年9月3—4日，召开共青团彭州市第十三届代表大会。出席会议正式代表249名，列席代表18名，特邀代表20名。选举7名常务委员、17名委员、4名候补委员组成共青团彭州市第十三届委员会，选举刘刚为团市委书记。

2004年3月2—3日，召开共青团彭州市第十四届代表大会。出席会议正式代表187人。选举7名常务委员、23名委员、6名候补委员组成共青团彭州市第十四届委员会，选举刘涛为团市委书记。

主要工作与活动

青年文明工程　青年志愿者活动。“学雷锋”活动是共青团的一项传统活动，开展“学雷锋、树新风”“学习雷锋精神、争做‘四有’新人”“青年志愿者学雷锋服务一条街”和“青年志愿者巩固创卫活动”等。1996年4月，成立彭州市青年志愿者协会。1998年，新建服务站3个，服务基地5个。2001年，青年志愿者服务队稳定在200支，人数在2000人以上。2003年3月29日，团市委举行彭州市志愿者注册启动仪式，为全市28个志愿者注册点授牌，注册志愿者达到1000余名。2005年，引导外地的彭州籍注册志愿者成立“三春晖”助学联盟。

1994年，命名彭州市级“青年文明号”5个，市交通局运输总公司共青团服务专柜被成都市命名为“青年文明号”。1998年，青年文明号活动参赛单位达200个，市军乐镇泰山村科技服务队被共青团四川省委、四川省农业厅授予“青年文明号”称号。2002年，市国家税务局征收分局被共青团成都市委和成都市精神文明建设办公室授予成都市第四届“十佳青年文明号”。截至2003年，创彭州市级“青年文明号”88个，成都市级“青年文明号”16个，省级“青年文明号”4个。2004年，市地税局第三税务局团委被成都市地方税务局、共青团成都市委命名为“青年文明号”。2005年，市客运中心车站被共青团成都市委命名为“青年文明号”。

青年人才工程　农村青年致富工程。在团员青年中开展“学技术、当能手”竞赛活动、“万亩三田”竞赛活动、“青年科技示范户”评选活动、“万名青年奔小康”活动。实施“扶贫”“燎原”“成才”“金桥”四项行动。1998—1999年，农村青年致富工程共培养小康带头人358名，建科技示范基地112个，开办各种实用技术培训班200余期，培训2万余人次。建立“青年经济协作中心”，开展科技传播、科技推广，服务农村剩余劳动力，鼓励外出务工青年返乡创业。2002—2004年，共开展培训活动380余期，培训18000余人次，兴办130多个青年基地。

开展企业增效益当能手活动。开展“我为企业增效益，企业带我奔小康”主题活动，举办“青工技术比赛”。1997年，全市共培养青年岗位能手300余名。2001—2005年，实施“青工技能振兴计划”“青年安全示范岗”创建活动。2005年，3人被共青团成都市委授予“青年岗位能手”称号。

中学生一专多能成才行动。1989—1994年，开展“理想、学习、实践、成才”主题活动。1993年5月，全国第四届“华罗庚”金杯少年数学邀请赛在彭县举行，团县委承办大部分工作，受到组委会和团中央书记处常务书记刘鹏的高度评价。1995—2003年，实施“一专多能”成才行动，每年开展各种学科竞赛和知识竞赛100余次，参加成都市以上比赛获奖100余个，开展“雏鹰行动”和“手拉手”等各种课外活动100余次。1998年，开展“学团章、戴团徽、唱团歌、知团情”主题教育活动。

机关争当四好青年活动。在机关团组织开展“三好一高”竞赛活动，积极服从、服务于经济建设。开展“四好”活动（学习好、作风好、纪律好、工作好），以“四好”为标准，开展“创人民满意公仆”活动。

实施人才与科技促进计划　1986—2004年，开展“培养青年科技星火带头人”活动，培养科技星火带头人2000名，青年岗位能手300名，建立科技示范基地92个，形成“青年星火带头人+农村青年”奔小康格局。2000年实施“彭州市青少年人才与科技促进计划”。2003年7月，彭州市被团中央确定为首批“全国青年星火先进示范县”。2002年6月19日，邀请农业部科技专家到隆丰镇送科技下乡。2003年3月13日，团中央青农部副部长白平胜到彭州市调研农村共青团工作，对彭州市农村共青团工作的新举措和积极探索给予充分肯定。2004年，团中央召开全国乡村青年文化节建设现场经验交流会，团市委“特色农产品蒜薹无破口收割技能比赛活动”荣获全国乡村青年文化活动项目称号。2005年，实施“青年转移就业计划”，为失地青年农民提供就业岗位2000余个，有600余人走上工作岗位。

实施大学生志愿服务西部计划　2004年，彭州市被确定为大学生志愿服务西部计划（成都项目）三个受援县（市）之一，接收第一批西部计划志愿者30名。2005年接收志愿者33名。

青少年教育工作　1986—1988年，团县委以培养造就一代“四有”新人为重点开展思想教育。1989—1992年，开展“理想、忠诚”活动。1993年开展“雷锋在我心中”的学雷锋活动，强化对青少年的道德教育。1994年，市青教办积极参与有关部门处理青少年违法和侵权案件，全市“三层次”青少年帮教率达100%，转好率达35%，反复率控制在4%以内。1995年，重点进行中国特色社会主义理论和爱国主义教育。1998年，结合“做文明市民、创文明活动”，开展“优秀青少年维权岗”争创活动，至2002年，全市有“优秀青少年维权岗”县级14个，省级2个，成都市级2个。贯彻落实中央8号文件《中共中央国务院关于进一步加强和改进未成年人思想道德建设的若干意见》，2004年成立“彭州市未成年人保护委员会”，以贯彻落实《未成年人保护法》《预防未成年人犯罪法》为重点，做好青少年法制宣传及普法工作，天彭镇派出所被评为“全国优秀青少年维权岗”。2005年8月，成立成都市较高规格的彭州市流浪儿童救助站。

关心下一代工作　1991年2月10日，成立彭县关心下一代协会，1991年8月，更名为彭县关心下一代工作委员会（简称县关工委）。1993年撤县设市后，彭县关心下一代工作委员会更名为彭州市关心下一代工作委员会，下设办公室，挂靠在共青团彭州市委。市关工委主任由市委副书记兼任，常务副主任由离退休老干部担任，副主任和委员由离退休老干部和党政有关部门、群众团体负责人担任，并设顾问。全市有镇关工委20个，村（社区）关工委358个，市级部门、各企事业、中小学关工委126个。参加关工工作的老人（“五老”：老干部、老战士、老专家、老教师、老模范）由最初的几十人增至1.3166万人，占老年人总数的12%以上。在市委、市政府领导下，市关工委把爱国主义、集体主义、社会主义教育，法制教育，艰苦奋斗教育等作为主要内容，引导青少年坚定正确的理想、信念，树立正确的世界观、人生观、价值观，促进青少年健康成长。配合有关部门努力办好家长学校，促进家长改变旧的家教观念，增强家长为国教子的责任感。努力为青少年做实事、办好事、解难事，开展力所能及的助学、助残、助困等活动。1993—2005年，组织“五老”报告团成员300余人次，深入乡镇、机关、社区、中小学讲课共540场，听课人数为32.8536万人。2001—2002年，举办科技培训班5次，传授种养殖先进技术，810人次参加培训，促进农村青年科技致富，为农户1010余人次进行咨询服务。2003年，报经市委审定同意，市关工委编撰出版《彭州名人》一书，作为对青少年进行理想、信念教育的教材，学习名人，热爱彭州，建设彭州。

少先队工作　中国少年先锋队彭县第一次代表大会于1992年3月18—19日在政府招待所举行，出席会议正式代表190名，列席代表20名，特邀代表10名。选举唐章荣为秘书长，高显忠为副秘书长，陈寒秋等19名为候补委员，组成中国少年先锋队彭县第一届工作委员会。会上，表彰王曦等54名优秀少先队员、49名优秀辅导员和濛阳天王寺小学等38个少先队先进集体。2005年，全市有少先队员4.6315万人，大队辅导员36人。1990年6月，团县委、教育局和青少年宫联合举办“第一届彭县中学、幼儿书法绘画大赛”，参赛学校42所，参赛幼儿作品1125件，青少年作品1500件。1993年，以“爱科学、勤实践、做主人”为活动主题，结合毛泽东100周年诞辰，对全县少先队员进行爱国主义教育，评选“百名（劳动科技）小主人奖”“百名辅导员指导奖”和“基地建设奖”。1994年11

月，组织参加“中国少年雏鹰行动”观摩活动，对少先队大队辅导员进行培训。1997年，南城小学荣获成都市少先队“雏鹰大队”称号，杜强等5名教师被评为成都市优秀辅导员。1998年，举办两次“青少年科技小作品制作比赛”，并开展“手拉手”互助联谊活动。

第三节　妇女联合会

组织建设

1996年3月，市妇联主任、副主任改称市妇联主席、副主席。1986年，全县34个乡镇有妇女联合会，设主任1人；465个村有妇代会，设主任1人，副主任1～2人。34个乡镇配备专职妇女干部34人。1992年彭县进行机构改革，设立28个乡镇妇女联合会、456个村妇代会。2004年全市再次进行机构改革，设立20个镇妇女联合会、296个村妇代会、66个社区妇女联合会，74个单位、4个新经济组织中设立妇委会。1993年4月设立“彭县妇女活动中心”，撤县设市后更名为“彭州市妇女活动中心”。

妇女代表大会

1987年9月10—12日，召开彭县第八届妇女代表大会，出席会议正式代表325人，特邀代表10人。选举县妇联第八届执委会委员23人，选举周玉禄为县妇联主任。

1993年7月19—21日，召开彭县第九届妇女代表大会，出席会议正式代表302人，特邀代表17名。选举县妇联第九届执委会委员25人，选举周玉禄为县妇联主任。

1998年12月17—18日，召开彭州市第十届妇女代表大会，出席会议正式代表320人，特邀代表30人，列席代表70人。选举市妇联第十届执委会委员25人，选举周玉禄为市妇联主席。

2004年3月30—31日，召开彭州市第十一届妇女代表大会，出席会议正式代表320人，特邀代表25人。选举市妇联第十届执委会委员25人，选举杨军为市妇联主席。

主要工作与活动

“四有”“四自”教育　1986—1991年，开展“四有”“四自”（有理想、有道德、有文化、有纪律，自尊、自信、自立、自强）教育活动，同时进行爱国主义和集体主义思想教育。1989年，开展“女子爱心储蓄”活动，收储现金113.58万元，支援国家建设。1990年，组织发动3023名妇女为亚运会捐款1.12万元。1991年彭县发生特大洪灾，全县妇女为重灾乡镇捐款4.15万元，捐物1162件。

“双学双比”竞赛活动　1989年，在农村开展“双学双比”竞赛活动（学文化、学技术，比成绩、比贡献），加快“稳粮、增收、达小康”和农业产业化的步伐。到2000年，参赛妇女13.342万人，参赛率达96%。坚持联系专业户制度，女党员、女干部共联系专业户8256户、贫困户3300户，脱贫率达85%以上。2001—2005年，建立“妇”字号学比示范基地15个，树立学比先进典型184个，共举办实用技术培训班38期，培训“双学双比”骨干2.2053万人次。2002年，开展“农技之声”知识竞赛、“千万农家女，百项新技术”培训、“千户万头节粮环保型养猪”活动。

“巾帼建功”活动　1991年，在城镇开展“巾帼建功”活动。1992—2000年，评出“巾帼建功”

活动先进集体6个，先进个人10名。2001—2005年树“巾帼文明示范岗”17个，帮助251名下岗妇女实现再就业。开展“巾帼扶贫行动”，妇女群众捐资近5万元，救济下岗女工52名、农村特困妇女480人次、贫困儿童68名。大力推进“三八”绿色工程，植树26亩。

普法维权　1986年以后，以《中华人民共和国宪法》《中华人民共和国婚姻法》《中华人民共和国继承法》《中华人民共和国妇女权益保障法》等有关法律条文为重点，开展普法教育活动。《中华人民共和国妇女权益保障法》颁布后，全县设立咨询站92个，发放宣传资料7510份，办专栏86期，书写标语3450幅，宣传面达100%，教育面达90%以上，荣获省妇联的表彰奖励。认真查办侵权案件，1992—2000年，贯彻实施《中华人民共和国妇女权益保障法》《中华人民共和国母婴保健法》《中华人民共和国未成年人保护法》等法律法规，开通“148”维权热线，为妇女提供法律援助。对400多名村以上妇干进行修订后的《中华人民共和国婚姻法》培训，婚姻、家庭案件的调解处理，结案率达95%以上。2005年11月四川省农村留守人群社会服务工作现场会在彭州召开，四川省、成都市对彭州市农村留守人群社会服务工作予以高度评价。

家庭教育　1986—1991年，建立健全各级家庭教育领导机构74个，各类家长学校127所。1992—2000年，全市共建家长学校150所（初中29所，小学107所，幼儿园14所），有家教辅导站30个，家教辅导员1200余名。市妇联召开家教经验交流会9次，表彰“好母亲”700名、先进家长学校100个、优秀家庭辅导员98名。各乡镇召开家教经验交流会共105次，表彰“好母亲”2400名、先进家教工作者310名、先进家庭260个。市妇联多次被评为四川省家庭教育工作先进集体。2005年，主办“争做合格家长、培养合格人才、同心协力构建和谐亲子关系”为主题的家庭教育系列活动。

妇女干部培训推荐　2005年3月8日，成立女厂长（经理）、女领导干部联谊会。积极做好女干部和女代表、女委员的推荐工作。2005年，市级领导班子中，有1名女市委副书记，1名女副市长。党政群64个工作部门中，有55个部门配备女领导干部，占部门总数的86%；20个乡镇全部配齐女领导干部；市人大代表266人中有女代表78人，占代表总数的29%；市政协委员269人中有女委员74人，占委员总数的28%；受市表彰的拔尖人才和有突出贡献的人员中，女性各占总数的10%，市妇联连续六届荣获省委组织部、省妇联培养选拔干部工作“伯乐奖”。

妇儿工委工作　把“两纲”纳入经济社会发展总体规划，形成齐抓共管、合力推进“两纲”实施的良好局面，妇女儿童生存、保护和发展的水平明显提高，市妇女儿童工作委员会被省政府评为“四川省实施妇女儿童发展纲要先进集体”。2004年，彭州市被成都市列为“降低孕妇死亡率和消除新生儿破伤风项目”实施市（县）后，随即制定《“除清”项目实施方案》《贫困孕产妇医疗救助实施方案》等，落实项目实施管理配套资金5.6万元。对全市妇幼、产科人员及乡村医生办轮训班32期，参训人员1946人次。救助贫困孕产妇341名，救助资金达13.47万元。在全市开展“关爱幼儿健康”乳腺疾病普查及科普知识宣传活动。2005年，新生儿破伤风率为零，孕产妇住院分娩率为99%，高危孕产妇住院分娩率为100%。协调全市各妇女儿童工委单位对妇女儿童2001—2004年发展情况进行综合评估。

第四节　科学技术协会

组织建设

自1981年起，县科协在各乡镇（公社）逐步建立乡科普协会，到1987年，全县34个乡镇全部建立科协。1992年、2004年先后两次撤乡并镇，全市20个镇均建有科协。2005年，全市科协系统有学会、协会、研究会26个，会员6298人。

科技代表大会

1981年3月，召开彭县科学技术协会第一次代表大会，选举产生彭县科协第一届委员会，选举陈开翠任主任。

1987年5月11—12日，召开彭县科学技术协会第二次代表大会，选举产生彭县科协第二届委员会，选举张思冰任主席。

1990年6月23—24日，召开彭县科学技术协会第三次代表大会，出席会议正式代表180名，列席代表20名。选举产生彭县科协第三届委员会，选举曹文先任主席。

1993年5月14—15日，召开彭县科学技术协会第四次代表大会，出席正式代表180名，列席代表20名。选举产生彭县科协第四届委员会，选举杨茂林任主席。

1999年4月30—31日，召开彭县科学技术协会第五次代表大会，选举产生彭州市科协第五届委员会，选举李宏岳任主席。

2004年12月26—27日，召开彭县科学技术协会第六次代表大会，出席会议正式代表151名，列席代表26名。选举产生彭州市科协第六届委员会，选举王长蓉任主席。

第五节　残疾人联合会

组织建设

彭县残疾人联合会（残联）建立于1991年1月，由彭县民政局代管。1993年撤县设市后，改称彭州市残疾人联合会。与市民政局分离办公，由市政府直接领导。2003年5月经市编委审核批准为人民团体机构。市政府残疾人工作协调委员会办公室设在市残联，办公室主任由市残联理事长担任，是主管全市残疾人事业工作的人民团体。市残联受市委、市政府领导，上级残联指导。市（县）残疾人联合会的常设专职机构是主席团执行理事会，理事长由残联主席团推荐，市（县）政府批准，任期五年。

原乡镇残协更名为乡镇残疾人联合会，镇残联主席由镇分管领导担任，理事长由镇政府中层干部担任。镇残联主席、执行理事长任职由镇残联代表大会选举并报镇政府审批。2003年，各镇残联配备1名残联专干（委）。2005年全市各村（社区）均建立残疾人协会，残协主席由村（社区）主任担任，配备协会委员2—3名、联络员。

残联代表大会

彭县残疾人联合会第一次代表大会于1991年1月31日召开，出席大会的代表140名。选举产生彭县第一届残疾人联合会主席团，选举郑兴泰为主席团主席，聘请弓继权为主席团名誉主席。推举出执行理事会理事长人选，报市政府任命。

彭州市残疾人联合会第二次代表大会于1994年4月15日召开，出席大会的正式代表130名、列席代表40人。选举产生市第二届残疾人联合会主席团，选举周芝茂为主席团主席，聘请蓝志银、李登菊等7人为主席团名誉主席。推举出执行理事会理事长人选，报市政府任命。

彭州市残疾人联合会第三次代表大会于1998年6月3日召开，出席大会的正式代表130名、列席代表40名。选举产生市第三届残疾人联合会主席团，选举游浩为主席团主席，聘请韩延辉、周芝茂、张忠恕、朱顺刚为主席团名誉主席。推举出执行理事会理事长人选，报市政府任命。

彭州市残疾人联合会第四次代表大会于2003年4月18日召开，参加大会的正式代表145名、列席代表28名，特邀代表3名。选举产生市第四届残疾人联合会主席团，选举游浩为主席团主席，聘请戴志勇、薛敏为主席团名誉主席。推举出执行理事会理事长人选，报市政府任命。

残疾人协会

1991年至1996年，全市（县）建立3个残疾人协会：盲人聋哑协会、乡镇残疾人协会（联合会）、伤残人体育协会。彭县残疾人联合会成立之前，在县民政局设立一个盲人聋哑协会组织，主要任务是负责残疾人的救济、扶贫、优扶、安置工作，1991年1月，彭县残疾人联合会成立，原彭县盲人聋人哑人协会使命结束。1991年3月，各乡镇残疾人协会相继建立。1996年乡镇残协更名为残联，各村（社区）残疾人组织更名为残疾人协会。

2002年2月，彭州市残疾人联合会单列后，残疾人协会进一步健全和完善。建立5个专门协会（盲人协会、聋人协会、肢残人协会、智力残疾人及亲友协会、精神残疾人及亲友协会），各专门协会主席、副主席人选由残联代表大会按残疾类别选举产生。专门协会根据本协会内残疾人特点开展活动，丰富残疾人精神文化生活。建立和完善村（社区）残疾人协会组织。2005年，全市村（社区）建立残疾人协会。协会设主席、委员2—3名或联络员，主要职责是密切联系残疾人，反映残疾人需求，为残疾人提供服务。

主要工作

残疾人康复工作　残疾人康复工作始于1988年。1989年9月成立“彭县残疾人三项康复工作领导小组”。1991年，彭县中医院确定为全县残疾人康复点，同年11月，彭县白内障复明点在彭县人民医院设立。1995年8月，全市第一个社区康复站“天彭镇社区康复站”建立。1999年，全市共有158名白内障患者告别黑暗，重见光明。2004年实施“三助工程”，免费为70名贫困白内障患者实施复明手术，免费为6名贫困听障患者配戴助听器，免费为10名贫困截肢人安装假肢和免费为30名贫困肢残人发放轮椅。2005年实施“三个100工程”，免费为100名白内障患者实施康复手术，免费为100名小腿截肢残疾人安装假肢。彭州市残疾人康复工作多次被成都市评为先进单位和先进集体。

聋儿教育培训　1993—1998年，共举办三期聋儿培训班，收训聋儿28名，通过培训，大多数聋儿能开口发音、说话。三界镇参训聋儿吴孝云达到四级语训水平，万年乡参训聋儿江春雷达到三级语训水平。还将天彭镇外东小学作为特殊教育基地，到2004年，全市视力、听力、语言智残儿童少年入学率达到80%以上。

2004年，建立“残疾人自强助学金”，2005年，发放残疾人“百万自强助学金”7.25万元，受助对象达103人；发放残疾人家庭子女自强助学金2.05万元，受助对象家庭15户；资助100名适龄盲儿童入学。

扶贫解困助残工作　市总工会、市妇联开展慰问残疾人职工活动。驻彭部队、市武装部、市公安局开展军、警、民共建，结对子帮助残疾人活动。

坚持“全国助残日”活动，仅1994年，组织50余所中、小学校6000余名师生为1200户残疾人挑水、扫地、洗衣服做好事4100件，机关干部、党团员、青年民兵5000多人为980名残疾人家庭送化肥980包，助耕480多亩。2003年5月16日，团市委、市残联、天彭镇举行“手拉手”助残活动启动仪式，全市各中、小学校和有关部门的团委书记、大队辅导员同天彭镇12个社区负责人分别签订“手拉手”红领巾助残和志愿者助残结对子。2005年第十二次“全国助残日”活动中，团市委积极响应团中央发起的全国“百万志愿者走进百万残疾人家庭”送温暖活动，组织50名青年志愿者走进50名残疾人家庭，免费为他们的子女提供家教服务。

市建设局、城管局在城区主要街道的停车点设立残疾人代步车专用停放区标志。全市公园、博物馆及旅游景点免费为残疾人开放。2004年，发放专项扶贫资金42万元。2005年，纳入人民政府最低生活保障的残疾人达2100人，纳入“五保”供养的孤老残疾人275人，为贫困残疾人家庭建房21户，为489户残疾人家庭提供扶贫资金24.45万元。

2000—2005年，帮助安置326名残疾人工作或就业，组织188人参加各种就业技能培训。

维权工作　1995年4月，建立“彭州市伤残人体育协会”，在“成都市首届盲人按摩技能大赛”中，彭州选手田永忠获得金奖，刘光宇获得银奖；先后举办了五届市（县）残疾人运动会。

1991年5月，开展《中华人民共和国残疾人保障法》宣传月活动。2004—2005年，共核发办理残疾人证7175本。2003年12月，建立残疾人法律援助站。1996年，共接待残疾人来信来访203次。2004年，市残联建立理事长信访接待日制度，及时处理解决残疾人反映的实际问题。

第八篇 政 法

1986年以后，彭州市（县）公、检、法、司为保障全市（县）的改革开放顺利进行，恪尽职守，开展普法教育和宣传，依据国家法律法规，严厉打击和惩处各类违法犯罪行为和罪犯，为全市（县）的经济建设、社会发展，创造一个安定安全的社会环境。

公安机关严厉打击邪教组织活动，开展专项活动打击各类刑事、经济犯罪，加强群防群治工作，维护社会治安，加强交通、消防管理保障、社会经济安全。禁毒工作被评为成都市级先进单位，羁押看守工作两次获成都市公安局优胜奖，消防工作获部、省、成都市局领导表扬。

检察机关与公安机关和人民法院分工合作，互相配合，互相制约开展各项检察工作，保证诉讼活动顺利进行，维护法律的实施，市检察院荣获省级“人民满意政法单位”“五好检察院”“人民满意检察院”和省级“最佳文明单位”等荣誉并荣立集体一等功一次。

审判机关发挥审判职能，依法惩处各类刑事犯罪，重点突出，打击有力，维护社会稳定，依法审理各类民事、经济、民商案件，依法保护公民合法权利，维护社会稳定，维护公平、公正的市场竞争秩序，促进全市经济健康有序发展。对在案件审判中所反映问题进行调查研究，向政府和相关部门提出司法建议，以供决策和行政的法律依据，促进依法行政。

司法部门从1986—2005年，在全市（县）组织开展五次“普法”宣传教育活动，普及法律知识，推进法制建设和法律服务工作，使全市人民知法、守法，创造稳定和谐的社会环境。同时把普法工作与依法治理工作紧密结合起来，规范政府行为依法行政。推进市委、市政府“依法治市”目标实施，营造良好的法制氛围，为招商引资创造良好环境，促进地方经济发展。司法行政工作多次获得部、省、成都市荣誉称号，特别是调解工作1996—2005年，连年获司法部基层工作司、中华全国人民调解员协会“先进单位”荣誉称号。

第一章 公 安

彭州市公安局下设天彭、光明路、繁江路、关口、丽春、通济、敖平、九尺、濛阳、新兴、白水河、桂花12个派出所。内设办公室、政工科、纪检监察室、警务督察大队、装备财务科、信息通信科、法制科、出入境管理科、国内安全保卫大队、治安大队、治安防范人口管理大队、刑警大队、禁毒大队、经济犯罪侦查大队、交巡警大队、看守所、消防中队等17个职能机构。

20年间，为全市社会经济的发展保驾护航，公安部门坚持依法执法，对刑事经济犯罪保持高压态势，群防群治，严厉打击，严格治理，为保一方平安、社会安定做了积极努力。

第一节　国家安全

政治侦查

政治侦察工作，是人民公安机关同暗藏的间谍、特务和反革命分子作斗争的一项重要工作，主要以“反渗透、反颠覆、反和平演变”为中心，依靠广大人民群众，加强隐蔽战线的工作，广辟线索，打击各种敌对势力和敌对分子的破坏活动。1995年6月—2003年7月，先后取缔打着基督教旗号进行非法组织活动的“门徒会”，对受骗入会的500余人进行政策、法律和相信科学教育，收缴非法刊物12本，对骨干分子康俊英、沈益萍予以治安拘留。1999年7月22日，按照中央的统一部署，开展取缔“邪教”的斗争，先后5次集中进行打击其违法犯罪活动。

出入境管理

严格执行外管法律法规，严把出入境关。1992年6月彭县对外开放后。1993年8月“美中友好志愿者”一行4人到成都师专（现西华大学彭州分校）任教。1994年后，外商、外企相继进入彭州。从1982—2003年，有20多个国家和地区的2198名外国人到彭州市考察访问、讲学、技术交流、旅游、探亲、留学。到2003年底有4名日本人、2名英国人，1名美国人，1名南非人在彭州市常住。严格申报制度，在市内宾馆、招待所等住宿的入境人员户口申报率达100%，入境申报合格率达99%；散居社会的入境人员户口申报率、合格率均达100%。1979—2003年，彭州市（县）因私到世界40多个国家探亲、留学、商贸、定居、旅游的有2344人。2004年，实行公民因私出国（境）按需申领制度，规范国家工作人员因私出国（境）按需申请制度，规范国家工作人员因私出国（境）管理工作，备案登记国家工作人员74人。认真落实法定不批准出境人员通报备案制度，首次报备40人，续报13人。

第二节　侦察破案

刑事侦查

1994年7月，市公安局刑警队更名市公安局刑警大队，下设的侦破组改称刑警中队。另在天彭、城西、西郊、丽春、九尺、濛阳、敖平、关口、新兴、通济、白水河派出所成立辖区刑警中队。1989年，破获岳明、罗家富绑架濛阳塑料厂厂长之子的案件，这是中华人民共和国成立以后的首起暴力劫持绑架人质案。1996年，破获江代述、薛帮代、陈云富雇凶黄天俊、许文军杀害王朝禄、梁冰如夫妇恶性案件。破获赵远伟、赵远桃敲诈勒索大宝镇宝山村贾正方的案件。2001年，破获杨德建、潘华强、阳运松3月16日持枪抢劫中国银行彭州支行濛阳分理处特大案件，同时挖出徐成刚等数十人的系列持枪抢劫暴力团伙。1986—2003年，刑事案件立案1.9801万件，破案1.0208万件，破案率为51.55%。2004—2005年，共侦破各类刑事案件1292起，打击处理1038人。其中，逮捕879人，劳教41人，直诉138人；侦破放火、爆炸、杀人、伤害、强奸、抢劫等八类严重刑事案件312起；强化“打黑除恶”工作，打掉涉黑团伙3个，抓获成员16人，打击处理4人；打掉涉恶团体4个，抓获成员24人；积极开展追逃行动，消除社会隐患，追捕网上逃犯22名（其中四川省公安厅督捕逃犯1人)，全部抓获，其中命案在逃人员6人；侦破“两抢”“两盗”案384件。

经济侦查

市公安局于2000年9月成立经济犯罪侦查大队。至2003年共立案104件，破获各类经济犯罪案件79件，逮捕犯罪嫌疑人44名，刑拘71人。为国家、单位和个人挽回经济损失910余万元，避免损失260万元。2004年，受理各类经济案件34件，破案23件，刑事拘留24人，打击处理14人，追缴制假设备及原辅材料价值600余万元，挽回经济损失300余万元。2005年，共破获各类经济案件25件，逮捕15人，直诉9人，涉案金额500余万元，为国家、集体和个人挽回经济损失200余万元。

预审工作

1988年预审挖出案件145起，涉案人员107人，其中追究刑事责任22人，收缴赃物折款1.8940万元。1995年挖出案件线索121件，破刑事案件94件，其中大要案件37件，23人被追究刑事责任，追缴赃款赃物20余万元。1988年3月，预审科受理李先贵等4人抢劫案，经过一个月的内审外查，案件由受理时1件上升到18件，作案成员增至13人。1995年3月，预审科在审理九陇镇周俊盗窃案中，深入案犯所在地和销赃地调查访问，获知重大线索，方使犯罪嫌疑人周俊交代：1994年4月与王发学密谋，身带匕首、火药枪等作案工具窜到成都五块石出租车场，将富顺县一农用车驾驶员骗到彭州市，将驾驶员用尼龙绳勒死后藏尸于利安乡一阴洞内，抢走农用车，销赃获得5000元。罪犯周俊、王发学受到法律严惩。

法治工作

1990年10月成立法制科，主要负责执法监督，行政案件复议应诉，法律服务，报送劳动教养案件，收容审查审核。1998年3月，法制科收容审核取消，增加刑事、治安案件审核。1990—1993年，共收容审查犯罪嫌疑人2597人，其中逮捕1350人，劳动教养30人，少年教养3人，年均打击处理率为60.18%。1997年10月1日修订后的《中华人民共和国刑法》实施，收容审查被取消。1998年以后，内部执法监督的重点是加强对刑事案件、行政案件的审核。认真执行《错案追究制》，全面规范和切实改善公安机关的执法活动。2003年，经成都市公安局执法质量考试，市公安局在成都市（县）排名第一。从1990年开始，公安局结合自身执法特点，每季度进行一次执法检查，半年组织一次大检查。执法检查又以各个期间的工作重点，强化内部执法监督，20世纪90年代末以留置盘问措施和留置室建设情况为检查重点。2000年后，对扣押、登记、保存财物，治安、刑事案件的立破情况，“涉黑”“涉恶”案件的打击处理情况等进行检查。

第三节 治安管理

打击“黄、赌、毒”

禁毒 1988年3月，破获梁恩林等三人毒品交易案，收缴鸦片烟2.1公斤，乘胜追击，又抓获毒贩2名，收缴鸦片烟2公斤。1997年，在全市开展禁毒专项斗争，破贩毒案一件，逮捕7人，收缴鸦片烟200克，海洛因3克，可卡因7盒，掌握吸毒人员7人。检查58家火锅店使用罂粟壳煮火锅的有6家，收缴罂粟壳3公斤。1998年8月，云南省孟连县相玉嫩（女）、李春芳（女）二人，与彭州市周红江、杨安舟勾结，企图在此建立长期贩毒据点，当天贩毒时被当场捉获。2001年3月，破获牟志成出售鸦片案，缴获鸦片烟2.7公斤。2001—2003年，查破毒品案件194件，逮捕毒贩5人，查处涉毒人员120人（其中逮捕6人，劳动教养10人），强行戒毒131人，行政处罚58人，捣毁吸毒窝点18个，收缴海洛因5.5克。1998年12月，市公安局刑警大队设立禁毒中队。2002年6月，成立市公安局禁毒大队。禁毒大队坚持“四禁并举，预防为主，全民参与，综合治理”的方针。从2000年5月起狠抓全市范围内创建“无贩毒、无吸毒、无种毒、无制毒”为主要内容的“无毒社区”活动。2002年，被成都市综治委、禁毒委评为先进单位。2003年，九尺镇和北君平镇、升平镇分别被成都市禁毒委、综治委评为“无毒社区”和创建“无毒社区”工作先进单位。2005年破获毒品案件37起，逮捕9人，劳教9人，收缴海洛因39克，铲除罂粟350株。加强禁毒宣传，开展“禁毒万里行”宣传活动。建立健全使用、运输、储存、制毒化学品管理制度，全面开展创建“无毒社区”工作，创建面达100%，全市20镇有4个镇为“无毒社区”达标镇。

扫黄、禁赌 1987—2003年，查获传播淫秽物品违法案件92件，涉案违法人员129人，分别以治安警告、罚款、拘留、劳动教养处罚。收缴淫秽色情、封建迷信、凶杀暴力等画册1752张（本）、录像带23盘，录音带475盘，刊物4000多册，影碟628盘，盗版VCD230张。

1987—2004年，查获聚赌违法案件181件，挡获赌博人员1500多人，治安处罚866人，收缴赌资10万余元，销毁电子翻牌机482台。

查处卖淫嫖娼 1986—2004年，共查获卖淫窝点5个，卖淫嫖娼案件647件，容留卖淫案件25件，挡获违法人员1484人，均进行治安处理。其中，收容审查63人，逮捕3人，送劳动教养6人，治安拘留313人，罚款752人，警告3人，收容教育44人，拘罚并处29人。1991年，通过对48名卖淫嫖娼人员进行检查，查出有性病的18人予以强治，12名痊愈，6人送妇教所收容教育继续治疗。打击“黄、赌、毒”，消除社会丑恶现象，维护社会治安秩序。

公共场所管理

1989年，对全县文娱场所进行清理整顿，取缔违规录像放映点35处，舞厅1个，台球、电子游戏室79家。在13个工商农贸市场、车站和较大铺面建立治安室、治保会、联防队、执勤点、加强公共复杂场所管理。1990年以后，在全（县）市657个公共文娱场所配备专、兼职治安员572人，建立治安室8个、配备工作人员25人。收缴火药枪7支、自制手雷12枚、炸药44公斤、雷管153发、管制刀具41件，排除隐患31起，停业整顿3家，打击处理一批违法犯罪人员。1997年，贯彻实施《成都市公共场所治安管理条例》，坚持每月对大型文娱场所进行治安安全检查，发现治安、火灾隐患75处，责令限期整改75处，取缔非法经营23户，责令停业整顿25户。2000年以后，制定《涉爆单位管理考核细则（试行）》，加大对涉爆单位的管理力度，将人防、技防、物防相结合。2001年，查处违规安全隐患101起，治安处罚59人；破获涉爆案件24起，刑事拘留6人，逮捕7人；收缴炸药830公斤，雷管3196发。2000—2003年，破获仿古街“四方茶楼”、西干道“射箭馆”、蔬菜批发市场“电子游戏室”、纽约新城“千禧茶楼”抢劫案。2004年，市公安局发现受理治安案件1060起，查处603起，抓获违法人员970人，治安拘留339人。进一步加强涉枪涉爆涉危单位的监督检查力度，认真落实雷管编码通则，限期整改安全隐患37处，现场整改137处，深化“治爆缉枪”工作，收缴各类枪支44支、子弹30余发，查获非法生产、运输烟花爆竹7000公斤。2005年，加强网络安全管理，网吧安全管理软件在线率、实名登记平均使用率达90%，对辖区105家网吧进行20次检查。积极开展电子数据现场取证工作，收集网上情报信息，配合辖区破案7件，抓获犯罪嫌疑人11人。

特种行业管理

随着城乡市场的繁荣发展和就业门路的广开，特种行业发展迅速。对特种行业的管理着重在建章建制和加强督促检查，落实“谁主管、谁负责”的治安责任制。1986年以后，在特种行业中，建立治保会（组），协助公安机关维护特种行业治安秩序。大中型宾馆中实行与公安机关联网。对全县旅店业、印刷厂、刻字业、旧货业进行整顿，明确治安责任人，培训治保人员和对全县旅店的经理和登记员进行治安业务培训。1997年，按照《成都市公安局集中整顿特种行业的通知》精神及有法律法规，对全市机动车辆修理、废旧收购、生资市场、旅馆等进行清理整顿，召开业主会议，印发宣传资料3.1万份，制作民警提示牌3000个，签订治安责任书453份。

1987—2003年，特种行业向公安机关提供各类犯罪线索197件，破获刑事案件98件，查破治安案件44件，挡获各类违法人员111人，逮捕18人，治安处罚58人，劳动教养1人，查处违法户38家，责令停业整顿9家，调销特种行业许可证1家，取缔非法收购6户，对3名违法职工分别予以治安拘留、罚款、调整工作岗位处理，没收违章收购及各种赃款4.52万元。对17家60处安全隐患发出限期整改通知书，对3家无证经营的旅馆和1家私刻公章业主进行治安处罚。2004年，与特种行业业主签订治安责任书800余份，实行备案管理。

群防组织

群防组织主要为所在区域、单位进行法制宣传、调解纠纷，巡逻守护挡获违法人员，组织“四防”检查，消除安全隐患，帮教辖区违法人员。

1986年，群防组织以治保会、治保小组形式组成，还建立一批护厂队、护校队和治安联防队、治安室、守楼护院组、治安岗亭、夜间执勤点，集贸市场建立专业治安队。形成以治保会为主体、各类治安联防队和各种治安室为骨干的群防群治体系。1987年以后，逐步发展城镇治安队、治安巡查队、乡镇治安室、重点部位治安室。随着经济建设和社会治安形势的需要，群防组织日趋完善，力量不断壮大，2003年全市有治保会组织535个，治保人员2206人。2005年，企业建立有保卫科（股）、护卫队，乡镇有治安室，行政村、街道居委会有治保委员会，各居民小组有治保领导小组。

1992—1996年，群防组织共消除隐患734起，挡获各类违法人员4745人，同时为公安机关提供案件线索2382起，协助公安机关破获刑事案件1307件、查处治安案件1035件，收缴枪支3支，子弹1

发，雷管250个，炸药26.5公斤，火药枪2486支，管制刀具125件，赃款和赃物折款48.81万元。2003年，各级治保会组织3414人次进行法制宣传，组织“四防”检查2852次，开展巡逻2万余次，协助消除安全隐患439件，调解纠纷2852件，提供案件线索138件，协助破获刑事案件58件、治安案件163件，帮教违法人员639人。

户籍管理

1985年9月，有4个派出所管理户口。1988年，公安局成立户籍科，2003年改称治安防范人口管理大队。1997年，经市人民政府批准，将原委托乡镇代管的户口全部移交公安机关，户籍管理由派出所户籍民警负责。2003年，有8个派出所管理全市户口。

常住户口管理　为促进经济发展，改善投资环境，吸引市内外农民到城镇兴办各种实业，1992—1997年，为县（市）内外农村户口办理入住城镇户口4112户，4618人。2004年，积极推进户口一元化管理工作，将全市1.9万人由农业户口登记为居民家庭户口。

暂住户籍管理　1985年登记6053人，1991年登记9385人，2003年登记1.9万人。随着社会经济的发展，流动人口逐年增多，治安隐患也同时增加。2004—2005年，对外来人员加大登记力度，强化法制教育，落实通报协查制度，登记外来人员2.25万人，办理暂住证6597个。通过对外来人员管理，发现违法犯罪线索139起，破获刑事案件84件，逮捕9人，查处治安案件101起，治安处罚113人，列入重点人员34人。

重点人口管理　1980年以后，重点人口管理工作上采取以派出所为单位、驻乡民警和驻街民警负责制。1990年以后，重点人员管理得到进一步加强，纳入派出所基础工作考核检查的重要内容。

第四节　交通管理

车辆管理

1988年，摩托车新入户、办证、异地登记由交警大队办理。1997年在全市开展清理整顿无牌证机动车专项治理工作。2002年对全市摩托车进行逐一清理、登记、采取分类管理。2003年国产小汽车(9座以下)、三轮汽车、低速载货汽车由交警大队登记办理。1992年建立机动车辆技术安全机械检测线，对全市机动车辆实行上线年检，2003年新建自动检测线，电脑联网，全程监控，提高检测质量。2004年，年检汽车6040辆，摩托车1.58万辆。

驾驶员管理

1985—2003年，登记机动车驾驶员5.8万人。有驾校4所，为从源头把好驾驶员质量关，派警到驾校讲授交通法规、安全知识、督促检查驾校工作。对全市安全联防组进行整顿和经常性管理指导，对驾驶员进行安全教育。2003年3月1日施行公安部《机动车驾驶员违章处分办法》，进一步完善机动车驾驶员的管理。

交通安全管理

1987年7月，进行道路管理体制改革，交通局交通管理权移交给交警大队。1987—2003年执行国务院《道路交通事故处理办法》、公安部《交通违章处理程序规定》，查处违章交通事故，治安拘留66人，逮捕25人，起诉29人，吊销驾驶证276个，吊扣驾证1117个。2004年深入实施“畅通工程”，重点整顿超速、疲劳、超载驾驶，强行超车、酒后驾驶等严重扰乱行车秩序，交通安全、道路通畅的违法行为。加大对违法肇事人员的处罚力度，加大对交通事故逃逸的侦查打击力度，查处违法行为14.45万件，吊扣驾驶证42个，吊扣证件66件，吊销证件31起，治安拘留14人，刑事拘留5人，侦破交通肇事31起，刑事拘留13人，逮捕10人，直诉20人。2005年落实“五整顿、三加强”措施，压事故、保通畅，控制道路交通事故的发生。

第五节　消防管理

消防建设

1993年以前，全县有3个企业专职消防队，编制消防队员43人，配备水灌车3台，抽水机2台，泡沫车2台，1994年成立公安专职消防中队，从退伍士兵中招聘24名专职消队员。投入262万元，征地16亩，建立市消防基地，有办公大楼1650平方米，训练场2600平方米。消防中队成立后，对消防队伍进行准军事化管理和训练，提高业务素质。1996年，贯彻落实全国《消防改革与发展纲要》，逐步形成“以政府领导，行业管理，企业负责，群众防范，公安消防部门依法实施监督”的管理机制，不断加强消防建设。1997年8月，公安部消防局、四川省公安厅消防总队、成都市消防支队领导到彭州考察，肯定市消防基地“是全省唯一建设得比较完整、正规的县级消防基地，值得全国县级市学习和借鉴。”2000年编制《彭州市消防总体规划》，为全市消防工作的开展、公共消防设施的建设提供依据。2003年，消防中队在编人员30人，消防设施主要有水灌车4台、泡沫车3台、指挥车1台，市区沿街设防火栓72个。全市还有义务消防队（组）222个，队员4800余人。

灭火救灾救援与执法

1996年，对全市区市政消防公用设施进行全面调查，掌握全市商住楼的数量、面积、产权、单位、高度及消防通路、设施、水源等情况。1986—2005年，共发生大小火灾969次，死亡29人，烧伤34人，直接经济损失463万余元。1994—2003年彭州市公安消防中队共接警749次，扑救火灾276次，参与抢险、抗洪等救援153次，为群众排忧解难等社会救助145次，出动警力8849人次，出动车辆1209台次，消防中队起到灭火救灾的战斗队、处置突发事件的机动队、社会救援的突击队作用。

1986—2003年，按照《治安处罚条例》《消防监督条例》，对造成火灾的直接责任人及相关领导进行处理。治安拘留12人，逮捕15人，判有期徒刑3年（缓刑）1人，留党察看2年处分1人，撤销党内职务处分1人，警告41人，处罚款139家，停业22家。

第六节　羁押看守

看守所担负拘留、逮捕犯罪嫌疑人的关押任务。1995 年，总投资 1200 多万元修建看守所，2000 年建成使用。2004 年投资 20 万元建智能监管系统，完成看守所信息系统升级，提高羁押看守的能力和安全性。2002 年看守所荣获集体三等功。20 年来看守所依照《中华人民共和国看守所条例》，坚持“依法管理为前提，严格管理为核心，文明管理为内容，科学管理为手段”的方针，积极开展“严格执法，文明管理”和“百日安全竞赛”活动。开展“文明监舍”流动红旗、“五好个人”竞赛活动。注重对人犯进行“教育、感化、挽救”，着重加强法制教育。在严格管理的前提下，本着人性化的原则，给人犯创造较好的生活、学习、改造环境。看守所实行“岗位责任制”“目标管理”，配合预审，从各方面做好人犯的教育改造工作。

20 年间看守所多次成功预防和制止重大事故发生，同时收集线索破获案件。1990—2003 年，共预防和制止人犯预谋逃跑事故 9 起、自杀事故 3 起，其他事故矛头 30 起。智能监管系统建成后，收集线索 292 条破获各类刑事案件 65 起，抓获犯罪嫌疑人 43 名。1998 年和 2000 年，获成都市公安局优胜奖。

第二章　检　察

1986—2005 年，市（县）人民检察院贯彻执行《中华人民共和国检察官法》，加强队伍建设，牢固树立社会主义法制理念，坚持依法办案，开展反贪污贿赂、刑事检察、民事检察、渎职侵权检察、控审检察工作，维护法律的公平、公正、为全市（县）的经济建设和社会发展，创造良好的法制环境。在工作中涌现出省、成都市先进集体和个人，多项工作，多次荣获最高检、省高检、成都市检察院和团省委荣誉称号。

第一节　反贪污贿赂

1997 年以前，市（县）人民检察院经济检察科集中力量抓经济案件立案和侦查工作，1997 年以后，经济检察科升格为反贪污贿赂局。按照《中华人民共和国刑事诉讼法》对立案管理的调整，反贪局主要对贪污贿赂等经济犯罪立案侦查，同时承担预防职务犯罪工作，贯彻执行“打防并举”工作方针。1986—2005 年，受理贪污贿赂案等经济犯罪案件线索 1301 件，立案侦查共 383 件 439 人，挽回经济损失 3800. 52 万元。侦结率 100%。

查办贪污贿赂

反贪污贿赂工作是反腐败斗争的重要手段，反贪污贿赂工作是检察机关打击经济犯罪的第一位工作，工作的重点放在国家机关和国有企事业单位开展。深入到重点单位，重点行业，强化法律意识，依法侦查，探索秘侦秘查的方法，精心组织，提高侦办水平。

查办大案要案和追逃工作

据不完全统计，20年间查办的具有重大影响的大案要案有116件，犯罪嫌疑人113人，其中县处级干部4人，局级干部9人。2002年加大追逃力度，将2名在逃犯绳之以法。

王祝成涉嫌贪污审查起诉案：在2004年8月18日至2005年10月19日期间，犯罪嫌疑人王祝成利用担任彭州市教育和体育局设备室会计的职务之便，用保管的本单位银行空白现金支票、财务专用章和自己的私章（银行预留印鉴），擅自开出现金支票，偷盖设备室法人代表潘某某的私章（银行预留印鉴）以及本单位公章，利用工作之便获取出纳杨某某掌握的取款密码，先后26次从彭州市教育和体育局设备室在中国工商银行彭州支行开设的账户上提出现金人民币110万元予以侵吞，用于按揭购买位于成都市成华区华星街8号的“锦江华庭”1幢1单元1703号住房、为女友家购买彭州市天彭镇“柳河花园”K2号车位、携女友到香港旅游、吃喝玩乐等个人消费。2006年1月18日，犯罪嫌疑人王祝成主动到彭州市人民检察院投案自首，并退出其在成都购买的商品房“锦江华庭”的首付款14.59万元及购买的位于柳河花园K2号车位（购买价格为26800元）。

预防职务犯罪工作

检察院执行“打防并举”的方针，坚持“标本兼治”的反腐败斗争原则，研究分析职务犯罪的特点、规律并提出预防对策，结合检察职能有重点地在国家机关、国有企事业单位开展预防职务犯罪工作。

检察院预防职务犯罪工作，开展个案预防，实行“一案双责制”和办案“五个一工程”。利用调查取证、询问犯罪嫌疑人等，开展法制宣传，以案释法。对发案原因进行分析，提出检察建议，促其整改。注意与重点单位的交流沟通，帮助制定预防工作方案。

结合办案开展重点预防，深入调查研究，发现重点行业或重点工程中的问题和隐患提出对策并积极参与介入堵漏建制，监督促进。

开展预防职务犯罪工作宣传，举办“预防职务犯罪大家来参与”的主题举报宣传活动，并深入到乡镇、重点国企，送法上门扩大宣传效果。

结合预防职务犯罪工作实践和典型案例，撰写调研文章63篇，被成都市以上刊物发表32篇，为预防职务犯罪总结经验教训，探索新思路好方法做积极努力。

2003年，市委成立职务犯罪预防工作领导小组，全市职务犯罪预防工作逐步形成市委统一领导、检察机关发挥主要职能作用、有关部门和单位参与的网络体系。

第二节　刑事检察

1986—2005 年，检察院共受理公安机关提请批准逮捕各类刑事案件 7902 人，经审查批准逮捕 7018 人，不捕 411 人，不捕率为 5.2%。追捕 512 人，占受理人数的 6.5%。退回补充侦查 402 人，占受理人数的 5.2%。提前介入 2680 人，占受理人数的 34%。

检察机关遵照“严格执法，狠抓办案”方针，严格按照“两个基本”的要求，对各种敌对势力和村霸、街霸、带黑社会性质的流氓团伙及杀人、抢劫、爆炸、强奸等暴力犯罪分子进行“稳、准、狠”的打击。1986—2005 年，严厉打击严重刑事犯罪的斗争中，受理公安机关和侦查部门移送起诉的刑事犯罪案件 5070 件，经审查向法院提起公诉 4614 件，占受理案件数的 91%，向上级检察机关移送审查起诉 129 件，追诉 134 件，退回补充侦查 28 件；1997 年前，免予起诉的 48 件，1997 年以后，做不起诉决定的 28 件。

在诉讼中，加大立案、侦查、审判监督。刑事立案监督 62 件，建议行政执法机关向公安机关移送立案侦查 19 件 27 人。纠正违法通知 50 份，提出《侦查工作建议》112 份，《提供法庭所需证据材料补充书》89 份，《不予批准补充提纲》21 份，《检查建议书》16 份。

在办案中，坚持“个人阅卷、集体讨论、检察长决定”的办案制度，对重大疑难案件交由检委会集体讨论或请示上级人民检察院。通过检察长列席法院审判委员会，加大对审查工作的监督。推行不起诉案件的人民监督员制度。在审理原庆兴镇党委书记毛某某受贿案等有影响的大案要案中，公诉人不但在庭审前充分准备出庭预案，而且在庭审中使用多媒体示证。市检察院、市纪委领导到庭观摩，加强刑事审判监督。

参与社会治安综合治理，实行“打防结合”，开展青少年维权和预防犯罪工作，在受理控告、申诉、调查取证、出庭公诉、回访考察等工作中，开展法制宣传、法律咨询，预防和减少犯罪。

2002 年 8 月，被团省委授予“优秀青少年维权岗”，2004 年 9 月，被授予“四川省十佳青少年维权岗”。

第三节　民事行政检察

按照《中华人民共和国民事诉讼法》关于“人民检察院有权对民事审判活动实施监督”的规定，于 1993 年 11 月成立民事行政检察科，逐步开展对民事、行政审判的监督工作，依法对人民法院一审判决确有错误的民事、行政判决、裁定提出抗诉。本着“积极、认真、稳妥、敢抗、会抗、抗准”的方针，通过办案开展监督。

1994—2005 年，共受理各类民事、经济案件 347 件，经初查立案 188 件，审查后向成都市人民检察院提请抗诉 95 件，由成都市检察院向成都市中级人民法院抗诉 89 件，裁定再审的 89 件，开庭审结作改判的 60 件。二审案件成都市中级人民法院采纳 18 件，其余 239 件均作服判息诉工作。

1994—2004 年，受理不服法院已生效的民事行政判决、裁定申诉 325 件，审查后立案 169 件，建议成都市人民检察院提请抗诉和建议抗诉 96 件，再审后改判 51 件，其余均作当事人服判息诉工作。

1999 年检察院民事行政科荣立集体三等功。2001—2005 年，市检察院民事行政检察工作先后 4 次被评为成都市检察系统先进集体。

第四节 控申检察

控告申诉检察，主要是受理公民的报案、控告、举报和自首。在控申检察中，维护法制，伸张正义，保护公民的合法权益。1986—2005 年，受理控告案件 5175 件，申诉案件 627 件，举报案件 2118 件，合计 7920 件。控申工作被成都市检察院评为先进集体，1 名控申干警被评为成都市检察系统优秀接待员。检察院多次被评为全国、省、成都市检察系统“文明接待室”，3 次被最高人民检察院授予“文明接待示范窗口”荣誉称号。

举报工作

1988 年 7 月 1 日，成立成都市经济罪案举报中心彭县举报站，到年底共受理举报贪污、挪用公款、偷税抗税、非法拘禁、刑讯逼供等案件线索 67 件。1993 年，进一步加强举报工作的规范化管理，组织干警深入 15 个乡镇设立宣传点，在 9 个建制镇增设举报箱。

信访工作

1988 年，为加强受理群众来信来访工作，建立“星期六检察长接待制度”，由检察长亲自值班，接待处理疑难信访案件。1988—2005 年，正副检察长共接待群众来访 1113 人次。2003 年，正副检察长接待群众上访 80 人次，检察长批阅重大控告、申诉、举报的案件 78 件，处理集体上访 13 件，告急访 2 件，使一些群众反映强烈、久拖不决的问题得以及时妥善处理。

宣传工作

多渠道开展控申法律宣传上千次，散发宣传资料 4 万余份，接受法律咨询 350 多人次，送法上门，方便群众控告、申诉和举报。坚持开展“创文明接待室”活动，共受理群众来信来访 8193 件次，妥善处理群众性上访事件，及时疏导化解矛盾，消除不安定因素，维护社会稳定。

第五节 监所检察

监所检察是检察机关依法对刑罚执行和监管活动实行监督，维护监管场所依法管理和稳定，保护被监管人合法权益的职能之一。其主要职责包括执行机关执行刑罚活动、管理教育罪犯的活动、执法司法人员贪污贿赂、渎职侵权等职务犯罪案件、对人民法院裁定减刑、假释，监狱管理局和人民法院审批（决定）监外执行监督。

为加强检察院对看守所和拘留所检察工作规范化和制度化建设，1987 年开始在拘留所、看守所建立驻所监察室。1986—2005 年，监所检察室围绕检察职能对两所违法行为提出纠正违法意见 300 余次，发出《检察建议》200 余次，开展法制教育课 300 余次。配合公安机关做好对“两所”的安全防范措施，防止在押人员再犯罪或脱逃等事故发生，做好监外服刑罪犯执行情况的监督。

20 年间监所检察坚持驻所检察制度，监察工作有序稳定推进，无重大事故发生，保证刑事诉讼活动的顺利进行。

第六节 法纪和技术检察

法纪（渎职侵权）检察

法纪检察配合纪检、监察、劳动安全部门，办理徇私枉法、玩忽职守、非法拘禁犯罪案件，加大对渎职、侵权犯罪的打击力度，维护国家、集体、公民的合法权益。1997 年以前，管理的案件是重大责任事故罪、玩忽职守罪、徇私舞弊罪、非法拘留罪、刑讯逼供罪、泄露国家秘密罪、破坏选举罪等罪名，犯罪主体为一般主体。主要查办重大责任事故罪和徇私舞弊罪，其中重大责任事故罪占 90% 以上。1997 年以后，管辖的案件有滥用职权罪、玩忽职守罪、非法拘留罪、非法低价出让国有土地使用权罪等 42 种罪名，犯罪主体为特殊主体即国家机关工作人员。共查办渎职侵权案件 18 件 18 人，其中玩忽职守罪占 60%，滥用职权罪占 23%，新罪名占 17%。

技术检察

检察院办理技术案件工作始于 1990 年，1994 年设检察技术科。1990—2005 年，共办理各类技术案件 3218 件，其中各类检验鉴定 1543 件、文证审查 662 件、视听技术 910 件、现场勘验 55 件。并积极开展检察技术业务调研，在《中国法医学》杂志上发表国家级调研文章 6 篇，在《四川省实用法医学》杂志上发表调研文章 5 篇，在《成都检察》上发表调研文章 3 篇。有 7 篇调研文章被四川省检察院作检察技术交流。

第三章 法 院

20 年间，市（县）人民法院在改革中不断创新发展，工作机构逐步建立完善，建成具有 557 个信息点、165 个语音点的计算机综合网络，使法院在管理上从传统模式向现代化模式转变。构建的队伍管理、审判管理、行政后勤管理“三位一体”模式，提高了工作效率和审判质量，2003 年在最高人民法院举办的“中国—荷兰司法改革项目管理制度改革比较研讨会”上作经验交流发言。1986—2005 年，法院共审结各类刑事、民事、经济、行政案件 5.7 万件，年均审结 2850 件，为地方的社会、经济发展创造了良好的环境，成都市中院、省高院还相继转发了法院的工作经验。

第一节　刑事审判

发挥刑事审判职能，根据中央“严打”工作部署和打黑除恶专项活动具体要求，将为非作歹、欺行霸市、欺压百姓、祸害一方的黑社会性质组织和恶势力、绑架、抢劫、抢夺、入室盗窃、盗抢汽车等多发性侵财犯罪，以及爆炸、敲诈勒索等犯罪案件作为重点从严从快打击对象，在审判环节上求“快”。依法惩处各类刑事犯罪。1986—2005 年，共受理各类刑事案件 5067 件（含 1985 年未结案 11 件），审结 5064 件，审结率 99.94%，法定时限内的审结率为 100%。在法定时效生效的判决 4025 件，判决 6229 人，其中判决无罪 24 人，免予刑事处罚 45 人。在给予刑事处罚的犯罪分子 6160 人中，判处 5 年以上有期徒刑 2407 人，占 39.07%。

1986—2005 年，共审结贪污、贿赂、挪用公款等职务犯罪案件 119 件，惩处经济犯罪分子 157 人，其中判处 10 年以上有期徒刑 20 人，判处 5 年以上有期徒刑 38 人，判处 3 年以上有期徒刑 53 人。为国家、集体和公民挽回经济损失 625.64 万元。

从 2003 年起，共审结涉毒案件 28 件 40 人。对被告人刘期见在崇州监狱内贩卖毒品，犯罪情节严重，从重判处其有期徒刑 10 年，威慑打击毒品犯罪。

2003—2005 年，共审结销售伪劣商品、破坏金融管理秩序、危害税收征管等犯罪案件 9 件，判处犯罪分子 22 人。

2005 年，白鹿镇宏盛煤矿发生造成 19 人死亡、11 人受伤的“11・13”特大瓦斯爆炸案。在审理案件时，邀请人大代表、政协委员及各乡镇煤矿负责人参加旁听，此举得到充分肯定，起到案件的教育警示作用。

第二节　民事审判

1986—2001 年，法院共受理各类民事案件 2.61 万件（含 1985 年未结案 49 件），审结 2.61 万件，审结率为 99.82%。其中，离婚案件 1.2974 万件，占已审结案件的 49.75%；赡养、抚养、扶养案件 1861 件，占审结案件的 7.13%。通过对离婚案件、“三养”案件及婚姻家庭纠纷案件的审理，依法保护妇女、儿童和老人的合法权益，促进社会主义精神文明建设，维护社会稳定。

1986—2001 年，市法院审结经济合同案件 4574 件，占各类案件的 17.54%；审结房屋产权、房屋买卖等房产纠纷案 533 件，占各类案件的 2.04%；审结人身损害赔偿和财产损害赔偿案件 1829 件，占已结案各类案件的 7.01%；审结宅基地使用权纠纷案件 90 件，占各类案件的 0.35%；审结财产继承纠纷案件 132 件，占各类案件的 0.51%；审结其他民事权益纠纷案件 4081 件，占各类案件的 15.65%。民事权益纠纷案的审结，保护了公民、法人和其他经济组织的财产权、人身权、健康权。

第三节　经济审判

1986—2001 年，依法审理各类经济纠纷近 20 类案件。共审结各类经济纠纷案件 3555 件，结案标的额 5.21 亿元。其中判决结案的 988 件，占 27.79%；调解结案的 1388 件，占 39.04%；其他方式结案的 1179 件，占 33.17%。随着经济的快速发展，法院受理的各类经济纠纷案件逐年上升，市法院积极稳妥审理涉及企业改制、储金会及信贷等案件，促进全市经济的健康发展。

受理彭州市氮肥厂、钜星皮革公司、天府仪表厂、台钻厂、纸厂、肉联厂等 33 家企业破产案，审结 20 件，涉债总额 10.58 亿元，安置职工 5000 余人，加快国企的改革步伐。

受理储金会执行案件 110 件，执行标的额 5100 多万元，对 80% 的案件采取查封、扣押、冻结措施，查封、扣押财产价值达 1000 多万元，为储金会收回借款 1500 余万元，确保储金会的兑付工作。

1986—2005 年共审结信贷案件 240 件，涉案标的 1.02 亿元，为金融部门收回呆滞贷款 2000 多万元。其中，审理涉及金融资产管理公司清收债权案件 18 件，标的额 6219 万元。针对企业“三角债”严重困扰国有企业发展的问题，为国有企业、乡镇企业等收回在外省、市欠款 1800 万余元。

国营彭州市酒厂诉彭州市彭州酒厂不正当竞争侵权案件，被告使用与原告知名产品相近似的外观装潢，市法院依法判决被告赔偿给原告造成的经济损失，及时制止被告方的不正当竞争行为，维护公平、诚实信用的市场竞争原则。

第四节　民商事审判

2002 年，市人民法院将原受理的经济纠纷案件，纳入商事审判。2002—2005 年，共受理民商事案件 7453 件，审结 7425 件，审结率 99.62%。

受理国营彭州市冰厂、红石桥电站等破产案件 8 件，破产金额达 7 亿多元，安置破产企业职工近千人，避免了群体性事件等不稳定因素的发生。完成彭州凤鸣电业发展有限公司资产接管、审计评估、资产拍卖等工作，以 1.41 亿元创下四川省单项标的物拍卖成交最高纪录，实现企业财产价值最大化，债权人受偿率达 23.85%。市法院被市委、市政府评为“企业改革工作先进单位”，成都市政府和四川省高院、成都市中院相继转发彭州市法院《把握三大问题，做精国企破产》的经验。

2004 年 4 月，市法院成立民事审判第三庭，成为全省第一个专门审理婚姻案件的专业庭。审理 1588 件离婚纠纷。对案件进行繁简分流，并制定《规范民商事案件简易程序适用规定》和《民商事速裁审判工作规则》。同时由民一庭专司劳动争议、损害赔偿、医疗纠纷等疑难、复杂案件的审判。加强诉讼调解，通过立案调解、庭前调解和庭审调解方式解决纠纷，成功调解社会各界广泛关注的“北花园”系列案件、龙门山风景区旅游合同纠纷案件、“金茂商城”上百人房屋买卖纠纷等一批涉及稳定的重大案件，连续几年调解结案率达 60% 以上。

第五节　行政审判

1981 年 1 月，法院设立行政审判庭，开展行政审判工作。本着公平、公开、公正的原则，依法履行司法审查权，积极化解大量官民矛盾，为改革、发展、稳定提供良好的司法服务。

1998—2005 年，受理各类行政诉讼案件 153 件，审结 153 件，审结率达 100%。这些案件涉及建设、国土、工商行政、人劳、社保、卫生、交通、环保、税务、民政和乡镇人民政府等行政管理部门。审理结果：维持行政机关行政行为 16 件，撤销 11 件，驳回原告起诉 32 件，驳回原告诉讼请求 9 件。行政机关改变具体行政行为后，原告人撤回起诉 76 件，诉讼终结 3 件，其他处理 6 件。审理涉及土地征用、城乡规划、房屋拆迁、乱收费等社会敏感度高、政策性强的重大疑难案件，有力保障经济建设发展，推进城乡一体化进程。同时，法院针对具体案件中反映出来的行政领域存在的问题，向有关机关提出司法建议，促进行政机关管理活动的规范化和科学化。共向教育局、交通局、建设局提出司法建议 24 篇，达到“办案一件，规范一片”，规范行政行为的效果。

围绕行政审判中的热点、重点和难点，开展调查研究，为政府提供决策依据，促进依法行政。2005 年市法院撰写的《当前矿业企业存在的问题及采矿权诉讼案件面临的尴尬》中所提出的司法建议，得到市委领导的肯定，为全市矿业秩序的整顿提供司法保证。

第六节　案件执行

执行工作是人民法院工作的重要组成部分，是司法公正的最终体现，是人民法院工作的难点，也是社会各界关注的热点。法院围绕党和国家的工作大局，执行工作为改革、发展、稳定服务，提高执行工作效率，1986—2005 年共受理执行案件 1.51 万件，已执结 1.22 万件，执行率为 80.79%，申请执行的标的额为 7.47 亿元，执行 6.35 亿元，执行率达到 85.01%。

为规范执行工作，保护债权人利益，避免无执行能力的案件进入执行、执行部分的案件难以结案、未及时申请执行丧失权利的局面，市法院推行“执行风险、诉讼风险告知制”“执行登记备案制”“债权凭证制”三项制度来缓解“执行难”问题。对藐视法律、有履行能力而不执行生效法律文书确定义务的“赖账户”“钉子户”，法院运用法律赋予的各种强制执行手段，严格执法。先后对被执行人徐虎等 46 人予以罚款、司法拘留，多数人均如期履行义务。

对贷款“执行难”的案件开展专项执行活动，先后对朱方德等贷款案件进行强制执行，共执结金融案件 275 件，为金融部门收回呆滞贷款 6300 余万元。

把民工工资案作为重点案件，定人、定时、限期执行。2004 年春节前夕，内江市市中区凤鸣建筑公司申请执行四川金茂集团有限公司承包合同一案，涉及 210 多名民工工资。经法院多方调查，确知被执行人承建的成都市教育局的工程尚有未结算的工程款，法院与成都市教育局协商，从被告尚未结算的工程款中划拨 65 万元给申请人为民工发工资，该案从受理到执行完毕仅用 8 天时间。民工在春节前领到工资后给法院赠送“办实事，为民排忧解难；体民心，八天兑付民工款”“为人民服务，一腔热血，替群众理财，两袖清风”的锦旗。

第七节 审判监督

市法院审判监督庭是案件质量内部监督检查机构，主要负责对案件的受案检查，对再审案件的审判，对当事人申诉的各类案件进行复查，以及通过再审案件和对案件逐案进行检查，发现案件中存在的问题和错案线索。审判监督庭成立后，1986—2005年，市法院受理各类再审案件231件，其中刑事案件31件，民事案件126件，经济纠纷案件14件，民商案件60件，审结率达100%。其中，改判72件，占31.16%，维持原判、调解、撤诉等159件，占68.84%。

第四章 司法行政

1986—2005年普法工作中，彭州市司法局采用多种形式进行法律宣传教育工作。编印的《普法五字歌》获全国唯一一等奖；方言剧《浪子回头》获成都市法制文艺调演“优秀节目奖”。推进依法治理工作，规范依法行政，综合治理工作，做好法律服务工作，多个基层法律服务所荣获司法部、四川省司法厅、成都市司法局的“优秀”“文明”法律服务所荣誉称号，公证处获省司法厅“公证质量先进单位”荣誉称号。做好调解工作，化解矛盾，维护稳定，涌现出全国先进司法助理员、调解员，调解工作连续10年被司法部基层司评为先进单位。做好安置帮教工作，使两劳人员回归社会，重新做人，防止重新犯罪，保障社会稳定。

第一节 “普法”宣传教育

“一五”普法（1986—1990）

1986年8月，县委、县政府转发县委宣传部、县司法局《关于向全体公民基本普及法律常识的五年规划》，普法正式启动实施。主要内容是《中华人民共和国宪法》（以下简称《宪法》）《中华人民共和国刑法》《中华人民共和国刑事诉讼法》《中华人民共和国民事诉讼法》（试行）《中华人民共和国婚姻法》《中华人民共和国继承法》《中华人民共和国经济合同法》《中华人民共和国兵役法》《中华人民共和国治安管理处罚条例》及其他与广大公民有密切关系的法律常识。重点普法对象为各级干部和青少年，各级干部中又以领导干部为普法重点。

普法教育中，全县发放宣传资料70余万份，各乡镇和机关部门均建立了普法专栏，1万余名不同行业人员通过考核取得普法合格证，40余万公民直接或间接地接受了普法教育，普及法律知识活动被越来越多的人所认同并接受。

“二五”普法（1991—1995）

1991 年县委、县政府批转县委宣传部、县司法局《关于在全县公民中开展法制宣传教育的第二个五年规划的通知》。重点内容是以《宪法》为核心，以《中华人民共和国民事诉讼法》《中华人民共和国刑事诉讼法》《中华人民共和国经济法》《中华人民共和国行政法》4 部基本法律体系和专业法律为重点，以《中华人民共和国计划生育法》《中华人民共和国环境保护法》《中华人民共和国义务教育法》《中华人民共和国土地管理法》等基本国策方面的 44 部法律法规为主进行普及教育。重点对象是副乡级以上领导干部、执法人员、青少年。对各重点对象的学法内容进行具体明确。

在普法中，把学法作为干部培训的重要内容，认真学习《宪法》及其修正案，集中培训全县副乡长以上的领导干部，狠抓了各专业法的学习宣传。各部门本着“干什么学什么，缺什么补什么”的原则，组织学习宣传相关的法律法规。加强对《中华人民共和国企业法》《全民所有制工业企业转换经营机制条例》的学习。各职能部门运用多种形式向社会进行广泛宣传，举办各类法律知识培训班 150 期，讨论 20 余次，法律知识讲座 80 余场，县（市）电视台和有线广播站举办了普及法律知识讲座和专题节目，县（市）文化馆、各乡镇文化站配合普法教育，采取多种形式开展宣传活动。

“三五”普法（1996—2000）

“三五”普法坚持“党委领导、政府实施、人大监督、政协支持、全民参与”的原则。1996 年市委、市政府制定《彭州市第三个五年法制宣传教育和依法治市规划（1996—2000 年）》，市人大常委会做出了《关于继续开展法制宣传教育的决议》。调整市法制建设领导小组并下设办公室，各部门、乡镇建立了相应的机构。市委、市政府将“三五”普法工作纳入一级目标管理，与各乡镇签订《目标责任书》。

普法教育的内容主要围绕社会稳定和经济发展，深入学习《宪法》《中华人民共和国刑法》《中华人民共和国民法通则》《中华人民共和国治安管理处罚条例》《四川省计划生育条例》《四川省农民负担管理条例》等与人民群众实际生活密切相关的基本法律知识，专业普法教育的主要内容是学习宣传《中华人民共和国劳动法》《中华人民共和国税法》《中华人民共和国银行法》《四川省预算外资金管理条例》等 22 部法律法规，副乡级领导干部在深入学习邓小平关于社会主义民主法制建设理论的基础上，重点学习掌握《宪法》《中华人民共和国国家赔偿法》《中华人民共和国行政处罚法》《中华人民共和国行政诉讼法》《国家公务员暂行条例》等 5 部法律法规。各级领导班子带头学法，市委中心学习组除平时坚持学习外还多次邀请专家学者做“法制”与“法治”报告和讲座。先后对全市 405 名新进乡镇领导班子的干部及各单位分管普法工作的领导进行了相关法律法规的培训学习。

市司法局为教育系统培训普法教员 77 名，为全市 70 所中小学配备了法制副校长。每年对全市 511 个村（居）委会的支部书记和村（居）委会主任进行与农村密切相关的法律法规培训，培训率达 100%。对普法骨干进行集中培训，经考试合格发给《普法教员聘用证书》，由他们负责本单位的普法宣传教育。订发普法教材 17080 册（套）。发行成都市法制建设办编录的《法制之声》磁带 1500 多盒，在 500 多个乡村、学校广播站反复播放。印发市法制办创编的《村规民约三字经》《普法五字歌》《婚姻、家庭、社会四字歌》等普法读物 2000 多份到乡、村、学校。其中《普法五字歌》刊载在全国性刊物《普法通信》上，并获全国唯一的一等奖殊荣。全市设普法教育宣传点 344 个，举办专栏板报

580期，制作横幅布标和乡村墙头固定标语3500条，出动宣传车480多次，散发宣传资料42万份、广播电视制作、播放法制节目和领导电视讲话480多次。先后开展各类法律知识竞赛18次。1998年，对全市312名副乡级以上干部进行法律知识考试，合格率达99.8%。

“四五”普法（2001—2005）

2001年，市委、市政府制发了《关于印发彭州市法制宣传教育第四个五年规划的通知》。2001年8月，彭州市人大常委会做出《关于进一步开展法制宣传教育的决议》。市委、市政府将“四五”普法工作纳入目标管理。“四五”普法的主要任务是继续深入学习宣传邓小平民主法制理论和依法治国、建设社会主义法治国家的基本方略，学习宣传《宪法》和国家基本法律，学习宣传与公民工作、生产、生活密切相关的法律法规知识，围绕各阶段中心任务和重点工作开展法制宣传教育，2003年面对突如其来的“非典”疫情，及时将《中华人民共和国传染病防治法》增设为年度普法内容；2004年针对龙门山镇旅游景点多、游客多、“农家乐”多的特点，开展“法制示范农家乐”活动等。把法制宣传教育和思想道德教育结合起来，把依法治市和以德治市结合起来，促进民主法制建设和精神文明建设。

普法的重点对象是领导干部、司法行政人员、公务员、青少年及企业经营管理者等。领导干部学法参与率达到95%以上，年度学法时间达80小时以上，主要领导干部撰写普法和依法治理调研文章300余篇。司法和行政人员的参学率达96%，年度学法时间达80小时以上。企业管理者每年法律知识的学习和培训时间均达40小时。每年对500余名副局级以上领导进行培训。共有1133人参加了四川省法律知识考试，3400名公务员参加了“国家杯法律知识竞赛”，6600人通过考试取得“四五”普法合格证。有5600余名老师参加四川省法律知识考试，全部取得合格证。培训村级基层干部5800余人次，为“科技兴村、民主管村、依法治村”打下基础。对全市500多个村（居）委会的调委会主任及人民调解员进行业务培训达1万多人次。全市75所中小学都开设了法制课，在校生接受法制教育面达100%，各学校普遍开展法制宣传活动，办固定法制专栏20个300期，在校生完成以法制内容命题的作文8万余篇。城镇居民、农民和流动人口的法制宣传教育面分别达到86%、81%、77%。

“四五”普法期间，先后征订各种法律知识资料1.5万册，印发各类普法资料10万余册，编印青少年法制学习资料8万余册，编印农村法律知识手册4万余册，录制农税、农民负担等方面的法律宣传磁带30余套，发送暂住人员务工指南丛书及资料3500套。全市80多个部门均办有固定的法制宣传专栏或橱窗。彭州电视台、《今日彭州》开辟了固定的普法宣传板块。开展“普法”文艺宣传演出活动，2002年市司法局组织创作、演出的四川方言《回头浪子》获成都市法制文艺调演优秀节目奖。在每年举办的敖平“风筝节”和丹景山“牡丹花会”，以及“3·8”“3·15”“6·25”“6·26”“12·4”等具有特定含义的日子及重要法律实施日，市司法局举行形式多样的集中普法活动。每年坚持组织开展送法下乡、送法进社区、送法进军营、送法进“高墙”等活动。全市共设普法宣传站（点）375个，出动人员2800多人次，出动宣传车辆780多次，办专栏900多期，制作宣传标语和乡村墙头固定标语4500条，散发宣传资料49万余份。

第二节 依法治理

依法治理包括行业、部门、基层的治理，彭州市（县）把依法治理工作与普法工作紧密结合起来，列入重要议事日程，纳入目标管理。随着全民普法教育的深入开展，需要规范政府行为、依法管理公共事务、营造良好法制氛围，为招商引资创造良好环境，促进地方经济发展和建设。1991 年，成立彭县法制建设领导小组，办公室设在县司法局，具体负责依法治理日常工作。成立贯彻落实《全民所有制工业企业转换经营机制条例》投诉中心，由纪委监察局、经委负责对企业乱收费、乱集资、乱罚款、乱摊派的现象进行清理整顿；狠抓社会治安综合治理，把“综治”工作纳入各级目标管理，按照“谁主管、谁负责”的原则，层层签订责任书 5102 份；先后开展“打团伙，除隐患”，打击“车匪路霸”、除“六害”等专项斗争和对文化市场的清理整顿活动，对 98 个重点部位的治安秩序进行了治理；28 个乡镇都成立了联防队和民间纠纷调解小组，加强内部要害部位的治安防范，消除和减少不安定因素。1996 年，制定《行政执法责任制实施方案》和《行政执法责任制考核办法》，全面推行行政执法责任制。公、检、法、司分别实行检务、警务、审判公开和依法办案及收费公开制度。1998 年，市委、市政府做出全面推行依法行政的决定，依法行政行为得到全面规范。

在依法治理基础上，市委、市政府于 1999 年提出“依法治市”口号，将依法治理作为依法管理社会各项事务的手段和措施。1999 年 6 月，根据《成都市 1999—2003 年依法治市工作规划》精神，市委、市政府制定《彭州市 1999—2003 年依法治市工作规划》，成立依法治市领导小组，办公室设在市司法局，市级各部门和乡镇按要求成立相应的机构，制定单位依法治理规划。1996—2000 年全面推进了各项事业的依法治理，以深化依法治镇，狠抓依法决策，推进依法行政进程为主要内容并取得实效，全市列出热点难点问题 115 个，治理 106 个，治理率为 92%，有 17 个乡镇依法治理创模达标，被成都市委、市政府命名为“依法治理模范乡镇”并受到表彰。2002 年，市委、市政府转发市司法局《在全市推行法律顾问制度的意见》，80% 的行政机关聘请了常年法律顾问，法律服务机构为 240 个单位、部门等担任法律顾问。2004 年 10 月，市委、市政府制定《彭州市 2004—2008 年依法治市工作规划》，对全市继续开展依法治市工作进行部署，开展第二个依法治市工作。2001—2005 年期间，建立联运机制、激励机制、专评机制，加大依法治市工作力度。市委、市政府明确地将依法治市工作纳入年度目标管理（其分值占单位总目标分值的 1%），以保证各项工作取得实效，同时将依法治理工作延伸到农村。依法治村活动的全面开展，进一步增强农村群众特别是农村干部的法纪观念，促进农村社会事务的依法管理和广大群众依法办事理念的形成和提高，为保持农村社会稳定，促进经济发展，起到积极作用。依法治市规划实施以来，全市列出社会治安、环境保护“热难点”118 个，治理 109 个，治理率 92%，关闭不法排污企业 89 家，查处村级干部经济问题 15 起，指导 263 个村进行改选，创建“民主法治示范村”150 个，农村遵纪守法户达 90%，“五好家庭”“双文明户”达 40% 以上，村民自治示范活动达标。有 45 人次乡镇主要领导被市委、市政府评为先进个人，全市 50 多个具有行政执法权的单位，贯彻落实《成都市行政执法责任制条例》，群众满意度不断提高，投诉案件逐年下降。

第三节　法律服务

基层法律服务

自1986年4月以后，彭县相继建立濛阳、敖平、军乐、通济、天彭、九尺、九陇、丽春等8个法律服务所，共有基层法律服务工作者40人，均具有大专以上学历，并取得法律工作者资格。2000年以后，市司法局对法律服务资源进行整合，对所有法律服务机构均实行“两不、四自”管理（两不：不要国家编制、不要国家经费，四自：自我约束、自我发展、自收自支、自我完善），彻底与司法行政机关脱钩。市司法局加强对基层法律服务所的领导监督和规范化管理，注意提高法律工作者的政治素质、业务素质和职业道德素质。

1986年—2005年，8个法律服务所共调解各类纠纷5000余件，调解成功率达98%，办法制宣传专栏400余期，上法制课200多次，受教育人员达10多万人。2002年底，在全市推行法律顾问制度，担任乡镇人民政府、企事业单位常年法律顾问500余家，代写各类法律文书3万余份，接待法律咨询5000多人次，为当事人和单位避免和挽回经济损失达2亿余元。

1996年，通济、九陇法律服务所获“四川省优秀法律服务所”称号；1999年，敖平、通济、九陇法律服务所被成都市司法局评为“成都市文明法律服务所”，濛阳法律服务所获“省级文明法律服务所”称号；2001年濛阳法律服务所获成都市“优秀法律服务所”称号；2004年，敖平法律服务所获司法部首批授予“全国部级文明法律服务所”称号。丽春法律服务所两次获得成都市“优秀法律服务所”称号。

律师事务所

2000年以后，市司法局继续对法律服务资源进行整合，律师事务所建设得到发展。对所有法律服务机构实行“两不、四自”管理，彻底与行政脱钩，由市司法局对本行政区域内律师事务所的日常执业活动进行监督管理，积极开展法律服务机构规范化管理建设。自1986年以后，全市先后开设律师事务所3家，均为个人合伙事务所。四川省运逵律师事务所彭州分所是拥有40余名律师的中型规模的所，有1名成都市十佳律师以及省优秀律师和成都市优秀律师多人；中则律师事务所有注册律师9人，英贤律师事务所有执业律师5人，行政辅助人员2人，律师助理1人，实习律师2人。具体业务主要涉及刑事、民事、行政、经济、房地产等领域。

公证工作

县公证处于1982年成立，2005年有注册公证员3人、公证员助理3人，6人均属于公务员，公证处未进行体制改革。1986—2005年，市（县）公证处共办理法律事务公证27144件，其中民事法律事务23996件，经济法律事务2363件，涉外法律事务785件，涉及经费数千万元，在办理的2万多件法律公证事务中，公证质量合格，无错证。1999年市公证处被四川省司法厅评为“公证质量先进单位”。

法律援助

2000年，按三定方案，市法律援助中心在市司法局律师、公证工作科挂牌。2002年12月，市政府办公室转发《彭州市司法局关于开展法律援助工作意见的通知》（彭府办〔2002〕105 号），在市司法局设立法律援助中心（在公证律师管理科挂牌），全面指导、协调、监督和组织全市法律援助工作的开展，法律援助经费列入财政预算。2004 年 4 月，市司法局根据市编委通知，将法律援助中心从公证律师管理科分离出来，设立法律援助工作管理科。2005 年，下设工会法律援助工作站和妇联法律援助工作站。法律援助工作贯彻“公民在法律面前一律平等”的原则，免费为弱势群体和经济困难群众办理法律援助案件。2002—2005 年，共办理法律援助案件 89 件（刑事案件 52 件，民事案件 37 件），涉及金额 130 余万元。受援 97 人（农民工 35 人，残疾人 3 人，未成年人 4 人，女性 60 人），接受咨询 658 人次。

社区法律服务

从 2005 年起，全力推进法律进村（社区）活动，各村（社区）均实行了法律工作者联系制度，20% 的村（社区）聘请了法律顾问。法律服务进村（社区）的主要工作是积极参与民间纠纷调解、举办法制讲座、进行全民法制宣传教育等社会公益性活动。

“148”法律服务热线电话

市司法局于 1999 年 5 月制定《关于开通“148”法律服务专线的实施意见》，在全市范围内整体开通“148”法律服务专线网络（电话：83877148）。“148”法律服务专线主要采取电话法律咨询和上门办理法律服务事项的方式，为当事人提供法律服务。其中解答法律咨询面向全体公民和所有法人，上门办理法律服务主要帮助老、弱、病、残和有特殊需要的当事人处理突发事件或疑难法律问题。2002 年 3 月，市司法局成立“市 148 法律咨询服务指挥中心”，下设值班室、接待室、机动服务队、保障组和内部基层联动机构，为当事人提供方便、快速的法律咨询和法律服务。自“148”法律服务专线网络开通以后，共接受电话咨询和来访群众 5239 人次，成为直接向广大群众传播法律知识的重要渠道之一。

第四节　人民调解和“双签”

人民调解

人民调解被誉为政法工作的“第一道防线”。市司法局将人民调解工作作为一项重要职能，严格按照法律、法规，结合社会公德、规范，公平公正调解民间纠纷。将每年元旦、春节和春耕生产期间作为人民调解的重点时期，对民间纠纷进行专项治理。对 1000 余名人民调解员进行调解技能和理论知识培训，使民间纠纷调解率达 100%，调解成功率达 96% 以上。全市 356 个村（社区），20 个乡镇和 1 个工业开发区均建立了人民调解委员会，40 余家规模以上企业和行业、跨地区部门等共建立了 416 个人民调解机构，人民调解员、纠纷信息员达 6600 余人，年均调解纠纷 2000 余件。1999—2005 年，广泛开展人民调解委员会规范化建设，全市标准化调委会达 70%。1996—2005 年，彭州市人民调解工作连年被司法部基层工作司、中华全国人民调解员协会评为先进单位。2001 年，市司法局李易军被司法部授予“全国人民满意的司法助理员”称号。2002 年，九尺镇古棠村调委会主任廖明生、西郊乡牌坊村调委会主任周铁刚，被四川省高级人民法院和四川省司法厅评为“优秀人民调解员”。

“双签”协议

“双签”是指对发生赡养纠纷的家庭，经过调解，赡养人与被赡养人签订的“赡养协议书”和夫妻双方在办理结婚登记时签订的由彭州市（县）司法局统一制定的“家庭敬老保证书”。1992 年，庆兴司法调解办公室，针对辖区内家庭赡养纠纷增多的实际情况，为保障老年人的合法权益，在对赡养纠纷经过成功调解后，创造性地使双方签订一式三份“赡养协议书”和一份“家庭敬老保证书”。此项工作得到成都市司法局的充分肯定，并在成都地区推广。通过各级调解组织的跟踪回访，“赡养协议书”的履行率达 97% 以上。全市每年签订“赡养协议书”70 余份，签订“敬老保证书”1000 余份。

第五节 安置帮教

安置帮教网络

1997 年，市司法局设立劳改人员、劳教人员（简称“两劳”人员）工作管理科。负责对“两劳”回归人员的安置帮教管理工作。2003 年，“两劳”人员改称“刑释解教人员”（刑满释放、解除劳教人员）。彭州市成立安置帮教工作领导小组，各镇成立安置帮教工作站，村（居）委会成立安置帮教小组。市司法局收到监所的释放人员通知后，及时通知释放人员原所在乡镇做好接收安置准备工作，刑释解教人员持“释放证明”在市司法局登记后，先回原户籍所在乡镇报到，再持乡镇有关手续，到原籍派出所办理落户手续，由派出所通知其所在镇的安置帮教工作站，并督促刑释解教人员到工作站报到，工作站对报到的刑释解教人员进行谈话，建立个人档案后督促其到所在村（居）委会的安置帮教小组报到，同时通知其所在的安置帮教小组做好接收和安置帮教工作。安置帮教小组由一名村（居）委会干部、老党员或积极分子及刑释解教人员的亲属组成，对刑释解教人员进行面对面的帮教，每季度不少于 3 次。安置帮教工作站协助安置帮教小组解决刑释解教人员中的“三无”人员（无家可归、无亲可投、无业可就）以及有再犯罪苗头人员的过渡安置工作，防止浪迹社会，重新犯罪。刑释解教人员外出务工，必须报告安置帮教工作站和安置帮教小组，由安置帮教工作站与其务工所在地基层组织联系，配合开展帮教工作。

安置工作

根据有关规定，对农村籍刑释解教回归人员的安置，一是协调落实承包田（地），确保有田（地）耕种，生活有着落；二是对“三无”人员由所在地乡镇司法所联系到企业务工。对城镇人口的刑释解教回归人员，主要引导其自谋职业，对一些确无就业门路而家庭经济状况非常困难的则由司法所协助乡镇民政部门解决其生活困难，进而帮助联系用工单位进行安置。2001 年，市司法局按照有关优惠政策，建立了与彭州市桂花镇粉煤灰矸砖厂的联系机制，将该厂作为对刑释解教回归人员过渡安置帮教企业。1986—2005 年，彭州市（县）共有刑释解教回归人员 2848 人，共安置 2819 人，其中农村籍回归人员安置率达 100%，城镇籍回归人员安置率达 95% 以上。

帮教工作

对刑释解教回归人员的帮教，主要依托乡镇司法所，由回归人员所在地的村（社区）、企业开展帮教。帮教时间为回归后三年内，采取“一帮一”或“二帮一”的对口帮教方式，定期或不定期地了解帮教对象的思想、生活、工作状况，关心帮助其解决实际困难。对列入重点管控人员或有重新违法犯罪倾向的人员，则由派出所定期谈话帮教，帮教率为100%，重新违法犯罪率为0.35%。2004年，市司法局开通了远程探视系统可视电话，方便服刑人员家属开展亲情帮教；同时将社会帮教工作延伸到“高墙”内，市司法局每年至少组织一次相关单位的人员前往四川省女子监狱、四川省邛崃监狱、四川省新源监狱、四川省崇州监狱、成都少管所，对正在服刑的彭州籍服刑人员进行集体探视帮教。

第九篇 军 事

市人民武装部1986年改归地方建制，1996年收归军队建制，都一如既往地在注重自身建设的同时，积极地为彭州市改革开放、社会发展、经济建设做贡献。彭州市有3个驻军单位，担负着不同的军事任务。他们在完成各自军务的同时，积极为彭州的社会、经济建设服务，和地方开展“拥政爱民”“拥军优属”活动，加强军政、军民的鱼水之情。彭州市具有重要的军事战略地位，人防战备工作在市委、市政府的领导和上级机关的指导下，遵照“长期准备，重点建设，平战结合”的方针，严格认真进行防空、战备和疏散基地的建设。

第一章 彭州市（县）人民武装部

1986年6月，“中国人民解放军四川省彭县人民武装部”（简称人武部）改归地方建制后，人武部既是县委的军事部门，又是县政府的兵役机关，接受县委、县政府和上级军事机关的双重领导。人武部党委归县委领导，书记由县委书记兼任。人武部部长或政委参加县委和成都军分区（警备区）党委会。人武部党委接受县委和军分区党委的双重领导，以县委领导为主。人武部为副县级单位，设部长、政委、副部长各1人。人武部下设办公室、军事科、政工科、武器库、劳武办，工作人员纳入地方编制。1989年8月，人武部增设民兵训练基地办公室。1996年3月，人武部恢复军队建制，由成都军分区实施建制领导，称“中国人民解放军四川省彭州市人民武装部”，属正团级单位，按二类武装部定编。人武部接受成都军分区和彭州市委、市政府的双重领导。

市（县）人武部下辖区、乡镇人武部。区、乡镇人武部分别在区委、区公社和乡镇党委、政府的领导下工作。区、乡镇人武部选配专职武装干部，由市（县）人武部、政委任命。1992年，彭县撤乡并镇，乡镇武装部合并为28个，2001年，按照《彭州市专职人民武装部干部管理规定》，28个乡镇专职武装部长为副乡镇长职务，同时进入同级党委为党委委员。2004年，全市有基层武装部47个，其中镇武装部20个，企事业单位武装部27个。20年间，人武部加强自身建设，不断适应地方经济和社会的发展和军队革命化、正规化、现代化的新形势，各项工作分别受到上级党委、政府、军区、总参的表彰为军队建设和地方建设做出贡献。

第一节 民 兵

组织建设

调整编组 1991年，开始按照《民兵工作条例》规定，进行民兵编组，重点解决建制编组不当、漏编、缺编问题。把民兵组织建设与经济建设相结合，使之与生产、行政组织相适应。乡镇编基本民兵连，村编普通民兵排，组编普通民兵排或班。全县共编基本民兵连44个，独立排6个，民兵总数10.52万人。1992—2002年，针对因外出打工民兵流失，组织落实难等因形势变化影响民兵工作的问题，贯彻落实上级相关文件精神，多次对民兵组织进行编整。

按照“规模适当、布局合理、重点突出、结构优化、分类建卡、管理有序”的原则进行民兵整组，完成5123名服预备役退伍军人的登记工作，建立“训、征、储、育、动”五位一体的后备兵员快速动员机制，被成都军分区评为民兵整组工作先进单位。在民兵整组中，全市民兵连长全部进入同级两委会。2005年，全市建有基本民兵连30个，基本民兵排368个，基本民兵5400名；普通民兵营48个，普通民兵7.73万人。确定服一、二类预备役的总数8.34万人。

建专业技术分队 1993年以后，贯彻总参、总政《关于深化民兵工作调整改革的意见》。1993年，将专业技术人员编入民兵组织，全市组建市人民医院、中医院两个民兵医疗救护分队；利达集团公司民兵道路维护保障分队；光大制药、亨达制药有限公司、市济生药厂、联邦·川药公司4个民兵医药保障分队；天然气公司民兵供气保障分队；市电信公司民兵通信保障分队；市供电局民兵电力维修分队；市交通局、成都三益特钢公司民兵运输保障分队；人民渠管理处民兵水抢修分队；成都华融化工有限公司民兵防化分队；成都师专民兵信息分队等11类16个民兵专业技术分队。

建立应急分队 根据1991年省军区建立民兵应急分队的精神，市委、市政府发文《关于组建彭县基干民兵应急分队的通知》，确定在城区组建一建制连、编3个排9个班，共100人。1997年根据中央、国务院、军委三办公厅文件精神，市政府、人武部发文《关于组建民兵应急分队意见》，再次调整全市应急分队，确定在城区组建1个民兵应急营，编成1个民兵应急防暴连、1个民兵应急执勤连、1个勤务分队，下设6个排，23个班，共220人。分布于相关乡镇。

建立民兵信息网 1997年根据成都军分区通知，人武部建立民兵情报信息站，军事科长任站长。各乡镇建立民兵情报信息组，乡镇武装部长任组长。村设立民兵情报信息员，由民兵连长担任，负责搜集、整理、上报信息。

军事训练

民兵训练的主要对象是民兵干部和基干民兵，以及专业技术分队、应急分队。从1998年开始，民兵训练由过去在区、乡镇分散小型训练改为集中在市民兵训练基地集中统一驻训，使民兵训练走上基地化、规范化、正规化的训练轨道。民兵训练实行“五变”“五包”“五四三挂钩”的办法，开展列队、射击、投弹、爆破、战术、战斗勤务、擒拿技术、警棍盾牌术、班排防暴队形等军事基础科目训练，还进行高机民兵、通信民兵、坦克民兵、应急民兵分队等不同专业技术兵的专业训练。同时，根据省军区《高科技知识学习三年规划》，深入开展“科技大练兵”活动，进行新的“三打三防”（打隐形飞机、打巡航导弹、打武装直升机，防精确打击、防电子干扰、防侦察监视）和微机知识的学习训练。通过学习和训练从整体上提高民兵配合部队打赢现代高科技条件下局部战争的能力。民兵军事训练合格率100%，优秀率70%。2004年5月参加成都警备区民兵军事三项竞赛，彭州市获集体第一，民兵姚兵获个人全能第一。在省军区民兵军事三项比赛中，姚兵获个人射击第一名，被确定为参加全国民兵三项竞赛苗子。

政治教育

1991—1996年，民兵政治教育采取“四结合”“五开展”的办法进行，发扬理论联系实际的学风，在民兵中开展“八项”实践活动。民兵政治教育分为平时分散教育和训练时集中教育，平时教育着重抓好爱国主义和革命传统教育。1999—2000年，在民兵中开展“崇尚科学、破除迷信”的教育。2001—2005年，在民兵中开展学习贯彻“三个代表”重要思想的教育活动，积极引导带领民兵为全面建设小康社会，在基层武装部和民兵中开展“奔三富，做三兵”（即致富的尖兵、帮富的排头兵、护富的卫兵）和“爱岗敬业竞赛”活动。

武器装备和经费

武器更新和管理　1983年以后，逐步淘汰旧、杂民兵武器装备。1986—2003年逐步配备12.7高射机枪、五六式7.62班用机枪、六九式轻重两用机枪，40火箭筒，五六式7.62冲锋枪，七九式7.62轻型冲锋枪、五四式7.62手枪，九三式60迫击炮、五六式7.62半自动步枪，六三式7.62自动步枪等武器装备。对武器装备库（室）实现了警卫、警犬、自动监控三位一体的立体管理。建立“双牌”“双册”“双书”“双检”管理责任制，确保武器装备的绝对安全。2000年7月，成都军区、省军区、成都市军分区先后在彭州市召开现场会，转发推广彭州管理经验。总参工作组检查后给予充分肯定。2001年，人武部被总参谋部评为民兵武器保管工作先进单位。2003年3月，人武部代表四川省军区接受成都军区武器装备管理交叉检查组的检查，总评成绩优秀，被成都军区评为先进单位。

民兵教育训练经费　1991—1999年，成都军分区分配给彭州市的民兵事业费每年平均4万元，2000—2005年每年为6万元。1991年后，按照《兵役法》和《民兵工作条例》规定，民兵教育训练费按农业负担人口提留，1991—1995年，人平0.5元，1996—1999年人平0.7元，2001—2001年人平1元。2002—2005年，由成都军分区按财政转移支付办法保障，每年一般为45万元左右。企事业民兵教育训练费由企事业单位列支。城市民兵训练费2002年后，由市政府纳入年度预算，每年9万元。

参治参建

1991—1993年，在全县民兵中开展“千个民兵带动千个农户”致富竞赛活动，配合搞好“三三工程”，与群众结成帮学对子，建设“三田”1200亩、改造“三低”500亩、开“三荒”140亩，使40%的贫困群众基本脱贫。

1994—1998年，开发两用人才2000余人，开发率超过成都市规定标准的70%，人武部被省委、省政府和省军区评为“两用人才使用开发先进单位”。

2001—2003年，遵照成都市国防教育委员会和成都军区的要求，人武部、市委宣传部、市教委组织1100多名市级机关干部和基层干部、1万多名中学生参加国防教育，进一步增强全民国防意识。

2004年，人武部成立应急工作小组，进一步健全民兵联防网、片、点工作责任制，加强民兵610

协防信息网建设。以村级治安室为依托，以镇为单位建立民兵巡逻分队 21 个，组织民兵巡逻 600 多人次。2004—2005 年，协助公安机关查获犯罪嫌疑人 6 人，抓获犯罪分子 16 人，发挥了民兵在社会治安综合治理，维护社会稳定方面的作用。

2001 年，在抗洪救灾中，人武部组织民兵 600 余人，出动车辆和橡皮舟 18 台次，转移被洪水围困的群众 200 多人和各种物资 20 余吨。在重大节会期间，人武部组织应急民兵连续 30 天配合城市综合执法队公安部门上街执法维护秩序、保障安全。

第二节　兵　役

兵役制度

1984 年 10 月 1 日，实行以义务兵役制为主体的义务兵与志愿兵相结合、民兵与预备役相结合的兵役制度。1998 年 12 月 29 日起，实行义务兵与志愿兵相结合、民兵与预备役相结合的兵役制度。预备役是公民在军外所服的兵役，是国家储备兵源的形式。预备役为分士兵预备役和军官预备役。

士兵预备役　士兵预备役分为第一类和第二类。1991 年根据成都军分区《1991 年兵役、预备役登记工作意见的通知》进行士兵预备役登记，全县服预备役的士兵为 8.76 万人，其中一类预备役为 929 人，二类预备役为 8.66 万人，预备役中的退伍军人为 6650 人。1992 年确定服预备役总数 9.86 万人，其中一类预备役 1.11 万人，二类预备役 8.75 万人，预备役中的退伍军人 6425 人，与军事专业对口地方专业技术人员 1562 人。

1993—1995 年，及时完善民兵预备役的各种软硬件设施，加强预备役登记建设。确定服预备役总数 28.63 万人，其中一类预备役 3.61 万人，二类预备役 25.02 万人，预备役中的退伍军人 1.96 万人。

1996—1997 年，人武部恢复军队建制后，士兵预备役登记工作以《兵役法》《民兵工作条例》为依据，各乡（镇）设立兵役登记站，适龄青年自觉到站登记。1997 年确定服预备役的士兵为 9.31 万人，其中一类预备役为 1.17 万人，二类预备役为 8.14 万人。预备役人员中退伍军人为 5861 人，与军事专业对口的地方专业人员 1268 人。

1998 年，按照《四川省地方军事专业对口技术人员预备役登记实施办法》，突出地方专业对口技术人员的登记工作，全市共登记专业 25 项 6637 人，其中专业对口人员 6316 人，半对口人员 321 人。

1999 年开始，贯彻修改后的《兵役法》，根据中国人口状况预备役退役年龄从 28 岁以上延至 35 岁以上。到 2005 年，服预备役人员，退役军人 3.92 万人，与军事专业对口的地方专业技术人员 3.67 万人。两种人员合计 7.59 万人。

军官预备役　预备役军官是国家后备兵源的骨干，是战时军官动员的主要来源。1999 年，根据省军区、成都市军分区要求，彭州市成立预备役军官管理委员会，办公室设在人武部，实施对预备役军官的登记、统计和日常管理工作。1991 年，根据省委组织部《关于转业军官报到上岗前进行服预备役登记的通知》，对全年预备役军官进行全面统计登记。1992 年，按照成都军区政治部《关于转业干部服预备役的通知》规定，对 1988 年 9 月 1 日以后转业且符合预备役条件的军官进行预备役登记统计工作。1992—1995 年，全市（县）确定服预备役的军官 49 人，其中包括军事军官 10 人，政治军官 13 人，技术军官 7 人，后勤军官 7 人。1996 年，中央军委《关于评定授予预备役军官军衔工作的指示》，市委、市政府、市人武部下发《关于评定授予预备役军官军衔工作的通知》，对评定工作做具体安排。

兵员征集

根据《中华人民共和国兵役法》，按照每年的征兵命令，一般征集年满18～22岁的男性公民服现役。根据军队建设需要，也可征集女性公民服现役。

按照国防部颁布的《征兵工作条例》，征兵工作大致分为组织准备、宣传动员报名、体格检查、政审定兵、移交运兵、检疫和退兵、总结评比等七个阶段。

从1960年以后，每年征兵由县政府成立征兵领导小组和办事机构，征兵工作结束后解散，第二年重组。1993年撤县设市后，市征兵领导小组组长由市长担任，副组长由常务副市长、市人武部部长、市政府秘书长担任，成员由相关单位主要负责领导组成。市征兵领导小组下设办公室，承办征兵事宜。

1986—2005年，全市（县）为国家输送体质兵员7120名。根据省招委、教委、省军区政治部文件要求，对普通中学应届毕业生报考军队院校的学生，由市人武部进行登记，并会同乡镇人武部、公安派出所进行政审合格后报军分区，由军分区组织体格检查。1999年至2005年，被军队院校录取的应届毕业生为66人。

2000—2002年，市人武部被四川省政府、省军区、成都市军分区评为征兵工作先进单位。

第二章 驻 军

市（县）境内的驻军有武警彭州支队、77113部队、77100部队。驻军在完成自身军务工作的同时，还为地方社会经济发展和精神文明建设做出贡献。

第一节 武警彭州中队

武警彭州（县）中队，隶属于中国人民解放军武装警察部队成都支队，是市（县）委、市（县）政府领导下的一支武装力量。在执行公安任务和相关业务建设方面，接受市（县）公安局领导和指挥。担负市（县）党政机关及重要目标的警卫和看守，执行逮捕、押解、押运、城市巡逻和上级赋予的其他任务。1992年，配合公安干警捕获持枪杀人嫌疑犯4名。1995年，奉命捕歼逃入市境的持枪歹徒，将2名犯罪嫌疑人生擒，缴获五四手枪1支，子弹12发。1996—1999年，配合公安机关平息市内6起突发事件。2000年，配合公安机关开展“严打”追逃专项斗争，参加抢险救灾，参与设卡查无证机动车辆。执行抓捕任务34起，担负武装押解任务11次，押解人犯400多名。2001—2003年，共出勤400余次，协助公安机关抓捕犯罪嫌疑人5名。

第二节 77113 部队

中国人民解放军第某某集团军装甲旅，代号为77113 部队（1998 年前称56017 部队），担负作战应急任务，驻隆丰镇大宝村境内。77113 部队是一支具有光荣传统的英雄部队。曾参加过解放战争、抗美援朝作战、对越自卫还击战。在著名的秦川战役中荣获集体二等功。多次接受毛泽东、周恩来、朱德等老一辈革命家的检阅，连续6 年参加首都阅兵；1965 年6 参加抗美援越作战，荣获胡志明一级勋章二枚和胡志明亲自签字“抗击美帝、百战百胜”奖状。

77113 部队1989 年参加拉萨戒严，开创装甲兵进藏先例。1992 年在川藏高原拉练，创装甲兵高原高寒连续行程1213 公里的记录。1994—1997 年，荣获军区组织的坦克部队驾驶、通信、射击三大专业第一的好成绩，涌现出全军女子手枪25 米速射第一名孙梦雪，荣立一等功。2003—2005 年，部队连续3 年军民共建文明单位巩固率达100%。2005 年，被全国双拥工作领导小组、中宣部、中央文明办、民政部及总政治部表彰为“军民共建社会主义精神文明”先进单位。

第三节 77100 部队

中国人民解放军77100 部队，主要执行生产和军事训练任务。驻彭州市红岩镇窝店村，占地4392 亩，现有可耕地2300 亩，鱼塘420 亩，各类用房1.58 万平方米。农场始建于1964 年，经历艰苦创业、基础起点、发展壮大三个重要时期。多年间，农场建设得到不断增强，经济效益稳步上升。农场积极响应国家号召，科学调整生产结构，退耕还林种植优质果树等，生产效益逐年增加，为部队提供了物质保障。

第四节 “双拥”工作

“双拥”机构

“拥军优属，拥政爱民”是中国共产党和人民解放军的优良传统。1991 年7 月，县委、县政府下发《关于深入开展“双拥”活动的通知》，成立由县委书记任主任的“双拥”工作委员会。1995 年，市“双拥”办公室列入政府编制，行政编制3 人，经费列入财政预算。“双拥”工作委员会在市（县）委、市（县）政府的领导下，按照“同呼吸、共命运、心连心”的总要求，开展新时期军政一致、军民一致的“双拥”工作。

拥军优属

每年春节和“八一”期间，市（县）委、市（县）政府都要组织慰问和召开军政座谈会，带上慰问信、慰问金，慰问驻军、老红军、复退军人、革命伤残军人和军烈属。每年新兵入伍都要举行欢送仪式，形成“一人参军，全家光荣”的社会风尚。医院、车站、银行等服务行业常年开设“军人优先”服务窗口。开展科技拥军活动，为部队培训种养殖等技术骨干60余人次，提供种植技术10余项。为部队报考军队院校的650名士兵补习文化课，有180余名考入各类军事院校。协助部队妥善处理在三邑等7个镇铺设国防电缆占用村民承包地问题，保证国防施工顺利进行。免费为部队架设电视电缆35公里。为部队转业干部和士官解决住房2000余平方米。市领导亲自组织有关部门、镇、部队领导召开现场会，研究解决部队出行难的问题，决定投资170万元，修建2公里宽阔平坦的水泥道路，改变了原来狭窄凹凸不平的泥泞道路，使部队大型载重车辆出行方便。对参加长江、嫩江流域抗洪抢险的彭州籍官兵家属开展慰问活动。将农村义务兵优待金每年提高到2000元，城镇为400元。为部队解决子女入学、入托400余人，将部队子女安排到省重点中学和成都市重点小学读书。解决部队随军家属、子女和下岗军嫂就业80余人。

拥政爱民

在拥政爱民工作中，部队积极开展军民共建、抢险救灾和扶贫工作，支援地方建设。部队建有军民共建点40个。开展“精神文明共建一条街”活动。组织“学雷锋”小组，利用节假日开展一系列便民活动，义务打扫街道、植树，为缺劳力的农民春耕秋收55次，与敬老院结为共建单位，义务照顾老人，常为敬老院送钱、粮、油，为孤寡老人洗衣缝被、打扫卫生90多次。部队出动官兵600余人，车辆30多台支援彭州市创建“卫生城市”。与团市委举办少年军事夏令营活动。为“希望工程”和“春蕾计划”捐款。部队抽调教员1313人次，为8所中学军训学生18721人次。在抗洪救灾中，部队派出500多名官兵，加固堤防、排除险情，为灾民提供搭建帐篷11顶。部队组织医务人员为群众义诊，抢救各类传染病、中毒和意外伤害300多人次。帮助驻地乡镇修路挖沟。帮助驻地群众抢收抢种，解决农村剩余劳动力近6000人次，为农民增收10余万元。部队发挥农业技术人才作用，开展助民致富活动，为驻地群众无偿提供小麦、油菜免耕技术。部队筹资5万元，出动官兵1000余人次，为驻地村民修建4公里水泥道路，为村民出行排忧解难。部队投资165万余元，动用兵力1.5万人次，出动车辆上千台次，对部队污水、废油进行技术处理，保证人民群众标准水质的饮用。1995年3月，部队战士向东、廖志勇遇到歹徒将一正在取款人杀伤并抢走现金5万元逃跑时，二人奋不顾身追上并与其徒手搏斗，将歹徒擒获。

第三章　人民防空

彭州市属国家一类防空重点城市，是成都军区机关、省级机关人防疏散基地。全市有36个省级机关对口开展人防疏散建设，多年间共建成果显著，落实疏散基地共建项目20个。人防工作得到四川省、成都市、成都军区人防办的表彰。

第一节 机构沿革

1986 年 6 月，恢复组建县人民政府交通战备人民防空办公室（简称人防交战办），12 月，成立县人民防空交通战备领导小组。

1990 年，人防办定为正局级机构，内设行政股、指挥工程技术股、平战结合管理所（1993 年 12 月撤县设市后，股、所更改为科）。

1990 年 8 月，成立县人民防空交通战备委员会。

1995 年 12 月，成立市国防动员委员会。1996 年 4 月，设立市国防委员会办公室，与人防办实行两个牌子，一套人马，合署办公，内设秘书科、动员指挥科、工程技术科、平战结合管理科。

2001 年，设立市人民防空办公室，既是市国防动员委员会的常设办事机构，也是市政府人民防空工作的主管部门。

2003 年，成立市人民防空指挥部。人民防空指挥部组建防化、医疗救护、通信警报、供气抢修、供水抢修、供电抢修等 6 个专业中队，共有成员 216 人。各专业中队以本单位为依托，平时参加抢险救灾，战时执行市人民防空指挥部命令，配合有关部门完成抢修及救护等工作。

第二节 工程建设

按照“长期准备、重点建设、平战结合”的方针，贯彻人防建设与城市建设相结合的原则进行人防工程建设。

1992 年，由县人防办投资加固改造五号工事部分设施。

彭州市境内建有 14 条公路，全长 187.7 公里，基本是混凝土路面，路宽 18 米；有省道 4 条穿越境内，总长 89 公里；有成汶铁路 31 公里，途经彭州市 8 个镇，设有 5 个车站。

依照国家人防工程管理的系列规定，落实工程管理各项制度，加强对人防工程的管理维护工作。建立完善维修制度、检查制度、值班制度，以制度促管理，保证工程的完整性和可使用性。

第三节 主要工作

1987 年以后，编制完成《彭县交通通信战备保障方案》，制定《彭州市人防建设“九五”规划》，完成《彭汶公路国防战备效益认证分析报告》。编制《彭州市防袭击方案以及战时（应急）系列保障计划》，此方案计划根据彭州市社会经济发展状况，坚持每年一小修，三年一大修，确保准确适时。

2003—2005 年，先后完成小鱼洞镇、丹景山镇、军乐镇、濛阳镇、通济镇人防疏散安置户编号安装。

利用多种形式在各级领导、干部和群众中深入开展《中华人民共和国人民防空法》和人民防空知识教育。1996 年—2005 年，对万余名学生进行人民防空知识教育，合格率达 99%。举办人防法规知识讲座、竞赛6次。开展疏散道路演练6次。

在城区安装防空警报器12台。2000年，彭州市第一台电动警报器安装完备。每年举行防空警报演习。

组建通信专业队伍，利用固定和移动通信手段，不断提高人防指挥通信保障能力。

全力加强成都军区机关和部分省级机关对口彭州市的人防疏散基地建设。

成功承办成都军区（云贵川藏渝西南战区）人防系统集训和培训会议2次。

接待国家、省、地（市、州）人防办到彭州工作考察20余次。

1990年，县人防交通战备办公室被成都市人防办评为年度工作先进单位。2001年，彭州市被成都市人民政府、成都军分区评为“九五”期间人防工作先进单位。2002年，彭州市被成都军区人防办评为“疏散基地建设先进单位”。2003年，彭州市被四川省人防办授予“人防疏散工作先进单位”称号。

第十篇　城乡建设

改革开放以后，随着彭州市经济、社会各项事业的全面发展，城乡建设步伐加快。从20世纪90年代初开始实施天彭镇城区旧城改造，拆除东西南北4条大街小青瓦建筑物，广泛利用空间，修建钢筋混凝土商住楼，拓宽街道，配备公共设施，兴建现代城市。随后，旧城改造不断发展，把改造重点转向棚户区。各行政、事业、企业单位纷纷利用旧址或新征土地修建办公楼或职工住房，并不断拓展新区建设居住小区，使城市建设步入快车道。20世纪90年代中期，全市加大小城镇建设力度，市委、市政府下发文件，确定一批小城镇建设重点镇，无论从规划设计，还是建筑风格等方面都提出了新的要求，结合现代元素打造川西特色民居，推动全市小城镇建设不断发展。农村农民住房修建在1998—2002年最为集中，全市有近5.8万户农民新建住房，农民的居住条件得到改善。

第一章　建设规划

早在1956年就制定了《1956—1960年市政建设全面规划（草案）》。1978年完成天彭镇总体规划的编制。1984年，县规划委员会办公室对《天彭镇总体规划》进行调整补充。1986—2005年，随着社会经济的快速发展，县（市）规划部门先后6次进行天彭镇地区、80万吨乙烯项目近期和远期规划编制。从1985年开始进行乡镇发展规划编制，同年末，完成濛阳、九尺等5镇总体规划初稿，并通过县政府办公会议审定。至2005年底，完成20个镇及部分集镇、村庄规划编制。同时制定规划的管理、法规，严格执行，保证规划的顺利实施。

第一节　市区规划

1986年6月完成《天彭镇总体规划》修编工作，规划时段确定近期为1986—1995年，远期为1986—2010年。天彭镇作为县境内的政治、经济、文化中心，1995年人口发展至6万人，占地4.5平方公里。2010年，人口发展至10万人，用地控制在9平方公里以内。县城规划区以旧镇为中心，包括利安乡隆兴村，清平乡东郊村、调露村、爱国村，致和乡双龙村、北京堂村，西郊乡花盆村、来寿村、新茶村及周家村等乡村所辖行政区域。

1993年，对《天彭镇总体规划》进行调整，定位天彭镇规划区为新型工业城市。1995年城市规模人口为15万人，用地13.5平方公里。2000年人口达20万人，用地规模为18平方公里。2010年城市人口到达30万人，用地规模为30平方公里。用地布局由5大板块组成，旧城区为城市商贸服务中心，北区为生活配套区，西北区为文化旅游区，东南区为工业区，南区为工业、生活配套混合区。

1994年，对市区的定位重新进行修改调整，确定天彭镇市区为西部绿色生态食品供销基地，体现南国牡丹特色的现代田园城市。城市风貌则以自然生态、河流、绿地为基础，以名胜古迹、景点为依托，以沿江沿道为通视轴线，突出特征风貌区和特征景观轴等。2002年，完成城市总体规划、市域体系规划的编制、审批工作。

2003年，按照“南区、北园、中商贸”的总体构思对城市进行定位，进一步完善城市总体规划和近期建设规划，制定出人民渠以北新区、成彭高速收费站东侧出入口、沙西线两侧10平方公里、成灌铁路以南成彭路以东用地控制性详规编制。

2004年，开始进行新一轮城市总体规划的修编，是年7月总体规划大纲通过了省级专家评审。先后完成市区环卫设施布点、绿化、80万吨乙烯拆迁农民安置小区、西郊小区、五里小区、龙兴寺、休闲公园等建设性详规。2005年，围绕80万吨乙烯项目和《“十一五”规划纲要》，对工业开发区以南片区、城市西北片区、医药工业园区、新城区等四个片区进行控制性规划编制，编制面积10.9平方公里。

第二节　集镇和村庄规划

1985年，濛阳、九尺、敖平、隆丰、新兴5镇总体规划完成初稿，同年12月通过县政府办公会议审定。次年11月设置九陇镇后，县建委组织规划设计人员编制九陇镇总体规划。1987年，成都市建委先后发文批准“六镇”总体规划。

1990—1992年，县建委先后完成丽春镇、大宝镇、通济镇、九尺镇总体规划和“九峰山风景名胜区”“丹景山风景名胜区”“丹城公园”景区规划。其中，丽春镇总体规划获成都市建委1991村镇规划评审一等奖。同年，获成都市人民政府二等奖。

1993—1997年，完成28个乡镇的总体规划及部分村详细规划的编审工作；对隆丰、军乐、九尺、桂花、濛阳、敖平、三邑、通济8镇，小渔洞乡的总体规划进行调整报批；完成隆丰镇红光村、军乐镇华光村、九尺镇古堂村、天彭镇爱国村等中心村、居民小区共16项建设项目总平面规划设计。

1998—2002年，完成通济镇、万年乡、小渔洞乡、庆兴乡4个乡镇的总规修编，丽春镇、致和镇等12个中心村和居民小区的规划编制、评审及报批；完成白鹿乡总规调整，小鱼洞乡新街、太清乡滨河路、白鹿乡新村3个重要地段、龙门山风景区、3平方公里城市新区、小鱼洞乡蟠龙谷风景区、彭州市成品油销售点（4处）重要地段详规编制。

2003—2005年，先后完成敖平镇、太清镇、濛阳镇、桂花镇、丽春镇、红岩镇、丹景山镇总体规划修编。完成丽春镇丽都广场、九尺镇滨河路、隆丰镇滨河路、龙门山镇正街、葛仙山景区、80万吨乙烯项目、亚东水泥厂取料场、华融化工技改项目和濛阳镇、军乐镇农民拆迁安置小区、农民新村、居民小区、旅游景区、高科技园区等20余项建设项目详细规划。截至2005年底，全市20个镇以及部分集镇、村庄重要地段全部完成规划编制。

第三节　规划管理

管理法规

1985年，县人民政府制定下发一系列城镇建设和规划管理的规定、通告、办法、条例等文件。1987年颁布《彭县城镇规划建设管理办法》。文件对规划建设管理办事程序、建设工程对环境的要求、政府和建设单位（个人）的权利和义务、对违章违法建设处理的程序等均作了具体规定。1990年4月1日正式实施《中华人民共和国城市规划法》后，县政府职能部门不断加大执法力度，按照《中华人民共和国城市规划法》实施“一书两证”制度，不断将城镇规划建设推向健康轨道。同时，撤县设市后，为强化城市建设的规划管理，市政府于1994年颁发《彭州市城市建设规划管理实施细则》，为规范后期的城市规划管理工作奠定基础。

执法查处

1985—1989年，全县查处规划区及乡镇违法建设431处，建筑面积128.1万平方米。清理查处过去违法违章建设工程137项，强行拆除3户，罚款2747.9万元。

1990—1992年，查处违法建设72件，建筑面积7050平方米，拆除15户。

1993—1997年，查处违章建筑95起，面积1.84万平方米，拆除35起。办理选址意见书486份、建设用地规划许可证345份，规划用地面积208.9万平方米、建筑面积44.03万平方米。颁发建设工程许可证208份。

1998—2002年，全市加强《中华人民共和国城市规划法》宣传，市委、市建委主要领导分别发表电视讲话，要求严格执行《中华人民共和国城市规划法》，按规定程序核发“一书两证”，依法查处违法违规建设。几年间共核发“一书两证”1151份，查处违法违章建设184起，强行拆除78起。审查施工图设计111项，审查初设方案114件，核发工程竣工规划合格证139项，临街“脱裙”率达100%。

2003—2005年，查处违法建设642起，建筑面积131.21万平方米，依法实施强拆134起，建筑面积4590余平方米；核发“一书两证”457项。

第二章　城区建设

1985年底天彭镇建成区面积为1.87平方公里，城区街巷35条。房屋低矮破旧，城区无一幢超过

5 层楼的房屋。1990 年 4 月，成立县城市建设指挥部，提出"推倒一座旧城，建设一座新城"的发展目标。采取改造旧城与开发新区有机结合的方式，推动城市建设快速发展。经过 15 年的努力，至 2005 年底，天彭镇城区旧城改造共拆除旧房 500 万平方米，街道发展至 65 条，总长 40163.5 米，117.31 万平方米。城区总面积达到 12.5 平方公里，市政建设有很大改观，市区街道多为沥青、混凝土路面；市区照明得到改善，城市供水建成 2 个自来水厂，满足城市各方面用水需求，排水系统基本实现雨污分流；天然气供给从 1989 开始，经五次管网建设至 2005 年天然气普及达 90% 以上；城市绿化面积增大，特别是 2000 年，彭州市制定《创造省级园林城市实施方案》，加大城市绿化的力度，到 2005 年城市绿化面积达 365 万平方米。

第一节　改造和新建

旧城改造

1985 年底，城区以十字口为中心，东至东林寺，西至十字马路，北至原县氮肥厂家属区，南至北牌坊。东西长 2212 米，南北宽 2086 米。城区自然坡度为 6‰，地势由西北向东南倾斜。

1986 年 5 月，县政府在统一规划的基础上，修建西干道和南干道，分别长 910 米、615 米，路幅宽 30 米和 22 米，铺筑毛石路面 4.75 万平方米，建造桥涵 16 座。县城内形成街巷 35 条。

1990 年 12 月，县城市建设指挥部采取集资统建、联建合建、民建公助、公建民助的多种形式积聚建设资金，开始旧城改造工作。

1991—1995 年，市区一环路以内东西南北 4 条大街临街危旧房屋全部拆除完毕，建筑面积 100 万平方米，竣工面积 200 万平方米。旧城区昔日低矮破旧的小青瓦老房子逐步被栋栋高楼所代替，彭州大世界、彭州娱乐城、彭州大厦、彭州商场、蓝天楼、凯兴商场、百货商场、金龙商场、金融大厦、农行大厦、古建筑一条街等一批综合性商贸服务大楼相继落成，5000 多户居民搬入新居。

1998—2002 年，对延秀街等 9 条街道实施改造，维修街道路面 1.6 万平方米，铺设人行道彩砖 8.4 万平方米；拆除危旧房 18 万平方米，新建水冲式厕所 2 座；完成体育场东西街、龙锦路街道建设和外西街拆迁改造。至 2005 年底，旧城改造拆迁旧房达 500 万平方米。

新区开发

彭州城区建设以旧城为中心向四周辐射，在旧城改造的同时，加紧新区开发。市区先后建成安居苑、金盆花园、光明苑、园丁苑、天泰花园、柳河花园、牡丹花园、金阁新城、花簇锦绣、国色天香、星海湾等近 30 个居民小区。总建筑面积 2000 多万平方米。2005 年末，在建工程有满庭芳、星海湾三期、丽都丹郡、升华台、碧城豪庭、水岸名都、城市花园、城中花园、舜苑三期、城南星座等居住小区。城区面积扩大到 12.5 平方公里，天彭镇人口达 16.11 万人。

第二节　市政建设

街　道

1985年底，城区大小街道达35条，路面大部分为泥结石和沥青铺设，道路总长3270米，总面积45万平方米。

1987—1989年，对城区东、西、南、北4条大街进行改造，铺设沥青路面，埋设污水管网，并开始西干道（金彭西路）、南干道（迎宾路）的建设。西干道长940米，宽34米，采用混凝土铺设路面；南干道长624米，宽26米。体育场东路也相继开工建设。

1990—1992年，先后对西北市街、龙兴街、桂花街、小北街、延秀街、安仁街、金彭东路、天府中路、天府东路进行改造，将围城路路面加宽到15米。新建二环路长8900米，宽18米。

1993—1997年，完成天府东路延伸段、东西南北4条大街、星火巷、翠湖路、体育场西路、团结街、政府街、安仁街的改造，面积12.91万平方米。铺设新民西路、新民东路、体育场东路、里仁西街混凝土路面3.15万平方米。

1998—2003年，建成广场路、外西街（西门口至西桥）、体育场西街延伸段、安信大道、龙坛路、红照壁北街、牡丹大道、西北市街、柳舍街、四通北街、牡丹北路、牡丹大道北段、牡丹西路、牡丹东路、金彭大道延伸段、天府西路东段、西海南街、行政中路、政府西街共19条街道，长15.51公里，面积53.71万平方米。

2004—2005年，改造新建东湖路、东湖西侧支道、小北街、联升巷、龙兴南街、天竺街、建设路、余家小区、光明北路、龙锦路、东湖东支道、南河东街、南河西街、外南街南段、市委家属区南侧道路、西南市街、安仁西街延伸段、安仁东街延伸段、外东街、工业三支道、龙坛路北段、外南街北段街道22条，全长7.74公里，面积14.34万平方米。2005年底，市区街道达65条，街道总长40.2公里，面积117.31万平方米。

彭州市（县）1990—2005年区街巷一览表

表10-2-2-1

序号	街道名称	长（米）	宽（米）	面积（平方米）	建设时间
1	迎宾路	991.6	26	25781.6	1990年
2	金彭西路	564	32	18048	1990年
3	外北街	150	30	4500	1992年
4	里仁街	350	10	3500	1992年
5	金彭中路	996.4	34	33877.6	1992年
6	金彭东路	1415	70	99050	1992年
7	天府中路	872.7	50	43635	1992年
8	天府东路	2100	50	105000	1992年

续表10-2-2-1

序号	街道名称	长（米）	宽（米）	面积（平方米）	建设时间
9	天府东路延伸段	1188	28	33264	1993 年
10	东街	338	22	7436	1993 年
11	西街	444	22	9758	1993 年
12	南街	610	22	13420	1993 年
13	北街	510	22	11220	1993 年
14	星火巷	90	10	900	1994 年
15	翠湖路	425. 5	12	5106	1994 年
16	体育场西路	1006	16	16096	1994 年
17	团结街	737	22	16214	1995 年
18	政府街	200	22	4400	1995 年
19	安仁街	257	16	4112	1995 年
20	安仁街东街	250	16	4000	1996 年
21	安仁街西街	190	16	3040	1996 年
22	新民西路	356	16	5696	1997 年
23	新民东路	485	22	10670	1997 年
24	体育场东路	808. 7	16	12939. 2	1997 年
25	里仁西街	90	10	900	1997 年
26	广场路	170	12	2040	1998 年
27	外西街（西门口—西桥）	315	26	8190	1998 年
28	体育场西街延伸段	353	14. 5	5118. 5	1999 年
29	安信大道	650	14	9100	1999 年
30	红照壁南街	152	16	2432	2000 年
31	牡丹大道	4950	43	212850	2000—2001 年
32	龙坛路	901	22	19822	2001—2002 年
33	红照壁北段	203	16	3248	2001—2002 年
34	西北市街	536. 3	22	11798. 6	2003. 6—2003. 11
35	柳舍路	235	18	4230	2003. 12—2004. 5
36	四通北街	259	16	4144	2003 年
37	牡丹大道北段	2883. 8	14	40373. 2	2003. 8—2004. 10
38	牡丹北路	1207	22	26554	2003. 11—2004. 6
39	牡丹西路	316	36	11376	2002. 4—2002. 9
40	牡丹东路	339	36	12204	2002. 4—2002. 9
41	金彭大道延伸段	1088. 3	70	76181	2002. 9—2003. 4
42	天府西路东段	445. 9	25	11147. 5	2003. 7—2004. 12

续表10-2-2-1

序号	街道名称	长（米）	宽（米）	面积（平方米）	建设时间
43	西海南街	296.3	30	8889	2003.7—2004.12
44	行政中路	1504	42	63168	2003.7—2004.5
45	政府西街	195	22	4290	2003.12—2004.3
46	东湖路	501	22	11022	2004.7—2004.12
47	东湖路西侧支道	342	16	5472	2004.7—2004.12
48	小北街	505.8	12	6069.6	2004.7—2004.10
49	联升巷	226.8	12	2721.6	2004.10—2004.12
50	龙兴南街	223	18	4014	2004.10
51	天竺街	158	10	1580	2004.9—2004.11
52	建设路	127	16	2032	2004.10—2004.12
53	余家小区道路	470	10	4700	2004.12—2005.4
54	光明北路	695	22	15070	2005.5—2005.8
55	龙锦路	400	22	8800	2005.5—2005.8
56	东湖东支道	342	16	5472	2005.5—2005.8
57	南河东街	423.4	16	6774.4	2005.5—2005.8
58	南河西街	90	16	1440	2005.6—2005.7
59	外南街南段	140	22	3080	2005.6—2005.7
60	市委家属区南侧道路	288	16	4608	2005.9—2005.11
61	西南市街	780	22	17160	2005.7—2005.12
62	安仁西街延伸段	95	16	1520	2005.9
63	安仁东街延伸段	85	12	1020	2005.9
64	外东街	500	22	11000	2005.9—2005.12
65	工业三支道	609	22	13398	2005.9—2005.12
66	龙坛路北段	416	22	9152	2005.10—2005.12
67	外南街北段	332	22	7304	2005.9—2005.11
	合　计	40163.5	—	1173138.8	—

照　明

1985年，市区路灯350盏。1990年以后，随着旧城改造和新区建设的不断拓展，城区照明相应发展，至2005年底，安装路灯2852柱、4837盏，照明功率达1054千瓦/小时。灯柱形状有单臂式、双臂式，其中以单臂式为主。灯泡采用100瓦节能灯、20瓦和40瓦日光灯、150瓦汞灯、250瓦汞灯，150瓦钠灯、250瓦钠灯、400瓦钠灯等。其中，体育场西街、成彭高速路口、四通北街、四通南街、天府南路、天府东路、金彭东路2支道、金融街、滨河路、天府大道、汽车客运站绿化集点、新星小区、朝阳南路、纽约新城、学府苑、育才路、绣城路、四通东街、西南市街、西北市街、天府商城、金彭东路、龙兴街、龙塔路、龙塔1路、龙塔2路、团结街、团结街1支道、南干道、金彭西路、行政中心道路、外东街等街道安装250瓦钠灯，牡丹大道安装400瓦钠灯，金星巷、上升街、上升东街等安装150瓦钠灯，东大街、西大街、北大街、南大街、小南街、外南街、外西街、联升巷、安仁街、政府街、桂花街、四通西街、二环路安装250瓦汞灯，中心广场安装100瓦节能灯、20瓦日光灯、250瓦钠灯，天一广场安装20瓦日光灯、40瓦日光灯、150瓦、250瓦钠灯，银海广场安装100瓦节能灯、20瓦日光灯、250瓦钠灯，行政中心广场安装100瓦节能灯、防爆草坪灯、地灯、投射灯、海葵灯、圆柱灯、24（LD）变色灯、泛光灯。1999年，南北大街设置8屏大型过街不锈钢夜景灯饰，安装60瓦节能灯448盏。

供　水

1985年底，天彭镇城区供水建有大口井2座，供水规模达到6000吨/日，虽已暂时缓解供需矛盾，但随着城市的快速发展，供水矛盾仍显突出。1988年5月，自来水公司对全城供水主管道进行改造，设计规模最大输水能力为12000吨/日。1989年初改造工程竣工投产。共敷设主管道7235米，投资金额77万元。1990年3月，实施第四次扩建工程，在新官山人民渠南岸一带找到能在枯水期日取水1.1万吨的地下水源。此次扩建工程设计建大口井两座（3号井、4号井），敷设DN400管道741米和DN500管道6300米，建清水池一座等附属设施。1992年1月工程完工，新增供水能力达8000～1万吨/日。同年相继建设5号井、6号机井。以上6口井均采用地下水作为供水源，最大供水能力仅能达到1.5吨/日。并开始筹建第二自来水厂，以湔江堰西河水库地表水为供水源。设计规模为制、供、配水能力达到18万吨/日。第一期工程设计能力为9万吨/日，分两个阶段实施。第一阶段4.5万吨/日供水工程于1993年开始动工建设，1995年3月竣工，并开始向彭州市区正式供水，停止原地下1号—6号水井取水。20年间，敷设200毫米～1000毫米混凝土管、110毫米～160毫米PE管、110毫米～200毫米PVC管、100毫米～350毫米铸铁管等各型水源输水管13030米，给水干主管52413米。2005年，市区供水用户达16616户，其中生活用水14926户、生产办公用水385户、商业和服务业用水1283户、特种行业用22户。生活用水人口20.63万人，生活用水量1278万吨，全年供水量1993万吨。

排　水

雨水管网　城区的六号支渠、七号支渠、新润河、3号斗渠、5号斗渠、洗脚河、36号闸渠等，均可作为接纳城区雨水的载体，实现就近排放。老城区的雨水汇入六号支渠，东部新区雨水汇入七号支渠、白土河；铁路以南、老成彭路以东片区雨水大部分排入六号支渠，部分片区受高程影响，可排入老成彭公路东侧新建排洪沟中。排水沟大多采用红砖砌筑沟体，砂浆抹面，上以钢筋水泥盖板覆面或用水泥预制涵管建成，其断面视街道路面宽度与长度设计而定，至2005年底，市区建成有排水系统73.65公里。

污水管网　1986年以后，随着市区不断扩大，污水处理能力相应加强。1989年开始兴建全省首家县级“氧化沟”污水处理厂，1991年4月正式接入运行，日处理污水达3000吨。1998年，对金彭西路等街段的污水管网实施改造。是年，污水处理厂日处理污水能力达8000吨。2002年，开始兴建污水处理厂二期工程（于2004年建成投入运行），厂址设在致和镇斑竹园村五社，工程建设规模为日处理污水3万吨，并动工建设行政中心至污水处理厂主管网，铺设管道3800余米。2003年完成配套建设污水干管1.39万米，铺设厂外污水管网1.65万米。2005年完成外东街、外南街、朝阳北路、朝阳南路、绣城路等路段的污水管网建设，铺设污水管道9500米。同年12月建成1万吨/日污水生化处理设施并投入试运行。至此，市区建设有污水处理厂3座，排污干管达44.6公里，排水管道总长达166公里。除延秀街、西大街（西段、中段）、团结路、外南街、南大街、（南段）、龙兴街、翠湖西路、桂花街、四通南街、四通北街、四通西街、绣城路、园丁街、天府东路、繁江北路、繁江南路等街道实施雨污合流外，其余街道均实现雨污分流。

供　气

1989年以前，尚无天然气使用，城市居民生活主要依赖蜂窝煤和柴火作燃料。1989年11月，成立天然气公司，即开始对城区东、西、南、北4条大街进行天然气管网建设，同时对市区住宅区供气管道的埋设进行施工前准备。1990年开始大规模进行天然气管网建设，同年7月，首先动工铺设彭什线。从利安乡起经军乐、敖平、红岩、什邡县民主等乡至云西镇与西南石油局管网接口，采用Φ159输气管，全线长24公里。继后，于11月动工兴建城区至三邑输气管线，全线长19.54公里，次年元月竣工，管径为Φ159×5。1991年第一季度开工始铺设城区至关口线，输气管总长16公里，全线采用Φ108输气管。1993年3月动工铺设竹瓦至濛阳线，全长1.75公里，施工时间2个月。

1994年9月，市天然气公司实施“青三线”管网工程建设。该线从青白江西南石油地质局配气总站至三邑乡倒弯村八组，全线长12公里，采用Φ219×7输气埋地管道，在倒弯村八组建配气站一座。

1999年12月，实施天然气管网第四期扩建工程，此工程大部分管网沿二环路铺设，全长9公里，均采用Φ159×7特加强级绝缘防腐输气管，次年7月竣工。2001年11月，实施成青路管网工程建设，全线沿成青路段外沿绿化带边沟铺设，全长8公里，采用Φ159×7特加强级绝缘防腐管铺设，次年1月竣工。2005年底，天然气年供气量3171万立方米。其中家庭用气量682万立方米，用气人口15.62万人。市区天然气普及率达90%以上，一些乡镇、企业也陆续用上天然气。

绿　化

园林绿化　天彭公园位于大北街中段，始建于民国20年（1931），面积约2666.67平方米。园内设施简单，只有假山、鱼池、草亭和花神祠等。中华人民共和国成立后，政府多次拨款整修，新修蜿蜒曲折的水池、池旁建亭、水榭、回廊、假山、瀑布，池内植荷花，划区植牡丹。1986年公园占地面积13466.67平方米。2001年，公园拆迁后，开发建设为泰和商城。

彭州园位于天彭镇金彭西路，始建于1991年，面积118000平方米。园内有湖2个，面积33600平方米、绿地73733.33平方米、房屋建筑5000平方米、道路广场8666.67平方米，草坪20400平方米。栽种植株12721株，其中有乔木3123株，灌木9598株。公园南侧建游乐场、中部水池旁建秉彝亭，北侧草坪立彭人击鼓雕塑。

2005年底，市区园林绿地面积达229.63万平方米，园林绿地覆盖面积248.7万平方米，绿地率17.88%，绿化覆盖率19.37%，人均公共绿地5.59平方米，人均园林绿地27.51平方米。

街旁道路绿化　1998年，对市区东西大街两侧行道树进行更换，种植小叶榕237棵，西干道等其他街道补栽大叶女贞、小叶女贞等树种10927棵，新增绿地32612平方米，墙体绿化2457平方米，屋顶绿化2433平方米。2000年底，市区建成绿地162.8万平方米，城市公共绿地55.3万平方米。2002年，市政府提出“创建园林城市，建花都彭州”发展目标，在市区各道路集点设置街头绿地13处，占地8.49万平方米。至2005年底，市区建各道路集点绿地15个，占地12.99万平方米，街道绿地面积达33.78万平方米，绿地覆盖面积44.56万平方米。形成东北南北4条大街、牡丹大道、天府大道、金彭西路、金彭中路、金彭东路、二环路等路段绿地与街道自然和谐的人文景观。在城市建成区街道种植乔木 11003 株、灌木 14748 株。主要树种有梧桐、女贞、泡桐、元宝枫、柳树、香樟、水杉、三叶树、天竺葵、银杏、要松、桂花、白杨、黄葛树、洋槐等，绿化面积 8.624 万平方米；种植草坪 26.15 万平方米。

居住区与单位附属绿地 2005 年底，居民居住区绿地面积达 22.77 万平方米，覆盖面积达 23.71 万平方米；单位附属绿地 41.54 万平方米，覆盖面积 46.5 万平方米。

第三章 村镇建设

1986 年以后，全市（县）农村经济发展较快，1993 年农民人均纯收入达 1026 元。1994 年 5 月，全市有大宝镇宝山村等 6 个村达小康标准，被市委、市政府命名为“小康示范村”。同年起，开始进行小城镇试点建设，全市有 5 个镇被确定为市试点镇、3 个镇为成都市试点镇、4 个镇为四川省试点镇。市委、市政府把小城镇建设作为富民强市的一件大事来抓，狠抓小城镇基础设施、中心村建设，不断完善小城镇投资、运转、市场和管理机制，到 1998 年 3 月，全市有 460 个村步入小康行列。小城镇建设建立起以天彭镇为中心，以小城镇为纽带，以中心村为基础的城镇体系，城乡一体化建设进程加快。2005 年，基本建成经济繁荣、交通方便、基础设施配套、环境优美、城乡渗透，各具特色的现代小城镇群体。

第一节 农村住宅

1985 年以后，全市农民住房条件得到进一步改善，经济条件较好的农户大多修建起楼房，经济条件稍差的也都建起小青瓦房。房屋结构完成由土坯草房，向砖木结构、砖混结构演化。楼层多为一楼一底，楼顶有的采用预制板盖成平顶，有的则用木材、小青瓦或机制瓦建造屋顶。大多数家庭在底楼正中堂屋设客厅，正上方供奉家神，一侧摆放沙发、电视等。其余房间住人或存放物品。二楼做寝室。此外，还搭建磨角作厨房等。有条件建筑围墙的，设大门，两边镶嵌较为喜庆的花鸟图案，院坝用混凝土硬化，加之周围绿化衬映，显得别致美观。

1985 年，全县有 55491 户农民修建新房 27.31 万间，占全县农户的 36.4%。1990—1992 年，新建、扩建农房 20030 户，建筑面积 385.69 万平方米。1993—1997 年，新建、扩建农户 19887 户，面积 136.88 万平方米。1998—2002 年，新建农房 57572 户，面积 912.98 万平方米。2003—2005 年，新建农房 3794 户，面积 30.54 万平方米。20 年间，全市（县）新建、扩建农房 101283 户，建筑面积 1466.08 万平方米，农民人均住房 33 平方米。

第二节　基础设施

农村饮用水

1986年以前，农村集镇居民及农民生活用水多以打沉井取用地下水为主。集镇、自然村落一般在适当地点建有水井供居民取水使用。单位一般修建水塔蓄水备用。还有的村民则在院落打钢管井提取地下水。无条件的村民则直接使用河沟水作生活用水。随着农村人民生活水平的提高，各级政府把解决好集镇居民和农民的饮水问题逐步提上议事日程，一些乡镇从1990年以后，开始兴建自来水厂，向集镇和周围的农户供水，不断提高农村饮用水品质。1990年，乡镇新建自来水厂6座，日供水2860吨。1991年，新建自来水厂13座，日供水2287吨，自来水受益村庄536个，人口7.58万人。1992年，新建自来水厂6座，日供水1289吨，自来水受益村庄累计增至638个。1994年，新建自来水厂1座，全市集镇自来水厂数量达26座，日供水量8680吨，供水人口4.42万人，2003年，集镇、乡村自来水厂增至35座，日供水量19967吨，铺设供水管9.4万米。2005年，集镇、农村日供水量达25160吨，供水水源90个，自备供水源能力6240吨/日。

镇村道路

1985年，全县境内建有乡道47条、311.6公里，其中黑色路面4条、29.3公里。村道（机耕道）98条、296公里。一般路基宽4米以上。也有的路基宽3米左右，可通小汽车或手扶式拖拉机、碎石路面。1986年以后，随着农村经济的发展，各乡镇重视基础设施建设，逐步实施乡镇道路加宽改造，铺设沥青、混凝土路面。同时，将村村通水泥路建设提上加快镇村全面建设的重要议事日程。“要致富，先修路”成为各级领导干部和广大群众的共识。2000年4月，市政府在升平乡召开“乡村水泥路通达工程现场动员大会”，全面启动“村村通水泥路”工程建设。采用财政投入一点，乡镇筹集一点、村民集资一点相结合的方式，解决建设资金问题。

农村能源综合建设

全市农村能源建设始于20世纪50年代末，兴盛于20世纪70年代。当时，农村沼气这一新生事物在本地受到普遍推广。1985年底，全县约有1万口沼气池能正常使用。1986年以后，农村沼气推广不断萎缩。1992年，随着新农村建设的深入，又将发展沼气事业提上重要议事日程。1998年9月，设立农村能源技术服务部，原由市建设委员会管理的沼气办公室划归市农牧局管理。2002年，开始实施“生态家园富民计划”推进乡村建设不断发展。20年间，新建城镇净化沼气池356口，总容量29470立方米，日处理3万人用水排污；新建农村沼气池3535口、省柴节煤灶5748口、太阳能试点工程4处。

第三节 试点村镇

1994年5月，市委、市政府召开小康村命名大会，大宝镇宝山村、通济镇羊叉村、丽春镇黄鹤村、天彭镇东南村、三邑乡踏水村、清白村共6个村被授予“彭州市小康示范村”。同年8月，市委下发《彭州市重点小城镇建设的意见》。除九陇、丽春镇等省、成都市小城镇建设试点镇外，确定濛阳、九尺、军乐、敖平、隆丰镇为小城镇建设重点镇。

黄鹤村

丽春镇黄鹤村位于该镇东北部边缘，东面紧邻彭白公路，距彭州市区3公里，辖区面积2.8平方公里，有耕地1988亩，辖15个村民小组，有农户694户，总人口2467人。2005年同原天宫村合并，仍名黄鹤村。1986年以后，特别是1995年以后，黄鹤村党支部带领全村人民大力发展经济，创出一条具有自身特色的发展道路，为建设社会主义新农村取得可喜成绩。2005年底，全村企业达50多家，形成拉丝、弹簧加工、床垫制作、运输、营销产业服务“一条龙”。全村年人均收入达6000余元，村民购置各种轿车50多辆，已有50多户农民到规划区集中建房。该村被成都市列为中心村示范点后，先后引入省医院专家教授等一些知名人士到村境建房安家落户，黄鹤村10多个别墅区也因此出名。为完善中心村基础设施建设，村上新建起村委会办公大楼、中心广场。农民新区自来水、光纤电视、宽带网络等设施完善。

濛阳镇

濛阳镇为彭州市第二大镇，三邑镇、竹瓦镇并入后，全镇辖区面积77.4平方公里。镇域与广汉市、新都区交界，形成三线交叉汇集点，交通方便。镇老城区面积1.5平方公里，东西南北大街呈十字形向四方延伸，东西向街道长约一公里，南北向街道长约1.3公里。2000年开始，市委、市政府加大对濛阳镇城镇建设的投入，走内引外联的发展道路，兴建濛阳新城。2001年，濛阳新城南延规划破土动工，沿濛阳河修建商住楼，形成南东香榭街、妙景街、宝兴街、濛海街4条大街，并配备完善的公共设施。在商住楼濛阳河新修建大桥一座，建成占地面积1300余平方米的花卉、景观休闲地带。沿河采用浆砌护河堤，形成一道亮丽景观。2003年，濛阳镇设立规划建设所，市规划和建设局抽调6名技术骨干，帮助进行3.5平方公里城镇商贸居住区、农民新村和6.3万平方米新居工程总体规划建设。至2005年，改造旧房25万平方米，修建各类建筑50万平方米。城镇有30%居民住宅为两楼一底，有50%居民迁至由房地产开发商修建的住宅小区居住，人均住房面积达30余平方米。

第四章　住宅建设

1985年底，天彭镇城区共有住宅建筑面积460552平方米，实际居住人口人平建筑面积14.27平方米。1986年至1992年3月，城市人口住房主要依靠单位建房、集资建房、公房出租等形式，解决职工住房问题，同时已有少量的商品住宅开发出售。1992年4月，实施住房制度改革，单位向职工出售公有住房。1998年12月，全面停止住房的实物分配，职工住房实施货币化分配，建立起住房公积金制度。2000年初，全市首次举办房地产交易会。从此以后，基本每年举办一次，不断促进住宅建设向前发展。2005年末，天彭镇城市居民住房人均达31平方米。

第一节　城区住宅

商品房修建

1986年，全县商品房住宅建设开始起步，由城乡建设综合开发公司在西干道金星巷修建商品住宅楼8幢300余套（其中5幢单元式，3幢点式楼）面向社会公开出售。县财政出资购置单元式住宅楼一幢40套，用以安排“四大班子”干部职工入住，以缓解行政单位职工住房紧张问题。

1990年12月，一批商住楼开工建设。

1992年，市委、市政府实施“推倒一座旧城，重建一座新城”的城市发展战略，开始进行大规模城市改造与建设，至1998年底，累计投入城市改造资金6亿多元，拆除危旧房屋25万平方米，房屋竣工面积130多万平方米。1999年底，城镇居民人均住房面积13.9平方米。2000年，进一步拓宽市场领域，不断规范房地产交易行为，年内先后举办两届房地产交易会，总成交额1.2亿元。房地产开发企业尽力在商品房的开发建设上规模，上档次方面下功夫，使房地产开发数量和质量都有新的提高。

2000—2002年，市政府实施“城建活市”战略，出让市政府、市公安局、市检察院办公区国有土地使用权，“腾笼换鸟”，引进“纽约新城”“金贸商城”等房地产开发企业，使建筑业得到长足发展，全市建筑企业发展到27家，城区房屋建筑施工面积106.56万平方米，竣工面积34.12万平方米。

2004—2005年，城区房地产新开工面积39.41万平方米，竣工商品房面积28.18万平方米。城市花园，天泰花园、柳河花园等一批房地产开发项目交付使用。国色天香商住楼等项目开工建设。

商品房销售

商品房销售主要通过预售、现房销售、房地产交易会及房地产中介机构交易的形式进行。1998—2005年，预售房建筑面积135万平方米；1996—2005年，现房销售各类房屋建筑面积117.58万平方米；2000 年 1 月—2003 年 10 月，房地产交易会销售各类房屋建筑面积 18.05 万平方米；1996—2005 年，房产中介机构交易各类房屋建筑面积 22.81 万平方米。

现房销售　1996 年，办理产权交易 173 件，建筑面积 2.47 万平方米；1997 年办理存量房（二手房）转移登记 123 件，建筑面积 6462 平方米；办理单位产权过户 15 件，建筑面积 9822 平方米。

1998—2001 年，办理商品房转移登记 1902 件，建筑面积 28.9 万平方米。

2002 年，办理商品房转移登记 2105 件，建筑面积 27.6 万平方米，其中商品房分户 600 件，建筑面积 13 万平方米，存量房过户 430 件，建筑面积 6.1 万平方米，房改房办证 1075 件，建筑面积 8.5 万平方米。

2003 年，办理房产转移登记 1509 件，建筑面积 16.68 万平方米。

2004 年办理转移登记 2426 件，建筑面积 30.3 万平方米，其中新建商品房分户 1410 件，住宅 14 万平方米，营业用房 2.6 万平方米；办理存量房过户 1016 件，住宅 13.7 万平方米，营业用房 7.24 万平方米。

2005 年办理商品房过户 851 件，建筑面积 10 万平方米，其中住宅 7 万平方米，营业用房 3 万平方米；办理存量房过户 1444 件，建筑面积 26.8 万平方米，其中住宅 16.5 万平方米，营业用房 10.3 万平方米。

房地产交易会　2000 年 1 月，首届房地产交易会在房地产交易中心进行，累计成交金额 6049.8 万元。其中商品房销售 3.5 万平方米，成交金额 2779.17 万元，出售存量住宅 237 套，面积 2.78 万平方米，非住宅 64 间，建筑面积 1.07 万平方米，成交金额 2854.2 万元；拍卖土地 2 宗，面积 29.41 亩，成交金额 416.41 万元；共计办理入房手续登记 61 户，迁户 121 人。

2000 年 10 月，举办第二届房地产交易会。这次交易会在总结上次经验的基础上，加大宣传力度。共成交住宅房 311 套，建筑面积 4.04 万平方米。营业房 232 间，建筑面积 1.03 万平方米，总计成交金额 6094.44 万元。

2003 年 10 月，举办第三届房地产交易会，参加此次交易会有房地产开发商、物管企业、房屋中介机构等 18 家，总成交金额 7517.18 万元，成交面积 5.63 万平方米。其中住宅房 4.99 万平方米，非住宅房 0.64 万平方米．拍卖土地 3 宗，面积 0.81 平方米，成交金额 160.85 万元。

房产中介　1996 年 10 月，第一家房地产中介机构成功经纪信息事务所挂牌成立。主要为房地产当事人、委托人提供法律、法规、信息、技术等方面咨询服务和居间代理业务经营活动。经过近 10 年房地产市场的不断发展，中介市场也在日益壮大，已渗透到新建商品房的销售中。至 2005 年末，全市房地产中介机构已发展到 100 余家，市内约 60% 的新建商品房和 75% 的二手房买卖通过房地产中介机构实现，为沟通买卖双方起到重要的桥梁纽带作用。

彭州市房产中介机构房产交易情况表

表 10-4-1-1

年　度	件数（件）		建筑面积（平方米）	
	住宅	非住宅	住宅	非住宅
1996	15	3	1100	210
1997	20	4	1710	201
1998	31	4	2200	231

续表10-4-1-1

年　度	件数（件）		建筑面积（平方米）	
	住宅	非住宅	住宅	非住宅
1999	50	8	3508	472
2000	89	11	8109	600
2001	160	15	14400	538
2002	300	40	21420	1705
2003	450	48	40150	1803
2004	620	70	48015	4135
2005	830	81	73413	4214

第二节　房屋管理

直管公房租赁修缮

1985年底，县境天彭镇、濛阳镇、九尺镇、敖平镇、隆丰镇、九陇镇、新兴镇7个建制镇有直管公房31.9万平方米，分别由县城乡建设环境保护局下属7个房管所负责管理。本城镇户口居民，经申请同意后，由辖地房管所发给租赁手册，承租人按月向房管所交纳房租。以租养房是直管公房长期一贯坚持的原则。房管所把房租收入重点集中用于破烂房屋的修缮改造。1986—2005年，全市（县）共修缮房屋15.845万平方米。其中：天彭镇77479平方米、隆丰镇9689平方米、濛阳镇13006平方米、新兴镇3242平方米、九尺镇41154平方米。

直管公房房改

1993年9月，彭县人民政府印发《关于直管公房房改意见（试行)》的通知，决定对全县城镇直管公房进行房改，实行先售后租，售房资金一律入城市住房建设基金，用于公房的管理、建设、维修和与之配套设施的建设。同年10月，彭县直管公房房改领导小组印发《彭县直管公房房改实施细则(试行)》的通知，根据县境5个地区不同类别确定不同的售房基价。至1996年底，纳入直管公房房改出售的7个建制镇公房出售建筑面积59841.72平方米，其中，营业房22683.07平方米，住房37158.65平方米，售房金额914.056万元。至2002年，全市直管公房8.5万平方米，均属危陋房，安全隐患突出。同年10月，市政府批转下发《彭州市直管公房出售办法》的通知，此次出售的直管公房主要涉及濛阳、九尺、敖平、隆丰、新兴5镇，公房建筑面积42985.45平方米。售房价格，根据房屋建成年代、结构等因素，确定为住房每平方米170~500元，非住房每平方米500~2500元。至2004年底，九尺、濛阳、敖平、隆丰、新兴5镇出售直管公房31992平方米，其中，营业房3946平方米，住房28046平方米，售房金额863.91万元。

房屋产权产籍管理

1987年8月，彭县城乡建设环境保护局成立彭县房地产所有权登记发证办公室，开始房产登记发证的前期准备。同年10月28日，彭县人民政府下发“关于批转县城建局《彭县城镇房屋的所有权土地使用登记发证实施细则》的通知"，县境全面开展城镇房屋的所有权，国有土地使用权登记和核发权证工作。是年 12 月，天彭镇、濛阳、九尺、敖平、新兴、隆丰、九陇 7 镇成立房地产登记发证领导小组，各镇房管所抽调专业工作人员 30 人，从 1988 年 1 月起，全县该项工作进入实施阶段。据房屋普查统计，1985 年底，全县房屋建筑面积总数 225. 58 万平方米。于 1990 年 10 月，统计完成城镇房屋产权登记发证面积 216. 58 万平方米，占全县城镇房屋总建筑面积 247. 84 万平方米的 87. 38% 。

1996 年 10 月，成立彭州市房地产管理局，设置彭州市房地产产权监理所，建立健全管理机构和各项规章制度，依法行使对彭州市规划区国有土地范围内的房地产权属进行管理。年底完成房屋产权登记发证 65. 63 万平方米，逐步实现全市城镇房地产产权产籍管理纳入法制轨道。1997 年，加强产权管理，实行办事公开，开展优质服务。对产权转移、变更手续和新建、改建房屋，按规定及时办理，基本实现"四公开"（任务、办事程序、办事人员身份、收费标准公开）的办事制度。1998 年，实施换发全国统一的房屋所有权证书，验证、换证工作覆盖率达 90% 以上。至 2005 年底，全市房屋所有权证 39819 本，建筑面积 651 万平方米，他项权利登记 5040 件。建筑面积 166. 7 万平方米，商品房预售登记 197 件，建筑面积 135 万平方米。建立房产产籍档案 43984 件。

房屋安全鉴定管理

1990 年 7 月，成立彭县房屋安全鉴定办公室。根据建设部〔1989〕第 4 号《城市危险房屋管理规定》、〔2002〕第 110 号《住宅室内装修管理规定》等文件精神，依法对辖区城市危险房屋进行管理及城市房屋（含住房、营业房、办公用房及其他民用房屋）装修结构安全管理，至 2006 年 11 月，出具房屋安全鉴定报告 1119 份，鉴定房屋建筑面积 104. 49 万平方米，办理装修结构安全鉴定书 628 份，鉴定面积 13 万平方米，查处违法装修 241 处。

白蚁防治

彭州市白蚁危害主要以散白蚁和家白蚁两种为主，危害范围遍及全市各个乡镇。1996 年 6 月市房地产管理处成立白蚁防治所后，配备专业技术人员 16 名，开展全市新建房屋的白蚁防治工作，要求凡在市区及城镇新建、改建和扩建房屋建筑，均应进行白蚁预防等。先后对楠杨镇云居院、红岩镇正觉寺、九陇镇白塔寺、天彭镇龙兴寺、电子研究第三十所等省、成都市级重点文物、古建筑的蚁害进行灭治。1996—2005 年，有白蚁预防工程的建筑新建面积 371 万平方米，施药面积 303 万平方米，灭治面积 6. 87 万平方米。

物业管理

全市物业管理企业诞生于 20 世纪 90 年代末期，随着城市生活节奏的加快和人们生活水平的提高，小区物业管理已被更多的业主所接受。物管企业大多聘用企业下岗职工和社会待业人员从事物管工作。至 2005 年底，管理小区 79 个，"物管"总面积 97. 4 万平方米。

彭州市 1998—2005 年物业管理情况表

表 10-4-2-1

时间（年）	管理面积（万平方米）	管理项目个数（个）
1998	无	无
1999	15. 90	9
2000	28. 30	11
2001	33. 47	19
2002	41. 76	27
2003	53. 80	63
2004	78. 99	72
2005	97. 40	79

房屋拆迁管理

1990 年成立基本建设拆迁管理办公室，主要负责审查拆迁项目前期手续及签发拆迁许可证。1991—2005 年，发放许可证 144 件，拆除 5669 户；1991—2001 年面积 22. 76 万平方米，2004—2005 年面积 1. 28 万平方米。

住房制度改革

1998 年 12 月开始，全面停止住房实物分配，1999 年 1 月开始全面停止福利房建设，职工住房实行货币化分配。公有住房租金标准从 1992 年房改前的每平方米月租金 0. 20 元提升到 2005 年的每平方米月租金 1. 78 元。1999 年 9 月至 2000 年 6 月，全市有 216 个公有住房单位参加房改，出售房屋 21102 套，面积 208. 72 万平方米（含集资建房）。自 2000 年开放房改房二级市场以来，共上市交易房屋 1642 套，面积 18. 87 万平方米。市政府将建设经济适用住房列入“为民办实事”目标，先后投入资金 4000 余万元，征地 69. 37 亩修建安居房 724 套，共 70703. 57 平方米。修建华融化工、百货公司、草坝火电厂等搬迁、改制企业职工住房 2228 套，面积 20. 56 万平方米。2005 年末，全市有职工 112501 人建立住房公积金账户，住房公积金归集总额达 2. 07 亿万元，个人支取 5069. 56 万元，发放个人住房贷款 1094 户、8321. 21 万元。归集公有住房售房款 1. 03 亿元。

第五章　环境卫生与市容管理

1985—1990 年，天彭镇城市管理职能主要由天彭镇政府负责。1991 年 2 月，成立县创建卫生城镇指挥部。1998 年 3 月，成立创建卫生城市指挥部办公室、城市综合管理指挥部办公室，实行“两办”

合署办公，创建成功后于2001年2月撤销，后设立城市综合管理办公室。同年10月，撤销综合管理办公室，设立市容环境管理局，成立城市综合执法大队。随着城市建设的不断发展，城市市容卫生管理工作与时俱进，市政府将此作为一项重要工作常抓不懈，进一步增加财政投入，增购环卫设备，扩大管理人员和环卫保洁人员队伍，制定和完善管理措施，不断提升城市管理水平和城市形象。

第一节　创建全国卫生城市

1991年2月，县委、县政府为贯彻落实国务院《关于加强爱国卫生工作的决定》精神，成立彭县创建卫生城镇指挥部，每届政府均由县（市）长担任指挥长，加强对市容卫生管理的领导。在机关、企事业单位、学校、居委会中掀起创建成都市卫生城市的热潮，县委常委会议多次将“创建”工作作为一项重要议题提交常委研究讨论。

1993年3月，县委、县政府召开争创省级卫生城镇动员大会后，各部门、事业单位干部职工都参加到创建工作之中，按创建卫生城市各项指标分片包干，加强督察指导。对各企业、商家都实施包卫生、包绿化、创秩序的“门前三包”。县财政加大对城市基础设施建设、环卫机具购置的资金投入。环卫部门实行定岗定人，竞争上岗，用“德、能、勤、绩”考核工作，与工资奖金挂钩。同年7月，县委、县政府召开“创建卫生城市”工作总结表彰大会，在创建省级卫生城市工作中有突出贡献的433名先进单位和个人受到表彰，大会号召广大干部职工再接再厉，鼓足干劲，努力争创全国卫生城市。

1994年8月，市委、市政府组织召开创建全国卫生城市动员大会，提出年内实现创建全国卫生城市的目标。同年9月，彭州市创卫工作接受了全国城市检查团四川省第四分团的检查，全市坚持“四同步”，实施“四高”方针所取得的创卫成果得到较高评价，至此，彭州市进入到全国卫生城市行列，被评为四川省县级市第五名。1996年11月，受全国爱卫会委托，省爱卫会组织卫生城市复查组，对彭州市巩固和创卫成果工作进行复查，彭州市获得“措施得力，思想不松，队伍不散，工作不停，力度不减”的评价，顺利通过复查。2000年7月，四川省召开城市卫生检查评比暨爱国卫生工作会议，彭州市获全国卫生先进城市称号。

第二节　市容管理

城区四条大街是1986年后城区市容环境卫生管理的重点。管理部门对这几条大街的环境卫生、摆摊设点、非机动车停放等都制定有明确的规定。随着旧城改造和城市新区不断发展，城区市容卫生管理受到高度重视，逐步被列入县委、县政府工作的重要议事日程。

1991年，查处损坏公用市政设施、绿化树木的行为43起，纠正违章摊点1250人（次）。在县城设置垃圾站59个、垃圾箱9个、垃圾桶325个、果皮箱108个。环卫部门先后购置垃圾车5辆、洒水车2辆，使城区大小44条街道保持清洁、卫生。

1996年，市环卫部门按照“政事分开、管干分离、管理科学、提高效率”的改革思路，引入竞争机制，逐步推进环卫体制改革。首先以大北街、大南街、迎宾路、天泰花园及天府学苑为试点，实行街道路面清扫保洁的全额承包制。对10座直管公厕管理面向社会公开、公平、公正招标，以促进城市环境卫生状况整体提高。

2001年，实施市容环境卫生强化管理，先后制定《彭州市容环境卫生管理处人事制度改革方案》等一系列改革措施，城市综合整治工作坚持以舆论为先导，开展宣传活动，增强市民城市管理意识。采取突出重点、各个击破的方法，整体推进城管工作。克服一切阻扰，完成西街夜市迁移。以治乱为重点，整治乱摆摊设点、车辆乱停乱放、乱支棚搭架、乱牵乱挂现象，处理各种违反城市管理行为6314起，拆除乱搭乱建棚架965起。落实单位、商家“门前三包”责任制，规划水果摊区4个、夜啤酒摊区3个、大小火锅摊区1个。拆除各类不规范广告1200余处，收缴各种违反规定的广告印刷品800余份、广告牌30个，清洗粉刷各种墙体广告800余份、电杆广告100余处。立案查处违反规定的广告案件2起，推广清洁能源，监督城区22家机关单位、12条主要街道的174户饮食店完成煤改气。组织机关干部、学生、部队指战员清理绿化带卫生2000余米，清洗人行道隔离栏2000余米、铺面1000余间、人行道地面砖7000余平方米。

2005年，环卫部门对小北街、西北市街等20条街道、人行道、主干道路面、排水沟、交通、邮电通信、路灯、河道水系等进行综合改造和整治。对二环路等6条入城路段、城郊结合部的300余个垃圾桶进行维修、更换。对四条大街、两条干道100余个果屑箱进行添补更换。强化公厕管理，对城区15座直管公厕进行维修。同时，采用BOT模式，吸引民间资金100余万元，新建不同风格的公厕4座。当年，市区共拆除各种广告、店招及各类招牌8000多件。纠正处罚“扬尘”违章行为500起、工地建筑垃圾违规堆放和运输295起。规范洗车场36处。布设临时摊区15个、摊位1万个。清扫街道67条、4.02万米，面积117.31万平方米，日清理垃圾150吨。规范管理人力客运三轮车2087辆，每年平均整治非法营运150余起；市区主要街道设非机动车停放点200个，清理乱停乱放5000余起。对市区285座中的街道公厕（机关单位除外）实行市场化运作管理。

第十一篇　经济总情

1986—2005 年，全市（县）经济经历了第七至第十个五年计划的发展，同时进行了各项经济改革，实现由计划经济向市场经济平稳过渡。农业方面经过产业调整，加大商品蔬菜种植；工业、商贸方面，地方国营企业改组、改制、破产，民营企业大发展；城乡建设、交通道路基础设施等建设投资猛增，城乡面貌大大改观；经济管理方面，指令性生产计划取消，国税、地税分设，农业税免交，物价管理范围缩小，统计指标考核与国际上接轨，将国民收入指标，改为地区生产总值（即 GDP）指标；通过社会、医疗保险事业的建立和实施，人民的生活质量大大提高。

1986—2005 年的 20 年中，全市经济总量（GDP）增长 17.1 倍，社会消费品零售总额增长 16.6 倍，财政收入增长 19.6 倍，城乡居民储蓄增长 60 倍，城镇居民人均可支配收入增长 10.8 倍，农民人均纯收入增长 9.5 倍，为建设小康社会奠定了基础。

第一章　经济发展

从 1986—2005 年经过 4 个五年计划时期，即“七五”“八五”“九五”“十五”计划期。2005 年国内生产总值（GDP）按当年价格计算达到 773154 万元，比 1985 年的 42710 万元增长 17.1 倍，平均每年递增 15.6%。人均 GDP 达到 10188 元，比 1985 年的 608 元增长 15.7 倍，平均每年递增 15.14%。第一、二、三产业结构比重，从 1985 年的 48∶33∶19 发展到 2005 年的 24.5∶41.6∶33.9，其中农业下降 23.5%，工业建筑上升 8.6%，第三产业上升 14.9%。但从第三产业来看仅占 33.9%，低于成都市 49.8% 的平均水平，表明市域经济的城镇化水平还不高。

第一节　经济总量

20 年间全市经济取得长足发展，财政收入不断增长。1986 年县财政收入为 3293 万元；1993 年市财政收入达到 1.16 亿元，在历史上首次突破亿元大关，是 1986 年的 3.5 倍；1996 年市财政收入（全口径，以下同）突破2亿元大关，达到20034万元；2002年市财政收入突破3亿元大关，达到3.03亿元；2004年市财政收入突破4亿元大关，达到4.17亿元；2005年彭州市财政收入突破5亿元大关，达到5.56亿元。1986—2005年全市全口径财政收入累计达到38.37亿元，平均每年的递增速度达到16.04%。城乡居民银行储蓄存款快速增长，城乡居民储蓄余额2005年达到53.1亿元，比1985年增长60倍，年递增22.86%。

1986年以后，彭州市人行和各商业银行贯彻执行国家信贷政策，主动适应、积极支持全市的改革开放、经济建设、社会发展形势和需求，加大贷款投放力度，贷款余额不断增加，为全市的发展建设持续注入活力。1993年，贷款余额突破10亿元，1996年，突破20亿元，2000年突破30亿元，最高年份为2003年，达到33.2亿余元。

彭州市1989—2005年金融机构存贷款余额情况表

表11-1-1-1　　　　单位：万元

年份	年末金融机构存款余额	其中：储蓄存款余额	年末金融机构贷款余额	其中：农业贷款
1989	26896	25263	36539	—
1990	35140	34522	44916	—
1991	67961	44418	70711	—
1992	53380	53713	69438	—
1993	96940	66116	112986	—
1994	120196	94285	145378	—
1995	131683	131683	189156	—
1996	226321	169209	225810	—
1997	257536	199941	258097	—
1998	284500	214945	269669	—
1999	322029	243233	288140	—
2000	354179	279486	316142	—
2001	393545	310449	319758	—
2002	434498	344268	319876	—
2003	517019	399395	312988	56283
2004	581204	455632	265835	56238
2005	701926	531026	248429	52140

彭州市1986—2005年国民经济主要指标情况表

表11-1-1-2

年份	国内生产总值（GDP）（万元）	人均国内生产总值（现价·元）	社会消费品零售总额（万元）	财政总收入（万元）	地方财政收入（万元）	地方财政支出（万元）	全社会固定资产投资额（万元）	城乡居民储蓄存款余额（万元）	农民人均纯收入（元）	城镇居民人均可支配收入（元）
1985	42710	608	22569	2692	—	2799	7220	8648	404	630
1986	51743	727	28985	3293	—	2717	6647	11829	466	—
1987	63085	874	31183	3763	—	2620	12997	16357	543	—

续表11-1-1-2

年份	国内生产总值（GDP）（万元）	人均国内生产总值（现价·元）	社会消费品零售总额（万元）	财政总收入（万元）	地方财政收入（万元）	地方财政支出（万元）	全社会固定资产投资额（万元）	城乡居民储蓄存款余额（万元）	农民人均纯收入（元）	城镇居民人均可支配收入（元）
1988	83716	1151	37183	4261	—	2827	18135	18440	671	—
1989	92990	1270	33534	5325	—	3452	16206	25263	696	—
1990	110603	1498	35907	5657	—	4194	18683	34522	742	1404
1991	112822	1519	39754	6233	—	4633	24983	44418	831	1651
1992	142130	1903	48825	6716	—	5724	39720	53713	915	1901
1993	19523	2597	61216	11552	—	9512	73508	66116	1026	2352
1994	237633	3144	83036	13581	新口径 7519	10511	78625	94285	1347	2956
1995	249153	3282	109562	15364	8607	13393	55985	131683	1763	3731
1996	298712	3927	140051	20034	12041	15444	63137	169209	2195	4216
1997	345418	4534	167343	23980	15126	19001	64231	199941	2487	4490
1998	400051	5228	185914	14466	15462	20503	78459	214945	2710	4663
1999	386276	5022	204526	24526	15658	21682	73550	243233	2840	4985
2000	396362	5141	234949	25514	13481	23152	80000	279486	2984	5443
2001	444244	5845	254909	25941	14168	26501	85605	310449	3112	5786
2002	478409	6237	282961	30189	15198	32293	110456	344268	3279	6168
2003	544299	7106	289483	36088	17121	39626	145824	399395	3509	6526
2004	654712	8551	327984	41670	20196	46319	172514	455632	3847	6970
2005	773154	10188	373571	55564	29218	56384	303576	531026	4262	7444

彭州市 1985、2005 年经济总量产业结构示意图

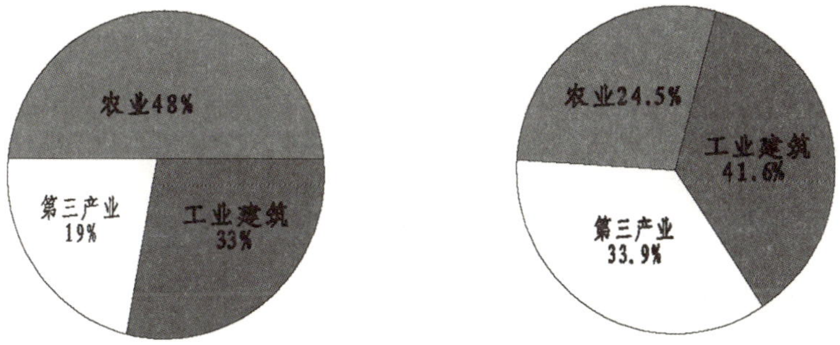

1985 年　　2005 年

第二节　“七五”计划期经济

“七五”计划期末，1990 年全市国内生产总值达到 11.06 亿元（现价），平均每年递增 12.46%，三产业也实现较为迅速的发展。

农　业

1990年增加值达到4.32亿元，1990年粮食产量达到34.69万吨，比1985年的30.51万吨，增加4.18万吨，增长13.7%；油菜籽产量21140吨，与1985年持平；肉类产量36661吨，比1985年增加5986吨，增长19.5%。

这一时期建立8个商品生产基地：即1987年5—9月，国家医药总公司批复中药材基地，四川省畜牧局批复商品瘦肉猪生产基地；省计委、农牧厅批复小麦商品粮基地；成都市计委批复奶牛商品生产基地；1988年中商部批复商品蔬菜生产基地；省林业厅批复彭州柚生产基地；成都市计委批复商品鱼生产基地和食用菌生产基地。

工　业

1990年工业增加值达到35512万元，比1985年增长1.83倍（现价）。

这一时期电力工业大发展，兴办红石桥水电站总装机2.2万千瓦，县水电局牵头联办关口火电厂，总装机3.6万千瓦；乡镇企业小水电厂也纷纷建成，进入全国100个农村初级电气化县行列。

1987年三线企业湔江机械厂迁走，落户德阳市；1988年岷江齿轮厂迁走，与四川齿轮厂合并。

1989年11月彭县天然气公司成立，首先从什邡县埋设管道进入天彭镇，联通从青白江输入彭县氮肥厂的管线，建立输气站，引入城区，使县城区居民生活用上天然气。同年，在四川省计委、成都市计委的安排下，彭县申办1000万吨炼油厂项目开始启动，县政府向国家计委、中国石油天然气总公司分别上报有关申报资料。

第三产业

1990年第三产业增加值达到26202万元，比1985年现价增长2.23倍，按统计口径，该产业14个行业的产值，分别为：交通运输、仓储和邮政业1378万元；信息传输计算机服务和软件业1025万元；批发和零售业6251万元；住宿和餐饮业4425万元；金融保险业2490万元；房地产业946万元；租赁和商务服务业97万元；科研技术服务和地质勘查业286万元；水利、环境和公共设施管理业1120万元；居民服务和其他服务业2242万元；教育2130万元；卫生、社会保障和社会福利业887万元；文化、体育和娱乐业163万元；公共管理和社会组织1465万元。

城区兴建了金彭大道天彭贸易市场、天府市场、繁江路蔬菜批发市场及开辟外东街粮食和家禽市场。新建百货、五金、凯兴等大型商场，民营商店星罗棋布，商贸、服务业大发展。兴建邮电大楼，开通自动电话，电话进入家庭。开发银厂沟景区，旅游事业开始兴旺起来。

彭州市“七五”计划期间国内生产总值表

表11-1-2-1　　单位：万元

项目 年份	国内生产总值（GDP）	第一产业	第二产业	其中		第三产业	年平均常住人口（人）	人均GDP（元）
				工业	建筑业			
1985	33631	16591	10054	8541	1513	6986	702600	478
1986	40028	17825	13234	10728	2506	8969	712000	562
1987	45514	18539	15742	12338	3404	11233	721800	630

续表11-1-2-1

项目 年份	国内生产总值（GDP）	第一产业	第二产业	其中		第三产业	年平均常住人口（人）	人均 GDP（元）
				工业	建筑业			
1988	49331	18850	18777	16039	2738	11704	727100	678
1989	55138	20926	21701	18488	3213	12511	732300	752
1990	60508	21304	25645	21352	4293	13559	738100	819

说明：按1980年可比价格计算

第三节　“八五”“九五”计划期经济

经过“八五”“九五”计划期的经济发展，2000年全市GDP达到26.24亿元，比1990年增长1.37倍，十年中平均每年递增9%。农业生产以撤县建市为契机，着眼于跨世纪的发展目标，“以稳粮增收、奔小康”为指导思想，进一步深化农村改革，调整农村经济结构，实施“科技兴农”，推进农业产业化进程。1994—2000年的7年中，每年粮食总产量稳定在40万吨以上，肉、禽、蛋等农产品也大幅度提高。肉类总产量最高年1998年53019吨，比1990年36661吨增长44.6%；禽蛋产量2000年达到13541吨，比1990年的4000吨增长2.38倍。

农　业

产业化进程在这一时期明显加快速度，先后建立国家省市级小麦商品粮、彭州柚、蔬菜、“三木”药材、速丰林、瘦肉型猪等商品生产基地，到1996年已组建成“公司+农户”120多家，联系农户2.5万户，彭州市成为国家农业综合开发试点县，全国蔬菜生产基地县，科技兴农示范县和林业花卉基地县。

工　业

10年中工业经济在结构调整、增长方式转变中稳定发展，形成了以医药、能源、化工、建材为支柱的发展格局。2000年工业产值（可比价）达到31.29亿元，比1990年9.92亿元增长了2.15倍。

10年中主要产品产量中发电量增长90.5%，原煤增长24.5%，水泥增长126.5%。1991年炼钢1.79万吨，2000年达到9.78万吨。

乡镇企业大发展，2000年全市有企业16325个，总产值（1990年不变价）28.19亿元，比1990年8.29亿元增长2.4倍，年递增13%。

1992年建立彭州工业开发区，1998年10月16日经四川省人民政府同意确定为省级工业开发区。开发区位于城郊东南和西南面，总规划面积17.2平方公里。经过6年多的建设，累计投入3.38亿元，基础设施已具规模，入区项目累计160个，协议投资额达13亿元。主要引进企业有四川长庆机器厂、重庆晋林机械厂、四川轨枕桥梁厂、川港泰柏墙板有限公司、日本独资贵藤食品有限公司、四川协力制药有限公司等大中型项目，并多数建成投产。

第三产业

随着社会主义市场机制的建立和完善，流通体制的改革，市场已由过去以国营5个专业公司、2个基层贸易商店、县联社3个专业公司和12个基层供销社20个乡镇供销分社主宰流通领域的格局，发展到2000年底止，成为多渠道、多成分、多方式的开放性市场49个，其中，商品交易市场48个，生产要素市场1个。彭州蔬菜批发市场成为西南地区最大的蔬菜批发综合市场，并跻身“全国百强集贸市场”之列。

2000年社会消费品零售额达到22.49亿元，比1990年3.59亿元增长5.26倍，平均每年递增20.66%。经济的发展为市场提供丰富的商品，消费市场货源充足，商品交易活跃，极大地满足人民对生活的各种需求。

彭州市“八五”“九五”计划期间国内生产总值表

表11-1-3-1　　单位：万元

项目 年份	国内生产总值（GDP）	第一产业	第二产业	其中		第三产业	年平均常住人口（人）	人均GDP（元）
				工业	建筑业			
1990	110603	43213	41188	35512	5676	26202	738100	1498
1991	124149	45970	49477	43325	6152	28702	742700	1671
1992	143295	48812	60391	50470	9921	34092	746900	1918
1993	159355	50476	72241	60512	11729	36638	751700	2119
1994	173140	51403	74679	63286	11393	47058	755900	2290
1995	188505	52670	79607	70111	9496	56228	759200	2482
1996	200125	55124	82449	72362	10087	62552	760700	2630
1997	212406	58151	85087	74268	10819	69168	761900	2787
1998	227740	61094	89892	77701	12191	76754	765200	2976
1999	244018	63843	92583	80195	12388	87592	769100	3172
2000	262362	67035	102396	87904	14492	92931	771000	3402

说明：按1990年可比价格计算

第四节　“十五”计划期经济

“十五”计划期间，实施“工业富市”的发展战略，对外招商引资，对内企业改革重组，发展民营企业。全市综合经济实力进一步提升，2005年国内生产总值达到68.36亿元（按2000年不变价计算），比2000年增长72.5%，年递增11.5%，实现人均GDP1000美元以上。

2005年全口径财政收入达到5.56亿元，比2000年增长1.2倍，比1985年增长19.6倍。2005年全市享受直接补贴的农户19.1万户（全部农户19.99万户），农业人口61.93万人（全部农业人口64.45万人）。核实后的粮食种植面积42.03万亩，补贴资金636万元，平均每亩补贴15.13元，户均补贴33.3元，人均补贴10.27元。2005年全面实行农业税免交。

农 业

按照“推进城乡一体化，建设和谐新彭州”的发展思路，大力推进农业产业化进程，加大农业产业化调整力度，引导农民按市场经济规律调整种植结构和农产品结构。水稻、小麦面积减少，而蔬菜面积增加。据统计2005年水稻面积40万亩，比2000年减少9万亩；小麦面积81001亩，比2000年减少14万亩。而2005年蔬菜净种面积40万亩（其中蒜薹20万亩），比2000年增加10万亩。2005年全市粮食总产量26.37万吨，比2000年减少14万吨；而蔬菜总产量，2005年77.3万吨，比2000年增加18.10万吨。

畜牧业发展变化大。生猪存栏头数减少，但出肥率大大增加，2005年底生猪存栏34.5万头，当年出肥82.13万头，出肥率244%，比2000年增加近一倍，并涌现出不少养猪大户。小家禽发展迅速，2005年小家禽出栏2070万只，比2000年增加1050万只。

龙门山镇宝山村，全村611户2140人，仍是以村为集体经济的核算单位，已延续40多年。全国优秀共产党员、党的十五大代表贾正方创办的四川省彭州市宝山企业（集团）有限公司，全部资产达到26亿元。企业20多家，全村农民人均收入达到1万元，100户中有20多户存款超过50万元，都是从集体收入中分红而来。全村儿童青少年上学免费，五保户每月发60元，老党员、老干部每月发50—120元，子女读书毕业后有工作安排，社会秩序和谐安定。四川省委书记张学忠到此考察后题名“西部山区第一村”。

工 业

工业经济发展变化大，老企业解体停产或破产、改制、重组，外资、外来投资企业增多，民营企业逐步壮大。期间外来投资兴办的企业有台资企业亚东水泥厂投资5亿元，年产水泥400万吨（后增加为600万吨）；华岐钢管厂投资1.5亿元，年产焊接钢管10万吨；香港联邦制药总投资7亿元，生产青霉素等原料药；四川制药投资2.3亿元，生产中成药；成都华融化工有限公司收购湔江化工厂，投资3亿元，生产氢氧化钾、烧碱等产品。

彭州市“十五”期间工业主要产品产量情况表

表11-1-4-1

品名	单位	2000年	2001年	2002年	2003年	2004年	2005年	备注
发电量	万度	51252	82936	86361	93265	73250	65818	—
原煤	万吨	146.06	160.59	207.92	203.64	202.69	22.04	比2004年减少180.65万吨
水泥	万吨	66.09	52.33	68.61	80.53	58.05	52.0	—
粗钢	万吨	9.78	11.97	11.36	11.4	11.6	11.0	1991年开始生产粗钢17909吨
钢材	万吨	—	—	—	5.0	8.6	17.0	—
中成药	吨	2417	26.9	3403	4172.9	2769.2	3398	—
灯泡	万只	14925	17201	21854	23448	20172	22477	—
烧碱	吨	—	—	9294	11209	21755	55406	—

第三产业

“十五”计划期内，商贸经济大发展。城区内兴建了天一商城、泰和商场、成都百货大楼（彭州店）等一批大型商场，红旗连锁商店遍布全市大街小巷，诸多餐饮业普遍兴起。2005 年社会消费零售额达到 37.36 亿元，比 2000 年 23.5 亿元，增加 13.86 亿元，增加 59%，年平均递增 9.7%。

彭州市“十五”期间社会消费品零售总额情况表

表 11–1–4–2

项　目	2001 年	比重	2005 年	比重	备注
社会消费品零售总额	254919	100	373571	100	—
一、按经济类型分	—	—	—	—	—
国有经济	16198	6.35	12055	3.22	—
集体经济	10001	3.92	6998	1.87	—
私营和个体经济	228497	89.63	349520	93.56	—
其他经济	223	00.10	4998	1.33	—
二、按行业分	—	—	—	—	—
批发零售贸易业	199982	78.4	265153	71.0	下降 7.4%
餐饮和住宿业	54937	21.6	108418	29.0	增加 7.4%

2005 年社会消费品零售总额中，私营和个体经济比重已占 93% 以上，而国营经济比重从 2001 年的 6.35% 下降到 3.22%。

乡镇企业

1986—2005 年，乡镇企业数由 11481 个发展到 2005 年 23608 个。从业人员由 61229 人增加到 90437 人。企业总产值由 1985 年的 2.36 亿元，增加到 72.31 亿元，增长 29.6 倍，年平均增长 18.66%。企业销售收入由 1.21 亿元，增加到 69.54 亿元；企业利润由 521.46 万元，增加到 9495 万元；企业上缴国家税金由 934.15 万元，增加到 1.39 亿元。

随着彭州市国有企业、集体企业的改制不断深入，镇村集体企业，通过资产清理，明晰产权，企业的经营也由过去的租赁经营转为资产转让后的股份制和股份合作经营，以及招商引资的独资或合资经营方式。

彭州市“十五”计划期间国内生产总值表

表 11–1–4–3　　单位：万元

项目 / 年份	国内生产总值（GDP）	第一产业	第二产业	其中		第三产业	年平均常住人口（人）	人均 GDP（元）
				工业	建筑业			
2000	396362	132055	121832	98716	23116	142475	771000	5140
2001	436354	132403	143017	118707	24610	160934	760100	5740
2002	479800	134709	165681	137070	28611	179410	767000	6255

续表11-1-4-3

项目 年份	国内生产总值（GDP）	第一产业	第二产业	其中		第三产业	年平均常住人口（人）	人均GDP（元）
				工业	建筑业			
2003	536199	136429	197989	164927	33062	201781	766000	6999
2004	601952	142226	237821	199119	38702	221905	765700	7861
2005	683584	155311	287835	238326	49509	240438	758900	9007

说明：按2000年可比价格计算

第二章　固定资产投资

1986年以后，随着彭州市改革开放的深入发展，经济建设和社会发展的加速，在基础设施、城市建设、交通邮电、工业建设、农林水利建设等方面的投资不断加大。1986—1992年，共投资13.73亿元，平均每年1.96亿元；1993年党的十四届三中全会决定在中国建立市场经济体制，彭州市的固定资产投资开始快速增长，到2005年累计达到138.5亿元，平均每年10.66亿元，是1986—1992年年均投资的近10倍。1986—2005年彭州市固定资产总投资152.28亿元。固定资产的大量投入，改善了彭州的投资环境，增强了招商引资的吸引力，促进了工农业生产建设和彭州市经济建设的持续发展，同时也改善了居民的生活条件和环境。

第一节　基础设施和房地产

基础设施

1988年起，城区基础设施建设全面铺开，埋设自来水、污水、天然气管道和电信、电缆等。建成自来水厂，日供水能力2万吨；1992年又在隆丰镇西北村建第二自来水厂，引西河水库水，日供水能力达到20万吨。建成污水处理厂，日处理能力3000吨。建成天然气公司，居民开始用天然气。投资1000多万元建成占地180亩的公园——彭州园，城区面貌进一步改观。投资9779万元用于旧城改造，至1992年城市旧房改造已累计拆迁居民2200多户，拆除旧危房14.6万平方米，竣工房屋面积20万平方米。

2004年7月1日投资8000多万元新建成的行政中心竣工投入使用，围绕行政中心规划建成牡丹新城7.3平方公里。

2004年在致和镇梅花村建成第二污水处理厂，日处理污水14万吨。

1985—1992年，投资1.09亿元，用于新建商场、宾馆及贸易市场等。投资4085万元用于兴建天彭中学，彭一中从龙兴寺迁出；彭县中学、各乡镇小学危房改造等建设。又新建体育馆、游泳池、广播电视台、博物馆、县医院住院部大楼等。

房地产建设

从1992年起，房地产开发投资195万元，之后一批开发商多处修建商住楼，经营房产业，将城市建设推向一个新阶段。

1993年12月撤县建市之后，市委、市政府加大城市建设力度，先是利用城市建设资金建成“仿古街”（原安仁街）和小北街桑家大院商住楼，而后房地产开发商大量投资建成数个商城和十多个花园式住宅区。市委、市政府以“腾笼换鸟”盘活城市土地的理念，2001年以1900万元将公检法大院出售给开发商建成“纽约新城”商住楼；2001年7月以3050万元将政府大院、林业局办公楼、天彭公园等23亩土地出售给四川金茂建设集团有限公司，后来转售四川鑫瑞置业发展有限公司建成泰和中心商城；2002年4月以3000万元将粮食局中心仓库出售给恒立房产，2004年基本建成城市花园居住小区。2003年4月以3400万元将市委大院出售给四川香溢房地产开发有限公司，于2004年10月1日建成天一商城开始营业。迄至2005年底先后有诸多开发商在城区购买土地兴建住宅。

第二节　工业建设

1985—1992年，工业建设投资4.73亿元中，主要投资1844万元，在原丰乐乡兴建红石桥水电站；投资5000多万元兴建关口火电厂；投资7349万元，兴建湔江水泥厂（成都市属）等。

1995年12月，长庆链条厂征地896.72亩（实际征地为497亩，改为华庆机械厂）投资2.4亿元。1996年1月晋林机械厂（即157厂）征地799.02亩投资2.8亿元。2003年四川制药厂征地200亩投资2.3亿元。香港联邦制药征地600亩投资7亿元，2004年投产。2004年台湾亚东水泥厂征地600亩投资5亿元，2004年12月破土动工，建成年产400万吨的水泥厂（后增加投资改为年产600万吨）。华融化工有限公司投资2.4亿元，年产氢氧化钾3万吨、烧碱3万吨。华岐钢管厂投资1.5亿元，建成年产钢管10万吨等。

筹建中的项目四川省炼油厂、乙烯厂占地3500亩，连同周边绿化带占地约12600亩，总投资400亿元建年产石油1000万吨、乙烯80万吨、原油库100万吨，预计实现销售收入2700多亿元，税利200亿元左右。

第三节　交通与邮电建设

1985—1992年，交通建设投资3660万元，用于成彭公路彭州段铺设水泥路面，扩建银白公路14公里（白水河场—银厂沟），彭关公路、城区金彭大道延伸段和兴建工业大道等。邮电方面投资自动电话扩容1000门，开始建5000门程控电话。

1998—2001年改建拓宽城区至关口、白水河公路，兴修小石河人民大桥和城区至红岩镇公路。2002年长6公里（棕树林至界牌）宽50米的牡丹大道建成，2003年牡丹大道延伸段（至人民渠）建成。2004年10月投资4亿多元，长21公里的成彭高速公路建成通车。2003年西北市街（520米）改造完成，2004年11月小北街（500米）步行街改建完工，2004年底东湖路建成通车。2004年下半年北门人民渠大桥（宽50米）动工。2005年6月西南市街600多米路面改造动工。2005年11月人民渠石化大桥奠基。

第四节　农林水利建设

1985—1992年，农林水利建设投资3.1亿元，主要用于水利河道建设中农业综合开发以及乡镇企业的发展。

投资300多万元改建湔江堰拦河坝，投资1200万元将6号支渠3.5公里实施“三面光”改造，确保香港联邦制药厂常年用水。

1990—2004年的14年中，投入资金5687万元，在濛阳、三界、升平、敖平、葛仙山、红岩等十多个镇、200多个村，实施高标准、高质量建设，开挖整治排灌渠道306公里，衬砌渠道180余公里，新建“三面光”和“U”型渠175公里，改造中低产田土17.8万亩、下湿田1.6万亩，垦荒扩耕1037亩。使每年大小春粮食增产150万公斤以上。

第三章　招商引资

随着城市经济体制改革的进行，为发展彭县经济的需要，1984年7月成立彭州经济协作办公室，开始进行招商引资工作。1987年3月，为加强招商引资工作，经协办从计经委单列出来，由县政府直接主管。1998年起，增设“招商局”，“一套人马，两个牌子”，成立彭州市招商引资领导小组，开展工作。2000年，随着全市经济形势的发展，经协办改成“对外经济合作局”，内设招商局，加大招商引资力度。同时在北京和部分省区设立办事处。20世纪90年代起，为扩大招商引资成效，政府向各乡镇、各部门分派招商引资目标任务。同时制定一系列招商引资政策、措施、规范以吸引企业、投资者。并利用节会、因特网、媒体、中介机构等平台，采取走出去、请进来的方式，介绍彭州市情况、优惠政策，推荐介绍招商项目，形成多渠道、多系统全面招商引资网络。

第一节　政策措施

优惠政策

1992年，县委、县政府特别制定《鼓励外商投资的优惠办法》对到彭州投资产品出口企业和先进技术企业（简称“两型企业”）实行优惠。

土地使用方面　从批准之日起（入驻开发区），免收场地使用费3年，从第4年起按规定标准的50%计收场地使用费5年，第9年起全额计收。三胞（港澳台）投资企业使用土地可按彭县征用土地的优惠办法，从快办理土地征用手续，取得土地使用权。

设施、费用方面　对两型企业优先提供水、电、气指标以及运输条件和通信设施。生产、生活用水保证供应，供水设施补贴费按100元/平方米（一次性费用）计收。供水价格与彭县国营企业相同核收。电力增容费按60元/千伏安（一次性费用）计收；供电价格与县内国有企业相同核收。天然气资源开发费按125元/立方米（一次性费用）计收；气价与县内国有企业相同核收。通信除设备及配件费外，其他施工费、进网费等提供20%的优惠。

工商税收方面　两型企业的地方所得税，经营期在10年以上（含10年），自获利年度起免征5年，减半征收5年。减免期满后，产品出口企业年度出口值60%以上的，先进技术企业有新的先进、适用技术再投入，产品出口型企业按年度、先进技术企业自新的投入三年起，在3年内免征地方所得税。非产品出口的先进性技术型企业投产获利之日起，地方所得税免征4年，减半征收4年。以上两型企业在地方所得税减免期满后，其所得税税率按30%计征。

用人、户口方面　企业聘用各类技术、管理人员办法及其工资、福利、奖励待遇自主决定；企业中的技术、管理人员，可以放宽政策，办理其家属、亲友的“农转非”。

1998年市委、市人民政府出台新的招商引资优惠政策（彭委发〔1998〕31号），制定和完善到彭州市投资的优惠政策，明确优惠范围和界限，规范奖励范围、奖励标准。凡引进外资到我市兴办企业或事业，按其利率高低，额度大小，还款期限的长短，按其引进外资额度1%—3%予以奖励。

1998年，市委市政府出台《关于招商引资实行“一站式”服务的通知》（彭府发〔1998〕29号）《关于印发〈彭州市招商引资奖励办法〉的通知》（彭委发〔1998〕36号）等一系列关于招商引资的政策措施。

为进一步加强开发区的建设和管理，加大招商引资力度，1999年，市委、市政府连续出台两个文件（彭委发〔1999〕6号和彭委发〔1999〕28号）进一步明确彭州工业开发区是彭州市对外开放的“窗口”和经济特区，实行全方位“一站式”服务，大力培育新的经济增长点。

措施办法

宣传和推介　收集整理彭州市招商环境、资源优势，整理包装对外经济合作招商项目。用“走出去请进来”的方式主动对外宣传和推介。组织举办多种形式的相关招商的会议、活动和参加外地相关招商经贸会和活动；利用先进的网络技术和媒体在网上、报刊杂志上进行宣传、推介；积极利用企业家协会、经贸服务公司及其他中介机构进行宣传、推介，通过宣传推介实现招商引资目标。

走出去请进来　走出去，一是到周边区（市）县考察取经；二是组织招商队伍赴省外经济发达地区招商引资；三是派员驻省、成都市及厅局在外办事处开展招商工作；参加在外省、市、区（特区）举办各种商贸活动，主动在外地城市举办各种相关招商引资的会议，开展招商引资工作。

请进来，一是聘请高级人才为招商引资顾问；二是邀请省内外院校、专业机构的学者、专家到彭州考察指导；三是邀请外地经贸代表团、企业到彭州考察，举办专会开展招商引资工作。

第二节　招商引资成效

经协办（招商局）

1993年开始，通过举办“深圳招商会”“第十届天彭牡丹花会大型招商引资会”“上海招商会”，在成都举办“彭州市招商引资暨四川炼油厂信息发布会”，组织部分企业参加“四川省对外招商引资会”等大型招商引资活动，到1998年10月底，引进项目71个，项目资金到位17771.63万元；引进和利用各种协议资金4.54亿元。引进一批投资较大的项目如大宝镇的大理石板材及照明电器项目，协议投资1500万元，到位1200万元；九陇镇（现丹景山镇）的三昧水生态农业开发项目，协议总投资2500万元，到位600万元；5719工厂兼并医塑厂，扩建引进资金2000多万元；濛阳镇重庆汽车弹簧厂成都分厂投产等。

1999年组织有关部门和乡镇先后参加“99重庆招商洽谈会”“昆明99贸易洽谈会”以及广东省在成都举办的商品博览会。先后在因特网上推出医药、CNG、宝山温泉等招商项目20余个。进行项目储备包装，精心整理包装前景看好、符合国家产业政策的项目23个，为客商投资提供重要依据。与此同时，对已经有意向的项目进行跟踪服务，促其成功。

2000年1—10月，全市共引进项目125个，同比增长268%，完成年目标任务（45个项目）的278%；协议引进各类资金5.45亿元，同比增长3%，其中引进资金到位2.71亿元，同比增长34%，完成年目标任务（2.5亿）的108%，引进项目总投资2.24亿元（不含高纯度氢氧化钾项目和牡丹花园项目），完成年目标（总投资4亿元）的56%，实际外方到位投资8376.71万元。

2000年组团参加中国沿海企业商品博览会和2000年秋交会，介绍彭州市的产品和项目，扩大彭州市对外的影响力。11月14日组团参加的中国西南（成都）经贸洽谈会国际投资洽谈峰会，会上共签订5个总投资达1.8亿元的项目，占该次峰会15亿元的12%，其中投资260万美元的秸秆加工项目进入实质性谈判阶段。

2001年是彭州市“招商引资年”，市委、市政府提出“工业富市，城建活市”的战略。全市共引进项目175个，协议引进资金21.61亿元，到位6.26亿元，协议资金增长42%，到位资金增长36%，完成目标任务。为进一步加大彭州市对外宣传力度，充分发挥“政府搭台，企业唱戏”的作用。4月初，抓住参加西安2001年中国东西部合作与投资贸易洽谈会的机遇，在西安成功举办成都暨彭州市情况说明会。4月中旬举办第十七届牡丹花会招商引资说明会，会上签约10个投资共1.7亿元的投资协议项目，到年底有7个项目得到落实，其中成都天星照明集团与广东中顺纸业合资的天天纸业公司建成投产；八达磨抛材料四川有限公司投资到位400万元。

2001年，招商工作更加注重招商引资与企业改制盘活存量相结合。当年康弘制药成功收购济生制药厂，以存量资产换来增量资金投入；亨达药业引进北京天启星，到位1400万元，加快GMP改造步伐；钜星皮革公司引进成都制革厂，到位400万元，使企业出现新的生机；烧碱厂转让给成都华融化工，建成中国最大的钾化工生产基地。抓住成都东郊企业外迁的机遇，开展定向招商。市上成立引进成都市东郊外迁工业企业工作领导小组，对东郊4家外迁企业分别进行走访。当年储备工业、医药、农产品蔬菜加工、交通、能源类等62个总投资43亿元的招商项目，包装其中29个有吸引力的项目，为对外招商提供必备资料。

2002年，招商工作本着“开放强市”的原则，实施“大经贸”发展战略，1—11月，新批外商投资企业2家，合同外资215万美元，完成年目标的21.5%。实际利用外资1184万美元，完成年目标的148%，累计外贸出口354万美元，完成年目标的118%。

2003年1—11月，引进项目72个，协议引进国内资金10.99亿元，到位资金4.3亿元。完成成都市下达的4.4亿元引资目标任务的97.8%。全市新批外商投资项目2个，预计实际利用外资1385万美元，完成成都市目标任务的261.3%。预计全市累计直接出口1500万美元，同比增长161%，完成年目标的250%。先后引进香港联邦制药（成都有限公司）、成都华岐制管、双马水泥、成都制药一厂、四川玉宁环保、成量集团、成都旭康药业、宁波镇海房产、葛根种植、富豪家具、力斯特药业等一批项目。

2004年，全市为实现经济“追赶型、跨越式发展”新思路，招商引资工作取得明显成效，1—10月，共引进项目142个，到位资金8.6亿元，完成全年目标任务的103%。其中从成都市引进项目52个，到位资金45170万元，完成成都市下达年目标的80%（其中工业利用成都市外资金2.28亿元，完成年目标任务的76%）。1—10月，合同利用外资232万美元，实际利用外资1078万美元，实际出口1510万美元。主要引进亚东水泥、香港联邦制药、力斯特药业、恒信利华钢结构有限公司、民达电力、宜而爽、时代第一制药、森科药业等一批企业。

2005年1—11月，全市共引进项目136个，到位资金15.78亿元，同比增长17%，完成年目标任务的121%（其中从成都市外引进到位资金9.98亿元，完成成都市下达年目标任务的112%），全年引进到位资金161.6万元，其中引进成都市外资金10.32亿元。主要引进彭川众鑫冶业有限公司60万吨热轧钢生产项目、河北华龙集团年产6万吨方便面生产项目、水岸名都房地产开发项目、广东中顺集团年产2万吨生活用纸项目、成都华融化工PVC技改项目、5719工厂扩建工程、长庆机械厂等项目。

工业开发区

工业开发区充分发挥“载体、亮点、窗口”作用，运用多种招商引资手段，扩大招商引资领域，采取各种有效措施，收集投资信息，追踪投资项目，增强招商引资实效。采用“走出去请进来”，进一步扩大对外宣传招商引资力度。抓住80万吨乙烯项目落户彭州市的大好时机，组织招商队伍赴东部沿海发达地区进行上门招商，重点向医药化工、机械电子、服装等相关产业的企业宣传彭州市。邀请南京大学、成都科技顾问团、西南交大、成都理工大学、省城乡规划院等10多家专业机构的专家来开发区考察指导，虚心学习借鉴先进的管理模式，多方位的狠抓招商工作。

充分利用地方优势条件，大力宣传，热情服务，提高办事效率，实行一个窗口办完手续，同时做好论证、规划、审批手续，积极为厂家提供基础资料，尽可能合理规划选址。从提出报告7天以内办完各种手续，为厂家节约时间以及费用。1992年先后有100多批次外商和军工企业前来参观考察，有157厂、长庆机器厂等5家企业签订正式协议和意向性协议。其中157厂（成都晋林工业）占地799亩，协议投资3.5亿元；长庆机器厂（216厂）占地896.72亩，协议投资4亿元。

1999年，引进中外合资成都华融化工有限公司等12个项目，协议资金5.12亿元，到位资金8195.25万元。

2002年，全年共签约引进成都恒信、湔江（艾康）制药、成都银天灯12个项目，协议投资1.62亿元，实际到位资金1.12亿元。进一步加大“一站式”服务工作力度，不断提高办事效率和服务质量。为成都恒信、三众燃料公司、湔江（艾康）制药办理立项选址手续；为华华制药、康弘制药、四川制药等办理土地使用证；为川药、成都恒信等办理工商、税务登记手续。

2005 年，共引进龙科机械制造、蜀邦实业、浙欧气阀、中顺纸业、金富莱化工、华龙日清食品等 17 家企业项目，协议资金 13.83 亿元，到位资金 8.57 亿元，其中成都市外资金 7.52 亿元。

工商联（商会）

1990 年以后，市（县）工商联（商会）积极开展引资引项工作，把引进资金、人才、技术作为头等大事。

1992—1996 年向乡镇企业推荐开发项目 54 个，招商引资 5000 余万元。主要有成都市协力生化厂引进港资 100 万美元，成都市制约十厂引进港资 60 万美元，彭州市天恒仪表成套有限公司引进 800 万元（其中引进台资 100 万元），彭州市亨达生化有限公司引进台资 800 万元，泰柏建材有限公司引进资金 400 万元，南菜北运转运站引进资金 200 万元，亿资房屋有限公司引进资金 400 万元。

2001 年，亨达生化有限公司引进螺内脂生产线一条，并引进资金 653 万元。

2002 年 3 月，第十二届中国（成都）兰博会在彭州市举办，市工商联（商会）以此为平台促进四川协力制药有限公司与杭州艾康生化有限公司联合，共建占地 120 亩的湔江制药厂协议正式签订，引进到位资金 1000 万元。2002 年会员企业积极引进资金进行技术改造。全市 4 家民营企业引进和自筹资金 4000 多万元，有 10 多家民营企业通过联营项目等方式，扩大生产规模和发展空间。

2003 年全年招商引进到位资金 287 万元。

2004 年 4 月份为万顺制冷设备厂融资 20 万元，支持企业的发展。6 月份工商联组织 13 家企业参加在成都举办的全国大中城市民营企业合作交流会，达成意向性合作协议 1 个。为加强引资招商工作，工商联成立党政一把手抓生产领导小组。9 月份再次组织全市民营企业参加在成都召开的全国大中城市民营经济交流会，引进外资 1000 万元，协助成都隆盛药业有限公司引进 GMP 改造资金 800 万元。

2005 年，为成都市虹光化工实业有限公司乳化炸药生产线改造项目引进资金 100 万元。6 月 11 日新兴镇分会在阳平观举办新兴镇金钗花观光艺术节，会上新兴镇政府同夹江一位民营企业签订投资 500 万元的矸砖生产项目意向书。

第四章　居民生活

1986—2005 年的 20 年间，随着经济发展的不断提升和城乡一体化进程逐步加快，人民生活和城市化水平大大提高。2005 年末全市农业人口减少，城镇人口增加，城市化水平比 1985 年提高 13.3 个百分点。

2005 年全市在岗职工 62491 人，年平均工资 14383 元，比 1985 年职工（33801 人）年均工资 1072 元增长 15.6 倍。城镇居民可支配收入 7444 元，比 1985 年 630 元增长 10.8 倍；农民人均纯收入 4262

元，比 1985 年 404 元增长 9.5 倍。城镇居民人均居住面积达到 31 平方米，农村达到 33 平方米。

社会福利事业稳步发展，大力实施再就业工程，扩大农村和城镇低保对象范围，强化基本养老保险、基本医疗保险等，2005 年离退休人员基本养老金发放率达 100%。

第一节 城镇居民生活

20 年间城镇居民生活方式有很大的改变和发展。城市居民生活在吃、穿、住、行方面有诸多变化。吃的方面，办酒席、进餐馆、吃火锅、冷水鱼的家庭不断增多；穿的方面，由中山服改变为西式服装、牛仔裤、夹克、连衣裙、筒靴等；用的方面，由自行车改变为摩托车、汽车，电话座机改变为手机等；住的方面，由平房改住为楼房；烧的方面，由烧蜂窝煤改为烧天然气。出行方面，特别是节假日，外出旅游光顾农家乐，或携少年儿童外出到游乐园游玩等休闲娱乐增多。

1985 年据统计部门对城市 40 户住户家庭基本情况和现金收支调查：调查 40 户家庭 141 人，平均每户 3.5 人，全年人平生活费支出 630 元，其中：食品支出（含粮食、副食品、烟、酒、茶）352 元占 55.87%，衣着支出 90 元占 14.3%，日用品支出（包括自行车、手表、缝纫机、洗衣机、电风扇）49 元占 7.8%，文化娱乐用品（含电视机、录音机）50 元占 7.8%，书报杂志 6 元占 1.0%，医疗医药 7 元占 1.1%，燃料 12 元占 1.9%，其他商品 7 元占 1.1%，非商品支出（含水费、电费、学杂费、交通费、修理服务费）57 元占 9%。

40 户中，主要消费品拥有量：毛毯 33 条，沙发 75 个，沙发床 6 个，自行车 41 辆，缝纫机 18 架，手表 104 只，电风扇 18 台，洗衣机 13 台，彩电 6 台，黑白电视机 26 台，中高档乐器 2 件。

2005 年市统计局对城市居民家庭平均每百户耐用物品拥有量进行调查：每百户拥有电冰箱 98 台，彩色电视机 135 台，照相机 59 架，空调器 50 台，电话机 254 部（其中移动电话 164 部），电脑 51 台，VCD 或 DVD97 台，组合音响 55 套，摩托车 22 辆，汽车 9 辆，摄像机 12 个，洗衣机 98 台。

调查资料表明，城市居民家庭耐用物品拥有量 1985 年与 2005 年相比，新增许多物品，如汽车、电脑、摄像机、电冰箱、空调器等。

第二节 农村农民生活

家庭收入

1985 年调查农村 60 户住户，人平全年总收入 686.5 元。其中，集体统一经营收入 32.9 元占 4.8%，经济联合体收入 23 元占 3.3%，家庭经营收 602.7 元，占 87.8%. 非生产性收入（亲友赠送）27.9 元，占 4.1%。而 2005 年调查农村 100 户，人平全年总收入 5503 元，增长 7 倍。其中，工资性收入（含本地企业劳动和外出打工）1606 元，占 29.2%。家庭经营收入 3513 元，占 63.8%。财产性收入 108 元，占 2%。转移性收入 276 元，占 5%。其中农民家庭经营收入一项，2005 年比 1985 年下降 24%，外出打工获得劳动工资增多，反映出收入来源的转化。

生活消费支出

1985 年全年人平生活消费支出 367. 3 元中，食品 237 元占 64. 5%，衣着 33. 1 元占 9%，住房 34. 8 元占 9. 5%，燃料 14. 7 元占 4%，用品及其他（日用品、文化娱乐用品、书报杂志、医药品）41. 1 元占 11. 2%，文化服务（学杂费、文娱等）3. 9 元占 1. 1%，生活服务（交通、邮电、医疗费）2. 6 元占 0. 7%。而 2005 年调查 100 户农民人均生活消费支出 2688 元中，食品 1219 元占 45. 3%，衣着 238 元占 8. 8%，居住 239 元占 8. 9%，设备用品及服务 150 元占 5. 6%，医疗保健 172 元占 6. 4%，交通通信 308 元占 11. 5%，文教娱乐用品及服装 275 元占 10. 2%，其他商品及服务 87 元占 3. 2%。上述数据反映 2005 年比 1985 年食品支出比例下降 19. 2%；而交通通信、医疗保健、文教费用比例大大提升。

家庭耐用物品拥有量

1985 年 100 户农民中，拥有自行车 63 辆，缝纫机 18 架，收音机 35 台，手表 103 只，电视机 13 台（没有彩电），收录机 2 台，电风扇 1 台，洗衣机 1 台，沙发 4 个。而 2005 年每 100 户农民家庭，拥有洗衣机 89 台，电风扇 168 台，电冰箱 29 台，自行车 115 辆，摩托车 69 辆，电话机 66 部，移动电话 99 部，彩色电视机 109 台，黑白电视机 26 台，影碟机 69 台，收录机 15 台，热水器 23 台，照相机 4 台。上述资料可以看出，农民住户电话、彩电已经达到百分之百普及，摩托车近 70% 农户拥有，洗衣机 90% 农户拥有，反映农民已经达到小康生活水平。

农村住房

20 年间农村住房的面积和质量得到增加和提升，到 2005 年农村人均住房面积达到 33 平方米，不少农户由红砖墙体，改为瓷砖墙体，由灰色盖瓦变为五色琉璃瓦。住房院落由单元式变为别墅花园式，向绿色生态园林式农居发展，城乡差别越来越小，全市田园城乡一体化建设向前推进。

第十二篇　农业和农村经济

1986—2005 年，全市按照“稳粮增收奔小康”的指导思想，坚持把农业放在国民经济发展的首位。不断强化农业基础地位，实施科教兴农战略，稳定党在农村的基本政策，深化农村改革，调整优化农业产业结构。全市把农业综合开发作为改善农业生产条件，提高农业抗灾能力，增强农业发展后劲的重要手段，以国家农业综合开发项目为载体，进行治水、改土、兴林等综合治理，实施生态农业和农产品开发，使工程、生物和农耕、农艺措施有机配套，渠系、林网、道路进一步改善，农业综合生产能力得到提高。1989 年底，全国开始实施农业综合开发。1990 年 5 月 3 日，国家农业综合开发办公室副主任李绪猷一行到彭县考察后，批准彭县低息贷款 200 万元，并列入全国“农业综合开发市(县)”。1993 年全市实施农业综合开发，大力发展乡镇企业，推进农业产业化和机械化进程，全面发展农业和农村经济。1998 年被省委、省政府命名为“小康县（市）”。到 2005 年，实现农村牧渔总产值 30.57 亿元，是 1985 年 3.09 亿元的 10 倍，年平均增长 12.14%；实现农林牧渔业增加值 18.99 亿元，是 1985 年 2.05 亿元的 9.2 倍，年平均增长 11.77%；农民人均纯收入达 4262 元，是 1985 年 404 元的 9.5 倍，年平均增长 12.5%；实现乡镇企业总产值 72.3 亿元，比 1985 年 2.36 亿元，增长 29.6 倍，平均每年递增 18.66%。

第一章　农田水利建设

1986 年以后，全市投入大量劳动力和资金确保农业经济的发展。彭州市地处湔江、都江堰灌溉区，每年对河道、水库进行重点治理，对山丘地区的耕地实施微水治旱工程建设。在进行农田水利建设的同时，兼顾人畜饮水、工业取水的工程建设。彭州市作为长江流域水土保持治理重点地区，市政府制定规划，在山、丘地区因地制宜开展水土保持工程建设，对坝区低产田的改造也十分重视。

第一节　水利工程

防洪工程

湔江堰首工程　湔江是彭州市主要的农业灌溉水源之一，堰首大坝工程极为重要。1966—1980 年几经建设，经受了多次 3000 立方米/秒以上的洪水考验。

1997 年 8 月 15 日，因市境内连日暴雨，引发山洪，湔江流量从平时的十几个流量骤然增至 4920 立方/秒，湔江堰首工程被冲毁，致使东河、西河干渠无法上水，市第二自来水厂断流，灌区 18 万亩水稻灌溉和 20 多家企业生产以及天彭镇等十几万居民生活用水受到严重威胁。市委、市政府果断采取措施，耗资 40 万元，9 天内抢修临时截留工程，暂缓灾情，又争取到大坝工程列为成都市水利复修重点工程。

复修工程第一期于 1997 年底开工，投资 598 万元，于 1998 年 4 月 20 日完工，在春灌前投入运行。复修工程第二期于 1998 年 11 月开工，总投资 480 万元，工程于 1999 年 4 月 20 日前竣工。二期工程完工后，整个大坝达到抵御百年一遇洪水的能力。

复式河道工程　1966 年，湔江堰首工程实现“九河归一”后，彭县每年都会投入大量的人力、物力、财力，对湔江——小石河进行岁修。因为湔江出关口后，水速骤减，河道砂石淤积严重，河滩的堆积物阻水改流，沿河多处形成深槽倒滩，洪水冲击堤防基础。据统计：1995 年洪水冲毁堤防工程 404 处，长 51949 米。1997 年，洪水损毁市境江河堤防工程 54 处，长 6530 米。2000 年，损毁 58 处。2001 年，损毁 49 处，长 17. 55 千米。2002 年，损毁 22 处，长 3283 米。根据成都市水务局建设复式河床工程的要求，2002 年，市里制订《关于小石河复式河床建设河道疏浚工程实施意见》，要求从根本上解决“年年修，年年冲”的湔江治理难题，部署实施河床疏浚及复式河床工程建设。即在河道中再抽挖一条主河槽，主河槽按规划宽度和深度，以统一标准和深度进行开挖，距离堤防不小于 50 米，主河槽必须达到两侧面和底面平整，主槽四条线必须保持顺畅。截至 2005 年底，关口以上河段已建成复式河床 6. 3 公里，用废石弃料堆垒无堤防段 2. 5 公里，筑保护顶冲险段 2. 8 公里。关口以下河段已建成复式河床 19. 5 公里。

灌溉工程

渠系配套工程　湔江渠系改造在 1966 年实现“九河归一”时已开始。1990—1998 年，坚持统一规划、分步实施的原则，按照《国家农业综合开发技术规程》的要求，提出“沟端路直树成行，支斗农渠三面光”的要求，共改造中低产田土 178670 亩，垦荒扩耕 1037 亩，植树造林 18220 亩，开挖整治排灌渠道 578 条，长 305. 79 公里。新建“三面光”和“U”型渠 165 公里，改造下湿田 1. 6 万亩，新打机井 53 口，新建提灌站 8 座。

1999—2004 年，全市先后实施农业综合开发第四期和第五期工程项目，有葛仙山、敖平、红岩、濛阳、天彭、三界、升平等镇，共完成投资 2000 余万元，衬砌渠道 180 余公里。其中，“U”型渠近 10 公里。渠改中，按“沟端路直树成行”的要求，废旧挖新，使支渠基本沿垂直于等高线的方向笔直延伸。在人民渠以下灌区，形成全覆盖的渠系网络，处于市境的人民渠 14 条支渠，设计总长度 13. 8

万米，“三面光”长度2万米，新开挖斗渠403条，25.6万米，新建水闸400余座，跌水145处，人行桥523座，公路桥24座。2003年2月，实施湔江灌区濛白支渠配套工程项目，工程总投资252.81万元。同年，投入资金200万元，对西河环山渠道进行改造。2003年，为解决香港联邦制药（成都）有限公司用水需求，结合渠改配套投入资金上千万元，将流经市区的人民渠6号支渠实施改造，建成“三面光”梯形渠6公里，常年通水，取工业用水和农业用水两利。

2005年，共投入资金766.3万元，整治排灌渠道防渗处理79公里，其中完成U型渠道45.9公里，全衬渠道32.1公里，新增节水面积3.1万亩，治理水土流失5.8平方公里。同年，针对湔江各支渠、分支渠、斗农渠防渗处理不到20%的现状，全市湔江灌区农业综合开发节水配套改造项目，对56.4公里的天然渠道进行整治，投资1471.23万元，工期2年。整治除鸭子河之外的湔江其余11条支渠和分支渠及各渠的进水闸等。通过治理增加灌溉面积1.6万亩，改善灌溉面积6.5万亩。经过渠改配套工程建设后，结束了湔江河道分支多、乱，渗漏严重、分水失平、行水不畅的旧貌，实现灌溉系统的大变革。

水库治理　彭州市莲花洞水库可蓄水1538万立方米，西河水库、东河水库、牌坊沟水库（小一型）可蓄水800万立方米，罗汉洞水库、石河埝水库、百贤平塘水库等，蓄水量92万立方米。莲花洞水库容量最大，又为湔江相邻水域蒲阳河—清白江的滞洪水库，作用至关重要。但1957年，该水库修建时采取“经济断面”施工，加以填坝土料复杂，坝体单薄，稳定性差。1962—1976年间，曾几次出现较大的滑坡和渗漏，几乎每次坝顶都有不同程度的下沉，每年都突击填土加高。历年汛期，该水库均空库迎汛，彻底整治莲花洞水库成为当务之急。2002年10月，水库治理工程动工，投资近千万元。选择富有水库建造经验的中国水利水电基础工程局承担工程。大坝加固，在上游坝坡713.5米的高程设置砼防渗漏，将溢洪道改设为无闸开敞式溢洪，堰顶高程716米，增设平板工作闸门及相应启闭设备，增加完善水文观测设施，改造工作桥等五项整治措施。2003年汛期前竣工并投入使用，使莲花洞水库成为全市一处生态旅游区。

微水治旱工程　全市有280余平方公里的丘陵山区，西起丽春的谭家村，东迄红岩镇九里埂，区域人口达10万人，约占全市总面积的五分之一，“望天田”占总耕地的一半，用水难困扰着山区人民的生活，也制约当地经济的发展。

1998年开始，在整个丘陵山区实施以蓄、引、提、节水为主要内容的“微水工程”，结合农业结构的调整，以水利促进丘陵山区农民增收。

2000年，在红岩、庆兴、万年等乡镇新建微型水利工程101处，新增有效灌面900亩。

2001年，先后在桂花镇雪岩村、丽春镇土溪村实施集水节灌工程，以蓄水为主，辅之以提灌，大力维护微喷灌工程，整治引水沟渠，提高沟渠水利用率。总投资170万元，共建引水沟渠168条，9021米，建蓄水池299口，微喷灌面积440亩。

2003年，共修建微水治旱工程94处，其中塘32口，蓄水池61口，石河埝1座，新增水容23.5万立方米。新增灌溉面积0.73万亩。

2004年，建设微型水利工程94处，开挖机井23口，完成节水改造1.72万亩，解决旱地浇灌面积0.8万亩。

人畜饮水工程

2002年，在农业综合开发实施中，将解决人畜饮水与生产用水相结合，兴建微型水利工程330处，在丽春、庆兴、隆丰、楠杨等4个乡镇的7个村投入资金636.564万元，新增蓄水容积38万立方米，使丘陵山区群众生产生活用水条件得以改善。2003年，投入资金2万元，完成新兴镇三尖村人畜饮水工程建设。2004年，全市13个丘陵山区镇不同程度地存在人畜饮水困难，涉及67个村、9167户、38189人。截至当年底，市水利部门共先后投入800余万元，在丘陵山区修建蓄水池107个、蓄水塘2座、拦河坝8座（小型），提灌站1座，打井296口，铺设自来水管道3.2万米，解决包括小渔洞董坪村、新兴镇定山村等在内的丘陵山区2.4万人、8000余头牲畜的饮水困难问题。

2005年开始，全市正式启动丘陵山区人畜饮水工程建设，把过去零星分散且发生一起解决一起的做法，改为系统全面有计划地推进。当年投资23.5万元，在丹景山镇凤鸣村、红岩镇白山村实施饮水安全工程，新建管井1处、蓄水池4口、水泵站（小型）3处，安装输水管道5.6千米，解决2713人以及3500头家畜饮水问题，并完成《彭州市农村饮水现状调查评估报告》和“十一五”《农村饮水现状调查评估报告》。

湔江堰渠首工程

西河水库

第二节　农田建设

水土保持工程

彭州市水土保持区域主要涉及丘陵、山区镇，其主要任务是通过实施植树造林、退耕还林还牧、制止在河道中乱采砂石，蓄水保水等措施，治理水土流失。

1998年8月，彭州市以书面形式向四川省人民政府提出申请，将彭州列入长江流域水土保持治理重点地区。同时，市政府成立以市长为主任的水土保持委员会和水土保持执法试点领导小组，提出治理水土流失的七条措施。同年10月，市政府编制《彭州市1998—2004年水土保持规划报告》，规划利用7年时间，治理水土流失面积214.47平方公里。在此基础上，以生态工程、农耕为主要措施进行水土保持，本着宜林则林、宜池则池、宜沟则沟、宜凼则凼的原则，凡25度以上坡地全部实施退耕还林，发展生态，保持水土。25度以下坡地进行坡改梯，并与改土造地相结合，沟、池、凼配套，控制、降低水土流失。并率先在熙林河流域、牌坊沟流域、土溪河流域拉开大规模水土保持工程序幕，治理面积27.6平方公里。到2000年，上述3个流域实施坡改梯工程1807亩，建蓄水池33口、沉砂池73座、拦河坝工程8座、蓄水塘2处、提灌配套1处、排洪排灌沟渠近10公里、道路13公里，使该地区水土流失基本得到控制，实现当地农业结构调整和农民增收、农业增产、农村变样的目标。

2003年，查处水土流失案件3件，对涉案企业进行整改。投入资金15万元，在丹景山镇多宝村利用生物技术，治理水土流失面积3平方公里。2004年，治理水土流失面积3平方公里，恢复改善灌溉面积2.1万亩。2005年，采取退耕还林，修建坡改梯，建蓄水池等措施，治理水土流失面积5.8平方公里，治理率达92%。

2003—2005年间，全市共投入资金1100万元，新建坡改梯2100亩，治理水土流失面积42平方公里，建生态林8.7万亩，治理泥石流8处，滑坡19处。特别是对工程、矿山引发的水土流失实施严管重罚，成效明显。

改造低产田土

彭县从20世纪70年代起，通过采取客土加厚土层，深挖排水沟，降低地下水位，合理施肥，合理轮作、间作，适当深耕，特别在丘陵山区加强植树造林、水土保持、客土面泥、传土聚土、修筑梯田等措施，使低产田土改造收到良好效果。20世纪90年代初，全县有耕地66万亩，其中有40多万亩中低产田土，水稻田占33万多亩。中低产田土占耕地面积的60%。一般低产田年粮食亩产比中产田低140公斤左右，中产田比高产田低70公斤左右。针对全市中低产田中排水不畅的湿害型农田、缺水灌溉的旱片尾水干旱田两大主要类型，对湿害型农田以建设明暗结合的排水渠道系统为主，配合半旱式等模式化栽培农技措施，治理涝渍变高产，旱片尾水干旱田重点是整治灌溉渠系，建设节水型工程，修建提灌站，打机沉井，增加水渠，配合农耕农艺，改善灌溉变高产。

1990—1998年，全市共改造中低产田17.87万亩，从1990年起，粮食连续增产，每年总产量都上新台阶。2000年，全市结合第四期农业综合开发工程，投入资金257.19万元，投劳50.2万个工日，加强农田水利设施建设，改造中低产田3.5万亩。2002年，全市兴建微型水利工程330处，新增节水灌溉面积2.5万亩，恢复改善灌溉面积3万亩，改造中低产田5万亩。2005年，结合农业综合开发改造中低产田2.48万亩。

第二章　农业产业化经营与综合开发

随着改革开放的深入发展，经济结构发生重大变化。第一产业比重逐渐下降，经济发展的形势使农业经济必须走产业化经营的道路，农业经济结构必须进行调整，使粮经比例趋于合理，农业经济全面发展。全市在推进农业产业化进程中，坚持以市场为导向，加强商品生产基地建设，经过上级批准建成13个农业商品生产基地，在农村产业结构和产品结构的调整中，大力发展商品蔬菜、水果、养殖、花卉、林木和中药材等经济作物，因地制宜建立基地，逐步向多种经营、综合开发、全面发展的方向发展，加大解决农村经济发展不平衡问题，扶贫解困，增加农民收入，促进农村小康社会的发展。

第一节 农业产业化

农业生产结构调整

1986 年以后，彭州农业生产结构一直由传统的农业为主兼营畜牧业，以粮、油为主兼种少量蔬菜等经济作物的状况。随着农村改革的深入、结构的调整，逐步转变为“稳粮增收奔宽裕”的新的发展方向。1995 年，开始实施“山区发展菌药林，丘陵发展果牧草，坝区发展粮菜养”的农村区域经济战略，农业生产结构和农产品结构得到不断调整和优化，农业经济开始向多种经营、综合开发和农林牧渔业全面发展转变。1986 年农林牧渔业产业总产值结构比例为 67.5：3.3：28.2：1，至 2005 年发展到 56.7：2.1：39.1：2.1。农业比重下降 10.8 个百分点，畜牧业比重增长 10.9 个百分点。农业内部粮、经比例渐趋合理，以蔬菜、药材、生猪、小家禽为主的多种经营得到长足发展。

彭州市 1986—2005 年农林牧渔业产值及比重情况表

表 12-2-1-1

年份	总产值（万元）	其中							
		农业	%	林业	%	牧业	%	渔业	%
1986	35029	23667	67.5	1172	3.3	9895	28.2	295	1.0
1990	61611	41800	67.5	1224	2.0	18096	29.4	471	0.8
1995	139331	87338	62.7	1354	0.9	49951	35.8	688	0.6
2000	195610	129845	66.4	6473	3.0	60934	31.0	1135	0.6
2005	305716	173444	56.7	6509	2.1	119542	39.1	3412	2.1

农业产业化

1986 年以后，随着家庭经营联产承包责任制的稳定推行，全县农村专业户、乡镇企业的兴起和发展，农村产业结构发生深刻的变化。以种植和养殖为主的第一产业，产量和产值显著增长，但比重下降幅度较大，以建工、建材、食品、能源、采矿、化工等为主的第二产业有较大发展，以商业、运输、服务业为主的第三产业逐步上升。农业生产逐步向高产、优质、高效方向发展。1994 年，全市先后建立起国家级、省、成都市有一定规模的蔬菜、瘦肉型猪、速生丰产林等 12 大商品生产基地。在此基础上，培育加工、贮藏、保鲜、销售一条龙。全市年种植蔬菜面积达 21 万亩，总产量 4.3 亿公斤，外销量 2 亿多公斤，产值 2.1 亿元，其中加工产值 5000 余万元。瘦肉型猪年出栏三元杂交猪 24 万余头，加工产值 5000 多万元。水禽肉兔，年出栏 642 万只，加工产值 2000 余万元。1998 年，坚持把农副业放在国民经济发展的首位，继续实施“山区发展菌、药、林，丘陵发展果、牧、桑，坝区发展粮、菜、养”的彭州市农村区域经济发展战略。重点调整蔬菜产业结构，压缩“大路菜”，大力发展高档菜、反季菜、精细菜、无公害蔬菜。乡镇企业注重发展农副产品加工业。各乡镇根据各自的实际，宜农则农，宜牧则牧，宜果则果，部分乡镇已发展出自己的特色产业和产品。

1996—2005 年，全市已建起一批流通市场和较为完善的农业产业化服务网络，形成以市场引导合同，公司引导农户，农户组织生产以及市场、龙头企业、专业镇村、大户、协会、专业合作社带动型等农业产业化经营模式和一镇一业、一村一品、一户一专的发展局面。全市农业产业化企业发展到98家，农村专业合作经济组织95家，农产品交易市场54个，全年农业产业化实现销售收入22亿多元，带动农户11.9万户，占农户总数的58%。

商品生产基地建设

1986年4月，县政府继建立省级速生丰产林基地（1981年批复立项）后，分别向成都市计委、四川省畜牧局提交建立奶牛商品生产基地、商品瘦肉型猪基地立项报告，次年7月，商品瘦肉型猪基地建设由省畜牧局批复立项，奶牛商品生产基地由成都市计委批复立项。1987年5月，中药材基地建设由国家医药总公司批复立项，同年8月，小麦商品粮基地建设由省计委、省农牧厅批复立项。1988年，商品鱼生产基地由成都市计委批复立项。彭州柚生产基地由省林业厅批复立项，蔬菜基地由中商部会议确定立项。1989年6月，食用菌基地由“成菌社”批复立项。1991年3月，小禽畜生产基地由彭州市人民政府批复立项。1993年1月，五倍子基地由成都市政府批复立项。1997年，花卉生产基地由国家林业部批复立项。1998年10月，川芎生产基地由省农业产业化领导小组批复立项。2001年，基本完成农业商品13个生产基地建设（其中：国家级3个、省级5个、成都市级4个、彭州市级1个），实现产值15.1亿元，全市农村人均实现商品基地可支配收入2510元，占全市农民人均收入的84%，全面实现基地建设的预期目标。2005年，彭州继续着力抓好各项基地建设，在商品瘦肉型猪基地建设方面，不断壮大生猪养殖业，强化疫病防控和畜产品质量安全体系建设，抓好产业化经营，实现生猪养殖业全面、协调、可持续发展，基地养殖商品瘦肉型猪55.7万头。蔬菜基地建设方面，全市统一规划无公害蔬菜规范化建设，制订出具体实施意见和考核办法，建立田间农业投入品档案，加强农业投入品市场和蔬菜质量检测，全年检测蔬菜样品1736个，合格率为96.4%。通过《农事春秋》《走乡村》电视栏目和《蔬菜动态》专刊等形式，广泛宣传无公害蔬菜生产，全市建立无公害蔬菜基地42万亩，产量达102万吨，产值6.30亿元。

彭州市13个农业商品生产基地建设情况表

表12-2-1-2

基地名称	申请立项		立项批复		立项规模			2005年实绩		
	部门	时间	部门	时间	数量	产量	产值	数量	产量	产值
速生丰产林基地	县政府报告	1981	省林业厅	1981年	10.3万亩	60万立方	1.8亿元	—	—	—
中药材基地	—	1987年5月	国家医药总公司	1987年5月	1000万株	—	—	2104亩	—	3695万元
商品瘦肉型猪基地	县政府报告	1986年7月	省畜牧局	1987年7月	45万头	—	1.3亿元	55.7万头	37万头	3340万元
小麦商品粮基地	县政府报告	1987年4月	省计委农牧厅	1987年8月	19.7万亩	—	—	22万亩	7.15万吨	693.72万元
奶牛商品生产基地	县政府报告	1986年4月	成都市计委	1987年9月	500头	1500吨/年	200万元/年	760头	3200吨	960万元
商品鱼生产基地	县政府报告	1987年1月	成都市计委	1988年	100亩	400吨/年	200万元/年	1600亩	1470吨	161万元
蔬菜生产基地	—	—	中商部会议确定	1988年	14万亩	30万吨	—	42万亩	102万吨	6.30亿元
彭州柚生产基地	县政府报告	1987年6月	省林业厅	1988年	40万株	200吨	500万元	110万株	991万公斤	2474万元

续表12-2-1-2

基地名称	申请立项		立项批复		立项规模			2005年实绩		
	部门	时间	部门	时间	数量	产量	产值	数量	产量	产值
食用菌基地	农工委报告	1989年4月	成菌社	1989年6月	1000万袋	1000吨	285万元	4302万袋	—	9339.3万元
小禽畜生产基地	畜牧局报告	1990年12月	彭县政府	1991年3月	200万只	1500吨	2000万元	1230万只	1230万只	2378万元
五倍子基地	县政府报告	1992年12月	成都市政府	1993年1月	1000亩	—	500万元	950亩	—	47万元
花卉生产基地	—	—	林业部	1997年	—	—	—	—	—	—
川芎生产基地	市农业产业化领导小组	1998年7年	省农业产业化小组	1998年10月	2000亩	600吨	—	4.6万亩	9832.5吨	5899万元

第二节　农业综合开发

1986以来，随着农村经济改革的深入发展，彭州农村经济逐步改变以传统农业经济布局为主的状况，开始转向以粮为主发展农经作物的多种经营格局，但因缺乏规模种植和集约化养殖，以及技术和政策的支撑，农业经济发展不具区域特色，水平不高。1995年市委、市政府提出实施“山区发展菌药林，丘陵发展果牧草，坝区发展粮菜养”的农村区域发展战略。1999年制定出《关于调整农业生产结构的实施意见》，提出全市调整农业生产结构的指导思想、原则和重点以及具体措施，继续实施1995年提出的“山、丘、坝”农村区域发展战略。山区乡镇加快优质中药材基地的建设和林产品的开发；丘陵区各乡镇加快经济林、优质水果、牧草三条绿色经济长廊的建设；平坝地区乡镇积极实施蔬菜、节粮型小禽畜和粮油品种的结构调整，重点调整蔬菜结构、品种结构、压缩“大路菜”，积极发展高档蔬菜、反季蔬菜、无公害蔬菜，以增加农民收入。养殖业在稳定生猪生产的基础上，扩大小禽畜生产规模，肉牛、肉羊、奶牛等养殖规模得到较大发展。同时乡镇企业注重发展农副产品加工业，各乡镇根据本地实际，宜农则农、宜牧则牧、宜果则果，形成“八仙过海、各显其能”。20年间，通过实施国家，省、成都市十三大农业商品生产基地建设，已形成各具区域特色的综合经济发展带和生态农业区。

农村区域特色经济发展

农产品开发　通过实施“种子工程”和“品种战略”，农产品质量以及市场竞争力得以提高。在新技术、新品种方面，先后引进日本茄子、山露、樱桃番茄、玄武萝卜，韩国白玉春萝卜、四季苔韭、无筋豆、月华苦瓜，在优良禽畜品种上，引进推广樱桃谷肉鸭、北京Z型鸭、三元杂交瘦肉型猪、齐星兔、肉牛、南江黄羊等，使各镇出现一批特色产品。2005年末，全市有各类农产品品牌40多个。明丰果艺公司的“西陵”牌丰水梨、海利公司的“海利”系列无公害蔬菜获成都市农质办无公害农产品认证，“龙门山”牌蔬菜被评为首批四川省农业十大知名品牌，“隆丰”牌大蒜、蒜薹，使隆丰镇荣获“优质大蒜生产龙头镇”称号，成都日新特种水产试验中心的鲟鱼、彭州涌泉冷水渔业有限公司的金鳟获中国西部农业博览会“金奖”，彭州金绿山食品有限公司的“绿川”牌清水食用菌、四川百端

食品公司的“雅含”香熏板鸭、四川科汇生物技术公司的“御隆康”大蒜胶囊获农博会“银奖”，彭州竹瓦蔬菜制品厂的“彭州泡菜”和彭州涌泉冷水鱼公司的鲟鱼获农博会“优质奖”。

特色经济带　实施农产品开发后在乡镇特色产业和产品的基础上，基本形成各具特色的综合经济带。全市以地形划分，形成龙门山、小鱼洞、磁峰、新兴、白鹿、通济等镇以经济林、中药材、晚秋菜种植、冷水鱼养殖的旅游、农家乐山区经济带；形成桂花、丽春、葛仙山、红岩、丹景山等镇以种植牧草，肉牛、奶牛、肉羊养殖和小禽畜养殖以及李子、桃子、梨子、彭州柚种植的丘陵经济带；形成三界、九尺、濛阳、隆丰、敖平、军乐、升平、致和、天彭等镇种植粮油、无公害蔬菜、大蒜以及川芎药材的坝区经济带。

全市以产品划分已基本形成以龙门山、小鱼洞、新兴等镇的冷水鱼养殖和干果为主的旅游经济带；以桂花、葛仙山、红岩等镇的金针姑、木耳为主的牧草，食用菌经济带；以龙门山，白鹿、葛仙山、红岩、三界、九尺、濛阳、升平等镇的肉牛、奶牛、小禽畜和无公害蔬菜为主的畜牧业和蔬菜经济带。

生态农业开发

为加快浅丘地区经济发展，1998 年，市委、市政府制定下发《关于加快浅丘地区经济发展的意见》，确定从西北丽春镇谭家场起，到东北红岩镇九里埂止，含丽春、桂花、新兴、隆丰、丹景山、葛仙山、红岩等 7 个镇、88 个村、9 万余农业人口、长 70 余公里，总面积约 280 平方公里的地域为浅丘经济发展规划区。按照市委、市政府提出的“林果结合、种养配套，农家旅游、增产增效”的开发庭院经济的思路和模式，各镇积极实施以优质水果种植、花卉种植，小禽畜、冷水鱼养殖和举办赏花节、品果节、冷水鱼节、黄金周度假等促进庭院经济开发。采取“依据一点、建设三带、全面开发”的模式，因地制宜，发展农业生态园区，建设以彭州柚、油桃、板栗、布朗李等优质水果和干果为主的经济带，以皇竹草、鲁梅克斯、黑麦草为主的牧草经济带，以巨桉、杂交竹、观赏林和各种花卉为主的林木花卉经济带。形成以肉牛、奶牛、肉羊等食草节粮型牲畜的养殖业，使整个丘陵地区农业由传统向现代农业转变。

2004 年，葛仙山镇熙玉生态农业示范园区共引进企业 9 个，流转土地 4500 亩，吸收常年务工农民 83 人，使用季节性务工 2000 多个工日。实现促进农民增收致富，区域经济高效持续发展和整个生态系统的良性循环。

2000—2005 年，大力发展浅丘地区生态旅游农业。通过大力招商引资，加快丹景山镇三昧水、新兴镇阳平山竹海和阳平观、葛仙山镇熙玉农业生态园、桂花镇罗汉洞水库、磁峰镇莲花洞水库和红岩梨花坪生态旅游园区的开发，已基本形成一批各具特色的生态农业观光旅游景点和一大批农家乐，初步实现“林果结合，种养配套，农家旅游、增产增效”的目标。经过 5 年的努力，浅丘地区已基本建成“山尖林戴帽，顶下果缠腰，种养相结合，观光又增效”的具有产业特色和优势的经济长廊。

第三节　扶　贫

在农村经济改革的进程中，因地理环境因素的影响，使农村经济的发展出现不平衡现状，彭州市从 1995 年开始采取多种措施解决落后村、贫困村的发展问题，实施“农村扶贫开发”工程、“帮扶促变”工程和“帮扶脱贫”工程和“安身工程。”十年间，经过努力全市发展缓慢村，落后村都得到不同程度的发展和提高，贫困户基本脱贫。

帮扶经济发展缓慢村

为切实解决农村经济发展不平衡，山丘坝农民收入差距较大，部分集体经济相对薄弱，丘陵地区农民缺乏增收门路等问题，市委、市政府在1995—1997年分两批对71个经济发展缓慢村实施帮扶促变。1998年在全市460个村基本上实现小康的基础上，又确定丘陵区6个乡镇20个集体经济发展相对薄弱村，由市委、市政府、人大、政协领导20人各联系一个村，每个村由2个市级部门或企业具体帮扶，实行目标责任制，帮助帮扶村分析发展优势，选择发展路子，制定发展规划，解决发展经济中的实际困难。当年为缓慢村办实事72件、引进项目3个，引进和筹集资金80万元，捐赠现金53.5万元。同时抓好这些村的组织建设，调整充实村级领导班子，加大培训和培养力度，更新观念，发挥其村级组织的作用。通过帮扶，20个集体经济薄弱村中有6个村集体经济当年纯收入超过万元。1999年，在继续开展的帮扶促变工作中，办实事114件，引进项目6个，引进和筹集资金15.8万元。到年底有16个村集体经济年纯收入超过6000元，1个村超过万元，20个村的农民人均纯收入比全市农民人均纯收入增幅高出10个百分点，使发展缓慢村的经济有突破性提高。

2001年起，全市开展实施“农村扶贫开发”工程。通过摸底调查，把12个乡镇的14个村属于经济发展缓慢村所涉农户3072户、9863人，人平纯收入为1662元，比当年全市人均收入低1450元。2002年，对14个农村经济发展缓慢村实施扶贫开发帮扶，争取各级资金337.89万元，建成人畜饮水工程5处，解决1324人、991头牲畜饮水困难，新建蓄水池48口，整治堰塘37口、沟渠1公里、村道20.32公里，修建桥梁4座，改建村小学危房250平方米，新建村卫生站1个、村活动室1个，技术培训3452人次，使14个帮扶村的基础设施和生产、生活条件得到明显改善，年人均可支配收入比上年增加162元。市政府各部门还投入5万元生产性扶贫资金帮扶贫困户，各部门、乡镇各级干部捐资捐物帮扶贫困户和特困户，全市1250户贫困户得到帮扶，700户特困户脱贫。

2003年，继续对14个经济发展缓慢村实施扶贫开发工程，全年各级投入资金386.3万元，新建和改造蓄水池45口，整治水塘17口，沟渠7.9公里，新建村水泥道路33.1公里、碎石路21.4公里，为24户特困户建房1934平方米，建村活动室6个、622平方米，实用技术培训2391人次，贫困户人均可支配收入比上年增加259元。

2004—2005年，全市各级投入资金369.5万元，对新确定的11个经济发展缓慢村实施帮扶促变工程。建成人畜饮水工程5处，解决2157人、3274头牲畜饮水困难，新建改建蓄水池31口，整治沟渠10.96公里，新修水泥村道11.4公里、碎石路19.95公里，为16户贫困户建房1595平方米，实施“三改”723户，建村活动室1个、300平方米，11个村实现人均增收410元。

帮户脱贫工程

在落实市委、市政府对集体经济薄弱村帮扶促变工作的同时，也启动帮户脱贫工程，对全市5785户、12925人，人均纯收入低于1000元的插花（分散不集中）贫困户实行帮扶，市委、市政府采取“国家补助一点、村社帮一点、自己筹一点”的办法予以帮扶。并把农村扶贫开发列入为民办实事的目标，加强督促检查，加大扶贫开发资金的投入，组织动员各级、各部门定点帮户。按照四川省政府“三结合”帮扶工作要求，全市组织实施以“农村计划生育工作与发展农村经济相结合，与帮助农民勤劳致富相结合，与建设文明幸福家庭相结合”的“计生三结合”帮扶工作。1998—2005年，全市20

多个市级部门参与，以每年建立 20 个帮扶基地、帮扶 2000 多户、联系 500 多户、帮带 100 多户的工作任务，签订帮扶责任书，建立定期联系制度，落实帮扶资金、措施等，通过对计生帮扶户的种植、养殖等致富技术的培训，使其掌握一门以上致富技术，达到勤劳致富的目标。到 2004 年插花贫困户中已有 2542 户基本脱贫。2005 年全市扶持贫、特困户 1200 户，实现脱贫 800 户，并实施“安身工程”为农村无房户建新房 819 户。

第四节　农村小康建设

党的十三届八中全会要求“在全面发展农村经济的基础上，使广大农民的生活从温饱达到小康水平”。1993 年起，全市围绕提前翻两番，实现小康市的总目标，以“稳粮增收奔小康”统揽整个农村工作。积极实施和推进“二三四一”小康工程规划（即四年分别建成 20%、30%、40%、10% 的小康村），加大农业投入，依靠科教兴农，调整农业产业结构，在稳粮上着力，增加农民收入上使劲，帮扶经济缓慢村上下功夫，农业产业化经营上做文章，围绕农业商品基地建设，努力使全市形成一乡一业、一村一品的区域经济发展格局，推进小康建设健康发展。1994 年 5 月，市委、市政府授予大宝镇宝山村、通济镇羊叉村、丽春镇黄鹤村、天彭镇东南村、三邑乡踏水村和清白村为彭州市小康示范村称号，以带动全市小康村建设深入发展。5 年间，全市农村投入资金 3888 万元，进行水利、乡村道路、农房、水厕改造和卫生饮水设施等建设。改造中低产田土 17.4 万亩，整治排洪渠道 191 条、201.9 公里，解决山、丘地区 1.04 万人和 8900 头牲畜的饮水困难，建成农业产业化龙头企业 120 多个，联系农户 3.5 万户，使农民多种经营收入达到总收入的 75% 以上。1997 年，全市实现国内生产总值 34.54 亿元，人均达到 4534 元，农业增加值达到 11.80 亿元，比 1993 年增长 99.3%，粮食总产量达 41.77 万吨，比 1993 年增长 5%，农民人均纯收入达 2487 元，比 1993 年增长 142.4%。1998 年 3 月，经四川省成都市农村小康考核验收组考核验收，综合得分 99.2 分（恩格尔系数扣 0.8 分）全市 28 个乡镇和 460 个村基本实现小康。1998 年 12 月，在全省农村工作会议上，被四川省委、省政府命名为“小康市”，成为全省 27 个小康县（市、区）之一。

第三章　农业机械

1986—2005 年，全市（县）围绕农村经济发展的总目标，以农业服务为宗旨，加强农机站和机耕、机播、机收、机电提灌基础设施建设和服务体系建设，积极推广适用新机具、新技术，在农业排灌、耕作、播种、施肥、收割、农副产品加工、农用物资运输等方面不断推进农业机械化进程。2005 年农业机械总动力发展到 21.678 万千瓦，比 1985 年增长 22.1%，平均每百亩耕地拥有总动力 35.57 千瓦。农业机械原值达 26750 万元，比 1985 年增加 18070 万元。

第一节 农机应用基础建设

农机机耕道建设

1990 年起，彭州市（县）加大农业基础设施建设，组织实施农业综合开发农机项目工程，至 2004 年底先后在罗万、三界、丽春、隆丰、三邑、竹瓦、濛阳、升平、军乐、致和、九尺、利安、北君平、楠杨、敖平、红岩、万年 17 个乡镇 296 个村组织实施五期农业综合开发农机项目工程，新建机耕道 24 公里，硬化 35 公里。制定第六期农业综合开发农村项目机耕道建设规划，同时农机主管部门积极向四川省农机局、成都市农机局争取农村机耕道建设经费，切入利安乡、升平镇村村通工程。1986—2005 年全市农机机耕道建设 926.3 公里，其中：新建 300.95 公里，硬化 625.35 公里，机耕道总里程达 3829.55 公里。平坝区农产品运输基本实现机械化。

农机技术人员培训

1986—1996 年重点组织农机维修、油料管理、机械常识、农机安全操作及拖拉机驾驶员等培训，1997—2005 年重点组织小麦宽窄行机播、联合收割机使用与维修、机械化秸秆还田新技术、小麦丰收计划新技术、化肥深施新技术、财务会计统计培训。共培训农机维修人员 6500 人次、油料管理人员 342 人次、农机操作员 2500 人次、拖拉机驾驶员 2400 人、财务管理人员 325 人次、统计人员 650 人次，召开农机新机具、新技术培训现场会 145 次，培训人员 2175 人次。

2005 年末，全市有农机技术人员 65 人（其中：市级 25 人、镇乡级 40 人），取得专业技术职称 46 人（其中中级职称 15 人，初级职称 31 人），主要分布农机维修、推广、工程机械、会计统计、政工及经济管理领域，主要从事农机推广、安全生产监理管理、农机社会化服务等工作。

农机服务体系建设

扶持农机作业服务专业户　1988 年，成都市人民政府下发《关于加快发展农业机械化的决定》，各级政府和农机主管部门从政策、资金上对购机农户给予极大支持。2004 年，国家进一步加大对农机专业户的扶持力度，对农机购置给予补贴，对作业机械跨区作业免过桥、过路费，彭州市还对跨区作业机械提供成都市农机安全互助协会保险并及时发布作业信息，农机作业专业户快速发展。农机作业收入成为农机户主要收入来源，全市出现第一批农业专业户。至 2005 年，全市有农机作业专业户 1590 户、从业人员 1856 人，机具 2784 台套，年作业收入达 38102 万元。

建立专业服务队　1998 年，成立彭州市农机抗旱机耕服务队，同时在市农机主管部门的指导下，加紧组织村级农机专业服务队，加强农机户之间的联合与协作。至 2005 年，全市有农机专业服务队 30 个。其中：机耕服务 15 个（市级 1 个，村级 14 个），机收服务队 10 个，机械化植保服务队 5 个，拥有各类机具 75 台套，年作业面积占全市机械化作业的 20%。农机专业服务队的建立推动全市农机化向专业化、规模化、集约化发展。

建立农机维修网点　1991 年彭县提出用 3 年时间将各乡镇农机站建成具有农机维修、油料供应、配件销售的综合服务实体，组织大规模的农机技术人员培训，新建一批农机维修网点，1993 年底各乡镇农机维修网点基本覆盖到村，农机维修服务功能基本形成。1999年开始对维修网点技术等级认证和修造工人技术等级颁证，把农机维修网点管理纳入法制化管理。至2005年全市有农机维修网点185家，从业人员478人（其中：三级维修网点57家、专项修理点128家），修造工人246人（初级192人、中级46人、高级8人）。

第二节　农机应用

当地作业

1990年首次引进2台稻麦联合收割机，1996年在全市大范围推广小麦人力条播机，1998年在丽春镇、濛阳镇、竹瓦镇推广旋耕埋草机，2000年在三界镇发展微水滴灌机械，农机装备水平的提升，加快了农业机械化进程。2005年全市农机年机耕地达156万作业亩，比1985年增加6万亩；机械播种5.63万亩，比1985年增加1.68万亩；机收6.5万亩，比1985年增加2.1万亩；机电提灌2580.01万立方米，比1985年增加32万作业亩；秸秆还田4.27万亩；农产品加工4.5亿公斤，比1985年增加2082亿公斤；农产品运输20911万吨公里，比1985年增加14773万吨公里。

跨区作业

跨区作业是增加农机大户和农机专业合作组织收入的有效途径，1996年开始有计划、有组织地组织机耕、机收服务队利用季节差异跨区作业，至2005年全市有跨区作业服务队32个，跨区作业机械达345台（套），先后到德阳、眉山、西昌、云南、陕西、河南、河北等全国12个地方跨区作业。

第三节　农技新机具　新技术推广

农机新技术的推广，对改变彭州市农业传统种植模式，增加农业科技含量，起到十分重要的作用。

1991年8月—1993年8月，承担四川省农机局小麦机械化综合增产技术项目，投入资金40.94万元在丽春、军乐、太清、致和、利安、升平、罗万实施7.31万亩，主要推广机耕、机播、机械化植保、机收和机械脱粒；项目完成后，1993年小麦单产比1991年亩增8.7公斤，增产小麦609494公斤。

1998年，在庆兴镇、濛阳镇、竹瓦乡推广旋耕埋草新技术，这是我国农业科技推广的重点项目，通过刀轴总承将农作物秸秆旋埋土中，经腐化为农作物肥料，既改变了土壤的团粒结构、培肥了地力，提高了土壤的保墒能力，又节约化肥，减少环境污染，具有十分显著的经济效益、社会效益、生态效益。据统计，至2005年全市拥有各种旋耕埋草机具174台套，年秸秆综合利用5.5万亩。

1999年6月，承担农业部下达的丰收计划——小麦高产、高效优质工程技术项目，在庆兴镇同心村、濛阳镇濛江村、竹瓦镇桂花村进行试验示范，建立3个示范片，推广良种精选处理、机械化播种、化肥深施、机械植保、机械化收割等农机化技术，试验示范取得成功后，2001年在全市15个镇253个村整体推进，实施小麦丰收计划20.5万亩，经现场验收，小麦单产比前三年净增20.5公斤，实现增收节支1851.3万元。

2005 年，彭州市农机局重点推广秸秆气化炉、丘陵地区人畜饮水机、收割机、耕作机具等新机具和节水农业新技术。投入资金 3 万余元建设熙玉园区，新建 100 亩微水灌溉示范片 2 个。投入资金 5 万元建设濛阳农业高新技术园区，发展农机化事业。濛阳镇柏林村示范高性能水稻机械化插秧前期技术，通过测产每亩水稻增产达 82.5 公斤。2005 年 4 月 26 日濛阳镇召开全市水稻机械插秧现场会，宣传和展示水稻机械化插秧新技术和新机具。首届成都科技节彭州分会场活动中宣传和展示新型秸秆气化炉、农用饮水机、耕作机械和农用运输机械。独家承办首届成都科技节彭州秸秆综合利用宣传现场会受到一致好评。全年推广先进适用农机械 420 台，完成气流抛秧 2.5 万亩，节水喷灌 4.2 万亩，精量半精量播种 6.5 万亩。

第四节　主要农用机械

1986 年以后，全市加大农业机械化投入力度，加快农机新机具推广步伐，农业机械逐步由小型、半机械化向大中型、机械化配套发展。

耕作机械

1986 年全县共有各型拖拉机 1830 台。1990 年全县各型拖拉机发展至 4312 台。全市推广适用农业新机具、新技术，不断推进农业机械化进程，各种大中型和小型拖拉机发展至 4551 台。2000 年，随着农用汽车逐步取代部分以拖拉机运输的方式，全市拖拉机拥有量有所减少。至 2005 年，全市拖拉机拥有量 3730 台，每百亩耕地占 0.82 台。

1986 年全县共有耕整机 336 台。1998 年，贯彻四川省政府《关于加快发展农业机械化的决定》，推广适用的农业新机具。当年，全市有耕整机 373 台，完成机耕作业 150 万亩。2000 年，进一步提高农业机械化水平，全市农机总动力达 17.75 万千瓦，农机装备总价值达 13.2 亿元。其中，耕整机 358 台，微型耕整机具 22 台。2003 年，全市耕整机 448 台，总动力 3627 千瓦。当年完成农田机耕作业 157 万亩，占目标任务的 112%。2005 年，全市拥有种类耕作机械 3423 台（套），其中，耕整机 1180 台，农业机械大田耕整占 60% 以上。

收割机械

1985 年，全市收割机具由过去的脚踏式半机化脱粒机逐步发展为小型拖拉机配套收割机具进行收割，再发展到大型联合收割机。当年，全县共有人力脱粒机 2753 台。1995 年，全市共有联合收割机 14 台，机械总动力 93 千瓦。1998 年，全市共有各型收割机具 1283 台，其中，联合收割机 34 台。2003 年，推广稻麦联合收割机，全市联合收割机达 58 台，机械总动力 437 千瓦。2005 年，全市联合收割机发展至 132 台，机械总动力达 2752 千瓦。

排灌机械

1986 年以后，全市农业排灌主要依靠“八大提灌站”和村社部分机电提灌设备，加上农户自购单相水泵抽水灌溉，使农业排灌抗旱能力进一步增强。据统计，当年全市有农用水泵 1112 台。1995 年，拥有排灌机械 1917 台，农用水泵 1690 台。1998 年，拥有排灌机具达 4197 台。同时，新推广滴灌技术，购置滴灌机具150台（套），全年机械提灌面积达45万亩次。2000年拥有灌溉机械共4443台（套），其中机电提灌机械2140台（套），节水灌溉机具2303台（套）。机电灌溉面积53.6万亩次，节水灌溉面积1.2万亩。2003年，拥有排灌机械2082台（套）、19684千瓦，农用水泵6269台。2005年推广节水农业新技术，葛仙山镇兴建微水灌溉示范区100亩。当年全市拥有农用提灌机具2165台（套），节水灌溉机械3125台（套），机电提灌面积58万亩次。

植保机械

1986年以后，全县农业植保仍大量使用背负式手动喷雾器，当年拥有数量21145部。随着大面积植保新技术的推广，机动喷雾（粉）机逐步受欢迎，全县已发展至226台。1995年，拥有手动喷雾器54083台，机动喷雾（粉）机580台。2000年，全市共有手动喷雾（粉）器55463部，机动喷雾（粉）机611台，机械植保面积达250万亩（次）。2005年，拥有手动喷雾（粉）器52333部，机动喷雾（粉）机400台。

农副产品加工机械

1985年底，全县共有固定的电动打米、磨面、饲料粉碎等农产品加工机械2180台（套），随着农村以小四轮拖拉机或手扶式拖拉机配套加工机具流动加工农产品队伍的发展壮大，极大地方便广大农民群众，全市固定式农产品加工机械逐步减少，2005年共有591台（套），减少73%。

农业运输机械

1985年底，全县有农用载重汽车311辆。随着农村经济的发展和农民收入逐年增长，农村载重汽车、农用运输车辆迅速发展，农村经济收入由过去单一的第一产业收入向交通运输的第三产业收入发展。2005年底，全市共有农用载重汽车451辆，增长45%。

第四章　种植业

经过农业生产结构调整，粮油作物播种面积逐步减少，至2005年比1986年减少26.98万亩，播种面积69.36万亩，占总播种面积53.69%。经济作物播种面积增加，2005年比1986年增加12.63万亩，播种面积59.83万亩，占总播种面积的46.31%。基本形成粮、经作物各半的局面。因农村劳动力的不断增长和其他原因，人均耕地面积逐年下降，在这种状况下种植业必须科学经营，采用新的栽培技术繁育、推广新品种，加强防治病虫害和作好防灾减灾工作以达到增产、增收的目的。彭州市重视新品种的研制和推广，与大专院校、科研单位合作，研制了一系列抗病高产的粮油新品种，有的获得国家科研成果一等奖；引进的玉米新品种在彭州市山区种植，经省内外专家领导亲临验收、亩产达到572.9公斤；选育的马铃薯种使彭州市成为全省优质薯种供给基地。建立起完整的品种引进、试验、选育、繁殖服务体系和繁（制）种基地，同时注重新技术的推广和质保工作，保证农作物的丰收。在经济作物发展方面，彭州柚品质优良，是全国十大品牌之一，彭州是全国蔬菜十强县市，全国五大商品蔬菜生产基地，全国无公害蔬菜生产基地。

第一节　良种繁育和新品种推广

良种繁育

杂交水稻制种　1988 年，市种子公司同四川农业大学共同研制的“D 型”不育系成功并投入生产使用，专家鉴定是“杂交水稻不育系发展史上的又一新突破”。国家科委授予国家级科研成果一等奖，彭州自此加速了 D 优系列杂交水稻的制种和推广步伐。1989 年从 25 个恢复系中筛选出“8419”和“1318”两个亲本，无论适应性、抗逆性、丰产性诸方面均超过使用多年的汕优 63 和 D 优 63，被列为彭州更替新种。1990 年新配置的杂交水稻 D 优 49 产量赶中稻，适宜于山丘和平坝改制用种。1991 年示范种植的杂交水稻新组合“冈优 12”“D 汕 A×温恢 439”具有比当时推广品种增产 5% 左右的潜力。自 1986 年以后，彭州水稻品种经过了 D 优 63、汕优 63、D 优 10 号→D 优 18、D 优 95、岗优 12→岗优 22、两优 681→D 优 527、D 优 68、Ⅱ优 838、辐优 838→D 优 162、协优 527、辐优 838、岗优 881 等一大批优质、高产、高抗新品种。

小麦繁种　市种子公司先后自选自育的小麦品种（系）有“80-2”“212”“213”“80-2”曾大面积推广使用。20 年间，彭州小麦推广品种经过了繁 6、繁 7、绵阳 11 号→绵阳 309、绵阳 304、9042、川育 12、80-2→绵阳 26、绵阳 24→川麦 107、绵阳 28 等多次更迭。2005 年，广泛使用的小麦品种有川麦 107、绵阳 28 等 5 个。

杂交玉米制种　杂交玉米品种以引进为主。1990 年引进的杂交玉米品种“辽原 1 号”经多点试验，亩产高出“73 单交”5% ~18%，轰动全市。1994 年在大宝乡建立的1030 亩“雅玉 2 号”高产示范片，平均亩产高达 480 公斤。2000 年，来自省内各地、市、州和云南、贵州、重庆、湖北的 100 多位农业专家和领导，在大宝镇宝山村对千亩“雅玉 10 号”杂交玉米新品种进行现场验收；亩产（折干）达到 572. 9 公斤。彭州杂交玉米主推品种经过雅玉 2 号、辽原 1 号→京杂 6 号、川单 9 号、73 单交→雅玉 10 号、雅玉 8 号、川单 13 号、川单 15 号等 13 个品种。

杂交油菜制种　1988 年在丘陵 6 个乡镇首推的 7 号自交系×矮花汕优 3530 亩，亩产比常规当家种万油 17 增产 17. 25%，揭开了杂交油菜在彭州推广应用的序幕。油菜种子经历常规油菜→杂交油菜→低芥酸油菜→“双低”油菜的发展过程。在品种上则是由涪优 1 号、7 号自交系×矮花→中双 4 号、中油 821、蜀杂 6 号→蓉油 3 号、蜀杂 2 号、中双 2 号→中双 1 号选、蓉油 4 号→蜀杂 7 号；全面淘汰“川油”系列。

此外，由市种子公司选育马铃薯种“川芋 56”曾是全省优质薯种的供给基地，1997 年育成脱毒薯原种 130 公斤，一代种 36. 35 吨在市内种植。

新品种推广

粮食作物

水稻：中熟品种有汕优63、D优63、岗优22、岗优527、D优527、Ⅱ优838、辐优838。中早熟品种有D优439、汕优64、D优64、D优361、岗优361等；搭配品种有D优10号、D优18号。

小麦：主推品种有绵阳11、80-2、82-36、川育8号、川麦14、绵阳26、川麦107、绵阳28；搭配品种有绵阳25、309、303、川农麦1号等。

玉米：主推品种有中单2号，七三单交，川单九号、14号、18号、雅玉2号、8号、10号，东单60，临奥4号等，搭配品种有辽源一号、掖单13号、京杂6号，郧单13等。

洋芋：川芋56，坝薯10号，冀张薯5号，中薯2号、3号，川芋4号、5号等。

红苕：1990年农技站引进南薯88号，徐薯18号。

油料作物

油菜：西南302，中油821，川油9号，川油13，3529×菲12，蓉油3号，中双1号选，蜀杂5号，蜀杂6号，蓉油4号、10号，油研9号、10号，川农油1号、2号，德油5号、9号，中油杂8号等。

经济作物

蔬菜：苏椒3号等辣椒系列、紫甘蓝、情话菜、四季韭菜、无筋豆、早春莲花白、早秋莲花白、月华苦瓜、红玉番茄、荷兰豆、韩国黄瓜、日本白菜及玄武萝卜、美国西芹、湘研系辣椒、津研系黄瓜、荷兰西红柿等近百个新品种。

水果：美国布朗李系列、黄花梨、风水梨、龙泉酥梨、巨峰葡萄、美国红提、红心猕猴桃等近30个品种。

茶叶：引进福选9号、福顶大白茶。

第二节　新技术推广和植保

农技推广

1986—2005年，在农业技术推广方面大力推广温室两段育秧、半旱式、旱育秧、免耕法、疏株密植、水稻抛秧、宽窄行条栽，合理利用地力和空间，采取增、间、套种提高复种指数，实施低塘育苗、地膜覆盖、大棚育苗、配方施肥，秸秆还田，横厢横行耕作，增加保水、保肥、保土功能等技术措施，把“土肥水种密保管工”农业八字科学地运用于种植业的具体实践中，实施良种良法配套，收到增产增收的效果。

水旱轮作制　1986—1990年，全市主要采用小麦—中稻、油菜—中稻、绿肥—中稻、饲料—中稻、洋芋—中稻、蔬菜—中稻、烟—稻和冬炕田—中稻的轮作种植模式。1991—2005年按照“小春抓钱，大春抓粮”的思路，加快农业产业结构调整。实施水田种植改制，特别是实施国家三、四、五期农业综合开发后，下湿田及低产田得到有效改造，地力提高，种植模式发生很大变化，复种指数由一年1：2提高到1：2.5～1：3。全市农业种植模式也因小麦、油菜面积的减少和蔬菜、大蒜（蒜薹）面积扩大后，基本上调整为“菜—稻—菜”水旱三作制或一年多熟制。

旱地连作制　1986—2005年，全市主要推广6.0尺或5.0尺开厢，即“双三十”或“双二五”带状种植，扩大熟制面积，实行小麦—玉米—红苕，胡豆—玉米—红苕，油菜—玉米—红苕，小麦—蔬菜—玉米—红苕，胡豆—蔬菜—玉米—豆类等种植模式，复种制数由1：2提高到1：3～4。

粮食作物栽培技术　1986—2005 年，全市水稻栽培主要推广良种浸种消毒，温室两段育秧，地膜覆盖育秧，两段旱育秧，秧母田防病除草，药物浸根移栽，半旱式栽培，清水浅栽，宽窄行条栽，人工、机械抛秧移栽，中苗移栽等多种栽培方式，配方施肥，适时防治病虫害，秸秆还田等新技术。

玉米栽培主要推广浸种消毒、肥团育苗、方格育苗、施足底肥人工移栽，毒土杀虫、适时除草，适时施提苗肥，人工辅助授粉等农业新技术。

红苕栽培推广低塘增温育苗，拌药防鼠，足施底肥，根外追肥，起垄栽种，疏理翻藤等新技术。

马铃薯栽培主要推广脱毒种薯，种薯消毒处理，15～30 克整小薯播种，30 克以上切块栽培，窄厢高垄地膜全覆盖栽培，科学施肥，综合防治病虫害，适时收获等农业新技术。

豆类（胡豆、豌豆、黄豆和杂豆）栽培主要推广优良品种，合理密植、增间套作、控氮增磷钾、综合防治病虫害等农业新技术。

油料作物栽培技术　1986—2005 年期间，主要推广以下农业新技术：

油菜栽培。全市油菜种植主要推广杂交“双低”优质油菜品种、育苗移栽，培育壮苗、中小苗移栽、免耕移栽栽培、免耕直播栽培、科学施肥、宽窄行栽培、合理密植、适时中耕除草、病虫害综合防治、适时收获等农业新技术。

花生栽培。在全市主要推广优良品种、地膜覆盖、合理密植、压蔓扎针栽培、科学施肥、综合防治病虫害、适时收获等农业新技术。

经济作物栽培技术　1986—2005 年期间，主要推广以下农业新技术：

川芎种植主要推广药水浸苓、施足底肥、深沟高厢、起垄栽种、合理密植、提沟排水、适时除草、催苗施肥、病虫害综合防治、适时收获等农业新技术。

蔬菜种植主要推广优良品种、施足底肥、催芽播种、地膜或大棚育苗、中小苗移栽、深沟高厢、适时中耕除草、科学施肥、病虫害综合防治、适时收获等农业技术。

大蒜种植主要推广优良品种、施足底肥、深沟高厢、浅沟栽种、免耕栽种、稻草覆盖、适时除草、防治病虫、快灌催苗、巧施壮苗肥等农业新技术。

植保工作

1986—1990 年，全县建立以县农业技术推广中心为中心，乡镇农技推广站为纽带，村社为基础的农业技术推广体系，建立农作物病虫防治网络，共组建植保专业队 34 个，狠抓病虫防治基础工作，每年消毒水稻、玉米种子 37 万公斤，秧母田防治面达 97% 以上，水稻大田稻螟虫、卷叶螟、稻瘟病等病虫害防治面达 85% 以上，玉米螟虫防治面达 75% 以上，病虫害得到有效控制，把损失降低到最低点。

1991—1995 年，全县（市）实施省农牧厅“水稻病虫综合防治”项目，农业部门充分发挥各乡镇农技人员的优势，加强对病虫害的预测预报，每年抽样调查 500 多个田块，及时掌握稻苞虫、卷叶螟、稻瘟病、纹枯病，一、二代螟虫等病虫害的发病期和生长繁育期，并及时加强防治工作，有效掌握小麦、油菜、水稻、玉米、大路蔬菜等作物病虫害发生、发展及危害情况和发生规律。全市组织专业值保队 34 个、1500 余人，出动机动喷雾器 350 多台，手摇喷雾器 1500 多部，对危害大的小麦穗病、水稻稻瘟病、油菜菌核病、玉米螟、蔬菜斑潜蝇等病虫进行有效防治。

1996—2000 年，农业部门为确保粮食丰收，及时搞好病虫害预测预报，全面推行统防统治工作。每年印发预报通知 15 期、1400 余份，预报准确率达 100%。1998—2000 年全市共发生病虫害面积 689.77 万亩次，防治面积 729.06 万亩次，其中统防 696.8 万亩次，机防 246 万亩次，统防率达

97.06%，同时对粮食、蔬菜、水果市场抽检84批次，完成水稻产检1400亩次，大蒜产地检查8万亩次，调运检疫862批次。在省、成都市植保植监站的指导下，制定一系列防控措施，在1997—1998年基本实现控制、消灭南美潜斑蝇的目标。

2001—2005年，发布病虫害预报，防治通知69期，印发预报资料7000余份，预报准确率达100%。全市共发生各种病虫，草害916.23万亩次，用药物防治1506.46万亩次，经防治后挽回粮油损失56.117万吨，挽回果蔬损失33.72万吨，对全市蔬菜、水果市场抽查900多批次，开展植物产地检疫1.63万亩，大蒜检查4000亩次，马铃薯检查2500亩次，调运检疫400批次。并开展农业植物有害生物疫情普查工作，普查田块9810个，普查农作物2003项，推广生物农药和低毒、高效化学农药近百个品种，面积达30万亩次，上报农业植物有害生物调查表213份。

第三节　粮食作物

由于受多种因素的影响，粮食生产的环境进一步恶化，种植面积逐年减少，严重威胁着粮食生产的安全，稳定粮食生产是非常必须的。2005年，全市人均占有粮食338.63公斤，低于400公斤安全线。

水　稻

1986—2005年，种植面积由1986年的49.9万亩调整到2005年的40.58万亩，减少18.67%。在种植面积减少的情况下，要保证粮食增产形势严峻，因此在种植技术上，采用依靠科技、主攻单产、确保总产的目标，大力推广优良品种、宽窄行栽培、双株种植、旱育秧、抛栽、免耕栽培、地膜覆盖等农业新技术。到2005年，每亩单产由444公斤增加到465公斤，增长4.7%。

小　麦

1986—2005年，种植面积由1986年的21.18万亩调整到2005年的8.1万亩，减少61.76%；总产量由60250吨减少到26730吨，减少55.6%；为保证增产，采用旱地带状轮作（即开厢播种时，为大春作物留出预留行，行中种植不影响小麦、玉米、洋芋生长的矮小作物，如蔬菜等，大春播种时在预留行种二行玉米，玉米收获后第二年在玉米行中种小春作物，如此实行轮作）和稻草覆盖免耕栽培技术。到2005年，每亩单产由285公斤增加到330公斤，增长15.8%。

玉　米

1986—2005年，种植面积由1986年的11.87万亩调整到2005的73015亩，减少38.5%；总产量由26676吨减少到21917吨，减少17.8%；为保证增产，除采用带状轮作技术外，还采用诸如方格、肥团、营养钵、塑盘、玉米芯等玉米育苗移栽技术和利用田坎与水稻间作的田坎玉米方法。到2005年，每亩单产由225公斤增加300公斤，增长33.3%。

彭州市 1986—2005 年粮食作物生产情况

表 12-4-3-1

年度	粮食作物			其中								
				水稻			小麦			玉米		
	面积（亩）	单产（公斤/亩）	总产（吨）	面积（亩）	单产（公斤/亩）	总产（吨）	面积（亩）	单产（公斤/亩）	总产（吨）	面积（亩）	单产（公斤/亩）	总产（吨）
1986	963469	341	328326	498999	444	221495	211775	285	6250	118698	225	26676
1990	1007784	347	349609	503533	463	238577	238577	293	69786	114547	231	26449
1995	1052979	388	408556	499830	524	255915	261667	326	83426	114755	261	29951
2000	1020090	396	404117	494580	538	222990	266296	325	72519	103155	296	30559
2005	693629	380	263728	405836	465	81001	188761	330	26730	73015	300	21917

第四节　经济作物

蔬　菜

1988 年，彭县被商业部列为国家蔬菜生产基地后，因地制宜，发挥区域优势，先后建成五大各具特色、规模大的蔬菜专业生产基地。生产的蔬菜质量几经农业部、省、成都市随机抽样检测，合格率达到 97.1% ~100%。2003 年，经国家绿色食品检测中心认证所生产的莴笋、大蒜、芹菜、萝卜、菠菜等五个品种为绿色食品升级产品，是四川省唯一被认定的绿色蔬菜产品。

1986—2005 年，蔬菜种植面积由 1986 年的 13.07 万亩增加到 2005 年的 39.68 万亩，增长 204%，是 1986 年蔬菜种植面积的 3 倍，蔬菜总产量由 21.02 万吨增加到 77.29 万吨，增长 267.8%。2005 年末，全市蔬菜种植面积占全部经济作物总面积的 66.32%。2005 年彭州市成为全国五大商品蔬菜生产基地，全国蔬菜产业十强县（市），全国无公害蔬菜生产示范基地，中国西部最大无公害蔬菜和绿色食品生产销售基地。

药　材

彭州自古以来就是野生中药材产地，有得天独厚的自然环境条件，境内以地道中药材川芎、黄连、“三木”药材为传统品种，其中尤以敖平镇“川芎产业第一镇”为著名，辐射带动葛仙山、红岩、军乐等镇中药材产业发展。1989 年就被列为川芎生产基地，2003 年又被成都市列为优质川芎生产基地。1986—2005 年，中药材生产发展较快，全市药材种植面积由 1986 年的 7918 亩增加到 2005 年的 53331 亩，增长近 6 倍；总产量由 921 吨增加到 9335 吨，增长 9.14 倍。

油　料

油菜籽　油菜是彭州市主要农田油料作物，是农民小春创收的重要途径，更与民生息息相关，历届政府都很重视。但与蔬菜相比较，存在生产成本高，经济效益低的状况，因此产业结构调整势在必行。1986—2005 年，按照“稳粮调结构，增收奔小康”的农村经济发展思路，逐年调减粮油比例，增大蔬菜种植面积，油菜种植面积由 1986 年的 17.59 万亩调减到 2005 年 87553 亩，减少 50.23%；油菜单产由 125 公斤/亩增加到 141 公斤/亩，增长 12.8%。2005 年总产量 12345 吨。

花生　原本为大宗油料作物，面积达万亩以上，随着农业灌溉条件的改善，面积大量减少，到 1985 年种植面积仅千多亩，此后经济效益的显现又开始回升。1986—2005 年，花生种植面积由 1986 年的 2247 亩增加到 2005 年的 6676 亩，增长 197.1%；单产由 93 公斤增长到 218 公斤，增长 1.34 倍。2005 年总产量 1453 吨。

烟　叶

彭州市（县）的烟叶种植始于清朝，尤以升平古墓山品质最佳，被列为贡烟，曾是全省 11 个主产县之一，后逐年减少，到 1985 年尚有 1.04 万亩，以后又逐渐减少。到 1988 年以后种植面积在 3000 ~ 6000 亩之间起伏，到 2005 年烟叶种植面积由 1986 年的 10582 亩减少到 2005 年的 93 亩，亩产达 217 公斤，为历史最高，总产量 20 吨。

水　果

水果产业　全市有大面积的丘陵和浅山区，具备水果种植的优势，是水果的主要产区。20 世纪 80 年代初期经过“一减两增”的农业产业结构调整，水果生产初步发展。从 1988 年开始，水果发展立足“名、优、特、新”改造低产果园，发展优质水果，建设彭州柚基地的重大举措。到 1995 年全市水果产量由 1989 年的 362 万公斤，增加到 1641 万公斤，是水果发展的一个高峰期。到 1998 年，市委、市政府制定的“丘陵果牧桑”的区域发展计划，加快水果发展的进程，引进、培育良种果树，建设各类优质水果示范基地，形成从西北的丽春至东北的红岩等 8 镇彭州柚生产带。桂花、丹景山、隆丰等镇优质枣、梨生产带，新兴镇樱桃生产带，丹景山、葛仙山、红岩优质梨、板栗、杨梅生产带。到 2005 年全市水果产量达到 1394 万公斤。

水果种类　柑橘类：在水果生产中占主导地位，其中柚子是主要种植树种。彭州柚最多、最著名，其品质名列全省第四名、全国第十名。

梨类：品种较多、其中以丰水型、黄花梨种植面积最大，产量最多，到 2005 年达到 200 多万公斤。

李类：麦黄、布朗、大红、金蜜等品种，以麦黄李种植最多，以葛仙山镇花园沟、天彭镇杜家林（原利安乡）李子最为有名。到 2005 年产量达到 250 多万公斤。

葡萄：品种以巨峰为主，多在坝区种植，到 2005 年种植面积达 2500 亩。

西瓜：西瓜种植始于 1985 年，到 2000 年后浙江瓜农到彭州租地种植，带动西瓜大面积生产。种植面积由数百亩发展到 2005 年的 2500 亩，品种属小瓜型，品质优良，主要集中于敖平、红岩等镇，尤以红岩镇“窝店口口脆”品牌著名。

彭州市1986—2005年经济作物生产情况表

12-4-4-1

年度	总面积	其中								
		油菜			药材			蔬菜		
		面积（亩）	单产（公斤/亩）	总产（吨）	面积（亩）	单产（公斤/亩）	总产（吨）	面积（亩）	单产（公斤/亩）	总产（吨）
1986	471994	175917	125	22036	7918	116	921	130695	1608	210158
1990	451739	126550	130	21140	11446	150	1717	140987	1700	239678
1995	475995	141810	134	19033	14220	158	2247	198495	1508	299284
2000	559215	118170	128	15082	38580	174	6743	299925	1973	591820
2005	598269	87553	141	12345	53331	175	9335	396750	1948	772859

第五章　养殖业

1986—2005年的20年间，经过农业经济结构的不断调整、优化，特别是瘦肉型猪、奶牛、商品鱼、小禽畜等分别成为四川省、成都市、彭州市养殖生产基地后，彭州市制定发展规划和鼓励政策，引进先进企业促发展，繁育引进改良养殖名优特品种，适时调整结构，加强动物的防疫检疫工作，使全市养殖业得到较快发展。在“十五”计划期间，成效尤为显著。畜牧业生产中，生猪饲养量增加，出肥数量增大，小家禽畜迅猛发展，出栏数节节攀升，牛奶、禽蛋产量增加更快，养鱼业依靠传统名气，大力发展成为四川省最大的名优水产繁殖基地，中国西部最大的冷水鱼养殖基地，产品远销国内外，产品荣获省科技进步奖和西部农博会金奖、银奖、优质奖，养蜂业也有一定发展。养殖业的发展还带动了节会旅游、庭院经济、饲料、食品加工等相关产业的发展，为农村经济的发展、农民增收开辟了更多的途径，创造了更好的条件。

第一节　畜牧业

畜牧生产

畜牧业作为全市发展农村经济的重要产业，已成为农民增收的重要途径。1986—2005年，围绕农民增收这一重点，大力调整畜牧业结构，全面实施科教兴牧战略。畜牧业总产值由1986年的9895万元，发展到2005年的119542万元，增长11倍。肉类总产量由1986年的33836吨，增加到2005年的

95368 吨，增长 1.82 倍。畜牧业产值占农林牧渔总产值的比重由 1986 年的 28.20%，提高到 2005 年的 39.1%，增长 11 个百分点。

生猪年饲养量由 1986 年的 92.56 万头，增长到 2005 年 116.24 万头，增长 25.6%；年出栏数由 1986 年的 42.01 万头，增长到 2005 年的 82.14 万头，增长 95.5%。

家禽年出栏由 1986 年的 332.5 万只，发展到 2005 年 2070 万只，增长 5.23 倍。

牛奶产量由 1990 年的 996 吨，增加到 2005 年的 2940 吨，增长 1.95 倍。

禽蛋产量由 1986 年的 4791 吨，增加到 2005 年的 18944 吨，增长 2.95 倍。

彭州市 1986—2005 年畜禽生产情况统计表

表 12-5-1-1

年　度	生　猪（万头）			家禽出栏（万只）	兔出栏（万只）	牛奶（吨）	禽蛋（吨）
	饲养量	出栏	年末存栏				
1986	92.56	42.01	50.10	332.5	78.1	252.3	4791
1990	91.58	43.30	48.66	361.9	79.4	996	4000
1995	94.12	50.2	44.67	856.1	80.4	1424	7038
2000	93.38	55.89	37.37	1020.4	64.0	1659	12541
2005	116.24	82.14	34.54	2070	89	2940	18944

品种引进改良

1986—2005 年间，按照“稳定生猪生产，发展小禽畜生产，开发牛羊生产”的思路，结合彭州市实际，积极制定和实施稳猪、增禽、发展牛羊的计划，调整畜牧业结构，引进和推广畜禽优良品种，建立健全良种繁育体系，引进良种猪、奶牛、肉牛羊及优质牧草，并建立示范场进行新品种引进及改良。在继续选留“二元杂交”母猪、配套“三元杂交”技术的基础上，积极推行“三化”养猪（公猪优质化、母猪良种化、商品猪杂优化）。先后引进长白、大白和杜洛克等国外瘦肉型优良种猪及“川百Ⅰ系”配套母猪，引进推广 LY、YL 二元杂交母猪、DLY、DYL 三元杂交猪等。牛羊类先后引进推广安格斯肉牛、海福特肉牛、黑白花奶牛、波尔山羊、金堂黑山羊、南江黄羊等优良品种。小禽畜类引进推广花边鸭、大白沙鸭、奥白星鸭、樱桃谷鸭、天府肉鸭、广艾维茵鸡、海南褐鸡、迪卡红蛋鸡、四川白鹅、齐心兔、獭兔等优质禽畜品种。到 2005 年，全市畜牧业优良品种覆盖率达 93% 以上。

动物防疫检疫

1986 年以后，贯彻落实《中华人民共和国动物防疫法》，抓好“五瘟四病”为主的防疫工作，年猪瘟预防密度达 99% 以上，生猪预防免疫证发放率达 95% 以上，生猪年死亡率控制在 1% 以下，猪肉市场检疫率和动物防疫合格证发放率达 100%。

1999 年，紧急防治牲畜口蹄疫，对全市猪、牛、羊等动物实施强制免疫，生猪免疫率达 90%，牛、羊免疫率达 100%，对口蹄疫病畜及时扑杀，进行高温处理和深埋，全市扑杀牛 118 头、猪 24 头，疫情得到及时控制，受到省、成都市表彰。

2004 年初，积极采取措施预防高致病性禽流感，按照“属地管理，分级负责”的防治机制，实行分级负责，分片督查，群防群控。深入养禽场（户）进行拉网式疫情普查，先后两次对全市 134 户蛋鸡饲养户、148 户肉鸡饲养户、92 户种鸭饲养户、31 户肉鸭饲养户、18 户肉鹅饲养户、2 户种鹅饲养户和 1 户野鸡饲养户所养的 112.17 万只活禽，进行疫情普查和免疫预防，预防密度达 90% 以上。1 月 30 日，对从上海运到彭州市的 5200 只鸡苗全部进行焚烧深埋处理。通过扎实的工作，全市无一例高致病性禽流感发生。

2005 年 8 月，资阳、内江等地发生人感染猪链球菌病例，严重威胁人畜安全。按照四川省、成都市“防链”工作要求，农牧、卫生、工商、公安等部门紧急行动，联合“防链”。认真落实“市包镇、镇包村、村包组、组包户”的“五包”责任制，采取“四不”（对病死猪不食用、不宰杀、不外运、不售买）处理措施，全市普查生猪 65.8 万头、屠宰场（点）76 个、食品加工企业 16 个、冻库 7 个、动物及产品交易市场 52 个、预防投药 21.5 万头、预防免疫注射菌苗 7.8 万头、无害化处理病死猪 2482 头，并对无害化处理的病猪每头补助 100—300 元，全市共计发放补偿费 40 余万元。

第二节　渔　业

1984 年开始，彭州利用世界银行无息贷款在新兴、丽春、九陇、楠木、九尺、升平、军乐等乡镇新修精养鱼池共 818 亩，养殖品种从“四大家鱼”开始向名、特、优鱼类转变。1997 年，引进成都和谐渔业有限公司，从事大口鲶、长吻鮠等名优水产品繁育，成为四川省最大的名优水产繁殖基地，列为成都市重点水产龙头企业。

1999 年，随着市境内冷水资源的开发，成都市日兴特种水产试验中心、黑龙江鲟龙集团（彭州基地）、成都市涌泉珍稀鱼养殖有限责任公司等一批以鲟鱼、鲑鳟鱼养殖为主的企业相继入彭，为全市的渔业发展注入了新的活力，并形成以鲟鱼、鲑鳟鱼养殖及加工为主，鲈鱼、江团、桂鱼及四大家鱼为辅的养殖品种新格局。2003 年，大力促进无公害水产品养殖和冷水性鱼类的养殖开发，完成《彭州市冷水鱼开发项目可行性研究报告》，调整产业结构，引进名、优、特品种，壮大渔业经济，全年实现产值 2588 万元。彭州市涌泉渔业有限公司生产的鲑鳟鱼，开始销往德国、捷克等欧盟国家。2004 年，成都市日兴特种水产品试验中心鲟鱼人工繁殖获得成功，年产鲟鱼苗 200 万尾，获得当年度四川省科技进步二等奖。2005 年，宣传贯彻《中华人民共和国渔业法》，加强全市商品鱼养殖基地技术服务，举办实用技术培训班，培训 310 余人。彭州市涌泉冷水渔业有限公司引进的育种中心和冷水鱼加工厂（年加工能力 5000 吨）竣工投产。全市精养鱼塘发展至 1600 亩，其中，流水、微水鱼池 25000 平方米。网箱养鱼 2500 平方米，水库养鱼 1500 亩。在建流水鱼池 2 万平方米。使彭州市成为成都市乃至西部最大的冷水鱼养殖基地。当年，在中国西部农业博览会上，彭州市涌泉冷水渔业有限公司、成都市日兴特种水产试验中心的虹鳟、鲟鱼、金鳟、北极红点鲑分别获得金奖、银奖和优质产品奖。

第三节　养蜂业

1987 年，县畜牧局成立养蜂管理站，负责全县养蜂生产产前、产中和产后综合性服务工作，提供技术指导，开展新技术的推广，完成养蜂项目的引进和开发。

1988 年，成立彭县蜜蜂运输办公室，由分管副县长兼任办公室主任，其主要任务是对蜜蜂转场运输进行规范化管理。根据蜜蜂具有放牧习惯，养蜂站在陕西省凤县召开会议，慰问蜂农，总结工作，安排转场甘肃、青海、宁夏、内蒙古等放牧工作等，并协助蜂农与当地农牧、交通、气象、公安等部门联系相关事宜，调查蜜源。是年，彭县饲养蜜蜂群达1.65万群。

1990年开始，彭县养蜂站每年在甘肃平凉市灵台县万宝川召开会议。全县成立12个放牧大组，26个小组。开展对出省放牧蜂群进行检疫（初检）、养蜂技术指导、蜜源调查以及提供气象、蜂产品市场价格信息、运输编组等工作。

2005年，全市饲养蜂群1.8万群。蜂群品种以中华蜜蜂、意大利蜜蜂（西蜂）为主，分布在20个镇。其中，中华蜜蜂主要分布在丘陵、山区和部分坝区，以家庭式养殖为主。部分规模养殖的养蜂场，在成都市周边区、市、县及省内地区进行小范围放牧式养殖生产。意大利蜜蜂则主要是规模场养模式，到省外转地放养，追花采蜜。

第六章　林　业

彭州市贯彻执行《中华人民共和国森林法》，围绕林业两个根本转变和两大体系建设，抓住机遇，加强林业生态建设，以改善生态环境为重点，加速林业产业发展。到1996年，全市建成林业用地84.66万亩，用材林20.48万亩，防护林17万亩，特殊用途林5130亩，活立木总蓄积量达252.2万立方米，年生长量达9.1万立方米。继1994年荣获林业部“全国科技兴林示范市（县）”称号后，于1996年率先在四川省实现全面绿化达标，全市绿化覆盖率达48.2%。加强野生动物保护的宣传、执法工作，严厉打击非法偷猎、非法经营野生动物的行为。加强对国家、省级自然保护区的保护、建设和管理工作，为野生动物和国宝大熊猫提供良好的生存环境。

第一节　生态体系建设

1997—2005年，落实国务院“退耕还林、封山绿化、个体承包、以粮代赈”的林业工作方针，开展植树造林、封山育林、退耕还林、天然林保护、生态工程建设。10年间，成片植树造林12.42万亩、新封山育林11.63万亩、退耕还林7.5万亩、全市义务植树1110.3万株、新增林地7.5万亩、新增绿地面积30859.65万平方米，同时还完成全市农业综合开发沟渠农田林网配套建设任务，并加强对全市81万亩天然林的营造和管护。至2005年20年无一火灾发生。

围绕科技兴林，林业部门调整林业产业结构，坚持走“山上建基地，山下搞加工，山外找市场”的路子。先后引进彭州柚、芦丁、花卉、五倍子、藏柏、巨桉、尤蔓桉、大嘴桉、核桃、板栗、杨树等优良品种和笋用竹、麻竹、品丝球竹、雪竹等经济林木。完成彭州柚基地，花卉栽植基地，水果、干果基地，厚朴、杜仲药材林基地，竹材、笋林基地和工业原料林等基地建设。林业产值由1986年的673万元，发展到2005年的6509万元，增长8.67倍。

第二节 林政管理

1986年以后，林业部门加强林政管理和法律法规宣传，依法治林。开展定期组织各乡镇林业员培训，提高林政执法水平。进行木材经营，加工和个体户及木材流通市场整顿，及时换发木材经营、加工许可证。加强对林区小煤矿坑木管理，坚持严打、严管、严防、严治。对乱砍滥伐、破坏森林资源、违法犯罪活动及时进行查处。

1998年，举办林业执法培训班2期，培训150人次，印发《中华人民共和国森林法》6300份。组织召开森林管理现场会6次，换发木材经营、加工许可证207件，审核发放坑木使用许可证74件。加强林区小煤矿使用坑木的管理及天彭镇、敖平镇两个木材市场规范化管理。查处林业行政案件66起，治安拘留3人，处罚64人次，收缴木材3立方米。

2000年，加强木材运输、经营管理、清理违法经营加工户，办理木材运输证3700张。开展林政执法235次，查处违法案件56起，办结率100%。

2003年，加强征占用林地管理，开展人工商品材采伐试点，进行林政执法检查，查处林政案件77起，办结率达100%。当年，彭州市被确定为森林病虫害国家级中心测报点后，林木病虫害监测、护林防火工作均创佳绩。

2005年，开展“森林资源保护专项行动”，重点清理检查征占林用地。清理整顿木材经营市场及加工户，查处非法运输木材案件。全市共查处各类林政案件19起，其中，刑事立案1起，行政案件18起，处罚25人次。

1986—2005年，林政执法共查处各类案件392起，查处率达100%，收缴木材242.85立方米，使全市林政秩序和林业产业环境得到维护。

第三节 野生动物保护

1986年开始，县林业局在狠抓大熊猫等野生动物保护的同时，坚持在每年4月的“爱鸟周”和10月的“野生动物保护宣传月”中，宣传和动员群众保护野生动物，严厉打击和查处猎杀、经营、贩卖野生动物，特别是猎杀珍稀野生动物的违法行为，为大熊猫及其他珍稀野生动物提供安全的生存环境。

1998年，林政、公安、工商等部门联合行动，对全市110家餐馆、14个农贸市场开展执法检查，查处违法经营野生动物餐馆13家，没收死体青蛙9公斤、活体青蛙70只、蛇11条。

1999年，经四川省人民政府批准，建立白水河省级自然保护区。次年3月，正式成立保护区管理处，并在中坝、大坪、白果坪建立起3个保护站。特别是5月13日，在小鱼洞镇发现活体大熊猫活动后，林业部门进一步加强对自然保护区的环境建设和巡护，为国宝大熊猫提供良好的生存环境。当年检查餐馆96家、林区农户200余家、收缴猎枪3支、猎套25个，查出大量的麂子、果子狸等野生动物尸体和77公斤死体青蛙，并对违法人员实施没收、罚款、治安拘留等处罚。将收缴的3500余只活体青蛙、88只棘侧蛙、12条蛇、20余只野鸡放归大自然。

2001年，配合开展全国第三次大熊猫普查调查，发现大熊猫活动踪迹12处。全年共收缴猎枪3

支、猎套12个、检查餐馆96家、农贸市场6处，没收死体青蛙近80公斤。关闭影响野生动物活动的保护区周边矿山5座。

2002—2005年，结合全国开展的“春雷行动”和抗“非典”工作，加强对野生动物资源管理和野生动物基层保护、管理网络建设；巡护自然保护区2.4万公顷，重点检查林区、银厂沟餐馆、农家乐、林区农户和市场等，共查获死体青蛙2723只、活体青蛙3320只、蛇20余条、麂子肉和野兔肉等数十斤，查处违法违规人员12人，对检查没收的活体青蛙进行野外放生。编写出《九峰山生态旅游开发区总规环境影响报告》，以促进彭州市森林、生态旅游的进一步发展。

第七章　乡镇企业

党的十一届三中全会后，彭州市经过对农业产业结构的调整，使乡镇企业不断发展、壮大。到1988年，产值达64414万元，首次超过农业产值，成为农村经济的重要支柱和农民增收致富的重要途径。1990年以后，国民经济进行调整，以及乡镇企业自身发展过程中产生的问题，影响其发展。全市贯彻实施乡镇企业法，遵照省政府的要求，针对彭州市实际情况，对乡镇企业实施“多制并举”的一系列改革措施。到1998年，乡镇企业数量减少，但实力增强，工业总产值（现价）达到46.01亿元，占全市工业总产值的76%，对农村经济发展做出重大贡献。随着社会主义市场经济的发展，乡镇企业的产业结构、行业机构继续向市场经济方向进行改革和调整，不断地加强发展，为彭州市的经济建设、社会发展做贡献。到2005年，全市乡镇企业职工人均创产值8万元，营业收入人均达7.69万元，企业人均利润达1050元，人均创税1539元。20年间投入大量资金，用于“以工补农”和农村卫生、教育等社会福利事业建设。乡镇企业的发展，为彭州市（县）经济社会发展和社会主义新农村建设奠定基础。

第一节　企业改革调整

企业发展

彭州市乡镇企业源于农业合作化后的农村工副业集体经济。党的十一届三中全会后，全市农村经济开始向社会化、专业化方向发展，涌现出面向社会需要的兼业或专业生产的“专业户”，形成乡镇企业的雏形，而后逐步发展壮大。1990年以后，全市乡镇企业蓬勃发展，成为农村经济的重要支柱和农民增收奔小康的主要途径。

1986—2005年，全市乡镇企业数由11481个发展到2005年的23608个，从业人员由61229人增加到90437人。企业总产值由1985年的23647万元增加到72.31亿元，增长29.58倍，年均增长

18.65%。企业销售收入由1.2亿元增加到69.54亿元，增长56.39倍，年均递增22.45%。企业利润由521.46万元增加到9495万元，增长17.21倍，年平均增长15.62%。企业上缴国家税金由934.15万元增加到1.39亿元，增长13.89倍，年均递增14.46%。

企业改革

针对20世纪90年代后期乡镇企业面临企业资金紧缺、负担过重、市场疲软、发展后劲不足等诸多困难，彭州市按照四川省政府“紧中求活、少中求好、通力协作、渡过难关”的要求，认真贯彻实施《乡镇企业法》，积极开展以为企业发展增强后劲，适应市场体制需求为主要内容的乡镇企业第二次创业。深化企业改革，采取以重点企业为先导，以村集体企业改革为突破口，坚持因企施策，多制并举相结合的方式，大力推进企业改组、联合、兼并、租赁和股份制改制进程。改制后的企业总数由1995年的31261个减少到2000年的16325个。其中，乡镇办企业由498个减少到417个，村办企业由1012个减少为零，联办企业由59个增加到292个，个体企业由29692个减到15616个。截至2005年，全市乡镇集体、股份、私营企业发展到23608个。

通过乡镇企业的改革和产业、行业结构调整，使结构更趋合理。全市乡镇企业中，农副产品加工业比重由1995年的1.04%调整为2000年的0.49%，交通运输业比重由1995年的11.06%调整到2000年的7.45%，建筑业比重由10.04%增加到15.92%，工业比重由55.10%增加到61.34%，其他产业由22.76%调整为14.8%。在工业行业内部结构调整中，更凸显出彭州建材、冶金、食品、化工等支柱产业的特色。能源工业比重由1995年的6.55%调整到2000年的5.94%，建材工业比重由16.24%增加到18.85%，冶金机械工业比重由12.3%增加到19.95%，食品工业比重由13.12%增加到16.28%，医药工业比重由6.13%调整为0.95%，化工工业比重由4.62%增加到10.33%，其他工业比重由41.04%调整为27.7%。

企业投入

1986—2005年，彭县乡镇企业以深化政策、加强管理、加大技改、调整结构、立足稳定、稳中求进的思路，以能源为基础，以建工、建材、食品、冶金、医药化工为支柱，多种经济成分并存的发展格局，加大对企业固定资产、技术改造、新工艺推广和新产品开发等方面的投入。20年间共投入资金28.63亿元，完成新建项目2026个，完成固定资产投资19.7亿元，完成技改项目918个，完成技改投资8.93亿元。

彭州市1985—2005年乡镇企业发展情况表

表12-7-1-1

年度	企业总数（个）	从业人员（人）	总产值（万元）	其中工业产值（万元）	营业收入（万元）	实现利润（万元）	入库税金（万元）	产品出口交货额（万元）
1985	11481	61229	23647	13759	12118	521	682	—
1990	18183	84352	76505	43365	54620	2022	2127	1314
1995	31261	161266	1099164	605697	815309	31401	12168	9670
2000	16325	71685	281912	172925	242342	2100	7213	8127
2005	23608	90437	723050	524741	695421	9495	13914	22014

经营方式

1986—1990年，彭县乡镇企业的经营方式，主要以集体经济形式的计划管理经营方式和个体经营为主。

1991—1995年，随着社会主义市场经济的建立，乡镇企业为适应市场需求，经营方式发展变化，逐步开始实行集体企业个人承包经营为主和少部分企业实行租赁经营方式。

1996—2000年，结合乡镇企业的第二次创业，企业清产核资产权明晰后，原多以承包经营方式进行管理的乡镇企业，转为以租赁、股份制经营为主的管理模式，给许多濒临倒闭的集体企业注入生机和活力。

2001—2005年，随着彭州市国有企业、集体企业的改制不断深入，现代企业管理制度逐步进入乡镇企业管理，改变企业的经营方式，更多的镇村集体企业，通过资产清理，明晰产权，企业经营也主要由过去的租赁经营转为资产转让后的股份制和股份合作制经营，以及招商引资的独资或合资经营方式。

第二节　乡镇企业结构

所有制结构

全市乡镇企业主要由乡镇办企业、村办企业、组办企业、户联办企业和私营个体企业五大类组成。

“七五”（1986—1990年）期间　1986年全市共有乡镇企业13545个。其中，乡镇办集体企业543个，占乡镇企业总数的4%，村办集体企业1174个，占乡镇企业总数的8.7%，组办集体企业354个，占乡镇企业总数的2.6%，联户办企业706个，占乡镇企业总数的5.2%，私营个体企业10768个，占乡镇企业总数的79.5%。到“七五”计划末的1990年，全市乡镇企业总数发展到18183个，比1986年增加4638个，增长34.24%。其中，乡镇办企业减少到456个，占乡镇企业总数的2.5%，村办企业减少到908个，占乡镇企业总数的5%，组办集体企业全部转为户联办或个体经营，联户办企业减少到391个，占乡镇企业总数的2.2%，个体私营企业增加到16428个，占乡镇企业总数的90.3%。

“八五”（1991—1995年）期间　全市乡镇企业发展到31261个，比1986年增加17716，增长130.8%。其中，乡镇办集体企业498个，占乡镇企业总数的1.6%，村办集体企业1012个，占乡镇企业总数的3.2%，联户办企业59个，占乡镇企业总数的0.25%，个体私营企业发展到29692个，占乡镇企业总数的95%。

“九五”（1996—2000年）期间　经过企业改革和结构调整，全市共有乡镇企业16325个。其中，乡镇办集体企业15616个，占乡镇企业总数的95.65%。

“十五”（2001—2005年）期间　随着社会主义市场经济的不断完善和改革开放的进一步深入，全市加大对外开放和招商引资、引项力度，全市乡镇企业也由过去的承包租赁、转让，向合资、引进外资、股份合作经营以及其他经营形式发展。截至2005年底，全市共有乡镇企业23608个。其中，镇村集体企业268个，占乡镇企业总数的1.1%，独资企业21101个，占乡镇企业总数的89.45%，股份、合资企业2239个；占总数的9.5%。

彭州市1985—2005年乡镇企业所有制结构表

表13-7-2-1

	1985年		1990年		1995年		2000年		2005年	
	个数	比重	个数	比重	个数	比重	个数	比重	个数	比重
企业总数（个）	11418	100	18183	100	31261	100	16325	100	23608	100
其中：乡镇集体企业	539	4.7	456	2.5	498	1.6	417	2.6	268	1.1
村办集体企业	1133	9.9	908	5	1012	3.2	—	—	—	—
组办集体企业	9741	85.3	—	—	—	—	—	—	—	—
联户办企业	5	0.1	391	2.2	59	0.2	292	1.8	—	—
个体企业	—	—	16428	90.3	29692	95	15616	95.6	—	—
独资企业	—	—	—	—	—	—	—	—	21101	89.4
股份企业	—	—	—	—	—	—	—	—	2239	9.5

产业结构

全市乡镇企业产业结构，经过20年的逐步调整和改革的深化，使企业产品、生产结构调整逐步适应社会主义市场经济的需求，产业结构调整更加科学、合理。

1985—1990年间，全市乡镇企业第一、二、三产业结构由1985年的0.6∶90.4∶9调整到1990年的0.7∶69.8∶29.5。

1991—1995年，乡镇企业产业结构由1991年的0.7∶71∶28.3，调整到1995年的1∶65.1∶33.9。

1996—2000年，乡镇企业产业结构由1∶57∶42，调整到0.5∶77.3∶22.2。

2001—2005年，乡镇企业产业结构由2001年的0.6∶77∶22.4，调整到2005年的0.2∶85.7∶14.1。

行业结构

1986—2005年，经过不断发展和调整产品生产结构，基本形成以能源为基础，以建工建材、冶金机械、食品工业、医药化工为支柱的乡镇企业发展格局，涉及国民经济行业的5大类、31个门类、75个主要产品，使全市乡镇企业成为产品门类齐全、行业结构合理、独具本地经济特色的有生力量。

彭州市1985—2005年乡镇企业行业结构比重表

表12-7-2-2　　单位：万元、%

行业类别	1985年		1990年		1995年		2000年		2005年	
	产值	占比	产值	占比	产值	占比	产值	占比	产值	占比
总产值	23647	100	76505	100	1099164	100	281912	100	723050	100
1. 农产品加工业	138	0.6	516	0.7	11412	1.0	1371	0.5	1655	0.2
2. 交通运输业	1565	6.6	8559	11.2	121611	11.1	20991	7.4	38807	5.4
3. 建筑业	5263	22.3	10095	13.2	110314	10.0	44894	15.9	73898	10.2

续表12-7-2-2

行业类别	1985 年		1990 年		1995 年		2000 年		2005 年	
	产值	占比	产值	占比	产值	占比	产值	占比	产值	占比
4. 商贸、服务业	2922	12.4	13970	18.3	250130	22.8	41731	14.8	63051	8.7
5. 工业	13759	58.1	43365	56.6	605679	55.1	172925	61.4	545639	75.5
其中：能源工业	2085	8.8	5272	6.9	39664	3.6	10273	3.6	19643	3.6
建材工业	4506	19.1	12137	15.9	98392	9.0	32597	11.6	69842	12.8
冶金、机械业	606	2.6	1466	1.9	74492	6.8	34501	12.2	56201	10.3
食品工业	5155	17.6	11316	14.8	79495	7.2	28157	10.0	64385	11.8
医药工业	1399	5.9	4709	6.1	37127	3.4	1636	0.6	15495	2.1
化学工业	171	0.66	1009	1.3	27955	2.5	17859	6.3	48070	6.6
其他工业	846	3.5	7456	9.7	248554	22.6	47902	17.1	272003	49.8

第三节　企业效益

经济效益

乡镇企业总产值由1985年的2.37亿元增加到2005年的72.31亿元，增长29.51倍，年平均增长18.65%。其中，工业总产值由1.38亿元增加到52.47亿元，增长37.02倍，年平均增长19.97%。截至2005年，乡镇企业总产值占全市工业产值的比重达到79.55%。

乡镇企业百元产值创利润由1985年的2.2元减少到2005年的1.31元，百元产值创税由1985年的2.51元减少到2005年的1.92元。

百元销售收入创利由1985年的4.3元减少到2005年的1.36元，百元收入上缴税金由1985年的4.9元减少到2005年的2.0元。

1986年全市乡镇企业上缴税金1034.39万元，到2005年乡镇企业入库税金达到13914万元，比1986年增长12.45倍，年平均增长14.66%。到2005年底，乡镇企业上缴税金占全市财政收入55564万元的25.04%。

社会效益

1986年，全县乡镇企业共吸收和转移农村劳动力67411人。到1996年，从事农业服务业、工业、建筑业、交通运输业、批零贸易等业的人数已占农业人口的29.4%。从事行业的多样化丰富了农民创收来源。到1998年，农民人均纯收入2710元，使全市基本实现小康水平。发展到2005年，转移农村劳动力共90437人，增长34.16%，占全市农村劳动力人数的20.93%。从业人员年人均收入由1986年的693.63元，增加到2005年的6068.31元，增长7.75倍，年均递增12.1%。截至2005年，农民人均总收入中来自乡镇企业的务工收入达到19.1%。

第十三篇　工业和建筑业

彭州市现代工业从无到有，从弱到强，从少到多不断发展，特别是改革开放后发展较快。随着改革的深入，结构的调整，工业企业由多变精，工业经济得到健康稳定的发展。

“七五”期间（1986—1990），在中央“改革开放搞活”方针的指导下，彭县工业开始形成初具规模、初具特色的综合型工业体系。初步形成能源、机械仪表、电子、制药、化工、食品等行业组成的基本产业结构。到1990年已有工业企业4635个，实现工业总产值（1990年不变价）9.92亿元，工业增加值（1990年可比价）2.14亿元，占GDP比重35.3%。

“八五”期间（1991—1995），彭州市（县）以增强企业的后劲上规模，调整产品结构，建立现代企业制度为目标，以转换企业经营机制，提高经济效益，加速度上台阶为重点，加大改革开放和发展经济的步伐。到1995年有工业企业6251个，实现工业总产值（1990年不变价原规定）32.72亿元，工业增加值（1990年可比价）7.01亿元，占GDP比重37.19%。

“九五”期间（1996—2000），因长期积累的产业结构性矛盾和体制性障碍，企业改革重组滞后，彭州市工业未能化解因国家产业政策调整和市场变化等多种因素产生的不利影响，能源、建材、化工行业生产下滑，工业经济处于徘徊状态。到2000年有工业企业3637个，实现工业总产值（1990年可比价）31.29亿元，工业增加值（1990年可比价）8.79亿元，占GDP比重33.50%。

“十五”期间（2001—2005），彭州市实施对外加大招商引资力度，对内抓企业改革和资产重组的工作方针；实施“工业富市”的发展战略；以培育壮大优势产业、主导产业中的骨干企业为重点；依靠科技进步加大对重点骨干企业的技术改造力度；调整行业结构、产品结构和企业组织结构；集中力量加速转化资源优势和技术优势。经过一系列努力，走出“九五”期间的低谷，工业经济总量不断增长。到2005年有工业企业3511个，实现工业总产值（2000年不变价）87.58亿元，比2001年增长138.63%；工业增加值（2000年可比价）23.83亿元，占GDP比重34.86%，比2001年增长100.77%；实现利税3.68亿元，比2001年增131.45%。

改革开放后，彭州市的建筑业随着经济建设对交通、电力、厂房等建筑设施的需求和房地产开发的兴起，逐步发展壮大，并由本土施工扩展到省外，甚至走出国门施工，为国创汇，由承接一般工程施工发展到高精要求的高层、化工，甚至军用建筑施工。建筑业的发展解决了全市农村经济体制改革后劳动力的转移，改变了彭州市的产业结构，为彭州市的经济发展、城市及城镇化建设做出了贡献。

第一章　工业所有制

“七五”期间彭县同全国其他地区一样，工业所有制以国有和集体为主。随着改革开放的深入发展，特别是“八五”期间党的十四大确定经济体制改革，曾为国家建设做出重大贡献的国有工业逐步萎缩甚至破产倒闭，集体所有制有所增长，个体、私营大量涌现。在市场经济建立过程中，集体所有制工业逐步萎缩，经历关、停、并、转，能存留下来的与国有工业一样，经改制以股份制的形式留存了下来。同时，经招商引资，出现了“三资”企业。

第一节　工业体制改革

1985—1993 年，按照政企分开和所有权与经营权分开的改革原则，明确企业法人地位，落实企业享有的 14 项经营权。企业普遍推行厂长承包经营责任制（包干年产值利润指标），承包期为三年，这种办法虽然促进了一个时期的经济发展，但难于避免承包人的短期行为，一味追求产值、利润，而不顾机器设备的维护和保养及扩大再生产的投资，企业没有持续动力，多数企业经营困难。继而又推行企业股份制改革，企业按投资者股份比例年终分红，职工社会私人资金也可以入股投资企业参与分红。

1993 年 12 月《中华人民共和国公司法》颁布实施后，1995 年全市先后制定一系列加快企业改革的政策、措施，建立专门的领导班子，全面推行产权制度改革。对新办企业符合公司法条件的，均规范地组建为有限责任公司，到 1997 年全市共建公司 46 家。

十四届三中全会后，实行市场经济管理体制，引入竞争机制优胜劣汰。在竞争中，老企业面临诸多困难，一是退休职工多，开支负担重；二是产品落后，销售滞后；三是靠上级计划分配物资减少或断绝；四是贷款利息加大，资金短缺、负债加重，以及其他诸因素。因此，企业纷纷解体、停办，或破产，或出让，或解体重组为股份制企业等。截至 2005 年底，全市境内 50 家中央、省、市县属国营工业企业中，有 29 家撤停或破产，15 家改制为民营股份制企业，2 家与外地公司合并、合资为民营企业，保留的国资企业仅有 4 家，即 5719 工厂、彭州电力公司、关口火电厂、成都市跃进煤矿。

企业解体后，一般是将资产变卖后的资金，首先用于解决退休老职工的养老金，转到社会保险局，发给社保卡，每月去银行领取；其次归还欠银行的贷款；三是对一般职工按工龄职务等级计算安置费发给个人，最高 4 万元，最少 1 万元、几千元不等，有的企业还为职工购买社保。职工去向，有的在原企业就业，有的到其他企业就业，有的筹资兴办小企业等等，对一时找不到工作的，到就业局登记等待就业。

彭州市1989—2005年国营工业企业破产、停办、改制一览表

表13-1-1-1　　　　单位：万元

企业名称	全年职工平均人数（人）	工业总产值（当年出厂价）	年末固定资产		说明
			原值	净值	
一、中央企业					
5719工厂	1593	1791.5	3595.3	3006.8	保留国资企业
四川省彭州市（县）铜矿	1414	915.3	953.1	257.6	2003年破产停办
中亚无线电厂	1756	1290.5	2095	1093.1	2004年破产
二、省属企业					
四川省碳素制品厂	135	213.1	479.4	476.1	2002年停产
三、成都市属企业					
成都市跃进煤矿	2372	565.0	1252.7	816.2	2005年延续到2009年停办
湔江煤矿	2438	456.2	822.2	392.1	1995年破产
四川省蛇纹石矿	706	72.2	1424.9	894.3	2001年破产停办
官仓电力	168	212.5	722.6	497.5	改为股份制企业
湔江化工厂	487	128.1	420.3	250.4	2000年破产，2001年7月被成都华融化工收购
四川省中药厂	371	575.2	488.4	406	改为四川省光大制药有限公司
湔江水泥厂	693	716.5	1114.9	841.1	2005年与江油合资
东方瓷厂	919	435.2	509.3	285.8	2004年改制为民营企业（国有资产留存）
锦江油泵油嘴厂	2503	1900.4	2893.5	2034.1	2003年3月宣告破产
四、市（县）属企业					
1. 工业系统：					
国营彭县煤矿	919	247	670.7	514	2004年3月破产停办
彭县造纸厂	272	279.9	197	150.7	1993年停产后更名为星星纸业公司，2004年5月破产
彭州市（县）印刷厂	155	105.6	91.6	70.6	2004年4月改制
彭州市（县）水泥厂	488	701.4	459.6	338.4	2003年4月破产
桂花陶瓷厂	340	59.9	164.5	117.8	1993年改制，1994年4月先后为水泥厂兼并
彭县矸砖厂	103	51.2	148.2	133.9	1989年改制

续表13-1-1-1

企业名称	全年职工平均人数（人）	工业总产值（当年出厂价）	年末固定资产		说明
			原值	净值	
彭州市（县）玻璃厂	341	276.8	168.8	141.7	1993年改制，1994年4月先后为水泥厂兼并
四川台钻厂	447	467.7	220.2	161.6	2000年10月宣告破产
彭州市（县）灯泡厂	427	261.1	203.6	157.4	2004年3月改制为民营企业
彭州市（县）铁厂	300	164.9	203.4	149.5	2002年破产
天府仪表厂	284	315.5	241.9	171.4	2001年5月宣告破产
2. 商业系统：					
彭县食品厂	85	95.1	40.6	33.8	已撤停
彭县食品二厂	27	29	7.5	4.4	已撤停
国营酒厂	145	254.6	54.2	33.9	2004年改制
食品加工总厂	44	96.7	18.7	17.3	已撤停
彭县酿造厂	68	121.1	50.8	44.7	已撤停
彭州市（县）冰厂	31	21.4	33.8	27.9	2004年停办
煤司城北蜂窝煤厂	24	16.6	20.6	18.9	撤停
濛阳蜂窝煤厂	14	7.2	8.2	7.2	撤停
3. 其他系统：					
彭州市（县）自来水厂	35	21.3	112.4	106.8	2003年改制为民营股份企业
彭州市（县）济生制药厂	166	605.9	59.9	55.4	2001年破产成都康弘制药公司收购
彭县兽药厂	32	23.8	15.9	9.3	改制
彭县供电所（彭州电力公司）	72	79.1	152.1	106	2001年成都电业局代管（保留国营）成为彭州供电局
彭县牛心山水电站	56	23.7	108.2	89.7	2002年改制
彭县幻灯片厂	41	38.6	27	24	2002年改制
亨达制药厂	2001年改制与北京天启星技术发展公司合资				
红石桥水电站	2004年破产，四川侨源电力有限公司出资1.27亿元收购				
风鸣桥水电站	2004年破产，四川省投资公司出资1.41亿元收购				
草坝火电厂	2005年7月停办				
关口火电厂	待停				
彭州天然气公司	2004年改制为民营企业				

第二节　国有工业

1986 年以前有 57 个（其中成都市属以上 17 个，县属 40 个）国有企业，工业总产值 1.56 亿元，占全县工业总产值 3.26 亿元的 47.85%，居第一位。

“七五”期间（1986—1990），因结构调整。产生变化，到 1990 年国有企业有 60 个，工业总产值 4.08 亿元，占全县工业总产值 9.92 亿元的 41.08%，略次集体工业降居二位。

“八五”期间（1991—1995），1995 年国有企业有 52 个（其中央企 2 个，省属企业 4 个，成都市属企业 14 个，市县属企业 35 个）工业总产值 5.3 亿元（其中央企 1.27 亿元，省属企业 1250 万元，成都市属企业 2.32 亿元，市县属企业 1.58 亿元），占全市（县）工业总产值 36.75 亿元的 14.42%。

“九五”时期（1996—2000），2000 年国有企业有 23 个（央企 2 个，省属企业 2 个，成都市属企业 8 个，市属企业 11 个），工业增加值（总产值）5.7 亿元（其中央企 3.05 亿元，省属企业 260 万元，成都市属企业 2.07 亿元，市属企业 5588 万元），占全市工业总产值 42.88 亿元的 13.29%。

“十五”时期（2001—2005），2005 年国有企业仅 7 个（其中央企 3 个，省属企业 1 个，成都市属企业 3 个，市属企业全部破产、改制、重组），工业增加值（工业总产值）10.58 亿元，占全市工业增加值（总产值）26.36 亿元的 40.14%。

第三节　集体工业

1986 年以前，彭县有集体工业企业包括二轻、粮食、供销及乡镇集体企业 410 个，工业总产值 9315 万元；村办企业 773 个，工业总产值 5164 万元；组办企业 281 个，工业总产值 197 万元；城镇街道办企业 19 个，工业总产值 58 万元。共计企业 1483 个，总计产值 1.47 亿元，占全县工业总产值 3.26 亿元的 45.09%，仅次于国有工业。

“七五”时期（1986—1990），1990 年集体企业有 1488 个（县属企业 68 个，城镇街道办企业 21 个，农村办 1397 个，其他 2 个），工业总产值 4.83 亿元，占全县工业总产值 9.92 亿元的 48.69%，居第一位。

“八五”时期（1991—1995），1995 年集体企业有 1132 个（市属 40 个，农村办企业 1092 个），工业总产值 15.6 亿元，占工业总产值 36.75 亿元的 42.44%。企业数量、产值所占比重开始呈下降趋势。

“九五”时期（1996—2000），2000 年集体企业有 259 个，工业总产值 4.97 亿元占全市工业总产值 42.88 亿元的 11.59%，企业数量，总产值所占比重严重下降。

“十五”时期（2001—2005），2005 年集体企业有 181 个，工业增加值 3.56 亿元，占全市工业总产值 26.36 亿元的 13.50%。

第四节　其他工业

1986 年以前，彭县有个体、私营企业 1999 个，工业总产值 2261 万元，占全县工业总产值的

6.94%，企业数量居第一位，总产值居末位。

“七五”时期（1986—1990），在坚持公有制的前提下，鼓励个体、私营企业和“三资”企业发展，民营经济开始上升。到1990年个体、私营企业有3087个，工业总产值1.02亿元，占全县工业总产值9.92亿元的10.28%。

“八五”时间（1991—1995），个体、私营经济呈快速增长趋势，从1993年开始民营经济中有了股份制企业和“三资”企业，民营经济开始壮大。到1995年，个体、私营企业有5024个，工业总产值14.61亿元，占全市工业总产值36.75亿元的39.74%；“三资”企业16个，工业总产值1.25亿元，占全市工业总产值的3.41%。民营经济总量15.86亿元，比重占43.15%，紧追公有经济。

“九五”时期（1996—2000年），民营经济继续平稳增长。到2000年民营企业有3355个，工业总产值32.2亿元，占全市工业总产值42.88亿元的75.10%。其中，个体、私营企业3250个，工业增加值3.54亿元，占全市工业总量42.88亿元的68.00%；股份制企业21个，工业总产值8519万元，占全市总产值42.88亿元1.99%；三资企业6个，工业总产值2.11亿元，占全市工业总产值42.88亿元的4.92%。

“十五”时期（2001—2005），彭州市实施“工业富市”战略，发展非公有制经济，作出新的经济增长点培育，作为全市加快发展的主体，采取一系列措施使民营企业不断发展壮大。至2005年，民营企业有3323个，占企业总数的94.65%，工业增加值12.22亿元，占全市工业增加值26.36亿元的46.35%。其中，个体私营企业3309个，工业增加值9.05亿元，占全市工业总量值26.36亿元的34.33%；外商经济和港澳台企业14个，工业增加值3.17亿元，占全市工业总产值26.36亿元的12.03%。

第二章　工业行业

彭州市的工业行业有能源、冶金、建材、陶瓷、家具制造、医药、化工、机械仪表电子和食品饮料等。

彭州市水力资源丰富，其理论蕴藏量33.4万千瓦，可开发量10.7万千瓦。煤储量丰富，是全国200个重点产煤县（市）之一，地质储量1.82亿吨，可采储量1.15亿吨，年产源煤150万~200万吨，发热量3000大卡/吨以下，含硫量0.32%左右，适合低热值燃料发电。

彭州市冶金工业历史，可追溯到先秦时期，丰富的煤矿、铜矿及铁矿资源，为冶金工业奠定了基础。1986—1991年，仅有彭县铜矿、彭县铁厂两家生产企业。随着改革开放的深入发展，冶金企业不断增多、变强。

20世纪70年代因国际形势的变化，国家调整工业布局，随着三线建设计划的实施，大量企业布局西部，彭县迎来多个大型机械仪表、电子工业企业入驻，奠定充实了彭州市的工业基础。

彭州市境内药材资源丰富，有动物、植物和矿物药材1136种，是全国和全省的商品药材生产基地。制药工业是传统产业和支柱产业，中药生产是医药工业的龙头，医疗器械生产、保健品生产等是改革开放后的新兴产业。

1986—2005年，在改革开放的推动下，彭州市化学工业得到较大的发展，工业总产值从1986年的518万元增加到2005年的8.5亿元，是支柱产业。全市化学工业的发展大体可分为发展期、萎缩期、振兴期三个阶段。

食品工业是市内重要的传统工业，在1986年一家独大，其产值所占比重在所有行业中居第一。随着改革开放的深入发展，行业结构的调整，其他行业渐次赶上，食品工业渐次屈居末位，但行业自身却在不断发展，在“八五”期间产值达3.58亿余元。

改革开放以后，随着经济发展，房地产开发兴起，全市建材工业以丰富的资源为依托，发展较快。自20世纪80年代开始，成为支柱产业之一，产值比重在“七五”“八五”期间一直紧追魁首机械仪表电子行业，曾两年跃居第一，“九五”末名列三甲，“十五”末名列倒数第二位。

其他工业主要包括家具制造、陶瓷生产、造纸和纸品生产、印刷、包装、制革、皮件、玻璃制造、塑料制品、服装鞋帽制造、纺织印染等行业门类。其中除部分门类发展壮大外，多数属于小规模企业，总体虽然发展不大，但因数量多，所实现的生产总值在全市工业总产值中所占比重不低，起伏不是很大。

第一节 能源工业

原煤生产

“七五”时期（1986—1990），总产量578.83万吨，年均产量115.77万吨。

“八五”时期（1991—1995），总产量932.33吨，比“七五”增长61.07%，年均产量186.47吨。

“九五”时期（1996—2000），总产量745.55万吨，比“八五”下降20.03%，年均产量149.11万吨。

“十五”时期（2001—2005），总产量802.76万吨，比“九五”增长7.67%，年均产量160.55万吨。

煤炭长期是全市能源工业的主要产品，因国家产业政策的调整，从1999年开始关井压产，包括乡镇煤矿100多个企业陆续关闭。至2005年，除成都市跃进煤矿和民营宏元矿业公司等企业外，全部关闭。

电力生产

1980年以后，彭县利用境内水力和煤炭资源的优势，采取“大小并举”“水火并举”的方针，加快电力建设的速度。1986年全县水电装机容量为17595千瓦，年发电量10498万千瓦小时。1987年四川省把彭县列为初级电气化重点县，1989年又把彭县列入全国初级电气化试点县。彭县发挥资源优势，发展以电力为龙头的能源工业，迅速将资源优势转化为产品优势，进而转化为商品优势，并探索小水电建设的新路子。在资金筹措上采取多方集资、拆借引进资金的办法；在发展小水电的层次上，采取县办、乡办、村办、联办等形式，充分发挥各级办电的积极性。

1986—1989年的3年间，投资达13340万元，主要用于电源点、电网和农电建设。一批小水、火电工程相继建成投产，其中骨干电站有：人民渠进水口电站，装机3×630千瓦；全国最大的村办水电站桂花树电站，装机容量2×2500千瓦；团山电站，装机容量3×360千瓦；乡办半节河电站，装机容量2×1000千瓦；洛河桥电站，装机容量4×800千瓦；由成都市投资公司、湔江煤矿、成都市跃进煤矿等6家企业入股兴办的关口火电厂，装机容量为2×12000千瓦。到1989年全县共有电力生产电源点72处（其中：火力发电1个，2台机组，装机24000千瓦；水电站71处，136台机组，装机容量38043千瓦），总装机62043千瓦，比1982年增长176.32%；全县发电量14930万千瓦小时，比1982年增长212.50%。总装机容量居全国县级之首，形成了水电、火电并举的格局。1990年彭县跻身于全国初级电气化县行列。

1989年以后，彭州市的电力生产，以几个骨干电厂（站）续建成投产，进入新的发展时期，改善全市的基础设施和投资环境，拉动了县域经济的快速发展。

装机容量2×11000千瓦，总投资9768万元的县办红石桥水电站，1987年开工建设，1991年5月投运发电，年发电量12000万千瓦小时；关口火电厂2×12000千瓦装机于1989年底投运，后扩建的装机1×12000千瓦、1×2000千瓦的机组于1993年12月投入运行，该厂总装机容量为38000千瓦；乡办山岔河水电站，装机容量1500千瓦，1995年8月建成投产；成都彭西电力有限公司装机容量2×6000千瓦的火力发电机组1994年投产后，扩建一台装机容量12000千瓦的火力发电机组于1996年投产，该厂总装机容量24000千瓦；市办彭州草坝煤矸石发电厂（火力发电）1993年开工建设，装机2×13500千瓦的一、二号机组分别于1996年2月、12月投产运行；市办彭州市凤鸣电业公司梯级开发水电站，由金沙站、凤鸣站、官田站3个站组成，总装机31890千瓦，年设计发电能力12000—13000万千瓦小时，金沙站于1994年建成发电，凤鸣站、官田站于1998年建成发电。

上述几个电厂（站），新增发电装机容量120390千瓦。其中：火力发电63000千瓦；水力发电57390千瓦。

截至1998年，彭州市境内共有电力生产电源点90处、201台机组，总装机容量210679千瓦。其中：火力发电9台机组，总装机容量89000千瓦；水力发电192台机组，总装机容量121679千瓦。1998年发电量91676千瓦小时。

1998年以后新增发电装机：彭州草坝煤矸石发电厂1998年开始扩建装机13500千瓦的三号机组，2000年投产运行，该厂总装机容量达40500千瓦；联邦制药（成都）有限公司的自备电厂，装机2×12000千瓦的两台机组于2005年5月投产运行。

截至2005年，全市共有火力电厂4个，12台机组，总装容量126500千瓦；共有水力发电站90座，总装机容量153700千瓦。年发电能力达10亿千瓦小时。

规模以上能源企业

规模以上企业是指全部国有和年销售收入500万元以上的非国有企业，1998年开始单独统计考核（下同）。

1998年，共有规模以上能源企业11个，工业总产值6945万元，占全部规模企业工业总产值的5.66%，占全市工业总产值的1.67%；工业增加值1.33亿元，占全部规模企业工业增加值的26.24%，占全市工业增加值的9.01%。

2000年，规模以上能源企业10个，主要有彭州供电局、成都官仓水电站、红石桥水电站、凤鸣桥水电站、草坝火电厂、关口火电厂、彭西火电厂。完成工业总产值6517万元，占全市工业总产值的2.08%，占全部规模企业总产值的5.51%，比1998年下降6.16%；完成工业增加值1.06亿元，占全市工业增加值的10.72%，占全部规模企业工业增加值的21.84%，比1998年下降20.42%；产品销售收入1.81亿元，占全部规模企业销售收入的10.94%；利税总额1476万元，占全部规模企业利税总额的16.3%。

2005年，有规模以上能源企业9户，主要有：销售收入过亿元的彭州供电局；超5000万元的彭州市宝山企业（集团）有限责任公司；1000万元以上的成都市官仓电力有限责任公司、四川侨源电力有限公司、成都关口煤矸石发电有限公司、四川天彭电力开发有限公司、彭州草坝煤矸石发电厂、成都彭西电力有限公司。共实现工业总产值5.53亿元，占全市工业总产值的6.31%，占全部规模企业工业总产值的9.24%，比2001年增长728.17%，2001—2005年，平均增长69.64%；完成工业增加值2.89亿元，占全市工业增加值的10.96%，占全部规模企业工业增加值的13.84%，比2001年增长238.33%，2001—2005年年平均增长35.62%；产品销售收入5.35亿元，占全市产品销售收入的6.85%，占全部规模企业销售收入的9.79%；利税总额7802万元，占全市利税总额的21.2%，占全部规模企业利税总额的26.90%；入库税金5021万元，占全部规模企业入库税金的24.06%。

重点能源企业

彭州草坝煤矸石发电厂　是"四川省煤矸石综合利用发电企业"。一期工程装机27000千瓦，于1996年12月投产见效后，二期工程13500千瓦于2000年1月5日并网发电，总装机达到40500千瓦，总投资达2.1亿元，成为全国规模最大的煤矸石资源综合利用电厂。

曾荣获原煤炭工业部中国煤炭工业优秀企业"金石奖"，进入98四川工业企业综合实力500强和98四川电力、蒸汽、热水的生产和供应业工业企业最大规模30强。2000年排位于四川工业企业最大规模500强中的第292位、最大纳税500强中的第332位。2001年排位于四川工业企业最大规模500强中的第297位、最大纳税500强中的第328位。2001年1—5月累计发电量居全省火力发电前十位。

四川天彭电力开发有限公司　公司前身是凤鸣桥水电站，是湔江上游具有调节功能、一二级开发的梯级水电站。总装机容量为31890千瓦，是成都市地方电力最大的水电站。1993年，靠社会高息集资1.4亿元启动，工程建设周期长达6年，建设期资金利息超过1亿元。2003年，四川省投资集团以1.41亿元竞拍了凤鸣桥梯级水电站的全部资产。2004年4月26日，四川天彭电力开发有限公司正式成立。

第二节　冶金工业

发展概况

"七五"时期（1986—1990）　主要有彭县铜矿和彭县铁厂两家冶金企业。彭县铜矿1988—1990年，工业总产值年均834万元；彭县铁厂1986—1992年年平均产生铁7591吨（1993年停产，2002年破产）。

至1990年全县冶金工业总产值（1980不变价）仅1868万元，占全县工业总产值4.17亿元的

4.48%。其中彭县铜矿970万元，彭县铁厂158万元，17个金属制品企业289万元。

此间，三益炼钢厂在建设中。

“八五”时期（1991—1995） 1991年三益炼钢厂建成投产，当年即生产钢锭17901吨，1995年突破10万吨，“八五”期间年均产量60628吨。三益炼钢厂投产，结束彭州市无钢生产的历史，冶金工业进入发展时期。1995年冶金工业全行业实现工业总产值1.99亿元，占全市工业总产值62.90亿元的3.16%，其中，彭县铜矿694万元；黑色金属冶炼及压延业13个企业1.44亿元；金属制品业18个企业3632万元。

“九五”时期（1996—2000） 因攀钢对三益炼钢厂供货企业成都无缝钢管厂的兼并，致使开工不足，钢锭降价而导致亏损，影响全市冶金工业的生产总值。2000年，冶金工业总产值1.41亿元，占全市工业总产值42.88亿元的3.29%。

“十五”时期（2001—2005） 2003年，华歧钢管有限责任公司建立，第一期工程同年3月动工，6月投产，当年实现生产值1.4亿元。公司可年产焊管30万吨，热镀锌管10万吨，螺旋钢管2万吨。彭州铜矿在2001年实现工业总产值219万元，后于2003年破产，这家曾为国防事业做出重要贡献的冶金企业，结束了辉煌的历史。2005年，冶金工业总产值11.23亿元，占全市工业总产值87.57亿元的12.82%。

规模以上冶金企业

1998年，共有规模以上企业6个，工业总产值1.5亿元（1990年不变价，下同），占规模企业总产值的12.23%，占全市工业总产值的3.37%；工业增加值5278万元，占全部规模企业工业增加值的10.41%，占全市工业增加值的6.8%。

2000年，有规模以上企业6个，主要有三益炼钢厂、彭州铜矿、正泰实业公司。完成工业总产值1.41亿元，占全市工业总产值的3.29%，占全部规模企业工业总产值的11.90%，完成工业增加值983万元，占全市工业增加值的16.04%。

2005年，有规模以上企业8个，主要有销售收入过4亿元的成都三益特钢有限责任公司、成都彭州华歧钢管有限公司和超4000万元的成都市世豪冶业有限公司。共实现工业总产值11.23亿元，占全市工业总产值的12.82%，占全部规模企业工业总产值的18.77%。

第三节 机械仪表电子工业

发展概况

“七五时期”（1986—1990） 彭县机电仪表工业已有相当的基础和技术水平。部属5719工厂、第三十研究所、省属中和无线电厂、成都市属锦江油泵油嘴厂、湔江机械厂、岷江齿轮厂、县属天府仪表厂、四川台钻厂等，特别是几家成都市属以上企业，设备精良，有的在同行业中处于先进水平，多项产品获部、省、市优质产品奖，产品远销国外。

1986年，县及县以下机械仪表工业实现工业总产值（1980年不变价）1578万元，占全县工业总产值5.95%。其中，机械产品905万元，仪表产品351万元，其他262万元。

1990 年，机械仪表电子行业实现工业总产值（1980 年不变价）1.32 亿元，占县境内全部工业总产值的 31.76%。其中：普通机械制造业企业 19 个，总产值 4341 万元；电子及通信设备业企业 4 个，总产值 3615 万元；仪器仪表制造业企业 2 个，总产值 1238 万元；交通运输设备制造业企业 10 个，总产值 3334 万元；电气机械及器材制造业企业 1 个，总产值 704 万元。其间，1995 年岷江齿轮厂开始与四川齿轮厂合并，20 世纪 80 年代末第三十研究所迁至成都，湔江机械厂开始迁往德阳市。

“八五”时期（1991—1995）　其间，新增机械工业企业主要有成都红岩长力汽车弹簧制造有限公司（原重庆红岩汽车弹簧厂成都分厂），主要生产汽车钢板弹簧，年生产能力达 2000 吨左右。

成都金陵阀门有限责任公司，始建于 1992 年，主要生产强制密封球阀、阀式孔板节流装置、平板闸阀，可伸缩式管束整流器等产品。

成都星维科自动化设备有限公司，成立于 1990 年，2000 年改制改组为有限公司，是从事印制电路板专用设备的专业生产制造公司。生产的印制板 CNC/铣床是国内产量最大、市场占有率最高的厂家，各种型号的钻/铣床年产量达 100 台左右。

1991 年，机械工业实现工业总产值（1990 年不变价）1.74 亿元，占全县工业总产值 8.19 亿元的 21.26。其中：普通机械制造业企业 23 个，总产值 6318 万元；电子及通信设备企业 4 个，总产值 4202 万元；仪器仪表制造企业 2 个，总产值 1505 万元；交通运输设备制造企业 10 个，总产值 4227 万元；电气机械及器材制造企业 1 个，总产值 1158 万元。

1995 年，机械仪表电子工业实现总产值（1990 年不变价）3.54 亿元。占全市（县）工业总产值的 9.64%。

“九五”时期（1996—2000）　其间，由于国家产业政策调整，故而全市招商减缓，企业改革重组滞后，工业经济增幅不大。1998 年，引进具有较强的机械加工综合能力产品研发能力的成都晋林工业制造有限责任公司和隶属于中国兵器装备集团的四川长庆机械有限责任公司。1999 年，成都蓝峰电器设备成套厂成立。使机械电子仪表工业开始持续上行，一直高位运行，是全市工业行业老大。1996 年行业生产总值 3.23 亿元，占全市工业总产值 35.27 亿元的 9.16%。到 2000 年行业总产值 4.45 亿元，占全市工业总产值的 10.38%。其间，四川台钻厂于 2000 年 10 月破产。

“十五”时期（2001—2005）　其间，天府仪表厂于 2001 年 1 月依法宣告破产，锦江油泵油嘴厂于 2003 年 3 月依法宣告破产，中亚无线电厂于 2004 年 12 月依法宣告破产。

锦江油泵油嘴厂破产后，被成都量具刃具股份有限公司收购，重组为成都成量锦江油泵油嘴有限公司。天府仪表破产后，依靠该厂的技术和部分设备，先后在市内组建四川天府仪表有限公司、四川川府仪表有限责任公司、成都天威仪表厂、四川标牌仪表厂等民营企业，继续生产各种压力表和耐腐蚀仪表。其间，新增企业主要有四川浙欧气阀制造有限公司，主要生产压缩机气阀，投资规模 7500 万元；四川龙科重型机械制造公司，主要生产石油、化工、矿山机械设备，投资规模 4000 万元。

机械仪表电子工业继续发展，2001 年行业总产值 5.69 亿元，占全市工业总产值的 15.5%。一些大型企业的破产及其他因素影响，机械、仪表、电子在全市工业企业中的比重开始略向下滑，但仍居工业企业之首。到 2005 年行业实现工业总产值 13.66 亿元，占全市工业总产值 87.57 亿元的 15.6%。

规模以上机仪电企业

1998 年，共有规模以上企业 7 个，工业增加值 1.14 亿元，占全部规模企业工业增加值的 22.45%，占全市工业增加值的 14.67%。

2000年，有5719工厂、中亚无线电厂、锦江油泵油嘴厂、星维科电子机械厂、彭州市三界机械厂、天府仪表厂6个规模以上企业。完成工业总值4.45亿元，占全市工业总产值的10.38%，占全部规模企业工业总产值的37.65%。

2005年，规模企业15个，主要有销售收入达7.86亿元的5719工厂；过亿元的成都晋林工业制造有限责任公司；1000万元以上的彭州市三界机械厂、重庆红岩汽车弹簧厂成都分厂、成都星维科自动化设备有限公司、成都攀联实业有限公司、成都成量锦江油泵油嘴有限公司。共实现工业总产值13.66亿元，占全市工业总产值的15.60%，占全部规模企业总产值的22.83%。

重点机仪电企业

成都成量锦江油泵油嘴有限公司　锦江油泵油嘴厂始建于1966年，是国家三线建设迁建的大型二级企业，是中国500家最大机械工业企业，四川省500家最大规模工业企业，500家最佳效益工业企业，500家最大市场占有企业，成都市37家重点骨干企业。生产区占地面积328亩（彭州九陇镇总厂208亩，新都区新厂区120亩）。主要产品有：高压喷射油泵、喷油器总成、三对精密偶件等三大系列、150多个产品及其他配套产品。多个产品荣获国家科技成果、科技进步奖；多个产品质量荣获“国优”称号，“国家质量检测一等品”称号。产品颇受国内外重视，同日本和西方先进国家多有合作。是四川省利税大户，多次荣获国家、部、四川省、成都市多项荣誉。因未在“九五”期间达到产值5亿元，实现税利1亿元的目标，并受多种因素的影响，于2001年被成都市政府列入批准停产整顿企业。截至2002年8月底，企业实际总资产6509万元，实际总负债1.13亿元，资产负债率为173%。2002年6月15日，该厂以租赁的形式同成都成量集团合资共同经营，企业更名为成都成量油泵油嘴有限公司。

锦江油泵油嘴厂2003年3月25日依法破产后，由成量集团整体收购，重组为成都成量锦江油泵油嘴有限公司。2005年实现工业总产值2394万元，工业增加值713万元。

国营天府仪表厂（原彭县仪表厂）　国营天府仪表厂创建于1952年。1969年后，产品分为耐腐蚀测压仪器仪表，工业自动化成套控制成套设备，石油天然气采、集、输系统装置及精密压力表和一般压力表三大类。主要用于石油、天然气、电力、机械、医药、冶金、航天航空等行业。

工厂科技开发，获得部、省级重大科技成果奖3个，市级科技成果奖5个，禁油测压仪表曾为中国航空航天工业部“长征2号捆绑式大推力运载火箭”的发射做出贡献；耐氯压力表、耐硫压力表和耐碱压力表填补国内空白，结束国家耐腐仪表长期靠进口的历史，1993年这三种耐腐蚀仪表获“莫斯科名优产品国际博览会金奖”。

工厂引进国内外先进技术和国家专利产品为石油、天然气集输装置配仪表YHZ—55型高压浮子液位计、LCA—11带电型自动排液系统等，为石油、天然气工业发展做出贡献。装置中的低噪声减压阀其性能和质量优于美国菲切尔公司的同类产品。

工厂从1991年起年年亏损，经营状况持续恶化，负债过高，不能清偿到期债务，于2001年经彭州市人民法院宣告破产。

第四节　医药工业

发展概况

“七五”时期（1986—1990）　20世纪80年代，县境内有四川省中药厂、济生药厂、湔江制药厂、成都制药十厂、医用塑料厂、彭县兽药厂等十余家企业。产品包括原料药、西药制剂、各种剂型中成药、生化药品、兽药、卫生材料、医疗器械等多种类型上百个品种，多项产品获部、省、成都市优质奖并进入国际市场。

1986年，实现工业总产值（1980年不变价）1872万元，占全县工业总产值2.65亿元的7.05%（其中中成药1700万元，西药加工185万元，其他109万元）。到1990年，工业总产值达4986万元，占全县工业总产值4.17亿元的11.97%，比1986年增长150.05%，五年年平均增长25.74%。

“八五”时期（1991—1995）　新增四川光大制药有限公司（原省中药厂改制企业），协力、亨达、绿色等制药企业。1991年，实现工业总产值8138万元，占全县工业总产值8.19亿元的9.94%。到1995年，工业总产值达1.62亿元，占全市工业总产值16.14亿元的10.04%，比1991年增101.62%，五年年平均增长19.16%。

“九五”时期（1996—2000）　1996年，制药工业实现工业总产值1.61亿元，占全市工业总产值13.56亿元的11.84%。到2000年，实现工业总产值3.09亿元，占全市工业总产值11.82亿元的26.14%，比1996年增长192.5%，五年平均增长38.5%。所占全市工业总产值比重从1998年就仅次于机械、仪表、电子行业，跃居第二。

1998年，医药工业已初步形成门类比较齐全、产品结构较为合理的中成药制剂、植物药、生物生化制剂、原料药及化学药品为主导的生产格局和一批骨干企业。市境内有中成药、西药和医药器具生产经营企业12个，产品品种达300余个。先后开发出胆舒胶囊、抗病毒冲剂、保肾康片、牛黄解毒片、天冬素片、川芎素、赛特斯等获奖新产品，黄连、芦丁等原料药畅销全国、远销东南亚和欧美。

“十五”时期（2001—2005）　新增四川制药（彭州）有限公司、联邦制药（成都）有限公司、四川亚宝光泰药业有限公司、四川力思特科伦制药有限公司等10多户骨干医药工业企业，实现医药工业结构的优化升级，提高医药工业行业的整体素质和国际竞争能力。

2004年，全市通过GMP验收达标的医药生产企业25个，中成药（含中药饮片加工）生产企业9个，西药（化学合成药）生产企业2个。年销售收入过5000万元的品种有四川光大制药有限公司的抗病毒颗粒，年销售收入5000万元；四川制药（彭州）有限公司的头孢霉素，年销售收入7701万元。

截至2005年，全市境内通过GMP验收达标的中成药生产企业、西药（化学合成药）生产企业、原料药生产企业、生化提取企业、医疗器械、保健品生产企业共30个（其中，规模以上企业15个），产品达300余种。

2001年，制药工业实现工业总产值3.32亿元，占全市工业总产值13.22亿元的25.09%。15个规模企业，实现工业总产值11.1亿元，占全市工业总产值的12.67%，2001—2005年年平均增长35.24%；完成工业增加值4.31亿元，占全市工业增加值的16.36%，2001—2005年年平均增长36.87%；产品销售收入10.53亿元，占全市工业销售收入的13.49%。

中成药生产

产品开发 中成药是彭州市医药工业的传统产品。1998 年前，中成药有黄连上清丸、喉咽口服液、万应锭、麝香舒活灵、黄连素片、橙油痱、维脑路通片等国家基本药物，国家中药保护品种有芦丁、黄连、皂素、肝素纳等优质原料药。

1998 年，开发新产品 20 个。主要有胆麻肝片、金泽冠心胶囊、安宫止血颗粒、庆大霉素伴侣、宝宝东冲剂、估尔通胶囊、胆舒胶囊、抗病毒颗粒、保肾康片、牛黄解毒片、天冬素片、赛特斯等获奖新产品。黄连素、芦丁等原料药辐射全国，远销欧美和东南亚。

1999 年后开发的新产品有金芪降糖颗粒、头风痛胶囊、坤舒洗利、聚维酮碘溶液、单烯、双烯、亮菌口服液、硫酸软膏素。

2003 年，仅四川光大制药研制的新药品就有 8 个：乐脉合剂、一清片、血府逐瘀片、丹七胶囊、复方益肝灵胶囊、荆肤止痒颗粒、畅乐肠溶液胶囊。

名优产品 2004 年经成都市扶持名优产品领导小组办公室研究决定，彭州市 13 种医药产品列入 2004 年医疗机械、药品、消毒用品及医疗器械采购推荐目录。分别是四川隆盛药业有限公司生产的壳菌口服液，成都亨达药业有限公司生产的保肾康片，四川协力制药有限公司生产的盐酸小碱片和曲克芦丁片，四川济生堂药业有限公司生产的胆舒胶囊，四川光大制药有限公司生产的抗病毒颗粒、消核片、三黄胺囊等 13 种药品。

2005 年，全市有 6 家医药企业，16 种药品被列入成都市医疗机构药品采购推荐目录。分别是四川隆盛药业有限公司生产的亮菌口服液；四川协力制药有限公司生产的盐酸小碱片、曲克芦丁片；成都亨达制药有限公司生产的保肾康片；四川光大制药有限公司生产的抗病毒颗粒、消核片、麝香舒活灵、三黄胶囊、口炎颗粒、荆肤止痒颗粒、八正胶囊、降糖灵胶囊；四川绿色科技发展股份有限公司生产的中药西方颗粒、精制中药饮片；四川济生堂制药有限公司生产的胆舒胶囊、感咳双清胶囊。

产量 “七五”时期（1986—1990）总产量 5168. 17 吨，年均产量 1033. 63 吨；“八五”时期（1991—1995）总产量 8016 吨，年均产量 1603. 2 吨；“九五”时期（1996—2000）总产量 10840. 24 吨，年均产量 2168. 048 吨；“十五”时期（2001—2005）总产量 16970. 23 吨，年均产量 3394. 046 吨。2005 年总产量 3398 吨，比 1986 年的 940 吨增长 261. 49%，1986—2005 年均增长 7. 00%。

规模以上医药企业

1998 年，彭州市有规模以上企业 11 个，工业总产值 2. 75 亿元，占全部规模企业工业总产值的 22. 45%；占全市工业总产值的 6. 62%；工业增加值 9178 万元，占全部规模企业工业增加值的 18. 10%；占全市工业增加值的比重为 6. 22%。

2000 年，市内有有规模以上企业 9 个，主要有四川光大制药厂、亨达制药厂、济生药厂、湔江制药厂、协力制药厂。完成工业总产值 3. 09 亿元，占全市工业总产值的 9. 88%，占全部规模企业工业总产值的 26. 14%，比 1998 年增长 12. 24%；工业增加值 1. 36 亿元，占全市工业增加值的 13. 78%，占全部规模企业工业增加值的 28. 07%；产品销售收入 2. 44 亿元，占全部规模企业销售收入的 14. 79%；利税总额 2983 万元，占全部规模企业利税总额的 32. 9%。

2005 年，有规模企业 15 个，比 2001 年增加 5 个。其中：销售收入过亿元的有联邦制药（成都）有限公司、四川光大制药有限公司、四川绿色药业科技发展有限公司、四川制药（彭州）有限公司；

销售收入过5000万元的有四川济生堂药业有限公司、四川协力制药有限公司。共实现工业总产值（不变价）11.1亿元，占全市工业总产值的12.67%，占全部规模企业总产值的18.55%，比2001年增长234.58%，2001—2005年年平均增长35.24%；完成工业增加值4.31亿元，占全市工业增加值的16.36%，占全部规模企业总产值的20.67%，比2001年增长250.97%，2001—2005年年平均增长36.87%；产品销售收入10.53亿元，占全市工业产品销售收入的比重13.49%，占全部规模企业销售收入的19.28%；入库税金5228万元，占全部规模企业入库税金的25.05%。全行业亏损4871万元。医药行业出现大额度亏损，主要是因市场低迷以及联邦制药未通过环境影响评价不能生产，联邦制药和四川制药两家大企业亏损额就达8752万元。

重点医药企业

香港联邦制药·四川制药（彭州）有限公司　该公司于2001年10月10日在省级工业开发区——彭州工业开发区医药园区征地300亩，2002年6月6日正式挂牌，2002年11月中旬试生产，主要生产抗菌原料药及成品，如青霉素系列产品，头孢菌素系列产品。

该项目分二期建成。第一期：投资2亿元（其中25%的港资注入），生产1000吨抗菌素中间体。主营业务收入3至4亿元，利税8000万元，出口创汇3000万美元，税收3000万元。员工400余人，技术人员100余人。第二期：投资4亿元（其中港资70%），主要生产高新技术产品，头孢系列及中间体（7—ACA，7—ADCA）和克拉维酸钾（当时，国内没有生产厂家生产该产品）。该项目2003年3月启动，建成后主营业务收入8亿至10亿元人民币，利税4亿至5亿人民币，出口创汇1亿美元。

四川光大制药有限公司　前身为四川省中药厂，由省供销社创办于1966年（执行毛泽东主席“6·26”指示而办，命名“6·26”制药厂），1993年与中国光大集团合资经营，是专门生产传统中成药的中外合资企业，是四川省16家优秀外资企业之一、国家中医药管理局重点中药企业之一，连续六年被评为“成都市经济效益百强企业”，并获得“成都市四好企业”“成都市文明单位标兵”等荣誉称号。

公司主要生产颗粒剂、片剂、丸剂、酊水剂和胶囊剂等10种剂型、上百个品种的纯正中成药，尤以颗粒剂系列产品闻名遐迩。生产的抗病毒颗粒、消核片、麝香舒活灵、口炎宁颗粒和小儿肺热咳喘颗粒被列为国家中药保护品种、国家基本药物，其中抗病毒颗粒被四川省人民政府评为“四川名牌”和“四川名药”。研制开发的荆肤止痒颗粒、畅乐肠溶胶囊已被卫生部、国家药品监督管理局批准为国家三类新药投放市场。

公司与国内多家知名医科、药科大学和药物研究所及知名医院建立了良好的长期科研开发合作关系，新的药品不断面市，造福人类，为民众的健康做出贡献。

第五节　化工工业

发展概况

发展期（1986—1997）　1986年前后，彭县境内已有湔江化工厂生产钙镁磷肥，彭县氮肥厂生产合成氨、碳氨，虹光化工厂生产民用炸药，彭县化工厂生产硅酸钠，彭县红丹厂生产红丹，彭县生物化工厂生产饲料添加剂。

1986年，化学工业实现工业总产值（1980年不变价）518万元，占全县工业总产值2.65亿元的1.95%；1988年，实现工业总产值1884万元，占全县工业总产值3.4亿元的5.54%；1990年，实现化学工业总产值1778万元，占全县工业总产值的4.38%。

1990年后，彭县氮肥厂由原来的年产3000吨合成氮、12000吨碳氨，扩大到年产1万吨合成氨，4万吨碳氨。1993年投资8000万元，新建一条年产1.5万吨甲醇生产线。成都湔江化工厂在九尺镇投资新建成年产1万吨氢氧化钾生产线。

1990年10月，四川化工地质队同彭州供电局共同投资在军乐镇新建成年产3000吨黄磷、2000吨磷酸的三联化工厂（后更名为四川彭州凯丰化工有限公司）。彭州市虹光化工实业有限公司生产的2号岩石粉状铵梯（油）炸药、3号煤矿许用铵梯炸药、2号岩石岩石乳化炸药、二级煤矿乳化炸药及炸药复合添加剂等民用系列炸药，由建厂初期的年产3000吨，扩大到年产1.2万吨。

1993年，四川金叶化肥有限公司在竹瓦乡建厂，年产“丰泽”牌系列烟草肥及复合肥6万吨、硫酸钾2万吨、工业盐酸1.2万吨。

1992年10月，成都市金克星气体有限公司在丽春镇碧鸡村建厂，主要生产分析用标准气体的载气、各种特殊气体、罐装医用氧、二氧化碳、各种混合气体、超高纯气体、溶解乙炔气体、工业氨、氢、氧、氮等气体。

以上骨干化工企业的扩建和新建，使我市化学工业得到较大发展。1991年全县共有乡及乡以上化工企业13个，实现工业总产值（1990年不变价）5618万元，占全县工业总产值的4.69%，1995年彭州市乡及乡以上化工企业17个，比1991年增加4个，实现工业总产值（1990年不变价）1.69亿元，占全市工业总产值的4.59%。到1997年，实现工业总产值1.36亿元，占全市工业总产值12.67亿元的10.73%。

萎缩期（1998—2001） 由于市场变化，企业改革滞后，加之企业负债沉重，资金严重缺乏，投入不足，设备陈旧，工艺技术落后，产品老化，销路不畅，产品大量积压，处于停产和半停产状态，企业亏损严重，致使全市支柱产业之一的化学工业严重萎缩。1998—1999年，规模以上化工企业5个，除虹光化工实业有限公司、四川金叶化肥厂有限公司、华业生化厂三家民营企业盈利，生产经营正常外，成都湔江化工厂、彭州市氮肥厂两家公有制企业严重亏损。湔江化工厂1998年亏损372万元，1999年亏损186.5万元，彭州市氮肥厂1998年亏损1238万元，1999年亏损797万元。总资产1.1亿元，总负债14579万元，资产负债率132.09%的彭州市氮肥厂，于1999年6月被迫停产。2000年8月氮肥厂的年产1.5万吨甲醇生产线租赁给眉山金象集团公司经营，2001年7月破产。成都湔江化工厂2000年底依法宣告破产。全市化工原料厂停产多年后。于2001年解体，2001年7月被成都华融化工有限公司收购。

1998年，化工行业实现工业总产值10811万元，占全市工业总产值12.27亿元的8.81%，开始下滑。到2001年，实现工业总产值3835万元，占全市工业总产值的2.90%，处于行业20年的最低位。

振兴发展期（2002—2005） 2002年实现工业总产值8469万元，工业增加值2831万元，销售收入8104万元，利润543万元，税金899万元，年产氢氧化钾2.21万，烧碱9294吨。2003年，成都华融化工有限公司投资3亿元，建成高纯氮氧化钾、PVC树脂、高纯盐酸、液氯等生产线，综合生产能力为10万吨，成为国内最大、最先进的钾化工企业。2003年该公司实现工业总产值2.74亿元，工业增加值9587万元，销售收入2.39亿元，利润1535万元，税金1950万元。2004年继续进行技改，产量产值继续增长。至2005年实现工业总产值5.49亿元，工业增加值1.94亿元，销售收入5.17亿元，利润2993万元，入库税金3177万元。

2005年，成都虹光化工实业有限公司实现工业总产值5950万元，比2001年增长194.85%；实现销售收入4727万元，比2001年增长140.44%；实现利润79万元；实现工业增加值2446万元，比2001年增长203.10%；实现税金409万元，比2001年增长61.66%；入库税金428万元，居全市规模以上企业入库税金前十强的第9位，也是全市工业企业入库税的前9位。

2002年1月，四川智捷天然气化工有限公司收购彭州市氮肥厂。2005年年产精甲醇2.3万吨，实现工业总产值4402万元，工业增加值1441万元，销售收入4160万元，利润864万元，入库税金378万元，入库税金居全市规模以上企业入库税金前十强第10位，也是全市工业企业入库税金的第10位。

2005年，四川金叶化肥有限公司实现工业总产值1.29亿元；实现销售收入1.13亿元，居全市规模以上工业企业销售收入前十强的第9位，也是全市工业企业销售收入的前9位；实现利润231万元，入库税金93万元。其他化工企业发展良好。

2002年，化学工业实现工业总产值1.81亿元，占全市工业生产总值20.42亿元的8.85%，开始逐年回升。到2005年，实现工业总产值（1990年不变价）8.5亿元，占全市工业总产值59.83亿元的9.70%，从2001年的第7位跃居第四位，年平均增长116.96%；实现工业增加值3.08亿元，占全市工业增加值的11.69%；产品销售收入8.1亿元，占全市工业销售收入的10.38%；实现利税7822万元，占全市工业实现利税的21.26%；入库税金4150万元，占全部规模企业入库税金的19.88%。

主要产品

化肥　氮肥：1988—1990年，彭县氮肥厂总产量30062吨，年均产量10021吨；1991—1995年总产量36109吨，年均产量7218吨；1996—1999年总产量19662吨，年均产量4916吨；2000年起停产。

钙镁磷肥：1988—1990年总产量75149吨，年均产量25050吨；1991—1995年总产量64039吨，年均产量12808吨；1996—2000年，49007吨，年均产量9801吨；2001—2002年总产量32570吨。合成氨，1986—1990年年均产量5084吨。氯肥，1988—1990年年均产量10021吨。

化工原料　精甲醇：2002—2005年总产量75243吨，年均产量18810吨（彭州市氮肥厂精钾醇生产线1994年投产，1995年停产，2001年7月氮肥厂破产，由智捷天然气化工有限公司收购恢复生产）。

高纯度氢氧化钾：2002—2004年（2005年无统计数据）总产量86794吨，年均产量29831吨。

工业炸药：2002年总产量7492吨，2003年总产量10720吨，2004年总产量2万吨（其余年份无统计数据）。

烧碱：2002—2005年总产量97664吨，年均产量24416吨。

盐酸：2003—2005年总产量23013吨，年均产量7671吨。

聚氯乙烯树脂：2003—2005年总产量132300吨，年均产量44100吨。

石墨电极：2002—2005年总产量5420吨，年均1807吨。

规模以上化工企业

2000年，规模以上化工企业有彭州市虹光化工厂、成都湔江化工厂、四川金叶化肥厂3个。完成工业总产值4219万元，占全市工业总产值的1.35%，占全部规模企业工业总值的3.57%，比1998年下降60.97%；完成工业增加值1548万元，占全市工业增加值的1.57%，占全部规模企业工业增加值的3.19%，与1998年持平；产品销售收入6545万元，占全市产品销售收入的3.26%，占全部规模企业产品销售收入的3.96%，比1998年下降49.56%；利税总额316万元，占全部规模企业利税总额的3.49%。

2005年，彭州市有规模以上化工企业6个，比2001年增加3家，行业发展较快。其中，销售收入超亿元的有成都华融化工有限公司、四川金叶化肥有限公司。销售收入过4000万元的有成都市虹光化工实业有限公司、四川智捷天然气化工有限公司、彭州市联泰化工有限公司、成都万成橡胶工业有限公司。共实现工业总产值84973万元，占全市工业总产值的9.70%，占全部规模企业总产值的14.20%，比2001年增长2115.72%，2001—2005年平均增长116.96%；完成工业增加值3.08亿元，占全市工业增加值的11.69%，占全部规模企业工业增加值的14.77%，比2001年增长2128.92%，五年平均增长117.28%；产品销售收入81053万元，占全市销售收入的10.38%，占全部规模企业销售收入的14.83%；实现利税总额7822万元，占全市利税总额的21.26%，占全部规模企业利税总额的26.97%；入库税金4150万元，占全部规模企业入库税金的19.88%。

重点化工企业简介

成都华融化工有限公司位于彭州市九尺镇，该企业占地290亩，有员工468人。成都华融化工有限公司是由成都化工股份有限公司、世界银行集团国际金融公司（IFC）、新希望集团于2001年7月收购破产企业彭州市湔江化工工厂后共同组建的中外合资企业，公司注册资金1280万美元。

成都华融化工有限公司收购湔江化工厂当年就实现工业总产值1721万元，工业增加值417万元，销售收入1374万元，利润7.92万元，税金4412万元；2002年实现工业总产值8496万元，工业增加值2831万元，销售收入8104万元，利润543万元，税金899万元，年产氢氧化钾22047吨，烧碱9294吨。该公司于2003年投资3亿元建成了高纯氢氧化钾、PVC树脂、高纯盐酸、液氯等生产线，综合生产能力为10万吨，其中高纯氢氧化钾4万吨（新增3万吨）、PVC4万吨、盐酸1万吨、液氯1万吨。成为国内最大、最先进的钾化工企业。一期工程投产后，2003年已实现销售收入2.39亿元，利税3485万元。年产PVC树脂27554吨，氢氧化钾39499吨，烧碱1120吨，液氯2558吨，盐酸6675吨。

根据市场需求，2004年4月该公司拟在三年内继续进行技术改造投资扩建PVC8万吨，使之达到12万吨的生产能力；高纯度氢氧化钾4万吨，使之达到8万吨的生产能力。新增碳酸钾5万吨、氢氧化钠4万吨（其中片碱2万吨），层硅酸钠2万吨。该项目已于2004年3月动工建设，预计整个项目2006年全部完工。2005年已完成四改6万吨/年PVC改造。成都华融化工有限公司在技改扩建的同时，生产发展迅猛，2004年实现工业总产值52164万元，实现税金2371万元，年产氢氧化钾25248吨，烧碱21755吨，液氯2869吨，盐酸6323吨，PVC树脂45575吨。2005年实现工业总产值5.49亿元，实现工业增加产值1.94亿元，实现销售收入5.17亿元（居彭州市规模以上工业企业销售收入前十强第2位，全市工业企业第2位），实现利润2993万元，入库税金3177万元（居彭州市规模以上工业企业入库税金前十强之首位，工业企业入库税金之首位），年产烧碱55406吨，盐酸10015吨，PVC树脂59171吨。

第六节　食品工业

发展概况

“七五”时期（1986—1990）　全县食品工业依托农副产品资源优势和省内外销售市场，门类已比较齐全，拥有粮油加工、肉类加工、酿造、饮料、糕点等生产行业。有多项产品获部、省、成都市优质产品奖（天彭红豆瓣、敖平香花醋、天彭肥酒、天彭特曲、上等面粉等产品）。

1986年，食品工业实现工业总产值（1980年不变价）7843万元，占全县工业总产值2.65亿元的29.56%，为当年全县工业行业中第一。其中，粮油加工2935万元，肉类加工2363万元，果蔬加工98万元，酿酒、饮料1208万元，其他1239万元。

1988年，食品工业实现工业总产值11271万元，首次破亿元大关，占全县工业总产值5.22亿元的21.8%，被省政府授予“食品工业县”称号。

到1990年，食品工业实现工业总产值6478万元，占全县工业总产值的15.55%，仅次于机械仪表电子行业，居第二。

“八五”时期（1991—1995）　食品工业发展较快，到1995年食品工业企业增加到90个，工业总产值上升很大。1991年食品工业总产值再创新高，达到13410万元，占全县工业总产值的16.38%。“八五”期间食品工业一直高速运行，保持全市（县）工业行业第三名。到1995年，实现工业总产值4.12亿元，占全市乡以上企业工业总产值的17.78%。

“九五”时期（1996—2000）　食品工业因企业规模小，技术和管理水平较低，观念陈旧，产品老化等原因，跟不上形势的发展而明显滞后，生产严重下滑。1996年食品工业企业比“八五”时期减少30家，到1992年仅剩48家。1996年食品工业实现工业总产值9180万元，占全市工业总产值135609万元的6.77%，占全市工业总产值比重从第三位下降至第七位，仅高于电力工业，并继续下滑。到2000年，实现工业总产值3552万元，占全市工业总产值11.82亿元的3.00%。

“十五”时期（2001—2005）　食品工业门类中的酒类、蔬菜加工、粮油加工、肉类加工、糖果糕点、乳品加工等形成一定规模，但食品工业整体状况仍不容乐观，继续下滑。2001年，实现工业总产值3452万元，占全市工业总产值13.22亿元的2.61%，居全市工业末位。到2005年，实现工业总产值9643万元，占全市工业总产值598.62亿元的1.61%，产值有较大提升，但同所占比重一样，仍居全市工业行业末位。

主要门类2005年生产状况

酒类产品　酒类生产企业75个，以彭州市酒厂、泰发酒业股份有限公司、濛阳园石酒厂为龙头。生产瓶装酒2000吨，散装酒7500吨。全年产值2600万元，实现税金140万元，利润盈亏相抵后亏损8万元。

肉类加工　有36个肉类加工企业，产量达2500吨，产值4200万元，实现税金120万元，实现利润150万元。集中在濛阳、九尺镇一带，以三邑怡康公司、福寿食品公司、金彭实业有限公司、亚光实业有限公司为龙头，品种有香肠、腊肉、板鸭、火腿肠等，远销北京、天津等全国各大城市。

粮油加工 粮油加工企业30个，产量达19000吨，产值6200万元，实现利润240万元，实现税金124万元，以绿源实业有限公司、义和挂面厂、军乐植物油脂厂为龙头企业，产品远销北京、天津等地。

蔬菜加工 蔬菜加工企业23个，产量达16000吨，产值2090万元，实现利润130万元，实现税金110万元，以彭州市山绿食品厂、金实禄山珍食品有限公司、楠杨蔬菜加工厂为龙头，产品品种有清水京都罐头、清水笼芽、盐清姬菇、京露罐头等，远销日本、韩国等。

糖果、糕点 糖果糕点生产企业14个，产量达2100吨，产值620万元，实现利润84万元，实现税金22万元。

肠衣加工 有忠惠肠衣厂、志达肠衣厂、远富肠衣厂3个肠衣加工企业，产值2360万元，实现利润210万元，实现税金130万元，创汇额达1600万元/年，是全市的特色产品。

乳品行业 是“十五”期间全市新增的食品行业，创产值1360万元，实现利润230万元，实现税金80万元，具有代表性的企业为红太阳乳业制品有限公司、成都鲁梅克斯绿色食品有限公司、丰乐乳制品有限公司等。

规模以上食品企业

1998年，共有规上食品企业7个，工业总产值7290万元（1990不变价，下同），占规模企业总产值122668万元的5.94%，占全市工业总产值416281万元的1.75%；工业增加值1493万元，占全部规模企业工业增加值的5.94%，占全市工业增加值的1.01%。

2000年，共有规上食品企业3个，分别是成都彭州市天然畜产有限公司、彭州市植物油脂厂、四川彭州市绿源实业有限公司。完成工业总产值3552万元，占全市总产值的1.14%，占全部规模企业总产值的3.0%，比1998年下降51.28%；完成工业增加值643万元，占全市工业增加值的0.65%，占全部规模企业工业增加值的1.33%，比1998年下降66.91%；产品销售收入4007万元，占全部规模企业产品销售收入的2.43%。

2005年，共有规上食品企业4个，销售收入2000万~3000万元的有成都彭州市天然畜产品有限公司、四川彭州市绿源实业有限公司。共实现工业总产值9643万元，占全市工业总产值的1.1%，占全部规模企业总产值的1.61%，比2001年增长179.35%，五年平均增长29.28%；工业增加值1180万元，占全市工业增加值的0.45%，占全部规模企业工业增加值的0.57%，比2001年增长90%，五年平均增长17.40%；销售收入6203万元，占全市工业销售收入的0.79%，占全部规模企业销售收入的1.14%，利税总额79万元，入库税金29万元。

第七节 建材工业

发展概况

“七五”时期（1986—1990） 县境内有7家水泥厂，形成以湔水、彭水为龙头的成都市、县、乡三级水泥生产结构。其他建材也发展较快，尤其是建筑陶瓷。1986年行业总产值5100万元，占全市工业总产值的19.22%，仅次于食品工业位居第二。1988年行业总产值6272万元，居成都区县第一

位。1990 年行业总产值 6389 万元，占全市工业总产值的 15.33%。

“八五”时期（1991—1995）　建材工业通过不断深化改革，大力招商引资，加快技术改造，调整所有制结构、产业结构、产品结构，不断发展壮大。湔江水泥厂日产 700 吨熟料窑外分解生产线投产，1991 年行业总产值 1.72 亿元，占全市工业总产值的 21.06%；1993 年行业总产值 3.62 亿元，占全市工业总产值的 22.64%；1994 年行业总产值 4.97 亿元，占全市工业总产值的 23.66%，是建材行业顶峰，连续两年居全市工业行业榜首；1995 年行业总产值 2.87 亿元，占全市工业总产值 17.79%，开始下降，仍回机械行业之后，名列第二。这一时期建材行业在全市所有工业行业中居第一，成为支柱产业老大。

“九五”时期（1996—2000）　因国家产业政策调整，企业改革重组滞后，湔江水泥厂、彭州市水泥厂等建材生产企业经营陷入困境。1997 年生产开始逐年大幅下降。1996 年行业总产值 2.95 亿元，占全市工业总产值的 21.77%；1998 年行业总产值 1.4 亿元，占全市工业总产值的 11.46%；2000 年行业总产值 1.12 亿元，占全市工业总产值的 9.34%。

“十五”时期（2001—2005）　2001 年，彭州市实施“工业富市”发展战略，加紧企业改革和招商引资。产业发展上，在大力发展高新技术产业的同时继续发展传统产业，制定“稳定建材工业”的策略。期间引进了成都嘉华特种工程材料有限公司、四川亚东水泥有限公司等大中型企业，使建材工业稳定发展。

2001 年行业总产值 9764 万元，占全市工业总产值的 7.38%，产值仅高于“七五”时期，是“八五”以后的最低值，但此后逐年大幅上升。2003 年行业总产值 2.02 亿元，占全市工业总产值的 6.30%；至 2005 年，市境内有水泥生产企业 10 家，年生产能力达 144 万吨（不含 2005 年元月开工建设的年产 400 万吨水泥的亚东水泥有限公司）。成都嘉华特种工程材料有限公司年产 10 万吨“山牌”特种油井水泥远销美国，填补全市乃至成都市不能生产特种水泥的空白。致和水泥厂与科研单位联手，发明电石渣代替石灰石通过立窑干法煅烧水泥技术，申报为国家专利。

2005 年行业总产值 27977 万元，占全市工业总产值的 4.68%，建材工业的产值和所占比重，仅高于食品工业，失去支柱产业的地位。

建材生产

水泥　20 世纪 60 年代开始就是全市（县）的优势工业产品，产量增长快、增幅大。“七五”时期总产量 145.79 万吨，年均产量 29.15 万吨；“八五”时期总产量 320.07 万吨，比“七五”时期增长 119.54%，年均产量 64.02 万吨；“九五”时期总产量 356.82 万吨，比“八五”时期增长 12.47%，年均产量 71.36 万吨；“十五”时期总产量 311.52 万吨，比“九五”下降 12.69%，年均产量 62.30 万吨。彭州市的水泥产量占成都市的三分之一以上，是川西最大的水泥生产基地。

水泥制品　主要产品有水泥压力管、排水管、石棉水泥瓦、混凝土预制构件等。水泥排水管年产量 6.2 万米，最大直径 1600 毫米。主要生产企业有东风预制厂、汇昌实业有限公司等。

水泥石棉瓦年产量 120 万张，混凝土构件生产企业规模均较小，年产量 20 万立方米。

从 20 世纪 90 年代后期开始，实施墙改法规，逐步淘汰传统的实心黏土砖和镀锌钢管的给水管，大力发展新型墙体材料和化学建材。

标砖（黏土砖）　“七五”时期总产量 18.93 亿块，年均产量 3.79 亿块；“八五”时期总产量 41.22 亿块，比“七五”增长 117.76%，年均产量 8.24 亿块；“九五”时期为保护耕地，限制黏土砖生产，总产量为28.89亿块，比“八五”时期下降27.97%，年均产量5.78亿块；“十五”时期年均产量7.18亿块。2004年砖厂大批关闭，停止黏土实心砖的生产。

新型墙材　1998年，新型墙材用页岩、煤矸石生产标砖、多孔砖、空心砖，产量达到3.94亿标块。2005年，黏土实心砖生产禁止后，年生产能力达13亿标块。由于新型墙材企业增多和新型墙材产量的提高，每年可消耗几十万吨工业废渣（灰），节土250亩，节煤2万吨，既保护耕地、节约能源，又减少环境污染。2005年，复垦关闭的黏土砖厂土地达1278亩。

化学建材　化学建材生产始于1993年，泰柏大西建材公司引进美国整套技术及设备，生产钢丝网架聚苯乙烯芯料轻质复合墙板、聚苯乙烯发泡制品及异型包装，年产泰柏板20万平方米，发泡大板4万立方米。大西新型建材有限公司生产硅丙乳液和乳漆、胶漆。2000年，四川彭州市白云新型建筑材料引进铝塑复合管生产线，年产各种铝塑管300万米。

建筑陶瓷　彭州市制陶业源远流长，已有500多年的历史，主要集中在桂花镇。生产的建筑陶瓷产品主要是仿古建筑用的瓦、装饰构件等。桂花镇的建筑陶瓷生产始于20世纪80年代后期，到2000年有8家建筑陶瓷生产企业，年产量4亿件。2001—2005年桂花镇新增建筑陶瓷生产企业22家，年产量8.4亿件。

规模以上建材企业

1998年，共有规模以上建材企业15个，工业总产值（1990不变价，下同）1.41亿元，占全部规模企业总产值12.27亿元的11.46%，占全市工业总产值416281万元的3.38%；工业增加值4854万元，占规模企业工业增加值5.07亿元的9.57%，占全市工业增加值14.76亿元的3.29%。

2000年，有规模以上建材企业11个，主要有彭州市水泥厂、彭州供销社水泥厂、彭州致和水泥厂、彭州金房新型墙体材料厂、彭州敖平水泥厂、彭州草坝水泥厂、成都湔江水泥厂等。完成工业总产值1.12亿元，占全市总产值的3.56%，占全部规模企业总产值的比重9.43%，比1998年下降20.71%；完成工业增加值4634万元，占全市工业增加值的4.69%；占全部规模企业工业增加值的9.56%，比1998年下降4.53%；销售收入16625万元，占全部规模企业销售收入的10.06%；利税总额611万元，占全部规模企业利税的6.75%。

2005年，有规模以上建材企业14个，其中销售收入5000万元以上的企业有成都湔水建材水泥有限公司；销售收入过1000万元的企业有成都嘉华特种工程材料有限公司、八达抛磨材料（四川）有限公司、彭州市供销社水泥厂、彭州市致和水泥厂、彭州琪佳水泥有限公司。实现工业总产值2.8亿元，占全市工业总产值的3.19%，占全部规模企业总产值的4.68%，比2001年增长186.53%，2001—2005年平均增长30.10%；完成工业增加值8002万元，占全市工业增加值的3.04%，占全部规模企业工业增加值的3.84%，比2001年增长124.46%，五年平均增长22.40%；销售收入2.56亿元，占全市销售收入的3.28%，占全部规模企业销售收入的4.68%；利税总额1760万元，占全市利税总额的4.78%，占全部规模企业利税总额的6.07%；入库税金1551万元，占全部规模企业入库税金的7.43%。

重点企业

成都湔江水泥有限责任公司　成都湔江水泥有限责任公司（原成都市湔江水泥厂）为四川省综合成长型企业。1989年投产以后，一直是成都市水泥生产骨干企业。公司地处彭州市西郊，有自建矿山、铁路、公路。有员工700余名，技术力量雄厚。

公司具有年产40万吨水泥生产能力，主要有-700t/d熟料新型干法窑外分解生产线，采用国际先进工艺技术和现代科技成果，具有节能、均化、微机配料、自动控制、安全环保、科学管理六大保障体系。公司1992年通过国家产品质量认证以来，多次荣获“成都市产品质量信得过企业”“成都市用户满意企业”“四川省名优特新产品博览会金奖”“国家水泥质量推荐企业”“四川省名牌产品”“四川省免检产品”“省级文明单位”“全国节能先进企业”“四好企业”“成都市十佳销售企业”等荣誉称号。

为确保产品质量稳步提高，公司根据GB/T19002-ISO9002：1994标准要求，建立了质量保证体系，并于2000年8月获得国际ISO9002质量体系认证。

公司产品被众多市政、交通、高层建筑、水利、国防设施等大型工程和民用建筑工程采用，过硬的产品质量深得用户信赖，已稳定占领市场并取得良好的经济效益和社会效益。

四川泰柏大西建材公司　四川泰柏建材有限公司成立于1993年7月，位于彭州工业开发区，占地20亩，注册资金1000万人民币。公司引进美国整套技术及设备，生产钢丝网架聚苯乙烯芯料轻质复合墙体，聚苯乙烯发泡制品及异型包装，年产泰柏板20万平方米，发泡大板4万立方米。

泰柏板在1992年被列为国家星火计划项目。公司生产的泰柏板曾获1994年成都中国国际建筑及配套设备展览会银奖和1995年成都中国国际建筑及配套设备展览会金奖。

四川大西新型建材有限公司　是以四川省建材工业科学研究院高新技术为依托的科技企业。主导产品机硅改性丙烯酸乳液（简称硅丙乳液）及高性能外墙乳胶漆技术属国内首创并处于国际先进水平，通过了四川省科技厅的技术鉴定，产品按照国际先进标准组织生产并具备完善的质量保证体系。公司大力开发内外墙高性能乳胶漆系列及配套产品，同时还可针对客户的特殊要求生产专门用途的乳胶漆。

第八节　其他工业

发展概况

“七五”时期（1986—1990）　因县里主要工业门类尚未得到大的发展，所以其他工业在全县工业总产值中的比重较大。1986年实现工业总产值8736万元，占全县工业总产值2.65亿元的32.92%，居第一位。到1990年实现工业总产值5460万元，占全县工业总产值4.17亿元的13.10%，因机械仪表电子工业迅速发展，以31.76%的比重居第一，其他工业退居第三。

“八五”时期（1991—1995）　总体来看是在向前发展。1991年工业总产值首次突破亿元达1.12亿元，占全县工业总产值81892万元的13.62%，此后不断上升，1994年最高，达3.1亿元，此后开始逐步下降，到1995年实现工业总产值1.74亿元，占全市工业总产值16.14亿元的10.75%。

“九五”时期（1996—2000）　市里一些集体企业陆续停产、解体、倒闭，一些国有企业也出现不景气的现象，生产状况继续下滑。1996年实现工业总产值1.27亿元，占全市工业总产值13.56亿元的9.38%。到2000年，实现工业总产值仅3303万元，占全市工业总产值11.82亿元的2.79%，总产值、比重均降到最低点，均居末位。

“十五”时期（2001—2005） 市委、市政府“工业富市”战略实施，一些较大企业经过兼并重组，获得发展，生产状况开始好转，产值回升。2001年实现工业总产值4904万元，占全市工业总产值13.22亿元的3.71%，次年就回升过亿，实现工业总产值11706万元，到2005年实现工业总产值6.05亿元，是20年来的最高水平，居全市第三位，占全市工业总产值59.83亿元的10.11%。

家具制造业

概况 家具制造业从20世纪80年代的家庭作坊生产逐步发展到以企业集约化、规模化生产，产值迅速增长。从2000年开始，家具制造业每年的工业总产值以20%以上的速度增长。2003年《成都市工业发展布局规划纲要（2003—2020年）》把彭州家具产业园确立为家具产业聚居地，2005年规划了家具产业园区。2005年，有品牌家具企业23家，集中于家具走廊和工业开发区，占地面积804.26亩，有固定资产3748万元，年销售4.1亿元。产品销往28个省（市）自治区和部分国家和地区。主要产品有板式全拆装民用家具、卧房家具、宾馆家具、床垫、藤编家具、工艺品等。2005年，实现工业总产值3.4亿元，完成税收225.1万元，从业人员7100余人。重点优势企业有双虎实业有限公司，香港的齐心国际集团、好风景国际集团、双青国际集团，成都艺丰家具厂、成都吉维尔实业有限公司。

重点企业 成都市双虎实业有限公司坐落于成都家具制造基地的核心地带——成彭家具制造走廊，公司始建于1989年，经过10多年的发展，成为一家占地800余亩，固定资产上亿元，员工4000余人，集设计、制造、营销为一体的现代化大型家私企业。公司主要产品为卧房家具系列、厅房家具系列、餐厨家具系列、沙发系列及床垫系列。

双虎实业位居西部家具制造企业前三甲，在全国有19家总经销商、区域批发商，近200家直提经销商，其销售网络已覆盖全国28个省市自治区，销售网点达700余家，标准专卖店500余家。

公司始终坚持质量为本、顾客至上、信誉第一的经营思想，先后荣获国家、省、市“无假冒伪劣商品”“打假保名优产品”“质量信得过单位”“新技术、新产品博览会金奖”“家具生产质量保证特级企业”“有毒有害物质限量达标产品”“重点保护名优产品”“省家具企业最大规模10强”“省家具企业最佳效益10强”“中国室内装饰协会绿色装饰产品”“中国免检产品”“四川名牌”“四川著名商标”等殊荣，并先后通过“ISO9001：2000质量体系认证”“ISO14001：1996环境管理体系认证”“GB/T28001：2001职业健康安全管理体系认证”“中国质量环保产品认证”。

陶瓷生产业

概况 陶器生产历史悠久，在明代就最为著名。主要生产厂家为国营彭县桂花陶瓷厂，其传统工艺是点花，粑花、模印、镂空。生产的花瓶、瓷缸、花盆、摆件等日用产品销往10多个省、市企业。1995年，彭州市桂花陶瓷厂停产。1996年，被彭州市水泥厂兼并。此外还有桂花等镇的乡镇企业和私营陶瓷生产企业。

彭州制瓷历史悠久，在宋朝就远近知名。瓷器主要生产厂家是国营成都东方瓷厂，主要生产日用瓷、电工瓷、晶花美术瓷、窖器细瓷、壁画瓷、象牙瓷。生产的结晶釉工艺美术瓷，在全国锌釉产品中居领先地位，其产品销往全国各地。在改革开放中，分为日用瓷分厂、电工瓷分厂、美术瓷分厂、耐火材料分厂、珠光颜料分厂、保健瓷分厂、陶瓷原料加工分厂、机械分厂经营生产。2000年以后，整个企业负债重、融资难，处于半停产状态，2003年歇业。此外还有军乐等镇的乡镇陶瓷企业生产花瓶、花盆、酒瓶、工业用瓷等产品。

陶瓷生产 1988年全县生产日用陶瓷1096万件，1990年生产1232万件，1991年生产1148.51万件。其中，东方瓷厂1081万件，桂花陶瓷厂15.41万件，乡镇企业52.1万件。1996年925万件，其中，东方瓷厂911万件，乡镇企业14万件。1991—1996年期间年均产量1019.4万件。

1997年全市生产日用瓷246万件，其中东方瓷厂48万件，乡镇企业198万件。1998年东方瓷厂日用瓷停产，仅乡镇企业生产9万件。1999年仅乡镇企业生产10万件。2000年仅乡镇企业生产71万件。

2000年以后，私营陶瓷企业发展较快。到2005年，军乐镇有9家瓷器生产企业，桂花镇有日用陶器生产企业19家。年产量470万件，销售收入1940万元，实现利润215万元，税金28万元。

造纸和纸品生产业

概况 市境内有丰富的竹、木、秸秆资源。造纸是传统工业，史载："彭县向有造纸厂，销路甚旺。1906年即使用西法生产，一昼出纸数万张"。造纸企业主要有国营彭县造纸厂，主要生产文化用纸，1993年4月，由成都天星照明电器公司（原彭县灯泡厂）兼并组建天星包装纸业公司，生产生活用纸，1997年又从天星照明电器公司分离出来，成立成都星星纸业公司，2000年呈半停产状态，2001年，破产解体。

成都天天纸业有限公司，2001年由广东中山中顺纸业制造公司与成都天星照明电器集团公司合资组建。此外还有乡镇企业和私营企业生产纸品。

生产状况 "七五"时期，1986年全县生产机制纸2176吨，1990年生产3007吨。1986—1990年总产量1.5万吨，年均产量2896吨。1988年7家企业实现工业总产值423万元，1990年7家企业实现工业总产值447万元。

"八五"时期总产量1.59万吨，年均产量3121吨，比"七五"时期增长7.78%。1991年6家企业实现工业总产值1147万元，全县生产机制纸及制品3822吨。其中，彭县造纸厂2777吨，乡镇企业1045吨。1993年6月，天星包装纸业公司投产，年底生产生活用纸500吨，实现工业总产值2.3亿元，销售收入223.6万元，其中，卫生纸158.5万元，纸箱56.05万元，灯具9.03万元。1995年9家企业实现工业总产值1045万元，全市生产机制纸及制品2877吨，其中天星包装纸业公司1850吨，乡镇企业1027吨。

"九五"时期总产量1.5万吨，年均产量2995吨，比"八五"时期下降4.04%。1996年，造纸和纸制品企业8个，实现工业总产值486万元，全市生产机制纸及制品3729吨。其中，天星包装纸业公司2388吨，实现销售收入1500万元，利税130万元；乡镇企业1341吨。1998年，实现工业总产值1973万元，全市生产机制纸及制品3272吨，其中星星纸业公司3147吨，乡镇企业125吨。2000年全市产量1486吨。

"十五"时期总产量48675吨，年均产量9735吨，比"九五"时期增长225.04%。2001年，全市生产机制纸及制品876吨。2002年生产7160吨，实现工业总产值2622万元，工业增加值689万元。2003年，成都天天纸业有限公司实现工业总产值4465万元，销售收入3850万元，利润49万元，税金81万元，工业增加值1329万元。2005年，全市30家企业生产机制纸及制品10130吨。

印刷包装业

主要企业 印刷企业主要有国营彭州市（县）印刷厂、二轻集体企业人民印刷厂。彭州市（县）

印刷厂拥有照相制版、铅印、凸印、平印等设备，能承印报刊、杂志、书籍、彩色图片、商标等各种印刷品。1992年4月半自动烫金机投产，提高了生产率和质量稳定性。1993年双色胶印机投产，当年就实现工业总产值428万元，实现销售收入420万元，税金20万元。到2000年处于半停产状态，2002年6月依法破产。包装主要有二轻集体企业彭县包装厂，后改名彭州市通用包装公司，2000年3月彻底停产，2001年依法破产。此外还有一些系统办印刷企业和街道包装企业。

生产状况　1988年印刷包装企业有11个，实现工业总产值295万元；1990年企业有11个，实现工业总产值296万元；1991年企业有10个，实现工业总产值470万元；1995年，有企业7个，实现工业总产值647万元，工业增加值143万元；2001年规模以上企业彭州市印刷厂，实现工业总产值115万元，工业增加值24万元；2005年全市有印刷包装企业7个。

制革皮件生产业

主要企业　制革皮件生产企业主要有二轻集体企业彭县皮革厂、彭县皮鞋厂和彭县工艺皮件厂，1994年建立的四川省彭州市茂良皮革有限公司。

彭县皮革厂1993年后改名成都钜星皮革公司，1990年配备完善猪革服装生产线，扩大皮衣生产。1991年与成都科技大学联合研制稀土鞣革新工艺成功，投入200万元进行设备综合改造，服装革质量达到出口要求，形成年产30万张的生产能力，不断开发新产品：1990—1992年有猪皮服装印花革、扎染革、二层绒面革、皮凉席；1994年有蜡染革、仿绵羊革；1995年有蛇皮装饰革、猪正面扎染服装革、二层油光革、二层效应革、二层裂纹革、正面裂纹革等，投资100多万元扩建仿绵羊风格猪正面扎染服装革生产线。产品运销东南亚、俄罗斯和欧洲国家；1998年新增第二代猪正面革、亚光型服装革、出口型猪正面革。公司2000年6月停产，8月31日依法破产，被成都万鑫皮鞋有限公司收购，组建彭州市诚信皮业有限公司。

彭县皮鞋厂。1990年停产，1993年后改名彭州市皮鞋厂对外租赁，2001年转让解体。

彭县工艺皮件厂（1993年改名彭州市工艺皮件厂）。1992年在昆明与当地企业联办模压、航空箱生产线；1994年自筹资金8万元，完成ABS软皮箱新产品开发；1997年投资30万元新增设备；1998年新建皮件车间，安装电动缝纫机，扩大皮件生产规模；2000年因负债，缺乏流动资金停产，解体转让。

生产状况　1986年生产折牛皮皮革5.25万张，1990年4.7万张，1986—1990年，年均产量4.85万张。1986年生产猪皮革9.45万张，1990年9.84万张。1986—1990年，年均产量8.64万张。1988年生产皮鞋8.9万双，1989年6.6万双，1990年7.29万双。

1991年，制革皮件企业6个，实现工业总产值1292万元，全县生产皮革（折牛皮）10.6万张，猪皮（自然张）10.63万张，皮鞋11.75万双；1995年制革皮件企业9个，实现工业总产值7408万元，全市生产皮革（折牛皮）34.87万张，猪皮（自然张）59.83万张，皮鞋2.4万双；2000年规模以上制革皮件企业1个，实现工业总产值860万元，工业增加值255万元，全市生产轻革218302平方米，皮革服装10.2497万件；2005年全市生产皮革（折牛皮）17.139万标准张，皮革服装5.9544万件。2005年四川省彭州茂良皮革有限公司实现销售收入1688万元，实现利润20万元，入库税金45万元，工业增加值445万元。

玻璃灯泡制造业

主要企业　玻璃生产企业主要有国营彭州市（县）玻璃厂，主要生产压花玻璃、各种玻璃瓶和其他日用玻璃制品。1993 年因市场、技术、资金等原因，长期亏损，严重资不抵债而停产，1994 年由彭州市水泥厂兼并，但未恢复玻璃制品生产。

灯泡生产企业主要有国营彭县灯泡厂（后改名成都天星照明电器集团公司），1991 年开始实施年产 5000 万只普通灯泡生产线技改项目，总投资 480 万元，投入联动生产线两条，BB—18 型吹泡机 2 台；1993 年日光灯拉管生产线投产；1994 年第三台 BB—18 型吹泡机投产，单端卤钨灯批量生产；1996 年第一期综合节能技改工程“一炉四机”竣工投产，生产玻壳 1.1 亿点；投资 288 万元的天宝·电光源玻璃有限责任公司生产的灯用三管也投产，年产三用灯管 2500 吨；1999 年投资 860 万元，完成两台 24 头吹泡机和池炉改造，建成相配的 9 条装配线。到 2003 年，拥有普泡联动生产线 30 条；国内最先进的 24 位吹泡机 5 台，18 位吹泡机 3 台，年产普通灯泡 2.3 亿只。此外还生产球形、烛型装饰灯泡、高压汞灯、高压钠灯、红外线灯各种规格电子节能灯等。各型照明灯泡生产能力居中国西部第一，“湔牌”“佛星”牌等产品畅销全国，外销巴基斯坦、伊朗、约旦、埃及、西班牙等亚欧国家。2004 年 3 月 23 日，成都天星照明电器集团公司被江苏常州凯凯照明有限公司、维多香港控股集团公司共同出资 1000 万元整体收购，国有资产全部退出，重建私企成都天星照明电器有限公司。

生产状况　1988 年生产日用玻璃制品 1270 吨；1991—1995 年，年平均生产灯泡 3789 万只，比 1986—1990 年的年均产量增长 273.32%；1993 年实现工业总产值 2399 万元，销售收入 2495 万元，实现利润 158.33 万元，实现税金 62.56 万元；1996 年生产灯泡 5904 万只，1996—2000 年，年均产量 1.39 亿只，比 1991—1995 年的年均产量增长 265.92%；2003 年生产灯泡 2.35 亿只，实现工业总产值 8000 万元，销售收入 7300 万元，实现利润 20 万元，税金 540 万元；2005 年生产灯泡 2.25 亿只，实现工业总产值 7945 万元，销售收入 6413 万元，实现利润 11 万元，税金 236 万元，入库税金 230 万元。

塑料制品业

主要企业　塑料制品生产企业主要有二轻集体企业彭州市（县）塑料总厂，1991 年投入 30 万元，引进新技术，新建一条生产线，开发苯乙烯新产品，磷酸包装桶。1993 年总投资 320 万元的高倍率泡沫型聚乙烯板材生产线于 1994 年投产。2000 年租给私人经营，2002 年 6 月破产。此外还有一些乡镇街道、私营企业生产塑料制品。

生产状况　1988 年生产塑料制品 443 吨，1990 年生产 1548 吨，1988—1990 年，总产量 2427 吨，年均产量 809 吨；1991 年生产塑料 1898 吨，1995 年生产 6166 吨，1991—1995 年总产量 27370 吨，年均产量 5474 吨；1996 年生产塑料 3785 吨，2002 年生产 1806 吨，1996—2002 年总产量 16038 吨，年均产量 2191 吨；1988 年，10 个企业实现工业总产值 237 万元；1990 年塑料制品企业 8 个，实现工业总产值 295 万元；1991 年塑料制品企业 10 个，年产塑料产品 1898 吨，实现工业总产值 546 万元；1995 年塑料制品企业 13 个，年产塑料制品 6166 吨，实现工业总产值 2243 万元，工业增加值 72 万元。

服装鞋帽制造业

主要企业　主要有二轻集体企业彭县服装厂（后改名彭州市服装工业公司）、彭县制鞋厂、天彭镇北街民族用品厂。1991 年，彭县服装厂投入 20 万元，购进 100 台高速频缝纫机，使生产能力、产品质量提高。1999 年停产，2004 年转让解体。此外还有 1998 年新建的彭州市鸣鸿羽绒制品有限公司，2000 年新建的彭州市科瑞羽绒有限公司。到 2005 年，在建企业 8 个，童鞋生产企业 3 个。

生产状况　1988 年服装鞋帽制造企业 18 个，实现工业总产值 330 万元，生产布鞋 30.13 万双；

1989年生产布鞋22.28万双；1990年服装鞋帽制造企业8个，实现工业总产值367万元，比1988年增长11.21%，生产布鞋19.14万双；1991年企业8个，实现工业总产值602万元，生产布鞋16.99万双；1995年企业4个，实现工业总产值107万元，生产布鞋10.53万双；1998年，年销售收入100万元以上企业一个，实现工业总产值65万元，生产布鞋2.76万双、服装10.48万件。2005年，彭州市鸣鸿羽绒制品有限公司，实现销售收入1207万元，工业增加值359万元；彭州市科瑞羽绒有限公司，实现销售收入7681万元，工业增加值2223万元。

纺织印染业

主要企业　主要企业有二轻集体企业彭县棉织厂，后改名彭州市泰华织布厂。主要生产棉布棉产品。1993年后处于半停产状态，1998年转让解体，停止生产。

生产状况　棉布生产，1986年46.5万米，1987年33.3万米，1988年18.06万米，1989年27.02万米，1990年22.46万米。棉线生产，1988年79.46吨，1989年20.72吨。

1988年纺织印染企业4个，实现工业总产值103万元；1990年企业3个，实现工业总产值249万元，比1988年增长141.75%。

石棉和石棉制品业

主要企业　彭州市石棉生产起于1933年，为国家重要石棉产地之一，所产"彭棉"以质优扬名外省。1958年前后，朱德、邓小平等党和国家领导人曾亲临矿区视察。主要企业有四川省蛇纹矿，成立于1951年，主要生产化工原料蛇纹石和滑石，石棉为伴生矿生产。此外，生产厂家还有大宝镇、小鱼洞的乡镇、村企业。石棉制品生产企业主要有天彭镇石棉制品厂，以及一些村镇企业，生产石棉瓦。

生产状况　石棉生产，1988年4946吨，1990年1454吨。1988—1990年，年均产量2294吨。1991年3803吨。到2005年有石棉采选企业3个。

石棉制品，1988年772吨，1990年3999吨，1988—1990年，年均产量2056吨。1991年3056吨，1995年15782吨，1998年3893吨。到2005年有石棉制品生产企业5个。

规模以上企业

1998年，其他工业规模以上企业共有13个，工业增加值3691万元，占全部规模企业增加值的7.28%，占全市工业增加值的2.50%。

2005年，其他工业规模以上企业有14个，主要有成都双虎实业有限公司、成都天天纸业有限公司、彭州市天然气公司、彭州自来水有限公司。共实现工业总产值6.05亿元，占全市工业总产值的6.91%，占全部规模企业总产值的10.11%；完成工业增加值1.96亿元，占全市工业增长的7.44%，占全部规模企业工业增加值的9.40%；销售收入6.06亿元，占全市工业销售收入的7.76%，占全部规模企业销售收入的11.09%；利税总额937万元，占全市工业利税总额的2.55%，占全部规模企业利税总额的2.75%；入库税金1293万元，占全部规模企业入库税金的6.19%。

第九节　优势企业

彭州市加快重点优势企业的发展，在“十五”初期，全市的重点优势企业已初具规模，在社会经济中的地位和作用日显突出，呈现出良好的发展势头。

2000 年 5 月，市政府根据全市国有及销售收入 500 万元以上非国有工业企业（规模以上）1999 年的生产经营指标的完成情况，重新确定 22 个企业为彭州市 2000 年工业重点优势企业。

彭州市优势企业

2001 年全市重点优势企业（年税金过 100 万元）共 24 个，完成工业总产值（不变价）13.83 亿元，占全市工业总产值的 37.67%；实现销售收入 13.57 亿元，占全市工业增加值的 37.09%；实现利税 1.35 亿元，占全市工业的 85.10%；实现工业增加值 4.43 亿元，占全市工业的 37.33%。实现税金 800 万元以上的企业 3 个，共计实现税金 2985 万元。其中：彭州供电局 1070 万元；四川光大制药有限公司 976 万元；三益特钢有限责任公司 939 万元。实现利润过 1000 万元的企业有 2 个，共计实现利润 4916 万元，其中：四川光大制药有限公司 1228 万元；5719 工厂 3688 万元。实现销售收入过亿的 3 个。其中：5719 工厂 3.54 亿元；四川光大制药有限公司 1.04 亿元；成都三益特钢有限公司 2.57 亿元。

2002 年重点优势企业 24 个，完成工业总产值（不变价）16.11 亿元，占全市工业总产值的 37.06%，占全部规模企业总产值的 78.88%；产品销售收入 16.15 亿元，占全市工业销售收入的 36.61%，占全部规模企业销售收入的 78.50%；实现利税 1.6 亿元，占全市工业利税总额的 65.63%，占全部规模企业利税总额的 94.47%；完成工业增加值 5.09 亿元，占全市工业增加值的 37.78%，占全部规模企业工业增加值的 82.07%。实现销售收入过亿元的企业 4 个：四川光大制药有限公司 1.33 亿元；彭州供电局 1.08 亿元；三益特钢有限责任公司 2.34 亿元；5719 工厂 5 亿元。实现利润过 1000 万元的企业有 2 个：四川光大制药有限公司 1524 万元；5719 工厂 4170 万元。实现税金 800 万元以上 4 个：成都华融化工有限公司 899 万元；四川光大制药有限公司 1396 万元；彭州供电局 1251 万元；三益特钢有限责任公司 1048 万元。

2003 年重点优势企业 30 个，完成工业总产值（不变价）26.7 亿元，占全市工业总产值的 48.75%，占全部规模企业总产值的 83.42%；完成工业增加值 9.43 亿元，占全市工业增加值的 57.93%，占全部规模企业增加值的 95.14%；实现销售收入 25.55 亿元，占全市工业销售收入的 45.60%，占全部规模企业销售收入的 79.44%；实现利润 10.24 亿元，占全市工业利润的 64.57%，占全部规模企业利润的 84.06%；实现税金 1.31 亿元，占全市工业实现税金的 68.64%，占全部规模企业实现税金的 85.95%。实现销售收入过亿元的企业 7 个，共实现销售收入 17.6 亿元。其中：四川光大制药 2 亿元；彭州供电局 1.7 亿元；华融化工 2.39 亿元；三益特钢 2.78 亿元；5719 工厂 6.04 亿元；晋林工业公司 1.38 亿元；四川制药（彭州）公司 1.32 亿元。实现利润过 1000 万元的企业 6 个，共实现利润 1.43 亿元，其中：四川光大制药 2485 万元；四川济生堂药业 1084 万元；华融化工 1535 万元；5719 工厂 6299 万元；智捷化工 1381 万元；四川制药（彭州）公司 1488 万元。实现税金过 1000 万元的企业 4 个，共实现税金 6339 万元。其中：光大制药 2168 万元；彭州供电局 1048 万元；华融化工1950万元；三益特钢1173万元。完成工业增加值过亿元的企业2个，共完成工业增加值3.48亿元。其中：彭州供电局1.19亿元；5719工厂2.29亿元。

2004年全市有重点优势企业36个，完成工业增加值11.99亿元，占全市工业增加值的57.89%，占全部规模企业增加值的90.25%；实现销售收入35.07亿元，占全市工业销售收入的52.74%，占全部规模企业销售收入的88.49%；实现利润1.43亿元，占全市工业利润的89.88%；入库税金1.45亿元，占全部规模企业入库税金的88.12%。实现销售收入过亿元的企业7个，共实现销售收入22.24亿元，其中：四川光大制药有限公司1.33亿元；彭州供电局2.23亿元；成都双虎实业有限公司2.11亿元；成都华融化工有限公司4.5亿元；三益特钢有限责任公司3.85亿元；5719工厂6.63亿元；晋林机械厂1.6亿元。实现利润过1000万元的企业6个，共实现利润1.52亿元，其中：四川光大制药有限责任公司1062万元；彭州供电局1583万元；成都华融化工有限公司3564万元；5719工厂6686万元；四川济生堂药业有限公司1132万元；天彭电力开发公司1174万元。入库税金过1000万元的企业4个，合计入库税金7299万元，其中：光大制药1642万元，三益特钢1610万元，彭州供电局1595万元，华融化工2452万元。实现工业增加值过亿元的3个，共实现工业增加值5.98亿元，其中：5719工厂2.43亿元；华融化工1.98亿元；彭州供电局1.58亿元。

2005年全市有重点优势企业36个，实现销售收入45.36亿元，占全市工业销售收入的58.10%，占全部规模企业销售收入的83.10%；实现利润1.26亿元，占全市工业实现利润的81.58%；入库税金1.94亿元，占全部规模企业入库税金的92.94%；完成工业增加值17.82亿元，占全市工业增加值的67.62%；占全部规模企业工业增加值的85.43%。实现销售收入过亿元的企业11个，共实现销售收入35.71亿元。其中：光大制药1.7亿元；彭州供电局3.26亿元；双虎家具厂2.15亿元；华融化工5.17亿元；三益特钢4.3亿元；5719工厂7.86亿元；华岐钢管4.38亿元；联邦制药（成都）公司3.01亿元；金叶化肥1.13亿元；四川制药（彭州）公司1.03亿元；晋林工业制造公司1.73亿元。入库税金过1000万元的企业有5个，共入库1.22亿元，其中：光大制药2473万元；彭州供电局2832万元；华融化工3177万元；济生堂药业1524万元；三益特钢2139万元。实现利润过1000万元的企业有6个，共实现利润1.73亿元。其中：光大制药2185万元；彭州供电局2658万元；济生堂药业1173万元；华融化工2993万元；5719工厂7250万元；天彭电力开发公司1022万元。完成工业增加值过亿元的企业有6个，共完成增加值10.63亿元。其中：彭州供电局1.62亿元；华融化工1.94亿元；三益特钢11834万元；5719工厂3.02亿元；华岐钢管公司1.67亿元；联邦制药（成都）公司1.2亿元。

市境内成都市重点优势企业

2004年，5719工厂、四川光大制药有限公司、成都华融化工有限公司3家企业因规模大、效益好，达到成都市年销售收入过2.5亿元，利润2500万元标准，被列入成都市重点优势企业。

2005年，国家大型企业、军队一级企业5719工厂，全年实现工业增加值3.02亿元，实现销售收入7.86亿元，实现利润7250万元。

成都华融化工有限责任公司，2005年产高纯度氢氧化钾3万吨、聚氯乙烯树脂6万吨、烧碱2万吨及附属产品，全年实现销售收入5.17亿元，实现利润2993万元，实现工业增加值1.94亿元。

联邦制药（成都）有限公司为外商独资企业，2005年实现销售收入3.01亿元，实现工业增加值1.2亿元，受市场持续低迷及环评等因素影响，该企业全年亏损5700万元。

第三章　工业开发区建设

四川省彭州工业开发区，是四川省十大重点开发区之一。始建立于1992年5月，规划范围：东干道延伸部分，天彭镇东门一环路口以南至外南一环路口以东，一环路外侧；二环路东南、西南外侧的县城规划区，面积5平方公里。

1998年10月，经四川省人民政府确认为省级开发区，四川省人民政府外事办公室和四川省对外友好协会批准成立中日企业合作园区。规划区域面积17.2平方公里，以天府东路为轴线，南至青灌铁路以北。朝阳南路、朝阳中路以东接三环路这个大扇形为一类工业区；青灌铁路以南、彭白铁路以西为二类工业区；一、二类工业区外侧为三类工业区。天府中路和朝阳南路、朝阳中路两侧区域为住宅、商贸区。以发展现代医药、优质建材、绿色食品、家具制造等产业为主。截至2005年，建成面积6.9平方公里，累计引进项目80个，协议投资45亿元。形成以联邦制药为代表的医药产业，以华融化工为代表的精细化工产业，以亚东水泥为代表的新型建材产业（单独区，在建），以晋林工业（157厂）为代表的机械产业，以双虎、齐心为代表的家具产业，以华龙日清食品（在建）为代表的食品产业，以弗郎公子为代表的服装产业。园区工业总产值17.89亿元，工业增加值10.9亿元，上缴税收0.56亿元，占全市工业税收的49.1%。企业用工1.1万人/年，工业集中度40%。

第一节　管理机构

1992年5月，组建彭县经济开发区管理委员会，下设办公室、项目办、计财科、规划拆迁办、工程基建科等，办公室设在县政府东街招待所内。

1996年2月，成都市人民政府批复，同意设立彭州工业开发区，下设机构不变。

1998年，市委、市政府将市乡镇工业园区并入彭州工业开发区，彭州工业开发区管委会是彭州市委、市政府的派出机构和决策机构，定为副市（县）级。下设办公室、投资服务中心、招商部、土地开发部、财务部、工程建设部、房地产公司等职能部门。办公地点设在天府中路145号。

2003年，市委研究决定，彭州工业开发区管理委员会为非常设正局级机构，下设办公室、招商投资服务部、规划用地部等二部一室。

2005年8月，市委、市政府决定，彭州工业开发区管理委员会、致和镇整合为中共彭州工业开发区党工委，内设机构为党工委办公室、财务部、招商投资服务部、建设用地部、规划工程部、经济发展办公室、社会事务办公室、计划与教育办公室等8个部室。

第二节　征地拆迁安置

1992年6月，县人民政府成立统一征地办公室，对彭县经济开发区项目用地实行统一规划，统一征用，统一开发，统一出让和统一管理。

建设征用土地按照成都市人民政府文件执行补偿和安置。开发区向被拆迁人员支付土地补偿费、安置补助费、青苗补偿费、种养殖专业户补偿费等。分别按不同情况计算支付补偿费用。按规定将农业人口转为非农业人口，并按照每亩耕地实际承载量安置劳动力就业。鼓励安置对象自谋职业，由本人提出申请与征（用）地单位签订协议，公证机关公证后，将养老保险按国家对个体工商户的办法对待纳入社会保险范围。对具备手续的建筑物，拆除后按规定标准给予补偿，对违法违章建筑和超出批准使用期限的临时建筑强行拆除，不予补偿。

1992年共计完成征地拆迁195.1亩，拆迁人口农转非450人，安置就业390人。

2001年，市政府印发《彭州市征地补偿安置办法（试行）》的通知，进一步完善和明确补偿方案。征用土地应当依法支付的土地补偿费、安置补助费、青苗费、地上附着物补偿费等按一次性支付给被征地农民；被征地单位的水、电、气设施按实际安装费用补偿；拥有房屋权证的拆迁按每人20~30平方米，3人以下（含3人）的按3人计算，4人以下（含4人）的按4人计算，5人以下（含5人）的按5人计算，划拨土地，按规划自行修建。

至2005年底，工业开发区共完成征地拆迁5.5平方公里（未含亚东水泥厂占地），涉及拆迁户2580户，划地安置1664户，916户待安置。园区企业安置劳动力1.4万余人（未含在建的亚东水泥厂）。

2005年，彭州市人民政府再次调整完善《彭州市征收土地地上附着物补偿赔偿标准（试行）》，明确赔偿范围和赔付标准。

第三节　基础设施建设

道　路

1992年工业开发区建设前，区内仅有成彭路，长约6620米，宽16米，等级为城市二级道路。1992年5月，彭县工业开发区投入220万元，开始筹建长950米、宽50米的工业大道，同步进行给排水、通信、电力、天然气等各种管线的施工建设。

2005年，总投资1.8亿元建成牡丹大道，联邦制药南、北、东干道，服装园区、中小企业园区支道，通车总里程约21.7公里，道路宽22~40米不等，为城市二级道路。截至2005年12月，累计投入基础设施建设资金2.9亿元。

供水、排水、污水处理

建园前，区内除成彭路两侧外基本无供水设施。到2005年底，供水能力达到5.7万吨/日，区内主要干道均敷设供排水管道，建成日处理污水3万吨的污水处理厂1座。

供　电

建园前，区内除成彭路两侧外基本无供电设施。到2005年底，供电能力达到30万KVA。总投资0.25亿元建成35KV变电站两座，沿区内主要干道上分别架设至项目用地大道旁，企业就近接入。

供　气

建园前，区内除成彭路两侧外基本无供气设施。到2005年底，区中心配气站日输配能力80万立方米，从东门配气站起，沿牡丹大道和花龙北路敷设有D108燃气主管道，并在区内主要干道敷设燃气主干管，供气管道敷设到项目用地大道旁边，企业就近碰管，总投资0.04亿元。

通信、信息、网络

建园前，区内除成彭路两侧外基本无通信设施。到2005年底，区内电信分局容量达4万门，有线电视电缆、100—1000兆宽带网接入IDD、ADSL、DDN等通信、信息网络等同步配套，充分满足企业办公自动化、信息技术现代化，总投资20万元。

绿化工程

1992—2005年，园区绿化面积累计达20万平方米，主要栽植树种有大叶榕、小叶榕、银杏、紫薇、玉兰、九里香等，总投资1400万元。

第四章　建筑业

彭州市建筑业历史悠久，技艺精良。建造于唐宋时期的佛塔，历经千年风雨、地震，除龙兴寺唐塔在20世纪80年代中期因人为损坏而拆除外，三座宋塔至今巍然屹立在彭州的山间、平原上，成为全国重点文物保护单位。20世纪40年代建造的印度金刚宝座塔，是全川唯一的一座密教佛塔，也是全国唯一保留密教佛塔风貌的金刚宝座塔，成为省级文物保护单位。

改革开放以后，全市建筑业不断发展壮大。从散兵游勇、小打小闹经历低资质、小规模，小范围、低层次施工，到2005年已有公司级企业29家，具有国家一级资质企业1家，二级资质企业6家，三级资质企业22家，集团公司2家。不仅走出彭州，进入成都市建筑市场，还走出盆地，在其他省、市、自治区承包工程，甚至走出国门打天下；不仅承建高层电梯公寓等民用建筑工程，而且承建电站、工厂、军用设施、高环保要求的化工项目工程。经济贡献从1987年的行业增加值3330万元，增长到2005年的57748万元。

第一节　建筑业的发展

企业发展

发展初期（1986—1992）　1986年，全县施工队伍有彭县建筑工程公司、建筑工程二公司（九尺建筑社）和三公司（城关建筑社），有职工1064人，其中工程技术人员25人。另有乡镇企业组建的农村建筑队38个，常年从事建筑施工的人员9000余人，其中工程技术人员85人。到1992年底已发展37家，但仅有3家企业为三级资质。主要承担民用住宅、道路施工、工厂等工程建设。期间，就业人员达1.5万人，高峰期可达3万人，每年劳务输出0.5万人以上。

兴盛期（1993—2005）　1993年以后，严格建筑企业的规模管理和总体要求，不少缺乏竞争力的企业退出，到2004年底全市建筑业共有企业法人单位37个，国有企业、国有联营企业及国有独资公司13个，占35.14%；集体企业、股份合作企业及集体联营企业9个，占24.23%；私营企业5个，占13.51%，常年施工从业人员12034人；建筑业个体经营户91户，从业人员489人。到2005年底，全市建筑企业共有29家，国家一级企业1家，二级企业6家，三级企业22家，大部分公司集房屋建筑、市政工程、桥梁、军用设施、装饰装修、钢结构和要求很高的环保工程设计、建筑工程于一体。有各类专业人员3000人，其中高级职称150人，中级职称和初级职称2000多人，各专业技术人员达5000人，建筑企业就业民工高峰期达10万人次。

建筑业企业法人单位中，房屋和土木工程建筑业占81.08%，建筑安装业占2.7%，建筑装饰业占10.81%，其他占0.41%。

建筑业企业法人单位从业人员中，房屋和土木工程建筑业占99.23%，建筑安装业占0.07%，建筑装饰业占0.6%，其他建筑业占0.1%。

重点建筑企业

四川利达集团公司　成立于1989年，注册资金7791万元，公司总部位于彭州市天彭镇，是房屋建筑工程施工总承包一级企业，市政公用工程施工总承包一级企业。具有公路工程、建筑装饰装修、园林古建筑、建筑防水、金属门窗、起重设备安装工程专业承包二级资质，公司是获得IS09001：2000质量体系国家认证的承建商。荣获国家最高工程质量奖——鲁班金像奖、国家最高全面质量管理奖——金屋奖；四川省及成都市优质样板工程奖；五度荣获“天府杯”优质工程金奖，七度获得成都市“芙蓉杯”优质工程奖。主要工程：成都倍特大厦27层，成都天府名居A区，成都市东城根街下穿隧道工程等。

四川省成都市固信建筑工程有限公司　组建于1976年，1997年改制成为有限责任公司，注册资金2000万元，总部位于四川省彭州市濛阳镇，有工程技术人员和经济管理人才171人。已发展成为集建筑、室内外装饰装修、建筑机械修理、机电维修、园艺于一体的多元化企业。公司先后承建广西天生桥电站工程，国家技改建设项目雅安174煤气存储罐工程，龙门山绿园山庄工程，西昌反恐训练基地工程，78170部队业务综合楼工程，成都军区科研所办公楼工程等。公司连年被成都市委、市政府评为“重合同、守信用”企业；获得中华人民共和国农业部颁发的“全国乡镇企业系统管理基础工作合

格证”一级；成都市乡镇企业经济效益“五十强企业”；被四川省统计局评为“四川二百家最大（佳）集体建筑企业”。

工程施工

1985—1992 年，全市建筑房屋总施工面积 356 万余平方米，其中市区 270 余万平方米，乡镇 86 万平方米，属于国家投资的 160 万余平方米，属于个人、集体投资的 196 万余平方米。这些建筑由于受到地域或条件限制，4 楼以上的建筑屈指可数，绝大部分是 4 楼以下及普通民房，乡镇以农民在集镇建房为主。1993 年，撤县设市以后，在“推倒一座旧城，建设一座新城”的战略思想指导下，到 2000 年，市区和乡镇房屋建筑面积比 1993 年增长 3 倍，达到 1500 万平方米以上。2004 年，房屋建筑施工面积 99. 88 万平方米，房屋建筑竣工面积 64. 5 万平方米，竣工建筑产值 5. 18 亿元。到 2005 年底，年施工总面积 69. 4 万平方米。

1991 年，优良工程 15 个，优良率 21%；1998 年，创成都市级优良工程 1 个（彭州中学学生公寓），优良率 66. 9%；2000 年，优良工程 22 个；2002 年优良率达 25% 以上。

经济效益

1987 年建筑业实现工业增加值 3330 万元；1991 年实现建筑业总产值 1. 25 亿元；2004 年全市建筑业企业法人单位实现建筑业总产值 6. 13 亿元，其中，资质内企业 6. 12 亿元，资质外企业 114 万元。建筑业个体经营户经营收入 3508 万元。

2005 年建筑业增加值（GDP）达到 5. 78 亿元，比 1987 年增长 16. 3 倍。

在建筑业企业法人单位的建筑业总产值中，房屋和土木工程建筑业占 99. 36%，建筑安装业占 0%，建筑装饰业占 0. 63%，其他建筑业占 0. 01%。

勘察设计

彭州市三立建筑勘测设计有限公司是由原彭州市建筑勘测设计所和研究院改制而成，始建于 1980 年，2002 年改为股份制有限公司，2005 年 4 月更名为四川航利三立建筑勘测设计有限公司。航利三立具有乙级建筑工程设计资质等级和丙级工程地质勘查资质等级。

公司有一级注册建筑师 1 人，二级注册建筑师 6 人，一级注册结构工程师 3 人，高级工程师 4 人，工程师 20 人，初级职称 4 人，大专以上学历达 97%。

从 1986 年到 2005 年共设计 1145 项工程勘测项目，其中“农行彭州支行综合楼”和“金瑞大酒店”等设计被评为优秀。

1997 年完成勘察设计产值 125 万元，其中设计、地勘产值 85 万元，建安产值 40 万元。

1997 年分获四川省、成都市“跨世纪城镇住宅方案竞赛”二等奖、三等奖。1998 年获得建设部“迈向二十一世纪中国住宅”设计方案竞赛表扬奖。

彭州市建筑施工企业资质等级（2005 年底）情况表

表 13–4–1–1

序号	企业名称	资质等级
1	四川省利达建筑工程公司	房屋建筑总承包一级 市政公用工程总承包一级 公路工程施工总承包二级 建筑装修装饰专业二级 园林与建筑工程专业二级 建筑防水工程专业二级 金属门窗专业二级 起重设计安装工程专业二级
2	彭州市建设总公司	房屋总承包二级 公路工程总承包三级
3	四川省成都市固信建筑工程公司	房屋总承包二级 装饰装修专业承包三级 市政公用工程施工总承包三级
4	成都市恒升建筑有限公司	房屋总承包二级
5	成都市九鑫建设工程有限公司	房屋总承包二级
6	四川省东林建筑有限公司	房屋总承包二级 公路工程施工总承包三级 金属门窗专业承包三级 市政公用工程总承包三级 装饰装修专业承包三级
7	四川楠杨建筑工程有限公司	房屋总承包二级
8	四川中源建设工程有限公司	房屋建筑总承包二级 公路工程总承包二级
9	彭州市建筑工程公司	房屋建筑总承包二级
10	彭州市建筑工程二公司	房屋建筑总承包三级
11	彭州市建筑工程三公司	房屋总承包三级
12	彭州市第四建筑工程公司	房屋总承包三级 装饰装修专业承包三级
13	四川省彭州市建筑工业公司	房屋总承包三级
14	四川省彭州市天彭建筑工程公司	总承包三级
15	成都枭鹏建设工程公司	房屋总承包三级
16	彭州市三益建筑工程有限公司	房屋总承包三级
17	四川省彭州市天祥建筑工程有限公司	房屋总承包三级 建筑防水专业承包三级
18	彭州市兴华建筑工程公司	房屋总承包三级
19	成都鹏远市政工程公司	市政公用工程总承包二级
20	彭州电力建设总公司	电力建设专业承包三级
21	成都泰格钢结构网架厂	钢结构专业承包二级
22	彭州市明珠装饰工程有限公司	装饰装修专业承包三级

续表13-4-1-1

序号	企业名称	资质等级
23	彭州市瑜祥装饰工程有限公司	装饰装修专业承包三级
24	成都岷江电力钢结构有限责任公司	钢结构专业承包三级
25	成都锦彩建筑装饰工程有限公司	装饰装修专业承包三级
26	四川省彭州市宏利达建设有限公司	装饰装修专业承包三级
27	成都瑞德五广告装饰工程有限公司	装饰装修专业承包三级

第二节　建筑业管理

彭州市建设局代表市政府对建筑业依法实行管理。主要对建筑资质、市场、招投标、工程质量、现场施工等实行管理。

建筑资质管理

为保证建设施工的质量，每年对建筑企业进行年审复核，帮助企业建立健全质安管理机构，督促四、五级企业建立相应的管理机构，杜绝无照施工和不合格工程。

办理承建施工手续，开展建筑企业资质审查工作，办理外出施工（联系）手续，为建筑企业培训各类岗位人员（包括送外地培训），帮助第五建筑工程公司实现全面质量管理的达标工作，经成都市建委验收合格。

查处违法违章建设，强行拆除违法建设结案率达100%。

强化城市规划管理，认真贯彻执行《中华人民共和国城市规划法》，严格按规定的程序和权限核发“一书两证”（建设工程选址意见书、建设用地规划许可证、工程竣工规划合格证）。

做好建筑施工安全生产许可证申报工作。全市有20多家建筑业企业取得“四川省建筑施工企业安全生产许可证”。

招投标管理

从1986年以后，招投标管理认真贯彻执行国家、省市相关规定，没有出现一例违规行为。1992—2005年全市的招投标纳入法制化轨道。10多年间参加招标、投标工程项目715件，一些市政建设重大项目还召开评标竞标会，此项工作逐步按市场化、法制化运作，杜绝人为的暗箱操作和长官意志，全部进入社会化监督之下。按照《关于进一步规范我市建设工程施工合同管理的通知》（成建委发〔2005〕838号）的要求，对所有报建工程均开始实行建筑施工合同和竣工结算备案，有57个工程进行施工合同备案，55项工程进行竣工结算备案。

1986—2005年，共有40项工程进行招标备案，建筑面积22.6万平方米，投资1.4亿元。其中，国有投资工程16项，招标率达100%，公开招标率达100%。无投诉案件。

工程质量管理

工程质量管理　1986—1989年，以《建筑工程质量检验评定标准》（TJ301—74）等10项国家规范为质量验收标准，加强工程质量监督工作力度，结束建筑企业自验自评的封闭管理，全市工程质量合格率逐步提高。

1990—1999年，贯彻执行《建筑安装工程质量检验评定统一标准》（GBJ300—88）等6项标准，将工程质量核定为优良、合格两个等级。1991—1993年，重点开展质量通病治理，工程质量合格率大幅度提高；1998年以贯彻实施《中华人民共和国建筑法》为契机，强化工程质量监督管理，有效防止工程质量滑坡，确保工程主体结构和使用功能，有力地消除结构隐患。

2000年，按照国务院《建设工程质量管理条例》《工程建设标准强制性条文》《建筑工程施工质量验收统一标准》、建设部《房屋建筑工程和市政基础设施工程竣工验收备案管理暂行办法》和成都市建委四个配套文件等相关法规、标准，采取“验评分离，强化验收，程序控制，完善手段”的工程质量验收方法，开始实行工程竣工验收备案制度，不再对单位工程进行质量等级核验、发证，有力地促进建设工程质量监督工作水平的提高，标志着建设工程质量管理步入法制化轨道。2005年，彭州市建设工程质量监督站被四川省建设厅评为“四川省质量检测先进单位”。

工程质量检测　1988年，成立彭县建设工程质量监督检验测试中心，与彭县建设工程质量监督站合署办公，1991年经四川省建委定为二级试验室，2000年更名为彭州市建设工程质量检测所，2000年7月经四川省质量技术监督局和四川省建设厅评审考核获得计量认证合格证书和资质认可证书。2001年和2003年，省质量技术监督局和省质监总站对市所进行计量认证和资质评审，受到检查组领导和专家的一致好评，得分名列成都市前茅，被成都市质量技术监督局评为“成都市2003年度计量认证先进单位”。2005年，室内空气质量、路面路基弯沉和压实度、外墙饰面砖粘结强度等项目在四川省建设厅、成都市建委和省市质量技术监督局组织的资质和计量认证复查暨扩项评审中，以郊县第一、全成都市第二的高分被评为优秀，顺利通过评审。2005年被省建设厅评为四川省质量检测先进单位。

20年间，全市累计报建工程约2800个，面积约830余万平方米。特别是2003年以后，全市报建工程受监率、工程合格率、工程竣工验收备案率、用户质量投诉处理率均达100%，促进全市工程质量整体水平的不断提高。

现场施工管理

维护建筑施工现场的正常秩序，提高文明施工水平，确保施工安全和工程质量，依据国家建筑业监督管理相关法律法规，把建筑施工现场安全生产的监督管理纳入建设行政主管部门重要工作职责。

管理措施　紧紧围绕《中华人民共和国安全生产法》《建设工程安全生产管理条例》《安全生产许可证条例》《成都市建筑施工现场监督管理规定》等相关法律法规的贯彻实施，加强日常监督管理工作，严格执行建筑施工安全报监制度，报监工程安全监督面达100%。依据建设部《建筑施工安全检查标准》（GJG59—99）和施工安全监督考评程序，对施工工地分阶段（基础、主体、装饰）进行检查考评，在工程竣工验收前进行综合评定，记入《建筑业企业安全业绩评价手册》，作为企业年度安全工作考核依据。进行日常安全生产的监督管理，及时通报和分析建筑安全生产形势和状况，布置阶段性安全生产监督管理工作。在重大节日、重要会议、特殊季节、恶劣天气等情况下，对建筑安全生产有针对性地提出工作部署，并及时预警提示。

组织安全生产大检查，在施工过程中，对每个工地监督检查5次（包括阶段性检查考评、安全生产大检查、巡查等）以上。

开展“安全生产月”活动，针对建筑安全生产的突出问题，开展安全生产的专项整治，整治的重点是建设工程各方责任主体的安全生产责任制落实情况、安全生产的防护、重大危险点源的监控到位情况等。

企业安全业绩手册年检，推进实施建筑工程施工企业职工意外伤害保险工作，开展安全生产知识培训。2004 年以前，每两年进行一次继续教育培训，安全生产知识作为重要内容纳入继续教育培训，培训合格后，方可参加岗位证书年检。建筑业企业的三类人员（企业主要负责人、项目负责人、专职安全管理人员）必须经安全管理能力考核合格后，持证上岗。建筑业企业的三类人员从 2004 年起分期分批开始进行培训。

现场文明施工是建筑施工安全生产、创建文明城市的重要内容，也是抓好“扬尘”整治工作的重要举措。在建设工程施工现场监督管理工作中，一是建立建设项目开工安全生产条件审查制度，不符合条件的，不予办理相关手续，从源头上强化施工扬尘的监管，取得较好的效果。二是加强对施工现场的监督检查，除日常的监督检查外，还针对存在的问题，定期和不定期开展专项整治，对检查中发现的问题责令限期整改。

全市的建设工地，全部按要求设置围墙、围挡、图牌，工程主体用密目式安全网进行立体防护。大多数工地（临街面和道路两侧工地）进出口处进行硬化处理，设置冲洗设备、设施、污水沉淀池，铺设防尘物施工现场湿法作业，施工周边环境卫生得到有效整治。同时，针对工地有夜间施工扰民现象，及时进行调查处理。特别是每年的高考、中考期间，对夜间施工进行严格控制。

管理成效　通过多种形式开展建筑安全的监督管理和专项整治工作，全市建筑施工现场管理工作水平不断提高，有效地遏制建筑安全事故的发生。

1986—1995 年，共查出事故隐患 185 起，纠正各种违章达 5000 余件次，避免重特大安全事故的发生。1996—2005 年，按照国务院安全生产办公室关于建筑质量终身负责和一票否决制的法律规定，共查施工工地达 25 万余次，检查各类施工证件 14 万余次，共查处违章人员 185 人次，严重警告 364 起，通报批评 26 起，停工整改 83 起。1986—2005 年，平均每年报建建筑工地约 80 个，平均建筑面积约 50 万平方米。累计查处、整改各类安全隐患约 3200 多处次，下发隐患整改通知 420 多份，停工整改通知 120 多份，查处各类安全生产违规行为 60 多起。1986—2005 年，全市没有发生四级以上重大建筑安全生产事故，每年建筑施工安全生产伤亡事故没有突破政府控制指标。对建筑安全生产中发生的安全伤亡事故，都按照相关规定和程序，会同有关部门对事故的责任单位和责任人进行调查处理。

第十四篇　商业与对外经济合作

1986—2005年彭州市（县）的商贸服务经营，处于经济发展和管理模式转型期。1986—1992年，商贸经济分为商业局系统、县供销合作社系统、粮食局系统、医药局系统、外贸系统和物资局系统6大块运行。其经营方式，属本地生产的商品或产品，通过有计划的统购、收购，除本地销售后，有计划地外调；属于外地生产的商品或产品，通过由上而下有计划地调入销售经营。

1993—2005年的13年中，通过经济体制改革，逐步转向市场经济，到2005年底止，除市粮食局、市供销社机关保留外，市财贸办公室、商业局、医药局均撤销，机构人员合并到彭州市经济贸易局。撤销单位下属的各公司国有企业，除保留个别公司外全部撤销或破产、改制，其商品经营转为民营（即私营、个体）企业，有的转为股份制企业，并大力引进外地贸易公司入驻。

单纯计划经济年代，县与县、县与市之间的产品或商品都没有直接联系和调拨关系。为弥补不足和经济发展需要，从1987年起，县政府成立“经济技术协作办公室”，开展县与县、市之间的经济交流活动，搭建友好市县交往活动平台，签订经济技术合作协议，达到互补互盈。随着市场经济的发展，经济技术协作办公室先后更名为对外经济合作局、招商局、商务局以适应经济形势的发展。

第一章　商业所有制和改革

1986年以前，全县商业分为3大系统。

商业系统：下属百货、五金、糖酒、煤建、食品、饮食服务等6个国营公司和大宝、关口2个国营矿贸店，各公司又分管相关商品的集体商业店组。

供销合作社系统（简称“县联社”）：下属农土、生资、日杂、回收4个公司及15个基层供销合作社。各基层社也分管下属集体合作组店。

医药系统：下属医药（西药）和中药材2个公司及1个“善仁堂”药店，均是国营企业，也有集体经济的店组。

2000年以前，以上各公司的国营企业除烟草、盐业专卖公司，仍保留国有企业外，其他公司先后停业、破产，其商品经营活动，全部转为民营，进入市场经济轨道。

第一节　国营商业

最先改制的企业是糖酒公司。1984 年 6 月，单独划出烟草经营，设立彭州市烟草专卖局和营销部。糖、酒公司也成立专卖局进行管理、营销。后来，糖酒公司破产转为民营和个体商业，专卖局对民营商店进行一段时间的发证专卖管理，至 2005 年撤销。

市烟草专卖局（营销部）为垂直领导的专营国有企业，下辖天彭和丹景山 2 个营销片区，共有卷烟零售户 1980 户，2005 年共销售卷烟 21313 箱，单箱均价 10184 元，创税利 4181 万元。

1990—1993 年旧城改造中，五金公司贷款在十字口南街口兴建商场；蔬菜水产公司贷款在外北门外兴建万亨商都。因资不抵债，五金公司、食品公司于 1996 年破产，人员安置按买断工龄办法处理，即按工龄每人 2 万元以下发给安置费，符合退休年龄者交社保管理。

1998 年饮食服务公司拆销，在商业局内建立饮食科，行政管理饮食业。

1994 年，彭州市百货公司北街十字口门市部按柜台承包给私人，每年按占用柜台面积向公司交占用费。公司国有资产保留。其他国有公司企业，包括医药局下属各公司均在 1994—2000 年破产停业，转为民营、个体企业。

第二节　集体商业

彭县供销合作社始建于 1951 年。1985 年以前的计划经济年代，在为农业服务、促进城乡物资交流、保障市场供给等方面做出重要贡献。1986 年以后，逐步进行体制改革，推进市场经济的发展。

1988 年形成东郊、致和、西郊和利安等社构成的城乡结合区的绕城经营服务网络。1992 年开始兴建彭州市场、综合商场凯兴商场，1993 年兴建金彭商场。由此，供销社由农村经营为主转入城乡经营并举的经营格局。1994 年彭州市供销合作社联合社企业总公司成立。

1995 年，根据《中共中央、国务院关于深化供销合作社改革的决定》（中发〔1995〕5 号）文件精神，深化供销合作社改革。此后，按照社企分开的原则，先后进行企业产权制度改革和市供销社机构改革，逐步理顺供销社的组织体制和社有资产管理体制。

1996 年，国家推行市场经济，加大宏观调控，整顿经济秩序。供销社面临巨额股金兑付，银根紧缩，化肥专营、农产品、工副食品经营的放开和经营业务萎缩等压力，使全社陷入困境。

1997 年，首次对职工进行下岗分流。1998 年实行全面改组改制。1999 年供销社的改革纳入全市改革范畴。2001 年开始，南菜北运转运站、回收公司和通济、隆丰供销社 4 个企业实行破产。供销社所属企业进行破产、外包、重组改革。

至 2005 年 1 月 27 日，吸收成都大力化工有限公司为彭州市供销社成员社，迈出开门办社第一步。同年 4 月 25 日，按照成都市人民政府、彭州市人民政府村村建农资放心店的规定和实施方案，由市供销社牵头，通过历时半年多的努力，在全市 20 个镇，271 个行政村建立 271 个农资放心店。公开招标确定邦力达农资连锁有限公司为农资放心店连锁配送龙头企业。从而形成以邦力达为龙头，以中心供销社为载体，以村级连锁经营网点（农资放心店）为基础，自上而下、自成一体的农资连锁网络体系。

通过改革，全系统12个基层社、20个乡镇供销分社和8个市以上企业职工一次性安置基本到位。人员由1997年的1600余人分流至2005年底的60余人。1986年商业集体百货店200多家、人员800余人，到1995年，集体合作组店拆销，转为民营企业，安置人员，购买社保，纳入社保管理。

至2005年底，累计实现农副产品市场交易总额22500余万元，蔬菜出口5万吨，创汇额近6000万美元。

第三节　民营商业

1992年邓小平南方谈话发表后，彭县以撤县建市为契机，加速民营和个体私营经济的发展。特别是1997年党的十五大进一步确立个体私营经济在发展国民经济中的地位和作用，再一次把发展个体私营经济推向一个崭新阶段。

随着民营商业的发展，商贸市场逐步建立且繁荣起来。1988年首先在金彭西路建成天彭贸易市场，占地面积约18亩，入驻商贸企业数十家，多数商家为批发商。又在金彭中路建成“天府商场”，形成最大的小百货、小五金等贸易商场。是年，商业部确定彭县为全国（五大）商品蔬菜生产基地。1992年在繁江路建成西南最大的蔬菜批发市场，此后在其他地方也先后建成各类市场。2001年建成纽约新城（商住楼），兴建泰和商城。2003年兴建天一商场，2004年10月1日建成。当地和外地的商家纷纷入驻，开设服装店、金店、日用电器、糖果、食品、酒类等商品零售市场。同时在十字口兴办彭州市第一家红旗连锁超市。2003年12月成都百货商店入驻彭州，在东大街原招待所地址兴建成都百货大楼彭州店，2005年5月1日投入运营，是全市第一家有输送电梯的商场。

20年间，全市的饮食服务业有很大的变化和发展，1986年以前市区仅有几家国营食堂和为数不多的小饭店和小食店。2004年，全市共有餐饮业商家987家，从业人员上万人。

1985年，全市饮食业零售额2100万元，1992年5038万元，2005年达到5.93亿元，2005年比1985年增长27.25倍，20年间年平均递增18%。

其他服务业截至2005年，全市美容美发经营户910户，洗浴、按摩、保健经营户36户，房地产、劳务中介36家。

2005年，全市社会消费品零售额达到20.53亿元，比1985年2.45亿元增长7.37倍，每年平均递增11.2%。特别是私营、个体企业社会消费品零售额增长更快，2005年比1985年增长9.13倍，每年平均递增19.5%。民营企业（私营、股份制、个体）消费品零售额由1985年占全市社会消费品零售额的24.7%，上升到2005年的95.6%，而国有和集体企业社会消费品零售额则逐步下降。比重由1985年的75.3%下降到2005年的4.4%。

第二章　粮油经营

从 1985 年以后，粮食部门经营粮油开始进行“双轨制”运行机制的改革，即实行定购统销和议购议销相结合的机制，改革总的原则是逐步缩小购销计划范围，扩大市场调节比重，逐步从计划经济改革到有计划商品经济，最终全面进入社会主义市场经济。

第一节　粮食购销

从 1985 年开始，实行定购统销和议购议销相结合的“双轨制”，取代了自中华人民共和国成立后 30 多年的统购统销旧体制，使粮食购销工作进入了多渠道领域，粮食经济步入了有计划的商品经济轨道。

粮食购进

粮食购进形式，经历统购、定购、议购和市场收购等 4 个阶段的演变，购进价格也进行不断改革。粮食统购政策从 1953 年开始实行后，一直到 1985 年国务院发布《关于进一步活跃农村经济的十项政策》，决定从 1985 年取消粮食统购，改为合同定购（1989 年又改为国家定购）。定购的粮食按“倒三七”比例计价（即三成按原统购价，七成按超购价比例计价）。合同定购以外的粮食，由生产者自行处理，可继续卖给粮食部门，粮食部门按议价收购，如市场粮价低于原统购价，国家仍按统购价敞开收购。

这一政策从 1985 年开始，一直执行到 1992 年。此间，国家多次提高粮食定购价格，使粮食定购价格逐步接近市场价格，增加了农民收入，调动了农民生产积极性。

1993 年 2 月，国务院发布《关于加快粮食流通体制改革的通知》，提出在国家宏观调控下放开价格，放开经营。并提出粮食定购采取保留数量，价格随行就市，实行粮食定购最低保护价。

1998 年以后，粮食定购指导价仍由省、市制定，完成定购任务后，对农民的余粮按保护价敞开收购。

2001 年，全成都市的粮食收购价实行保护价和指导价合并（即二价合一），实行综合价收购。粮食收购进入市场价，粮食定购转变为“订单”。定购制退出粮食市场，完成历史使命。

粮食销售

粮食销售从 1953—1992 年一直实行计划供应，统一销售，价格由国家、省、市制定。随着国家经济体制改革的不断深化，粮食销售逐步缩小了统销范围，扩大了市场调节比重。

1985年，成都市的工业、饲料用粮退出统销范围，不再供应平价粮，改为议价供应；1990年7月，省计委、财政、物价、粮食等部门通知，现按统销价供应的副食、酿造、城镇饲料用粮改按比例价供应；现按统销价供应的饮食业糖果、糕点业用粮改按议价供应。1992年4月，二种粮改按议价供应，并逐步将各种专用粮由平价改为议价供应。

在逐步缩小统销范围的同时，逐步提高粮食统销价格。1984—1992年多次提高统销价格，农村的口粮由原来的平价定销、借销改按定购比例价销售，城镇居民口粮从1992年起，提高统销价格，实行购销同价，从而改变了粮食购销倒挂的情况。

1993年下半年，由于稻谷减产，出口增多，国内可供量减少，粮食供求矛盾不断加剧，粮价上涨较快，特别是1993年底到1994年上半年，市场粮价猛涨，流通秩序比较混乱。为加强对粮食的宏观调控和平抑市场粮价，市政府认真贯彻执行中央、省、成都市的指示精神：一是增设133个供应网点，加班加点，延长服务时间，统一挂牌降价销售；二是在市委、市政府的高度重视下，全面落实粮食定购任务，增设收购网点60多个。1993、1994年两年共购进粮食14.58万吨，掌握充足的粮源；三是1994年经成都市粮食局批准抛售专储粮2096吨，平抑市场粮价。从而稳定市场，平抑粮价，发挥主渠道作用。

2001年5月1日起，取消市镇居民粮食供应转移证后，粮食统销已完成了计划经济时代的特殊使命。

彭州市（县）1985—2005年主要年份粮食购进、销售情况表（贸易粮）

表14-2-1-1　　单位：吨

年份	购进	销售
1985	45915	53387
1986	47955	37643
1990	62464	43266
1995	40255	48207
2000	64377	89266
2001	40543	30241
2002	19606	44514
2003	36318	52587
2004	59222	64350
2005	缺	缺

彭县1989年粮食、油料定购价格表

表14-2-1-2　　单位：50公斤、元

等级 品名	一级	二级	三级	四级	五级	备注
稻谷	24.4	23.7	23.0	22.3	21.6	—
大米	33.5	32.5	31.5	—	—	—
玉米	23.1	22.5	21.9	—	—	包括价补4元
小麦	24.7	24.0	23.3	22.6	21.9	—

续表14-2-1-2

等级 品名	一级	二级	三级	四级	五级	备注
油菜籽	57.9	56.3	54.7	—	—	包括价补1.2元
菜油	166.6	161.5	—	—	—	—

第二节　油菜籽收购与食油销售

油菜籽收购

油菜籽收购由统购改为合同定购。1985年油菜籽仍实行统购，不分计划内外，一律按“倒四六”（即：计划以内的40%按统购价，60%按超购价）比例计价敞开收购，完成国家统购任务后，才能开展多渠道经营。1986—1988年，油菜籽收购改为合同定购，继续执行“倒四六”比例计价收购，完成任务后，再开展议价收购，并代农民加工和“以籽换油”。1988年实行按平价向农民返油枯40%办法，不要油枯的，补给平议价的差价款。

油菜籽收购实行统一收购，综合计价。1989—1991年，油菜籽统一由粮食部门收购，按综合价计价，不搞多渠道经营，完成任务，留足自食油后多余的菜籽，由国家议价收购。超购的油菜籽按60%作定购，40%作议购计价。同时，油菜籽加工由粮食部门统一委托加工，改有偿返油枯为无偿返油枯，返还比例不变。

实行指导性计划和指导性价格收购。1992年，国务院决定食油（油料）收购实行指导性计划，国家只规定指导性价格，为保护农民利益，县委、县政府决定对农民的油菜籽由粮食部门全额收购，实行见籽“六四开”（即60%按省价收购，40%换油）。

退出定购范围，实行市场调节。1993年，油菜籽收购实行随行就市收购，收购价格由省市制定指导价。从此，油菜籽收购退出定购（统购）范围，实行市场调节。2001年，油菜子收购全面进入市场，收购价格由企业按购得进、销得出、不亏损的原则自主定价。

食用菜籽油的销售

1984—1991年，城镇居民定量口油，实行计划供应、统一定价、统一销售；农民自食油，实行“以籽换油”。国家在农村销售的半高价菜油，按不低于“倒四六”收购价销售。

1990年7月，省计委、财政、物价、粮食等部门通知：按统销价供应的饮食业糖果、糕点业用粮，饮食、副食、酿造、招待所、医疗病员食堂及火车餐厅用油改按议价供应。

1992年国务院决定调整食油政策，取消城镇居民定量口油，实行购销同价敞开供应后，考虑人民生活需要，县政府决定1992年4月1日起，城镇人口每人每月供应中价菜油250克。其他单位和行业供应的中价油一律改为议价销售。从此菜（食）油销售全面退出计划供应统一销售格局。

第三节　粮油加工与储备

粮油加工

粮食加工　稻谷加工：1986 年以前，粮食部门自办的粮食加工企业有 3 个独立核算的碾米厂，分布在濛阳、敖平、中心 3 个粮站，每个厂日产大米 50 吨。1990 年濛阳、敖平、中心 3 个厂加工稻谷 17593 吨，产大米 12216 吨，出米率 69.64%（标米）。1991—1995 年，濛阳、敖平、中心 3 个厂，平均年产大米 10525 吨。1998 年后，根据粮食收购和市场供求情况，各粮站自己办起了小型米厂，日产 20—30 吨大米。2000 年以后，中心、濛阳、敖平、九尺、新兴等粮站碾米厂先后停产歇业，只有隆丰粮站碾米厂继续加工大米，直至 2005 年。

小麦加工：1985 年前，全县小麦制粉企业共有 5 家，日产标准面粉 600 袋（每袋 25 公斤）。1985 年新建彭州市面粉厂，日产面粉 35 吨多。1986—1989 年，每年平均生产销售特粉、上白粉、标准粉等 6411 吨。1991 年全年生产销售特粉 7620 吨，创利税 25.8 万元。

油菜籽加工　1986 年乡镇油厂加工菜籽 20164 吨，产油 7337 吨，出油率 36.39%。1987 年后，每年浸出菜枯油均在 7000—8000 吨，出油率 5% 以上。截至 1990 年，年均榨菜籽 1753 吨，出油率 33% 以上。同时，1988—1993 年生产米糠油 314.9 吨（1993 年后停产）。

1989—1990 年，生产植酸钙 73.4 吨（1991 年后停产）。1990—1993 年，生产肌醇 14.4 吨（1993 年后停产）。1986—1990 年，年均完成产值 473.7 万元，创利税 84.2 万元；1991—1995 年，年均完成产值 1886 万元，创利税 68.9 万元。

粮油储备

1982 年，全县粮食仓房 163 幢，实际容量 105160 吨。1986 年全市仓容增至 115228 吨。

1990 年以后，彭州市（县）年年超额完成粮食购进任务，入库数量有增无减，加之议购议销蓬勃开展，国家储备粮数量加大，储粮不断攀升，常年平均库存高达 12 万吨。

新建和改建一批仓库，这种仓型十分有利于强制通风，隔热性能也很好，适合低温储粮。全市共建低（准）温仓 8 幢，容量 2.05 万吨。2003 年底，全市按新规定统计基建房式仓容达 124265 吨。

2003 年起，由于国家在外地统一建设国家粮食储备库，全市国家粮食仓库逐步拆除缩小容量。是年天彭镇中心粮站仓库以 3000 万元拍卖给开发商修建“城市花园”商品房，仅剩下敖平、濛阳两地粮库保留，以解决少量收购粮食的储备。

食用油存库都附着在仓库内，1980 年后用钢板（铁皮）制作小油罐，储油 20—50 吨。中心粮站 1989 年建成千吨级钢板仓 1 个。1992 年濛阳粮站建成钢板油罐 2 个，容量 400 吨。之后敖平、隆丰、庆兴粮站也纷纷建成百吨级钢板油罐。到 2000 年之后，油菜籽收购停止，各地油库也拆除。

第四节　粮食企业改革

粮食购销企业改革

1988年，8个粮食商业企业，实行以时任法定代表人为首的领导班子集体承包经营并与粮食局、财政局签订《承包经营合同书》。

1998年5月，按照国家、省、市加快粮食购销企业改革的精神和要求对粮食购销经营逐步转为民营后，企业人员实施分流、动产权、变身份、转机制的全面改革。

1998年以后，采取自愿解除劳动合同、终止劳动关系、内部退养，全员解除国有职工身份等措施分流人员，将8个购销企业的人员，从粮改前的1093人减少到295人（其中：解除国有职工身份后再返聘上岗255人，距法定退休年龄差5年的内退职工和换工老工人40人）。分流人员和解除国有职工身份面达100%。

为使分流职工得到妥善安置，促进改革顺利实施和社会稳定，按照彭州市的安置政策、办法和标准，采取企业出资、职工借资和变卖闲置资产等办法筹集职工安置费。几年间，共安置职工949人，支出安置费和经济补偿金等2511.2万元。

粮食工业企业改革

全市国有粮油工业企业主要经历全面整顿、达标升级、承包经营、抓大放小、动产权、变身份、转机制等一系列改革。

1988—1991年，按照上级要求，在国有工交企业中狠抓规范化管理和全面质量管理工作，开展企业“达标升级”和质量、品种、效益年活动。经上级检查验收，有4个企业的计量和安全管理达到成都市标准，3个企业的质量和财务管理达成都市标准，2个企业的能源和设备达成都市标准。

1988年，在6个国有工交企业中采取公开答辩竞标的形式选聘经营者，实行内部各项指标任务个人或合伙抵押承包经营。竞聘中的油厂、粮机厂、电子厂、汽车队是个人抵押承包经营；面粉厂、饲料厂是合伙抵押承包经营。均与粮食局和财政局签订《承包经营合同书》。通过企业整顿，达标升级和承包经营，提高企业整体素质和管理水平，企业经济效益不断提高。1992年止，国有工交企业实现利税1099.8万元。

1991—1996年，以电子仪器厂为主的工业企业开发出WSWC—D仓库温湿度微机管理系统、GXIC粮油储藏微机管理系统、川宝牌二级子油、丹城牌特二粉挂面等14个新产品和名优产品。电子仪器厂的产品远销全国10多个省、市，提高企业经济效益和市场竞争能力。1992—1994年，工交企业实现利润483万元。

1991年5月，粮食机械修配厂和电子仪器厂合并为粮油机电设备厂。1994年12月，濛阳粮站、敖平粮站米厂改为站属厂，划归粮站管理。1997年粮油运贸公司实行股份合作制改革。

1997年，中心粮站兼并面粉厂，厂长由中心粮站站长兼任，实行资产合并，分开核算。

1999年3月，彭州市人民法院以〔1999〕彭经初字第41号文宣告国营油脂厂依法进入破产程序，11月30日破产终结。

1999 年 5 月国营油脂厂破产重组为股份制企业，更名彭州市植物油脂厂。

2001 年 3 月 7 日，彭州市体改委以彭体改〔2001〕15 号、16 号、17 号、18 号文分别批复粮油机电设备厂、金穗酿造厂、面粉厂、饲料厂停业解体。

2001 年 5 月、6 月，彭州市人民法院以第 86 号文、112 号文依法宣告金穗酿造厂、粮油机电设备厂破产。

2004 年 7 月，歇业解体的彭州市面粉厂、饲料厂剩余人员全部安置完毕。

至此，彭州市粮食局 10 个国有企业先后全部改组改制完毕。

集体所有制企业改革

1991 年集体中心机面厂兼并中心豆腐厂，隆丰机面厂兼并隆丰豆腐厂。

1992 年，各粮站合并本站集体所有制的 7 个粮油站，实行人员、资产统一管理，职工集体身份不变。同年大宝机面厂、九尺豆腐厂停止生产经营，剩余的资产用于安置职工。

1998 年彭州市粮油印刷厂解体。1999 年隆丰机面厂、庆兴机面厂、敖平机面厂解体，中心机面厂改为股份制企业。

2000 年，彭州市体改委以 33 号、61 号文分别批复濛阳机面厂改为股份合作制企业，新兴面粉厂停业解体。

至此，18 个集体所有制企业全面改制完毕，507 名集体企业职工，全部安置分流完毕。

第三章　生产和生活资料经营

生产、生活资料经营，包括农业生产资料（化肥、农药等），工业生产资料（钢材、木材等），以及食盐、烟草专卖专营和煤炭、天然气经营等。在改革开放前，这些经营是分别由各部门、各单位所属有关公司来进行。农业生产资料的化肥、农药、农膜等由县联社农资公司经营。工业生产资料的汽油、柴油等由县商业局石油公司经营。钢材、建材、化工原料、烧碱、纯碱等由县物资局的金属公司、机电公司、轻化公司、建材公司经营。木材由县木材公司经营。煤炭、天然气由煤建公司、天然气公司经营。烟草、食盐由烟草、盐业公司专卖专营。

改革开放以后，随着经济的发展，生资经营逐步由计划发展到市场采购，因而原来掌控计划的国有公司便失去其功能。上述公司中，除烟草、食盐、天然气保留继续经营外，其他各公司先后均破产、停办或转为股份制、民营企业经营。

第一节　农业生产资料

计划供应

计划经济体制赋予供销社农资行业在全市农资商品流通中的垄断地位。这一时期供销社对化肥等农资商品实行统购统销，严格执行政府的计划和价格。供销社农资经营主要任务是按计划调拨供应农资商品，1984—1988 年年均化肥供应量在 3.5 万吨左右，农药近 300 吨，农膜 70 余吨。1989 年全县供销社系统供应化肥 5.383 万吨，比同期增长 15%。农药、农膜供应也满足需要，5 年间供销社化肥年均供应量达 5.63 万吨，比前 5 年平均增长 55%。

计划为主、市场为辅

1994 年以后，随着生资市场的逐步放开，供销社化肥经营量不断下滑，到 1998 年平均供应量为 2.52 万吨，比同期下降 126%。为此，市供销社积极开发经营，维护货源渠道，保护农民利益，开展便民服务。先后举办农资商品知识、测土实验等培训班 10 期，培训技术骨干 2000 余人次。在各乡镇建立 30 个庄稼医院，形成以市农资公司为龙头，基层供销社为骨干，零售网点为基础的三级科技服务网络，并于 1997 年全市农资实行市基联营。

农资市场全面放开

随着改革开放的深入发展农资供应全面放开，供销社面临更大竞争。1999—2003 年，化肥年均供应量仅为 1.5 万吨，其中 2000 年的供应量不足 1 万吨，农药、农膜、农机具基本丧失市场。在激烈的市场竞争中，也有不少供销社农资企业顺应市场变化，逐步在市场竞争中站稳脚跟。2004 年，市供销社整合原有的 400 多个经营网点，新建 36 个“三农”服务中心、238 个“三农”服务站，在此基础上，于 2005 年受市政府委托，牵头在全市建立 271 家农资放心店，公开招标确定邦力达农资连锁有限公司为农资放心店连锁配送龙头企业，实现与有实力、有信誉的农资连锁集团公司对接。从而形成以邦力达为龙头，以中心供销社为载体，以村级连锁经营网点（农资放心店）为基础，自上而下、自成一体的农资连锁网络体系，全市初步建成化肥和农药、种子配送中心 3 个，区域二级配送站 10 个，创建星级农资放心店 229 个。同时指导农资经营户组建农资协会，加强行业自律。配合工商、质监、农业等执法部门，整顿农资市场秩序，执行农资价格政策，加强农资科技服务，完成化肥储备，维护农民利益。

第二节　工业生产资料

工业生产资料包括彭县石油公司经营的汽油、柴油，彭县木材公司经营的木材，县物资局所属金属、轻化建材公司经营的钢材、纯碱、散装水泥等。

1987 年起，彭县石油公司划归上级石油公司直接经营管理，县一级不再经营汽油、柴油，但所占用地盘每年向县商业局交管理费2万元，到1995年以后停交。

1986—1998年，彭州市木材公司经营木材每年均1万立方米以上，其中包括建筑用木材、煤矿用坑木、农用木器等。1986—1992年，木材按计划调运、销售给用户，1993年以后，木材自营采购进入市场销售。1998年木材公司停业，人员安置按“买断工龄”办法，即支付工龄不满5年者每人5000元、工龄满5年以上者每人2万元的安置费，到退休年龄者，按退休规定办理。

彭州物资局下属4个公司，1995年建材公司与轻化公司合并，机电公司与金属公司合并。到1999年底，轻化、金属2个公司停业，民爆产品（炸药、雷管）经营权以150万元售给成都蓉盛民爆有限公司。人员安置，按“买断工龄”安排，最高每人不超过15000元的安置费，符合退休年龄者交社保局按退休规定办理。

物资局金属公司经营钢材（包括元钢、角钢、线材等），1989年国家计划停止，计划调拨、销售按县委计划数量供应，售给农业、农机部门、农机制造、小农具生产和工业生产维修、建筑等，每年1000多吨以上。进入市场经济以后，公司从市场采购钢材，每年2000吨左右，进入市场销售，直至1999年停止。

1986—1992年彭县境内石油销售数量情况表

表14-3-2-1　　单位：吨

年　度	汽　油	柴　油
1986	2173	3377
1987	缺	缺
1988	3839	4695
1989	2257	4355
1990	4018	4295
1991	3252	4126
1992	3808	3602

第三节　专卖专营

专卖、专营商品主要是烟草和食盐，都是国家控制管理商品，只能由国有企业经销。

烟　草

机构和企业公司设置　全市烟草经营，原属彭县糖酒烟草公司经营。1984年6月28日将烟草经营部分划出，成立四川省彭县烟草专卖局、四川省烟草公司彭县公司的一套班子、两块牌子，既经营烟草又主管全县烟草专卖工作。专卖局主要负责市内烟草专卖行政执法活动，打击违反烟草专卖法律法规行为，保护国家、企业、卷烟零售经营户和消费者的合法利益。

1985年3月，局（公司）建立转批发点13个，其中，乡镇供销社11个，大宝、关口矿贸公司2个。

1987年9月，局（公司）撤销卷烟经营部和晒烟经营部，将卷烟经营部并入业务股，同时设立储运股。

1988 年 7 月，根据川烟专（1988）字第 009 号文，局（公司）专卖管理股改为烟草专卖局办公室，具体行使专卖行政管理、监督、协调职责。其主任、副主任的任免、调动，须事先征求成都市局（分公司）专卖办的意见后，再按干部管理权限办理。

2000 年 5 月，局（公司）调整网点设置，分区片成立卷烟批发部。全市共设置通济、敖平、濛阳、丽春、南大街等 5 个批发部。

2005 年 5 月 24 日，保留彭州市烟草专卖局不变，四川省烟草公司成都分公司彭州卷烟营销管理中心更名为四川省烟草公司成都分公司彭州营销部。撤销彭州专卖局（中心）办公室、市场营销科，保留专卖管理科（稽查大队）、2 个稽查中队和 2 个市场营销片区。

执法查处　1992—1993 年端掉制假窝点 2 个。为加强专营执法，2001 年 5 月，按照成都市局（分公司）的部署，局（公司）组建彭州市烟草专卖局稽查大队。2001 年捣毁制假售假窝点 6 个。2002 年捣毁售假团伙 4 个，移交公安机关处理 8 人。

2004 年 10 月 10 日，会同成都市烟草专卖局、成都市公安局经侦处干警在彭州市红岩镇窝店村一农场内查获一生产假冒卷烟的烟厂，并现场查获生产假冒卷烟的机器设备及大量原假辅料和成品假冒卷烟，共涉及卷烟品种 24 个，涉案金额达 600 余万元，移送公安机关处理 12 人。

2005 年 9 月 13 日，会同成都市烟草专卖局、成都市公安局经侦大队在桂花镇龙头村现场查获用于生产的烟机 YJ14 卷接烟机 1 台套，及其他辅助设备、材料，包括纸箱、烟丝、纸盘、滤嘴棒纸，半成品烟若干，后移送至公安机关。

彭州市（县）烟草专卖局（公司）1986—2005 年主要年份营销、执法统计表

表 14-3-3-1

年份	售烟（箱）	利润（万元）	查案（起）	大要案（起）	罚款（元）	销售网点
1986	9277	6	49	—	4025	25
1992	11473	84	11	0	6010	302
1993	12012	99	10	0	13114	—
2000	14196	278	121	0	60310	261
2005	21313	3457	137	0	150000	1980

盐　业

机构设置　由于四川省盐业公司所属运销企业名称与全国和省盐业机构名称不统一，不利于开展工作，为适应经济体制改革的需要，1983 年 10 月省轻工局决定将成都运销站、彭县批发部分别更名为“四川省盐业公司成都分公司”“四川省盐业总公司彭县批发部”，同年又更名为“四川省盐业总公司彭县支公司”。在支公司内部设经理室、办公室、业务科、开票室、仓库保管室。为进一步深化企业领导体制改革，于 1988 年 4 月 1 日起实行经理负责制，分公司经理是企业法人代表，各支公司经理负责当地公司日常经营管理，直接受分公司领导。

1992 年 6 月 25 日，成都市盐政市场稽查处正式成立。1995 年 2 月 1 日，成都市盐政市场稽查处设立“成都市盐政市场稽查处彭州市盐政管理所”，与盐业支公司合署办公，对全市辖区内日常盐政市场进行管理。

专营管理　食盐是人民群众日常生活必需品，而食盐加碘是消除碘缺乏病最有效、最直接、最经济、最简捷的措施。全市重视对食盐的管理工作，贯彻执行国务院《盐业管理条例》《食盐加碘消除碘缺乏危害管理条例》《食盐专营办法》和四川省《盐业管理条例》等，明确规定对食盐实行专营，对食盐市场实行严格管理。

食盐专营的主要措施是对食盐的生产和销售实行指令计划管理，实行三证制度（食盐定点生产许可证制度、食盐批发许可证制度、食盐准运证制度）以及其他管理手段。

根据刑法的有关规定，对违反国家有关盐业管理规定，非法生产、储运、销售食盐扰乱市场秩序，情节严重的，应当依照刑法第二百二十五条的规定，以非法经营罪追究刑事责任。以暴力方法威胁阻碍行政执法人员依法行使盐业管理职责的，依照刑法第二百七十七条规定，以妨碍公务罪追究刑事责任；其非法经营行为已构成犯罪的，依法数罪并罚之规定追究刑事责任。

食盐价格变动　1986 年 4 月 1 日为解决食盐经营及生产企业困难，保证正常供应，省物价局决定将全市城乡散装精盐零售价由每 500 克 0.15 元提为 0.18 元，工农牧渔盐销价不动，批零差率由 11% 扩大为 17%。对供销社转批发优待率由 2% 扩大为 2.5%，包装随盐出售，不另收费。是年 11 月 6 日，省物价局通知，自 11 月 10 日起，成都市区及市属各县的县城所在地散装精盐零售价回降至 0.15 元，市区和县城以外的农村地区仍为 0.18 元。批零差率改为 18%，并自 7 月 1 日执行。

1989 年，国务院批准从是年 11 月 25 日起适当提高盐价。成都市区散装精制盐每 500 克由 0.15 元提为 0.26 元，郊区（市）县城由 0.15 元提为 0.28 元，农村由 0.18 元提为 0.31 元。同时将散装精盐批零差率由 18% 降为 16%。

1991 年为缓解省内大中型制盐企业困难，适当扩大省内食盐地区差价。据成价轻（1991）76 号转省物价局川机专（1991）1311 号特急电报通知，成都市区内散盐食盐价格不动，其余区（市）县散装食盐零售价格调为每 500 克 0.32 元，农村调为 0.35 元，城乡小包装食盐调整为每 500 克 0.38 元，转批优待率 2.5% 不变，从 1991 年 12 月 28 日开始执行。

经省人民政府批准，根据川价轻〔1994〕115 号文精神从 1994 年 7 月 10 日调整全省各地食盐价格，成都市县城及县城以上的食盐市场，散装精盐每 500 克零售价格定为 0.50 元，500 克装小袋精盐零售价格定为 0.55 元。凡距县城 25 公里以内的地带，农村食盐零售价较当地县城零售价的基础上增加 0.01 元（每 500 克计算，下同）；凡距县城超出 25 公里的地区，农村零售价格较县城增加 0.02 元。核定统一批零差率，散装精盐为 17.5%，小袋精盐为 16%，转批发优待率 2.5% 不变。

1996 年 1 月 18 日，根据四川省物价局《关于调整全省食盐价格的通知》（川价轻〔1996〕5 号）精神，对食盐价格进行调价。加碘食盐市场零售价格城区从每 500 克袋装 0.55 元提为 0.70 元，农村地区因路途原因一价区提为 0.73 元，二价区提为 0.74 元。加碘 50 公斤袋装散盐按 1006.50 元/吨价格批发，非碘盐、一般工业用盐按 825 元/吨批发。转批折让仍维持 2.5% 不变。

1999 年按照成都市物价局 253 号文通知，成都地区所属县、区（含县级市）以上市场复合膜代碘盐每 500 克零售价定为 1 元，含税批发价为 1680 元/吨，并保持城乡差价以解决农村基层供销社运杂费用，农村一价区可加价 0.03 元/500 克，二价区可加价 0.04 元/500 克，三价区加价 0.05 元/500 克，农村地区价区安排仍按 1994 年 7 月 10 日核定的地域价不变。转批发优待率的商业企业仍维持转批发优待率 2.5% 不变。

2004 年 2 月为满足消费者需求，丰富市场供应，按成盐司〔2004〕13 号文转发（川盐财〔2004〕1 号）（川价工〔2004〕10 号）文要求，在成都市场推出 400 克/袋纸塑袋装加碘食盐新包装。经省物价局（川价工〔2004〕10 号）文件核定，400 克/纸塑袋装加碘食盐（外包装纸箱/20 公斤）零售价 1.10 元袋，含税批发价 2310.00 元/吨，价格从 2004 年 2 月 15 日起在成都市（含成都市所辖区、市、县）执行。

平息食盐抢购风波　1986 年 4 月 1 日，成都地区食盐零售价普遍提高后，引起金堂县上五区出现抢购现象。彭县因 9 月以来海椒大量收购，制酱用盐增多，货源紧张，成都分公司铁路运盐计划被削减，造成存盐下降，引起食盐销售一度紧张，从而引发全县食盐抢购。后经成都分公司从自贡紧急调运两列食盐火车专列后，才恢复正常。

1988 年，因经济过热，消费膨胀，出现全国性的商品抢购风，食盐也不例外。一年内成都连续刮起四次抢购风潮，尤以第四次为最。第一次：自年初 1 月 20 日开始，冬销旺季，加之因洗衣粉、肥皂提价，群众误以为食盐价也将涨价而发生抢购；第二次：因社会谣传食盐即将涨价，从 6 月 28 日至 7 月 11 日引起抢购；第三次：8 月市场上抢购日用百货、家电等商品波及食盐抢购；第四次：10 月底到 11 月 19 日，先由什邡永兴、两路口开始，最后波及彭县，各零售单位及个体经营者，驾驶各种车辆排起长队向盐业公司进盐，早晚络绎不绝，开售至晚 9 点尚不能停止营业，销盐量猛增，日销量 200 吨～300 吨。此次抢购风来势之猛，波及成都市各区、市、县及周边地区，人们称之为“白色冲击”。究其原因主要是：一是全国盐业产销缺口大；川盐允许生产厂自销后，出省数量增大而省内无盐调剂，超销不能超调；二是传闻南京食盐每 500 克已卖到 0.5 元，而川盐仅卖 0.18 元，群众误认为川盐会涨价。

1993 年 11 月 1 日，由于成都市粮食售价、调拨价、饲料及粮食制品价格全部放开，同年 12 月 12 日，粮食、菜油开始调高销价，群众认为食盐也要涨价，引起抢购，波及全市，四天内共抢购食盐 965 吨。

2003 年，受“碘盐能够防治非典型性肺炎，食盐要涨价”谣传影响，以及绵阳、德阳两地食盐抢购风的波及，4 月 26 日成都地区出现食盐抢购。不到两天蔓延到彭州市，食盐日销量达 300 吨左右。又因各大型商场、超市出现覆膜小袋盐脱销，部分食盐代理批发、零售商大量进货，加上一些不法商贩乘机囤积居奇、哄抬盐价，造成食盐供应高度紧张、求大于供，造成覆膜小袋盐库存全面告急。面对突如其来的抢购风，彭州市积极应对同时将情况上报上级分公司，并与相关各部门联系，采取一系列有效应急措施，积极应对从南充紧急调入覆膜小袋盐 300 吨，于三天内迅速平息这股食盐抢购风。

彭州市（县）1985—2005 主要年份食盐购、销情况表

表 14-3-3-2　　　　单位：吨

年　份	调　进	销　售	其中：碘、盐销售
1985	6620	7025.6	654.8
1986	7965.4	7565.9	872.5
2000	4428	3418.4	726.4
2005	12732.8	14203.7	4942.9

第四节　燃料经营

煤　炭

1986—1992 年，全县煤炭购进、销售，统一由县商业局所属彭县煤建公司经营管理。至 1996 年，煤建公司破产停业。煤炭转由民营企业经营。

彭县1985—1992年煤炭购销情况表

表14-3-4-1 单位：吨

年份	购进	销售	其中	
			生产	生活
1985年	168449	163898	100537	63361
1986年	140336	161212	79698	81514
1987年	—	—	—	—
1988年	167449	163552	78822	83652
1989年	146300	143353	86501	56837
1990年	99001	135912	69409	66503
1991年	82636	103264	55176	48088
1992年	70345	129443	84933	44510

天然气

彭州市天然气供应来源，主要是德阳什邡市天然气管道输入，在北门二环路以外建成输配气站。1989年，在城内四条大街建成管网，逐步延伸到附近乡镇。

当地出产的天然气输入管网，增加供应量。据初步统计，彭州市境内隆丰天然气井每日输入2000余立方米，庆兴、三界两地天然气井输入万余立方米。

彭州市天然气供气量初步统计：1992年713万立方米，1993年766万立方米，2000年1638万立方米，2005年4153万立方米。

1990年天然气价格，生活用气每立方米0.47元，工业用气每立方米0.394元，商业用气每立方米0.47元。2005年1月生活用气每立方米调为1.33元，工业用气调为1.26元，公共集体用气1.71元，压缩天然气2.02元。2005年12月底，市区天然气普及率达90%以上，部分乡镇厂矿企业陆续开通了天然气。

彭州市天然气供气数量表

表14-3-4-2

项目	2000年		2005年	
	户数	供气量（m^3）	户数	供气量（m^3）
民用	19800	4568606	36200	6934232
工业用	—	11576126	—	30915933
商业用	—	234385	—	1373146
其他	—	0	—	2308938
合计	—	16379117	—	41533249

第四章　对外经济合作与外贸

彭州市对外经济合作，其机构和职能经历经协办、招商局、对外经济合作局、商务局四个阶段。1987 年 3 月，成立彭县人民政府经济技术协作办公室起，至 1997 年止，开展横向经济技术联合协作工作，包括物资（木材、钢材、水泥）的协进、协出，组织企业联合企业等工作。1998—2000 年，增设招商局，开展引进投资和产业项目。2000 年 6 月，经协办改称为对外经济合作局，主要开展引进投资项目和国际技术交流。2005 年 1 月，将对外经济合作局改称为商务局，招商局牌子不变，将生猪划归商务局管理。同时负责外贸工作，组织本地产品外销创汇。

第一节　经济技术协作

县经协办成立初期，从上级分配到地方的指令性计划物资减少，经济协作重点是物资协作。1986 年 11 月，协调彭县水电局、湔煤、跃煤、彭白铁路局、红卫电站、小鱼洞变电站 6 家出资联合兴建关口火电厂的协作筹备工作。

1987 年 7 月，由县政府主持，县经协办主办，召开彭县浅层天然气开发论证会。四川省石油管理局王局长到会，会后批准彭县开发浅层天然气项目。县政府指派经协办赵远林同志组建彭县天然气公司，从什邡县境内接通到彭县的输气管道，使彭县提早使用天然气能源。

1988 年 5 月 20—21 日，彭县与宝兴县、西昌市签订友好县市协议。

1988 年 6 月 17—7 月 19 日，彭县 21 项（中成药、台钻、仪表、香肠、香花醋、美术陶瓷、保健用品等）产品在深圳“寰宇大厦”展览。

1989 年 5 月，引进“中国专利信息发布会”在彭县召开，全国各地参加会议的有 100 余人。会上中国专利开发公司签订意向协议 54 项，彭县技术成果展览室洽谈合作意向 4 项。

1989 年 11 月 3—14 日，县经协办相关人员随龙声荣县长赴北京联系引进炼油厂。到国家计委、中国石油化工总公司、廊坊市石油工业部管道勘察设计院等部门单位，送资料、汇报工作和提出请求。到全国农业综合开发办公室找到该办公室副主任李绪猷，请求引进农业综合开发资金。1990 年 5 月，李绪猷到彭县考察后，批准成都市低息贷款 800 万元，彭县分配到 200 万元，使彭县农业综合开发工作得到迅速发展，开展了改造低产田和治理水利渠道等项目（详见《农业篇》）。

1992 年，县经委办加强与川西片区、五省区、十六城市恳谈会等区域城市的联系和互访考察活动，先后派出代表团赴广西、北海、云南、福州进行考察学习，在考察中组织部门和企业对口洽谈，签订合作项目 300 多项。其中与福州签订经济技术合作项目 27 项；与广西北海市签订上百项，在北海建立四川国际经济开发区；与深圳签订 51 项；与云南签订 30 多项，在玉溪开设川菜馆；与川西片区签订 40 多项。多数项目已经落实并见到效益。

1992 年，全县完成经济技术协作项目 1150 项，项目总投资金额达到 15.1 亿元，新增产值达 11.8 亿元，新增利税 1.7 亿元。引进资金 11.5 亿元，物资协作总额达 1.08 亿元，其中协作钢材 4.7 万吨，协作成品油 6.25 万吨，协作肉食品 8100 吨。

1993 年以后，与上海宝山区、广西防城港市、山东青岛市等加强合作关系，与相关市、区、县领导进行互访、考察。

第二节　国际技术交流

1993 年，通过与北海道中国研究会多年的友好交往之后，为在经济技术的交流方面给日本北海道札幌市的工商企业树立一个典范。川口孝夫会长倡导该会成员和东京山野贸易株式会社冈田武先生共同出资 80 多万日元，与共出资 50 万元的县供销合作社、利达集团公司成立丹枚食品股份有限公司，生产盐渍产品出口日本。

同年 3 月，冈田武先生从日本为彭县引进甜叶菊在西郊乡白马村试种。

1994 年，日本大阪府富田林市田中藤博来到彭州考察，就引进紫苏试种问题，与外事办达成协议。在天彭镇爱国村四组进行试种，面积约 1.5 亩左右，亩产紫苏高达 3000 余斤，比在宁波、都江堰种植的亩产量高出一倍多。1996 年在彭州市中日园区投资 1200 万元，占地 25 亩，建立成都贵藤食品有限公司，生产紫苏液等产品，全部销往日本，由日方提供种子，种植面积每年均在 100 亩左右，每亩收入在 1000 元以上。

第三节　对外贸易

彭州市（县）最早外贸物资，主要有茶叶、蜂糖、川芎、土豆、肠衣以及牛皮、珠宝玉器等 14 种，是由县供销社农副土特产品经理部经营。1974 年，建立彭县外贸站，外贸业务由温江地区对口部门垂直领导。随着形势的发展，外贸业务逐步扩大。在 1980 年以后，建立外贸公司。经营品种有畜产品、粮油食品、茶叶土产和中成药等共 50 多种，出口品种有 13 个，主要是猪鬃、猪肠衣、羽毛等，每年出口总值 70 万元左右。

1986 年以后，经营品种随着市场的变化而变化，主要有茶叶、羽毛、猪皮等。1986 年全县生产猪皮 9.45 万张，1992 年 5.31 万张，1993 年 66 万张，最高为 1994 年 90.75 万张，以后逐年下降。外贸公司 1992 年购进总额达 757 万元，1993 年下降到 106 万元，销售总额 121.4 万元。其中对商业 110.3 万元，零售 5.4 万元。1995 年以后，外贸公司解体，转为私营和个体企业，购进、销售自寻出路。

1994 年，彭州市成立彭州市对外经济贸易委员会，与市计委实行两个牌子，一套人马，负责统一管理全市外经、外贸、外资工作，并将原外贸公司划归外经委管理。为利达建设工程公司争取到对外经济技术合作经营权。

1996 年以前，全市外贸出口不能直接出口创汇，在成都市外贸委的大力支持下，于 1996 年 3 月，获得国家外贸部外贸自营权。先后为 9 户企业争取到进出口经营权。

2000 年，彭州市对外经济贸易委员会撤销后，对外贸易、创外汇工作由彭州市对外经济合作局主管。市境内企业产品出口创汇每年不足 1 亿元。至 2005 年香港联邦制药公司增加外销药品创汇，每年创汇 1 亿元以上。

第十五篇　金融和保险业

1986年以后，逐步建立和形成以中国人民银行彭县支行为领导，各商业银行支行为主体，多家金融机构并存和分工协作的金融组织体系。1993年12月以后，为贯彻国务院《关于金融体制改革的决定》，市境内设有工商银行、农业银行、农业发展银行、建设银行、中国银行和城市信用社、农村信用社7家。各行的业务范围，大体是工商银行以工业、商贸、服务企业存贷业务为主；农业银行以乡镇企业发展的存贷业务为主；农业发展银行主要为粮油、猪生产和粮食购、销、调、存等方面提供贷款；建设银行为投资建设提供贷款；中国银行开展外汇存贷业务，也涉及交通、水电、房地产开发等领域的业务；城市信用社主要为小企业和个体工商户提供金融服务；农村信用社主要为"三农"提供金融服务。各银行都开展城乡居民的储蓄业务。据统计，全市金融机构城乡储蓄存款余额1985年底为8648万元，2005年为53.1亿元，20年增长60.4倍，平均每年递增22.86%。

保险业，前身为中国人民保险公司，于1996年4月机构体制改革，实行财产、寿险分离，成立2个公司。

中保财险公司经营范围包括财产损失保险、责任保险、信用保险、意外伤害保险等业务。2005年保险收入达到1154.5万元。

中保人寿保险公司经营范围包括人身保险、意外保险、养老保险、分红保险、保险理赔业务等。2005年实现总保费8000余万元。

1986—2005年，全市金融、保险业、生产总值增长很快，以当年价格计算，1985年为860万元，1992年4984万元，2000年为1.53亿元，2005年为2.78亿元。2005年比1985年增长31.3倍，20年间平均每年递增19%；2005年比1992年增长4.58倍，13年间平均每年递增14.1%。

第一章　金融机构

1986年1月，中国工商银行彭县支行成立，县级人民银行撤销。12月，中国人民银行彭县支行恢复。1987年3月，与中国工商银行彭县支行正式分设，中国人民银行彭县支行成立并专司央行职能。1994年，成都市分行批复彭县支行更名为彭州市支行，辖内各金融机构相应更名。1995年，相继颁布

《中华人民共和国人民银行法》《中华人民共和国商业银行法》，前者首次以国家立法形式确立中国人民银行为中央银行地位，后者改原统称为专业银行的工、农、中、建为商业银行。

1998年12月20日，为贯彻中共中央《关于完善金融系统党的领导体制，加强和改进金融系统党的工作有关问题的通知》，除农村信用社、城市信用社、邮政储蓄机构外，全市辖区内其他金融机构党组织均由属地管理转为系统内垂直领导。

2003年，随着中国银行监督管理委员会成立，监管职能从中国人民银行分立。2004年1月，四川省银监局彭州监管办挂牌成立，对全市银行实行监督管理职能。

第一节 金融改革

1986年12月，中国人民银行恢复中央银行职能，1986年12月中国人民银行彭县支行与中国工商银行彭县支行分设，中国人民银行彭县支行成立并专司央行职能。彭县逐步建立和形成以中国人民银行彭县支行为领导、各专业银行县支行为主体、多家金融机构相互并存、分工协作的金融组织体系。1993年12月，国务院颁布了《关于金融体制改革的决定》，提出了一系列重要改革目标，为彭州市金融改革发展注入了新的活力。1995年3月18日，第八届全国人民代表大会第三次会议通过了《中华人民共和国中国人民银行法》，首次以国家立法形式确立了中国人民银行作为中央银行的地位，中国人民银行专司中央银行职能。1995年5月10日，第八届全国人民代表大会常务委员会第十一次会议通过了《中华人民共和国商业银行法》，原统称为专业银行的工、农、中、建，改称商业银行。1997年，中共中央、国务院召开了全国金融工作会议，确定了进一步深化金融体制改革的方针，为建立现代金融体制确立了指导思想和具体目标，辖内金融改革进入了攻坚阶段。1998年12月20日，中共中央发出《中共中央关于完善金融系统党的领导体制，加强和改进金融系统党的工作有关问题的通知》（中发〔1998〕9号文），据此要求，除农村信用社、城市信用社、邮政储蓄机构外，彭州市辖内其他金融机构党组织均由属地管理转为系统内垂直领导。2003年，随着中国银行业监督管理委员会成立，监管职能从人民银行分立。2004年1月，四川省银监局彭州监管办挂牌成立，对彭州市银行业监督管理职能从中国人民银行彭州支行分离。中国人民银行彭州市支行职能调整为执行货币政策，提供金融服务和维护金融稳定。

按照1993年中央经济工作会议精神和国务院《关于农村金融体制改革的决定》，农行由国家专业银行转变为国有商业银行。1997年，农村金融体制改革完成后，农村金融商业性业务和政策性业务彻底分开，农村信用社与农业银行脱离隶属关系，彭州市农业银行真正转变为国有商业银行。

2002年，由于农行实行的是一级法人，三级管理的机制，严重影响农行的商业化和集约化经营，使体制与机制、管理与经营产生极大不适应。根据全国农村金融工作会议精神，国有商业银行改革按照现代企业制度的要求，把农行国有独资商业银行改造成结构完善、运行机制健全、经营目标明确、财务状况良好、具有较强国际竞争力的现代金融企业。全行按照现代商业银行的经营机制运行，改革围绕效益目标展开，将效益作为支行业务发展的方向、机构设置的标准。支行在近几年发展中坚持以加快有效发展为中心，不断促进内部机制改革转换，努力提高信贷资产质量，逐步适应经济资本管理办法，为农行股份制改革打下坚实基础。

1994年4月，为了加快金融体制改革，完善农村金融体系，国务院发出《关于组建中国农业发展银行的通知》，作为新兴的农业政策性银行，中国农业发展银行诞生。从1994年到1996年，中国农业发展银行只设立总行、省级分行两级机构。1996年末，按照《国务院关于农村金融体制改革的决定》和国务院农村金融体制改革部际协调小组《关于印发〈中国农业发展银行增设分支机构实施〉的通知》，中国农业发展银行开始设立县级机构。1996年10月四川省农村金融体制改革领导小组制定《四川省增设农业发展银行分支机构实施方案》，12月，人民银行四川省分行发出《关于中国农业发展银行四川分支机构审批有关问题的通知》。1997年2月，中国农业银行成都市分行发出《关于中国农业银行彭州市支行向中国农业发展银行彭州市支行划转人员的批复》。1997年2月16日，农业发展银行四川省分行发出通知，中国农业发展银行彭州市支行建立。

中国银行彭州支行成立于1992年1月，为国家全资银行，2004年8月，中国银行改制为股份制公司，中国银行彭州支行更名为中国银行股份有限公司彭州支行，成为全市第一家国家控股商业银行。

第二节　人民银行

1986—2005年，中国人民银行彭州支行贯彻执行国家货币信贷政策，发行人民币和管理人民币流通，按照规定审批和监督管理辖区内金融机构、金融市场，经理国库，维护辖区内支付和清算系统的正常运行，负责金融业的统计、调查、分析和预测以及上级授权的其他职能。2004年，省银监局彭州监管办成立后，中国人民银行彭州支行职能调整为执行货币政策，提供金融服务和维护金融稳定。

经理国库

1986年，国家金库彭县支库成立。1986—1993年，中国人民银行彭县支行按照中国人民银行、中国人民银行四川省分行及中国人民银行成都市分行授权，行使经理国库职责。主要负责彭县财政税收的收纳报解、划转和拨付。1994年支行更名为中国人民银行彭州市支行，国家金库彭县支库更名为国家金库彭州市支库。

作为国家财政金库，国家金库彭州市支库负责办理彭州辖内国家预算资金的收入和支出。主要承担当地预算收入的收纳、划分、留解和退付，库款支拨，国债发行和兑付，以及预算外收支等。

人民币和现金管理

发行人民币　人民币由中国人民银行统一发行，中国人民银行彭州支行根据授权负责本辖区的人民币发行工作。其中1986年至2000年5月，中国人民银行彭州市支行只负责在彭州市内的人民币发行工作；2000年6月起，根据上级行关于撤并人民币发行支库的决定，中国人民银行彭州市支行设立人民币发行支库，负责对彭州、郫县2（市）县的人民币发行工作。2004年7月根据上级的决定，撤销彭州市支行人民币发行支库，不再进行人民币发行业务和发行基金调拨工作。

发行新版人民币。中国人民银行彭州市支行负责将新版人民币在规定时间支付给辖区内各金融机构，再由各金融机构支付各客户，在市场上开始流通。

金属币：1992年6月1日，奉命发行1角、5角、1元3种金属币。

纸币：中国人民银行彭州市支行于1987—1996年间，奉命发行第四套人民币。具体情况是：1987年4月27日，发行面额为50元、5角；1988年5月10日，发行面额为1元、2元、100元、2角；

1988 年 9 月 22 日，发行面额为 5 元、10 元、1 角；1992 年 8 月 20 日，发行面额为 50 元、100 元；1995 年 3 月 1 日，发行面额为 1 元；1996 年 4 月 10 日，发行面额为 2 元；1997 年 4 月 1 日，发行面额为 1 元。中国人民银行彭州市支行于 1999—2000 年，奉命发行第五套人民币，1999 年 10 月 1 日，发行面额为 100 元；2000 年 10 月 16 日，发行面额为 20 元。

人民币发行基金是中国人民银行各级人民币发行库保存的未进入流通的人民币。人民币发行基金的调拨，按照中国人民银行的规定办理，任何单位和个人不得违反规定动用人民币发行基金，不得干扰、阻碍人民币发行基金的调拨。中国人民银行彭州市支行根据授权在辖区内独立行使人民币发行基金调拨权。

发行纪念币、钞　纪念币：中国人民银行在 1986—2000 年间奉命发行了 36 套纪念币。1986 年，发行国际和平年纪念币；1987 年，先后发行内蒙古自治区成立 40 周年、第六届全国运动会纪念币；1988 年，先后发行宁夏回族自治区成立 30 周年、中国人民银行成立 40 周年、广西壮族自治区成立 30 周年纪念币；1989 年，发行中华人民共和国成立 40 周年纪念币；1990 年，发行第十一届亚洲运动会纪念币；1991 年，先后发行全民义务植树运动 10 周年、中国共产党成立 70 周年、第一届世界女子足球锦标赛纪念币；1992 年 11 月 27 日，发行《宪法》颁布 10 周年纪念币；1993 年，先后发行宋庆龄 100 周年诞辰、中国珍稀野生动物——大熊猫、毛泽东 100 周年诞辰纪念币；1994 年，发行“希望工程”实施 5 周年纪念币；1995 年，先后发行第四十三届世界乒乓球锦标赛、中国抗日战争和世界反法西斯战争胜利 50 周年、联合国第四次世界妇女大会、联合国成立五十周年、中国珍稀野生动物——金丝猴纪念币；1996 年，先后发行朱德 110 周年诞辰、中国珍稀野生动物——白鳍豚、中国珍稀野生动物——华南虎纪念币；1997 年，发行庆祝中华人民共和国香港特别行政区成立纪念币；1998 年，先后发行周恩来 100 周年诞辰、中国珍稀野生动物——朱鹮、中国珍稀野生动物——丹顶鹤、中国珍珍稀生动物——褐马鸡、中国珍珍稀生动物——扬子鳄、刘少奇 100 周年诞辰纪念币；1999 年，先后发行中国珍稀野生动物——中华鲟、中国珍稀野生动物——金斑喙凤蝶、中国人民政治协商会议成立 50 周年、中华人民共和国成立 50 周年、庆祝中华人民共和国澳门特别行政区成立纪念币。

纪念钞：1999 年 9 月 20 日，奉命发行庆祝中华人民共和国成立 50 周年纪念钞，面额为 50 元。

人民币反假

1997 年起，成立以市政府分管副市长为组长，人行支行行长、公安局副局长、支行分管副行长为副组长，法院、检察院、工商、广电、各金融机构负责人为成员的反假领导小组，人民银行彭州市支行负责日常工作。每年 6 月中旬开展为期 1 周的反假货币宣传周活动。2001 年全年收缴假人民币 11.21 万元。2002 年开展反假人民币“三个一”活动，严惩制贩假币的犯罪行为，收缴假人民币 11.97 万元。2003 年 1—11 月，全市各金融机构收缴假人民币 14.4 万元，假美元 1.15 万元。破获一起彭州市最大的假人民币贩卖案件。

维护金融稳定和安全

1987—2005 年，人行彭州支行贯彻执行国家金融政策，保证辖内金融秩序正常运行，继续贯彻落实“约法三章”，切实做好制止“四乱”、加强“一控”等工作。针对曾经出现的经济过热和金融机构信贷资产质量普遍偏低，有的行、社存在较大的经营风险，乱集资、乱办金融引发的金融风险等问题，支行采取措施整顿金融秩序，防范和化解社会金融风险。以降低辖内不良贷款为主线，加强监管，稽核各行、社的各类放贷情况，开展“清仓利库，挖掘资金潜力”工作；清理整顿农村合作基金会，加大力度治理“金融三乱”（乱集资、乱办金融机构和非法办理金融业务），坚决取缔各类储金会、基金会、股金办等非法金融机构网点，企业非法集资行为，制止处理所可能带来的风险和社会震动；对于严重资不抵债、不能支付到期债务，经多种措施救助无效的彭州市城市信用社，经省政府同意，报经人行成都分行批准，于2002年8月27日依法宣布撤销。

金融安全区创建和金融生态环境建设

金融安全区创建　2003年3月19日，四川省人民政府办公厅转发《中国人民银行成都分行关于进一步做好四川省金融安全区创建工作意见的通知》，进一步明确创建金融安全区工作的职责和要求，要求各级政府要切实加强对金融安全区创建工作的领导，市、州、县政府要牵头成立或进一步充实创建金融安全区领导小组；人民银行要充分发挥在金融安全区创建工作中的主导作用，进一步做好安全区测评工作，力求客观、真实、全面反映金融环境和金融运行状况，并及时将测评情况报告各级领导。以创建“信用企业”“信用村镇”为主要内容的诚信工程建设，把打造诚信社会环境作为创造金融安全区的重点，有针对性地加强社会信用体系建设，共同营造一个良好的诚信社会环境。

彭州的金融安全区创建工作在省和成都市的领导下得以加快。市上相应成立分管副市长为组长，人民银行及政府相关部门负责人为成员的金融安全区创建工作领导小组。结合金融安全区创建测评工作，以督促“双降”为重点采取多种得力措施，收集辖内各行、社以及彭州市统计局的大量相关基础数据，按照指标体系的要求，进行分析汇总，各项指标的综合得分为60分，2000年度处于风险区和B级安全区的边界线。

针对彭州市实际情况人行彭州市支行《创建金融安全区规划》，确定了创建的原则、目标和重点，在规划中突出对金融机构不良贷款的监控重点。强化对金融机构高级管理人员的管理和不良贷款监控，在对辖内不良贷款情况进行大量深入细致调查基础上，确定辖内金融机构不良贷款的考核目标，落实“双降”目标责任，与各行、社签订“双降”责任书，把监控要求与监管手段结合起来、不良贷款升降与动态考核结合起来，把不良贷款风险化解落到实处。

人行彭州市支行金融安全区2003年测评结果显示各项指标的综合得分为70.9分，处于B级安全区的中游，比2002年度有明显改善。2003年，彭州市第一个信用村在彭州市北君平乡合江村挂牌，标志着金融安全区创建工作取得初步成效。

金融生态环境建设　2004年12月初，在“中国经济50人论坛”上，中国人民银行行长周小川首次提出“改进金融生态”，并运用他对中国金融运行中的深层次体制和机制矛盾作了深入分析。金融生态环境包括政策环境、经济环境、法律环境、信用环境和金融服务水平。地区金融生态环境会极大地影响资金的流向。如果一个地方的金融生态环境好，就会有更多的资金流入这个区域；如果金融生态环境不好，资金就会流出这个区域。

2005年，支行大力宣扬金融生态理念，制定彭州市金融生态环境建设方案，切实推进本地区金融生态环境建设。支行利用各种汇报、金融工作会议、经济工作会议、中小企业融资座谈会等形式，积极向彭州市四大班子领导、各职能部门、辖内各银行业金融机构大力进行宣传，增强社会各界金融生态环境意识。在政协和工商联牵头召开的银企座谈会上，支行运用金融生态的观点剖析中小企业融资难的问题。建立联结企业、政府、部门的信息收集反馈体系，全面掌握县域金融生态建设的情况。加强调查研究，运用金融生态的观点认真分析县域金融生态建设中存在的问题，起草《关于加强彭州市金融生态环境建设的实施意见》，报请市政府批准实施。抓好诚信社区试点建设，着力提高社会诚信度。支行把诚信社区试点建设作为金融生态环境建设的突破口，积极向市委、市政府汇报，深入各社区调查掌握情况，与劳动就业部门密切协作，制定信用社区试点建设的总体方案，确定彭州市金彭中路社区作为全市的试点社区。通过诚信社区试点建设，以点带面，扩大影响，优化彭州市信用环境。

第三节　工商银行

基本情况

工商银行彭州市支行主要为彭州市工商业和服务业进行金融服务。1986 年 1 月工商银行彭县支行成立。1987 年 3 月，人民银行彭县支行、工商银行彭县支行正式分设。

1995 年，储蓄网点发展到 21 个，城区有 7 个储蓄所，外加中心所、外南所、繁江路所共 10 个；城外有 5719 等厂矿企业和宝山等乡镇代办所 11 个，从 1995 年起，储蓄网点陆续合并、撤销，到 2005 年时，只保留第四储蓄所、外南储蓄所、5719 储蓄所，并全部升格为分理处，储蓄所名称不复存在。支行营业室、各分理处继续办理居民个人存、取款业务。

存贷款业务

存款　20 世纪 80 年代末，各金融机构存款竞争激烈，1990 年以后，各金融机构竞相争设储蓄网点，对内实行存款任务考核。各金融机构之间互相挖存款，致使年末存款余额升降变化较大。对公存款竞争更加激烈，对存款大户各行都使出浑身解数，宴请企业领导和财务人员，赠送礼品，联络感情。工行彭州支行从 1993 年起就制定《对公存款任务分配方案》及奖惩办法，将存款任务落实到部门，部门再下达给个人，并逐年修订考核办法。

1986 年，各项存款 7000 余万元，其中储蓄存款 3700 余万元，企业存款 3000 余万元。到 2005 年，各项存款 12 亿元，其中储蓄存款 6.6 亿元，对公存款 5.4 亿元，分别为 1986 年的 17 倍和 18 倍。期间，各项存款上升比例最大的 1987 年增长 37%，最低的 1993 年仅增长 0.3%；增加额最多的 2005 年为 1.58 亿元，最少的 1993 年为 69 万元。其中，储蓄存款增长比例最大的 1989 年为 36%，最少的 1993 年为-2%，增加额最多的 2003 年为 8985 万元，最少的 1993 年减少 336 万元；对公存款增长比例最大的 1998 年为 53%，最少的 1995 年下降 30%，增加额最多的 2005 年为 1.37 亿元，最少的 1995 年减少 2150 万元。

贷款　1986—2005 年，正是改革开放的重要年代。20 世纪 90 年代初，经济体制的变革，国营经济的改制，特别是天彭镇从 1992 年开始的旧城改造，国营商业企业大量挪用流动资金进行商业网点建设，加之国营工业企业经营不景气，致使本地区国营工、商企业经营亏损，资不抵债，大量拖欠银行利息和逃避银行债务，彭州支行资产质量开始下降，应收未收利息增加，三项不良贷款逐年上升，以致出现亏损，彭州支行进入困难和低迷时期。从 1995 年开始，彭州支行三项不良贷款居高不下，1995 年占全部贷款的 43%，1996 年占全部贷款的 60%，收息率 55.27%；1998 年，占全部贷款的 63.16%，收息率 37.65%。1999 年 12 月，支行对 12 户呆账贷款本金 2343 万元及利息 2159 万元进行账务处理，完成呆账贷款的剥离工作。2000 年，又向华融资产管理公司剥离呆滞贷款 2324 万元，核销呆账贷款

750 万元，三项不良贷款占全部贷款的比例下降到 51.8%，收息率 57.99%，实现扭亏为盈，结束连续三年亏损的局面。贷款逐步趋于好转。

1986—2003 年，各项贷款逐年增加。2003 年，彭州支行各项贷款为 5.4 亿元，是 1986 年 1 亿元的 5.5 倍。2004—2005 年逐年减少。

工商银行彭州支行 1986—2005 年存贷款业务情况表

表 15-1-3-1　　　　单位：万元

年度	各项存款	其中：企业存款	储蓄存款	各项贷款
1986	7028	—	3748	10344
1987	9664	4274	4924	11771
1988	10174	3628	5902	12915
1989	12990	3387	8058	14583
1990	15915	4522	10360	18330
	—	对公存款	—	—
1991	19261	5507	12605	23053
1992	22084	6323	14461	28160
1993	22153	7825	14125	28207
1994	23640	7027	17698	33190
1995	27316	4874	22442	33892
1996	32585	5511	27074	35687
1997	39993	9428	30565	39887
1998	47026	14459	32567	40311
1999	55795	18681	37114	38818
2000	65847	24638	41209	37466
2001	75329	29224	46117	44198
2002	76962	26472	49680	48598
2003	92345	33680	58665	54128
2004	102912	40666	62246	48150
2005	120775	54372	66603	32911

结算业务

银行传统的业务结算是靠算盘和手工记账。

从 1991 年开始，工行彭州支行的会计结算和部分储蓄所的业务运用计算机操作，实行“一套人马，两套班子，人机并行”。即同样的临柜人员，同时用手工和计算机进行账务处理，在保证手工记账的同时，熟悉微机操作，以防数据丢失和计算机操作失误。

1992 年，彭州支行全部储蓄配备微机，实行“人机并行”。会计储蓄专业监督全部实现微机监控。

1994 年，会计专业由手工操作结算业务全部实行微机处理。

1995 年，储蓄所业务由手工操作全部实行微机记账，至此，银行引以为骄傲的“铁算盘”基本退出银行结算业务。支行营业室开通全国电子联行业务；储蓄所实现活期存款通存通兑，并开办储蓄密码支付业务。

1997 年，实现储蓄存款活期、定期通存通兑。

1998 年，彭州支行建立会计核算中心、二级机房，实现分理处远程终端的正常运行，并首次安装自动取款机（ATM 机）。

1999 年，彭州支行对企业办理业务的电子验印系统正式投入前台使用。

2002 年，彭州支行成立二级网络中心，资金汇划清算系统版本升级，新开同城汇划业务和其他系统代理业务。

2003 年，彭州支行全功能银行系统投产。

2004 年，开展电子银行业务，企业可通过网上进行交易。

至此，银行结算业务由传统的算盘进入先进的计算机网络时代。

第四节　农业银行

基本情况

1986—1996 年，中国农业银行彭州支行肩负着支持农村经济发展，领导彭州市农村信用合作社，发挥着农村资金筹集和供应的主渠道作用。1997 年农村金融体制改革完成后，农村金融商业性业务和政策性业务彻底划开，农村信用社与农业银行脱离隶属行政关系，彭州市农业银行真正向国有商业银行起步，并为全市经济的发展，特别是农村中异军突起的乡镇企业和农业产业的发展，做出贡献。

内部机构设置：1993 年 3 月以后，彭县支行机关各职能部门由股改为科（室），即设 8 科 2 室。1999 年 8 月，彭州市支行所辖营业所更名为分理处。

1997 年，彭州市支行办公地址由北大街金融街 1 号迁址到金彭西路体育场西路 2 号。

存款业务

随着金融体制改革，农村金融业务逐步向城区发展，农行存款主要包括城乡企业事业单位存款、农民的个人储蓄、城郊和城市居民的个人储蓄。

1986 年初，支行按成都市农行要求，在加强已开办的活期、整存整取和零存整取 3 种储蓄外，增加积零成整定期储蓄、存贷挂钩储蓄、预约储蓄、定额有奖有息储蓄、独生子女储蓄等新储种，推行储蓄单项承包，深入开展宣传，优化服务质量，推动农村储蓄事业的发展。截至 1986 年底，全行各项存款余额达 3081.6 万元。其中，储蓄存款 2247.4 万元。

1988 年秋，一度出现抢购风潮，群众挤提存款，全行储蓄存款出现严重滑坡。为坚决贯彻党中央、国务院“稳定经济、稳定金融、稳定市场”的方针，接成都市农行紧急通知，狠抓储蓄工作，积极开办大额定期储蓄、定期定额有奖储蓄、人民币长期储蓄等新储种。在全县举办紧俏商品包括彩电、黄金首饰等实物的有奖储蓄，仅此一项就吸收储蓄存款 720 余万元，基本扭转储蓄滑坡局面。10 月，储蓄开始回升，到年底，全行各项存款余额达 5091.3 万元，并继续保持稳定增长势头。到 1990 年存款余额突破亿元大关，达 1.3 亿余元，是 1986 年 2 倍多，其中储蓄近 4 倍。

1991 年 2 月，支行在成都市分行的统一安排下，成立储蓄综合服务部，负责管理全行储蓄存款工作。根据成都市分行《关于储蓄所（柜）全面实行等级管理办法》，在全行 20 个储蓄所（柜）实行储蓄等级管理，有力促进全行存款组织工作。因措施得当，到 1993 年居民储蓄首次突破亿元大关，此后大幅攀升。

在 1996 年初，支行面临存款利率下调不利局面，大力开展储蓄新业务，增添服务品种，在全辖区大力开展代收代付、代发工资、电话银行等新业务，进一步扩大市场占有份额。年底，全行各项存款余额达 3.2 亿余元，是 1990 年的 3 倍多。其中，储蓄存款达 2.6 亿余元，是 1990 年的 4 倍多。

1997 年 6 月，支行同彭州市地方税务局达成“银税一体化合作办税协议”，为地方税务局代收税款，增加支行储源。同时，在城区 9 个网点推行“金穗卡”“银信卡”业务，各项存款持续增长。在 2000 年 3 月，为促进国家教育事业的发展，鼓励城乡居民以储蓄存款方式为其子女接受非义务教育积蓄资金，支行开办教育储蓄存款品种。9 月，支行开办通知存款新业务。年底，全行各项存款余额达到 5.3 亿余元，比 1996 年增长 2 亿余元。其中，储蓄存款余额 4.6 亿余元，比 1996 年增长 2 亿元。到 2004 年各项存款余额突破十亿大关达 11.79 亿元。2005 年达 14.34 亿余元，比 1986 年增长 13.7 亿余元，其中居民储蓄也突破十亿大关达 11.81 亿余元，比 1986 年增长 11.68 亿余元。

贷款业务

农业银行彭州市支行结合本地区经济发展实际，先后办理工业贷款、商业贷款（含供销社贷款、农副产品收购贷款）、各项农业贷款、乡镇企业贷款（含小水电贷款）、个人住房按揭贷款、票据贴现。

贷款发放　1986 年，随着农村产业结构的调整，乡镇企业的迅速发展，支行信贷资金在投向、投量上都发生巨大的变化。保证农业需要的资金供应，共发放农民贷款 2583.9 万元，比 1985 年增长 27.6%，居全县之首。支持农副产品收购，投放现金 4885 万元，比 1985 年增长 8.6%。保证粮油、毛猪、蒜薹、蔬菜等收购所需全部资金供应。支持商业供销部门合理流动资金所需，共发放商业贷款 4631.7 万元，比 1985 年增长 17.2%。支持乡镇企业的健康发展，乡镇企业年末贷款余额达 3402 万元。1987 年乡镇企业贷款余额比 1986 年增加 203 万元。

1988 年，彭县氮肥厂由于设备不配套，生产达不到设计能力，产量提不高，经营亏损。支行经过反复论证，在资金十分紧张的情况下，发放 40 万元支持该厂技改。

1991 年，支行严格按照国家产业政策，继续坚持信贷从紧方针，调整结构，提高经济效益，在保证农业信贷需求，做好农副产品收购资金的供应工作和继续支持供销社发挥主渠道作用的同时，支持确定的重点乡镇企业，积极筹措资金，投入 3000 万元确保 2 万千瓦的红石桥水电站和彭县三益炼钢厂建成投产。同时，还挤出资金对彭县氮肥厂进行技术改造，发放贷款 495 万元。

1994 年，支行农副产品收购和商业贷款 2206 万元，工业、乡镇企业贷款 7428 万元，重点保证彭州氮肥厂精甲醇项目，彭州市凤鸣桥水电站建设项目和三益炼钢厂第三期技改项目资金的需要。

1995 年，新发放农副产品收购贷款 1014 万元，乡镇企业贷款 3996 万元，同时，还积极稳妥地开展农发行代理业务，发放粮食收购贷款 1.68 亿元。

2000 年，本着“有进有退，有所为有所不为”的投放原则，采取有压有保、限压结合的方式，投向省分行重点企业、重点项目和农业产业化龙头企业贷款 6775 万元，主要是农网改造 600 万元，天乐股份公司 4835 万元，花卉基地 1000 万元。为促进全市房地产业的发展，还新开办个人住房按揭贷款，发放个人住房按揭贷款和小额存单质押贷款 588 万元。同时，按照上级行的安排，年底顺利完成剥离不良资产工作，全行共剥离不良贷款 100 户，本息合计 1.15 亿元。

2005 年，加大对个人住房按揭贷款的投放力度，先后贷款 1357 万元支持东南苑、水岸名都等 5 家楼盘，并加强与公积金管理中心合作，发放公积金贷款 3000 万元，年末余额达 6076 万元。同时，大力发展票据业务，共办理票据贴现 100 笔，贴现金额达 3843 万元，签发银行承兑汇票 131 笔，承兑金额达 1857 万元。

放贷管理 1987 年，为贯彻国务院既要抽紧银根，又要搞活经济的指示精神和《关于严格控制乡镇企业贷款的通知》要求，对支持的新（扩）建项目，逐个清理、区别对待，按照轻、重、缓、急统筹安排资金，分别采取优先支持、推迟贷款、不予贷款、收回贷款等措施，及时帮助企业“紧中求活”。

1988 年，根据“大力扶持，积极引导、加强管理，协调发展”的方针，围绕贯彻中央开展“双增双节”活动，对乡镇企业普遍开展清理积压物资、清理资金、挖掘潜力的工作。

1989 年，为适应改革，对开发农业、星火科技、副食品基地、扶贫贴息等贷款均实行项目管理和审贷分离的“双审制”。根据上级行下达的压缩乡镇企业贷款规模计划，将压缩规模层层分解落实，规定信贷员审批权限（营业所信贷员对限额内流动资金贷款的审批权限限制在 5 万元以内）。把执行信贷计划与信贷人员资金挂钩，适时调节资金，解决重点企业贷款需要。当年 9 月，根据农总行、省农行、成都市分行布置，农村信贷资金实行集约化经营。开展信贷资产清理工作，按规定把全部信贷资产划分为正常贷款、逾期贷款、呆滞贷款、呆账贷款 4 种类型。此后，支行把收回“双呆”作为“攻坚战”，每年纳入营业所经营指标考核。

1994 年，支行信贷工作以市场经济为导向，调整信贷结构和投向，实行择优限劣原则。在对农业信贷投入上，着力支持“三高农业”的发展；对工业企业信贷投入上，支持起点高、规模大、科技含量高、效益好企业的发展；支持乡镇企业走高附加值、投资规模、外向型发展道路；在对商贸企业的信贷投放上，重视流通体制改革和市场体系建设，确保农副产品收购资金。

1995 年，是支行向商业银行转轨的第一年。结合资产负债比例管理和风险管理的具体要求，强化管理。制定信贷风险管理实施细则，集中贷款审批权，推行和完善抵押、担保贷款管理办法，提高贷款规范化程度。

1996 年，按照“抓管理、上质量、增效益”的“管理年”宗旨，增强风险和自律意识，按照本地区产业发展规划和“一脱一分”后的市场定位，调整投入重点，实行“两手抓”，即在行业定位上抓大工程、大项目、高技术含量和高效益的产业行业；地域上抓经济相对发达，生产条件较优越的天彭镇等大集镇。新增贷款绝大部分都投向凤鸣桥电站、彭州市氮肥厂、粮棉大县建设等彭州地区重点项目中，收到良好的社会经济效益。

1998 年，支行根据农总行支持优质产业、优良客户核心的信贷“双优”战略和“有保有压”的信贷政策，实行“三个一批”的举措，即：重点支持一批，从严控制一批，依法起诉一批。支持范围包括重点企业、龙头企业、“两高一优”农业、商品粮大县项目、蔬菜基地项目、种子基地建设、农资生产和储备、农副产品收购等；从严控制的对象是多头开户、重复建设、效益不佳、无发展前景的企业；对连年亏损、资不抵债、逃避债务的企业，停止贷款，并通过法律程序清收贷款本息。全年共依法起诉 20 家企业，申请标的 3698.3 万元，收回本息 1344.4 万元，其中以资抵债 1057.2 万元。

2000 年，支行在信贷管理上实行分类管理，按照“优良、一般、限制、淘汰”四类标准对客户进行分类。全行共划分优良客户21户，一般客户38户，限制客户39户，淘汰客户192户。

2002年，按照信贷新规则要求，全面推行信贷业务授信管理和企业信用管理。年初，根据《中国农业银行信贷管理基本制度》《中国农业银行信用等级评定暂行办法》和《中国农业银行信用等级评定补充规定》的要求，对全辖法人信贷客户进行统一管理，遵循"先评级、后授信、再贷款"的原则，全年共对181个企业客户存量授信51021万元，评选出A级以上企业25户，B级企业14户，C级企业2户。当年各项贷款余额70103万元。剔除贷款上收和以资抵债因素，比上年增加1217万元。

贷款清理　为认真贯彻执行党的农村金融方针、政策和贷款原则，支行从1986年到2005年就对农户贷款、企业贷款进行多次清理。

1988年，支行实行清理集约化经营，在成都市分行的统一部署下，10月初开展清理信贷资产工作，11月组织三次信贷大检查，明确提出把清理工作重点放在逾期、呆滞贷款的清理收回上，运用法律、行政、经济手段催收"死账""呆账"贷款本息29万余元。1989年5月，继续开展清理非正常贷款工作，共收回各项贷款1675.9万元，其中非正常贷款973.9万元，在非正常贷款中，一般逾期贷款878.8万元，呆滞贷款88.5万元，呆账贷款6.6万元，收回利息141万元，收罚息10万元。

2001年，为健全风险资产盘活机制，支行专门成立资产经营部，专项从事不良信贷资产清理清收工作。当年支行淘汰劣质客户、清户23户，收回资金804.3万元；重新落实债权2户，保全资金4500万元；以资抵债2户，保全资金94.7万元，收回双呆贷款1068万元，利息647万元。此后，支行不良贷款实行集中管理，资产经营部专事清收管理。

2004年，支行按照上级行的安排，对现有经营困难、资不抵债、濒临破产的企业进行清理。支行在2004—2005年，对红石桥水电站、凤鸣电业、四川银茂实业发展有限公司、草坝水泥厂等破产大户企业参与破产维权工作，综合受偿率达80%以上。

结算及管理

1986—1989年，农行结算方式主要使用按照产品经济、计划分配要求设计的银行结算方式，同城结算和异地结算方式。同城结算主要使用支票，异地结算主要使用托收承付和汇兑方式。1989年，银行对结算制度进行重大改革，自4月1日实行新的以"三票一卡"为主的结算方式，即：汇票、本票、支票、信用卡。自此，农行所辖全面按照《银行结算办法》办理银行结算业务。

2004年10月，依据上级行通知，为进一步方便客户，农行开办网上银行，企业、个人客户可以直接在网上交易、结算。同月开办手机银行，针对个人客户进行转账支付款项。同年还开办漫游汇款，只对个人客户汇款，此汇款方式不指定付款银行，可以到农行任何一个营业网点取款。

第五节　中国银行

基本情况

1992年1月3日，经中国人民银行成都分行批准，成立中国银行蜀都分行彭县办事处，于彭县天彭镇西街160号开业。9月4日，更名为中国银行彭县支行，由中国银行成都市分行管辖。1998年6月，从西大街160号搬迁到东大街1号。1999年10月起，中国银行彭州支行改由中国银行四川省分行直接管辖（其间，2002年2月，到次年2月曾改由中国银行成都市金牛支行管辖），为国有商业银行。2004年8月，中国银行改制为中国银行股份有限公司，中国银行彭州支行相应更名为中国银行股份有限公司彭州支行。改制后为国家控股的股份制商业银行。主要开展办理人民币存款、贷款、结算业务；办理票据贴现；代理兑付、销售政府债券；代理收付款项及代理保险业务；人民币信用卡业务和外汇存款、外汇贷款、外汇汇款、外币兑换；国际结算、结汇、售汇；通过上级行办理代客外汇买卖；代理国外信用卡付款业务。

截至2005年12月，设有营业部、延秀街分理处，里仁街分理处、南大街分理处、西大街分理处等5处营业网点。

存款业务

从1992年成立到2005年底的14年中，人民币存款不断上升。2005年人民币存款余额达到9.72亿元，比1992年上升76倍多，比2000年的6.1亿元上升59%。

外币存款（以美元计），1992年底余额32万元，2005年达到298万元。最高年外币汇款达到472万元。

贷款业务

人民币贷款：1992年底余额为1900万元，2005年达到5751万元，增加2倍多，但2002年贷款余额曾达到2.84亿元，比1992年增加近14倍。

2002年6月起，支行开始办理国家助学贷款业务，向成都师专学生发放国家助学贷款41笔，合同金额为30万元；2002年再次发放贷款119笔，合同金额76万元；2003年发放160笔，贷款金额104.57万元。截至2005年12月31日，有国家助学贷款125户、余额79万元，其中不良贷款41万元。

中国银行彭州支行1992—2005年存贷业务情况表

表15-1-5-1　　单位：万元、万美元

年份	人民币存款			外币存款	人民币贷款
	合计	对公	储蓄		
1992	1250	693	557	32	1900
1993	3497	1251	2246	69	2940
1994	6291	1245	5046	91	4400
1995	10855	1717	9138	111	5380
1996	17347	3364	13983	110	8680
1997	23516	4741	18775	138	15020
1998	35216	9434	25782	210	23221
1999	52119	17953	34166	245	22917
2000	60995	21309	39686	368	22130
2001	54037	16770	37267	435	22246
2002	64645	20535	44110	473	28438
2003	75665	24336	51329	434	24558

续表15-1-5-1

年份	人民币存款			外币存款	人民币贷款
	合计	对公	储蓄		
2004	75290	16978	58312	375	4224
2005	97244	28513	68731	298	5751

第六节　农业发展银行

基本情况

1997年2月，根据《国务院关于金融体制改革的决定》《国务院关于组建中国农业发展银行的通知》及《中国农业发展银行章程》规定，中国农业发展银行彭州市支行开始成立，人员及财产从中国农业银行彭州市支行中划入。支行实行系统垂直管理，上一级管理机构为农行四川省分行营业部。

农业发展银行是直属国务院领导的政策性金融机构，实行总行一级法人制，各分支机构在总行制授权范围内依法开展金融业务，实行独立核算、自主、保本经营、企业化管理，在业务上接受人民银行的指导。政策性主要体现在贷款投放的限制上，利率执行的约束性和财务目标的规定性等方面。通过加强收购管理，保证收购资金及时、足额供应，保护农民生产积极性，促进粮棉油生产和粮食购、销、调、存等方面工作的顺利开展。

业务范围

为了充分发挥农业发展银行的基本职能作用，促进粮食、棉花流通体制改革，国务院1998年对农业发展银行的业务范围进行适当调整，主要业务范围为：发放和管理由国务院确定、人民银行安排资金的粮食、棉花、油料收购、储备、调销贷款；肉类、食糖、烟叶、羊毛等国家专项储备贷款；棉花加工贷款；办理中央财政对上述主要农产品补贴资金拨付；发行金融债券；办理业务范围内开户企事业单位的存款；办理开户企事业单位的结算；办理经国务院和人民银行批准的其他业务。

1997年1月1日，中国农业银行彭州支行按照上级文件要求，向农发行彭州市支行划转了1994—1996年期间代理农发行的全部业务，包括粮油收购、储备、调销贷款和开户企业存款。

1997年6月28日，人民银行彭州市支行根据人行成都市分行、农发行四川省分行营业部联合发出的《关于转发中国人民银行、中国农业发展银行〈关于下达分地区专项贷款划转数额的通知〉的通知》，向支行划转专项贷款。

1997—1998年，根据规定的业务范围和彭州地方经济发展的需要，主要办理粮油收购、调销、农业综合开发贷款业务。根据国务院关于农发行要集中精力管理粮棉油收购资金的指示精神，遵照人总行、农总行、农发行通知，要求把农发行扶贫、开发等专项贷款划归农业银行。

1998年5月15日，正式向农行彭州市支行划转扶贫、农业综合开发等专项贷款。为粮改创造良好条件，国务院办公厅发出《转发国家发展计划委等部门关于实施粮食企业附营业务与收储业务分离方案的通知》和《转发财政部等部门关于清理消化国有粮食企业新增财务挂账和其他不合理占用贷款办法的通知》，人总行、农发行总行、农总行、建设银行总行联合发出《关于粮棉油附营企业占用贷款资金转化及清算的通知》。

1998 年 12 月 9 日，本支行在对所辖粮食收储企业附营业务占用贷款进行认真清理的基础上，按照人民银行彭州市支行《关于对彭州市粮食附营企业业务贷款划转有关问题的裁决通知》，向农行彭州市支行划转粮食收储企业附营业务占用贷款。

粮油收购贷款

1999—2005 年，粮食收购资金实行封闭运行管理。资金封闭运行是一循环过程，保证农业发展银行为主体的资金与粮油购销企业为主的商品在方向上一致，在价值上相符，也就是“钱随粮走，购贷销还，价值同一，封闭运行”。

2005 年审计挂账后，粮油购销企业全面进入自主经营、自负盈亏的经营道路，农发行除中央、地方储备贷款外，对粮油购销企业没有政策性贷款，正常粮油收购贷款，纳入准政策性贷款，管理模式按商业贷款管理，实行抵押、保证、担保贷款方式，审批权限上交到省分行营业部、省分行。

1997 年，年末划转粮油库存占用贷款 2.03 亿元，其中，粮食贷款 2.03 亿元。

1998 年，当年发放粮油收购贷款 1.37 亿元，其中，发放粮食收购贷款 1.37 亿元。年末有粮油库存占用贷款 1.42 亿元，其中，商品粮食贷款 1.04 亿元，中央储备粮贷款 3835 万元。

1999 年，当年发放粮油收购贷款 1.24 亿元，其中，发放粮食收购贷款 9225 万元，油脂收购贷款 3202 万元。年末有粮油库存占用贷款 1.73 亿元，其中，粮食贷款 1.16 亿元，油脂贷款 2344 万元。中央储备粮贷款 3436 万元。不合理占用贷款 5291 万元。

2000 年，当年发放粮油收购贷款 9535 万元，其中，发放粮食收购贷款 8246 万元，油脂收购贷款 1289 万元。年末有粮油库存占用贷款 14817 万元，其中，粮食贷款 1.21 亿元，油脂贷款 2681 万元。中央储备粮油库存贷款 466 万元，其中，粮食储备贷款 290 万元，油脂储备贷款 176 万元。地方储备粮贷款 1611 万元。不合理占用贷款 6621 万元。

2001 年，当年发放粮油收购贷款 6540 万元，其中，发放粮食收购贷款 5684 万元，油脂收购贷款 856 万元。年末有粮油库存占用贷款 1.54 亿元，其中，粮食贷款 1.36 亿元，油脂贷款 1749 万元。中央储备粮油库存贷款 279 万元。地方储备粮库存贷款 603 万元。不合理占用贷款 6578 万元。

2002 年，当年发放粮油收购贷款 3486 万元，其中，发放粮食收购贷款 2164 万元，油脂收购贷款 1322 万元。年末有粮油库存占用贷款 10403 万元，其中，粮食贷款 9471 万元，油脂贷款 932 万元。地方储备粮贷款 603 万元。不合理占用贷款 8640 万元。

2003 年，当年发放粮油收购贷款 6821 万元，其中，发放粮食收购贷款 4485 万元，油脂收购贷款 2336 万元。年末有粮油库存占用贷款 8026 万元，其中，粮食贷款 6726 万元，油脂贷款 1300 万元。地方储备粮贷款 413 万元。不合理占用贷款 9887 万元。

2004 年，当年发放粮油收购贷款 1 亿元，其中，发放粮食收购贷款 8514 万元，油脂收购贷款 1508 万元。年末有粮油库存占用贷款 8458 万元，其中，粮食贷款 7199 万元，油脂贷款 1259 万元。地方储备粮贷款 742 万元。不合理占用贷款 1.04 亿元。

2005 年，当年发放粮油收购贷款 9041 万元，其中：发放粮食收购贷款 6581 万元，油脂收购贷款 2460 万元。年末有粮油库存占用贷款 7754 万元，其中，粮食贷款 5134 万元，油脂贷款 2620 万元。地方储备粮贷款 678 万元。不合理占用贷款 1525 万元。

仓储设施贷款

根据《中国农业发展银行建仓贷款管理办法》，从1998年起，陆续发放建仓贷款650万元，用于新建省粮食濛阳储备库3000吨，省粮食九尺储备库2000吨，隆丰粮站仓库和其他粮站的仓库维修。

农业发展银行彭州支行1997—2005年存贷款情况表

表15-1-6-1

年份	贷款（万元）				单位存款（万元）
	收购贷款	专项贷款	工商贷款	小计	
1997	20323	—	1725	22048	—
1998	21504	—	330	21834	723
1999	17589	5476	640	23705	606
2000	17079	6629	610	24318	1159
2001	17072	6609	610	24291	180
2002	12175	8531	605	21311	264
2003	10506	9887	605	20998	218
2004	9597	10491	575	20663	474
2005	8503	14556	—	23059	1022

说明：专项贷款属中央地方粮食亏损挂账贴息贷款。工商贷款2001—2005年属粮食企业仓储设施贷款。其余为支持产业化龙头企业、加工企业贷款

第七节　建设银行

基本情况

1972年12月，中国建设银行温江支行批准成立建设银行彭县办事处。1978年12月，成立中国人民建设银行彭县支行。1987年6月，支行开办现金出纳业务。1988年4月，开办储蓄业务，1996年3月，更名为中国建设银行成都市分行彭州市支行。2002年1月，支行由省分行直接管理。2004年12月，更名为中国建设银行股份有限公司彭州支行。

中国建设银行（股份有限公司）彭州支行作为建设银行四川省分行在全市的分支机构，围绕全市社会经济发展和客户需求开展各项工作。建行彭州支行所辖5个营业网点，共有自助设备22台，存款规模29亿元，贷款规模7亿元。开立业务种类丰富，对公产品涵盖个人住房贷款、流动资金贷款、固定资产贷款、小企业贷款、保理保函业务、财务顾问、单位电子银行等；对私产品有金融IC卡、信用卡、分期业务、贵金属、理财产品等。

业务发展

截至1986年12月31日，全行一般性存款余额1822万元，其中，企业性存款1718万元，信贷贷款余额为845.3万元。

2000 年 12 月 31 日止，全行一般性存款余额达到 4.01 亿元，其中，储蓄存款余额 3.34 亿元，比 1999 年初新增 6131 万元。中间业务发展良好，全年实现净收入 16.7 万元。发放各类贷款余额为 5.77 亿元，较年初新增 547 万元。

2005 年 12 月 31 日止，全行全口径存款余额为 9.8 亿元，较年初新增 1.79 亿元，其中储蓄存款余额为 7.95 亿元，企业存款余额为 1.67 亿元。各项贷款余额为 6972 万元，较年初下降 381 万元。全年实现中间业务收入 407 万元。

第二章　金融业务

1986 年以来，各金融机构按照中央〔1986〕1 号文提出的总要求，以加强和改善宏观调控，搞活金融，促进商品经济发展为指导方针，把组织存款放在首位，实现了存款的快速增长。各金融机构根据中国人民银行关于加强现金管理的通知精神，加强单位工资基金管理，对开户单位现金使用情况进行全面清理，重新核定单位库存现金限额，纠正现金使用情况进行全面清理，重新核定单位库存现金限额，纠正现金使用上的违规违纪行为，较好地遏制了集体存款下降的势头。1990 年，辖区内各金融机构按照国务院《现金管理条例》和《关于开展清理“三角债”工作的通知》精神，配合有关部门，协助工商企业清理“三角债”，为存款增长奠定扎实的基础。1986—2005 年间，在各金融机构组织努力下，实现存款规模不断扩大，存款余额不断增长。

贷款是金融机构实现经营效益的基本点之一。1986—2005 年间，各金融机构认真贯彻执行国家货币信贷政策，加大贷款投放力度，实现各金融机构贷款规模不断扩大、贷款余额不断增长。1986 年以来，各金融机构按照中央〔1986〕1 号文提出的总要求，以加强和改善宏观调控，搞活金融，促进商品经济发展为指导方针，确立“紧中求活”的思想，按照“区别对待，择优扶持”的原则，对彭州市农业、工商业、乡镇企业、基本建设等给予大力支持，实现贷款的快速增长，各金融机构以调整结构、提高效益为中心，加大信贷投入，为地方经济发展注入活力。1996 年，各金融机构以中共十四届五中、六中全会精神为指导，转变经营观念，逐步由规模经营转变为集约化经营。1997 年后，各金融机构坚持以提高经营效益为中心，围绕抓管理、上质量、增效益开展工作，把信贷工作的重点放在提高信贷资产质量，做好信贷风险的防范化解上，着力拓展中间业务，积极寻求和努力培植新的效益增长点。严格按照国家产业政策，选准信贷投放点，将增量贷款向优势产业和优良客户倾斜。根据国家实施西部大开发的战略部署，支持彭州市房地产开发、城市基础设施建设、旧城改造、新区建设、旅游开发、农业产业化发展、企业改制。

第一节　存　款

1988 年，全县银行存款稳定增加，到 12 月末，全县各专业行储蓄存款余额达 8873 万元，比年初增加 1836 万元。

1989 年，全县各项存款 3.95 亿元，比年初增加 5000 万元，增长 14.5%。其中储蓄存款 2.53 亿元，比年初增加 6826 万元，增长 36.94%，是上年增加额的 3.72 倍。

1990 年，全年各项存款增加 1.3 亿元，增长 32.17%。其中储蓄存款增加 9217 万元，增长 36.42%，均创历史最高水平。

1991 年，全年全县各项存款比年初增加 1.44 亿元，增长 26.79%，占目标任务的 206.21%，其中储蓄存款比年初增加 9897 万元，增长 28.67%，占目标任务的 163.49%。

1992 年，全年全县存款 8.15 亿元，比年初增加 1.53 亿元，增长 23.13%，完成县政府下达目标 1.06 亿元的 144.58%。其中储蓄存款 5.37 亿元，比年初增加 9295 万元，增长 20.93%，完成县政府下达目标 8884 万元的 104.62%。

1993 年，全年全县各项存款 8.86 亿元，比年初增加 6424 万元，增长 7.82%。其中储蓄存款 6.3 亿元，比年初增加 8554 万元，增长 15.71%。

1994 年，全市各项存款 12.4 亿元，比年初 3.04 亿元增长 32.42%。其中储蓄存款 9.43 亿元，比年初增加 2.82 亿元，增长 42.59%。

1995 年，全市各项存款 16.92 亿元，比年初增加 4.29 亿元，增长 33.9%。其中储蓄存款 13.17 亿元，比年初增加 3.74 亿元，增长 39.7%。

1996 年，全市各项存款 21.67 亿元，比年初 4.75 亿元增长 28.1%。其中储蓄存款 16.68 亿元，比年初增加 3.51 亿元，增长 26.7%。

1997 年，全市金融机构各项存款余额 24.06 亿元，其中储蓄存款 19.15 亿元，分别比年初增长 10.9% 和 13.2%；各项贷款余额 25.65 亿元，比年初增长 13.6%。国有银行各项存款余额 13.25 亿元，其中储蓄存款余额 9.72 亿元，分别比年初增长 12.9% 和 13.1%；各项贷款余额 17.79 亿元，比年初增长 15.5%。

1998 年，全市金融机构存款余额 28.78 亿元，比年初增加 3.59 亿元，增长 14.42%，其中储蓄存款余额 21.44 亿元，比年初增加 2.02 亿元，增长 10.45%。国有银行存款余额 16.5 亿元，增长 16.82%，其中储蓄存款余额 11.8 亿元，比年初增加 16.4 亿元，增长 16.15%。1999 年，全市金融机构存款余额 32.16 亿元，比年初增加 3.44 亿元，增长 11.7%。

2000 年，全市金融机构各项存款余额 36.1 亿元，比年初增加 3.8 亿元，增长 11.8%。其中储蓄存款余额 27.6 亿元，比年初增加 3.27 亿元，增长 13.5%。

2001 年，全市金融机构各项存款余额 38.59 亿元，比年初增加 3.17 亿元，增长 8.94%；比上年同期增加 2.5 亿元，增长 6.94%。其中储蓄余额 30.81 亿元，比年初增加 2.87 亿元，增长 10.25%；比上年同期增加 3.22 亿元，增长 11.66%。

2002 年，全市金融机构各项存款余额 43.37 亿元，比年初增加 4.02 亿元，增长 10.21%，其中储蓄存款余额 34.24 亿元，比年初增加 3.2 亿元，增长 10.31%。

2003 年，全市金融机构各项存款余额 50.87 亿元，比年初增加 7.42 亿元，增长 17.1%，增长率比去年同期高 4.8 个百分点，各项存款于 9 月份首次突破 50 亿元大关。其中储蓄存款余额 39.62 亿元，比年初增加 5.2 亿元，增长 15.1%，比去年同期增长 5.38%；市内国有独资商业银行各项存款 33.51 亿元，比年初增加 52346 万元，增长 18.51%；农村信用社各项存款 14.8 亿元，比年初增加 1.98 亿元，增长 15.42%。

2004 年，全市金融机构各项存款余额 57. 52 亿元，比年初增加 5. 81 亿元，增长 11. 2%；比去年同期增加 6. 64 亿元，增长 13. 1%。其中储蓄存款余额为 45. 37 亿元，比年初增加 5. 43 亿元，增长 13. 6%；比去年同期增加 57419 万元，增长 14. 5%。

2005 年，存款大幅增长。全市金融机构各项存款余额 68. 48 亿元，比年初增加 9. 74 亿元，增长 16. 6%，增幅比去年同期高 5. 4 个百分点；比去年同期增加 10. 97 亿元，增长 19. 1%。各项存款中，储蓄存款继续保持大幅增长的势头。截至 11 月末，储蓄存款余额为 52. 69 亿元，比年初增加 7. 13 亿元，增长 15. 6%，增幅比去年同期高 2. 0 个百分点；比去年同期增加 7. 32 亿元，增长 16. 1%。

第二节　贷　款

1987 年，全县累计发放各种贷款 2554 万元，对升平红旗电站发放“切块”专项贷款指标 30 万元，支持了小水电站的更新改造。在大小春二季收购旺季对农行发放短期贷款共 1200 万元，人行成都市分行下达给彭县人行的日拆性贷款 200 万元。按照贷款性质，灵活地发放，年末累计发放 1150 万元，解决了专业银行临时资金缺口。还按月、季、年写出了信贷、现金计划执行情况 12 份，按季编制信贷、现金计划 5 份，草拟文件、办法 4 份。在人行成都市分行的指导下，1987 年先后审查报批了新增金融机构 8 个，年末增加存款 457. 2 万元。

1988 年，全县各项贷款净增 5146 万元，高于 1987 年水平。其中工业生产企业流动资金贷款比年初增加 690 万元；商业企业流动资金贷款比年初增加 1148 万元；农业贷款比年初增加 9 万元，乡镇企业贷款比年初增加 450 万元。根据国务院关于“清仓利库、挖掘资金潜力”的通知精神，全年挖潜 719. 5 万元，完成了上级行下达的流动资金周转加速 4% 的任务。全年清收回逾期、呆滞贷款 1070. 5 万元。

1989 年，全县各项贷款 4. 65 亿元，比年初增加 7071 万元，增长 15. 19%。全年营业、工业、商业、建筑业正常流动资金贷款累放 6. 97 亿元，其中农副产品收购资金累放 1. 98 亿元，农业生产资料贷款累放 850 万元，外贸收购资金累放 661 万元，骨干企业资金累放 1. 76 亿元。

1990 年，全县贷款余额 5. 69 亿元，比上年增加 1. 08 亿元，增长 23. 45%，是历史同期增加最多的一年。多方筹集资金，保证全县主要农副产品收购资金供应。全年收购农副产品投放现金 1. 36 亿元，比上年增加 1674 万元，增长 14. 1%，做到了连续 7 年不打“白条”。集中资金，保证重点企业的资金需要。全县 38 户重点工业企业新增贷款 2927 万元，占新增贷款的 27. 07%，促进重点工业企业产值、销售同步增长。全县新增和续建重点项目共 12 个，共需资金 3314 万元，各行经过艰苦努力，到年末共投入 2954 万元，达 89. 14%，为重点项目早日建成投产做出了贡献。搞好资金融通，灵活调剂余缺。全年累计发放短期贷款 3665 万元，代理企业发行融资券 350 万元，城市信用社上年三次出现结算资金不足。人行彭州支行从成都金融市场拆入资金 60 万元，解决了专业银行、信用社和企业流动资金短缺的困难。

1991 年，全县各项贷款增加 13618 万元，增长 23. 85%，占目标任务的 203. 25%。其中重点工业企业贷款比年初增加 1037 万元，增长 74. 71%；骨干工业企业贷款比年初增加 910 万元，增长 59. 52%；重点建设贷款比年初增加 3300 万元，占政府下达目标的 174. 44%；粮油贷款比年初增加 1528 万元，增长 20. 47%。

1992 年，全县各项贷款 9. 24 亿元，比年初增加 2. 17 亿元，增长 30. 63%，完成县政府目标任务 1. 02 亿元的 211. 71%。其中农业贷款 6715 万元，比年初增加 1553 万元，增长 30. 09%；粮油收购贷款 1. 26 亿元，比年初增加 2941 万元，增长 30. 15%；技改贷款和骨干重点项目贷款 1. 4 亿元，比年初增加 2464 万元，增长 21. 29%。全年实现财务收入 1555. 7 万元，比上年增加 415. 2 万元，增长 40. 85%，实现利润 205. 9 万元。

1993 年，全县各项贷款 10. 63 亿元，比年初增加 1. 29 亿元，增长 13. 83%。全县农业贷款比上年增加 1056 万元，增长 15. 73%。其中农副产品收购贷款 1. 42 亿元，比上年增加 1944 万元，比上年同期增加 3300 万元；大春收购贷款 1711 万元。全县技改贷款比去年同期增加 749 万元，重点建设项目贷款 9500 万元。

1994 年，全市各项贷款 14. 54 亿元，比年初增加 3. 24 亿元，增长 28. 69%。全市农业贷款比年初增加 1289 万元，增长 27. 37%。其中农副产品收购贷款 1. 33 亿元，比年初增加 3594 万元，比年初增加 37. 11%；全市技改贷款比年初增加 3165 万元，增长 45. 25%。

1995 年，全市各项贷款 18. 92 亿元，比年初增加 3. 14 亿元，增长 19. 9%；全市农业贷款比年初增加 2375 万元，增长 60. 6%。其中农副产品收购贷款 9997 万元，比年初增加 1802 万元，比年初增长 20. 3%；粮棉油采购贷款 1. 52 亿元，比年初增加 3739 万元，增长 21. 7%。乡镇企业贷款 2. 24 亿元，比年初增加 8502 万元，增长 61%。全年技改贷款比年初增加 2156 万元，增长 16. 8%。

1996 年，全市各项贷款 22. 9 亿元，比年初增加 3. 97 亿元，增长 21. 0%。全市农业贷款比年初增加 2770 万元，增长 44%。其中农副产品收购贷款 1. 08 亿元，比年初增加 808 万元，比年初增长 8. 1%；粮棉油采购贷款 1. 98 亿元，比年初增长 3855 万元，增长 24. 1%，保证农副产品收购连续 13 年不“打白条”。乡镇企业贷款 2. 79 亿元，比年初增加 5482 万元，增长 24. 4%。全年技改贷款比年初增加 1828 万元，增长 12. 2%。

1998 年，全市金融机构各项贷款余额 27. 92 亿元，比年初增加 2. 72 亿元，增长 10. 78%；国有银行各项贷款余额 20. 17 亿元，比年初增加 2. 32 亿元，增长 12. 96%。

1999 年，全市金融机构各项贷款余额 29. 22 亿元，比年初增加 2. 2 亿元，增长 7. 5%；国有银行各项贷款余额 21. 21 亿元，比年初增加 1. 38 亿元，增长 7. 5%。

2000 年，全市辖区各项贷款余额为 32. 14 亿元，比年初增加 3. 32 亿元（含商业银行资产剥离数额），增长 11. 5%。从贷款结构调整情况看，短期贷款比年初增长 25. 8%，中期流动资金贷款增长 59. 6%，中长期贷款增长 17. 7%，逾期贷款下降 86. 7%。从贷款投向看，进一步加强了对基础设施的信贷支持，对有效益、规划合理的交通通道、农田水利、农村电网改造等给予了积极支持。农业银行和农村信用社加大了支农信贷力度，农业贷款余额 3. 08 亿元，比年初增加 1. 2 亿元，增长 64. 1%，在各项贷款中增幅最高。2001 年，全市金融机构各项贷款余额 29. 22 亿元，比年初增加 2. 2 亿元，增长 7. 5%；国有银行各项贷款余额 21. 21 亿元，比年初增加 1. 38 亿元，增长 7. 5%。

2002 年，各项贷款余额为 33. 21 亿元，比年初增加 1. 23 亿元，增长 3. 85%。在各项贷款中，短期贷款 22. 2 亿元，比年初增加 2. 22 亿元，增长 11. 11%；中期流动资金贷款 2. 99 亿元，比年初减少 1. 95 亿元，下降 39. 48%；中长期贷款 7. 45 亿元，比年初增加 4492 万元，增长 6. 03%。全年金融运行平衡，信贷结构进一步优化。

2003 年，全市金融机构各项贷款余额 31. 3 亿元，比年初减少 6900 万元，下降 2. 2%，加上核销呆账贷款 1. 59 亿元，实际比上年初增加 1. 38 亿元，增长 4. 3%，增幅比上年同期高 4. 3 个百分点。

2004 年，彭州市银行业金融机构认真贯彻国家稳健的货币信贷政策和宏观调控措施，有力防止信贷资金流向低水平重复建设行业和项目，防止贷款的大起大落，新增贷款支持重点突出，主要投向医药、军工、农业、能源和教育等方面，全年各项贷款余额为 28.51 亿元，以可比口径计算，比年初增加 1.38 亿元，增长 4.4%；比去年同期减少 7707 万元，下降 2.3%。

2005 年，贷款小幅增加，新增贷款支持重点突出。全年各项贷款余额 25.32 亿元，考虑金融机构剥离、核销不良贷款 1.46 亿元后的数据以及发行央行票据 1.3 亿元置换农村信用社呆账贷款因素，比年初增加 1.47 亿元，增长 5.6%；比去年同期减少 4299 万元，下降 1.5%。国有商业银行经过股份制改制后，卸掉历史包袱，轻装上阵，正逐步加大对地方经济的支持力度。建行自股改以后，于当年 9 月首次对 2 户企业新发放贷款 824 万元。新增贷款主要投向农业、电力、军工、建材、房地产、化工、医药等行业。农业贷款中农户贷款余额为 3.44 亿元，1—11 月累计发放 1.76 亿元，获得贷款的农户达 19.43 户，占农户总数的 12.03%。

第三章　保险机构

彭县保险公司建立于 20 世纪 50 年代初。1986 年，中国人民保险公司承担财产和人寿保险业务，实行经理制，地址在城区金彭西路，内设经理室、办公室、业务股、计财股。1988 年 1 月，因业务发展撤业务股增设财险股、农险股、人险股。1991 年 7 月，因在全县开展职工统筹养老保险需要，增设统筹养老保险办公室，员工 28 人。1993 年撤县建市，更名为中国人民保险公司彭州市支公司。

1996 年 4 月，中国人民保险公司实行机构体制改革，7 月经国务院批准更名为“中国人民保险集团公司”下设中保财产、寿险和再保险三个子公司。11 月中保彭州子公司实行财产、人寿险分离，将原有公司分为两个公司，即中保财险保险股份有限公司彭州支公司和中保人寿保险股份有限公司彭州支公司，分别经营财险和寿险。1999 年 1 月，经国务院批准，中国人民财产保险有限公司继承中国人民保险公司品牌，更名为中国人民保险公司。中财险彭州支公司相应更名为中保公司彭州支公司。之后，分别改称成中国人民财产保险股份有限公司彭州支公司和中国人寿保险股份有限公司彭州支公司。

第一节　财产保险

机构设置

中保财险保险股份有限公司彭州支公司内设经理室、办公室、计财科、运工科、财险科、营业室。1997 年 8 月，增设城南服务部，人员 27 人。2000 年 6 月，内设机构重新设置为经理室、综合部、营业一部、营业二部、营业三部、营业室、城南服务部、新兴服务部。2003 年 7 月，公司更名为中国人民财产保险股份有限公司彭州支公司。

业务内容、范围、职责

中国人民财险保险股份有限公司彭州支公司，属国资非寿险股份公司。经营范围：财产损失保险、责任保险、信用保险、意外伤害保险、短期健康保险、保证保险等人民币或外币保险业务，与上述业务相关的再保险业务和咨询业务，以及国家保险监管机构批准的其他业务。

公司经营宗旨：以市场为导向，以客户为中心，提高资产质量，实现公司价值最大化。

公司基本职责：按照国家法律、法规，组织宣传保险知识，动员人们参加保险，承接非车险保险业务，组织经济补偿，最大限度防灾、减灾，为企业的正常经营，为家庭的和谐幸福，为社会的稳定安宁发挥社会稳定器的作用。

业务发展

1986 年，保险收入 139.9 万元，赔款 72.6 万元，上缴税金 8 万元，亏损 20 万元。

2000 年，保险收入 2166 万元，赔款 999.8 万元，上缴税金 186.3 万元，盈利 65 万元。

2005 年，保险收入 1154.5 万元，赔款 699.4 万元，上缴税金 63.1 万元，盈利 100 万元。

第二节　人寿保险

机构设置

中国人寿保险股份有限公司彭州市支公司于 1996 年成立，内设机构有经理室、办公室、计财科、营业室、兼业代理科和营销处，在编员工 14 人。2001 年，机构设置为经理室、办公室、客户服务部、计财科、营销部。在 12 个乡（镇）设有农村营销服务部。2003 年，公司迁到朝阳南路新建办公大楼，设综合部、客户服务部、团险部、银保部、合规部、个险部（组训部）和 5 个营销职场。

主要业务范围和效益

人身保险业务、意外保险业务、养老保险业务、分红保险业务、保险理赔业务。

2005 年，实现总保费 8000 余万元，其中期交保费 830 余万元，比 2004 年增长 13.5%。短期险 630 余万元，实现利润 100 余万元，创造税收 30 余万元。同时，银行兼业代理 3300 余万元。有效融入地方经济，有效分解市民风险，稳定健康生活，为促进彭州的经济建设和社会发展发挥积极作用。

第十六篇　经济管理

经济管理是对整个国民经济实行统一管理，以促进社会主义经济高速发展。1985 年以前经济管理包括计划、物价、财政、信贷、工商行政、标准计量和统计监督等 7 个方面，1986—2005 年的 20 年中，随着经济体制的改革和社会主义市场经济的确立，经济管理体制、内容范围和政策措施都有巨大变化，期间将标准计量改为质量监督，并增设审计部门，分设国税、地税以适应有特色社会主义经济的发展。

第一章　计划管理

计划管理部门是政府领导经济工作的重要助手和参谋，是国民经济和经济发展计划管理的综合性机构，其职权范围、工作内容随经济社会的发展变化而不同。20 年间，全市（县）计划管理机构几经调整，1987 年恢复县经济委员会，县计划经济委员会更名为县计划委员会。2001 年 10 月，彭州市计划委员会更名为彭州市发展计划局。20 年间，随着机构的调整，其职能也随之调整。1987 年十一届三中全会前实行指令性计划管理。三中全会以后，开始实行“计划为主，市场为辅”的计划管理模式。随着改革开放进程的加快，指导性计划管理逐步加强。1993 年十四届三中全会确立了市场经济目标，计划管理职能发生根本变化，其主要职能转变为搞好宏观调控，研究、制定发展战略，规划和拟定政策；监测计划执行情况，调节运行，确保计划的顺利实施；加强土地、矿产资源的配置管理；扩大城镇商品贸易市场建设网点和规模，搞好服务设施，为进一步发展社会主义市场经济打下基础。在对全社会投资调控和引导的同时，重点加强政府投资的管理，包括预算内投资和国债投资。投资离不开项目，项目是经济发展的重要支撑，抓好关系全市经济和社会发展大计的重大建设项目是实现经济社会发展战略的重要手段。

第一节　计划管理改革

改革体制转换职能

十一届三中全会前，计划管理在生产、流通、分配、积累、消费等方面实行高度集中、统一管理，基本建设投资项目都由国家统一安排，所需资金由国家财政统一划拨。中央管得多，地方权限小，县一级基本没有。基本职能是按基层计划单位的行政隶属关系组织全县国民经济和社会发展计划的编制，上报、汇总、平衡、审批、下达和检查执行情况等业务工作。

十一届三中全会后，随着农村全面推行家庭联产承包责任制和城市以增强企业活力为中心环节的经济体制改革的开展，在“计划经济为主，市场经济为辅”的原则下，对计划体制进行初步改革：一是下放计划管理权限，扩大地方，特别是企业的计划自主权；二是逐步缩小指令性计划范围，有步骤地扩大指导性计划范围和市场调节部分；三是开始用经济手段、经济法规对国民经济进行调节，计划工作的重点逐渐从分钱、分物向研究地方经济、社会发展战略和重大方针政策方面转变；四是为了推动横向经济联合和加强宏观管理，实现一批大型企业集团和中心城市的计划单列；五是在一些部门和地区实行多种形式的计划承包责任制。因而出现两种计划、两种市场、两种价格并存的“双轨制”格局。

彭县取消向各乡镇下达农业总产值、农作物种植面积和亩产计划，以及农产品收购计划。商品流通方面，取消粮食油料、肥猪的统购、派购制度，采取合同定购制。

1987 年，计委的经济技术协作办公室，升为县政府序列编制，以加强对内对外开展横向经济技术联合与协作，推进经济发展。

1993 年，十四届三中全会确立社会主义市场经济目标，随着各项配套体制的建立和完善，计划部门的工作职能随之发生变化，逐步树立起想大事、议大事、抓大事的观念，把主要精力放到搞好本地区宏观调控和经济调节上来，放到强化宏观调控中的总体指导和综合协调上来，放到强化研究拟订发展战略、规划和政策上来。从以指令性计划直接管理，逐渐转向用经济杠杆和政策导向的间接管理；从分钱、分物、定指标、下计划的日常事务，逐步转向抓规划、出主意、抓项目、审批项目，搞好综合协调服务。在“当好参谋、谋划长远、调节运行、管理投资”几个方面发挥计划部门的职能作用，促进经济和社会快速、持续发展。经上级批准，2001 年 10 月计划委员会更名为彭州市发展计划局。

投资管理体制改革

1986 年以前，投资管理高度集中，县级计划部门的审批权限为单项工程在 5 万元以下的。5 万元以上的项目则由县计划部门审查后，报上级计委审批。1986 年以后，随着经济建设的发展，改革开放的逐步深入，县级计划部门的审批权限逐渐扩大，对自身能平衡、资金落实（即不需要上级解决资金），符合国家、省、成都市产业政策和发展规划、产品适销对路、有效益的项目，总投资在 3000 万元以下的基础性、竞争性和投资在 2000 万元以下的公益性基建及更新改造项目可审批，超过限额的项目报上级计委审批。

1990 年，为加强固定资产投资管理，调整投资结构，避免重复建设，国家实行项目许可证和征收投资方向调节税制度，加强投资的宏观调控，由计委核发项目许可证和核定投资方向调节税税率。

2000年前，全市所有固定资产项目均实行行政审批制，所有基本建设和需新征土地的异地更新改造项目由计委审批，其他更新改造项目由经委审批，外商投资项目由计委审查后，报上级计委审批。凡未经计划部门批准的固定资产投资项目，城市规划部门不得规划定点，土地管理部门不得办理用地手续，银行不得发放贷款，建设管理部门不得发放用地规划许可证和施工执照。

2001年，为贯彻落实成都市人民政府《关于加快成都市投资体制改革的决定》，把国家非限制类的非政府投资项目由行政审批制改为登记备案制。简化投资办事程序，为各类投资者营造了公开、公平、公正的投资环境。

2003年，为贯彻落实《国务院关于投资体制改革的决定》和四川省、成都市的实施意见，将企业投资改革为核准或备案。

第二节　编制计划（规划）

地方计划（规划）是反映本地区经济、科技和社会发展的主要活动和过程。包括生产、流通、分配、积累、消费等社会再生产的主要环节和主要方面；包括科技发展战略、重点科技项目、新技术引进、科技成果推广、科技事业发展；包括人口的发展与控制、劳动就业、劳动保护和劳动条件、环境保护，卫生、体育、文化、教育、社会福利和社会保障、精神文明建设等状况和发展计划（规划）。

编制计划

全市（县）开始编制国民经济和社会发展五年计划，是十一届三中全会后的“六五”计划（1981—1985年）。

“七五”计划（1986—1990年），1985年12月编制完成《彭县国民经济和社会发展第七个五年计划（草案）》。

“八五”计划（1991—1995年）和《十年规划》（1991—2000年），1992年初编制完成《彭县国民经济和社会发展十年规划和第八个五年计划纲要（草案）》，同年2月经彭县第十二届人民代表大会第三次会议审议批准。

“九五”计划（1996—2000年）和《2010年远景规划》（2001—2010年），1995年12月编制完成《彭州市国民经济和社会发展第九个五年计划和2010年远景目标纲要（草案）》，提交十三届人民代表大会第五次会议审议通过。

“十五”计划（2001—2005年），2000年12月，编制完成《彭州市国民经济和社会发展第十个五年计划纲要（草案）》。

“十一五”计划（2006—2010年），2005年编制完成《彭州市国民经济和社会发展第十一个五年计划纲要（草案）》。

1991年，完成《彭县列为省委“一条线”1991—2000年国民经济和社会发展计划》，提出到2000年全县发展目标，并及时报送成都市为最终进入省委“发展县经济，先抓一条线”的县，起到了极其重要的作用。

编制规划

1989年参与四川省计经委经济研究所课题组，编制完成《四川省彭县中期经济发展与改革综合规划（1989—1996年）》。

1993年编制《彭县矿产资源开发利用总体规划》，为对矿产资源的开发进行合理规划，开展乡镇矿产资源开发规划的编制，产煤重点乡镇还编制《矿产资源开发利用实施规划》，在这些规划基础上编制完成《彭县矿产资源开发利用总体规划》。

1998年编制《成都平原经济圈彭州市经济发展规划》，1998年按照省委、省政府和成都市委、市政府构建成都平原经济圈的意见而编制。规划收集、整理和筛选农业、水利、工业、交通、城建等23个重大项目，作为规划载体。

1999年主编完成《彭州市2000—2030年生态环境建设规划》和《彭州市1999—2009年退耕还林、还草规划方案》两个规划的编制，对全市生态环境建设进行长期的规划和安排，明确指导思想、奋斗目标、总体布局和实施建设的具体政策和措施，长短结合，实施有序。为争取国债资金安排的“退耕还林工程项目”奠定基础。

2001年编制完成《四川龙门山地质公园彭州园区总体建设规划》，2001年3月，经几年争取工作，龙门山地质公园获国家正式批准并授牌，4月提出“彭州园区保护与开发工作方案”，6月邀请“构造”和“冰川”专家实地考察，确定核心保护区和保护点，开始编制《规划》，11月省上通过《规划》。同时，为促进地质公园的保护、开发和建设有序开展，对彭州园区周边矿山企业进行全面调查，制定《矿山企业关闭转移方案》，关闭12个，转移3个。

2004年编制完成《彭州市加油站行业发展规划》《规划》为加强全市加油站行业的发展和管理，逐步建立起与经济发展相适应，满足消费者需求，布局科学合理、竞争有序、功能设施完善的加油站网点体系而编制。

第三节　实施计划（规划）

调节运行，保障实施

《计划》经人大审议批准后，再又制定《实施意见》，并随时根据执行情况的监测和形势的变化，提出调节建议报人大审议，以确保《计划》的顺利实施和圆满完成。同样，《规划》制定后还要制定相关的《工作意见》《执行方案》和防止、处理问题的《预案》等，保证《规划》顺利进行。

认真编制好经济和社会发展的年度计划。每年年底前，在总结当年经济和社会发展情况并预测发展趋势的基础上，结合“五年规划”的目标，根据国家宏观经济政策取向，提出下年度经济和社会发展的思路和主要目标，经广泛征求意见并报市委、市政府确定后，形成年度发展计划。从1993年起，年度计划各项指标均以指导性计划为主，基本取消指令性计划。从2000年开始，年度计划的主要经济指标改为预期目标。

彭县列入“一条线”后，又草拟《关于加快“一条线”改革开放和经济发展的实施办法》，并以县委名义上报成都市委，提出到1995年和2000年彭县7项主要经济指标、改革重点、主要政策措施和主要项目。同时，提出加速发展步伐，调整彭县十年规划和“八五”计划的建议，将主要经济指标适当调高，并于1993年1月经县十三届人民代表大会第一次会议审议通过。

加强经济运行情况的监测和预测分析，及早发现和组织解决经济运行中的突出矛盾和问题。每季度召开一次经济形势分析会，对本季度的运行情况进行总结分析，形成分析报告，通过《经济动态》简报，及时反映经济运行情况。同时，针对存在的问题，及时提出对策建议。如2001年二季度，针对当时全市投资不足的问题，为加大投资力度，有效拉动经济增长，及时提出加快建设一批、新开工一批、储备一批建设项目的建议和具体方案，报市政府审查同意后，以专项目标任务下达相关项目单位贯彻执行。

调查研究，拟定政策

针对经济运行中出现的新情况、新问题，进行专题调研，提出应对措施，供市领导决策参考。

1999年，针对农业生产存在的农产品品种结构不合理、品质不高、价格偏低、农民增收缓慢等问题，会同相关职能部门在进行深入调查研究后，提出农业生产结构调整的思路，被市委、市政府采纳，制定《关于调整农业生产结构的实施意见》，下发各乡镇和部门执行。

2004年，针对全市旅游资源开发中存在的问题，通过调研，向市政府提交《以经营城市理念，指导我市旅游产业发展》的调研报告。

2005年，撰写“加强集群发展战略提高我市经济竞争力”“建设彭州市医药之乡的基本构想”“抓住乙烯项目机遇，推动全市一体化建设的意见”和“2005年彭州经济运行及2006年发展展望”四篇调研报告。

为吸取国内外特别是经济发达地区成功经验，合理利用资源、节约土地，提出要加快县级工业区的开发和建设，草拟出《关于加快开发彭县工业区的决定》，提出管理机构、开发和建设方案、优惠政策及奖励政策等。《决定》经县委常委会讨论修改后下发执行。

为提高集镇建设管理总体水平，使集镇形成当地政治、经济、文化中心，逐步实现农村工业化、集镇城市化，提出加快发展乡集镇建设的八条意见，县委制文下发执行。

为积极贯彻执行中央5号文件精神，提出加快第三产业发展的意见，县委制文下发。同时还组织召开全县发展第三产业的大型动员大会，贯彻和实施县委文件。

为适应形势发展，大力发展私营经济，提出在县城西南面建立500～1000亩的私营经济开发区，经县委、县政府讨论修改后，下发“关于建立私营经济区的意见”的文件。

1998年，围绕新一届市委、市政府提出的以“四四五五”工程为重点的发展思路，及时研究制定“夯实四大基础”“壮大四根支柱”的具体实施方案。

2000年，在中央做出实施西部大开发重大决策后，市委、市政府听取计委提出的关于贯彻实施西部大开发战略的具体建议，成立领导班子并组成基础设施、工业、农业等9个专题组研究发展思路。计委同时承担三个课题的研究，组织人员及时提出《关于彭州农业结构调整、生态环境保护和建设的建议》《关于加快彭州基础设施建设的建议》和《彭州第三产业结构调整和发展的建议》，市委、市政府批转各乡镇、部门执行。

在专题调研的基础上，经十届六次全委会通过，市委市政府下发《关于抓住西部大开发机遇，实现彭州跨越式发展的意见》。

2001年，为贯彻落实成都市政府《关于加快成都市投资体制改革的决定》，计委提出工作方案，并牵头组织法制办、建委、财政局、国土局等20个部门研究制定全市《非政府投资项目实行登记备案制度暂行办法及流程》《政府投资项目办事流程》《证照颁发、公示管理》《特许经营权管理》《投资信息发布实施办法》等5个文件。为贯彻省委、省政府《关于妥善处理非法集资问题的意见》，市委、市政府下发《关于妥善处理我市非法集资有关问题的意见》。

2003年，为贯彻落实《招投标法》和《成都市工程建设招标投标管理若干规定》，代市政府草拟《彭州市人民政府关于进一步贯彻〈成都市工程建设项目招标投标管理若干规定〉的实施意见》下发执行。

2004年，为推进城乡一体化工作，向市政府提出《调整城乡产业布局的意见》。

2005年，为贯彻落实成都市“项目年”工作，研究提出《彭州市项目年工作实施意见》。

第四节　项目投资管理

项目前期工作

认真研究国家的宏观经济政策，根据国家的产业政策、资金投向，做好项目前期工作，包括提出项目建议书（可行性研究报告）、评估论证和决策等工作内容，充分调动部门、企业等多方面的积极性，加强项目的策划、筛选、包装、储备工作，有重点、有针对性地评估论证，推出一批经济效益和社会效益好、符合国家产业政策和投向的项目，上报成都市、四川省和国家，争取项目和资金支持，同时也作为招商引资的载体和基础。

1992年，县政府先后成立“彭县项目工作领导小组”和“彭县重点工程建设领导小组”，办公室均设在计委。在项目前期工作中，开展项目提出、建设方案、班子组建、资金筹措方案、项目报批、实施建设、政策措施制定等工作，促成项目尽快上马。如凤鸣桥水电站、工业开发区、彭关公路、程控电话、贸易市场等项目。

随着改革开放，外商投资进入，“三资”企业兴起，做好兴办“三资”企业的接待、咨询，项目、合同和章程审批，代办工商登记等工作，县政府采纳计委建议，决定成立“彭县外商投资服务管理中心”承办此事，中心设在计委。

1994年，国家计委安排沿原油入川管道走向到彭州并对厂址和建厂条件进行考察；1995年4月，国务院副总理邹家华到彭州视察厂址；1996年5月，国家计委石油处邱宫贞处长、国家计委主任陈锦华等先后到彭州视察厂址，对厂址和建厂条件给予充分肯定。为加大宣传，扩大影响，提高彭州知名度，吸引更多投资商来发展，市政府责成计委牵头并具体承办。8月，在成都新华宾馆举办“彭州市招商引资暨四川炼油厂项目信息发布会”，邀请省、成都市和北京的领导，以及省内外新闻单位和大中型企业来宾300余人到会。

1994年，根据国家有关扶持粮棉大县发展经济的精神，及时组织上报一批商品粮大县建设项目，至1997年底，争取纳入商品粮大县建设的项目有兴达养殖场、金桥饲料有限公司、天龙化工有限公司、五倍子加工厂、精米加工厂、市种子公司种子基地建设、国营彭州兽药厂扩改工程、天怡食品有限公司等，争取专项贷款1000余万元。

1998年，国家为扩大内需，拉动国民经济持续、快速、健康发展，实施积极的财政政策，安排国债资金加大基础设施建设投入。为争取国债资金的支持，及时组织包装上报一批城市基础设施、农业、水利、国产化装备等项目，至2001年底，市第二自来水厂、水保工程、大宝镇生态环境及基础设施建设、退耕还林、双低优质油菜项目、坡改梯工程、第二污水处理厂、CNG减压阀、农网改造工程等项目共争取国债资金7000余万元，争取上级各类补助资金717万元。为中药材饮片项目、天怡食品厂争取商品粮大县建设专贷1100万元，协助果蔬保鲜库争取省财政周转金300万元。

2002—2005年，纳入国债资金支持的项目有：农网改造二期工程、莲花洞水库和牌坊沟水库除险整治工程、市疾控中心、彭州职中实验大楼、九尺镇小城镇经济综合开发示范项目、什新路彭州段改造工程等。

项目管理

一是把好项目审批关，严格按照基本建设程序和国家的产业政策进行项目的审批和报批；二是加强项目的建设管理，项目一经批准实施后，要督促和监督项目业主贯彻执行国家出台的建设项目法人制度、资本金制度、招投标制度和工程监理制度。重点是加强对政府性投资项目的建设管理，加强概预算审查和不定期的稽查，监督资金的使用，管好用好财政性建设资金和国债资金，保质保量完成工程建设任务。

重点工程建设

一是每年经过收集、整理、筛选后，拟定出一批重点建设项目名单及工程建设的目标任务，报领导小组确定后，下达给相关部门和项目单位，纳入市委、市政府一级目标进行管理和考核。二是完善管理办法，对重点工程建设实施全过程指导和督促检查，尤其是国债项目，同时搞好项目建设的月报汇总分析工作，以《经济动态》简报及时为市领导提供各项目建设的最新进展情况，定期和不定期邀请四大班子领导视察重点工程建设。三是加强协调服务，及时解决工程建设中出现的各种新情况、新问题，如工程建设中的征地、拆迁、农转非及农转非安置、到期集资债券兑付等，确保工程建设顺利进行。

在抓重点工程建设方面，除抓好面上的工作外，还深入到具体的建设工程上，1992年实施的重点建设项目中，委派计委主任、副主任分别担任风鸣桥水电站、彭关公路、工业开发区、程控电话工程、城建指挥部、东干道延伸段等工程的常务副指挥长、副指挥长，以确保项目建设完成。

第二章　物价管理

1985年12月，彭县计划经济委员会的物价科划出，恢复成立彭县物价局。1993年12月，撤县建市，彭县物价局改称为彭州市物价局。

20年间，物价局在市委、市政府领导下，保证国家物价方针政策和上级管理的价格在本地区贯彻执行。处理好各种违反物价纪律的行为，维护市场基本稳定。加强收费管理，对行政事业和服务价格收费进行清理和整顿，推行和完善收费公示制度。进行价格改革，逐步放开商品价格和收费项目价格管理权限，控制物价涨幅等。保障本地区经济健康有序发展。

第一节　物价管理改革

1984 年，中央关于经济体制改革的决定公布后，我国的国民经济建设即开始从高度集中的计划经济体制向市场经济逐步过渡转变，在计划经济条件下形成的计划价格，机制已严重阻碍经济发展势必改革。要搞好价格体制改革，必须遵循保持市场物价基本稳定，人民的生活安定的基本原则。

1986 年，国家对部分商品逐步缩小指令性计划，不断扩大市场调节范围。彭县对部分价格低于价值的商品，进行理顺调整。当年 4 月起全面放开计划外工业品生产资料价格。完善商品明码标价制度。

1987 年，对与人民生活密切相关，乂属市场调节价的商品和收费实行提价申报制度。

1988 年，对行政事业性收费建立收费许可证制度。对全县生产、经营企业实行企业定价许可证制度。

1989 年，深入贯彻国务院 1987 年 9 月 11 日颁布实施的《中华人民共和国价格管理条例》。采取适时、适度等策略调整不合理价格，逐步理顺价格矛盾。

1990 年，推行行业价格管理制度，逐步建立行业价格管理体制。松动价格管理权限，将已放给企业定价的商品，取消差率限制，由企业根据市场行情变化灵活掌握。

1991 年，贯彻执行“控制物价水平，调整价格结构，加快价格管理，深化价格改革，促进经济发展”的工作方针。召开全县物价工作会议，每年将市场物价控制目标分解到粮食、商业、供销、卫生、教育、工商等 17 个责任单位和部门，责任包干、落实到人。对主要商品价格和收费标准实行监控；对粮、油、糖、盐等生活必需品实行生产、经营责任制。

1992 年，转换物价管理职能，拓宽物价工作领域，完善市场物价管理责任制，重点做好三重目标责任制的完善工作，对市场物价实行三重目标管理，动员全社会齐抓共管。

1993 年，遵循“加快价格改革，调整管理职能，运用价格杠杆，避免暴涨暴落，促进经济发展”的工作方针，根据建立“价格形成机制以市场形成为主，定价主体以企业定价为主，国家管理价格以间接调控为主”的市场价格新体制的目标，加快简政放权的步伐。按照国家、省、成都市要求和价格管理目录，除规定的商品价格和必须统一控制的行政事业性收费及经营性收费外，其余产品价格和劳务收费全部放开，由企业自主定价。至此，全市在零售物价中占 90% 以上的商品价格已经放开；在工业生产资料中占 85% 的商品价格由市场调节。基本结束价格形成长期排斥市场，价格管理简单僵化，价格运行违背价值规律的状况，改革取得了阶段性成果，初步形成社会主义市场价格体制的基本框架。

1994 年，按照省、成都市对物价工作要“抓住机遇、深化改革、扩大开放、促进发展、保持稳定”的要求，结合彭州全市同全国一样正处于严重通货膨胀时期的实际情况，以稳定为中心，实行市场物价目标管理，控制价格涨幅。建立重要商品价格监测制度，建立价格监审制度。

1995 年，价格改革的重点是健全价格调控机制，整顿市场流通秩序，规范企业定价行为，增强政府调控市场的能力。

1996 年，物价工作围绕抵制通货膨胀的首要任务，以建立健全价格调节控制机制为重点深入价格改革，加快价格立法进度，大力整顿价格秩序，适当疏导价格矛盾，确保物价涨幅进一步降低，促进国民经济持续、快速、健康发展，为实现我国国民经济建设第9个五年计划创造良好的宏观经济环境。

1997年，彭州市在价格改革中，对目标管理作全面改进，制定目标管理制度，并将目标分解落实到各科、室、所及个人，进行严格考核。

1998年，开始实行价格调整听证会制度。贯彻执行国家计委、省、成都市《原油成品油价格改革方案》通知精神，确定全市成品油批发，零售价格标准，实行城乡同价。

1999年，价格改革以价格调控目标和整顿价格秩序，规范价格行为，为扩大内需，启动市场消费，促进经济持续、快速、健康发展为重点，强化价格管理，加大物价调控力度，培育和完善市场价格形成机制。围绕价格调控目标，利用价格杠杆启动市场，扩大内需，刺激消费，推进价格改革，颁发《关于扩大化需求若干价格政策的通知》。按同行价格管理目录，除实行国家定价和国家指导价的商品和服务价格外，一律放权给企业根据市场变化自主定价。改革收费制度，遵照中共中央、国务院关于行政和事业性收费和罚款实行“收缴分离”“收支两条线”规定，市委、市政府决定，物价局会同财政部门筹建收费结算大厅，对全市行政事业性收费集中统一审核。

2000年，价格改革抓住西部大开发的历史机遇，进一步解放思想，更新观念，转变职能，充分发挥价格杠杆作用，深化价格体制改革，改善价格环境，规范价格秩序，优化经济结构，促进彭州市经济发展和社会稳定。

2001年，落实四川省、成都市经济工作会议精神，围绕市委、市政府制定的“工业富市，城建活市”两大目标，抓住西部大开发的历史机遇，进一步深化价格和收费体制改革，为继续改善全市投资环境创造条件。同年，国家为与世界统计程序接轨，决定将我国现行物价指数的测定进行重大改革。关于物价指数的统计，只计算居民消费品价格指数，原有商品零售物件指数的统计同时废止。

2002年，为进一步规范药品价格管理，增强药品价格管理透明度。根据省物价局《关于对药品价格实行公示制度的通知》要求，对全市医疗机构药品价格实行公示制度。为继续推进粮食流通体制改革，进一步落实“三项政策、一项改革”措施，继续实行粮食收购执行综合价格政策，按时出台小麦、稻谷等收购价格，并监督粮食收购部门按收购价格常年挂牌敞开收购，做到不限收、拒收和停收。在粮食收购期间，要求粮食收购企业将政策、价格、样品三上墙，接受群众监督。

2003年，彭州市价格改革的重点是合理疏导价格矛盾，运用价格杠杆促进需求增长，调整全市小水电站上网电价，实行调价前成本监审，同时取消电量计划考核办法。7月，成都市确定彭州市为国家药品监督管理局在四川实行药品配送试点县（市）之一，通过调查研究，探索配送药品价格管理途径，制定相关药品配送价格，同时做好乡村医疗站和乡镇卫生院的药品价格监督、检查工作，推进药品配送制度工作的开展和落实。

2004年，认真履行管理、监督、服务职能，继续深化价格改革内容，为工业富市、城建活市发展战略服务。对重要商品和服务价格继续加强管理。加强对集中招标药品价格的管理，抓好农村药品配送价格公示，制作价格公示牌400余个，免费发放给各村卫生室（站）。

2005年，围绕“推进城乡一体化，建设和谐新彭州”的发展战略，在价格改革中继续履行管理、监督、服务等职能，大力加强规范化服务型政府建设，采取有效措施，加强价格管理，推动全市经济、社会发展。

第二节 物价管理和调控

农产品与农资

农产品 1986年，对生猪、猪肉完成国家指导价和季节、质量、早晚差价，对大宗蔬菜协调制定购销指导价。进入价格“双轨制”后，对猪肉实行最高限价，对粮食实行比例收购价。1990年，行业用粮全部退出计划供应实行市场调节。1992年，改革粮食购销价格，行业用粮退出平价供应，逐步提高销售价格，对职工发放粮贴，完成粮食购销改革开放。1994年，提高粮油收购价格，对居民的粮油供应，实行凭证、限量、定点供应。2000年开始，粮油收购实行定购价和保护价合并，执行综合收购价政策，对市场实行监控，适时制定粮油最低收购价格。

农资 1987年，对计划化肥严禁以平价转议价销售；计划外化肥允许在进价基础上加合理运杂费后，按不超过5%的组织费计价，次年对计划外化肥实行“综合平衡，合理计价，滚动结存”办法管理。1994年，建立种子价格调节基金。1995年，对农资分别实行国家定价、差率管理和提价申报制度。建立化肥价格基金，增强政府调控市场的能力。到1997年，化肥售价稳中有降。2002年，对所有涉农价格和收费进行清理整顿，实行涉农价格收费公示，在全市乡镇、行政村设监督员，建监督站，建立起涉农价格收费监督网络。2003年，岷江水系、湔江水系、农用水实行同行价格政策。2004年，贯彻执行省政府《关于尿素实行临时干预措施紧急通知》，出台尿素最高零售限价，做好化肥市场价格监测，每日向成都市物价局汇报。2005年，从成都市价格调控基金管委会引进调控基金250万元，扶持农业经济产业化发展。

生产流通企业

从1986年在全县推广发行商品统一红（国家定价）、蓝（国家指导价）、绿（市场调节价）三色标签，1990年，开始贯彻执行国家物价局1号令，统一实行红蓝绿商品标价签。从1986年4月1日起，全面放开计划外工业品生产资料价格。1987年，进入价格双轨制后，对群众反映强烈又与生活密切相关的商品，开始实行提价申报制度，并适当集中米饭、饮料等26种商品价格审批权限，对自行车、电冰箱、洗衣机等耐用商品，严格实行限价管理。1988年，放开部分商品如服装、皮革等价格管理权限。对实行国家指导价的商品，有关部门下达涉及调价的文件，需经物价部门会签同意，对计划外钢材等品种，实行最高限价。开始实行《企业定价许可证制度》。1989年，压缩部分商品流通环节经营差率，如毛巾进批差率，由14%压缩为12%等，降低市场价格水平。1990年，根据成都市政府关于物价方针政策，开始对与生活密切相关的商品价格实行直接监控，重点监控。整治一物多价，缩小价格“双轨制”价差。推行行业价格管理体制，逐步建立起行业价格管理体制。松动管理权限，取消允许企业定价商品的差率限制，由企业依据市场变化自行掌握。1991年，调整粮油统销价，对生活必需品实行生产、经营责任制和制定调整价格。1992年，又开放大批商品价格，取消其1987年开始实行的提价申报制度。1993年，进一步放开产品、商品价格，至此，零售物价中90%以上的商品，工业生产资料中85%的商品价格已经放开。同时，帮助企业建立健全内部定价程序、作价办法，制定正确的价格策略，增强企业自我约束能力。

1994年，鉴于严重通货膨胀状况，建立重要商品监测制度和价格监审制度。对成都市下达的51种监控商品，实行专人监测，对26个种类的商品实行提价审核、差率控制、国家定价等管理。建立企业联席制度，帮助解决困难，引导企业协助政府做好抑制物价涨幅的工作。建立自来水调节基金。物价、纪委、监察局三家联合开展《四川省企业负担监督管理条例》，落实情况专项监察工作。1995—1999年，对部分生活资料、用品实行差率控制管理和提价申报、备案制度。1998年开始，公布房产交易、住房租赁指导价，1999年建立城市基准地价、房产重置价和住房租赁指导价定期公布制度。清理取消1987年以后为抑制通货膨胀对一些重要商品采取的提价申报、调价备案、最高限价、差率控制等办法和措施。1999年，调整自来水价格，提高污水处理收费标准。2000年，按《国家城市自来水价格管理办法》要求，制定乡镇自来水销售价格。2001年为降低自来水公司经营亏损，适当提高水价和污水处理费。2002—2004年，继续调整水价和污水处理费。2005年，成立彭州市价格调控基金委员会和办公室，制定管理办法，规范项目的上报和基金使用的管理。

能源、交通和通信

能源　1988年，为缓解生产、生活用电紧张状况，制定枯水期电力销售价格。1989年，对全县小水电上网电价采取分步到位的办法进行调整；对县煤矿制定煤转运费，解决基础能源偏低的问题。1990年，对电力销售采用“多种电价进，综合电价出”的办法增强企业合力。1991年，调整民用煤、石油成品油价格，配合有关部门制定农电价格管理办法。1994年，调整电力上网价，建立电力价格调节基金；整顿石油成品价。1995年，对民用煤、天然气、液化石油气实行国家定价管理。1996年，对全市农村照明电实行“一集中”（集中安装电表）、“三公开”（电价、电量、电费公开）、“五统一”（抄表、核价、审票、出具、收费统一）；分供区实行最高限价管理；实行分类综合电价管理，即每年分丰水、枯水期，按供电对象、电力来源和价格等分类综合定价。1997年又推行农村分类电价管理；调整小水电上网电价和天然气价格。1998年，对电气价格实行重点监控、监审制度；确定成品油批发零售价格标准，实行城乡同价。1999年，对旧有用电设备扩容工程实行免收征用费，落实“两改一同价”的政策规定。实行半枯丰谷电价政策，落实电力增供促销措施。2000年，召开调价听证会，调整天然气销售价格，利用价格杠杆促进电力消费，增强企业活力，减轻用户负担。对高耗能生产用电、居民生活用电等体现优惠政策。2001年，调整天然气配套费收费标准。2002年，按省物价局规定，调整国家取消部分优惠电价政策后电力销售价格，地方电网电站上网价格，调整天然气价格。重新测算全市农村电价，贯彻成都市物价局关于二期农改完成后，农民生活照明电价不得超过0.65元/千瓦的规定。2003年，调整39家小水电站上网电价。实行调价前成本监审，同时取消电量计划考核办法。2004年，贯彻成都市物价局关于调整成都电力销售价格通知精神，调整电力价格；贯彻执行成都市物价局《关于农村中小学教学用电价格的通知》《关于紫平铺水利枢纽工程移民生活用电实行优惠电价的通知》，调整小水电上网电价。

交通、通信　1991年，调整公路运价，制定银厂沟至白水河旅游车辆通行收费标准。1992年，制定银白等4条集资贷款新建公路的收费标准。1995年，对市内公共交通费实行国家定价管理，对公路三乱进行专项整顿，取消公路收费站（点）11处。1998年，调整街车和专线中巴车运价。2002年，调整温郫彭高等级公路客运票价。

1992年，为改善投资环境，调整电话初装费、邮政资费，乡镇延伸服务费标准。1995年，对公用电话收费制发价目表，接受社会监督。1996年，加强公用电话收费管理，对全市1500多户部公用电话实行经营性收费许可证制度。1999 年，对邮政、电信收费作结构性调整。2000 年，纠正电信部门自立项目收取的公用电话月租费、城市附加费，强行收取的电话机代维费。

医疗卫生

1986 年，对中药材加强质量和价格管理。1987 年，对中成药适当集中价格审批权限。1988 年，对中成药实行最高零售限价。1991 年，制定中成药价格。1994 年，处于严重通货膨胀时期，调整医疗卫生（环卫）收费标准；提高部分中成药价格。1995 年，对医疗费、部分西药实行国家定价管理；对中成药实行提价申报制度。1997 年，加强药品价格管理，贯彻执行国家《药品价格管理办法》，对药品生产、经营企业、医疗单位生产和经营的化学药品、中成药、生化药品及医疗单位自制药品按统一领导、分级管理的原则，分别按中央、省、成都市管理目录，严格按照国家规定的作价办法进行管理、监督，降低药品价格总水平。1998 年，对药品生产企业、医疗单位进行专项检查；对医药行业的价格、收费实行重点监控、监审制度并对部分医疗收费标准做调整；对医药生产、经营单位生产的药品和医疗单位自制的药品价格进行调查、清理、整顿，按统一领导、分级管理原则和药品价格管理目录，严格价格管理权限、报批程序和作价办法，实行经营差率管理，规范药品价格秩序。1999 年，对医卫机构实行“收费许可证”制度；对医药行业实行重点监控、监审制度。同时，取消在通货膨胀时期对贵重中药材价格的临时办法和措施；重点规范医疗单位自制药品价格。2000 年，加强药品价格管理，重点整治虚高成本，规范药品市场价格秩序。2001 年，推行药品集中招标、采购制度。2002 年，规范药品价格管理，对医疗机构药品价格实行公示制度。2003 年，为规范药品零售价格行为，维护消费者权益，编印《国家公布的药品价格汇编》发送药店和医院；在“非典”防治时期，对相关的药品、消毒制品、用品、食盐等出现的价格波动情况，及时采取果断措施，对预防“非典”的中药饮片和煎剂实行最高限价管理，对消毒制品、口罩等实行差率管理；同年 7 月，彭州市被成都市确定为国家药品监督管理局在四川实行药品配送试点县（市）之一，通过调研探索配送药品价格管理途径，制定药品配送价格；同时做好乡村医疗站和乡镇卫生院的药品价格监督、检查工作。2004 年，加强对集中招标药品价格的管理，实行农村药品配送价格公示、制作价格公示牌免费发放各村卫生室（站）；制定《彭州市贯彻〈成都市应对价格异常波动工作预案〉的实施意见》；“禽流感”发生时期，加强市场价格管理力度，防止与禽流感防治相关的商品和服务价格出现异常波动，有针对性地开展对相关商品和服务价格的监测、预警工作。2005 年，对药品配送价格、公示开展全面检查；贯彻执行国家降低 22 种药品最高零售限价政策，出台一批调价项目。

行政事业收费

1987 年 6 月，县政府成立“清理整顿各项收费领导小组”，对收费单位摸底、排队、分类，要求各单位自查、上报收费情况，长期坚持清理整顿工作。1988 年，对行政事业性收费建立收费许可证制度。1992 年，为严格许可证管理，又建立许可证年审制度。1993 年，调整中小学、幼儿园收费标准，制发中小学、幼儿园“收费卡”，由学校发放到学生家长手中，规定各校、园不得再外加收费；制定《关于进一步加强短期培训收费管理的规定》，整顿短期培训收费秩序，明确规定报批程序和按批准标准收费。1994 年，通过治理“三乱”，实行学生“收费登记册”制度，一生一册，对各校办班、补课收费也做严格规定，完善对学校的收费管理。1995 年，对学杂费实行国家定价管理。同年开始对各部门办短期培训实行部门申请，分管副书记、市长批准，物价管理部门审查收费标准、凭证收费、期满验收的制度。

1995 年开始实行行政事业性收费年度审验制度，取消、注销收费项目 22 项，降低收费标准 3 项；1996 年，取消两项，降低标准 21 项；1997 年，取消越权审批收费项目 18 项，降低标准 15 项；1998 年，取消 38 项，降低标准 9 项。1997 年，对国营、集体、乡镇企业制发“企业交费登记卡”，对外资企业发放收费等级卡，有效制止向企业的各种乱收费；1998 年，又对重点企业、乡镇企业实行“企业收费登记册”制度；开始对企业改制过程中行政主管部门的行政性收费一律取消；对全市的行政事业收费进行全面、彻底的清理整顿。经清理，共落实国家、省、成都市及彭州市取消收费项目 172 项，金额为 1006 万元；降低标准 12 项，金额 86 万元；自查自纠取消地方性制定的收费项目 34 项，金额为 844 万元；将 12 项属服务性收费项目转为经营性收费。在清理整顿的基础上，编印《彭州市行政事业型收费目录》报送有关领导和上级部门，下发有关单位和社会公众；对收费单位实行“收费许可证”制度，规定持证、亮证收费。1999 年，制定中小学春秋两季收费标准；遵照中央、国务院关于行政事业性收费和罚没款收入实行“收缴分离”“收支两条线”的规定，对收费制度作相应改革。2000 年开始，每年编印彭州市行政事业性收费项目及收费标准；对外资企业实行收费登记卡制度的同时，发放“明白卡”，并专门召开“明白卡”执行座谈会，改善招商引资环境。

2001 年，认真贯彻教育收费政策，开展中小学收费专项检查，清退超过规定的收费；对行政事业部门在农村的收费标准、执行情况进行检查，严格按价格法规处理查出的问题。同年，增加市纪委把关，审核办班成本内容，走上规范化管理轨道。2002 年，遵照国家计委、财政部、教育部《关于印发〈教育收费公示制度〉的通知》要求，完善教育收费管理，按收费项目、标准、文件依据等制定统一规格，落实教育收费措施，增强教育收费透明度。2003 年，制发《彭州市涉及企业行政事业性收费项目及标准》，对行政事业性单位实行收费项目、标准公布上墙；涉农收费“政务公开”，各镇、村实行收费价格公示。2004 年，按照《中华人民共和国价格法》和《中华人民共和国行政许可法》要求，对行政事业性收费进行清理，重点清理行政事业单位实施行政许可收费；开始每年刷新行政事业性收费和镇村涉农收费公示，刷新率达 90%，2005 年达 100%；认真贯彻义务教育阶段“一费制”，对“一费制”政策实施后收费公示进行全面检查。2005 年，全面实施收费公示制度，各收费单位的收费项目、标准、收费依据全部公布上墙，接受社会监督。

经营服务性收费

1986 年，针对处于起步阶段的风景名胜区旅游区价格收费混乱情况，上门逐户宣传物价政策，对旅馆、饮食服务业的价格、收费进行清理、整顿。1988 年，对公用服务收费进行清理整顿。1991 年，制定 7 家二级以上旅馆、招待所收费标准。1992 年，为加快旧城改造，推进住房改革，调整公租房收费标准，制定旧城改造统拆、统迁、代建住房的收费标准。1993 年，调整风景区门票收费标准，促进旅游发展。1994 年，建立服务价格监审制度，制定餐饮、娱乐业价格和收费实行监审的规定，实行明码实价，接受监督。1995 年，加强经营性收费管理，实行“经营性收费许可证”制度。1996 年，规范餐饮、娱乐业、停车场等服务的明码标价。1997 年，对天彭镇一级以下的餐饮、娱乐业和茶楼实行等级管理，按等级标准评定合格后，核发“四川省餐饮业、娱乐业价格收费等级证”，按等级规定收费，价格标准，每年评审级别，有升有降；整顿规范中介机构收费行为，制止强制服务收费、少服务多收费、不服务也收费；整顿税收代理收费，不准强行代理并将其收费标准在省、成都市规定的基础上下调 40%。1998 年，加强对经营性收费的管理，实行经营性收费许可证制度；落实中央关于治理向企业乱收费、乱罚款和各种摊派问题的决定，对7家不同所有制企业进行调查、清理，对乱收费的单位和部门，根据情况给予批评、纠正和处罚；对企业改制过程中的中介服务性收费实行减半收取。1999年，调整人力三轮车年检、停车场、沼气管理等收费标准；加大对旅游景区价格的规范管理力度，制止一园多票，漫天要价行为，实行“一票制”规范；加强对风景区餐饮、娱乐、门票、停车场、宾馆旅游价格和收费监督检查，规范价格秩序；对中介服务收费作重点整治，收费标准严格低限入轨；按质价相符原则，测算核定物业管理收费标准；整顿全市停车收费秩序，实行“两证一牌”和明码标价制度。2000年，对税务代理、有线电视、物业管理、技监咨询等服务性收费，按价值相符原则，测算、确定收费标准；对广告服务收费加强管理，实行广告收费备案，明码标价管理；加强小城镇管理，制定街道环卫收费标准；对景区农民旅店客房收费进行整改和规范；“五一”、国庆期间，开展旅游价格专项检查，统一制作收费价目牌，标明收费项目、计价单位、标准监督电话等，接受游客监督。2001年，加大整治旅游价格力度；加强经营性收费管理，规范中介服务收费，重点对具有垄断性质的经营性收费，本着用户自愿，收费标准从低的原则进行管理；坚决制止将行政行为转为中介服务。2002年，根据成都市相关部门联合制发的《关于2002年清理规范行业协会、学会和中介组织收费工作的通知》精神，在全市范围开展清理、整顿工作，对违纪违法行为进行纠正和处罚，对存在的问题提出解决措施和办法；制定《彭州市旅游区价格管理办法》，对景区的农家乐、宾馆、招待所、度假村进行整治，开始实行等级收费管理，编制“景区收费明白卡”；重点检查集市贸易收费、下岗职工再就业收费。2003年，对经营性收费实行年审制度；按照《四川省城市物业管理暂行规定》，加强物业收费管理，核定全市物管收费标准。2004年，召开听证会，适当调整污水处理费，全面清理中介服务和经营性服务收费项目，为上级部门制定、完善定价目录提供基础资料；贯彻落实下岗失业人员、失地农民再就业、普通大学生自主从业收费优惠政策的监管力度，确保国家优惠政策的执行。2005年，在对景区价格收费管理上，改变原来重处罚、轻宣传的模式，送政策上门，对经营业主进行价格培训。

第三节　物价监督检查

建立健全监督检查体系

自1984年建立物价检查所开始，为加强对物价的监督检查，陆续成立“整顿各项收费领导小组”“酒类清理整顿办公室”“物价大检查办公室”，且各部门、单位也成立相应领导班子，成立“成都市职工物价监督总站彭县监督站”，在乡镇、村设立涉农物价、收费监督站，一村一监督员，建立起市（县）、镇、村三级监督网络，设立“12358”价格举报电话，接受群众来信来访，处理举报、投诉案件，使物价监督检查形成经常化、制度化、群众化。

监督检查的实施

按照国家、省、成都市、全市（县）统一部署，各相关部门、单位配合，对物价、收费监督检查以专业检查队伍为主，群众、职工义务物价监督为辅，企业自查，主管部门组织互查，市（县）进行重点抽查开展进行。

全国物价大检查。根据国家、省、成都市统一部署，在全市开展针对性的物价、收费大检查。

节日物价大检查。节日期间正是各种消费的集中旺盛期，一些商家、经营者或乘机涨价，或以次充好，或价质不符，或缺斤少两。为稳定市场，保护消费者利益，每年在元旦、春节、五一、国庆等重大节日期间开展相关机关、部门、单位组成的联合市场物价大检查。

专项物价检查。每年根据市场物价收费状况，开展对某种商品或物价制度，某些行业、单位、部门的物、收费，开展检查、治理和整顿。

针对性检查。每年对一些生产、经营企业和部门、单位的某些涉及物价、收费或制度出现的违规情况进行检查、治理和整顿。

固定检查。1985 年建立物价监督站，开始为消费者复秤、复尺、量酒度、断公道等服务，监督经营者执行国家物价政策。

20 年间，通过多种形式的监督检查，共查处违规违纪案件 3016 件，经济制裁总金额 417.8 万元，上缴财政 360.15 万元，退还消费者 54.9 万元，全市（县）物价总水平保持稳定。

第三章　财政管理

1986—2005 年，财政管理体制进行过多次改革和调整，其管理范围内容也不断增加，以适应经济发展的需要。1986 年，四川省财政厅、成都市财政局对市（县）实行“总额分成”的财政管理体制。1988 年起，成都市财政局对全市实行“递增包干上缴”的财政管理体制。1993 年 12 月 15 日，国家全面推行分税制财政管理体制，统一划定中央预算固定收入、地方预算固定收入、中央和地方共享的收入，并分别建立中央和地方的税收征管体系，即国家税务局和地方税务局。1994—1999 年，实行新、老财政管理体制“双轨”运行的办法。2000 年，四川省人民政府为了加强对全省各地、市、州的宏观调控，从 1 月 1 日起，对各区（市）县实行新、老财政管理体制“并轨”，不再执行原递增包干体制的递增包干办法，实行完全的分税制财政管理体制。

第一节　财政管理改革

市（县）管理体制改革

1986 年以前，县财政收支预算，均由上级分项专项安排，地方政府动用的资金，只有在农业税附加（约 15 万元）的资金内动用，主要用于交通建设和公费医疗补助等方面。

1986 年，成都市财政局对彭县实行“总额分成”的财政管理体制，即先计算确定全市的财政收入基数，决算收入实绩超过基数的部分，上解 30%，留用 70%。

1988年起，成都市财政局对彭州市（县）实行“递增包干上缴”的财政管理体制，即在上年收入上缴的基础上每年按6%的递增比例上缴。1994年国家全面推行分税制财政管理体制，实行税收“三分一返”返还制度。按“温和平稳”的改革原则，在新老管理体制转换过程中，1994—1999年，实行新老财政“双轨”运行的管理体制，全市全口径财政收入1994年完成1.36亿元，比1993年增长17.56%；1999年达到2.45亿元，比1993年增长1.8倍。

2000年，省、成都市政府为加强宏观调控，对实施的分税制管理体制进行完善和调整。自1月1日起，对各区（市）县实行新、老财政管理体制“并轨”，执行新的完全的分税制财政管理体制。2000年到2005年执行完全的分税制财政管理体制，全市全口径财政收入，2000年完成2.51亿元，比1999年增长2.31%；2005年达到5.56亿元，比2000年增长1.2倍。2005年，全市地方财政收入完成2.92亿元，比2000年增长44.67%。

乡镇财政管理体制改革

乡镇财政是国家五级财政中最基层的一级财政，作为国家财政的一个重要组成部分，担负着为国家筹集、分配和监督管理乡镇财政收支的重要任务。

1986—1993年，对各乡镇（除丽春镇试行金库试点、财政体制实行收支包干）实行“定收定支、收入上缴、超收分成、支出下拨、超支不补、结余留用、一定三年”的财政管理体制。

1994年6月8日，根据税制改革和分税制财政体制改革的要求，结合全市实际，经市人民政府批准，进一步完善和改进全市乡镇财政体制，实收“划分收入范围，核定收支基数，超收按比例分成，减收按比例扣减支出预算，一年一定”的财政管理体制。

2002年，根据《中共彭州市委彭州市人民政府关于推进重点乡镇经济跨越式发展的意见》（彭委发〔2002〕18号）精神，结合全市农村经济综合体制改革、分税制改革和分税制预算管理的有关规定，对天彭镇、丽春镇、九尺镇、濛阳镇、隆丰镇、致和乡、西郊乡、利安乡等八个重点乡镇实行“划分收入范围，核定收入基数，上缴递增包干，核定支出基数，新增因素自行负担”的财政管理体制；对其余二十个乡镇实行“划分收入范围，核定收入基数，以上年实绩按比例递增（工商税收部分），超收按比例分成，歉收扣减支出基数”的财政管理体制。

2004年，为更好地发展地方经济，特别是搞活镇域经济，充分调动各镇的积极性，加强税收管理，切实加大招商引资力度，实现全市财政收支平衡，对镇财政管理体制再次进行改革，将原“划分收入范围，核定收入基数，以上年实绩按比例递增（工商税收部分），超收按比例分成，歉收扣减支出基数”的财政管理体制重新确定为：“新增企业所产生的税收收入地方所得部分当年全部奖励给乡镇，以后年度按该企业在上年实绩的基础上增加的税收地方所得部分的全部奖励给乡镇（如该企业享受了优惠政策，则乡镇的奖励比例为50%）；农业税及附加征收按市上目标管理单独考核；支出由市财政按市级行政单位支出标准核定，新增政策性支出由市财政负担”的财政管理体制，下发《中共彭州市委、彭州市人民政府关于进一步完善镇财政体制的通知》（彭委发〔2004〕17号），全市28个镇均执行此管理体制。

同时，按照建立公共财政框架的要求，充分发挥财政职能作用，规范各镇财政收支行为，缓解各镇财政困难，维护农村基层政权稳定，确保各镇机构和村级组织的正常运转，逐步缩小各镇之间的财力差异，普遍提高各镇的公共服务水平，促进各镇经济和社会事业全面健康发展，制定《关于推进我市镇财政管理体制改革，逐步建立公共财政制度的意见》（彭委发〔2004〕47号），在坚持预算管理权、资金所有权、财务审批权不变的前提下，探索和实行“预算市镇共编，资金集中支付，财务分级核算，政府统一采购”的镇财政管理方式，以进一步增强镇的保障能力，提高镇组织收入的积极性。

1986—2005 年，通过对乡镇财政管理体制的不断完善和调整，使全市乡镇财政的管理，开始走上了法制化、规范化的正常轨道，成为促进全市农村经济发展和实现农业现代化的重要力量，在农村社会主义市场经济发展进程中的作用、地位更加明显，为乡镇人民政府履行职能提供了财力保证。“乡镇政府当家，乡镇财政管家，乡镇长一支笔，乡镇财政一本账”的责、权、利相结合的管理格局已形成。

建立公共财政管理体制

在财政收入方面，积极参与全市国有企业的改制工作，清理、规范了罚没收入、政府性基金、行政事业性收费；加大全市预算外资金管理的力度，将预算外资金在清理核实的基础上，分期分批纳入了市财政预算内管理和进行“收支两条线”，财政专户储存管理。

财政支出管理，加强社会保障资金的管理，实现基本养老保险，下岗职工和城镇居民最低生活保障线办法，积极试行国库集中支付制度和工资直接发放，逐步规范和完善政府采购制度；对农村的粮食补贴直接到农户、在村级财务管理上由镇财政所集中收付并实行“收支两条线”的集中代理核算。

企业事业财务会计管理制度，贯彻实施国务院颁发的《企业会计准则》和《企业财务通则》（简称“两则”）、《分行业的财务制度》和《分行业的会计制度》（简称“两制”）、《企业财务会计报告制度》，实施不分企业性质、不分行业统一的《企业会计制度》。市财政部门由注意企业微观财务事项的具体管理和行政审批，逐步向宏观经济管理的方向迈进。

按照公共财政管理体制的要求，20 年来全市财政不断地调整优化支出结构。全市的经济建设性支出占一般预算支出（不含基金支出）总额的比重呈逐年下降趋势，从 1996 年的 10.99%，下降到 2005 年 5.05%；与此同时，全市同时期行政事业经费和社会保障支出占一般预算支出的比重，则从 89.01% 上升到 94.95%。

第二节　财政收入

财政收入，是国家为保证实现其职能的财力需要，通过财政分配的各个环节，将社会产品价值的一部分集中于国家的各种资金。全市 1986 年财政收入为 3293 万元，2005 年为 5.56 亿元，20 年全口径财政收入共计完成 38.37 亿元，每年平均收入 1.92 亿元，平均每年递增 16.04%。

工商税收

1986—2005 年，全市通过工商税收组织起来的财政资金累计 12.84 亿元，占全市这 20 年地方财政收入的 55.62%，平均每年以 8.35% 的速度递增。随着全市工农业生产的发展，工商税收连年超额完成计划，每年的增长幅度达到两位数。2005 年，全市地方工商税收收入为 1.14 亿元，较上年增长 21.37%。

基金预算收入

1996 年国家财政部制定《政府性基金预算管理办法》，该办法决定从 1996 年 1 月日起，将养路费、车辆购置附加费、电力建设基金、三峡建设基金、农村教育费附加等数额较大的政府性基金（收费）纳入财政预算管理。到2005年止，全市的政府性基金是：养路费、散装水泥专项资金、育林基金、水利建设基金、土地收益金或土地增值费、残疾人就业保障金、农业税附加、城镇公用事业附加、墙体材料专用基金、地方教育附加、土地出让金、新增建设用地土地有偿使用费、政府住房基金、城镇基础设施配套费。从1997年起，将上述14项政府性基金纳入市财政的预算管理。至2005年的9年间，共计收入2.91亿元，平均每年3238万元。9年中，收入最低的是1999年，为1465万元；收入最高的是2005年，达到8039万元，比1997年增长1.7倍。

上划收入

地方上划省级，1986—2005年的20年间，共计上划2.12亿元。

地方上划中央，1986—2005年的20年间，共计上划13.16亿元。

第三节 财政支出

全市1986年财政支出为2439万元，2005年达到5.64亿元，20年全市财政支出累计36.02亿元，平均每年1.8亿元，每年平均递增17.97%。

基本建设支出

1986—2005年的20年间，全市基本建设累计支出1.3亿元，平均每年651万元，每年平均递增12.12%。其间，支出最高的是2005年，达1810万元；支出最低的是1991年，为88万元。

1986—2005年，全市企业挖潜改造资金总共支出6411万元，平均每年321万元。其间，支出最高的是2000年，达到1219万元；支出最低的是1987年，为7万元。

科技三项费用

1986—2005年，全市科技三项（新产品试制费、中间试验费、重要科研补助费）费用累计支出1966万元，平均每年支出金额为98万元，支出最高的是2004年，为489万元；支出最低的是1992年，为1万元。该项支出的安排意见，每年都由市科委提出，报市政府审批同意后，市财政拨付资金，并监督使用。

工交等部门事业费

工交等部门事业费，在全市主要有：物价检查所的物价事业费、质量技术监督局的质量技术监督事业费、财政企业专管员经费。1986—2005年，全市的工交等部门事业费总共支出712万元，平均每年36万元。

支援农村生产支出

支援农村生产支出，是市财政部门按规定用于支援农村集体生产组织改善农业生产条件，扶持乡镇企业提高生产能力，促进农业经济发展方面的资金。主要内容包括：小型农田水利和水土保持补助费；农村农技推广和植保补助费；农村水产补助费。1986—2005年，全市在支援全市农村生产支出方面，累计花去5836万元，平均每年292万元。

农、林、水、气象等部门事业费

是指市财政部门用于全市农业、林业、水利、畜牧、水产、农机、气象等部门及其所属事业单位的人员经费和公用经费。1986—2005年，全市农林水利气象事业费，共计支出2.45亿元，平均每年支出1224万元，平均每年以20.82%的速度递增。最高的是2004年，支出达5702万元；最低的是1986年，支出99万元；2005年是1986年的57.6倍。

农业综合开发支出

农业综合开发是社会主义市场经济条件下，政府支持和保护农业发展的一个有效手段，是巩固和加强农业基础地位的一条重要途径，是提高农业综合生产力的一个关键措施，是促进农业可持续发展的一个重要推动力量。彭州市农业综合开发工作，于1987年起步，当年经批准在市财政局内成立专门办事机构—农业开发办公室。正式开展工作是1988年。1988—2005年，全市对农业综合开发工作共计投入资金7062万元，平均每年投入392万元，支出最高的是2005年，达到1626万元；支出最低的是1996年，为215万元。

教科文卫支出

教科文卫支出是财政用于发展教育，科学研究，丰富人民群众文化生活，增强人民素质，保证人民健康等各项事业机构的费用。主要包括教育、科学、文化、卫生、计划生育、广播电视事业单位的事业经费。包括人员经费和公用经费两大部分。1986—2005年，全市财政预算内安排的教科文卫事业支出，累计达13.04亿元，占同期财政一般预算支出（不包括基金支出）的38.97%，所占比重是各种财政支出中最大的；平均每年支出6521万元，每年的平均递增速度为16.89%；2005年此类支出达到1.87亿元，是1986年的19.4倍。

其他部门事业费

其他部门的事业费，包括税务、统计、财政、审计、工商、国有资产管理、人劳局、农业综合开发、党派团体、行政机关等部门的事业费和其他部门事业费。1986—2005年，全市其他部门的事业费共开支8677万元，平均每年434万元。

抚恤事业经费

抚恤事业经费包括牺牲病故抚恤费，残废抚恤费，烈军属、复员退伍军人生活补助费，退伍军人安置费，抚恤事业单位经费，烈士纪念建筑物管理和维修费用等。1986—2005年，全市抚恤事业费共计开支4374万元，平均每年219万元。2005年支出最高，达到1023万元。

离休、退休、退职费和社会福利救济费

1986—2005年，全市民政部门按照规定开支的离休、退休、退职经费，总共达到660万元，平均每年33万元。

1986—2005 年，全市社会福利救济费累计支出 4236 万元，平均每年支出 212 万元。

自然灾害救助

1986—2005 年，全市自然灾害生活救济补助，共支出 1012 万元，平均每年 51 万元。

其他民政

1986—2005 年，全市其他民政事业共支出 1135 万元，平均每年 57 万元。

社会保障补助

社会保障救助，包括市财政对社会保险基金、就业、国有企业下岗职工、企业关闭破产的补助资金和社会保险经办机构的经费。社会保障的各种基金，是政府用来维护丧失劳动能力、缺乏生活来源的社会成员的社会消费基金。1986—2005 年，全市社会保障补助支出共计 8633 万元，平均每年支出 432 万元。

行政事业离退休支出

行政事业离退休支出是指施行归口管理的行政、事业单位离休人员、退休人员的经费支出，以及民政部门管理的地方离退休经费支出。1986—2005 年，全市行政事业单位离退休经费累计支出 359 万元，平均每年 18 万元。

行政和公检法司支出

包括行政管理费和公检法司支出两大类。行政管理费，是指人大机关经费；政府机关经费，乡镇行政干部经费和居委会补助；政协机关经费；中国共产党机关经费，民主党派和工商联机关经费；妇联、共青团及社会团体机关经费。公检法司支出，分别是公安支出，检察院支出，法院支出，司法支出。1986—2005 年，全市行政管理经费共计开支 4.43 亿元，平均每年 2216 万元，平均每年递增 19.73%。全市公检法司同期累计开支 2.33 亿元，平均每年 1165 万元，平均每年递增 24.1%。

武装警察部队支出

武装警察部队支出是指消防队的业务经费支出。武警消防部队在编人员生活费、公务费、军政训练费、军事器材费等行政性开支，由国家财政部直接拨给，其业主经费开支由地方财政解决。从 1997 年支出 19 万元开始，到 2005 年，已累计支出 363 万元，平均每年 40 万元。

城市维护费

城市维护费是用于城市公用事业、公共设施维护和建设的资金。具体用于城市的道路、桥涵、给水、排水、污水处理、防洪堤坝、供气、城市交通管理、路灯、消防等设施的维护；城市园林、绿地、风景小区等绿化维护；公共厕所、清扫垃圾、街道洒水等环境卫生补助及城市的其他维护费用。1986—2005 年，全市城市维护费总共开支 8758 万元，平均每年 438 万元，平均每年递增 15.2%。2005 年支出达到 1094 万元，是 1986 年的 14.8 倍。

政策性补贴

政策性补贴是国家为实现特定的政治、经济任务和社会目标，由中央财政和地方财政按照规定，向企业或居民提供的无偿补助。是国家协调经济运行和各方面利益分配关系的经济杠杆，也是发挥财政分配职能，配合价格杠杆，共同调解社会、经济生活的一种特定手段。1986—2005 年，全市的财政补贴一共支出 7920 万元，平均每年支出 396 万元。补贴最多的是 1993 年，达到 1025 万元。主要是国家储备粮油费用补贴、市民肉食价格补贴、民用煤销售价格补贴和国家批准的其他政策性补贴。

专项支出

专项支出是政府及其委托的行政执法机关，将依法收取的规定了专门用途的资金，用于支持某项事业发展的开支。在彭州市主要有：排污费支出、水资源费支出、教育费附加支出。1986—2005 年，全市专项支出累计达 7643 万元，平均每年支出 382 万元，平均每年递增 21. 5% 。

其他支出

其他支出是上级财政、市财政下达安排的一些临时性支付的少数补助费或费。1986—2005 年，全市其他支出类的支出款项先后有兵役征集费、办案费用补助、村社干部补助、简易建筑费、交通战备费，还有对国税、地税部门、金融保险系统和乡镇党政工作目标考核奖励经费等杂项开支共计 18923 万元，平均每年支出 946 万元，平均每年递增 23. 45% 。

基金支出

基金支出是针对基金收入而言设置的支出科目，即有一项基金收入，就有一项对应的基金支出。彭州市将基金收入和基金支出纳入预算内管理的时间是从 1997 年开始的，1997—2005 年的 9 年间，基金预算支出累计达到 2. 55 亿元，平均每年 2834 万元。

第四节　财务管理

预算管理

市财政部门认真贯彻《中华人民共和国预算法》，严格按照“收支平衡，略有结余”的原则，一方面积极配合全市的经济建设，发展生产，开辟财源，帮助企业改善经营管理，挖掘潜力提高效益，建立健全财务管理制度，努力营造财政增收的良好环境，加强财政监督检查，堵塞“跑、冒、滴、漏”，做到应收尽收。另一方面不断调整优化财政支出结构，努力提高资金使用效益，把有限的资金用在刀刃上，量入为出，不留缺口不打赤字预算，切实做到了 1986—2005 年每个财政预算年度的收支平衡，略有结余。

行政财务管理

公用经费　管理支出范围包括行政管理费和公检法司支出两大类。行政机关和公检法司机关的公用经费，主要包括办公费、邮电费、差旅费、会议费、设备购置费、修缮和业务费等，是行政机关和公检法司机关完成工作任务必需的费用开支。

从1986年起，财政部门继续按照中央、省、市的规定，对行政机关全面实行将公务费中办公费、邮电费、差旅费、车辆燃油修理费、会议费等项费用实行“预算包干，结余留用”的管理办法。

市财政拨款的行政事业单位公务用车自1990年起均实行定点维修，即规定维修厂家、维修程序、维修范围、结算方式等。2005年又结合全市实际，对财政定点维修厂家进行公开招投标工作，从维修材料、工时、复杂系数等都有更新更好的标准，保证党政机关单位小汽车维修质量，节约维修费用。

会议费的开支，规定将编制好的会议费预算报财政、财务主管部门审批后执行。按1990年省财政厅文件规定：对家住市区、县城区的与会人员原则上不安排食宿，也不发会议伙食补助费。1998年9月16日，省委办公厅、省政府办公厅发文，进一步强调：一律不在高级宾馆和风景名胜区开会，随行人员和司机一律不住会；全省性工作会议，除严格控制参会人员以外，会议工作人员控制在代表总人数的10—5%。彭州市贯彻执行并结合自身实际情况，做补充规定。

社会保障经费　切实做好烈军属、残疾军人、复员退伍军人的优待、抚恤、安置和照顾工作，以解决他们的后顾之忧。国家在社会救济、优抚事业、社会福利、社会保险以及职工医疗等方面，各级财政从资金的分配和使用上保证上述事业的合理发展。这是人民群众实现老有所终、幼有所长，鳏寡孤独、残废者皆有所养的主要条件。1986—2005年，全市的抚恤和社会福利救济经费累计支出13808万元，平均每年开支690.4万元，平均每年递增19.33%。

事业财务管理

教科文事业费　具体包括教育、科学、文化、体育、广播、计划生育和其他事业单位有关经费的领拨运用管理、监督和结报事项。事业财务是实施事业计划和任务的财力保证。对事业财务管理，采用全额预算包干管理、差额预算包干管理和自收自支管理三种方式。对基本没有收入，或有少量收入的行政事业单位，采取全额预算包干管理办法。差额预算管理，是指事业单位有正常的业务收入和业务支出，其收入不够支出，即收不抵支的差额列入预算，由财政补助。对这种单位实行“定收入、定支出、定补助，结余留用，超支不补”的办法。自收自支管理，是指事业单位有正常的工作任务，其业务收入能够满足其正常的业务开支。这些单位，从性质上讲是事业单位，但是所需经费开支不从财政获得，而是自身组织收入解决。自主经营，自行收支，自负盈亏。教科文事业费，是指财政用于发展教育，科学研究，丰富人民群众文化生活，增强人民素质，保证各项事业机构的费用。包括人员经费和公用经费两大部分。合理安排教科文支出，坚持多渠道筹措资金，增加全社会投入，完善预算管理办法，加强财务管理，促进资金的有效利用。

卫生事业费　卫生事业是政府实行一定福利政策的社会公益事业，政府对发展卫生事业保障人民健康负有重要责任。卫生事业财政补助是指各级政府用于公共卫生服务和卫生机构的资金补助。补助范围：根据政府管理卫生事务、行使卫生监督执法工作职责，以及公共卫生工作任务、基本医疗服务和事业发展需要等确定。全市从1986—2005年卫生事业费共支出1.38亿元，平均每年支出690.50万元。中医事业费共支出1031万元，平均每年支出51.55万元。行政事业单位医疗经费共支出1.08亿元，平均每年支出538.55万元。

工商企业财务管理

1986—2003年，加强国有工商企业经济核算，加强成本费用管理，参与企业工资制度改革，挖掘企业潜力，完善现代化企业管理制度，确保国有资产保值增值。但是，随着经济体制改革的深入发展，国有企业纷纷破产或改制，管理职能也随之改变。2003 年，撤销工交企业资产财务管理科和商贸企业资产财务管理科，合并设立企业科。管理职能是贯彻执行《企业财务通则》和企业国有资产管理政策及制度，组织实施彭州市企业国有资产产权界定、登记和转让；负责资产评估项目的立项审核，对资产评估报告进行合规性审查；贯彻国家与企业分配关系的有关政策制度；负责市本级企业国有资产基础管理工作，编制国有资产预算草案，监缴国有资产收益；参与管理国有资产的租赁、拍卖、兼并、破产、重组、股份改革工作，执行相应的财务制度；办理市本级企业税收返还的具体工作和国有企业下岗职工补贴工作。

随着国有企业改革的进一步深化，国有企业财务管理工作逐步弱化，国有资产管理工作全部移交到彭州市资产投资经营公司。管理的工作重点随之转移到国有粮食企业和非国有企业月报和年报工作，办理投资企业的财政登记及变更、年检工作，以及非国有企业财政技改资助和贴息的审查、监督管理工作。

农业财务管理

贯彻执行《事业单位财务规则》《农业事业单位财务制度》；掌握财政支农相关政策，完成农业发展目标任务；组织监督管理退耕还林、天然林保护、公益设施建设、防灾减灾补助资金及其他财政支农专项资金；审核和编制农口单位的部门预算，严格管理预算支出指标；对农口部门的财务运行情况实行动态分析监督管理，汇总、审核和批准其年度财务决算等。

农业事业费　根据农口部门事业不同的实际情况，对农业事业财务管理实行全额管理、差额管理及自收自支三种形式。在支农财务管理上，从专项资金的安排到拨付，严格按照审批程序。资金拨付到单位后，做到对资金的使用环节，进行事中监督，事后检查，使每一笔财政支农资金落到实处。1986—2005 年，彭州市一直把发展农业放在很重要的位置，为农业生产、基础设施建设，提供了大量的财政资金。仅财政拨付的农林水务气象事业费，达 2.45 亿元；支援农村生产支出达 5836 万元；农业发展专项资金 8671 万元。

农业专项经费　小型农田水务基本建设补助资金不是平均分配而是分轻重缓急安排使用。1986—2005 年，共计安排资金 1355 万元。2003 年起，按政府收支预算科目，相关支出分别转换为“水务和气象支出”类、“水务建设”款。

农、牧、林、渔专项补助资金中的农、牧、渔资金主要用于乡镇农技推广站，服务农业补助。1986—2005 年，一共支出 2603 万元。2003 年起，按政府收支预算科目分别转换为“农业支出”类中的“行业管理”款和“农业生产资料补贴”“农技推广”“病虫害防治”等款。林业资金主要用于农村造林、育苗、林木病虫害防治的补助，2003 年起，此资金分别并入“林业支出”类之“造林”款科目。1986—2005 年，此项资金一共支出 269 万元。

农业综合开发　1989 年，彭县被列为“农业综合开发县（市）”。从 1990 年以后将农业综合开发资金纳入预算管理，从预算编制、预算确立、资金拨付、建立备查账等到决算，制定完整的工作程序；严格执行农业综合开发“三专”管理及县级报账制，规范提高农业综合开发资金管理水平，从制度上防止项目资金出现腐败现象。农业综合开发从 1990—1999 年对项目资金实行以拨代支的拨付方式，项目资金按各项措施拨付给实施部门和乡镇，项目完成后由实施部门和乡镇到农发办报账，1999 年开始实行严格意义上的县级报账制，由农发办直接对施工单位和销售商报账，减少中间环节，提高资金使用效益。1990—2005 年，共实施土地治理、多种经营及产业化、高科技示范三大项目，累计投资 2.5 亿元。经 16 年的农业综合开发，取得良好经济效益、生态效益和社会效益。

第五节　预算外资金和国有资产管理

预算外资金管理

预算外资金　1986 年，在计划经济体制起步改革的背景下，为适应财政体制上推行简政放权、减税让利改革形势需要，国务院颁布《关于加强预算外资金管理的通知》，规定这部分资金可以不纳入国家预算管理，并且赋予地方政府和部门在依据国家有关规定的前提下，拥有自行提取、自行使用的权力。之后，在地方政府和部门经济利益驱动下，导致社会“三乱”（乱摊派、乱收费、乱罚款）愈演愈烈。

1996 年，国务院颁布《关于加强预算外资金管理的决定》，这个决定对以后加强预算外资金管理起到革命性作用。该决定首次明确预算外资金是国家财政性资金而不是部门和单位的自有资金，并且要求预算外资金必须纳入财政实行“收支两条线”管理。但仅通过这个决定难以改变人们多年来对预算外资金认识的传统固有概念。2004 年 7 月，财政部下发《关于加强政府非税收入管理的通知》，正式用“政府非税收入”取代“预算外资金”这一概念，明确政府非税收入是政府财政收入的重要组成部分，是政府参与国民收入分配和再分配的一种形式。政府非税收入的主要范围是：行政事业性收费、政府性基金、国有资源有偿使用收入、国有资产有偿使用收入、国有资本经营收益、彩票公益金、罚没收入、以政府名义接受的捐赠收入、主管部门集中收入、政府财政资金产生的利息收入等。

资金管理　为加强管理，1986 年，根据《国务院关于加强预算外资金管理的通知》（国发〔1986〕44 号）精神，县政府出台《关于进一步加强预算外资金管理有关问题的规定的通知》，对预算外资金管理的范围和原则、开户和计息、计划和用款、清理和缴存、执行时间进行规定。又出台《关于加强我县预算外资金管理的紧急通知》，从 1986 年 10 月起，逐步实行“专户储存、集中管理”办法。1987 年，对县级 25 个行政事业单位管理的预算外资金实行“专户储存、计划管理、财政审批、银行监督”的管理办法。据省政府《批转省财政厅等五单位〈关于对省级各单位的预算外资金全部实行“专户储存、计划管理”的报告〉的通知》精神，对彭县各行政事业单位及企业主管部门的预算外资金，全部实行此管理办法。1993 年开始，对事业行政单位及企业主管部门预算外资金包括暂存款、代管资金等改“收支两条线，银行直划财政专户”为“收支两条线，单位收入直划财政专户”的管理办法。经治理“三乱”后，又将行政性收费、政府性基金逐步纳入预算管理。1999 年，根据《四川省预算外资金管理条例》的规定，对行政事业性收费按照收缴分离的原则，实行“收费大厅”集中收取的管理办法，收入实行“单位启票、财政收款”的管理办法。2003 年机构改革，成立非税收入专门管理机构。截至 2005 年底，全市政府非税收入达到 1.76 亿元，占地方财政收入 2.92 亿元的 53%。其中，预算内 1.35 亿元，预算外 4053 万元。

国有资产管理

管理机构　1993 年设置“彭县国有资产管理局”，归口财政局，开始经营和管理国有资产。1995

年，成立“彭州市国有资产投资经营公司”，与国资局合署办公。2001年机构改革，撤销国资局，保留牌子，与投资经营公司合署办公，机构虽有变动，但其主要职责仍是：经营和管理国有资产，主要从事资本性质的产权经营活动，代表国家或政府出资的产权主体对其投资的企业行使投资权益。

资产管理　摸清家底：对使用国有资产的行政事业单位、企业的实收资本的产权状况进行登记，依法确认产权归属，对其进行年检或抽检，以掌握变动情况；清产核资，使国有资产账物相符，账账相符，搞清资产的需要量和闲置量，充分挖掘潜力，提高资产使用率。

资产处置：国有资产的处置，是指各类行政事业单位、企业对其占有、使用的国有资产进行产权转让及注销产权的一种行为，包括无偿划拨、出售、报废、报损等。1998—2005年国有资产处置收入共计1.18亿元，其中，1998年处置收入113万元、1999年处置收入427万元、2000年处置收入125万元、2001年处置收入5146万元、2002年处置收入2692万元、2003年处置收入642万元、2004年处置收入1902万元、2005年处置收入750万元。

整合资源：为整合资源，盘活存量资产，确保国有资产的保值增值，2005年市委、市政府决定建立产权集中统一管理、所有权与使用权合理划分、进行市场化运作，实现政府资源增值、达到效益最大化的国有资产管理新体制。全市国有资产集中统一管理后，市级行政事业单位共计97个，其中镇人民政府20个。资产总计654宗，土地面积369.68万平方米，房屋建筑面积191.36万平方米，国有资产13.74亿元。

合理经营：将全市各单位分散管理的国有资产，集中到市国资局统一管理，增大政府可调控资产总量，提高资产的使用效益，防止国有资产流失；组建的彭州市全资国有公司（市兴彭公司注册资金6000万元，市水务公司注册资金5500万元），把通过政府授权、委托、注入等方式获得的国有资产、特许经营权作为经营资本，进行市场化运作，实现政府资源增值，达到效益最大化，增强经济建设和城乡一体化的政府财力；组建彭州市国有控股公司（市城投公司注册资金1000万元），通过市场配置资源的方式，参与开发新居工程、道路建设、工业园区基础设施建设，特别是石化产业配套项目建设，既加快城市建设速度，又解决城市基础设施建设资金不足的问题。

收益管理：国有资产收益管理办法是，在资产未进行处置前，由资产占有和使用单位继续行使国有资产的使用权、管理权、租赁收益权。在资产处置时，由市财政局、市国资局对资产占有使用单位进行收支基数核定，对单位租赁或经营收益损失，从资产变现收入中给予适当经营补偿。

第四章　税务管理

随着改革发展的逐步深入，社会主义市场经济发展迅速，为适应社会的发展，更好发挥税收在经济中的杠杆作用，彭州市同全国一样进行了税制改革和管理改革。税制改革后遵照国家的政策法规加强征收管理，围绕“以纳税申报和优质服务为基础，以计算机网络为依托，集中征收、重点稽查”要求，加强软件、硬件设施建设，改进方法，制定措施，严防、禁止偷税、漏税现象发生，加强稽查执法，严厉打击涉税违法违规行为，保证税收工作顺利进行。

第一节 税制改革

体制改革

1984 年 9 月，第六届全国人大第七次常委会通过决议，授权国务院实行工商税收改革。

1993 年 12 月 25 日，国务院发布《关于实行分税制财政管理体制的决定》，从 1994 年 1 月 1 日起，组建中央和地方两套税务机构，划分税种分别进行税收征管。国家税务总局对国家税务系统的机构设置、人员编制、干部管理，经费支付垂直管理，协同地方人民政府对地方税务机构实行双重领导。地方税务局负责征收管理地方税。省以下地方税务局，实行上级税务机关与同级政府双重领导，又以上级税务机关领导为主，在机构设置、人员编制、干部和经费管理，由省地方税务局垂直管理。各级地方税务机关主要按照税收征管法和分税种的法律法规赋予的权限，依法实施税收征收、管理、检查，组织税收及时足额征收入库。

分税制度

制度改革 随着改革开放的深入发展，市场经济逐步建立，20 世纪 80 年代实行的利改税制度已不适应经济的发展。中共十四届三中全会通过《中共中央关于建立社会主义市场经济体制若干问题的决定》，提出税制改革要“按照统一税法，公平税负，简化税制，理顺分配关系，保障财政收入，建立符合社会主义市场经济要求的税制体系”。

1988 年初，国家税务局就已经制定近期、中期、长期税制改革的设想；1992 年 7 月，国家税务总局在总结历次税制改革的基础上，又提出工商税制整体改革方案；1993 年 4 月，中央财政经领导小组原则同意国家税务总局的税制改革设想，同年 9 月，中共中央政治局常委会批准税制改革方案。分税制改革是一次整体性、结构性的重大改革。

实行中央与地方分税制，在划分事权的基础上划分税种，划分税种的原则是：关系到维护国家权益，实施宏观调控和保证中央支出的税种划为中央税，作为中央固定收入；与经济发展直接相关的主要税种划为中央与地方共享税；适合地方征管的税种，划为地方固定收入。按照税收收入支配权限，将改革后的各种税，划分为中央税、中央与地方共享税和地方税。

分税税种 中央税，包括海关代征消费税和增值税，消费税，中央企业所得税，地方银行和外资银行及非银行金融企业所得税，铁道部门、各银行总行、各保险总公司等集中交纳的营业税、所得税和城市维护建设税，作为中央固定收入。

中央与地方共享税，包括增值税，资源税，证券交易税。其中：增值税中央分享 75%，地方分享 25%。资源税按不同的资源品种划分，大部分资源税作为地方收入，海洋石油资源税作为中央收入。证券交易税，中央与地方各享 50%。

地方税，包括营业税（不含铁道部门，各银行总行，各保险总公司集中交纳的营业税）、企业所得税（不含上述地方银行和外资银行及非银行金融企业所得税）、个人所得税、城镇土地使用税、固定资产投资方向调节税、城市维护建设税（不含铁道部门，各银行总行，各保险总公司集中交纳部分)、房产税、车船使用税、印花税、土地增值税、农牧业税、农业特产税、耕地占用税、契税、屠宰税和筵席税等。

地方各税分享与改革确保中央财政收入，调动地方对税收征管的积极性，国家对税收按税种划分国家征收和地方征收两种方式。把与经济发展直接相关的重要税种实行按税种划分共享比例，对共享税，财政实行基数法，税收收入解缴入库时，按分享比例解，对超基础的分离部分，上级财政全部结算给当地财政，实行超基数分享。从 1995 年到 2003 年先后多次对地方税收入进行分享改革，确定有各级固定分享比例和逐年核定分享比例。地方税收随着上级分享比例的提高，地方不断调增任务基数，增加基层地税机关完成各级税收任务的难度。

农业税费改革

从调整到改革　从 1958 年国家颁布《农业税条例》至 2002 年费改税前，农业税实行地区差别比例税率。《农业税条例》规定全国的平均税率为 15.5%。国务院根据全国平均税率，结合各地区的不同实际，分别规定各地的平均税率。各省、自治区、直辖市人民政府根据国务院规定的平均税率，结合所属各地区的实际，分别规定所属市（地）县的平均税率。省、市规定彭县农业税的平均税率为 11.13%。其间，根据实际情况调整，2002 年 8 月 6 日，省人民政府重新发布《四川省农业税征收管理暂行办法》规定，计税常年产量根据 1994—1998 年农作物的平均产量重新核定，农业税平均税率调为 7%。农业税附加按正税的 20% 征收，征收形式在 1985 年起不再征收实物，而改革为征收货币的形式。征收机关在 1994 年税制改革后由财政部门交由地税机关统管。

随着改革开放的深入发展，1958 年颁布的《农业税条例》已经不适应经济社会的发展。2000 年，党中央、国务院印发《关于进行农村税费改革试点的通知》，在全国开展农村税费改革。这次改革，是中华人民共和国成立以来，继土地改革、家庭联产承包责任制之后又一次重大改革。

改革意义　农村税费改革的指导思想，是从根本上治理对农民的各种乱收费、乱集资、乱摊派行为，切实减轻农民负担，建立规范的农村分配制度；进一步加强农村基层组织建设，巩固农村基层政权和保持农民生产积极性，促进农村社会稳定和农村经济持续健康发展。

农村税费改革，总体上是税增费减，农民总体上是负担大为下降，是减轻农民负担的治本之策，是对农村分配关系进行一次重大调整。通过合理确定农民税赋水平，从制度上规范国家、集体、农民三者之间的分配关系和分配方式，实现农民照章纳税，政府依法收税，有效遏制向农民的乱收费、乱集资、乱罚款和各种摊派，从而切实减轻农民负担。把农民负担纳入规范化、法制化轨道是农村税费改革的根本出发点和主要目标。

改革内容　农村税费改革的基本内容是“三个取消和一个逐步取消，两个调整一项改革，一个规范”。取消统筹费，包括农村教育费附加、计划生育、优抚、民兵训练、卫生、文化、广播、乡村道路修建等费用。取消农村教育集资等专门面向农民征收的行政事业性收费和政府性基金、集资。取消屠宰税及随屠宰税收取的附加、基金。逐步取消劳动积累工和义务工。调整农业税政策。调整农业税特产税政策。改革村提留征收使用办法。规范农业税及附加的征收主体和方式。

改革实施　2001 年起，全市对农村税费改革进行试点，按照省、市的统一部署，摸清 1994—1998 年的各村社常年农业产量和农民负担有关数据。2002 年 3 月 27 日，国务院办公厅下发《关于做好 2002 年扩大农村税费改革试点工作的通知》（国办发〔2002〕25 号），把四川省列为全国试点。省委、省政府下发《关于全省农村税费改革试点工作的实施意见》（川委发〔2002〕16 号）。2002 年 4 月，全市正式拉开农村税费改革试点工作序幕。

2002 年 4 月，全市各乡镇进行全面宣传发动，组织地税、财政、农经以及村社核实第二轮承包土地后的土地面积变化，确定常年产量。根据改革方案，编制出各乡镇农村税费改革方案，经成都市及全市政府批准后，4 月下旬到 5 月底全面落实，测算到户，每户签字认可，村（社）出榜公布，地税部门填写纳税通知，发放到户。

2004 年，农业税税率由 7% 降为 4%（附加率不变）。同时，对农村残疾人和列为成都市扶贫新村农户的农业税予以免征。

2005 年 2 月 28 日，四川省地方税务局《关于做好农业税停征工作的通知》（川地税发〔2005〕19 号）规定，从 2005 年 1 月 1 日起在全省范围内停止征收农业税。

第二节　管理机构

机构设置

地方税务　实行分税制后，为适应新的征管模式，地税局设置征收分局和稽查分局两个独立的直属机构。各乡镇税务所设置综合征管组和稽查组。地方税务局所属各征收单位，原则上按经济区域设立，并界定征管范围。根据彭州市编制委员会《关于彭州市地方税务局设立机构的批复》（彭编字〔1994〕37 号），于 1994 年共设立 10 个税务所。2000 年，因彭州市行政区划的调整，根据成都市地方税务局“一个税务所管辖范围应在 2—3 个镇以上”的要求，全市地方税务局先后撤销白水河所、通济所、隆丰所、九尺所，九陇所，并保留第一税务所、第二税务所、第三税务所、致和税务所、新兴税务所、丽春税务所、军乐税务所、濛阳税务所。

第一税务所辖区范围：天彭镇二环路内的企事业单位纳税人。致和税务所辖区范围：天彭镇二环外及致和镇企事业单位。第二税务所辖区范围：第一税务所、致和税务所辖区内的所有个体工商业户。第三税务所：负责全市范围税收征收和日常税收服务。新兴所税务辖区范围：龙门山镇、小鱼洞镇、通济镇、磁丰镇、新兴镇、白鹿镇。丽春税务所辖区范围：丽春镇、丹景山镇、隆丰镇、桂花镇。军乐税务所辖区范围：军乐镇、敖平镇、葛仙山镇。濛阳税务所辖区范围：濛阳镇、九尺镇、三界镇、升平镇。2005 年，实施建安房地产税收一体化征管，恢复九陇税务所，负责全市建安房地产税收征管。

国家税务　1995 年 4 月，设置 7 个职能科室，下设 12 个税务所。2001 年，市国税局撤销税务所，成立了 6 个管理分局，第一管理分局负责彭州市内的外商投资企业和外国企业以及监管企业的税收政策的执行，负责天彭镇行政区域内的国税征管范围的税收征管工作；第二管理分局负责隆丰镇、致和乡、太清乡、西郊乡、利安乡行政区域的国税征管范围的税收征管工作；第三管理分局负责丽春镇、北君平乡、桂花镇、庆兴镇行政区域内的国税征管范围的税收征管工作；第四管理分局负责军乐镇、敖平镇、红岩乡、万年乡、楠杨镇、九隆镇行政区域内的国税征管范围的税收征管工作；第五管理分局负责九尺镇、蒙阳镇、二邑乡、竹瓦乡、三界乡、升平乡行政区域内的国税征管范围的税收征管工作；第六管理分局负责大宝镇、小鱼洞乡、通济镇、白鹿乡、磁丰乡、新兴镇行政区域内的国税征管范围的税收征管工作。

2005 年，根据上级局的要求，本着精简、效能、统一的原则，对税收管理部门的机构设置进行进一步规范并明确职责分工，成立了 3 个税源管理科和 3 个税务分局。税源管理一科负责对全市三资企业和隆丰镇（含四川石化基地）的税源监控管理工作。税源管理二科负责对天彭镇的税源监控管理工作，对辖区内纳税人实行分类管理和有效服务。税源管理三科负责对致和镇和工业开发区及利安、西郊、太清乡的税源监控管理工作。税务分局为非全职能机构，是彭州市国税局的派出机构，税务分局的设置条件是管辖 5 个以上乡镇。第一税务分局主要负责对丽春镇、桂花镇、丹景山镇、葛仙山镇、红岩镇的税源监控管理工作；第二税务分局主要负责对所辖的九尺镇、濛阳镇、升平镇、三界镇、军乐镇、敖平镇的税源监控管理工作；第三税务分局主要负责对所辖的龙门山镇、小鱼洞镇、通济镇、白鹿镇、磁丰镇、新兴镇的税源监控管理工作。

征管税种

地税局 依据国务院“划分税种分别进行征管”的决定，彭州市地税局主要负责以下各税的征收：(1) 营业税；(2) 个人所得税；(3) 土地增值税；(4) 城市维护建设税；(5) 车船使用税；(6) 房产税；(7) 屠宰税；(8) 资源税；(9) 城镇土地使用税；(10) 固定资产投资方向调节税；(11) 企业所得税（包括地方国有、集体、私营企业）；(12) 印花税；(13) 筵席税；(14) 地方税的滞补罚收入；(15) 按增值税、消费税、营业税附征的教育费附加；(16) 原由财政部门管理的农业税、耕地占用税、农业特产税、契税的征管工作，交由各级地方税务机关管理。

国税局 1994 年税制改革以后，市国税局主要负责彭州市境内的企业、个体工商户以及其他负有纳税义务的单位和个人税款征收工作。涉及的税种主要包括：增值税、消费税、企业所得税。

第三节 服务管理

地税税款征收

推行计算机系统管理 为提高服务质量和工作效率，加紧建立和完善计算机系统的建设。

1994 年 9 月，国税、地税分设，全局仅有一台 AST286 计算机，用于计财科处理会统报表。

1995 年初，成立申报大厅（后称直属征收所），与托普公司合作组建 10M—NETWARE 网络，于同年 7 月投入运行，在成都地区 20 个区县第一个实现计算机开票。

1997 年，成立计算机管理科和“地税纳税服务大厅”，设置计算机专用机房，为各科室配备计算机终端。

1999 年，计算机管理科和原直属征收所合并，成立征收分局。实行以城区（郊）所为基础建立文件服务器和数据库系统，8 个乡区税务所单机处理的分散模式。

1999 年 10 月，彭州市地税局列为成都市地税局区县局试点单位，切换平台，配置 Compaq DS20 服务器和 Oracle 数据库系统，准备集中管理数据硬件环境。

2000 年，配合成都市局完善西码征管软件，完成广域网建设。

2000 年 11 月，新增设 20 台工作站，用光纤连接中心机房和北街机关，形成覆盖全局的计算机网络（100M），准备数据全面集中网络环境。

2002 年，购置方正圆明专用服务器和办公自动化软件，在局机关和城区几所推行办公自动化。下半年，部分行业的税控软件和高收入个人所得税软件也在现有的网络中投入运行。“十五”期间，成都市局贯彻“税收要深入贯彻科技加管理”的方针，加快信息化步伐。

2004 年开始，成都市局决定实现大成都（20 个区县）的数据集中管理。同年 11 月，市地税局顺利上线，建成以办税服务厅局域为基础的连接机关科室及各征收所的广域网络，实现税收征管信息全局范围内共享。

2005 年底，市地税局完成从单机到网络，从桌面级数据库（Foxpro）到大型数据库（Oracle）的应用，从局域网到广域网建设，从单项业务处理到多任务的应用发展，现有网络覆盖所有科、室、所和分局，有工作站 120 余台，确保每年征收上亿税款的高效征收。

建设办税服务厅　为实现以计算机网络为依托，实行税款征收、会统一体化的征收监控。市地税局 1996 年开始建设办税服务厅受理全市纳税人申报，征收税款。在经济区域的中心集镇创建办税服务厅。先后在 2002 年前基本建成具有相当规模的现代化管理水平的办税服务厅。

办税厅都设有管理服务窗口，为纳税人提供办理税务登记、纳税程序和政策、法律、法规咨询，公示税收相关资料、发票配售、发票代开、受理纳税人递交的有关税收申报、申请和相关资料，并及时调查、审核、转送。审核纳税申报正确与否，及时通知纳税人纠正，保护纳税人合法利益。

税银一体化　2000 年，市地税局与彭州市信用联社合作，在办税大厅开设办税专柜，实现了“税银一体化”，对单位纳税人开设纳税专用账户，实行纳税人申报后，由信用联社划转税款。2005 年又对个体工商业户开始实行“网银扣税”，纳税人可以在全市所有信用联社的营业网点开设通存通兑账户，存入核定税额的存款。每个申报期内由信用联社代缴税款。提高了工作效率，方便了纳税人。

税务代理

税务代理，是税务代理人，在规定的代理范围内，受纳税人、扣缴义务人委托，代为办理各项税务事宜。

随着社会主义市场经济体制的建立和完善，税收征管制度也要逐步与国际接轨，由单一税制改为多税种、多层次、多环节的复合税制结构，许多纳税单位和个人，经营管理和财务会计水平跟不上经济发展的速度和税制改革的要求，推行税务代理制为纳税提供一种全新的服务方式。

1992 年 9 月，全国人大常委会审议通过《中华人民共和国税收征管法》明确规定：纳税人、扣缴义务人，可以委托税务代理人代为办理纳税事宜，在法律上正式确定我国的税务代理制度。

1994 年 9 月，国家税务总局制发《税务代理试行办法》，对税务代理的定义、宗旨、原则、税务代理及其机构等做出详尽的规定。税务代理事业要从单一税务咨询向多方面税务代理发展，包括受纳税人委托，培训企业财务人员、办理税务登记、纳税申报、领购发票事宜，以及各税务机关委托宣传税法、培训税务干部、审查纳税事宜等。

1996 年 12 月 26 日，彭州市大地税务师事务所经彭州市编委会批准成立，开始建章立制和开展业务工作。其业务主要是受聘纳税人常年税务顾问和办理税务咨询、单项代理等方面的业务。

2000 年 4 月，税务代理所撤销，改制为彭州市大地税务师事务所有限责任公司。税务代理所业务人员的在职干部工人全部撤离，面向社会招聘注册税务师承担办事处业务。

改制后的税务代理机构，实行由省注册税务师协会进行行业管理与省注册税务师管理中心委托市（地、州）税务机关代管的双重管理体制，其业务完全按照社会中介机构定位，进入市场自主经营，各级税务机关只对代理服务的合法性依据《中华人民共和国税收征管法》和《税收代理试行办法》进行监督、指导和支持帮助。对人、财、物等内部事务不进行干预。

国税税款征收

建设办税服务厅　1994年，彭州市国税局开始着手筹建办税服务厅，并于1995年1月1日正式投入运行。办税服务厅初步实现微机控管，注重发挥综合功能，以申报纳税、发票管理为主的大部分工作集中在办税服务厅完成，使基层税务所的征收事务工作基本转移到办税服务厅，减轻了基层税务所手工开票直接征税的工作量。1996年4月10日，四川省国税系统征管改革工作现场会在彭州市国税局召开，来自全省各地、市、州国税局长、征管科长、微机中心主任，稽查分局局长共80余人参会，参观了税收申报缴纳大厅微机征管情况。同年，被四川省国税局列为“全省五十家综合征管改革试点单位之一”。1997年办税服务厅迁市中心中银大厦，2003年又迁至西干道局机关。

征管计算机化　1994年底开始，逐步实现由原来的手工开票向计算机开票的转变、征管数据由人工统计向计算机统计的转变，税收征管方式进入一个全新的格局。1995年，彭州市国税局在征管改革中以实现征管计算机化为突破口，建立税务“申报、代理、稽核”三位一体征管新格局，逐步实现全市税收电子化、内部管理事项化、税务代理社会化、税务稽查网络化，为全省、全成都市国税系统的征管改革提供了值得借鉴和推广的经验。1997年，添置计算机，取代原来的无盘站，服务器为HP PRO，局域网内有计算机约20台，使用成都未来公司同样基于FOXPRO数据库管理系统编制的软件，软件的主要功能是计算机开票、征管数据统计等，各部门的计算机仍然是单机运行。

1998年8月，彭州市国税局成立专门的信息化管理机构——“微机中心”。1998年底，实现局机关与申报大厅网络互联，实现数据资源共享，铺设了西干道至中银大厦的直通光纤，局域网的范围得到扩充。

1999年1月1日，正式启用全省范围使用的省统软件STIMS5.0。该软件的功能得到进一步扩充，从税务登记、税款征收、发票管理、出口退税到税务稽查等全部实现了计算机管理，与KTCL结合在一起能生产出各种税收征管报表，分布在乡镇的税务所通过拨号上网提取各自的征收资料。全局的计算机数量达到40台，1999年12月31日顺利完成全局计算机的跨千年问题（“千年虫”）。

2001年，随着二期“金税工程”的开通，实现市局与成都市局、省局、总局的网络互连，计算机数量也增加到近50台。

2002年，CTAIS1.0上线运行，CTAIS1.0其基本功能包含税务征管工作的全部业务，实现成都市征管数据的集中，ODPS的应用初步实现无纸化办公，全局80余台计算机达到全部上网运行，实现了真正意义上的数据资源共享。

2003年5月，成立专门的信息管理机构——信息中心，对全体在岗人员进行计算机基础知识、各种应用软件的使用方法的培训。信息中心全体工作人员创新完成自编软件“考勤管理系统”、“农产品管理系统”、“普通发票抽样对比系统”。2005年，在用计算机约140台，达到人均1台，并且建立健全计算机管理制度。

“一窗式”征管服务　2003年7月15日，成都市国税局推进增值税一般纳税人“一窗式”会议召开后，彭州市国税局结合实际情况，以方便纳税人和加强税收征管为目的，在新的办税服务大厅推行“一窗式”税收征管模式。“一窗式”税收征管模式将过去的认证窗口、报税窗口和开票征收窗口进行有机地组合，对整个办税大厅的所有窗口进行规范的设置和调整。其窗口设置是：一般纳税人窗口三个，小规模纳税人窗口一个，双定户窗口一个，发票配售窗口一个，银行收款窗口一个，政策咨询窗口一个。

集中扣税和代征服务　为了更好地方便纳税人，彭州市国税局与农业银行彭州支行协商，从8月1日起，在彭州市范围内对国税辖内的1000余户双定户纳税人实行委托银行集中扣税，同时设立13个代征点，其中市属镇有7个点，乡区有6个点，对其他零散税收通过网点代征，大大缓解办税大厅人多的压力和反复排队的现象。

第四节　基础管理

《税收征管法》规定的几项基础管理制度，是地税征管的法定制度，是做好地税征管工作的重要手段，是充分发挥地方税收职能的法律保障。

税务登记管理

税务登记是税收征管的基础，是征纳双方税收法律关系产生、变更、消失的法定手续。全市各地税所，依法受理税务登记、验证、换证和办理注销等工作。

为适应国家对经济类型的重新划分和调整，于1999年6月1日至11月底，对1999年5月31日前办理地方税务登记的各类企业单位使用国家技术监督局颁发的组织机构统一代码证书的码号，个体工商业户使用公安部门颁发的居民身份证号码，进行了统一换发税务登记证。

账簿、凭证管理

《中华人民共和国税收征管法》规定，凡从事生产、经营的纳税人，都应在自领到税务登记证的15日内，按照国务院财政、税务主管部门的规定设置账簿，采用合法、有效的凭证记账，进行核算。

彭州市税务部门历来重视对纳税人的账簿管理，在税收新征管模式形成后，账簿、凭证管理则是办税厅搜集审查纳税账表，管户联系责任人督促指导建账，税务稽查具体检查账表有无违章行为。

发票管理

发票管理，是税务机关对发票的印制、领购、使用、保管、检查及违法处理等环节所进行的筹划、组织和控制活动。1992年规定，发票的管理机关为各级税务机关。1994年实行分税制后，发票管理分别由国家税务局和地方税务局负责实施。

地税局　市地税局需配送统一发票，1998年前采取在省局批准有发票印制权的蜀华专印厂印制；1998年后，改为成都市统一印制，领取后予以配售。企业需制印发票，1998年前，由彭州市地税局审查后交蜀华专印厂印制；1998年后，企业提出申请材料，由彭州市地税局审查，报成都市地税局统一印制。

彭州市地税局在市局办税服务厅、各税务所配备专职或兼职发票管理员；直属分局办税厅设置专职发票配售窗口，各税务所设置兼职发票配售窗口，方便纳税人购领发票。严格按发票配售管理制度和操作规程办事；建立健全发票账务，设立发票总账、明细账和发票销售台账，对发票的进、销、存进行严格核算。2004年起，对发票的配售、缴销全部实行计算机处理，纳入了计算机监控。

发票违章处理。根据违章事实及相关规定予以处罚。处罚金额在2000元以下的，由地税所、分局自行决定；超过2000元的应报市（县）局审批，由主管地税所、分局通知执行。

以票管税制度。以票管税制度是指地税机关对纳税人实行定额发票管理，并以开具发票定额取得的收入为计税依据，进行税收税源控管的一种税收管理手段。

自2004年7月18日起，在全市从事饮食、娱乐、旅馆、茶房、洗浴、洗染、洗车、美容、理发、照相业的纳税人统一使用有奖发票，进一步推进消费者向业户索取发票，推行即开型有奖发票活动，使消费者在取得发票的同时，即可刮兑奖金，如果中奖，持中奖发票联，及时到当地地税所领取奖金。这项活动的开展，进一步强化全市普通发票的监督管理。

国税局　增值税专用发票管理（以下简称专用发票），有内外两种规定。内部管理的要求，一是专用发票的库房必须坚固安全，有防火、防盗、防潮、防虫蛀、鼠咬设施和装置，有专人守护。二是专用发票的库房必须有专人负责。三是专用发票入库必须由实物负责人验收入库。四是建立收、发、存台账和领、运、销手续制度。五是专用发票的发售，凭审签的领购证，实行验收归领新制度。

外部管理的要求，一是建立增值税一般纳税人对专用发票实行专人、专柜、专簿管理。二是建立专用发票的使用规定，包括增值税一般纳税人销售货物，提供应税劳务和按规定应当征收增值税，对一般纳税人销售货物和提供劳务必须向购买方开具专用发票。填开增值税专用发票，必须按照有关规定办理。凡是开具专用发票的，其销售（收益）额，必须记销售账户。开具专用发票，必须按照规定时限、顺序号，全份一次复写不得单联填开，并在规定位置加盖财务专用章或发票专用章等。

普通发票的管理。一是在纳税人需要使用普通发票时，应严格按照发票管理程序审核，配售所需普通发票。二是严格按照发票办法规定指导纳税人正确使用、填开、保管普通发票。三是在纳税人领购普通发票时，应严格按照限量验旧购新的方式供应。四是对不具备配售普通发票的纳税人，需按照严格审核和遵循开票必须征税的原则，实行代开发票，并按规定征收税款。五是指定专人负责代开发票工作，并做好登记和管理，建立健全代开普通发票的领、销、存制度。六是对违反发票管理规定的纳税人应按发票管理办法的规定进行处理，以保证发票使用，促进经济秩序的正常运转。

申报纳税制度

申报纳税，是纳税人在税法规定的期限内，就其纳税有关事项向税务机关进行书面报告的一项制度。它是纳税人必须履行的一项法定手续，也是税务机关办理税收征管业务，核定应纳税款，开具完税凭证以及进行税务监督，核算分析，纳税评估的主要依据。

对不按规定进行纳税申报，将由税务机关通知申报，对拒不申报者，除加收滞纳金外，还要进行税务行政处罚，直到追究刑事责任。

彭州市地方税企业事业纳税人及固定个体工商业户以直接申报为主要方式，企事业单位按期申报率达98%以上，个体达95%以上。

代扣代缴管理

地税分设后，市地税对代扣、代征税款进行规范化管理，特别是个人所得税的代扣、代缴工作，全县统一实行责任制管理，对一切按照税法规定负有代扣代缴个人所得税义务的机关、团体、企业、事业单位，一律实行个人所得税代扣、代缴登记，落实扣缴义务。

兑现企业年度承包奖，由政府兑现进行代扣代缴。对演艺界人员来我市演出，要求演出单位必须在演出前两日内，持文化行政主管部门批准演出的文件和演出合同，计划演职人员的演出报酬等有关资料向演出地方主管地税机关进行登记，并由承办或支付报酬单位负责依法代扣、代缴个人所得税。彭州市地税局先后对蒋大为、宋祖英等演员到彭州市演出获得的个人所得征收了个人所得税。

第五节　工商税收管理

地方工商税收的主要来源是企业税收、建筑安装行业税收、个人所得税、房地产税等。

企业税收管理

企业税收是全市地方税收的重点税源，是地方税收的支柱。地方税务局采取多项征管措施加强对企业税收进行精细化征管。

实行税源分类管理，在计算机中按纳税规模划分为A、B、C三类，对A类税源重点管理，对B类税源精细管理，对C类税源严格管理。

地税与国税合作，对纳税人实行纳税信誉等级管理，每年评选纳税信誉A级企业，营造诚信的纳税氛围。

通过推选和局党组确定重点税源税收管理员，负责重点税源的管理。

全面落实税收征管户联系责任制及税收管理员制度，加强征管。

细化纳税鉴定，纳税过程的控管，按季度纳税情况进行分析，开展质疑约谈等。

建筑安装行业税收管理

建筑安装行业是地方税收营业税的重点税源。1996年，市地税局与城建局合作，对所有审批项目名单按期交付地税局，地税局按房地产管理原则划分给各主管税务所，按工程形象进度征收税款，完工结算后结算工程税款。对个别大规模的建安工程，委托建设方代扣代缴税款，对零星工程采取由税务机关代开发票。

1996年，市地税局依据国家税务总局《建筑安装业个人所得税征收营业税管理办法》以及成都市地税局规定，对未领取营业执照承揽建筑安装工程作业的单位和个人及未设立会计账簿，或不能准确完整地进行会计核算的单位和个人制定统一的个人所得税征收率（工程在500万元以下的，征收率为0.5%；500万～800万元的，征收率为1%；800万～1000万元的，征收率为1.5%；1000万元以上的，征收率为2%），规范建筑、安装行业的税收管理。

个人所得税管理

市地税局对个人所得税征管工作采取代扣代缴办法，对全市机关、团体、企业、事业单位和负有代扣代缴义务的个人签订《代扣代缴个人所得税责任书》，明确代扣代缴单位个人的扣缴义务和责任。各地税所分别落实管户联系责任人，并将其征管情况纳入岗责考核，对全市高收入者纳入重点监控，实行“双向申报”。2005年，又在服务业、安装业、娱乐业、餐饮业等行业实行全员全额申报。

房地产税收管理

改革开放以后，城乡经济快速发展，特别是房地产业发展更为迅猛。房地产涉及税种多，有营业税、城市维护建设税、教育费附加、地方教育费附加、土地增值税、契税、印花税、所得税、房产税和城镇土地使用税等。房地产税收是地方税收的重要税源。2005 年，建筑业、房地产开发业税收已占全市地税收入的 46%。

市地税局在房管局及国土资源局设立办税窗口，从源头上控管二手房交易和土地使用权转让的税收；对建安企业实施工地控管，对房地产开发企业实施项目控管，保障税款征收；对个人出租住房和家庭装修分别委托协管员和物业公司代收代缴，防止税收流失。

个体税收管理

在督促指导个体户建立健全财务制度的同时，严格按照规定对个体工商业户税收加强“定期定额”征收的“双定管理”。

在城区工商户集中的地区设专业税务所进行管理。按属地属性管理原则，城区企事业单位由第一税务所、致和税务所征管，个体工商户由第二税务所征管，城区以外的个体工商户由各税务所属地管理。

全面实行纳税人申报制度。对不按规定期限进行纳税申报的业户，严格按照《中华人民共和国税收征管法》的规定予以处罚。到 2005 年，全市固定个体工商户纳税申报率达 95% 以上。

规范“双定户”的营业额核定办法，实行“典型调查，业户自报，小组评议，集体核定，张榜公布，通知到户”的核定程序和制度。

建立管户联系责任制度，对税源进行全面控管。对城乡个体工商业户按街道和村社地域分段、分片落实管户责任人，严格执行“一卡十责”制度及税收管理员职责。

在餐饮娱乐业实行定额发票进行“以票管税”管理的基础上，又在洗浴、照相、打字复印、茶楼、旅店业、洗车业等 10 个行业推行有奖定额发票，实施以票管税。

对集贸市场税收征收，采取以市场为单位逐户核定，委托市场管理方代征的方式征收税款，防止零星税收流失。集贸市场管理方受委托代收税款，实行“双人上岗，逐日登记，当日交款，强化检查”的征收办法。

对于其他临时流动商贩，实行按日按次征收。

交通运输车辆税收管理

从 1996 年起，市地方税务局与市交通运输管理所、市交通稽征所合作，由个体税务分局驻征，在交管所收运管费及稽征所收养路费时征收税款，从源头上控管税源。2003 年，由于养路费改为在银行缴纳，所以交通运输货运车辆，失去源头控管，又由于交通部颁发不允许在交管所驻征税款规定，所以这部分货运车辆也失去源头控管，从而造成部分税款的流失。为改变这一现状，成都市地税局又与成都市公安局车辆管理所协商，按照成都市政府〔2005〕46 号文件关于社会综合治税要求，在车管所设立驻征点，在车辆年审时征收税款，对出租车和客运车辆，按属地管理原则，由各税务所按统一核定标准征收税款。对各运输公司挂靠的车辆，统一税额核定，委托公司按月代收代缴税款。2004 年 10 月以后，市局又在办税大厅开设交通运输发票代开点。在代开交通运输发票时，征收税款。

第六节　农业税收管理

全市农业税收有农业税、农业特产税、耕地占用税等税种。

农业税收征管在1994年前，各级财政部门为征收单位。1994年实施分税制后，全省农业税收由财政部门移交地方税务机关征收管理。

农业税征管

在2002年费改税前，一直按照1958年6月3日，国家颁布的《农业税条例》规定，纳税人应当向乡镇人民政府据实报告土地亩数、农业收入和其他有关情况。乡镇人民政府对纳税人的报告，经过调查评议后，造册报县人民政府审查核定，依照税率计算税额，向纳税人发出通知书，作为纳税凭证。

1958年执行新的《农业税条例》，调高了农业常年产量。1961年因三年自然灾害，全县农业大幅度减产，国家规定按照实际调减了常年产量。这次调整后直到2001年前都未作变动。只是对于某些不固定的农业收入，应当在其有收入的时候，根据税法，按其实际收获，经过调查评议核定收入，计征农业税。

农业税实行地区差别比例税率。国家农业税实行逐级规定税率的办法。省、市规定彭县农业税的平均税率为11.13%，执行到2002年费改税。2002年8月6日，省人民政府重新发布《四川省农业税征收管理暂行办法》规定，计税常年产量根据1994—1998年农作物的平均产量重新核定，农业税平均税率调为7%。农业税实行自上而下规定差别比例税率的办法，使农业税征收与各地农业发展的实际情况相适应，平衡了各地农民负担。

计算公式：平均税率=（全部应纳税额÷全部计税收入）×100%

全市农村有28个乡镇，4162个社，农业人口63.4万人，计税土地面积45.8万亩，人均计税土地面积0.72亩。

1985年起，农业税不再征收实物，实行折征代金征收货币。

2001年起，全市对农村税费改革进行试点，按照省、市的统一部署，摸清1994—1998年的各村社常年农业产量和农民负担有关数据。

2002年4月，组织地税、财政、农经以及村社核实第二轮承包土地后的土地面积变化，确定常年产量。根据改革方案，编制出各乡镇农村税费改革方案，全市统计农户计税土地面积45.8万亩，计税常年产量为亩平702.22公斤，2002年农民负担农业税2889.79万元，农业特产税9.6万元，农业税及特产附加458.9万元。

2002年，全面推进农村费改税。农业税征收按照“政府领导，地税征收，部门配合，村社协税，公开办税，自觉纳税，集中征收，征收到户”32字工作方针，地税机关在农业税征管上实现“三个转变”，即由委托代征向地税机关自征转变，由分散向集中转变，由手工开票向微机开票转变。实行“四个公开”，即税收政策公开，征收规程公开，税收负担公开，税收减免公开。做到“八个到户”，即征收任务到户，清册编制到户，纳税通知到户，税款征收到户，税款结算到户，税票填开到户，张榜公布到户，减免落实到户的农业税征管要求。

2002年，农业税征收推行“固定征收”“税银合作”和“约时定点”相结合的征收方式。在地税所办税服务厅固定征收外，附近村社直接到办税服务厅交纳，无办税服务厅的在征收组所在地交纳，部分实行税银合作，农民直接到当地乡镇信用社交纳，实行就近定点征收，对边远村社实行“约时定点”征收。全部实行微机开票征收管理。农业税分夏秋两季征收，农民自愿也可在夏季一次征收入库。

2003 年，为促进农业机构调整，鼓励农业特产品的发展，根据省上文件精神，停止征收农业特产税及附加。

2004 年，农业税税率由 7% 降为 4%（附加率不变）。同时，对农村残疾人和列为成都市扶贫新村农户的农业税予以免征。

从 2005 年 1 月 1 日起，在全省范围内停止征收农业税。

耕地占用税征管

根据川财农工〔1990〕1 号文件精神，耕地占用税的征收实行源头控管，征收机关在保证税款及时足额征收入库的前提下，根据本地实际，实行有效的征收方法，可采用预缴税款法、随批随征法、查补征收法等。彭州市地税局为确保耕地占用税的征收，在市国土资源局设立驻征点，落实“先税后费”的征管措施，对税源进行源头控管。

第七节　税务稽查

机构设置

地税局　1994 年，国税、地税分设后，市地税局成立稽查队。稽查队负责全市范围内的地方税收稽查工作，1994—1997 年，稽查队严格按照《成都市地方税务局查处税务案件程序》（成税发〔1994〕40 号）的规定开展税务稽查工作。

1997 年，市稽查队改为市稽查分局，为副局级机构。按照《成都市地方税务局关于建立两级双层税务稽查体系的试行意见》的规定，市稽查分局负责对本局征收单位（征收分局和税务所）内设稽查机构的稽查工作指导，市稽查分局为一级一层稽查机构，各征收分局、税务所设立稽查组，业务副分局长、所长为组长，成为一级一层稽查机构。构成两级双层税务稽查体系，两级双层稽查体系按计划开展税务稽查，市稽查分局负责全市大的税务案件及对各税务检查组的业务指导。各税务检查组负责辖区内税务日常检查。

2000 年，按照《四川省地方税务局关于规范税务稽查有关问题的通知》，税务稽查与税务日常管理稽查分离，形成“一级稽查”，一级稽查的市稽查局按照规定负责全市地税的税务稽查工作。

市地税局稽查局，主要负责全市行政辖区内地方税收及基金附加的专项检查、专案检查和受理对偷、骗、抗、欠税等涉违法行为的检举，稽查各类税收违法案件。稽查局具有独立税收执法主体资格，依法享有对外检查权、强制执行权、处罚权、查补税款收缴入库权，严厉打击涉税违法违规行为。

国税局　1995 年 5 月，原彭县税务稽查中队更名为彭州市国家税务局稽查分局，1995 年 11 月 21 日，经局长会议研究决定，各征收税务所内设稽查队共 11 个，由一名副所长兼任稽查队长。2005 年，市国税局稽查分局升级为国家税务局稽查局，为国税局的直属机构。为充分发挥税务稽查职能，提高税务稽查工作水平，稽查人员按照稽查工作流程实行专业分工，分为选案、稽核、审理和执行四个组，

并以此制定岗位责任制进行考核，建立健全二级目标考核制度。考核办法采取按月下达任务，逐级考核评定办法，由市局考核稽查分局，分局考核各稽查队，稽查队考核到人。

市国税稽查局是税务部门打击各种税收违法犯罪活动，整顿税收秩序，强化税收征管职能和组织收入的重要机构。坚持立案查处，并从严打击各种税收违法活动。在发挥组织收入作用中，既要组织查补税款及时入库，又要开展对一般纳税户经常或突击检查，以确保税收任务的完成。

稽查执法

地税稽查　从1994年税务稽查建立以来，严格依照国家、地方相关法律、法规和政策，对辖区纳税单位开展日常检查、专项检查、重点检查工作，检查比例占企业总数的三分之一以上；受理查处重大偷、逃、骗、抗税等违规案件；配合司法机关严厉打击各类涉税犯罪行为，维护正常的税收秩序，确保全市税收收入稳定增长，保障全市经济建设的发展。

2004年6月14日，彭州市地方税务局将彭州市新兴镇“彭州市君山矸砖厂偷税”一案移彭州市公安局立案侦察。2004年11月16日，彭州市人民法院判决书〔2004〕彭州刑初字第272号，就该企业2003年8月1日—2004年3月31日在账簿上少列收入61.94万元，造成少缴税款15239.31元的犯罪行为，判处彭州市君山矸砖厂犯偷税罪，判处罚金6万元；判处法人代表张正泉有期徒刑一年，缓刑两年，判处罚金人民币6万元。

彭州市地方税务局1994—2005年稽查结果统计表

表16-4-7-1　　单位：万元

年度	查补税款	查补入库税款	处罚金额	滞纳金
1994	464	405	—	—
1995	751.7	684.1	—	—
1996	404.4	304.1	—	—
1997	448.5	340.2	—	—
1998	512	353	—	—
1999	830	710	—	—
2000	414.27	328.1	13.03	5.72
2001	141.6	130.06	13.42	—
2002	222.92	194.16	19.79	
2003	130	124.28	19.7	21.88
2004	145.64	138.98	22.84	22.59
2005	74.67	74.67	17.37	16.53

国税稽查　国税稽查1995年建立以来，对涉税违法违章案件的查处，采取定期检查、专项检查和税收大检查相结合，市局和各分局都建立偷税漏税举报中心、设立举报箱、举报点，设立专门的举报电话，根据查账和举报的线索组织专人查处，这是税务稽查机关发现案源的一种途径。同时建立一套协税护税组织和与公、检、法、司等部门配合的税收保卫组织。各税务所发生的案件都要经过会议组提出意见并及时上报稽查分局和市局，分级次进行合议，个别重大案件，需由上级局合议定案处理。

彭州市国家税务局1998—2005年税务稽查查补情况统计表

表16-4-7-2

年　度	检查户数（户）	查补金额（万元）	罚款、滞纳金金额（万元）	入库金额（万元）
1998年	229	328	—	310
1999年	329	472	43	515
2000年	305	380	—	320
2001年	85	168	0.7	167
2002年	107	28	5.2	33
2003年	202	97	7.4	104
2004年	170	295	9.6	305
2005年	246	93	2.7	115

第五章　工商行政管理

工商行政管理是通过企业登记注册、经济合同、商标、广告、个体私营经济管理，保护消费者合理权益等管理形式和手段，对工商企业和市场经济活动进行监督和管理，保障彭州市经济发展有序进行。彭县工商行政管理局于1993年更名为彭州市工商行政管理局。2001年进行行政体制改革，实行从中央到地方垂直领导，更名为成都市工商行政管理局彭州分局，2002年4月1日经上级安排，更名为成都市彭州工商行政管理局，其下属机构亦相应更名。2005年，执法体制改革，成立工商局二级局—成都市彭州工商行政管理公平交易执法分局，派出各地的工商所10个。

第一节　工商企业管理

登记注册管理

1985年登记行业为12类60余个行业，1235家，注册资金3亿元。1998年则拓展到15类88个行业，3350家，注册资金22.23亿元。2002年经过整顿，注册数有所减少，为2439个，注册资金增加到26.33亿元。到2005年，全市共有内资企业2482户，注册资本27.25亿元；外资44户。

在登记注册工作中，注重支持国有企业和集体企业改革，支持国有企业组建企业集团，提高国有企业参与国内、国际竞争能力，支持国有企业对产能低下、产品无市场、技术落后的“五小”企业进行关停并转，并帮助实施技术改造。严格依法注册登记，严格控制市场主体准入关，坚持对新办企业的开业前调查，实行“三严格三禁止”的原则，依法验资，每年都对企业实行审查，发现违规者坚决吊销营业执照。20 年间，共吊销不规范企业营业执照 2301 户，变更登记 983 户。

个体私营经济管理

围绕市委、市政府的中心工作，向个体私营经营者宣传党和国家政策，开展“三自教育”（自我管理，自我教育，自我服务），落实政策，放宽市场准入规则，对个体劳动者实行“六个放宽”（放宽从业对象，放宽经营范围，放宽注册资金标准，放宽出国（境）从事商务的限制，放宽内外资经营审批手续），在政治待遇、政策优惠、经济扶持方面与公有经济一视同仁。对投资 50 万以下的私营企业，允许准备资金在 30% 以上可先行注册，限期 6 个月内补足。对私人资本控股的有限责任公司，允许注册资本达 60% 以上可先行注册。仅 2003 年第三季度，新增个体工商户达 463 户，新增注册资金 1066 万元；新增私营企业 143 个，新增注册资金 1.02 亿元。2004 年达到顶峰，新增个体工商户 8351 户，新增私营企业 436 户。

第二节　市场监管和权益保护

日常监管

市场监管和行政执法是工商行政管理的基本职责，自 1985 年以后，每年都组织人力，对彭州市（县）市场进行监管，严厉打击不法商贩。据不完全统计，1998 年查处各种违规行为 88 起，罚没金额 2 万元；1999 年查处 1480 起，罚没金额 17 万元；2000 年查处 1671 起，罚没金额 22 万元；2001 年查处 930 起，罚没金额 36 万元；2002 年查处 564 起，罚没金额 3 万元；2003 年查处 689 起，罚没金额 13 万元；2004 年查处 1438 起；2005 年查处 1876 起。

专项整治

为维护正常的市场秩序，保护广大商家的正常经营，根据上级布置，实行市场专项整治。

粮油市场　每年对粮油市场进行专项突出整治，打击不法商贩，保护人民群众利益。仅 1998—2004 年，就查处非法收购粮食案件 61 起，查扣粮食 10 余万公斤，查扣油菜籽 5 万公斤，没收粮食 8 万公斤，查处倒卖陈化粮 924.9 万公斤，罚款 44.9 万元。

猪肉品质　为保证广大消费者的身体健康，每年都开展检查猪肉品质的专项活动。随着人民生活水平的提高，少数不法肉贩干起猪肉做假的勾当，密切注视猪肉市场动向，一经发现即严厉打击，1998—2004 年，检查生猪屠宰点 62 个，捣毁注水猪肉宰杀窝点 5 个，查获注水猪 62 头，收缴注水猪肉 465 公斤。

商品打假　由于经济高速发展，个别商贩售卖假冒伪劣商品的现象日渐增加，人民群众反响强烈。根据群众举报，开展打假。2001 年，出动检查人员 560 人次，车辆 110 台次，查获违法经营的化肥 112 吨，捣毁制假窝点 1 个，查处违法案件 14 件，罚款 10.7 万元。

文化市场　在对文化市场专项整治当中，共查获违法经营户 308 户，没收黄色盗版光碟及盗版软件4744张，没收淫秽书刊384册，没收从事非法经营活动的电脑26台，共罚款33万元。还组织巡查队，每天在各条街道和市场进行巡查，维护商业秩序。

广告市场　为规范全市广告市场，每年掀起广告专项治理活动，保证广告业处于正常守法有序状态。虽然，广告登记证数量有所下降，但质量和金额均呈上升势头。2000年登记1531件，金额373万元；2001年521件，金额584万元；2002年521件，金额549万元。违法广告在工商部门加大力度打击的情况下逐渐退出广告市场。1998—2005年，共查处违法违章广告1253件，罚款26.8万元。

消费者权益保护

保护消费者合法权益是工商管理的宗旨，彭州市在1997年率先在全省建立第一个“3·15”投诉举报台，并向社会公布举报投诉电话，在局办公室安排3名专职接待员，受理消费者的投诉举报。工商局还配合全市各部门，在每年3月15日这天举行宣传活动，向群众发放宣传品。

1998—2005年，彭州市消委会、彭州工商局受理消费者投诉4301件，处理率98%，正确率100%。接受群众举报127件，及时移交有关部门处理。接受消费者咨询12341人次，受理消费者投诉，为消费者挽回经济损失328.37万元。收到消费者赠送的锦旗47面，感谢信7封。1997—2002年连续6年被评为“全国个体私营经济先进联系点”。

第三节　经济合同　商标管理

经济合同管理

经济合同是市场经济活动的重要凭证，对商业活动的合同鉴证，能保证商业活动合法进行，减少商业纠纷，维护商家合法权益。1986—2003年，市（县）工商行政管理局共鉴证各类经济合同2175份，合同金额9.4亿元。

开展“重合同、守信用”评比活动，到2005年，全市获四川省3A级企业2户，成都市2A级企业19户，成都市A级企业9户。做好办理动产抵押工作。2002年，办理动产抵押登记54件，抵押物额2.08亿元，主债权额1.35亿元。工商部门注重合同的遵守，经常组织人员检查已签合同的执行情况，发现有违约现象则提出批评或警告，直至罚款。

商标管理

1986年，在首批成都市著名商标推荐认定工作中，推荐“宝盛康”等12件注册商标参加，其中8件获成都市著名商标称号。2001年，推荐成都天星照明集团公司“湔牌”灯泡注册商标参加四川省著名商标评选。2002年，推荐成都银厂沟矿泉水有限公司的“响水洞”商标参加成都市著名商标评选。2003年，推荐成都双虎实业有限公司的“双虎牌”家具参加四川省著名商标评选。截至2005年，全市共有成都市著名商标8件，四川省著名商标3件。

第六章　质量技术监督管理

1986—2005年20年间，县（市）质量监督管理的机构设置和职能变化较大。1987年4月，彭县标准计量管理站改为彭县标准计量管理局。1989年7月，建立彭县技术监督局，组织、协调全县技术监督工作的职能部门，其主要职能任务是：贯彻国家技术监督工作的方针、政策、法律、法规和省、市关于技术监督工作的条例、条令，统一管理全县的标准化、计量和质量工作，并对质量管理进行宏观指导等。1991年5月，建立彭县技术监督局稽查中队。1995年3月，设立彭州市计量公证总站。1999年11月，彭州市技术监督局更名为成都市质量技术监督局彭州分局，为垂直管理机构。主要职责是：在市质量技术监督局的领导下，负责管理本行政辖区内的质量技术监督和行政执法工作。机构改革后，技术监督局除原有的主要职能外，还增加部分划转原有关部门承担的质量管理职能；环境保护标准、食品卫生标准的初审、转报职能；锅炉、压力容器、电梯、防爆电器等特种设备的安全监察监督管理职能；化学危险品质量技术监督管理职能；用于贸易结算的电能表、电话计费器等计量器具强制检定的行政监督管理职能；农药质量工作的宏观指导和农药质量的监督职能。

第一节　质量监督管理

基础建设

制度改革　采取职工自愿报名、公开竞选、民主测评、组织考察相结合的形式聘用室主任，职工与室主任实行双向选择；实行抽样和检测人员彻底分离，保证检验的“公正、科学、权威”，杜绝“人情”报告和以创收为目的的“问题”报告；制订《人员考核手册》，加强人员管理；对检验人员加强业务学习和培训，更新知识，并开展技术比武等。

设施建设　抽出资金购置检测设备，新建微生物检测项目。投入资金20余万元，购置原子吸收、气相色谱检验器具和2辆工作用车。完善7大类项目指标的申请，增加对食物中的食品添加剂、农药残留、重金属含量、细菌等安全性、卫生性的检测。完成1100组样品的检验，检定计量器具8500台件次，其中强制性检定计量器具约6000台件次，提高企业委托检验合同履行率。

质量监督

市场准入制度　对国家分类的28类食品生产企业实行生产许可证制度，开展无证查处执法工作，从源头上监督产品生产，把好产品质量关。20年间，检查生产企业200多家，出动执法人员数百人次，对违反管理规定的企业进行处罚，向不合格企业发出行政告知书，要求企业限期整改；对未获得

食品生产许可证的企业，派出专门服务小组深入企业指导，要求企业严格按照审查细则，严格控制好原材料、进货渠道、资料的衔接，同时要求企业领导做好对员工的管理，进一步提高管理人员和员工的素质，对生产企业人员进行培训。促使全市新10类获证企业数量上升。针对老五类食品已获证的企业和部分白酒生产企业缺乏自检能力的情况，先后邀请省市的专家到彭州市举办培训班。

监督检查　把好质量关和市场准入关，加大抽查力度。1986—2005年，共抽查产品商品近万个批次，合格率为90%。对生产不合格产品的企业要求限期整改，并要求其认真寻找不合格的原因，提出整改措施，一一落实；对产品质量违法情况严重的企业，按照相关法律法规，依法对其进行查处。做好处理工作。为提高产品质量安全监督管理工作的有效性，按照定期监督检验产品目录的规定，对相关生产企业进行定期监督检查，并将监督检查的结果进行定期公告。针对检查结果，对每月抽查不合格的企业责令其整改，并要求其认真寻找不合格的原因，提出整改措施，并一一落实，以提高企业的质量管理水平；对产品质量违法情况严重的企业，按照相关法律法规，依法对其进行查处。

质量管理

质量档案工作　全面开展质量档案普查工作，完善质量档案，增强动态管理。对全市产值500万以上的企业进行调查，并与市内多家企业建立经常性联系，指导和帮助100多家企业建立健全规章制度，提高企业的管理理念，确保产品质量。同时，为帮助企业抓管理、练内功、增效益，组织企业认真开展群众性质量管理活动，并加强指导和服务。对年销售收入在100万以上的工业产品许可证企业、强制性认证企业、特种设备制造安装许可企业、药品生产企业、食品安全生产许可企业等逐步建立企业质量档案的动态管理机制，并随时更新质量档案的内容。

质量管理活动　在全市企业中组织开展群众性质量管理活动，指导帮助企业开源节流、增收节支。向成都市局推荐优秀QC小组1家，受成都市局表彰的群众性质量管理先进企业1家，先进个人3名。

向企业推广现代管理方法，重视和完善全面质量管理工作。引导企业开展IS09000标准和企业申报IS09000咨询工作。同时，努力推广质量管理达标工作。对重点企业的质量指标进行考核，使全市40家重点企业的质量等级品率达到80%以上。质量指标考核工作多次被成都市局评为先进。

开展“优质服务月”和“质量月”宣传活动。散发宣传资料，制作宣传栏，现场受理投诉。同时，组织人员深入企业宣传贯彻法律、法规，积极倡导企业开展质量体系自查活动。组织开展“关注用户”和诚信经营活动，推荐先进单位、先进个人及优良产品参加“优质服务月”评选活动。有多家企业被成都市局评为优质服务单位。

生产许可管理　贯彻《工业产品生产许可证管理条例》和《实施办法》；严把生产许可证年审关，严格按照各种产品的评审细则和审查要求，对上报的资料进行审查。

行政执法

建立层级责任制　为行政执法工作不留死角，不留空白，采取行政执法分中队片区负责的办法，把中队长作为片区的执法责任人，负责对片区内违反质量技术监督法律法规的行为进行依法查处。落实责任，20年间立案初审和结案的行政案件上千个，未出现行政复议和行政诉讼案件。落实《打假工作责任制》，与各乡镇、相关部门签订《打假工作目标责任书》，并督促各部门将“打假”目标责任层层分解，落实到人。建立健全全市打假、举报、受理投诉网络，并向社会公布。认真受理举报投诉，结案率达到96%。

执法行动　开展产（商）品质量大检查，对加油站、床垫、3C 认证产品、水泥、食品、汽车及汽车零配件、化学危险品等 180 类产品进行专项检查。累计出动执法人员万余人次，办理行政案件 1280 件，移送司法机关 2 件，行政抄告相关部门 239 起，查获货值金额 3670 万元，立案查处案件结案率 100%，无诉讼，无败诉。

全面推进农资打假工作深入开展。查获一批不符合标准要求的化肥，规范一批质量不稳定的企业，净化农资市场；利用“农资打假下乡”集中行动月的机会，向农民进行宣传，受理投诉举报。累计共检查化肥生产销售企业 100 余家，销售商 77 家，检查产（商）品 1086 个批次，处罚 15 家，立案查处 21 家，并对有关责任人给予严厉处罚。

查建材保建设，树百年大计。把查处假冒劣质建材的工作作为重点来抓。组织开展对水泥、建筑用预制件、基础桩、建筑用涂料、铝合金和塑钢门窗产品的专项执法检查，对产品质量达不到标准或无生产许可证生产产品的企业进行处罚和取缔。同时，对影响较大的“黑心棉”和“地条钢”，在进行调查摸底的基础上，拟订详细的行动方案，下功夫从各个方面进行综合治理，进行重点打击，对违法企业给予严厉处罚。

开展市场准入和禁入工作，促进建立诚信、规范的市场环境。严格按照《成都市对假冒伪劣产品及其经营者实施市场禁入的规定》，对那些屡教不改、性质恶劣、从事假冒伪劣产品生产和经营的违法分子坚决实施市场禁入，彻底取缔其生产经营的资格。按要求和程序向市局报送个别“市场禁入”企业名单。同时，打假办牵头组织“春节”“五一”“十一”节前打假联合行动。

第二节　计量监督管理

计量器具生产和安装

对市内的 4 家压力表生产厂进行专项检查，要求企业做好检定的原始记录，不能超范围经营，不能无证生产，并要求其加强内部管理。

对电力、供水、官仓电力 3 家经营性计量安装单位进行检查，使之不断完善检测设备，健全管理制度，增强专业素质，经市局审查验收全部合格。

对已建的水、电、气三表授权机构的规范管理。对授权站开展计量检查，帮助电表授权站完善内部管理，协助处理计量投诉，还对授权站人员进行计量法律法规培训。

计量器经营性使用的管理

对石油成品加油站开展专项检查。共检查企业上百家，合格率达到 93.3%，不合格的企业是加油站超期未检，均受到相应处罚。

对水泥、眼镜等行业以及餐饮业、商场、市场的在用计量器具进行专项计量监督检查，对不合格的进行现场处罚和立案处罚。同时，对全市 40 余家医院的 706 台强检计量器具进行检定，受检率 100%，对受检医疗卫生单位发放计量体系确认合格证书。

对全市的农资产品质量、计量器具和定量包装产品进行监督检查，合格率为 97%。对现场检查不合格的计量器具，要求商家限期整顿，在规定时间内重新配置。

开展计量体系确认。为提高全市企事业单位计量工作依法自主管理和科学管理的能力，加快与国际惯例接轨，按《成都市计量体系等级确认实施细则》要求，组织评审小组对申请企业按细则进行现场评审。

加强地秤的计量监督管理，保障量值准确，维护正常的社会主义经济秩序。根据《成都市地秤监督管理办法》，坚持每年对全市所有地中衡进行审查换证。

法定计量技术机构

贯彻实施 JJF1069–2003《法定计量技术机构考核规范》，规范法定计量技术机构。检测所顺利通过考核。

对法定技术机构的建设与管理。按要求定期指导质检所的计量工作，技术机构的计量标准配套设备周期检定率达 100%，检定人员持证上岗率达 100%，检定证书与原始记录相符达 100%。

第三节　特种设备安全监察

安监基础工作

宣传培训　召开特种设备使用单位参加的全市特种设备安全监察暨法规培训会，举办司炉、水处理培训班，并与使用单位签订特种设备安全责任书，进一步强化落实特种设备安全责任主体及责任，对各专项安全检查情况通过电视媒体作报道，宣传特种设备法律法规，提高安全意识。

做好特种设备作业人员培训、考核，努力提高持证上岗率。在市局教育培训中心的指导下，组织并举办多期特种设备管理人员和锅炉、压力容器、锅炉水处理特种设备作业人员的培训、复训学习班，提高持证上岗率。

网络建设和协管制度　巩固完善特种设备“两个网络”建设，加强动态监管。在全市 20 个镇 5 个部门设立协管员和协管员联系制度；在继续巩固和监管好现有特种设备的注册登记同时，不断完善、更新动态监管信息系统数据库，真实反映当前在用设备的安全技术状况。

监察执法

定时专项监察执法　在元旦、“春节”“五一”“六一”“十一”，对学校、商场、医院、公园、旅游景区等人口聚集场所以及各类气体充装站的特种设备开展安全检查，督促使用单位加强管理，及时消除事故隐患。对日常监察和专项检查中发现存在的管理和设备问题，下达限期整改令，并采取“回头看”的方式，督促使用单位对存在的管理缺陷和安全隐患进行整改。对存在严重安全隐患，逾期未整改的少数使用单位和个别非法安装单位，均按法律法规实施行政处罚，规范使用单位行为。

定期检验　为了保证特种设备的安全、可靠，及时发现并消除设备自身缺陷、事故隐患，依照《条例》和有关特种设备安全技术规范的规定，依托特种设备检测检验机构，开展全市在用特种设备的监督检验工作。

压力设备的生产和使用　坚持特种设备安全监察与专职执法队伍相结合，加大安全监察和行政执法的查处惩治力度，坚决打击和取缔特种设备的非法充装、制造、安装、使用；对龙门山景区及银白公路沿线的“农家乐”、休闲山庄的特种设备开展专项排查和整治，取缔销毁“土锅炉”和非法改造压力容器的厂家，整治违规、违章使用小型和常压锅炉几十台；与相关局办协调配合开展燃气行业、旅游景区的安全大检查活动；完成食品企业、食品质量安全巡查等各项工作。

压力管道监察　根据实际情况和行业特点，对化工制药和各类气体生产充装的压力管道使用单位，开展压力管道普查整治工作，对普查数据资料认真核实后，录入微机。共普查企业41户，压力管道948条，总长37.92千米，摸清压力管道的状况、分布、种类、数量，顺利通过省局的抽查验收。

第七章　统计管理

彭州市（县）统计管理机构几经撤、并、建。1983年3月，彭县按照成都市对县级以下部分党政办事机构进行合并、撤销的要求，将计委、经委、财办、物委、统计局六个机构合并为县计划经济委员会，内设统计科，人员配置11人。1984年8月，随着经济建设的深入发展需要，县统计局恢复单列，使统计局名副其实地成为经济建设的监测机构。1987年以来执行国家统计法，对市（县）统计工作内容和统计各体系进行改革，为全市（县）的经济建设履行职责。1993年撤县设市后，彭县统计局更名为彭州市统计局。

第一节　统计管理改革

综合统计改革

1987—1992年，综合统计的内容，初步改革为计算国民生产总值。国民生产总值的计算口径是国（地区）内生产总值和国（地区）外净要素收入之和。计算范围包括第一产业（即农业、林业、牧业和渔业，不包括村及以下工业）、第二产业（即工业和建筑业）、第三产业（即除上述一、二产业之外的其他各业）。

1993年，为适应建立社会主义市场经济体制的需要，国务院于8月正式批准全国实施新的国民经济核算体系，国家统计局决定对统计报表制度实施重大改革。改革的主要内容是：从1993年起年报逐步完成统计指标体系、统计分类与编码标准体系和统计调查体系的改革，全面实现我国统计工作与国际标准、国际惯例的接轨，确保国务院关于在1995年实现向新的国民经济核算体系全面过渡的既定目标。在报表的表式设计上，按不同行业设计农、林、牧、渔业，工业企业、建筑业企业，交通企业，商业（含外贸、物资）、饮食业、服务业企业，行政事业单位等七个基层一套表。七个基层一套表在范围上填补第三产业统计中的空白，基本上覆盖所有的企业事业行政单位。在报表的内容上，力求全面系统地反映市场经济条件下，企业（单位）生产经营活动的基本情况，包括产供销、人财物等方面，并为新国民经济核算提供基础数据。综合统计指标统一为按当年现行价格和不变价格分别计算的国内（地区）生产总值。为全面实现与国际标准、国际惯例接轨，国家决定不再计算社会总产值和国民收入（即净产值），代之以社会总产出和国内（地区）生产总值，即 GDP。该指标从此延续到 2005 年之后，成为反映国家和地区经济实力与规模的龙头指标。期间，综合统计收集整理资料还新增年末国际互联网用户数，发表统计公报，编印统计年鉴和收集整理旅游事业发展、环境保护情况等资料。

统计资料收集和计算方法上也作了改革，过去计算国民收入法是社会生产总值减去生产过程中的物质消耗，获得的净产值称为国民收入。改革后，计算国内生产总值即 GDP 方法，按产业的“劳动者报酬”“固定资产折旧”“生产税净额”“营业盈余”四个方面计算。这种计算方法是跟国际惯例接轨。过去之所以没有把教育、文化、卫生、国家机关等人员的劳动报酬视为产值，是按马列主义经济学“国民收入分配再分配”理论，把该类人员的报酬列入再分配财政开支范围。如今用 GDP 和人均 GDP 指标，来衡量一个国家、一个地区的综合经济水平。

农业统计改革

1986 年，在以前基本概览农村经济全部情况调查统计的基础上，新增加按当年现价价格计算的农村社会总产值报表，农村社会总产值的计算包括农业总产值以及农村集体和个体工业、建筑业、运输业、商业饮食业的总产值。

1993—2005 年，国家统计局实施统计制度改革，建立七个一套报表制度。对农业统计实行农、林、牧、渔业综合一套报表制度，将农业分为农、林、牧、渔业等四业，将原副业中采集野生植物和农民家庭经营商品性工业划入农业中的其他农业，将原副业中的捕猎划入牧业中，取消用现行价格计算的农村社会总产值，增加变更为统计农村非农行业现价产值。同时对农作物进行重新分组，取消粮食、经济作物的两种分类，将农作物分为谷物、豆类、油料……其他作物等。

工业统计改革

1993 年 8 月，实施一套表制度以后，工业统计取消净产值的计算，改为计算工业增加值。工业增加值是指企业在报告期内的货币形式表现的工业生产活动的社会最终成果。

随着国家对统计方法制度的深入改革，1999 年以后，国家对工业统计实行规模以上企业（含国有企业）采用一套表全面统计，而对规模以下企业（不含国有规模以下企业）采用抽样调查统计。

商贸统计改革

1990—1993 年，各国有、集体、合作性质的商业、餐饮业、服务业企业随着所有制改革的深入发展，纷纷解体、合并、拍卖、关停，逐步转变为私营企业，国家对商贸统计减少为只统计社会消费品零售总额，批发零售贸易业，餐饮业机构网络人员情况，商业企业商品购、销、存总额，粮食销售分项实绩等。

1994—1997 年，改商业企业的购、销、存总额统计为社会商业购、销、存总额统计，其范围口径扩大到对个体商业户的统计。个体商户的数据来源由各乡镇政府统计人员、乡镇企业管理局、工商行政管理局三个方面搜集取得。

1998—2005 年，取消人员网络情况统计，只剩社会消费品零售总额、粮食销售实绩、社会商业商品销售总额等三个方面的统计。

第二节　管理体制和管理

管理体制

统计管理体制遵照《中华人民共和国统计法》《统计法实施细则》第 21 条所规定的现行统计管理体制，国家建立集中统一的系统，实行统一领导，分级负责的统计管理体制。

彭州市统一领导分级负责的统计管理体制的主要职责是：组织指导全市各乡镇、各部门、各单位加强统计基础工作建设，加强统计教育和统计人员业务培训；根据全市基本经济发展所制定的政策、计划进行管理的需要，搜集整理提供基本统计资料，并进行统计分析、统计预测和统计监督；组织各乡镇、各部门、各企事业核算单位遵守国家统一制定的统计法规、规章，遵守国家统计局统一制定的统计指标体系，统计调查和统计整理的方法制度以及统计教育管理制度等；各乡镇、各部门统计机构（私营企业单位统计组织人员）受该乡镇、该部门、该企事业单位和市统计局双重领导，在业务上以市统计局领导为主，在行政管理上以所在乡镇、部门、单位为主；各乡镇、各部门对所属企事业单位的统计工作实行分级负责，负责组织协调本乡镇、本部门（单位）的统计工作。

统计报表管理

1986 年以后，注重统计报表制度的贯彻实施，开好每年度的年报工作会，以会代训，讲清报表范围、口径及相关关系，并与平时不定期的统计业务培训相结合，提高基层报表的准确性；一贯推行统计基础工作的规范化建设，健全完善基层单位的统计原始记录、统计台账，做到基层单位统计报表数出有源、计算有据；对基层统计人员进行现场业务指导，提高业务水平；开展统计数据质量评估和年审制度，特别是 1990 年以后，要求统计局分管领导对统计数据层层把关，并纳入年度目标考核。市（县）统计局连年按月、季、年上报的工业、农业、商贸、建筑投资、物资供应、劳动工资、农村、城市住户抽样调查、综合平衡等 10 套专业统计报表数据，都基本做到情况明了、数据清楚，基本掌握全市（县）经济运行状况及未来趋势，上报的 10 套报表在成都市统计局每年底开展的统计报表质量评比中均有 8、9 套报表分别获前三名表彰，至 2005 年共获一等奖表彰的有 40 多个专业报表，二等奖的有 80 多个专业报表，三等奖的有 90 多个专业报表。20 年间有 5 个年度获成都市局对各区县统计局整体工作目标考核一等奖，10 个年度获二等奖，5 个年度获三等奖。

统计调查管理

非国家统计部门为自身发展制定决策，需要向社会和各基层单位发放统计调查表格、问卷调查等，以了解单项经济生产、市场销售、人民需求等状况时，按照《统计法》的要求，均需通过市统计局同意方能开展，如无市统计局文件、批示或表号依据，被调查单位和个人可以拒绝接受调查。调查单位也可以委托市统计局组织调查。

1985 年以后，先后开展的此类调查有：电视广播收视率调查，日用化妆品市场消费调查，房屋建筑购买力调查，农产量抽样调查，个体私营抽样调查，乡镇企业基本状况调查，旅游业抽样调查，农村技术人员状况调查等。

目标考核统计管理

1990年以后，市（县）委、市（县）政府对党政各职能部门、各乡镇及其各直属企事业单位实行年度工作目标考核管理。市（县）统计局参与全市（县）目标完成监测考核工作。

每年底协同市（县）目标办，依照该年度经济发展实绩、投入建设状况，分析测算下一年的经济发展及计划任务，研究制定下一年全市（县）的总体目标，经市（县）委、市（县）政府审查后报成都市批转下达。

年初协同市（县）目标办，将成都市批准下达的目标任务逐项分解，制定市（县）委、市（县）政府下达给各行政职能部门、各乡镇及各直属企事业单位的目标任务以及重点工程目标任务，经市（县）委、市（县）政府批准后下达执行。

对全市范围内的经济目标完成情况，利用收集的统计月报表，逐月进行数据量化监测，汇总整理成经济运行状况卡片和完成情况分析报告（统计快报），及时送到市（县）委、市（县）政府各有关部门领导手中，供领导指导、安排经济工作、科学决策使用。

年末，参与目标办组织的目标完成情况考核验收工作，深入到各部门、各乡镇、各企事业单位以及重点工程中去，对该年的目标任务完成状况逐项检收审查。凡是经济指标数据必须由统计局的参与人员认定。

计划生育目标统计管理

1990年以后，统计局作为市（县）计划生育领导小组成员单位，也同时开展计划生育统计监测工作，每年初参与制定人口计划生育目标任务，不定期用统计数据发布人口变动增减情况，提请有关部门对各乡镇计划生育工作的开展检查督促，年末参与市（县）目标办对目标任务完成情况的考核验收。

统计公报和年鉴

统计公报　《统计公报》的发布是对该年度该地区经济发展史实的一个量化性记载。公布统计资料是向社会提供统计信息服务的重要形式，通过公布统计资料，以便全市人民了解全市的经济发展状况，对国民经济和社会发展情况实行有效的、全面的监督。

全市（县）统计公报的发布，始于1986年。每年4—5月，在各套专业报表报送成都市统计局审核定案后，经成都市局同意，即可发布《统计公报》，并逐渐形成一套制度，20世纪90年代后，纳入市（县）政府对统计部门的目标考核任务。

统计年鉴　1986年后编印的《统计年鉴》，收集、整理彭州市（县）在不同时期、不同行业的经济发展和建设中所取得的成绩。

《统计年鉴》的主要内容：

综合篇：统计公报、国民经济主要指标。

人口篇：总户数、总人口及分乡镇户数与人口。

农业篇：耕地面积、农业产品生产状况、农林牧渔业总产值。

工业篇：工业总产值、主要工业产品产量，主要工业经济技术指标，主要工业综合经济效益指标。

固定资产投资篇：固定资产投资完成情况，房屋施工、竣工面积及价值、固定资产投资主要指标。

商贸篇：社会消费品零售额、粮食销售、社会商品零售额。

财政篇：地方财政收支状况。

劳动工资篇：职工人数、职工工资、平均工资、女职工。

市政公用事业、环境保护篇：公用事业、环境保护。

人民生活：城市居民、农村住户家庭基本状况，含现金收支、人均生活消费、耐用商品拥存量、住房情况等。

由于历史的原因，分年度整理的年鉴资料使用的不变价不同，计算口径、范围也有不同，由此造成《统计年鉴》历史性对比和比较性较差的问题，为解决此问题，统计局还采用不定期地对主要指标的调整（同口径）汇集和整理。1990 年以后，《统计年鉴》的编印工作，被市（县）政府列为统计局的工作目标任务，形成一项制度固定下来。

第三节　统计普查

《中华人民共和国统计法》规定国家每 10 年进行一次重大的国情国力普查，含人口、工业、农业、第三产业、基本核算单位、经济普查等。

工业普查

第二次全国工业普查（1985—1987）　1985 年，第二次全国工业普查是建设具有中国特色的社会主义经济的一项重要基础工作。

1984 年 12 月，县政府成立以分管副县长为组长的彭县全国第二次工业普查领导小组。自 1984 年 12 月始至 1987 年 6 月止，经历培训骨干、基础整顿、试填草表、五审把关、资料汇总、分析研究等工作程序。历时两年零六个月，完成对 325 个工业企业的产、供、销、人、财、物的全面普查工作。组织编写普查分析资料 130 多篇，受到上级领导和国普办四川检查组的好评，普查报表质量超过国家标准要求，差错率仅 0.3%，荣获国家级先进集体金杯奖，5 名同志荣获国家级先进个人奖励。

第三次全国工业普查（1995—1997）　自 1985 年全国第二次工业普查之后，随着改革开放的深入和社会主义市场经济的发展，全市的工业经济高速增长，无论是总量规模还是经济结构都发生巨大变化。在国有经济发展壮大的同时，乡镇企业及个体经济、私营经济、“三资”企业等多种经济成分迅速发展，统计调查对象的构成日趋复杂，财产混合所有的经济单位越来越多，产权结构发生很大变化，国有资产底数不清，企业点多面广，并受利益机制影响，仅靠现有的统计报表制度已难取得准确、全面系统的统计资料。根据国务院批转国家统计局《关于建立国家普查制度改革统计调查体系请示的通知》（国发〔1994〕42 号），1995 年为第三次全国工业普查年份。

此次普查的目的：一是查清工业资产底数，重点查清国有工业、乡镇工业和三资企业的资产及构成；二是查清主要产品产量，生产能力分布和能力利用状况，资源配置，市场质量和供需平衡状况；三是查清生产设备拥有量，工艺装备和技术状况；四是查清主要工业产品生产成本，价格及盈利状况；五是通过普查加强企业核算管理的基础工作，为建立企业制度，推行抽样调查方法、实行科学管理，走向市场，改革工业调查体系，提高统计数据质量创造条件。

纳入此次普查的范围：市境内全部工业企业和附营工业企业生产活动的单位，包括在本地区的中央、省、成都市所属工业企业，也包括本地区的一产业、建筑业和三产业单位附营的工业生产活动。

1995 年 4 月，市政府成立分管副市长为组长的市第三次全国工业普查领导小组。5 月，市级各有关部门、各乡镇人民政府、各工业企业相继成立工业普查领导和工作班子。先后经历宣传动员、企业摸底、普查员培训、普查试点、加强工业企业基础整顿、核算管理、试填草表、正表填报、互查互审汇总、光电录入、资料开发利用、评比表彰等 11 个阶段的工作，历时两年半，完成普查工作。市普办荣获国家级先进集体表彰。

人口普查

第四次全国人口普查（1990—1992）　普查工作于 1989 年 3 月初开始组建机构，成立以分管副县长为组长的县第四次全国人口普查领导小组。整个普查工作先后经历组建机构、宣传动员、普查试点、户口整理、普查登记、普查表编码、资料汇总和资料分析等 8 个阶段，历时 2 年 6 个月结束。

第四次全国人口普查以 1990 年 7 月 1 日零时为标准时间，普查登记的对象是具有中华人民共和国国籍，并在中华人民共和国境内常住的人。全县 1990 年 7 月 1 日零时普查登记人口为 73.44 万人。

第五次全国人口普查（2000—2002）　普查工作始于 1999 年下半年。成立以常务副市长为组长的市人口普查领导小组；各乡镇各部门和有关企事业单位相应组建人口普查工作机构；配置全市人口普查工作流程方案；在西郊乡、天彭镇分别抽一个村委会和一个居委会进行普查试点工作。

2000 年是国务院统一部署的人口普查年。彭州市开展宣传动员、摸底调查、户口整顿、对 700 多名普查指导员和 3000 多名普查员的培训考试，11 月 1—10 日进行普查登记、回头看等阶段的工作。2001 年至 2002 年初，市普办组织编码培训、快速汇总、对普查表编码、互查互审、光电录入、公报发布、资料归档等项工作，完成第五次全国人口普查工作。

第五次全国人口普查以 2000 年 11 月 1 日 0 时为标准时间，普查登记的对象为具有中华人民共和国国籍并在中华人民共和国境内常住的人口。全市 2000 年 11 月 1 日 0 时普查登记人口为 77.07 万人（包括外来人口，不包括外出人口）。

第三产业普查（1993—1994）

1993 年 6 月，国务院发出在全国开展第三产业普查工作的通知，市（县）委、市（县）政府专门召开会议研究三普工作。组建以分管副市（县）长任组长的第三产业普查领导小组。历时 1 年 4 个月，先后经历组建机构、宣传动员、普查培训、摸底调查、填报普查报表、质量验收、编码、汇总上报、资料开发利用等 9 个阶段的工作，完成对 877 个执行企业会计制度、2114 个执行行政事业会计制度第三产业单位的全面普查工作和 1665 户个体户的抽样调查工作。

基本单位普查（1996—1997）

1996 年底，开展第一次全国基本单位普查工作，成立以分管副市长为组长的市基本单位普查领导小组，结合 1996 年各专业年报与基本单位普查一并进行。先后经历宣传动员，年报与普查培训，基本法人单位清理摸底，摸底资料同年报、同第二次工业普查、同第三产业普查、同农业普查资料逐一核实，理顺一套班子多个挂牌的基本核算单位，规范统计口径，填报基本单位产业普查报表，数据录入汇总等阶段工作，普查工作于 1997 年 3 月结束。

农业普查（1995—1997）

1996 年 12 月 31 日，正式开展全国第一次农业普查工作。第一次农业普查以农业生产要素的普查为基础，同时全面了解农村经济和社会的基本情况。普查的对象是全市范围内各种类型的农业生产经营单位、农村住户、乡镇企业、行政村和乡镇，共有 38 个调查项目、687 个指标。普查时点指标是 1996 年 12 月 31 日，时期指标的时间是 1996 年 1 月 1 日至 12 月 31 日。

1995 年 10 月，成立以分管农业的市委副书记为组长的市农业普查领导小组。1996 年 6 月各乡镇相继设立以乡镇长担任组长的农业普查领导小组。继后，各村级普查工作班子及时成立，农普工作全面拉开。先后经历普查动员、普查试点、普查区域摸底和绘制示意图表、普查入户登记、农村住户调查表互查审核、农业普查手工汇总编码、三查三审质量评比、公报发布、数据分析研究开发利用等 12 个阶段工作。农普工作一次成功，受到到彭视察的联合国粮农中心官员好评，荣获国家级先进集体表彰。

普查表明，改革开放以后，全市农村基层组织的社区环境有很大改善，农村居民的生活质量有明显提高。1996 年末，全市共有行政村和非城镇辖的村（居）委会 495 个，其中，通电的行政村占 99.8%，通邮的占 96.57%，通公路的占 99.20%，能接收电视节目的占 99.39%，有小学的占 46.06%，有医疗站的占 100%，有幼儿园、托儿所的占 100%，有敬老院的占 6.87%，有文化站的占 17.17%。行政村（居委会）饮用水主要来源结构为：自来水占 9.29%，江河、湖泊水占 3.03%，池塘水占 0.4%，井水占 80.40%，其他占 6.87%。农村居民生活用主要燃料结构为：煤炭占 64.65%，柴草占 34.95%，其他占 0.4%。

1996 年，全市农村乡镇经工商部门批准具有管理机构、人员和固定场所的集贸市场为 54 个，其中：综合市场 31 个，占 57.41%；专业市场 23 个，占 42.59%。平均每个乡镇有 2 个集贸市场，其中综合市场 1.15 个，专业市场 0.85 个。

经济普查

国务院决定自 2000 年以后将基本单位普查、三产业普查、工业普查合并为全国经济普查。根据国务院《全国经济普查条例》要求，彭州市的第一次全国经济普查于 2004 年上半年开始组建机构，成立以分管副市长任组长的市经济普查领导小组。历经宣传动员、摸底调查、普查试点、填写普表、质量验收、编码录入、资料发布、总结表彰等 11 个阶段的工作。至 2005 年底，历时近两年，基本查清全市第二产业、第三产业的发展规模、结构和效益情况，建立健全基本单位名录及其数据库系统。为彭州市研究制定国民经济和社会发展规划，提高决策管理水平奠定基础。市普办荣获国家级先进集体表彰。

普查标准时点为 2004 年 12 月 31 日，时期资料为 2004 年 1 月 1 日至 12 月 31 日。普查对象为市境内从事第二产业、第三产业活动的全部法人单位、产业活动单位和个体经营户。普查内容为各类单位的基本状况、财务状况和生产状况等。

第八章　审计管理

彭州市（县）审计局成立于1983年9月。行政上受市（县）委、政府领导，业务上受成都市审计局指导。1986—2005年，审计机关认真贯彻执行《中华人民共和国审计法》及《国家审计规范》，坚持以“依法审计，服务大局，围绕中心，突出重点，求真务实”的20字审计工作方针，紧紧围绕市（县）委、市（县）政府提出的“工业富市，城建活市”战略，全面认真履行审计职责，不断强化审计监督，加大审计执法力度，努力发挥审计在促进改革开放和社会经济发展方面的职能作用。

第一节　国家审计

财政审计

市财政预算执行情况和财政收支审计　首先审计市财政局具体组织执行本级预算的情况；其次是审计市地税局税收征管、地方金库办理预算收缴、拨付情况；再其次是延伸审计预算收入和支出大户，抽审教育、城建、国土、卫生、民政、工商局等单位预算资金到位和使用；第四是对预算外资金、专项资金的拨付，周转金、基金的管理及资金的使用效益进行审计。审计中发现的违规金额，依照国家有关法律法规分别做出处理处罚，并提出审计意见和建议，及时向市政府提供预算执行情况和其他财政收支审计结果报告。

乡镇财政收支审计　依照《中华人民共和国审计法》第十六条、《中华人民共和国预算法》第七十二条规定和成都市审计局《财政收支审计监督暂行实施办法》，从1989年开始对乡、镇财政收入和支出进行审计。至2005年底，先后审计大宝、隆丰、九尺、敖平、濛阳、天彭、白鹿、致和等乡镇共计173项（次），审计出违规金额4146万元，审计决定处理应收缴财政金额2687万元，交财政金额2687万元。

金融审计

通过对金融系统的审计监督，促进其财务管理和内控制度的完善，严肃金融纪律，维护金融市场的正常秩序，保证国家宏观调控政策的落实。

银行审计　依照《中华人民共和国审计法》第十八条的规定和国家审计署（简称审计署）、省计厅、成都市审计局的统一部署，从1988年起，统一组织对金融机构的审计。彭州市审计局按照统一的审计方案，先后对中国人民银行彭州市支行、中国工商银行彭州市支行、中国建设银行彭州市支行、中国农业银行彭州市支行、中国银行彭州市支行等五大银行的财务收支、存款、贷款利率、利润留存、奖金、补贴、金融资产、负债、损益进行审计，计 27 项（次），审计查出违规金额 1172 万元，审计处理应上划上缴上级财政 40.3 万元，应补交的营业税、城市建设税缴入彭县税务机关。

保险公司审计　根据国家审计署和成都市审计局的部署，于 1988 年 7 月 18—22 日对中国人民保险公司彭州支公司 1987 年财务收支行进审计。重点对各项保费收入的真实性，各项支出的合规性，资金来源，成本费用开支范围，各项费用开支标准等进行核实，审计出的违规金额，按照成都市统一处理的规定，做出上缴财政的决定。提出对手续费的支出，应严格把关，对保费的退赔应一事一案按照规定程序处理的审计建议意见。

世行贷款项目审计　据成都市审计局《授权审计通知书》的要求，于 1989 年 12 月 19 日—1990 年 2 月 24 日对世界银行贷款彭县淡水养鱼项目 1989 年度的财务收支进行审计，主要审计彭县淡水养鱼项目办公室 1989 年 1 月 1 日—12 月 31 日的国内资金账簿、会计凭证、原始单据和会计报表。经审计，资金使用基本合规，无挪用资金的行为。

建设投资项目审计

依照《中华人民共和国审计法》第二十三条的规定和省政府《四川省国家建设项目审计办法》、彭州市人民政府《彭州市国家建设项目审计监督实施办法的通知》（彭府办〔1996〕61 号），开展彭州市辖内国家建设项目的审计监督，先后对中国农业银行彭州市支行办公大楼、彭州市地税局职工宿舍、彭州市污水管网工程、彭州市行政中心办公大楼主体及装修工程、行政中心广场工程等 371 个项目的竣工决算进行详细审计。工程项目结算送审金额 8.4 亿元，审计确认金额 7.78 亿元，审计核减金额 6195 万元，审计核减率为 7.38%。建设投资项目的审计为国家和建设单位节约大量的建设资金，维护建设投资市场的经济秩序，确保建设单位和施工单位双方的合法权益，得到各级党政领导的高度重视和社会各界的好评。

行政事业审计

20 年间，对市级各部门等行政、事业单位共计审计 457 次。审计查出管理不规范金额 9959 万元，应调账处理 9959 万元，清理收回挪用集资办学资金 12 万元，促进各项事业的发展。其中 1990 年对市检察院、法院、公安局、城建局、卫生局、教育局等 37 个行政事业单位的预算内和预算外资金进行审计，审计总金额 5648 万元，审计查出违纪金额 10.5 万元，已按规定做出处理，事业费支出发挥较好经济效果。1991 年对县工商行政管理局 1990 年的财务收支进行审计。在审计中，查出 1990 年度工本费净收入 3.6 万元，应缴未缴财政，除追缴财政外，依照《国务院关于违反财政法规处罚的暂行规定》处以 10% 的罚款。

企业财务审计

20 年间，先后依照国务院 1985 年 105 号文件《关于审计工作的暂行规定》、1987 年《关于违反财政法规处罚暂行规定》、1988 年第 21 号令，全国人大 1994 年通过的《中华人民共和国审计法》，对彭州市工业企业、粮食企业、商业企业、供销等企业进行 176 次审计。审计出违规金额 6428 万元，管理不规范资金 1.02 亿元，决定处理应缴财政 381 万元，已交财政 369 万元，处理应调账纠正金额 1.02 亿元。其中：1986 年对成都市湔江水泥厂 1985 年度及 1986 年上半年的财务收支进行审计，审计出违规金额 24.8 万元，依法上缴税款 20.61 万元。1996 年对彭州市粮食局 1992—1996 年末粮食新增财务挂账进行审计核实。经审计，彭州市是全成都市区县中新增粮食财务挂账最少的一个县（市）。审计查出房租收入未纳税、购移动电话未办理控购手续等违规问题，依法作出补交税金和罚款处理。

农业系统审计

20年间，先后对第二期农业综合开发资金、农资行业、合作基金会、村社资金等进行审计。

农业开发资金审计　1996年，根据四川省审计厅川审农〔1996〕49号文件和成都市审计局的安排，对彭州市农委办1993—1995年第二期农业综合开发资金拨付、投放、管理、使用和效益情况进行审计。审计中采用一听二看三查的方法，听取项目汇报，抽看建设工程项目，审查相关档案资料，抽审6局6乡镇。审计结果：彭州市第二期农业综合开发资金收、支账目清楚。农业综合开发成效显著，3年新增粮食677万公斤，农业人口平均增加收入948元。

乡村债权债务审计　2002年，按照四川省人民政府办公厅《关于开展乡村债权债务审计核实工作的通知》要求，把乡村债权债务的审计核实工作作为压倒一切的任务，抽调相关部门人员共同组成7个审计核实组和1个督查组开展工作。从3月28日开始进行。到12月5日全面结束。历时半年多时间，对全市28个镇，461个行政村至2001年底形成的各种债权债务进行全面审计核实。

全市镇村债务情况：截至2001年底，镇村两级债务锁定为2.81亿元，比自查数4.76亿元减少1.95亿元，核减率40.98%，其中乡级自查数为3.75亿元，审计核实数为2.1亿元，核减1.65亿元，核减率为43.94%。村级自查数为1亿元，审计核实数为7062.62万元，核减3027.38万元，核减率30%。

全市镇村债权情况：截至2001年底，镇村两级债权锁定为1.19亿元，比自查数1.81亿元减少6238.65万元，核减率34.45%，其中乡级自查数为1.49亿元，审计核实数为9520.51万元，核减5355.49万元，核减率为56.25%。村级自查数为3235万元，审计核实数为2351.84万元，核减883.16万元，核减率为27.3%。

审核核实后，向党政领导、部门和上级机关提出综合报告，分析债务大的乡镇及产生的原因，提出化解乡村不良债务的政策建议。

经济责任审计

经济责任审计按照不同时期，审计的内容为：企业承包经营期的经济责任审计；行政、事业单位领导干部任期内的经济责任审计。

承包经营期审计　1990年，对工业、商业、医药、粮食等26户承包企业1989年企业承包经济责任进行审计。重点审计企业本年度完成承包经济指标情况和财务决算的真实性、会计核算的合规性。审计中，本着“一审二帮三促进”的指导思想，既审计企业有无违规行为、账务差错问题，又针对企业在生产经营管理中存在的薄弱环节，提出改进工作的建议意见。审计结果：查出违规金额118万元，处理上缴财政65万元，减少财政补贴抵亏48万元，追还挪用专项基金5万元。

对彭县五金公司审计后，该公司承包组未完成1989年承包合同的经济指标，经与县体改办、财办、财政、商业、公证处等6个部门领导一同研究，考虑到市场变化的客观原因，决定按经济承包合同规定计算后，给予承包组人员70%的惩罚。

干部任期审计　1998年以后，对彭州市行政、事业、企业单位领导干部任期经济责任的审计共计91人（次），审计查出违规金额930万元，管理不规范金额618万元。领导干部任期经济责任审计中，注重 3 个结合，即经济责任审计与执行预算审计相结合、与财政财务收支审计相结合、与资产、负债、损益审计相结合。

2004 年 7 月，按照市委、市政府要求，对彭州市进行区划调整中撤销的原利安镇 2003 年 6 月—2004 年 8 月的财政财务收支和党委书记任期经济责任进行审计。经审计，原利安镇财政财务管理中存在 5 大主要问题。针对问题，提出 4 条建议意见。对利安镇农经站撕毁凭证等问题按规定将材料移交市纪委监察局进行调查处理。于 2004 年 10 月经市纪委常委会议研究给予肖忠荣留党察看一年的处分。市监察局根据有关规定，给予唐保明行政记大过处分。

专项审计

根据四川省审计局和成都市审计局的安排，先后对教育经费、计划生育经费、防洪岁修经费、林业专项资金、养老保险基金和失业保险基金等 56 次专项审计。查出违规金额 369 万元，管理不规范金额 541 万元，处理应收缴财政 31 万元，追回归还专用基金 56 万元。

1986 年，对 1985 年彭县教育经费进行审计。重点审计县教育局预算内、预算外教育经费收入和支出情况。审计查出挪用教育经费 5 万元汇往成都园丁饭店投资合伙做生意。教育局与幻灯制片厂的往来账务中重复记账 21827 元。依照有关规定做出限期收回和调整账务的处理。

1997 年，依照市委《关于对我市农村合作基金会实行审计的通知》文件精神，对农村合作基金会实行先自查，后审计的办法。从 1997 年 10 月 23 日—12 月 5 日，对 28 个乡镇基金会 1995 年—1997 年 9 月 30 日的经营情况进行审计，审计出 6 大主要问题，针对问题提出市里成立有党政领导参加的基金会管理领导班子，负责全市基金会的协调监督、重大问题的处理等 5 条审计建议意见。

彭州市审计局1986—2005年审计成果统计表

表16-8-1-1　　　　单位：万元

年度	审计项目			审计查出		审计处理				已上交财政	增收节支金额	信息简报调研文章	审计建议	经济案件移送			
														司法机关		纪检部门	
	计划数	完成数	完成计划%	违规金额	管理不规范金额	应收缴财政金额	抵减财政拨款	追还专用基金金额	应调账纠正金额					件数	人数	件数	人数
1986	37	37	100	37	—	21	—	12	—	21	—	11	21	—	—	2	2
1987	40	40	100	76	—	2	—	8	—	2	—	14	18	—	—	—	—
1988	39	46	117	77	—	5	—	—	—	3	—	17	39	—	—	—	—
1989	42	54	129	575	—	162	—	—	—	102	2755	19	26	—	—	—	—
1990	64	86	134	174	—	14	48	—	—	72	56	28	52	—	—	—	—
1991	50	135	270	71	—	16	—	20	—	16	—	20	79	—	—	—	—
1992	58	63	109	309	—	6	—	16	—	6	—	21	40	—	—	—	—
1993	23	32	140	420	—	9	20	—	—	9	—	25	38	—	—	—	—
1994	38	44	115	110	—	11	7	—	—	53	—	16	29	—	—	—	—
1995	14	45	320	51	39	12	—	—	39	10	170	22	34	—	—	—	—
1996	27	37	137	167	43	124	—	—	43	124	—	32	60	—	—	—	—
1997	31	53	170	1976	1748	228	—	—	1748	228	—	40	130	—	—	—	—
1998	39	78	200	2027	1407	70	—	—	1407	59	—	50	200	—	—	—	—
1999	56	76	136	1245	1142	103	—	—	1142	62	—	51	196	—	—	—	—
2000	42	90	214	1018	811	207	—	—	811	46	702	65	130	—	—	—	—
2001	37	103	278	1154	1079	75	—	—	1079	75	926	68	230	—	—	—	—
2002	42	99	236	256	2297	154	—	—	2297	71	610	46	300	2	4	—	—
2003	30	85	283	1601	11626	45	—	—	11626	19	634	65	102	—	—	—	—
2004	36	115	319	1152	8270	42	—	—	8270	42	1024	46	172	1	1	1	2
2005	31	133	429	4739	15586	2115	—	—	15586	2115	2129	47	326	—	—	—	—
合计	776	1451	187	17235	44048	3421	75	56	44048	3135	9006	703	2222	3	5	3	4

第二节　内部审计和社会审计

内部审计

1985年，县人民政府批准关于建立内部审计制度的报告，县人大常委会第十届十一次会议审议了部门、单位设置内部审计机构和配备审计人员的4条建议。通过一系列工作，全县随之建立内部审计的单位25个，配备专、兼职审计干部40人。1997年5月，彭州市人民政府批转市审计局报告，要求各乡、镇建立审计站。截至2005年，全市各镇和部门共建内部审计机构39个，配备专（兼）职内审人员126名。对内部审计的管理指导中，重点抓经济主管部门、市属国营、股份制企业、行业性公司等内审机构和人员的充实和完善。有针对性地抓好内审组织工作，完善机构，补充人员，组织内审工作经验交流会，健全自我约束机制；注重抓落实，讲实效，确定工作重点；结合企业改制，加强对内审工作的监督指导，帮助寻找扭亏增盈的经营途径。

20年间，据不完全统计，由内审机构组织实施的审计项目2716个，促进被审计单位增收节支1722.45万元，查出损失浪费646.16万元，纠正违纪违规金额3438.4万元。发现大案要案线索26条，移送司法机关处理12人，移送纪检监察机关处理22人，提出审计建议、意见被采纳1960条。

社会审计

彭县审计事务所经彭县编委和四川省审计局批准，于1989年4月10日正式成立，并在彭县工商行政管理局进行了登记注册。该所行政上隶属彭县审计局领导，业务上受彭县审计局和省注册会计师协会指导，独立的法人代表，是全民所有制事业单位，经济独立核算，自收自支，自负盈亏。1999年11月8日，彭州市审计事务所因改制与彭州市审计局彻底脱钩、改制并注销。改制后的审计事务所为四川融城会计师事务所，属经营性单位。

审计事务所的职责是根据国家审计署相关法律法规的规定，完成审计机关和人民法院委托的审计事项；财务收支审计事项；承包离任审计事项；国有企业审计查证；清理债权债务；经济案件鉴定；验资年检；资产评估；基建项目的预决算审计；咨询建账、清债；受企业、事业单位的聘请，担任常年顾问；完成其他审计事项。

1989—1998年，完成财务收支审计104个项目，国有企业、事业单位审计查证77件，经济案件鉴定9件，验资3060件，资产评估91件，基建项目预决算审计143个、核减金额2124万元，咨询建账清债1件，受企业、事业单位的聘请担任常年顾问12年次，其他审计项目55件。为国家和集体节约建设资金，审计事务所积极发挥在市场经济中的沟通、公正作用。

彭州市（县）审计事务所（社会）1988—1998 年业务开展情况统计表

表 16-8-2-1

年限	完成委托事项											备注
	合计（件）	财务收支审计（件）	承包离任审计	国有企业审计查证（件）	经济案件鉴定（件）	验资年检（件）	资产评估（件）	基建项目审计（件）	咨询建账清债（件）	担任常年顾问（个）	其他	
1988	2	—	—	2	—	—	—	—	—	—	—	中药材成都经营部 54 万元，濛阳养殖厂 3 万元
1989	1	—	—	—	1	—	—	—	—	—	—	审计机关委托，已审金额 36 万元，违纪金额 3 万元，应交财政 1 万元
1990	107	—	—	—	—	102	—	—	—	—	5	验资金额 3472 万元
1991	232	4	—	—	5	220	—	1	—	2	—	—
1992	643	7	—	—	1	600	—	1	1	2	31	—
1993	501	14	—	—	—	469	6	—	—	3	9	—
1994	346	11	—	—	1	329	2	—	—	3	—	—
1995	281	13	—	3	1	245	3	6	—	1	10	基建项目核减 1053 万元，该年培训 24 人
1996	523	14	—	21	—	450	13	24	—	1	—	基建项目核减 350 万元，该年培训 11 人
1997	543	41	—	1	—	428	37	36	—	—	—	基建项目核减 221 万元
1998	372	—	—	50	—	217	30	75	—	—	—	基建项目核减 500 万元，该年培训 20 人
1999	—	—	—	—	—	—	—	—	—	—	—	99 年改制后转四川融城会计事务所
合计	3551	104	—	77	9	3060	91	143	1	12	55	基建项目总核减 2124 万元，共培训 55 人次

第十七篇　邮电　通信

1998年10月，遵照信息产业部和省邮电局的有关文件精神，邮政、电信挂牌分营。1999年7月，贯彻落实国务院批准的《中国电信重组方案》，移动通信从电信公司剥离。一分为三后，全市邮政、通信进入快速发展的道路。邮政投递的线路、工具增加、改善，服务、办公实现电子化，业务由单一的投递、汇兑、征订发展到快件、专递、集邮等特色服务和金融业务。主要业务收入从1986年的33万元增加至2005年的1126万元。通信基站的建设覆盖90%的地区，SDH光纤同步传输达28个乡镇，彭州市建成全省第一个县级国际因特网，最终形成有线、无线相结合的信息公路，解决农村、山区通信难的问题，完成城乡通信一体化，促进社会的快速发展。

第一章　邮　政

市邮（电）政局在改革开放的20年里，加大资金投入、建设和更新邮（电）政设施和装备。在服务工作中，严格遵照部、省部署，实施“用户满意工程”，搞好以“树邮（电）政新风，创优质服务”为主题的文明创建活动。增强服务能力，提高服务素质，管理服务工作多次荣获省、成都市“先进集体”“优质服务示范单位”等荣誉。

第一节　机构沿革

1973年，恢复设立彭县邮电局。1983年5月前，隶属温江地区邮电局领导，此后温江地区撤销，划归成都市邮电局领导。1993年彭县撤县设市，更名为彭州市邮电局。1998年10月邮、电分营，成立彭州市邮政局，划归成都市邮政局领导。市邮政局下设综合办公室、市场部、监督检查部、3个班组、8个网点、8个支局、14个邮政代办所，2005年有职工120名、农村代办投递人员31名。

1982年至1987年11月，邮电局设址天彭镇北大街110号。

1987年11月25日，迁入西干道邮电综合楼。

2003 年 11 月，邮政局再迁至现址迎宾路。

第二节　邮政建设

邮　路

随着邮政业务量的增长，邮运工具由 1980 年前后的以自行车、摩托车邮路为主，发展到 1990 年后的以汽车邮路为主。

天彭镇至白水河邮路改为汽车邮路后，由省邮车总站负责运输该路线邮件至 1998 年，1999 年转为成都市局运输，2003 年划归市局自行负责。

为进一步提高运递时限和邮件的传递速度，对邮路路线进行合理调整，将邮路调整为彭白、彭敖、彭庆、彭濛 4 条。在保障邮件安全、运递时限的前提下，本着节约和控制人力物力、降低成本支出原则，于 2004 年 2 月经上级批准同意，将彭白（天彭镇—隆丰镇—九陇镇—新兴镇—小鱼洞镇—龙门山镇—银厂沟）、彭敖（天彭镇—军乐镇—化地—敖平镇—红岩镇—万年镇—楠杨镇—77113 部队—锦江厂—桂花镇）、彭庆（天彭镇—湔水—丽春镇—三五—北君平乡—庆兴乡）、彭濛（天彭镇—九尺镇—濛阳镇—三界乡—升平乡）4 条邮路邮件委托代办运输，运输车辆由委托代办人自筹。

投　递

20 世纪 80 年代，以一环路为界直投，划为 4 个投递段，南至中段杨柳河，东至外东街口，西至省运司（绣城路），北至外北街（现龙兴南街）。随着旧城改造、单位搬迁，1990 年后划为五个投递段，增加原邮电局大门至西干道，沿绣城路至繁江南路红绿灯路口。由于城镇不断扩大，于 2000 年 2 月由 5 个投递段增至 10 个，直投范围划分为二环路以内的单位、商铺、住宅小区、个人邮件。城乡结合部以外的单位、个人邮件，由致和、原清平、原西郊、原利安投递员按原所在乡镇区域负责投递。

邮政设施

20 世纪 80 年代末至 2005 年底，服务能力和通信能力不断改善，从 1998 年初实现电子化营业窗口后，在 2000 年到 2004 年的 5 年时间，相继进一步完善电子化营业窗口。邮政储蓄“绿卡工程”不断提升，内部处理和行政办公结束手工操作的历史。全市 7 个支局、8 个所全部实现微机化，按地域、台席配备微机 43 套、PC 机 8 套，安置 ATM 机 8 台，内部处理和行政办公设备 35 套。邮件运输（包括 EMS 邮件运输）全部实现汽车化，截至 2005 年，有生产车辆 16 台，行政车辆 2 台。

彭州市（县）内1986—2005年邮路及车辆情况表

表17-1-2-1

项目＼年份	单位	1986	1987	1988	1989	1990	1991	1992	1993	1994	1995	1996	1997	1998	1999	2000	2001	2002	2003	2004	2005
邮路总长度	公里	185	185	176	176	176	176	109	109	109	109	109	109	109	237.6	237.6	237.6	237.6	237.6	372.8	372.8
一、自行车邮路	公里	35	35	35	35	35	35	35	35	35	35	35	35	35	35	35	35	35	35	35	35
自行车	辆	24	18	18	17	20	20	20	20	20	20	20	20	20	10	10	10	11	11	11	13
二、摩托车邮路	公里	150	150	141	141	109	109	—	—	—	—	—	—	—	—	—	—	—	—	—	—
摩托车	辆	5	5	5	5	2	2	—	—	—	—	—	—	—	—	—	—	—	—	—	—
三、汽车邮路	公里	—	—	—	—	32	32	74	74	74	74	74	74	74	202.6	202.6	202.6	202.6	202.6	337.8	337.8
汽车	辆	—	—	—	1	1	1	2	5	6	6	6	6	8	9	10	10	10	12	12	16

第三节　邮政业务

常规业务

函件　包括平常信函、平常印刷品、明信片，给据信函、给据印刷品和给据明信片等。改革开放后，外出务工人员增多，彭州市（县）邮政函件业务得到增长。从1986年的129万元增加到2003年的225万元。随着通信手段的发展，信函一块大幅缩减，函件业务收入减少。

包件　除国家法律法规规定禁止的物品以外，凡适于寄递的物品。改革开放后，邮政包件业务收入量，也呈增长势态，从1986年的1.8万元增加到1993年的4.23万元，因特快专递业务兴起，收入有所减少。

汇兑　汇款人到邮局营业窗口办理相应汇款手续，由邮局将款汇至汇款人指定的地址和收款人，它主要服务于广大公众个人汇款和取款业务。随着社会经济的深入发展，网络的建设、金融业务的拓展，彭州市（县）邮政汇兑业务开始从1998年的8.3万元逐年下降至2005年2.4万元。

报刊发行　是邮政企业经营的主要业务之一，为新闻出版部门和广大读者提供报刊发行服务，它的基本服务方式为订阅、零售和投递。

机要通信　是国家保密通信的重要组成部分，是党和国家赋予邮政部门的一项特殊的政治任务。

新增业务

邮政储蓄　自1986年恢复开办以后，从手工操作到利用先进的计算机技术和现代通信技术，结合邮政储蓄业务的经营、管理和服务，建立全国邮政储蓄计算机实时处理网络。邮政储蓄为全面提升服务功能和能力，于2004年10月在全国范围内（即每个邮政储蓄网点）储蓄统一版本、计算机升级成功，进一步增强邮政储蓄技术含量。通过先进的网络技术平台，彭州市（县）邮政储蓄从1987年开始不但开办城乡居民的个人存款、取款业务，还开办代发工资、代发养老金、移动空中充值、代理国债、代理保险以及POS消费等中间业务。所以邮政储蓄业务发展迅猛，储蓄余额从1987年的127万元逐步升高，2000年突破亿元大关，至2005年达到2.8亿多元。

邮政快件和特快专递　于1986年开办此业务，开办初期资费100克内，每20克为0.8元，1990年7月调整为1元，1992年7月调整为2元。1997年10月，此业务停办。

为进一步提升全市邮政通信服务功能，给公众提供快捷方便的服务，1994年3月，开办特快专递业务，邮件由专门的机构、专门的人员、专门的车辆进行处理、投递，运输赶最佳线路、最有效的航班，实施门对门的服务。邮政特快专递业务由1988年的1.8万件，收入21.64万元发展到2005年的3.1万件，收入81.84万元。

集邮　按照国家邮政局（邮政集团总公司）每年下达新邮预订计划，根据上级安排，新邮预订每年大致在11月开始办理，平时针对公众需求，限量集邮邮票在窗口对外销售，同时销售纪念专题折（册）、封、片、卡。为最大限度满足企事业单位对外宣传单位形象和文化，开办“个性化企业形象年册”业务，以及有纪念性的个人“个性化邮票”。

1996年9月，由业务管理部门——彭州市邮电局牵头，组建彭州市集邮协会筹备领导小组。1997

年 8 月 18 日，集邮协会正式成立，当年接纳会员 930 人。

1997 年，编办《彭州邮苑》报纸，创刊号 5000 份，向广大集邮爱好者和人民群众赠发，受到集邮爱好者的热情关注。同时在《集邮博览》《佳木斯集邮》等报刊登载，引起全国各地邮协及集邮爱好者纷纷来电来函索取。

2002 年，协会组织邮协理事参加在绵阳举办的“亚洲集邮展览”。为展示全市集邮水平，分别于 2002 年在邮电宾馆举办“牡丹艺术节集邮展览”，2003 年在“兰花博览会”场馆举办“兰博会集邮展览”。

彭州市各镇邮政编码情况表

表 17-1-3-1

邮　编	地　名
611930	天彭镇　致和镇　太清镇
611931	葛仙山镇　敖平镇　军乐镇　楠杨镇
611932	红岩镇
611933	九尺镇
611934	三邑镇　蒙阳镇　竹瓦镇　升平镇
611935	三界镇
611936	丽春镇
611937	丽春镇　庆兴镇　君平镇
611938	桂花镇
611939	隆丰镇
611941	丹景山镇
611942	新兴镇　白鹿镇
611943	磁丰镇
611944	通济镇
611945	小渔洞镇
611946	龙门山镇

彭州市 1986—2005 年邮政主要业务收入情况表

表 17-1-3-2

项目＼年份	单位	1986	1987	1988	1989	1990	1991	1992	1993	1994	1995	1996	1997	1998	1999	2000	2001	2002	2003	2004	2005
业务总量	万元	33	36	43	47	122	141	173	182	189	218	270	290	323	368	409	900	878	982	1006	1126
1. 函件	万元	129	137	130	119	129	128	136	139	139	145	149	127	142	106	135	147	87. 7	225	71	105
2. 包件	万元	1. 8	2. 4	7. 2	2. 4	2. 3	2. 6	3. 6	4. 2	4. 2	3	2. 7	2. 2	1. 7	1. 7	2. 2	2. 1	2. 7	2. 9	2. 6	2. 8
3. 汇票	万元	6. 8	6. 8	83	6. 3	5. 7	5. 6	5. 8	6. 6	6. 4	6	6	5. 7	5. 9	5. 4	5. 3	3. 9	3. 4	3. 5	2. 7	2. 4
4. 报刊流转额	万元	73	86	0. 2	109	109	117	139	152	193	208	5241	274	283	229	245	264	305	358	408	446
5. 机要	万件	0. 3	0. 2	0. 2	0. 2	0. 2	0. 2	0. 1	0. 1	0. 1	0. 1	0. 08	0. 07	0. 05	0. 05	0. 05	0. 06	0. 05	0. 07	0. 08	0. 1
6. 邮储平均余额	万元	—	127	307	329	421	756	1216	1092	1209	2420	0. 42	0. 55	0. 82	0. 96	1. 07	1. 35	1. 67	1. 81	2. 11	2. 8
7. 特快专递	万元	—	—	—	—	—	—	—	—	21. 64	16. 17	18. 37	22. 38	21. 45	33. 00	41. 47	47. 76	49. 75	57. 64	62. 03	81. 84

彭州市邮政银行储蓄 1988—2005 年存款年末余额情况表

表 17-1-3-3

年　份	储蓄存款年末余额（万元）
1988 年	145
1989 年	292
1990 年	510
1991 年	966
1992 年	1369
1993 年	967
1994 年	1473
1995 年	3353
1996 年	5119
1997 年	7350
1998 年	9098
1999 年	10052
2000 年	10593
2001 年	15753
2002 年	17473
2003 年	18859
2004 年	23462
2005 年	28190

第二章　电　信

彭州市电信局自 1998 年分营以后，走“高起点、高投入”的现代通信发展道路，投入大量资金，引进先进设备，率先在全省开通县级市第一个国际互联网。使用先进的程控交换机取代磁石手摇电话，实现“村村通电话”覆盖 90% 的地区（包括高海拔山区），还建立了“蜀绣彭州”网站。初步形成一个规模容量大、技术层次高、业务种类齐全、城乡一体化的现代通信网络。

第一节　机构沿革

1998年邮政、电信分营，建立彭州市电信局，1999年6月更名成都市电信公司彭州市分公司。公司设综合办公室、财务室、市场经营部、大客户服务部、建设维护部。分支机构有电信营业部1个，农村电信代办所24个。有正式职工79人，招聘劳务工45人。

第二节　电信业务

电报

20世纪70年代开始，彭县在电信业务上与全国各地同步，进入改革开放时期。1990年后，中国电信业得到迅速发展。电报业务也有新的开拓，开办请柬电报业务。

随着现代通信业务的迅速发展，电信业务呈现多元化的发展局面。因此，电报这一传统业务受到极大的冲击。特别是，人们到电信局发电报的已经消失，代之而起的传真机大量走进寻常百姓家。“有急事，发电报”的情形逐渐被人们淡忘。

固定电话

1988年以前，固定电话处于人工磁石交换阶段，全县有电话300多部。1988年8月，固定电话采用纵横制自动交换与人工磁石混合兼容，截至1993年6月，电话用户为1500多户。设备陈旧，性能单一，滞后于经济发展的速度。

1993年6月，实现光纤程控，设备先进，技术可靠，功能齐全。同时，随着电信新技术的不断应用，于1996年起相继发展分组交换用户、数字数据用户、计算机网络用户等，并开办磁卡、IC卡、201卡等电话业务。

随着电信业务量的增长和新技术的应用，电信设备不断向智能化、数字化发展。1994年，数字终端设备替换原有的载波终端设备，并先后于1996年、1998年引入分组交换PAD端口和数字数据节点机端口。

1993年，开通数字光纤电路，电路总数由1982年的14路发展到1999年的1919路，并于1999年开通了宽带分组交换网中继电路、宽带数字数据网中继电路。

1993年6月30日，天彭镇和濛阳镇同时首期开通引进美国生产的5ESS程控交换机6000门，又于1994年9月陆续开通大宝、新兴、九陇、庆兴、敖平支局以及模块局3000门，同期在天彭镇发展安装公用电话30部。1993年贷款1000多万元，开通万门程控电话、6个512门程控交换子局，全市28个乡镇用上程控电话，成都到彭州架设光缆，数字电路容量达到1200条，并相继开通彭州126台，168台，A、B网移动电话。

1995年，程控电话开通后，业务迅速发展，天彭镇市话扩容5000门，从而使全市电话交换机容量达到1.5万门，无线寻呼容量达到2万门，900MHZA网移动电话达到40个信道，B网达到24个信道，开通168语音信息自动查询系统、公众分组交换网。同年投资10万元，在天彭镇各要道区域安装磁卡电话5部，新辟“168”台语音信箱，“122”障碍台使用微机自动受理用户障碍申告，建成用户自动查询话费立即打印系统、180客户服务中心。1996年上半年，完成A、B网大哥大的扩容，A网达到60个信道，B网达到72个信道以及GSM数字大哥大的建设首期容量近千户，改造126寻呼台，建成新兴支局、庆兴支局无线基站，同年12月，市话本地网并入成都电信“028”大网。

1997年7月，2万门程控电话扩容，使全市交换机容量达到3.3万门，完成电信综合微机管理系统（九七工程），启动“村村通电话”工程，彭州通信跃上新的台阶。

1998年，对市内大专院校、中央国营厂矿以及科研单位进行并网调整，对成都师专、5719工厂、彭白铁路局、彭州煤矿、市电力公司等8家单位用户小交换机撤机并网。

截至1999年底，相继开办ISDN一线通电信新业务，磁卡、IC卡、200卡、201卡、300卡智能网业务以及800被叫集中付费、IP电话、语音信箱等其他业务，形成了多元化、多功能的通信格局。

2002年配合完成成都市电话号码升8位工作。

随着电信新技术的不断应用，2002年3月31日开通小灵通基站，截至2005年底，实现各乡镇和主要交通要道小灵通的全覆盖。2004年，采用“无线接入”新技术，开通“村村通”电话。开通“村村通”无线座机，解决了全市110多个行政村15000多户农户的通信难问题。

互联网

1998年，完成三个端局的选址征地，G网27个载频的扩容和基站建设，使A、B、G网移动基站达到8个，共2000个信道，覆盖了彭州90%的地区。SDH光纤数字同步传输系统通达28个乡镇，历时一年零八个月的“村村通工程”顺利完成，建成全省第一个县级（市）国际因特网彭州节点站。电话交换、数字传输到有线、无线相结合的多样化网络格局的形成，标志着全市信息公路已初具雏形，并在“天府热线”的指导下，建立“蜀绣彭州”网站。

1999年底，彭州电信推出ISDN业务，最高速率可达128K，较之普通电话拨号上网速度高二倍以上。2001年底2002年初，推出ADSL宽带接入技术，该技术采用非对称数字用户环路接入技术，用户接入互联网的最高速率可达到8M。同时，根据不同的用户类型，也可提供光纤接入，光纤接入是目前带宽最高、速率最快、稳定性最好的宽带接入方式。

无线寻呼

1994年6月，彭州邮电局投资25万元兴建“126”寻呼台，于7月8日正式营运，服务区域为市境内，当时仅开办人工中文信息台。同年12月开通“127”自动寻呼，为保证传呼信息覆盖面，在县局机房楼顶建设40米高的寻呼基站铁塔，并相继在支局建立基站。

无线寻呼开办之初，业务量小，人工信息传呼工作时间为早上8时至晚上18时，1995—1996年，业务量不断增加，人工台席由1台增加到6台，实行24小时服务。1997年1月1日，无线寻呼并入成都市电信局无线寻呼网“126”“127”台。至1998年发展用户11774户，1998年6月，无线寻呼剥离出中国电信，归属中国联通公司管理。

业务拓展

彭州电信分公司除开办电报、电话、传真等传统电信业务外，还陆续开办数据通信、电视电话会议、IC 卡电话、201 电话、“小灵通”“智能农话”、ADSL 及光纤宽带业务等。开展的增值业务有来电显示、固话彩铃、农业热线、城市 E 秘书、114 号码百事通、卡面广告、商务领航等业务。

彭州市电信分公司 2002—2005 年业务完成情况表

表 17-2-2-1

时　间	单位	2002 年	2003 年	2004 年	2005 年
收入	万元	5404	5941	6373	6824. 38
固定电话用户	户	87138	93793	95590	90736
PHS 用户	户	4400	18992	31648	24988
“村村通”电话用户	户	-	-	586	15249
ADSL 用户	个	311	2292	2398	5596

第三章　移动通信

1999 年 7 月，电信、移动分离后，移动通信不断发展。2001 年 12 月 31 日正式关闭了 TACS 模拟移动电话信息，停止了模拟移动电话业务，集中发展先进的数字移动电话。2002 年建成彭州到新都、彭州到都江堰共 43. 779 公里的传输骨干光纤线路。1993 年移动通信营业部只有 1 处，1999 年增加到 4 处。2005 年开始向农村发展，陆续在各乡镇开办营业厅。

彭州移动通信的发展方便了广大客户的需求，促进移动通信业的发展，多次荣获省、市公司“先进集体”、“工程扩容一等奖”，成都质量管理协会“优质服务单位”等荣誉。

第一节　机构沿革

市邮电局于 1998 年 10 月 28 日邮电正式分营，同年 12 月成立彭州市电信局。

1999 年 7 月 20 日，移动通信从电信中剥离，成立四川省移动通信公司成都分公司彭州市营销维护部。

1999 年 12 月 25 日，按规定办理工商登记注册，其登记注册名为“四川移动通信公司彭州市分公司”。经济性质为全民所有制分支机构，经营范围及方式：移动电话业务、移动数据业务及上述相关的信息、服务；批发、零售通信设备、国家批准委托的通信业务；移动通信维护、移动通信方面的技术服务和咨询。

2001 年 12 月，四川移动通信公司启动了注册上市的准备工作，根据注资上市工作安排，彭州市移动通信分公司立即对电、移分离时的房屋等固定资产进行清理，并开展房屋类固定资产法律权证办理、资产评估和财务、业务清理工作。

2002 年 7 月 1 日，中国移动（香港）有限公司正式收购了四川移动通信公司。彭州市移动通信分公司即更名为“四川移动通信有限责任公司成都营销中心彭州市营业部”，企业类型也变更为“外商投资企业分支结构”，经营范围也扩大为：经营移动通信业务（包括数据、语音、多媒体等）；IP 电话及互联网接入服务；从事移动通信、IP 电话和互联网等网络设计、投资和建设；移动通信、IP 电话和互联网等设施的安装、工程施工和维修；经营与移动通信、IP 电话和互联网业务相关的系统集成、漫游结算清算、技术开发、技术服务、设备销售等；出售、出租移动电话终端设备、IP 电话设备、互联网设备及其配件，并提供售后服务。

2005 年 5 月，根据中国移动通信集团建设 ONECM（一个中国移动）的部署，彭州市移动通信营业部更名为“中国移动通信集团四川移动通信有限责任公司彭州市分公司”，企业类型和经营范围不变，隶属于成都市移动通信公司管理。

1999 年 7 月移动通信营销维护部在电信局内办公。2003 年 5 月，彭州市移动通信分公司迁往天府中路 263 号新建地址办公。

第二节　移动通信业务

移动通信业务

1993 年 8 月 26 日，正式开通 8 个信道 900 兆 B 网移动电话，其入网费为 3000 元/户，同时经营“大哥大”，但价格昂贵，一般在 15000 元左右，最高可达到 26000 元一部，在当时一部“大哥大”在手，确实是身份的象征，很是荣耀，平时并不多见，一般老百姓是可望而不可及的。从刚开始只有几十个用户到 1994 年 10 月才发展到 418 户。

1994 年，先后开通了 450 兆本地移动电话“二哥大”，无线寻呼系统“BP 机”和 168 信息查询台。寻呼用户在当年 10 月发展到 1407 户。由于价格便宜，受到中等收入民众的欢迎，到 1999 年已有用户 15000 户，使寻呼业务逐渐进入鼎盛时期。全市通信从单一的“摇把子”开始进入多元化、多功能和多手段的良性大发展中。

1995 年初，A 网 900 兆移动通信投入运营，开通信道 40 个，入网费也开始大幅下调到 1500 元/户，“大哥大”改称为“手机”，其体积小巧了，重量也轻了，功能也多了，售价下降到 3000～5000 元，社会上也有了经销商。

1996 年，B 网扩容 40 个信道，并建成 GSM 数字移动通信网，首期开通 35 个数字信道，开始发展“全球通”用户，从此彭州市有了“模拟”和“数字”信号的移动通信手段。

1998 年，完成 G 网 27 个载频的扩容和基站建设，使 A、B、G 网达到 2000 个信道，覆盖全市人口较集中的大部分地区，用户群体也发生比较大的变化，不再是少数人的“专利”，用户数从初期的几十户增加到 8774 户。

寻呼机虽然价格便宜也单向收费，但另一面也感到极不方便，随时随处可见腰挎“BB”机，心急火燎的到处找电话的现象。由于固定电话不灵活使用性和 BB 机的不完整信息性，随着经济的进一步发展，移动电话方便快捷的功能突显，推动了移动电话的跨越式发展。

1999 年 7 月 22 日零时，“全球通”移动电话号码升到 11 位。

1999 年 8 月，发行没有月租费的“神州行”号卡，满足了较大部分客户的需求，这是继“全球通”后推出的第一个大众品牌，很受欢迎。

2001 年 5 月 1 日，按照信息产业部《关于中国移动通信集团公司停止使用模拟移动通信业务频率的通知》，四川全面开展模拟移动电话退网工作。按照要求通过优越于用户的业务补贴方式，对 1158 户“9”字头模拟移动电话转为“135181”和“136082”号段的数字移动电话。同年 12 月 31 日零时，正式关闭 TACS 模拟移动电话信号，停止模拟移动电话业务。

2002 年 5 月 17 日，中国移动和中国联通实现短信互通互发。

2003 年 3 月，面向广大青年人推出“动感地带”的业务品牌，共有 985 户用户使用了该业务，受到众多青年人的喜爱。

为将移动通信业务进一步深入农村，促进农村经济发展，2005 年全市开展“移动电话村”建设。经过调查走访后，于 5 月 18 日首先在隆丰镇建成 8 个移动电话村，对加入“移动电话村”的客户赠送万元的意外伤害保险和意外伤害医疗住院保险。到年底，全市共建成 28 个“移动电话村”。从电信、移动分离成立彭州市移动通信分公司的九年中，移动通信以前所未有的速度突飞猛进，由少数人手中的“奢侈品”成为普通老百姓生活中的“必需品”，全市 78 万人就拥有移动用户 36.66 万户，普及率达 46%。在经济发展的进程中担当着不可忽视的重要角色，由于便利而灵活的移动通信，使人与人之间相距更近，可以经常听到一句熟悉的语言：“有事打电话”，这是社会发展的象征。

服务网点建设

1993 年，移动通信和寻呼业务均在西干道电信营业部办理。

1996 年，在邮电大楼一楼的东侧设立有 43 平方米的营业部，专门办理移动通信和寻呼业务，一层的西侧设立有 45 平方米的维修部，专门维修移动手机和寻呼机。

1999 年 7 月电、移分离后，相继在金彭西路 206 号租用农机局一层 120 平方米的铺面设立移动通信第一营业厅，邮电大楼一层东侧作为第二营业厅，一层西侧的维修部改作第三营业厅，租用前进村居委会楼房底层作为第四营业厅。

2003 年 5 月，移动通信分公司迁往天府中路 263 号新址办公。同时撤销第一营业厅，其人员经调整后调到新址设天府营业厅，开办全业务。第二营业厅更名为金彭西路营业厅，第四营业厅停办移动业务，改作移动通信维修部。

2004 年，按照“移动在身边”的发展原则，逐步完善乡镇营业网点建设，推进城乡一体化进程。首先在隆丰镇建立起第一个乡镇移动通信营业厅，同年又在濛阳、军乐设立营业厅。

2005 年 3 月，在政府街广场西路 42—44 号设立泰和营业厅。在西华大学附近、天府西路北楼 8 号设立“动感地带”营业厅，主要面向学生服务。

同年，又陆续在通济、磁峰、九尺、升平、丹景山、致和、丽春、敖平、红岩、桂花、三界、葛仙山、新兴和太清等乡镇建立营业厅。将已建成的 22 个营业厅划为 5 个片区，采取分区管理的方式加强管理，天府营业厅直接由分公司管理。

基站建设

1993 年 8 月，在市邮电局内建设第一个基站，开展移动电话业务。

1996 年建成城区 G 网移动基站，开通 B 网移动信道。1997 年建成濛阳、九尺、敖平、庆兴、关口、新兴和白水河共7个G网基站。1998年，又新建城南、银厂沟和小鱼洞G网基站，并对西干道、濛阳、九尺、敖平、庆兴、关口、新兴和白水河8个G网基站进行扩容，使信道数增至444个。

1999年电、移分离时，在城区、桂花和九尺增建6个基站。2000年开始加大投资力度，在竹瓦、思文等乡镇增建基站28个。2001—2005年再建32个基站。

根据信息产业部《农村通信普通服务——村通工程实施方案》精神，于2005年12月首先在定山村展开“村通工程”的基站建设，解决部分村社“三不通”的移动通信问题，也为彭州市未来的农村通信市场发展打下基础。

传输网络建设

2002年2月，按照四川移动通信公司的安排，启动传输骨干网建设工程，同年10月建成彭州市—新都19.64千米和彭州市—都江堰市24.137千米的传输骨干网光纤线路，与都江堰—成都青龙场—新都—彭州形成保护环。并进一步完善本地网传输线路的整改建设。到2005年全部完成各个乡镇、行政村基站的传输线路工程。

第十八篇　交通运输

彭州市地处成都平原与四川盆地龙门山脉西北的过渡带上，北以太子城、光光山为分水岭，界接茂县、汶川县，东北和东南紧邻什邡、广汉市，南隔蒲阳河、清白江与郫县、新都区相望，西连都江堰市，距成都市25公里。自古就是成都平原西北部政治、经济、文化和军事重镇，也是重要的交通战略要地。

改革开放以后，为促进社会经济发展的需要，大力发展交通运输业，科学规划，规范建设招标和严格建设质量管理，建成历史上第一条高速公路和较高等级的省、县干道和川西环线，到2005年基本形成以省、县道路为骨干，以乡道为延伸的“一纵三横”干线公路网络。随着公路建设的发展，改革开放的深入，运输业呈现出国有、私营、外资、股份、个体竞争发展的良好态势。运输形式从三轮车到豪华客车，运输路程和线路从城市交通到乡村、到市外乃至省外，促进全市经济发展，满足人民群众出行的需求。同时一些公路、桥梁的建设也保障军事、战略疏散的需要。

彭州市交通分布图

第一章　交通建设

1986—2005年，新、改、扩建省道，跨地区县道，跨县县道，县内公路骨干道路16条、255.178公里。新、改建主干道桥梁57座，铁路立交桥4座。实现“村村通”公路，特别是成彭高速公路的建成，对经济的发展更是影响重大。到2005年基本形成以天彭镇为中心，以成彭、彭白、蒲新、小夫、川西环线、温彭、汉彭路等为骨架的干线公路网络，覆盖城乡、四通八达。

第一节　公路建设

高速公路

成彭高速公路是全市交通规划放射状路网主骨架公路，是省道S105（成都—青川）的重要组成部分。项目批准概算投资为4.69亿元。路线起于成都市绕城高速大丰立交（K0+000），向西北方向经新都大丰、郫县团结，跨毗河，经新都龙桥、新繁，跨越青白江，经新都利济、彭州市致和乡，止于成青公路彭州绕城段（牡丹大道）（K21+317.10）。

成彭高速公路全长21.3公里，双向4车道，路基宽24.5米，设计行车速度100公里/小时，车辆荷载为汽-超20、挂-120，沥青混凝土路面。成彭高速公路于2003年1月1日开工修建，2004年10月1日建成试通行，2004年11月8日开始试收费。

其他公路

到2005年底，以县、省道路为骨架，以乡村道路为延伸的公路网络基本形成，在全市交通运输中发挥巨大的作用。全市公路通车总里程1476.594公里，其中省道2条62.711公里，县道14条192.467公里，乡村公路1221.416公里。全市干线公路网络中：二级公路138.621公里，三级公路69.283公里，四级公路47.274公里。公路网密度为1.04公里/平方公里，已通公路镇数20个，达到100%，已通公路行政村271个，达到100%。

第二节　桥梁建设

彭州市多山溪河流，成灌铁路穿越市境。积累有丰富的造桥经验，具有独特的石捲栱造桥技术，曾建成全国最长的石捲栱公路桥。改革开放后，为适应社会经济的发展，改建新建跨河桥梁和立交桥势在必行。彭州市在1991—2005年新建和改建主要交通干道跨河桥57座；新建和改建立交桥4座。这些桥梁连接彭州城乡，通向外县、区市、省，改善人们的出行条件，促进彭州经济发展。

省道桥梁

成青路　彭州段26.49公里，省跨河桥梁7座。最长桥是2003年10月建成的跨马牧河的友谊桥，桥身长39.6米，也是本段桥身最窄的桥，仅11.6米。最宽的桥是1996年12月建成的东干道桥（跨外河）宽25米，但桥长仅5.62米。桥孔数最多的是2001年3月建成的跨濛阳河的草桥，4孔。长（31.24米）宽（19米）都居第二位，也是7桥中唯一一座肋栱、多柱墩构造桥。其余6座除1996年12月建成的跨白土河的尚德桥（长23.7米，宽19米）为2孔，空心梁板，重力墩构造外皆为单孔，空心梁板、墙式桥台构造。

川西环线　彭州段36.22公里，省跨河桥梁10座。所跨河流除人民渠、会元河、石灰河流经坝区外，皆跨山、丘、河流。桥梁的长度较大，最长的是2001年9月建成的桂花一号桥66.05米，长度最短的是同时建成的丰乐2号、桂花2号，均都超过12米，也同是本段宽度最小的桥，分别为12.6米，12.4米。最宽的桥是1998年2月建成的会元桥19.75米，桥长54米居本段第二。环线彭州段跨河桥10座，上部皆为空心板梁，下部单孔桥4座皆墙式桥台，多孔桥4座为重力式墩，一座单柱墩，一座多柱墩。

川西大桥

县道桥梁

九高路彭州段13.353公里，有跨河桥5座，均在2000年6月建成，皆为单孔。建成的桥梁中，月亮湾桥最长（35.59米），也是最宽（13米，与新河桥同宽），为组合式梁、u形桥台构造。其余桥长皆在10米以下，宽皆为12.8米。构造除九尺1号桥是板梁、大巴桥是一字形桥台外，均是空心板梁、墙式桥台。

跨县县道桥梁

彭温路　彭州段11.505公里，有跨河桥7座，密度最大。横跨清白江的长岭桥建于2001年7月，长107米、5孔，是本段最长、孔数最多的空心板梁、重力式墩构造桥，宽仅15.9米，仅比本段最窄（15.1米）的也是最短（6.64米）的丽春沟口桥宽出0.8米。本段最宽的桥是2001年3月建成的2孔人民渠二号桥23.38米，长度、孔数次于3孔39.72米的太平桥，居第三，构造与长岭桥相同。

什新路　彭州段长12.704公里，有跨河桥3座，桥宽皆16.04米。最长的桥是建于1999年7月跨濛阳河的濛阳二桥，长46.4米，4孔、空心板梁、重力式墩构造。2000年2月建成的2孔踏水桥与之同构造，长14.82米，同时建成的三邑桥最短，长5.83米，单孔、肋拱、墙式桥台结构。

市（县）内干道桥梁

北桂路　里程12.965公里，有跨河桥两座。险桥，跨人民渠，长45米，2002年5月建成。土溪桥跨土溪河长59米，2002年10月建成。两桥皆宽12米，3孔、空心、板梁、双柱墩构造。

彭白路　里程37.625公里，是境内最长公路，也是跨河桥最多的公路，19座跨河桥连结彭州市平坝、丘陵、山区。市境内桥长居第二、三位的桥均在于此。桥梁构造样式最多，上部构造有8座板梁，4座空心板梁，4座T形梁，4座板拱，1座刚架拱；下部构造有12座u形桥台，4座一字形桥台，1座八字形桥台，1座埋置式桥台，1座重力式墩。

彭白路跨河桥中最长、孔数最多的是1999年12月建成的跨湔江的通济大桥，长316米，9孔，为板栱、埋置式桥台构造。第二长桥是同年11月建成，也跨湔江的小鱼洞大桥，长187米，4孔、刚形拱、u形桥台构造。最短的桥是宝山拱桥，也是市境内最短的跨河桥，仅5米，又是唯一的八字形桥台构造桥。本段最宽的跨河桥是1992年11月建成的城区西郊桥，宽20米，长都仅8米，桥宽居第二的是，同时建成的人民渠中桥19.5米。除这两桥外其余17座皆宽13米。

彭敖路　里程11.304公里、有跨河桥四座，其长度宽度均超过20米，其构造除川西大桥外都是空心板梁重力式墩。跨小石河的川西大桥，历史悠久，1966年8月重建后改称人民大桥，是当时全国最长的卵石捲砌石栱桥，长416.2米。1974年，参加北京全国建筑成就展（模型），1998年4月改建后复名川西大桥，改建后长405米9孔，是彭敖路也是市境内最长、孔数最多的跨河桥。彭敖路段长度、孔数居第二位的桥是马牧河桥，长94.4米，4孔，宽21.96米。市境内桥宽居第一、二位的也在彭敖路，它们是安澜桥宽28.4米，长则23.8米，跨濛阳河的王家巷子桥，宽27.56米，长20.62米，长宽差比安澜桥大。

立交桥

彭州市立交桥主要是连接成灌铁路线的铁路立交桥。

成彭路立交桥　位于成彭路北口，建于1991年，桥跨2×4.8+1×13，桥长33米，净空高5.9米（两侧3.6米），路面宽12米，两侧人行道分别宽4米，立交桥上部宽9.3米，上部行车道宽4米。

牡丹大道立交桥　位于成青路牡丹大道中段，建于2001年，桥跨10.7+2×13+10.7，桥长50.2米，净空高5米（两侧3米），主路面宽24米，两侧人行道分别宽9.5米，立交桥上部宽7.1米，上部行车道宽4.5米。

育才路立交桥　位于育才路，是彭州中学的主通道，建于2003年，桥跨1-15.6，桥长15.6米，净空高5.7米，路面宽9米，上部宽7.5米，上部行车道宽4.35米。

万观路立交桥　位于致和镇万家社区，建于2003年，桥跨1-8，桥长8米，净空高4.1米，路面宽6.5米，上部宽7米，上部行车道宽5米。

第三节　公路建设管理

市场管理

1996年交通部出台《公路建设市场管理办法》后，公路建设市场进入正规化、法制化轨道。2000

年《中华人民共和国招标投标法》又进一步规范招标投标活动，使公路建设市场管理进一步健全。全市依法对市场进行严格管理，确保市场在法律的规范下正常运行。

对符合法律、法规规定及市场准入条件的从业单位和从业个人均允许进入市公路建设市场。要求在建设市场中严格遵守国家有关法律、法规和规章，严格执行公路建设行业的强制性标准、各类技术规范及规程的要求。公路工程勘察、设计、施工、监理、试验检测等从业单位必须是按照法律、法规的规定，取得有关管理部门颁发相应资质的单位。

对公路建设项目依法实行项目法人责任制，依法实行施工许可制度，同时要求公路建设项目法人严格执行国家规定的基本建设程序，依法组织公路建设项目的招标投标工作。国家投资的公路建设项目，项目法人与施工、监理单位应当按照国务院交通主管部门的规定，签订廉政合同。

要求公路建设项目法人严格按照合同工期组织项目建设，合理确定建设工期，不随意要求更改合同工期。如遇特殊情况经合同双方协商一致，可以缩短合同工期，但应当采取措施，确保工程质量，并按照合同规定给予经济补偿。

要求公路建设项目法人按照国家有关规定管理和使用公路建设资金，做到专款专用、专户储存；按照工程进度，及时支付工程款；按照规定的期限及时退还保证金，办理工程结算。同时施工单位也应加强工程款管理，做到专款专用，不得拖欠分包人的工程款和农民工工资；施工单位应当积极配合项目法人对工程款使用情况进行监督检查，不得阻挠和拒绝。

要求公路建设从业单位和从业人员应当严格执行国家和地方有关环境保护和土地管理的规定，采取有效措施保护环境和节约用地。

要求公路建设项目法人、监理单位和施工单位对勘察设计中存在的问题应当及时提出设计变更的意见，并依法履行审批手续。设计变更应当符合国家制定的技术标准和设计规范要求。重大工程变更设计应当按有关规定报原初步设计审批部门批准。

要求项目法人按照交通部《公路工程竣（交）工验收办法》的规定及时组织项目的交工验收，并报请交通主管部门进行竣工验收。

质量管理

全市交通建设工程质量监督遵循科学、客观、公开、公平、公正的原则。根据《中华人民共和国公路法》、国务院《建设工程质量管理条例》、交通部《公路工程质量监督规定》（交通部令〔2005〕第4号），凡在彭州市行政区域内从事公路的新建、改建、大修工程及农村公路建设的从业单位即建设、勘察、设计、施工、监理、检测单位以及相关设备、材料的供应单位在交通建设工程实施的每一个阶段都应自觉接受、配合质监站的监督检查，不得拒绝或者阻碍。

交通建设工程质量监督主要包括：对从业单位和人员执行有关工程质量管理的法律、法规、规章、技术标准和规范的行为进行监督；对从业单位有关资质和人员资格进行监督；对从业单位的工程质量管理行为、质量保证体系及其运转情况进行监督；对工程项目试验检测工作的规范性、准确性、真实性进行监督；对工程质量档案资料的真实性、完整性、规范性、合法性进行监督。

公路建设从业单位依法承担公路工程质量责任，建设单位（项目法人）依法对工程建设质量负全面责任，勘察、设计、施工、监理、试验检测单位以及相关设备、材料的供应单位及相关人员依法、依合同对交通建设工程质量负责。

交通公路建设工程质量监督制度实行不免除、不改变、不减少从业单位和人员的质量责任。

第二章　公路运输

公路建设的发展，交通状况的改善，使运输业加快发展。彭州市为适应运输业的发展，建设了管理现代化、安检设施具备的宽敞舒适的省二级枢纽客运中心和2个三级客运站。开通市际、县（区）际、县内和乡村客运线路49条。市内公交客运线路10条。营运车辆83台，客运出租车320辆。普通货运起伏较大，1985—2000年，营运车5000余辆，而2000年后，因管理制度的缺失，锐减一半，货运量略有增长。线路仅限于中短线。危险货运方面，2005年有专业运输企业3家，车辆76辆，线路运至省外。

第一节　旅客运输

汽车客运站

彭州市客运中心　即成都彭州天府运业有限责任公司，由成都高速公路建设开发有限责任公司、彭州正通道桥建设有限公司、成都长途汽车运输（集团）公司合资成立。中心于2001年4月开始试运行，2002年4月正式投入运行，按照成都市交通局“一县（市）一站”的思路进行统一规划，统一管理。

作为市区唯一的汽车客运站，总投资1600万元，占地3.3万平方米，建筑面积3000平方米，拥有5000平方米的站前广场、1.4万平方米的停车场、16个发车站台、1200平方米的售票、候车面积，配备了计算机售票系统、X光安检系统、自动监控系统等现代化管理设施，以及安检地沟等安全设施，电视、广播等各种候车设施，是四川省二级枢纽车站。

中心经营线路23条，日发班为580班，日发送旅客8000人次，经济效益良好，连年超额完成经济指标。获得2004年“全国用户服务企业”、2005年“全国用户满意企业”“成都市文明车站”“成都市用户满意服务单位”“成都市青年文明号”“成都市巾帼文明岗”“省级文明车站”等荣誉，公司总经理于虹霞（女）被评为“全国用户满意服务明星”。

白水河汽车站　始建于1957年11月，1996年四川省成都长途汽车运输（集团）公司投资50余万元改造白水河汽车站。现车站占地1648平方米，候车室160平方米，附属停车场1372平方米，从过去单一的只发彭州到今天发往成都、都江堰等地，日发客运班车66班，日客流量平均1600余人，月客流量近5万余人，集旅客运输、餐饮、食宿一条龙的客运服务，1997年4月被省交通厅审定为四川省三级客运站。

濛阳汽车站　即彭州市濛阳运业有限责任公司客运站，1992年修建并投入使用，占地总面积

3586.40 平方米，每天应班车辆 56 辆，发放车辆班次 200 多个，运送旅客 2000 多人次，1993 年被评为“四川省三级客运站”。

线路经营

有班线客车 212 台，营运线路 29 条，乡村客运车 133 台，营运线路 20 条。

旅客运输运价原来是按路面等级划分，一级 0.11 元/公里·人；二级 0.115 元/公里·人；三级 0.12 元/公里·人；特差 0.138 元/公里·人。现在按车辆等级为依据确定运价，普客 0.14 元/公里·人；中高级客车 0.18 元/公里·人。

市际班线一览表

表 18-2-1-1

彭州—绵阳 146 千米	彭州—什邡 41 千米	彭州—雅安 180 千米	车辆 10 台
彭州—绵竹 68 千米	彭州—德阳 67 千米	彭州—广汉 42 千米	

县际班线一览表

表 18-2-1-2

彭州—成都（高速）37 千米	彭州—成都（普线）42 千米	银厂沟—成都 117 千米	车辆 124 台
濛阳—新都—成都 38 千米	濛阳—斑竹园—成都 44 千米	义和—成都 45 千米	
彭州—新都 36 千米	彭州—庆兴—都江堰 42 千米	彭州—郫县 26 千米	
彭州—青白江 39 千米	彭州—丰乐—都江堰 42 千米	成都—干校 67 千米	
濛阳—都江堰 68 千米	彭州—安德—都江堰 48 千米	彭州—大邑 26 千米	
彭州—温江 50 千米	—	—	

彭州市（县）内班线一览表

表 18-2-1-3

彭州—白水河 40 千米	彭州—白鹿 41 千米	彭州—磁峰 32 千米	车辆 78 台
彭州—丰乐 20 千米	彭州—楠杨 24 千米	彭州—升平—三界 23 千米	
彭州—九尺—三界 22 千米	—	—	

彭州市（县）乡村客运一览表

表 18-2-1-4

天彭—白贤 9 千米	天彭—红光 7 千米	隆丰—驾虹 9 千米	车辆 133 台
桂花—北桥 18 千米	天彭—三界 18 千米	九尺—三界 6 千米	
隆丰—军乐 9 千米	九尺—罗家场 7 千米	濛阳—天王寺 8 千米	
濛阳—竹瓦 7 千米	敖平—万年 9 千米	九尺—清流 11 千米	
天彭—清流 14 千米	敖平—隐丰 12 千米	丽春—隆丰 8 千米	
白水河—小龙潭 23 千米	敖平—熙林 15 千米	磁峰—通济 16 千米	
通济—甘溪沟 8 千米	磁峰—滴水 9 千米	—	

彭州市（县）1986—2005 年客运量、客运周转量情况表

表 18-2-1-5

年份	客运量（万人）	旅客周转量（万人公里）	年份	客运量（万人）	旅客周转量（万人公里）
1986	698	26507	1996	951	27579
1987	712	27499	1997	973	28217
1988	739	25748	1998	1001	29029
1989	758	24978	1999	1018	28623
1990	832	24128	2000	1011	29319
1991	847	24563	2001	1023	30690
1992	860	23765	2002	1017	32660
1993	879	25491	2003	1050	33877
1994	837	24273	2004	1086	34773
1995	853	24737	2005	1041	30241

公交客运

1995 年 6 月，首次开通城市公交客运，有两条线路：公交 1 路和公交 2 路。1996 年 2 月开通 3 路，2001 年 7 月开通 4 路、5 路，2003 年 1 月开通 6 路、7 路。截至 2005 年公交线路共计 10 条，参营车辆 83 台，参营企业 3 家，其运行范围覆盖各重点乡镇及人口较为集中区域。

彭州市（县）公交线路营运一览表

表 18-2-1-6

公交线路	往返站点	车辆数	价格	里程	站点数
公交 1 路	市容局—兰博园	10	1 元	9 公里	15 个
公交 2 路	枣子树—北桥	12	2 元	22 公里	10 个
公交 3 路	彭中—塔子坝	4	1 元	5.7 公里	6 个
公交 4 路	瓦店子—川药厂	8	1 元	6.2 公里	12 个
公交 5 路	青光村—客运中心	6	1 元	10.5 公里	7 个
公交 6 路	西门十字马路—红瓦村	5	1 元	11.3 公里	8 个
公交 7 路	联邦制药厂—湔水厂	5	1 元	9.9 公里	9 个
公交 9 路	客运中心—濛阳	15	3 元	21 公里	—
公交 10 路	客运中心—红岩	14	3 元	22 公里	—
公交 11 路	客运中心—太清	4	2 元	8 公里	—

客运出租汽车

1996 年，投放 120 辆出租车经营权。2002 年，彭州市在全省范围内首次召开新增客运业出租汽车听证会，后经成都市人民政府批准，新增客运出租汽车 80 辆，分别于 2003 年 4 月、12 月投入营运。

2005 年底，有客运出租汽车 320 辆，参营企业 7 家，车辆均采用节能环保双燃料三厢轿车，按“五统一”标准进行规范。价格按照起价 2 元（里程 1 公里），夜间 3 元。每增加 500 米 0.7 元标准计费。

第二节　货物运输

普通货运

1985—1990年，货运车辆增至2000余辆，大部分为个体经营户，年货运量达180万吨，但货运线路长线开始减少，逐渐转向省内的中短线路。到2000年前，农田运输车辆大量增加，货运车辆数达5000余辆，货运量增至230万余吨，但长线及超长线运输锐减。到2000年后因利益驱使，车辆外挂现象日益严重，货运车辆急剧减少，特别是在山区从事煤矿炭、矿石运输的车辆80%以上都外挂到汶川、重庆地区，车辆数减至2500余辆，年货运量为250万吨，增幅很小，货运线路几乎都是中短线路，长线运输大部分都通过成都的零担货运场站中转出去。

改革开放以后，由于普通货运市场的放开，价格由市场调节，很难有确切的标准，但近20年来，由于市场竞争激烈，普通货运价格一直偏低，煤炭、矿石等运价基本在0.4元/吨公里左右，没有大的变化。

危险货运

2000年前，市内危险品生产企业逐渐壮大，危险货运开始走上规模化，2005年已发展专业危险运输企业3家，车辆由最初的10余辆发展到76辆，年运输量也增至10万余吨。大部分运输都是为当地生产企业的生产原料及成品进行配送，运输线路多为省内中短线路，只有成都宏红运业有限公司的炸药及配套产品有部分运输线路远至重庆、贵州等地。

危险货运因市场准入限制，价格较普通货运略高，2005年危险货运价格为0.50—0.65元/吨公里。

彭州市（县）1986—2005年货运量、货运周转量情况表

表18-2-2-1

年份	货运量（万吨）	货运周转量（万吨公里）	年份	货运量（万吨）	货运周转量（万吨公里）
1986	153	11470	1996	182	8781
1987	159	13347	1997	210	9589
1988	162	13898	1998	197	9188
1989	174	12720	1999	218	9400
1990	180	10450	2000	225	9288
1991	168	9320	2001	237	9378
1992	155	8497	2002	209	10800
1993	171	9680	2003	301	102225
1994	174	8760	2004	257	9152
1995	179	8679	2005	255	9522

搬运装卸业

1985—1990年，搬运装卸作业主要还是靠人力，到1985年后有了专业搬运装卸作业队20余支，

从业人员上千人，主要作业地点为煤炭矿山、水泥生产厂及火车站货场。2000年前，由于厂矿改制或经营不善倒闭，搬运装卸作业队开始逐渐衰减，到2003年只剩3家300余人在从事此工作。彭白铁路于2004年底全线停止运输，使装卸收入大幅减少，2005年只有成都市彭白工程机械装运公司1家存在，有从业人员200余人，吊车1辆，装载机5台，叉车1台。

第三节　运输企业

四川省成都长途汽车运输（集团）公司彭州分公司

该公司位于天彭镇西大街401号。公司前身为四川省汽车运输第七队，主要承担彭州、新都等地区的矿石、水泥及农用物资的运输，下属实体单位有新繁站、新都站、驾校、彭州站务公司、白水河车站。受总公司委托对成都长运彭州锦城运业有限公司进行管理。

2003年通过ISO9001：2000标准质量认证。2005年，公司有职工250余人，拥有各种高中档营运客车120余辆，主要从事道路客货运输、汽车维修及相关业务。

成都长运彭州锦城运业有限公司成立于2001年8月24日，由国家一级企业四川省成都长途汽车运输（集团）公司与四川省成都长运旅行社有限公司共同出资组建，公司位于彭州市天彭镇西大街401号。2005年公司有员工120余人，出租车40辆，高档金龙班线车10辆。

四川东方龙运业有限公司彭州分公司

公司下属彭州市华西运业有限责任公司、四川彭州恒祥交通服务有限公司、成都市彭白汽车运输公司、彭州市濛阳运输公司。2005年，公司拥有大、中、小型客车共151辆，其中跨区2辆、区内108辆、乡村客车41辆。2005年，取得道路运输企业二级资质。

四川东方龙运业有限公司彭州分公司华西分部　分部前身为彭州市运输总公司，是1951年成立的老集体运输企业。根据体改委〔2000〕16号文，于2000年12月23日改制为现在的四川省彭州市华西运业有限责任公司，驻地天彭镇绣城路。公司的班线车（55台）和乡村客车（22台）于2001年6月纳入四川东方龙运业有限公司统一管理，成立四川东方龙运业有限公司彭州分公司华西分部。

1993年10月华西运业有限责任公司所属出租车公司建立，2005年底有出租车30台，均为CNG油、气两用车。

四川东方龙运业有限公司彭州分公司恒祥分部　成立于1999年，同年10月正式取得各种经营许可证，并投入营运，企业性质为有限责任制公司，驻地天彭镇繁江路。公司主营：道路出租车服务、道路客运、车辆维修及保险兼业代理。

公司目前拥有道路班线客运16辆（其中乡村客运8辆、旅游班线客运8辆），并拥有此项目的全部产权和经营所有权。

出租车公司是恒祥交通服务有限公司的内设部门，2005年底拥有道路营运出租车71辆，并拥有此项目的全部产权和经营所有权。

四川东方龙运业有限公司彭州分公司彭白分部　1980年由彭白装运公司组建彭白车队，下设修理厂。组建时有职工40人，货车5台。1986年扩大规模，组建彭白汽车运输公司。2001年运输企业重组，更名为东方龙公司彭州分公司彭白分部。2005 年底，有客车 14 台（包括乡村客车在内），职工 56 人。

四川东方龙运业有限公司彭州分公司濛阳分部　前身是濛阳运输队，1990 年更名为濛阳运输公司，2001 年重组为东方龙公司彭州分公司濛阳分部。现有职工 121 人，有大巴车 25 台，乡村客运 6 台，经营线路：濛阳—成都（24 台），濛阳—都江堰（1 台），濛阳—竹瓦（6 台）。

四川交运旅游运业有限公司彭州分公司

公司前身为国营彭县汽车队，组建于 1965 年，专业从事汽车客、货运输，汽车修理等业务，1993 年更名为国营彭州市长途运输公司，2000 年 12 月，企业改制更名为四川彭州市兴威压缩天然气技术发展有限公司，2002 年将所属客运公司纳入四川交运旅游运业有限公司，更名为四川交运旅游运业有限公司彭州分公司。2005 年底，有各型车辆 114 台，其中出租车 34 台，公交车 18 台，乡村客运车辆 20 台，班线车 42 台，客运线路遍及成都市周边及广汉、什邡、绵阳等地。

彭州市九峰旅游车队

彭州市九峰旅游车队驻地龙门山镇，始建于 1996 年，2005 年底有员工 48 人，营运车辆 48 台。其经营线路为银厂沟至彭州市 3 辆中巴客车，至白水河、磁峰、通济、白鹿线路为乡村客运。

彭州市通达交通发展有限责任公司

公司组建于 2001 年 5 月 14 日，驻地天彭镇龙塔路 30 号，有员工 56 人，公司主要经营乡村客运，有车辆 24 辆，经营线路 5 条。

彭州市天友出租汽车公司

公司始建于 2002 年 5 月，是彭州市天友商贸有限公司下属企业，驻地天彭镇朝阳北路。公司有员工 39 人，有道路营运出租车 15 辆，并拥有营运车辆全部产权和经营所有权。

彭州市兴威压缩天然气技术发展有限公司出租公司

公司成立于 2002 年 12 月，驻地天彭镇天府路中段。有出租汽车 34 辆，并拥有此项目的全部产权和经营所有权。

彭州市金穗出租车服务有限责任公司

公司成立于 2001 年 11 月 14 日，驻地天彭镇西大街 368 号，2001 年 11 月投入营运。有营运出租汽车 63 辆，员工 138 人。

彭州市银峰实业有限责任公司出租汽车分公司

公司始建于 2002 年 8 月，驻地天彭镇东大街 83—91 号，有营运出租车 67 辆，员工 140 人。

彭州市正通道桥建设有限责任公司

公司成立于 1995 年 4 月，驻地天彭镇天府中路，注册资本 1000 万元。经营道路普通货运、道路专用货物运输，主要承担四川亚东水泥公司的矿石运输。

成都金克星气体有限公司

公司始建于1989年，原名彭县庆兴制氧厂，私营企业，驻地庆兴乡碧鸡村。1998年申请取得道路危险运输业经营许可证，公司资质5级，有营运车辆41辆，总吨位88吨，从业人员122人，年运输量4.5万吨，运输种类有压缩气体、液化气体。

彭州市大众运业有限责任公司

公司成立于2004年7月，经营普通货运和危险货运。驻地天彭镇绣城路98号。有营运车辆16辆，从业人员50人。主要承运全市化工企业华融化工的危险货物及普通货运。危险货物年运输量15万吨，普通货运年运输量10万吨。运输种类有烧碱、电石及液氯等。

成都宏红运业有限公司

公司成立于2005年，是成都市虹光化工实业有限公司剥离成立的爆炸品专业运输企业，驻地小鱼洞镇中坝村三组。有营运车辆24辆，从业人员48人，年运输量3万吨，运输种类有：炸药、磷酸、硝酸铵、硝酸钠、硫黄、导火索、导爆管等。

第三章　交通运输管理

为保障交通运输线路的安全通畅，养路段担负道路的养护、修补和绿化。彭州市（县）养路段设养护道班9个以及工程、交通安全设施等工作部门，主要承担境内省、县公路的日常维护、绿化和各类维修工程，养护公路里程为250.087公里。为使交通运输工作有序、稳步发展，1984年正式成立交通运输管理所，市（县）交管所依照交通法规授权，负责客货运输、汽车维修、搬运装卸、驾驶培训、运输服务行业的管理。为保护公路财产，保障公路畅通，加强公路路政管理，1988年12月，依据成都市人民政府文件精神，建立彭县公路路政管理所。2005年更名为彭州市交通局路政管理大队，依照国家《公路法》和路政管理法律法规，依法行政。

第一节　公路养护

养路段是交通局下属的全民所有制事业单位，始建于1950年，原为彭县筑路队，1960年改建为彭县养路队，1968年更名为彭县养路段，1993年撤县设市，更名彭州市养路段。根据养护工作的需要，全段设养护道班9个，以及工程、交安设施等工作部门。主要承担市境内各省县级公路的日常养护、绿化及各类维修工程。2005 年全段养护的公路里程为 250.087 公里。2003 年，被成都市人民政府授予“成都市爱国卫生先进单位”称号。

“七五”计划时期（1986—1990），管养全县县道 109.2 公里。1988 年，推行企业化的管理方式，实行养护等各项工作的承包责任制。1989 年，组建公路工程施工队，好路率由 34% 提高至 55.4%，栽植行道树 2.785 万株，绿化率达 95%。大修工程有：对 24 公里的沥青路面大修，彭什、濛三和小夫公路的大修，太清路大修，汉彭路大修。

“八五”计划时期（1991—1995），好路率为 87.3%，绿化率 98%，栽植行道树 2.24 万株，投入 356 万元用于新铺设油路 34.93 公里和工程维修。

“九五”计划时期（1996—2000），1996 年，实行一县一段的养护管理制度，接收原由成都市养护总段养护的成白路和大三路，养护里程增加 58 公里，养护总里程达 185 公里，接收总段都江堰分段磁峰道班和新津分段彭州工区的房屋及职工 66 人，全段在职职工达 193 人。2000 年，推行企业化的管理制度，实行定岗定位，分流富余人员；工资与成绩挂钩，实行企业化的工资制度；对养护工作实行承包管理。全市好路率 76.26%，绿化率 98%，补栽新栽树木 8.7 万株，投资 198 万元，完成多处路面维修和改建工程。

“十五”计划时期（2001—2005），全段养护里程达 250.7 公里，涵盖全市省县级公路，好路率达 87.3%，绿化率 98%，栽植树木 1.58 万株，投入工程维修经费 969 万元，完成多处路面维修工作，修复 6.32 万平方米路面。

第二节　交通运输管理

客运市场管理

1986—2005 年，实现三个转变。第一是从无状态化管理向企业化管理转变；第二是从企业化管理向行业管理转变；第三是从行业化管理向行政化管理转变。始终把市场管理和监督放在首位，特别是市场源头的管理和监督，做好春运“黄金周”客运的组织工作，做到“安全、秩序、效率”的三统一。社会客运量、客运周转量年年同比增长 6%、5%；新发展农村客运线路，编制农村客运发展规划，为客运线路的发展和站点的新建、扩建、改建奠定基础。

货运管理

20 世纪 80 年代后期道路货物运输管理工作处于起步阶段，货运管理工作仍停留在经营者开业资格审批，核发道路运输经营许可证、配发道路运输证上。1990 年后，货运管理工作逐步走上规范化，在原有工作基础上进一步加强对货运经营者、货运有形市场、信息配载市场、货运服务市场的开业停业审批以及各种证、牌、照的管理，并监督经营业户贯彻执行道路货物运输的有关法律、法规和规章，规范市场经营行为，同时对货运量、运力平衡情况进行调查统计，以进一步加强道路货运管理工作。

2000 年以后，随着彭州市引进大批生产企业，特别是 2005 年 80 万吨乙烯工程落户后，带动第三产业快速发展，货运市场也呈现新的发展趋势，专业化、集约化的运输企业开始形成，货运车辆车型也由过去单一的栏板自卸车向多轴车、重型车及厢式专用货车等大型化多样化发展，车辆数逐渐增多。

至2005年底，全市有货运车辆2800余辆，从业人员6000余人。

货运管理突出抓好结构的调整，培育专业货运企业，加快道路货物快速配送体系的建立，大力发展小件快运和现代物流业，重点对道路危险货物运输进行专项整治。经过努力，辖区内社会货运量、货运周转量同比增长5%、4%。

机动车维修管理

20世纪80年代，汽车维修厂、店开始出现，到1996年，维修厂家增加到1986年的10倍。但呈现管理失控、维修网点无统一规划、布局不合理、开业无标准、维修质量差、工时定额不统一等混乱局面。为扭转混乱，依据国家颁布的《汽车维修开业条件》和《汽车维修管理规定》进行规范管理。

机动车维修管理从全面审查发证开始，对全市汽车维修厂点严格按照开业条件进行审查发证。特别是根据上级的指示精神，按照新国标和新颁布的《汽车维修管理规定》，对辖区内的维修企业和专项作业店的经营资质进行重新核定和经营范围的划分，对人员条件、组织与经营管理、安全生产制度、环境保护条件、设备、设施条件等进行逐项考核和审查，重新确定资质类别。截至2005年底，核定的一类整车维修企业8家，二类整车维修企业71家，专项汽车维修作业店157家，摩托车维修16家。

加大对汽车维修市场的综合整治力度，对无证经营、占道经营和维修质量、维修安全等进行整改。通过治理整顿，深化管理，一个布局合理、门类齐全、多种经营形式协调发展的维修市场新格局正在形成。

机动车驾驶培训管理

2002年5月，成都市驾驶培训学校归口交通部门实施行业管理，对驾校的管理工作逐渐步入正轨。加大对驾校及培训点的指导、监督和检查力度，打击非法培训。积极引导驾校加大训练场地、教学设施、设备的投入，引导驾校向集约化、规模化方向发展。开展从业人员技能鉴定工作，监督和指导驾校各项规章制度的建立和完善，监督各驾校严格按照国家规定的教学大纲施教，保证培训质量。

通过几年的努力，全市2005年底有二类驾校1所，三类驾校3所，76辆小型教练车，6辆中型教练车，理论教练员11名，操作教练员96名，多媒体教学仪4台，模拟器25台，每所驾校均有较为健全的各项管理制度。彭州市驾驶培训学校、金彭驾驶培训学校、成都长运司驾驶培训学校正在重新建设20亩以上面积的教学场地。全市驾驶员培训能力为每年7000人左右。

驾校的市场适应能力提高，盈利能力增强，培训价格由当初的1200元左右逐步恢复到1800元左右，基本接近物价部门规定的收费标准。

交通规费

交通规费征收　市交通运输管理所按规定对经营性客货运输车辆征收运输管理费，代征拖拉机养路费。1997年以前按运输营业额的1%进行征收，客运费按定额座位征收，1998年以后按运输营业额的8‰征收运管费。1997年以前按照四川省财政厅、交通厅交财〔1986〕66号文件执行，1998年以后按川价字费〔1998〕91号文件执行。

交通规费管理　交通规费管理实行收支两条线，由财政统一管理。2004年以前，征收的规费全部上缴市财政局，财政局按上缴比例的70%返还给市交通运输管理所。2005年以后，征收的规费上缴给成都市交通运输管理处，由成都市交通运输管理处上缴给成都市财政局，按上缴比例的80%返还给原单位。

交通规费的使用　返还的交通规费用于6大市场（客运、货运、汽车维修、搬运装卸、运输服务、驾驶培训）的管理及管理人员的工资和其他工作开支；用于货运市场及客运站点的建设。拖拉机养路费收入用于公路建设的补助。

彭州市（县）1986—2005年运输管理费及拖拉机养路费征收统计表

表 18-3-2-1

年份	运输管理费（元）	拖养费（元）	年份	运输管理费（元）	拖养费（元）
1986	200087.00	399283.00	1996	1980000.00	3420000.00
1987	280345.10	400396.00	1997	2100000.00	3450000.00
1988	338850.00	816081.46	1998	2200000.00	570000.00
1989	349893.70	948207.00	1999	2515000.00	658000.00
1990	352891.00	950200.00	2000	2420000.00	785000.00
1991	1450000.00	1280670.00	2001	2503000.00	978000.00
1992	1470000.00	1298720.00	2002	2500000.00	1050000.00
1993	1022054.00	2003233.00	2003	1689000.00	848000.00
1994	1136293.00	2397989.00	2004	1980000.00	520000.00
1995	1351899.00	3246989.00	2005	2600000.00	680000.00
1986—2005年运管费征收合计			30442418.50元		
1986—2005年拖养费征收合计			26700566.66元		

安全管理

1987年7月，进行道路交通管理体制改革，将交通监理权移交给市公安局交警大队。交通部门只负责行业的安全源头管理，在安全管理上主要搞好“三把关、一监督”：把好企业的经营资质关、把好营运车辆等级技术状况关、把好从业人员的从业资格关；监督企业的安全生产制度落实情况。

安全教育　1986年以后，每月组织2次安全学习会，内容主要有交通法规、安全制度、安全公约和安全经验等。方法有开会、自学、出简报、送发安全资料、评选标兵、表彰先进、交流经验、召开事故现场会等多种形式。学习的组织形式有2种：一是运输企业由单位组织学习；二是个体车辆经营户，实行自学形式。所有安全学习组织，都建有学习制度。

安全检查　1986年以后，主要采取3种形式开展安全检查。一是联合检查，由安监部门、交通局运安科、交管所安保股、各单位、各企业抽调人员深入企业，进行综合大检查。二是行业检查，由交通局运安科、交管所安保股进行行业安全检查。三是企业自查，由车属单位设专职安全员，作经常性的安全检查。对机动车安全行车检查的重点是：是否有三超现象，车辆部件是否完备有效，牌证、手续是否齐全。通过深入开展安全检查，有效维护全市交通运输安全运行。

第三节　路政管理

路政执法

路政管理把日常巡查执法和宣传工作相结合。向市民广泛宣传国家《公路法》、四川省《公路路政管理条例》等法律、法规，主动与乡镇和土地、规划部门联系沟通，发送法律、法规宣传资料，争取支持，积极协调、配合进行路政管理工作。

坚持“全日制巡查”，上路率不低于98%，及时查处违章占道、以路为市、乱停乱占现象；着重整治无场地的违章修车、洗车点；加大力度治理污染公路的车辆，并把重点乡村公路也纳入治污范围；把所管理的路线落实到队、分解到人，实行层层挂钩。

巡查中，结合治理“公路三乱”工作，对发现的“乱收费、乱设卡、乱罚款”现象，立即与相关部门联系并进行查处。

超限超载

2000年，根据交通部〔2000〕2号令，开始治理超限运输车辆，根据川价字费〔1998〕94号文件向超限车辆收取公路路产补偿费。

2004年，根据交通部、公安部、发改委、质检总局、安监局、工商总局、法制办《关于在全国开展车辆超限超载治理工作的实施方案》，开始进行联合治超。从当年5月中旬起，用一个月时间集中开展“两超”治理宣传活动。为加强源头管理，走访矿山、煤场等易发“两超”现象的单位进行宣传。召集运输企业和“车老板”座谈，散发“两超”治理资料，进行宣传教育。对特别严重的“两超”行为，通过电视台、报社及时进行曝光。

2005年6月10日起，按照“统一口径、统一标准、统一行动”的要求与公安部门对超限超载车辆进行集中治理。针对“两超”运输车辆多是本地短途运输的特点，严厉打击以驳载为手段的短途超限超载运输行为，加大查处力度，强化监督检查，规范执法行为。坚持称重、收取补偿费、处罚、卸载的执法程序。通过治理，“两超”现象得到遏制。

路桥收费

经“三乱”治理和整理，全市现有还贷性质的公路4条，5个收费站，都经省相关厅局批准同意，并由成都市交通局负责组织实施，使用省财政厅印制的车辆通行费专用票据，通行费收入纳入成都市财政专户。

汉彭什公路彭州段　公路全长46.3公里，1993年经成都市同意加宽改造。1994年建成12.5公里，是年，经成都市交通、财政、物价部门批复，同意设立汉彭收费站和白庙收费站。从1995年1月1日收取车辆通行费，标准是每吨每次收1元。2001年全线改造完成，经省交通厅、财政厅、物价局批准，汉彭什公路彭州段收取车辆通行费，收费期限从2000年4月9日—2010年4月9日，设置九尺、利安2个收费站。九尺收费站收费标准为：一类车4元，二类车8元，三类车16元，四类车24元，五类车32元。利安收费站收费标准为：一类车4.5元，二类车9元，三类车18元，四类车27元，五类车36元。

汉彭什公路彭州段1995—2005年车辆通行费收取情况统计表

表18–3–3–1

年份	金额（万元）	年份	金额（万元）
1995	134	2001	1025.7
1996	198.1	2002	1299.7
1997	421	2003	1308.9
1998	523	2004	1119.7
1999	435.4	2005	1102.1
2000	659.9	合　计	8227.5

温郫彭公路彭州段　公路全长55.42公里，彭州段13公里。2001年改建成二级水泥混凝土路面。2002年经批准同意设立北君平收费站，试行收费1年，期满批准正式收取车辆通行费，期限从2002年10月20日—2012年10月19日止。收费标准为：一类车4元，二类车8元，三类车12元，四类车16元，五类车20元。

温郫彭公路彭州段北君平收费站2002—2005年收费情况统计表

表18–3–3–2

年　份	金额（万元）
2002	171.96
2003	303.42
2004	301.36
2005	308.22
合计	1084.96

川西旅游环线彭州段　川西旅游环线彭州段长26公里，为二级水泥混凝土路面，经批准同意设立楠杨收费站，收费期限从2002年10月20日—2012年10月19日止。收费标准为：一类车5元，二类车10元，三类车15元，四类车20元，五类车25元。

川西旅游环线彭州段楠杨收费站2002—2005年收费情况统计表

表18–3–3–3

年份	金额（万元）
2002	190
2003	202.86
2004	187.65
2005	201.07
合计	781.58

彭白公路　公路起于天彭镇，止于大宝镇，全长45.36公里。1998年9月彭白公路有限责任公司以2841.3万元购买天彭镇—关口镇（九陇镇）20.33公里的公路收费经营权，期限至2005年3月31日，设彭关收费站。1998年10月，该公司决定对彭白公路九陇—大宝段进行改扩建。2000年9月开始试收费。2002年3月经批准同意改扩建部分与彭关路段12公里合并收费，设丹景山收费站，收费期限从2000年9月至2010年2月28日止。

第十九篇　旅游业

彭州市地理位置优越，属高原山丘平原过渡带。自然景观资源丰富，云海日出、溶洞矿泉、高山杜鹃、熊猫、牡丹饮誉古今。彭州市历史悠久，是古蜀国建都立国的核心区域，是封建社会兴盛时期的奥区重镇，人文资源丰富。宗教发达，寺观特盛，是中国道教中央教区，道都阳平治之地；为“佛教圣地”、五教具备之区。自古就是皇家贵族，达官贵人，文人墨客朝圣祷醮，浏览观赏的胜地。改革开放以后，旅游作为新兴产业逐步成为一个区域新的经济增长点。市（县）委、政府对旅游发展进行多次规划，投资开发建设，逐步打造出成都市级风景名胜区、省级风景名胜区、国家级风景名胜区和省级、国家级地质、森林公园和自然保护区。20 年间，到彭旅游人数逐年增加，截至 2005 年，游客人数达 210.6 万人次，旅游收入达 3.88 亿元。

第一章　旅游开发

1986 年 12 月，县委、县政府邀请专家编制《九峰山风景名胜区总体规划》，规划因优势定主题、分景点，详细规划，逐步实施。1999 年，依据四川省、成都市旅游规划，市委、市政府提出建设旅游度假胜地和发展旅游业为新的经济增长点的战略，编制《彭州市风景旅游十五规划和 2015 年长期规划思路》，提出“十五”期间建成旅游“四大品牌”，龙门山银厂沟申报国家重点风景名胜区，开发冰川漂砾地形区并申报“世遗”，开发地方特色旅游商品，用 10 年时间使旅游收入占 GDP 的 8%，成为支柱产业之一。2000 年 5 月，编制《2000—2020 年旅游发展规划》，绘制旅游跨越式发展蓝图。2001 年 10 月，编制《成都市龙门山（银厂沟）风景名胜区总体规划》，规划近、远期发展目标和 7 个子景区的建设。2005 年 10 月，编制《2006—2010 年彭州旅游发展规划》，使旅游产业和石化产业成为经济发展的“双引擎”。彭州市 2005 年有旅行社 10 余家，开辟市境内旅游线路 20 余条，推出地方特色的旅游商品 20 余种。

第一节　旅游规划

《九峰山风景名胜区总体规划》

九峰山风景名胜区于1986年11月经成都市人民政府批准为市级风景名胜。1986年12月，县委、县政府和县风景名胜旅游开发领导小组邀请四川省城乡规划设计规划院，与县建设局联合组成“九峰山风景名胜区规划小组”，经过两年多时间编制出《九峰山风景名胜区总体规划》。

规划认为，九峰山风景名胜区的风景资源具有三大优势：一是具有吸引力强的景观优势，二是具有客源足的市场优势，三是具有基础好的开发优势。确定九峰山风景名胜区的性质是：以典型的高山峡谷流水地貌为特征，以天象景观、深峡飞瀑做主景，以壮险奇幽为特色，供人们观赏、度假、探险和从事科研活动的山岳型风景名胜区。确定九峰山风景名胜区的规划指导思想是：以“壮险奇幽”特色，建设一个景观内容独特、旅游环境舒适、游乐设施先进的风景名胜区。九峰山风景名胜区的规划范围为：以九峰山东西脊的山脊分水线为界，东以莹华山脊为界，西以光光山支脉的山脊为界，南以天台山南坡和龙槽沟心为界；西、北、东三方分别与灌县、茂县、汶川、什邡交界；南与彭县小鱼洞、通济、白鹿三乡接壤。具体讲就是大宝乡全部辖区加近邻的天台山部分面积，东西宽23公里，南北长24公里，总面积380平方公里。

九峰山风景名胜区景域结构划分的原则：按水系流域，全区分为银厂沟和白水河两大片区，以利分期开发；按地势高程，全游览区分为低山区（海拔2500米以下），中山区（2500～3500米）和高山区（3500米以上）三部分，便于组织和选择旅游活动；按景点分布，全游览区分为海汇桥、银苍峡、火焰山、马鬃岭、五道河、莹华山、红龙池、太子池、天台山、牛圈沟、飞水岩、七盘城等12个景区，突出特色组织游览；按开发型态，全风景区分为城镇型、乡村型、自然型、奇景型和原始型等五个景态区，以控制各地段开发形式和开发限度。

规划提出九峰山风景名胜区的游览、服务结构。交通游线结构，根据“快旅慢游”原则，规划以车旅步游为基本交通游览体系，车道联系景区，步道深入景点，车道分大（全区）、中（前山）、小（主景区）三级环绕，步道分栈（峡）梯（山）坡（平地缓坡）三种形式。加上马道和直升机为补充，就形成低（栈）中（车、梯、马）高（空）三级立体交游结构。接待服务结构，全区分旅游镇、旅游村、接待站、服务点等四级接待服务体系。

《彭州市风景旅游第十个五年计划和2015年长期规划的基本思路》

1999年9月，市风景名胜旅游管理局根据《四川省旅游发展总体规划》《成都市旅游发展总体规划》和市委、市政府关于建成成都西北重要的旅游度假胜地与旅游业成为五大经济增长点之一的发展战略，编制《彭州市风景旅游第十个五年计划和2015年长期规划思路》。

该规划第一次提出彭州市四大主体旅游形象：牡丹故乡、避暑胜地、道教中心（宗教文化）、地质奇观。概括全市旅游资源特色，强调旅游业不能再停留在旅游产品的经营阶段，应迅速进入到旅游产品的品牌经营阶段，在经济效益、社会效益上再上一个台阶。开发和建设彭州旅游品牌应作为“十五”期间的基本任务之一。彭州旅游品牌应以牡丹故乡、避暑胜地、宝山温泉、道教中心、龙兴寺为宜。

“十五”期间：龙门山申报为国家重点风景名胜区；会同社会各方面的力量，保护开发葛仙山、丁家湾、塘坝子冰川漂砾，基本开发建设成风景区，并逐步向联合国申报世界自然遗产；宣传促销，建立旅游接待网络，扩大旅游客源市场；丰富旅游内容，增大吸引力，提高花会等级；大力开发具有地方特色的旅游商品；加强行业管理；倡导社会办旅游，建立市场投资体系；搞好景区规划，坚持统一管理和可持续发展原则；在2000—2015年期间形成牡丹故乡、避暑胜地、道教中心、地质奇观四大主体旅游形象，形成“春看花、夏避暑、冬温泉”大格局；景区基础设施得到全面改善，国内旅游规模扩大，国际旅游迈向正轨，旅游商品丰富多彩，服务系统规范；旅游业在全市经济中的比例到2010年占8%，成为彭州经济的支柱产业之一。

《四川省彭州市旅游发展总体规划》（2000—2020）

市政府于2000年5月委托四川现代旅游工程研究所承担《彭州市旅游发展总体规划》编制工作，规划范围涵盖全市。根据彭州市政府要求，充分发挥旅游资源丰富的优势，围绕牡丹故乡、避暑胜地、宗教文化、地质奇观四大特色制定彭州旅游发展总体规划。

规划使用联合国教科文组织关于《保护世界文化和自然遗产公约》评审标准和世界公园计划（UNESCO Gepark program）及其GEOPARK评审标准，对彭州市旅游资源做出可建立一个系统的旅游资源等级组合系列的评估。

具有国内外市场吸引力和比较优势的导向性资源有龙门山陆内推复造山带飞来峰群和以葛仙山—塘坝子推复体（飞来峰）。龙门山飞来峰群规模巨大，其中彭州区域是该飞来峰群的主体。分布范围广（200平方公里内）、数量多（有飞来峰13个），规模大（单个飞来峰最大在25.5平方公里，总面积88平方公里）。天台山飞来峰是龙门山飞来峰群中最大最雄伟的一处，太子城飞来峰是海拔最高的一处（海拔4814米），小鱼洞飞来峰是最早载入我国地学教科书的一处；塘坝子—葛仙山飞来峰是外来岩体与地岩叠压关系显示最清楚、类型最齐全的一处。

具有地方和区域市场吸引力，可开发较高档次和规模旅游产品的重要性资源3处：一是龙门山（银厂沟）大峡谷，是龙门山高山峡谷流水地貌的典型代表，其气势、游览价值在四川西部很突出，具有很高的观光探奇价值。峡谷激流险滩、瀑布潭池达数十处之多，气势非凡，景色绚丽，属于特别具有观赏价值的大型峡谷瀑布水景群。二是丹景山，自唐代即是天彭牡丹种植和观赏地。宋代形成大规模园艺种植，并发展成与洛阳牡丹并列的蜀中牡丹种植、观赏和供应地。现已恢复发展为独具特色的中国西部牡丹花山，与河南洛阳、山东曹州（菏泽）并称我国三大牡丹观赏胜地。三是龙兴舍利宝塔，所在的龙兴寺始建于晋，藏有印度国王赠送的舍利子和《贝叶经》等佛门珍宝，在东南亚和港、澳、台、日本、韩国等都有一定影响。新近建成的龙兴舍利宝塔高81米，雄伟奇壮，金碧辉煌，供奉玉雕、铜铸佛像1080尊，是中国和东南亚最高的金刚宝座佛塔，具有较高的观光价值。位于市内，是成都—彭州—白水河旅游线上一个重要的文化观光点。

主要配套性资源：九峰山（川西佛教名山）、马鬃岭（亚高山杜鹃林和雪景地）、太子城（飞来峰、冰湖）、白水河（省级大熊猫自然保护区）、宝山温泉（新型康疗保健温泉）、阳平观（道教二十四治之首治，正在建设的大型道观）、葛仙山（有道教之“葛璝治”和三月三庙会）、上书院基督教高级神学院（1908年建，哥特式建筑，保存较好）、彭州园（城市公园，天彭牡丹花会观赏点之一）、金茂花木基地（位于致和乡，共600亩）、梨花坪（红岩乡万亩梨园）、莲花湖（磁峰镇中型水库）、镇国寺塔（九陇镇关口白塔坪，省级文物保护单位）、正觉寺塔（红岩乡，省级文物保护单位）、三昧水（九陇镇传统佛教旅游地）、天台山（飞来峰，面积11.2平方公里，古名“天彭山”，森林茂盛，古迹众多，与九峰山、莹华山并称川西名山，古有“游三山”之俗，尖峰顶：飞来峰，面积25.5平方公里，地质遗迹清楚、山林茂盛）。

旅游产品构架规划。一个中心：全市旅游接待、支撑中心天彭镇，具备一定规模经营的旅游接待、食宿、娱乐与购物设施，为旅游接待能力最强的重要支撑中心，在旅游发展中占据十分重要的战略地位。四个支撑点：龙门山国家地质公园、龙门山（银厂沟）风景名胜区、丹景山旅游区、宝山温泉牛圈沟风景区。四条旅游线路：成都—彭州—丹景山—银厂沟观光避暑度假旅游线；成都—彭州—葛仙山—塘坝子—上书院地质公园旅游线；成都—三星堆—龙兴舍利宝塔—阳平观—都江堰古蜀文化观光旅游线；成都—彭州—宝山温泉牛圈沟—太子城—汶川龙门山地质生态科考探险旅游线。

《成都市龙门山风景名胜区总体规划》

1999年12月14日，市风旅局委托省城乡规划设计研究院，按照国家《风景区规划编制内容和深度》要求和规定编制《成都市龙门山风景名胜区总体规划》，规划近期、远期发展目标和风景区等。

近期发展目标　2001—2006年，重点完善火焰山、马鬃岭、五道河、丹景山的建设，严格保护银苍峡景区，逐步开发天台山、牛圈沟、飞水岩，建设大宝旅游镇。开展农业产业结构调整，扩大环境容量，开辟旅游环线，保持年游人规模100万人。

远期发展目标　2006—2020年，依法管理、强化保护、优化环境、促进发展，重点开发红龙池、七盘城，形成科考、登山、探险、淘金等各类型的风景游览体系。将丹景山建成中国西部牡丹园、南国四季花山。建设完善服务、接待、交通、市政等基础设施体系。建立保护、管理、经营、科研相结合的科学资源良性关系。保持年游客规模150万人，确立其省内乃至全国的知名风景名胜区地位。

七个景区　银厂沟景区（包括银苍峡、五道河、马鬃岭、莹华山）；火焰山景区；白水河景区（包括牛圈沟、飞水岩）；天台山景区；太子城景区；红龙池景区；丹景山景区。

第二节　旅游商品

民俗饮食

胡子兔　系天彭镇东大街的邹建安在解放初期所创。薰兔按配料制作，品种有香卤、甜、麻、辣、咸五味，其兔肉有皮酥、骨脆、肉嫩、色泽红润、口感鲜香、香味诱人、咸淡麻辣甜香恰到好处的特点。因邹建安长有一副美髯，“胡子兔”由此得名。胡子兔选料精良，工艺考究。选用生长五个月左右的兔子，过老、过嫩、过瘦皆不入选。制作时先将鲜生兔用盐腌吹干，煮八成火后晾放，再用食油油炸，最后用微火将冰糖、红糖、白糖熬成汁，加上生姜、胡椒等多种调料和中药香料共同炒炼而成。早在20世纪50年代，胡子兔就远销京、津、沪等地。先后荣获“成都市传统食品奖”“成都市名小吃”称誉。

军屯锅魁　军乐镇（原名军屯镇）锅魁，又名“千层饼”，历史悠久，做工考究，独具风格，以香、酥、脆、细嫩化渣的独特风味名扬川西，1990年获“成都名小吃”称号。其中一品“酥锅魁”系军乐镇周乐全与其师父马福才共同烤制出名。选用优质面粉，拌和适量温水反复操作，使之软硬适度，张拉柔韧。配料方法别具一格，实行起面（酵面）与子面（生面）随打随配的原则，再用撕去表膜的猪生板油，拌上八角、茴香、三萘、花椒、生姜、精盐、味精等香料，切碎揭绒，抹在拉长的面皮上，经卷压成形，上煎锅煎烤，最后放进炉膛烘脆。现在“锅魁”除白面锅魁以外，还发展制作鲜肉锅魁、椒盐锅魁、化丝盐锅魁等10多个品种。

大伞蒸牛肉　大伞蒸牛肉是独具川西风味的伊斯兰名小吃，由原天彭镇北门外回族食堂厨师穆文忠首创。因在摊前撑起一把10平方米的油布大伞遮日挡雨得名。大伞蒸牛肉用大笼清蒸，其原料、配料和工艺都特别讲究。选料极严，肉须是膘牛后腿肉，先去膜去筋，形成大小适中的块形，然后拌以多种香料和蒸肉米粉，加以适量的水拌匀，再入笼旺火清蒸。出笼上桌时，临时拌和蒜泥、香菜、辣椒油等。特点：色泽亮丽，香气浓郁，肉质鲜美，细嫩化渣，麻辣爽口，回味悠长。1990年参加首届四川省食品展览会，获“成都市名小吃”称号。

滴油水饺　滴油水饺始创于天彭镇西街的“国营味兰小食店”，20世纪80年代称“红油水饺”，后经该店尹华清师傅改进创新，更名为“滴油水饺”。因其采用猪肉做馅，不加任何蔬菜，上桌时才滴上红油故而得名。具有皮薄、馅嫩、形态饱满、色泽洪亮，入口化渣和咸、甜、麻、辣交融的特点。

彭州九尺板鸭　彭州九尺板鸭是久负盛名的传统食品，因其产地彭州市九尺镇而得名。彭州九尺板鸭200年来历经不衰，深受国内外食客喜爱，是待客宴宾的必备佳肴。彭州九尺板鸭分干板鸭、卤板鸭两种，做工考究，制作精良，风味独特。鸭宰杀去毛后，利用清澈泉水反复漂洗，清除瘀血和内脏。干板鸭加精盐、香料浸渍、烟熏、风干。卤板鸭晾干水分后，用优质锯末烟熏，然后选用八角、茴香、花椒、老姜、陈皮、酱油、白糖、胡椒、苹果、冰糖等多种香料下锅卤制，做到烟熏本色，油亮鲜润，香嫩可口，口味甜绵，制作精良，包装考究，十分畅销。

九尺鲜鹅肠火锅　20纪90年代中期，由九尺镇居民赵老四创办起第一家鲜鹅肠火锅店。其味麻、辣、鲜、香，久吃不浑汤，不受季节限制，四季皆可。它配料考究，制作精细，在操作技艺上除保留传统精华外，还吸取现代科学配方，始终保持鹅肠细、嫩、色泽鲜美、入口化渣、香味诱人、营养丰富等特点。至2005年发展到10余家有规模、上档次的火锅店，名扬四川各地。

罗万烫油鹅　罗万烫油鹅历史悠久，是三界镇罗家场吴氏祖传食品，为成都市名小吃之一。它具有色泽红亮、皮脆、肉嫩、肥而不腻等特点，日产量2000余只，盛销于成都地区。制作时选嫩鹅为原料，务求鹅挺拔成形，不拉皮，无死血。经反复漂洗，晾晒后即下锅卤制。卤水所用香料，是二十余种中成药配制而成，居有较高的营养价值和一定的药用价值。煮法也很讲究，要“敞锅煮”，煮的时间随季节变化而不同，因而成品干香，无多余水分。煮好起锅，待表面水分蒸发后，再用烫油反复淋烫各面，直至整个表皮红亮酥脆，集热、香、鲜、脆于一体，令食者赞不绝口。

雪芽菜包子　雪芽菜包子系回龙沟风景区开发的一个知名小吃。采用生长在海拔2800米以上的雪山丛林中、无任何污染的野生雪芽菜为主料，经手工做成。其特点是咸淡适宜，香软可口，回味悠长，久食不厌。野生雪芽菜富含10多种人体必需的氨基酸和硒、锶、锌、铁、钙等多种微量元素及多种维生素，堪称天然保健养生食品。

阳氏田鸭肠火锅　清末民初，彭县隆丰场人阳氏在成都餐馆当学徒时偶然接触到火锅，产生浓厚兴趣，后特意拜师学习火锅制作技艺。其后人传承“技艺”创立阳氏田鸭肠火锅。其口味醇厚香溢，麻辣厚重分明，鲜香脱出，口感饱满细腻。配料考究，辣椒采用大火蒸煮工艺，去腥去燥，保留了辣味。汤汁选用猪棒骨、老母鸡、土老鸭、火腿等天然食材20余种，中途不加水，一把火熬制40余小时，汤红汁亮，开胃不烧心。在历经了数代人的“技艺”传承和发展后，阳氏田鸭肠火锅逐渐具备代表彭州本土特色火锅品牌的实力。

土特产品

小鱼洞丙穴鱼（冷水鱼） 小鱼洞位于小鱼洞镇，因洞口朝南，南向在十天干中为“丙”，故该洞又称丙穴，其鱼称丙穴鱼。小鱼洞为自涌型暗河泉水洞，日出水量达到600立方米，水温10～15摄氏度，水质优良，清澈明亮。在每年3～4月，有细鳞青尾丙穴鱼闻惊雷从洞口游出，该鱼肉质细嫩，久负盛名。蜀地多产此鱼，在古代该鱼已有记载，如左思《蜀都赋》云“嘉鱼出于丙穴”；唐·杜甫诗云“鱼知丙穴由来美”。小鱼洞丙穴鱼为著名的嘉鱼之一，由于鱼对水质要求高，并且体内无肉刺，营养丰富，味道鲜美，所以受到食客喜爱。

天彭肥酒 天彭肥酒始创于明末清初，迄今已有400年的历史，为彭州酒厂独家生产。天彭肥酒在制作上十分考究。它以纯粮曲酒为酒基，配以绿豆、冰糖、生猪板油、肉桂、老寇、砂仁等多种药材配方，经浸提、串香而成。其色泽青黄透明，香气芬芳幽雅，口味浓厚绵甜。天彭肥酒多次荣获省、成都市名优产品奖。

敖平香花醋 原名“福寿醋”。起源于清代咸丰年间（1851—1861），同治时期（1862—1874）已初享盛名，距今140多年的历史。以大米、糯米、大麦、小麦等粮食为主要原料，配以桂枝、公丁等名贵中药材和陈皮、小茴香、甘草、花椒等十余种香料，经独特的木槽发酵，精工操作酿制而成。其口味纯正，酸味柔和，回甜味香，冷凉热烹，营养丰富，久存不生花，不变味，并有防治感冒、肠道传染病，帮助消化，医治皮炎等功效，荣获10多项省市奖。

彭州柚 彭州柚是栽培历史悠久的地方良种柚，自然圆头形，果实扁圆形，单果重1000～2000克。生长势旺，适应性强，高产稳定，10月下旬成熟，皮薄，可食部分占60%以上，瓤瓣均匀，肉质细脆，酸甜适度，脆嫩化渣，汁多味浓。1992年以来先后被评为成都市“市优”果品，获金奖；四川省“省优”果品；1995年获全国农业博览会银奖。

隆丰蒜薹 隆丰镇的蒜薹种植历史悠久，在全国享有盛誉。西汉时由新疆引入内地，彭州就有少量种植。清光绪《彭县志》载“蒜薹产万家庵”（今隆丰镇境内）。隆丰蒜薹具有色鲜嫩脆、香甜可口、蒜味浓纯、粗细适度等特点，商品率高达90%以上，行销省内外，备受广大消费者喜爱。现在蒜薹面积已扩大到10余个乡镇，种植面积62000余亩，其中尤以“蒜薹之乡”隆丰镇种植面积最大，达2万亩左右，占全镇耕地的一半。

海窝子白樱桃 海窝子即新兴镇的古称，该地盛产樱桃。海窝子樱桃品种较多，尤以白樱桃的品质优、风味佳著称。单果重约5克，果皮底色黄，满布缕缕红色丝网，晶莹光润。具有果大、味甜、形美、色艳的独特优点。

红岩小西瓜 红岩小西瓜产于红岩镇窝店、红塔等村，1997年开始引种栽培，到2005年已发展到1000余亩。主要有早春红月、拿比特、842—4等品种。因红岩镇窝店村土壤及气候独特，故所产西瓜品质优良，口感甜、香、脆，水分含量多，畅销于成都、重庆及省外等地。

塔子山地瓜 地瓜是丘陵区经济作物之一，早在清同治年间，谭家场（今丽春镇）塔子山有一农民，首先从建昌木马山引种试栽，获得成功。塔子山所产地瓜与众不同，品质特佳，具有味甜、汁多、细嫩化渣三大特色，口感纯正，是深秋季节物美价廉、群众欢迎、果菜两用的佳品，名扬蜀中。民间有“塔子山的地瓜，花园沟的李子”的美称。

界牌慈菇　彭州种植慈菇有悠久的历史，尤以致和镇清泉村（界牌处）的鹦鹉咀为上品。早在清咸丰年间，致和镇慈菇就以其个大形美、细嫩化渣、味甜多汁而闻名，被列为贡品。民间有“界牌慈菇鹦鹉咀，不擦泥巴不参咀，拿到京城当贡品，细娃想得流口水”的传说。相传，慈禧太后喜食慈菇，在清泉村界牌处设专田种植，并派兵守护，成熟后，专运进京供其享用。慈菇具有药用价值，可清热解毒，有散瘀、消肿块之功能。

花园沟李子　彭州市栽培李子有悠久历史，而最出名的是葛仙山的“花园沟”李子。花园沟李子，品种繁多，主要有绿如翡翠的玉皇李、携李、离核李；黄似橙的玫黄李、水李；红如血的高山鸡血李。具有个大、光滑、平顶、皮薄、肉厚、核小、脆甜化渣的特点。

桂花彩陶　桂花镇以生产彩陶为主。桂花彩陶的器坯为手工制作，经过慢轮修整，精心雕刻，后再加施彩绘，陶器细腻，表面研光，既有传统的古典艺术美，又有现代艺术美。桂花镇的制陶历史始于400多年前的明嘉靖年间（1522—1566），在融合传统陶瓷艺术特点的同时，还采用拓、印、镂、雕、堆等多种工艺，独具特色。

温泉、矿泉水

宝山温泉　宝山温泉位于龙门山镇宝山村，为新型温泉康疗度假资源，有着十分显著的特色和优势。宝山温泉为带状温泉，地热井深1662米，位于龙门山断裂破碎带上。井口自流量3080立方米/日，水压+58米，水温38℃～45℃，水质为氯化钠型（Cl-Na），矿化度3945mg/L，具有较丰富的浴用医疗性矿物成分，是非常优良的新型康疗健身热矿泉。对照《天然矿泉水地质勘探规范》（GB/T 13727-92）（附录B），其氯、锶含量达到《医疗矿泉水水质标准》，达到矿水浓度的还有锂、溴、偏硼酸等成分，为含溴、锂、偏硼酸的氟、锶医疗热矿水，是很好的浴用泉水。

三昧矿泉水　三昧水位于彭州市丹景山镇。三昧水为一窦山泉水，长约3米，宽约2米，泉水从岩石中泌出，冬旱不干，夏洪不溢，神奇无比。据化验，该泉水含氡和硒，是国内少有的优质低钠矿泉水。传说三昧水以洗愈唐悟达国师“人面疮”而闻名于世。

响水洞矿泉水　位于龙门山镇银厂沟风景区内。海拔达3538米，泉水出露在海拔1490米。方圆几十公里森林，高山环抱，无任何污染。泉水露头附近，常可听到淙淙潜流的水声，因此美名“响水洞”。响水洞泉水是从古老的元古界黄水河变质岩的硅质断层破碎带中溢出，水中含有丰富的有益于人体的微量元素——锶、锌、钙、锂及偏硅酸等20多种微量元素，含量均衡。

回龙冰矿泉水　位于回龙沟景区内，该矿泉水取自龙门山断裂带上的一个天然地下岩洞内。含有大量人体必需的矿物质和微量元素，如氡、硼、锶、硒、碘、钙、钠等，其中锶的含量与同类产品相比高出许多，是一种典型的“锶饮用天然矿泉水”和“医疗矿泉水”。

念经洞矿泉水　念经洞天然矿泉水源于龙门山脉的葛仙山，念经洞海拔1300米，泉水经山岩裂缝自然流出，泉水清纯、爽口，被称为“葛仙一绝”。矿泉水中含钾、钠、镁等多种矿物质和微量元素。

第三节　旅行社和旅游线路

2000年以后，成都市各大旅行社纷纷到彭州市建立旅行分社或彭州部，截至2005年12月，已在彭州市建立12家，发展趋势良好。

主要旅行社

四川省新东方国际旅行社彭州部　主要经营业务为：招徕、接待国内外各地旅游者到彭州旅游，组织全市居民外出旅游；承接各种大、中型专项考察团；售国际、国内飞机票，代订全国各地酒店、租车业务等。

四川省中国旅行社彭州部　四川省中国旅行社是中国旅行社系统在四川最大的旅行社，配备有素质良好、服务全面的员工，有多国及各种地方语言的导游，在国内外享有良好的信誉和广泛的知名度。推出多条彭州本土旅游线路。

四川省和平国际旅行社责任有限公司　该社是从事国际、国内旅游业务的机构，拥有一支具有敬业精神、经验丰富、工作严谨的导游队伍和管理人员。各条精品成熟线路有专业人员操作（总部统一操作）。

四川康辉国际旅行社　主要经营范围为：国内旅游业务、入境旅游业务、出境旅游业务，并向客人提供差旅管理服务、商务旅行服务、会议展览服务、奖励旅行服务。

旅游线路

2001 年龙门山、丹景山、银厂沟线路

一日游：成都—彭州市区—丹景山。市内游览龙兴寺，参观龙兴舍利宝塔。丹景山游览金华寺、净水寺、鲁班庙、天师宫和各具特色的牡丹园以及黄杜鹃园、中日友谊园、天香园。

二日游：成都—彭州市区—丹景山—银厂沟。第一天游览线路与一日游相同，晚上住银厂沟。第二天早餐后游览龙门山银厂沟银苍峡栈道和大龙潭、小龙潭。

三日游：成都—彭州市区—丹景山—银厂沟。第一天游览线路与一日游相同，晚上住银厂沟。第二天早餐后游览龙门山银厂沟银苍峡栈道、长河栈道、大龙潭、百丈瀑布、珠帘瀑布、落虹瀑布、佛面岩，晚上住银厂沟。第三天早餐后游览小龙潭、彩虹幻影的三叠飞瀑、深山古刹接引寺，晚上返成都。

2002 年旅游线路

地质科考之旅 3 条线路：成都—彭州市区—九陇—飞来峰公园—大垭口；成都—彭州市区—九陇—小鱼洞—龙门山—太子城；成都—彭州市区—白鹿—葛仙山—塘坝子—太子城。

避暑胜地之旅：成都—彭州市区—银厂沟—回龙沟；成都—彭州市区—宝山温泉—回龙沟。

牡丹观赏之旅：成都—彭州园（市区）—丹景山—回龙沟—银厂沟（每年清明节前后）。

宗教文化之旅 2 条线路：成都—龙兴寺、清真寺（市区）—丹景山—阳平观；成都—龙兴寺、清真寺（市区）—白鹿上书院。

其他线路推荐 4 条：成都—彭州市区—丹景山—宝山温泉—回龙沟—九峰山—银厂沟；成都—彭州市区—三昧水—丹景山—阳平观；成都—彭州市区—百花园—葛仙山；成都—龙兴寺、彭州园、印经院（市区）—九尺镇。

2005 年彭州游旅游线路

市内一日游：龙兴寺—彭州园—博物馆—印经院—九尺镇。

市内休闲观光游：市区—丹景山—宝山温泉—回龙沟—九峰山—银厂沟；市区—三昧水—丹景山—阳平观—白鹿森林公园—白鹿上书院；市区—葛仙山。

地质科考之旅：市区—关口—葛仙山—塘坝子—大垭口—太子城。

宗教文化之旅：市区龙兴寺、清真寺—丹景山—阳平观。

第二章　景区建设

彭州市丰富的自然、人文旅游资源经20年的开发建设，建成龙门山国家地质公园、白水河国家森林公园、白水河国家自然保护区、白鹿省级森林公园和以自然景观为主的银厂沟国家重点名胜区，以牡丹观赏为主的丹景山风景名胜区等旅游景区。

第一节　国家公园

白水河国家森林公园

位于市北36公里，其境内面积22.7271平方公里，由山峰和湖泊组成，为2000年经省林业厅批准的省级森林公园。2001年被批准为国家森林公园。园内有珍稀的针叶林、杜鹃植物景观；松鼠、黄雀、蝴蝶等动物景观；雪景、日出等天象景观；建于明清的佛教寺院等人文景观；峡谷、溪流、瀑布、碧潭、温泉、奇石滩等地貌景观。

白水河国家自然保护区

位于龙门山镇、小鱼洞镇交界处，面积303.856平方公里。2002年7月，经国务院批准为国家级自然保护区。有熊猫、小熊猫、牛羚等珍稀种类。自然保护区内的中草药资源也特别丰富，如杜仲、黄柏等。

四川龙门山国家地质公园

四川龙门山国家地质公园系全国首批公布的11个国家级地质公园之一，以彭州市境内葛仙山、白鹿五龙山等喀斯特地形和飞来峰为主，2001年3月经国土资源部批准，2002年9月在彭州市举行揭牌典礼。公园距市区16公里，距成都市41公里，区位条件优越，交通便捷。面积91平方公里，其地质遗迹保护面积55公里。飞来峰是一种奇特的地质构造现象，有壮观的孤峰，俊秀的小峰丛及溶洞、天坑等喀斯特地貌景观，是地质科考、科普观光的重要资源。区域内的白鹿镇面积14平方公里，1993年就是省林业厅批准的省级森林公园。公园有喀斯特地貌和奇特的溶洞钟乳石景观。

第二节 风景名胜旅游区

龙门山（银厂沟）国家风景名胜区

位于龙门山镇，距市区61公里。由九峰云海、金顶佛光、海子、大龙潭、小龙潭、银苍峡、百丈瀑布、珍珠帘瀑布等景观组成。景区以其神秘的峡谷、奇险的栈道、彩色瀑布、绚烂的彩虹、碧绿的潭水、古朴的原始森林为人们赞赏。2004年，被批准为国家级风景名胜区。

丹景山风景区

位于丹景山镇，距成都市区50公里，海拔1147米，是蜀中著名的历史文化圣地之一，以其丰富的古蜀文化、宗教文化、牡丹文化著称。

回龙沟旅游区

位于龙门山镇，距成都市区76公里。山清水秀，气候宜人，山势峻奇，流水淙淙，一年四季，皆有不同之景。春天，各种山花争奇斗艳，竞相开放；夏季，凉气袭人，最高气温24.5摄氏度；秋天，山高气爽；冬季，银装素裹，是罕见的赏雪胜地。

熙玉生态农业园区

位于葛仙山镇熙玉村，距市区23公里，面积7313亩，气候温和，雨量充沛，四季分明，无霜期长，立体气候明显，生物物种多样，可发展林、药、牧、果以及粮、种、养。

梨花坪生态观光区

位于红岩镇，距市区21公里。依托区内十多万株梨树而形成自然生态园区，面积约1800亩，依山势起伏不同，自然形成大小不等的四个景观：花蕊园占地400多亩；升庵园占地约300亩；总督园占地600余亩；天生园占地约400亩。

阳平观夏季水果示范园

位于新兴镇阳平村，距市区28公里，占地158亩。园内水果品种多样，主要种植黄花梨1.5万株、丰水梨1.5万株、花泉酥梨0.8万株、李子0.2万株、柿子0.15万株、板栗0.23万株，此外园内还种植一定规模的梅花等风景树。

新兴楠竹林生态园

位于新兴镇，距市区28公里，楠竹林面积2万余亩，是成都市50公里范围内面积最大的竹林区，有楠竹、斑竹、慈竹、棘竹等十多个品种，常年郁郁葱葱。

第三节　旅游设施建设

丹景山石刻

1987—2005年，利用在丹景山景区的崖壁和卧石因地因景制宜，制作了诗词、园名、题词等石刻，多为名家书写或撰或刻。

1.“香雪海”，2002年冬刻于梅谷中心地带一横卧巨石上。

2. 清·李调元《纪天彭诗十六首·七》，1988年刻于天师宫游道石壁上。

3.“乐游寻野景，高咏出烟霄”，1988年刻于天师宫游道石壁上。

4.“丹溪漏日”，唐·王勃《九陇县龙怀寺碑》句，1988年刻于天师宫游道石壁上。

5.“江山多娇”，1988年刻于天师宫游道石壁之上。

6.“春满山河”，1988年刻于天师宫游道石壁之上。

7. 清·郑板桥咏竹短语“细细的叶，疏疏的节，风吹不倒，雪压不折”，1988年刻于天师宫石壁之上。

8. 唐·王维“山路原无雨，空翠湿人衣”，1988年刻于天师宫游道之上。

9.“独领风骚”，1990年刻于天香园一大石上。

10.“天彭天府神话境，蜀都蜀国牡丹乡”，1992年刻于天香园一立石之上。

11.《咏牡丹》，1992年刻于天香园内。

12. 宋·陆游《忆天彭牡丹之盛有感》，1995年刻于天香园石壁之上。

13.“花好月圆”，1991年刻于牡丹坪园中。

14.《石壶园题记》，1996年刻于石壶园中。

15.“百花争艳，江山名娇”篆刻，2005年刻于蜀王故道石壁上。

16. 大字“富”，1987年刻于游道圣迹寺西面一巨石壁上。

17.“西部牡丹基地”，2002年刻于山麓牡丹博物馆。

18. 宋·陆游《忆天彭牡丹之盛有感》，2002年刻于山麓天彭牡丹博物馆。

19. 大门《古城楼重修碑记》，1995年刻。

20. 蜀王故道《西部花山碑记》，1997年刻。

丹景山十二大牡丹园及黄杜鹃园

蜀秀园　蜀秀园位于丹景山麓，为纪念著名教育家、天彭牡丹文化发掘者张秀熟而建。园名由原国家主席杨尚昆题写，1995年刻。蜀秀园简介碑由著名书法家邹维正书，2000年刻。张秀熟墓碑由杨超书，2000年刻。“渥丹滋荣”由杨超题写，位于蜀秀园内，1995年刻。

张秀熟素爱天彭牡丹，在他的倡导之下，1985年3月18日，牡丹被定为彭县县（市）花，每年4月举办彭州牡丹花会。张秀熟为首届花会题诗：

为爱名花访胜迹，风流久著盛唐诗。
而今重振天彭帜，胜似洛阳冠当时。

丹霞园　丹霞园因明代杨升庵游丹景山的著名诗句“牡丹坪上眺丹霞”而名，位于山麓。“丹霞园”园名由著名书法家欧阳中石题，1995 年刻。

该园为中国牡丹芍药协会指定的标本园之一。园中的大树牡丹干巨如柱，翠盖如云，花可开一两百朵，灿若云霞，蔚为壮观，且香气袭人。

天香园　位于山腰净水亭侧，与黄杜鹃园相通联。园内牡丹与自然山石疏密相间，摩崖石刻点缀其间，宛如一幅幅天然画卷，野趣横生。园名由著名美学家高尔泰书，1991 年刻。

金头陀园　金头陀园位于永宁院牡丹园与牡丹坪之间，以金头陀禅师法号命名。园名由北京大学罗世渠教授题写。

永宁园　永宁园因古寺永宁院而名，陆游《天彭牡丹谱》云：“时永宁院有僧种花最盛，春时赏花者多集中于此。”该园位于丹景山主轴线上，与金头陀园相通。园中牡丹以金腰楼为主，枝干苍劲，花大径尺，滋润丰腴，艳丽多姿。

牡丹坪　牡丹坪为中国古代著名的牡丹观赏胜地之一，位于丹景山之北，三面环山。每年谷雨之后，坪间牡丹灿烂如霞，光彩夺目，在苍翠欲滴的峰峦衬托下，更是逸韵自然，野趣横生。当代著名作家马识途置身其间，乐而赋诗：

赏心悦目乐无涯，姹紫嫣红看奇葩。

老朽暮年逢盛世，牡丹丛里笑哈哈。

并挥毫题写园名。

大千园　大千园是为纪念艺术巨匠张大千而建。该园和牡丹坪紧连。园名由著名书法家何首乌书，位于大千牡丹园入口处，1994 年刻。张大千对天彭牡丹情有独钟，一直把天彭牡丹作为家乡的象征，晚年这种情感尤为强烈，1962 年他在日本赏牡丹，诗兴大发，热爱之情跃然而出：

绚如铺锦灿如霞，粉本徐黄浪自夸。

好共诗人订花谱，天彭花是故乡花。

石壶园　石壶园是为纪念艺术巨匠陈子庄而建，“石壶”为其号，园与大千园相邻。园名由著名版画家、学者吴凡书，1996 年刻。陈子庄和张大千一样，对天彭牡丹情有独钟，为天彭牡丹泼墨作画 100 多幅，题款众多。

金华园　金华园位于丹景山巅，因古刹金华寺而名。据载，金华寺汉时为金华宫，为中国古代著名的牡丹观赏胜地，以其岩间石缝牡丹著称，被誉为“仙牡丹”。主要在山门、寺内大殿、牡丹台、望乡台西南恢复牡丹种植，重现古代牡丹胜景。

放翁园　该园为纪念伟大诗人陆游而建，园名得自陆游之号“放翁”。园名由著名书法家曾来德书，2003 年刻。陆游在蜀期间，曾遍访彭州花户名园名花，考察研究天彭牡丹，在淳熙五年（1178 年）撰写著名的《天彭牡丹谱》。放翁园与纱帽园最具野趣之美，巨岩环抱，悬崖断壁，倒叶垂花。

国色园　国色园位于永宁院西，从放翁园石阶可直达。园名由长乐书，2005 年刻。该园牡丹以其色之美著称。醉西施牡丹花粉白色，中间红晕，状如美人酒后的容颜；胭脂楼，颜色深浅相间，如美人们化妆的胭脂染成，特别是在霞光朝露中，其色更是销魂勾魄，美不可言。

纱帽园　纱帽园位于天香园西，罗汉岩侧，其处有一巨石，状如乌纱帽，园因此石而名。该园牡丹最具野趣之美，园中怪石林立，花与天然崖石疏密相间，错落有致。

黄杜鹃园　黄杜鹃园位于牡丹坪与天香园之间，海拔 1000 米，为纪念古蜀王杜宇而建。黄杜鹃又名羊踯躅，丹景山和古九陇山丘盛产，为人们喜爱的野生珍稀花卉。该园有黄杜鹃 5 万余株，花开满园金色，繁丽动人，蔚为壮观。

龙门山（银厂沟）风景区主要旅游设施表

表 19-2-3-1

序号	工程名称	建设性质	工程主要内容及效益	工程量		工程投资（万元）	投资性质				开工日期	竣工日期
				单位	数量		国家	自筹	个体	外资		
1	银苍长廊（大龙潭150米长廊）	新	休息观景廊	平方米	480	58	—	●	—	—	1996. 4	1996. 9
2	海汇桥至小龙潭公路1#桥	新	60 米长，5 米宽	座	1	80	—	●	—	—	1996. 5	1996. 10
3	新建索桥	新	游览观景	座	5	28	—	●	—	—	1996	1998
4	新建公用厕所	新	基础设施	座	25	185	80	95	—	—	1996	2005
5	大小停车场 6 处	新	基础设施	平方米	16000	80	—	●	—	—	1996	2000
6	海汇桥至小龙潭公路硬化	新	4.5 公里长，6 米宽	平方米	27000	160	—	●	—	—	1997. 10	1998. 2
7	大龙潭两侧售票亭	新	提升形象	个	2	38	—	●	—	—	1997. 9	1998. 2
8	银苍栈道	新	基础建设	公里	6. 038	64	—	●	—	—	1987	1998. 6
9	鸳鸯泉改造与观景亭	新	基础建设	处	1	40	—	●	—	—	2000. 10	2001. 3
10	观景亭	—	基础建设	个	24	72	—	●	—	—	1991	1999
11	白水河至银厂沟公路改造	改	加宽与保坎	公里	17	536	190	346	—	—	2001. 10	2002. 4
12	银厂沟大门重建	新	基础设施	平方米	2300	300	40	260	—	—	2002. 4	2003. 4
13	洛河桥市场与长廊	新	山货土特特产及观景	个	—	2. 49	—	●	—	—	2003	2004
14	连岩坪蓄水池	新	基础设施	个	—	8. 21	—	●	—	—	2003	2004

丹景山风景区主要旅游设施表

表 19-2-3-2

序号	工程名称	建设性质	工程主要内容及效益	工程量		工程投资（万元）	投资性质				开工日期	竣工日期
				单位	数量		国家	自筹	个体	外资		
1	大门内停车场	新	基础设施	平方米	6000	96	—	●	—	—	1996. 9	1997. 11
2	大门内小型停车场	新	基础设施	平方米	1600	42	—	●	—	—	1996. 8	1997. 3
3	公共厕所	新	基础设施	处	8	106	45	61	—	—	1996	2005. 5
4	休息观景亭	新	基础设施	处	15	103	30	72	—	—	1984	1998
5	游道	新	基础设施	公里	4	26	—	●	—	—	1996. 4	1997. 10
6	牡丹博物馆与办公房	新	基础设施	平方米	1200	25	—	●	—	—	1997. 6	1998. 4
7	大门外停车场	新	基础设施	平方米	46000	80	—	●	—	—	1998. 6	1999. 4

续表19-2-3-2

序号	工程名称	建设性质	工程主要内容及效益	工程量		工程投资（万元）	投资性质				开工日期	竣工日期
				单位	数量		国家	自筹	个体	外资		
8	抽水上山，解决生活与景观用水	新	基础设施	—	—	86	—	●	—	—	1998.10	1999.6
9	公路硬化	新	基础设施	公里	1.6	24	—	●	—	—	1996.3	1996.4
10	古城楼	新	基础设施	平方米	1143	5	—	●	—	—	1991	1992
	合计	—	—	—	—	592	75	517	—	—	—	—

第四节　景区交通和环境卫生建设

交　通

除对银厂沟景区内14公里道路进行经常性养护外，1986年又加宽路面4公里，增加错车道23处，扩大转弯半径9处。1989年县风景名胜旅游管理办公室与县城建局共同投资48万元整修景区路面，使路面平整、坡小弯大，车速提高两倍。改善交通条件，对银厂沟海汇桥至小龙潭公路进行硬化，完成银厂沟景区的海汇桥停车场、小龙潭停车场等工程。2005年6月，完成银白公路（银厂沟至白水河）17里公里改建工程，铺设柏油路面、增加安全设施、进行道路绿化。

环境卫生建设

建立景区卫生队伍，分片包干、责任到人，加强排污、垃圾处理。1993年，景区改建厕所11个，建垃圾池1个，清理垃圾50余吨，购置两辆农用车运输垃圾到指定地点焚烧。2002年元月，对景区的垃圾实行袋装化，并在龙门山镇修建1座垃圾站。2003年在宾馆、饭店较集中的大龙潭、海汇桥各修建200立方米的污水处理池。新建的农家乐均建有化粪池，使95%的生活用水经沉淀后达到规定的标准再进行排放。每年牡丹花会、银厂沟夏季避暑游活动及黄金周之前，卫生防疫部门等对景区环境、卫生、食品进行综合整治。2005年，景区管理局又投资把1座旱厕改为水厕。通过景区及旅游沿线环境卫生、经营秩序、旅游厕所、购物环境的建设管理，创造了一个安全、文明、整洁、舒适的旅游环境。

第五节　节会旅游

成都·彭州牡丹花会

牡丹在1985年确定为县花并举办首届花会，2002年升格为成都·彭州牡丹花会，由成都市人民政府主办，每年4月至5月上旬举办。彭州牡丹早在宋代就与洛阳牡丹齐名，陆游《天彭牡丹谱》云："牡丹在中州，洛阳为第一；在蜀，天彭为第一。"牡丹花会源远流长，在宋代形成牡丹花会。

中国成都彭州牡丹花会1985—2005年共举办21届，发展成为全国三家牡丹花会（洛阳牡丹花会、菏泽国际牡丹花会、成都彭州牡丹花会）之一，成为四川省重要的旅游节庆之一。

全市拥有18大牡丹观赏园区，牡丹300余万株，260多个品种。花会主会场丹景山是全国677个风景名胜区中唯一以牡丹为特色的风景区，为中国西部最大的牡丹花山。1999年，中国昆明世界园艺博览会上，丹景山送展的牡丹"金腰楼"荣获国际银奖。该山牡丹尤以野趣之美闻名中外，花与自然山石疏密相间，宛如画卷。每年花开季节，山野数百万株牡丹、芍药、黄杜鹃灿烂如霞似云，使丹景山变成花山花海。花会期间，赏花者络绎不绝，热闹非凡。

银厂沟避暑节

2002年举办第一届银厂沟避暑节，同时举办野菜美食节、九尺鹅肠火锅节、七月初七中国情人节等活动。

红岩梨花会

1999年，红岩镇利用梨花坪上万余株梨花特有的自然条件，举办首届梨花会，以花为媒，发展农家生态旅游。花会期间，成都、德阳及附近区（市）县爱花者数万人到此赏花踏青。截至2005年，已举办七届。

彭州兰花会

彭州市养兰历史悠久，四川兰花中的"五朵金花"即由彭人培育，随后又培育出"天彭牡丹""三星蝶""五彩麒麟"等名品，成为兰花集散地，兰花远销省内外和亚洲邻国。自2002年第十二届中国兰花博览会在彭州市隆重举行后，全市兰花事业得到迅猛发展，喜爱兰花的人数之多、种植面积之大、品种之多、品位之高、市场之活跃，前所未有。丹景山镇每年正月初五、初九、十五的兰市吸引省内各地的兰农、兰友、游人在此赏兰和进行交易。

彭州风筝会

1987年，彭州市举办首届风筝比赛。1997年被四川省命名为"风筝之乡"后，影响更为广泛。制作风筝的人越来越多，风筝的种类也发展到龙类、立体类、串装类等20余种，同时涌现一大批在全省乃至全国有一定市场的风筝制作和放飞爱好者。先后多次参加省及全国比赛并多次获奖。到2005年，风筝节已举办19届，吸引省内各地参赛者和观众前来参加。

第三章　旅游管理

管理使彭州市旅游业持续有序发展。全市旅游管理体制是随旅游业的发展状况适时而变，逐步调整完善的，风景名胜旅游管理局主要从大政方针、法规建设、行政执法行业管理、宣传开辟市场等方面对全市的旅游工作实行宏观管理。银厂沟、丹景山风旅处则对本景区的规划、治安、环境、服务等方面进行具体的维护、管理。

第一节 管理体制

1984 年 8 月，成立成都市彭县旅游开发公司，对丹景山进行开发建设管理。同时成立第一届县风景名胜旅游开发领导小组。

1986 年 3 月，对第一届县风景名胜旅游开发领导小组进行调整充实，同时成立县风景名胜旅游开发领导小组办公室，并设立丹景山风景名胜区管理处、九峰山风景名胜区管理处。

1986 年 10 月，将九峰山风景名胜区管理处、丹景山风景名胜区管理处批准为常设机构，列入正式编制，纳入城建局序列，编制各 7 人。

1990 年 9 月，建立彭县风景名胜旅游管理局，为副局级事业单位，实行企业化管理，归属彭县城乡建设管理委员会，管理九峰山风景名胜区管理处、丹景山风景名胜区管理处和天彭公园管理所，办公室设在县城乡建设管理委员会，事业编制 10 人。原建委所属彭县风景名胜旅游管理办公室撤销。

1997 年 3 月，市政府决定将大宝镇九峰村、九陇镇丹景村划归市风景名胜旅游局管理。

1998 年 3 月，市风景名胜旅游局确定为正局级机构，经费执行财政补助，归口市建设委员会管理，下设龙门山风景名胜区银厂沟管理处、龙门山风景名胜区丹景山管理处、天彭牡丹研究所。1998 年 11 月，市公安局批复成立市风景名胜旅游管理局保卫科。1998 年 5 月，市委决定建立彭州市风景名胜旅游协调领导小组，促进旅游的发展。

1999 年 8 月，市委、市政府决定成立风景旅游开发领导小组，加强“旅游度假胜地”的建设，促进第三产业大发展，发展壮大新的经济增长点。

2001 年 8 月，市风景名胜旅游管理局更名为市龙门山风景区管理局，为正局级事业单位，事业编制 20 名，经费执行财政差额补助，归口市建设委员会管理。同时，成立市旅游局，属事业单位，具有政府授权行政管理职能，编制 10 名。

2002 年 1 月，成立市丹景山风景区管理局，为正局级事业单位，编制 10 名，经费实行自收自支。

2005 年 7 月，将旅游局、龙门山风景区管理局、丹景山风景区管理局的职能进行整合，组建彭州市风景名胜旅游管理局，为政府直属正局级事业机构，由市政府授权负责全市行政管理、监督和指导。该局配备事业编制 20 名，经费实行财政全额拨款。

第二节 旅游工作管理

依法管理

《四川省旅游管理条例》于 2002 年 7 月 20 日经四川省第九届人民代表大会常务委员会第三十次会议通过。为深入宣传贯彻该条例，通过举办培训班、邀请成都市旅游专家专题讲座、集体辅导等形式进行学习和广泛宣传。同时，把《四川省旅游管理条例》《成都市旅游管理条例》《旅行社管理条例》

《导游人员管理条例》《中华人民共和国行政处罚法》《中华人民共和国行政诉讼法》和《中华人民共和国行政复议法》等法律法规有机结合起来学习贯彻。

加大旅游执法、监察力度，建立旅游监察中队、法规科，设立全市统一的旅游投诉电话，及时、妥善地处理各种旅游投诉案件。一有投诉即按照《四川省旅游管理条例》及相关法律法规，及时处理，结案率达100%，保护旅游者和旅游经营者的合法权益。

为进一步规范秩序，根据《四川省旅游管理条例》和《成都市旅游管理条例》，于2005年制定《彭州市旅游管理暂行办法》和《彭州市农家乐管理办法》，促进全市旅游事业健康有序发展。

行业管理

树立安全旅游工作的思想，成立旅游安全工作领导小组，定期或不定期地对景区及沿线的旅游工作进行检查，发现问题立即限期整改。

2002年举办旅游从业人员培训班和旅游干部培训会，2005年受训人数约1万人次，收到良好效果。市旅游局于2002年发布《关于加强对宾馆、饭店、旅行社、度假村、农家乐旅游服务行业管理的意见》，对涉旅企业进行行业管理并实行旅游单位定点管理制度，制定全市餐饮、住宿、文化娱乐场所等旅游经营企业的地方从业标准、服务标准、质量标准，改善旅游软环境。2005年，完成首批11家“农家乐”的星级评定。

督促加强旅游基础设施建设，抓好景区创A工作和宾馆申星工作，提升全市景区和涉旅企业的档次和形象。

组织承办彭州牡丹花会等各种节会活动，特别对牡丹花会活动进行精心组织和筹备，提升牡丹花会的知名度，扩大影响力。于2002年将市政府主办牡丹花会升格为中国成都彭州牡丹花会，由成都市人民政府主办，成都市旅游局、彭州市人民政府承办，提升牡丹花会的知名度和影响力。

黄金周节假日旅游管理

重视假日旅游工作，对黄金周假日旅游工作及早安排布置，在黄金周期间积极做好各项服务协调工作，确保春节、“五一”、国庆三个黄金周安全、祥和、有序。对涉及安全、卫生、工商、物价、交通、服务质量等方面的问题进行重点监督、管理、整治，并向社会公布旅游投诉电话。在黄金周期间，市风景旅游部门组织安排丰富多彩的黄金周活动，如“九尺鲜鹅肠美食节”“藏羌文化风情游”“牡丹、杜鹃特色花卉观赏”“观野生猴群嬉戏、赏自然生态美景”“篝火晚会”等游客欢迎和喜爱的活动。认真做好黄金周假日旅游统计信息报送工作，及时提供、发布黄金周期间的各种旅游信息，使黄金周收到良好的社会效益和经济效益。如2001年国庆、2002年春节和“五一”三个黄金周，彭州旅游接待总人数达26.3万人次，旅游总收入达6546万元，受到成都市委办公厅和成都市假日办的通报表扬。

非典期间旅游管理

2003年，非典流行时期，采取关闭旅行社门市部、进入景区需登记、车辆消毒等措施，严防非典保净土，全市旅游无一例非典病人和疑似病人。同时，坚持两手抓的方针，一手抓非典防治，一手抓旅游恢复。尽管2003年旅游人数和收入比上年同期有所下降，但仍基本实现健康、安全、秩序、质量的四统一。

宣传促销管理

在2004年第21届牡丹花会前夕，组织召开四川省、成都市各大旅行社总经理座谈会，发挥旅行社的桥梁和纽带作用，扩大牡丹花会的影响力。

参加和组织大型活动。2004年2月，及时向成都市旅游局报送“百姓生活游”全年活动内容，在各新闻媒体做宣传；4月18日，组织龙门山风景名胜区（银厂沟）、丹景山景区和回龙沟景区，在成都市红星路步行街参加四川省2004年“五一”黄金周旅游启动仪式暨公众咨询活动，发送简介、拉页、图片、文字资料等近万份。2005年第22届牡丹花会期间，首次采用全国2大牡丹基地（洛阳、菏泽、彭州、常熟）共同联办、联手打造的形式，举办“中国牡丹行·巴蜀风情篇”活动。同时举办第2届龙门山养生避暑节、第3届丹景山梅花节、丹景山春节庙会、2005年春季兰花展销会、彭州园迎春游活动、第7届（红岩）梨花会、“三月三”葛仙山会、第2届军乐锅魁节、首届濛阳休闲文化节、新兴镇首届“金钗花”赏花节。

2004年在致和界牌、通济桥头、新兴斜桥和草坝火电厂天桥等处设立大型户外旅游广告。在2004年1月19日第2届梅花节、3月5日第6届（红岩）梨花会、3月30日第21届牡丹花会等节庆活动期间，邀集四川电视台、成都电视台、彭州电视台、四川省广播电台、成都市广播电台、《成都日报》《成都晚报》《成都商报》等媒体，进行重点宣传报道。同时，邀请河北电视台拍摄《彭州风光》大型风光片，并在全国多家电视台《旅游真好》栏目播放。参加中央电视台旅游卫视《城市请柬》栏目，进行宣传。在《今日彭州》上开辟“彭州旅游”专栏，同时编写、出版宣传资料，画册和录制碟片，以多种形式宣传全市丰富的旅游资源和产品，让更多的人了解彭州，让更多的人到彭州旅游。

第三节　景区工作管理

龙门山风景区（银厂沟）管理工作

规划管理　按照国家、省、成都市管理条例和《龙门山风景区总体规划》及景区内各小区详规进行景区的开发、建设，执行“一书两证”制度，从严查处一切违法建设项目，规范景区各项建设活动。对景区内农民自建“农家乐”和外地到景区修建宾馆、培训中心、疗养院落等，严把审批关。2001年4月以前，迁（改）建的严格按照规划要求进行；新建的从严控制，项目必须按照三星级标准修建，对于建筑物的体型、体量、色彩均须遵照总体规划的要求限定（2001年5月开始，停止一切新建项目的审批）。2002年5月，专门召开加强龙门山风景区规划管理的协调会，进一步做好景区规划管理工作。2002年7月，规定景区的一切建设活动，必须经市委、市政府研究批准，由市规划局承办。

治安管理　1990年5月，成立九峰山派出所，编制4人（2000年7月，按照国家、省、成都市相关文件精神撤销）。1998年6月，成立保卫科。民警和保卫人员等履行职责，经常深入游山小道、景点检查道路交通、旅客住宿等情况和治安，保护风景资源和游客的人身安全，为景区建立良好的社会治安环境。多年来，共查处治安违法人员75人，治安警告、劳动教育处理20人，劳动改造1人，治安罚款53人，收罚款17万元，破获抢劫案1起，逮捕罪犯3人。

林木管理　执行林业、土地法律法规，成立护林防火领导小组，建立26人组成的护林防火队，在小龙潭公路、大龙潭游道栽种千余株柳杉树，制作60余个爱护森林、森林防火的宣传标牌，充实护林防火队，购置灭火器近百支。龙门山风景区1997—2000年度被市委、市政府评为先进单位。

土地管理　严格执行土地政策，执行风景区建设项目“一书两证”制度。重点加强对农房建设的管理，控制为一楼一底，体量、造型、色彩要与周围环境相协调，规定距离在银白公路及主要游道20米以外。市国土局、龙门山镇联合下发《关于银厂沟建设用地管理及违法占地查处的意见》，加大违章建设的查处力度，2002年1—6月，共拆除违章建筑6个，面积350平方米。2002年9月，市政府专门成立清理拆除违法建设工作领导小组，公安、国土、规划等部门进行拆除行动，拆除银白公路沿线违章建筑2个。

服务行业管理　管理处专门划分4个固定摊点，规定经营时间，1997年在海汇桥修建1处摊棚，划分摊位，发放景区经营许可证，工商部门发放营业执照。重点打击和取缔游动摊贩，规范景区的经营秩序，对风景区的经营单位实行统一登记、统一收费、统一安排的“三统一”管理办法。每年定期或不定期召开农家旅馆、国营旅馆、各经营摊点业主会议，进行遵法守规的宣传教育，使管理工作政令通畅。

营运车、马管理　划定停车线，发放整改通知书，规范车主言行，规定营运车进入景区的时间、地段，避免拥挤堵塞，使道路畅通，秩序井然。

马队的管理　实行明码标价、规范化管理，规定马队经营路线，在重要地段增加管理人员，加大监督力度。针对马队管理中最难解决的马粪乱排问题，2001年5月，组织工作人员及马主到周边景区学习取经，结合本地实际，进行改进，做样板，召开现场观摩会，解决困扰多年的马粪乱排问题。为减少和避免游人与经营者的纠纷，采取马主买保险及马主与游客在骑马之前签订安全协议等措施，维护游人及经营者合法权益。

丹景山景区管理工作

花木管理　牡丹是丹景山景区的特色，每年4月举办的“中国成都彭州牡丹花会”是彭州旅游的标志。从景区建设开始，一直重视牡丹的培植、发展、管理，建立“牡丹研究所”培育品种，每年拨出10万~20万元牡丹专款购置花苗，扩大观赏面积。

丹景山的牡丹、芍药、梅花等花木，均是租用丹景山村民的土地种植。1987年管理处与村民签订协议，按协议村民提供土地，负责除草、施肥、松土等工作。管理处提供种苗、技术、进行病虫害防治，支付管理费。

林木管理　丹景山成为风景区前，除少数杂树、荒林、竹林外，只有玉米庄稼。1984年，县委、县政府动员各单位、群众义务植树，风景区管理机构建立后，加大对植被种植的投入，昔日景象大为改观。为防止村民乱砍、盗砍林木，管理处加大管理力度：一是加强国家林业法、有关风景名胜区法规的宣传教育；二是依靠林业局和公安部门协助管理；三是配发计划口粮，乱砍者扣发粮食计划；四是在取消计划口粮后，给新栽林木的管理者发放管理费。

环境、卫生管理　制定《滑竿经营暂行管理办法》，按照办法对滑竿从业人员登记注册，一人一证，佩证上岗，滑竿定点停放，平时实行单号双号制，违者重罚。厕所卫生缺水问题，市政府和管理处投资安装水管，管理定岗定位，一厕一人，奖惩挂钩。村民杂居景区，影响景区格调和规划建设，2004年4月，市委、市政府决定投资建设四季花山，将所涉及的20多户村民迁出景区，并对在景区内的民房进行规划，确定风格。

第二十篇　文　化

彭州历史悠久，文化积淀深厚。地下、地面文物丰富，从新石器时代到近现代皆有，类别尽备，形态各异，其中不乏国家一、二级文物，甚至堪称国之瑰宝。馆藏丰富、陈列精美的市博物馆，吸引着国内外的民众、专家学者，已成为展示彭州文化、对外文化交流的重要窗口。

20年间，广播电台、电视台配合市委、市政府工作，为全市的“两个文明”建设和社会发展做出贡献。所办节目获国家级奖5项，省级奖55项、市级奖111项。《彭州报》1993年创刊，2004年彭州报社转为市委宣传部下属单位，报改为刊，更名《今日彭州》。

彭州市群众文化生活丰富多彩，每凡重大节庆纪念日均要举办文艺演出、艺术展览。业余创作收获颇丰，特别是萧箫为中纪委《四大纪律八项要求》的谱曲，2005年连获成都市纪委、宣传部、文化局、音协，省纪委、监察厅、文化厅反腐倡廉歌曲创作一等奖。省纪委将该作品报送参加“全国反腐倡廉歌曲创作评选和演出活动”，获“全国反腐倡廉歌曲创作优秀奖”。市群众艺术馆（县文化馆）自1986年开始，坚持每年送文化下乡，基层辅导、培训不少于100天，发展农村文化活动。在办好月刊《湔江》的同时，还编辑出版5部作品。

图书馆收集、整理、保管和利用所藏书籍、刊物、文献资料为社会服务，也是一个地方文明程度的重要反映。彭州自古就是人文荟萃之地，人们喜好读书。战乱初定的元代彭州城“尚有遗儒头雪白，见人犹自问诗书”（汪元量《彭州歌》），清代的彭县乡村呈现“隔林书韵朗，谁氏夜挑灯”（黄大昕《夜行即景》）读书情景。市图书馆在改革开放的20年间发展很快，建设新馆，扩大规模，设施升级，完善功能，藏书大增，读者众多，给市民提供更好的读书学习条件和环境。市图书馆已发展成为国家二级图书馆。

电影公司业务逐年萎缩，为适应市场的需求和发展，2005年开始新建影城。

新华书店顺应改革潮流于2003年进行改制，结束50余年的事业单位性质而改制为企业。

第一章　文物与保护

彭州市文物丰富，改革开放以后，政府重视文保工作。1985年1月，建立文管所专司其职。1986

年5月，成立文物普查领导小组，开展历时3年的全县文物普查，摸清文物现存状况并公布第一批文保单位。1991年始建博物馆，以供文物保管、陈列、参观。自1986年致和镇明台村古蜀文物出土到2005年，陆续有新发掘的文物出土。最为轰动的是1993年11月在天彭镇西街出土的、被中国考古界誉为“天下第一窖”的宋代金银器窖藏。彭州市出土的精美绝伦的文物吸引外国同行组团参观、考察，进京展出，甚至走出国门在国外著名的博物馆展出。彭州市加强对野外、馆藏文物的保护，加强执法，严厉打击文物犯罪活动。

第一节　文物普查

县政府于1987年5月5日成立县文物普查领导小组，领导小组组长由分管副县长担任，并从当月起开展全县文物普查工作。

普查中，总共调查文物点805处，测绘文物点181处，新发现文物点143处，重要文物38处，收集流散文物33件，采集标本126件。普查结果按规定和要求填入草表。入表的文物点有350处，其中古遗迹28处，古墓葬68处，古建筑103处，石窟及石刻46处，近现代代表性文物建筑78处，其他27处。共绘草图420幅，拍照片325张，拓片11张。基本摸清全县文物的家底和分布现状。

室内整理普查资料后，经普查办公室和领导小组反复研究、筛选，从文物点中初步确定具有历史、艺术、科学价值的151处（含已批省级文物保护单位2处，成都市级文物保护单位4处），其中古遗址10处，古墓葬41处，古建筑72处，摩崖造像及石刻11处，近现代建筑11处，其他6处。

根据《中华人民共和国文物保护法》“各级文化行政管理部门，要选择具有历史、艺术、科学价值的重要文物，报经省、市（州）、县人民政府核定公布为省、市（州）、县级文物保护单位”的规定，结合彭县情况，县政府1989年10月23日公布第一批文物保护单位共计91处，其中县级以上33处，乡镇级58处。（参见表20-1-5-1、20-1-5-2）

第二节　考古发掘

宋代金银器窖藏

1993年11月，在天彭镇西大街中段北侧的旧城改造建设施工过程中，发现一砖砌窖藏坑。距地表深约2米，东西长1.2米，南北宽0.8米，高0.9米。坑底平铺青砖一层，四壁砌单墙，上盖红砂石板三块。窖藏内共出土金银器350多件，其可辨器形的共343件，经鉴定一级文物多达115件，器形有碗、盘、杯、盏、壶、盆、钵、茶托、熏炉、梅瓶、执壶、温碗、唾盂、瓜棱壶等16种。其中金器27件，有杯、碗、盏等容器以及首饰钗、簪，涵盖宋代的多种器形，制作精美，代表宋代金银器制作工艺水平，具有极高的学术价值和观赏价值，有“天下金银第一窖”之誉。

宋代青铜器窖藏

1996年3月，在天彭镇工业大道“六〇六”地质队综合楼施工现场发现一窖藏，市文管所与成都市文物考古研究所联合对其进行抢救性发掘。窖藏为长方形土坑，出土瓷器1件，石砚2件，铜器70余件，铜器分为佛教造像和青铜礼器两类，其中较为完整的青铜礼器共计58件，有琮、鼎、甗、尊、壶、瓶和鬲等大量的仿古青铜器。这次出土的青铜器不但数量大，且多为仿古器，对研究四川地区乃至全国的宋代青铜器、宋代铸造工艺和复古思想等有重要的意义。

太清龙泉村文化遗址

2000年8月，太清乡龙泉村一组村民，在责任田劳作时挖出青铜器，经鉴定确认为战国时期礼器，市文管所立即组织人员对现场进行勘察、调查，发现大量早期陶片，结合地形分析，初步推断该处为早期文化遗址。

8月18日，市文管所会同成都市考古队对现场进行考古发掘，探勘面积为4000多平方米，发掘面积80余平方米，探方3个。对各地层进行科学解剖、分析、研究。在战国文化层中，发掘出土青铜器残件及罐、豆、瓮、钵、盆等陶器残片，应为战国晚期文化层。

磁峰窑遗址

2001年1月，市文管所与成都市文物考古研究所共同发掘四川彭州宋代磁峰窑遗址，此次挖掘面积为700平方米，近一个月的时间发掘清理出1座大型宋代瓷窑，3处作坊遗迹，一大批精美白瓷器皿，这是四川考古界迄今为止发现的最大古代白瓷窑址。此次发掘清理出的窑炉为宋代四川地区流行的马蹄窑，又称馒头窑。窑炉由门道、燃烧室、窑床和两个烟道组成，窑炉最宽为3.45米，长达7.32米。如此规模、如此完整的古代瓷窑在四川实属罕见。据考察结果，该窑炉曾经历过2次修缮改建。作坊遗址包括2座室内作坊和1处露天作坊，分布有练泥池、陈腐池、釉缸、排水沟等制瓷遗迹，呈现从练泥到坯成型以及最后上釉烧成一系列完整工艺流程。整个遗址出土大量的宋代白瓷残片，胎质坚固细腻，釉色莹润，反映出当时四川的制瓷工艺已达到较高水平。出土器物以白瓷碗、碟为主，器物装饰手法有模印、刻花等，其中以大雁穿花和双鱼纹为典型代表，图案构思精美，装饰手法流畅，是宋代白瓷中的佼佼者。考古专家认为，磁峰窑是四川宋元时期重要民窑之一，此次对它的发掘与研究，有助于了解四川宋元瓷器，特别是白瓷的生产烧制状况，同时，也是四川瓷业史与窑业技术不可多得的重要资料。

第三节　馆藏文物

全市现有馆藏文物6000余件，其中国家一级文物139件。在馆藏文物中，有春秋战国时期的青铜器、宋代金银器，其工艺精湛，属国内罕见，有汉代画像砖和唐、宋、明、清的瓷器，有明清以来的古、善本书籍和古书画作品，多为国家级珍品。

根据成都市文物主管部门要求，市博物馆于2005年对馆藏文物进行了清理、登记、建档，建立文物信息数据库，使文物管理更加规范化、数据化。

市博物馆曾先后与中国国家博物馆文保中心、上海市博物馆合作对本馆的部分馆藏文物进行修复和研讨。

彭州市博物馆馆藏文物一览表

表 20-1-3-1

文物名称	时代	质地	级别
金城窑铭文大碗	宋	瓷	国家
金城窑小瓷钵	宋	瓷	国家
蝉纹棱形铜矛	战国	铜	国家
虎纹宽援形戈	战国	铜	国家
莲盖银执壶	宋	银	国家
银碗	宋	银	国家
金瓜	宋	金	国家
菊花金碗	宋	金	国家
金簪	宋	金	国家
金钗	宋	金	国家
大号银茶托	宋	银	国家
大号素面银碗	宋	银	国家
三角银碗	宋	银	国家
花卉凤鸟银钵	宋	银	国家
银篮	宋	银	国家
银茶托	宋	银	国家
银盏	宋	银	国家
宋青釉大腹陶尊	宋	陶	国家
元陶瓮	元	陶	国家
汉陶滑稽俑	汉	陶	国家
宋陶人首蛇身俑	宋	陶	国家
战国蝉纹铜矛	战国	铜	国家

第四节　文物利用和保护

展览和研究

2001 年，博物馆文物展厅进行了全面装修，展出历史窖藏文物 200 余件，先后接待美国、法国、英国、加拿大、新加坡、日本等考察团、旅游团前来参观，受到高度评价和赞扬，成为宣传彭州，展示彭州悠久深厚历史文化的窗口。

中共十五大召开时，市博物馆选送文物精品 21 件，参加在北京举办的“全国近年来考古发现汇报展”。有 5 件馆藏文物精品载入《国之瑰宝——中国文物事业五十年（1949—1999）》一书。在中国艺术节期间，市博物馆在省博物馆承办“彭州市宋代金银器文物精品展”。

市博物馆于1998年到2004年与成都市文物考古研究所合作，对彭州市1993年出土的金银器窖藏进行研究，联合出版《彭州宋代金银器窖藏》一书。

文物保护

野外不可移动文物　建立文物保护三级网络，与有重点文物保护单位的乡镇、村签定消防和宣传工作责任书，对境内不可移动文物坚持日常监管和巡查工作。对市（县）级以上文物保护单位进行实地勘察，适时对文物本体存在的隐患进行监测，制定抢救性保护规划。近年来投入资金对镇国寺塔、正觉寺塔、三昧水石牌坊、涌华寺等野外文物进行维修、加固，修筑保护围墙，保护野外不可移动文物的安全。

馆藏文物保护　对市博物馆的文物库房、展厅实行人防与技防相结合的安保措施。人防制定24小时值班交接制度，实行每日一小查，每周一大查。技防上在要害部位安装红外线感应和振动报警系统装置以及24小时录像监控系统，并与“110”联网。对所有电线进行更新和穿管，安装烟感报警装置，增加消防设施和设备，以确保馆藏文物的安全。

文物保护行政执法

宣传文物保护法律法规　市文物部门在送文化下乡活动和乡镇文化专干培训中，宣传和组织学习《中华人民共和国文物保护法》、国务院《关于加强文化遗产保护的通知》。结合科技周活动，散发文物法手册和文物保护宣传资料。在基本建设施工中，结合文物勘探工作，向施工单位工人和法人宣传《中华人民共和国文物保护法》和文物保护相关知识。通过宣传使公众提高文物保护意识，通畅文物信息，使境内地面和地下文物得到有效保护。

加强执法、打击犯罪　1991年4月7日，致和乡红瓦村砖厂工地上，推土机手段富洪、苏正泽在操作中，发现一战国青铜器窖藏共有36件珍贵文物，二人知情不报并将其盗回家中。后经文管所配合公安机关侦破此案，法院依法判处段富洪有期徒刑15年。2000年，文管所配合公安机关，抓获文物倒卖犯罪分子1人，刑拘15日，收审1人，没收非法所得1100元。

2004年，成都市级文物保护单位三昧水摩崖造像，因当地修建停车场，将部分摩崖造像掩埋，文管所立即与丹景山政府联系，会同进行妥善处理，立即停止施工，清理掩土，恢复文物原貌。同时，结合事件对当事者及当地村民进行《中华人民共和国文物保护法》的宣传，并通过彭州电视台、《今日彭州》对事件做跟踪报道。

1986—2005年期间，全市加强执法，打击文物犯罪活动，破获处理盗掘古墓，倒卖、盗窃、哄抢文物案20余起，处理违法人员20余人。

第五节　文物保护单位

1989年10月，彭县人民政府〔1989〕135号文件公布第一批文物保护单位共91处，其中县级以上文物保护单位33处，乡镇级文物保护单位58处。

县级以上文物保护单位一览表

表 20-1-5-1

类别	编号	名称	时代	地址	级别
古建筑	1	正觉寺塔	宋	红岩乡红塔村	四川省
	2	镇国寺塔	宋	九陇镇白塔村	四川省
	3	云居院塔	宋	楠木乡大曲村	成都市
	4	涌华寺	明	磁峰镇涌华村	成都市
	5	凤仪桥	明	永定乡永埝村	县级
	6	龙兴寺藏经楼	清	天彭镇北街彭一中	县级
	7	金盛号旧址	清	天彭镇北街百货公司商场	县级
	8	领报修院（上书院）	清	白鹿镇回水村	县级
	9	法藏寺	清	永定乡凤鸣村	县级
	10	杨子亨住宅	清	天彭镇里仁村	县级
	11	上索桥	清	大宝乡九峰村	县级
	12	中法桥（金桥）	清	白鹿镇金桥村	县级
	13	丹景山石牌坊	清	九陇镇丹景村	县级
	14	龙兴寺金刚舍利宝塔（模型塔）	民国	天彭镇外北龙兴寺	成都市
	15	李一氓旧居	民国	天彭镇东街居委会	县级
石刻	16	丹景山石刻及塔林	明	九陇镇丹景村	—
	17	熙林村摩崖石刻群	清	楠木乡熙林村	县级
摩崖造像	18	三昧水摩崖造像及石牌坊	唐—清	九陇镇双松村	成都市级
古遗址	19	磁峰乡白瓷窑遗址	宋	磁峰乡莲水、蟠龙等村	成都市级
	20	刘家寨遗址	清	永定乡尖峰村	县级
古墓葬	21	猴子坡岩墓群	汉	庆兴乡塔子村	县级文物保护单位
	22	高堆子白虎夷王墓	汉	致和乡中平村	县级
	23	山包村汉墓群	汉	罗万乡山包村	县级
	24	春光村汉墓群	汉	罗万乡春光村	县级
	25	九莲灯汉墓群	汉	三界乡北方村	县级
	26	乐音王舍利塔墓	宋	楠木乡大曲村	县级
	27	方会村汉墓群	汉	九尺镇方会村	县级
	28	永兴村汉墓群	汉	九尺镇永兴村	县级

乡（镇）级文物保护单位一览表

表 20–1–5–2

类别	编号	名　称	时代	地　址
古建筑	1	塔子山残塔	宋	庆兴乡塔子村
	2	金城寺大殿	清	新兴镇定山村
	3	三圣寺	清	丰乐三圣村丰乐粮站
	4	王爷庙	清	北君平八角村敬老院
	5	前方院	清	百贤乡前方村村小
	6	川王宫大殿	清	敖平香花醋厂
	7	南华宫	清	敖平机面厂
	8	白衣庵（圣迹寺）	清	九陇镇丹景村
	9	川王宫大殿	清	濛阳镇北街濛阳花圃
	10	济泉村男花园	清	敖平镇济泉村
	11	钟家大院	清	濛阳北街工商税务所
	12	马桑村天主堂	清	九陇镇马桑村
近现代建筑	13	吕仲和住宅	民国	小鱼洞街村乡文化站
	14	冯氏住宅	民国	天彭镇北街税务局
古建筑	15	连狮桥	清	濛阳镇天王村
	16	永镇桥	清	永定乡东河村
	17	积善桥	清	万年乡玉河村
	18	迎仙桥	清	红岩乡白山村
	19	双江桥	清	红岩乡双江村
	20	飞虹桥	清	九陇镇丹景村
	21	普渡桥	清	九陇镇丹景村
	22	狮子桥	清	三邑乡清白村
	23	香水寺香水井	清	军乐乡香水村
	24	真相寺古井	明	九陇镇白塔村
石刻	25	水亭寺	明	九陇镇双松村
	26	皂角岩石刻	清	九陇镇白塔村
	27	宝头禅院石牌坊	清	万年乡花园村
	28	石桅杆	清	九陇镇白塔村
摩崖造像	29	桃园村摩崖造像	唐	磁峰乡桃园村
	30	莲花洞摩崖造像	宋、清	磁峰乡莲水村
	31	莲花岩摩崖造像	明	磁峰乡石门村
	32	大曲村摩崖造像	明	楠木乡大曲村
古遗址	33	嘉靖陶瓷窑遗址	明	桂花乡瓦子村

续表20-1-5-2

类别	编号	名　称	时代	地　址
古墓葬	34	普安村崖墓群	汉	丰乐乡普安村
	35	周家湾崖墓群	汉	桂花乡衡州村
	36	李家坡崖墓群	汉	桂花乡衡州村
	37	大坟包汉墓群	汉	敖平镇双凤村
	38	大墓山汉墓群	汉	升平乡墓山村
	39	刘家坟包汉墓群	汉	太清乡棋盘村
	40	中山堆汉墓群	汉	致和乡东岳村
	41	狮子坟汉墓群	汉	罗万乡红狮村
	42	吴家包汉墓群	汉	三界乡祇园村
	43	凤凰山汉墓群	汉	濛阳镇天王村
	44	悟达国师墓	唐	九陇镇双松村
	45	白衣庵古墓群	宋	濛阳镇天王村
	46	梓桐村舍利石塔墓	元	通济乡梓桐村
	47	蒲江郡主墓	明	小鱼洞乡草坝村
	48	崇宁王朱悦尊墓	明	庆兴乡战斗村
	49	狐封洞墓群	明	思文乡涧安村
	50	白云寺舍利塔石室墓	明	红岩乡白山村
	51	大包子墓	明	濛阳镇大包村
	52	丹景山石室墓	明	九陇镇丹景村
	53	八窝茶王相岐陈氏合葬墓	清	白鹿乡红华村
	54	王碧贵于氏合葬墓	清	白鹿乡红华村
	55	刘让冯氏合葬墓	清	小鱼洞乡杨坪村
	56	三河店王碧富墓	清	白鹿乡三河店村
	57	席家山古墓群	清	思文乡梓柏村
	58	王家楼墓群	清	白鹿乡天台村

第二章　宣传媒体

1989年底，经省广电厅批准建立县电视差转台。1992年4月，县政府撤销县广播站成立县人民广播电台，同时成立县电视台。1992年底，全县先后恢复建立了33个社镇广播站，并配备了专职人员。1993年9月，经国家广播电影电视部批准正式建立彭县人民广播电台。1993年12月，撤县建市，更名为彭州电视台、彭州人民广播电台。1998年，经国家广电部批准，彭州人民广播电台、彭州电视台、彭州有线电视台合并为彭州广播电视台。随着社会经济的发展和电视机的普及，以及传播手段的多样化，电台听众日益减少。到2000年，各乡镇广播站机构撤销，终止广播，2005年市广播电视台停播。

两台建立以来，由单一的新闻节目发展为新闻与深度报道相结合，栏目不断增设、改版，自采稿件不断增加，特别是在2000年，广播电视台进行运行机制改革后，节目的数量和质量都有大幅度提升。同时扩大业务范围，增加广告宣传，服务企业，增大效益。《彭州报》1993年创刊，2004年转为刊型，更名《今日彭州》。

第一节　广播电视

新闻宣传

1986—1989年，县广播站进行五个方面的宣传：党的十三大确立的社会主义初级阶段的基本路线；党对发展农业的一系列方针、政策，深化农村改革，督促乡、村、组和农民进一步完善各种承包责任制，稳定农业这个首要基础；农村改革中的各项方针、政策，涌现出的好典型、好经验，鼓励群众克服困难，完成和超额完成各项任务；从严治党、惩治腐败、为政清廉转变作风，面向基层，努力为群众办实事、办好事；治理经济环境，整顿经济秩序，保证建设和改革的顺利进行。

1990—1993年，两台主要进行“两会”宣传和农业升温、科技兴农方面的宣传；根据党的十三届八中全会、邓小平南方谈话和党的十四大精神，重点进行农业和农村工作宣传；大力开展社会主义思想教育、招商引资和发展经济方面的宣传。1993年，电视台制作了招商引资专题片《天府之国话彭州》和到深圳招商引资的资料片；为配合争取炼油厂等3项重要工程的引进，两台开辟9个专栏，采编11个专题节目，连续介绍优越的自然环境、丰富的物质资源、活跃的市场经济和迅猛的交通建设。

1994—1998年，两台重点进行农业和农村工作，进行“一条线经济”和“小康村”建设宣传；群众性精神文明建设，社会治安综合治理宣传；“两会”和香港回归宣传；党的十四届四中、五中全会的和十五届三中全会及改革开放20周年宣传；私营经济和国有企业改革宣传；加强提高彭州市知名度的对外宣传。1996年，两台针对人机负载饱和的情况，提出“稳栏目、上深度、出精品”的指导思想，相对降低会议新闻比重，扩大社会报道面，丰富节目内容，增强节目的可视性、耐看性。

1999—2002年，两台贯彻江泽民“以科学的理论武装人，以正确的舆论引导人，以高尚的精神塑造人，以优秀的作品鼓舞人”的指示，着重进行澳门回归，迎接千禧年宣传；西部大开发及西部论坛宣传；彭州市首届牡丹艺术节宣传；市委、市政府“工业富市、城建活市”两大战略的宣传；开展“三个代表”重要思想学习教育活动的宣传；中国（成都）第十二届兰博会在彭州市举办的宣传。针对“西部大开发、彭州大发展”的宣传，两台采编制作大量节目，对全市旅游资源优势和良好的投资环境进行广泛宣传。围绕“工业富市、城建活市”战略宣传，电视台精心组织、策划14期大型新闻系列报道《看周边》。这是电视台首次派出记者对都江堰、什邡、郫县等区（市）县的地域文化、城市管理、招商引资等进行全方位深度采访报道，受到观众和市领导好评，引起较大反响。接着趁势推出5期谈话节目《看周边，看自己》，邀请市委书记、市长、街道居民、城管执法员等嘉宾，围绕“工业富市”“城建活市”话题谈体会、论举措，交流互动，促进了解，对战略的实施起到强有力的推动作用。

2003—2005年，市电视台重点围绕学习贯彻党的十六大精神作阶段性宣传；针对企业改制、工业发展以及下岗职工和失地农民增多的情况，着重在关注弱势群体和“三农”问题上，进行长期宣传；在建立“规范化服务型政府”方面，作长期重点宣传；在“推进城乡一体化，构建和谐新彭州”方面进行宣传；进行“创建国家卫生模范城市”和“环保模范城市”宣传；党风廉政建设、机关作风整顿和保持共产党员先进性方面的宣传；紧紧围绕“工业富市、城建活市、旅游兴市”三大战略，连续进行几次重大宣传。2003年宣传各部门学习贯彻十六大精神情况，组织策划系列报道《书记、镇长、局长访谈录》；组织到沿海城市考察、学习以后，及时组织策划录制系列报道《沿海归来话发展》；针对“三农”问题，精心策划制作10集大型专题系列报道《特色彭州》；配合构建和谐彭州，推行城乡一体化，精心策划大型电视系列报道《再看周边》；为工业发展营造良好的舆论氛围，市电视台先后到双流、什邡、新都、龙泉等周边区（市）县，就当地工业发展情况进行深入调查采访，摄制完成6篇系列报道《周边经济与发展的大梁》。

自办节目

广播　1986年自办节目较少，主要有《彭县新闻》《对农节目》《话说家乡》《乡镇联办节目》《卫生与健康》《听众信箱》等。1988年开始采取与各单位联办节目的方式，先后增设《绿化家乡》《乡镇企业》《计划生育》《税收园地》等，并与成都市区（市）县联办《台站联办节目》。1991年，除《彭县新闻》外，定期开办《农村天地》等12个专题节目。1994年增设《乡村小桥》《市场回声》《域外来风》《少儿园地》《一周金曲》等，扩大领域，丰富内容。1995年开始进行改版，增设《生活百叶窗》等栏目。1998年市广播电台与市电视台合并为市广播电视台，2005年市广播电台停播。

电视　1989年县电视差转台播出第一组新闻节目《彭县电视差转台试播暨迎春茶话会》《彭县举行迎春歌舞彩车游行集会实况剪辑》，第一个自制专题片《川西明珠宝山村》。1991年举办《庆祝建党七十周年》《彭州的五月》《社教简讯》《创建之窗》《税法宣传》等专题节目，首开《天气预报》栏目。1994年主要自制节目有《彭州新闻》《经济立交桥》《花期杂志》《彭州风景线》《彭州点歌台》等。1995年大改版，改《花期杂志》为《青春请柬》，改《经济立交桥》为《经济空间》，改《46大排档》为《综合艺苑》，增设《这方热土》《体坛周刊》《国际传真》等栏目。1996年，电视台提出“稳栏目、上深度、出精品”的思路。改《彭州新闻》为《彭州报道》并重新制作片头，新增有一定深度的新闻评论性栏目《每周视点》，反映百姓关注的社会问题。2000年再次进行大改版，把《经济蓝讯》《经济360》整合为《经济生活》，把《彭州风景线》《这方热土》整合为《热土风情》。增设新闻评论性栏目《彭州视点》。2002年取消《热土风情》，改《经济生活》为《经济10分》，增设每周一期谈话类节目《视点演播室》，一周新闻回顾栏目《新闻回眸》，增设反映“三农”问题的专题栏目《走乡村》。2004年开办每周一期的农村科技栏目《农事春秋》，增设法制栏目《彭州警界》和《律师说法》。2005年改版，将法制节目和《走乡村》取消，改进《彭州报道》，对《彭州视点》《经济10分》《视点演播室》等栏目进行整合，将每周三档的专题节目调整为每周五档的深度报道《10分关注》。按照市委宣传部要求，《彭州电视网》网页文字实现当日内容次日更新，并配发相应图片，增强可视性，《彭州报道》新闻节目实现及时转码上网传送。

广告宣传

1979年，县广播站开始以县境内厂矿、企事业单位为主进行广告服务。1993年县电视台也开办电视广告业务。广播电视广告宣传业务开办后逐年发展。1988 年，县广播站广告客户只有 38 家，广告形式也只有广播广告，年广告收入仅 2100 元。到 2005 年，仅市电视台广告客户就有 200 余家，广告类型主要分三大类：药品广告、行政事业单位公益性工作广告、商业性广告，年广告收入超过 240 万元，产生社会效益和经济效益。

彭州市（县）1986—2005 年广播电视节目获奖情况表

表 20-2-1-1

年度	获奖情况			
	总数	国家级奖	省级奖	市级奖
1986 年	—	—	—	—
1987 年	14	—	5	9
1988 年	3	—	3	—
1989 年	2	—	2	—
1990 年	5	—	1	4
1991 年	2	—	—	2
1992 年	5	—	1	4
1993 年	6	—	2	4
1994 年	4	—	1	3
1995 年	11	—	3	8
1996 年	11	—	4	7
1997 年	15	—	7	8
1998 年	13	1	4	8
1999 年	13	2	6	5
2000 年	7	—	2	5
2001 年	13	—	4	9
2002 年	7	—	—	7
2003 年	10	—	2	8
2004 年	16	—	5	11
2005 年	14	2	3	9
合计	171	5	55	111

第二节　《彭州报》

沿　革

1993 年 7 月，县委研究同意创办《彭州报》，为县委、县政府机关报。8 月 12 日成都市委宣传部批复“同意创办出报，为周报，四开四版，印数一万，做内部交流”。1993 年 12 月 28 日，《彭州报》正式创刊。2004 年 12 月 15 日，遵照中央新闻出版署和省、成都市新闻出版局文件精神，《彭州报》由报型转为刊型，更名为《今日彭州》，为半月刊，体制由正局级事业单位转变为市委宣传部下属单位，彭州报社撤销，经有关部门同意成立《今日彭州》新闻中心。

采　编

创办之初由县委宣传部和地方中学抽调 6 人组成编辑部。1994—1998 年，为增强办报力量，先后从地方中学借调 4 人到报社工作，招聘 4 名采编人员，报社人员增至 14 人。彭州报社自成立以来，不断建立健全各项规章制度，制定采编制度、学习制度，1995 年提出“高格调、高品位、高水准、高质量”的办报目标，着力提升《彭州报》的质量，树立良好的新闻单位形象。2004 年改制后，辞退招聘的采编、照排人员。建立《今日彭州》新闻中心，出版《今日彭州》半月刊，至 2005 年底共出 27 期。

发　行

1993—2000 年，市委宣传部每年组织召开一次发行工作会议，强调发行工作，要求报社采取有效措施保障发行渠道的畅通，规定各乡镇、部门及企事业单位的征订数量、时间，并提出其他相关要求。1994 年经物价局同意，《彭州报》全年每份收费标准 12 元，1995 年上调至 25 元，1998 年《彭州报》改为每周两期，调价至 45 元。2003 年，根据中央关于减轻农民负担的文件精神，不再向乡镇征订，实行免费赠阅。2004 年，《彭州报》实行全面赠阅。

第三章　群众文化

1950 年 3 月，县政府接管民众教育馆（建于 1929 年），建立县人民政府文教馆。1951 年，馆址由公园迁至东街。1953 年更名县文化馆。1993 年撤县建市更名为市群众艺术馆，1992 年对馆舍进行改建，1995 年竣工投入使用。现有建筑面积 1069 平方米，设有文学辅导室、美术书法摄影辅导室、音乐舞蹈辅导室。专业齐全，专业人员具有较高的文化艺术水平。群众文化工作坚持党的“二为”方向和“双百”方针，配合市委、市政府在不同时期的中心工作，举办和开展培训、调演、展览、编辑、出刊等活动和工作。发掘整理民间艺术，活跃文化氛围，建设新农村文化，促进全市“两个文明”建设。

第一节　业余创作

1986—2005 年间，业余创作队伍不断壮大，优秀作者、作品不断产生。在国家、省、地、市各级刊物发表各类作品，参加各级文艺演出、各级美展 1.5 万余篇（次、件）。其中小说 1100 部，诗歌 2890 件，散文 1280 件，书法 2032 件，美术 3890 件，金石 2000 件，摄影 1960 件。出版作品集 4 部，其中文学作品集2部，古典文学研究集1部，画集1部。

彭州市（县）1986—2005年业余作者在国家、省、市级刊物发表、获奖文学作品一览表

表20-3-1-1

作品名称	体裁	时间（年）	发表、获奖	作者	工作单位
美的心灵	小说	1987	《四川农民报》	麦明德	濛阳镇政府
来自大地深处的报告	散文	1988	《四川日报》	岳华富	成都市跃进煤矿
姐姐洗衣我放鹅	诗歌	1988	上海《小朋友》	田　青	白鹿中学
白果	散文	1996.04	成都《先锋》	罗志强	群众艺术馆
桐花	散文	1996.11	《成都晚报》	徐继才	升平中学
二叔爷的故事	小说	1996.12	《青年作家》	陈凡福	天彭镇檀木村
关心	小说	1997.05	《四川经济文化报》	简平彬	群众艺术馆
《作陶》外一首	诗歌	1999	《中国成都诗选》	张宛	彭州职中
《雨的冬眠》外一首	诗歌	1999	《中国成都诗选》	王方强	自由职业
学费	散文	2000.12	吉林《人世间》	何晓玲	群众艺术馆
独领风骚	散文	2001	《四川农民报》	宋享发	思文乡街村
经历战争	散文	2003	《华夏魂》	严魁俊	群众艺术馆
乡下的蟋蟀	诗歌	2003	中国三峡出版社	郑兴明	义九小学
范蠡与鸿都观	故事	2005	《神秘成都》	钱辉	群众艺术馆
浅尝集	诗词研究	2005	四川文艺出版社	管遗瑞	党校

彭州市（县）1986—2005年业余作者在国家、省、市级刊物发表美术、书法、摄影、金石作品一览表

表20-3-1-2

作品名称	类别	时间（年）	发表、获奖	作者	工作单位
花鸟	工笔画	1988	中国美术馆展出	王淑静	百货公司
山水	国画	1988	中国美术馆展出	何均珏	广告公司
	书法	1989	《北京教育导报》优秀奖	肖卓然	濛阳中学
珠光累累沐朝辉	国画	1991	中国书画社入选出书	谢厚星	群众艺术馆
扎什伦布寺	瓷板壁画	1991	四川省陶瓷新品展优胜二等奖	尹大德	东方瓷厂
静眠秋塘	—	1994	建国45周年四川美展入选	杨晓亮	成都师专
高原老人	国画	1996	中国青年国画大展一等奖	尹大德	东方瓷厂
牡丹	国画	1999	四川省首届“天彭牡丹杯”书画三等奖	舒眉	群众艺术馆
走望心灵	摄影	2000	全国高校摄影作品展优秀奖	康耘	成都师专
高原之子	摄影	2000	四川省大河上下艺术摄影入选	毛蒂	群众艺术馆

续表20-3-1-2

作品名称	类别	时间（年）	发表、获奖	作者	工作单位
熊猫图	国画	2000	西部大地情书画大赛获奖	王生勇	职业画家
醉春图	国画	2001	澳大利亚中国美术馆展出获奖	王朝刚	退休职工
一家亲	国画	2002	全国第十二届群星奖成都市一等奖	肖天智	群众艺术馆
春醒	国画	2003	中国首届书画小精品赛银奖	贺上栋	政协书画院
唐诗	书法	2004	首届“欧阳旬杯”书法大赛铜奖	贺上栋	政协书画院
秋音	国画	2005	中国青年画展三等奖	肖妮	群众艺术馆
春日梦噫	油画	2005	全国教师美术书法大赛三等奖	罗革	群众艺术馆
夹竹桃	国画	2005	文化部“爱我中华”国画、油画大展入选	邱怡	群众艺术馆

彭州市（县）1986—2005 年业余作者在国家、省、市级刊物发表、演出音乐、舞蹈、戏剧作品一览表

表 20-3-1-3

作品名称	类别	时间（年）	发表、获奖演出情况	作者	工作单位
家乡的麻辣烫	歌曲创作	1990	巴蜀乡土歌曲选发表	萧箫	群众艺术馆
天上下雨地上流	歌曲演唱	1990	成都首届文化博览会优秀歌手大奖赛	向箹	利安乡农民
银线情	歌曲创作演唱	2000	成都新创作歌曲比赛创作演唱二等奖	肖国富曲 王方圆词 余晓华唱	群众艺术馆 电力公司
九曲黄河第一湾	歌曲	2004	南宁第十二届国际民歌节创作三等奖，演唱一等奖	萧箫	群众艺术馆
王婆传人	小品	2004	四川省文化厅“开元杯”戏曲小品创作三等奖	周仲箎	群众艺术馆
	老年舞蹈	2005	成都市老年艺术节三等奖	集体	市老协
	小品	2005	中央电视台《非常 6+1》四川电视台《经济麻辣烫》优秀选手奖	邓坤	西郊乡农民
新门神争位	小品	2005	成都戏剧小品大赛获奖	高一本	磁峰镇政府
梁祝	钢琴	1998	四川省“金秋之声”青少年钢琴大赛三等奖	廖清婷	延秀小学学生
四大纪律八项注意	歌曲	2005	“全国反腐倡廉歌曲创作奖”优秀奖	萧箫	群众艺术馆

续表20-3-1-3

作品名称	类别	时间（年）	发表、获奖演出情况	作者	工作单位
龙门山颂	歌曲	2005	四川省首届声乐大赛作品比赛作曲三等奖	萧箫	群众艺术馆

第二节　文化活动

文艺演出、比赛

1986—2005年间，群众文化活动有大型文艺演出、歌舞联欢、街头游行表演、书画摄影展览、有奖征文等。每年开展大型活动3～8次，中型活动10～15次，小型活动若干。每年重大节日、纪念日、风筝艺术节和牡丹花会，均要组织文化活动。

为实践“三个代表”重要思想，贯彻“文艺为大众服务”的方针政策，发现培养文艺人才，丰富市民文化生活，于2002年9月组织成立市湔江艺术团。艺术团成立以后，编创形式多样、内容健康、贴近生活和群众喜闻乐见的节目。完成重大节日、庆典活动的任务，坚持下基层为各行各业送戏上门，主要的大型演出有：2002年艺术团成立暨首场汇报演出，庆祝中国共产党建党81周年大型文艺演出；2003年庆祝成都市农村信用联社成立三周年文艺演出，“6·25”国土日大型文艺演出；2004年首届丹景山情歌会大型文艺演出；2005年迎春团拜会演出。

彭州市（县）1986—2005年文化活动情况统计表

表20-3-2-1

时间	大型活动次数	中型活动次数	主要活动项目数	重大活动内容之一
1986	4	10	5	“湔江之夏”音乐会
1987	3	12	3	春节大型游行活动
1988	4	10	4	迎“双庆”大型文艺活动
1989	5	10	6	“电力杯”现代舞大赛
1990	3	13	4	迎春书画展
1991	4	12	3	第二届青年艺术节大型文艺活动
1992	5	12	5	纪念毛泽东诞辰100周年大型文艺活动
1993	4	14	4	撤县建市大型文艺活动
1994	6	10	5	义务写春联
1995	4	12	7	庆祝建党75周年歌咏比赛
1996	5	13	6	庆祝香港回归大型文艺活动
1997	5	12	5	第二届“国税杯”歌手比赛
1998	4	10	6	成都“牡丹杯”吉他邀请赛
1999	6	11	7	庆澳门回归大型文艺活动
2000	7	12	8	“蓝天之星”业余歌手比赛

续表20-3-2-1

时间	大型活动次数	中型活动次数	主要活动项目数	重大活动内容之一
2001	6	13	7	第二届“电力杯”业余川剧赛
2002	8	14	7	“龙门山之夏”大型文艺演出
2003	7	15	8	“国土日”大型文艺演出
2004	6	16	6	迎春团拜会文艺演出
2005	7	13	8	《热土情》一书征稿发行文化活动
备注	每年承办风筝艺术节、牡丹花会大型文艺演出			

艺术展览

1986—2005 年，配合重大节日、纪念日，每年坚持举办各种艺术展览，大型展览 3～5 次，中型展览 4～6 次，小型展览随时择机举办。出展门类有美术、书法、金石、摄影等，内容丰富、质量较高，反映全市“两个文明”建设取得的成效，以及人民群众的工作生活和精神面貌。仅 1993 年举办的迎新春书画展就展出书法 258 件，国画 401 件，摄影 176 件，工艺美术 180 件，金石 150 件等共计 1165 件作品。

还利用橱窗、展板等形式，充分发挥阵地优势，不定期宣传本地民俗文化，推介业余作者，宣传歌颂彭州改革开放、“两个文明”建设形势和成就。

文化下乡

从 1986 年起，市群众艺术馆下基层辅导每年均不少于 100 天，组织开展送书画、送春联、剪纸每年不低于 300 幅，到乡镇指导文艺骨干队伍每年不少于 5～10 次，到基层办各类艺术培训班每年不少于 6～8 个，文化下乡受到广大群众的欢迎，对新农村文化建设，培养人才具有切实有效的作用。

彭州市（县）1986—2005 年文化下乡部分内容一览表

表 20-3-2-2

时间	地点	内容
1986.6	各乡镇	川剧围鼓座唱
1996.2	隆丰镇 敖平镇	写对联 200 条，送书 50 册，川剧演出 1 场，座唱 1 场，参加活动人员上千人
1997.1	隆丰镇 大宝镇 白鹿乡	送歌舞、小品、川剧下乡，和农民联欢
1998.8	桂花镇	与当地企业家座谈，体验生活，加强文企联姻
1998.9	磁峰镇	组织作家作者采风
1999.1	义和小学	书画现场表演，送书画作品 60 余件
2000.5	楠杨小学	学生作文辅导，对学生的作文进行辅导和点评
2002.8	磁峰镇	彭州故事创作研讨

第三节　刊物　作品

《湔江》

《湔江》自1957年创刊至1985年底共出58期，刊载大批作品，培养大批业余作者。1986年后，本着“多出人才，多出作品，多出精品，活跃群众文化”的办刊宗旨，群众艺术馆加大工作力度，以刊发全市（县）作者作品为主，内容包括彭州文化新闻、诗歌、小说、散文、美术、书法等。1986—1998年11月共出33期。1998年12月更名为《彭州文化》，每月1期，共出13期，后又更名为《花都文化》，共出9期。2005年春，恢复《湔江》刊名，每月1期。

1987年出《湔江》专辑《曲艺》1辑。

1986—2005年，每年坚持办《天彭楹联》1辑，搜集楹联千余幅。

编辑出版

《民间文学集成彭县卷》　1986年3月，成立民间文学编委会，组织普查采风队，立足彭县，深入村社，录音收集。截至1987年12月共搜集故事1235篇，歌谣703首，谚语1890条。1988年8月，《中国民间文学集成·四川卷·成都市彭县卷》正式出版。

《彭州文化旅游资源数据库》　2001年2月，市群众艺术馆组织人员，对各单位报送的彭州文化旅游资源数据库资料共计12万字进行认真筛选、补充和编辑。严格按照省、成都市及彭州市编委的要求，于2005年5月底完成文化旅游资源数据库《成都篇·彭州卷》的编写工作。

该数据库分文字、图片、音像材料3部分，其中文字4万余字，图片40余幅、音像长度2分钟。以不同的载体，全面详尽地介绍彭州的自然资源、风土人情及旅游特色。

《彭州掌故》　2002年，根据市委、市政府的工作安排，市群众艺术馆具体承办《彭州掌故》的搜集、编辑、校对工作。2002年11月，《彭州掌故》出版，共收集文章140余篇，分为“史话”“人物”“风情”“名优特产”“街道场坊”5个部分，约为20万字，有较强的史料性和文学价值。

《彭州历代楹联集》　从1988年至2005年共编辑《彭州历代楹联集》4本，刊载作品几千余件。

《彭州韵》　出版歌颂彭州的音乐光碟《彭州韵》，收录歌曲《天彭牡丹》《家乡的小石河》《夏日银厂沟》等12首。

第四章　文化企事业单位和文化市场管理

改革开放以后，文化事业发生很大变化。1984年图书馆独立建制，1998年新馆建成开放，增设电子阅览室，可阅读省图书馆藏书，可看电影、听音乐、玩游戏，至2005年藏书达13万余册。开展各种读书活动和展览，激发调动读者的读书兴趣和积极性，年读者流通量达3万人次。书刊流通5万册次。开设“一氓书屋”等特色书屋，彰显乡梓名人文化风采。加强乡镇基层图书室的业务培训和指导，捐赠图书和设施。

因市场的调节和改革的需要，电影放映单位由1986年的56个减少至2005年的3个，放映场所由1986年的30家减少到2005年的1家，过去“村村挂银幕，月月看电视”的场景被新兴的各种娱乐方式所取代。市新华书店于2003年遵照省委、省政府要求，参加全省新华书店统一改制成为企业。

随着市场经济的建立和发展，文化市场也呈现繁荣景象。2005年，彭州市已有文化经营场所351家，从业人员近5000人，年上缴税金超过200万元。为使文化市场健康发展，规范文化市场行为，维护文化市场秩序，市文化局坚持发展与管理并重原则，加强对文化市场的日常管理，并于1993年10月成立稽查队，2002年成立市场管理科，打击查处违法违规行为。2005年12月，稽查队更名为文化市场稽查大队。

第一节　图书馆

发展状况

市图书馆的前身是修建于民国22年（1933）的培文图书馆（位于原彭县人民公园内），民国31年改为图书室，属民众教育馆管理。

1950年，县政府接管民众教育馆，改为彭县人民政府文教馆人民阅览室。

1960年，建立县图书馆，由县文化馆代管。

1984年图书馆独立建制。同年7月，动工修建新馆，馆址迁天彭镇东大街。1988年11月新馆竣工开馆，正式向社会开放，新馆建筑面积2070平方米，主体业务公用房1700平方米，总投资60余万元。

1986年，图书馆仅有工作人员7人，至2005年增至20人。

改革开放以后，图书馆的面貌发生巨大变化，藏书量增至13万余册。每年订报纸、期刊200余种，购新书2000余册。馆内每天可同时接待读者200多人，全年读者流通达3万人次，书刊流通5万册次。

1986年，馆内设有报刊阅览、期刊外借室、图书外借室、地方文献室、资料查阅室、采编室、辅导办证室等7个服务部门，购置6万元的钢制书架。2003年投资20万元增设电子图书阅览室。电子图书阅览室面积130平方米，拥有34台电脑。

同时，加强乡镇文化站图书室建设。通过业务知识培训、实地指导、赠书、送阅览桌椅等方式，不断加强对基层图书室的业务培训和辅导，发挥业务部门的辅导职能作用。

2004年，市图书馆经第三次全省公共图书馆评估定级检查，被四川省文化厅评为二级图书馆。市图书馆逐步发展成为成都市区县图书馆中功能较齐，设施设备较完善、藏书量较大的国家二级图书馆。

馆藏和外借

1986年，图书馆藏书总量为2万余册，至2005年增至13万余册（含部分捐赠图书、调拨图书和电子图书)。其中，2003 年入藏量为 1.2 万余种。1986—1990 年，图书馆年均分编图书约 500 册；1990—1995 年增加到 1000 余册；1995—2000 年达 1500 册；2000—2005 年，年均分编图书超过 2000 册。

1986—1990 年，图书馆年均外借各类图书 2 万册次；1990—1995 年，年均外借量增加到 4 万册次；1995—2000 年，年均外借量达 5.5 万册次；2000—2005 年，年均外借已达 6 万册次。

1986—1990 年，图书馆年均办理借阅证 200 个；1990—1995 年，年均办证 500 个；1995—2000 年，年均办证 800 个；2000—2005 年，年均办证数 1300 个。

举办读者活动

读书服务活动　1986—1990 年，平均每年开展 2 次；1995—2000 年，平均每年开展 3 次以上；2001—2005 年，平均开展 6 次以上。

读书征文活动　2004 年，与市关工委联合举办“彭州名人”报告会暨读后感有奖征文活动；2005 年 3 月，在全市中小学生中开展“建设和谐彭州”读书征文活动。

科普展览　2005 年 4 月，与西安自然科学馆联合举办“海洋生物之春”科普展。

特色书屋

一氓书屋　是专为李一氓设立的图书特藏室。李一氓（1903—1990），原中宣部常务副部长、中共中央顾问委员会常委。李一氓一直非常关心和支持家乡的经济文化建设。1962 年和 1982 年，他先后两次回家乡视察，均提出应建立图书馆，在他的大力呼吁和支持下，新图书馆于 1983 年动工建设，1988 年竣工。李一氓为新馆题名，并将珍藏多年的书刊文献 4200 余册捐赠给图书馆，图书馆专设“一氓书屋”特藏室，并长期对外开放，接待读者。“一氓书屋”的室名由原中共中央政治局常委乔石题写。

第二节　电影公司

电影公司成立于 1960 年 12 月，原名“彭县电影发行放映公司”。2005 年底有在职职工 30 人，离退休职工 37 人。

放映单位和场所

1986 年，全县放映单位 56 个，其中工矿放映单位 14 个，乡放映单位 41 个，电影公司 1 个；2005 年全市放映单位 3 个，其中镇个体 1 个，电影公司 2 个。

1986 年放映场所 30 个，其中工矿放映点 16 处，集镇电影院 12 个，电影公司电影院 1 个。2005 年全市工矿放映点和集镇电影院均停止放映，场所大多被拆除，或被另作他用。

彭州市电影院于 2005 年 12 月全部拆除，新建面积 3540 平方米的一楼一底影城。

发行放映

随着农村电影收费困难和多种娱乐方式的兴起，1990 年以后，农村电影发行放映工作陷于瘫痪状态，昔日“村村挂银幕，月月看电影”的热闹场景已不复存在。城市电影市场逐渐萎缩，到 2003 年，电影院基本停止放映，每年只放映一些组织片和学生场，其余时间以出租场地来维持运转。

1999 年，电影公司组建了电影队，深入到全市各中小学校开展爱国主义教育电影巡回放映活动，并为各企事业单位和镇村庆典等提供专题放映服务。至 2005 年，年放映约 1000 场。

2003 年 5 月 25 日，成都市文化局和成都市农村电影“两个中心”将二级发行站设在彭州，发行站对彭州、新都、青白江、金堂、郫县和都江堰的农村电影实行零片租发行。2003 年发行 286 部，2004 年发行 397 部，2005 年发行 28 部。

第三节　新华书店

2003 年，面对图书市场的激烈竞争，书店采取规范化服务措施，做到服务技能、服务项目、服务语言规范化，及时了解市场反馈的信息，调整书店结构；确保教材发行，积极同市教委进行协商，拓宽教材发行范围，在全店销售教材 2000 万元的情况下，图书库存不超过 5 万元；按照省集团的要求，开展服务“三农”，送书下乡活动，得到群众好评。全年销售额 2240 万元，实现利润 118 万元。被成都市新闻出版局、成都市新华书店授予图书发行一等奖。被成都市委、市政府授予“成都市级文明单位”称号。被国家新闻出版署评为“三下乡”先进单位。2003 年，市新华书店按照省委、省政府和省集团的要求，进行了转改制工作。2005 年底有在职职工 9 人，文轩店员工 12 人，离退休人员 20 人。全店有固定资产 250 万元。

第四节　文化市场管理

经营许可管理

歌舞娱乐场所经营许可管理　按照“控制数量、提高质量、调整结构、合理布局、规范发展”的要求，对不符合开办条件的申请，予以退回。对无证经营的歌舞场所、电子游戏厅予以取缔。

网吧、音像制品经营许可管理　按许可条件要求把好电脑网吧、音像制品经营的审批关，依照国务院《互联网上网服务营业场所管理条例》《音像制品管理条例》，取缔校园周边 200 米范围内的网吧，积极配合工商部门取缔黑网吧，指导网吧规范发展。

印刷业、书报刊经营许可管理　为规范全市出版物和印刷经营者的资质审批，根据对印刷企业及复印打印的总量、结构和布局，严格按照《印刷业经营者资格条件暂行规定》，把好审批关口，认真做好对印刷业、出版物经营单位的年审换证工作。取缔无证流动书摊。

娱乐场所和市场管理

歌舞厅、电子游戏厅管理　1993 年开始着重解决娱乐市场中的色情、赌博、噪声扰民、消防安全、使用盗版碟片、电子游戏使用机型机种、电子游戏厅非国家法定节假日接纳未成年人等问题。在执法过程中，收缴、销毁带有赌博功能游戏机电路板，收缴歌舞娱乐场所使用的盗版碟片，取缔无证经营的歌舞厅和电子游戏厅。配合环保部门整治太平街、南大街、柳河一带噪声扰民的歌舞厅，关闭群众反响强烈的太平街歌厅。

网吧管理　1993 年以来，按照“属地管理、以网管网、抓大限小、违规重处、疏堵结合、典型引路”的工作方针，出台以“强化领导与落实责任，强化管理与规范经营，强化自律与疏堵相结合”为主要内容的《彭州市网吧管理长效机制的实施方案》。成立市网吧管理工作领导小组，着力解决好网络文化市场中群众反映最敏感、最强烈的违规接纳未成年人问题，脱网游戏、未按规定落实上网登记及经营不健康内容的网络游戏等问题。切实加强对网吧的日常检查。并根据成都市有关规定进行严管重罚，分别对违规行为做出告诫、罚款、吊销网络文化经营许可证的处罚，健全文化市场举报工作体系。成立彭州市网吧行业协会，实行行业自律。

印刷业、书报刊、音像制品管理　加强对全市印刷行业管理工作的宏观指导和监督检查，查处各类违法违规案件。收缴书报刊市场中的政治性非法出版物、淫秽色情出版物及其他非法出版物。为提高经营业主依法经营的意识，除原有的文化市场稽查队外，2002 年新成立了文化市场管理科，加大力度进行管理。管理科坚持每年多次对印刷企业，复印打印、书报刊经营业主进行政策法规培训，培训面达 98% 以上。建立健全日常检查制度，坚持不定期对城区每周不少于 2 次、乡镇每月不少于 2 次的检查。日常检查中重点检查印刷企业是否超范围印刷和承印验证、登记等五项制度的落实情况，并进行规范解决。成立彭州市印刷行业协会，发挥协会作用。

在音像市场的管理中，着力解决音像经营中不严格按照规定非正规渠道进货，无正规进货发票的问题，出租、零售盗版、色情、淫秽等非法音像制品等问题。每年收缴非法音像制品达 3 万余盒。2003 年，按照省文化厅关闭录像放映厅的要求，全市 18 家放映点全部关闭。

专项整治　严厉查处

根据市委《关于进一步加强青少年教育和预防犯罪工作的意见》精神和上级有关文件精神，文化、公安、教育等部门互相配合，开展“扫黄打非”专项整治工作。查缴宣扬淫秽色情、凶杀暴力、封建迷信及伪科学内容的音像制品、电子出版物、游戏软件和以未成年人为主要读者对象的有害图书等非法出版物。严厉打击制售盗版音像制品、盗版电子出版物及软件、盗版教材和教辅读物、盗版工具书和畅销书等各类侵权盗版行为。加大查处大案、要案力度。2004 年查处非法印刷出版物案。2005 年查处成都完美印刷厂“11・25”侵权案件。通过对违规企业的查处，净化全市印刷复制业经营环境，促进印刷复制业的健康发展。

开展以保护未成年人为主的“蓓蕾行动”“护苗行动”“零点行动”“雏鹰保护特别行动”等专项行动，重点对网吧在节假日和寒暑假期间违规接纳未成年人的行为进行了查处。

2004 年、2005 年先后获得成都市新闻出版局“办案有功集体”，“四川省‘扫黄打非’工作有功集体”和“成都市‘扫黄打非’工作先进集体”称号。

第二十一篇　教　育

1986年以来，彭州市（县）委、市（县）政府坚持把教育放在优先发展的战略地位，及时制定“科教兴市”的战略目标。为改善办学条件，逐年加大教育投资。1986年财政拨款688万元，到2005年激增至1.41亿元，加上预算外投入共1.87亿元。20年间新建中小学26所，迁建15所，扩建47所，改造小学54所。所有学校的校舍、食堂、运动场所、器械、实验室、图书室等教学设施设备都有很大改善。建起“模式三”学校30所，“模式二”学校37所，远程教育项目工程全面覆盖。从管理、结构、办学等方面进行教育体制改革。实行“分级办学、分级管理”“校长负责制”“教职工聘任制”，鼓励民间资本办学。在教师队伍建设方面，实行尊师重道，提高地位、保障权益，加强培训、提高素质。

幼儿入园率从1986年的12.7%提高到2005年的91%以上；1996年实现“普九”目标，2000年再次接受成都市人民政府复查验收，“普九”成果得到巩固提高，2005年仍保持入学率99.9%；2003年实现“基本普及高中阶段教育”，普及率85%，2005年巩固提高“普高”成果，普及率达88.3%。基础教育的教学质量不断提高，初升高比例达88.32%，2001—2005年高考上线率、录取率一直居于成都市区（市）县前列。特殊教育方面，1990年建立特教中心，2005年开始新建环境、设施更好的特教学校。职业教育方面，建成1所省级重点职业中学，1所省级合格职业中学，毕业率99.2%，就业录用率100%，本地就业居多。成人教育方面，从科普培训到各级各类学历班，从扫盲教育到社区教育形成体系。

20年间，全市基本形成从学前教育到成人教育的城乡教育一体化教育体系。教育事业的发展，推进了全市社会经济发展和精神文明建设。

第一章　办学条件

为实现“科教兴市”的战略目标，彭州市积极筹措资金，改善办学条件。随着改革开放，经济建设的发展，彭州市不断加大对教育的投入，从1986年的948.03万元增长到2005年的18661万元。新建、迁建、扩建、改建中小学共142所，新建运动场63个，建起实验大楼、实验室、图书馆、阅览室，完善教学设备，部分中小学建起“校园网”，农村中小学全面实施现代远程教育工程。2005 年，全市基本实现教育技术、信息装备标准化。教育设施设备标准化为教学质量的提升奠定必需的物质基础，促进了教育事业的发展。

第一节　教育经费

经费来源

1995 年颁布的《中华人民共和国教育法》第 33 条规定：“国家建立以财政拨款为主，其他多渠道筹措教育经费为辅的体制。”彭州市教育经费来源于以下渠道。

财政拨款　遵照《教育法》关于教育经费“三个增长”（教育财政拨款的增长高于财政经常性收入增长，在校学生生均教育经费逐步增长，教师工资和学生人均公用经费逐步增长）的精神，教育经费逐年增长。1983 年财政拨款为 3847.2 万元，到 1999 年达 5358.3 万元，增长 1.4 倍；到 2005 年达 1.41 亿元，比 1999 年增长 2.63 倍。

教育费附加征收　征收从 1984 年开始，并由农村扩大到城市，农村按上年农民人均收入的 1% 计征，1995 年上升至 2%，2002 年停止征收。城市教育费附加按照增值税、营业税、消费税的 3% 征收。

教育地方附加费征收　教育地方附加费是有别于教育附加费的又一种筹集教育资金的办法。从 1994 年开始征收。根据《教育法》精神，由省、自治区、直辖市按规定征收，专款专用。

捐资助学　国家鼓励和提倡捐资助学筹措教育经费，1985 年《中共中央关于教育体制改革的决定》，1995 年《教育法》都明确提出鼓励捐资助学。1985—1987 年普及初等教育期间，累计捐资 76.3 万元；1988—1990 年排除中小学危房期间，累计集捐资 175.6 万元；1991—1996 年普及九年制义务教育期间，累计集捐资 1227.23 万元。

经费管理

1993 年国家教委发布《关于加强中小学收费管理工作的通知》，1996 年发布《关于公布义务教育等四个教育管理暂行办法的通知》，1997 年发布《治理中小学乱收费工作的通知》，规范教育经费的管理。每年 11 月底，市教育局根据当年的教育经费和上年度事业发展情况，编制下一学年度教育事业经费预算，上报财政局，财政局根据预算报告，结合实际情况，经审核后报人大通过，然后按月向教育局划拨教育经费。划拨的教育经费由教育局计财科统一管理。

教育局计财科根据教育系统各独立核算单位编制的下一学年度预算报告，审核汇总，经分管领导审查，报财政局备案，由计财科按月拨付。

每年 12 底，教育系统各独立核算单位办理全年经费决算，上报教育局计财科审核，再报财政局审核。

平时教育局计财科对各独立核算单位经费使用和管理进行抽查，年度末对教育经费的收支情况进行专项审计，确保教育经费的合理使用。

彭州市（县）1986—2005 年教育投入、支出情况表

表 21-1-1-1　　单位：元

年度	合计	预算内	预算外
1986	9480300	6888470	2591830
1987	10463327	7700327	2763000
1988	15160630	9633630	5527000
1989	17223000	10285000	6938000
1990	21842523	12759523	9083000
1991	25190000	13271000	11919000
1992	32114300	16477000	15637300
1993	41771000	21166000	20605000
1994	54851000	30800000	24051000
1995	76190100	33424100	42766000
1996	98545600	40173000	58372600
1997	104471000	41964000	62507000
1998	102052000	46000000	56052000
1999	108497000	53583000	54914000
2000	126600000	77370000	49230000
2001	138570000	90650000	47920000
2002	141230000	104710000	36520000
2003	153190000	115300000	37890000
2004	178530000	133210000	45320000
2005	186610000	140900000	45710000

第二节　教育设施建设

校舍基础建设

1986—2005 年，全市中小学、幼儿园办学条件彻底改善，共新建中小学校 26 所（其中中学 10 所，小学 16 所），迁建中小学校 15 所（其中中学 8 所，小学 7 所），扩建中小学校 47 所（其中中学 20 所，小学 27 所），改造小学 54 所。修建各类校舍面积 65.65 万平方米，其中教学用房 37 万平方米，教师住房 15.86 万平方米，学生宿舍 7.57 万平方米，学生食堂 3.15 万平方米，其他用房 2.07 万平方米；改造危房 13.69 万平方米，新征用校地面积 794 亩，新建 400 米环形运动场 3 个，300 米环形运动场 4 个，200 米环形运动场 56 个，共计投入基础建设资金 4 亿元。

设备、设施建设

1985—1987年，掀起普及初等教育热潮。1985年投入14万元充实教学仪器和电教设备，同时电教站还修旧利废，自制教具，采集生物标本。1986年25所初级中学中有18所学校建立“两室”（实验室和图书室）。1987年，12所中小学新配备自然实验室、理化生实验室和图书阅览室图书。各乡镇学校还充实一部分教学仪器设备。

1988年，19所中心校新建自然实验室、图书阅览室，18所初中新建理化生实验室，彭县中学建成理化实验大楼。1990年投入13万元配齐45所村（完）小、4所乡初中的图书和教学仪器。1991年，进一步普及中小学实验教学，投入16万元，完善配套初中1所，普及实验教学乡镇2个。

1996年，是完成普及九年义务教育规划的最后一年，也是教学设备建设的一个里程碑。这一年全市各校均建起实验室，并按“普九”标准配置实验器材和设施。全市演示实验平均开出率达98%，学生分组实验平均开出率达96%。各校均建有图书室，生均藏书量高中达30册，初中达15册，小学达10册。各校也按标准配置音、体、美、卫、劳器材，能基本满足教学需要。电化教学工作全面展开，各校均达到两班1台投影仪，班班1台收录机、1个银幕的基本配置要求，部分学校还达到“两机一幕”进教室的标准。

随着现代教育技术的推广，全市在1998年全面完成学校计算机室的建设，共建计算机室72个，配计算机约2000台，投入经费约1000万元，满足学校信息技术教学要求。2000年，彭州市实验小学被定为国家级现代教育技术示范校。2004—2005年，彭州中学、彭州一中、延秀小学相继建成“校园网”，全市共建起“模式三”学校30所，设备配置有：网络教室1间，远程教育资源接收站1个，多媒体电教室1间，光盘播放室1间；“模式二”学校37所，设备配置有：远程教育资源接收站1个，光盘播放室1间，卫星收视室1间；信源基地3个。远程教学项目工程建设，全市投入270余万元，国家财政补贴340万元，教体局为项目学校安装防雷设施投入28万元，远程教育项目工程全面覆盖农村中小学。

高完中的教学设备也在争创各级示范校的过程中不断得到充实和完善。彭州中学2003年通过国家实验教学示范校的验收；彭州一中2004年通过省级现代教育技术示范校的验收；敖平中学、天彭中学2003年通过成都市级实验教学示范校的验收；其他高完中也按标准配齐配足教学设备。

第二章　教师队伍

彭州市（县）教育类型基本齐全。1986年全县幼儿园、小学、初高中、职中教职工5648人，其中幼儿园495人，小学3414人、初中1194人、高中463人、职高82人。随着教育事业的发展，教师人数逐年增长，到2001年达7081人，教改后到2005年全市教职工共有6238人，其中专任教师5103人。2000年前全市教师的来源，主要是由大中专院校毕业分配、参加教师资格考试合格者、民师转正三部分组成。2000 年改为考试、考核双向选择，实行择优聘任制度。为适应社会发展，教学需要，对教师实行继续教育制度，提升学历，更新知识，掌握技能。并每年进行教师绩效评估和考核。到 2005 年，全市基本建起一支有较高思想素质和业务能力，忠于教育事业的教师队伍，全市教师的经济待遇和社会地位，也随着社会、经济的发展逐步改善和提高。

第一节 师资结构

师资配备

具备幼儿师范学校毕业及其以上学历的幼儿园教师，1986 年 495 人，1997 年达到 715 人，因生源等原因逐年减少，到 2005 年有 448 人。

具备中等师范学校毕业及其以上学历的小学教师，1986 年 3414 人，1992 年达到 3567 人，此后逐年减少，到 2005 年有 2757 人。

具备高等师范学校或其他大学专科毕业及其以上学历的初级中学教师，1986 年有 1194 人，2001 年达到 2508 人，2002 年 1845 人，到 2005 年基本保持平稳。

具备高等师范院校或其他大学本科毕业及以上学历的高级中学教师，1986 年 463 人，此后逐年增长，到 2005 年达 1031 人。

具备大学专科、本科学历的职业学校教师，由 1986 年的 82 人逐步增加到 2005 年的 252 人。

师资认证和来源

根据《中华人民共和国教师法》规定，按省、成都市教育行政部门统一安排，彭州市于 1996 年、2001 年先后进行 2 次教师资格认定工作。对 2001 年以前在岗教师已全部认定，并取得教师资格证；2002 年以后参加工作的高校毕业生，未取得教师资格证的由彭州市教师资格认定办公室认定。市教师资格认定办公室设在彭州市教师进修学校内，负责教师资格认定的日常工作。

从 20 世纪 80 年代开始，全市中小学教师有以下几个来源：一是师范院校大中专毕业分配的学生；二是经过国家教师资格考试合格的教师；三是民办教师符合条件转正的教师。

2000 年以后，师范院校大中专毕业生不再直接分配到中小学任教。根据教育事业发展需要和市编制委员会确定的进人指标，由人事局统一组织文化业务考试，经面试、体检、政审，择优聘任录用，再由教育主管部门根据“双向选择”原则分配到中小学任教。

彭州市（县）1986—2005 年教职工情况表

表 21-2-1-1

年份	在职教职工数						
	总计		幼儿园	小学	初中	职中	高中
	合计	专任教师数					
1986	5648	4905	495	3414	1194	82	463
1987	5904	5144	491	3545	1308	89	471

续表21-2-1-1

年份	在职教职工数						
	总计		幼儿园	小学	初中	职中	高中
	合计	专任教师数					
1988	5839	5073	488	3472	1295	102	482
1989	6098	5299	530	3522	1409	104	533
1990	6172	5389	528	3535	1497	113	499
1991	6232	5412	542	3454	1630	101	505
1992	6351	5523	552	3567	1612	108	512
1993	6288	5463	423	3540	1667	117	541
1994	6502	5634	604	3557	1685	123	533
1995	6219	5326	689	3140	1731	133	526
1996	6329	5394	715	3185	1763	135	531
1997	6425	5493	735	3182	1814	148	546
1998	6304	5307	674	3119	1764	199	548
1999	6343	5353	660	3095	1826	204	558
2000	6980	5918	681	3032	2459	221	587
2001	7081	5928	664	3045	2508	196	668
2002	6370	5208	514	3020	1845	202	789
2003	6509	5394	600	2961	1858	174	916
2004	6263	5161	495	2836	1787	177	968
2005	6238	5103	448	2757	1750	252	1031

第二节 继续教育

教师培训

彭州市教师继续教育以1999年9月13日教育部颁布的《中小学教师继续教育规定》为标志，分为两个阶段。

1986—1994年，举办了12期语文、数学骨干教师培训班，培训骨干教师388人。1987年开始举办小学教师中师学历换证班（专业各证换取中师毕业证）。1990—1995年，完成幼儿小学教师第一轮全员轮训，每年培训小学教师2693人，幼儿教师102人，骨干教师128人；开办干训班4期，培训小学校长、主任308人次。1993—1996年，举办中学教师“三沟通”班，培养专科学历教师143人。1995—1999年，完成幼儿小学教师第二轮全员轮训。每年培训幼儿教师118人次，小学教师2880人，其中骨干教师132人；培训小学校长、教导主任286人次，培训村小主任教员224人。1998年启动中学教师培训，推行中小学教师继续教育登记制度。1999年全面进行中学教师培训。

1999年9月13日，教育部颁布《中小学教师继续教育规定》，中小学教师继续教育和技能培训工作进入全面推进、全方位实施的新阶段，进入法制和规范化轨道。成都市教育局和彭州市教育局规定每个教师每年必须完成100学时的继续教育培训，其中50学时由教师进修院校进行规范性培训，50学时由教师任职学校自培，并与教师的年度考核、评职、晋级、评优挂钩。

各类培训，平时和暑期的政治学习，都开展职业道德教育，开展教师读书节、师德论坛征文等活动，使中小学教师精师艺、强师德、铸师魂。

彭州市教育行政部门每年制定《中小学教师继续教育实施意见》，设公共课和学科专业课，使培训内容更贴近教师的教学和工作实际。小学教师利用双休日，由教师进修校组织讲师团送教到校到班；初中教师利用暑假分学科集中培训；高中、职中教师送成都教育学院培训，每年均保质保量完成全员培训任务。

教育教学基本技能培训

在原小学教师基本功培训的基础上，根据川教师字〔1998〕27号和成教师发〔1998〕2号文件精神，对中学教师进行了“普通话”“三笔字”“组织教学活动”“教师简笔画”“现代教育技术”“教学技能”“英语应用”7项基本技能培训；对小学教师进行8项基本技能培训（在中学教师7项基本技能的基础上加“教具使用与制作”）。各项基本技能均实行一至五个等级考核验收标准。到2003年，大部分中小学教师的基本技能已达到县级验收标准。

专项技能培训

为提高中小学教师现代技术教育水平，2001年10月—2004年6月，教体局在教师进修学校举办6期“中小学教师职称计算机等级晋级考试培训班”，培训中小学教师860人。

对实验专任教师开展提高实验课教学水平、使用实验仪器设备技能的各种培训。2002—2005年，送成都市级、四川省级培训共168人，自培917人次。

中小学新教师上岗后要进行120学时的见习期培训（60学时由进修校进行规范培训，60学时由任职学校自培）。1999—2005年，每年培训小学新教师80人左右，培训中学新教师120人左右，提高新教师的专业知识和教育教学基本技能。

2004年举办英特尔未来教育教师培训班4个，培训教师415人；2005年举办英特尔未来教育教师培训班4个，培训教师440人。

骨干教师培训

至2005年，通过校本培训、市自培、向省市送培，共培训小学骨干教师1800余人，培训中学骨干教师900余人。教体局定期开展“评优选模”工作，表彰奖励优秀教师，同时积极向国家和省市教育主管部门推荐表彰优秀教师。

校本培训基地建设

从2002年开始，彭州市首先在彭州中学开展教师继续教育校本培训基地建设。2005年，实验小学、延秀小学被成都市教育局批准为校本培训基地。

新课程培训

2002年以后，开展新课程岗前培训，培训小学教师2153名，中学教师2020名。课改后续培训小学教师785名，中学教师527名，通识性培训5310名。

中小学教师学历提升工程

2001年以后，教体局进一步加大教师学历提高工作力度，依托电大、西华大学，一大批教师提高了学历层次。近年来，已参加学历培训取得毕业证书的教师达712人，其中小教专科56人，教管专科222人，教管本科201人，英语本科103人，小教本科63人，中文本科16人，其他各专业本专科81人。

2005年教体局制发《关于做好教师学历提升工作，推进城乡教育协调发展的通知》，分解下达教师学历提升责任目标：小学337人，中学396人，共计733人。对取得提高学历的教师，教体局、学校将给予不低于1000元的奖励，成都市教育局给予600元的奖励。

中小学教师继续教育登记制度

为激励广大教师不断努力进取，同时为评聘教师职务提供真实、准确、科学的依据，继续实行中小学教师继续教育登记制度。至2005年，每年培训并登记小学教师2800余人次，中学教师1800余人次，中小学教师继续教育走上了科学化、制度化、正常化、良性循环的轨道。

第三节　地位待遇

社会政治地位

《中华人民共和国教育法》第一章第四条规定：“教育是社会主义现代化建设的基础，国家保障教育事业优先发展。全社会应当关心和支持教育事业的发展。全社会应当尊重教师。”《中华人民共和国教师法》第六条规定：“每年9月10日为教师节。”第二十五条规定：“教师的平均工资水平应当不低于或者高于国家公务员的平均工资水平，并逐步提高。建立正常的晋级增薪制度。”从法律形式上肯定教师具有崇高的社会地位。

彭州市基本形成党以重教为先，政以兴教为本，民以支持为荣的良好社会氛围。各届市人民代表大会、政治协商会议都有一定数量的教师代表参加，党和政府确保教师享有当家作主、参政议政的权利。市教育和体育局建立优秀教师脱颖而出机制，1986年以来，已评出了全国优秀教师17人，省特级教师11人，省市优秀教师400余人，成都市教育专家2名，成都市学科带头人21人，彭州名师100人，市骨干教师1000名。

工　资

1985年，中共中央、国务院发布《关于国家机关和事业单位工作人员工资制度改革的通知》。从1985年7月1日起，实施以职务工资为主要内容的结构工资制，新的工资制度涵盖基础工资、职务工资、工龄工资、奖励工资四大部分。另外，教师同时实行教龄津贴。工资改革后，彭县中小学、幼儿园教师平均工资额为79.21元，增长率为58.9%。

1987年5月，彭县人民政府根据国家劳动人事部（劳人薪〔1986〕96号）和川工改〔1987〕4

号、川工改办〔1987〕13号文件精神，对符合调资的中小学、幼儿园教师进行增资。增资后，中小学、幼儿园教师的月平均工资为90.33元，增长率为14.03%。

1993年撤县设市后，根据上级文件精神，中小学、幼儿园教师增加一级工资。

是年11月，国务院颁发《关于机关和事业单位工作人员工资制度改革问题的通知》，教职工活工资部分按照市教育局制定的《关于教职工30%津贴发放试行意见》执行。中小学教师工资改革后，又在新的专业技术职务工资标准的基础上提高10%。中小学、幼儿园教职工月平均工资额增加到316.28元，增长幅度为161.04%。

1999年7月11日，彭州市政府根据国家人事部、财政部《关于调整机关事业单位工作人员工资标准和增加离退休人员离退休费三个实施方案的通知》和省人事厅、财政厅《关于实施1999年调整机关工作人员工资标准的通知》精神，对全市中小学、幼儿园教职工进行了增资。此次增资幅度较大、速度快、范围广。在国庆前夕，增加的工资立即发放到教职工手中。增资后，中小学、幼儿园教职工月平均工资增加到436.13元，增长率为33.9%。在工资具体发放中，退休人员工资的发放，根据成府发〔1989〕93号文件规定，凡从事普教工作年满30年的教育工作者退休费领取100%。1995年，《四川省实施〈中华人民共和国教师法〉条例》第二十五条规定："在农村乡镇及其以下中小学从事教育教学工作，满二十五年的教师，按国家有关规定退休后享受退休时的全额工资待遇。"

1999年以后，年度考核称职的教职工每两年正常增加工资一级。从2003年起，中小学、幼儿园教职工年终多发放一个月基础工资。

彭州市财政保证教师工资的按时足额发放，从未出现过拖欠现象。2002年，全市在城区部分学校试行中小学教师工资直发，2003年全市教师工资全部实行银行直发。

津　贴

《中华人民共和国教师法》第二十六条规定："中小学教师和职业中学教师享受教龄津贴和其他津贴"。国家教委《关于〈教师法〉若干问题的实施意见》第七条第二项进一步具体规定："中小学教师和职业学校教师享受的津贴，包括教龄津贴、特殊教育津贴、班主任津贴、特级教师津贴，以及根据需要设立的其他津贴。做出突出贡献的教师，依照国家规定，享受政府特殊津贴"。

教龄、职务津贴　1985年，新的结构工资实施时，按照规定发放工龄补贴外，还发放教龄津贴，其发放标准是3～10元。从1994年起，彭州市教育系统实行领导职务津贴制度。领导津贴适用范围为中小学校长、主任，津贴发放标准由教育行政部门按责任目标考核情况，并辅以学校类别、规模而定。

边远山区补助津贴　1983年9月，开始对通济区公办教师实行生活补贴，其标准是4～6元。2000年以后，对通济中学等10所山区中学的教师按每人每月10～15元下发，共765人享受山区教师补贴，全年补贴9.19万元。对夫妻分居两地的山区教师，每月报销两次返家车费，共245人享受，全年补贴6.46万元。

班主任津贴　班主任津贴1980年起施行，其标准为小学班主任每人每月8元，中学班主任每人每月12元。而后，中小学班主任津贴增长为每人每月10～12元。2005年起，小学班主任津贴增长为每人每月60元，中学班主任津贴增长为每人每月72元。(全年按10个月计算)

教育专家、特级教师等名师津贴　1993年，国家教委、人事部、财政部颁发《特级教师评选规定》，特级教师每人每月补贴80元，退休后继续享受，数额不减。

从2002年起，彭州名师每人每月给予300元津贴；2004年起，对评出的市骨干教师每人每月给予

100 元津贴；对成都市教育专家、四川省特级教师、成都市学科带头人每人每月分别给予 1000 元、400 元、300 元的政府补助津贴。

教师住房

《中国教育改革和发展纲要》指出：“在住房和其他社会福利方面实行优待教师的政策。各级政府要制定切实可行的计划，尽快使城市教职工家庭人均住房面积达到当地居民的平均水平。在住房制度改革中，要对教职工住房的建设、分配、销售或租赁实行优惠政策，逐步社会化。教职工住房建设的责任在地方政府和主管部门，基建投资实行多渠道筹集的办法。地方政府和主管部门要增加教职工住房建设的投资。‘八五’期间，力争使教职工住房条件有明显改善。”

《中华人民共和国教师法》第二十八条进一步规定：“地方各级人民政府和国务院有关部门，对城市教师住房的建设、租赁、出售实行优先、优惠政策。”

1989 年以前，教职工住房建设发展较为缓慢，许多教师一家数口挤在狭小的集体宿舍，既居家又办公，生活条件极为艰苦。

1989 年，县委、县政府明确提出要解决教职工住房问题，修建成套住房。住房建设资金由国家、乡镇、学校三方筹措。三年后，共建成教职工成套住房达 1102 套，一批教职工先后辞别旧房，乔迁新居。

1992 年，国家住房制度改革，教职工住房资金由国家、乡镇、学校、个人四方筹集，并于 1992 年 6 月征收教职工住房公积金，其标准按教职工本人工资总额 5% 计算，每月扣除并一并缴房改部门指定的配套银行，不得挪用。缴纳公积金是一种义务性长期储蓄，实行“个人存储，统一管理，专项使用”的原则进行管理。单位和个人缴存的公积金全部归教职工个人所有，教职工退休时返还个人。

1995 年，彭州市人民政府制发《关于实施教师住房建设“广厦工程”的通知》，开始实施“广厦工程”。1992—1996 年，教师住房建设在普及九年制义务教育期间又有长足发展，全市教职工住房达到 1768 套，人均面积 8.4 平方米。

1998 年，继续启动“广厦工程”。在彭州一中旁修建“东湖园丁苑”，成套住房 144 套。在设备室地址上修建“龙兴园丁苑”，成套住房 42 套。截至 1999 年底，教育系统有教职工成套住房 2272 套，人均住房面积达 9.4 平方米。

2000 年以后，市政府、教体局高度重视教师住房建设和居住条件的进一步改善，继续实施“广厦工程”。截至 2005 年底，共投入资金 3624 万元，建设成套住房 634 套，竣工房屋面积 6.04 万平方米；投入资金 115 万元，修建教职工宿舍 2050 平方米。

教师医疗保健和养老保险

医疗保健待遇　《中华人民共和国教师法》第二十九条规定：“教师的医疗同当地国家公务员享受同等待遇；定期对教师进行身体健康检查，并因地制宜安排教师进行休养”。根据这一规定，教师医疗保健待遇应该同当地国家公务员相等。此外，还要充分考虑教师的职业特点，增加教师福利，尽快解决教师看病难的问题，为教师就诊住院、转院提供方便，并建立教师健康检查和休养制度。1994 年之前，教职工医疗费用在“公医办”报销，根据教职工工龄长短按比例报销支付，资金来源由县财政支付。从 1994 年 1 月 1 日起，彭州市公费医疗制度改革，实行门诊医疗费用包干，按年度发给个人，大病实行统筹，除个人支付部分外，其余费用由社保支付。

养老保险待遇　1996 年 7 月之前，教职工退休金的发放按国家政策由财政支付。从 1996 年 7 月 1 日起，实施养老保险，对在职教职工按月扣缴养老保险金。在职教职工养老保险金的缴纳方式为：国家财政负担部分，按本单位上年度在职教职工工资总额的 22% 筹集；教职工个人负担部分，按本人上年度工资总额的 3% 筹缴。各单位在每月发放工资时按月代为扣收，并于每月 10 日前向彭州市机关事业社保局缴纳。

第四节　教师管理

20 年间，全市教师队伍素质不断提升，先进模范人物不断涌现，优秀教师、名师骨干层出不穷，1986—2005 年，评选为全国优秀教师、优秀教育工作者 17 名；评选为四川省优秀、劳模教师 31 名；评选成都市劳模教师 12 名；评选四川省特级教师 5 名，成都市教育专家 2 名；评选彭州名师 100 名、骨干教师 1000 名。基本形成一支师德高尚、作风过硬、思想素质高、业务能力强，忠于党的教育事业的教师队伍。

职业道德教育

教育主管部门和各中小学抓住“爱岗敬业、奉献教育”主题，通过开展“师德师风大讨论”，试行“师德诚信卡”制度等活动，加强教职工的职业道德教育。2003 年起在实验小学、延秀小学、彭州中学、九尺中学开展试点工作；制发《彭州市中小学教师职业道德考核细则》《关于贯彻“八要八不准”规定，严肃处理违反职业道德行为的实施细则》《关于加强党风廉政建设和行业作风建设的有关规定》等，对师德师风进行规范，增强教师社会责任感和法律意识；开展评议，接受群众监督。

从 2000 年开始，教体局依照《彭州市中小学教师职业道德考核测评标准》，从依法执教、爱岗敬业、热爱学生、严谨治学、团结协作、尊重家长、廉洁从教和为人师表等 8 大项、29 个小项进行考核，并规定考核分数低于 70 分者，其年度考核不合格，不得参加 2 年一轮的工资晋升。

调动积极性

知人善任，用其所长。在用人问题上做到学用一致、专业对口、人位相符、职能相称。在人事管理中，把知人和用人统一起来，调动教师的积极性。

关心教职工生活，落实教师工资待遇和补贴，彭州市财政千方百计保证教师工资的按时足额发放，从未出现过拖欠现象，并对优秀教师进行重奖。关心困难教职工，解除其后顾之忧，调动教师教书育人的积极性、主动性和创造性。

绩效评估和考核

内容和方法　教师绩效评估考评 3 个方面：一是教学任务的完成情况；二是师德状况；三是工作态度。教师绩效考核具体内容为：考勤——主要考查教师的工作态度、工作量、出勤状况、政治学习和业务能力情况等；考能——主要考查教师的实际文化程度、工作能力和业务水平，包括教学水平、班务工作能力、教育科研能力等；考绩——主要考查教师在教育、教学方面的工作成绩和教学效果等。

教师绩效评估和考核方法为：根据教师劳动特点，建立健全“教师工作责任制”等规章制度；抓好平时考查，学校行政领导深入教师劳动的全过程，参加教师备课、讲课、教研、班会及各种课外活动，检查教师批改作业和实验实习情况，定期召开座谈会，搞好教师互评，进行学生成绩分析等，动态、客观公正地评价教师绩效。

建立考查与考核制度　在教师管理过程中逐步建立完善约束和激励机制，并严格按制度办事，对优秀教师进行表彰奖励。

对违反职业道德的教师严肃处理。2002 年以后，对违犯教师职业道德的事件，发现一起，查处一起。对天彭中学、致和中学有关师德师风事件进行调查，责令学校进行处理。九尺中学个别教师与校长采取极端手段发生冲突，对当事教师进行严肃批评教育，并在全系统进行通报批评。针对三界小学、致和小学组织考试工作中的违规行为，对两所学校部分行政干部分别作降职、通报批评处理。

全市中小学教师的年度考核统一安排在学年末的暑期进行，严格按德、能、勤、绩进行考核，考核中同时参考在行风评议中，学生、家长及社会对教师的意见。两年一度的工资正常晋升，3% 的提前晋升人员均在年度考核优秀者中产生。

建立业务档案制度。对教师的出勤情况、工作量、政治学习、业务进修成绩、奖惩情况，都按期作好记载，存入教师的个人业务档案，作为今后评优选模、评职晋级的参考。

第三章　教育改革

1985 年，为贯彻实施中央《关于教育体制改革的决定》精神，县委、县政府成立“中小学体制改革领导小组”施行教育体制改革。2001 年 5 月，国务院颁布《关于基础教育与改革的决定》，全市教育改革深入发展。全市（县）的教育改革结合全市（县）教育实际和市（县）委、市（县）政府中心工作开展。在教育管理体制方面实行市（县）政府、镇（乡）、村的分级管理体制；在教育结构上配合“科教兴市”工作和驻彭国企改革工作，实行调整、撤并，分离改革，推进城乡教育一体化；在办学体制方面，鼓励民间私人办学，从学前教育到中学教育均有民办学校，甚而公办民助、民办公助股份制学校也纷纷开办；在学校学生素质教育方面，因社会生态价值取向等因素的影响，还有待于进一步改革。

第一节　教育管理体制改革

分级办学分级管理体制

1985 年中共中央下达《关于教育体制改革的决定》后，教育事业实行分级办学、分级管理、以县为主的体制。

县级负责办学和管理教师进修学校电大分校、彭州中学、实验小学、延秀小学、南街幼儿园、机关幼儿园等12所学校。

乡镇负责办学和管理乡镇中学、中心小学、公办幼儿园、农民文化技术学校。

乡镇、村共同办学和管理村小。

村负责办学和管理村级幼儿园。

县政府及其教育行政部门负责搞好中小学的规划、布局调整、建设和管理，负责中小学校长、教师的管理，指导学校的教育教学工作。

乡镇政府按照县政府要求，结合本乡镇实际，负责本乡镇教育发展规划，辖区学校校长、教师的管理，保障师生权益。村（居）委会负责动员本村（街道）学龄儿童和青少年入学，做好流失生回校学习的工作，协助乡镇政府做好学校的常规管理，完成下达各项教育工作任务。

校长负责制

20世纪80年代开始，中小学实行内部管理体制改革，许多中小学实行校长负责制。1985年《中共中央关于教育体制改革的决定》要求“学校逐步实行校长负责制”。1993年《中国教育改革和发展纲要》明确肯定校长负责制。1995年《中华人民共和国教育法》以法律形式确立校长负责制，规定“学校的教学及其他行政管理，由校长负责”。彭州市中小学从1987年开始试行校长负责制，建立中小学校长任期目标负责制。1987—1993年，每届任期3年；1993—2005年，每届任期5年。制定任期责任目标，对学校领导班子采取“全面考核、局部调整、追踪调查”的管理办法，建立行政干部业绩考核档案，与干部升降、奖惩、教育相结合。

教职工聘任（用）制

根据四川省《事业单位聘用制管理试行办法》《事业单位未聘人员分流安置意见》精神，制定《教职工合同聘任制实施方案》，规定原则、程序、聘用合同管理等，开展教职工聘任工作。从1997年起，新录用的中小学、幼儿园教师，实行见习期一年。在见习期内经过120学时培训（60学时任职学校自培，60学时由进修校进行规范性培训），考试合格并经学校全面考核合格，按以上原则和程序签订新教师聘用合同。

2002年7月开始启动教职工聘用制工作，2004年10月中旬开始签订聘用合同；截至2004年12月6日，全系统80个事业单位，5856名教职工，已签合同5735人，因生病、接近退休年龄作缓签处理的107人，离岗待退14人，16人辞公职。

校务公开制度

2003年5月根据成都市校（院）务公开领导小组《2003年继续实行校（院）务公开的意见》，制定和完善校务公开制度。加强领导，巩固战果，突出重点，注重实效；坚持“公开、公正、公平”原则，规定校务公开的具体内容、措施。校务公开制度的推行，调动了教职工教书育人和民主管理学校的积极性，为彭州市教育事业的发展增添了活力。

第二节　教育结构调整

学校布局调整

为贯彻市委“科教兴市”战略，2003年5月开始进行学校布局调整，保留33所中心小学，6所九年一贯制学校，23所初级中学，8所普通高中（含企业1所）和2所职业高中。五年内全市撤并村级小学47所，村级小学数由2003年的138所减少到2008年的91所。其中2003年调整13所，2004年调整8所，2005年调整6所。

2000年原丽春职中停招职高新生，改为普通高中。2002年秋，撤销隆丰、九尺2个职业高中点校，改为初级中学。集中人力财力办好彭州职中和军乐职中。

剥离普通高中初中部，扩大高中容量。城区的彭州中学、彭州一中、天彭中学初中部剥离出来，停招初中新生，当年新增高中学位4200个，有力缓解全市高中入学压力。同时，置换农村高中濛阳中学与濛阳小学地盘，增加高中容量，突破近两年“普高”的瓶颈制约，为2005年实现“基本普及高中阶段教育”目标奠定基础。

建设山区寄宿学校。2004年起，分期分批修建山区寄宿学校学生宿舍和学生食堂。

分离接收厂矿子弟学校

根据《中共成都市委办公厅关于加快分离企业办社会职能工作的通知》（成委办〔2001〕5号）精神，从2001年初开始，彭州市教育委员会在市政府领导下，进行彭州市市属以上企业办学校的分离接收工作。

接收的是国营中亚无线电厂、成都市跃进煤矿、锦江油泵油嘴厂、彭县铜矿、四川省彭县蛇纹矿等5所厂矿子弟校的教师和校产。5所厂矿子弟校共有教师131名。

到2002年1月，基本完成以上5所厂矿企业子弟校的分离接收工作，共接收教师85名，接收学生1030名，投入经费191.6万元，其中教师人头费81.6万元，维修经费110万元，顺利完成成都市属以上国有企业子弟校的分离接收工作。

城乡教育一体化

城乡教育一体化，发展农村教育，办好农村学校是实践“三个代表”重要思想的体现。根据成都市、彭州市党委、政府的统一部署，2004年，彭州市全面推进城乡教育一体化。

提升农村中小学教师专业素质　对600名农村教师进行学历提升教育。每年培训幼儿教师约120名，小学教师约2760名，初中教师约1680名，普高教师约840名，职高教师约160名，骨干教师约160名，新教师约140名。同时加大对学校干部的培训、考核和管理力度。

改善农村中小学办学条件　到2005年底，经成都市教育局批准实施标准化建设的学校56所，新建校舍面积9.42万平方米，计划投资8800万元。其中已竣工26所，开工建设的项目学校11所，进入招标阶段的学校7所，进入施工图设计阶段的12所。标准化建设工程的实施，从根本上改善全市农村中小学的硬件条件，促进城乡教育均衡发展。

教育现代化建设　到2005年已有20所学校建立多媒体教室，39所农村小学“模式二”工程，30所农村初中“模式三”工程安装到位，基本满足现代信息技术教育课程开课要求。

帮困助学，让城乡贫困学生享有受教育权利　2004年国家下发义务教育助学金25000元，资助小学、初中贫困生96名，2005—2006学年度义务教育阶段“两免一补”和两类高中助困资金382.89万元。

第三节　办学体制改革

改革进程

《中共中央关于教育体制改革的决定》指出：“地方要鼓励和指导国有企业、社会团体和个人办学”。彭州市出现非学历教育的培训机构。1993年2月，中共中央、国务院颁布的《中国教育改革和发展纲要》进一步指出“改变政府包揽办学的格局，逐步建立以政府为主体、社会各界共同办学的体制”。彭州市民办教育开始出现学前教育，私立幼儿园。1997年7月31日，国务院颁布《社会力量办学条例》，民办教育进入依法办学、依法管理、依法行政的阶段，彭州市民办教育逐渐推进到学历教育领域。2002年12月8日，第九届全国人大常委会第31次会议通过《中华人民共和国民办教育促进法》，并于2003年9月1日起正式实施。民办教育最终以法律形式肯定。

民办教育促进法颁布后，彭州市教育主管部门和相关部门在市委、市政府领导下，转变观念、务实创新，大力鼓励和引进民间资金兴办民办教育。

民办教育发展和改制

学前教育　2002年，成都市蓓蕾幼儿园投入400余万元在彭州市举办分园，此举带动全市民办学前教育的发展。2003年，苗苗、馨艺、天天乐等其他民办幼儿园投入资金，一部分农村幼儿园也增加投入，不断改善办学条件。全市共有民办幼儿园125所，占幼儿园总数的79%，在园幼儿4517名，占在园幼儿的总数的40.1%，全市3~6岁幼儿入园率达84.3%。

小学教育　2002年，遂宁市投资者杨万兵等投入900多万元，建民办沁园小学。学校占地5600平方米，建筑面积达4400平方米，教学仪器总价值达70余万元，图书1.2万册，教职工35名，在校生750余名。同时，全市引进民间资金参与公办学校体制改革。2002年，经彭州市政府研究，报成都市教育局批准，引进资金1000余万元新修延秀小学教学综合大楼，建立公办民助延秀（外语实验）小学。是年，还引进资金1000余万元，新建实验小学综合大楼。

中学教育　2002年，彭州市与成都市民营企业合作，共同出资新建民办公助股份制彭州中学实验学校，学校占地面积3.8万平方米，建筑面积近2万平方米，总投资达4000多万元，其中引进资金2500万元。学校实行董事会领导下的校长聘任制，所有中层干部和任课教师均实行公开招聘。

后勤服务社会化

彭州中学、彭州职中、天彭中学等学校，采取定期收回所有权的租赁方式，在学校住宿、食堂建设等方面引进民间资金，进行学校后勤服务改革，逐渐改善办学条件，缓解学校经费压力。

第四节　素质教育

规划和实施方案

为贯彻推行党中央、国务院实施素质教育的重大决策，落实成都市中小学实施“素质教育工程”总体部署，1995年10月16日，市教育局制定素质教育实施方案。《方案》坚持教育要“三个面向”精神为指导，全面贯彻党的教育方针，全面实施《纲要》，以转变教育思想、更新教育观念为先导，以深化教育教学改革为动力，以全面提高彭州市中小学生思想道德、文化科学、劳动技能和身体心理素质，全面提高基础教育质量为目标，培养跨世纪的社会主义事业的建设者和接班人。在具体实施过程中，坚持积极推进、实事求是、整体规划、分步实施、分类指导、分层推进的工作方针和重点突出、典型示范的原则，处理好施教者和受教育者同步优化素质结构与教育条件、教育评价及社会评价的辩证关系。成立以教育局局长为组长的领导小组，提出了阶段目标、实施原则、实施步骤，从1995年1月至2000年，分准备阶段、定点实施阶段、推广总结阶段、提高深化阶段在全市实施。

实施情况

在素质教育实施过程中，主管部门深入学校进行调查研究，在《中、小学教育现状调查报告》的基础上制定《彭州市中小学素质教育工程实施方案》，要求各中小学结合本校实际，制定素质教育实施方案、实施计划和阶段性实施报告。在总结推进阶段，形成了试点学校实施素质教育工作的各项成果和取得的基本经验。在提高深化阶段，全面梳理实施素质教育工程的经验、总结、报告和论文。到2000年，共撰写调查报告180多份，在各级刊物发表和学术年会交流的学术论文2000多篇。在此基础上拟定了第二轮实施素质教育的基本构想和实施方案。

从1995年至2005年的10年间，彭州市中小学实施素质教育取得阶段性成果，但仍存在一定问题。主要是“应试教育”的影响还没有完全肃清，思想观念还不太适应素质教育的要求；队伍建设有待进一步加强，素质结构有待优化；减轻学生过重的课业负担没有完全落到实处；对学校的评价体系还没有完全摆脱应试教育的阴影；基础教育课程改革的步伐有待加快，教育投入有待加大，育人环境有待进一步优化。

第四章　普通教育

在改革开放的进程中，彭州市逐步建立完善了普通教育体系。从幼儿园到高中阶段的教育状况都在不断提升。幼儿园从仅有的几所公办幼儿园发展到上百所公办、民办幼儿园。1993年普及初等教育后，开始为期3年的“普九”工作，市委、市政府成立以市委书记、市长为正副组长的“普九”工作领导小组，市、乡镇、村形成三级“普九”工作领导机构，并列入一级工作目标管理。同时成立市政府教育督导室，加强督导检查工作。2000年，根据成都市的要求安排，用5年时间完成普及高中阶段教育。市政府实施“资源整合，品牌提升”战略，推进“普高”进程。彭州市教育实现继“普九”后的第二次跨越。

第一节　学前教育

1986年，彭县有公办幼儿园2所，在园幼儿371名；镇办幼儿2所，在园幼儿132名。天彭镇区域的延秀小学、南城小学、团结小学、西城小学、外东小学以及全市32个中心小学开设学前班。但规模不大，人数较少，当年3—6岁幼儿入学率仅12.7%。1988年，由县主管的民办幼儿园共57所移交县教育局，当年3—6岁幼儿入学率达20.7%。随后的十年间，全市坚持“两条腿走路”发展学前教育，幼教事业得到了较快发展。一是重点办好南街幼儿园、机关幼儿园2所公办幼儿园，各镇办中心幼儿园起好示范作用；二是鼓励支持开办民办幼儿园。截至1998年，全市有公办幼儿园2所，中心幼儿园31所，民办幼儿园发展到236所，全市在园幼儿2204名，当年3—6岁幼儿入园率达到77.8%。2002年，3—6岁幼儿入园率达84%。2003年，根据《幼儿园管理条例》等幼教工作的文件精神，结合实际，制定《民办幼儿园办园基本标准及管理意见》，对全市幼儿园进行清理整顿，保留基本合格的民办幼儿园132所、公办幼儿园2所、镇中心幼儿园32所，当年在园幼儿达1.27万名，3—6岁幼儿入园率达84.4%。

第二节　九年制义务教育

“普九”规划

1985年，中共中央发布《关于教育体制改革的决定》。1986年4月颁布《中华人民共和国义务教育法》。1986年四川省相继制定《四川省普及九年制义务教育实施方案》《四川省义务教育实施条例》。成都市政府根据实际提出1994年五城区实现“普九”；1995年发达区县完成“普九”；1996年全面实现“普九”的规划。彭州市依据上级文件精神制定《1996年全面普及义务教育的实施意见》。

资金投入

为实现“普九”的目标，每年投入大量资金，并逐年增长。从1991年的1327.1万元到1996年的7198.03万元，每年都高于财政经常性投入的增长，全市“普九”共投入1.47亿元。1992—1995年，彭州市生均教育事业费：小学从151.18元增长到261.88元，初中从304.79元增长到591.33元；生均公用经费：小学从21.53元增长到46.65元，初中从150元增长到186.49元。资金的投入使“普九”顺利实施有了保证。

硬件建设

按照“普九”要求，新迁建26所学校，199所学校改、扩建校舍，133所学校新扩校地985亩，扩建运动场109个，调整55所村小，新建村小16所。同时对校舍进行美化。1995年底，彭州市成为“四川省中小学实验教学普及合格县（市）”。1996年，着重抓音、体、美、卫、图、劳和补充实验电教器材的配备，并经省和成都市检查验收合格。经过几年努力，小学中心校和中学生人均图书达10册以上，村小生人均图书达5册以上；更新课桌凳7.18万套，其中升降式1.82万套；全市小学中心校和中学共配微机1300余台。1992—1996年，用于学校内部装备的资金达1969万元。

“普九”完成

在“普九”过程中，各中小学立足当地实际，以举办初职班和初中分流的措施，让升学无望的学生学到一技之长，降低辍学率。从1989年在1所学校试点，发展到1996年在6所学校实施。通过政府和社会的共同努力，全市小学和初中在校生辍学率逐年下降，1996年仅为0.003%和1.37%。全市小学正常学龄儿童入学率达99.99%，学生毕业率达99.65%，完成率达99.91%。全市初中学龄人口入学率为97.09%，学生毕业率达98.63%。

1996年11月15日，通过省、市“普九”检查组的检查验收。2000年再次接受成都市政府“普九”复查验收。小学在校生6.38万名，入学率达100%，年辍学率为0.3%，毕业率为99.9%，完成率达99.8%；初中在校生2.89万名，入学率达98.3%，年辍学率为1.95%，毕业率99.1%，完成率达95.2%。

第三节　高中教育

普及高中教育

1996—2000年，彭州市普通高中开始进入发展的5年。教育行政部门办的7所高中，1996年在校生3650名，1997年在校生4345名，1998年在校生4991名，1999年在校生5470名，2000年在校生5899名。2000年，根据成都市政府办公厅《转发成都市教委<关于成都市普及高中阶段教育实施方案>的通知》，全市普及高中阶段教育分为三个阶段：第一阶段为2000年底前，全市初中毕业生升学率达到55%以上；第二阶段为2003年底前，全市初中毕业生达到70%以上；第三个阶段为2005年底前，全市的初中毕业生升学率85%以上。2000年，彭州市初中毕业生5495名，普高招生1960名，中职招生1096名，升学率为55.6%，达到了成都市规定第一阶段目标要求，接受成都市的检查验收。

2001—2005年，是普通高中快速发展的5年。2001年全市普高招生3564名，在校生达7578名，比1996年增加3313名，初升高比例达60.6%；2002年普高招生4728名，在校生达1.02万名，初升高比例达61.8%；2003年普高招生4961名，在校生达1.28万名，初升高比例达73.95%；2004年普高招生4929名，在校生达1.41万名，初升高比例达85.1%；2005年普高招生4862名，在校生达1.4万名，初升高比例88.32%，完成“普高”二、三阶段目标。市教育和体育局被成都市人民政府授予“基本普及高中阶段教育先进集体”。

2005 年，全市共有普通高中 7 所，其中国家级示范性普通高中 1 所（彭州中学），省级示范性普高 1 所（彭州一中），成都市示范性普高 2 所（濛阳中学、天彭中学），合格普高 3 所，（敖平中学、通济中学、丽春中学），教学班 229 个，在校生 1.45 万名。

高 考

1985 年以后，高中教学质量不断提高。1985 年升学率居成都市郊区（市）县第一名，被大专院校录取 255 名；1988—1991 年，高考上线人数夺得成都市区（市）县“四连冠”；1994 年，毕业生合格率达 100%，会考合格率 91.8%，高考上线人数为成都市区（市）县第二名；1996 年，普高毕业生合格率达 100%，高考上线人数再居成都市郊区（市）县第二名；1997 年，毕业合格率 98.9%，上线人数和录取人数创此前最高水平。此后，参加高考的上线和录取人数不断上升，2001—2005 年高考上线蝉联成都市区（市）县第二名。

彭州市（县）1986—2005 年学生高考录取情况表

表 21-4-3-1

年份	参考人数			上线人数			录取人数					
							职教成人录取		普招高考			
	文科	理科	小计	文科	理科	小计	职教	成人	文科	理科	小计	录取率
1986	181	555	736	53	211	264	—	—	79	234	313	118.56
1987	204	765	969	28	128	156	—	—	78	167	245	157.05
1988	265	690	955	48	216	264	—	274	102	309	411	155.68
1989	303	767	1070	77	218	295	—	173	82	212	294	99.661
1990	496	1133	1629	70	254	324	—	149	92	265	357	110.19
1991	494	1189	1683	23	161	184	—	177	62	286	348	189.13
1992	460	1131	1591	20	168	188	—	231	88	296	384	204.26
1993	363	1031	1394	24	108	132	—	192	111	330	441	334.09
1994	309	887	1196	18	184	202	—	345	86	348	434	214.85
1995	386	848	1234	27	247	274	5	296	46	425	471	171.9
1996	392	913	1305	42	225	267	15	257	67	362	429	160.67
1997	359	810	1169	126	408	534	35	331	138	450	588	110.11
1998	369	913	1282	95	403	498	46	192	124	531	655	131.53
1999	409	1015	1424	113	460	573	56	519	170	697	867	151.31
2000	557	1248	1805	248	702	950	110	446	337	955	1292	136
2001	631	1329	1960	403	765	1168	179	420	532	1011	1543	132.11
2002	585	1650	2235	547	1545	2093	175	486	433	1226	1659	79.264
2003	650	1833	2483	611	1759	2370	182	725	478	1378	1856	78.312
2004	1230	2402	3632	1194	2331	3525	164	506	950	1856	2806	79.603
2005	1879	3205	5084	1820	3106	4926	191	412	1363	2328	3691	74.929
			合计	5587	13599	19186	1158	—	5418	13666	19084	—

第四节 教育成果

德 育

刘延军烈士

1992—1996年，共评选出彭州市（县）级以上三好学生4500名；有19所学校被评为全省德育先进单位；濛阳小学少先队被授予“全国红旗大队”称号；学校爱国主义系列教育荣获全国组织奖；1991年，濛阳中学刘延军同学舍己救人光荣牺牲，被省人民政府批准为革命烈士；2003年延秀小学廖晗月同学被授予“成都市十佳少先队员”称号。

智 育

1988年，彭州中学何宏宇同学以满分获“国际中学生奥林匹克竞赛”金奖；1993年4月，濛阳小学刘强、杨运新同学获“全国小学生数学奥林匹克竞赛”一等奖，还有5位同学获三等奖；1994年5月，濛阳小学杨运新同学获“全国小学生数学奥林匹克竞赛”最高奖——满分奖，同校韩同伟同学、九尺小学黄祥帝同学获一等奖，还有5位参赛同学获二等奖、49位同学获三等奖；2001年5月，在广州举行的“全国华罗庚金杯少年数学邀请赛”中，彭州市代表队捧4金杯；2003年7月，彭州中学万昕同学获第44届“国际中学生数学奥林匹克竞赛”金牌；2004年5月，全市组队参加第九届“全国华罗庚金杯少年数学邀请赛”总决赛，获银牌2枚、铜牌4枚，居四川省第一；2004年7月，在“全国小学生‘我爱数学’夏令营”决赛中，实验小学、延秀小学代表队共获一等奖4个、二等奖15个、三等奖5个。2004—2005年，延秀小学获四川省数学竞赛冠军。2005年，延秀小学参加全国“华罗庚金杯少年数学邀请赛”，夺得1枚金牌、1枚银牌、2枚铜牌。

体 育

1987年，彭县中学、彭县一中、延秀小学被评为“成都市优秀体育传统学校”。1988年彭县中学被评为“成都市优秀体育传统学校”、“四川省群众体育先进集体”，1990年被评为“四川省传统项目先进学校”，1994年评为“四川省传统项目先进集体”。

1989年彭县中学排球队获“成都市首届青少年运动会”排球比赛冠军；1990年，代表成都市参加“四川省第三届青少年运动会”排球比赛，获团体第二名；1994年，获“四川省第三届青少年运动会”排球比赛第三名；1995年获“全国少年排球赛”第八名。彭中排球队先后8次获四川省冠军，十余次获成都市冠军，还3次代表四川省参加全国比赛。彭州中学作为传统体育教育基地，还为国家队、省队、部队体工队输送多名人才。

2004年，彭州市组队参加成都市游泳比赛，获4枚金牌、2枚银牌和3枚铜牌。是年，延秀小学等13个小学校获“成都市第八届小学生‘乒乓球活动月’”一等奖；彭州市代表队参加成都市“灵岩山风景区杯”登山比赛获第七名。

美 育

2004年1月，西郊中心小学尹婷同学参加“全国宝贝新星选拔赛”荣获“全国十佳歌手”称号。

2004年2月，团结小学曾清同学在“中国少年儿童艺术节舞蹈比赛”中表演的《孔雀泉边》获银奖。

2004年9月，在“成都市第八届中小学鼓乐比赛”中，实验小学、延秀小学代表队均获二等奖。

彭州市（县）1986—2005年被成都市以上相关单位命名的各类示范学校名录情况表

表21-4-4-1

命名名称	学校名称	授予时间	授牌机关
成都市科技示范学校	延秀（外语实验）小学	1999	成都市教育局、科协
	彭州市实验小学	1997	成都市教育局、科协
	彭州市西城小学	2001	成都市教育局、科协
	彭州市团结小学	2001	成都市教育局、科协
	彭州市利安小学	2003	成都市教育局、科协
成都市健康教育示范校	实验小学	1998.11	成都市教委
成都市红领巾示范校	濛阳小学	2001.11	共青团成都市委、成都市少工委
	延秀（外语实验）小学	—	共青团成都市委、成都市少工委
	军乐小学	2004.10	共青团成都市委、成都市少工委
	实验小学	1999	共青团成都市委、成都市少工委
成都市中小学实验教学示范学校	敖平中学	2005.3	成都市教育局
成都市绿色学校	彭州职业中学	2005.12	成都市教育局　成都市环保局
	濛阳小学	2001.12	成都市教育局　成都市环保局
	彭州中学	2003.10	成都市教育局　成都市环保局
	彭州一中	2005	成都市教育局　成都市环保局
	天彭中学	1999.1	成都市教育局　成都市环保局
成都市级重点中学	彭州一中	2000	成都市人民政府
成都市示范性高中	天彭中学	2005.5	成都市教委
	濛阳中学	2001	成都市教委
	彭州一中	2002	成都市教育局
成都市合格普通高完中	濛阳中学	1998	成都市教育局
	通济中学	1998	成都市教育局
成都市示范家长学校	彭州中学实验学校	2005.11	成都市妇联、成都市教育局
	彭州职业中学	2005.11	成都市妇联、成都市教育局
	濛阳小学	2005.2	成都市妇联、成都市教育局
	丽春小学	2005.11	成都市妇联、成都市教育局
	西城小学	2005.11	成都市妇联、成都市教育局
	延秀（外语实验）小学	1999	成都市妇联、成都市教育局
	实验小学	2006.6	成都市妇联、成都市教育局

续表21-4-4-1

命名名称	学校名称	授予时间	授牌机关
成都市校风示范学校	利安小学	2003. 12	成都市教育局
	濛阳小学	—	成都市教育局
	彭州中学	1997. 4	成都市教育局
	敖平中学	2004. 3	成都市教育局
	实验小学	1998. 12	成都市教育局
	延秀（外语实验）小学	2000. 1	成都市教育局
	天彭中学	2000	成都市教育局
	濛阳中学	2001	成都市教育局
成都市小学教师校本研修示范基地学校	实验小学	2005	成都市中小学教师继续教育办公室
	延秀（外语实验）小学	2005	成都市中小学教师继续教育办公室
成都市中学校长培训基地	彭州中学	2004. 12	成都市教育局
四川省绿色学校	彭州中学	2004. 12	四川省教育厅　四川省环保局
	利安中学	2004. 12	四川省教育厅　四川省环保局
四川省现代教育技术示范学校	实验小学	2000. 11	四川省教育厅
四川省国家级示范性普通高中	彭州中学	2002. 7	四川省教育厅
四川省校风示范学校	彭州中学	1997. 12	四川省教育委员会
	濛阳小学	—	四川省教育委员会
	彭州一中	2002	四川省教育厅
四川省示范性普通高中	彭州一中	2002	四川省教育厅
四川省再就业培训基地	彭州职业中学	2002. 9	四川省劳动和社会保障厅
全国红旗大队	濛阳小学	1991	全国少工委
四川省合格示范性幼儿园	彭州市南街幼儿园	1991. 2	四川省教育委员会
四川省省级重点中等职业技术学校	彭州职中	2004. 4	四川省教育厅
四川省示范家长学校	延秀（外语实验）小学	1999. 6	四川省妇联、省教委
	实验小学	2003. 8	四川省妇联、省教育厅
四川省电教示范学校	实验小学	2000. 5	四川省电教馆
四川省素质教育基点校	实验小学	1997	四川省教委
四川省首批“以校为本教研基地”	延秀（外语实验）小学	2005	四川省教育厅
四川省职业技能示范学校	丽春小学	2000	四川省教育厅
	通济小学	2000. 10	四川省教育厅
	延秀（外语实验）小学	2000. 10	四川省教育厅

第五章　职业教育和特殊教育

彭州市职业教育起步较早，1982 年在军乐中学试办职业高中班，此后逐步发展。1993 年招收初级班。1997 年超额完成成都市下达的招生计划，居成都市郊区（市）县第一名，此后一直居成都市前列。1998 年职业学校发展到 3 所，许多中学都开办职业教育班。1999 年有教学班 60 个，达到职业教育的高峰。为优化教育资源配置，增加农村教育投入，确保职教质量，2000 年调整职教布局，经裁汰保留彭州职中和军乐职中。2005 年教学班增加到 110 个，在校生总数 7004 名，招生数 3665 名，是调整前最高纪录的数倍。

兴办特殊教育，使“三残”儿童入学受教育，是一个地区社会进步文明的体现。彭州市在“普九”中重视特殊教育的发展，在彭州市四大班子和社会团体、民众的关怀和帮助下，1996 年“三残”儿童入学率已达 91.5%，2005 年开始新建市特殊教育学校。

第一节　职业教育

职业教育的发展

1986 年，彭县职中、军乐职中、隆丰中学、854 学校，开设音乐、美术、机械、财会、幼师、建筑、电子等专业，共招收新生 326 名。

1988 年，彭县职教发展到 7 个校点，其中重点职业高中 2 所，23 个班，在校学生 966 名，占两类高中学生总数的 36%。开拓与厂矿、企业联合办学的新路子。

1989 年，职业高中毕业率达 100%，超过成都市下达的目标。此外职业教育重视职前职后培训。

1993 年，职业中学扩大招生规模，彭州职中、军乐职中、隆丰中学共招收新生 601 名，超过招生计划 43.7%。

1994 年，扩大职业初中班的办学规模，分别在军乐、隆丰、九尺、利安、万年、天彭一中、升平、隆丰二中、庆兴等 10 校各办初三分流职业班 1 个，开设种植、财会、家用电器、建筑等专业共 10 个班，在校生达 420 名。

1995 年，为大力发展职业教育，扩大职业高中的招生规模，经成都市批准，九尺中学开始招收职业高中班，并取得成功。

1996 年，职高招生工作完成成都市政府下达的目标计划，职高毕业生合格率达到 100%。

1997 年，职业教育招收新生 907 名，超额完成成都市下达的招生计划，居成都市郊区（市）县第一名，获成都市教委表彰。职业教育在原有专业的基础上，新增设保安、服装、幼师、政法等专业，专业门类更加齐备，更加合理，在校生达40个班共1672名。彭州职中动工修建新教学大楼，为创建合格职中创造条件。全市职业中学为高等学校输送本科上线生6名，有2名职教教师获“成都正大农业职教教师奖”。

1998年，职业教育招生达988名，继续居成都市郊区（市）县前列，受到成都市教委的高度评价和表彰。全市职教在校学生达56个班2110名，首次突破2000大关，有3名职教教师获成都正大农业职教教师奖。丽春中学由普通高完中改办为职业中学，彭州职业中学经成都市教委验收为合格职高，且具备创省级重点职中的部分条件。在磁峰、新兴、庆兴、楠杨、万年、隆丰、隆丰二中、三界、天彭一中等九校各试办一个初三分流班，开设专业有家电维修、机械、电子计算机、种植等，学生总数达400余名。各职业中学继续向高等学校输送优秀学生37名，其中职教本科生8名，职教专科生29名。

1999年，职业学校招收新生743名，招生总数居成都市郊区（市）县第一名，在校职教生2011名，职业高中毕业生合格率达100%，被高校录取56名。在改善职教办学条件上，彭州职中修建学生住宿楼，可供500名学生住宿。军乐职中和隆丰中学修建教学大楼各1幢。当年，有5名职教教师和教育工作者获得成都市教委和成都正大集团公司授予的专项奖励。彭州市委、市政府授予彭州职中、军乐职中先进集体一等奖，丽春职中获先进集体二等奖。

职业教育调整

《国务院关于大力推进职业教育改革与发展的决定》颁布后，彭州市委、市政府经充分调查研究，决定调整布局结构，优化资源配置，提高办学质量。

2000年，原丽春职中停招职高新生，改为普通高中；2002年秋撤销隆丰、九尺2个职业高中点校，改为初级中学，集中人力财力办好彭州职中和军乐职中。

2004年，彭州职中占地160亩，环境幽美，宽带校园网、数码播音系统等教育教学和生活设施配套齐全，拥有网络机房、形体训练房、财会模拟室，电子实验室、高规格学生公寓等一流办学设施，有64个教学班，教职工187名。

彭州职中遵循本地劳动力资源配置方式，以本地区支柱产业和新的经济增长点为依托，初步形成以医药化工、电子、机械等专业为主，以建筑、计算机、旅游等专业为辅的专业结构。随着80万吨乙烯项目落户彭州，学校正强力打造石化专业。学校同中央电视台、苏州海关培训基地、联邦制药等50余家单位建立良好的用人关系，形成以成都为中心，辐射京、津、沪、苏等多个省市的就业网络，毕业生合格率达100%，就业率达97%以上。先后荣获“成都市职业教育先进集体”“成都市职业教育改革创新先进单位”“成都市绿色学校”“成都市示范家长学校”“四川省再就业培训基地”等荣誉称号。

军乐职中2004年以后，累计投入1500多万元对学校硬件设施进行改造，学校占地100余亩，建筑面积1.4万平方米，有多个实验室和先进的计算机宽带网络教室、多媒体教室、语音室，以及先进的有线电视网络，并在云天化等一批知名企业建有稳定的校外实验基地，固定资产总值近亿元。学校师资力量较强，有教职工190名，中高级职称占51%，有22名教师具有“双师型”教师资格，另有10名来自生产、管理、服务一线，具有丰富实践经验的兼职教师。

军乐职中开设石化、机械电子、商贸旅游、交通运输、财会幼师等5大类共12个专业，2005年学校被成都市确定为石化专业重点建设学校，计划用2—3年时间将该专业打造为成都市乃至四川省中、初级石化人才培养基地。

学校毕业生就业率高达98%，毕业生大多进入国内大中型企业、上市公司和外资企业，且深受用人单位欢迎。近年来学校连续获得“成都市职业技术教育先进集体”“成都市基本普及高中教育先进单位”“成都市精神文明建设先进集体”等荣誉称号。

彭州市（县）1986—2005年职业中学教育情况表

表21-5-1-1

年度	职业中学教育情况				
	所数	教学班数	在校生总数	招生数	毕业生数
1986	2	19	780	326	124
1987	2	21	963	317	138
1988	3	23	966	414	330
1989	3	24	857	312	290
1990	4	22	751	343	363
1991	3	20	813	381	143
1992	3	21	1011	523	251
1993	3	26	1250	518	188
1994	3	30	1458	558	197
1995	4	28	1265	597	680
1996	4	32	1336	584	393
1997	5	40	1672	907	333
1998	6	53	2110	988	320
1999	3	60	2011	743	406
2000	3	54	1760	719	629
2001	3	47	1802	986	479
2002	2	50	2410	1448	380
2003	2	65	3493	1910	354
2004	2	91	4931	2675	530
2005	2	110	7004	3665	931

第二节　特殊教育

全市残疾儿童约600名。为保障“三残”儿童接受规定期限的教育，1990年，在外东小学建立市特殊教育辅导中心，面向全市招收智障学生24名，分2个教学班，教师6名，轻度智障学生则采取随班就读的方式入学。同年，为规范管理，市教委还制定了《关于对三类残疾儿童认真鉴定与管理的意见》。1996年，全市三类残疾儿童入学率达91.5%。

2005年，特殊教育学校有教师17名，4个教学班，18名学生，其中聋哑学生2名，脑瘫、自闭症学生3名，肢残学生2名，智障学生11名。根据四川省、成都市关于50万以上人口县市要建立特殊教育学校的要求，2005年，在外南育才路新征土地10亩，计划2006年开始动工新建彭州市特殊教育学校，设计招生200名。新的学校启动招生后，将面向全市及周边县市招收“三残”儿童入学，届时全市三类残疾儿童入学率将达95%以上。

第六章　成人教育

成人教育通过业余、脱产或半脱产的方式，采用面授、函授或远程教学的形式，对成年人进行教育。成人教育具有多样性和灵活性，对提高公民的文化素质和职业技能发挥重要作用。1981年，建立工农教育委员会，主任由县政府分管教育副县长担任，统一管理全县成人教育，1995年更名为“成人教育委员会”，主任由市政府分管教育副市长担任。随着全市社会、经济的发展，成人教育已由最初单纯的扫盲教育进入到业务技能培训和学历提高，由扫盲班发展到农广校、职工学校、成人教育学校以及专、本科学历的函大、电大等高等教育，满足人们对文明、健康、科学生活和精神文化生活需求的老年大学和社区教育学院。全市成人教育的发展，为推动社会经济发展和两个文明建设做出积极努力。

第一节　扫盲和农民科技教育

扫盲教育

1988年2月，国务院发布《扫除文盲工作条例》，明确规定脱盲标准和单位达标标准。彭县把扫盲教育列入重要议事日程，层层签订目标责任书，作为“普九”和年终考核的重要内容，实行行政领导责任制。

1989年，发动全县教师普查12—40岁公民文化状况，为扫盲工作提供依据。县教育局编写《农村成人识字课本》，扫盲教育充分发挥中小学、文化馆（站）、成人教育中心学校和农校的作用，组织2100名文盲、半文盲参加学习，扫除文盲1652名。1993年，开展高标准扫盲工作，通过努力，经成都市复查验收合格，实现基本扫除青壮年文盲，非文盲率达98%。1994年，高标准扫盲工作受到省政府的表彰。1998年，彭州市政府发布《关于制止义务教育阶段学生流失的通知》，堵住新文盲产生的源头。1999年，组织7810人参加脱盲后的巩固提高学习，巩固率达95%，通过国家扫盲工作评估检查。2005年，青壮年非文盲率保持在99%以上。

农民科技教育

在基本扫除青壮年文盲后，转入提高文化水平、技术教育的阶段。1986年5月，彭县制订《成人教育“七五”期间规划》。当年有28个乡镇相继开办农民文化技术学校，先后对农村基层干部、广大青壮年农民进行多种专业技术培训。

从1986年以后，农民科技以乡镇农技校、市成教中心为依托，以达小康奔富裕为目的，结合彭州市农业发展实际和农民的需求，为农村基层干部、农民开办经营管理、财务会计、种养植（殖）、大棚蔬菜栽培和管理、农村电工、家电维修、建筑施工、缝纫裁剪、家政服务等实用技术和技能的培训班。至2005年已开办万余期，参培人数达70余万人次，结合每年开展的送科技下乡科普活动周，农村劳动者接受科技知识教育面达85.6%以上。

1989年进行农村教育整体改革实验及实施“燎原计划”，在西郊乡、竹瓦乡进行整改试点，“燎原计划”以小鱼洞农校和县成人教育中心学校作试点，通过各种实用技术培训和科普活动，提高农村劳动力的科学文化素质和技能，促进农村经济发展和社会进步。

第二节 社区教育

2004年，根据成都市教育局《关于在社区建设中加强社区教育的意见》，在市区以彭州职中为依托成立市社区教育学院；各乡镇以中小学为依托成立乡镇社区教育学校。

社区教育工作以舆论宣传为导向，社会文化为切入点，开放教育资源，典型示范，配合成人教育学校来开展。根据社区实际特点和需求，开展“读书日”及创建“学习型家庭”“学习型企业”“学习型机关”“学习型楼院”“学习型社区”等活动。

2005年，社区教育院校所在的中小学所有的微机室、阅览室、体育器材室和场地开放面达95%以上。节假日、双休日，特别是寒暑假期间，学校教学资源开放做到时间、内容、人员三落实，有组织、有计划、有安全保障地接待社区居民到校开展各类活动。

第三节 成人高等教育

成人教育中心学校

1989年，为适应成人教育的发展，彭县建立成人教育中心学校，校址在天彭镇前进村。1998年，因发展需要迁址到天彭镇朝阳北路。成人教育中心学校的职能是指导协助乡镇、部门、街道居委会扫盲和举办各种实用技术培训班，协助社区教育学院指导工作，同时中心学校也举办培训班。

1999年，随着成人教育层次的不断提高，中心学校开始举办高等教育培训班。到2005年期间，开办计算机专科班3个，培训学员292名，计算机本科班1个，培训学员51名；英语专科班3个，培训学员141名，英语本科班1个，培训学员84人；小学教育专科班1个，培训学员34人；教育管理本科班2个，培训学员149名；汉语言文学本科班4个，培训学员303名；教育管理研修班2个，培训学员178名；公共管理研修班1个，培训学员40名。

成都广播电视大学彭州分校

成都广播电视大学彭州分校，校址在天彭镇朝阳北路，与彭州市教师进修学校合署办公，两个牌子一套班子。电大彭州分校的前身是1979年9月筹办的“四川广播电视大学温江工作站彭县教学班”，1985年1月，县政府批准成立“成都广播电视大学彭县管理站”，1991年4月，县政府批准同意建立“成都广播电视大学彭县分班”，撤县设市后更名为“成都广播电视大学彭州分校”。

学校建立以后，坚持培养高等专门人才，服务社会经济发展的办学宗旨，开设有近30个专业，涉及教育管理、财经、英语、计算机、机械、医学、法学等方面，截至2005年已累计招生近6000名，毕业1200多名本科生，4000多名专科生。

高教自学考试

彭州市（县）高教自学考试教育形式是为学员依据自身情况，自愿报考高校开设的专业，利用业余时间自学。修完专业规定的课程，参加考试，成绩合格，成人教育组织依法颁发高等学历证书。全市高等学历自考始于1984年，涉及高校30余所，专业上百个，毕业人数1772名。

附：

辖区高等院校西华大学（彭州校区）

西华大学（彭州校区）的前身是成都师范高等专科学校，是1982年4月经国务院批准新设的一所省属大专院校。成都师范高等专科学校的前身是温江地区“五七”师范学校，1971年建于灌县，1973年迁到天彭镇原彭县师范学校旧址，中师时设有语文、数学、物理、化学、外语班。1977年开始办高师班，1982年定名为温江师范专科学校，1985年更名为成都师范高等专科学校，设有中文、政史、英语、数学、物理、化学6个师范专业，在校学生1604名，教职工365名。

至2003年，学校有9个系15个专业和专业方向，即汉语言文学教育、政史教育（政治法律方向）、英语教育、音乐教育、音乐舞蹈教育、美术教育、数学教育、物理教育、化学教育、化学教育（应用电子方向）、计算机科学教育等12个师范类教育，工艺美术、经济信息管理与计算机应用、应用电子技术（对口高职）等3个非师范专业。有教职工430名，其中教授、副教授等高级职称80名，讲师、工程师、实验师等中级人员140名。学校校舍建筑面积12万平方米，有功能齐全的两栋教学大楼，以及专门的物理电教实验大楼、化学实验大楼、英语教学楼、美术教学楼。学校有Ⅱ586等高中档微机600多台，建立了校园网、计算机实验室网、图书馆网及电教实验室网等4个局网，并已上了因特网，给学校教学、科研、管理等创造了良好的条件。1996年该校荣获“四川省首批电教示范学校”称号。20多年间，已培养大专毕业生8200多名，非师范大专毕业生2300多名。

2003年4月16日，经国家教育部批准，由原四川工业学院和原成都师范专科学校合并组建西华大学。该校是四川省重点建设和发展的省属综合性大学。原成都师范高等专科学校成为西华大学彭州校区。

第二十二篇　科技　气象

1992年，县政府成立科技工作领导小组。随着改革开放的发展，1994年，彭州市委、市政府提出“科教兴市”战略，成立科教兴市领导小组，正、副组长由市委副书记、副市长担任。同年建立市科技顾问团，作为市委、市政府在科技、经济和社会发展中决策的顾问和参谋机构。2001年，贯彻落实中央“党政一把手亲自抓第一生产力”的精神，科教兴市领导小组正、副组长由市委书记、市长担任。全市科技工作不断向前发展，1993年建立全国第一家县级科技中心，1997年被国家科委评选为先进集体，首批荣获“四川省科技工作先进区（市）县”称号。1999年荣获“全国科技工作先进区（市）县”称号。各种科技活动热火朝天展开，科普宣传、科技培训、科技示范，以及新技术的推广应用、对外科技合作与交流都取得成果，荣获省、成都市各级科技进步奖，为促进彭州市的经济发展、社会进步做出贡献。

随着改革开放的深入发展，彭州市气象工作在观测、操作、信息发布等方面实现自动化、微机化和网络化。拓宽服务领域，承担起更多重要的经济建设服务工作，对农业生产、防灾减灾、环境保护、工业建设做出贡献。

第一章　科　技

随着改革开放的深入发展，中央提出“经济建设必须依靠科学技术，科学必须面向经济建设”的科技方针，1993年科委独立建制，2001年科委更名科技局。为贯彻落实中央的科技方针，1992年在所有乡镇成立科委。90%的村配备科技副主任，形成完善的科技管理体系，推进全市的经济发展。1993年建立科技发展平台，1997年正式对外开放。科技面向经济建设，组织各种科技活动，不仅宣传而且送实用技术下乡，培训科技应用操作，建立科技示范乡镇、村、户，推广新技术。积极扶持科技企业，2005年全市有17家科技型企业和6家高新技术企业，有企业科研机构30余个，科技项目423项，其中国家级18项，省、成都市级91项。

第一节　科技机构

管理机构

1983 年后，随着改革开放、经济建设对科技的需求越来越迫切，党中央提出“经济建设必须依靠科学技术，科学技术必须面向经济建设”，党中央的科技方针对科技管理机构的健全提出更高要求。1993 年 4 月，县科学技术委员会（简称科委）和县科学技术协会（简称科协）正式分开独立办公。1993 年 11 月撤县建市后，两单位分别更名为彭州市科学技术委员会和彭州市科学技术协会。2001 年 9 月，彭州市科学技术委员会更名为彭州市科学技术局。随着社会经济的发展，科技管理的范围变得更大，肩负的责任也更加重大。

在新的历史时期，科技管理也深入到基层，1992 年 6 月，全县 28 个乡镇成立乡镇科学技术委员会，90% 的村都配备科技副主任。

2001 年以后，为更好地贯彻落实中央要求，促进科技工作的发展，市委、市政府将“党政一把手抓第一生产力”工作目标和科技工作网络目标一并纳入市委、市政府一级目标管理，分别以彭委办〔2001〕43 号和彭科领〔2001〕03 号文件将目标分解下达到各乡镇和有关部门，落实乡镇、部门一把手为目标责任人。目标的运行和管理由市委组织部和市科委牵头揽总，并会同市委目督办、市政府目督办对两项目标进行督查和考核。

2004 年，成立彭州市知识产权工作领导小组。知识产权工作的日常事务由市科技局负责，宣传普及国家有关知识产权的法律法规，宣传知识产权典型案例，负责专利培训工作。

2005 年底，彭州市知识产权局成立，知识产权保护工作进入新的阶段。

科技咨询机构

彭州市科技顾问团成立于 1994 年 12 月 31 日，是市委、市政府在科技、经济和社会发展中宏观决策的顾问和参谋机构，是市委、市政府宏观决策系统的重要组成部分，是党和政府密切联系科技界、经济界的重要纽带，是联系在成都市、彭州市与中央、省、成都市属科技力量的重要桥梁。

顾问团的主要任务是：根据全市社会主义现代化建设的客观需要和民主、科学决策的要求，充分发挥顾问团跨学科、跨部门的综合智力优势，努力为全市宏观决策服务，为彭州的改革开放和科技、经济、社会的全面协调发展服务，是市委、市政府在科技、经济、社会发展中的宏观决策的顾问班子、调研班子和智囊班子。

顾问团的主要职责是：对全市国民经济和社会发展战略、中长期发展规划、建设和改革中的重大举措等带全局性、战略性的问题进行超前研究，为宏观决策提供科学依据；针对全市宏观决策中的重点、难点问题和群众关心的热点问题开展专题调查研究，为领导决策提供方案和依据；经常向市委、市政府提供科技、经济、社会发展等方面的重要情况，及时反映专家、学者及社会各界对建设与改革的意见和建议；对重点建设、重大技术改革和技术引进、重大技术攻关以及重大科技项目的立项等进行评估、认证，为正确决策提供可行的方案和建议；利用顾问团成员与国内外经济界、科技界的广泛联系，收集整理国际、国内的重要信息，及时为全市宏观决策提供信息服务。积极为扩大开放、发展对外技术、经济交流与合作牵线搭桥；积极传播现代科学技术知识，介绍科学决策的基本理论和方法，努力推动全体市民，尤其是干部队伍素质的提高；荐贤选能，积极向有关方面推荐优秀专业人才。

科技推广服务机构

成都生产力促进中心彭州分中心成立于1993年2月，是全国第一家县级生产力促进中心，市科委下属的自收自支的事业单位。纳入全国生产力促进中心网络，并接受成都生产力促进中心业务指导。分中心业务范围：主要开展信息咨询、成果转让、技术中介服务、项目开发、联合攻关、人才交流、人才培训、编辑发行科技信息刊物；引进项目、资金、技术和信息；开办、联办“三资”企业及高新技术企业。

市分中心成立后，创办《彭州科技经济信息》，长期保持与省内外40余家科研所、大专院校科技成果交流中心及技术市场的联系，收集、交流科技信息，并对信息进行甄别、分类，对适合在全市发展的项目信息及时编辑，以最快的速度出版、发行，以利科学技术转化为生产力。

1997年8月20日，成都生产力促进中心彭州分中心被国家科委评选为先进集体。1998年4月，经成都市科委批准同意，成都生产力促进中心彭州分中心更名为“彭州市生产力促进中心”，市科委进一步加强对中心的领导，由一名副书记亲自挂帅，具体指导中心的工作。彭州市继1997年荣获“成都市科技工作先进区（市）县”、1998年荣获全省首批“科技工作先进区（市）县”称号后，又于1999年荣获国家科技部“全国科技工作先进区（市）县”称号。

市科技中心于1996年开始筹建，租借彭州园闲置的一幢建筑面积为1669平方米的综合楼作为“彭州市科技中心”驻地，1997年1月18日，科技中心正式对外开放。科技中心是贯彻中共中央《关于加速科学技术进步的决定》，落实“科教兴市”战略的一项科技标志性工程，由市科委主管。中心内设有技术市场、新产品新技术展示厅、科技培训基地、科技阅览室和科技人员活动室等科技交易、交流场所和设施。该中心还拥有“人才库”和“技术信息库”，“人才库”有各类高级专业技术人才100余名，中级专业技术人才600余名；“技术信息库”与具有权威性的国家科委科技信息中心联网，建立“中国C网”工作站，征集各类科技、经贸、加工信息和有关技术资料，及时编辑整理、出版发行。

2002年5月，随着市场经济体制改革的不断深入，因经营机制等方面的原因，生产力促进中心面临严峻的生存压力，连年亏损且扭亏无望，无力继续经营。2003年7月14日，经研究决定并报市政府批准，生产力促进中心解体，科技中心关闭。

科技队伍

彭州市共有各类专业技术人员27300人，其中：教师专业技术人员7060人，卫生专业技术人员2250人，农口系统专业技术人员860人，乡镇企业专业技术人员3882人，非公有制企业专业技术人员480人，农民专业技术人员6648人，会计专业技术人员2465人，其他各类专业技术人员1260人，157厂429人，5719工厂1126人，其他市属以上单位840人。按全市78万人计算，万人拥有专业技术人员为3.5%。

第二节　科技活动

科普宣传

1992 年，县委、县政府两次发文，决定“每年都要进行一次全县性科技宣传周活动”。1993 年 5 月 11 日至 17 日，首次开展科技宣传周活动。利用各咨询点、宣传站、专栏、宣传车、广播、电视、录像、录音、标语、图片、资料等多种形式，向广大群众和干部宣传科技政策、科学知识，推广科技成果，展销科技新技术、新产品。在活动周中，共发放各种技术资料 10000 余份，集中播放新闻和科技知识 14 篇，举办农业知识讲座 21 次，展销新技术产品 100 余种，接待咨询 1200 人次。

1994 年初，将《中华人民共和国科技进步法》《中华人民共和国专利法》《技术市场管理条例》等 6 个法律法规和国家、省、成都市有关科技工作的政策文件汇编成《科技工作法律、法规、政策汇编》一书，印刷 4000 余册，分送给市领导人手一册并下发到全市各单位、乡镇和重点企业的负责人以及具体抓科技工作的人员。

1995 年 9 月 29 日是全国《中华人民共和国科技进步法》宣传日，全市共设宣传站 45 个，利用 200 余个展板进行科技宣传，发放宣传资料、技术资料 78 种 15000 余份（册）。《彭州报》、彭州电视台对《中华人民共和国科技进步法》实施一周年宣传纪念活动作专题报道。9 月底，全市科技宣传周活动开始，科委积极组织各科技部门、相关单位、民办研究所利用录像、展板开展科普宣传，将科普宣传活动推向高潮。

1996 年，根据省委、省政府“今后每年三月定为全省科技之春科普活动月”（川委发〔1995〕14 号）的指示，彭州市启动“科技之春”科普宣传月活动。

1997 年 3 月 17 日，第二届“科技之春”科普宣传月活动在全市启动，市科技领导小组组织 58 个单位、28 个乡镇分别在天彭镇、丽春镇、敖平镇、濛阳镇、通济镇分片集中开展“科技之春”科普宣传、科技下乡活动，共有 742 人次参加科技宣传和送技术下乡活动，展出各类技术展板 129 个，送各类宣传、实用技术、致富信息资料 158406 份，接受咨询人员达 25338 人次，送技术 359 次。10 月，举办大型街头宣传活动，有 20 多个部门参办，用展板 100 个，制作图片资料 6000 余份，项目 600 个，送实用技术、致富信息 12000 份，接受咨询 400 余人次。还在三界、濛阳、九尺等乡镇举办各类技术培训班 5 期，参训人数达 800 余人次。《彭州报》、彭州电视台、彭州广播电台连续 10 天宣传国家《技术合同法》。

1998 年，贯彻中宣部《继续开展文化、科技、卫生三下乡活动的通知》精神，组织有关部门的科技人员组成科技下乡团，先后在冬闲（1 月 8 日）、大春备耕（3 月 18 日、20 日，4 月 6 日）、小春备耕（10 月 7—9 日）3 个时节，在九尺、天彭、濛阳、桂花、竹瓦、庆兴、隆丰、敖平等镇开展送技术下乡活动，所送技术包括：山丘作物的栽培管理、家禽家畜的养殖、小春作物的种植、蔬菜栽培、果树种植、农业机耕机割技术、水产养殖、林业开发等 30 余项，共展示技术展板 332 个，分发技术资料 18.5 万份。2000 年 3 月和 9 月，市科委牵头，组织农口各局、建委、科协、地震办、民办研究所等部门科技人员 300 余人次开展下乡活动，发放技术资料 23.4 万份，所送技术包括农业经济作物、大田作物、养殖、农机农耕、水利、庭院经济开发、地震知识等 40 余项实用技术。

2001 年 3 月是第六届“科技之春”科普宣传月，这届活动的主题是“崇尚科学，反对邪教”。科委和 10 余个相关单位联动，奔赴各乡、镇进行科普宣传。9 月 24—28 日，组织农技人员深入田间地头送科技下乡。两次活动共组织科技赶场 85 次，提供各类技术资料 20 余万份，400 余名农技人员参加活动。2002 年，市科委与市委宣传部、市科协组织涉农部门、乡镇进行科技赶场，免费发送各种资料 10 万余份，图书 1000 余册。2003 年 3 月，科技局组织相关部门的科技人员结合“三下乡”活动，举办各种培训和讲座 20 期，印发《科普法》小册子 500 册，组织科普知识竞答 1000 余人次，发放非典防治知识手册 1050 册，市电视台播放非典防治电视片 2 部，印发“养生保健”知识手册 300 册，发放各种宣传资料 20 余万份。

2004 年 2 月 25 日，“成都市第九届‘科技之春’科普月活动”启动仪式在濛阳镇成功举行，省市有关领导和上万名群众参加这次活动。在当天的启动仪式活动中，25 个涉农部门共发放科技资料 3500 份，科普挂图 500 余幅，免费发放和销售新粮品种 600 余公斤，宣传推广实用技术 50 项，现场接受科技咨询 5000 余人次，数千名群众参与“崇尚科学、拒绝邪教”的签名活动。结合全市经济发展实际情况，把握针对性，突出实用性，充分利用节假日和各种活动，开展内容丰富的科技宣传、科普教育、技术指导。全年共开展大型科技宣传、科技赶场活动 17 次，发送各种宣传资料 22 万余份，图书 3000 余册，举办科普展览 6 期。

2005 年 3 月 23 日，由市委宣传部、市科技局、市科协共同主办的“科技下乡”集中示范活动在濛阳镇新城广场开始。省、成都市科协领导和市委、市政府、市人大、市政协领导出席启动仪式，1200 多名科技人员在现场开展科技宣传咨询服务，共展出科技挂图 2039 幅，展板 17 个，推广实用技术项目 36 个，散发资料 1 万余份，为上千名群众提供咨询服务。5 月 14 日，“首届成都科技节彭州市活动”开幕式在中心广场举行，当天共展出宣传展板 147 个，科技挂图 117 幅，展示新型农机具 10 台（套），向市民发放各种资料 12 万余份，发放计生药具 6200 盒，赠送生活实用品 200 件，实用技术 66 项，接待各种科技咨询 1 万余人次。在为期一周的科技节中，还组织开展科技进社区、秸秆综合利用现场会、青少年科普教育周等系列活动。

科技培训

1992 年，第一期农民技术资格证书培训班（以下简称“绿证”培训）结束后，1993 年 3 月 2 日，针对沿山丘陵乡镇的自然特点及农业结构调整的第二期“绿证”培训班在桂花镇开课，来自全市的 127 名学员参加培训和考试，122 名学员获得“绿证”。1994 年，第三期“绿证”培训开设 4 个班，共有 235 人参加培训并获得证书。据不完全统计，截至 2005 年共举办各类实用技术培训班 600 余期，51277 人参加培训，其中 7 日以上的培训有 105 期，参加培训人员达 12269 人。

市科技中心成立后，也开展科学普及和培训工作，4 余年间为企业、社会培训电脑、英语等 18 期，参加培训人员达 3000 余人次。

为更好地贯彻落实中央要求，促进科技工作的发展，市委、市政府将党政一把手抓第一生产力工作目标和科技工作网络目标一并纳入市委、市政府一级目标管理，分别以彭委办〔2001〕43 号和彭科领〔2001〕3 号文件将目标分解下达到各乡镇和有关部门，落实乡镇、部门一把手为目标责任人。目标的运行和管理由市委组织部和市科委牵头揽总，并会同市委目督办、市政府目督办对两项目标进行督查和考核。

科技示范

1994年,"千亩旱粮丰收示范片"设在大宝镇宝山村,集中成片种植玉米1003亩。采用雅玉2号良种,配套一系列技术措施,示范片亩产597.9公斤,比1993年平均亩产374.8公斤亩增收223.1公斤,增产59.5%。同年"千亩水稻丰产示范片"设在桂花镇凉水村,面积为1060亩,平均亩产561.8公斤,比前三年平均亩产增收109公斤,增产24%。1994年正值大旱之年,仅桂花镇15942亩水稻共增收稻谷48.7万公斤,大旱之年夺得丰收。截至2005年,共创建科技示范乡镇2个(濛阳镇、三界镇),科技示范村140个,发展科技示范户35711户,不同层次、不同类型的农业技术综合试验示范片区124个,科技人员创办领办科技服务基地58个,实施农业科技示范项目30项。

科技推广

科技推广工作以农业技术推广服务体系为桥梁,以科技示范基地、示范乡镇、示范村和示范户为载体,大力推进优良农畜新品种及配套技术。多年来先后进行旱育秧、抛秧以及配套技术的推广。截至2005年,全市主要农产品综合优质率达95%以上,其中优质稻95%,优质油菜96%,优质蔬菜95%,优质生猪96.7%,优质小家禽98%。农业先进适用技术推广应用覆盖面分别达85%。不仅农业如此,工业科技推广工作也占有一席之地,四川省彭州油脂化工厂从1987年开始连续举办8期"冷冻尾气回收溶剂装置科技成果推广"培训班,来自天津、湖南、湖北、内蒙古、贵州以及省内各地、市、州有关厂家的200余人参加培训。

科技合作与交流

2005年,分别与四川抗生素研究所、成都中医药大学、成都生物制品研究所、中科院成都生物研究所、四川农业大学等大专院校和科研院所合作,建立技术依托体系。与西南交通大学建立地校合作关系,成立西南交大彭州科技园建设领导小组。与四川大学合作开展"彭州市政府职能配置与机构改革的创新与研究"。与北京五科开维智能技术开发有限公司合作开发"彭州市互联网竞争情报智能收集、处理和管理系统"。

扶持科技企业

彭州市根据"大力倡导,积极扶持,突出重点,加快发展"的方针,将促进科技企业和民营科技企业的发展纳入工作目标加以考核。1995年,成都钜星皮革公司、四川省彭州油脂化工厂、四川协力制药有限公司、四川省彭州市红光化工厂、四川省彭州市红岩水泥厂、成都市湔江制药厂、成都亨达制药厂、彭州市橡胶沥青厂、彭州市天彭兽药厂、彭州车用压缩天然气技术开发公司等10家企业被认定为彭州市首批科技企业。

根据"工业富市,城建活市"的战略部署、全市医药和化工企业的优势,特别是80万吨乙烯项目的落户,彭州市围绕石油化工、现代医药和精细化工、新型建材三大支柱产业,重点扶持华融化工有限责任公司、三邑特钢有限责任公司、华歧钢管有限责任公司、四川光大制药有限公司、四川协力制药有限公司、四川绿色药业科技发展有限公司、四川联邦制药、四川绿源实业有限公司等科技型企业、科技型成长企业和高新技术企业。

截至2005年,彭州市共有17家科技型企业和6家高新技术企业。

出国考察

2000 年 9 月，成都市科学技术委员会组织各区市（县）有关方面人员赴美国、加拿大就科技成果转化及科技创新进行考察，市科委派员随团赴美国考察。考察期间，考察团针对科技成果转化、推广的管理体制与运行机制、企业技术创新管理服务体系、科技风险投资、科技成果转化的知识产权保护以及科技成果项目交流等方面进行考察和交流。2004 年 2 月，市科委派员随成都市科学技术委员会组织的代表团赴澳大利亚、新西兰考察学习。

第三节 科技成果

科技发展计划项目

1992—2001 年，陆续成立 32 家科研机构，相继进行各行业领域的新产品研制开发和新技术的研究、试验。1993—2005 年，纳入科技管理的科技项目达 423 项，其中列入成都市级以上的科技项目 91 项，列入国家级科技项目 18 项。为鼓励在推动彭州市科学技术进步中做出重要贡献的集体和个人，充分发挥广大科技人员的积极性和创造性，促进经济建设和科技事业不断发展，《彭州市科学技术进步奖励办法》于 1994 年 1 月 16 日发布施行。2001 年，根据社会经济发展，为适应新形势的要求，及时对《奖励办法》进行修订，提高特等、一等、二等、三等奖四个等级的奖金额度，分别为 1. 6 万元、1 万元、5000 元、3000 元，提高科技人员的科研积极性。1992—2003 年，共有 83 项、503 人次分别获得不同奖项。

1994 年，市气象局《彭县农业自然灾害发生及其对策研究》获成都市政府科技进步三等奖、成都市科委软科学一等奖。1998—1999 年，彭州市油脂化工厂的“BLCH 不锈钢板式高速换热器”荣获四川省、成都市乡镇企业科技进步一等奖；彭州市红光化工厂的“2#岩石粉状铵梯炸药”荣获成都市乡镇企业科技进步一等奖；市地方病防治办公室的《血吸虫病传播控制策略》荣获成都市科技进步三等奖。2002—2003 年度，彭州市兴威天然气技术发展公司的“电喷式汽车 CNG（压缩天然气）减压调节器的研究”获成都市科学技术进步三等奖。

彭州市列入成都市级以上和国家级主要科研项目情况表

表 22-1-3-1

年度	项目名称	计划类别	项目水平	实施结果
1993	蔬果脆片	国家星火计划	国内首创	—
1993	合成氨两水闭路循环推广	国家成果推广计划	国内领先	已完成
1993	熔融石英浸入试水口砖的中试	成都市成果推广计划	国内领先	已建成投产
1993	高速钢废料直接返回利用及稀土高速钢冶炼技术	成都市成果推广计划	国内领先	—
1993	轧钢助剂	成都市星火计划	国内首创	—

续表22-1-3-1

年度	项目名称	计划类别	项目水平	实施结果
1993	“舒幽静”保健药膜及织物制品生产技术	成都市星火计划	国内领先	—
1993	连铸用铝碳质功能耐火材料系列产品开发	成都市星火计划	国内领先	—
1993	强力消核保健胸罩	成都市新产品试制计划	国内领先	—
1993	熊胆痔疮栓	成都市新产品试制计划	国内领先	—
1993	胆舒胶囊	成都市新产品试制计划	国内领先	—
1993	LXIC 粮油储蓄微机管理系统	成都市新产品试制计划	国内先进	—
1993	DXCD 蓄电池快速充电电机	成都市新产品试制计划	国内先进	—
1994	WIGZ-4 高速台式钻床	新产品开发计划	—	—
1994	WKA-1 型印制版 CNC 铣床	新产品开发计划	—	—
1994	妇女用药物磁化水自动喷洗器	成都市星火计划	—	—
1994	连铸用铝碳质水口砖耐火材料	成都市火炬计划	—	—
1994	农一清农田化控综合肥	成都市星火计划	—	—
1999	保护油气层加重剂 BGH 系列产品开发	国家星火计划	填补国内空白	—
1999	不燃防火岩棉装饰板的开发	国家星火计划	国内领先	—
2001	羟乙基芦丁系列产品开发	国家星火计划	国内领先	—
2001	强制密封球阀的研究开发	国家火炬计划	国内领先	—
2002	压缩天然气汽车新型减压阀的开发及新型轻质气瓶开发	国家火炬计划	国内领先	—
2002	第二代油气层保护加重剂	国家星火计划	国内领先	—
2002	不燃防火岩棉装饰板的开发	国家星火计划	国内领先	—
2002	羟乙基芦丁系列产品开发	国家星火计划	国内领先	—
2002	强制密封球阀的研制开发	国家火炬计划	国内领先	

技术交易

技术市场于1996年12月建立，隶属于市科学技术委员会，由成都生产力促进中心彭州市分中心承办。技术市场是科技成果商品化的交易场地，将技术作为商品在这里流通、传递、应用和交换，市场主要交易活动有：技术转让、难题招标、专利买卖、技术开发、有偿技术服务、技术咨询等。技术市场建立后，积极接待技术咨询和接受专利转让，1996年，将可作为饲料用、纤维硬质“一次性快餐盒”专利技术引进到彭州市宝山企业集团开发应用，并促成组建“四川宝山绿洲餐具开发公司”这一民营科技企业。1998 年，成功举办“科技成果展示暨项目洽谈会”，邀请成都地区 20 多所大专院校、科研院所的 500 多项成果参展，成交金额 57.5 万元。1999 年，接受委托转让专利技术 3 项，其中专利技术“降温凉拖鞋”与湖南省岳阳县轻工业总公司意向成交 12 万元。

第二章 气 象

气象局建于 1987 年，前身为彭县气象站。气象观测场位于东经 103°56′，北纬 30°59′，海拔 581.3 米，区站号 56189。改革开放以来，气象工作得到快速发展，中央“经济建设必须依靠科学技术”的方针，使气象工作从落后的人工观测、操作发展为自动观测和微机操作；信息发布从依靠广播发展为气象信息网络；天气预报从短期发展为中长期预报和灾害性天气预警；服务范围也不仅再是农业气象的观测预报，已有设施齐备的现代化人工防雹降雨装备；还为电站建设、石化项目选址、城市建设规划、建筑物防雷电设施工程提供服务。多次获得成都市以上科技进步奖、软科学奖和气象服务先进集体荣誉。

彭州市自动气象站分布图

第一节　气象业务

气象探测

市气象局为国家一般气象观测站，主要承担08时、14时、20时3次地面观测，观测项目有风向、风速、气温、气压、湿度、云、能见度、天气现象、降水、日照、小型蒸发、地面温度、雪深等。每天编发08、14、20时3个时次的加密天气报表。2000年1月，地面观测报表改为微机制作。2003—2004年，根据中国气象局的要求，地面气象探测在原有人工观测项目不变的基础上，增加雨量、风向风速、地温、气压、气温、湿度等6要素的自动观测项目，观测时次为1小时1次。经过试运行阶段和平行观测阶段后，自动气象站将正式投入单轨运行阶段。

气象预报

短期天气预报　1958年6月，县站开始作补充天气预报。“文化大革命”后，进行预报工具改革，建立四个基本：即基本资料、基本工具、基本方法、基本档案。进入1990年以后，在原有的预报工具下，对预报工具进行完善与总结，做出适合本地气候的“寒潮工具”和“暴雨工具”。

中期天气预报　1983年7月，气象站配备123无线传真机，通过传真接收中央气象台、省气象台的旬、月天气预报，再结合分析本地气象资料、短期天气形势、天气过程的周期变化等，制作一旬天气过程趋势预报。此种预报作为专业专项服务内容，上级业务部门对县站制作中期预报不予考核。

长期天气预报　春播预报、汛期（5—9月）预报、年度趋势预报、秋季预报等。运用数理统计方法和常规气象资料图表及天气谚语、规律关系等方法，分别做出具有本地特点的补充订正预报。

第二节　气象服务

农业气象服务

1978年农业气象工作正式恢复以后，在春播、汛期、双抢、三秋、冬防等关键农事季节，开展内容广泛、形式多样的生态与农业气象服务。积极主动地进行农情、雨情、墒情、病虫情、灾情的跟踪监测，提供农业气象旬月报、气象灾害分析评估等农业气象情报，开展农作物主要生育期预报（最佳播期、花期、收获期等）、病虫害发生发展趋势预报等农业气象服务产品，为彭州市委、市政府及全市农业部门指挥农业生产提供科学依据。此外，从1974年开始，组织人员前往永定公社搞农业气候区划的试点工作，编写出《永定公社农业气候区划初稿》，在永定试点结束后，经过实地调查和对比观测后，在广泛收集坝区和丘陵地区材料基础上，编写出第一本《彭县农业气候区划资料》。20年来气象部门为全市（县）农业生产提供各类专题情报服务8000余期、4万余份，提供旬月天气预报720余期，43200余份。

公众气象服务

1993年9月，气象局与县广播电视局协商同意在电视台播放天气预报，天气预报信息由气象局提供，电视节目由电视台制作。1998年市气象局建成多媒体电视天气预报制作系统，将自制节目录像带送电视台播放。其后电视台电视播放系统升级，电视天气预报制作系统升级为非线性编辑系统。

1996年，气象局同电信局合作正式开通便民利民的“96121”天气预报自动咨询电话。此后，由于固话受拨号升位和手机短信及手机直接拨打等多重影响，固话“96121”逐渐萎缩，直至停止运行。

灾害性天气预警

1997年以后，气象局与电视台的天气预报播放平台，除对公众提供常规气象天气预报、森林火险等级预报、地质灾害等级预报等服务外，还增加播出灾害性天气预警信息，并通过电话、传真、纸质资料等方式向市委、市政府和有关部门发布暴雨、大风、冰雹、寒潮等灾害性天气预警信息。2001年，为更及时准确地为市、镇、村、社服务，通过移动通信网络建立气象手机短信平台，以手机短信方式为市委、市政府相关领导和各乡镇、防汛部门、教育部门以及各相关部门提供短信服务，有效提高气象灾害预警信号的发布速度，扩大气象信息覆盖面。

决策气象服务

从1993年起，开始定期向彭州市委、市政府提供各类天气过程的气象信息快报、农业气象专题报告、各季节的农业气候影响分析及气候趋势预测、每月的月预报和旬预报、汛期和主汛期气候趋势预报、下一年年度预报等防灾减灾决策服务等讯息、材料。加强对可能影响本地灾害性天气的监测和预报，开展对重大灾害性天气的跨地区、跨部门联合监测、预报工作，及时提出气象灾害防御措施，为彭州市委、市政府及有关部门提供决策依据，避免或者减轻气象灾害带来的损失。

专项气象服务

人工防雹降雨工作始于1978年，经过20多年的建设发展，已拥有5个设施较为齐备的固定炮点，5门“三七”高炮，1部“BL—1”型车载火箭，分布在濛阳、升平、楠杨、隆丰、丽春等冰雹多发地段带上，确保农业和农村经济发展免受冰雹等自然灾害影响。

2000年，根据《气象法》的相关规定，气象局承担全市防雷安全管理、建设工程的防雷设计审核、施工监督、竣工验收和灌充施放气球的安全管理工作。同时承担对市境内的易燃易爆场所、建筑物、计算机场地等防雷安全管理。2005年6月，市编委批准成立“彭州市人工防雹防雷办公室”（彭机编〔2005〕21号），保障全市防雹防雷工作有序开展。

为提高对灾害性天气的预测能力，更好地为农业防灾减灾服务，从2004年起，分别在市境内的山、丘、坝地段建成15个农村气象灾害自动监测点。气象监测网站在汛期气象服务中，为市领导、防洪部门指挥防洪抢险和预防山地灾害提供科学的决策依据。

气象有偿服务

在做好公益服务的同时，1990年开始推行气象有偿专业服务。对气象有偿专业服务的对象、范围、收费原则和标准等内容进行规范。气象有偿专业服务主要是为全市（县）各乡镇（场）或相关企事业单位提供中、长期天气预报和气象资料，一般以旬天气预报为主，开展气象警报系统、声讯电话气象信息服务以及旅游景点气象科技服务。2000 年后逐渐开展气球广告有偿服务、大气环境影响评价、避雷装置检测、重大社会活动的气象保障服务等工作。

1993 年 9 月，为彭州市凤鸣湖电站建设提供历年气温、降雨量、风向风速、气压等气象资料，为该电站的建设提供气象资料论证和建设安全保障。

2004 年 4 月，为配合彭州市引进 80 万吨乙烯工程项目，市气象局查阅近 40 年的历史气象资料，为该项目选址论证提供依据。特别是在安置搬迁移民选址问题上，风向资料的应用，改变移民原选址方案，为环保科学决策提供依据。2005 年 8 月，随着 80 万吨乙烯工程项目落户彭州，城市布局将发生大的调整，配合市规划局查阅 1995—2004 年总蒸发量、日照时数、年平均气压、风、霜冻等气象资料，为确保城市规划科学性、合理性提供决策依据。

2005 年 7 月，建设局为工业废水处理厂建设制作设计方案，气象局配合查阅 1959—2000 年历年温度、湿度、风、降水、霜冻等气象资料，为工业废水处理合理设计提供气象依据。

气象科普宣传

20 年间，气象局（站）坚持向各乡镇发放《雷电防护知识》《雷电知多少》《雨雪是怎么形成的》等气象科普资料达 10 万余册，不定期组织境内的中小学校学生到本站参观，开展科普讲座，普及气象科普常识。

第三节　气象管理

探测环境保护执法

1995 年 3 月 24 日，成都市人大通过《成都市国家气象台站探测环境保护办法》，标志气象探测环境保护工作进入有法可依的新阶段。1998 年 12 月，气象局共有 5 人取得四川省行政执法证持证资格，参与全市行政区域内的探测环境保护执法和氢气球灌充施放升空无人驾驶自由气球、系留气球行政执法。

气球安全管理

2003 年，彭州市政府下发《关于加强我市升空气球和系留气球灌充施放安全管理工作的通知》（彭府办发〔2003〕54 号），规范气球安全管理工作。

防雷安全管理

1999 年，彭州市政府发文正式成立“彭州市防雷中心”，中心编制质量管理手册，开展防雷检测资质申报，于 2002 年 5 月正式取得防雷检测资质证书。受气象局委托，防雷中心承担着全市建筑防雷的设计审核、竣工验收检测和防雷装置的常规安全检测工作。在管理工作中，本着便民、利民要求，服务到基层，及时为各单位提供防雷装置安全性能检测工作。每年的检测覆盖率达 60% 以上。

第四节 台站建设

台站综合改造

2003年底，开始进行台站综合改造，至2005年7月，基础设施建设和环境综合改造基本完成。新建业务办公楼，改造围墙、大门和北面旧宿舍楼，改造观测场，建设地面观测自动站，以及对北片预报分室装修改造。在庭院内修建草坪和健身小道，栽种风景树，全局绿化率达到60%，硬化路面，使机关院内变成风景秀丽的花园。

气象信息网络

1992年前，通信保障主要依赖于电信部门，靠人工收集、处理、传输、制作和发布各类气象探测与预报、情报等气象信息。随着气象现代化建设发展，各种新技术在气象领域的广泛应用，气象技术自动化程度显著提高。1987年7月，架设开通高频无线对讲通信电话，实现与地区气象局、县气象局直接业务会商，1995年8月，微机网络终端正式通过验收使用，2000年6月，气象信息卫星地面接收站建成投入使用，DVB一S（卫星云图接收、处理、显示）系统投入使用。通过20年的发展，彭州市的气象信息收集及传播方式快速发展，由较原始的广播、电台、传真发展到现代化的宽带网络、光纤网络、无线网络等。

资料档案

2003年，按照档案工作要求，配置档案管理必备设备、设施。2004年，配置高性能微机、打印机、复印机各1台，并设置综合档案室，满足各类档案的存放。并按照国家档案管理和业务建设规范配备防火、防潮、防虫、防盗等设施。在市档案局的指导下，安装档案紫晶系统录入软件，为档案的归档、查询提供现代化手段。局内建立局域网，基本实现档案微机管理。2004年4月12日，按照四川省气象局的统一安排，将建站以来1954—2001年的压、温、湿、雨量自记纸和气薄一1，共计240册原始档案全部移交至省局档案馆保存。2005年9月，综合档案管理通过省档案局省级标准验收。

工作成果

1994年2月，《彭县农业自然灾害发生及其对策研究》获成都市人民政府科技进步三等奖，4月获成都市科委软科学一等奖；2001年8月，“7·27”暴雨预报服务获成都市气象局一等奖，同年10月，被省气象局评为“2001年气象服务先进集体”；1980—2004年，市气象局孙亚军、徐生田、鲜琳、赵卫东、王萍等先后被中国气象局授予“质量优秀测报员”称号。

第二十三篇　医疗卫生和体育

1986—2005 年，全市医疗卫生事业在改革中不断发展。改革提升医院服务功能，调动医卫人员积极性，投入大量资金，加强医卫设施设备建设，提高医疗质量，提高疾病预防与控制能力，管理工作进一步规范化、法制化，建立起良好的就医条件、规范的医药市场和卫生安全的生活工作环境，改善人民群众就医治病的环境和条件，保障人民群众的健康。医卫教育和科研成效显著，综合素质能力不断提高。1995 年成功创建“爱婴市”“国家级卫生城市”，2000 年成功创建“四川省农村中医工作先进县（市）”，2005 年成功创建“全国农村中医工作先进县（市）”。

体育运动关乎民众体质和健康。彭州市重视体育事业的发展，彭州市委、市政府将其列入《“九五”发展规划》《2010 年远景发展纲要》。加强领导，加大投入，1986—2005 年，先后建成设施先进的体育中心 1 个，体育活动场地 424 个，全民健身路径 37 条。1985 年以来，连续 12 年被成都市政府评为“体育工作先进单位”，1993 年、1996 年被省体委评为“体育工作优胜单位”，1994 年被评为“成都市体育竞赛最佳赛区”，1996 年利安乡被评为“全国亿万农民健身先进镇”，1997 年彭州市被省体委命名为“风筝之乡”，1998 年成功创建“全国体育先进县（市）”。

第一章　医疗卫生

1986 年，开始进行运行机制、人事制度、产权制度、职称评定的改革，建立新农合制度，实施少儿住院互助金。加强医政、药政、卫生管理与执法，加大力度打击非法行医，规范药品市场，建立卫生安全的工作生活环境。经改革后彭州市医疗机构逐步上等级，专科医院逐步建立，医疗设施设备、急救机制逐步升级完善，基本形成公立私营共存，从城市二甲医院到乡镇卫生院、村医疗站覆盖全市城乡的医疗卫生体系。1999 年开始逐级创建“中医工作先进县（市）”。2000 年成功创建省级，2005 年成功创建“全国农村中医工作先进县（市）”。疾病预防与控制以防为主，防控并重，计划免疫、传染病和地方病防治都达到国家标准。有效阻止扑灭霍乱、“非典”、猪链球菌病、“禽流感”病的进入和传染。结合创建卫生城镇活动，开展爱国卫生运动，2004 年获“四川省卫生城市”称号，1995 年获“全国卫生城市”荣誉。在国家级刊物上发表科研论文 30 余篇，4 项科研成果获省、成都市科技进步奖，马用奎医生研制的“祛斑润肤霜”获澳门爱迪生发明中心颁发的国际金奖。

第一节　医疗卫生制度改革

院、站、所运行机制

1986年开始，彭县卫生系统进行改革，实行院、站、所、校负责制，扩大单位自主权，实行综合目标管理，建立健全激励机制，以县人民医院为代表，以改革为动力，以经济为杠杆，以创优为目的方针，根据各单位的具体情况，分别实行“技术经济责任制”“岗位责任制”等改革。在管理体制上实行“院科两级负责制”，业务上推行“三级医师负责制”（即科主任每周巡查房不低于2次，主治医师每天1次，住院医生每天2次），门诊部门实行首诊医师负责制。

1992年，全县各医疗卫生单位学习邓小平关于“思想再解放一点，胆子再大一点，步子再快一点”的讲话，进一步调整改革方案，加快改革步伐。

1993年，将区卫生院改为中心医院，所在地卫生院并入中心医院，合理使用卫生资源，促进卫生事业发展。

1994年，村卫生室纳入乡镇卫生院统一管理，既保证防保工作的正常开展，又保证群众的医疗安全。

1996—1997年，为提高医院服务功能，组建联合体，血防医院并入人民医院，资产统一纳入人民医院使用管理，全市的血吸虫病人由市人民医院承担治疗，医疗政策仍保留不变。将市中草药研究所挂靠中医医院，敖平电化疗迁至中医医院，同位素医院开设内分泌专科。

1998年，彭州市委、市政府制定《卫生改革与发展决定》，卫生系统的改革进一步深化、完善。同年，在成都市卫生局指导下，在天彭镇等3镇建社区服务网络，到2000年，按照中央《关于开展区域规划的指导意见》，进一步建立健全社区卫生服务网络，把社区医疗任务分解到各医疗单位，按区域规划社区服务范围，制定配套政策，规范服务行为和服务质量。

2001年，根据成都市政府和彭州市政府的安排，对市属国有企业所办医院进行剥离。完成了成都市湔江化工厂、606地质队、省蛇纹矿的医疗机构剥离工作，分流人员12人，对彭县铜矿医院整体接收安置。

2003年，继续深化城镇医药卫生体制改革，将濛阳、敖平中心卫生院建成彭州市第二、第三人民医院。继2000年执行卫生部、财政部《医院药品收支两条线管理暂行办法》以后，进一步完善医药分开分别管理。实行药品集中招标采购，遏制“吃回扣”的不正之风，把降低药品收入比例纳入目标管理，减轻病员负担。全面推行院务公开和院长离任经济责任审计制度。

人事制度改革

2002年8月，彭州市《关于进一步深化我市卫生事业单位人事制度改革的实施意见》正式实施。同年有31人辞职自谋出路，有30人办理提前离岗。2003年全面实施人员分流，卫生系统人员“出口”不畅的问题得到解决。据统计，2002—2005年，全市卫生系统先后有127人自愿辞职，自谋出路。解决“出口”问题的同时，也要解决“进口”问题，2002年，开始试行公开竞争，择优聘任的用人机制，调动干部职工积极性，提高人员素质，2004年全面引进高学历、高职称、专业人才，增强医疗单位的技术水平，提高医疗质量。

产权制度改革

2002年，根据“对富余卫生资源争取成熟一家，改变一家”方案，决定对现有富余医疗卫生资源进行产权制度改革，先后进行致和万家场分院、致和外南街门诊部、三界罗家场卫生院、桂花丰乐场卫生院的产权制度改革，同时九陇石洞埝卫生院和通济思文场卫生院已完成改制前期准备工作。以上几家单位改制盘活资金100万元，吸纳民间资金210万元。2003年，在已取得的成效基础上，继续稳妥地进行产权制度改革。

职称改革

1987年6月，根据上级职改工作的要求和安排，彭县卫生局成立职改领导小组，开始卫生系统的职称评定。

2001年，卫生部规定卫生系统技术评审（初、中级）纳入全国统考，省卫生厅公告从9月起停止评审，鉴于彭州市卫技人员的构成情况，经请示并取得成都市同意，对全市各级医疗卫生单位、厂矿单位医院、村卫生室和个体行医的专业技术人员进行最后一次评审。从2003年起，凡需确认、晋升初、中级专业技术职称者，均需参加每年一次的统考，成绩合格者方可取得相应的专业技术职称。

到2005年12月底，彭州市卫生系统在职专业技术人员，有高级职称68人，中级职称234人，初级职称1055人。

建立新型农村合作医疗制度

农村合作医疗制度在改革开放初期曾开展过，但由于经济等诸多问题的存在，未能推行开来。随着改革的深入，社会经济的进一步发展，国家开始建立新型农村合作医疗制度，切实解决农业、农村、农民问题，统筹城乡、区域社会经济协调发展。

全市新农合医疗制度经过在1998年开始试点逐步扩大的基础上于2005年3月全面启动，并于7月1日正式实施新型农村合作医疗的报账。为使参合农民得到更大实惠，较大幅度降低起付线，人均仅10元，并提高报销比例和封顶线，取消低保、“五保户”和优抚特困户的起付线。截至11月10日，参加新型农村合作医疗的农民人数为48.4万人，参合率为89.43%。全年参合农民门诊报账6.88万人，报销金额88万元；住院报账8768人，报销金额248万元。合计总报销金额335.97万元。农民治病难的问题初步得到缓解。

实施少儿住院互助金

制定《中小学、婴幼儿住院医疗互助金管理办法》和《中小学生、婴幼儿住院医疗互助金实施方案》。2005年9月1日起，在全市范围内正式启动少儿住院互助金工作。参加者缴费标准为每人每学年40元。对一般贫困家庭子女参加费用，彭州市政府按照医疗救助相关政策，从医疗救助基金中予以解决。贫困残疾人家庭子女参加费用在市残联残疾人救助金中予以解决。至12月，已有9.83万人参加，占应参加人数的80%左右。其中，在校在园人数8.32万人，散居儿童1.07万人（含计生、残疾儿童），低保儿童4382人（含散居、在校在园儿童）。从2005年9月1日至12月31日，共有167人因病报帐，报销金额5.48万元。此举居全成都市前列。

第二节　管理与执法

在深化改革的进程中，全市卫生事业稳步前进，管理工作进一步规范化和法制化。医疗单位推行目标管理岗位责任制，使医疗单位的经济和社会效益都取得很大成果。医政、药政、卫生管理执法，打击非法行医，查处伪劣药品，整治环境卫生，建立起良好的就医条件，规范的医药市场和卫生的生活环境，保障人民群众的健康，促进全市社会、经济发展。

医政管理与执法

目标管理　1987年，开始对各级医疗单位实行目标管理。1992年，卫生局成立目标管理领导小组，下属各单位也建立相应的目标管理小组。1993年，全面实行目标管理，将成都市卫生局、彭州市下达的目标任务层层分解，落实到单位，责任到人，形成目标管理体系，一级目标实行一票否决制。1996年，进一步完善目标管理体系，并把经济效益纳入一级目标，从当年起到2005年的目标管理工作均圆满完成，连年得到成都市卫生局的表彰和奖励。

1987年，对各级医疗单位实行目标管理后，各医疗单位认真学习、贯彻、执行《医院工作条例》和相关法规、制度，医风医德大为改善，医疗质量不断提高，效益日益显著。1988年，门诊量达266.66万人次；1992年，加强目标分级管理和达标等工作，当年门诊人数达285.87万人次；1993年上升到425.94万人次，病床使用率84.8%，平均病床工作日258.1天；至2005年，卫生机构业务收入已达到13.75亿元。1995年，24个医疗单位临检质控合格，医疗计量全部达标。从1995年开始，彭州市级医疗机构陆续达到“二级甲等”“一级乙等”标准。

执业执法　1992年起，开始对社会办医工作进行管理，控制社会办医数量，定期组织个体医生学习有关法规和中西医业务知识，提高行医素质和社会办医质量。1999年，依照《执业医师法》和《医疗机构管理条例》，举办各级各类医疗机构培训班，按规定对425人进行执业医师注册，对336人进行助理执业医师注册。

1993年，市政府颁发《社会办医管理办法》，开始加强执业执法力度，打击非法行医，当年取缔无证医摊42个，销毁自制药品20余种，没收医疗器械80余种，价值3000余元。

1995年，取缔无证行医102个，没收医疗器具200余件，药品350余种，总价值8000余元。

1997年，取缔无证行医25家，没收药品总价值5000余元。

1999年，制定《彭州市1999—2003年依法治理卫生工作规划》，在公安等部门的配合下，依法取缔大宝镇无证行医诊所2家。

2000年，整顿医药市场，加强医疗广告的审查、清理。对药品经营单位的药品质量监督覆盖面100%，监督频率3次/户年，整顿医药市场172次；清理不合规定广告20家；取缔无证行医摊点92个，查处制售假药24起。

2001年，进行整治活动30次，出动执法人员200余人次，取缔非法行医17家；停业整顿超范围行医10家；完成500多家医疗机构换证、验证工作；取缔性病广告和户外医疗广告20余家。

2002年，卫生局与药监、工商、公安等部门配合，出动15辆车38人次，依法取缔药店“坐堂行医”3家、非法行医1家、违规医疗广告1家。

2003年，遵照成都市政府要求，进行“严厉打击非法行医”专项整治，在集中整治阶段（1—3月）出动执法人员338人次，车辆36台次，实地检查医疗机构12家，查处违法行医机构6家，取缔6家，挡获非法行医人员6人，没收价值约3000元的药品。

2004年，对义诊、讲座、医疗宣传活动进行清理整顿和开展医疗广告初审工作。全年出动医政执法人员1041人次，监督检查108次，查处医疗机构210家，打击非法医疗机构104家，行医人员107人，警告处理医疗机构10家，整改医疗机构32家，罚款3.14万元，没收药品、药疗器械875件，价值8.5万元。与工商、公安、药监等部门进行专项整治工作，整治重点是非法行医、医疗机构聘用非卫生技术人员行医和“出租科室”“承包科室”。共检查医疗机构467家，覆盖率达95%，取缔非法行医107家，立案查处51件，移送司法机关1例。联合执法14次，罚款3.39万元，收缴药品、器械折合人民币8.76万元。受理群众举报30次。

2005年，严厉打击非法行医。全年出动执法人员360人次，检查医疗机构485家，取缔非法行医15家，罚款2万余元，没收药品、器械折合人民币5万余元。

药政管理与执法

1983年，成立药品检验所，负责西药药品和中成药、中药材、中药饮片的检测。1984年，卫生局设立药政股，负责药品质量监督，行政许可、行政执法。2001年成都市药品监督局彭州分局建立，承担药检、药政等职能，药检所、药政科（股）撤销。

行政管理　1980年开始，由卫生局推荐县（市）政府审核选拔药品专、兼职监督员，通过培训组成县（市）、区、乡镇三级药品监督网络。药监局成立后，在镇一级聘请药品监督协管员，村一级聘请药品监督信息员，形成市、镇、村三级监管网络，对全市药品进行监管；办理药品经营单位、个体药业经营者的发证、验证；建立药品管理规章制度，建立药品经营单位、个体药业经营者的药品质量管理档案，每年对所经营和使用的药品、器械进行监测，监测频率3次/年，覆盖率100%；举办药品经营从业人员业务知识培训班，培训人数每年98—1000余人不等。通过宣传相关政策法规，提高了用药的安全性。为使国家《医疗器械监督管理条例》于2004年4月1日在全市顺利实施，2002年起，药监分局对监督相对人进行宣传、培训，参训人员达1000余人，为条例的实施、医疗器械的使用、经营许可和监管奠定基础。是年，遵照《中华人民共和国药品管理法》的规定，开展对药品经营单位进行“GSP”（《药品经营质量管理规范》）认证工作，通过整改、鼓励小店加入连锁经营等措施，2005年，全市药品经营单位全部通过“GSP”认证，使药品市场进入规范化管理。

建设供应网络发展药品连锁　2002年，为使农村群众能用上放心药、平价药，开始探索在农村建立药品供应网络。先由一家药业公司向濛阳、九尺两镇的村卫生室配送药品，试点后于2003年由市乡村药品集中配送领导小组组织招标，成都旭康药业有限公司中标，负责向全市镇卫生院、村卫生室统一配送药品。此举使药品价格平均下降15%，假劣药品从源头上得到有效控制。与此同时，配合“GSP”认证工作，大力发展药品连锁经营，2002年恩威药业就开设28家连锁店。2004—2005年，旭康、瑞华、百信、本草堂、康贝大药房等药品连锁公司纷纷开设连锁经营，截至2005年彭州市共有药品连锁店338家。

行政执法　1986年以后，彭州市（县）认真贯彻执行《中华人民共和国药品管理法》，除建立市（县）、乡镇、村三级药品监督网全覆盖管理，建设药品供应网、发展药品连锁经营，从源头监控外，还加强行政执法力度，整治市场，查处伪劣过期药品，非法经营行为，全方位保障市民的用药安全。

1986—1989年，进行药品大检查13次，对辖区内的药品经营单位、医疗卫生单位、个体药贩、制药厂的中西药品进行检测。先后查处并销毁伪劣药品20余种，4000多公斤；霉烂变质、过期失效药品25种，不符药典规定的注射液1326瓶。1990年以后，加大对药品经营单位和个体、药品使用单位和个体、医院制剂室药品质量的监测，合格率逐年提高，从1990年的43.7%提高到1992年的92.6%，再提高到93.5%以上。

1986年以后，药政或单独执法或与工商、技监、公安等部门联合执法，整顿治理药品市场。参加市场整治人数最多的年份是1996年，出动检查人员509人次，检查中药4960种次，西药4363种次，查出伪劣中药30种80公斤，西药12.7万片，取缔无证药贩49个，查处假劣药案106起，罚款2000余元。市场整治次数最多的年份是1998年，整顿治理230次，取缔无证摊点105个，查处伪劣中药15公斤，西药18.1万片，针剂60支，销毁假劣药品价值约3.2万元。2001年，在药监分局成立前，坚持对医药市场进行整顿治理，出动工作人员280人，检查村卫生室2400个、经营单位250个，取缔无证摊点21个；查处并销毁自制、失效、伪劣药品价值8000余元。2001年11月底，成都市药监局彭州分局成立，分局以“监督为中心，监帮促相结合”为指导方针，对药品市场进行整治。2002年以来，结合“GSP”认证工作进行整治、规范有合法资质的药店。下达“责令改正通知书”，限期关停条件差、素质低的药店7家，联合执法取缔2家，引导有合法许可但“GSP”认证困难的药店加盟连锁经营，同时，为使《医疗器械监督管理条例》在彭州市顺利贯彻实施，加强执法，取缔无证经营药品医疗器械，查处经营伪劣药品和租售柜台等不法行为。到2005年，共办理相关案件73件。执法中严格按照《药品监督行政处罚程序》办案，文明执法，鲜有行政复议，绝无行政诉讼等事件发生。

医药市场经多年的整治，市场秩序井然，伪劣药品明显减少，无证经营药品行为杜绝，人民群众的用药安全得到保证。

卫生管理与执法

2000年前，卫生管理工作由县（市）卫生防疫站负责，2002年12月组建市疾控中心，内设卫生执法监督所，工作由卫生执法监督所负责。2005年6月，卫生执法监督所独立出疾控中心，代表市政府依法行使卫生监督职能。主要职责是卫生行政许可、公共卫生监督、医疗卫生监督及相关事宜。

食品卫生 1986年以后，贯彻执行食品卫生管理法规，对食品经营单位发放、审验、换发“卫生许可证”。对从业人员进行体检，对不宜从业的人员实行岗位调离，对合格从业人员进行卫生、法律知识培训，培训率100%。对食品生产、经营单位进行卫生监督和食品检测，对不合格的单位给予警告、限期整改、停业整顿、罚款等行政处罚，同时销毁不合格、变质食品。

1993年以后，加大监督力度，提高监督频率，乡镇达2次/户年，城区达4.1次/户年，覆盖率达100%。经过努力，食品卫生状况始终保持良好。食品合格率由1986年的85%上升至2005年的91.5%。餐具消毒率保持在89%左右，但偏远的乡镇农家乐不太稳定，有的年份仅及60%。群体性食物中毒事件在1990前发生过7起，虽无死亡但足以敲响警钟。彭州市政府、市卫生局先后发布《关于进一步加强食品卫生管理工作的通知》《关于切实做好群宴报告及群宴卫生工作的通知》后，食物中毒事件减少减轻，仅在2005年发生2起。

公共卫生 1986年以后，认真贯彻执行《公共场所管理条例》，对各类公共场所核发卫生许可证，经营单位必须持证经营。对从业人员进行卫生知识和法律法规培训，培训率100%。每年对从业人员进行体检，对于体检中发现的职业禁忌病患者一律调离所在岗位。每年对各类公共场所进行督查监测，督查频率提高至4次/户年，覆盖率达100%，最多年份检查达到5989户次，监测率由1990年的78.45%，提高至100%。

在对公共场所进行严格监督的同时，还对自来水厂、集中式供水单位的水质水源进行监测，覆盖率100%。初检结果不容乐观，抽样化验细菌和理化指标均符合国家标准的不到50%，不合格的主要指标是大肠杆菌超标，铁锰金属元素和细菌超标。不合格单位主要是化工厂、矿山（如红丹厂、铁厂、煤矿）和山区乡镇（磁峰、新兴等）。针对问题加大治理力度，经不断努力，加之一些厂矿的关闭停产，1993年合格率达到91.7%。

学校卫生　1986年以后，每年分批对中小学生、幼儿进行健康检查，并建立健康卡，对这个群体的常见病，如视力减退、沙眼、营养不良、龋齿、寄生虫、肠道传染病进行调查，开展防治工作。在中小学开展健康教育课，开课率达100%。对全市幼托机构进行消毒监测，进行指导提高。对学校进行教室采光照明、课桌椅配套卫生等调查，提整改意见。对与学生视力健康相关的眼镜店进行卫生等调查。2004年，对全市中小学食堂全面推行量化分组管理，对食堂所使用的餐具进行监测，对不合格的学校食堂提出限期整改意见。通过体检、监测和卫生等调查，采取有效的防治措施，保护中小学生、幼儿的身体健康。

劳动卫生　1986年以来，坚持每年召开1—2次厂矿劳动卫生工作与“两档”（职业卫生档案、员工个人职业健康监护档案）培训班，厂矿领导、分管劳动卫生工作人员参加，学习有关政策法规，研究贯彻落实的具体办法和措施。每年对市（县）属以上厂矿进行健康体检，体检面100%，并建立档案。1992年建档率达100%，查出的常见病、职业病及时通知有关厂矿领导和职工医院（卫生所）。进行尘肺病流调，对厂矿生产中产生的粉尘，噪音，有毒、有害气体进行监测，针对合格率较低的情况，推进有关作业点实行挂牌作业，并监督治理，合格率逐年提高。1990年，粉尘合格率从1988年的14.37%提高到48%，噪音合格率从27.07%提高至39%。1992年，有毒作业点合格率已达100%，有害作业点合格率达68.4%。体检中，有毒有害从业人员未查出职业病。对使用放射性机、计、源的单位办理“放射性卫生许可证”，对从事放射工作的人员均进行培训和体检，建立档案。同时，加强对劳动卫生、放射卫生进行监督，X光机、环境照射量监测、对放射单位进行经常性监督检查，覆盖率达100%，X光机合格率由60%提高至97.1%，放射防护设备完好率达98%，放射工作人员个人剂量符合标准。对医疗单位进行消毒监测，频次为2次/年，合格率90.4%。劳动卫生的监督管理有效，使劳动者的身体健康得到有效保障。

第三节　医疗事业

1986年，全县有医疗机构79个，其中卫生局属48个，厂矿企业医疗机构31个，共有职工2091人，床位1733张。此后因改革、调整，特别是厂矿企业的外迁、撤并和停产等原因，至2005年，全市有医疗机构52个，其中，市级11个，中心卫生院5个，镇卫生院15个，地名卫生院7个，民营医院6个，其他8个。共有职工2354人，其中，卫生系统2200，其他154人。共设床位1560张，其中，卫生系统1402张，其他158张。

医疗机构

彭州市人民医院　市人民医院是国家二级甲等医院，四川省“十佳医院”，成都市文明标兵单位。该院拥有省内同级一流水平的门诊、住院大楼及配套设备。有在职职工529人，其中高级技术职称33人，中级技术职称196人。开放床位289张，设一级科室11个，二级专科（专业组）17个，其中肝胆外科和骨科为医院重点专科。医院在四川大学华西医院和四川省人民医院的协助下，开通远程会诊和远程教学。

该院是彭州市最大的综合性医院，功能完善，设备先进，拥有日本全新螺旋CT、全自动生化检测仪、50千瓦数字高频X光机、三维彩色多普勒超声波、彩色电子胃镜、彩色脑电图仪、脑地形图仪、多功能心电监护仪、多功能麻醉机、血气分析仪、体外震波碎石机及病历图文分析系统等大型现代设备。

彭州市中医医院　市中医医院始建于20世纪50年代，经过半个多世纪的建设，成为全省首家二级甲等医院、全国示范中医医院、省人民医院辅导协作医院、成都中医药大学教学实习医院，已成为一所集医疗、教学、科研、预防、保健于一体的中西医结合综合性中医医院。医院有300余名职工，大专以上学历130余名，拥有100余名中高级人才。各类综合临床一级科室20余个，二级专科10余个，专病10余个，其中骨伤科、心脑血管病、肿瘤、糖尿病、肾病为医院重点科室。拥有德国西门子全身CT、彩色多普勒超声波诊断仪、进口全自动生化仪、血液透析机、500毫安X光机、进口胃镜、动态心电图、动态血压、彩色脑电图、数台多功能心电监护仪等20余台大型医疗设备。医院被评为“省级文明单位”，并连续几年获得彭州市卫生局“综合目标一等奖”。

彭州市妇幼保健院　市妇幼保健院的前身妇幼保健站成立于1952年4月，1965年4月更名为妇幼保健所，1995年11月正式命名为彭州市妇幼保健院。保健院是集妇女儿童医疗和保健为一体的保健机构。担负全市各医疗单位母婴保健技术指导和产科质量管理，高危孕产妇、新生儿急病的抢救任务。该院系国家爱婴医院和二级甲等妇幼保健院，拥有业务用房面积3319.75平方米，开放床位50张，在岗职工143人，其中专业技术人员117人（其中中高级职称35人）。主设：妇女保健科、儿童保健科、生殖保健科、婚姻保健科、妇产科、儿科（普儿、新生儿）、急诊室等门诊及住院科室。主要设备有200毫安X光机、三维彩超、心电图仪、红外电脑乳腺诊断仪、微量元素检测仪、乳腺治疗仪、激光治疗仪、全自动血球分析仪、生化分析仪、多功能电子显微分析系统、酶标仪、电子阴道镜、胎儿监护仪、母婴监护仪等医疗设备。近年来为“降消”（降低孕产妇死亡率和消除新生儿破伤风）项目工作做出积极贡献。1990年以后，先后被成都市评为“三八红旗集体”“爱国卫生红旗单位”“文明单位”“爱国卫生先进集体”“青年文明号”“‘十五期间’人口与计划生育工作先进集体”，被四川省评为“青年文明号”“国家级爱婴医院”。

彭州市友邦医院　市友邦医院（原彭县—北海道同位素检测医院）1990年建成开业，是彭县与日本北海道同位素检测中心合作建成的一家以现代核医学为主要手段的专业化检测医院。目前已建成集检测、诊断、治疗、科研和体检等于一体的中心式服务医疗单位，包括内科、检验、影像服务项目。已累计为省、市单位、团体及个人约19万人次进行了健康体检。该院有员工24人，其中专业技术人员17人，是四川省核医学专业委员会成员单位，成都市文明、爱卫单位。

彭州市血站　1993年6月9日，经成都市卫生局批准成立“彭县血库”，1995年经省卫生厅批准升级为“彭州市中心血库”，1997年省厅同意更名“彭州市血站”。2002年全省调整采供血机构设置，隶属成都市血液管理中心采血点，负责彭州、郫县、都江堰三地采供血任务。该站有职工37人，专业技术人员占80%以上，全部职工取得采供血岗位证书。从建站至今，已为临床医疗急救提供安全血液近40吨，多次被成都市评为先进集体，获“无偿献血优秀奖”。

彭州市结石病专科医院　结石病专科医院的前身为西郊乡卫生院。1990年起，医院以结石病的中西医结合保守治疗为突破口与发展方向，创建结石病专科，1996年正式在成都市卫生局注册为“彭州市结石病专科医院”，1997年，经市编委批准转为全民所有制单位。2005年，该院有职工155人，其中卫技人员129人，高级职称4人，中级职称20人。拥有500毫安X光机、自动生化分析仪、进口B超、体外震波碎石机、多功能麻醉机、心电监护仪、脑地形图仪等先进设备。

彭州市传染病医院　市传染病医院前身为1954年建院的清平卫生院，1994年4月并入天彭中心卫生院，随后，在此基础上筹备建立彭州市传染病医院。2003年4月，作为“非典”定点医院进行改建，国家及成都市共同投入资金400万元，新建门诊医技楼、住院楼，成为一所传染病专科防治与普通疾病治疗相结合的综合性全民医院。医院有职工47人，其中高级职称2人，中级职称9人，初级职称24人，行政后勤人员11人。医院地处天彭镇金彭东路995号，占地面积7993平方米，建筑面积3800平方米，绿化面积2400平方米。拥有各种先进的仪器设备20余台（件），以及污水处理装置和专用救护车。

精神病防治医院　1989年4月，县政府批准成立“彭县红十字会精神病防治医院”。该院由私人承包经营，设病床120张，有职工87人。1996年经成都市卫生局评审批准为二级专科医院。日本札幌市精神病院院长有田矩明先后三次来院参观，对医院中西医结合治疗精神病、癫痫病取得的成就给予高度评价，并同该院结成友好合作医院。

中心卫生院（区卫生院）　1986年，有区卫生院5所，即通济、庆兴、敖平、濛阳区卫生院和天彭镇中心区卫生院，为卫生局派出单位，各自行使辖区内卫生行政业务和工作任务。1994年4月，各区卫生院更名为中心卫生院，同时将通济镇卫生院、庆兴乡卫生院、敖平镇卫生院、濛阳镇卫生院和天彭第二卫生院（原清平乡卫生院）分别并入所在地的中心卫生院。2003年9月，经市政府批准，将濛阳中心卫生院加挂彭州市第二人民医院牌子，敖平中心卫生院更名加挂彭州市第三人民医院牌子。2005年，庆兴乡并入丽春镇，卫生中心已转到丽春。5所中心卫生院有人员322人，床位178张，年均门诊量23万人次，年均住院病人约3500人。

乡镇卫生院及村医疗站　1986年有乡镇卫生院34个，属集体单位，实有人员870人，设床位963张。此后经乡镇调整、撤并和体制改革，2005年有镇卫生院15个，地名医院7个，民营医院6个，共有人员818人，设床位639张。农村卫生院经过逐年改扩建，已基本消除危房，共有建筑面积66.12万平方米，其中业务用房面积3.75万平方米。医疗设备不断更新，现有万元以上设备171台。

1986年有村医疗站342个，基本实现村村有医疗站，有卫生员和助产员620人（其中取得士级以上职称的有124人）。2005年，342个村医疗站有村医生458人，经不断培训，其中取得大专学历14人，中专学历149人，达到中专水平的295人。

基础设施建设

1986—1989年，县人民医院先后建成3幢宿舍楼，面积5854平方米，有84户入住。

1990年，在县政府和相关部门的支持下，医疗系统完成基建面积1.27万平方米。

1991年，县人民医院开建住院部主体工程7448平方米，10月部分投入使用。区乡卫生院的基建任务 3275 平方米已竣工（敖平区卫生院和致和卫生院）。天彭镇北外门诊部已有 1951 平方米投入使用，在建的有通济区卫生院与九尺卫生院，即将开工的有庆兴、隆丰、北君平、丽春卫生院等。

1992 年，县医院住院大楼、防疫站宿舍楼、中医综合楼、血防站业务楼在建，新兴、北君平等 6 个单位采取国家、集体、个人“三个一点”的集资办法，改扩建用房。

1993 年，有天彭、西郊、致和、利安、三界、三邑、九尺、竹瓦、丽春、丰乐等 10 个乡镇卫生院完成改扩工作任务。县人民医院放射楼、中医医院综合楼、血防站业务楼和精神病院的基建陆续竣工。

1994 年，完成血库改建，南街技术培训中心投入使用，防疫站综合楼竣工，血防综合楼基本竣工，白鹿、桂花、升平、隆丰等卫生院和传染病院的改扩建工程也基本完工，超额完成成都市下达的三个乡镇改扩建任务，受到上级好评和成都晚报表扬。

1995 年，顺利完成成都市下达的三项基建任务，并对上年竣工的 4 个单位进行了严格的基建审计，共审减 30.51 万元的基建开支。

1996 年，结合“三分之一重点县”建设和农村三项建设，以房屋、人员、设备、技术、管理五配套为原则，从满足医疗卫生需要出发，“采取三个一点”筹资办法，重点完成庆兴、隆丰、太清 3 个卫生院的改扩建任务，总投资 95.5 万元，建筑面积 2423 平方米。

1997 年，改扩建卫生院三所，即新兴卫生院修建手术室，丽春卫生院修建综合楼，红岩卫生院建业务综合楼。投资 64.22 万元，建筑面积 1383 平方米。彭州市人民医院门诊二期工程、血库业务楼、药检所业务楼、保健院手术室等已先后投入使用。

1998 年，改扩建卫生院 4 所：三邑卫生院投入 16 万元扩建手术室，磁峰卫生院投入 30 万元扩建门诊，楠杨卫生院投入 30 万修建住院部，丰乐卫生院投入 3 万元改善门诊面貌。

1999 年，九尺镇卫生院投入 51 万元建门诊综合楼，竹瓦乡卫生院投入 7 万元改扩建住院部。结合改扩建乡镇卫生院，加强改造危房，消除危房 2484 平方米，约占危房面积的 82%。

2000—2003 年，卫生系统基本消除危房并逐步达到设施 5 配套。2001 年，磁峰、丽春、三邑、致和及天彭二卫生院等分别电算化达标。2002 年在建面积 5900 平方米。

2004 年共有在建项目 7 个，总建筑面积 1.34 万平方米，总投资近 1600 万元，其中国债项目 2 个：疾控中心和传染病医院。农村卫生 D 级危房改造项目 5 个：即葛仙山、致和、龙门山、小鱼洞、天彭卫生院改造。疾控中心、传染病医院、葛仙山镇和致和镇卫生院，属为民办实事项目。

2005 年，完成疾病预防控制中心（新建）和传染病医院（改扩建）项目建设；完成葛仙山、致和、龙门山、三邑、小鱼洞等 5 家镇卫生院的改造；启动市卫生执法监督所、濛阳中心卫生院、天彭中心卫生院、升平卫生院和军乐卫生院的新基建；引进 157 厂职工医院改制重组和新建彭州同一医院的建设项目。

技术设备建设

1986 年以后，随着科学技术的发展，彭县医疗单位不断通过内引外联和“三个一点”的集资办法等，积极引进新技术与新设备。1989—1994 年，为各医疗单位引进技术 50 余项，设备 100 余台。市（县）人民医院在省医院的帮助下，引进电视腹腔镜胆石手术、眼球后肿瘤摘除术、氦氖激光、心内永久性起搏器安置等新技术设备。新兴卫生院和中国人民解放军 48 医院联办骨科。肝胆肾结石专科医院和省内外 13 家单位联办结石专科医院等。通过内引外联，发展了自身优势，提高了知名度，两个效益明显增长。

1995 年，彭州市人民医院投入资金 230 万元，引进了全身 CT、多功能 B 超等设备。

2001 年，大宝、白鹿、楠杨等卫生院配备 200 毫安 X 光机。2002 年各乡镇卫生院共投入资金 1426 万元，购买救护车、电子胃镜、电脑、半自动化分析仪、B 超、血球分析仪等医院设备。

至 2003 年，开展科学研究或新技术引进的市级医疗卫生单位覆盖面达 100%，市人民医院已确定骨科作为重点发展专科；市中医医院确定的骨伤专科、心脑血管专科已进入建设周期。开展新技术 9 项：（1）五官科支撑喉镜的临床应用；（2）五官科全麻下扁桃体摘除+增殖体刮除术；（3）五官科鼓室成形术；（4）五官科纯音听阈测试；（5）检验科结核抗体 Igm 检测；（6）检验科 DII 聚体检测；（7）儿科压缩雾化吸入治疗；（8）股骨重建钉治疗、股骨上段复杂骨折临床应用、吸收螺钉治疗踝关节骨折；（9）微创胸腔闭式引流术。

急救体制建设

1990 年前，由于彭县辖区面积较大，地形多为山丘，交通不便，救护车辆又少等因素，致使伤病员的急救与突发事件抢救受到影响，急救体制的建设势在必行。

1990 年以后，由于经济发展，交通不断改善，医疗单位陆续购进救护车。1994 年 3 月 23 日，四川省急救网彭州市急救中心成立。

1999 年，市人民医院新建成“120”急救网络，开通生命绿色通道，全市对突发事件的处置和急救再上一个新台阶。

2001 年，各乡镇卫生院均购进救护车，市人民医院进一步健全“120”急救网，各乡镇卫生院也建立急救小组，全市急救网络形成。

2004 年，仅市人民医院 1—10 月，“120”急救出诊 2464 次，抢救伤病员 1827 人。

截至 2005 年底，全市各医疗卫生单位实有车辆 65 辆，其中专用于急救的救护车 45 辆。

彭县 1986 年医疗卫生机构情况表

表 23-1-3-1

县级医疗卫生机构	区卫生院	乡镇卫生院		
县人民医院	通济区卫生院	大宝乡卫生院	小鱼洞乡卫生院	磁峰乡卫生院
县中医医院	庆兴区卫生院	通济乡卫生院	思文乡卫生院	白鹿乡卫生院
县卫生防疫站	敖平区卫生院	新兴镇卫生院	丽春镇卫生院	北君平乡卫生院
县妇幼保健所	中心区卫生院	庆兴乡卫生院	桂花乡卫生院	丰乐乡卫生院
县卫生进修学校	濛阳区卫生院	敖平镇卫生院	红岩乡卫生院	万年乡卫生院
县同位素检测医院	—	永定乡卫生院	楠木乡卫生院	军乐乡卫生院
县药品检验所	—	百贤乡卫生院	天彭镇卫生院	致和乡卫生院
县血防站	—	太清乡卫生院	西郊乡卫生院	利安乡卫生院
县精神病防治院	—	隆丰镇卫生院	清平乡卫生院	九陇镇卫生院
县健康教育所	—	中草药门诊部	濛阳镇卫生院	九尺镇卫生院
—	—	三界乡卫生院	三邑乡卫生院	罗万乡卫生院
—	—	竹瓦乡卫生院	—	—

彭州市2005年医疗卫生机构情况表

表23-1-3-2

市级医疗卫生机构	中心卫生院	镇卫生院	地名卫生院	民营医院
市人民医院	通济中心卫生院	龙门山镇卫生院	北君平卫生院	罗万医院
市中医医院	丽春中心卫生院	小鱼洞镇卫生院	庆兴卫生院	思文医院
市疾控中心	敖平中心卫生院（市第三人民医院）	磁峰镇卫生院	利安卫生院	丰乐医院
市执法监督所	天彭中心卫生院	白鹿镇卫生院	太清卫生院	颐康医院
市妇幼保健所	濛阳中心卫生院（市第二人民医院）	新兴镇卫生院	楠杨卫生院	石洞埝医院
市友邦医院	—	丹景山镇卫生院	竹瓦卫生院	—
市精神病院	—	隆丰镇卫生院	—	—
市结石专科医院	—	桂花镇卫生院	—	—
市血防站	—	致和镇卫生院	—	—
市卫生进修学校	—	升平镇卫生院	—	—
市传染病医院	—	葛仙山镇卫生院	—	—
—	—	红岩镇卫生院	—	—
—	—	军乐镇卫生院	—	—
—	—	三界镇卫生院	—	—
—	—	九尺镇卫生院	—	—

第四节　中医药

彭州市中药材资源十分丰富，共有植物类药150科约1136种，动物类药33科四十余种，矿物类药7种，是全国三大药材种植地之一和全国最大川芎生产基地。境内还有丽珠光大制药、绿色药业、康弘药业等著名中药生产企业。全市有中医药人员458人，其中具有高级职称的21人，中级职称的87人。全市有能中会西的乡村医生458人，其中取得大专学历的14人，中专学历的149人，达到中专水平的295人。全市有中医医疗机构35家，有中医病床213张。

彭州市历代名医辈出。清代光绪年间（1875—1908）彭县人唐宗海著《血证论》，饮誉海内。当代名中医李仲愚先生也是乡人。1983年、1998年、2003年成都市先后命名了三批名老中医，其中彭州市有13人，现在从事临床工作的仍有3人。

创建中医先进市（县）

1999年，彭州市列为省卫生厅规划建设的中医先进县（市）。市政府成立创建领导小组，制定以市中医医院为龙头，以乡镇卫生院为枢纽，以村卫生室为基础的创建方针，按照创建标准开展工作。成都市卫生局和彭州市人大、政府，以及彭州市目督办定期进行督查，在全市上下共同努力下，2000年10月，经省农村中医工作先进市（县）评审验收组检查验收合格，“四川省农村中医先进市”创建成功。

为创建“全国农村中医先进县（市）”，全市继续努力，抓好市人民医院、中医医院的中医建设，巩固乡镇卫生院的软硬件建设，村卫生室的建设和发展。2004 年，市中医医院骨科、心脑血管专科通过专家评审，创建阶段性工作通过成都市卫生局检查，为创建“全国农村中医先进县（市）”奠定了基础。

2005 年 12 月 14 日，国家中医药管理局以中医药发〔2005〕74 号文件批准彭州市为“全国农村中医工作先进县（市）”。

“创建”效益

减轻群众的就医负担 引进和应用中医药先进技术，推广应用针灸、火罐、按摩、小针刀、蜂疗等，使中医药服务量在医疗服务中的比重不断增加，到 2005 年上半年，已与西医门诊平分秋色，占 50.2%。门诊和住院费用降低，减轻了农民的医疗负担。镇卫生院中药平均处方 7.8 元/张，西药平均处方 19.8 元/张。

中医药学术水平得到提高 2003—2005 年，在国家级杂志发表中医学术论文 21 篇，省级杂志发表中医学术论文 10 篇、交流文章 22 篇。市医学会收集中医药学术论文 34 篇。市中医医院、市人民医院先后研究开发康复片、苏红片、消炎止咳糖浆、活血酊、益脾片、五参攻积丸等 100 余种自制中成药用于临床。市人民医院的《中西医结合健胃清胰汤治疗急性胰腺炎的临床应用研究》课题，通过专家评审并报成都市科委立项。

中医药人才队伍整体素质得到提高 全市中医本科及以上学历 40 人，占中医药人员 8.7%；专科学历 119 人，占 26%；高级职称 21 人，占 4.6%；中级职称 87 人，占 19%；医师 177 人，占 38.6%。

中医药产业发展加快 2004 年，全市人工种植中药材品种已达 10 余种，面积 10 万余亩，其中川芎的种植和产量位列全国第一。彭州市是黄柏、杜仲、厚朴的全国 15 大种植基地之一。全市中药种植共带动农户 1.5 万余户。全市有中药企业 9 家，共生产药品 300 余种，实现销售收入 2.82 亿元。

中医药传统技术和中西结合技术的运用

2003 年以后，推广应用针灸、推拿按摩、火罐、蜂疗、水针、小针、电针、刮痧、牵引等中医药适宜技术 53 项，较 2002 年增加 14 项，增加 36%；引进和应用 TDP 治疗仪、伏羲场效应治疗仪、多功能电针治疗仪、腰椎病治疗仪等先进技术 25 项。由于中医事业的不断拓展，政府扶持中医的力度逐年加大，中药事业费投入逐年提高。

彭州市 2002—2005 年卫生事业投入与中医事业投入统计表

表 23-1-4-1

年度	卫生事业投入		中医事业投入	
	投入总数（万元）	较上年增长（%）	投入总数（万元）	较上年增长（%）
2002 年	840.69	—	55	—
2003 年	856.62	1.9	66	20
2004 年	1025.95	19.77	81	22.73
2005 年	1134.95	10.62	96	18.52

第五节 疾病预防与控制

2002年12月，市疾病预防控制中心在原市卫生防疫站和健康教育所基础上组建，职工总数85人，其中高级职称1人、中级职称24人、初级职称26人，本科生16人、专科生16人、中专生15人。2005年，中心拥有原子吸收分光光度计、气象色谱、微机极普仪、一氧化碳分析仪、紫外分光光度计、X-γ剂量仪、精密声级计等专用检验、监测仪器设备100余台（件）。

中心主要负责全市疾病预防控制对策的制定、实施，流行病学监测，公共卫生监测，公共卫生事件调查、处理，疾病防治服务，健康教育与技术指导，检验与质量控防控制，预防新知识的应用，基层人员技术规范的培训和指导，预防医学综合管理与服务等职责和服务。

健康教育

预防疾病、保障健康，对市民进行卫生、保健基本知识和相关法律法规的宣传教育是非常必要的，这也是卫生部门的职责之一。疾控中心与市爱国卫生运动委员会配合，通过形式多样、内容丰富、全方位的宣传教育，市民逐步养成良好的卫生习惯，健康意识逐步增强。

办卫生宣传专栏、板报、简报、卫生快讯、卫生信息 从1986年开始，每年向市民宣传卫生保健知识，及时报告全市卫生动态。

利用媒体进行宣传 有线广播播送卫生宣传稿件，电视台开辟《创卫之窗》。报纸定期开办《卫生科学知识专栏》《卫生防疫之窗》。在2003年“非典”时期，通过媒体窗口进行“讲卫生、除陋习，养成文明卫生习惯”“六勤、六不、五不乱”等宣传，对预防“非典”起了重要作用。

放映卫生科教片 放映《餐具消毒》《农药中毒》《触电急救》《预防狂犬病》《病毒性肝炎》《麻风病防治》等卫生科教片。年播放量最高达19部、386场，观看人数达343693人次。

利用节日等特殊活动 利用法定节日、世界卫生日、国家和地方的宣传月及季节性防疫活动等进行宣传，设立宣传站，发放防病、保健资料和《大众健康》《四川卫生科普》《红十字会刊》等报刊。针对特定人群进行签字活动，如“世界无烟日”在中小学生中开展“拒吸第一支烟，争做不吸烟的新一代”千人签字活动。

举办专题讲座 举办卫生知识讲座，开展健康保健咨询、义诊活动，进行宣传教育，活动人数最多达到19791人次，发放56类资料共50余万份。

开展科普知识下乡、健康教育“三下乡”活动 2005年发生猪链球菌病突发事件后，邀请成都市健康教育所专家一起下乡参与科普活动。

建立农村健康学校 建设“九亿农民健康教育”示范乡，订阅《健康教育宣传报》，普及卫生知识，提高农民的自我保护意识。

开设“健康教育课” 1995年在全市358所中小学校开设该课程，1998年开课率达到100%。

举办培训班 对社区、学校、单位、乡镇专兼职健康人员进行卫生业务知识培训。为在卫生保健的日常宣传中取得更好效果，邀请成都市健康教育所专家向领导干部讲授均衡营养知识。

计划免疫

根据《全国计划免疫工作条例》要求，防疫部门对0～7岁儿童进行人工免疫、接种脊灰、百白破、麻疹疫苗、卡介苗（以下简称四苗），预防脊髓灰质炎、百日咳、白喉、破伤风、麻疹、结核等疾病。

1986—1989年，为7岁以下儿童注射“四苗”免疫制品42.46万人次，流脑、乙脑等免疫制品57.03万人次。同时，为成年人注射钩体、伤寒免疫制品3.45万人次。

1989年，彭县人民政府批转卫生局《关于加强儿童计划免疫保偿工作的请示》，指出：“计划免疫和计免保偿，是保证儿童健康成长的一项重要措施。”当年计免保偿率达53.58%。到2002年0~7岁儿童入保率高达99.05%，2003年1~2岁入保率高达99.05%。接种率也逐年增高，1991年，儿童“四苗”覆盖率达90.48%，经成都市验收达到国家“七五”目标，完成联合国儿童基金会和世卫组织第二个85%标准。1996年，儿童“四苗”接种率达98%，达到联合国儿童基金和世卫组织第三个85%的标准，第四次全国消灭脊灰强化计免接种率达98%以上，达到国家要求的标准。1997年，第五次全国强化服苗活动中，服苗率达99.85%，完成上级下达的任务。2000年全面完成消灭脊髓灰质炎的各项工作任务。2002年健全预防接种异常反应处理机制，及时处理率达100%，建立起预防接种规范化门诊。

2004年，儿童“四苗”接种率达99%以上，覆盖率97.14%。新生儿乙肝疫苗接种率99.62%。积极推行规范化预防接种门诊建设，是年四月，接受成都市对3个示范门诊、24个合格门诊进行验收，八月开始试运行计免监测网络直报系统，完成上级下达的2例AFP监测任务。

2005年，建立和完善儿童计免微机管理系统，儿童“四苗”接种率为99.1%，新生儿乙肝疫苗接种率为98.10%。

传染病防治

1989年9月1日《中华人民共和国传染病防治法》正式实施，县政府及时召开贯彻学习动员大会，传染病防治进入法制轨道。发病率逐年下降，传染病总发病率从428.36/10万降至287.50/10万。

结核病防治 1981—1989年，防疫站先后对20多个乡镇和部分学校、厂矿进行线索调查和流行病学调查。结果显示，彭县结核病患病率占8‰以上，与全国调查基本吻合，由此推断彭县患结核病的人数在5000人以上。1984年，县防疫站组建结防科和开设结核病专科门诊，提高结核病的检出率和治疗率。同时对新生儿接种卡介苗。1995年，世界银行“卫V”贷款中国结核病控制项目启动。1996年，彭州市代表四川省接受世界银行项目官员和卫生部的考核，考核组对彭州市的项目开展情况表示满意。有世行项目的支持，防治工作更加顺利，1997年结核病控制乡镇覆盖率已达100%，治愈率达100%。1998年代表四川省、成都市接受联合国官员考评，因考评满意争取到世界银行“卫V”贷款中国结核病控制项目贷款延期两年。此后，全市继续做好结防工作并纳入目标管理，加强结核病的归口管理。2003年，建设结核病控制中央经费项目于7月14日正式启动，2004年启动实施结核病控制中央经费支持项目和全球基金项目后，进一步强化结核病归口管理，到2005年病人转诊率达100%，督导治病覆盖率为100%。

性病防治 1985年艾滋病传入中国后，在各地相继出现病例。2003年，市疾病防控中心根据性病防治需要成立综合监测领导小组，对疫情进行监督监测。

2003年，全市共报告性病病例797例，发病率为103.22/10万，其中淋病430例，梅毒78例、尖锐湿疣193例，非淋菌性尿道炎69例，生殖器疱疹29例，软下疳1例。2004年，大力宣传《成都市性病、艾滋病防范管理条例》，培训防疫医生，重点人群监测280人，无阳性。对已发现的一例艾滋病感染者和密切接触者进行常规监测。全年共发生性病466例，发病率为60.31‱。

重大传染病防控

霍乱（二号病）　1989年9月，百贤乡团结村一村民在成都流浪期间，被发现染上副霍乱，收入成都市传染病医院观察治疗时私自离开。9月7日县政府接到通报后，立即组织防疫医疗人员和民兵40余人寻找，在利安发现患者后，就地收入卫生院隔离观察留检，对其所经留的地方，严格进行消毒处理，对其留检多次转阴后解除隔离。

1996年10月24日，在庆兴、北君平乡各发生一例外源性“二号病”，全市采取果断措施，投入30余万元资金，预防服药1万人，疫点采样监测103件，总消毒面积2.88万平方米。通过全市防疫人员的努力，疫情迅速扑灭。

2002年7月20日，隆丰镇发生“二号病”疫情，在成都市卫生局指导下，经过11天的努力扑灭疫情。在此次扑疫中共出动车辆38辆，人员300余人，流调384户1219人，查出病人49人，采样4041件，预防服药3820人，使用各类消杀灭药物35904公斤。

2003年8月20日，在天彭镇银杏园农家乐发生一起霍乱疫情。本次疫情的密切接触者和同一餐厅就餐者共计86人，主要分布在天彭镇。在市扑疫指挥部和专家组的领导下，市疾控中心、卫生执法监督所立即抽调61名业务骨干，迅速组成扑疫应急专业小组，按“早、小、严、实”的防治原则，经过科学规范的消、杀、灭工作，8月21日，环境样本显示银杏园厕所出口和洗碗池出口的污泥、男厕粪坑蹲位3个阳性点全部转阴性。8月24日患者粪便样连续4次阴性，于8月27日治愈出院。

非典型肺炎防治（SARS）　2002年10月，在广东省发现首例非典型肺炎并迅速传染，波及全国，四川省2003年确诊8例，死亡2人，成都市仅金牛区、武侯区发现疑似病人3例。事件引起彭州市市委、市政府的高度重视，迅速成立以市长为组长的协调领导小组，制定各项防治措施，颁布《彭州市处置传染性非典型肺炎应急方案》，做到7项措施到位：机构健全；人员责任落实（12个工作组）到位；资金到位（专款100万元）；后勤保障到位；宣传工作深入到位；防范措施到位；全市性的消毒灭菌和环境卫生整治到位。确定市人民医院、市中医医院设立较为规范的发热门诊，其余各医院单位均同时按规定设立发热专诊室，确定市传染病院为定点收治医院，致和镇卫生院为留验站。市委、市政府共拨出专项经费170余万元。各医疗卫生单位用于非典防治经费达260余万元。

在非典防治期间，对287个医疗机构的3500余人进行专业培训；预防救治组共出动卫生防疫人员和医务人员计12.6万人次；向基层派驻农村非典防治工作组56个；全市外归人员累计医学观察人数2838例，其中，集中医学观察人数87例，家庭医学观察人数2440例，住院医学观察人数11例。市疾控中心和执法监督所共排查398人，检诊33起（其中请成都检诊2起），预防性消毒单位857个，消毒物表17.54万平方米，消毒空气77.49万平方米，出动消毒车辆3.72万台次，共使用消毒药物5758.2公斤，取得非典确诊病例和疑似病例为零的战果。

猪链球菌病和人禽流感病防治　2005年，在全国局部地区先后发生猪链球菌和人禽流感病后，市委、市政府及时下文安排防控工作，市卫生局认真落实各项防治措施，制定疫情防治方案，确定重点部位和监测哨点，做好防治物资和人才的储备。同时严肃纪律，保证政令畅通和防治效果。

在预防过程中，卫生系统共准备防护用品584套，消毒药物2800公斤，救治病床30张。在防治猪链球菌病工作中，消毒污染环境1.68万平方米，体检接触病死猪人员2932人，并施以预防药物。在防治人患禽流感病中，消毒污染环境8540平方米，预防服药45人。由于措施落实，全市未发生感染猪链球菌和人患禽流感病例。

地方病防治

20 世纪 80 年代，彭县专门成立由卫生、农、牧、水利、宣传、广电等部门组成的地方病防治领导小组。历年来，通过有关部门、各乡镇政府和专业防治人员的不断努力，血吸虫病和疟疾病已先后达到基本消灭标准，碘缺乏病与肠道寄生虫病的发病率也明显降低，达到基本控制标准。

血吸虫病防治　血防站在市（县）地方病防治领导小组领导下，开展血吸虫病疫情监测、预防和治疗工作。单位成立初期有专业人员 10 多人，1986 年时在编职工 35 人，开设有门诊住院及附设科室。1996 年，将大部分人员分流到市人民医院，仅余 5 名专职人员，2003 年增至 14 人，又开始门诊、住院收治病人。

1986 年，全县计划用三年时间实现灭螺达标，但灭螺药缺乏，大部分乡镇仍采用“铲三面光”、土埋的方法灭螺，效果不佳。1989 年，经四川省、成都市领导和专家反复考核论证，认为在灭螺药无法保证的情况下，达标条件尚不成熟。此后全县进一步做好巩固工作，大量压缩钉螺面积，继续开展查病治病，减少了传染和新感染发病。到 1997 年，经采用反复灭螺、查病、治病等严格措施，钉螺面积下降 99.87%，血吸虫病人群感染率下降到 0.0034%，10 多年里未发生急性血吸虫病病例，20 年间无新发晚期病人。

1998 年 10 月 28 日，经省、成都市血吸虫病传播控制达标考核组验收合格，达到国家血吸虫病传播控制标准。

为巩固 1998 年实现的传播控制达标结果，进一步强化血吸虫病的防治工作，1999 年，市政府制定下发《彭州市血防地方病防治工作计划》，明确各乡镇、各有关部门的工作目标任务。3 月市政府召开“血防、地方病防治工作”会议，并就贯彻《四川省血吸虫病防治管理办法》作具体安排。是年市政府制定下发《彭州市血吸虫病传播阻断工作规划》，全面完成世界银行“卫 V”贷款传染病与地方病控制项目血防巩固流行病学调查任务，《彭州市血吸虫病传播控制策略研究》获得成都市人民政府科学技术进步二等奖。2001 年，在取得血防工作重大成果的基础上，市政府制定《2001—2005 年彭州市地方病防治规划》，继续贯彻“因地制宜，分类指导，突出重点，综合治理”方针，做好血吸虫病防治工作，争取更大成效。2002 年，市地方病防治领导小组办公室被省政府地方病领导小组评为“血吸虫病地方防治工作先进集体”。到 2005 年已无新感病例，全市基本控制住血吸虫病的滋生。

疟疾病防治　疟疾病是全市主要地方病之一，曾先后在部分乡镇暴发流行，给群众的生产、生活和生命造成较大威胁，因此各级领导和群众都十分重视疟疾病的防治工作。防治的主要措施是“两根治，一预防”，即根本治好病人消灭传染源，以预防为主，以消灭传播媒介蚊虫为主要措施。1987 年以后，坚持在疟疾高发区使用敌敌畏、溴氰菊脂等药物灭杀蚊虫；为预防传播，发放预防药服用，对流动人口，特别是从疟疾高发区回来人员和可疑者均进行预防性服药；对休止期病人和新染病人进行服药根治，基本上做到发现一个根治一个。到 1988 年，发病率从上年的万分之 12.46 下降到万分之一以下。1990 年有疟疾病人 70 例，发病率上升为 0.95/万，但采取措施后在 1993 年仅发病率为 0.174/万，连续 5 年无 5/万发病乡镇，发病率已控制在历史最低水平。

1994 年是疟防工作达标年限，十余年来，在全市的共同努力下，坚持“两根治，一预防”的工作方针，疟疾病发病率逐年下降，已连续几年达到基本消灭。11 月 27—28 日，四川省、成都市地方病办公室，省医科院寄生虫病研究所，成都市卫生防疫站等 15 名专家对全市进行全面考核，一致确认达到卫生部颁布的基本消灭疟疾病标准。此后，除在2004年发现两例外源输入性病人外，直至2005年底均未发现疟疾病例。

碘缺乏病防治 1991年，开展地方性甲状腺肿大调查。对34个乡镇7—14岁学生和部分社员作调查，共查学校128所，调查学生28275人，受检率99.73%，发现生理性甲状腺肿大9800人，学生甲状腺肿大率40.99%，患病率为6.33%；查村民5260人，受检率94.45%。调查结果，甲状腺肿大率为33.87%，患病率为5.73%，为较重的碘缺乏地区。

1992年以后，在全市开展服碘油丸和食用碘盐的宣传教育工作。同时对新生儿脐带血进行检测；对孕妇、新生儿、中小学生等重点人群、高危人群普服碘油丸；加大对碘盐供应质量的监测和处理力度。经过较长时间的口服碘油丸和食用碘盐，使碘缺乏病得到有效控制。1997年，青少年甲状腺肿大率下降9%。2004年，全市甲状腺肿大率降至6.4%，已达到国家碘缺乏病消除控制标准。

肠道寄生虫病防治 1986年，县地方病防治办公室根据上级指示，在山区、丘陵、平坝各选1个点位作钩虫流行病学调查。随机抽样确定小鱼洞乡（山区）、丽春乡（浅丘）、西郊乡（平坝）为调查点，3个点共检查575人，对查出的病人均进行了驱虫治疗。3个调查点均无中度和重度感染，调查表明彭县属于轻度流行区。

1993年，根据省地方病办公室《关于加强钩虫病等土源性蠕虫病防治工作的通知》精神，县（市）地方病防治办公室要求各乡镇、各部门认真组织发动群众，并将具体任务分解给防疫站、血防站和保健所，分片包干，各负其责，当年已普服7.5万余人。由于群众普遍主动在肠道寄生虫病发时就医服药，加之整体病情不突出，全市寄生虫病很快得到有效控制。

中英慢病合作项目 2003年，由国家疾控中心和英国牛津大学组织实施的中英慢病合作项目，选择彭州市作为项目监测点。该项目在全国共设10个监测点，彭州市为四川省唯一监测点。

该项目针对几十年间，中国人群的疾病模式和死因构成发生的变化，传染病、寄生虫病所致的发病率和死亡率大幅度下降，慢性非传染性疾病（如肿瘤、肥胖、高血压、糖尿病、冠心病和中风等）日益成为影响人们健康的主要状况等进行研究，项目持续期为10年至15年。

2003年11月，先期在濛阳镇大包村对35—74岁的目标人群进行了预调查。

2004年2月，在22名参加招聘的人员中确定14人组成KSCDC（中国慢病前瞻性研究）项目调查队，进行培训和考核后，6月25日率先正式启动农村项目点调查工作，并确定濛阳、九尺、升平、三邑、三界、竹瓦、太清7个镇为项目调查镇。截至2005年底，调查人数为1.2万人，彭州市调查队荣获全国“最佳调查队”称号。

第六节 保 健

初级保健

1990—1995年，是国家规定各地实现初级卫生保健的时限。1990年，县政府成立了以分管副县长任主任，有关部门领导为成员的初级卫生保健委员会，开展达标工作。各乡镇也建立相应机构，制定规划和计划，签订目标责任书。工作重点是改水、改厕、建设甲级村卫生站、集资医疗等。

1992年，改造公共卫生厕所125个，农户卫生厕所31989个，普及率达到45.15%；完成大口井改造，全县“安全卫生水”普及率达到89.1%。1993年，县初保委下发《初级卫生保健达标规范要求》，将具体工作层层分解，分项落实责任人；县人大通过了人均0.5元初保提留费用；在隆丰镇建立起成都市第一所农民健康教育学校，中小学的健康教育开课率达100%，70%的群众已有较良好的卫生习惯；全县“安全卫生水”普及率已达到90.13%；改建厕所52495个，卫生厕所占26.7%；村村有卫生室，建成甲级卫生站122个。1994年，为确保初级卫生保健达标，市委、市政府召开乡镇党委书记、乡镇长和乡卫生院院长及有关部门领导参加的动员大会；举办乡镇分管领导与办公室人员参加的专业培训班；组织技术指导组到各乡镇具体指导；各乡镇也召开动员大会、现场会、干部党员会，层层落实任务，奖惩兑现。

在市（县）委、市（县）政府的具体领导下，经各乡镇、各有关部门和全市（县）群众的共同努力，初级卫生保健达标工作在1995年4月9日通过省初保委的终末评审，以97.52分（全省最高分值）的成绩达标。同年5月23日通过国家初保委的复核审评。

妇幼保健

全市妇幼保健工作由市妇幼保健院负责。

儿童计划免疫保偿从1986年开始，为保护婴幼儿健康，县（市）政府要求各乡镇要把“计划免疫保偿工作”列入议事日程，想尽一切办法抓紧落实。通过努力，各项指标都达到联合国、世卫组织和国家的计免标准。

市妇幼保健工作坚持“以保健为中心，保健与临床相结合”的方针，开展从婚前的医学检查到孕期的保健、检查、生产、哺乳及产后访视，每个阶段都给予关注和重视。为保护妇女儿童健康建立“妈妈学校”，讲解孕期、哺乳期及育儿等方面的卫生保健知识，培训基层妇幼人员；落实各种岗位责任制，加强产科质量和计划生育技术质量管理；建立健全孕产妇保健系统管理、儿童保健系统管理；婴儿出生后进行新生儿登记，建立儿童健康档案管理，对婴幼儿定期健康体检和预防接种；加强对高危、体弱儿童的监护管理；依照国家教委、卫生部《托儿所、幼儿园卫生保健管理办法》对托幼单位卫生工作实施统一管理和监督。特别是1995年贯彻《中华人民共和国母婴保健法》和1998年创建“爱婴市”以来，对妇幼保健工作更加关注和重视，市委、市政府成立领导小组，制定措施，使用广电、报纸、专栏、印发资料等形式，广泛宣传《中华人民共和国母婴保健法》“母乳喂养好”，反复培训妇女干部和孕产妇，加强对市场母乳代用品的销售管理。

通过努力，妇幼保健工作取得良好效果，婚前医学检查2003年达100%；新婚保健知识普及率1999年达到99.1%；孕期保健普及率2002年达99.6%；产检率1990年为98.19%，到2005年为94.56%；住院分娩率1990年为91.86%，到2005年达99.51%；母乳喂养率1995年为34.8%，2002年达67.74%。在宣传《中华人民共和国母婴保健法》和“母乳喂养好”的几年里达到85.2%；产后访视率1990年为98.21%，2005年为93.42%；孕产妇死亡率1990年为82.41/10万，2005年降至45.68/10万；围产儿死亡率1990年为15.99‰，2005年降至12.11‰；婴儿死亡率1990年为22.84‰，2005年降至10.05‰；5岁以下儿童死亡率1990年为26.37‰，2005年降至11.88‰。

老年人保健

1999年，市老龄委同卫生局签订《助老工程协议书》，对老年人实行挂号、诊病、收费、取药优先；享受住院治疗总费用减免3%的优惠；100元以上的大型辅助检查优惠10%等。最初在市属医疗单位推行，到2005年已在全市医疗单位实行。

在创建“四川省敬老模范市”工作中，市卫生局积极发展老年卫生保健服务，完善老年医疗建设和老年医疗保健服务网络，做好老年病预防、医疗、保健、咨询工作，为老年人提供优质、方便、优惠的医疗保健服务；推动社区卫生服务工作，促进老年卫生保健与社会经济的协调发展；广泛开展适合老年人特点的自我保健、老年性疾病预防为主的健康教育；在市人民医院、市中医医院开设老年病专诊室和求助热线；医疗卫生进入社区，形成网络，使老年病人就近得到救治。

第七节　教育科研

医学教育

市卫生进修学校是承担全市卫生技术人员、乡村医生业务培训，在职干部进修、短期培训，医学继续教育的专门教育机构。学校始建于1958年，1962年因精简机构停办，1978年恢复，1993年撤县设市时更名为彭州市卫生进修学校。

1986年，开办儿保培训班，学期1月，学员33人；助产员培训班，学期10天，学员58人（其中23人兼村妇女主任职务）；放射人员培训班，学期4个月，学员31人。全年有18名在职医技人员进入正规大中专院校深造，25名医务人员去省、市医疗单位进修。

1987年，第二届中医函授班结业，8名学员获得文凭。

1988年，举办医士班1个，学期两年半，学员48人；护理员培训班1个，学期3个月，学员43人。参培学员中有15名考上职大、中专班学习。

1990年，举办5个培训班，学员1017人，其中有2人考取大专班，10人考取中专班，2人考取专业证书班，送16人到省、成都市级医院进修学习。

1991年，举办中医药基础培训班，学员41人；妇幼基础班、乡村医生函授班。本年有21人考取在职大、中专班，送34人到上级医院进修学习。

1992年9月，遵照上级指示，建立彭县中专函授站，县卫校负责函授工作。继1991年开办妇幼基础班、乡村医生函授班后，当年新开办三年制中、西医医生函授班各1个。本年考取大专的5人，中专的11人，到上级医院进修学习50余人。

1994年，开办中医函授班4个，学员1701人，学习成绩合格率90%以上。

1995年，92级西医函授班完成学业毕业。中医班考试合格率100%，西医班合格率95%以上。

1996年，举办为期4个月的临检培训班，有31个单位33人参加。在学93级、94级西医函授班和96级中西医结合中专班，学习成绩合格率达98%，受到成都市卫生局好评。

1997个，继续教育工作纳入目标管理，健全各项管理制度，选送人员到上级医院进修学习，培养学科带头人，本年开办临床诊断学培训班，学员成绩合格率达98%以上。

1998年，市卫生局把原血站用房无偿拨给卫校，并投入17万元进行改造，从根本上改变了卫校的面貌，同年又招收医士、护士班各1个。卫生局为58名学员补助1/3的学费共计13500元。卫技人员参训率、开展继续教育的学科专业覆盖率均达80%以上。

1999年，全市卫技人员参加继续教育率达80%，学科、专业覆盖率80%；96级中西医结合中专班毕业。

2000年，全市卫技人员参加继续教育率达95%，学科、专业覆盖率达90%；完成对乡镇卫生院和乡村医生中医药人员的培训工作。

2001年，参加进修学习818人次；脱产、半脱产学习153人；举办医士中专班。配合继续教育办讲座6次，参加人数600余人次。

2002年，继续教育覆盖面达100%，乡镇卫生院开展继续教育一类学科覆盖率100%。参加函授436人，大专以上学历教育408人，覆盖面85%。与省卫干院联办大专班，招收临床医学专业109人，高护72人；市防疫站与成都电大联办卫生监督大专班，招收学员19人；市卫生局与市外事办联合举办日语初级班，参加人员60人。

2003年，乡村医生参加中专以上学历教育达10%；乡镇卫生院参加大专以上学历教育达10%；县级卫生机构卫技人员参加专科以上学历教育达10%。县乡村三级卫技人员安排20%进修学习半年。开展继续教育工作单位覆盖面达100%，开展继续教育一类学科覆盖面达100%，继续教育学分25学分/人年，覆盖率85%。

2004年，派出短期学习、交流医生30人次，护理15人次；到上级医院进修15人次。

截至2005年，共有76名护士完成护理电大课程学习，获得大专文凭。有1名护士在读护理本科，52名护士在读护理专科。

科　研

论文发表　1986—2005年，全市医技人员结合临床、总结经验，开展科研、撰写论文，在国家级刊物上发表30余篇，省级刊物40余篇。县防疫站的专题论文集《卫生防疫资料》成为省、成都市防疫人员工作交流资料。

科研成果　《九峰山响水洞低温冷泉水地质条件及水质分析》项目1986年获“成都市政府科技二等奖”；县药检所《四川雪胆属植物种类分布调查研究》项目获“省政府科技三等奖”；县血防站《血吸虫卵抗原致敏冻干血球标准化研究》项目1986年获“省卫生厅四等奖”；《血吸虫病传播控制策略研究》项目2000年获“成都市政府科技进步三等奖”。

实用技术成果　市中医医院马用奎研制的“祛斑润肤露”1996年获澳门爱迪生发明中心颁发的国际金奖；2003年，市人民医院完成《微创治疗颅内血肿适应症状的应用研究》《中西医结合健胃清胰汤治疗急性胰腺炎的疗效研究》成果的报批评审；2004年，市人民医院完成成都市科研成果《颅内血肿微创清除术》《中西医结合健胃清胰汤治疗急性胰腺炎》的申报工作。

第八节　红十字会

彭州市（县）红十字会自1987年10月26日成立以来，红会单位和会员不断发展壮大，至2005年底，已有红十字单位134个，会员8000余人。

宣传教育

宣传教育工作贯穿红十字会工作始终。与相关单位配合，在节假日和世界性的纪念日（如“红十字日”“献血日”“助残日”等）通过媒体宣传、办专栏、散发手册、以及办红十字报、刊等形式，宣传“实行人道、救灾助贫、服务社会”的宗旨，进行人道主义精神和健康卫生知识教育。通过宣传教育，救死扶伤的人道主义精神深入人心，市民纷纷参加无偿献血、捐献骨髓等义务活动。1997 年，市红十字会荣获中国红十字总会授予的“无偿献血宣传工作奖”，2002 年被成都市红会评为“宣传工作先进单位”，获成都市政府“无偿献血促进奖”。

青少年工作

通过组织夏令营活动，举行形式多样的“献爱心”活动，对青少年进行爱国主义、人道主义教育。1993—2005 年，组织夏令营活动 30 余次，共计 7000 余名青少年到革命圣地延安、首都北京等地接受爱国主义教育。红十字青少年会员开展“手拉手、献爱心”活动，把多余的书包、文具、图书、衣物等捐献给边远地区的贫困学生。组织约 6000 余名青少年参加健康卫生知识和救护知识培训，使他们掌握一些基本的知识技能，在遇到灾祸、伤病或需要帮助的情况下，有自救或救助的能力。

卫生救护培训

为践行救死扶伤人道主义精神，建立卫生救护队和小组，针对基层红十字会干部、机动车驾驶员、农电员、中小学师生、街道居民等不同群体，进行卫生救护专业培训。通过培训使他们能掌握一至多门急救技能，在工作、学习、日常生活中发生事故、伤病时，能进行救助和自救。1987—2005 年，培训人员达 4 万余人。1996 年，覆盖全市的卫生救护网络基本形成，建立市卫生救护队；基层红十字会建立卫生救护急救站；在公路沿线交通事故易发点设立 16 个抢救点。

践行人道主义

市红十字会成立以后，与市级医疗单位红十字会组成巡回医疗小组，利用节假日深入农村、社区，开展义诊和健康咨询活动。

1988 年，成立以红十字会会长为主的“八八国际体育援助计划”组委会，进行旨在实行人道主义救助的募捐活动，所募集的资金财物全部用于社会人道主义救助。

赈灾　1994 年，全市遭遇 40 年一遇的持续夏旱，市红十字会拨款 4000 余元，发动会员捐款 2 万余元，连同香港红十字会救助的 1800 公斤大米，送往灾区。1995 年彭州市遭遇洪涝灾害，市红十字会募捐 4 万余元、衣物 1000 余件救济灾民。1998 年，河北张家口市发生地震，长江中下游、松花江等地相继发生百年一遇的特大洪灾，市红十字会发布《告全市人民书》，发动募捐，募集到现金 7. 1 万元，衣物 1660 件支援灾区，享达制药厂红十字会还寄去价值 8 万元的药品，并向灾区儿童捐款 1. 68 万元。1999 年 8 月，彭州市遭遇罕见洪涝灾害，市红十字会及时下发了省、成都市红十字会所拨的价值 7 万余元的药品和医疗器械。2001 年初，内蒙古、新疆连降暴雪，250 多万人受灾，甘孜州发生 6 级地震，近 5 万人受灾。市红十字会及时发出倡议，募集现金 2. 17 万余元，衣物 8000 余件支援灾区。同年 9 月，桂花、庆兴、通济镇发生特大洪灾，市红十字会拨款 5000 元，与卫生系统红会募集的 1. 32 万元，衣物 600 多件及时发放灾区。2002 年入夏，全国部分地区遭受特大暴雨灾害，市红十字会为灾区捐款 11151 余元，衣物 2000 余件。10 月，向甘孜州新龙县灾区捐赠现金 2000 元，衣物 800 件。2003 年，在全市非典型肺炎防治期间，市红十字会收到 13. 39 万余元捐款以及价值 27. 51 万余元的物资，全部投入到抗击非典一线。是年 8 月，彭州市两次遭受特大暴雨灾害，10 个乡镇 7. 3 人受灾，直接经济损失达2000余万元，市红十字会把募集1000余件衣服，红十字总会捐赠的15吨大米发放给灾民。

济困　1992年，西郊乡中学贫困生杨洪身染重病，且胫腓骨折，市红十字会送去慰问金500元，并落实医院免费；1993年，市红十字会拿出近1000元经费为特困幼儿、学生做衣裤；1997年为三邑镇患骨髓疾病儿胡冬捐助2000元；1999年，市红十字会为42名特困生捐赠学费5000元，市交警大队红十字会捐赠1500元；儿童节为62名下岗职工子女赠送价值6000余元的节日礼物。2000年春节前夕，市红十字会为66户特困户送去价值3600余元的大米。2001年，市红十字会联合市教委、市妇联为天彭中学患“血友病”的学生任昌敏、三邑中学患“急性粒细胞白血病”的学生霞锦分别捐款1000元、3万元治疗款。2002年，隆丰镇小学生武朝伟遭遇车祸而肇事司机逃逸无钱医治，市红十字会联系市人民医院减免其费用1500元，并捐款1000元，解决了全部医药费用；募捐4000元解决贫困大学生入学问题。2003年元旦、春节，市红十字会为葛仙山镇10户贫困户送去大米250公斤，现金1000元，衣物30件；为两名贫困大学生捐助学费2000元，为贫困患者捐助医药费2200元，为1名被拐返乡者捐助建房费1000元，多方协调为4名先天性心脏病患儿减免手术费。2004年，市红十字会为患“急性重型再生障碍性贫血病”的西华大学学生廖哲恂募捐10万余元，为3名白血病、肾病患者各捐助1000元，为3名先天性心脏病贫困患者联系医院手术并协商减免手术费4万余元。2005年元月，市红十字会将红十字总会资助的137件衣物分送贫困户，4月为3名品学兼优的贫困初三学生各资助300元；为成都市1名患白血病学生募捐5000元医疗费，为患白血病的2名学生、1名居民、1名农民各捐助1000元。

扶老助残　1993年，全市红十字会成员单位捐款上万元慰问老人，医疗单位红十字会免费为2万余名老人义诊。1994年，市红会拨款3000元，基层红会捐款1500余元慰问孤、老、病、残人员。1996年，市红十字会、基层红十字会捐款8万余元慰问孤、老、病、残人员。1997年为山区27名特困、聋哑儿童捐助学费1500元。1998年，市红十字会与台北曹氏集团向45名残疾人捐赠轮椅。2001年、2003年元旦、春节期间，市红十字会分别拨款2000余元、送去500公斤大米慰问颐养中心孤残老人。2004年开展“社区献爱心康复工程”，为城乡1.21万余人40岁以上市民进行体检，对查出疾病的1200余人给予健康指导和治疗。

第二章　体　育

党的十一届三中全会以后，全市社会经济发展较快，1995年成为省经济发展十强县，体育事业也取得了可喜成绩。1985年以来，连续12年被成都市政府评为“体育工作优胜单位”，1993年、1996年被省体委评为“体育工作优胜单位”，1994年，因全市浓厚的体育运动氛围和较先进的场馆设施，被评为“成都市体育竞赛最佳赛区”，1996年利安乡被农业部、国家体委、全国农民体协评为“亿万农民健身先进乡（镇）”，1997年彭州市被省体委命名为“风筝之乡”，1998年国家体育局命名彭州市为“全国体育先进县”。全市体育运动事业蓬勃发展，不断兴建和完善体育场地设施，到2005年，全市共有体育场地424个，全民健身路径37条，保障和促进全市全民健身活动顺利开展，展现了全国体育先进市（县）的形象。

第一节　创全国体育先进县（市）

创先工作

1996年底，省体委将彭州市确定列为全省争创全国体育先进县（市）单位。争创工作早在1993年就已启动，专门成立以四大班子分管领导为正副组长的“争创”领导小组，并将体育事业纳入《“九五”国民经济社会发展规划》和《2010年远景发展纲要》，每年市委常委会、市政府常务会议都要专门研究体育工作。1995年5月，市委、市政府召开“全市争创全国体育先进县（市）动员大会”，“争创”领导小组代表市委、市政府与各争创单位签订“争创目标责任书”。1998年，“争创”领导小组召开全市“争创”工作阶段性总结大会；充实健全体委队伍；全市28个乡镇、34个机关企事业单位、84所中小学均建立由主要领导任组长的体育或体卫工作领导小组，成立乡镇体育辅导站和体育机构，配备专兼职辅导员。

设施建设

市财政1994年拨款29.7万元，1995年拨款36.5万元，1996年拨款41.5万元，1997年拨款42万元，保障体育基本建设投资。各乡镇筹资2万元用于体育场、室的建设。

彭州市把体育场馆基础设施的建设纳入重点工程，实行一级目标管理，各乡镇均建成水泥地面的篮球场和40平方米以上的乒乓球活动室。市体育中心的建设始于1991年，经费除财政拨款外，还将历年近300万元的体育彩票收入投入建设，1994年，建成占地90亩，功能齐全的体育中心。中心有400米标准田径场1个，有可供国家级比赛的足球场1个，设有7000个席位的观众看台，有可容纳2000余人的体育馆1座，有标准游泳池、少年游泳池、幼儿游泳池各1个，有网球场4片，排球场2片。市级和乡镇体育场地和基础设施都达到了国家体育先进县（市）的标准。

体育大赛

市体育中心建成后赛事不断，自1993年以来先后承担第七届全运会成都赛区男子足球预赛；国家奥林匹克足球冬训；国奥队对省和吉林省足球预赛；“帝王杯”全国女子足球会战；省“环达杯”武术散打擂台争霸赛；全国“可口可乐”青年足球比赛；全国足球乙级联赛（西区）复赛；1996年、1997年省网球比赛；成都市领导干部运动会；成都市第二届少运会；成都市第八届运动会的武术比赛等有重大影响力的体育大赛。

在市委、市政府的领导下，在全市人民的共同努力下，1998年9月8日，国家体育总局以体群字〔1998〕108号文件命名彭州市为“全国体育先进县（市）”。

第二节　群众体育

1994 年，成立市体育总会、市全民健身指导委员会，引导推动群众体育的开展，建立健全群众性体育协会。体育协会会员单位有 105 个，各类体育爱好者 4 万多人。到 1997 年，全市各体育协会共有 152 人取得三级以上裁判证书，开展各种活动和比赛 2000 余次，共 6 万多人参加。全市已形成横向到边、纵向到底的纵横交错的体育网格。

群众体育组织

市老年人体育协会　成立于 1986 年，有团体会员单位 48 个，参与活动人数 3000 人。以后逐年增长，到 2005 年，会员单位达 74 个，参与活动人数达 4. 5 万人。开展活动有门球、钓鱼、象棋、台球、乒乓球、无极健身球、双球健身操、健身腰鼓、秧歌、诗书画、排球、网球、自行车骑游队、射击、信鸽、文艺、川剧、器乐和太极拳、剑、刀、扇等 20 多个项目。老体协每年都开展所设项目的竞赛活动，1986—2005 年共组织比赛 300 余次；积极参加成都市体协组织的比赛项目，1996—2005 年共参赛 180 余次。

市职工体育协会　其工作在市总工会领导、市体委指导下开展。职体协按照全民健身计划，结合本地区本部门的实际，开展丰富多彩的群众体育活动，协助指导百人以上的机关、企事业单位每年组织 1—2 次体育竞赛活动，部分单位的活动已形成传统，如锦江油泵油嘴厂的火炬接力越野赛，5719 工厂的足球、篮球赛。组建业余运动队 44 支，参加各类竞赛达 1. 22 万人次。

市武术协会　1981 年 4 月武协成立后，在各乡镇成立武术训练点，招收学员和发展会员。到 2005 年共有会员 300 多人。为继承和发扬中华民间武术，成立彭州市武术挖掘整理领导小组，由武协主席周继勉执笔完成《彭州武术概况》，将彭州地区武术拳种、门派、师承及其练功特点整理出来。在天彭镇成立太极拳辅导中心，指导爱好者学习、锻炼。武协从 1982—1986 年组织武术队代表温江地区参加省武术比赛，每次均进入前六名，由周继勉、郭华平教练训练的学生罗礼进入省武术队，获全国武术（拳术）比赛第一名，后到美国佛罗理达州传授武术。

市信鸽协会　成立于 1980 年，到 2005 年，会员从几十人发展到 2700 人，信鸽由几百羽发展到 4. 68 万羽。每年组织各种短程、远程放飞竞翔活动几十次，同时组队参加成都市、省、全国竞翔活动。2001 年、2002 年、2005 年获全国通信联赛成都赛区 700 公里冠军；2004 年参加成都地区 3 个公开赛，包揽 3 个冠军，获奖金 200 万元。

市门球协会　成立于 1990 年 8 月。门协平均每年举行各种杯赛 16 次，有参赛球队 50 支，达 3672 人次。1996 年以来，门协共举办裁判员和教练员培训班 10 期，参培共 640 人次，现有国家等级裁判员 108 人，教练员 72 人。协会 1993—2005 年连年被成都市体育局评为先进集体，1998 年被省门球协会评为先进集体，2000 年国家体育总局授予“全国先进基层门协”称号。

市网球协会　网协的前身是老年网球队，2005 年 3 月正式注册成立市网球协会。网协坚持“四自”原则（自愿参加、自由组合、自筹经费、自负安全），以“三为主”（小型为主、就地就近为主、康乐健身为主）方式开展工作，以“三个有利于”（有利于社会政治稳定、有利于精神文明建设、有利于老年人身心健康和网球运动的普及、发展）的原则开展活动。每年组织“迎春杯”“牡丹杯”“三八杯”“重阳杯”“中秋团圆杯”等网球比赛。每年组织参加成都市“三八”赛、锦标赛、区（市）县网球团体赛，多次组织参加全国老年网球赛。在成都市和四川省“九运会”“十运会”上都取得良好成绩。市老年网球队自1998年起，连续8年被评为“成都市先进集体”，2002年10月被评为“成都市老年体育先进辅导站”，2004年出席全国首届网球文化研讨会。

农民体育

因地制宜，广泛开展　农村体育丰富多彩，具备乡土特色。各乡镇发挥体协的组织、纽带作用，成立业余运动队，利用农闲和节假日，组织开展形式多样、农民乐于参与的体育活动，如掰手腕、拧扁担、自行车慢骑、踩气球、中国象棋、拔河、放风筝、武术气功、乒乓球、篮球等。各乡镇每年组织的各类体育活动均不少于4次，其中，1997年共举办112次，参赛人数3.66万人。有的乡镇还适时开展或定期开展综合性农民运动会，如敖平镇、军乐镇一年一度的春节运动会已连续举办12年，每年参赛人数约2000人，观众上万人。农村参加体育活动的人数一直保持在25%以上。

特色项目　清明风筝放飞比赛，是一项融体育、娱乐、郊游踏青于一体的群众体育活动，参与者非常广泛。经过不断发展，已演变成为彭州市的传统节日—“风筝节”。现已举办19届，“风筝节”还吸引成都市、什邡市、金堂县等地众多人群前来参赛、观看，成为在省内外有较大影响力的大型群众体育活动。敖平镇农民风筝代表队多次代表四川省组队参加全国风筝比赛，有89人次获得各种奖励。1997年敖平镇被省体委命名为“风筝之乡”。

利安镇象棋比赛由过去的农作间息在田边、地角摸一摸、摆一摆，逐渐向阵地化、高水平方向发展。该镇农民15次代表彭州市及成都市参加省、全国农民运动会象棋比赛，取得较好成绩。1996年，利安镇被国家体委命名为“亿万农民健身乡镇”。

开乡镇承办省级体育比赛先河，桂花镇的棋类运动有广泛的群众基础和较高水平，以致吸引“1997年四川省少年儿童棋类比赛”在该镇举办，此举为四川省先例。

职工体育

职工体育工作由市总工会领导，市体委指导协调，各单位负责开展。

改革管理体制，促进体育社会化　要求各机关、企事业单位必须将体育工作纳入单位精神文明建设的总体规划，同物质文明一起抓，要求各单位结合自身实际，全面规划，统筹安排。一是增加体育经费，添置体育器材，在建设办公楼、住宅、厂房时把体育设施纳入预算。二是积极组织各种小型多样、趣味性浓、健康有益的体育活动。同时市职体协每年元旦节、三八妇女节、五一劳动节、国庆节等节假日举办各项体育比赛。三是建立机关、企事业单位、行业业余运动队。各单位把提高职工身体素质作为改变单位形象的手段，鼓励和创造条件让职工都来参加健身活动。

辅导基层体协，提供无偿服务　市职体协为推动职工体育活动的开展，深入基层进行活动开展的指导、基本训练的辅导，对活动开展好的协会进行宣传、表彰，促进职工体育活动的顺利开展。

老年体育

老体协每年都组织参加成都市老体协举办的6项体育比赛，每项都取得较好的成绩。每年举办活动、比赛18项，参加人数达4万人次。特别是每年“重阳节”，组织老年人在丹景山进行登山活动，在彭州园举办老年人大型趣味体育有奖游园活动，赢得老年人赞扬和积极参与。市老年骑游队组织老年人骑车参观游览成都市三环路、府南河及附近区、市、县的风景名胜区。

各镇老体协组织老年人就地就近开展多样化活动。太清镇投入资金改建镇老体协活动场地和设施，使全镇16个村老体协均有活动场地，形成全镇老年人活动网络，老年人不出村就可参加体育锻炼。

丰富多彩的老年体育活动，使老年人老有所为，老有所乐，增进了老年人的身心健康。20年来，市老体协连续被成都市老体协评为先进集体，5次被评为省先进集体；市门球协会被评为“全国老年门球基层协会先进单位”，3次被评为“省门球协会先进集体”，5次被评为“成都市门球协会先进集体”；老体协网球队连续3年被成都市网球协会评为先进集体。

残疾人体育

残疾人体育工作得到社会的关心、理解和支持，历届政府投入大量人力和财力开展残疾人体育锻炼活动，鼓励残疾人做到“身残志不残”，融入社会，积极参加体育活动。近年来，全市参加残疾人体育活动的人数一直保持在22%以上。

尽力创造条件，成功举办四届残疾人运动会。残运会按残疾等级设置趣味体育、游泳、乒乓球、铅球、中国象棋、100米跑、400米跑、1500米跑、跳远等项目，参赛人数达3412人次，残运会志愿者达2000余人次。

组织建立残疾人体育代表队，参加成都市举办的残疾人运动会，所参赛项目都取得瞩目的成绩。特别是在2005年成都市第五届残运会上，夺得5枚金牌、5枚银牌、3枚铜牌。

残疾人体育工作的开展，增强了残疾人自尊、自信、自立、自强的心理素质，提高了残疾人的身体素质，展示了彭州市精神文明建设的成绩。

第三节　学校体育

教学改革

20世纪80年代，中小学按照国家教委制定的《体育教学大纲》进行教学，每周开设2课时体育课。2000—2003年，体育课程按照教育部制定的《中学体育与健康教学大纲》《小学体育教学大纲》进行教学。从2003年开始，彭州市根据国家和成都市的要求，中小学按照教育部制定的《体育（1—6年级）体育与健康（7—12年级）课程标准》进行教学，中小学按照课程改革的课时设置要求，开足、开齐体育、体育与健康课程，同时按教育部的要求，每年举行一次以田径为主的综合性运动会。

体育课程的改革，把“健康第一”作为课程的指导思想，学习和掌握体育健康基础知识、技能与方法，全面锻炼学生身体，促进学生身心和谐发展，进行思想品德教育，培养健康的心理素质，注重于培养德智体全面发展的人才，使学生能适应社会的发展。

体育教学

体育场地和设施建设　为实现学校体育的标准化、科学化，市委、市政府投入巨大的财力，加强学校体育场地和设施建设。特别是在“普九”期间，投入355.3万元新建200米以上环形跑道54个，篮球场300多个。全市中小学配备的器材设施主要有单双杠、铅球、实心球、乒乓台、手榴弹、篮球

架、排球架、足球架等。基本按照“普九”对体育设备器材的要求配齐配足。

体育师资　1980年以前，体育专业教师匮乏。1986年后，体育专业教师陆续充实到教师队伍中，但大都集中在高完中。2000以后，随着体育专业毕业的教师增加，乡镇中学的体育教师队伍开始得到充实，但仍然存在很大缺口，兼职情况还很普遍，特别是在小学，基本没有专业教师。到2005年，全市中学31所，体育教师134人，其中专职109人，兼职25人；全市小学（九年一贯制学校）38所，体育教师195人，其中专职教师56人，兼职教师139人，但大部分都是非体育专业。

满足教学需要、提高教学质量的唯一途径就是组织培训，集体教研。1994年，组织参观在成都市举行的全国十城市体育教学观摩研讨会，开展教学竞赛，在一定程度上提高教师的专业水平。1999年，组织编写《彭州市体育现代课堂教学技术简笔画》等参考资料。2003年课程改革开始，市教研室组织10多次教师培训，组织中心教研组教师到各校指导教学，创编符合课程改革要求的《中小学体育与健康学习评价表》。每年组织两次教师培训和教学设计与教学竞赛活动。通过培训和教研，提高体育教师的素质，促进体育教学工作。

体育达标锻炼　1990年以后，全市学校体育教学严格遵照国家《学校体育工作条例管理》，坚持开展“两课两操两活动”。1990年，按照国家体委、国家教委关于在全国各级各类学校推行《国家体育标准实施办法》的要求，中小学实施国家体育锻炼标准。各学校利用体育课和课外活动时间组织学生进行达标锻炼，实施面100%，达标率在98%以上，优秀率在15%以上。2003年实行课程改革，遵照教育部要求开始实施《学生体质健康标准》，实施面100%，达标率在99.9%以上，优秀率在25%以上。达标锻炼提高了学生身体素质，为全面实施素质教育奠定良好的身体素质基础。

体育训练和比赛

争创体育传统项目学校　传统项目学校是指有较强的师资，又有适合项目开展的体育场地，同时能严格按照传统项目要求进行训练的学校。1987年，彭县中学、延秀小学、彭县一中被评为“成都市优秀传统校”，所涉项目仅有排球、田径。随着学校体育设施的不断建设，体育传统项目学校逐年增加，到2005年，有四川省、成都市、彭州市传统项目学校31所，所涉及项目有排球、篮球、足球、乒乓球、田径、举重、游泳、武术、柔道、棋类等。

训练和比赛　各中小学遵照《学校体育工作条例》的要求，认真开展体育业余训练和比赛，广泛开展“田径班级赛”“百日游泳”“排球活动月”等活动，定期或不定期组织乒乓球、游泳、排球、篮球等训练和比赛，学校每年举行一次以田径项目为主的全校性运动会，适当开展本校特色项目运动会。组建133支校代表队，进行每天不少于90分钟，每周不少于6小时的训练，不定期开展校际体育比赛和举办全市性比赛。1996年以后，先后举办过3次中学生田径运动会、1次学生运动会。

全市中小学的体育训练和比赛，不仅局限于校内和校际，还不断拓宽体育训练空间，提高青少年学生的身体素质和体育竞技能力，显示“全国体育先进县（市）”的体育水平，为上级培养体育人才。2003年，在体育传统项目学校彭州中学、彭州一中、磁峰中学等6所学校建立排球、柔道、举重、田径、游泳、武术训练基地。2004年，又在原体育传统项目学校的基础上建立敖平小学游泳、彭州职中举重和柔道、隆丰中学田径、通济中心学校田径、彭州中学排球、延秀小学排球等训练基地。

通过训练取得良好效果，彭州中学男排3次代表四川省参加全国比赛；8次获四川省冠军；10余次获成都市冠军。磁峰中学柔道队参加成都市中学生柔道比赛，获第二名。彭州职中柔道队和成都共同组队参加四川省十运会。通济中心学校组队参加成都市儿童田径运动会获团体总分第三名。2004

年，全市中学生组队参加成都市游泳比赛，取得4枚金牌、2枚银牌和3枚铜牌的好成绩。

第四节　体育市场

体育场馆的管理和经营

1998年，设立市体育场地管理所，负责管理维护体育中心的设施设备。为使体育中心正常运转，达到以场养场的目的，根据《四川省体育条例》《成都市体育经营活动管理条例》《成都市游泳场管理办法》，对经营活动实行许可证制度。从1998年对体育场游泳池实行承包制对外开放。2004年起，又向社会开放田径场。实行承包制基本达到以场养场的目的，对外开放，增加体育锻炼人数。据统计，市体育中心每年接待人数达30万人次以上。同年对体育经营活动实行备案制。依照法规制度实行管理，保证体育市场的正常运转，又为体育社会化开辟新的途径。

体育彩票

按国务院〔1994〕30号文件精神，经省、成都市管理部门同意，彭州市于1995年6月11—24日发行即开型体育彩票，发行金额为400万元。1998年，经省、成都市同意，组织发行2次体育彩票，共480万元，收益59.4493万元，上缴财政预算外资金专户储存，然后核拨体委专款专用。第一次体彩收益35.6893万元，全部用于体育中心硬件改造，第二次23.5434万元用于归还体育中心建设征地欠款。

2002年开始发行电脑型体育彩票，按川财综字〔2002〕33号文件规定，彩票公益金按销售总额24%上缴中央，省级按销售总额的5.8%分成，市级按销售总额的5.2%分成。公益金按季度结算，由省财政专户直接拨入市级和区（市）县财政专户。成都市体育局研究确定，2002年体彩公益金，成都市级和各区（市）县体育局、文体局各2.6%分配。彭州市实售彩票1110.4463万元，公益金收入48.5万元。用于奥运争光计划39.6万元（维修训练场地、改善训练生活条件）；用于全民健身计划8.6万元，其中建设“全民健身工程”6.3万元，补助大型群众体育运动1.9万元，国民体质监测及群众体育科研0.4万元，当年公益金结存额0.3万元。

彭州市电脑型体育彩票公益金收支表

表23-2-4-1　　单位：元

年份	收入	支出					
		场地	训练	健身	运动会	配套资金	合计
2002	485750	320017.2	5700	60011	93194.5	3930	482852.6
2003	220000	65626	114830	38547	29216	20400	268919.4
2004	224000	46872	12014.5	1757	7465	326.5	68435.5
2005	180000	16554.5	1734	22792	24934	40395	122016

第五节 全民健身和体质监测

全民健身活动

1995 年，市政府成立“全民健身指导委员会”，确定敖平镇、劳动人事局、锦江油泵油嘴厂、濛阳小学等乡镇、机关、学校、企事业单位为试点单位，取得经验全面推广。于 1995 年 9 月 15—21 日在全市开展全民健身宣传周活动，通过集会、专栏、媒体等多种形式宣传全民健身的重要意义。

全民健身活动场地和设施方面，千方百计筹措资金，添置体育健身器材，新建、扩建场地设施，1996—2005 年新建全民健身工程 3 个，全民健身路径 37 条。根据《体育法》和省、成都市有关法规，鼓励社会办体育，先后为 1 家保龄球馆、2 家乒乓球馆、3 家武术馆、8 家游泳场馆核发体育经营许可证。全市体育设施总面积约 89.47 万平方米，各类体育场地 424 个。

按照“便民、利民、亲民”的体育工作原则，努力推进体育资源共享，公共体育场地免费开放。同时，加强对活动社会指导员的培训工作，至 2005 年，全市有二级社会指导员 74 人，三级社会指导员 636 人。在市委、市政府的领导和机关部门的努力下，完善全面健身活动硬件、软件，保证全民健身活动蓬勃深入发展。每年参加体育健身的人数，从 1990 年的 1 人次增加到 2005 年的 30 万人次，常年参加体育健身活动人数达 43%。

到 2005 年，彭州市全民健身活动已打造出全民健身活动周、元旦越野赛、风筝节、登山活动、健身跑（走）等经典项目。全民健身活动取得良好的成效，2003—2004 年参加成都市全民健身路径比赛，荣获中年组第一名、老年组第二名、家庭组第二名。2003 年官仓电厂、2004 年电力公司、2006 年市体育中心分别被省体育局授予“全民健身活动先进单位”称号。1996 年，利安乡被国家体育总局授予“亿万农民健身乡镇”称号。

国民体质监测

根据成体发〔2000〕77 号文件精神，在彭州市政府统一领导下，由市体委牵头，会同教委、财政局、卫生局、统计局、科委、民政局、总工会、农牧局、民宗委等有关部门组成彭州市国民体质监测领导小组。

2000 年 11 月 13—19 日，开始国民体质监测工作。设监测点 7 个，受检单位 17 个，包括乡镇 2 个、机关 5 个、工厂 3 个、事业单位 1 个、幼儿园 4 所、小学 2 所，监测人数 1440 人，实测 1445 人。

监测结果显示：一、农村、城市居民的各种形体、机能、体能指标差别不大。主要原因是生活水平普遍提高，城乡差别逐渐缩小；人们锻炼身体、预防疾病的自我保护意识增强；医疗制度的建立健全，解决了看病难、看病贵的问题，体质普遍增强。二、成年人中凡参加劳动锻炼和体育活动的，身体形态和心肺功能都较好，反之则较差。就体型指标看，农村和城市的差别很大。三、老年人身体各关节、韧带和肌肉伸展性和弹性反映指标指数，农村老人都基本符合要求，皮褶厚度也正常；城市老人虽然有的长期参加体育锻炼，但皮褶厚度都超标，身体弹性较差。四、幼儿城乡差别较小，发育都基本正常，各种反映都很好，灵敏度和理解能力差别不大。

总的来看，因各人所从事的行业工作性质，生活环境，形成不同的生活方式和习惯，思想认识差异和心态不同等多种因素，是造成身体健康层次差异的主要原因。通过监测说明，只有参加多种形式的体育锻炼活动，参与社会活动调节身体机能，才是增强体质，预防疾病的途径。

第六节　体育竞赛

1992—2005 年，彭州市（县）举办大型比赛 74 项，参加成都市级大型比赛 36 项，参加省级比赛 30 项，参加全国性比赛 9 项，承办成都市级以上比赛 4 项。

彭州市（县）1992—2003 年大型比赛情况表

表 23-2-6-1

序号	时间	比赛名称
1	1992	县级机关“牡丹花会”体育比赛
2	1992	县个协春季运动会
3	1992	县第二届青年文化艺术节体育项目竞赛
4	1992	县首届“供销贸易杯”体育比赛
5	1992	“二青会”游泳选拔赛
6	1992	县第六届风筝节“乡企杯”放飞比赛
7	1992	庆祝“国庆”县级机关干部运动会
8	1992	县“百货杯”乒乓球调赛
9	1992	天彭镇地区中小学乒乓球比赛
10	1992	庆祝中华人民共和国成立 43 周年县级机关运动会
11	1992	成都市第三届市、区（市）县级领导干部运动会羽毛球团体比赛
12	1992	成都市业余体校举重比赛
13	1993	县“五一”职工篮球比赛
14	1994	市第八届风筝放飞比赛
15	1994	市首届局级干部运动会
16	1995	市“蜀华杯”门球比赛
17	1995	市老体协流动红旗门球赛
18	1995	市“官渠杯”门球比赛
19	1995	市“天彭杯”门球比赛
20	1995	市老体协第三季度流动红旗赛
21	1995	市老年人游泳比赛，太极拳、太极剑比赛
22	1995	市老年人桥牌比赛
23	1995	市“甲醛杯”门球比赛
24	1995	市“邮电杯”门球比赛
25	1995	市老干局、社保局“重阳节”门球比赛
26	1995	市级机关退管会重阳节门球比赛

续表23-2-6-1

序号	时间	比赛名称
27	1995	市“重阳健身杯”门球比赛
28	1995	市“商业杯”门球比赛
29	1995	重阳节暨第十届老年人运动会
30	1995	市第二届机关干部运动会
31	1995	市中学生田径运动会
32	1995	成都市儿童田径运动会
33	1995	市“五一”职工篮球赛
34	1995	市乡镇职工乒乓球比赛
35	1995	市级机关“燃气杯”中国象棋比赛
36	1995	市级厂矿中国象棋比赛
37	1995	市乡镇篮球比赛
38	1995	市第九届风筝比赛
39	1995	市工商行政管理局职工运动会
40	1995	市“元旦”迎春越野赛
41	1996	市直属机关职工拔河比赛
42	1996	市乡镇拔河比赛
43	1996	市乡镇中国象棋比赛
44	1996	成都市第八届运动会（武术比赛）
45	1997	市第十二届中学生田径运动会
46	1997	市“工商行杯”门球赛
47	1997	市迎春越野赛
48	1997	市总工会庆祝“五一”国际劳动节职工门球比赛
49	1997	市直属机关“五一”趣味体育活动
50	1997	市第三届残疾人运动会
51	1997	市第六届财贸职工运动会
52	1997	市足球（1997）联赛
53	1997	市厂矿拔河比赛
54	1997	市乡镇乒乓球比赛
55	1997	市迎回归、庆七一光达桥牌双人赛
56	1997	市第十一届风筝放飞比赛
57	1998	市中学生篮球比赛
58	1998	市首届中小学生足球比赛
59	1998	市首届运动会
60	1999	市庆回归迎接新世纪（2000 年）元旦越野赛
61	1999	市中小学生足球比赛

续表23-2-6-1

序号	时间	比赛名称
62	1999	成都市少年举重比赛
63	2000	市青少年棋类选拔赛
64	2000	市老年人象棋、太极拳、游泳、自行车慢赛、台球、桥牌活动
65	2000	市第十四届风筝放飞比赛
66	2000	市第四届残疾人运动会
67	2000	成都市第三届少年儿童门球比赛
68	2001	市元旦越野赛
69	2002	市中小学生棋类比赛
70	2002	市“官仓电力杯”中学生篮球比赛
71	2002	市“庆国庆”小学生乒乓球比赛
72	2002	市“庆国庆”中国象棋比赛
73	2002	市迎十六大第三届机关局级干部运动会
74	2003	市第十四届中学生运动会

彭州市 1993—2005 年参加成都市级大型比赛情况表

表 23-2-6-2

序号	时间	比赛名称
1	1993	第七届全运会男子足球预赛
2	1993	成都市第二届青少年运动员武术竞赛
3	1993	成都市第二届青少年运动会
4	1993	成都市“国泰建设杯”市、区（市）县领导干部网球比赛
5	1994	成都市“美尔雅杯”第四届市、区（市）县领导干部运动会
6	1994	成都市首届农民运动会
7	1995	成都市“美尔雅杯”第四届市、区（市）县领导干部网球射击比赛
8	1995	“国际奥委会主席杯”全国百城市群众自行车赛
9	1995	成都市第七届钓鱼比赛
10	1995	成都市儿童田径运动会
11	1996	成都市“思友杯”乒乓球锦标赛
12	1996	成都市第八届运动会
13	1996	成都市“美尔雅杯”第五届市、区（市）县领导干部运动会
14	1997	成都市第九届钓鱼比赛
15	1997	成都市农民象棋桥牌比赛
16	1997	成都市第五届少儿足球俱乐部“志远广和杯”足球比赛
17	1997	成都市“皇城商业广场杯”第六届市、区（市）县领导干部运动会
18	1998	成都市第三届小学生乒乓球活动月
19	2000	成都市第十二届钓鱼比赛

续表23-2-6-2

序号	时间	比赛名称
20	2000	成都市小学生发球、垫球比赛
21	2000	成都市小学生“新苗杯”乒乓球比赛
22	2002	成都市小飞人田径比赛
23	2002	成都市“体彩杯”中、小学田径班级赛
24	2002	成都市网球公开赛
25	2003	成都市第四届青少年武术比赛
26	2003	成都市第三届“体彩杯”小学生排球传统学校比赛
27	2003	成都市小学生排球赛
28	2003	成都市“澳瑞特杯”全民健身路径比赛
29	2003	成都市小飞人田径比赛
30	2003	成都市儿童田径运动会
31	2003	成都市游泳运动会（儿童组）比赛
32	2004	成都市健身路径比赛
33	2004	成都市“国际桃花节”登山比赛
34	2005	成都市首届特奥会
35	2005	成都市健身路径比赛
36	2005	首届成都市万人金秋自行车大奖赛暨第十届“国际奥委会主席杯”全国百城市自行车赛

彭州市参加省级比赛情况表

表 23-2-6-3

序号	时间	比赛名称
1	1993	省第二届风筝比赛
2	1995	省风筝比赛
3	1996	省少年儿童网球比赛
4	2001	省第九届运动会

彭州市参加全国性竞赛情况表

表 23-2-6-4

序号	时间	比赛名称
1	1995	“可口可乐”杯全国奥林匹克联赛
2	1995	“国际奥委会主席杯”全国百城市群众自行车赛
3	1995	“乔士杯”第一届全国风筝比赛
4	1995	“国际奥委会主席杯”全国百城市群众自行车赛
5	1996	大庆“石化杯”全国精英风筝赛
6	1996	“乔士杯”第八届全国风筝比赛
7	1998	“王泗杯”第八届全国风筝比赛

续表23-2-6-4

序号	时间	比赛名称
8	2002	第十三届“黄河杯”全国老年门球邀请赛
9	2002	第二届“国际桃花节”登山邀请赛

彭州市承办赛事情况表

表 23-2-6-5

序号	时间	比赛名称
1	1993	成都市体委系统职工联谊比赛
2	1994	“帝王杯”94 中国女足大会战
3	1996	全国足球乙级联赛复赛
4	1996	成都市第八届运动会（武术）比赛

第二十四篇　人　物

一、人物传记

李一氓（1903—1990）

李一氓，四川省彭县城关（今彭州市天彭镇）东大街人。1903 年出生，1919 年入成都联合中学，1923 年先后考入上海的大同、沪江大学学习，两年后转入东吴大学法科，青年时代受五四运动影响，积极追求真理，参加进步学生运动。1925 年春在上海加入中国共产党。

1926 年，李一氓投笔从戎，参加北伐，任国民革命军总政治部宣传科长、秘书。1927 年参加“八一”南昌起义，任南昌起义参谋团秘书长。起义失败后，根据党的安排，秘密辗转到达上海从事党的文化工作和保卫工作，为转移、保存党的重要力量做出了贡献。

1930 年 5 月，中央在上海召开中华苏维埃区域代表大会预备会议，有将近 50 人参加。会前决定由在中央机关工作的李一氓充当这座开会楼房的主人，除李一氓的夫人和两个男孩以外，党又调来赵毅敏当李一氓的弟弟、李一超（又名李坤泰）当他的妹妹，共 6 口人组成一个临时家庭。会议期间，他们和其他“家庭成员”一起或开留声机，或打麻将，或聊天，胜利地掩护了这次会议。

在上海期间，他积极宣传马克思主义，主编《流沙》《巴尔底山》等刊物，翻译出版了《马克思与恩格斯合传》《马克思论文选译》等著述，受党的委派同左翼作家建立了密切的工作关系，并结下深厚的革命友谊，加强了党对文化工作的领导。

1932 年，李一氓奉命到江西瑞金中央革命根据地，任国家保卫局部长，并在 1932 年底至 1933 年初兼任红中社负责人，参加了中央苏区反“围剿”和长征。到达陕北后，先后任毛泽东秘书、陕甘省委、陕甘宁省委、陕西省委宣传部长。1937 年以毛泽东主席代表的身份到四川成都，恢复和发展共产党组织，并对四川地方实力派刘湘、刘文辉、邓锡侯、潘文华等做争取工作，出色地完成了党交给的任务。

1937 年，抗日战争爆发后，李一氓从延安南下来到南昌新四军军部，任新四军司令部秘书处处长兼军法处处长，协助叶挺、项英编组新四军各部队，开赴华中敌后开展游击战。军部迁到皖南后又兼《抗敌》杂志编辑委员会委员，曾以笔名德谟在《抗敌·文艺专号》上发表社论《我们的艺术和我们的艺术家》，号召在意识、决心、生活、习惯、经历、观念或行动上都是前进的、向上的、集体的、有力量的新生的作家艺术家们，为了革命事业，从无名而成名起来，从不成熟而成熟起来。

1942年3月，李一氓奉命来到淮安，出任淮海行政公署主任，同时兼任中共淮海区委副书记，后任中共苏北区委副书记、苏北行政区临时委员会主任委员。

1945年9月，为了更好地坚持、巩固、建设解放区，争取和平局面的实现，中共中央华中分局决定统一行政机构。1945年10月29日，在清江城（今淮阴区）召开了苏皖豫各大解放区负责人、各行政区参议会负责人、各界代表的联席会议，经过充分民主的讨论协商，决定成立苏皖边区民主政府，李一氓被推选为主席。

苏皖边区民主政府成立后，在不到一年的时间里，以发展生产、改善民主为宗旨，迅速恢复和发展了城市工业、乡村农业、交通邮电等，修复了桥梁279孔，公路2330公里，发放了大量贷款，创建了5所医院，创办了十几种报纸杂志，创立了华中建设大学、华中新闻专科学校和9所中专学校。这一系列的工作，对领导华中人民保卫民主权利，从事和平建设，发展工农业生产，繁荣经济，解决战后灾民困难和为解放战争的胜利打下了物质基础，做了重要准备。

苏皖边区政府是民主中国的实践模型之一，她为中华人民共和国的诞生，造就了一大批建国、治国的栋梁之材。

1947年后，李一氓调任旅（顺）大（连）区党委常委兼副书记、大连大学校长。为巩固、发展旅大解放区，支援东北解放战争，协调各方面的关系进行了卓有成效的工作。

中华人民共和国成立后，李一氓长期从事外事工作，在担任保卫世界和平理事会常务理事、书记期间，为维护世界和平、发展中国人民同世界各国人民之间的交往和友谊做出了贡献。

1958年后，调任中国驻缅甸大使，为周恩来总理和缅甸吴努总理多次友好访问，签订中缅两国友好协议、互不侵犯条约、边界条约、经济技术和支付协定书，出色地做了大量而细致的工作，促进了两国政治、经济和文化的交往。

1962年后，调任国务院外事办公室副主任。

“文化大革命”期间，受到江青反革命集团的残酷迫害，被关入狱长达六年之久。他不畏邪恶，正气凛然，同林彪江青反革命集团进行了坚决的斗争。

1974—1982年，任中共中央对外联络部副部长、常务副部长，主持日常工作。李一氓从事对外工作近30年，是“文化大革命”后对国际问题研究进行拨乱反正的一位先驱者。但他不图名，不张扬，所做贡献至今仍鲜为人知。他阅历丰富，对许多重大问题，有很独到的见解，同时又善于听取别人的意见，并能欣然接受和采纳。他对江青反革命集团搞乱了的对外联系工作和中联部的内部工作进行整顿。他为清除江青反革命集团在中联部的恶劣影响，拨乱反正，开拓中国共产党对世界各国政党关系的新局面等方面做了大量工作，起到了重要的作用。他对一些重大国际问题的分析及所提的一些政策建议，得到了中共中央的采纳和赞许。

李一氓在20世纪70年代末，对“三个世界”划分的问题主持研究和提出报告，基本思想是要说明这种划分在实践中带来不少问题，理论上也站不住，今后不宜再公开提。这在当时真是“惊世骇俗”，很了不起。这无异于对“一条线”战略釜底抽薪，为我国调整外交政策，即适当拉开同美距离、松动对苏关系、恢复同许多发展中国家的友好等，提供了理论和思想准备。他认为，“三个世界”的划分并不是客观世界的存在，而更多带有以我划线的主观随意性。他的这一意见后来被中共中央采纳，并且议定：今后的正式文件和领导干部的正式报告和讲话，不再提“三个世界”划分的理论；但作为学术问题仍可百家争鸣，所以不必做出专门规定，也无须向下传达。

1977 年 8 月底，铁托以总统的身份访华，时任中联部部长的耿飚和副部长李一氓向中共中央提出建议：可以同南共接触，不要把门关死；也可以同南共联盟建立党的关系并承认南斯拉夫是社会主义国家。这在当时是要冒一定“风险”的。邓小平接受了他们的建议。邓小平认为，要勇于打破“禁区”，对南关系是个战略问题，在党的关系上不要缩手缩脚，要“开门”，而且要“开正门”，不是“开后门”“边门”。他还提出要主动称呼铁托为同志，并提高礼遇，让铁托乘敞篷车，把欢迎人数从 4000 人增加到 8 万人。

1978 年，李一氓率领代表团到南斯拉夫进行考察，为实现中南两党关系正常化进行了重要的准备工作。

1979 年，李一氓作为邓小平同志的特使再度赴缅甸访问，贯彻了党的方针，促进了中缅关系的发展。

1982 年，李一氓响应党中央号召，主动退居二线，为中联部领导班子新老交替做出了榜样。

1982 年后，李一氓任中共中央纪律检查委员会副书记，中央顾问委员会委员、常委，国务院古籍整理出版规划小组组长和中国国际交流协会会长。

李一氓是我国文化战线上的一位老战士，一位治学严谨的学者，具有深厚的文化素养、渊博的知识、卓越的组织才能，并对文化事业做出过不少贡献，因而在学术界和文艺界享有崇高声誉，被陈毅元帅誉为“党内少有的大知识分子”。在任古籍整理出版规划小组组长期间，对收集、整理和出版古籍倾注了极大心血，团结全国有关专家学者，将古籍整理工作推进到一个新阶段，对保护和发扬祖国、民族传统和优秀文化发挥了重要作用。他曾说：“历史割不断，同胞一线牵。古籍是老祖宗留下来的，作为后代子孙，没有政治成见，左、中、右的人都可以接受。这几年我们整理出来的书，被台湾拿去重印的也不少，如《台湾府志三种》集纳了清康熙、乾隆三个善本的《台湾府志》，为研究台湾历史提供了宝贵的资料，对于台湾是中国的固有领土和台湾人民是中华民族不可分割的组成部分是一个有力的证明，还能帮助台湾同胞寻找自己的根。”

经过几年努力，古籍整理出版工作出现了新局面。据不完全统计，9 年中我国共出版古籍 4000 多种，整理质量也有显著提高，初步解决了古籍资料“书荒”的问题。同时，全国各大专院校、科研机构中古籍整理研究部门不断建立，形成了一支颇有潜力的老、中、青结合的科研队伍。

在国际交流协会工作中，李一氓对开展和促进中国人民与世界人民的交往做出了很大贡献。他一直关心海峡两岸的交流，对实现祖国统一大业寄予厚望。

李一氓同志 65 年革命生涯，在戎马倥偬和公务繁忙之余还是一位治学严谨的学者，他既研究社会科学，从事翻译工作；又在古典文学、文学和书法艺术方面颇有功底；还涉猎京剧、词曲、版画、碑帖、古物收藏等，兴趣和爱好非常广泛，研读和笔耕十分勤奋，著有《一氓题跋》《存在集》《模糊的荧屏》。

在担任苏北淮海区行署主任等职务期间，李一氓看到诸多古迹文物被日本鬼子焚毁劫掠，从此开始搜集珍藏古代字画佳品，以保护民族文化遗产。

一次，部队在淮阴完成军事任务转移时，他发现有的战士把字画屏幅铺在地上睡觉，转移后那些字画遗留下来也无人去拾。他就向熟识的指挥员打招呼，要他们再遇见这种情况，把字画都收起来送给他保管。这样，天长日久，他手中的字画越来越多。李一氓收藏古物，开始是字画，后来才是善本书、文房四宝及其他。只要是有价值的古物，他总是不惜慷慨解囊。战争年代，李一氓悉心收藏的这批古物，一直随着他征战辗转。1949 年 9 月，他将属于苏北的古物全部交给来参加第一届全国政协会的苏北代表团，让他们带回去，以发展苏北的文物事业，自己只留下了很少的几件作为纪念。中华人民共和国成立后，李一氓将每月工资大部分花费到购买古物上。

20 世纪 70 年代以后，李一氓陆续把他收藏的绝大部分古物捐赠给了国家图书、文博单位。捐给北京图书馆 582 种，共 1558 册；捐赠给北京故宫博物院的陶瓷、绘画、书法等类古物精品一次就有 366 件；捐给四川图书馆词类总集、专集、选集 2382 册和明清善本 692 册。捐给四川博物馆书画 28 件，其他文物 230 件；捐赠杜甫草堂陈列展览馆数种杜集珍贵版本。临终前又留下遗言："余书画收藏，均缴公库。"一个"均"字，展现了一位老革命家的无私襟怀。

李一氓生前非常关心家乡的文化、教育事业。1989 年捐款 15 万元设立李一氓奖学基金，目的在于奖励彭州籍以优异成绩考入大学的高中毕业生、有突出贡献的教育科技人员。1962 年和 1982 年两次回家时都提出建一个图书馆。在李一氓的大力呼吁和支持下，图书馆于 1983 年动工，1988 年竣工投入使用，并亲自为新馆题名。将自己珍藏多年的书刊文献分 25 批次捐赠给彭州市图书馆，共计 4200 余册。所赠书刊主要以历史类印版书为主，价值万元以上，尤以历史语言文字类图书为贵。

根据彭州市委、市政府"妥善收藏、精心管理"的指示要求，市图书馆进行了整理分编，专设了"一氓书屋"特藏室，并指定专人负责保管，向全市人民开放阅读。

1990 年 12 月 4 日，这位令人崇敬的老共产党人，因病医治无效在北京逝世，享年 87 岁。李一氓临终前留遗嘱："我的后事从简，只称一个老共产党人，不要其他称谓，不开告别会和追悼会，火化后我的骨灰撒在淮阴平原的土地上。"

罗雨苍（1889—1977）

罗雨苍，字大谟，别号乃璠，彭县（今彭州市）濛阳镇普陀村人，生于清光绪十五年（公元 1889 年）十二月，幼时读书于三邑私塾、濛阳乡高等小学堂，1911 年于彭县中学堂甲班毕业。1912 年（民国元年）考入"四川陆军军官学堂"工兵科，毕业后派任四川陆军第二师工兵营任排长、副官等职；1915 年随师到宜宾、泸县，参加"护国"作战。1917 年任工兵营三连连长，继任第四支队少校参谋，1922 年调任合川县县长，同年调任万县江防费征收处处长。1925 年升任全川江防军总司令参谋长兼第三区司令，驻防重庆、合川两地。罗雨苍在重庆、合川两地任职期间，正值第一次国共合作，他与中共四川地方省委和国民党（左派）省党部领导人杨闇公、李筱亭、吴自伟等人常有接触，按例聚会，相投甚笃，深受教育和影响。

1927 年 3 月 24 日，国民党在重庆制造震惊全国的"3・31"惨案。在党面临十分危难之际，罗雨苍大义凛然，保护李筱亭脱险。主办莲花池《新蜀报》的吴自伟，也由他保护在寓所，第二天化装为他的卫士，随罗出城脱险。中共四川地方省委书记杨闇公自行脱险后，准备到武汉向党中央请示工作。罗雨苍两次派人保护，都因戒备森严，未能成行。

"3・31 惨案"死伤同胞 1000 多人。罗雨苍以人道主义对伤员进行救助，轻伤学生，雇人抬回学校或家中；对受重伤的学生，则电嘱"重庆红十字会医院"救治。罗雨苍在危急关头，利用他特殊的身份和条件，冒着生命危险，保护共产党人和国民党左派人士脱险，其精神十分可贵。

1932 年，罗雨苍调任广汉县县长。1932 年秋，华西大学古物博物馆馆长葛维汉教授，到三星堆月亮湾遗址进行文物考察。罗雨苍到任时，大批文物商已云集广汉，使得当地百姓群起挖找玉石器。他得报后，当即下令禁止挖掘，保护月亮湾文化遗址。

1933 年 3 月，经广汉县政府批准，并报四川省教育厅，发放发掘执照。罗雨苍即以县长名义，邀请葛维汉率华西大学古物博物馆科学发掘队前来发掘，并指示："若不作科学发掘，就会遭到不可弥补的损失"。派 80 名士兵，保护发掘工作队和发掘现场。事毕，将出土的各种玉石器、陶器 600 多件文物全部送到县署时，罗雨苍慷慨地说："这些器物很有科学研究价值，把它送给华西大学古物博物馆吧！"

发掘《简报》评介说："这次整个发掘事项，均由广汉罗雨苍县长主管，我们只是他的科学指导者；他提供了充分的保护，分担发掘费用；他对人谦和，考虑周全；而且最后又把全部文物派人送到华西协和大学古物博物馆，为中国人民永久地保护了起来！"

1941 年罗雨苍出任彭县财务委员长，1942 年任彭县临时参议会参议长。罗雨苍一直关心支持着教育事业，并积极出资和募捐办学经费。早在 1926 年他在重庆任职时，受私立"志诚女校"聘为校董被推任为董事长，他为该校募捐教育经费数千元。1936 年，成都私立协进中学聘他为校董，他助款添建教室。1944 年，被疏散到彭县的"成都华英女中"聘为校董，募捐办学经费 20 余万元。1944 年，他多次与县里一些政界和社会人士商讨在濛阳创办一所初级中学，并和竹瓦乡人，"川北农工学院"院长、省参议员李季伟等，联名向彭县县府提出创立濛阳初级中学的议案。12 月 27 日，主持召开彭县参议会讨论通过；还对该校捐房助款。濛阳中学的创建，无不凝聚着罗雨苍的心血，一直传为佳话。

罗雨苍回到彭县后，与彭县的地下党领导人频繁接触，受其教育与影响较深。罗雨苍与地下党李启华、毛温如接触，并阅读《新华日报》等进步报刊后，对共产党的主张多有体会，从而对现实愈感不满；加上他原属邓锡侯旧部，这些为他进行反蒋起义，奠定了一定的思想基础。

1949 年 10 月，人民解放军贺龙部由陕入川，全川震动，彭县人心浮动，政府几于瘫痪。县长刘度两度辞职不成，便和罗雨苍一道，成立"彭县地方自治委员会"，刘度被推为主任，罗雨苍为副主任。

1949 年 12 月 9 日，刘文辉、邓锡侯、潘文华三将军在彭县举行反蒋起义。12 月 12 日刘度、罗雨苍以召开"自治会扩大紧急会议"为名，领衔宣布彭县政府起义。罗雨苍宣读《彭县政府起义快邮代电》，竭诚响应中国共产党、毛主席、朱总司令的号召，决心弃暗投明，团结全县各界 36 万民众，举行起义。

1950 年元月 4 日，中国人民解放军"军事接管工作组"接管政权。刘度、罗雨苍等积极支持配合，顺利完成政权交接。

1950 年 4 月 25 日，罗雨苍以无党派民主人士出席"彭县第一届各界人民代表会议"，被推选为主席团成员，他代表"筹委会"作《筹备工作报告》，被选为第一届"各代会"常务委员会副主任兼学习会副主任、社会工作组组长。在 10 月 2 日召开的第二届"各代会"上，被选为常务委员会副主任委员，并被推选为彭县人民委员会委员。1951 年 6 月出任"彭县养育院"院长，配合开展征粮工作和"四大运动"，任"彭县清抚督粮委员会""公债劝募委员会""寒衣捐募委员会"副主任。1952 年 2 月，参加通济乡土地改革。1953 年，任彭县人民委员会交通科科长。1957 年 1 月 20 日，彭县成立人民政协，罗雨苍历任一至五届政协副主席。

李晓渔（1906—1967）

李晓渔，男，又名李宗林、李伊林、李幼常、李啸平，男，四川成都人。成都市早期工人运动的领导人之一。中国共产党党员。

1929 年 10 月，曾在彭县旷继勋部做过军运工作的李晓渔受省委派遣，到彭县任特支书记。根据省委指示把工作重点放到工人较为集中的白水河地区，李晓渔以白水河真武宫小学教员的公开身份，积极从事工运工作。

利用真武宫小学办夜课学校，组织工人、农民和街道居民识字并讲解革命道理。先后组织了煤矿、铜矿、铁工、泥工、运输工、石工等工会，在此基础上成立了“彭县矿工工会”，李晓渔任矿运联合会秘书长。

彭县矿工工会成立后，李晓渔针对铜矿厂主张洪年故意拖欠工人四个月工资的事实，组织铜矿工人及家属举行罢工斗争取得胜利，后因张洪年伙同余安民部镇压工人，摘掉矿工工会牌子，李晓渔身份暴露回到彭县。

1930 年 1 月，李晓渔调回成都，先后担任川西特委委员、工委副书记、川西行动军事委员会委员，《新疆日报》总编辑、中共临县县委书记、贺龙秘书、川西区各界人民代表会议协商委员会副主席，中共川西统战部部长，成都市副市长、市长，中共四川省委统战部部长，四川省第三届政协副主席。第一、二、三届全国人大代表。1967 年 7 月逝世。

邓朝贵（1913—2010）

邓朝贵，男，四川广元市人，生于 1913 年 3 月。1933 年参加中国工农红军，同年加入中国共产党。参加红军第五次反围剿，经历长征。历任司号员、号目、司号长、排长、指导员、连长、营长等职务。参加大小战斗 580 多次，5 次立功，12 次负伤，为二等甲级伤残军人。两次荣获战斗英雄，并评为特等战斗英雄，获战斗英雄、人民功臣勋章。

中华人民共和国成立后，任成都市军管会科长、西南革命大学成都分校供给处处长等职。

1950 年 10 月任彭县人民政府县长、1952 年 9 月任中共彭县县委副书记。邓朝贵与县委书记一道带领全县人民展开了消灭国民党匪特残余势力的斗争，开展征粮工作和清匪、反霸、减租、退押、禁烟、土地改革等项工作，使彭县的社会秩序稳定，社会治安明显好转，百姓能够安居乐业，工农业生产得以顺利推进。

邓朝贵对工作认真负责，对人民群众关怀备至。常常下乡走访群众。帮农民干活，和农民谈心，询问生产情况，讲解政府的政策。1952 年发生水稻螟虫害，邓朝贵组织农技人员进行广泛宣传，发动群众对螟虫进行彻底防治，使当年水稻大获丰收。邓朝贵因此荣获“温江专区模范县长”的称号。

1959 年 9 月邓朝贵母亲病逝，邓朝贵在彭县龙兴寺将其母亲火化，成为彭县第一个倡导实行火葬的县长。

1954 年 8 月，邓朝贵调离彭县。先后任温江地区检察院检察长、温江地委工交部副部长、温江专区工会办事处主任、温江地委监察组专职监察员等职。2010 年 11 月 9 日在成都病逝。

李仲愚（1920—2003）

李仲愚，四川省彭州市九尺镇人，生于1920年2月21日。

李仲愚5岁时入当地私塾就读，先后从师于当地名儒唐寿山先生、秦小詹先生及盛名蜀中的覃毓贤先生。因勤奋好学，深得诸师喜爱，为今后从医济人奠定了良好的基础。

李仲愚13岁时，即拜堂叔李培生先生研读岐黄，深得真传。后又师从姑父、天彭名医刘国南先生及刘锐仁先生研读历代名医专著，并开始随师临床应诊。时有师外出之际，病人求诊，李仲愚即独自应诊，因医理功底敦厚，又常得诸师临诊奥秘，故其效甚佳，后叩门请诊者渐多。

当地一富绅，患吐血病，兼咳嗽不止，病情危笃，延请彭县及邻县名医诊治，然其效不显。时有人推荐李仲愚诊治，病家见李仲愚年少，恐难有妙方，处于侥幸，且请诊之。李仲愚拟方试之，一剂血止，守本三剂，吐血咳嗽皆止，再用药调理，其病遂愈，从此“娃娃（儿）医生”盛名遍传乡里。

李仲愚17岁悬壶于彭县医馆，依然谦虚好学，其间，凡有一技之长的医药者，皆以师礼相待。深研儒、释、道、医诸家理论，扬其长而弃其短。在药物治病的同时，善用针灸治病，尤喜用长针灸治病，疗瘫起痹，故有“李长针”之称。

1939年，李仲愚19岁取得四川省国民政府注册的中医师资格。次年，经刘锐仁先生举荐入成都国医学院学习。李氏结合临床实践探索伤寒学术理论，认为伤寒论成书年代久远，错简传讹之处在所难免。便根据临床实践经验和对古籍的深入研究，提出了自己的见解。李仲愚注重临床实践与理论相结合，师古而不泥古的原则，深得同仁钦佩。

1945年，抗日战争结束，成都地区流行霍乱，彭县及邻县乡村瘟疫流行，死者甚多。李仲愚根据霍乱发病特点，研制药品，调试配方，刻印方贴，广为散发，获方而得活者甚多，李仲愚医誉远播。

1950年，四川彭县解放，李仲愚任县卫生工作者协会主任，县人民委员会委员，积极组织个体中医开办联合诊所。1952年，先后调温江地区医生进修班学习西医。此间，温江地区医院一西医师的儿子罹患麻疹合逆发肺炎，西医西药救治无效，遂请李仲愚诊治。李仲愚以其丰富的中医理论实践经验，根据患儿症状准确诊断方除病，深为西医佩服。

1956年春，李仲愚奉调成都中医进修学校（成都中医学院前身），从事中医、针灸教学和临床工作。“文化大革命”期间，李仲愚虽受冲击，仍坚持临床应诊不暇，诊余还潜心研究《周易》及各家医论，并先后到海南、西昌、甘孜等地进行医学研究，临床应诊。1978、1979年，李仲愚出差不幸两次遭遇车祸，造成严重的脑外伤后遗症，继发糖尿病，感染肺结核，住院治疗一年。尚在康复中却一直坚持临床应诊、会诊，教学，科研，出国讲学等工作。

1981年，李仲愚在多年的针灸临床工作中，发现一些老弱妇孺病应该用针灸治疗，却因畏针而失去了治疗的机会。李仲愚即将指针疗法，应用于临床，该疗法以指代针，病人不觉痛苦。李仲愚赴北京给中央首长治病时，多用指针疗法，效果颇佳。卫生部批准了成都中医药大学附属医院成立针灸指针研究室，以推广李仲愚的指针疗法。

李仲愚于1983年3月7日向全国人大常务委员会委员长彭真写信反映中医队伍后继乏人的问题。他在信中指出中医人员比50年代中期下降的六个原因。彭真委员长阅信后，当即批示给卫生部崔月犁部长，卫生部将信和批示发至全国各省市自治区。彭真委员长的批示指出：“李仲愚大夫是一位有真才实学，年逾花甲，学而不厌，诲人不倦的传统医学专家。他反映的情况，不是个别，值得注意，可供你们考虑发展现代医学和传统医学问题时的参考。”李仲愚的信，促进了四川及全国各省市振兴中医工作会议的召开；促成卫生部拨款支持全国部分中医药大学及附属医院的建设。

在振兴中医事业的大好形势下，李仲愚在卫生部的关怀下，在医学院领导和上级主管部门的大力支持下，组建了针灸指针研究室，承担了国家和省级多项中医药科研课题，开展了对李氏诊治经验的整理和临床研究。1986 年，国家“七五”重点攻关项目“李仲愚杵针疗法研究”中标，1989 年获四川省科学进步二等奖。

在全国掀起气功热的时候，为打击带功报告等敛财害人的不正之风，引导人们科学应用传统气功方法治病健身，李仲愚把自己习练多年的气功疗法贡献出来，被列为四川省重点科研项目，开展了气功理论和临床的研究。开办各种不同疾病患者的气功学习班，由李仲愚亲自讲述，教练。在成都军区总医院、四川省老年保健大学、成都市气功康复学校等单位推广应用，均取得显著效果。并于 1990 年 8 月通过了四川省中医管理局组织的专家鉴定。1991 年针灸指针研究室还申报了国家中医管理局的科研项目“李仲愚穴位药贴法的实验及临床研究”，以及治疗耳聋耳鸣的“启聋片”的临床观察。

李仲愚临床经验丰富，对一些疑难杂症有独特的治疗方法和显著的疗效。如对癫、狂、痛、中风后遗症、痴呆（脑萎缩、小儿脑发育不全等）的诊治，将逐步用现代先进的科学手段，全面整理，深入研究，推广应用。

李仲愚工作兢兢业业、生活简朴、不为名利，行医几十年如一日，医德高尚，不分贵贱，对病人和蔼可亲，把病人当亲人。对经济困难的病人还解囊相助，上门诊病，帮助购买药品。对特殊的危重疑难病人，施用多种治疗措施，综合治疗。经常放弃休息时间为病人煎药，作药丸、药贴、药膏等，使病人能得到及时治疗。对一些路途较远的病人，不能来诊者，或书信求医者，都一一回信，寄上药方，解答病人提出的各种医疗问题，从无怨言，一心为病人，急病人之所急，痛病人之所痛。1990 年荣获四川省自然科学界精神文明标兵的光荣称号。

改革开放后每年有数批外籍（美国、英国、法国、德国、以色列、日本、新加坡、加拿大）和港澳台地区学员跟随老先生学习中医、针灸、杵针、气功、易经理论及临床学习。1993 年应德国针灸学会邀请，到德国讲学中医、针灸杵针、气功等。

李仲愚治学严谨，诲人不倦，带教各层次学生教学实习、毕业实习及多批来自港澳台地区学员及海外学员。带习中，多从传统中医理论及针灸、气功学说出发，联系儒、佛、道知识，结合临床进行讲授，受到学生好评。1991 年，被人事部、国家中医药管理局确定为继承老中医药专家学术经验指导教师。在花甲之年，喜收两名高徒，并代表四川赴京参加在人民大会堂隆重举行的拜师大会。在指导中，强调知行合一，重视医德教育。

李仲愚历任成都中医学院主任医师、教授。享受政府特殊津贴。成都中医学院附属医院针灸指针研究室主任、康复科主任，四川省政协委员，兼任中国针灸学会常务理事、中国医用气功学会副会长、四川省针灸学会会长等职。曾主审全国中等中医药学校教材《针灸治疗学》，出版《气功灵源发微》《杵针治疗学》等专著。2003 年 9 月，李钟愚因病逝世，家属遵其遗嘱，不举行追悼会，骨灰撒入岷江。

贾 皞（1922—2001）

贾皞，男，山西运城临猗县人，生于1922年。1938年8月进入抗日军政大学学习。12月加入中国共产党。历任太岳地区芮县县委副书记、书记等职。1949年11月，贾皞随解放大军南下。

1950年1月3日，中国人民解放军川西北临时军政委员会、中共川西区委分别任命贾皞为彭县军事代表和中共彭县县委书记。1月4日，贾皞带领14位南下干部和1名警卫员来到彭县。6日，彭县县政府以县长刘度和军事代表贾皞的名义向全县发出布告，实行军事管制。3月粉碎了国民党残余匪特发动的“二五”叛乱。3月4日，成立“彭县清抚督粮委员会”，贾皞担任主任委员。贾皞带领全县人民努力奋战，到1951年初，粮食总入库量达2385万公斤，人平交付73公斤。完成征集军粮2500万公斤以上，受到川西行署授旗表彰。

1950年4月被选举为彭县第一届各界人民代表会议常务委员会主任委员。7月25日，川西区党委正式批准成立了中国共产党彭县委员会，贾皞被任命为县委书记。

贾皞主持开展了“清匪、反霸、减租、退押”运动、土地改革运动、肃毒禁烟、“三反”“五反”运动和“抗美援朝、保家卫国”运动等。

1952年10月贾皞调入石油管理总局，历任北京石油学院建校筹备处副主任、北京石油学院党总支书记、党委书记，代院长、辽河石油勘探局局长、中国社会科学院语言研究所党委书记、中国科技馆筹备领导小组组长、党委书记等职。2001年11月19日，在北京病逝。

周少稷（1921—2002）

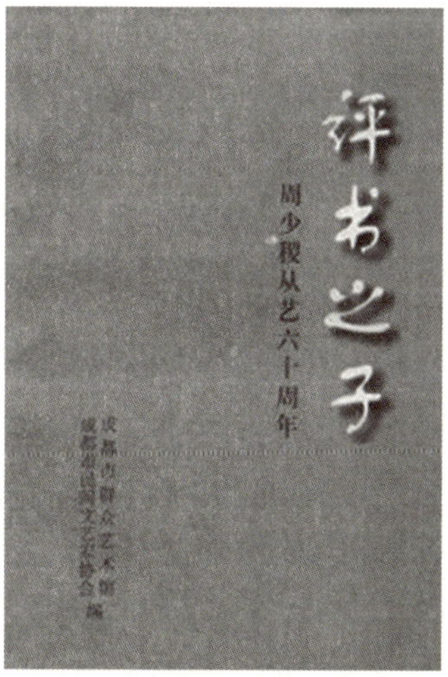

周少稷，原籍四川省成都彭州市人。著名评书艺人。

其父经营珠宝，是成都商界著名的珠宝商人。“七七”事变后，成都遭到日本飞机空袭，周少稷就读的成都君平中学搬到机头桥。周少稷被迫辍学，避难到彭州，常到茶铺听人说书，不顾家人的反对，迷上评书艺术。结识四川境内著名评书艺人张益州、蓝其昌、夏锡全、钟小帆、张锡久等，从他们表演中获取知识。通过听书学艺、拜师求艺，不久便登台说书。

17岁加入川军将领刘湘的武德学友会，与中共地下党人邹趣涛秘密往来，宣传抗日，开展策反工作。19岁投军，在黄慕颜部主办进步刊物《中华日报》，任广告部主任。抗日战争胜利后被捕，后得救出狱。1949年与进步人士方舟共同主办《新闻日报》，公开揭露国民党反共反人民的罪行。1949年拜巴蜀评书艺人，人称“火神爷”的曾树荣为师。曾任成都市政协文史研究员、青羊区政协文史委委员。

为了提高技艺，周少稷刻苦阅读和钻研大量历史书籍，常与同行切磋评书语言技巧，观摩学习其他说书艺人的表演技巧，广学博采各种流派的精髓，重视研究人物语言、社会环境、衣饰、民风民俗等资料。演出中，善于用诙谐的语言展示人物个性特征、演绎故事情节，使听众受到美的震撼，获得美的享受。1950年在东城区文化组说书，以其诙谐的语言、生动的表演，征服广大观众。1951年起，先后到雅安、大凉山、乐山一带说书，深受听众好评。因善于讲说《三国演义》，被称为“周三国”。1964年配合党的宣传教育，在成都暑袜街随园讲《烈火金刚》《黄英姑》《红岩》《红色路线》等具有革命教育意义的评书。

在创作中融入对社会、对生活的热情，以及对事业的忧患。1982年与人合作编写在四川具有影响的《刘湘之死》。1983年创作《欢喜庵的故事》，获得省、市创作奖。20世纪90年代，先后创作《庚鼎药房的来历》《西安事变》《身怀三宝无人可敌》《城隍庙的来历》《剥人皮的故事》。改编创作评书《烈火金刚》《平原游击队》《红岩》《烈火中永生》。1997年迎接香港回归创作《香港之行》。还创作有韵评书《舌战群儒》《慈禧传奇》等，被川派评书界誉为“蜀中评书精品”。

2001年身患重病，仍念念不忘如何抢救呈衰萎态势的评书。和徒弟雨田一起抢救没有文字记录、频临失传的传统“非条”评书《五岳豪侠》。8月中旬做手术三个月后，立即投入抢救工作，每天早上9点准时到成都图书馆茶楼，等待徒弟雨田为他录音。一个月后病情恶化，反复叮嘱徒弟按他所说去做，直到把《五岳豪侠》变成文字作品。

周少稷被曲艺界誉为“评书之子”，为成都市曲艺界、文化领域培养众多优秀人才。

二、人物简介

王文鼎

王文鼎（1894—1979），男，四川江津人。生于1894年10月，中国共产党党员。

1920—1923年在川军中任军医。1925年冬，王文鼎与旷继勋、刘丹五等人在川军驻彭县部队中发起成立了“青年军人联合会四川分会”，王文鼎被选为执行委员，任宣传部长兼政治主任。随即派钟克容（中共党员）与党组织联系，1926年10月，党派秦青川到驻彭部队开展工作，发展组织。王文鼎加入中国共产党，3人建立起党小组。1926年底，先后发展了旷继勋、王汉章、黄孔乡、陈国儒等人入党。

1926年11月，师长甘德明突然将王汉章扣留，逼迫交出团长职务，送其出境。事发后，王文鼎即与旷继勋、王汉章等商议对策，经党小组决议，派王文鼎赴渝汇报工作。后经旷继勋等人通过黄聘三（共产党员、江防军总司令部军法处长）做通黄隐工作，驱逐了甘德明。黄隐改编江防军二、三旅为江防军第二师，旷继勋为旅长，同时颁布了“不准倡言革命”的禁令。王文鼎返回部队后，因黄隐发出“杀王文鼎”手令，王文鼎离开彭县常住成都。

1927年夏，部队改为第七混战旅，王文鼎任旅参议，仍住成都。1929年6月，王文鼎随旷继勋起义，组成“中国工农红军四川第一路总指挥部”。起义失败后，王文鼎到成都以行医作掩护，继续从事地下革命活动。1930年王文鼎脱党，1936年经张曙时介绍重新入党。

中华人民共和国成立后，王文鼎先后任四川省人民监察委员，四川省、全国人民代表大会代表、政协全国五届常委，中医研究院学术秘书处副处长，西苑医院副院长，卫生部医学科学委员会委员，中央高级干部保健医生，卫生部顾问等职。1979 年 3 月 20 日，王文鼎在北京逝世。

旷继勋

旷继勋（1895—1933），号集成，男，汉族，贵州省思南县人，生于 1895 年。中共党员，中国工农红军高级指挥员。

1925 年旷继勋任团长、旅长等职驻防彭县、崇宁县一带。同年冬与王文鼎在军营中发起成立“中国青年军人联合会四川分会”，并派人到广州与共产党接头，得到党的支持。次年加入中国共产党。

此间，旷继勋与驻地的彭县地下党的负责人杨石琴，彭中校长、共产党员董人宁等密切往来。1926 年 3 月，国民党（左派）彭县临时党支部建立，旷继勋被选为委员。1927 年，旷继勋在他的部队中隐蔽党员，清除敌特，保卫党的机关。

1927 年 3 月彭县县委决定开展一次反团阀杨监于的斗争，请部队党组织支持，旷继勋接到党组织的通知后，立即派罗南辉带一营部队参加，使这次斗争取得完全胜利。6 月 3 日，旷继勋将杨石琴、董人宁等共产党员和一些进步人士接到所部，避免了国民党的追捕。

1929 年 6 月 29 日，旷继勋带部在蓬溪县起义，成立“中国工农红军四川第一路军”，旷继勋任总指挥，终因寡不敌众，起义失败。后，旷继勋赴上海、湖北开展革命工作，在湖北组建了红六军。先后担任红六军军长、中国工农红军第四军军长，红二十五军军长兼独立师师长、豫皖革命军事委员会副主席、川陕临时革命委员会主席等职。1933 年 6 月旷继勋被张国焘以“国民党改组派”“右派”等罪名秘密杀害于四川省通江县洪口场。1937 年中共中央追认旷继勋为烈士。

刘月亭

刘月亭（？—1930），男，籍贯、生年均不详。中国共产党党员。

刘月亭 1925 年迁到彭县，时年 30 岁左右，略识文字，在县城西街中段开了一个缝纫铺。“五卅”运动爆发后，刘月亭参加由共产党人杨石琴开办的平民夜校学习并动员同行和较进步的群众参加学习。1926 年 3 月，筹建国民党（左派）彭县临时党部，刘月亭当选为委员，其后成立的“彭县工人委员会”（彭县总工会）刘月亭当选为副会长。1927 年，刘月亭加入中国共产党，任成衣工人党支部书记。

刘月亭入党后，节衣缩食，以缝纫所得的微薄收入资助革命。常常深入工人中去宣传、组织工人参加反帝反封建的斗争。在“五卅”周年纪念会和非基督教运动等活动中，刘月亭都站在斗争的前列，为工人树立了榜样。在刘月亭的动员带动下，工人们纷纷参加了工会，短期内十多个行业建立了工会组织。

1930 年 6 月，因担炭工人吴胜生被思文场宜家炭厂厂主席启宽借故毒打事件发生，中共彭县特支成立了“反帝临时指挥部”，并向全县各工会发出通知，组织工人到县城游行示威。刘月亭根据“反席临时指挥部”的决定，带领三、四百手工业工人参加“反席”示威大游行。迫于民众威力，县长贺伯中接受了工人代表的要求。“反席”斗争取得完全胜利。

为配合广汉“二五”起义，刘月亭动员 20 多个青年工人参加了彭县行动委员会组织的游击队。后因广汉起义失败，刘月亭不幸被捕，被毒死在狱中。

秦青川

秦青川（1898—1929），男，名治谷，字稻荪。兴文县古宋区人，生于1898年10月25日。中国共产党党员。

20岁时到法国勤工俭学，与周恩来、邓小平等一道探寻救国救民的真理，并加入“中国少年共产党”。后到莫斯科东方陆军大学学军事，1926年后在四川做“军运”工作。

1926年10月26日应国民党（左派）彭县临时县党部邀请到彭作《最近一年中国的政治局面及国民革命之发展》报告。秦青川用8天时间先后到部队、国民师范学校、彭县中学作了8场演讲。奠定了良好的革命思想基础。

11月17日，驻军中成立了旅政治部，秦青川参加成立大会。与此同时秦青川还指导改组和整顿了原国民党旅党部和彭县临时党部，秘密地发展了王文鼎、旷继勋、王汉光、陈国儒、雷筱龙、李心田、雷孔乡等人加入中国共产党，在部队中建立了党小组。秦青川利用一切空余时间编写新剧排练演出宣传革命，每天晚上，教勤务兵识字，读《兵友必读》，亲自编教材并到旅教导队和各团讲课。

秦青川在部队中的频繁活动和卓有成效的工作，使全旅官兵的思想觉悟不断提高，革命热情与日俱增。部队的变化引起了反动军阀的严密注意，对秦青川严加防范，江防军总司令黄隐亲临彭县检阅部队时，明令“严禁倡言革命”。秦青川被迫于1927年1月23日离彭。

秦青川离彭后相继在万县、武汉及其家乡等地继续从事革命活动。1929年2月11日秦青川不幸病逝。

毛温如

毛温如（1902—1966），女，后改名毛一民，曾用名毛忠国，湖北襄阳人。中国共产党党员。

1926年与李一氓结婚后，长期在上海党的机关作掩护工作。1934年毛温如带领儿女回到李一氓的老家——彭县。1936年3月，毛温如进入私立福彭女中附小当教员。1937年8月1日毛温如被推选为“彭县妇女会”理事长。1938年12月毛温如加入了中国共产党。1939年8月，毛温如任彭县“妇女产销合作社”社长。

毛温如以妇女会会长的公开身份作掩护，积极开展妇女工作，向妇女宣传抗日救亡的意义。号召群众捐献寒衣。在县城东街九皇宫开办了“妇女训练班”和“妇女夜校”，教妇女识字、写字，学习抗战常识。为了扩大抗日宣传，在敖家场筹组妇女分会。带领华英女中和省成女中的学生到丽春场宣传抗日救亡。

1941年1月，毛温如离开彭县赴延安，先后任妇女纺织训练班教员、托儿所所长、招待所主任等职。中华人民共和国建立后历任黑龙江省妇联副主任、旅大市委组织部办公室副主任、旅大市政府干休所主任、辽宁省委干休所主任等职。1966年2月在天津去世。

何庸康

何庸康（1906—1928），男，名秉钧，字钟衡，原新繁县清流乡黄水泉村人，生于1906年5月11日。后随父迁居彭县城内联升巷。中国共产党党员。烈士何秉彝胞弟。

1919年8月考入彭县县立中学（旧制）十五班，1923年1月转入成都储才中学学习。期间与其兄何秉彝常通信，传播进步思想。1924年秋，考进四川陆军讲武堂。1925年赴上海为五卅死难烈士胞兄治丧期间目睹了帝国主义残杀我国同胞的罪行，深为各界民众的反帝爱国斗争热情所激励，同时又受到何秉彝师友的启迪，革命觉悟明显提高。

1925年底，何庸康回彭县，参加了杨石琴等人组织的“维新学社”和“鸣皋俱乐部”，并负责“鸣皋俱乐部”的宣传工作。1926年赴武汉从事革命工作，担任四川会馆共青团组织的负责人。1927年加入中国共产党。同年8月，受组织派遣，离开武昌前往蒲圻、通山等地以小学教员身份组织和发动农民暴动。11月，转赴上海，继续从事革命活动。

1928年5月，共青团江苏省委书记何成湘以共产党嫌疑被国民党特务逮捕关在上海龙华警备司令部。共青团中央派何庸康等人负责营救何成湘。何庸康不顾个人安危，四处奔走，成功营救出何成湘，圆满地完成了组织上交给的任务。

1928年何庸康被捕入狱，牺牲在狱中。

李启华

李启华（1906—1943），女，原名曾淡如，曾用名李蜀君、李淑云、李起华，四川邻水县人，生于1906年。

1930年2月加入中国共产党，任中共四川省委干事、秘书等职。1938年夏，以国民党将领李宗昉家庭教师身份随同回彭县。按照组织指示，结识了彭县妇女会会长毛温如，并介绍其加入中国共产党。

1939年2月，经川康特委批准建立中共彭县特支，李启华成为彭县特别支部第一位女书记。7月，根据特委指示，李启华以彭县妇女会名义组织成立“彭县妇女产销合作社”。李启华与毛温如一起，动员比较开明的太太、小姐和奶妈入股，购置缝纫机，招收家庭妇女和失学女青年，到合作社学习缝纫技术。同时向缝纫社的学员宣传抗日救亡的革命道理。

为了广泛地开展抗日救亡宣传活动，李启华安排延秀小学等学校的教师党员，推动学校组织儿童团，参加乡村文化宣传和抗日救亡工作；组织华英女中的学生党员到群众中去，一边教群众认字，一边作抗日宣传。李启华在省成女中和华英女中的学生中发展了12名党员，使党的组织不断壮大。1940年4月，李启华经川康特委安排赴延安。

1943年在延安整风中，被康生一伙迫害自杀。后来，中共中央组织部正式给予李启华同志的结论：淡如同志在狱中坚贞不屈，出狱后积极为党工作，是一个优秀的共产党员。

苟永芳

苟永芳（1908—1934），男，曾化名方名、尹方明、王明远、尹大成、方丙。自贡市鹅儿沟人，生于1908年3月24日。

1926年秋考入成都省立高等师范学校英语部就学，加入中共成都特支领导的半公开政治团体——“导社”，后加入中国共产党。

1928年3月，受党组织派遣，苟永芳化名尹方明到彭县整顿党的组织，担任彭县特支书记。后经川西特委批准，改中共彭县特支为中共彭县委员会，苟永芳担任书记。相继在白水河、关口、隆丰等地成立铜矿工会、铁工工会和运输工会，在升平、太平、义和、永定等地发展农会会员，建立农会组织，并在工人、农民和知识分子中发展党员，壮大了党的力量。4月，苟永芳发动逐王（王崻生时任彭中校长）学潮，历时一个多月取得胜利。

苟永芳鼓动农民组织农会。发展和吸收20人加入中国共产党。1929年6月，全县党员已达80多人，被誉为“赤色彭州”。经川西特委批准，改中共彭县特支为中共彭县委员会，苟永芳担任书记。

7月，为了配合绵竹“七四”暴动，苟永芳在关口和楠木一带山区组织了农民自卫军1000多人准备暴动，后因走漏消息，暴动未遂。苟永芳调离彭县。回蓉后，苟永芳先后担任中共川东特委宣传部长兼团川东特委书记、共青团四川省委组织部长、中共四川省委组织部长、共青团四川省委书记等职。

1933年11月，苟永芳在成都被捕。1934年1月就义于成都东较场。

李世培

李世培，男，祖籍彭州人，李一氓之子，生于1928年11月。中国共产党党员，航空航天部有突出贡献专家。

李世培1934年初随母亲毛温如从上海返彭。1940年随母奔赴延安，1941年在延安自然科学院学习。1949年7月任陕甘宁边区政府保卫处报务员。1947年8月加入中国共产党。

1949年7月，李世培得到周恩来同志“允其深造”的批示到大连大学工学院学习，1952年7月毕业后赴苏联莫斯科电信工程学院学习，1957年毕业分配在航空航天部工作，从事中国航天事业近38个春秋。1994年4月离休，享受国务院特殊津贴和中央国家机关副部长级医疗待遇。

李世培1985年某型导弹武器系统改型研制和1987年7月某型导弹研制获国家科学技术进步奖一等奖；1993年主编《飞航导弹射击指挥仪》。

1991年9月，航空航天部授予李世培“航空航天部有突出贡献专家”称号。

李吉均

李吉均，男，四川省彭州市东大街人，生于1933年10月9日。中国共产党党员，第八届全国人大代表、中科院院士、地理学家。

1949年于彭县中学（今彭州中学）初中毕业升入该校高中。1952年毕业考入四川大学地理系，

1953年因院校调整转入南京大学。1956年毕业之后，作为全系唯一的优秀生分配到兰州大学读研究生。1958年毕业留校工作至今。

李吉均于1986年被聘为兰州大学博士生导师，被评为国家级有突出贡献中青年专家。1987年获国家自然科学一等奖。1991年当选为中国科学院学部委员（1993年改称为院士）。1995年至今担任中国地理学会副理事长及青藏高原研究会副理事长。1999年聘任南京师范大学教授、地理科学学院名誉院长。

李吉均教学科研硕果累累，所培养学生多为高校、科研机构学术带头人，其中有2人当选为中科院院士。李吉均长期从事青藏高原现代冰川、第四纪古冰川及青藏高原隆生及其在东亚和全球环境变化中的影响的研究，对长江黄河的起源、黄土形成及中国东部卢山古冰川问题有独到见解。著述颇丰，主要著有《西藏冰川》《横断山冰川》《青藏高原晚新生代隆升与环境变化》等，主要文章有《青藏高原隆起的时代、幅度和形式探讨》《青藏高原隆起与环境变化研究》等。李吉均1984年获得竺可桢野外科学工作奖，1996年获中科院科学技术进步特等奖，1987年获国家自然科学一等奖及国家科委、国家教委等多项奖项。

李吉均热爱家乡，曾三度回彭州考察研究龙门山“飞来峰”地质现象，认为彭州白鹿顶、葛仙山地质地貌的形成是200多万年前青藏高原上升沿龙门山大断层向东推覆形成的。他依据彭州地理状况对家乡的经济发展提出科学有益的建议。

曹文宣

曹文宣，男，四川省彭州市西大街人，生于1934年5月。第八、九届全国政协委员，第十届全国人民代表大会代表。中科院院士、中国鱼类生物学家。

1945年考入彭县中学（今彭州中学），1951年毕业考入华西大学生物系，次年因院系调整到四川大学。1955年7月毕业分配到中国科学院水生生物研究所工作至今。1997年当选为中国科学院院士。历任中科院水生生物研究所学术委员会主任、博士生导师，中国海洋湖沼学会副理事长，中国海洋湖沼学会及中国动物学会鱼类学会分会理事长。

曹文宣9次入青藏高原，足迹几乎遍及“世界屋脊”的山山水水。采集近百种上万号鱼类标本，发现2个鱼类新属、22个新种。创新性地从裂腹鱼类的起源、演化和分布的角度，论证了青藏高原的地质发展历史。代表作《裂腹鱼类的起源和演化及其与青藏高原隆起的关系》把单纯的物种分类学延伸到地质地理学中，首次把鱼类演化与青藏高原隆起紧密结合起来进行科研。

1991年—1996年在葛洲坝水利枢纽工程救鱼措施的研究中，确认主要救鱼对象为中华鲟，科学论证其可以在坝下自然繁殖，力主不必修建过鱼设施，代之以繁殖群体保护和人工繁殖放流，不仅保证了该物种的繁衍，并为国家节约大量的基建投资。在长江中、下游淡水湖泊生态环境综合治理的研究中，开辟了我国鱼类资源小型化现象研究的新领域。

曹文宣1984年获中科院“竺可桢野外科学工作奖”，1998年获国家“突出贡献专家”称号。主研项目、科研成果分获国家科技进步奖、自然科学进步奖，中科院“科技进步”奖、自然科学进步奖。

主要代表作有《裂腹鱼类的起源和演化及其与青藏高原隆起的关系》《三峡工程对长江流域生态的影响及对策》等。

曹文宣热爱家乡，研究、记录了目前世界上只产于彭州湔江流域的特有鱼类，一种叫‘成都鱲’，俗名“桃花斑”；和一种叫‘彭州似鲋’，俗名“沙网子”，已被列入中国淡水鱼名录之内。还有一种对环境要求特别的藻类，叫彭州串珠藻（又称红藻），分布在清平壁山庙（今属天彭镇）等水沟中。曹文宣院士应彭州市委、市政府的邀请回到家乡，在座谈会上进言献策。他说：“青山绿水可以说是我们发展的一张王牌，我真心希望有关部门在彭州今后的发展中，按照可持续发展战略思想，保护好生态环境，向环境要发展，向环境要效益。”并欣然接受彭州市委、市政府的聘请担任科技顾问。

朱清时

朱清时，男，祖籍四川省彭州市白鹿镇，生于1946年2月。中国共产党党员。化学家和自然科学家。1991年当选为中科院学部委员（1993年改称为院士）、2001年当选为第三世界科学院院士。1996—1998年任中国科学技术大学副校长、校长。

朱清时先后在加州大学、美国布鲁克海文实验室、加拿大国家研究院、法国巴黎大学等做访问学者、客座科学家、客座教授，并作为英国皇家学会客座研究员在剑桥、牛津和诺丁汉大学工作。

担任英国皇家化学学会会员、中国化学会常务理事、国际纯粹与应用化学联合会物化部理事、中国科技史学会副理事长、东亚地区研究型大学校长联合会副主席、中国自然辩证法学会副理事长、华人物理协会“亚洲成就奖”评议委员会成员。

他在激光光谱学研究方面取得国际一流的研究成果。在分子局域模震动研究、单分子化学研究方面获首届安徽省重大科技成就奖。1994年获海外华人物理学会亚洲成就奖和国际著名学术杂志《光谱化学学报》设立的汤普逊纪念奖。

朱清时是我国绿色化学（从源头起不产生污染的化学）的主要倡导者和组织者之一，大力倡导我国绿色化学研究。多次应邀在重要国际会议上作关于生态经济和绿色化学的报告，并作为主席5次主持在合肥、成都、广州、济南等地举行的国际绿色化学研讨会，在国内外产出较大影响。他创建中国科技大学“生物质洁净能源实验室”，并出版国内第一本该方面的专著《生物质洁净能源》，为开发新一代可再生能源和人类可持续发展提供科学依据。他不仅致力科学研究，还心系地方生态经济的发展，帮助池州地区成为国家级生态经济示范区，在调查研究的基础上协助该地区制定生态经济发展规划。

1998年春节，朱清时回到故乡白鹿场作朱氏家族寻根调查接受记者的采访时，他说：“这些年，去过很多地方，看过很多山山水水，但在心中，白鹿是根，是我永远也割舍不下的思念。”并撰写《白鹿场寻根》一文，撰刻“白鹿场朱氏源流考”于岩壁，记述第十三代明蜀王灭亡以及朱氏族人在白鹿场之历史渊源。

能为家乡做力所能及的贡献是朱清时院士最大的快乐。他在彭州市有关学校设立奖学金，每年资助10个学生。

三、烈士名录

革命烈士名录（1925—2005 年）

序号	姓名	性别	简要介绍
1	何秉彝	男	1902 年出生于原新繁清流乡，后迁居彭县城内联升巷，1925 年加入中国共产党。1925 年“五卅惨案”中，身负重伤。翌日，逝世
2	周志孚	男	1904 年出生于四川省彭县致和乡，中国共产党党员。1927 年 12 月 16 日广州起义在观音山战斗中牺牲
3	杨　达	男	1902 年出生，彭县濛阳镇人，中国共产党党员。1928 年 2 月 1 日在南昌被捕后被杀害
4	何绍文	男	1903 年出生，彭州市天彭镇外东街人，中国共产党党员。1926 年从事革命工作，后在洪湖革命根据地参加战斗中失踪，卒年不详
5	杨石琴	男	1904 年出生，彭州市（原彭县）天彭镇人，1925 年加入中国共产党。1930 年 11 月 16 日下午在彭县被捕。当天傍晚被暗杀在距县城 10 里枣子树侧
6	刘月亭	男	籍贯生年不详，1925 年从外地迁到彭州市 30 岁左右。1927 年加入中国共产党。1930 年广汉起义失败后被捕，牺牲
7	钟　辉	男	1912 年生于彭州市原清平乡钟家碾。中国共产党党员。1931 年 7 月 14 日，为了筹集到上海的路费，钟辉回家时被逮捕。1931 年 8 月 9 日被杀害
8	何万章	男	1918 年出生于彭县天彭镇新生产大队，1945 年在缅甸抗日战争中牺牲
9	廖成武	男	1910 年出生于彭县，1947 年参加工作，在羊山战斗中牺牲
10	陈吉光	男	1906 年出生于彭县清江公社，1947 年 4 月 2 日在代庄战斗中牺牲
11	王有福	男	出生于彭县九尺公社，1947 年参加工作，1947 年 6 月在山东羊山战斗中牺牲
12	钱　林	男	1929 年出生于彭县，1947 年参加工作，1948 年 1 月 5 日在东北新民县安福屯战斗中牺牲
13	刘堂福	男	1910 年出生于彭县，1947 年 3 月参加工作，1948 年 7 月 3 日在孙庄战斗中牺牲
14	骆云清	男	1919 年出生于彭县天彭镇，1947 年 11 月参加工作，中国共产党党员。1948 年 12 月在淮海战役中牺牲
15	林成玉	男	出生于四川省彭县，1949 年在陕西省扶眉战役中牺牲
16	李　鹏	男	1924 年出生于彭县三邑公社杨安大队，1949 年参加工作，1949 年与家庭失掉通信联系
17	谷时逊	男	1918 年出生于彭县人和公社檀木大队，1949 年 12 月 7 日在成都市十二桥被国民党杀害
18	李　荣	男	1921 年出生于彭县清平公社先锋大队，1949 年 11 月参加工作，在朝鲜临津江阻击战中牺牲
19	梁志友	男	1920 年出生于彭县升平公社墓山大队，1949 年参加工作，1950 年在抗美援朝战争中牺牲
20	杨永生	男	1921 年出生于彭县义和公社仁寿大队，1949 年 10 月参加工作，1950 年在抗美援朝战争中失踪
21	罗国祥	男	1927 年出生于彭县敖平公社罗林大队，1949 年参加工作，1950 年在抗美援朝战争中牺牲

续上表

序号	姓名	性别	简要介绍
21	曾跃成	男	1927 年出生于彭县天彭镇外西街，1950 年参加工作，1950 年在抗美援朝战争中失踪
22	尹全金	男	1932 年出生于彭县九尺公社鹿鹤大队，1949 年参加工作，1950 年在部队寄回军人证明后失踪
23	罗祥富	男	1931 年出生于彭县罗万公社街村，1949 年 2 月参加工作，1950 年在彭县九尺训练中牺牲
24	张绍全	男	郫县永兴东风大队人，解放军 62 军独立师战士，1950 年参军到彭州市小鱼洞镇（原彭县复兴乡）参加消灭残匪任务，在追击残匪途中不幸坠岩身亡，光荣牺牲
25	李伯代	男	解放军某部战士，1950 年随部队到彭州市（原彭县），完成剿匪任务。在送粮途中被土匪杀害，光荣牺牲
26	胡昌发	男	1925 年出生于彭县义和公社街村，1950 年 1 月参加工作，1950 年 1 月在彭县义和乡剿匪战斗中牺牲
27	刘期成	男	1919 年出生于彭县万年公社街村，1949 年参加工作，1950 年 2 月 18 日土匪抢乡公所时牺牲
28	舒义本	男	1923 年出生于彭县敖平公社，1949 年参加工作，1950 年 2 月 18 日土匪抢乡公所时牺牲
29	李述云	男	广汉市（原广汉县）城关反修路人，解放军十八军团、九十五军工作团某排班长。1950 年 3 月，因部分反动分子组织叛乱，李述云坚决反对，后竟遭暗算，光荣牺牲
30	刘廷永	男	1925 年出生于彭县三邑公社二桥大队，1950 年 3 月参加工作，1950 年 3 月在剿匪中牺牲
31	唐明辉	男	1950 年 3 月赵女匪流窜彭州市磁峰镇（原彭县磁峰乡），唐明辉奉命侦察匪情，不幸被捕，后被土匪活埋，光荣牺牲
32	吕来仁	男	山西省人，共青团员，1950 年 3 月下乡征粮，在彭州市致和镇（原彭县致和乡）九倒拐被土匪杀害，光荣牺牲
33	杨明松	男	1932 年出生于彭县敖平镇，1950 年 3 月参加工作，1950 年 3 月 16 日在彭县万年乡白庙子剿匪战斗中牺牲
34	王志先	男	1920 年出生于彭县丰乐公社，1950 年 1 月参加工作，1950 年 3 月 18 日在灌县蒲阳征粮中牺牲
35	李木予	男	1931 年出生于彭县丽春公社官渠大队，1949 年参加工作，1950 年 3 月 20 日在新都县王家船剿匪中牺牲
36	潘德全	男	1925 年出生于彭州市磁峰镇（原彭县磁峰乡），1950 年 3 月参加区干队，任战士。1950 年 4 月 3 日在彭县新兴乡剿匪中牺牲
37	沈德云	男	1915 年出生于彭县丽春公社良坪大队，1949 年参加工作，1950 年 4 月 29 日在崇宁返彭县途中被土匪杀害
38	王永德	男	1916 年出生于彭县敖平镇 8 组，1949 年 12 月参加工作，1950 年 8 月 19 日在会理县江屯乡剿匪中牺牲
39	余良福	男	1929 年出生于彭县军乐公社黑龙大队，1950 年 1 月参加工作，1950 年 9 月在雅安剿匪中牺牲
40	杨永福	男	出生于彭县，1950 年 11 月 27 日在朝鲜咸南战斗中牺牲
41	陈家安	男	1923 年出生于彭县三邑公社飞星大队，1948 年 10 月参加工作，1950 年 11 月 27 日在朝鲜价川战斗中牺牲

续上表

序号	姓名	性别	简要介绍
42	杨隐桃	男	1929年出生于彭县天彭镇南街，1950年参加工作，1950年12月在抗美援朝战争中失踪
43	杨华清	男	1918年出生于彭县清平公社光明大队，1949年参加工作，1950年12月在抗美援朝战争中失踪
44	蔡国全	男	1928年出生于彭县丽春公社花碑大队3组，1950年参加工作，1950年12月在朝鲜咸南战役中牺牲
45	杨定康	男	1932年出生于彭县三邑公社卓安大队，1950年参加工作，1950年12月在抗美援朝战争中失踪
46	何新武	男	1925年出生于彭县隆丰公社新润大队，1950年参加工作，1950年12月8日在朝鲜花坡里战斗中牺牲
47	包志全	男	1932年出生于彭县利安公社杜家大队，1949年3月参加工作，1951年在抗美援朝战争中失踪
48	杨孝俊	男	1934年出生于彭县新兴镇3居委，1950年6月参加工作，1951年朝鲜冷径里战斗中牺牲
49	罗绍其	男	1930年出生于彭县永定公社永埝大队，1950年10月参加工作，1951年在朝鲜五泉里牺牲
50	陈永培	男	1922年出生于彭县义和公社观圣大队，1950年参加工作，1951年在抗美援朝战争中失踪
51	刘加云	男	1933年出生于彭县通济公社景山大队，1950年12月参加工作，1951年在抗美援朝战争中牺牲
52	邹红星	男	1951年在抗美援朝战争中牺牲
53	韩贞祥	男	1930年出生于彭县丰乐公社双龙大队，1949年10月参加工作，1951年在抗美援朝战争中失踪
54	边世金	男	1932年3月出生于彭县军乐公社金星大队，1949年参加工作，1951年在荥经县失踪
55	苏海龙	男	1924年出生于彭县天彭镇外东街，1949年5月参加工作，中国共产党党员。1951年在抗美援朝战争中失踪
56	王友志	男	1920年出生于彭县九尺镇太平街，1949年参加工作，1951年在抗美援朝战争中牺牲
57	杨云均	男	1927年出生于彭县敖平公社罗林大队，1950年6月参加工作，1951年在抗美援朝战争中失踪
58	冯正明	男	1930年出生于彭县利安公社二龙大队，1950年参加工作，1951年在抗美援朝战争中失踪
59	李高元	男	1932年出生于彭县致和公社清泉大队，1949年参加工作，1951年在抗美援朝战争中牺牲
60	万文树	男	1930年出生于彭县致和公社贤德大队，1950年参加工作，1951年在抗美援朝战争中失踪
61	陈甫早	男	1951年出生于彭县义和公社泉水大队，1949年参加工作，1951年在抗美援朝战争中失踪
62	胡金城	男	1925年出生于彭县，1949年10月参加工作，1951年在抗美援朝战争中牺牲
63	何成清	男	1927年1出生于彭县三邑公社杨安大队，1950年参加工作，1951年1月在朝鲜二次战役中牺牲

续上表

序号	姓名	性别	简要介绍
64	江宗太	男	出生于彭县濛阳镇，1950年2月参加工作，1951年1月4日失掉联系
65	王邦云	男	1933年出生于彭县庆兴公社同心大队，1951年1月参加工作，1951年2月在懋功县剿匪中牺牲
66	张　明	男	1932年出生于彭县北君平公社白果大队，1950年参加工作，1951年2月在抗美援朝战争中失踪
67	杨世勋	男	1924年出生于彭县清江公社西街，1950年2月参加工作，1951年2月在抗美援朝战争中失踪
68	张太祥	男	1930年出生于彭县桂花公社分水大队，1949年12月参加工作，1951年2月7日在朝鲜文衡山战斗中牺牲
69	谭帮清	男	1925年出生于彭县义和公社仁寿大队，1950年2月参加工作，1951年3月在抗美援朝战争中失踪
70	宁德成	男	1927年出生于彭县庆兴公社金龙大队，1950年5月参加工作，1951年3月在抗美援朝战争中失踪
71	周正勋	男	1924年出生于彭县丰乐公社凉风大队，1951年3月在灌县蒲阳剿匪中牺牲
72	代隆全	男	1922年出生于彭县义和公社三元大队，1947年4月参加工作，1951年3月15日在朝鲜原州战斗中牺牲
73	邓贵生	男	1917年出生于彭县楠木公社普胜大队，1949年12月参加工作，1951年3月25日在朝鲜抱川郡新北面区战斗中牺牲
74	张金全	男	1923年出生于彭县天彭镇龙塔大队，1949年5月参加工作，1951年3月27日在朝鲜七峰山战斗中牺牲
75	张显云	男	1928年出生于彭县人和公社来寿大队，1950年参加工作，1951年4月在抗美援朝战争中失踪
76	王兴全	男	1925年出生于彭县新兴公社龙怀大队，1947年1月参加工作，1951年4月24日在朝鲜石长里战斗中牺牲
77	余光兴	男	1929年出生于彭县人和公社，1949年12月参加工作，1951年5月23日在朝鲜五次战役大仙洞战斗中牺牲
78	曹兴顺	男	1922年出生于彭县人和公社，1950年6月参加工作，1951年5月23日在朝鲜五次战役中牺牲
79	李洪光	男	1930年出生于彭县清平公社先锋大队，1950年11月参加工作，1951年5月24日在朝鲜春川郡加县村五次战役中牺牲
80	曹文俊	男	1923年出生于彭县清平公社和平大队，1950年6月参加工作，1951年6月在朝鲜五次战役中牺牲
81	刘后山	男	1925年出生于彭县天彭镇东北市街，1950年参加工作，1951年6月1日在朝鲜第五次战役中牺牲
82	张宣发	男	1927年出生于彭县永定公社东河大队，1949年12月参加工作，1951年6月2日在朝鲜五次战役中牺牲
83	赵永清	男	1926年出生于彭县竹瓦公社青龙大队，1950年6月参加工作，1951年6月22日在朝鲜五次战役中牺牲
84	黄廷鉴	男	1933年出生于彭县清平公社团结大队，1950年10月参加工作，1951年7月在抗美援朝战争中失踪
85	杨光俭	男	1931年出生于彭县庆兴公社金龙大队，1950年6月参加工作，1951年8月失去联系

续上表

序号	姓名	性别	简要介绍
86	王吉发	男	1932年出生于彭县敖平公社济泉大队，1950年4月参加工作，1951年8月4日在朝鲜五次战役中牺牲
87	刘俊成	男	1920年出生于彭县天彭镇南街，1950年6月参加工作，1951年8月12日在朝鲜黄海道谷山战斗中牺牲
88	马兴田	男	1909年出生于彭县桂花公社瓦子大队，1950年参加工作，1951年8月29日在抗美援朝战争中失踪
89	易图裕	男	1924年出生于彭县百贤公社前方大队，1951年参加工作，1951年9月10日在抗美援朝战争中失踪
90	周寿均	男	1922年1月出生于彭县九尺公社高林大队，1949年9月参加工作，1951年10月15日在朝鲜临津江阻击战中牺牲
91	牟　凯	男	1930年出生于彭县通济公社扬叉大队，1949年12月参加工作，1951年10月17日在朝鲜朔宁战斗中牺牲
92	刘纪宽	男	1916年出生于彭县丽春公社官渠大队，1950年2月参加工作，1951年10月17日在朝鲜上浦房战斗中牺牲
93	黄桂林	男	1930年12月出生于彭县丰乐公社龙桥大队，1951年7月参加工作，1951年11月在黑龙江工作中不幸牺牲
94	叶茂德	男	1917年出生于彭县清平公社光明大队，1949年10月参加工作，1951年11月4日在朝鲜连川郡郑洞战斗中牺牲
95	杨桂红	男	1927年出生于彭县天彭镇南街，1949年11月参加工作，1951年11月10日在朝鲜金城战斗中牺牲
96	何金楷	男	1914年出生于彭县罗万公社春光大队，1951年7月参加工作，1951年11月16日在朝鲜铁原郡2812高地战斗中牺牲
97	罗俊麟	男	1927年出生于彭县天彭镇东街，1950年11月参加工作，1951年11月22日在成都市昭觉寺病故
98	宿志君	男	1928年3月出生于彭县天彭镇清平公社，1949年12月参加工作，1951年11月在抗美援朝战争中牺牲
99	黄德明	男	1915年出生于彭县丰乐公社灯塔大队，1949年参加工作，1951年12月在抗美援朝战争中失踪
100	覃祥宣	男	1931年出生于彭县人和公社新茶大队，1951年2月参加工作，1951年12月在抗美援朝战争中失踪
101	廖洪陆	男	1933年出生于彭县致和公社中平大队，1951年7月参加工作，1951年12月26日在沈阳东塔基因公牺牲
102	苏良仁	男	1930年出生于彭县天彭镇，1951年12月28日在朝鲜浪下里战斗中牺牲
103	黄帮智	男	1922年出生于彭县濛阳公社彩虹大队，1949年参加工作，1952年与家庭失掉通信联系
104	欧阳春	男	1922年出生于彭县敖平公社石音大队，1949年12月参加工作，1952年在抗美援朝战争中失踪
105	庄代春	男	1928年出生于彭县天彭镇外南街，1949年参加工作，1952年在朝鲜黄海道战斗中牺牲
106	文生俊	男	1918年出生于彭县隆丰公社红旗大队，1951年参加工作，1952年与家人失去联系
107	尹华谷	男	1930年出生于彭县濛阳公社天淋大队，1950年参加工作，1952年在抗美援朝战争是失踪

续上表

序号	姓名	性别	简要介绍
108	李国民	男	1930 年出生于彭县桂花公社一龙大队，1949 年参加工作，1952 年抗美援朝战争中失踪
109	简大洪	男	1926 年 5 月出生于彭县升平公社白龙大队，1949 年参加工作，1952 年在抗美援朝战争中牺牲
110	肖长仁	男	1930 年出生于彭县军乐公社万林大队，1950 年 2 月参加工作，1952 在抗美援朝战争中失踪
111	陈安德	男	1927 年出生于彭县军乐公社川桥大队，1950 年 6 月参加工作，1952 年在抗美援朝战争中牺牲
112	高文友	男	1919 年出生于彭县清平公社先锋大队，1950 年 10 月参加工作，1952 年在抗美援朝战争中失踪
113	陈碧寿	男	1927 年出生于彭县罗万公社凌泉大队，1950 年 2 月参加工作，1952 年在抗美援朝战争中牺牲
114	李德清	男	1928 年出生于彭县清江公社万古大队，1949 年参加工作，1952 年在抗美援朝战争中失踪
115	简成发	男	1930 年 9 月出生于彭县升平公社广兴大队，1949 年 11 月参加工作，1952 年 1 月 5 日在朝鲜中山岭战斗中牺牲
116	尹金山	男	1926 年出生于彭县利安公社二龙大队，1949 年 10 月参加工作，1952 年 2 月在雅安剿匪中牺牲
117	罗兴成	男	1930 年出生于彭县九尺镇，1949 年 11 月参加工作，1952 年 2 月在酉阳县棉山剿匪中牺牲
118	陈家富	男	1927 年出生于彭县九尺公社麻柳大队，1949 年参加工作，1952 年 4 月在抗美援朝战争中牺牲
119	陈俊林	男	1930 年出生于彭县升平公社莲花大队，1949 年 12 月参加工作，1952 年 4 月 17 日在抗美援朝战争中牺牲
120	赵忠荣	男	1924 年出生于彭县三邑公社飞星大队，1949 年 10 月参加工作，1952 年 5 月在朝鲜上甘岭战役中牺牲
121	魏正才	男	1927 年出生于彭县义和公社三界大队，1949 年 7 月参加工作，1952 年 6 月 19 日在朝鲜铁原郡战斗中牺牲
122	任开金	男	1922 年出生于彭县军乐公社万林大队，1946 年 7 月参加工作，1952 年 6 月 21 日在朝鲜金城战斗中牺牲
123	袁中勋	男	1931 年出生于彭县隆丰公社北塔大队，1949 年 11 月参加工作，1952 年 7 月 7 日在朝鲜金城战斗中牺牲
124	余庆和	男	1920 年出生于彭县磁峰公社莲水大队，1949 年 1 月参加工作，1952 年 8 月 22 日在抗美援朝战争中牺牲
125	刘期长	男	1932 年出生于彭县永定公社武备大队，1949 年 11 月参加工作，1952 年 9 月 5 日在抗美援朝战争中牺牲
126	冯国堃	男	1929 年 7 月出生于彭县在宝公社街村，1949 年 10 月参加工作，1952 年 9 月 28 日在抗美援朝战争中牺牲
127	石炳全	男	1928 年出生于彭县九尺公社天宝大队，1949 年 12 月参加工作，1952 年 9 月 29 日在抗美援朝战争中牺牲
128	何才清	男	1929 年 9 月出生于彭县升平公社青春大队，1949 年 11 月参加工作，1952 年 10 月在抗美援朝战争中牺牲

续上表

序号	姓名	性别	简要介绍
129	肖光清	男	1924年出生于彭县隆丰公社北塔大队，1951年7月参加工作，1952年10月6日在朝鲜开城战斗中牺牲
130	范建文	男	1932年出生于彭县军乐公社黑龙大队，1951年8月参加工作，1952年10月6日在朝鲜保卫开城守备战中牺牲
131	姜庆云	男	1911年出生于彭县天彭镇北门外，1947年12月参加工作，1952年10月8日在抗美援朝战争中牺牲
132	蕲昌洪	男	1931年出生于彭县新兴公社龙怀大队，1950年12月参加工作，1952年10月17日在朝鲜开城守备战中牺牲
133	刘玉金	男	1932年出生于彭县致和公社明台大队，1952年6月参加工作，1952年10月26日在抗美援朝战争中牺牲
134	周述金	男	1921年出生于彭县九尺公社双土大队，1950年参加工作，1952年11月3日在朝鲜上甘岭战斗中牺牲
135	姜兴太	男	1931年出生于彭县丽春公社清河大队，1949年10月参加工作，1952年11月5日在朝鲜五圣山战斗中牺牲
136	钟惠清	男	又名钟照元，1923年出生于彭县义和公社白衣大队，1949年12月参加工作，1952年11月5日在朝鲜五圣山战斗中牺牲
137	罗太贵	男	1930年出生于彭县，1950年2月参加工作，1952年11月8日在朝鲜高旺里以北战斗中牺牲
138	刘清华	男	1927年出生于彭县红岩公社双江大队，1949年12月参加工作，1952年11月12日在朝鲜上甘岭战斗中牺牲
139	胡子伦	男	1926年出生于彭县人和公社双洞大队，1949年11月参加工作，1952年11月23日在朝鲜上甘岭战斗中牺牲
140	刘华安	男	1933年出生于彭县通济公社大坪大队，1951年7月参加工作，1952年12月在朝鲜9842高地战斗中牺牲
141	牟志榜	男	1928年出生于彭县大宝公社九峰大队，1951年7月参加工作，1952年12月11日在抗美援朝战争中牺牲
142	徐深久	男	1932年出生于彭县敖平公社济泉大队，1951年7月参加工作，1952年12月13日在抗美援朝战争中牺牲
143	李安春	男	1924年出生于彭县利安公社拱桥大队，1951年6月参加工作，1952年12月23日在朝鲜江原道战斗中牺牲
144	刘华清	男	1927年出生于彭县红岩公社双江大队，1951年参加工作，1952年12月24日在朝鲜阳德郡战斗中牺牲
145	郑家久	男	1931年出生于彭县隆丰公社西北大队，1951年7月参加工作，1952年12月28日在抗美援朝战争中牺牲
146	兰柏林	男	1931年出生于彭县丽春公社官渠大队，1950年11月参加工作，1952年12月28日在抗美援朝战争中牺牲
147	王云兴	男	1923年出生于彭县楠木公社新民大队，1950年参加工作，1953年在抗美援朝战争中失踪
148	吴世祥	男	1924年出生于彭县升平公社积谷大队，1950年参加工作，1953年与家属失掉联系
149	罗国光	男	1930年出生于彭县敖平公社罗林大队，1949年参加工作，1953年在抗美援朝战争中失踪

续上表

序号	姓名	性别	简要介绍
150	刘光金	男	1928年出生于彭县敖平公社石音大队，1950年2月参加工作，1953年在抗美援朝战争中失踪
151	谭克玉	男	1932年出生于彭县军乐公社朝阳大队，1950年参加工作，1953年在抗美援朝战争中牺牲
152	赖开云	男	1925年出生于彭县竹瓦公社青龙大队，1950年10月参加工作，1953年在抗美援朝战争中牺牲
153	丁家才	男	1930年出生于彭县永定公社东河大队，1949年12月参加工作，1953年1月1日在抗美援朝战争中牺牲
154	席文光	男	1933年出生于彭县思文公社石羊大队，1950年10月参加工作，1953年1月6日在朝鲜东线战斗中牺牲
155	黄良德	男	1928年出生于彭县永定公社东河大队，1950年11月参加工作，1953年1月8日在抗美援朝战争中牺牲
156	王天成	男	1933年出生于彭县升平公社石桥大队，1950年10月参加工作，1953年1月10日在抗美援朝战争中牺牲
157	王开明	男	1932年出生于彭县清江公社连封大队，1950年1月参加工作，1953年2月在抗美援朝战争中失踪
158	陈正学	男	1931年出生于彭县清平公社光明大队，1951年参加工作，1953年2月2日在抗美援朝战争中牺牲
159	刘守清	男	1928年出生于彭县利安公社七里大队，1950年11月参加工作，1953年2月5日在朝鲜江原道扬口那郡战斗中牺牲
160	刘应高	男	1924年出生于彭县军乐公社黑龙大队，1951年6月参加工作，1953年3月在抗美援朝战争中失踪
161	李大荣	男	1931年出生于彭县天彭镇外西街，1949年4月参加工作，1953年3月10日在抗美援朝战争中牺牲
162	李家富	男	1931年出生于彭县天彭镇东街，1951年7月参加工作，1953年3月10日在抗美援朝战争中牺牲
163	陈家富	男	1927年出生于彭县义和公社白胜大队，1950年6月参加工作，1953年3月10日在抗美援朝战争中牺牲
164	李宗成	男	1920年出生于彭县三邑公社杨安大队，1949年4月参加工作，1953年3月11日在抗美援朝战争中牺牲
165	吴学臣	男	1928年出生于彭县隆丰镇，1949年9月参加工作，1953年3月16日在朝鲜高旺山战斗中牺牲
166	叶能述	男	1931年出生于彭县濛阳公社坝山大队，1953年4月在支前运粮中因公牺牲
167	黄清德	男	1931年出生于彭县隆丰公社双埝大队，1951年6月参加工作，1953年4月10日在抗美援朝战争中牺牲
168	黄少成	男	1928年出生于彭县利安公社寂光大队，1949年4月参加工作，1953年4月27日在抗美援朝战争中牺牲
169	罗伟	男	1929年出生于彭县天彭镇延秀街，1949年参加工作，1953年5月在抗美援朝战争中牺牲
170	廖忠贵	男	1931年出生于彭县竹瓦公社伏龙大队，1953年3月参加工作，1953年5月在抗美援朝战争中牺牲
171	胡子元	男	1931年出生于彭县人和公社谢家大队，1950年10月参加工作，1953年5月2日在抗美援朝战争中牺牲

续上表

序号	姓名	性别	简要介绍
172	廖洪春	男	1930年3月出生于彭县九尺公社玉源大队，1950年6月参加工作，1952年入团，1953年5月3日在抗美援朝战争中牺牲
173	胡义堂	男	1930年出生于彭县万年公社玉河大队，1950年12月参加工作，1953年5月16日在抗美援朝战争中牺牲
174	郭远生	男	彭县楠木公社永乐大队，1952年12月参加工作，1953年5月16日在抗美援朝战争中牺牲
175	石福玉	男	1927年出生于彭县升平公社，1950年12月参加工作，1953年5月16日在抗美援朝战争中牺牲
176	杨建清	男	1929年出生于彭县楠木公社建新大队，1950年12月参加工作，1953年5月19日在抗美援朝战争中牺牲
177	张相文	男	1929年7月出生于彭县，1949年11月参加工作，1953年5月20日在抗美援朝战争中牺牲
178	周玉元	男	1926年出生于彭县濛阳镇，1949年1月参加工作，1953年5月27日在抗美援朝战争中牺牲
179	李兴富	男	1928年出生于彭县天彭镇前进大队，1951年5月参加工作，1953年5月29日在朝鲜东线战斗中牺牲
180	沈国海	男	1927年出生于彭县新兴公社光辉大队，1950年12月参加工作，1953年5月29日在朝鲜临清上板里区战斗中牺牲
181	尹大贵	男	1929年出生于彭县丽春公社场镇，1950年参加工作，1953年6月在抗美援朝战争中牺牲
182	刘明全	男	1929年出生于彭县红岩公社龙漕大队，1950年10月参加工作，1953年6月在抗美援朝战争中牺牲
183	秦扬洲	男	1932年出生于彭县敖平公社定光大队，1951年7月参加工作，1953年6月在抗美援朝战争中牺牲
184	黄代贵	男	1933年出生于彭县庆兴公社石匣大队，1951年3月参加工作，1953年6月8日在抗美援朝战争中牺牲
185	童万福	男	1925年出生于彭县新兴公社花坪大队，1953年1月参加工作，1953年6月10日在抗美援朝战争中牺牲
186	魏元发	男	1934年出生于彭县隆丰公社双松大队，1953年1月参加工作，1953年6月10日在抗美援朝战争中牺牲
187	王德明	男	1931年出生于彭县百贤公社，1949年12月参加工作，1953年6月10日在抗美援朝战争中牺牲
188	李富荣	男	1932年出生于彭县永定公社石河大队，1953年1月参加工作，1953年6月10日在抗美援朝战争中牺牲
189	杨三明	男	1933年出生于彭县庆兴公社幸福大队，1951年3月参加工作，1953年6月11日在抗美援朝战争中牺牲
190	宋学儒	男	1924年出生于彭县天彭镇北街，1950年3月参加工作，1953年6月11日在朝鲜东线战斗中牺牲
191	陈邦水	男	1928年出生于彭县军乐公社红星大队，1950年11月参加工作，1953年6月11日在朝鲜东线战斗中牺牲
192	谢心安	男	1930年出生于彭县天彭镇顺城街，1951年9月参加工作，1953年6月12日在抗美援朝战争中牺牲

续上表

序号	姓名	性别	简要介绍
193	盛庆荣	男	1927 年出生于彭县升平公社玉泉大队，1947 年 5 月参加工作，1953 年 6 月 13 日在抗美援朝战争中牺牲
194	边世述	男	1930 年出生于彭县军乐公社泰山大队，1950 年 10 月参加工作，1953 年 6 月 14 日在朝鲜东线战斗中牺牲
195	权中荣	男	1933 年出生于彭县丽春公社场镇，1953 年 6 月参加工作，1953 年入团，1953 年 6 月 18 日在抗美援朝战争中牺牲
196	肖光发	男	1933 年出生于彭县红岩公社窝店大队，1953 年 6 月参加工作，1953 年 6 月 18 日在抗美援朝战争中牺牲
197	裴兴学	男	1927 年出生于彭县清江公社花土大队，1953 年 6 月参加工作，1953 年 6 月 18 日在抗美援朝战争中牺牲
198	孟志贵	男	1930 年出生于彭县天彭镇延秀街，1949 年 4 月参加工作，1953 年 6 月 26 日在抗美援朝战争中牺牲
199	周业顺	男	1933 年出生于彭县清平公社先锋大队，1953 年 6 月参加工作，1953 年 6 月 26 日在抗美援朝战争中牺牲
200	钱安宝	男	1933 年出生于彭县楠木公社永乐大队，1953 年 6 月参加工作，1953 年 6 月 26 日在抗美援朝战争中牺牲
201	陈正友	男	1926 年出生于彭县小鱼洞公社街村，1951 年 7 月参加工作，1953 年 6 月 27 日在抗美援朝战争中牺牲
201	刘邦寿	男	1929 年出生于彭县军乐公社川桥大队，1951 年 6 月参加工作，1953 年 6 月 27 日在抗美援朝战争中牺牲
203	朱治良	男	1932 年出生于彭县思文公社双扬大队，1950 年 11 月参加工作，1953 年 6 月 27 日在抗美援朝战争中牺牲
204	晏保光	男	彭县万年公社百顺大队，1951 年 7 月参加工作，1953 年 6 月 27 日在抗美援朝战争中牺牲
205	胡明禄	男	1930 年出生于彭县人和公社檀木大队，1951 年 6 月参加工作，1953 年 6 月 27 日在抗美援朝战争中牺牲
206	蔡先成	男	1931 年出生于彭县九尺公社金鼓大队，1951 年 7 月参加工作，1952 年 2 月入团，1953 年 6 月 27 日在抗美援朝战争中牺牲
207	杨邦发	男	1932 年出生于彭县罗万公社春光大队，1951 年 7 月参加工作，1953 年 6 月 27 日在抗美援朝战争中牺牲
208	毛明友	男	1931 年出生于彭县新兴公社定山大队，1951 年 7 月参加工作，1953 年 6 月 28 日在抗美援朝战争中牺牲
209	周邦才	男	1929 年出生于彭县清平公社星光大队，1951 年 7 月参加工作，1953 年 6 月 29 日在抗美援朝战争中牺牲
210	陈天顺	男	1932 年出生于彭县桂花公社雪岩大队，1951 年参加工作，1953 年 6 月 29 日在抗美援朝战争中牺牲
211	李成携	男	1932 年出生于彭县楠木公社普胜大队，1951 年 7 月参加工作，1953 年 6 月 29 日在抗美援朝战争中牺牲
212	喻孝忠	男	1928 年出生于彭县楠木公社新民大队，1949 年 8 月参加工作，1953 年 6 月 29 日在抗美援朝战争中牺牲
213	唐发全	男	1932 年出生于彭县楠木公社双河大队，1951 年 7 月参加工作，1953 年 6 月 29 日在抗美援朝战争中牺牲

续上表

序号	姓名	性别	简要介绍
214	陈道章	男	1923 年出生于彭县义和公社白胜大队，1951 年 7 月参加工作，1953 年 6 月 29 日在抗美援朝战争中牺牲
215	鄢生甫	男	1931 年出生于彭县隆丰公社双埝大队，1950 年 10 月参加工作，1953 年 6 月 30 日在抗美援朝战争中牺牲
216	骆华浩	男	1931 年出生于彭县敖平公社方桥大队，1951 年 7 月参加工作，1953 年 6 月 30 日在抗美援朝战争中牺牲
217	钱开弼	男	1927 年出生于彭县敖平公社民主大队，1950 年 10 月参加工作，1953 年 6 月 30 日在抗美援朝战争中牺牲
218	肖玉章	男	1926 年出生于彭县敖平公社街村大队，1949 年 10 月参加工作，1953 年 6 月 30 日在抗美援朝战争中牺牲
219	张先义	男	1930 年出生于彭县罗万公社春光大队，1951 年 7 月参加工作，1953 年 6 月 30 日在抗美援朝战争中牺牲
220	李光明	男	1929 年出生于彭县致和公社万家大队，1951 年 1 月参加工作，1953 年 6 月 30 日在抗美援朝战争中牺牲
221	毛辉光	男	1929 年出生于彭县三邑公社二桥大队，1950 年 11 月参加工作，1953 年 7 月在抗美援朝战争中牺牲
222	杨贵明	男	1933 年出生于彭县敖平公社中泉大队，1951 年 7 月参加工作，1953 年 7 月在抗美援朝战争中牺牲
223	包青云	男	1928 年出生于彭县敖平公社定光大队，1951 年 7 月参加工作，1953 年 7 月在抗美援朝战争中牺牲
224	冯作光	男	1931 年 2 月出生于彭县丽春公社景林大队，1951 年 7 月参加工作，1953 年 7 月在朝鲜夏季反击战中牺牲
225	胥道木	男	1925 年出生于彭县清江公社元通大队，1950 年 12 月参加工作，1953 年 7 月在抗美援朝战争中牺牲
226	刘光德	男	1933 年出生于彭县利安公社寂光大队，1953 年 6 月参加工作，1953 年 7 月 1 日在抗美援朝战争中牺牲
227	李太祥	男	1934 年出生于彭县军乐公社乐兴大队，1953 年 6 月参加工作，1953 年 7 月 1 日在抗美援朝战争中牺牲
228	袁本玉	男	1927 年出生于彭县小渔洞公社扬坪大队，1951 年 7 月参加工作，1953 年 7 月 1 日在抗美援朝战争中牺牲
229	张元清	男	1934 年出生于彭县北君平公社长虹大队，1953 年 3 月参加工作，1953 年 7 月 4 日在朝鲜梨木洞执行任务时牺牲
230	代德银	男	1935 年出生于彭县义和公社白胜大队，1953 年参加工作，1953 年 7 月 4 日在抗美援朝战争中牺牲
231	蔡国勤	男	1933 年出生于彭县隆丰公社幸福大队，1953 年 3 月参加工作，1953 年 7 月 6 日在抗美援朝战争中牺牲
232	李兴才	男	1931 年出生于彭县丽春公社青光大队，1953 年 3 月参加工作，1953 年 7 月 6 日在抗美援朝战争中牺牲
233	张兴全	男	1930 年出生于彭县义和公社淅埝大队，1951 年 1 月参加工作，1953 年 7 月 7 日因公渡河牺牲
234	许开祥	男	1922 年出生于彭县军乐公社川桥大队，1950 年 11 月参加工作，1953 年 7 月 10 日在朝鲜东线战斗中牺牲

续上表

序号	姓名	性别	简要介绍
235	刘绍武	男	1925年出生于彭县清平公社旌旗大队，1950年6月参加工作，1953年7月17日在抗美援朝战争中牺牲
236	吴启顺	男	1929年出生于彭县，1951年8月参加工作，1953年7月17日在朝鲜守备战中牺牲
237	康祥云	男	1924年出生于彭县楠木公社街村，1950年2月参加工作，1953年7月20日在抗美援朝战争中牺牲
238	唐义洪	男	1932年出生于彭县人和公社新茶大队，1949年1月参加工作，1953年7月21日在朝鲜全化郡战斗中牺牲
239	汤吉元	男	1929年出生于彭县义和公社白胜大队，1950年10月参加工作，1953年7月22日在抗美援朝战争中牺牲
240	周学成	男	1934年出生于彭县白鹿公社回水大队，1953年3月参加工作，1953年7月27日在抗美援朝战争中牺牲
241	王永坤	男	1930年出生于彭县楠木公社双河大队，1953年6月参加工作，1953年7月27日在抗美援朝战争中牺牲
242	周玉贵	男	1933年出生于彭县桂花公社雪岩大队，1953年3月参加工作，1953年7月29日在抗美援朝战争中牺牲
243	李汉君	男	1935年出生于彭县庆兴公社联合大队，1953年3月参加工作，1953年8月7日在抗美援朝战争中牺牲
244	肖席清	男	1925年出生于彭县通济公社干溪大队，1949年12月参加工作，1953年9月在重庆市百市驿机场撤除废弹不幸牺牲
245	肖光海	男	出生于彭县，1954年4月在宁南县骑骆沟剿匪中牺牲
246	刘纪刚	男	1931年出生于彭县军乐公社黑龙大队，1951年3月参加工作，1954年在阿坝州若尔盖去养马场途中牺牲
247	尹显如	男	1930年出生于彭县丽春公社青桂大队，1950年12月参加工作，1953年10月入团，1954年8月14日在屏山县西宁河因公牺牲
248	叶维德	男	1937年出生于彭县致和公社护国大队，1955年3月参加工作，1955年8月25日在松潘达扎寺完成营建任务时牺牲
249	李宗原	男	1929年出生于彭县升平公社莲花大队，1950年参加工作，1954年9月13日在刷经寺剿匪中牺牲
250	林少楷	男	1937年出生于彭县致和公社独柏大队，1955年3月参加工作，1955年10月16日在公安23团步兵营4连病故
251	邱世昌	男	1930年出生于彭县罗万公社河北大队，1950年11月参加工作，1955年10月16日在阿坝州刷金寺平叛中牺牲
252	赵志祥	男	1926年出生于彭县，1951年参加工作，1956年2月20日在凉山州昭觉县马古梁子平叛战斗中牺牲
253	周家海	男	1932年出生于彭县，1951年参加工作，1956年3月在凉山州布拖县拖觉区平叛战斗中牺牲
254	张玉明	男	1931年出生于彭县隆丰公社白泥大队，1951年1月参加工作，1956年3月14日在阿坝州绰斯甲日各通平叛中牺牲
255	何明高	男	1935年出生于彭县北君平公社天鹅大队，1953年3月参加工作，1956年3月14日在阿坝州绰斯甲日各通平叛中牺牲
256	肖光明	男	1928年出生于彭县丰乐公社双红大队，1951年4月参加工作，1956年3月23日在甘孜稻城县平叛中牺牲

续上表

序号	姓名	性别	简要介绍
257	叶成英	男	1938 年出生于彭县思文公社，1956 年 3 月参加工作，1956 年 3 月 24 日在炉霍县剿匪战斗中牺牲
258	贾学其	男	1934 年出生于彭县丰乐公社灯塔大队，1953 年 1 月参加工作，1956 年 3 月 24 日在炉霍县剿匪战斗中牺牲
259	季茂忠	男	1938 年出生于彭县清平公社光明大队，1955 年 3 月参加工作，1956 年 4 月在若尔盖县平叛中牺牲
260	肖成发	男	1936 年出生于彭县致和公社白苍大队，1955 年 3 月参加工作，1956 年 4 月在阿坝州若尔盖县剿匪中牺牲
261	陈述礼	男	1935 年出生于彭县清平公社胜利大队，1955 年 3 月参加工作，1956 年 4 月在阿坝州若尔盖平叛战斗中牺牲
262	黄治德	男	1937 年出生于彭县致和公社东岳大队，1955 年 4 月参加工作，1956 年 4 月在阿坝州若尔盖剿匪中牺牲
263	陆国建	男	1930 年出生于彭县九尺公社高林大队，1950 年 2 月参加工作，1956 年 4 月 8 日在凉山州布拖县罗家坪剿匪中牺牲
264	罗刚金	男	1936 年出生于彭县濛阳公社濛江大队，1955 年 3 月参加工作，1956 年 4 月 26 日在阿坝州若尔盖甲级基桥剿匪中牺牲
265	胥荣保	男	1937 年出生于彭县隆丰公社福光大队，1955 年 3 月参加工作，1956 年 4 月 26 日在阿坝州若尔盖白河桥平叛中牺牲
266	李朝明	男	1937 年出生于彭县义和公社高涧大队，1955 年 2 月参加工作，1956 年 4 月 26 日在阿坝州若尔盖白河桥剿匪中牺牲
267	胡发元	男	1936 年出生于彭县罗万公社春光大队，1955 年 3 月参加工作，1956 年 4 月 26 日在阿坝州若尔盖甲基桥剿匪中牺牲
268	杨本源	男	1935 年出生于彭县义和公社清凉大队，1955 年 3 月参加工作，1956 年 4 月 26 日在阿坝州若尔盖白河桥剿匪中牺牲
269	胥国清	男	1937 年出生于彭县丽春公社良坪大队，1955 年 3 月参加工作，1956 年 4 月 27 日在阿坝州若尔盖县剿匪中牺牲
270	刘光全	男	1937 年出生于彭县利安公社寂光大队，1955 年 3 月参加工作，1956 年 4 月 27 日在阿坝州若尔盖剿匪战斗中牺牲
271	黄开银	男	1937 年出生于彭县楠木公社红庙大队，1955 年 3 月参加工作，1956 年 4 月 27 日在阿坝州若尔盖剿匪中牺牲
272	乔家友	男	1937 年出生于彭县楠木公社杨柳大队，1955 年 3 月参加工作，1956 年 4 月 27 日在阿坝州若尔盖剿匪战斗中牺牲
273	林霞富	男	1936 年出生于彭县万年公社东虎大队，1955 年 3 月参加工作，1956 年 4 月 27 日在阿坝州若尔盖县剿匪战斗中牺牲
274	杨开福	男	1933 年出生于彭县致和公社东岳大队，1951 年 5 月参加工作，1956 年 4 月 27 日在阿坝州若尔盖剿匪中牺牲
275	蒋大元	男	1936 年出生于彭县清江公社马蹄大队，1955 年 3 月参加工作，1956 年 4 月 28 日在阿坝州若尔盖剿匪战斗中牺牲
276	杨成述	男	1938 年出生于彭县致和公社独柏大队，1955 年 3 月参加工作，1956 年 5 月在阿坝州平叛中牺牲
277	吴祖辉	男	1936 年出生于彭县万年公社蒲沟大队，1955 年 3 月参加工作，1956 年 5 月在阿坝州松潘县毛尔盖剿匪战斗中牺牲

续上表

序号	姓名	性别	简要介绍
278	魏体春	男	1931 年出生于彭县敖平公社凤鹤大队，1951 年 7 月参加工作，1956 年 5 月 1 日在阿坝州若尔盖县求吉南洼战斗中牺牲
279	强志长	男	1936 年出生于彭县人和公社七星大队，1955 年 3 月参加工作，1956 年 5 月 1 日在阿坝州若尔盖剿匪中牺牲
280	李大国	男	1933 年出生于彭县丽春公社天顺大队，1955 年 3 月参加工作，1956 年 5 月 1 日在阿坝州若尔盖县剿匪中牺牲
281	黄代贵	男	1937 年出生于彭县利安公社杜家大队，1955 年 3 月参加工作，1956 年 5 月 1 日在阿坝州若尔盖剿匪中牺牲
282	梁吉源	男	1936 年出生于彭县利安公社杜家大队，1955 年 3 月参加工作，1956 年 5 月 1 日在阿坝州若尔盖剿匪中牺牲
283	张孝明	男	1937 年出生于彭县利安公社杜家大队，1955 年 3 月参加工作，1956 年 5 月 1 日在阿坝州若尔盖剿匪中牺牲
284	严贵桃	男	1937 年出生于彭县利安公社杜家大队，1955 年 3 月参加工作，1956 年 5 月 1 日在阿坝州若尔盖剿匪中牺牲
285	竹世林	男	1936 年出生于彭县丽春公社天顺大队，1955 年 3 月参加工作，1956 年 5 月 1 日在阿坝州若尔盖县剿匪中牺牲
286	杨华勤	男	1938 年出生于彭县人和公社谢家大队，1955 年 3 月参加工作，共青团员。1956 年 5 月 1 日在阿坝州若尔盖县剿匪中牺牲
287	张国清	男	1937 年出生于彭县清平公社爱国大队，1955 年 3 月参加工作，共青团员。1956 年 5 月 1 日在阿坝州若尔盖剿匪战斗中牺牲
288	刘述安	男	1935 年出生于彭县通济公社打发叉大队，1953 年 3 月参加工作，1956 年 5 月 1 日在阿坝州阿坝州若尔盖县剿匪中牺牲
289	岳基荣	男	1937 年出生于彭县人和公社花碾大队，1955 年 3 月参加工作，1956 年 5 月 1 日在阿坝州若尔盖县剿匪中牺牲
290	刘光富	男	1932 年出生于彭县军乐公社金星大队，1950 年 7 月参加工作，共青团员。1956 年 5 月 2 日在阿坝州若尔盖县求吉南洼剿匪中牺牲
291	陈应聪	男	1936 年出生于彭县清平公社东郊大队，1950 年 3 月参加工作，1956 年 5 月 3 日在阿坝州松潘县毛儿盖战斗中牺牲
292	王治均	男	1937 年出生于彭县九尺公社玉源大队，1955 年 3 月参加工作，1956 年 5 月 4 日在松潘县毛尔盖剿匪牺牲
293	杨永聪	男	1931 年出生于彭县，1951 年 5 月参加工作，1956 年 5 月 4 日在阿坝州松潘县毛尔盖剿匪中牺牲
294	李玉明	男	1930 年出生于彭县，1950 年 1 月参加工作，中国共产党党员。1956 年 5 月 8 日在剿匪中牺牲
295	刘期顺	男	1936 年出生于彭县敖平公社石音大队，1955 年 3 月参加工作，1956 年 5 月 8 日在凉山州曲呷依落剿匪战斗中牺牲
296	王道全	男	1936 年出生于彭县楠木公社杨柳大队，1956 年 3 月参加工作，1956 年 5 月 8 日在阿坝州松潘县毛尔盖剿匪中牺牲
297	郭兴友	男	1936 年出生于彭县楠木公社永乐大队，1955 年 3 月参加工作，1956 年 5 月 8 日在阿坝州若尔盖县多玛平叛中牺牲
298	吴德贵	男	1937 年出生于彭县致和公社高泉大队，1955 年 3 月参加工作，1956 年 5 月 8 日在阿坝州毛尔盖达扎寺剿匪中牺牲

续上表

序号	姓名	性别	简要介绍
299	张庆基	男	1928 年出生于彭县致和公社清泉大队，1950 年 11 月参加工作，1956 年 5 月 8 日在阿坝州若尔盖多玛平叛中牺牲
300	杨时泰	男	1930 年出生于彭县竹瓦公社新桥大队，1950 年 11 月参加工作，1956 年 5 月 15 日在阿坝州松潘县毛尔盖剿匪中牺牲
301	丁发新	男	1936 年出生于彭县致和公社清泉大队，1955 年 3 月参加工作，1956 年 5 月 23 日在阿坝州剿匪战斗中牺牲
302	张四保	男	1938 年出生于彭县致和公社万家大队，1955 年 3 月参加工作，1956 年 5 月 23 日在阿坝州剿匪战斗中牺牲
303	周乐贵	男	1930 年出生于彭县竹瓦公社白泉大队，1950 年 12 月参加工作，1956 年 6 月 1 日在阿坝州马尔康平叛中牺牲
304	罗安泽	男	1937 年出生于彭县军乐公社华光大队，1955 年 3 月参加工作，1956 年 6 月 9 日在阿坝州松潘县剿匪中牺牲
305	付月兴	男	1937 年出生于彭县丽春公社青龙大队，1955 年 3 月参加工作，1956 年 6 月 12 日在阿坝州若尔盖县剿匪中牺牲
306	杨德贵	男	1931 年出生于彭县利安公社龙兴大队，1956 年 3 月参加工作，1956 年 7 月 15 日在甘孜白玉县平叛战斗中牺牲
307	黄光华	男	1932 年出生于彭县三邑公社卓家大队，1953 年 3 月参加工作，1956 年 7 月 15 日在执行列车纠察任务中牺牲
308	杨慎松	男	1930 年出生于彭县庆兴公社东风大队，1951 年 3 月参加工作，1956 年 7 月 17 日在阿坝州红原县龙日剿匪中牺牲
309	刘光明	男	1936 年出生于彭县万年公社八井大队，1956 年 3 月参加工作，1956 年 7 月 18 日在甘孜州平叛中牺牲
310	苏国双	男	1935 年出生于彭县隆丰公社文家大队，1956 年 2 月参加工作，1956 年 7 月 29 日在甘孜州剿匪战斗中牺牲
311	李官田	男	1937 年出生于彭县利安公社三合大队，1956 年 2 月参加工作，1956 年 7 月 29 日在甘孜州剿匪战斗中牺牲
312	陈孝先	男	1935 年出生于彭县利安公社三合大队，1956 年 2 月参加工作，1956 年 7 月 29 日在甘孜州剿匪战斗中牺牲
313	陈述银	男	1936 年出生于彭县利安公社雷音大队，1956 年 2 月参加工作，1956 年 7 月 29 日在甘孜州剿匪战斗中牺牲
314	陈宗万	男	1936 年出生于彭县隆丰公社文家大队，1956 年 2 月参加工作，1956 年 7 月 29 日在甘孜州剿匪战斗中牺牲
315	刘光全	男	1937 年出生于彭县隆丰公社文家大队，1956 年 2 月参加工作，1956 年 7 月 29 日在甘孜州剿匪战斗中牺牲
316	付书德	男	1937 年出生于彭县百贤公社团结大队，1956 年 2 月参加工作，1956 年 7 月 29 日在甘孜州剿匪战斗中牺牲
317	任洪春	男	1937 年出生于彭县隆丰公社太尉大队，1956 年 2 月参加工作，1956 年 7 月 29 日在甘孜州剿匪战斗中牺牲
318	唐能贵	男	1935 年出生于彭县百贤公社团结大队，1955 年 3 月参加工作，1956 年 7 月 29 日在凉山州德昌县平叛中牺牲
319	钟显道	男	1935 年出生于彭县三邑公社千佛大队，1956 年 2 月参加工作，1956 年 7 月 29 日在甘孜州剿匪战斗中牺牲

续上表

序号	姓名	性别	简要介绍
320	尹显贵	男	1926年6月出生于彭县庆兴公社联合大队，1950年参加工作，1956年8月在阿坝州马尔康县剿匪中牺牲
321	黎永锡	男	1935年出生于彭县思文公社雾坪大队，1955年3月参加工作，1956年8月10日在凉山州会理县剿匪中牺牲。
322	周玉柱	男	1933年出生于彭县濛阳镇，1950年4月参加工作，1956年9月13日在阿坝州松潘县毛尔盖与土匪战斗中牺牲
323	张兴发	男	1933年出生于彭县敖平公社凤鹤大队，1953年3月参加工作，1956年9月17日在抗美援朝战争中牺牲
324	梁吉全	男	1937年出生于彭县利安公社拱桥大队，1955年3月参加工作，1956年9月21日在阿坝州若尔盖县镰刀把平叛战斗中牺牲
325	王维金	男	1934年出生于彭县百贤公社新华大队，1955年3月参加工作，1956年9月29日在凉山州喜德县红莫区平叛牺牲
326	周兴国	男	1937年出生于彭县小鱼洞公社大湾大队，1955年3月参加工作，1956年11月5日在甘孜州工日伦平叛战斗中牺牲
327	黄平禄	男	1937年出生于彭县小鱼洞公社大湾大队，1955年3月参加工作，1956年11月5日在甘孜州工日伦平叛战斗中牺牲
328	陶公元	男	1935年出生于彭县竹瓦公社电光大队，1955年3月参加工作，1956年11月5日在甘孜州工日伦平叛战斗中牺牲
329	任天志	男	1937年出生于彭县人和公社谢家大队，1956年参加工作，1956年12月在甘孜州平叛战斗中失踪
330	王绍康	男	1936年出生于彭县升平公社银佛大队，1955年3月参加工作，1956年12月28日在金矿县窝堡乡剿匪中牺牲
331	刘有才	男	出生于彭县升平公社，1953年参加工作，1957年1月在甘孜州白玉县平叛中牺牲
332	李昌全	男	1937年出生于彭县升平公社广兴大队，1956年3月参加工作，1957年3月15日在甘孜州甘孜县郎独乡平叛中牺牲
333	边正德	男	1937年出生于彭县升平公社广兴大队，1956年2月参加工作，1957年3月15日在甘孜州正大平叛战斗中牺牲
334	简达春	男	1935年出生于彭县升平公社青春大队，1956年3月参加工作，1957年4月在西藏平叛战斗中牺牲
335	何连才	男	1937年出生于彭县升平公社广兴大队，1955年3月参加工作，1958年4月12日在甘肃省卓尼县平叛战斗中牺牲
336	叶洪章	男	1935年7月出生于彭县大宝公社团山大队，1953年参加工作，1958年5月在甘孜州八美县剿匪中牺牲
337	韩章富	男	1936年出生于彭县升平公社银佛大队，1956年3月参加工作，1958年5月13日在甘孜州新龙县平叛中牺牲
338	陈品发	男	1938年出生于彭县小鱼洞公社渔洞大队，1956年3月参加工作，1958年5月18日在甘孜州理塘县东均平叛战斗中牺牲
339	黄功清	男	1938年出生于彭县庆兴公社向阳大队，1958年3月参加工作，1958年6月19日在甘肃省甘南平叛中牺牲
340	黄成元	男	1935年出生于彭县九尺公社黄土大队，1956年3月参加工作，1958年6月21日在甘孜州白玉县平叛战斗中牺牲

续上表

序号	姓名	性别	简要介绍
341	张绍成	男	1937年出生于彭县天彭镇东南大队，1956年3月参加工作，1958年6月27日在甘肃省甘南玛曲河战斗中牺牲
342	徐礼才	男	1938年出生于彭县升平公社青春大队，1956年3月参加工作，1958年7月5日在甘孜州白玉县平叛战斗中牺牲
343	杨昌友	男	1935年出生于彭县隆丰公社九九大队，1956年3月参加工作，1958年7月15日在甘孜州白玉县平叛战斗中牺牲
344	杨廷富	男	1933年出生于彭县楠木公社群柏大队，1956年3月参加工作，1958年7月15日在甘孜州白玉县平叛战斗中牺牲
345	苏德志	男	1936年出生于彭县致和公社高山大队，1956年3月参加工作，1958年7月15日在甘孜州白玉县平叛战斗中牺牲
346	曾绍全	男	1939年出生于彭县敖平公社罗林大队，1958年3月参加工作，1958年7月18日在甘孜州稻城县平叛中牺牲
347	张玉发	男	1933年出生于彭县红岩公社双江大队，1956年3月参加工作，1958年7月25日在甘孜州理塘县冒盆山战斗中牺牲
348	廖忠富	男	1938年出生于彭县致和公社晓阳大队，1955年3月参加工作，1958年8月4日在阿坝州因公牺牲
349	刘继金	男	1930年出生于彭县敖平公社济泉大队，1951年2月参加工作，1958年9月在贵阳火车站执行任务时牺牲
350	杨玉兴	男	1937年出生于彭县隆丰公社北塔大队，1956年3月参加工作，1958年10月9日在甘孜州新龙县下加战斗中牺牲
351	陈万德	男	1938年出生于彭县红岩公社窝店大队，1956年3月参加工作，1958年11月12日在甘孜州白玉县毕沙平叛中牺牲
352	任传发	男	1938年出生于彭县北君平公社蒲阳大队，1958年3月参加工作，1958年12月2日在甘孜州盐源县剿匪战斗中牺牲
353	马德成	男	1938年出生于彭县军乐公社万林大队，1958年3月参加工作，1958年12月6日在训练中不幸牺牲
354	陈兴全	男	出生于彭县，1959年在阿坝州壤塘县平叛牺牲
355	范才金	男	1936年出生于彭县红岩公社龙漕大队，1956年3月参加工作，1959年1月4日在甘孜州白玉县西果平叛战斗中牺牲
356	蔡远祥	男	1937年出生于彭县永定公社尖峰大队，1955年3月参加工作，1959年1月29日在阿坝州阿坝县麦尔玛因公牺牲
357	刘华彬	男	1934年出生于彭县桂花公社利济大队，1951年1月参加工作，1959年3月10日在飞行训练中牺牲
358	刘古玉	男	1936年出生于彭县庆兴公社塔子大队，1956年3月参加工作，1959年3月20日在西藏拉萨平叛中牺牲
359	周世福	男	1937出生于彭县楠木公社新民大队，1955年3月参加工作，1959年4月17日在阿坝州若尔盖县齐河玛平叛战斗中牺牲
360	左油清	男	1937年出生于彭县百贤公社九龙大队，1956年3月参加工作，1959年4月29日在甲皮拉山剿匪中牺牲
361	王盛行	男	1937年出生于彭县新兴公社定山大队，1956年3月参加工作，1959年5月20日在甘孜州色达县瓦给平叛战斗中牺牲
362	肖天发	男	1938年出生于彭县九尺公社老街大队，1956年3月参加工作，1959年5月29日在甘孜州白玉县增科平叛战斗中牺牲

续上表

序号	姓名	性别	简要介绍
363	文韦双	男	1939年出生于原彭县义和公社三元大队。1958年3月入伍，解放军19团5连战士，1959年11月13日在雅安县因公牺牲
364	曾德银	男	1939年出生于彭县丽春公社利河大队，1959年3月参加工作，1959年6月6日在西藏茶抵平叛战斗中牺牲
365	卿启述	男	1937年出生于彭县升平公社上泉大队，1956年3月参加工作，1959年6月6日在西藏茶抵战斗中牺牲
366	魏成富	男	1937年出生于彭县人和公社白马大队，1955年3月参加工作，1959年6月20日在阿坝州理县马安山战斗中牺牲
367	王友贵	男	1931年出生于彭县九尺公社林扬大队，1956年3月参加工作，1959年6月27日在甘孜州白玉县平叛战斗中牺牲
368	舒义全	男	1937年出生于彭县敖平公社漆树大队，1955年3月参加工作，1959年6月30日在阿坝州理县嘎理台剿匪战斗中牺牲
369	杨本应	男	1930年出生于彭州市（原彭县）隆丰镇，1959年8月18日因山洪爆发，抢救国家财产，不幸牺牲
370	王天才	男	1932年出生于彭县中升平公社银佛大队，1959年8月18日在彭县大宝公社王家山防洪抢险牺牲
371	郭华均	男	1937年出生于彭县通济公社景山大队，1956年3月参加工作，1959年9月20日在甘孜州色达县瓦给战斗中牺牲
372	宁顺富	男	1935年出生于彭县丽春公社官渠大队，1956年3月参加工作，1960年2月在西藏察雅县剿匪中牺牲
373	陈述金	男	1936年出生于彭县清平公社花龙大队，1956年3月参加工作，共青团员。1960年3月17日在甘孜州白玉县平叛中牺牲
374	刘祖元	男	彭县桂花公社仁和大队，1958年3月参加工作，1960年4月在西藏察雅县平叛中牺牲
375	陈太崇	男	1931年出生于彭县濛阳镇，1953年参加工作，1960年4月26日在甘孜军区医院牺牲
376	罗顺安	男	1940年出生于彭县桂花公社一龙大队，1958年3月参加工作，1960年5月1日在西藏贡觉县斗巴沟平叛中牺牲
377	王祖华	男	1939年出生于彭县桂花公社一龙大队，1958年3月参加工作，1960年5月1日在西藏贡觉县斗巴沟平叛中牺牲
378	王绿春	男	1939年出生于彭县桂花公社高锋大队，1958年3月参加工作，1960年5月1日在西藏贡觉县斗巴沟平叛中牺牲
379	窦云兴	男	1935年出生于彭县军乐公社川桥大队，1956年3月参加工作，1960年8月16日在西藏江达县平叛战斗中牺牲
380	王家俗	男	1930年出生于彭州市天彭镇（原彭县人和公社），中共党员。1960年9月30日在彭县永定公社刘家平梁防洪抢险中牺牲
381	余成泉	男	1940年出生于彭县北君平公社元群大队，1958年3月参加工作，1960年10月13日在西藏贡觉县因公牺牲
382	唐前中	男	1934年出生于彭县升平公社双丰大队，1956年3月参加工作，1960年11月5日在多拉山战斗中牺牲
383	郭顺章	男	1939年出生于彭县致和公社东岳大队，1958年3月参加工作，1961年2月15日在甘孜州康定二郎山执行任务中牺牲

续上表

序号	姓名	性别	简要介绍
384	罗世贵	男	1940年出生于彭县义和公社仁寿大队，1958年3月参加工作，1961年5月24日在巴中县因公牺牲
385	徐继昌	男	1943年出生于彭县濛阳公社濛江大队，1960年9月参加工作，共青团员。1961年10月24日在西藏牛库战斗中牺牲
386	文世富	男	1942年出生于彭县军乐公社朝阳大队，1960年9月参加工作，1962年1月8日在中印边境东段自卫反击作战中牺牲
387	付远发	男	1933年出生于彭县升平公社青春大队，1957年参加工作，1962年8月在崇庆县万家煤矿执行任务中牺牲
388	谢富田	男	1941年出生于彭县百贤公社富集大队，1960年9月参加工作，1962年9月24日在中印边境自卫反击战中牺牲
389	崔道发	男	1942年出生于彭县白鹿公社关沟大队，1960年9月参加工作，1962年9月24日在中印边境自卫反击战斗中牺牲
390	李洪宽	男	1940年出生于彭县隆丰镇，1961年9月参加工作，1962年10月20日在中印边境东段自卫反击战中牺牲
391	吴光志	男	1942年出生于彭县楠木公社大曲大队，1960年8月参加工作，1962年10月20日在中印边境东段自卫反击作战中牺牲
392	董世普	男	1942年出生于彭县磁峰公社皇城大队，1960年10月参加工作，1962年10月20日在中印边境东段自卫反击战中牺牲
393	吴孝全	男	1941年出生于彭县濛阳镇，1961年9月参加工作，1962年10月22日在中印边境自卫反击战中牺牲
394	魏万福	男	1942年出生于彭县天彭镇革命街，共青团员。1962年11月18日在中印边境东段自卫反击作战中牺牲
395	李登炳	男	1941年出生于彭县军乐公社银定大队，1960年3月参加工作，1962年11月8日在国防施工中牺牲
396	马玉友	男	1942年出生于彭县小鱼洞公社大湾大队，1960年9月参加工作，1962年11月18日在中印边境东段自卫反击战中牺牲
397	叶新琪	男	1941年出生于彭县天彭镇大南街，1960年8月参加工作，1962年11月18日在中印边境东段自卫反击作战中牺牲
398	汤守清	男	1942年出生于彭县义和公社南方大队，1961年8月参加工作，共青团员。1962年11月20日在中印边境自卫反击战中牺牲
399	冯幼伦	男	1943年出生于彭县升平公社孔雀大队，1961年7月参加工作，1962年11月21日在中印边境自卫反击战中牺牲
400	林仁发	男	1938年出生于彭县三邑公社宝堂大队，1960年12月参加工作，1963年在西藏众巴县扎东区被土匪杀害
401	林锡全	男	1936年出生于彭县三邑公社踏水大队，1956年2月参加工作，1963年7月2日在西藏江达县执行任务中牺牲
402	李富成	男	1938年出生于彭县北君平公社白果大队，1958年3月参加工作，1963年8月6日在绵竹县金花公社因公牺牲
403	黎仁树	男	1941年出生于彭县万年公社百顺大队，1960年8月参加工作，1963年8月9日在西藏隆子县因公牺牲
404	邓乾明	男	1943年出生于彭县天彭镇大南街，1963年8月25日在湖南省芷江地区因公牺牲
405	芦光宗	男	四川宜宾市长林县人。7793部队战士，1966年2月8日因公牺牲

续上表

序号	姓名	性别	简要介绍
406	芦光宗	男	四川宜宾市长林县人。7793 部队战士，1966 年 2 月 8 日因公牺牲
407	李宗贤	男	1945 年出生于彭县隆丰公社北塔大队，1965 年 3 月参加工作，1966 年 3 月 25 日在修建西南铁路施工中牺牲
408	李益清	男	1946 年出生于彭县桂花公社利济大队，1966 年 3 月参加工作，1966 年 12 月 8 日在云南渔坝隧道施工中牺牲
409	刘昌炳	男	1944 年出生于彭县丰乐公社三圣大队，1966 年 3 月参加工作，1966 年 12 月 8 日在云南渔坝隧道施工中牺牲
410	邓成银	男	1947 年出生于彭县红岩公社红塔大队，1966 年 3 月参加工作，1966 年 12 月 8 日在云南渔坝隧道施工中牺牲
411	周兴明	男	1947 年出生于彭县庆兴公社红旗大队，1966 年 3 月参加工作，1966 年 12 月 8 日在云南渔坝隧道执行任务中牺牲
412	游道忠	男	1936 年出生于彭县升平公社莲花大队，1955 年 3 月参加工作，1967 年 2 月 7 日在西藏定日县长所区因公牺牲
413	李堂宽	男	1945 年出生于彭县磁峰公社小石大队，1966 年 3 月参加工作，1967 年 2 月 25 日在云南元谋县江边区普勒村因公牺牲
414	杨建德	男	1945 年出生于彭县楠木公社永乐大队，1964 年 3 月参加工作，1967 年 6 月 21 日在北京因公牺牲
415	陈绍武	男	1938 年出生于彭县清平公社光明大队，1964 年 3 月参加工作，1967 年 7 月 3 日在中越边境执行任务中牺牲
416	辜裕德	男	1948 年出生于彭县三邑公社月亮湾大队，1966 年 3 月参加工作，1967 年 7 月 12 日在西南铁路建设中因公牺牲
417	刘光华	男	1945 年出生于彭县军乐公社金星大队，1966 年 1 月参加工作，共青团员，1967 年 7 月 19 日在涪陵执行任务中牺牲
418	马逢昌	男	云南墨江县人，中国共产党党员。1956 年 3 月入伍。1967 年 11 月，在完成调防任务中牺牲
419	付远松	男	1944 年出生于彭县升平公社青春大队，1965 年 3 月参加工作，1968 年 3 月 4 日在西昌执行任务中牺牲
420	唐清海	男	1945 年出生于彭县升平公社银佛大队，1968 年 3 月参加工作，1968 年 7 月 26 日在执行施工任务中牺牲
421	邓天明	男	1944 年 7 月出生于彭县白鹿公社回水大队，1965 年 3 月参加工作，1969 年 2 月 16 日在西昌县黄联公社扑灭山火中牺牲
422	尹大松	男	1946 年出生于彭县升平公社银佛大队，1965 年 3 月参加工作，1969 年 3 月 13 日在开会途中因公牺牲
423	谭启全	男	1945 年出生于彭县三邑公社宝堂大队，1964 年 8 月参加工作，1969 年 10 月 30 日在四川南充因公牺牲
424	谢成林	男	1944 年 3 月出生于彭县天彭镇，共青团员。1969 年 7 月 28 日在广东汕头地区抗台风抢救国家财产中牺牲
425	刘世斌	男	1924 年出生于彭县，1948 年参加工作，中国共产党党员。1969 年 9 月在冕宁县为保卫国家财产被土匪杀害
426	胡宗云	男	1950 年出生于彭县人和公社来寿大队，1968 年 3 月参加工作，1969 年 9 月 13 日在西藏加查县因公牺牲
427	赵永寿	男	1942 年 9 月出生于彭县三邑公社宝堂大队，1964 年 7 月参加工作，1969 年 10 月 5 日在战备训练中牺牲

续上表

序号	姓名	性别	简要介绍
428	张光俊	男	1951 年 4 月出生于彭县清平公社壁山大队，1969 年 3 月参加工作，共青团员。1970 年 1 月 6 日在黑龙江穆棱县牺牲
429	钟文	男	1951 年出生于彭县升平公社玉泉大队，1969 年 3 月参加工作，1970 年 1 月 6 日在黑龙江铁里河牺牲
430	石化文	男	四川省黔江地区酉阳县（现重庆黔江地区酉阳县）人。1969 年 8 月入伍。0026 部队战士，1970 年 4 月 1 日因公牺牲
431	宋云光	男	1949 年出生于彭县永定公社凤鸣大队，1969 年 3 月参加工作，1970 年 6 月 24 日在黑龙江执行任务中牺牲
432	杨长录	男	1950 年 8 月出生于彭县九尺公社双土大队，1968 年 3 月参加工作，1966 年 7 月入团，1970 年 7 月 2 日在北碚区三流坝执行任务中牺牲
433	林少和	男	1946 年出生于彭县清平公社壁山大队，1969 年 3 月参加工作，中国共产党党员。1970 年 9 月 8 日在黑龙江抚远县巡江时牺牲
434	刘洪春	男	1949 年 2 月出生于彭县人和公社牌坊大队，1969 年 3 月参加工作，1970 年 9 月 8 日在黑龙江省抚远县保卫边防战斗中牺牲
435	肖先泽	男	1948 年出生于彭县人和公社来寿大队，1971 年 3 月参加工作，1971 年 11 月 1 日在反苏修保卫边防中牺牲
436	徐尚柏	男	1947 年出生于彭县天彭镇东南大队，1968 年 4 月参加工作，解放军 8712 部队战士。1972 年 11 月 15 日因公在陕西省镇巴县牺牲
437	白尤贵	男	彭州市三界镇（原彭县三界乡）人，中国共产党党员。1958 年 3 月入伍，1972 年 10 月 31 日在河南省遂平县因公牺牲
438	刘绪伦	男	1947 年出生于彭县北君平公社万寿大队，1969 年 3 月参加工作，1972 年 12 月 3 日在黑龙江林口县因公牺牲
439	张天贵	男	1954 年出生于彭县天彭镇北街，1973 年 5 月 21 日在重庆市国防施工中牺牲
440	张兴富	男	1950 年出生于彭县桂花公社分水大队，1970 年 1 月参加工作，1973 年 8 月 25 日在军训中牺牲
441	陈太辅	男	1951 年出生于彭县清平公社光明大队，中国共产党党员。1974 年 1 月，从自贡赴资中扑灭火灾途中牺牲
442	胡德和	男	1951 年出生于彭县升平公社银佛大队，1968 年 4 月参加工作，1975 年 1 月 2 日在陕西省因公牺牲
443	柳定安	男	1953 年出生于彭县九尺公社林杨大队，1971 年 3 月参加工作，1971 年 12 月入团，1975 年 3 月 23 日在黑龙江省密山县执行任务中牺牲
444	梁裕富	男	1955 年出生于彭县楠木公社扬柳大队，1975 年 1 月参加工作，1973 年 8 月入团，1975 年 6 月 13 日在陕西省临潼县战备训练中牺牲
445	陈大海	男	1951 年出生于四川彭州市（原彭县）隆丰镇。1969 年 3 月入伍，中共党员，1976 年 1 月 23 日在战备训练中牺牲
446	孔朝福	男	1951 年出生于彭县清平公社旌旗大队，1974 年 1 月参加工作，共青团员。1976 年 3 月 25 日在甘肃省武山县国防施工中牺牲
447	何兴贵	男	1953 年出生于彭县致和公社四方大队，1974 年 1 月参加工作，1976 年 3 月 25 日在国防施工中牺牲
448	袁圣成	男	1953 年出生于四川彭州市（原彭县）省九尺镇。1974 年 1 月应征入伍，共青团员，1976 年 7 月 11 日在甘肃兰州执行任务时牺牲
449	范昌明	男	1952 年 6 月出生于彭县隆丰公社九九大队，1973 年 1 月参加工作，1976 年 8 月 11 日在青海省海西州国防施工中牺牲

续上表

序号	姓名	性别	简要介绍
450	文焕明	男	1953年出生于彭县升平公社双槐大队，1973年1月参加工作，1976年8月18日在部队军训中牺牲
451	吴光富	男	1956年出生于四川彭州市（原彭县）隆丰镇，1976年1月入伍，1978年2月14日在西安人防施工中牺牲
452	张华全	男	1954年出生于彭县罗万公社何家大队，1973年1月参加工作，1978年6月25日在河南省临汝县4705工程施工中牺牲
453	梁志华	男	1958年出生于彭县九尺镇，1979年1月参加工作，共青团员1979年2月28日在中越边境自卫还击作战中牺牲
454	陈继学	男	1958年出生于彭县天彭镇革命街，1979年1月参加工作，1979年3月2日在中越边境自卫还击作战中牺牲
455	陈安福	男	1955年出生于彭县丽春公社花碑大队，1977年1月参加工作，中国共产党党员。1979年5月15日在西藏去贡当至里孜执行运输任务中牺牲
456	张福平	男	1957年出生于彭县隆丰公社白泥大队，1977年1月参加工作，1979年6月15日在西藏昌都小米拉山因公牺牲
457	熊运双	男	1955年出生于彭县桂花公社利济大队，1976年3月参加工作，1979年7月26日在看守营房时遭山洪袭击牺牲
458	蒲华通	男	1954年出生于彭县永定公社石河大队，1974年1月参加工作，1979年9月4日在陕西榆林地区执行任务时牺牲
459	王成保	男	四川彭州市丽春镇（原彭县丽春乡）人，1959年参加工作，彭州市（原彭县）公安局刑警队侦察员，1982年5月12日，在执行追捕任务中牺牲
460	刘延军	男	彭州市濛阳镇（原彭县竹瓦乡）人，生于1970年2月，1990年7月13日，救落水者牺牲
461	代纪海	男	1980年2月出生于彭州市濛阳公社泉沟村，解放军某部战士。2004年8月19日，执行任务中牺牲

第二十五篇　艺　文

【诗·词】

观内怀仙

唐·王勃

玉架残书隐，金坛旧迹迷。
牵花寻紫涧，步叶下清溪。
琼浆犹类乳，石髓尚为泥，
自能成羽翼，何必仰云梯。

登城春望

唐·王勃

物外山川近，晴初景霭新。
芳郊花柳偏，何处不宜春。

早春野望

唐·王勃

江旷春潮白，山长晓岫青。
他乡临眺极，花树映边亭。

九陇津集

唐·卢照邻

落落树荫紫，澄澄水华碧。
复有翻飞禽，徘徊疑曳舄。

游昌化山精舍

唐·卢照邻

宝地乘峰出，香台接汉高。
稍觉真途近，方知人事劳。

游昌化山精舍

唐·柳明献

宝台侵汉远，金地受霞高。
何必游方外，欣此契卢敖。

题丹景山至德寺

前蜀·徐太后

周回云水游丹景，因与真妃眺上方。
晴日晓升金晃耀，寒泉夜落玉叮当。
松梢月转禽栖影，柏径风牵麝食香。
虔炸六铢宜祷祝，惟祈圣祚保遐昌。

题金华宫

前蜀·徐太妃

碧烟红雾扑人衣，宿露苍台石径危。
风巧解吹松上曲，蝶娇频采脸边脂。
同寻僻境思携手，暗指遥山学画眉。
好把身心清静处，角冠霞帔事希夷。

仙居观

前蜀·杜光庭

往岁真人朝玉皇，四真三代驻繁阳。
初开九鼎丹华熟，继蹑五云天路长。
烟锁翠岚迷旧隐，池凝寒镜贮秋光。
时从白鹿岩前往，应许潜通不夜乡。

寒望九峰作

前蜀·贯休

九朵碧芙蕖，王维图未图。
层层皆有瀑，一一合吾居。
雨歇如争出，霜严不倒枯。
世犹多事在，为尔永踌躇。

题张道隐泰山祠画龙

后蜀·蒋诒恭

世人空解竞丹青，惟子通元得墨灵。
应有鬼神看下笔，岂无风雨助形成。
威仪喷浪归沧海，势欲拏云上杳冥。
静闻绿堂深夜后，晓来簾幕似闻腥。

题天彭鲍郎中南楼

北宋·赵抃

彭门于蜀最无双，人悦南楼重叹降。
淲淲鸣泉漱金玉，森森佳木拥旌幢。
仙飚出洞清来座，峦重排岩冷透窗。
太守瞻云日登同，巴江迢递隔吴江。

花寄广汉守倅

北宋·吕陶

地产名花敢自珍，百枝聊且寄强邻。
分将雨后千金色，添得樽前一日春。
檀板屡歌凭侍女，玉簪齐插奉佳宾。
明年红烂还驰去，惟恐流年老却人。

榷茶呈情

北宋·吕陶

九峰之民多种茶，山山栉比千万家。
朝哺伏腊皆仰此，累世凭恃为生涯。

牡丹诗

北宋·宋祁

珍花分清赏，飞邮附翠笼。
蹄金点鬓密，璋玉镂跗红。
香惜持来远，春因摘后空。
玩诗仍把酒，恨不与君同。

与宋子京唱酬牡丹诗

北宋·朱公绰

仁帅安全蜀，祥葩育至和。
地寒开既晚，春曙力终多。
翠帟遮蜂蝶，朱栏隔绮罗。
殷勤凭驿使，光景易蹉跎。

送宋朝散出知彭州迎侍二亲

宋·苏轼

东来谁迎使君车，知是丈人屋上乌。
丈人今年二毛初，登楼上马不用扶。
使君负弩为前驱，蜀人不复谈相如。
老幼化服一事无，有鞭不施安用蒲。
春波如天涨平湖，鞓红照坐香生肤。
卷鞲上寿白玉壶，公堂登歌《凤将雏》。
诸孙欢笑争挽须，蜀人画作西湖图。

玉麟堂会诸司观牡丹酴醿三绝（选一）

南宋·范成大

洛阳姚魏碧云愁，风物江东亦上游。
忆起遨头八年梦，彭州花槛满西楼。

园中偶题

南宋·陆游

忆向彭州取牡丹，蜡封驰骑露初干。
如今历尽人间事，纵有姚黄也懒看。

病中杂咏十首（选一）

南宋·陆游

久病身犹困，闲游性已成。
未停汤熨事，即理水云程。
投宿忘街陌，论交失姓名。
醉怜花坞好，恐是牡丹坪。

彭州歌二首

元·汪元量

一

彭州昔号小成都，城市繁华锦不如。
尚有遗儒头雪白，见人犹自问诗书。

二

彭州又曰牡丹乡，花月人称小洛阳。
自笑我来逢八月，手攀枯干举清觞。

两游丹景山次韵

明·杨慎

宝阁雕云接太微，碧峦青磴控烟扉。
蓝舆历险临霄汉，晓日腾辉绚锦衣。
鸟悦山光声呖呖，花凝香露色菲菲。
文星览眺留词翰，更启骚人和不稀。

登丹景山

明·庄诚

祛冗寻幽埜性便，登临何幸入云巅。
苍苔绝壁天中峙，曲涧飞涛布里穿。
影影霏烟迷鸟路，丛丛松竹称僧禅。
从容直到崔巍处，眺望群峰尽藐然。

游金城山

明·陈于陛

山色其如腊屐何，探幽踏遍碧嵯峨。
上衣烟雾行犹湿，倒槛星辰座欲摩。
天远难招骑鹤侣，明月唯听采芝歌。
平生笔底多奇句，此际风云思更多。

游白鹿寺赠淡竹和尚

清·冀应熊

客因逐鹿寻山寺，浪说桃源是小都。
山色四围涂翠壑，泉声一派漱冰壶。
长林丰草同麋静，皓月闲云共鹤孤。
试问图澄肠似雪，何须衣里探明珠。

游三昧水

清·欧阳方曜

神僧异迹历年深，谷口青松何处寻？
野水穿云流古径，疏钟带月响禅林。
闲经石穴逢天籁，偶听楞严发慧心。
始觉仙灵皆是幻，向谁忏悔到而今。

游大明寺

清·王日拔

无事闲游看采茶，东风邀我过山家。
枝头时听奇音鸟，岩畔欣瞻未见花。
芳树笼烟晴草翠，小桥流水涧云遮。
昼长不觉寻芳倦，徒依深林玩物华。

留别彭门

清·王焕

一

忆昔临荒邑，犹然草昧初。
聚商通野市，课稼引官渠。
弦颂临新廨，桑麻复古畬。
近来村落里，风景更如何？

二

十年求民稳，相依濛水边。
愧无奇绩著，赖有素琴悬。
树古余春翠，花繁杂晓烟。
儿童休恋我，不远九峰前。

新　居

清·彭以懋

白鹿山分最好支，结庐真慰野人期。
平畴十里云千岭，翠竹万竿月一池。
小圃春来花发候，高斋秋老酒香时。
闭门日与良朋饮，任说终南捷径奇。

秋夜散步

清·彭以懋

夜清秋更好，一杖逐轻烟。
溪与池争月，云将岭接天。
过林闻鸟细，踏露惜珠圆。
待我灯何永，归来尚灿然。

游龙兴禅院

清·许儒龙

为访前朝寺，聊成薄暮游。
塔开危欲坠，碑久剥难留。
古寺凭僧诧，残花引客愁。
坐看西岭日，欲去重回头。

游白鹿寺步壁间冀太守韵

清·许儒龙

碧溪青嶂藏幽寺，怪底名声满蜀都。
丽瞩恍疑天外岛，仙游俱入市壶中。
凌云载酒欢难继，花圃题诗兴不孤。
一种风流人未识，空怜好语似穿珠。

题北塔

清·岳钟琪

立塔中分势欲离，依然无恙拟留题。
飞残半角移何地，挺峙三隅壮此基。
灿烂霞光悬宝镜，嵯峨叠砌赛丹梯。
忠言直与乾坤久，永镇天彭第一奇。

彭县谢康侯明府（三晋）招游赛丹景宝星亭

清·李调元

宝星天上落，化着一拳亭。
水湧孤城白，山连九陇青。
最宜观稼到，恰已有弦听。
丹景何须赛，彭门自可铭。

游丹景山用杨升庵韵赠圆密大师

清·李调元

又着芒鞋踏翠微，峰峦高处款禅扉。
不知瀑布何方响，但觉飞泉乱扑衣。
天入双门云荡荡，山连九陇雨霏霏。
盘陀石上一回眺，始信人间此景稀。

游丹景山步杨升庵原韵

清·刘沅

曲屈盘空磴道微，山灵知我敞岩扉。
千重树霭迎晴旭，一缕云痕上客衣。
旧圃尚余花灼灼，春搏环带草菲菲。
由来共说天彭胜，此景丹台见实稀。

培楼园林几万家，遥空俯瞰尽出沙。
巍峨势压蓉城胜，襟带江环锦浪斜。
古树早经磨日月，新篁生已带烟霞。
名花绝顶留名胜，应笑洛阳贬斥差。

南楼夜月

清·吴好山

天有万古月，世无千载楼。
南楼今安在？夜月空当头。
清光冷宵柝，画堞生素秋。
倾圮殊细事，题诗忆湖州。

邀同人游丹景山

清·黄大昕

我欲泛海控蓬壶，金银台阙知有无。
我欲振衣游五岳，安得崇朝驾飞驳。
丹山箻崒深去高，欲游未游心郁陶。
但得攀萝凌石壁，俯视培塿亦足豪。
况复春风被岩阜，旧故洛阳花无偶。
裳佩缤纷烂如霞，楼台屋垒大如斗。
与君携手拜花王，花王应笑来何后。
风风雨雨隔多年，今日传杯莫放手。
绿章我已奏天公，来日阴霾速扫空。

驱策群峰供眺览，莫忧蜡屐滞泥坎。
只愁绝顶一登临，吟诗惊破山灵胆。

夜行即景

清·黄大昕

举步明如昼，天空气泬寥。
水声淘月影，云气盎山腰。
犬卧花村静，鸦栖树叶摇。
隔林书韵朗，谁氏夜灯挑。

游丹景山

清·王阎运

尘喧入山静，磴道横烟没。
盘桓上风霄，坦步幽情发。
兹山无旷览，双峰蒙椒樧。
栖灵接馆宇，悦性便休歇。
重阁景松门，东寮息钟偈。
轩窗俯乔木，砌草笼霄月。
观于树外影，始见人世阔。
托身既以高，诸物复自绝。
亦有空谷花，谁云邈冰雪。
山农善春耕，聊与分薇蕨。

游丹景山

清·黄云鹄

几度来游中道旋，今朝直上翠微巅。
卧云关里僧扶入，浴月溪边客导前。
人爱春浓花满地，我欣秋老树参天。
酣眠笑其山灵语，无欲无私即是仙。

葛仙山四章（选一）

清·黄云鹄

瞻彼葛山，我心载欢。
在途晴燠，登山雪寒。
虽寒不寒，心安境安。
醉卧古洞，地豁天宽。

题五龙洞

清·雪堂

秋高重访葛仙峰，乘兴寻幽到五龙。
三峡三峨同峻秀，一岩一洞各玲珑。

题法藏寺

清·雪堂

彭门东畔古招提，法藏高名重蜀西。
功立松州传老衲，山连石洞带重溪。
森森巨柏如龙耸，寂寂花开似凤栖。
亭上丰碑闲读罢，吟诗聊向壁上题。

咏濛阳

清·席夔

半塔巍然土一堆，好从对面筑楼台。
高低稚笋添丁竹，浓淡新花破甲梅。
废县址存千载后，抱墟水自九溪来。
门前几棵松兼柏，都是携锄手自栽。

辛亥暮春游丹景山牡丹归途口占

民国·贺维藩

丹景山横县治西，奇花怒发耀山嵠。
深红浅白多仙态，不许人间凡鸟栖。

一路崎岖不惮游，山花挺秀境清幽。
何当俗虑俱消尽，载酒长依钓脚楼。

和人题破塔图

民国·贺维藩

踏遍彭门山路歧，每将樽酒论高危。
下帷风悟精条理，题塔新标绝妙词。
一角孤高支破局，山峰倾圮话前期。
写生纵许丹青手，终赖神灵默护持。

登白鹿顶

民国·贺维翰

我彭山势何崔巍，九峰莹华并天台。
天台迤北白鹿顶，峰峦秀出无尘埃。
从前何所有？禹王庙古瓦屋颓。
此日何所见，有客宿宿起楼台。
我欲登临蓄念久，今朝胡为乎来哉。
石磴崎岖行不得，攀跻欲坠竭驽骀。
既至雨止阴云敛，楼头屋角几徘徊。
阅遍朝晖和暮景，山山水水异同猜。
玉垒诸峰排笏近，峨眉金顶遥相陪。
东山远隐互绵雒，西南峻岭趋邛崃。
眼底众山一览小，岷江湔堰分萦洄。
霎时地气上腾涌，云海茫茫万顷开。
房栊幽静鸡犬寂，灵境应许方蓬莱。
浩荡乾坤绝尘想，放怀今古胸襟恢。
敢云小鲁小天下，换形移步理可推。
推挽幸逢同志友，伛偻提携乘兴来。
乘兴而来兴尽返，芒鞋腊屐为之摧。
萍水偶联东道榻，咖啡复饮西邻杯。
西邻有屋归常阒，荆棘塞路多荒苔。
两亩球场半畦菜，人力讵谓尽培栽。
何如来歌游泮涣，同乐欢娱达九垓。
似此名胜弃可惜，经营须仗出群才。

题龙兴寺

民国·游俊

破塔高撑一角雄，世尊留法鬼留工。
任他风雨摇清夜，漫道江山说大同。

题玉面观音

民国·罗远猷

银盘径尺晕朝霞，玉立亭亭佛面夸。
硕果仅存应共惜，名山难得有名花。

题咏彭县破塔图

民国·郝启昕

破塔穿空遏乱云，一峰飞去两峰倾。
峥嵘独角鏖雷雨，璀灿千秋映晓晴。
瞩远时观山虎斗，声哀每听断鸿吟。
无言自作擎天柱，长慰杞人忧虑心。

咏丹景牡丹

民国·周倬云

艳色人间重，名山自号丹。
种非凡草木，护却有栏干。
老干经春雨，新芽怯嫩寒。
天香真国色，容我几回看。

洛阳曾小住，何日此安家？
榻下因留客，诗成为惜花。
无多新雨露，剩有古烟霞。
缘是怜香种，休将富贵夸。

故乡牡丹

张大千

不是长安不洛阳，天彭山是我故乡。
花开万萼春如海，无奈流人两鬓霜。

大垣三宜亭赏矢桥红亭诗人园中牡丹

张大千

绚如铺锦烂如霞，粉底徐黄浪自夸。
好共诗人订花谱，天彭花是故乡花。

彭县买花盆十

李一氓

来去匆匆过里门，幼时城郭半浑沌。
白头更觉乡情重，不惜迢迢买瓦盆。

三访天彭牡丹

张秀熟

三访天彭何频频？为爱名花更爱人。
风物长宜人管领，好花正见人精神。

名花本是人民花，千载长笼姚魏家。
解得诗翁无限恨，沉香亭畔浪涂鸦。

最爱岷峨三月天，菜花黄后又牡丹。
多情忍见蜂儿侣，款款枝头意黯然。

四月十五日盛会，足疾未往，再献小诗

张秀熟

自信肢伤骨未残，小斋兀座似偷闲。
朦胧偶忆放翁谱，丹景遥瞻也坦然。

莫道看花人似狂，牡丹真够号花王。
枝头灼灼光和热，照遍人间尽朝阳。

天彭牡丹颂

马识途

春雨初晴草色新，牡丹带露溢奇芬。
弱腰绿拥柔如柳，粉脸红匀娇似醺。
争艳何须争上苑，知音但喜有高人。
宁沦荒谷持清节，未肯随流入俗尘。

青山绿水日初斜，溪流摇风散落霞。
谁道西川春色老，天彭还看牡丹花。

天香国色出天彭，带露含羞百媚生。
自有高人称第一，争名何必在天京。

赏心悦目乐无涯，姹紫嫣红看奇葩。
老朽暮年逢盛世，牡丹丛里笑哈哈。

暮春风雨霁，寒食百花残。
莫道芳菲歇，天彭有牡丹。

彭州龙兴寺断塔

刘锋晋

古塔何时建？苍茫一望中。
九峰奔眼底，湔水走晴空。
断壁浸秋雨，危层立晚风。
萤飞苔湿处，夜半不闻钟。

步刘锋晋先生咏

《彭州龙兴寺断塔》原韵

王耀南

天彭有破塔，突兀入云中。
历久苔痕古，居高眼界空。
惯经风夹雪，宁畏雨兼风。
一角如螺耸，长鏖五夜钟。

写给我亲爱的凌清*

景　梅

别了啊！凌清，
别了啊！我最亲爱的人；
我已踏上了征程，
我已走上了我应走的途径。
甜蜜的家庭，亲爱的慈亲，天真的弟妹，……
我毅然地割断了这股情丝！抛弃了他们，更离
别了你——我的爱人！
为中华民族而奋斗牺牲！
回忆七年前的今天，
你我正陶醉在爱的乐园，
那时，你是如何以救国的责任勉励我，
孰料今天，竟达到了你的希望，我的夙愿。
“梅啊：你要扭断你那半封建的家庭的锁链。
不要惧怕你对家庭有着严重的负担；
只要你有坚决的雄心，不挠的勇气；
我决心帮助你，冲破一切不可破的难关。
我们当前的敌人，
不是你那恶劣的环境。
而是日本帝国主义，和一些卖国的汉奸们；
只要消灭了它，全人类的前途都是幸福光明。”

啊！你告诉我的一切勉语，
我还牢牢地记在心头，
我等待这报国的机会许久，
到今天他才欣然地降临。
我现在已着上了戎装，
荷起了武器，
走上了战场；
为中华民族的解放而牺牲，
哪怕子弹射穿我的胸膛。
我接受了你的勉语，
我实践了你的嘉言，
但我更希望你，
希望你也接受我这时的一点儿请求，
脱下你长长的旗袍，
穿上那护士的衣裳，
把小孩交给妈妈抚养，
也赶快地走上这光明之途——抗日的大道。
看啊！凌清：
胜利已在我们的眼前，
这复兴的大业，
你不要让他（她）们独占。
亲爱的凌清：
我希望你倾诚地接受我的请求，
你要知道：这艰巨的责任，
你我应各担一肩。
北风呼呼地刮着战士的脸面，
大雪密密地浸湿了我薄薄的衣衫，
我在这遥远的征途中，
敬祝你的晚安。
民国28年（1939年）12月22日19时25分作于绥署，
民国29年（1940年）10月25日21时重抄，仍于绥署。

*　这首诗选自谷时逊烈士的笔记，景梅是作者的笔名。诗中的“凌清”是作者的妻子。写于阆中县城的“川陕鄂边区绥靖公署”，烈士时任公署少校参谋。

天彭竹枝词

清·申嘉绩

春阴漠漠雨绵绵，散入彭门碧似烟。
忽觉长空开霁色，满城桃李斗鲜妍。

十分春意满江隈，一带柔桑傍路栽。
小院月明帘半卷，晓风吹露湿楼台。

竹枝词

清·吴好山

时当八月满街衢，麦草笼儿巧且苏。
要搭南瓜花二朵，黄童挑卖叫姑姑。

大厦高楼四望环，收来租谷堆如山。
袈裟一领安居室，四百僧人得自闲。

竹枝词*

佚　名

惨祸飞来有数因，伤心是画赵先生。
旁添彭县经征恨，更有官儿想上升。

* 作于辛亥革命前夕发生在四川保路运动期间，彭县经征局（税务局）唐豫同，因残害百姓，激起公愤，群众涌到该局，将局捣毁，吓得唐豫同翻墙逃走，彭县一盐店老板反对保路罢市，众怒将其店捣毁。彭县同志会在成都武侯祠附近，劫下官军去镇压新津、温江保路运动的炮队。

彭县三月事变竹枝词十首（选四）*

贺维翰

忽然平地起风波，只为贪馋造孽多。
新政都弄成弊政，酿成民变奈他何！

征兵法令等于零，拉壮丁又卖壮丁。
剥削重重生反抗，怨声载道那堪听。

书经台畔起风云，鏖战一场胜负分。
不抚安兮不遣散，星星之火兆如焚。

城开我亦出东门，犹见灾区劫烬痕。
急则治标缓治本，须从吏治溯源根。

*　1943年3月，国民党政府在彭县试行“新县制”期间，矛盾颇多，更因驻致和乡警察借治匪、征兵之名大肆拉丁、抢劫、扰民，激化矛盾。县政府处置不当，遂酿成有彭县、新繁、金堂3县2万余民众参加的“彭县3月民变”。愤怒的抗暴民众攻打乡公所，袭击警察队部，围攻县城。历时7日的斗争虽因省府派兵弹压结束，但斗争迫使县长辞职，政府实行缓丁、减税措施。

竹枝词

王霜菊*

戈操室内勇非常，私愤相争势莫当。
如果同仇先抗日，岂容倭寇肆强梁。

劝君仗义救中华，急早输财可保家。
皮不存兮毛怎附，回头猛省莫咨嗟。

*　作者毕业于省立女子师范学校，曾任彭县延秀女校、成都淑行女校教授。

貂裘换酒

李炳灵

斗室书生起。近识得、风流地主，满门桃李。丛菊傲霜余秋色，架上纷罗文史。南面王、何以易此。不速客来招入幕，更殷勤、联袂携游屐。古兰若，且随喜。峥嵘宝塔凌霄起。问何年、龙飞破壁，一隅倾地。煮茗山僧留共话，宝相庄严绝世。半日中、消除暇晷。莫负故人鸡黍约，又天彭酒熟为君醉。游山兴，自今始。

呻吟语·游天台山

仁修

天台挺秀出云霄，问是否刘阮曾到？名祠原不愧，景趣实清饶，亦任人吊。哪管他雁江水，抑浙江潮，自觉蹊跷，山间一世等闲抛，独自闲游奥妙。银峰碧岭，山坳水桥，追旧寻迹，闲伴渔樵，桃花片何时水飘，胡麻饭何日相邀，宜颦宜笑，共语良宵。春来矣，百花同赏，秋尽矣，红叶同瞧。有美酒应不惜樽前倾倒，黄垆畔醉倒堪豪。叹黄白养生无效，辟谷徒劳，何如我酒肉恣饕餮。俺曾经东西南北任游遨，登临五岳归来早。从前孽障已勾销。脱尽了鼠狼毫，磨竭了陈元宝，万石君已绝交，楮先生辞了，名利缘缰锁，荣华似海潮，莫些儿愁何恼，无半点闷与焦，纵遇那白云苍狗须臾了，俺自把《呻吟语》放声歌，慰寂聊。

满江红（并序）

李季伟*

莽莽神州，问谁是中流砥柱？正男儿，渡江击楫，闻鸡起舞。扫尽夷氛光禹甸，挽回劫运昭文祖。纵当年、血债已模糊，从头数。

明甲寅，清甲午，蠢倭寇，屡予侮。誓挥戈纵马，惩膺顽虏。何必裹尸劳马革，洒将热血沙场土。映丰碑、灿烂若飞霞，娲皇柱。

*　李季伟，邑人，时任川北工农学院院长，1945年应邀为彭县新修于北街公园内的“抗战阵亡

将士暨死难同胞纪念碑”所作《满江红》词，有序，嵌刻于碑座。此碑乃彭县抗日战争中修飞机场民工之血汗所建，惜彻底毁于房地产开发。

鹧鸪天

欢呼我国第四次人造地球卫星发射成功

王耀南

蓦地腾空一徜徉，速于奔电肃于霜。巡河不用呼仙棹，探月原非索桂浆。邀猎户，射天狼，雕弓千石更须张。英雄八亿披肝胆，直上凌霄捣玉皇。

永遇乐

王耀南

1992年老人节为彭中赵延寿教师暨原男18班女6班部分老同学祝嘏献词。

霜肃彭门，波明湔水，秋气清爽。寿祝今朝，情联故旧，淡茗充佳酿。传薪望重，同窗梦永，发白更难相忘。记当时、频呼抗日，怒涛卷起千丈。于今乐事，云开天净，去路平铺如掌。十载风飙，尘飞沙走，堪幸都无恙。回看师友，神完体健，岂肯便扶鸠杖？人应羡、童心未泯，老当益壮。

浣溪沙

咏天彭牡丹

刘锋晋

红艳娇香一段愁，恼人姿态却温柔，君家谱系是彭州。
花国称王夸富贵，洛阳争价说风流，多情明月照西楼。

【楹联】

彭县纪念何秉彝死难周年挽联

四川省学联

抗帝国主义而亡，亡无憾矣，恨我迹囿夔门，未得当场拚一战；
救神圣工人以死，死亦壮哉，愿君灵游泉府，仍为好友约来生。

尹昌衡故居门联

乱世忧国，挽狂澜于既倒，大都督八面威风；
孤城御戎，救苍穹之欲崩，上将军千秋美名。

祇园寺刘公祠联

尹昌衡

干戈平息归于去；廊庙文章岂等闲。

自挽联

吴好山

谁知毕世唯眈菊；自信终身不恋钱。

挽贺维翰联

商衍鎏*

老病卧山空，满地烽烟悲贺监；
天年同岁尽，横流沧海哭钟期。

* 作者与贺维翰为同榜探花，订为挚友，时客居成都，闻讯赴彭吊挽。

张松墓古联

佚 名

敢与天地争豪杰；不以成败论英雄。

彭县县署联

宾凤阳

众人不啻家人，各有经营生计，教养良规，秀者读，朴者耕，望四民乐业安居，慎毋作奸犯科，忍心受朝庭法律；

官府实为过府，许多耳目未周，思想难到，暗中冤，忙中错，愿百姓随进入告，切莫歌功颂德，满口道父母神明。

彭县中学联

贺维翰

辟校地以丛林，莽莽潮流，竞使讲舍宏开，梵宫改色；
由高小而中学，蒸蒸日上，翘企人材尉起，彭阕增辉。

升平两等小学堂联

李端仪

统而言之，新学旧学，在于发展教育；
圣人道也，今文古文，不外了解贯通。

彭县公园花神祠联

姚汝霖

十五年财竭民穷，味三昧水，洗不尽满目疮痍，风雨撼泥琴，楫击中流，渡江空负祖生志；
数百里兵连祸结，仗九峰巅，遮断了半天峰火，春光来玉垒，及时行乐，策马还从高士游。

彭县城隍庙联

佚名

举念奸邪，任尔烧香总无益；存心正直，见吾不敬亦何妨。

彭县瘟祖庙联

佚名

坐镇此方，不管他青菜红苕拿来就吃。
驻防斯土，若没得黄金白银休想除瘟。

彭县文翁祠联

赵年熙

既庶何加曰富，曰富何加曰教。至道本自尼山，文不在兹乎？独怪二千年历唐宋元明无庙祀；
穿堰然后有田，有田然后有收。深思长流湔水，民弗能忘也！足征十七里中士农工贾具天良。

龙兴寺联

一

贺维翰

心地上无风涛，随在皆青山绿水；
性天中有化育，看处见兽跃鸢飞。

二

赵孟生

花草自精神，鸟啭枝头，吩咐白云补破塔；
园林真雅趣，我眠瓮底，招呼明月下天空。

龙兴寺藏经楼联

黄云鹄

宝塔耸云霄，须学它顶天立地；经楼藏梵呗，常念佛护国佑民。

龙兴寺联

隆　莲

一

塔破谁能补，把因缘道破，总持十地补当来；
楼空什么观，将色相悟空，更上一层观自在。

二

法昭信仰自由，建塔同心恢象教；
史溯和平解放，论功回首纪龙兴。

金刚宝座样塔联

能　海

通圣言而遍环宇；导世界以趣大同。

龙兴寺新塔联

王耀南

复龙兴度世之缘，引来众善皈依，廓清魔障三千界；
继破塔冲霄而起，试看五星景耀，镇定乾坤亿万年。

恢复龙兴寺联

李仲愚

尘劫古难消，应知去去来来都无定数；
禅林今又建，讵竟兴兴废废自有因缘。

九尺乡四圣殿联

一

覃毓贤撰　颜楷手书

一庙俯濛江，瞻罢宫墙，好问源头寻大道；
九州皆我族，划除销界，免得区域碍同仁。

二

覃毓贤撰　蔡根全书

入门便得师资，仙佛王侯大道本然无二致；
互此价分籍贯，东西南北天下原来是一家。

濛阳镇普陀寺魁星楼联

骆成骧

人皆抱和氏璧，握隋侯珠，岂容同辈称魁首；
我有泣鬼神诗，惊风雨笔，肯信先生不点头。

中正寺山门联

黄云鹄

鹿苑庆中兴，我佛慈悲宏愿力；
鸡园修正觉，人天欢喜护神功。

云居院塔碑联

佚名

秀岭青山陪曲尺；端然古塔护云居。

葛仙山联

一

佚　名

列二十四峰图画，鸟语花香，听洞口鸣琴，高山试剑，即此便寤想金匮，梦游泰岱；
萃八十一洞神奇，盐堆乳盖，望玉垒浮云，锦江春色，更何须书观石室，药采天台。

二

林　易

昭日月古今，誉载千年，直与峨嵋争秀色；
跨东西南北，气吞万里，敢和泰岱较高低。

三

王耀南

神异莫猜疑，请看取经石拿云，奇峰裹翠；
清幽堪拾掇，莫轻抛朱藤挂洞，碧藓滋岩。

葛仙山山门联

佚　名

峰耸莲花，王子安佳篇可读；泉名富贵，韦节度故步犹留。

葛仙山宝头禅院石牌坊联

一

山青水秀，不二门中暗点头；地胜云阔，大千世界间窥掌。

二

清池庭月映宝头，以照禅心；片石孤峰望云海，而窥色相。

丰乐乡武庙联

罗锦文

秉烛非避嫌，此夜心中唯有汉；华容岂报德，当年眼底实无曹。

三昧水石牌楼联

一

欲识宏图须进步；不知古迹且登临。

二

朝随云出入；暮戴月推敲。

丹景山多宝寺联

王闿运

山中昼永看花久；树外天空任鸟飞。

丹景山药师楼联

佚名

泪酸血咸，悔不该手辣口甜，莫道世间无苦海；
金黄银白，但见了眼红心黑，岂知头上有青天。

丹景山金华寺联

一

释·济尘

无相有相无有相；动观静观动静观。

二

王耀南

千秋盛概数从头，磴洁岩幽，前贤纷纷醉倒。载籍应无虚，王勃碑文先导路。料是杜少陵挥笔撰赋，高刺史研墨题诗，陆放翁魂梦迷离，汪元量词肠宛转，杨升庵低徊咏叹，黄云鹄迭次攀登，接踵追踪，各贮情怀成默契。任尔铜钟韵寂，玉鼓音沉，肯信名花知始末。

一殿巍峨雄绝顶，龙骧虎蹲，彩霞片片飞来。规模堪屈指，明皇幻境复何如？且向牡丹坪挈榼赏春，望乡台扶筇眺远，白塔坝精挑响石，鸭绿桥静听鸣泉，天彭阙揽胜探奇，三昧水洗心涤面，仰观俯察，尽多妙处引遐思。趁他明月生辉，清风拂袂，好凭华表证因缘。

丹景山“古唐胜迹”坊联

佚名

山如碧玉水如带；云想衣裳花想容。

海窝子联

耿四维

沧海劈开成异景；岩窝表白正讹传。

海窝子金城寺大殿联（选二）

佚　名

笑倚东风漫踏苍苔寻野趣；侨居壮岭闲锄明月种梅花。

侧耳听溪声万事俱随流水去；入山寻仙子一身常带白云归。

龙怀寺观音殿联

胡玉帆

观前世之音，观后世之音，慧眼遥观，未观过今日世界；
渡善人有舟，渡恶人有舟，慈航普渡，难渡转现在人心。

思文云峰寺联

莫嫌淡泊来相处；若厌清贫去不留。

思文场口栅联

杨白鹿

上场

英美来宾寻古鹿；山河作主藏迴龙。

下场

六合澄清怀祖藏；一般思想慕孙文。

白鹿寺“飞来剑”井联

佚名

白鹿停蹄餐秀色；真武飞剑斩鼋鼍。

白鹿寺山门联

杨白鹿

人尽皆僧，那堪苦海三千丈；我原是佛，曾住灵山六万年。

磁峰普照寺大殿联

贺维翰

风雨壮奇观，想当年野鹤曾来领略光明妙境；
漂摇思净域，倘今日铁叉犹在不教虎豹欺人。

九峰山清凉寺联

王耀南

清泉石上流，当月夜明时定多梦幻；
凉意山中满，到尘心净处应悟禅机。

【碑、记、序】

九陇县独孤丞遗爱碑

唐·陈子昂

彭州九陇县丞独孤君，有恭懿之行，柔毅之才，临官以庄，敬事而信。清白苦节，勤恪厚躬，廉而不矜，利以不浼。有特立之操焉。在位四年，无一日自倦，精专力务，泽潜气通，天彭之人，陶然大化。居秩岁满，单车告归。邦思其仁，国詠遗爱。乃树碑刻石，追崇厥庸。既颂叹之，又思福之。以金仙世尊，慈善万物。遂贡金铸像，祈祉冥休。悠悠之人，至今称赖。夫官不必贵，政惟其才。独孤丞上迫宰君，下杂群尉。文墨教令，不专在躬。然力行务仁，推诚爱物。讴吟者不歌其宰，颂议者必归于丞，岂欺也哉。吾每闻一言可以永宁天下者，在能官人而已。苟谬其任，纲维以颓。感独孤丞智效一乡，惠孚百里，况其大者乎？于戏，官人哉。乃作颂曰：

于维国家，建官以理。得人则盛，匪人则圮。英英我君，清节素履。恭宽敏惠，将顺其美。礼实在躬，人以知耻。岁秩其暮，薄言归止。祁祁吏人，何嗟及矣。涕恋沱若，遗爱罔已。瞻德树碑，造真祈祉。不有其惠，孰能享此。悠悠彭门，千载有纪。

望雪楼记

唐·邓衮

上缵位年，京兆公繇亚荆牧彭，搜鲠治蠹，化者耘而革之，不易节而政成。既而府署亭台之弊坏者，咸理新之。明年秋作望雪楼讫功，俾进士邓衮铭之。围蜀之鄙，截如巨砥。厥郡维彭，西北天屏。危碧峭青，戛霄摩冥。鲸跳虬奔，限蛮隔蕃。上排云峰，延垒万重。鹤氅瑶骈，月积绡鲜。振古不泐，四节一色。皎皓披飘，寒锢阴胶。光涵二水，冷射千里。往哲所嘉，名之玉垒。公来未期，毕完瘝凋。乃于崇墉，作为丽谯。长材羡工，不伐不傜。趾故规新，不僭不骄。经之浃辰，翚飞迢迢。三伏赫曦，九野如烧。斯焉一登，神涤烦销。他日徵黄，羊碑召棠。下客贡铭，永播德芳。先是王仆射潜，萧桂州祐，继守斯郡，二公陶奇撰幽，不乏心匠。于西湖台岛，花竹列植，布置罔不宛妙。维雪山彭之殊观，独莫经意，岂非天待我公作赏迹乎？昔西汉近儒术，臣多贞方。魏晋扇虚玄，吏采风流。孰若公精六籍，练众务，蕴张赵之干敏，兼王谢之清雅。辩辞盈庭，奋毫电飞。具牍百福，历眸冰释。前可以折穆之之角，近可以挫戴胄之锐。则不止有逸暇览眺，盖雄节大旆，师长列侯，方钧平衡，肃和神人迫期矣！衮不佞谄公奇绩，觊识士和。望雪为取于澄心莹目，将以思洁白。登楼不取于栉清冰旷，在据上睨下，察人之利病，亦敷政之嘉术也。大和元年九月记

彭州张氏画记

北宋·文同

蜀自唐二帝西幸，当时随驾以画待诏者，皆奇工。故成都诸郡寺宇，所存诸佛菩萨、罗汉等像之处，虽天下号为古迹多者，画无如此地所有矣。后历二伪至国初，其渊源未甚远，故称绘事之精者，犹斑斑可见。近世所习浅陋，寂然不闻其人，此无它，盖苟于所利，而不自取重其所为之技尔。独天彭张氏，能嗣守道人之学，用笔设色，韻气標置，未尝輙自奔放。惟一谨于良法，不为世俗之心所怵，诚可尚也。予寓彭累月，居甚闲暇，日与承天僧敏行游，凡出于张氏之手者，观赏殆遍，信乎他人之不能相与较其后先矣。敏行乃其俗裔也，俊慧通博，亦善于此，闻予嘉叹其祖之所为，磨石请予道所以然。熙宁六年中秋日记

彭州贡院记

南宋·陆游

国家三岁一贡士，天子先期为下诏书，与郊祀天地埒。及试于礼部，既中选矣，天子亲御殿发策

询天下事，第其高下。又亲御殿赐以科名，其礼可谓重矣。盖以为所与共代天理物，而守宗庙社稷于无穷者，实在是也。然则郡国贡士，顾可不重邪？彭州旧无贡院，每科举，辄寓佛祠。祠乃在城外，士不以为便。淳熙三年，知州事王公敦诗、通判州事邓公枢，始采进士穆滂、陈仲山、杨伦、苏松等议，取废驿故地为贡院。凡郡之士，奔走后先，肩袂相属。甓坚材良，山积云委。自正月壬子，至七月癸亥讫事，用缗钱万五千六百有奇，役工称是。重门大堂，高闳邃深；缭以修庑，沈沈翼翼。分职庀事；各有攸处。既成，王公徙利州路转运判官，书来，属予为记，邓公又继以请。明年正月，朝奉大夫王公序来知州事，则又以请。予发书叹曰：俗坏久矣，上下相戾，后先相倾者，天下皆是也。今彭之士大夫，于王公邓公谋同心协，若出一人，固已发矣。后王公事不出己，而不忌其成，不揜其能，惟惧后之无传，可不谓贤哉。使士之贡于朝而仕者，揆时之宜，从人之欲，以举万事，如王公邓公。视人之善，若己有之，如后王公。则利泽被元元，勋业垂竹帛，将孰御焉？士尚知所勉哉。四年五月丁未。朝散郎主管台州崇道观陆某记

善人桥碑记

清·张邦伸

天彭之东北隅为古濛阳郡治，距镇迤西二十里而近曰善人桥，为什邡绵竹赴省之通衢。桥之原始不可考，土人得古碑有竹家桥三字，盖因竹氏得名也。自明季兵燹后桥沦于水，竹氏亦迁徙无存，故世罕知者。雍正年间，邑侯陈以事赴乡，经其地见其溪壑清幽，林木葱茂，环村居民醇谨笃实，有无怀葛天之风，因更今名。桥下水导源丹景山，分流为马木河，又东别为黄土河，又东经广济汉界与濛阳水合，沿流分溉，资以灌田。每夏秋山水暴涨，则惊涛骇浪，破岸推沙，汹涌不可名状。自陈以后，桥又经三治矣，屡修屡圮，行者不免褰裳之虞。今年春，桥邻侯学博中黄，与都人士谋，改建石梁，架木其上并添建桥楼，而嘱余为记，且曰：桥之所以不能坚久者，谓其狭而桥卑也，洞狭则不能容水，桥卑则洪流所经必冒桥而过，以不能容水之桥，当冒桥而过之水，则桥不敌水，水退而桥不堪问矣！今宽其洞以纳水，两岸石级复升高数层，使水出其下俯首受束，而不敢与桥争，则桥既有居高御下之势，而水自安习坎渐进之常，所谓顺其性而利导之者也。桥之上向无楼今添建数椽，俯临江槛，使往来行人得以游憩其中，如长虹之卧波，如渴龙之饮涧，当亦题桥者之一快欤。余曰诸公之经营固伟矣，而余所服膺者尤在善人之名，孔子曰：“里仁为美，择不处仁，焉得智”。孟子曰：“王豹处于淇，而河西善讴；绵驹处于高唐，而齐右善歌”。盖善者人之宝也。里有仁贤，则熏其德，而底于淳厚者，皆得与瑞草灵芝同为盛世之嘉祥。况其日新月异鼓吹休明，有不徒在一村一邑间哉！昔之人以通德名里，以集贤名坊，以君子名亭，旌懿行而励风俗，此物此志也。爰叙桥之颠末及废兴之由，俾勒石以告来者。

王女士捐修教室记碑

本校肇兴四十余载，学子峻业千树百人。度时，宜有高中，欲全其制，必须教室六楹，帑藏之力仅成其五，而一栋阙然。譬彼周礼，惜少冬官，此从学施教所为叹嗟者也。邑人王树芬女士，席丰履厚，由义居仁，数斥私财，屡谋公益。其尊人庆斋先生，擅许衡治生之术，有裴修爱侄之行。张安昌之有女，爱甚于男；邓伯道之无儿，家仍有主。女士克勤克俭，不改堂构之规；爱国爱乡，颇具须眉之气。出其家庾，助我邑庠。爰于本年五月经始，八月落成。用匠作一千有余工，都凡砖瓦、木石涂垩髹漆之属，合费国币五十亿万元，计耗王氏稻谷五百余石有奇。校中雍舍积年队剥之处，亦藉此役

余羡总葺修治焉。事虽告藏，情胡可忘。本校既署“庆斋纪念堂”颜于室楣，行将牒上大府，请为表襮，用资矜式重念。一室之成，完我六级之用；一女之义，为吾全县之光。古言：“树木树人、即谓菁莪之造士。”今得爰居爰处，自当琬琰以浸名。至鸠工庀材，恭敬撙节杩腹运筹，始终其事者，邑绅弓君延熙之力为多，例得附书并求永久云。

县长：刘　度　书

校长：何珌辉　记

白鹿场朱氏源流考石碑

白鹿山蜀郡名山也。《华阳国志》载：“周慎王五年（公元前三一六年）秋，秦大夫张仪、司马错，都尉墨等伐蜀，蜀王为秦军所害，其傅相及王子退至泽（按，疑当作逢）乡，薨于白鹿山。”清光绪间所编《彭县志》亦记此事。可知白鹿山实乃古蜀国绝响所遗之地，越两千年之《蜀碧》所载，崇桢十七年（公元一六四四年）明蜀藩王国灭，彭县白鹿山裂。当年三月十九日明朝京师被李自成所陷，未久清军入关，五月清朝定都燕京，改年号为顺治元年，同年八月张献忠陷成都，城破之际，第十三代明蜀藩王朱至澍投井自尽，明蜀藩王宗族成员多亡，少数侥幸逃脱。其中一支在广汉三水关磨子桥夜合树定居。据我家世代口碑相传，于咸丰年间，有叔侄二人从广汉迁至白鹿场谋生，即白鹿场朱氏一支之先祖。白鹿场位于白鹿山麓，兴建于清乾隆十九年（公元一七五四年），因其沿白鹿河滩所建，又俗称河坝场。叔侄二人定居彭县后，以数字为班辈取名，叔名朱一淳、侄顺数为二，惜其名已佚。三字辈有五房，其中朱三益善经营，以种植和销售茶叶富，领监生和彭县白鹿场团总职，朱氏遂成当地望族。朱三益妻杨氏，育有七男二女，长子朱轮，字学优、号月秋，曾中举业，又获赐五品蓝翎廪生。朱轮为重修家谱，曾遍访广汉、郫县二地朱氏族人，查阅所遗家谱，最终认定彭县白鹿场朱氏，乃迁自广汉之朱椿后裔，并查清班辈排行。洪武十一年（公元一三七八年）明朝开国皇帝朱元璋封其十一子朱椿为蜀藩王，十二年后朱椿到成都即位，朱元璋新赐二十字为其后裔班辈。其字曰：悦友申宾让，承宣奉至平，懋进深滋益、端居务穆清。朱三益乃端字辈。朱轮乃居字辈，此后即更名朱居轮，我之曾祖父朱居儒，即三益公第三子，祖父朱务仁乃长房。父亲朱穆雍，亦是长子。此处乃朱三益墓园旧址，惜已毁于四十四年前。之墓园正面有石牌坊，上刻楹联曰：由分封到蜀；自广汉迁彭。即概括白鹿场朱家之历史渊源。吾云，在自然界中，每个生命皆是基因产生出，而用以复制基因之短暂载体。每个民族，每个家族之基因皆有一定之特点。自文明以来，家庭与家族始终是社会之基本单元。人类之历史即由各个不同家族之历史所组成，每个家族之基因与历史，皆是人类之珍贵遗产。在刚过去之半个世纪中，家庭史和家谱在我国各地均被抛弃殆尽，当代人中知道此者，已不多矣！为不致太晚而抢救之，以履行我们这代人承前启后之历史使命。兹留上述之论。即请读者指正。感谢所有帮助我实现这个愿望之朋友。

三益公曾孙朱穆雍之第三子朱清时撰。邑人时客京华。松竹草堂主人刘正成书。

公元二零零三年八月吉日。

夏日仙居观宴序

唐·王勃

咸亨二年四月孟夏，龙集丹渊，兔躔朱陆。时属陆沈，润褰恒雨。九陇县令河东柳易，式稽彝典，历祷名山，爰升白鹿之峰，伫降玄虬之液。杨法师以烟霞胜集，谐远契于词场；下官以书札小能，叙高情于祭陵。羞蕙叶，奠兰英。舞阕歌终，云飞雨骤。灵机密迩，景况昭然。瞻列缺而迴鞭，顾丰隆而转轪。停欢妙域，列宴仙壇。清祕想于丹田，涤烦心于紫馆。神襟独远，如乘列子之风；滒候高褰，以灭刘昆之火。于时气疎琼圃，漏静银宫。叶聚氛浓，花深润重。抚铜章而不愧，坐瑶席而忘言。虽惠化旁流，言无惭于响应；而浅才幽赞，亦有助于明祇。敢分谤于当仁，庶同尘于介福。人分一字，七韵成篇。

题“彭县抗战阵亡将士暨死难同胞纪念碑”《满江红》序

李季伟

辛未秋倭虏肆虐，袭我东北，我以战备未竟，忍弗与较。丁丑夏，虏益猖獗，大举来寇，飚起世界大战火星，我由应战而抗战，为谋世界人群福利而长期抗战，荏苒于今七年有奇，前方战士浴血饮锋，为国殇者不可胜数！邑人本崇德报功之旨，思有以表彰之，此纪念碑所以有兴建之议也。

自全面抗战以来，吾蜀为复兴根据地，前有国防飞机场早已不敷用。甲申春，因需要而扩增，吾邑民工又复独力建修双江机场，经之营之，克期成之，费半功倍，为他邑所不及，是以荷誉特隆，获奖独优，节余亦夥，佥谓此乃后方有力出力之民工流汗之结晶也，不宜妄耗，曷以之兴建前议欲建未建之纪念碑，并二事而一也。更可前后辉映，籍垂永念，此纪念碑之所以促成也。

然则兹碑也，非夫寻常之建筑物也，血与汗所凝聚而成者也！而吾邑人士之睹斯碑者又不仅怀战士之壮烈，念民工之勤劳而已也！睹碑之际，其或有所思乎？国耻未雪，何日涤之！河山破碎，何日完之！兵革未息，何日销之！民已云劳，何日康之！世界大同，何日见之！值此横流澎湃，后患堪虞，吾邑人士，庶知所勉！更冀吾国人士各知所勉！尤盼世界人士，共知所勉！尝胆卧薪，仇期必复，则大同真不远矣！此纪念碑之所以有记也！碑成索词于余，余不敢以不文辞，爰识其兴建颠末，并绮声赘满江红一阙，用识景仰。

《彭县志（1989年版）》序

骆隆森　段耀华

在党和政府的领导下，新编《彭县志》问世了！这是我县社会主义精神文明建设的一项丰硕成果。

彭县素称“膏腴之地”，处“天府之国”的腹心。山地平原兼具。气候温和，土地肥美，资源丰富，物产富饶，文化悠久。有勤劳淳朴的人民，更有抗暴斗争的英雄业绩。

中华人民共和国成立后，全县人民在中国共产党的领导下，积极参加社会主义革命和社会主义建设，山河面貌日新月异。昔日人迹罕至的崇山峻岭，而今厂矿林立，人声鼎沸；从前靠天吃饭的干坝子，今天已成为旱涝保收的自流灌溉区。特别是党的十一届三中全会后，党的工作重点转到社会主义现代化建设上来，以经济建设为中心，坚持四项基本原则，坚持改革、开放、搞活的方针，解放思想，实事求是，社会经济发展出现了新局面。今日的彭县，处处生机勃勃！

历史上彭县就有修志的传统。文献可考者，有宋《九陇记》《成都彭州志》，均已遗失，刊印流传至今的仅清嘉庆十八年纂修和光绪四年重修的两部《彭县志》，记载保留了彭县一些宝贵的历史资料，但门类残缺，旌表失宜，褒贬无当，不能全面正确地反映彭县历史。迄今，修志中断百有余年，其间彭县的兴衰得失、经验教训以及彭县人民可歌可泣的斗争，尤其是中华人民共和国成立后翻天覆地的变化，都应全面真实地载入史册。1981年党中央发出盛世修志的号召，在上级领导和广大群众的热情支持下，县委、县政府认真组织力量，积极开展了这一“千秋伟业，不朽盛事”的工作，使编修地方志的优良传统得以流传下来。并要求在编撰中，始终坚持以马列主义、毛泽东思想为指导，坚持党的十一届三中全会以来的路线、方针、政策，以中共中央《关于建国以来党的若干历史问题的决议》和《关于经济体制改革的决定》为准绳，详今略古，存真求实，力求用新的观点、新的材料、新的方法和体例，编写出科学性、思想性、资料性相统一，能体现时代精神和地方特点的新县志。

新编《彭县志》是从自然到社会的历史和现状的记述，是彭县今天和明天进行社会主义物质文明和精神文明建设可资借鉴的文献资料，有着资治、教化和存史的重要作用。我们相信，新县志的出版，将有助于广大群众特别是干部了解县情，励志图新；将更加激励全县人民热爱家乡、热爱祖国，一心一意搞四化，团结奋斗展宏图。

新编《彭县志》的问世，是全体编志人员的辛勤劳动，老同志的亲切关怀，专家学者的热心指教，兄弟县修志同行的支持以及县、区、乡镇各级党政机关、群众团体及企事业单位的紧密配合，同心协力，众手成志的智慧硕果。在此，谨向大家致以诚挚的谢意！

一九八八年四月

《彭州古今诗词选》序*

章玉钧

在党中央西部大开发战略实施之际，彭州市政协文史委员会编辑的《彭州古今诗词选》一书付梓了，这是一件可喜可贺的盛举。

可喜可贺是因为彭州市政协在文史工作上有了新的进展，他们珍视祖国的文化遗产，采取“古为今用”的积极态度，在大量芜菁并存的史料中，去粗取精，刮垢留光，经过短短一年时间，编辑出了这本体例较完整，内容较全面，有一定分量，且具普及意义的诗词选集，来为当今“四化”建设的伟业服务，促进彭州市的经济发展和社会进步，此举具有开拓性。编辑者的创意和付之的辛劳，值得称道和感谢。

《彭州古今诗词选》，从历代诗人、名士的视角，形象地展示了天彭秀美的山川、悠久的历史和深厚的文化底蕴。书中反映出彭州在历史进程中的治乱兴衰，可作资政史鉴。书中生动地描绘了彭州旎丽的自然风光和珍贵的人文景观，是发展旅游支柱产业应当开发利用的宝贵财富。书中名篇佳作不少，展卷一读，如行山阴道上应接不暇，令人神往，编者在注释上下了较大功夫，有助于读者欣赏和参考。

当然，《彭州古今诗词选》也还存在白璧微瑕之憾。如全书风格尚不完全统一。元代作品阙如，部分注释缺乏书证，或有语焉不详之处。这些并不足以影响其鲜明的地方特色和主要价值，可俟再版时加以完善。

“文章乃经国之伟业，不朽之盛事。”如果我省山灵水秀、人文荟萃的地方，都能把历代骚人墨客吟咏地方风物的诗词分别编辑成册，那不仅会增添旅游者的兴味，而且也将有利于文化的传存。这是我读了本书清样后的一点感想和建议。

2000 年 12 月

* 时任四川省政协副主席章玉钧审阅清样后，为该书所作。

【歌曲】

四大纪律 八项要求

1＝F 2/4

中央纪委词

萧 篇曲

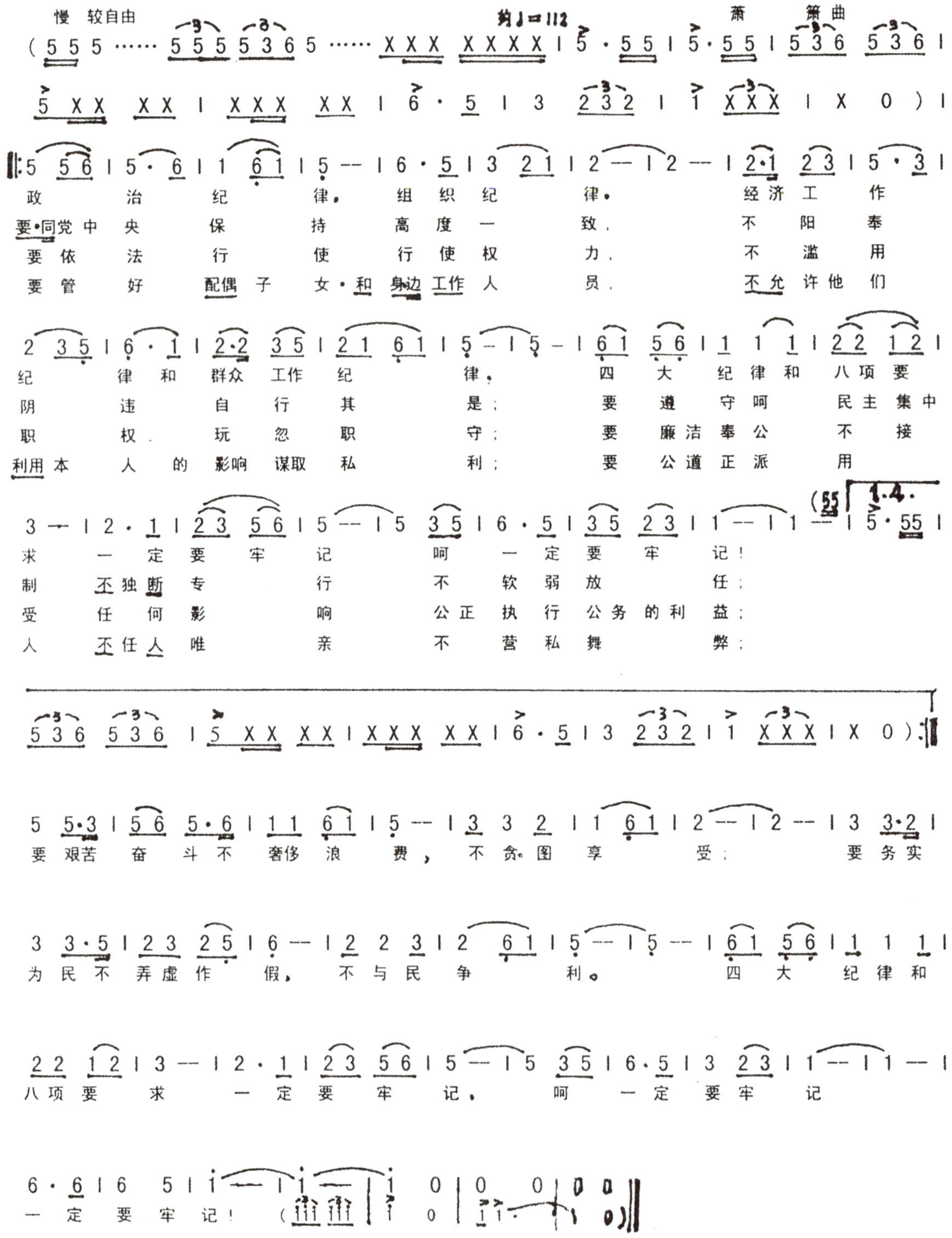

1=♭E 2/4

九曲黄河第一弯

谢述钧 夏陪馨 词

独唱

萧篝 曲

延秀女子小学校歌

周倬云　词

明延湔水，秀毓九峰，春华初放育童蒙。唯我姊妹女界先锋，文明的头脑，劳动的身手，亟需培养莫放松。生活艺术化，科学要贯通。儿女态收拾起，战士衣快快缝。意志坚强气概雄，冲破旧日牢笼。努力吧，促进中华到大同！努力吧，促进中华到大同！

私立福彭女子初级中学《开校歌》

师友既集，愿吾侪作业要专精，如月之恒，如日之升。趁青春及时勤奋，须知道逝水流光不再临。

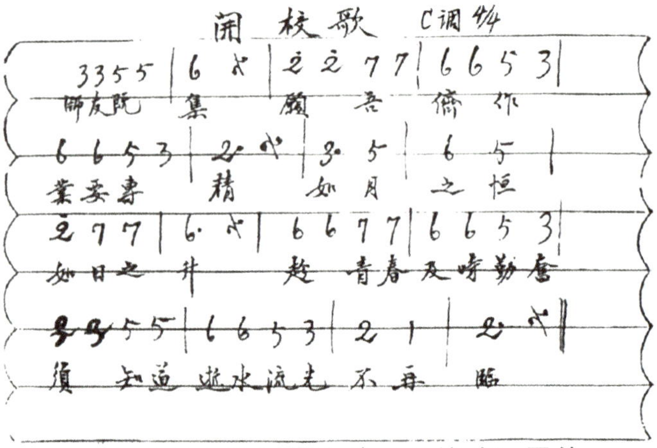

私立福彭女子初级中学《开校歌》原件

【谚语】

留得青山在，不怕没柴烧。

人心不足蛇吞象，天狗心想吞月亮。

人害人，害不死；天害人，草不生。

只管自己的汤圆冷，哪管别人的稀饭烫。

嘴巴蜜蜜甜，心头藏把锯锯镰。

当官不为民，枉自错变人。

老鸹笑猪黑，自己不觉得。

有钱屁股能说话，无钱怕你口吐花。

生意有路人无路，啄棒按倒活路做。

显微镜下找缺点，鸡蛋里头找骨头。

十个说客当不倒一个戳客。

死猪不怕开水淋。

真金不怕火炼，真理不怕强辩。

再清的水，从山顶流到山脚也要变浑；再好的经，让歪嘴的和尚来念也要走样。

墙高挡不住太阳，盒紧封不住麝香。

空谈无好处，实践出真知。

马行正道如风奔，人走邪路如踩冰。

三天不摸手生，三天不念口生。

实践出真知，勤奋长才干。

医病靠华佗，致富靠科学。

墙上一根草，风吹两边倒。

房子上的冬瓜两边滚。

穷得志气，饿得新鲜。

人生不满百，常怀千载忧。

卖灰面的见不得卖石灰的。

心中无冷病，哪怕吃西瓜。

要想人不知，除非己莫为。

忍得一时之气，可免百日之忧。

人要忠心，火要空心。

一句好话三冬暖，一句坏话六月寒。

大路不平众人铲，有理无理大家辨。

老师不过引路人，学问还靠自用心。

学习从来无捷径，循序渐进登高峰。

一天不练，手生足又慢；两天不练，功夫丢一半；三天不练，成了门外汉。

活到老，学到老，还有三分未学到。

篾缠三道稳，话说三道准。

跟好人，学好人，跟倒端公跳假神。

当天和尚撞天钟，和尚死了庙子空。

早不忙，夜心慌，半夜起来补裤裆。

兔儿逼慌了都要咬人。

一个鸡蛋吃不饱，一张贼皮披倒老。

“鲢巴郎”好吃拉上坎，女娃子吃好拖下山。

家家养的乖乖女，世上没有好媳妇。

儿不嫌母丑，狗不嫌家贫。

晴带雨伞，饱带饥粮。

吃不穷，穿不穷，不会计算光受穷。

惜衣有衣穿，惜饭有饭吃。

婚前好，不算好，婚后和睦才到老。

娶坏一门亲，败坏九代根。

饭后百步走，活到九十九。

饥不暴食，渴不暴饮。

病从口中入，寒从脚下生。

白鹿顶有雾，活路不敢做。

有雨天边亮，无雨顶上光。

一场春雨一场暖，一场秋雨一场寒。

燕子低飞蛇过道，蚂蚁搬家蛇带帽，大雨马上就要到。

不冷不热，五谷不结。
人勤地生宝，人懒地长草。
想要翻大稍，必须摘杂交。
人要文化，山要绿化。
一年之计在于春，一日之计在于晨，一家之计在于和。

【歌谣】

新修油碾尖对尖

（抬工号子）

啊……哎……（打柱）
新修油碾尖对尖，哪个青年不喜欢。
活路忙了咋个办？心想成都要几天。
一进东门天涯石，二出南门五块砖。
三桥九洞石狮子，青羊宫去会神仙。
唐家寺内八阵图，汉州沱水照连山。
摇亭杯动金铃响，德阳县内出安安。
绵竹门神老口案，什邡出的伸头菸。
麦子馍馍连麸面，酥油糌粑出吐番。
天彭烧酒隆丰蒜，小鱼洞边鱼满川。
打酒称蒜把鱼捉，喝碗醪糟都喜欢。
啊……哎……（打柱）

翻身歌谣*

雇农一天做到黑，累得身都动不得。
做一日，挣几百，不够买玉麦。
父母供不起，婆娘都莫得。
奶奶披秧毡，爷爷睡牛圈。
自思自想，两眼泪长淌。
想起伤心处，穷人真造孽。
为什么，有钱人，就该娶三妻四妾。
打牌烧烟，浪荡无正业。
这些杂种勤吃懒傲，完全该杀绝。
会有一天，穷人掌政权。
当工农，当士兵，都是我穷汉。
那时节，推翻旧世界，人民把身翻。
受苦受难庄稼汉，幸福美满乐无边。

* 一九四七年，中共地下党在彭县东方瓷厂开展革命活动，用歌谣传播革命思想。以上是其中一部分。

筑路歌

（修筑天马公路）

人穷被人欺，马善被人骑。
为官修大道，磨掉一层皮。
衣裳磨烂了，缝补莫得时。
草鞋穿烂了，光脚踩稀泥。
挖土手磨穿，两手血不干。
山高雪又大，冻断脚指尖。
“乡保”高枕卧，不思离乡人。
仰头问苍天，何日得太平。

修黄田坝机场

打土包，挖基地，整得民工不歇气。
一是打，二是骂，队长是个大恶霸。
早出工，晚收工，民工累死不放松。
工棚内，乱草须，浑身虱子起堆堆。
民工病，无医药，反说民工懒做活。
抬夯石，拉磙子，硬把民工折磨死。
天又寒，地也冻，颤颤惊惊走不动。
眼睛花，脑壳昏，倒地滚子压在身，
刹时间，喀嚓声，压成板鸭把命倾。

修新津机场

新津机场修得宽，出了许多泥巴官。
手头拿根篾片片，口头衔根洋纸烟。
哪怕威风有八面，天降滂沱就惨然。

双季稻 要倒灶

双季稻，双季稻，今天种，明天耖。
枉费工夫和肥料，干部社员累得跳，
若要再种双季稻，三年时间要倒灶。

人民渠水向东流

人民渠水向东流，流来欢乐冲走愁。
从今播下幸福种，丰衣足食喜心头。
人民渠水浪滔滔，群众生活节节高。
社会主义就是好，勤劳致富路千条。

前门后门不要行

叫声情哥我的人，前门后门不要行。
前门上的双须锁，后门安有绊脚绳。
堂屋中间右灰拨，帐沿顶上响铜铃。
叫声情妹我的人，前门后门我要行。
铜锤打烂双须锁，钢刀割断绊脚绳。
筛子盖住石灰面，丝帕包住铜响铃。
叫声情哥我的人，前门后门不要行。
若是妈妈晓得了，黄荆条子打死人。
若是爹爹晓得了，千般王法不饶人。
叫声情妹我的人，前门后门我要行。
若是妈妈晓得了，跪在她面前求恩情。
若是爹爹晓得了，我们远走高飞奔前程。

九陇情歌

太阳出来红满天，背起背篼上大弯。
山歌唱得震天响，九陇坡上枣子甜。
枣子甜来枣子甜，摘个枣子慢慢玩。
看来看去逗人爱，李家妹子红脸盘。
红脸盘来红脸盘，李家妹子不择嫌。
只要哥哥长相爱，天天上山一起玩。
一起玩来一起玩，哥有心事对妹谈。
明年结婚愿不愿，生个女儿象牡丹，
象牡丹来象牡丹，背起娃娃上西山。
边挖地来边拔草，猪儿喂得胖又圆。
胖又圆来胖又圆，吆上街去好卖钱。
留个猪头大又大，欢欢喜喜过新年，
过新年来过新年，又称红糖又打盐。
花花衣裳缝一件，去跟婆家拜个年。
拜个年来拜个年，腊肉挂面提在前。
我俩慢慢一路走，抱个幺幺在胸前。

盘 歌（一）

说天花来唱天花，天上梭罗好多桠？
几股桠桠横起长？几股桠桠立起爬？
几股桠桠疙瘩扭？几股桠桠扭疙瘩？

说天花来唱天花，天上梭罗三十二股桠。
八股桠桠横起长，八股桠桠立起爬，
八股桠桠疙瘩扭，八股桠桠扭疙瘩。

有几股开花不结籽？有几股结籽不开花？
有几股结云南金豇豆？有几股开四川牡丹花？

八股开花不结籽，八股结籽不开花。
八股结云南金豇豆，八股开四川牡丹花。

盘 歌（二）

什么肚内长牙齿？什么肚内长眼睛？
什么有脚走不得？什么无脚走四方？
什么有毛飞不动？什么无毛飞上天？

磨子肚内长牙齿，灯笼肚内长眼睛。
板凳有脚走不得，扁担无脚走四方。
蓑衣有毛飞不动，风筝无毛飞上天。

青竹桠慈竹桠

青竹桠，慈竹桠，对门适户打亲家。
亲家儿子会跑马，亲家女儿会剪花；
大姐剪的灵芝草，二姐剪的牡丹花。
三姐剪不来，丢下剪刀纺棉花。
棉花纺了十二条，拿给哥哥接嫂嫂。
嫂嫂长得白又白，开开后门割大麦。
三天晒得漆墨（音区妈）黑，一盆水，洗不白，
两盆水洗得桃花色。哥哥回来认不得，
拿起棒棒撵出去（ qie）。

十二子歌

正月里吃干盘子，二月惊蛰抱蚕子，
三月清明坟飘子，四月芒种栽秧子，
五月端阳吃粽子，六月大暑搧扇子，
七月十五烧钱纸，八月中秋吃饼子，
九月重阳醪糟子，十月间烤烘笼子，
冬月里穿皮袄子，腊月家家贴对子。

白鹿山歌

山歌好唱口难开，林檎好吃树难栽。
白米好吃田难种，鲜鱼好吃网难抬。
不唱山歌闷忧忧，唱个山歌闹九州。
九州城门九把锁，九把钥匙透九州。
久不唱歌忘了歌，久不行船忘江河。
秀才提笔忘了字，燕子啣泥忘了窝。
你不唱，我要逗，把你逗在山壕沟。
没有掸子好教你，要个猴儿搬疙篼。
你不唱，我又来，唱个灯花对灯台。
灯花好比梁山伯，灯台好比祝英台，
梁山伯，祝英台，好玩好耍请过来。
唱歌要唱童稚声，打鼓要打鼓当心，
为官要学包文正；日管阳来夜管阴。
日管阳来杨宗保，夜管阴来穆桂英。
你不唱，我又来，唱个刘备打草鞋。
张飞杀猪摆案桌，关爷端起豆腐来。

【日记】

秦青川日记·在彭县

秦青川

（1926年）十月二十五日

到彭县，颇受江防第三旅的热烈欢迎，在自己则颇觉惭愧，因学识毕竟不深，而他人视之，以为定有好大的能力。在中国这种社会，感觉种种恐慌的时候，固然我这种人也可以做一点儿事，然以学识的深浅而论，自己亦颇感恐慌。……

二十六日

彭县党部开会欢迎，到会约三十余人，余作政治报告《最近一年中国的政治局面及国民革命之发展》，共分四段：一、由五卅到反奉战争；二、由反奉战争到国民军失败；三、由国民军失败到北伐军进攻湖南；四、由张、吴合作，吴佩孚失掉武汉到现在。

同日午后，江防三旅用旧有特别党部名义召集会议，由刘丹伍同志主席。余叙述中国之痛苦，非国家主义派，商人政府派、好人政府派、实业救国派等所能解决，只有三民主义为对症下药的良方。会后讨论党务，无结果。

二十八日

在旷积成团长公馆午餐，同席有王文鼎、陈国儒、黄孔乡，钟克容诸同志。是日除拜访二、三位新认识的朋友外，其余时光都付诸一玩而已。

二十九日

午前，六团团长张克纯君相邀到团部向士兵及官长讲演。同克容、国瑞、孔乡诸同志前往，时天色昏沉，略有雨滴。到时，六团官兵齐集陕西会馆大坝中，由克纯君介绍，先推克容演说，因他是六团团附，初从外面归来，故他实为主体。他说的题目是《从经济上观察中国的乱源》，我的是《谁是我们的敌人，谁是我们的朋友》。我说的大意是，敌人有三个：帝国主义、军阀，劣绅土豪。朋友也有三个：工人、农人及一般在经济上受压迫的贫民。要打倒敌人，只有把我们的朋友联成一块，共同向敌人进攻。是夜与杨克诚，杨知飞二同志相会，略谈中学及民校事项。

三十日

午前得第五团团长前日的邀请，又得任百祥团附、唐伯川，梁冈二营长相约，前往与该团军官讲演，在座者有三十余人。由百祥君介绍，讲的题目是《在未来的大战中我们应先有的觉悟》，大意叙述欧战发生的确切原因及战后各国间的关系与夫各自的经济情形，末尾略说新的大战将在太平洋，即以中国为对象。吾人应在此时积极唤醒民众，把各阶级的力量集中，以准备将来同我们的敌人作最后一斗。我说后又由克容同志提了几个问题问听者。听者中有起立请克容报告广东实际情形者。在此风声鹤唳的时候，人人都想得到一个确实的消息，这是普通群众的一种心理。讲话的人能告诉他一些具体的事实、切身的问题，他会非常相信。连日我们讲演毕都合齐来学唱國民革命歌。

是日午后应周团长景行君约聚餐，为与国儒君祝寿，此乃中国社会之无聊应酬。宴毕，往观某君娶妾。据某君说，他的儿子今年死了，他已三十余岁，受家庭环境的逼迫，父母都要他再娶。某君这个话儿是有几分事实，家庭环境太坏，但既然是这样的了解，何不跳出这种环境呢？我们知道，娶小老婆的人，总是生活可自慰的人，没有感觉缺金钱的痛苦，切望满足他的肉欲。不过，孔二先生的

“不孝有三，无后为大”，陷害了不知多少个太太啊！

三十一日　在石仲慕副官长处聚餐。

十一月一日

午前与杨、黄同学诸君相会，讨论此地成立一研究会，略有结果。午后，教导队刘显之队长约聚餐。餐毕，同诸人又往某君家看新小嫁娘，宾客俱取旧时习惯。可怜的女儿呀，竟成了一个泥塑木雕，任他人侮辱一阵而自己毫无反抗。咳，总之是社会制度的罪恶。望男子不要作恶，不改换制度是不可能的。

十一月二日

午前在武庙街与黄、杨诸君相会。研究会的章程已拟定，遂定。三君约早餐，餐后往访曾鲁君。曾君乃一民校同学，是小资产的家庭，为人尚好团结。午后应游子俊、吴海陆二先生约，在县公署后面公园聚餐。是午与子俊先生会谈，略知西藏内情（因子俊先生在民国初年曾去过）。……

三日

午前十一钟，张克纯团长相邀在六团团部与官长讲演，讲题：《我们青年军人目前应有的责任》。大意是先解释进步青年军人的称号，不是以年龄的老少来分，是要看他能否革命来判断，他目前应有的责任，是要担负国民革命，要了解世界大势何中国现在的环境。就是说，要打到帝国主义，为中国人民争取自由解放独立等。午后多作应酬。

四日

上午再六团讲演，题为《国民党与国民革命》，大意先将国民党过去的历史，然后说国民革命与国民党之关系。约分四个大纲：一、国民党之创造，二，国民党今昔的区别；三、国民革命的意义；四，国民党在国民革命中的作用。

午后又应黎中鲁，周景行二营长之约往文庙，同全体官兵讲演。题是《怎样打倒帝国主义》：一、帝国主义的含义及其作用；二、帝国主义在华侵略的罪证；三、联合世界上被压迫的民族，各工业国中被压迫的工农及本国的各被压迫阶级，共同向帝国主义进攻。

五日

午前乘马，在教导队早餐。先后又作无聊的应酬，归与克容编新剧，供元旦节演出，午后往县党部访各执委，讨论编新剧的办法。已而往百祥君处共同讨论新剧的内容，待第一幕完毕，夜归，记日记。

自批：余来此已十日了，在这十日中，讲演共八次，每次平均约一钟半。与朋友通信共八封，记日记共三次。正式谈话三次，正式会议三次。余费在普通谈话上面。不过在谈话中带有解释错误或宣传的意思。加上八次大餐的应酬，则所消耗的光阴就不少了。须知住在现时最恶劣的环境，最容易受浸染。你说你是一般，他却有很猛烈的火炉。若不时时警惕，随波作浪，就要深陷堕落的苦海中，要免却这种环境，只有时时刻刻坚定促进革命的思想，多吸取革命的理论，采取革命的行动，不然，就要受旧的力量征服啊！

十四日

自五号到今日又十天了，这十天的工作是：

一、在五团讲五国银行与中国之关系，此题在六团曾有过说明，讲银行团之经过，及由投货投资而至于垄断，且涉及政范围等。

二、在六团讲辛丑条约给我们的影响，说明义和团的来源，八国联军的经过及辛丑条约的十二条内容。

三、办国诞节，曾叙说中山先生的历史，分为青年时期和壮年时期，前者是种族思想发达时，后者是社会思想高涨时。总理是三民主义的始祖，是国民党的创造者，是解放中国人民的救星。此次演新剧予曾参加，不过有责任心和有组织计划的人太少，颇感困难。

四、与甘、刘二君谈话。谈关于训练及组织问题，二君均同意，并决定实行。

五、每夜教勤务兵读《兵友必读》，外回玉阶一信，筱亭一信。

二十一日，星期日

从上周起即从事于政治部组织工作，十七日开成立会。到会者约三十七人。主席刘君演说，注重政治与军队之各种关系。……继后，我亦发言，大意说军人非明白政治不可。若军人而不明白政治，无异当国民而不知有国事。军队为国家政治之一部，且为政治上重要之工具。以军人而不自知本身与政治之密切利害关系，则将为祸于社会前途者甚大。头脑简单之人，不知政治为何物，常受野心家及大军阀之利用。譬如抵抗英国兵舰炮轰万县一事，中国青年本其热血向民众宣传，而北洋军阀余孽王芳洲［舟］竟受英公司洋走狗利用，禁止学生讲演，逮捕学生。这种不明了政治之军人，实为中国之大患。中华民国有立宪之名已十有五年，究其实则毫无民主政治可言。西欧民主政治虽不彻底，然又较中国稍良，盖其人民均注意政治，监督其政府，伸张其民权。至于中国人民，不惟不监督政府，而且不愿闻政事。所谓“休谈国事”，实易使一般人脑筋中毒。如此下去，吾人将听军阀横行，任帝国主义者自由宰割。朋友们，我们还不快起来注重政治问题吗？注重政治问题，请从今始。

政治讨论，已正式开会讨论一次，题为《中国之乱源安在》。发言人尚踊跃，但话中含旧观点者甚多，不归于道德人心，便归于教育不良和党派分歧。当讨论时，有一人欲贯彻其道德人心之主张，引起二三人起来纠正，彼此辩论，态度甚强，然尚不失讨论之空气。过之则将趋于纯感情之途，此不可不预先注意者。

黄人宁君已回，今日（二十一日）县党部开临时执行委员。讨论问题有：一、党的组织问题；二、党的对内对外问题。

三十日，星期二

自上周星期三起，因丹五的老人七十寿辰，政治课程无形停顿。这几日中，都在应酬，时而看戏，时而坐席，每日所闻所见，无一非挥霍消费事项，甚至闹小旦之风亦常徘徊吾眼前，或传达于吾耳中。啊，可怜的中国人呀，什么叫做生活！

前星期三在县中学讲演《中国的青年，青年的中国》，大意注重在青年运动，述明运动的几个时期：一、基督教运动时期；二、国家主义运动时期；三、社会主义运动时期。现在中国的青年运动，已进入了社会主义运动时期。然基督教青年运动和国家主义青年运动尚未消灭。我们中国的青年，要明了世界的大势和中国现时的社会状况，向着新的时代前进，切不可误入迷途。

星期六在国民师范讲演，着重叙述智识阶级在革命中的作用。是日同讲的人有克容。

近来继续看《经济学原理》一书。每周在教导队任课四钟，每周一次，共六钟。

星期日开执行委员常会，议决二项。决定下星期开全体委员，扩大党的组织及纪律的整顿。

十二月十二日，星期日

午前开县执行委员与区执行委员联席会议。这一次会是根据前一周全体党员大会的决定召开的。在今日会中讨论的第一问题是关于华英中学同志受洋人及其走狗刘伯常的压迫，学生如参加国民党，不去做礼拜，学校就要实行开革。经大众决议，组织反基督教运动，并将来收纳华英学生。是日会场空气很好，秩序亦佳，是我到此以来第一次有精神的会。

自批：近来我对于大众的工作固然在进行，但办事的秩序尚不周密。一个人处事，条理不井然，会生出繁杂来。如汇集新闻上的重要事件行而不勤，如各处工作事项记载而不详尽，如自己进行研究而不努力，如编三民主义撮要临时未动手，种种事实，不容辩护。自今日以后，每遇一事，都应当切实进行，敏捷简要，一面说一面行，这才是一种讲主义的行动。

十六日，星期四

十三日晨，彭县驻军因内部同学派与行伍派之争酝酿巳久，骤于是晨爆发。五团、三团两团长被黄委为旅长，任刘旅为师，张团被取消，但以独立旅名义委之。张团被扣留，五，六两团互相警戒，至十点半钟始撤散。崇宁方面，前被甘副司令取消之王团于十三日黎明之际入城，将四团两营队伍收回，并解散独立旅，枪支没收，副司令部亦受其惊。余见此内部既发生变化，政治工作既不能进行，遂决意回省谒刘旅，看其如何办理。据昨日各方消息，刘因同学关系多，不就职，但此内部内情从此将更加复杂了。

二十八日，星期二

我于二十一日同国儒回彭县，至郫县，天将晚，夜行十余里始达，住黄君孔乡处。已而谒丹五，略谈一切。关于以后办法，刘未提及，盖其处于进退两难中。吴、旷两人表示尚好。是日黄总司令来此检阅，并有公事给吴、旷，严禁倡言革命等等。

二十三日，有胡君请午膳。晚董君约便饭，有景行，伯川、承之，国儒、孔乡、小龙，克容等在座。唐，周二君，言最忠实。董君不道当时现象。余亦略表此行之意。

附　黄里州《秦青川日记中几点事实的说明》摘要录

克容同志是四川清乡督办邓锡侯所属江防军第七旅刘丹五部队的一个营长，驻在彭县，一九二六年上半年，他在去广州参观学习时加入了中国共产党。当年下半年他回川时，就准备到原部队，在那里发展组织推动革命工作。当时，重庆的党组织考虑到这一任务重大，非一个新同志所能胜任，故在秦青川同志到重庆时，即要他与钟克容一路西上。这样，既有老练的同志，又有熟悉情况的同志，工作起来就很顺利了。这就是日记所谓“民校要我同钟克容同学西上”的原委。

秦青川同志于一九二六年十月二十五日到彭县后，对第七旅的官兵进行过多次的时势和革命理论的宣传，并培养和挑选思想进步的分子，介绍加入党组织。计先后入党的有旷继勋、王汉光、陈国儒、雷小龙、李心田、黄孔乡等，党组织直接隶属成都地下党特别支部。其中旷继勋就是后来担任过中国工农红军第一路总指挥以及红四军、红六军、红二十五军等军长职务的，他为反击蒋介石的围剿，巩固湘鄂西、鄂豫皖和川陕革命根据地作出了重大贡献。秦青川在建立党组织的同时，还筹组第七旅政治部的工作。政治部于十一月十七日成立，以钟克容同志为政治部主任，乔孟材为学生队长，雷小龙为第一团政治指导员（团长吴仁轩），陈国儒为第二团政治指导员（团长旷继勋），黄汉光为第三团政治指导员（团长王汉光）。其余营政治指导员则由特支派了十几位党、团员和政治可靠的人去担任。秦青川同志在彭县经过两个月不断努力工作，完成了建党和建立政治部工作后，于十二月二十三日离开了彭县。

一九八一年十月

成都近县视学日记

叶圣陶

那是一次很特别的旅行，我独自一个，花了八个多月，到成都西北方的四个县——崇宁、彭县、灌县、郫县。交通工具是人力车和鸡公车；宿所或者是小客店，或者是学校的宿舍；吃食很马虎，经常以面点充饥；而每天总要接触许多陌生人。这样别致的旅行，我一生中就只有那么一次，因此，重读这半个多月的日记，竟像听别人说古似的，觉得颇有兴趣。

那次旅行为的是调查中学的语文（当时叫“国文”）教学情况，当时我在四川省教育科学馆任事，想对语文教学提一些改进意见。每到一所中学。我总是听老师讲课，还向老师要一二十本学生的作文本来看。这种调查方法实在不高明，可见我那时候没有经验。真正有效的调查应该多花些时间，应该从接触学生入手，看他们是否真有所得，听课看作文本只能作为辅助手段。现在只能说说而已，我再没有精力亲自去调查了。

那时候我家还在乐山，四川省教育科学馆在成都老西门外茶店子镇上。我到成都，总是住在陕西街开明书店成都办事处，那儿也是章雪舟兄的家，他是办事处主任。所以，我那次旅行从开明办事处出发，半个月以后又回到那里。

一九八三年三月廿三日

一九四零年十一月廿七日　星期三

晨起将昨日学生之文改毕。九时汤君招宴于城内菜馆。同座者电教处数人，省立戏剧音乐学校教师来助开游艺会者二人。

饮食毕，余遂坐鸡公车动身。三十里路，车价四元。车路殊不平，若坐人力车，颠簸当不可耐，离崇宁城五里，路左见“君平公园”，严君平之遗迹也，不知是坟墓还是读书处。一路皆见竹树。车运肩挑者多木炭与猪。

车行约二时半抵彭县城。住于东街湔江宾馆。原为一道观，房屋整洁，殊满意。房间价一元八，在今日可谓廉甚，即作一书寄墨。见另一旅馆附设浴室，往洗澡。浴毕，竟体舒快。入一酒肆，饮大麯一杯，食面以代晚餐。食已，闲行南街北街。北街多大店铺，规模胜于乐山，有电灯，亦较乐山之电灯明亮。灯下记日记，写一信寄二官。

十一月廿八日　星期四

晨早起，出北门，观省立成都女子中学彭县分校，盖疏散来此者。校在龙兴禅院，寺址颇广大，有一塔，建于梁时，半座已圮，斜切而下，已不成塔形。入民国后又坍一次。校长胡淑光女士后至，憩于办公室，各教师均集此室，盖天王殿也。八至九时观宋清如女士教初三下期，讲现代文学略况。九至十时观梁桢女士教初一，讲《为学》一文。十至十一时观徐仁甫先生教高三下期，讲文学史。宋、梁二女士皆外省来者。余觉外省来者教法皆较好。

十一时离校，入城至南街，饮酒一杯，吃抄手水饺为午食。返旅馆休息片时，往小北街观彭县初中女子部。路经公园，有假山池亭，颇不错。初中校长游育经先生，未晤。教务主任蓝世泰先生后至，一至二时观吴uu澄先生教二年级下期，讲东坡《范增论》。课毕，与吴略谈教法。与蓝君订明日往观男生部之约。又观作文本四五册而后出。

再至省女中。三时为全体学生讲演，题为《学国文之目的》。学生四五百人，不得不大声，讲一点半钟，颇吃力矣。讲毕，学生皆持纪念册来请题字。其不备纪念册者亦以单张纸来。胡校长为解围，谓高中初中两班将毕业者有此权利，其他则不准。然犹有乘间将纸或册子凑上来者。胡校长留饭。饭后再写，共写一百余本，手指已疲，只得溜出。其未得者，皆有愠色。

高中三下有学生刘素卿者，上虞人，与满子同学，与余颇有他乡遇故之感。及余辞出，以一书嘱交满子。今日在省立女中时多，虽颇吃力，实感欣慰。返旅馆，看携回之省女中作文本十余本。

十一月廿九日　星期五

清早出南门，访县中男生部，走错了路。问两位村老，始知其处。两村老皆殷勤导引，且为指点，纯朴之风令人心感。

校在普照寺，柏树茂密成林，。房屋颇精洁，有花木，实为难得之居处。寺于清光绪末年即改为学校，已无佛象，寺产归学校，今归县政府。晤蓝世泰先生，导观国文课。八至九时观邓平先生上初一上期课，讲曾子固《越州赵公救菑记》。九至十时观张永宽先生上初二下期课，讲陶渊明《归去来辞》。十至十一时观刘见心先生上初三下期课，讲郑康成《戒子书》。三人均是逐句讲解，而刘最为清澈。刘年龄较大，殆非学校出身，而声音态度均较邓、张为胜。十一时后观全校一周，携作文本十四本辞出。

返城，独酌一杯，食面为餐。遂至小南街华英女中，此校亦自成都疏散来此者。晤校长郑元英女士。又晤周自新君，馆中同事也，今在此暂教国文。又晤余君（粤人），燕京毕业生，今夏访颉刚时曾遇之，亦教国文。二至三时观杨行之先生（郫县人）授高三年级《国学常识》，自编讲义，逐句讲之。

三时，校长嘱余为全校学生讲演。余讲有关写作方面的话凡七十分钟，并不甚吃力。讲毕，周君言有少数学生嘱书签名册。遂往余君房间书之，未为其他学生所见，幸而不复如昨之困顿。书毕归旅馆少休。六时杨、周、余及余君之夫人孙女士（在省女中教英文）来访，携带大麯，邀出小叙。遂至南街一小面馆，五人共尽酒十两，食面而散，意各欣然。灯下作一书寄墨，又将县中作文本看毕，然后睡。

十一月三十日　星期六

晨至私立福建旅彭女子中学。晤校长王峙生先生。八至九时观刘天祥先生教二年级，教材为任鸿隽之《说理的意思》。语体文也是一句句的讲，实觉无谓。九至十时观陈静轩先生教三年级，教材为《赤壁赋》。陈兼教英文，似于文字组织了解较透，虽亦逐句讲解，而颇为清澈。十时后观作文本数册即辞出。该校校址原为福建会馆。自张献忠屠蜀以后，闽广人移居来川者颇众，皆设会馆，其子孙今皆为川人矣。

至旅馆取行李，出西门，雇一鸡公车，价三元，先饱餐一顿，然后动身。晴空无云，阳光满身，眺望竹木远山，意颇畅适。午后二时抵崇宁华阳中学，与诸君相见。三时校中续开训导会议，汤君邀余参加。旁坐两小时，晚饭后与汤、唐二君谈课程钟点支配，历二小时，居然告一段落。得此，即可以草拟六年一贯中学之课程标准矣。

刘君振羽昨回成都，今日未來，与陈君对榻而眠。

【回忆录】

《模糊的荧屏》（节录）

李一氓

我出生在天府之国——四川的彭县。

这个县在唐宋时期叫“彭州”。不隶于成都，而是与蜀、汉各州齐名，政区级别是很高的。州官叫刺史，唐诗人高适因为做过彭州刺史，所以人称高彭州；宋诗人陆游当过彭州推官，写过《天彭牡丹谱》，盛称“牡丹在中州，洛阳为第一，在蜀，天彭为第一”。至今县北犹有丹景山。

这个县在清朝末年，虽然还是土地租佃制为主的封建社会经济，但手工业和商业已相当发达，文化教育事业也相当开展，这些都与那个时期的洋务运动和戊戌变法有关。

这个县的西北山既产铜、又出煤。四川的铜货币，当十（即10文铜钱）的，当二十（即20文铜钱）的铜元，就是用西北山所产铜铸造的。煤，为了运输方便，都先在山里焦化以后，才搬运下山，即焦炭，彭县人称之为岚炭，主要用作家庭燃料，也用来炼铁。

这个县的商业和小手工业大都是彭县人经营，但有两个大行业，却掌握在外省人手中：（一）钱庄（经营汇兑、存放等）都在道地的陕西（可能是三原、泾阳一带）人手中；（二）盐店，当时实行票引制度，独家专买，掌握在安徽桐城方姓盐商手中。

这个县基本上还是以农业生产为主，大地主少，中小地主多，更多的是富农。农田的产量不低，因为属于都江堰的内江灌区，水利好，有条清白江横穿县境。一年两熟，分小春的蚕豆、豌豆、小麦和秋收的玉蜀黍、稻子。即或没有地面水，地下水亦极丰富，挖成大泉，用大鹅卵石砌成一周，旁建水车，清泉便汩汩而出。但山区就不然，地很薄，只能种红薯（四川人称为红苕）和玉蜀黍（四川人称为玉麦）。

清白江由新繁县一路奔流而来，江上有座长木桥，名卧龙桥，桥上建瓦顶走廊。平时可以遮荫避雨，逢场赶集也就利用桥廊做生意。就在那里，还有一个清白江镇，为彭县到成都的必经之地，又恰是半路，我春秋两季去成都上学，寒暑假由成都回家，一定经过清白江镇。镇上有个好菜馆，炒的菜真是味美价廉，来回总在那里“打尖”（吃午饭）。现在这座木桥已改建为水泥公路桥，桥上的瓦廊已踪迹皆无了。

这个县城里，东南西北四条大街，交叉成一个十字路口。当时的商品布局：东街是坛坛罐罐（主要是陶瓷器），北街是绫罗绸缎（主要是丝棉织品及丝业），西街是菜馆客栈（主要是酒饭馆和各色熟食品），南街是黄糖挂面杂货铺。说也奇怪，七八十年过去了，今天彭县城里的店铺，大致还是这格局。经营方式是很古老的，如对顾客给一个“折子”，凭折子拿货记账，一年分三季（端阳、中秋、年终）清账。届时如不还清，可以部分延到下一季。我记得我家就有好几个折子，如药店的，绸布店的，杂货店等。这个经营方法可能带有全国性，以前北京琉璃厂旧书店、旧字画店、旧陶瓷店并不现买现卖，一样的三季清账，不过不用折子罢了。

县城人口的构成，颇有奇特。据说真正的四川人只有杨姓一家，其他则为福建人和陕西人。福建人有福建会馆，其神庙建筑就是“天后宫”，福建本地供祀海神，统名“天妃”，到了四川，没有海，反而升级称“天后”了。它还用庙产公款办了一个小学，取名“闽省公立小学”。在南街。陕西人有陕西会馆，其神庙建筑就是“二元宫”，也用庙产公款办了一个小学，取名“秦省公立小学”，在北街，而四川人也有一个会馆，叫“川主宫”，明显的自命为“主人”，但没有办小学。某些地方又有湖北麻城人、孝感人，但没有会馆神庙。

乡下有个别村落，是广东的客家人，在自己的内部还说客家的广东话。这些移民是怎么一回事，也无法去深考了。四川流行的人事表格都另加“原籍”一项。譬如我不只填彭县人，还要加“原籍是陕西泾阳”。

我的祖籍是陕西泾阳——有名的“龙女牧羊”之乡（《柳毅传》）。幼年读小学时就上的是秦省公立小学，对本籍人免收学费。彭县，除了福建、陕西两个小学之外，还有一个利用原九峰书院办的彭县小学。在变法运动影响下，这两省移民自办小学，利用神庙多余的房屋，没有发生打菩萨的事。但办中学要有相当的规模，就把南门外距城十多里的普照寺的菩萨打了，把整个寺庙改造成为“彭县县立中学”。八九十年前这种改革举动是很惊世骇俗的了。中学办得不坏，数、理、化课程都是从日本请来的日本教员，还有理化实验室，这在当时说来，可谓现代化极了。我的大哥、二哥、三哥都是这个中学的学生。

这个县受戊戌变法的影响，看来民族（汉族）主义和民主思想正隐隐约约地在那里酝酿和扩展。手工业虽比较发达，但封建的土地租佃制还是当时的基本经济形态，所以从上层建筑上表现出来的反动的落后的东西，还很不少。辛亥革命时才又受到一次冲击。

1911年，辛亥革命，当时我才八岁。

四川的辛亥革命是在“保路同志会”的名义领导下进行的。在洋务运动的影响下，全川地主根据各自拥有土地的多少，摊派股份，筹集资金，铺设民办的川汉（成都至汉口）铁路。现在想来，这原是中国资本主义发展的一条正规的道路，是地主向产业资本家转化的一个尝试。清朝政府忽然看上了这条铁路将会带来的经济收益，而又不能筹集政府资金，就强迫把地主资本转为官僚资本，美其名曰：“收归国有”。于是地主绅士集团就利用哥老会组成保路同志会，进行保路斗争。在清末政治混乱，经济萧条，列强多次武装侵略所形成的赔款割地的情况下，丧失土地的农民，自然就成为哥老会在农村的基础。哥老会本来就跃跃欲试了，再加上同盟会在哥老会中有意识的活动和组织，其势遂不可挡。三方联合，地主士绅只要保路；哥老会恐怕自己也弄不清它有什么一定目的；倒是同盟会的主张比较清楚。这支保路同志会，扩大了斗争目标，不仅保路，而且进而要推翻清政府。因此辛亥革命在四川所表现出来的形式和内容，和其他各省都不大一样。就拿江湖好汉来说罢，浙江出了一个王金发，湖南出了一个焦达峰，而四川哥老会的大小头目很多、组织也遍布远近码头，其人数和范围，远比浙江、湖南要多得多，大得多。吴玉章的回忆录《辛亥革命》，李劼人的小说《死水微澜》，都可以说明这个问题。他们比我年纪大，记录翔实，我那时还是个八岁的孩子，何回忆之有！

保路同志会兴起时，大家亦不知是何阵仗，家里为照顾方便，把我送到山里的一个亲戚家里。城里的小孩初看见山，颇感新鲜，视野奇特，活动面的立体范围大了。不过只住了两三天，大概社会秩序已经风平浪静，又把我接回家了。回家后一个大的感触是三哥已经剪掉了发辫，并且忙于替同志会干什么。据说，这个县城里最先剪辫子的就是这位三哥。他那时刚十八岁，文笔不错，同志会的上上下下都是文盲，就由他自愿去当文书，替他们干些起草文件、写写布告一类的事情。这位小青年居然在县城里轰动一时，成为造反派的积极分子。他大概心里也考虑什么，认为这些人不行，成不了什么事业，不久就退出，到成都去，考进了四川军官学堂，从此走上职业军人的道路。

这个革命一开始，反满的意义恐怕占首位。我们家里挂在门口的旗就一大幅方白布，中间写个大“汉”字，“汉”字周围有一圆圈，作车轮状，表明革命旨在推翻满族王朝，恢复汉族的统治。但后来又正式改为红黄蓝白黑五色长条拼在一起的五色旗，解说为汉满蒙回藏五族共和，一个色代表一个族。大概有识之士，发觉这个“汉”字既不符合我国民族构成的现实，也不能代表多民族国家的体制，看来这个国家有必要把才被推翻的满族亦要包括进来。只是那个代表清帝国的黄龙旗永远作废了。

大概在1912年，县时发生一件至今想来还是令人毛骨悚然的事件，那时作为一个九岁小孩的我，怕极了。在彭县经营汇兑业务的都是陕西人，一家钱庄里陕西来的店员张某和一个哥老会骨干徐如廷的妻子私通。东窗事发，张竟设法将徐杀死，并立刻雇轿携徐妻向回陕西的大路逃跑。事情被县城哥老会的头子，俗称“总舵把子”（哥老会头子的通称，当为掌舵之意）的徐图南知悉，当即派人将这一男一女追回，张某在半路就被杀掉了，徐妻被押回县城。徐图南在东街九皇宫自设公堂，审判这个女人，判处活剐。还被抬在一座敞轿上，五花大绑，游街示众，然后在西门城外执行。什么叫活“剐”？我不想加以描述，不知字典上对这个字是怎么解释的，总之是极为残酷罢了。这只能发生在一个极端封建的社会里，可能是哥老会的儒家思想和法家思想的混合产物。更可怕的是因此而产生的一连串的谣传。街头巷尾，都在议论，说是每天黄昏时候在那里听到过有女人叫哭声：“要火”——这是四川的葬俗，死者下土后的当天下午要去送一次火，否则，在阴间他或她就无法烧饭了。当然，哪里有人敢去送火，于是一到黄昏就叫开了。最后还是有一个胆大而心善的人去送一次火，谣传才逐渐熄灭了。真可怕，弄得我一到下午就不敢出门。最后，这个事件惊动了成都警察厅长杨维（莘友），一个同盟会要人，带了武装，来到县城，一下把徐图南捉起来，宣布罪名，加以处决。这一来，声势很大的彭县哥老会，遭到这次打击，特别是那些所谓“舵把子”都销声匿迹了。这件小事，对我的童年刺激很大，因而印象特别深，现在还记得清清楚楚，而别的什么就都忘记了。

此后就开始进秦省公立小学念书了。当时的小学学制是初级小学三年，高级小学三年。课程是国文、算学、格致（今自然）、地理、修身、手工、体操，高小加英文。课本除体操、手工外，都是用商务印书馆的本子。教员就不大记得了，只记得国文教员有位弓子和老先生，会写钟鼎文。一个小县城的小知识分子，能写钟鼎文，而且有兴于写钟鼎文，可能还有点学问。在学校的空地上，他又勤勤恳恳地种上千株菊花，从育苗、打叉、施肥、上盆、扎枝，都是一人动手，雅兴不浅。我开始写五言绝句，七言绝句，平平仄仄，就是向他学的。我那位二叔祖以秀才资格当小学国文教员，亦教过我。教国文仍然是私塾办法，要朗声诵读，读熟后还要站在教员身边背。再就是一周做一篇什么说、什么论。其实属懂很少，作文的第一句总是“今夫人生天地之间”，随便乱接下句，不知所云。但亦能得到个八九十分。上午三个小时。下午两个小时，上完课就了事，并无现在所谓“留作业”之说，那时的小学比现在轻松多了。因为历史、算学、格致等都用不着复习。高小的英文也不过是“来是 Come 去是 go，开门就叫 Open door”，虽觉新鲜，亦无什么趣味，总之是学得很差。整个小学时期的学习都不怎么样。这有自己的原因，而学校水平当时也就是那个样子。几弟兄都不农、不工、不商，实际上家庭也不是世代的知识分子家庭。所以从中学到大学，数、理、化最差，小学基础就没有打好。

小学同学中，却出了一个早期的共产党人，这就是五卅运动中在上海牺牲的何秉彝烈士。

童年的生活，我还记得一件对我后来有直接影响的事。我家的男性成员，父亲、二哥、三哥（大哥早死不算），都会喝酒，而且酒量相当好。我却一直不会喝酒，滴酒沾唇，就脸红心跳。七八岁时有过这么一件事。有一年春节，五六个年纪差不多的男女小孩，相约各自在家偷些酒，偷些菜来，这在过年时是很容易偷到手的。偷来后集合到一个亲戚夏季乘凉的船厅，大吃大喝一顿。酒是多种来源，因此是杂酒。这批小孩真所谓顽童，不知酒的厉害。可能还仿效大人的拼酒、闹酒，开怀畅饮，于是所有参加者都不知不觉的一个一个醉倒了。隔了一段时间，各家不见自家的小孩，才这家问那家，那家问这家。虽经四处寻找，亦无踪影。那个船厅，是夏天纳凉的地方，谁也没有想到这批小醉鬼倒在那里了。时间大概已过了大半天，拼命寻找，才偶然发现都倒在船厅的大木炕上，醉死过去了。据说我被领回家后，又整整过了一天一夜才醒过来。长大后不会喝酒，这可能是一个直接的原因，使得这一生不能尽情地领会饮酒的乐趣。

那个时代，那个地方，这个家庭是很落后的，保存不少迷信的风俗习惯。幼年时候，偶然有个头痛脑热，母亲必然要“叫魂”。方法是点炷香，把一个鸡蛋平放在手心里，然后走到门外，大叫其“某某回来了”，我则随答一声“回来了”，直到这个鸡蛋直立为止。如此连叫几天，最后这个鸡蛋蒸给我吃，魂就附体了，魂就是鸡蛋。还记得我生过一场大病，发高烧，什么病，很难说，可能是肺炎。中医开方用的药有犀角、羚羊角，中药中的特大凉药。但总认为有鬼，药靠不住，就请一场端公（四川专门从事做法事捉鬼的职业巫师），大锣大鼓，大唱大闹，真有鬼的话，图个安静，吓也吓跑了。这且不算，做一大阵法事之后，那个端公头子，来到我床前，拿一把剑东指西刺，大叫几声，就听见房屋临顶上沙沙地响，响声渐小渐远。然后宣布小病人出街带回家里的鬼，已被捉走了。法事到此结束。当然，因为吃了犀角、羚羊角，退了烧，病亦好了。是不是捉鬼这个法术也有份，就很难说。别的我没有什么印象，但屋瓦上沙沙大响一阵，我确实（?）听见。直到现在，偶尔讲关于捉鬼治病的迷信时，我还很有兴趣地讲起童年时代的这个故事。问题是我始终不解那屋瓦上沙沙之声是哪里来的？所以巫师也把我迷着了。可惜的是，七八十年后的现在，还有这样的鬼，还有这样的端公，能够叫人相信，藉以谋生。

我走向人民阵营的历史道路（节录）

刘文辉

1949年9、10月间，西北的西宁、银川和南方的广州相继解放、战争重心已开始转移到西南。蒋介石亲自呆在重庆指挥军事；宋希濂、罗广文，郭汝瑰等部向川东南集结，胡宗南部则向川北集结，企图抗拒人民解放军解放川康。正在这个时候，我接到周恩来的一个电报，大意说大军行将西指，希望积极准备，相机配合，不宜过早行动，招致不必要的损失等语。我体会这一指示的精神，是叫我们保存自已，迎接解放。因此，我就抓紧时间，将西康省的军事、政治重新作了部署以后，于十月下旬率必要的工作人员到了成部．并决定长期驻在这里。当时有的朋友替我担心，认为置身虎穴，凶多吉少，我考虑到，耽在这里，利多于害，危而实安，因为：（一）对于四川地方反蒋力量的联合，欲其在紧急关头不至因蒋的威胁利诱而动摇，有待于继续不断地巩固。（二）成都是四川的政治中心，我耽在这里，既便于同民主力量和地方力量联系，又可以在蒋介石内部进行分化运用。（三）在军事上蒋对我处于绝对优势，我一个人在成都，蒋对我的政治态度摸不透，就不至于对我用兵，而我能拖一天，解放军就接近一天，遭受敌人的军事威胁就少一天，如果先行露出可疑的迹象，引起敌人的警觉，胡宗南的重兵往西康一压，我就吃不消，自己实力既不保，那么，迎接解放军也就失所凭依。我以为周恩来上述指示的精神，也正在这里。

我这次到成都的活动，主要是三个方面：首先是组建组织，以我和邓锡侯、潘文华为核心，约集熊克武、邓汉祥等人参加。每天在我家里聚会，主要是交换情况，筹商应付事变的对策。为了了解蒋介石集团内部的状态，有时也找王缵绪参加。此人是惯于出卖朋友的，我们对他早有戒心，只是加以利用，并不让他知道真的一套。其次，是联系民主力量和地方力量。对于前者着重在民主党派，如四川民盟和民革的某些同志，在这一时期都同我有密切的联系，为以后的起义进行了政治准备。对于后者则着重在四川省参议会，抓住其中一批有力分子为纽带，与各县地方力量紧密联系起来。再其次，是对付国民党反动分子，我们采取软硬兼施的办法。对王陵基是硬来，一点不妥协。对于来自中央的

"达官贵人"，则送往迎来，把酒言欢，一如往昔，使他们觉得我们仍然是同路人，肯说实话。比如我和邓锡侯、潘文华、吕汉群等去会阎锡山时，他就向我们说：" 你们到台湾的飞机已经准备好了。"他这一说，就给我们发出了危险的讯号——蒋介石要把我们劫持到台湾去。因此，我们在这方面早已戒备，没有上当。

当我来成都后不久，我的玉沙街住宅的对门即出现了一连宪兵，四周布有大批便衣特务，甚至把特务派进我家作佣人。大特务徐远举经常在靠近我住宅旁边方正街的一座神秘的建筑里进出，来指挥特务活动，我每天出入都有无数双贼眼盯着。我早已料到会有这一手，故先就采取了保卫措施，调了两连卫兵驻在我住宅内，在周围安了便衣队，并暗中将附近几条街道的民众自卫队武装起来，与蒋介石的宪兵、特务相对峙，随时准备进行巷战；同时我的日常生活，一切保持常态，家里的一针一线都不搬动。没有显示出任何令人疑异的迹象。

1994 年 11 月 30 日重庆解放，蒋介石仓皇逃到成都，我们同蒋介石的最后一场激烈斗争开始了。我们早知道蒋在川东必不能守，下一步就会率领其残兵败将窜川西。事到临头，应当如何对付？我们事前就作了一番研究，认为：同恶魔斗法，必须把国民党固有的那一套勾心斗角的技巧高度地发挥起来。一点也老实不得。我们坚定不移的原则是，投向人民，迎接解放。但是对此时此地的敌人，在方法上又需要虚与委蛇，相机运用。所以我们商定对蒋的策略，是抽象的敷衍，具体的抵制，在敷衍时，装蒜要装得像，谎话要说得够；当蒋介石向我们提出具体要求时，能推则推，不能推就拖。看形势，撑得住就撑，撑不住就走。

蒋介石到成都的当天下午 3 时，就在北较场军校召集张群、邓锡侯、熊克武、向传义、王陵基、王缵绪和我等谈话。蒋首先吹嘘川东作战经过和这次撤退的部署，故意渲染，听起来好像他是做有计划的战略转移。蒋接着又吹嘘川西大会战的形势和条件是如何的好，并把希望寄托于胡宗南部，说这几个兵团还是完整的，尚可一战，希望川康方面的朋友与之合作。意在骗取人民的信心，其事明眼人一见就知其是自欺欺人。最后他向我们征询意见，问这一仗如何打好？连续有好几个人表达了意见，有的主张不战而退康滇边境，有的主张在川康边境山地作战，王陵基则主张在川西平原决战。在这种场合，我不能不来一个"抽象的敷衍"，我说："委员长总览全局，我们都是一偏之见，你看怎么好就怎么办"，蒋听了接连点头称好，即嘱咐张群，要他同我们再从长计议。

12 月 2 日午后，张群就到我玉沙街住所来会我，我跟着打电话把邓汉祥约来，三人一起谈。张首先提出四个问题来征询我和邓的意见：（一）蒋介石应否复总统职；（二）王陵基撤换后由谁继任；（三）川西大会战应如何部署；（四）我和邓锡侯两部在大会战中如何同胡宗南部配合。张一谈我即知其用心，主要是叫我亮底，上面的三点只是陪衬而已。我推邓汉祥先谈，自已趁时思考了一番。觉得需要若即若离，让他摸不透。邓话毕，我即接着说："蒋先生复职和王陵基去留的问题，刚才鸣喈（邓汉祥号）谈得对，我都同意。我认为，当前要紧的是军事，打仗不赢，一切皆空。今天全靠胡宗南这张'王牌'，别的都抵不了事。"我借此机会发了几句牢骚："蒋先生过去对待杂牌军的办法是，打死敌军除外患，打死我军除内乱。事到如今，我们实在感到巧妇难为无米之炊。"说至此，我又把话转过来，"今天到了这个光景，但有一兵一卒，也得同共产党拼。"紧接着又拖了一个尾巴："你知道，二十四军散处在康、宁、雅三属，纵横数千里，翻山越岭，徒步行军，非有一两个月集中不起来，怕的是远水难救近火。"故意显示出我的"心余力绌"的矛盾心情 。扯了大半天，无结果而散。

张群的第一次试探，没有得到要领。第二天他又通过邓汉祥向我们提出了两条：（一）要我同邓锡侯和胡宗南合署办公，一起指挥作战；（二）要我和邓锡侯的家眷同熊克武、向传义、邓汉祥等先去台湾。这个阴谋，一望而知，是要限制我们的行动自由，并且提供人质，来胁迫我们一同去反共反人民。我当夜就约集邓锡侯、熊克武、邓汉祥商量，决定用一推二拖的办法去抵制：关于家眷问题，用各种托词推却，坚决不去台湾；关于同胡合署办公的问题，则口头上答应，实际上不履行，拖下去再说。商量好了，4 日上午仍由邓汉祥去转告张群。张听了很不高兴，并且特别“照看”我，向邓说：“刘自乾太太不能去，那就叫他儿子去。”到了晚间，财政部长关吉玉又到我家向我说：“据说你要送家眷到台湾去，恐怕没有外汇，我给你准备好了，随时可以取用。”我此时向关敷衍了一番：“感谢你的好意，让我考虑一下再商量。”这时我已意识到，蒋对我的压迫正一步紧似一步，可能明天还会有更严重的场面出现。

果然不出所料，蒋介石因三天来经张群向我们出的难题，都给搪塞了过去，软的不成，便来了硬的一套。5 日午后 3 时张群来电话，说有要事相商，约我到励志社去。我预感到有闹僵的可能，乃邀邓家祥一道，一边有回旋的余地。当我一进张的办公室，立刻觉察出他面有怒容，一改平日神情。刚坐下，他劈头一句就问：“刘自乾，你究竟打的什么主意？”我马上就把编好的一套拿出来：“我的主意本来早就打定了，要同共产党拼，万一拼不过，就在西康当喇嘛。今日听共产党的军队已从玉树西进，看来这条路也走不通了，现在只有同共产党拼到底。”我说至此，办公桌上电话机铃声响了。张忙着去接，对方说话的声音很细，只见张连声答应：“来了，来了。”跟着就把电话机搁下了。我判断这是蒋从北较场打来问我行踪的，这时我的情绪有些紧张了，但又不能不故作镇静。接着我反问张：“这几天东路的情况怎么样？”张更凶了，厉声说：“你不要问东路西路的，问你自己怎么样？”两个人抵起牛来了。于此，邓汉祥出来打圆场。他向张说：“事情很简单，蒋先生要刘、邓两部如何作战，下命令就是了。如果周到一点，先请你约胡宗南、顾墨三和刘、邓商定作战计划，然后再请蒋先生下命令，那就更好。”张没有置答，就拿起电话机找胡宗南说话。看他的神气，很可能马上就要把我交给胡，以合署办公为名扣留起来。我以为这一下逃不脱了，幸而机会凑巧，这时胡恰去绵阳未归，张群一时找不出恰当的借口来掩饰众人的耳目，可能据他看来，我已经处在宪兵特务的包围中，反正跑不脱。乃临时改变主意向我说：“等我和胡宗南约好时间再通知你们开会。”我听了如释重负，便和邓匆匆离开。

我从励志社出来，就直接到邓锡侯家，研究第二个回合该如何打。当即商定了两点：一是开会地点必须在我玉沙街住宅。因为这里我有保卫措施，安全有保障。如果在别处，他们一动手就只有束手待缚。二是态度必须尽量灵活，违心之言不妨多说，只要打发这群瘟神出了门就行。跟着就托邓汉祥去请示张群，看开会地点可否定在我家。张表示同意，并同胡宗南约好了，就在当晚七点，我还大办筵席来招待这一批客人。这晚到会的人有张群、顾祝同，胡宗南、萧毅肃，王陵基、王缵绪、邓锡侯和我（潘文华去灌县养病）。会场气氛十分紧张，舌剑唇枪，此来彼往，互不相让，萧毅肃首先向我们开炮：“据报邓晋公命所部集结广汉、新都一带，阻击胡宗南部西进；刘自公的部队已经破坏了邛崃大桥，不许胡宗南部通过，究竟是怎么一回事？”我们的确在成雅道路上作了军事部署并且决定炸毁邛崃大桥，使胡宗南部的重武器不能通过。但是还在准备阶段，尚未执行。因此，我们坚决否认，叫他们实地调查，我们甘愿具结。他们看到话说得这样硬，在这一点上也就再没行人开腔了。继而萧又拿出一张敌我作战态势图，指指戳戳，对其攻守策略大事吹嘘，好像死马还可医活似的，这时顾祝同来征询我的意见：“自乾，你看这样行不行？”我故意向他们发了一顿牢骚：“行是行，可惜我同邓晋康的部队在过去大部分被整掉了，假使今天还像当年一样，这个重担子我们两个都担得起。”胡宗南马上插嘴：“刘先生，你不要灰心，我的 40 万军队交给你去指挥。”我接着就把胡的话打了回去：“我们都是行家，你的部队我哪里指挥得动？我的部队你也不能指挥。”大家胡扯了一阵，后来他们又把矛盾指向着我：“谈了这么久还没有得出结论，刘自公你究竟打算怎么办？”我早就准备了他们会将这一军，答复得很干脆：“这还用得着我说吗，事实摆得最明白，我又是大军阀，又是大官僚，又是大地主，又是大资本家，样样占齐了，共产党搞的是无产阶级革命，哪里还会要我”。张群听了十分高兴，把我的肩一拍，说：“自乾你今晚说的是真心话”。他还带着满脸笑容向胡宗南道：“这回你该放心了吧”。就这样结束了这场激烈的战斗。

6日这一天，算是狂风暴雨当中的间歇。白天无事，晚上张群到我家里来辞行。他平日来总得先打个电话，这次是突如其来，一直升堂入室，意在刺探动静。此人真的名堂多，他尽管叫胡宗南放心，实际上他自己对我是顶不放心的。这时我正在和钟体乾谈话，座上无别人，他见一切都无异状，也就心平气和地告诉我，明早飞昆明，一、二天内就转来。接着又以低沉的语调向我说：“形势是严重的。我们多年共事，希望你和晋康贯彻始终，支其危局。国家有办法，个人亦有办法。万一不成，要走，将来我们一起走”。这显然是给我打了一副镇静剂。我想趁机在他的身上测量一下蒋的气候：“胡（宗南）王（陵基）两位朋友，对我和晋康误解很深，你是我们的‘护身符’，有你在当然没有问题，你走了，看他们是否可能开玩笑？”张群硬打包票：“哪里有这样的事？决不会。用不着怀疑。”临别时，我还故意再三叮嘱他早日回来，使之不疑有他。张走后，我意识到，这是一个不祥之兆。因为蒋对他的政敌，一向是用两套戏法，用一种人来笼络，一种人来攻击。现在，以柔术取人的张群走了，可能下一场就要叫他那凶神恶煞的胡、王二人来演“黑旋风”了。我感到这个虎穴再不可以久留。

12月7日我们从成都走了。本来打算尽可能在这里同蒋介石集团周旋下去，以争取时间，等解放军接近成都时再行动。但是，事情已经逼到尽头，不容许我们再耽下去了。关心我们的朋友都催着赶快走。郭勋祺在6日一连给了我三次紧急警报，说的自可靠方面消息，敌人已经做好布置，马上就要开始行动。特别是胡宗南部盛文已被任命为成都卫戍总司令，据王陵基部担任北门城防的一个连长（原为二十四军军士，早有联系）6日深夜匆忙赶来报告我，说盛文部队定于7日晚上6时来接替城防，届时他们就要移交。这就意味着过此以后，我们就出不了城了。警报一个接一个传来，邓锡侯这天一大早就到了我家里来商讨应对办法，不久王缵绪，邓汉祥也来了。约莫是上午9时左右，蒋介石的侍从打电话过来，说蒋午后约我到北较场去谈话，邓锡侯立即打电话回家去问，回答也接到了同样的通知。我再叫王缵绪打电话去问他家里，他却没有接到。我结合几天来一系列的情况判断，肯定蒋介石要来最后一手，我们一去北较场，就“请君入瓮”，要么就屈服于他的淫威之下，下令所部参加反共战争，永远作人民的罪人；要么就作阶下囚，长期丧失自由。二者必居其一。我们既然决定走人民的道路，断不能自投罗网，于是我和邓锡侯共同决定“三十六计，走为上”，并商定：下午1时各人在家里动身，从北门出城，在城隍庙会齐，再到梁家巷乘车去崇义桥，然后继续向彭县前进。

主意定了，分头行动。我考虑到，要过两关：一要避开住宅周围宪特的监视，二要瞒过敌守城部队的盘查，才跑得脱。因此，决定让工作人员个别携着电台和重要文卷先行（秘密文卷焚毁），到城外指定地点集中，我自己不带任何行李，只有二人随从，乘汽车从大门泰然而去。举止一如平日。这样第一关就安全度过了。我尤恐出门之后，特务马上发觉再出乱子，还在我所经过的路线和会齐的地方布置了便衣警卫，以防万一。这时来到了北门城门洞附近，将要过第二关了。本来我同王陵基派在这里的守城部队已经联系好了，他们是不会留难的。但是检查站有蒋的宪兵、特务在，还有可能出岔子。所以到了隔城门洞尚有相当距离的转角处即下车，让空车由城门洞开出去，到城外梁家巷过去一个树荫隐蔽的公路旁等候。如果哨兵盘问，就说是我派到凤凰山飞机场去接客的。我自己则从左侧城墙的一个缺口翻过去。时我正在病中，气喘吁吁，汗流浃背，由两个随从扶掖而行，五步一停，十步一歇，终于度过了第二关。到了城隍庙，邓锡侯已先我而至，危难中逢老友，感到分外亲切。二人徒步而行，从田野小径直插停车处，随即登车向崇义桥疾驶。这时我感到自己好像是脱笼之鸟，在天空中自由飞翔，真有说不出的轻松愉快。

当日午后4时到了崇义桥，邓锡侯部有步兵一营驻此，我因连日劳病交加，身体感到极度疲乏，在这里住了一晚。卸下行装，即急电我西康省军政负责干部告知我的行动，叫他们按照既定计划步骤准备行动，同时指示驻在成都武侯祠和成雅道上的部队严加戒备，准备战斗。时民盟和民革的一些同志亦因成都风声很紧来到这里，我曾和他们进行了联系。夜间邓部将领黄隐、谢无圻也赶来，会商了初步的军事部署，准备应付可能发生的突然事变。次日清晨移驻龙桥，分别通知我在川西各县所掌握的地方武力立即动员起来，相机配合我军的行动。午后1时许，王缵绪从成都来了，一进门就说："我是奉老头子（蒋介石）之命而来的。他告诉我，他同你们过去的一切都是出于误会，无论如何要请你和晋康回成都去，一切都好商量，如不见信，他可以叫蒋经国来作质"。王谈到这里，从身上掏出了顾祝同寄给我和邓锡侯的一封信，信中大意说，蒋已决定撤下陵基的职，派我和邓主持川省军政大计，谈了许多好听的话，结论同王所说的一样，叫我们回成都去。我觉得不妨给他们一点颜色看，同时对王缵绪也摆布一番。于是我佯对王说："我们所以要离开成都，为的是反对蒋在成都平原作战，以免地方糜烂。只要蒋答应这一点，旁的一切都好说，但是不能说空话，要过硬，办法是立即免盛文的职，我和晋康保举你继任成都卫戍总司令来负责维持地方治安。"王咋听此说，觉得有点局促。沉吟了一下答道："这重的担子，我咋个挑得起，但是桑梓关系，又有你们撑腰，只好勉为其难。"我就同邓锡侯联合给顾祝同写了一封回信。首先提出三点：反对蒋在成都平原作战；立即免盛文成都卫戍总司令职，胡宗南部在两天内撤出城；以王缵绪继任卫总，以四川保安部队来维持地方秩序。接着就给他们以威吓：如果蒋一定要在这里孤注一掷，使地方受到糜烂，那么，我们就将率部与之周旋到底。我们来这一下，本来就是表示同蒋最后摊牌的，可是王却视如珍宝，兴高采烈地拿着这封信回城交差了。尽管如此，我们对王的为人实在领教够了，为恐其此行还肩负有特务使命——侦查地形，让蒋介石空军按图索骥，来一个大轰炸，岂不糟糕。故王走后，我们就连夜向彭县进发。后来，王缵绪还派了一个代表，张群和胡宗南也派有人先后到彭县，对邓锡侯进行挑拨分化，劝邓单独回成都，但是邓未为所动。

9日我和邓锡侯、潘文华联名从彭县向毛主席和朱德总司令发出起义通电。主要内容是：声讨蒋介石祸国殃民的罪行；郑重声明，我们自即日起于国民党反动派断绝关系，竭诚拥护中国共产党、中央政府和毛主席的领导；并令全体军政人员一律尽忠职守，保护社会秩序和公共财产，配合人民解放军消灭国民党反动残余。我二十四军将领刘元瑄、伍培英、刘元琮同邓、潘两部将领黄隐、潘清洲等，亦于同日发出拥护起义通电。

我们起义通电的发表，事前也是经过一番周折的。到彭县后，立即成立了一个有中共同志和民革、民盟同志参加的政治小组，我派李铁夫、李静轩二人参加。小组的任务主要是商讨关于起义的问题。其中两个问题很费了商量：一是发表通电时间。有的认为，解放军距成都尚远，敌人的军事压力很大，主张从缓。我和一些同志则认为，我们从成都出走，就是表示我们同蒋介石集团在政治上已经完全决裂，势不两立，敌人决不至因我们尚未发表通电这一形式而就放过，同时我内心还顾虑蒋帮接二连三地派人来挑拨分化，可能引起内部猜疑发生事变，故力主立即行动。经过反复商量，大都同意后一种主张，其特别持重暂不愿意在电文上署名公开表示者则听之，于是第一个问题就解决了。二是电文的措辞。我恐怕临时来不及写文章，故先在成都拟好文稿带来。当提交小组讨论时，因文内称蒋为贼，有的同志就觉得“昨天还称蒋委员长，今天就叫贼”，在思想感情上通不过。经过一番周折，最后也还是归于一致了。这时，“万事俱备，只欠东风”：我们在彭县拥有电台，因为不明中共中央呼号，不能直发北京，乃电雅安电台转发。中共于八年前在那里设置的秘密电台，在全国将要胜利的时刻，利用他来把我们起义的信息公开传送出去，这使我感到万分兴奋。

我们的起义通电发表后不久，就接到了朱德总司令的复电。他对我们慰勉有嘉，并恳切指示，叫我们通令所属遵守中国人民解放军总部的约法八章和中国人民解放军第二野战军的四项号召，改善军民关系和官兵关系，为协助解放军和人民政府肃清反动残余、建立革命秩序而奋斗。喜讯传来，我三部官兵莫不欢欣鼓舞。时我二十四军官兵正在前线与王陵基和胡宗南部对峙，准备战斗。听到这个消息特别感奋，西康省的行政领导干部也及时把党的有关方针政策、人民解放军的有关指示和起义电文，分别在康、雅、宁三属向各族首领进行了传达。全省人民莫不热烈拥护，从而西康省就光荣地获得了和平解放。

我在彭县起义前后，还向部分蒋军进行了“策反”工作。其中联系时间较久并起了一点作用的有两部分：一是川鄂绥署副主任董宋珩部，这个部队原为孙震所率领。1949 年 4、5 月间，我在重庆曾向孙本人作了一次试探。我向他说：“蒋的败局已定，我们今后向何处去，须早作打算。”孙之答复了一句：“共产党还惹得吗！”我认为此人陷溺已深，不可救药，乃转而向其副手董宋珩进行工作。董和我是保定的同学，平日关系较好，经过几度商量，他表示愿意和我一道走人民的道路，因而对其所属的将领也加强了联系，还对其亲信将领作了思想工作；我与之常取联系，并在经济上给与支持。原来约定在人民解放军进军川东时就行动的，后因孙元良到了这个部队，受到了一些牵制，加之解放战争进展神速，准备不及，故未能实现，同其他的蒋军一起败退川西。这时董亲自下去掌握了部队，我们到彭县后，董即赶来和我们面商，我促其立即行动。他刚去后，发动所属将领逼走了孙元良（时孙震已飞台湾）于 12 月 21 日率所部 3 万余人在金堂、广汉地区宣布起义。另一部分是第十五兵团司令罗广文部。1949 年该部转驻重庆，我即派西康省政府前秘书长杨某利用亲戚关系与罗进行联系，策动其弃暗投明。罗本为蒋的嫡系，但见大势已去，不愿为蒋殉葬，故亦表示愿意和我们一致行动。七月间，我曾派杨某策动他以货币贬值、物价飞涨、官兵生活不能维持为理由，发表文电，对西南军政长官公署进行了一次公开谴责，并准备发动所属士兵向重庆进行武装访问，当时全市为之震动。但是他同蒋介石的关系终究不易割断，当蒋卷土重来，他又犹豫起来，这次罗部败退川西，我又派杨某动员罗的父亲，函召罗到灌县，以骨肉之情劝其起义，罗志遂决。后来我还派人到郫县两路口与他进行了最后一次会商，他于 12 月 24 日也从彭县发出了起义通电。此外，除陈克非、喻孟群、刘兆藜等部，我和邓锡侯在彭县时亦向他们进行了一些联系和说服工作，后来也走了起义的道路。

我在彭县起义后，蒋介石集团在军事上向我军进行疯狂进攻。我军则按照中共中央的“中央重视西康目前的战略地位，希望打好这一场阻击战”的指示精神，从 12 月 13 日起到 1950 年 3 月 24 日人民解放军进军康定止，打了一场为时三四个月的西康阻击战，计有成都之战、西昌突围、成雅线上的洪雅丹棱之战、邛崃名山之战、乐西道上的阻击战、丹康线上的阻击战等。而与此同时蒋介石集团抄了我的家，胡宗南部于 1949 年 12 月 14 日把我成都玉沙街的家抄了；王陵基部于 12 月上旬把我大邑的老家抄了，田中田部于 1950 年 3 月上旬把我康定的家抄了。他们犹以为未足，还想进一步谋害我全家。如胡宗南部抄了我的全家以后，竟在我的住宅内秘密埋下大量的黄色炸药（后来解放军工兵在这里取出一部分，重 100 多公斤），装置雷管，企图等我们胜利归去，一触即发，全家不留。后因胡军撤走，一些坏分子进入盗窃残存财物，误触雷管，发生爆炸，三幢房屋被炸毁了两幢，还死伤了一些人，我才未搬回去，全家大小才得以保全。

我从1929年12月开始反蒋起，到1949年12月彭县起义止，经历了整整20年。彭县起义，是我个人历史的一个转折点，自从西康和平解放后，我即把作为反动统治者所拥有的军队、政权、经济一起交还了人民，这是旧历史的终结。

从此，我以人民民主统一战线的成员之一，开始了新的政治生活。

1962年1月8日

我在川西起义的经过（节录）

邓锡侯

1949年夏间，蒋介石到了重庆，看到成渝两地的驱王运动闹得满城风雨，特电召我同刘文辉、潘文华、向传义等到渝淡话。在谈话中，我们一致建议撤换王陵基，但蒋介石并不为动。回成都后，我和刘文辉的住宅前后，特务密布，一举一动都受到监视，我感到去王既不可能，解放军入川乃不过是迟早间事，个人出处安危，已到最后关头。同时我也早意识到有一天必须跟着共产党走。几年来刘文辉同我合作，他很早就通过雅安的秘密电台。与中共中央经常保持联系；同时我也通过陈离和黄隐及其所部谢无圻师，对中共方面有所接触。而他们都早分别地接纳了一些党的地下工作人员，有的还同我见过面（陈离作泸县专员，因所掩护的中共地下工作人员被捕暴露，王陵基将他撤职，陈走避广汉乡间，仍与党的地下工作人员密切联系）。但因我对党的统一战线政策还缺乏认识，认为新民主主义革命所要推倒的三座大山是帝国主义，封建主义、官僚资本主义，自己既是一个封建军阀兼地主、官僚，无疑是革命对象，所以究竟是跑台湾，还是投向人立功赎罪，在思想上还踌躇未决。但一想到自己与蒋并无深切渊源，去台湾不会有什么好处；响应党的号召，自己只要把土地交出来归还人民，把军队交出来听候编遣，党是不咎既往的，当可能得到与傅作义一样的宽大待遇。我又想到蒋介石统治中国20年，把中国越搞越糟；共产党既然在军事上胜利，在政治上也必然会成功。跟着共产党走，我还可以亲眼看到中国的富強。于是我决计不走了，见机行事，心也就完全安定下来。

就在这个时候，中共方面刘连波同志秘密到了成都，来我家会我。他在皮鞋底中取出党的指示文件，函已字迹模糊了。一时我深感党不仅不念旧恶，还把我作为争取的对象，颇感兴奋。他同时还向我讲了很多国内外的形势和解放军的进展情况，对我启发教育也很大。不久黄应乾（潘文华代表）归自香港。转达了乔冠华同志所提示的党的方针政策。新政治协商会议筹备会在北京召开后，我又接到张表方先生的密函，也嘱咐我们及时准备，争取做到光荣起义。尤其是周恩来总理通过雅安电台指示我们要团结力量，待时机成熟，及时发动，更给我们以莫大的鼓励，愈加坚定了我们起义的思想和决心。接着黄隐的侄儿黄实，从南京辗转经巫山回省，传达了刘伯承司令员对我们的期望。他说，刘司令员还指示他如何在成都为我们建立交通站，与党的地下工作人员直接联系，又说将继续派人来我黄隐部工作。随后就有—位党方面的同志小章，携来和二野电台通信的呼号和密码，说刘（伯承）司令员和邓（小平）政委问候我们，他们将率二野部队从东路进川，希望我们早作准备，并提出3个方案由我们选择：1. 解放军未到前即宣布起义；2. 接近时才宣布；3. 不宣布，但保护好地方仓库和公共财产。小章之来和他所传达的刘邓两将军的指示，使我们深深感激党对我们的关切和重视。当即购置一部新电机，在城内大慈寺设立电台，并派一营人守卫。委小章以参谋名义，假托是黄实的同学，使之便于工作。至此，我们便直接与二野电台挂上了钩。同时，我借整训为名，将黄隐所部谢无圻和于戒需（新委师长）两师以及军的直属部队，部署在成都附近以及新都、广汉、新繁、灌县等地带，并以彭县作中心，预为起义作了准备。

当刘（伯承）邓（小平）所部兵团从东路进入四川，直捣重庆时，贺龙、王维舟、李井泉诸将军所率十八兵团亦经陕南节节进击，迫使胡宗南部溃窜川西平原。蒋介石和张群乃于11月30日仓皇飞来成都。当天下午蒋即在北较场军校召集张群、熊克武、刘文辉、向传义、工陵基、王缵绪和我等谈话，蒋一开始就说，他今天一早离开重庆时，正在破坏兵工厂，爆炸的声浪把他住屋的玻璃都震碎了，谈话时神情极为懊丧，接着他就征询我们对军事的意见。大家谈了一些敷衍应付的话，也提到了士气不振的情况。在谈话中，有人主张节节退守云南，联络印缅；也有人提出迅即退保台湾。只有王陵基断然主张以胡宗南部固守川西。蒋嘱咐我们随时商淡，并责令张群为召集人，商讨对川西作战的攻守计划。

12月3日，刘文辉和邓汉祥来我家。邓汉祥说：张群在励志社向他讲，要他通知我们将家眷送往台湾；熊克武、向传义、邓汉祥亦先飞台湾；要刘文辉和我即日同胡宗南住在一起办公，共同指挥军事，如果胜利，国家有办法，个人也有办法，如果失败，他负责将我们送台湾云云。我们当即感到蒋已“图穷匕首见”，快要到最后关头了。当即商定：熊、向、邓（汉祥）3人及我和刘文辉的家眷都借口不去台湾，只答应我和刘文辉愿意同胡一起办公，意在拖延时间，再作计议，

12月5日晚间，张群约集我们在刘文辉家开会，参加会议的人有张群、顾祝同、胡宗南、萧毅肃、王陵基，王缵绪、刘文辉和我（时潘文华在灌县养病），萧毅肃首先质问我和刘文辉，说是据报邓部扼守广汉、新都，阻击胡宗南部；刘部破坏了邛州大桥，不许胡宗南部通过，问我们是如何的？我们当即坚决予以否认，并请他切实调查，如果属实，甘受军法处置。随即摊开地图，计算兵力配备，讨论攻守形势，扯来扯去，都得不出结沦。在讨沦中，刘文辉故意发牢骚说：“如果我同邓晋康两人的实力不被削弱，今天我们两人都可担负起这个责任。现在解放军来，我们只要有一兵一卒，也要同他拼”。胡宗南当即说：“刘先生不要灰心，我的部队可交给你指挥。”谈至深夜，无结果而散。

由于萧的质问，外间也有扣留我们的谣言，我们深深感到气氛紧张，成都已不可再住下去。我当即与刘密商说：“如蒋再召见我们两人，就是我们出走的时候了”。刘认为东路解放军已越过内江，很快即到达成都，不如就暂避在武侯祠内，因为那里驻有他的一营兵力，工事尚好。我说：“武侯祠当门大道，乃胡宗南等部退却时必经之路，在所必争，只须两颗大炮弹，一颗飞机炸弹，就把我们解决了，还连累了孔明先生。”我主张退彭县，那里距成都较远，进可以会合解放军对胡作战，退可以固守山地，并可与地下工作人员和进步人士切取联系。刘当即同意，相约暗中准备，乘机出走。

时阎锡山以行政院长飞来成都，在励志社召见刘文辉和我，意图组织川西民兵来对抗解放军。阎说，大家怕家眷累赘，他负责将各人的家眷先送台湾，最后大家不得已需要走，他负责有飞机运送我们，这说明形势已到了十分紧迫的时候了。

张群将飞昆明前夕，曾私下问我：“自乾将来怎样做法？”我说：“据自乾谈，他第一步是退守西康，不得已时，便退到三大寺做喇嘛。”他又问我怎样。我说：“一条路是参赞胡宗南部作战，一条路是到万县暂避一时。”张群料想我们是不会去台湾的，特以他的老母安全为嘱。我只好以话安慰他，张言下大有穷途日暮之感，流露山 种绝望的心情。

12月7日上午9时，我和邓家祥、王缵绪在刘文辉家聚会。蒋介石的侍从室打电话来，说蒋在午后4点钟约见刘文辉、我立即打电话问家里是否接有电话，答复也是接到了蒋的约见电话。我们认为

这是非走不可的时候了。与蒋见面，很可能是骗上飞机，把我们强送台湾，或者软禁起来，假手王陵基、胡宗南与我们为难。于是我们把王缵绪打发走，密商出走办法。鉴于我和刘文辉两家门前暗探密布，出入都受到监视，所以决定不带行李，先后出北门。我携带猎枪，城门洞盘问，就说是出去打猎；刘有病，就说是到北门外张家巷法国医馆看病，出了城就下车。以空车通过北门检查站，如被盘问，就叫司机说是到飞机场去接客的；我们先到北门外城隍庙会合，再到梁家巷乘车到崇义桥。

计议已定，我即回家。携带猎枪，坐上古普车，同平常一样，带上两名副官 出北门，车子顺利通过城门岗哨，下车，穿过城隍庙小巷，在庙后坟坝上等刘文辉，拿着猎枪作打鸟状。有两个认得我的人对话说："邓某好安闲，还有空时间出城打鸟哩！"哪知我内心焦急，还在等候难友。等了许久，刘文辉病躯喘息，由两名副官扶掖而至。我两人随即缓步至梁家巷，坐上吉普，开向崇义桥，到了崇义桥，大有"鸿飞冥冥"之感，当即通知我部黄隐、谢无圻等前来会商军事部署，并将安设在大慈寺与二野秘密联系的电台密迁彭县海窝子。刘文辉也带了一 部电台到彭县。

次日移驻龙桥，王缵绪即衔蒋介石命令来劝说我们转去。他搭讪说，你们顾虑的是王陵基同我们作对，蒋负责为我们保证。王企图分化我们，私下对我说："蒋先生期望你甚殷，只要你一人转去亦可。"其时，王缵绪也明知我们是不会再自投罗网的，他是想两面讨好。利用机会在后面收编部队，再做他的投机买卖。他希望当成都的卫戍司令，要我写一封信给顾祝同，我照办了。

到龙桥后，我们初步作了军事部署。除四处派人联络各县民团，协同对付溃军威胁机场外，还用刘文辉、潘文华和我3人名义，拟好告全川民众书。时潘在灌县养病。我最后一次离开重庆同潘分手时，潘曾嘱咐我，今后对时局唯我和刘主张是从。故我们起义通电稿和告民众书都加了他的名字，并星夜派人到灌县去通知他，他对通电和告民众书内容完全同意，并赞成立即将通电发出。

9日到彭县，我们3人（刘、邓、潘）就正式通电起义 。3部中上级军官（黄隐、伍培英、潘清洲、陈离、马毓智、万里，谢无圻、杨晒轩、刘元瑄、刘元琮、严啸虎等）拥护起义的通电由黄隐领衔。两电均在彭县和雅安两处的电台同时发出。这是我们公开与蒋介石集团决裂，投向人民阵营的开始，也是我们接受中国共产党领导、走向新生的开始。

我们的起义通电发出不久，就接到朱总司令的复电，对我们的起义备极慰勉，并指示以后一切同刘伯承、贺龙、邓小平三将军商量办理。这个复电当即转知各部，官兵莫不欢欣鼓舞。

我们出走起义，当然对蒋介石集团是一个极大震动。张群从昆明飞回成都，就马上找牛锡光要他亲到彭县或用电话通知我们，说蒋希望我们及时悔悟，回到成都，一切都可商量；否则即先用兵力解决我们，再对付共产党。接着沈重宇亦衔胡宗南命到彭县见我，要我回去与胡共刚指挥军事。当然我们都置之不理，积极在彭县海窝子和关口一带构筑坚固工事，我部黄隐主力驻彭县、灌县一带及成都外北崇义桥以西，一部分驻在成都守护工厂（裕华纱厂，兵工厂等），都命令他们切实掌握部队，保护好公共财产，相机因应。在西康的刘部和在南部的潘文华部（其子潘清洲师）都积极作了准备。当时胡宗南、宋希濂的大兵团，已退集在成都附近。还有罗广文、陈克非、方暾、孙震、杨森四五个兵团，分驻在温江、郫县、什邡、新都、广汉一带。其他如王缵绪的"治总"即反共第一游击纵队总司令部，所辖部队和刘兆藜的川西北游击队等，则分驻在郫、灌、崇、温、新间各个偏僻场镇，估计人数不下20余万，蒋介石和胡宗南企图利用这些部队来解决我们，我们则把他们作为争取反正的对象。由于党的正确领导，解放军进军神速，先声夺人，以及地下工作人员和一部分民主人士策动，这些部队早已士气消沉，毫无斗志。当时刘邓大军已到达资、内一带，南路已插到乐山，趋向雅安；北路大军越过剑阁，已到绵阳。蒋军已处在四处包围之中，有如丧家之犬，正急于逃命。在这种胜利形势下，更有利于我们加紧进行策反的工作。除将中国人民解放军的宣言和布告，三大纪律，八项注意等文件，及我们三部告四川民众书、起义通电等翻印多份，四处张贴发放外，并派出何翔迥、李铁夫、朱戒吾等协同地下工作人员分头向罗广文、陈克非、孙震、杨森等部队进行联系和策动。我们也遵照党的指示，订立了“五不”原则来约束所部，即：“不另打出名号，不向地方筹款，不委派名义，不收编军队，不招安队伍”。各部队经派人联系策动后，孙震部派了董长安来，杨森部派了喻孟群来，在接谈中都鼓励他们回去策动起义。因为这些部队都与我们有历史关系，我们向董、喻等谈话也就没有什么顾虑。

时宋希濂兵团副总司令陈克非部驻郫县，派了他的副军长段某和参谋长彭少臣到彭县，时已三更，我派人在街上买了一些酒食招待他们。他们在情感上割不断同蒋介石的关系，但又不愿为蒋作无谓牺牲，谈到起义就失声痛哭，对于起义也还有一些思想顾虑。我即从北平和湖南起义的先例结合着“首恶者必办，胁从者不问，立功者受奖”的政策，说明共产党会分别对待，不会失信于人。并向他们讲：“我相信我没有危险，负责保证他们也没有危险”又说：“你们都是异乡人，要把军队掌握好，不要让一兵一卒流而为匪，为害地方。你们的官兵离乡已久，投向解放军后，就是编余得到资遣，各人安全还乡归农，你们也是功德无量。我今天不能向地方筹款，但可保证地方负责供应粮秣。”他们听了，一再感谢。天甫明，我亲自把他们送出警戒线。当日午后，他们就把起义通电交由我们的电台发出。

孙震飞台湾，把所部交由其侄孙元良统率。孙元良是黄埔嫡系干部，当即在什邡召集军官会议，准备同我们作战。但他所辖七个师长和所属各级军官，都消极抵制，拒不出席会议。他见形势不佳，也就悄悄逃走了。七师长当即推董长安到彭县，见面就大呼：“赶走孙元良大快人心！”他把起义通电送请我们代发，杨森逃台，所部由喻孟群统率，也投归了解放军。

蒋介石在这土崩瓦解的形势下，惶恐万状，遂于12月10日秘密飞逃台湾。14日，胡宗南抄了刘文辉的家，解决了刘驻武侯祠部队。黄隐的军部亦被接收，守卫部队被迫缴械。当时成都溃军云集，风声鹤唳，一夕数惊。成都城防司令盛文（胡宗南部）以屠杀政策镇压人民，稍有嫌疑即枪毙示众。盛部退走时，还命令特务们将关押已久、即将重见天日的革命和进步人士30余人，屠杀于成都西门外十二桥畔。这便是蒋介石政府在离开大陆前夕最后一次惨绝人寰的大屠杀。

12月18日，我们收到刘（伯承）、邓（小平）所部已同刘文辉部在川南洪雅县会师的电讯，人心更为振奋。23日起，成都方面的蒋军也陆续溃逃了。同时我三部派出的代表（李铁夫、杨尚嵛，何翔迥）同地下工作人员洪宝书等30余人，也安全到达了成都。27日，分别派出代表到新都、广汉向贺龙、王维舟两司令员、李井泉政委、张经武参谋长报告近情，并欢迎他们及早进入成都。我同刘文辉等于30日率部回到成都。在红旗招展、万众欢腾的盛况下，我们在外北驷马桥头迎接了贺龙、王维舟两司令。四川人民从此在党和毛主席英明领导之下，由黑暗苦难的深渊走向了光明宏伟的坦途，我们也光荣地回到了人民的怀抱。

潘文华的抉择

潘凌宁

我父亲潘文华，四川省仁寿县人，1886年生，1909年毕业于四川陆军速成学堂，曾任川军师长，并兼重庆市第一市长，1935年任第23军军长，1937年抗日战争开始，即率部出川抗日。1938初，刘湘病故于汉口，先父奉命返川，任川康绥靖公署副主任兼第28集团军总司令，后改任川陕鄂边区绥靖公署主任（驻阆中）。抗战胜利，又任川黔湘鄂边区绥靖公署主任（驻黔江、宜昌）。以后任西南军政长官公署上将副长官。1942年12月9日率部与刘文辉、邓锡侯两将，军联名通电起义。起义后任西南军政委员会委员。1950年11月因心脏病逝世。

在抗日战争开始以前，中国共产党就提出了建立抗日民族统一战线的方针，为了争取地方实力派坚持抗日，反对蒋介石“先安内后攘外”的卖国投降政策，先后派出张曙时、郭秉毅、黄子谷等入川，与既掌握四川军政大权、又和蒋介石有尖锐矛盾的刘湘进行联络，做了大量工作。刘湘接受了联共、反蒋、抗日的主张。父亲对此深表赞同。1938年初，刘湘去世后，我父亲奉命从抗日前线返川继承“甫系”（刘湘号甫澄，故称刘湘系统为甫系）职掌，统率了刘湘留川的5个师、2个独立旅和6个保安团，继续和共产党保持联系。

1938年夏，中共代表董必武、林伯渠、陈绍禹因去汉口参加国民参政会，途经成都，到永兴巷我家里同父亲会晤。董老等阐述了中共的抗日救国方针和统一战线政策，以及团结地方力量，坚持抗日，反对蒋介石的对日妥协投降的策略。父亲也把川康反对蒋介石的兼并控制的情况和川军新编两个集团军开赴抗日前线的经过作了介绍，并明确表示拥护中共持久抗日的方针，反对向日妥协投降。

1939年4月，周恩来副主席路过成都，父亲通过张曙时，罗世文、郭秉毅的联系，在父亲的高参乔毅夫的寓所长发街32号宴请周恩来，参加宴会的有张曙时、罗世文，张秀熟、钟体乾、乔毅夫、张斯可等人。宴会后，周恩来单独向父亲分析了国内外的形势，指出国际上反德、意、日轴心的大联合正在形成，国内日军占地过广，兵力分散，沦陷区人民开展了敌后游击战，减轻了国民党正面战场的压力，为长期抗战，争取最后胜利创造了条件。希望川康朋友加强自身的团结，去促进西南民主力量的团结。共同反对蒋介石消极抗日、压制民主、排斥异己的政策，共产党在政治上会给予支持的。听了周恩来的精辟谈话，父亲对中共的方针政策的理解加深了，既明确了政治方向，也加强了反蒋斗争的信心。经过这次会谈，父亲直接和中共中央建立了密切联系。

同年6月，周恩来派唐午园（解放后任武汉市副市长）到潘文华部任联络员，父亲委唐为“川陕鄂边区绥靖公署”政治部副主任，与中共重庆代表团经常联系。一年以后，唐被调回中共南方局，以父亲的重庆银行协理的身份，担任中共与冯玉祥、程潜、张澜之间的联络工作。中共又派甘树人前来继续担任联络工作，父亲委甘为绥署中校秘书，以为掩护。

同年夏，董必武。林伯渠在曾家岩我家同父亲和刘文辉会晤。时距日军飞机大肆轰炸重庆不久，“投降论”在国民党当权派中又复抬头之际，这次会晤除谈了要加强川康团结外，董、林二老详细分析了国内外形势，着重阐述了抗战必胜，妥协必败的道理，坚定了潘、刘对持久抗战必胜的信心。

1942年4月家父约王若飞到重庆郊外山洞别墅密谈，以商定双方进一步配合行动。特务头子徐远举跟踪而来，一时要面见父亲，父亲佯称卧病在床，派秘书把徐支走了，仍继续和王商谈。天黑后，父亲用自己的专车，派亲信副官秦佑成将王若飞送回城内。是年六七月间，中央派钱松甫（化名全斌文，当时是重庆八路军办事处电台台长）夫妇到阆中父亲的绥署设置秘密电台，直接和中共联系，父亲委钱为绥署参议，此事只告诉了我的长兄巴山警备司令潘清洲和绥署电务处长宋子丰，并责令他二人负责钱松甫的安全。钱将中共中央的重要决定和新华社的重要电讯等送给父亲过目，并将父亲的意见和要求以及川康军政的动态向中共南方局汇报。这秘密电台设置了三年之久，直到抗战胜利，随阆中“川陕鄂边区绥署”的撤销而撤离，钱氏夫妇安全返回重庆。父亲的幕僚和部属中有不少的共产党员和民主人士，都分别任命为校、尉级军官，或被聘为顾问。原武德励进会（甫系的核心组织）的组织科长田一平是共产党员，父亲任命他为《华西日报》的经理，田又办了《华西晚报》，有不少中共党员在里面工作。随着民主运动的高涨，国民党把《华西日报》和《华西晚报》视为眼中钉，蒋介石要整顿改组《华西日报》，并要求逮捕田一平。父亲随即将田调到身边任侍从室上校机要参谋，保护起来。周恩来在重庆曾接见田一平，了解潘部的情况，要田重视在潘部的工作。中共地下党员负责人之一车耀先被捕后，为了掩护车的秘书聂明生，父亲让聂到仁寿担任他办的文华中学校长，直到解放。父亲又在黔江绥署营救被特务逮捕的刘兆丰、邓照明、谢若英等地下党员安全脱险。

父亲除积极靠拢中共外，还支持民主运动，1944 年经张澜介绍，和刘文辉一起正式参加“民盟”，成为秘密盟员。父亲对张澜长期提供政治活动经费，并介绍几个部属将领罗忠信、彭焕章、潘清洲等参加了民盟。

由于父亲长期与共产党有联系，为共产党作了很多有益的工作，深为蒋介石所忌恨。1945 年抗日战争取得胜利后，蒋下令撤销川陕鄂边区绥署和第 28 集团军总司令，以此来发泄对父亲的不满。但因潘统率有五个正规师，有很强的实力，蒋为了把潘和刘文辉、邓锡侯隔离开，1945 年底，任命父亲为川黔湘鄂边区绥靖主任，驻节黔江，要父亲率领全部武装离开川西，开赴边区。蒋介石派原沅陵“剿匪”总指挥傅仲芳为绥署副主任，又派特务头目范龙骧为绥署政治部主任，对父亲进行监视。继后又搞调虎离山之计，令绥署移驻宜昌，借口内战前线紧张，将潘部几个师分别调到襄樊、武汉等地后，任命父亲为西南军政副长官长住重庆。

父亲虽住重庆，但和刘文辉、邓锡侯始终保持着密切的联系，并通过住在上海的张澜和中共联系，直到 1949 年 10 月回到成都与刘、邓会合；12 月 9 日，刘、邓、潘在彭县以三人名义发出通电，正式走向人民革命阵营，这是他长期同共产党紧密合作并接受党的教育的结果，是他追求光明的必然归宿。

四十年前龙兴寺风云际会举义旗

释正乘

解放前，我是彭县龙兴寺方丈。1949 年 12 月 6 日下午，乔毅夫、乔诚、张斯可三人来寺投宿，乔毅夫对我说：“过一两天你们这里就要热闹了”，我当时不解其意。第二天傍晚，能海法师来寺，要我“好好准备一下，打扫几间房屋，以便迎接客人”。我遵令照办，仍不知究竟。12 月 8 日 9 时，乔诚在我方丈室休息，听到叩门声趋前开门，第一个进来的是邓锡侯，第二个是刘文辉，他们率领军政要员多人来寺，乔诚当即接刘、邓二人进方丈室与能海法师会晤，能海法师又将我介绍给刘、邓二位。邓向我讲：“和尚，我们要在这里操扰几天，昨天刘主席没休息好，你给他安排个住处。”我立即引刘、邓到客房休息，并为刘的同行喇嘛设经堂、云房住下。9 日上午，刘、邓和潘文华的全权代表乔毅夫签发通电令于藏经楼。下午刘、邓等人和能海法师在方丈室客堂会见彭县参议会议长罗雨苍，邓要罗转告县城民众有刘、邓在这里，勿担惊受怕，商店照常营业。10 日上午，潘文华由灌县来到我寺，会同刘、邓去方丈室客堂召开了七八十名高级官员会议，我与能海法师列席在座，刘、邓、潘先后发言，表示坚决拥护共产党领导，脱离蒋介石统治，正式宣告起义，并宣读了毛主席、朱总司令的电文，当时群情振奋，一致拥护起义决定，随后将起义电文张贴于寺内和县城街头。

刘邓潘的义举安定了地方，保护了人民，还带动了一大批国民党军政人员走上光明大道。除驻彭县 263 师徐工刚部及彭县县长刘度、县参议长罗雨苍就地响应，宣告起义外，先后前来投奔龙兴寺参加或联系起义的有董长安、喻孟群、罗广文、侯少煊、罗文谟、陈克非、吕超、邱翥双、陈国栋、李铁夫、严啸虎、冯均逸等人。

自刘邓潘起义电文发出后，龙兴寺要员云集，人员往来频繁。我们僧界在能海法师的指示下，不分宵旰，殷勤接待，安排食宿，在生活上力求做到使大家满意，当时我们认为，为支持起义出力，提供方便，对信教人来说，能免除众生之苦，亦本佛家之人因缘。现在追忆往昔，仍为这点小的贡献感到无限的光荣和振奋。

一九八九年十月

解放军策动我起义*

黄　隐

1949年5月，英雄的中国人民解放军在中国共产党和毛主席等的英明指导下，解放了南京，李宗仁率国民党政府仓皇逃往广州。共产党必胜，国民党必败，已成定局，全国人民无不欢欣鼓舞。但是我作为一个国民党军地方将领，却感到形势不妙，心里惶惧不安。虽然那时候解放军已经公布了“约法八章”等项政策，我也意识到只有投靠人民，才会有自己的出路，可是认识不够，加上又找不到门路，因此心中仍然彷徨不定。当时，部队见我精神如此，他们就更加恐惧，都有各自寻找出路的倾向，我身边的副官秘密地告诉我，谢德堪（即谢无圻）师长经常晚上单独出门，不知到何处开会。

同年8月，我侄儿黄实从南京回成都后告诉我，说南京解放后，他见到了刘伯承司令员。刘司令员叫他回来做我的工作，要我起义，我问他刘的情况。黄实所说的与我所知道的基本相同，而他既是我侄儿，决不至于骗我。于是心中便消除了疑惑，我便把此事告诉了邓锡侯。（黄实返蓉途中在川鄂边境，被孙震部队扣押了一个多月，他说是我的侄儿，孙部才将他放回。）

到了9月，黄实又告诉我，说解放军二野方面派了一个小章（本名周超，化名章浩然——编者注）来与我联系。小章操北京口音，年龄约20多岁，他从川湘公路来蓉的，在川湘边境亦被宋希濂部扣押了两个星期，他说是逃往四川的学生，才获释放。我很高兴，便约定当晚会面。晚上，小章向我交代了政策，并提出了三项意见，要我选择即：放军入川前率部起义；解放军入川后率部起义；若前两项都办不到的话，那么在解放军接近的时候，保证不和解放军打仗，并保证成都和附近地区的工厂、仓库及人民生命财产的安全。

我感到自己力量小，第一条不能胜任，便选择了第二条即解放军入川后率部起义。小章便把电台呼号及密码交给了我，叫我不要把此事告诉邓锡侯和刘文辉。我说：“刘，我没把握，邓，自来不满蒋，我可以策动他与我共事。”

为了保障小章的安全，我给了他九十五军的少校参谋名义，并安置到我弟黄慕颜家住。

在小章来之前，大约是8月份，曾辗转由军部介绍了一个姓宋的教员来见我，这人身穿蓝色长袍，面容健康，留有一字胡，很老练，他是地下工作人员，也向我提出三项要求：(1) 要求我率九十五军同川康其他国民党部队共同起义；(2) 成茂师管区陈怀心的10多个团同意起义，届时要求我九十五军给以掩护，并同意向本军靠拢；(3) 在九十五军辖区及附近地区的人民武装力量，要求我军给以掩护。他再三叮嘱，这是党关心四川人民，也是对你们的信任，应好好完成这三项任务，我均表示同意。须特别提到的是，他希望九十五军最好在9月份宣布起义，我考虑后回答说：“9月份宣布起义太仓促，需要有相当的准备时间，包括军事部署、经济准备、与解放军的联系。同时，最重要的还是一些中上层军官在思想上的准备，这也是最困难的，因为九十五军受反动宣传中毒深，情况复杂、要统一思想，就需要一段时间，值此紧要关头，只有与他们商量，才好发动起义。

于是，我召集全军营以上官兵讨论，主要在这三个问题上统一思想，即：(1) 就在四川顽抗到底吗？（2）拖到松、理、懋打游击战吗？（3）随中央军逃到云南负隅顽抗吗？

大家讨论结果，认为都不好，他们表示："军长怎么干，我们就怎么干。"我知道他们的意思，便说："你们放心，我和邓主任（即邓锡侯）决不会把你们领去'堕岩'"。

接着，姓宋的又介绍了一个姓罗的来与我联系。罗说，他与第二十四军代军长刘元瑄已取得了联系，说刘也同意起义，问我准备好了没有？并嘱咐，特务耳目众多，要特备注意保密，以后照着做就是了，通过同来着的几次会面，一言为定，更加强了我起义的决心和信心。以后在彭县龙兴寺义举时，我又会到过章、罗等人，那是才知道他（罗）姓邹不姓罗。

我还专门设置了一个电台与解放军联系，可是电台接通后密码翻不出来，我们都很着急，便派黄实到贵州去找解放军，他刚到重庆，适逢重庆获得解放，就地向解放军汇报了此事。

起义的军事部署，我是按照当的要求进行的。11 月 30 日，蒋介石到成都，胡宗南部以及其他残部麇集于川西，妄图作垂死挣扎，王陵基也天天叫嚷要解决九十五军。因川西仅九十五军一个军，于是我与刘文辉、邓锡侯于 12 月 7 日即赴崇义桥九十五军驻地准备行动。12 月 9 日，便经由中央在雅安的一个电台和九十五军的电台同时发出起义通电。起义后，原联系人宋 XX 曾向我说起的成茂师管区的陈怀心（即陈鼎卿）也到了彭县，他说他掩有国民党几个团，又说有地下工作人员郭某要他来靠拢。我见他戴着"治总"臂章，便要他在郫县和安德铺一带与周克修团联系。人民武装岷江一支部队也在灌县与九十五军的二二五师（于戒需、彭友朋师）联系上了。

这时蒋介石命令胡宗南在 12 月 5 日攻打九十五军军部及二十四军在成都的部队，妄图用大部队包围彭县。那时解放军以迅雷不及掩耳之势进入川西，遂将蒋、胡几十万军队全歼在川西境内，成都于 12 月 27 日就解放了。我万分激动，深深感激共产党把我从国民党的泥坑中拯救出来，这时的心情，用千言万语也是难以表达的。

* 本文作者原任国民党第九十五军军长。起义后历任人民解放军川西军区副司令员、四川省军区高参室主任、第二、三届全国人大代表、四川省人民政府和政协委员、成都市政协副主席。已故。

我在 263 师起义前后

强兆馥

1949 年冬，我和国民党 263 师师长徐正纲响应川康军将领刘、邓、潘的号召，率领所部参加了三将军在彭县领导的和平起义的行列，和国民党反动派彻底决裂。

抗日战争时期，国民党新编陆军 17 师是驻四川的后防部队。解放战争时期该部奉命开赴湖北襄樊作战。在战场上被解放军击溃，残部回到四川。1948 年又奉命成立 263 师，以新 17 师旅长徐正纲升任师长，团长陈校任副师长，周雪平任参谋长，并遵重庆行营之命，开赴温江地区整补。该部以兰家凤、叶俊辉等三人为团长，分别在内江、温江、彭县等县接收壮丁，1949 年秋初，编制就绪，受命开赴重庆外围驻防整训。同年 10 月解放军经由湘鄂入川，263 师奉命开赴酉阳、秀山前线，受川、鄂、湘防区绥靖主任宋希濂指挥，协同抗拒入川解放军。该部行至酉阳道上，即被解放军拦腰截击，副师长陈校被俘，参谋长周雪平下落不明，部队完全被击溃，官兵有的被俘，有的四散逃跑。当时，师长徐正纲率警卫营正在永川公干，得信后乃去重庆收容残部。后奉命以原新 17 师任过参谋长的强兆馥为副师长，原参谋主任殷振宁为参谋长，副官主任吴拒迷为 789 团团长，原警卫营长黄华升任 788 团团长，开赴川西整补。部队到达彭县之际，两团均已初步整补完成。788 团团长黄华，团附吴默谦，营长祝子全、舒纪德、谢子清。789 团团长吴拒迷，团附强兆悦，营长左煊、强毅、吴默谦。师参谋处长刁洪模（后胡介和），科长沈志伦、张安顺、梁硕蕃，副官主任张明远，军需主任袁泽湘，秘书杨守铭、卿列枢，师部附员洪灿、黄荣光……部队住县城延秀小学，加速部队的充实整理。

1949年12月初，刘、邓、潘三将军在彭县通电起义，我同徐正纲到龙兴寺拜谒刘文辉、邓锡侯两将军，刘向我们说："蒋介石已走上绝路，三大战役都是惨败，现剩余的残部已为数不多，仅白崇禧的少数部队还在湘西，程潜已起义，人心溃散，我们不愿再为蒋介石效忠，决心拥护共产党、毛主席、朱总司令，与蒋介石脱离关系，听命共产党。你们很简单，我要是能够把西康的事顺利结束，就满意了。"我们回来后，想到自己又不是蒋介石的嫡系，出生入死搞了几十年，又是怎么样呢？我还在上海大场抗日负过两次伤，流了鲜血，只未牺牲而已，除了得50元买命的慰劳金而外，什么也没有。我们深感蒋介石独裁统治，四大家族峨冠博带，而倾家荡产者，呼嚎无门。刘、邓、潘三将军地位都比我们高，经受的风浪也较我们大，见多识广，能冒险出成都到彭县宣布起义，我们亦受到不小的教益，拥护起义，对国家、对民族、对自己，都有好处。这不是临敌倒戈，而是当仁不让，对部队官兵和地方父老都有好处。我们即决心率部拥护起义，并听从刘、邓、潘三将军的指挥。于是面告95军黄隐军长，请将263师一并列入通电拥护起义。随即正告全师官兵，正式起义，要听从命令，严守军纪。

当时，胡宗南部队麇集在成都附近各县，传闻将进攻彭县，95军参谋长黄述钧作了预防措施，他商同263师派兵一团进驻蒲阳河大桥附近，隔河设防，126师派部队在新繁向成都警戒。我们跟即命令驻丽春的789团立即前往担任。此时，新成立的辎重营已开往西街城隍庙内，这时由湖北来四川整补的21军汽车大队率大型汽车10余辆和步兵一连，并带有许多新型的工兵器材，无线电通信收发报机两台，由军部科长黄腾、少校副官王维慎率领到彭县，准备开往川北等待其军长王克俊。黄、王二人都是21军前身26师的部属，黄腾还是我的学生，知道我是驻在彭县263师副师长，即要求收编。乃同徐正纲报准刘、邓两首长，收编在263师，以王维慎为263师警卫营营长，黄腾为师部科长。其工兵器材和无线电通信机编入263师辎重营为一个连，以后都随同起义了。我同徐正纲曾亲到军屯检阅过黄华的788团所属部队，我又亲到丽春乡检阅过吴拒迷的789团所有部队和驻城隍庙的辎重营、驻小北街的警卫营，严格督饬整训，充实兵员。所有部队伙食，全系向彭县县长刘度拨公粮支付。

成都解放后，军事代表贾皞一行到达彭县，县长刘度办理移交手续后，263师官兵伙食，即由贾代表拨付。关于薪饷一项暂从缓议。为了安抚军心，即以领得的食米，按市价变卖一部分，发给官兵。

1950年1月中旬，贺龙司令员在成都西顺城街蓉光电影院设宴勉慰成都地区起义部队团长以上军官，263师师长、副师长、参谋长和两个团长都赴蓉出席。贺司令员、18兵团司令员周世第、政委李井泉都在会上讲了话，我们都受到极大的鼓舞。起义部队的兵团司令罗广文、董宋珩和王缵绪等也讲了话。

同年2月初，驻广汉的解放军42军军长刘忠，发布263师部队于一周内开赴广汉接受整编的通知，部队即按时由彭县向广汉出发，我和徐正纲乘汽车经成都转广汉，与62军185师师长涂则生、参谋长朱刚会见，商定部队全部开往广汉的南丰场，跟即进行整编。263师所部改编为185师一个独立团，仍由原263师788团黄华任团长。全师军官除师长、参谋长跟即赴成都18兵团所组织的军官高级研究班外，校级团、营长和连、排长各分别选入指定的训练班学习。我则带参谋人员数人任185师第一副师长。政委孔庆彪对人态度极为和蔼。不几日我感到徐正纲与我是一同起义的，他被送到成都学习，我却留任副师长，恐有人背后议论，乃向涂师长要求军部亦将我申送到18兵团高级研究班学习，他们勉励我说：第一副师长很不容易啊！当时我还是坚持，遂准带武器卫士一名前往军官高级研究班学习。不久，并入重庆歌乐山西南军政大学高级研究班，合编为1、2、3三个部，共12班，每班12

组，经过8个月时间，于1951年11月毕业。大多数分拨到西南工兵司令部和炮兵司令部学习和工作，还有一小部仍留校学习，以后亦遣回原籍。我被分拨到炮兵司令部。

【故事传说】

二龙村的凉水井

彭县利安乡二龙村有口井，相传很久以前，这井是苏老汉家的。他用这口井的水来烤酒。

一年瘟疫流行，很多人都倒了床，医生开的单子都有醪糟酒做引子。

苏老汉两口子，前半辈子也是穷人。他们把家里的酒都拿出来还不够。为了救人，老两口连更宵夜的烤酒。

有一天，八仙路过这里，晓得了老两口的善心，就来成全他们。汉钟离取下葫芦，把酒倒进他家的井里。

半夜，两口儿起来扯水烤酒，忽然闻到满井酒香。扯一桶上来，蘸来一尝，简直跟他们烤的酒一模一样。

第二天一早，老两口儿就叫大家来拿酒，很快就把瘟疫治住了。

时间长了，这两口儿就起贪心了：凡来拿酒的人，都要先交钱。过了100天，他们叫儿子先把酒打起。老俩口子一个管卖一个管收钱。不到几年，这家人就肥了。他们越是有钱，就越心狠。

周围一转的人都说："你家财星高照，井水都卖成钱！"

苏老汉叹了气说："要是再出点糟子喂猪就更好了！"

八仙转来了，周围的人都说苏老头变了。汉钟离一听，马上把他的酒收回葫芦，留下四句打油诗：

天高不算高，人心比天高。

井水卖成钱，还嫌猪无糟。

从那以后，苏家井里的水再也没得酒气气了，跟原先一样。人们就叫它"凉水井"。

何绍基拜师

清朝咸丰皇帝那阵，四川学政何绍基有一次到彭县来主考。考试完了，他随手抽看了几份卷子，见篇篇文章都有味道，字也写的很好，心头很高兴。知县趁机说："卑职很羡慕大人写的字，望大人赐给我一联。"何绍基想了一下，拿起笔来，写了"天雨不润无根草，春风笑纳有志人"的对联给他，大家看得拍手直叫好。

正在学政写字时，从考棚外走进来一位穿着很不讲究的老人。他看了看学政写的对联，额头皱了下，显出不满意的样子走了。大家见他这样失礼，感到很不安逸。何绍基却满不在乎，大有"宰相肚里能撑船"的气度。何绍基的官不小，书法在当时就很有名气，怎么能让一个穷酸的老人当众侮辱自己呢？只是因为他从老人眼中看出他是个内行，加上知县在场，才没有发火。

学政从南城回衙门。走到南街酱园门前，猛然看见酱园里边的正中砖墙上写着一个半间房子大的"酱"字，不由地吃了一惊，他急忙进去细看，那"酱"字象颜体、欧体、又象赵体。真是集各家的长处，自成一体。要把这样大的字写的有骨有肉，活灵活现的，真了不起啊！学政暗暗佩服，问知县："这字是哪个写的？"知县见学政大人这么爱好书法，说："就是刚才那位陈礼南先生"。"啊！别的地方还有他的字吗"？有，前面的"一元堂"、其他街的"庆余堂"、"江夏长"和"巨川源"字号都是他题的。"何绍基马上跑过去都看了，才回衙门。

第二天，学政大人吩咐知县请陈礼南吃晌午。知县一听，心头又高兴又担心。他晓得，陈礼南家住成都府。父亲是个私塾老师，他从小爱好学习。长大好打抱不平，得罪了不少当地有钱有势的人，五十岁时在成都住不下去了，才逃到彭县来卖字为生。因为他爱与推车、抬轿的穷苦人打堆，穿着又不大讲究，大家就叫他陈烂人。他敢说话，肯帮助人，字又写得好，就受到大家的尊敬和爱戴，陈礼南到彭县后从不跟当官的、有钱的人家打交道。

事到临头，知县只好实话说了："大人，这陈礼南生性要强，从不和衙门里的人来往。要想他进府，就得上礼相请啊。大人，你看咋办?""这还用问吗?"何绍基有些不高兴了。知县立即吩咐师爷说："抬轿子去请，切记不要喊他陈先生。要尊称他陈老师，就说大人请陈老师吃晌午。"

过了一会儿，衙役们抬着空轿子回来说："陈老师在文庙写字，他说不得空来"。知县听了，生怕学政说他不会办事，忙说"我亲自去请。快给我准备轿子"。

学政说："我也去"。

知县不晓得学政为啥非要亲自前去，心头不安地跟着学政来到庙内，只见陈礼南正在殿上用丝茅草绑扎的大笔写字。知县正要上前给陈礼南打招呼，说何大人来了。何绍基忙摆手说不要惊动他。他们轻脚轻手地走到陈礼南身后，见两张方桌大小的竖碑上已写好了一个"戟"字了。正在写"门"字。学政大人专心的看陈礼南写的字，确实比自己高明些。哪晓得写到最后一钩时。那只大笔没劲了，何绍基惋惜地叹了口气。就在这时，陈礼南右腿一抬，脚尖正踢中笔尖，笔尖向上一挑，"门"字的一钩钩得恰到好处。"妙!"何绍基喊出了声。

陈礼南一转身，见是学政，没开腔，照旧写他的字。知县急的直给他递眼色，何绍基像没事似的，说："陈老师真是神笔啊!"陈礼南见学政说话诚恳，才回答一句说："不敢当!不敢当!老汉在鲁班门前弄斧，失礼了，还望包涵!"说完埋头收拾笔墨，何绍基怕他走了，再也顾不得什么了，忙说："本官很佩服老师写的字，特来求教的啊!"陈礼南是个有度量的人。他看到学政是诚心向他请教的，就说："难得大人有这份诚心。大人的书法功底深，只是握笔死了点。功力才没全施展出来。""啊!"何绍基一下子明白了自己的不足，欢喜地叫知县快去拿香火，要正儿八经地拜陈礼南为老师，还请陈礼南回成都府一起做事情。

陈礼南忙说："老朽要想说的都说了。大人只要放得开，不受格格的限制，你的书法无疑是在老朽之上。拜师么，你太谦虚了，还望大人体谅。"说完就走了。

虽说何绍基没拜成老师。他那种谦虚好学的故事至今还在流传。

止马坝

彭县新兴镇附近，原来有一片水沼地，叫双石桥，后来改名"止马坝"。

在明朝崇祯当皇帝那阵，农民军头领张献忠的部下，有个大将军率领起义军来到双石桥，马走到那里就不走了，大将军就下令退出沼泽地住下来。

过一会儿，一个军士来报："外面有个山民要给将军献茶"。大将军听后，传进来。

一个敦敦笃笃的大汉用三尺大的石磨当茶盘，上面放着几个茶碗，顶在脑壳上走了进来。大将军一看，这人身高七尺，腰挂一把五尺长的刀。他轻轻把磨盘端下来，双手捧上："大将军一路辛苦了，小民献茶来了。

大将军接过茶问：" 你是何人?叫什么名字"?

“我是小鱼洞罗原坝的山民，姓杨，名天恩。我们那儿的人叫我给大将军送茶来”。

“请问山中有你这样力气的人还多吗？”

“这点力气，算不了什么！比我力气大的人多得很。”献过茶后，杨天恩手提磨盘走了。

大将军看着他走远了，心里想，这山中有这么多的能人，又遇上沼泽挡路，就传令撤走了。

从那以后，人们就把这双石桥水沼地喊成了“止马坝”。

七星蹄

从前，彭县永定乡岳家山上，有一个杜妈妈。他很会喂猪，白天忙着扯猪草，晚黑把猪草煮到稀溜耙。猪儿很爱吃，个个长得圆溜溜的。

那阵喂猪不兴圈。猪儿满山放。杜妈妈就把煮好的猪食子，提来倒在岩窝头，让他们吃饱些。不晓得咋个的，日子长了，来吃食子的猪一下子就多了。又过了一段时间更多了，杜妈妈也赶不走它们。

离杜妈妈不远，有一家姓赵的两口子屋头也喂了几头猪。白天总是吆出门就不管，猪儿偏偏长得很好！一打听，才晓得是杜妈妈在帮他们喂。他们装起不晓得，又去买了几头回来。有的人看见了，也像赵家那样，买些猪回来放。杜妈妈还是天天照样帮着大家喂。

五瘟菩萨知道这件事后，就给这些野猪打上火印。这年害猪瘟，打了火印的猪都害瘟了。杜妈妈的猪还是长得肥溜溜的。原来杜妈妈的为人，感动了菩萨，在他的猪儿前脚上锥了七个小星星。七星蹄就是这样来的。

牵牛花的来历

从前有两姐妹。爹妈死后只留给他们几分薄地。开春了，他们顶着大太阳，一连挖了几天土，手板上打起了血泡，痛来连锄头都捏不稳。

一天她们挖累了，就在一个大石头下歇间睡着了，侧边那块大石头变成了一个白胡子老汉。笑眯眯地向他们走来，说道：“小姑娘，累倒了，我送给你们一样东西。”就从腰杆上摸出一个银喇叭，递给了姐姐。又说：“翻过这座山，有一条山沟，你把这银喇叭朝沟里一照，就会看到一个黑瓮瓮的山洞。里面有七头金牛。你们去牵两头吧；把银喇叭吹一下，就活一头；吹两下，就活两头。千万记住，你们牵起牛就走，不搞快点儿，山洞就要关门。”说完后。白胡子老汉儿不见了。

两姐妹醒了，姐姐手里硬是有一个银喇叭。他把刚才的事说给妹妹听。妹妹说：“我也见到一个老爷爷”。她们倒信不信的，还是想去看一下。

第二，天刚麻纱纱亮，两姐妹便上路了，翻过一座山，走到一条山沟沟头。姐姐摸出银喇叭，朝山沟里一照。嗨！隔他们不远，真的有个山洞，姐妹两个麻着胆子钻了进去。看到里面有一张石桌子，桌子上放七头金牛。她们好高兴啊！

小妹喊姐姐：“快吹，我们赶两头回去！”

“小妹儿，咋个不多吆几头呢，挨倒我们住的人，也就有牛耕啰！”

妹妹说：“对！我们快回去喊人来帮着吆。”

第三天，姐妹俩带着乡亲们来到这山洞门口，她们进洞去了。姐姐把银喇叭一吹，一头牛就活了，身上几抖，就变成了大牯牛。两姐妹赶啊，吆啊，累得满头大汗，才把它吆出了洞口，交给了等在洞外的乡亲们。后又进去，边赶边吆出了第二头。

两姐妹再一次进洞去，大姐赶牛心切，把银喇叭连吹了几下，石桌上的金牛一下子全活了，她俩赶紧朝洞外吆。乡亲们就等在洞门口给牛穿鼻索。到牵最后一头的时候，牛刚出洞口，两姐妹还来不及奓（恰上声）出洞来，洞门一下子合拢了。洞门外的人搞慌了，使劲打门，可不管咋个弄，也没把门打开，两姐妹就这样被关在了里面。

过了半个月，乡亲们又来到这洞口，他们看了很久，找了半天，才见从石头缝缝儿长出了一条很长很长的青藤，藤上长满了青叶子，开出了两朵银色的喇叭花。

后来，人们为了纪念这姐妹俩，便把喇叭花叫做牵牛花。

天彭金边牡丹

彭县民间不仅有金边牡丹花还流传着金边牡丹的故事。

相传，有一天，一个猎人追着一只黄铿铿的小鹿子。追呀追，他从双松寺一直追到丹景山。小鹿子被猎人追得累来遭不住了，看到一个扛锄头的小和尚进了庙子，就跟着跑进庙子。小和尚名叫金头陀，他听见背后有声响，回头一看，是只受了伤又小又可怜的鹿子，忙把它抱进禅房。这时禅房外面有人喊："喂，师父们，看见一只受伤的小鹿子跑进来了吗?"

金头陀一听，忙跑出来说："我刚才见他朝山那边跑了。"猎人转身朝门外追去。

金头陀回到禅房。忙给小鹿子搽药治伤，又给他喂水吃青草，过了几天，小鹿子的伤就好了，金头陀带它去看他经佑的牡丹花，还一一给小鹿子说："这是白牡丹、那是黑牡丹，是我们丹景山的镇山之宝。这些红的、粉的都不稀奇，要是有金边边的牡丹花，那就太好了"！小鹿子望着救命恩人，象听懂似的点着头，一会儿飞一样的跑了。

又过了几天，金头陀在牡丹坪上栽花。这只小鹿子跑来了。嘴里衔着一棵牡丹花苗苗，金头陀好不喜欢说："小鹿子，这真是金边边牡丹花吗?"小鹿子点了点头，金头陀就马上把它栽到花坪上。隔了两年，这花就长出好大一丛嫩鲜鲜的枝叶，开出又大又香又好看的镶着金边子的牡丹花来。年年3月的勘花节，许多游人专门上山看金边牡丹。金边牡丹就这样出了名。

后来皇帝老倌知道了这回事，就叫丹景山的和尚年年开花之前送些去。这样丹景山的金边牡丹就越传越远，它的故事也广泛地在民间流传开了。

公鸡和凤凰

从前公鸡和凤凰是一对好兄弟。公鸡是弟弟，凤凰是哥哥。每天一早。凤凰总是飞到湖边上梳妆打扮；公鸡忙着下地捉虫虫，把捉到的虫虫堆起来，伸起颈项大声喊：凤—哥—哥，来—吃—虫—虫—喔—"

天上，年年都有一次彩衣节。玉帝发下圣旨叫飞禽些推举一个代表参加。大家一致推公鸡，还催他早点儿去，趁节日没到游转一下天上。公鸡不分白天黑夜的赶路，饿了啄些虫虫吃。走夜路时，不小心撞在岩上。把他的老壳碰出血了，绯红的血凝在脑壳顶上，慢慢就变成了一个红冠冠。

公鸡总算赶上了彩衣节。玉帝亲自给他一件金晃晃的彩衣，还动手穿在它身上，又问它还有啥子要求。公鸡说："庄稼要成熟了，我要赶回去捉虫虫。好好报答玉帝。"

凤凰看见公鸡穿着漂亮的彩衣回来了，就要它把天上的事摆给自己听。公鸡一五一十地给哥哥摆了。凤凰很想穿弟弟的彩衣，还想到天上去看看。它想：我和弟弟的样子差不多，天上的人认不出来。就把这想法说给弟弟听。公鸡起先不答应，看到哥哥一再要求也就只好答应了："你不要在天上耍久了，快去快回。”

凤凰穿上彩衣。走出门，就轻飘飘地上天了。神仙些赶忙出来迎接他它。后来还陪它到处游玩。

时间一天天过去了，公鸡不见凤哥哥回来。它就站在窗前，望着天空大声喊：“凤哥哥快回来！凤哥哥快回来！凤—哥—哥—快—回—来—喔”

从此，人们再也见不到凤凰了，只听到公鸡天天早晨叫哥哥。一声接一声地唤他。

贪心的猎人

从前，有一个猎人上九峰山沉香岩打猎。刚一拢，他的两根猎狗一下就叫唤起来，朝沉香岩上首一棵树子跑去。等他追上去，狗的身子一挨那树子，就不动了。他看见草笼笼头有一只獐子，等他追上去，獐子几晃就看不到了。他正在找的时候，传来几声凤凰叫：“乒邦乒邦，下蛋四角四方。不息它林它树，专息仙树沉香。”他才晓得这是一棵沉香宝树。难怪树子上息凤凰。他想，只要得到沉香树和金凤凰，这辈子就不愁升官发财了，他把枪搁在一边，挽起袖子，围着树子把打鸟的网张开。凤凰见他在铺网，一下子就飞走了。他想，就只得这棵沉香树也算有运气。就从腰杆上扯出斧头，蹬起八字脚使劲的砍。说来也怪，他花了好大的力气，砍空了那边，这边又长来生住了，他累得满头大汗，整了半天那树子硬砍不倒。他正在发气，那只獐子一下子钻出来了。他不要命的追去，眼睛一黑就不晓得事了。

等他醒过来。好容易才从崖底下爬起来，一看猎枪、猎狗、沉香树、金凤凰都不见了，他只好提着那根拴狗的铁链子。蔫拖蔫拖地下了山。回去后得了一场大病，后来他就瓜头瓜脑的。一天到头嘴巴头只晓得念：“乒邦乒邦，下蛋四角四方。不息它林它树，专息仙树沉香。”

老抠

从前有个老抠，把三个儿子都惯蚀坏了。一天，老抠要死了，问守候在他身边的儿子：“我，我，死后，你们咋个发丧?”

老大是个酒坛子，忙对爹说：“爹，你放心去吧，你死后我找一床破烂席子把你裹起来，趁半夜三更，背到乱葬坟头埋了。省下的几个钱，拿去买壶酒供在你老人家灵前，让你慢慢享用。”

“败家子，酒鬼!”老汉边骂边摇头。

老二是个烟鬼，忙上来安慰说：“爹，等你升天后，我把你甩到茅坑头，沤烂当大粪卖成钱，换盒烟放在你灵前，让你天天闻到烟味。”

“败家子，烟鬼!”老汉气得直蹬脚。

老三是个赌棍，上来劝说：“爹，不要气嘛。你死后，我把你老人家摆在门外案桌上当瘟猪儿肉卖，卖了钱再去把输的钱捞回来。”

“赌鬼儿啊，捞回来就不要再赌了。”老抠说完就闭上了眼睛。隔一会儿，他又醒过来了，张开嘴巴，指着喉咙管对老三说：“卖喉咙管时，注意里边有一个钱。那天，我在路上捡到的，看到失主转来找了，我就赶紧把它包在嘴里。哪晓得这钱一滑，就卡在我的喉咙上，去不去，来不来的，要了我的命。记着抠——出——来——。”

马夫与粮绅

从前，有三个粮绅，一个姓汪，一个姓王，一个姓望。一天，三个邀约起骑马出去转要，还找了三个马夫。走在路上，粮绅对马夫说：“今天我要考考你们，问啥子就答啥子，不准说粗话和不吉利的话。没有说对就不给钱。”三个马夫一商量就答应了。

走不多远，姓汪的粮绅指着一个挑粪的老农问他的马夫：“老汉挑的啥东西？”

马夫说：“黄参汤！”另两个粮绅点头称好。

又走了一截，姓王的指着一乘滑竿问他的马夫说：“那是什么？”

“风摆柳！”

汪、望二粮绅也点头说妙。

刚说完，他们又听见一阵唢呐声，见一队披麻戴孝的人走过来，那个姓望的指着问他的马夫：“这是啥子？”

马夫说：“叮当会送逍遥杠！”

三个粮绅齐声说：“妙极了！”走到擦黑，又见一农家失火，三人又问马夫：“你们说那是什么？”

三个马夫答道：“屋放光！”

回到家中，三个马夫累恼火了，就向三个粮绅要工钱。三个人齐对马夫说：“想要工钱，还得把今天看到的，作一首诗。”三个马夫逗了耳朵过后，一个马夫就吟起诗来：

三位财主汪王望，
顿顿喝的黄参汤；
出门坐的风摆柳，
回家睡的逍遥杠；
一年一次叮当会，
两年一回屋放光；
三位粮绅来年见，
你喊爹来他喊娘。

三人一齐点头称赞。

三马夫拿过工钱，走了。

三人想了一会儿，才一下子醒豁了：“哎呀，这三个奴才，在咒骂我们呀！”说完气得吹胡子瞪眼睛。

附 录

一、文 存

1. 批复

中华人民共和国民政部
关于四川省撤销彭县设立彭州市的批复
民行批〔1993〕232 号

四川省人民政府：

你省一九九三年八月二十六日《关于撤销彭县设立彭州市（县级）的请示》收悉。经国务院批准，同意撤销彭县设立彭州市（县级），以原彭县的行政区域为彭州市的行政区域。

一九九三年十一月十八日

四川省人民政府关于
同意撤销彭县设立彭州市（县级）的批复
川府函〔1993〕754 号

成都市并彭县人民政府：

成府发〔1993〕26 号请示收悉，经省政府同意并报国务院批准，同意撤销彭县，设立彭州市（县级），由省直辖，以原彭县的行政区域为彭州市的行政区域。省政府委托成都市代管彭州市，原有的一切关系不变。

一九九三年十二月一日

2. 请示

中共彭县县委　彭县人民政府
关于撤销彭县设置彭州市的请示
彭府发〔1991〕204号

成都市民政局：

党的十一届三中全会以来，在成都市委、市政府领导下，彭县的经济建设和社会事业不断向前发展，但是现行的县级行政管理体制已经不能适应当今彭县进一步发展的需要。经彭县县委、县政府多次认真研究，决定申请撤销彭县，设置成都市的县级卫星城市——“彭州市”。

现将撤县建市的有关问题报告、请示如下：

一、彭县撤县设市的条件与优势

（一）彭县自古即为经济文化繁盛的彭州

（二）彭县具有得天独厚的地理环境和自然资源

（三）彭县已形成较强的综合经济实力

1991年，全县预计实现国民生产总值11亿元，工农业总产值18.46亿元，工业总产值12亿元，乡镇企业10.06亿元，财政收入6129万元，农民人均纯收入831元，分别比1980年增长1.36倍、1.95倍、3.54倍、8.61倍、2.52倍、2.45倍。改革开放10年来，彭县在成都市县（市）中显示出较强的经济实力：一是财政上缴逐年增加，10年来共上缴市财政1.46亿元；二是年均提供平价商品粮超亿斤，10年来共提供10.89亿斤；三是已形成装机容量达8.86万千瓦的发电能力，居全国县级装机发电能力之首，已进入全国农村初级电气化县行列；四是已形成供（送）天然气能力达30万立方米的管网直通成都市区，待我县鸭子河深井出气后，将日供成都市10万立方米；五是国民生产总值，国民收入的发展规模和交通运输业的客运量与货运量在成都市县（市）中名列第一，工业总产值和乡镇企业总产值分别名列第四。

（四）彭县经济结构具有四大特色

——农业基础较为稳固，商品生产基地发展壮大。农业综合立体开发不断发展，分别形成了国家级、省级或市级的小麦，瘦肉型猪、彭州柚、速生丰产林、食用菌、中药材、商品鱼、商品蔬菜、奶牛、水禽肉兔和蚕桑等11大商品生产基地，其产品批量大，商品率高。尤其我县被列为全国商品蔬菜生产基地县后，蔬菜种植面积已达15万亩，年总产量3亿多公斤，外销量达1.25亿公斤，铁路蔬菜运输量占全国的1/10，居全国县级第二、西南第一。

——工业发展初具规模，一批产业形成优势。全县工业已初步形成以医药、机电仪表、冶金、化工为先导，建材、食品为支柱，能源为基础以及轻工等4个层次8大行业40个门类的发展格局。不少行业的发展规模，在成都市工业发展中有着举足轻重的地位和作用；一是早已成为成都市年产80万吨水泥及其制品的建材工业生产基地；二是被省政府命名为食品工业县，食品工业总产值已过2亿元；三是已成为成都市重要的电、气、煤等能源生产供应的重要基地；四是成都市的以中成药和原料药为主体的医药工业生产基地；五是随着三益炼钢厂的建成，将逐步形成年产12万吨优质合金钢的能力，成为成都市重要的冶金工业生产基地之一。

——市场繁荣，商贸活跃，集散吞吐能力大。近几年，我县加强了商业网点和几个大型专业批发市场的建设，仅今年在商业网点建设上就投资了近3000万元，使县城市场更加繁荣，流通更加活跃，商品和农副产品集散吞吐能力成倍增长。1991年，全县社会商品零售总额达4.82亿元，集市贸易成交额达2.16亿元，均居成都市县（市）的前列。

——三线建设基地巩固，带动促进了彭县经济发展。彭县是全国全省重要的三线建设基地，现有中央、省、市属的企事业单位电子工业部三十研究所，国营亚中无线电厂、5719工厂、锦江油咀油泵厂、四川省碳素制品厂、四川省彭县铜矿、四川省中药厂、成都市湔江水泥厂、成都市湔江化工厂、成都市地方铁路局等25家。20多年来，这些建材、电子、冶金、机械、能源、医药、化工等工业企业和科研单位在彭县得到巩固和发展，并同彭县建立了广泛的联合与协作关系，联办了一批企业。最近我县正在同部分大中型企业商谈几个大的联合开发项目，必将进一步促进彭县经济的发展。

（五）彭县对外开放取得显著成绩

（六）彭县基本具备县级市的设市规模

——四大指标达到县级市的条件。目前，彭县总人口为74万人，每平方公里人口密度为520人，其中：（1）非农业人口达37.83万人，且具有城镇户口的非农业人口已达11.17万人，分别占全县总人口的51.25%和15.13%；（2）县城非农业人口已达12.43万人，属城镇户口的非农业人口已达8.12万人；（3）全县人均财政收入103元，上交支出占财政收入40.8%，社会总产值中农业产值仅占29.8%；（4）现县城已建成围城8.1公里的二环路，该路以内形成城区建设面积9平方公里。

——县城的市政基础设施较为完善。（1）交通四通八达。以县城为中心向外辐射，形成了省道、县道为骨架，36，2条铁路横贯东西和南北的交通运输网络。（2）能源供应显示优势。城区不仅保证城市工业用电，而且县城居民用上了电热，全县人平年用电300度左右，仅今年已获7.3万立方米的天然气用气指标，保证了城市生产和生活用气。（3）自来水供应和排污能力较强，城区铺设供水管网7600米，县自来水厂日供水量已达2万吨，自来水普及率达95%，满足了城市的工业用水和居民用水，城区排水沟，污水管网和其他通道联网，纳污面积扩展到新城区，还有1座日处理污水8000吨的水质净化站，系全省县城第一站。城区垃圾和粪便的清除、运输、管理形成了较强的体系。（4）通倍发展迅速。在全市率先实现农话、市话一体化，并进入全国直拨电话网。今年自动电话装机容量已扩大到2000门，并正在建设50门的自动移动电话站。

——县城的市政建设已达到县级市的基本要求。彭县县城建设贯彻建设新区和改造旧城并进的方针，县城面貌日新月异。目前已初步形成一条长2.5公里，宽30米的新街“金彭大道”，这条大道横穿城区东、西，成为这座城市的中轴线，经过整治和改造的老城4条大街，已成为全城繁华的商业区和居民住宅区；城内34条小街小巷也得到整治，都铺上了水泥路面，全城街道总长21409米，面积51.25万平方米，铺装道路人均占有6.31平方米，仅今年动工，明年将建成的各类建筑总面积就达14万平方米。城市绿化工作得到加强，全城绿化面积17.2万平方米，人均达4.39平方米。

——县城文化、体育、教育、医疗等社会事业的完备符合县级市的条件。（1）从文化体育设施来看，兴建了图书馆、博物馆、体育场、青少年宫、工人俱乐部、老年活动中心、电视台等，改建了2座电影院，正在兴建彭州娱乐城和占地200亩的丹城公园。（2）从教育上看，有大学2所（成都师专和四川大学分校），中专2所，完中8所，职中2所和乡镇以上重点小学38所，城区基本实现了9年制义务教育，全县高考升学人数连续4年居全市郊县第一。（3）从医疗卫生保健上看，城内有县级医院4家，镇办医院2家，初步形成了三级医疗卫生网络。去年建成的日本北海道——彭县同位素检测医院，达到了国际先进水平。

二、设置“彭州市”已势在必行

1. 撤县设市有利于加速彭县经济和社会的发展。

2. 撤县设市有利于增强成都市在彭、什、汉经济区域的竞争能力。

3. 撤县设市有利于把彭县建成成都市名符其实的卫星城市。

4. 撤县设市有利于把彭县建成合格的战时大城市人口疏散基地。

三、建设彭州市的规划与设想

（一）彭州市经济和社会发展今后10年的目标、思路、战略与任务

（二）彭州市城市建设的基本构想

中共彭县县委

彭县人民政府

1991年12月28日

3. 文件节录

中共彭县县委　彭县人民政府

关于八九年农业生产实行集团承包的意见

彭委发〔1989〕19号

彭县农业在中央、省、市的正确领导下，坚持深化改革，发展农村商品经济，已经取得了很大的成绩。在灾害较多农资短缺的1988年，农业总产值按不变价计算比上年增长1.5%，生猪出肥增长9.1%，农村人平纯收入增长23.6%，农副产品收购总额增长24%，乡镇企业总产值增长40.2%。

在整个农村经济持续向前发展的形势下，由于种种原因，粮食总产量却连续两年下降，值得引起我们的高度重视。因此，今年农业战线的主要任务是突出抓好粮食生产。要认真贯彻落实中央、省、市、县的农村工作会议精神，采取各种有力措施，千方百计使今年全县粮食总产量增加2500—3000万公斤，完成市委、市政府下达的任务。为此，县委、县政府研究决定，彭县1989年的农业生产，要组织各方面力量实行集团承包，配套服务，用奖惩办法考核粮食总产量。现特作如下安排：

一、集团承包人员的任务

1989年全县农业生产的各项任务，已由县人民政府向市人民政府进行了承包。县上向市上承包的任务由县集团承包人员共同完成。主要考核今年全县粮食总产增加2500到3000万公斤，结合考核农业总产值要增长5%，农村人平纯收入要增加49元。

二、对县集团承包人员的奖惩原则

若完成全县粮食总产增加2500万公斤，则对集团承包人员人平奖励200元；若完成粮食总产增加3000万公斤，人平奖励250元；若没有完成任务，则按比例扣发奖金；如无不可战胜的特大自然灾害减了产，人平应惩50元。

三、落实各乡镇的承包问题

各乡镇要建立农业承包小组。由乡镇党委书记、乡镇长、分管农业的领导、工作组长和下乡农技干部组成。党委书记任组长。这个小组向县集团承包领导小组承包1989年农业生产各项任务，特别是

粮食增产任务，并签订承包责任书，实行奖惩挂钩。由县集团承包领导小组下文制定考核标准。年终严格考核坚决兑现。

四、农业有关部门的职责

县集团承包领导小组，要向直接为农业服务的单位下达1989年农业生产的服务项目任务。也要把任务同奖惩挂起钩来。年终在完成任务后，县上出奖励政策，单位自己筹集奖金进行奖励。

中共彭县县委

彭县人民政府

1989年3月30日

中共彭州市委　彭州市人大
彭州市人民政府　彭州市政协
告全市人民书
彭委发〔1993〕64号

同志们：

在彭州市进入历史新起点的关键时刻，我们向全市各级干部、人民群众通报有关撤县设市的一些主要情况和设市后建设振兴彭州的初步思路。

今年十一月十八日，中华人民共和国民政部以民行批（1993）232号文件正式批准撤销彭县设立彭州市。至此，彭县结束了自明代洪武十年废州设县以来616年的县史，迎来了彭州设市这个新的起点。

彭州建市是来之不易的。为了适应彭县经济发展的要求，我县在1991年提出建市设想，1992年正式向上级申报，在此期间，全县各级领导班子和75万人民共同努力，积极做好争取建市工作，仅短短的两年时间，我县的经济实力便迅速增强，各项指标均达到了建市的要求。现在，我们的美好愿望终于变成了现实。市委、市政府研究决定，十二月二十八日隆重召开撤县设市庆祝大会。并在当天举行飞船航空表演、彩车方阵、游行、足球比赛、露天电影、文艺演出、燃放焰火等活动。届时，我们将邀请中央、省、市、友好区县的领导和关心支持彭州发展的各部门、各单位、各企业的新老朋友及国际友好人士和台港同胞来我市观光、指导，同我们一起共谋建设振兴彭州市的大事。为此，我们要当好东道主，全力以赴做好各项准备工作，以高度的热情，周到的接待，整洁的市貌，热忱欢迎从各地前来的嘉宾、朋友。

彭州市的建立，是中共十四大和改革开放的丰硕成果，是中央、省、市对我县的关怀和鼓励，是四大班子带领全县人民群众艰苦奋斗的结果；彭州市的建立，是彭县历史发展的一个里程碑，是彭县冲出盆地走向全国，走向世界的新起点；彭州市的建立，是上级领导对我们过去工作的充分肯定，表明彭县已上了建市的台阶，形成了市的规模，同时又给我们提出了更高的要求，要求我们今后的各项工作都要以市的格局考虑，高起点、高标准；彭州市的建立，将扩大我们的对外影响，提高我市的知名度，增大我们的投资吸引力；彭州市的建立，将促进我们的工作重点来一次转移，在稳定农业基础地位的前提下，把精力更多地转向搞好城市的建设和管理，大力发展工业和乡镇企业，进一步活跃商业贸易，以繁荣的城市来带动全市农村经济发展。

彭州市的建立，将成为我们进一步深化改革，发展经济，做好各项工作的巨大推动力。我们要认真找差距，挖潜力，发挥优势，创造优势，拓展新思路，开创新局面。我们建市以后面临的经济建设的任务是：九四年实现国民生产总值20亿元，工农业总产值43.3亿元，乡镇企业总产值65亿元，粮食总产量39万吨，财政收入在九三年基础上增长12%，农民人均纯收入增加150元，达1150元，城镇居民生活费收入增加300元，达2500元。要努力办成几件人民群众盼望的大事：一、加快旧城改造步伐，年内竣工工程面积14万平方米，对市区四条大街进行拓宽、整治；二、年底前完成第二自来水厂一期工程；三、春节前完成彭关公路建设，年内完成彭汉、彭什、彭安路扩建的部分路基工程；四、新建教职工住宅80套；五、扶贫3000户，脱贫1200户；六、年内建成血防综合大楼、防疫检验综合大楼。

为了实现上述目标，我们要对外更加开放，广交朋友，本着平等互利的原则，以更加优惠的条件增强吸引力，多渠道、全方位地开展横向联系，借天下之财，为繁荣彭州经济服务。要切实加强社会主义精神文明建设和民主法制建设，进一步解放思想，更新观念，转变作风，振奋精神，深入学习社会主义市场经济理论，不断提高政策水平和决策水平。要加强各级党组织的自身建设，坚决做到“经济要繁荣，党政干部要廉洁”，全心全意为人民服务，多办实事。要不断加强宣传、导向的作用，努力强化全市人民的城市意识。

同志们，在建设彭州市的道路上，我们才开始出征，任重而道远。我们将带领全市75万人民继续发扬艰苦创业，勇于改革，大胆开拓的精神，为把彭州市建成为成都北面重要的商贸物流中心，工业交通重镇和旅游度假胜地而奋斗！

中共彭州市委　彭州市人民政府
关于进一步加快乡镇企业发展与提高的通知
彭委发〔1994〕54号

一、扩大开放、拓展联合，千方百计加快发展

要加快乡镇企业的发展，除立足自身努力外，尤其要充分利用外部条件，扩大开放，发展自己。经验证明，闭关自守，关起门来搞经济建设是不可能成功的。正如小平同志强调指出：“不开放就发展不起来。”只有坚持大开放，才能实现大发展。各级党政组织要把扩大对外开放、招商引资、引项、引人才作为加快发展乡镇企业的一项战略性工作来抓，切实加强对外开放的领导力度和工作力度，认真贯彻彭委发〔1994〕31号文件《关于下达1994年引资引项目标任务及考核办法的通知》精神，千方百计全面完成市委、市政府下达的目标任务。各乡（镇）、村和企业要主动出击，发扬“四千”精神，“八仙过海，各显其能”，进一步加大“三引”、“三背靠一面向”的步伐，把发展与境内市属以上企业以及拓展与境外企业、大专院校、科研单位的全方位大引进、大联合作为重点，有目的地分期分批走出去，采取“有钱自己办，钱少合伙办，无钱腾出地方引别人来，自身条件差就拿到环境好的异地办”的措施，切切实实引进来。通过大引进、大联合的立体辐射和牵动，形成集体、个体、私营、股份合作、企业集团等多形式、多层次、多格局整体推动竞相发展的局面。

二、加大投入、狠抓重点，大力发展规模经济

全市上下左右要用改革的精神，把握市场经济的脉搏，用市场经济的新观念、新思路，把国家宏观调控作为加快乡镇企业发展与提高的一次难得机遇，利用市场的牵引拉动，采取行之有效的办法，多渠道集资、融资、引资，搞好产品促销，组织力量促收欠款，最大限度提高资金使用效益，千方百

计克服资金严重紧缺的困难，增强企业发展后劲。要下大力气抓好规模型企业和支柱产业的发展，努力促成“高科技、大规模、外向型”格局的尽快形成。在抓好今年列入成都市的9户重点企业规模、水平、效益大提高的同时，全力以赴突出抓好三益轧钢厂、濛阳弹簧钢板厂、天彭氯化稀土等一批规模大、科技含量较高的重点大项目的建设，确保年内竣工投产。大力促成庆兴与冶炼厂、九尺与烧碱厂等国有大项目的联合嫁接。涉及重点企业和项目的乡镇，主要领导要亲自挂帅，派出专人具体负责，一竿子插到底。根据项目和企业实际情况，市上采取一个项目（企业）一个政策的灵活运作方式，为企业发展创造良好的支持体系。

三、相对集中、连片发展，开辟整体推动新路子

为了充分发挥和利用彭州市资源优势，进一步优化乡镇企业布局，按照经济合理的原则，把乡镇企业发展与小集镇建设结合起来，相对集中、连片发展。为此，制定以“两城”（彭州市乡镇企业城、利民私营经济城）为窗口龙头，以七镇（九陇、丽春、隆丰、九尺、濛阳、军乐、敖平）率先建立“乡镇企业发展小区”为支点的全方位推进战略，开创一条以城带区、以区促片、整体推动的新路子。市委、市政府决定：“彭州市乡镇企业城”起步区规划在致和乡境内的成彭路两旁，北起泰柏板厂、南止界牌并向东西两侧延伸，占地面积3—5平方公里；“利民私营经济城”起步区规划在西郊乡来寿村、花盆村境内，北临二环路，南至铁路，东临火车站进站路，西至安彭公路，占地面积约1000亩。同时，为了确保“两城”尽快启动，打开局面，加快建设步伐，市委市政府决定组建“彭州市乡镇企业城管理委员会”。“管理委员会”对“两城”实行统一领导、统一指挥、统一管理，并行使市一级行政、经济管理权和市政府授予的其他职权，依照国家法律、法规、政策以及省、市有关文件精神，全权负责“两城”内总体规划、发展战略、产业布局、开发方向、环境保护、招商引项、经济协作和联合等工作。

九陇、丽春等七镇，要根据自身的实际情况，有领导、有规划、有步骤地进行“乡镇企业发展小区”建设，努力改善送投资环境，加快招商引资、引项、经济协作和联合的步伐，并同实施“乡镇企业东西合作示范工程”结合起来，千方百计吸引投资者和合作伙伴共谋发展，使乡镇企业发展和小城镇建设互相促进，共同提高到一个新水平。作为“四川省百镇试点镇”之一的九陇镇和列入成都市20个后备小城镇试点的丽春镇，“乡镇企业发展小区”建设要走在前列，起好示范带头作用，分别搞好300亩的小区开发；隆丰、九尺、濛阳、军乐、敖平作为彭州首批“乡镇企业发展小区”建设重点乡镇，要尽快制定出发展规划和实施方案，年内全部完成各项报批手续并开工建设。

中共彭州市委
彭州市人民政府
1994年7月15日

中共彭州市委　彭州市人民政府

关于大力发展个体、私营经济的决定

彭委发〔1994〕27号

进一步放宽政策，为个体、私营经济的大发展创造宽松的环境

1. 放开经营主体。支持党政机关、企业、事业单位在转变职能、转换经营机制过程中分离出来的富余人员，离休、退休、退职人员，企业、事业单位停薪留职人员和其他可以从事第二职业的人员，

以及城镇待业人员、农村村民从事个体经营或开办私营企业，或到个体、私营企业就业。

2. 放开登记条件。凡在彭州市申办个体私营经济实体，持本人身份证或户口簿即可经工商行政管理机关核准发给营业执照。个体工商户的注册资金按申报数额核准，不再提供资信证明。科技人员申办科技开发、咨询服务业的私营有限公司，私营企业组建有限责任公司，可适当降低注册资金数额标准。除法律、法规、规章明确规定实行专项审批和许可证的行业外，其他任何部门规定的专项审批和许可证，一律不作为工商登记的依据。有专项审批和核发许可证权的部门，必须在接到申请后的十日内，提出审核意见。具备一定规模的个体私营企业，经工商行政管理部门批准，可以冠省、市的行政区划名称。

3. 放开经营范围。凡是法律、法规、规章未禁止个体工商户、私营企业经营的产业和商品，个体工商户和私营企业都可以经营。允许一业为主，多种经营。鼓励兴办科技型、外向型、生产型私营企业。允许有条件的个体工商户和私营企业与工商行政管理部门或其他部门、单位联办，或独资办市场。

4. 放开经营方式。个体工商户、私营企业可以多形式、多渠道从事跨行业经营或综合经营，或从事批发业务。鼓励个体工商户、私营企业跨地区、跨行业、跨所有制开展横向经济联合，互相参股经营。允许个体工商户、私营企业承包、租赁、购买、兼并国有、集体企业，特别鼓励购买、兼并亏损或停产、半停产国有、集体企业。允许有条件的私营企业或个体工商户作为股份公司的发起单位，招股组建股份公司。鼓励具备条件的私营企业组建企业集团。

鼓励个体工商户、私营企业与外商和港、澳、台商合资、合作办企业或承揽来料加工、来样加工、来件装配，从事补偿贸易。鼓励私营企业和个体工商户通过有进出口经营权的企业联合或延伸进出口经营权的方式，开展边境贸易或国际贸易业务。支持具备条件的个体工商户和私营企业到国外经商办企业。

5. 放开价格管理。个体工商户和私营企业可以根据市场机制自行确定商品的购销价格，实行随行就市。

6. 欢迎外地个体、私营企业到彭州市投资经营或兴办企业。有关部门要尽量简化手续，给予方便。

7. 鼓励个体工商户、私营企业不断扩大生产、经营规模，其扩大规模部分享受新开办个体工商户和私营企业的优惠政策。

8. 从事高新技术产品开发和产品获得省以上优质称号的私营企业，生产出口创汇产品或有出口潜力的私营企业，市政府给予奖励和扶持。对符合安置残疾人员的有关政策规定的私营企业，可按民政福利企业的有关政策规定给予减免税照顾。

9. 凡在彭州市兴办的个体私营企业，同国有、集体企业和乡镇企业等一样，享受全市鼓励发展经济的优惠政策。

兴办个体私营企业，地方税收部分的所得税免征二年，减半征收三年；增值税的地方所得部分免征一年，减半征收一年。对个体工商户实行定额计征税额时，由税务、工商、个体劳协等单位联合评估，尽量做到科学合理。

个体工商户、私营企业内部的各项基金提留、购买专利、引进人才、引进先进技术、引进外资所花费用和社会性支出，允许税前列支，列入成本。

个体私营企业购买亏损或停产、半停产国有、集体企业，可减免有关税费。

兴办私营企业，可采用征用、出让、转让、占用等方式取得土地使用权，使用面积不受限。其征地费用视项目类别、投资规模、兴建区域和地段不同分别作价，并给予最大优惠。

兴办私营企业所需电力，购电权费全免，变压器贴费、增容费按国家政策标准减半计收。所需生产、生活用水，按120元/立方米一次性计收自来水配套费。所需生产用天然气，按150元/立方米一次性计收天然气资源开发费。水、电、气价与市内用户相同。涉及通信，除设备及配件费外，其他施工费、进网费提供10%的优惠。

逐步改革城镇户籍管理制度，允许农民进城务工、经商，发展第三产业。

10. 多渠道筹措个体、私营经济发展基金。个体工商户、私营企业在银行、信用社开立账户、申请贷款，实行同贷同息，存取自主。对符合条件的个体工商户、私营企业的贷款申请，金融部门要尽量给予支持。金融部门应在总体投资规模中安排切块资金，支持个体、私营经济的发展。

个体劳动者协会和私营企业协会经人民银行批准，可以组建资金服务社。有条件的乡镇也可以经过批准试办互助储金（基金）会。

11. 鼓励个体、私营企业到“彭州利民私营经济开发区”经营，或投资办企业，或从事房地产开发。在开发区内经营、投资办企业、从事房地产开发，享受经济开发区优惠政策。

中共彭州市委

彭州市人民政府

1994年4月8日

中共彭州市委　彭州市人民政府
关于完善土地承包责任制　加强农民负担管理的意见
彭委发〔1995〕57号

一、结合全市农村实际，完善土地承包责任制

按照川委办〔1995〕6号文件关于“完善耕地承包制的具体办法，由各地根据实际情况和群众意愿确定。但不论实行哪种办法，都不能动摇现有的承包格局，不能打乱重来”的要求，根据全市大部分地区，土地仍然是最基本的生产资料，农民仍视土地为赖以生存的命根子，人地矛盾仍较突出的实际，完善土地承包制宜用“大稳定，小调整”的办法。这次全市调地的人口以1995年9月30日基数为准。并实行一定4年不变，一次性签订承包合同书的办法。在4年内实行“增人不增地、减人不减地”的政策。

二、推行土地经营目标管理制度，改革农民负担分摊办法，调动农民种地的积极性

农业生产合作社应在坚持农户自主生产经营的前提下，制定土地的经营效益目标，用地养地目标，并定期检查。在村社集体经济有一定实力的地方，应当逐步实行土地补偿制度，鼓励农户对土地投入。凡因对中低产田土进行改造，新修、维修农田水利和水土保持设施以及其他有效投入（包括劳动积累）而提高地力的，均应立账记载，并按规定酌情给予补偿。对土地粗放经营，弃耕丢荒和掠夺性经营的，要加强教育，个别情节严重，经批评教育仍不改正的，集体应收回其承包地另行安排，并依法给予一定的经济处罚。

为了减轻经营承包地农民的负担，保护种田农民的积极性，应积极探索改革农民负担分摊办法。将过去提留、统筹全部按承包地分摊的办法改为人地共同分摊。具体分摊办法为；集体提留作为土地承包费纳入土地承包合同管理，并实行一定4年不变；乡统筹费由乡上向农民发给“明白书”并按户

口在本乡的农村人口分摊下去，（山区提留、统筹费可全部按人口分摊），使交出承包地但户口仍在本乡的外出农民也承担发展社会公益事业的应尽统筹义务。由于同一乡镇的各村经济发展有所差异，农民的收入水平也不尽相同，各乡镇应根据各村的农民人均纯收入多少，确定其负担的数额；有条件的乡镇、村社，还应积极探索按一、二、三产业和不同收入层次分别收取提留、统筹的负担分流办法。具体集体提留、统筹费的定项限额按成委办〔1995〕25号文件，以1995年农民负担金额为基数，以乡镇为单位，每年每人负担增长金额控制在3元以内，各乡镇制定提留、统筹费标准时，应广泛征求各方面意见，标准确定后报市农业局审批；再由乡镇人代会讨论，通过后按规定的项目、标准提取、使用。实行“定项限额总额控制、一定4年不变”的办法。

三、建立土地承包经营权流转机制

农村集体土地承包经营权的流转，是家庭联产承包责任制的延续和发展，应纳入农业承包合同管理的范围。在坚持土地集体所有和不改变土地农业用途的前提下，经发包方同意，允许承包方在承包期内，对承包标的依法转包、转让、互换、入股，其合法权益受法律保护，严禁擅自将耕地转为非耕地。土地承包经营权流转的形式、经济补偿方式，应由双方协商，签订书面合同，并报发包方和乡农业承包合同管理领导小组备案。在承包经营权转让时，必须保护耕地者的权益，债务人不得以土地抵顶债务。

在二、三产业比较发达，大部分劳动力转向非农产业，并有稳定的收入，农业社会化服务体系健全的地方，在充分尊重农民意愿的基础上，可以采取“集体反承包”、“股份合作制”以及农户间的“自主转包转让”等多种形式，发展农业的适度规模经营。

在坚持家庭联产承包责任制长期稳定的基础上，要不断完善和健全双层经营体制，鼓励和引导集体经济组织逐步壮大经济实力。

四、要认真处理好几个具体问题

1. 人口增减变化的处理。每户承包土地总数以户共同经营，以后新增加人口在合同期内不增加承包地，剩余劳动力向乡镇企业、多种经营、二、三产业转移。减少人口在合同期内不减承包地。在4年合同期内，无论增、减人口所承担的承包费及承担的劳务不变。

因重点工程建设和自然灾害造成土地减少，人地矛盾特别突出的地方，经多数群众同意，报乡镇人民政府批准，也可用“动账不动地”的办法解决人、地的突出矛盾。

2. 计划生育保健地的处理。按有关政策规定，年满14周岁的独生子女不再享受优惠政策。对现年满14周岁的独生子女，在这次签订土地承包合同中，应收回保健地重新安排。若在新合同期内满十四周岁的独生子女，则采取在该合同期内不动地的原则，每份保健地一年交60元，用于补给新增加的独生子女优待，当年不能补足的，在土地承包费中列支解决。收补有余的收归集体，待收补不足的年份使用。

3. 自带口粮到城镇入临时户口的人口，其承包地可以转包，也可以交给合作社统一安排。由自带口粮到城镇入户的人自行决定，但必须向合作社备案明确承包义务。

4. 已毕业分配工作的大、中专学生，其承包土地按减少人口处理，即在4年承包合同期内承包关系及权利、义务不变，待4年承包合同期满后，收归集体。

5. 对农转非人口的处理，户口从合作社迁走后，应将承包地及自留地交给合作社作统一安排。

6. 对义务兵承包地的处理，按彭州市军人抚恤优待的有关实施细则，应保留其承包地、自留地，由其亲属代耕。

7. 对超生二胎，并已作处理的，在年满7周岁后，按当年增加人口处理。

8. 对劳改、劳教人员的土地安排问题，按成府发〔1987〕90号文件规定，对判处5年以下（含5年）的案犯，留下其承包地及自留地，由乡镇政府指派村民或其亲属代管，使之安心改造，释放回去后，有家可归，有地可种。

中共彭州市委
彭州市人民政府
1995年8月14日

中共彭州市委　彭州市人民政府
关于命名来寿等106个村为“基本实现小康村”的决定
彭委发〔1995〕21号

小康建设是我国二十世纪九十年代农村工作的主题，是全体农民的共同心愿，是实现农业现代化、集镇城市化、城乡一体化的重要动力；是振兴农村经济，发展高效农业，富裕农民生活的重要标志。1994年，市委、市政府按照“稳粮、增收、奔小康”的工作思路，依据成都市委、市政府要求全市在1997年基本实现小康的规划，结合彭州市实际，制定出“二、三、四、一”小康工程建设计划。通过树立典型，广泛发动，狠抓建设，全市上下形成了想小康、干小康、奔小康的热潮。各乡镇党委、政府因地制宜，科学规划，扎实工作，对规划达标的村加大建设力度。各规划村党支部一班人思路清晰，目标明确，带领广大群众积极参与小康建设，在市级各部门的密切配合下，加快了全市小康建设的进程。市农村小康建设领导小组组成验收组，按照国家规定的17项小康标准，对规划村进行了全面验收。全市1994年共有106个村基本实现小康。经市农村小康建设领导小组审查同意，报市委、市政府研究，决定对来寿等106个村命名为“基本实现小康村”。

中共彭州市委
彭州市人民政府
1995年2月15日

中共彭州市委　彭州市人民政府
关于下达一九九六年引资、引项目标任务及考核办法的通知
彭委发〔1996〕32号

一、考核及奖惩办法

“双引”任务继续纳入部门、乡镇的目标管理考核范围，年终由市委、市政府目标督查办分别归口进行考核，根据“双引”任务完成程度给予奖惩。

1. 目标挂钩奖惩：以目标管理奖总分100分为基准，加分与扣分均不超过5分。超额完成任务的适当加分，未完成任务的适当扣分，予以奖惩。

2. 政策鼓励奖：即按彭委发〔1995〕58号文的政策规定计奖。引进成功 项申报 项，经会同有关部门审定计算奖金后，报经市分管领导批准。其奖金原则上由受益单位一次性付给。

3. 表彰贡献奖：根据各单位“双引”贡献程度由市委、市政府表彰奖励。

二、考核依据

考核任务资料，由市政府经协办发表向下有任务单位收集，并负责审查汇总，将其经过审查的部门、乡镇报表资料，分别提供给各归口目标督查办，以作任务考核奖惩的依据。计奖的申报证明材料，由各承担任务单位向经协办申报，再由经协办将审查汇总的任务考核和计奖方案，一并报送市委、市政府作为表彰奖励依据。

中共彭州市委

彭州市人民政府

1996 年 4 月 18 日

彭州市人民政府

关于对四十家私营企业五户个体工商户实行挂牌重点保护的通知

彭府发〔1998〕127 号

一、收费重点保护

1. 被重点保护的“彭州市天恒仪表成套有限公司”等四十家私营企业、五户个体工商户由市个体私营经济领导小组授予“重点保护企业”牌匾和证书，并制发“企业交费登记卡”，一户一卡。

2. 在国家税收和地方税收以外缴纳的行政事业性收费、各种形式的集资和赞助、募捐和其他摊派等经济负担，实行先登记后支付的办法。任何单位和部门向企业收费、集资、募捐和摊派都必须填写“登记卡”。

3. 被重点保护企业按照“登记卡”制度，正确行使权利，严格履行义务：一是企业有权要求收费单位出示物价部门颁发的《行政事业性收费许可证》；二是有权要求收费单位开具财政部门统一印制的行政事业性收费专用收据；三是有权要求集资收费单位出示批准文件；四是有权要求收费单位在“登记卡”上登记收费项目、收取金额并签字。收费单位拒不签字的视作乱收费处理。企业要建立健全内部监督约束机制，严格执行财务制度。

4. 市级有关单位和部门必须根据有关法律、法规，严格执行收费项目及标准，取消不符合国务院、省政府规定和未经批准的收费项目及超标准、超范围收费，禁止“搭车收费”。任何单位和个人都有权举报和揭发向企业乱收费、乱罚款和各种摊派行为。对因乱收费、乱罚款和各种摊派等造成恶劣影响、后果严重的要追究主要责任人和当事人的责任，视情节轻重分别给予党纪、政纪处分；对触犯法律的，要依法移送司法机关处理；对顶风作案、私分财物、贪赃枉法、打击报复举报人以及刁难并使企业生产受到严重损失的单位和个人，要依法从重处理，并赔偿其损失。

二、能源方面的重点保护

对重点保护四十家私营企业和五户个体工商户，供电、供气和供水部门，要重点调度，优先满足他们的需求，确保企业生产经营正常进行。对拖欠电费、气费和水费的，应报告市个体私营经济领导小组办公室，协调解决，不得随意拉闸、限电以及断气、断水等。以此确保被重点保护的四十家私营企业和五户个体工商户，集中时间、精力和有限资金，搞好生产经营，加强管理，不断提高经济效益和社会效益，并带动全市个体私营企业为彭州经济的发展做出重大贡献。

一九九八年八月三十一日

中共彭州市委　彭州市人民政府
关于迎接西部大开发推进彭州新发展的意见
彭委发〔2000〕13号

“西部大开发，彭州怎么办?”新年伊始，市委、市政府领导即围绕这个主题，多次聚集一起进行认真研究和讨论，并就如何根据省委提出的“追赶式、跨越式”发展任务要求，迅速融入西部开发大潮提出了推进彭州新发展的若干意见。

一、迅速掀起一次思想大解放、观念大更新的热潮。

二、突出重点，发挥优势，争取在西部开发中大有作为。

三、以项目为载体，扎扎实实搞好招商引资工作。

四、开展优质服务，着力营造宽松经济发展环境。

随着招商引资竞争的加剧，进一步改善投资环境尤其重要。除了继续抓好硬环境建设外，最关键的是要狠下功夫抓好软环境建设，以优质服务为手段，大力营造经济发展宽松环境。要切实修订和完善招商引资的各种政策措施，坚决取缔一切不利于经济发展的条条框框，坚决杜绝“门难进、脸难看、事难办”等不良现象，坚决禁止“乱收费、乱摊派、乱罚款”等不良行为，积极在彭州工业开发区、风景旅游区和白水河温泉开发区进行“无费制”试点，真正为外来投资者提供便利高效的优质服务。要积极做好投资项目的跟踪服务，严格兑现所承诺的各项优惠政策，严格规范各类行政执法，避免重复交叉检查。政府对部门收费实行稽核审批，统一标准，张榜公布，取消上下限，让全社会公开监督管理。在迎接西部大开发推进彭州新发展的过程中，各级领导干部要带头发扬党的优良传统和新时期创业精神，自觉转变工作作风，积极深入实践，研究新情况，解决新问题，努力强化服务意识，努力提高办事效率，实实在在地让外来投资者感到高兴和满意。

五、完善制度，运用政策的力量广泛调动一切积极因素。

1. 要进一步修订和完善引资金、引项目、引技术、引人才的各种奖励政策，工作一经落实，及时兑现奖励；同时，要积极探索从企业新增税收中提取一定比例的金额在一定期限内直接奖给对此项工作有贡献的单位或个人，以不断强化激励机制。2. 要大胆学习和借鉴外地引项兴办企业的成功经验，研究制定适合全市情况的新措施和新办法，把物质利益同引资引项者的具体行动直接联系起来，鼓励他们利用亲戚朋友等社会关系为彭州经济发展多办实事多做贡献，以不断强化利益驱动机制。3. 对兴办企业涉及的有关职能部门要实行政务公开，亮证办公，挂牌服务，把政府行为置于社会公开监督之下，严禁一切“拖拉、推诿、扯皮”现象，一经出现，公开曝光，严肃处理，以强化监督机制。4. 要大胆发现人才、启用人才，对贡献突出的技术人才和管理人才可以采取企业配股的形式来体现他们的利益报酬，也可以实行超过一般职工（职员）数倍工资的年薪制；同时，对外经、外贸、外语和旅游等方面的领导干部、专业人才实行全社会公开招聘，择优录用，工作业绩与工资报酬挂钩，以不断强化人才脱颖而出机制。5. 要善于运用法律的武器积极保护企业和投资者的合法权益，对外来投资者和有突出贡献的专业人才实行法律援助，对重点企业和纳税大户实施挂牌保护，对纳税500万元以上企业试行“零费制”，坚持禁止一切不利于企业发展的行为和现象发生，以不断强化保护机制。

中共彭州市委
彭州市人民政府
2000年3月14日

彭州市人民政府
关于加快推进国有企业改革的决定
彭府发〔2000〕50号

一、指导思想、原则和目标

（一）指导思想

全面贯彻落实党的十五大和十五届四中全会精神，结合彭州市实际、大力推行以“股份制、兼并、出售”为主要形式的改组改造。加快国有资产的流动和重组。

（二）基本原则

1. 企业改革要与建立现代企业制度相结合，使企业真正成为自主经营、自负盈亏、自我约束、自我发展的法人实体和市场主体。

2. 企业改革要与调整完善所有制和经济结构相结合，促进企业资产的合理流动和资源配置的优化。

3. 企业改革要与改组、改造和加强管理相结合，实现企业经营机制的转换和整体素质的提高。

4. 企业改革要与减员、减债和增资、增效相结合，建立自主用工制度、新的分配制度，形成员工能进能出，管理人员能上能下和分配能高能低的新机制。

5. 企业改革要与因企施策，一企一策、多制并举相结合，实行分类指导，分步实施，整体推进。

（三）改革的目标

从现在起，力争用2年左右的时间，实现国有企业改制总目标。通过进行改组、改制，建立起与社会主义市场经济体制相适应的现代企业制度；基本完成全市经济结构的调整，实现企业经营机制的根本转变。对全市支柱产业的重点骨干企业，在完成公司制改造的基础上，通过培育、扶持，发展2~3家，年销售过亿元、利税上千万元的股份有限公司或大集团。

各部门要按照总目标的要求，制定出本系统的具体改革目标：工交系统在不超过2年的时间内，完成所有国有企业的公司制改造或兼并出售；商贸系统通过2年左右的时间，完成粮食流通体制的改革和其他商业企业（商办工业）的股份制改造或产权转让；文化、教育、卫生等其他系统以及进行公司制改造的公用事业也必须强化改革工作，完成改制任务；没有企业改革目标任务的相关部门要按照全市的统一部署，支持配合完成企业改制目标。

二、改革的主要形式

（一）公司制改组。企业资产评估后，由职工出资，社会法人和个人入股，按照《公司法》的要求，规范地改组为有限责任公司，个别符合条件的，可改组为股份有限公司。原企业的生产经营性净资产可有偿转让给职工或股东；也可以折成股份，债权债务全部由新企业承担。同时，要大力鼓励债权人将债务转为股份。在实施中，要实行股权相对集中，并鼓励经营者持大股。

（二）组建集团。优势企业利用自身的产品、资金、技术等优势，通过兼并、收购其他企业，或向其他企业参股，也可通过划转授权委托经营等方式，形成企业与企业间以资产为纽带的母子公司体制主体，按《公司法》要求，组建为集团公司，实行集团化经营。

（三）兼并与合并。按照企业自愿和政府引导的原则，支持和鼓励优势企业以承担全部债权债务和安置职工的方式，对企业实行兼并或合并。对国有企业之间进行兼并或合并，资产可实行“0”划转；非国有企业兼并国有企业，在妥善处理好职工安置、债权债务等问题后，国有资产实行有偿划转。

（四）分立重组。将难以整体搞活的企业中的部分有效资产从原企业中分离出来，同时承担相应的企业部分债务、职工安置，依法组建成新的具有独立法人资格的法人实体。分离出来的企业必须按照现代企业制度的要求，建立新体制，实行新机制。

（五）股份合作制改组。企业资产评估后，由全体职工共同出资入股，组建为股份合作企业，原企业的经营性净资产有偿转让给职工，债权债务全部由新企业承担，职工为新企业的股东，又是新企业的职工。

（六）资产出售。企业资产评估后，在处理好企业债权债务，妥善安置好职工的基础上，采取协议价或"竞价"的方式，将企业全部资产出售给市内外法人和个人。也可以对企业部分资产进行出售。

（七）破产重组。对少数长期亏损，严重资不抵债，难以救活的企业，按《破产法》及有关法规要求，实行依法破产。

（八）歇业解散。对个别连续亏损、扭亏无望，无法继续生产经营，又不能依法实施破产的企业，在妥善处理好退休职工、对在职职工实施一次性经济补偿安置的基础上，逐步处理好债权债务，按照有关规定，实行歇业或解散。

企业改制后，职工均不再保留原有身份。实施公司制改组和股份合作制的原企业职工同新企业按有关规定和双向选择的原则签订新的劳动合同关系。

二〇〇〇年四月十日

中共彭州市委　彭州市人民政府
关于开展全市农村税费改革工作的通知
彭委发〔2001〕21号

一、农村税费改革工作的重大意义和指导思想

二、农村税费改革工作的基本原则

（一）从轻确定农民负担的原则。

（二）国家、集体、个人三者利益兼顾的原则。

（三）规范化、法制化和简便易行的原则。

（四）税费改革和其他改革配套进行的原则。

（五）局部利益服从全局利益的原则。

三、农村税费改革的主要内容

农村税费改革的主要内容是"三个取消、一个逐步取消、两个调整、一项改革"。具体为：取消乡镇统筹费，取消农村教育集资等面向农民收取的行政事业性收费和政府性基金、集资，取消屠宰税；逐步取消统一规定的劳动积累工和义务工；调整农业税和农业特产税政策；改革村提留征收使用办法。

四、农村税费改革的有关配套措施

（一）认真治理涉农收费项目，建立健全农民负担监督机制。

（二）积极开展乡镇机构改革转变乡镇政府职能，精简机构和人员。

（三）加强农村基层组织建设和民主建设。

(四) 完善乡镇财政体制，规范乡镇、村之间的分配关系。

(五) 规范征收行为，加强农业税的征管。

中共彭州市委

彭州市人民政府

2001 年 4 月 6 日

中共彭州市委办公室　彭州市人民政府办公室
关于成立“创建全国无公害农产品（蔬菜）生产示范基地县（市）”领导小组的通知
彭委办〔2001〕77 号

随着我国加入 WTO 进程的加快，我国农业产业结构将作重大调整，彭州市蔬菜产业将面临严峻挑战。根据农业部《关于在全国创建无公害农产品（种植业）生产示范基地县活动的通知》（农发〔2001〕10 号），全市蔬菜被列入第一批全国创建无公害农产品（种植业）生产示范基地县名单。为充分发挥彭州市蔬菜产业的优势，进一步提高商品蔬菜生产基地建设水平和档次，全市必须紧紧围绕市委、市政府“调结构、换品种、创名牌、增效益”的思路，对蔬菜产业进行结构调整，大力发展无公害蔬菜。为切实加强“全国创建无公害农产品（蔬菜）生产示范县（市）”工作的领导，经市委、市政府研究，决定成立彭州市创建全国无公害农产品（蔬菜）生产示范基地县（市）工作领导小组。领导小组具体负责全市无公害蔬菜发展的规划和组织、协调工作，并具体负责全市无公害蔬菜发展计划的落实。

中共彭州市委办公室

彭州市人民政府办公室

2001 年 8 月 28 日

关于城市新区开发建设的会议纪要
〔2002〕5 号

一、城市新区开发建设由市国土资源局、建设局和天彭镇负责实施。

二、城市新区开发建设业主单位为具有法人资格的彭州市土地开发储备中心。

三、城市新区土地开发地价最低为 12 万元/亩，原则上征地付款要快，对征地多、付款快的项目地价可适当优惠。国土局要根据不同的口岸尽快制定出不同土地的底价。除生产性项目以外，凡新增房地产开发建设项目，原则上应纳入新城区范围内规划。

四、城市新区土地开发收益，必须专款专用，不得挪作他用。

五、业主单位彭州市土地开发储备中心要尽快着手征地，并在 4 月底前完成土地开发贷款工作，积极筹措资金，确保各项工程尽快开工。

六、目前已动工的行政办公中心的两条大道必须在年内完成。

七、金彭东路延伸段（二环路红绿灯口—棕树林）加宽改造工程必须在年内基本完成。建设局要尽快制定出扩建方案和规划，划出红线，并切实做好居民住房拆迁工作。

八、行政办公大楼必须保证在 3 月下旬按时招标并开工建设。

九、建设局要在牡丹大道上首侧规划建设一个居民小区，并将居民小区规划纳入城市整体规划，上规模、上档次，避免重复建设。建设局先选好几个点，再由国土、建设部门和天彭镇综合评定，最后定点。

十、建设局要尽快拿出城市新区4个节点的方案和规划，尽快实施。

十一、天彭镇党委、政府要落实专人，配合有关部门搞好城市新区建设的拆迁工作，确保各项工程顺利进行。

中共彭州市委办公室

2002年3月14日

关于加快重点乡镇经济发展的会议纪要

〔2002〕6号

一、初步确定天彭镇、丽春镇、九尺镇、隆丰镇、利安乡、致和乡、濛阳镇、西郊乡等8个乡镇为全市经济发展先一步的重点试范乡镇，为加快全市乡镇经济发展积累和提供经验。

二、由市政府有关职能部门代市政府抓紧制定推进重点乡镇镇域经济快速发展的优惠政策。其中国土方面的优惠政策由市国土资源局牵头制定，主要包括建设用地指标，项目用地地价、土地出让作价权、土地出让金、造地自求平衡等方面；财税方面的优惠政策由市财政局牵头制定，主要包括财政收入基数、3年内新增税收、税收超收部分返还、城镇维护建设税返还、引进或协助引进的项目的产值、税收划分、税收征管等方面；城镇建设方面的优惠政策由市建设局牵头制定，主要包括项目报建、办理“两证一书”、规费收取等方面。

三、国土、财税、城镇建设三方面的优惠政策经市政府常务会和市委常委会研究同意后，以市委、市政府或市委办、市政府办名义分别单独行文。在此基础上，市委、市政府或市委办、市政府办再出台包括推进重点乡镇镇域经济快速发展的激励机制、组织领导与实施等方面的总文件，为切实加快重点乡镇发展提供制度和政策保证。

四、市委、市政府向重点乡镇下达高于非重点乡镇的经济和社会发展目标，主要包括招商引资、工商税收、GDP、城镇建设、农民人均可支配收入等方面。目标的具体分解和下达办法由市委办牵头，会同市政府办、市委、市政府目督办及有关职能部门商定。

中共彭州市委办公室

2002年3月28日

中共彭州市委　彭州市人民政府
关于进一步推进城乡一体化的意见

彭委发〔2004〕26号

一、指导思想和目标任务

（一）指导思想和总体要求。指导思想：以邓小平理论和“三个代表”重要思想为指导，围绕全面建设小康社会战略目标，着眼于打破城乡二元结构，突出加快城镇化进程这条主线，着力统筹城乡规划、产业布局、基础设施建设和社会事业发展，配套政策措施，促进农村居民身份向城市居民身份转变，实现城乡发展一体化。

（二）主要任务和奋斗目标。2004 年，全市城市化率比上年提高 1.5%，到 2007 年，全市城市化率力争达到 25% 以上，农民人均纯收入力争达到 4500 元。

二、推进城乡规划一体化

（一）建立城乡一体规划新格局。打破城乡规划分割的格局，建立城乡一体规划的管理新体制。高起点、高标准、高质量地编制城乡一体发展的各项规划。

（二）抓好城乡一体规划重点。今后 5 年，建成城镇居民安置小区 10 个，规划中心村 28 个。适时调整镇行政区划，整合资源，充分发挥区域中心镇的吸纳和辐射作用。

三、推进城乡产业布局一体化

（一）优化城乡产业布局。工业主要集中在四川省彭州市工业开发区和三邑等工业布点镇，重点抓好“一区”（彭州工业开发区）、“两点”（三邑冶金、湔江水泥）建设，突出发展好现代中医药、精细化工、优质建材、绿色食品四大产业，提高城乡工业化水平。

（二）促进三次产业协调发展。坚持“一二三产业互动、城乡经济相融”的原则，促进城乡一二三产业有机融合、协调发展。

四、推进城乡就业和社会保障制度一体化

（一）建立城乡统一开放的劳动力市场。深化就业制度改革，建立城乡平等、统一的劳动就业管理体制。取消对农民进城就业的限制性规定，逐步建立农民工工资支付监控管理制度，维护农民工的合法权益。

（二）逐步建立城乡基本统一的社会保障制度。逐步建立以养老保险、医疗保险和最低生活保障为主要内容的农村社会保障制度，并与城市社会保险制度接轨。

五、推进城乡基础设施建设一体化

（一）加快城乡路网建设。依托“村村通”工程，着力抓好镇村公路网建设，拓展镇、村水泥（沥青）路的通达深度和广度。

（二）加强城乡水利建设。逐步建立城乡一体化的水资源管理体系，5 年内，完成 2.4 万人的人畜饮水工程。利用彭州冷热水资源，促进全市渔业发展。

（三）加强城乡生态建设。建立城乡一体的污染防治监控管理体系，加大对各类污染源的治理力度。搞好天然林保护，积极发展林业产业，进一步改善城乡生态环境。

六、推进城乡社会事业发展一体化

（一）加强农村教育事业建设。完善农村义务教育管理体制，全面普及九年义务教育和高中教育，建立城乡统一的农村居民转变为城镇居民和进城务工人员子女就学保障机制。

（二）加强农村卫生事业建设。整合城乡卫生资源，探索建立农村卫生医疗事业发展和管理的新模式、新机制，鼓励城市卫生医疗机构拓展农村医疗市场，促进农村卫生医疗事业健康发展。

（三）加强农村文化事业建设。抓好农村公共文化设施建设，保护和开发民间艺术，培育和发展民间文化队伍。

中共彭州市委
彭州市人民政府
2004 年 5 月 20 日

关于国家级高新科技（蔬菜）示范园建设有关问题的会议纪要

〔2004〕13号

4月16日，市委书记、市长召集有关市领导及相关部门负责同志就国家级高新科技（蔬菜）示范园建设有关问题进行了专题研究。会议形成以下决定：

一、市蔬菜办要加大国家级高新科技（蔬菜）示范园的宣传力度，扩大园区的影响力，切实带动群众调整蔬菜种植结构。

二、国家级高新科技（蔬菜）示范园要加大商品蔬菜种植力度，市委、市政府将园区确定为蔬菜定点供应单位。

三、市财政划拨5万元作为国家级高新科技（蔬菜）示范园土地承包补贴，并根据项目建设情况在年底作适当调整。

四、在明年国家下拨项目建设资金结束后，市财政视情况增加园区建设补贴经费。

中共彭州市委办公室

2004年5月10日

二、科学考察报告

《彭县银厂沟、九峰山、葛仙山地区旅游资源科学考察报告·前言》

为了响应团省、市委关于高校暑假“智力支乡”的号召，充分发挥高校雄厚的技术、科研力量，支援小城镇建设，今年暑假期间，成都地质学院团委按团省、市委的统一部署，组织成立了由院副教授刘兴诗、工程师王文才老师为顾问的“彭县旅游资源科学考察队”。考察队根据川城建发〔1985〕规588号《关于我省风景名胜区资源调查的通知》精神，在彭县县委、县政府的领导下，与彭县人民政府组织联合考察，由地院提供技术人才，负责技术工作，彭县人民政府等有关单位提供地方资料，负责后勤工作。

根据彭县县委、彭县人民政府的安排，考察队在全面分析彭县旅游资源的基础上，选择了重点旅游开发区“银厂沟—九峰山和葛仙山”地区为科研考察工作重点。第一次系统地有组织地对这些地区进行了全面考察。

从1985年7月29日至8月20日，考察队在这些尚未开发的、具原始地理特征的旅游开发区里，团结协作、艰苦奋斗，行程千余里，踏勘面积一百多平方公里，取得了一系列开拓性的重大成果。考察队首次系统地调查分析了这些旅游开发区的地质、地貌、自然地理的结构、成因和形成机制；第一次对开发区的所有风景点进行了具体的测量、描述和命名工作，绘制旅游区导游图、旅游区风景图等各种图件，对整个旅游区的旅游资源进行了科学评价工作；并对这些资源开发提出了初步设想和建议。

在此基础上，考察队完成了本辑《彭县银厂沟—九峰山、葛仙山地区旅游资源科学考察报告》。内容包括：彭县旅游资源分析和评价（由省社科院硕士研究生郭金华执笔）、彭县银厂沟—九峰山、葛仙山地区自然地理条件、（由地院硕士研究生颜诗树、地院水文系高年级本科生申天明联合执笔）、旅游资源调查（由地院硕士研究生张诚、水文系高年级本科生何金山联合执笔）、自然景观的形成机制（由地院硕士研究生倪师军、水文系高年级本科生雷明堂联合执笔）等。全篇由钟刚毅、李晓二老师汇综、整理，由王文才、巫晓兵统一校阅。

由于我们这次联合考察时间紧，水平有限，所考察的地区又是一块尚未开发的原始处女地，可供用的资料甚少。因此，这篇报告中的一些结论或个别论点也许有不当的地方，欢迎同志们及时指正。

这次科研考察工作，对振兴彭县经济，丰富人民生活，发展彭县第三产业具有重要意义。彭县县委、县政府对此非常重视，先后听取了考察队三次工作汇报，并且县长段耀华、副县长卿尚福、县委书记骆隆森、副书记龙声荣、县政法委书记张世英、县政协主席杨志林等领导同志都亲自参加考察给予指导。地院副院长、副教授周济元也对考察工作给予多次指示；彭县县委、县政府、县旅游开发公司、团县委及大宝乡和万年乡等有关单位为考察队做了许多重要工作，提供了大量宝贵资料，使这次联合考察得以顺利成功；当地山民也给予考察队热情支持和大力协助；北京大学地理系副教授陈传康老师也到现场参观，提出了很多宝贵意见。在此，我们表示衷心的感谢！

彭县人民政府

成都地质学院旅游资源科学考察队

一九八五年八月

巨型冰川飘砾会“葛仙”

韩同林

四川省成都市以北80公里的龙门山地区，地处青藏高原与四川盆地相接壤的边缘地带。这里的地质构造复杂而奇特，自然景观十分丰富，加之风景优美、气候宜人，长期以来既是国内外地学研究的热点地区之一，又是旅游、度假的好去处。

龙门山地区湔江之东北，分布着大大小小11个所谓“飞来峰”。“飞来峰”在地学上是指一些年代久远的巨大岩体，覆盖在比较年轻的地层之上的地质现象。龙门山的“飞来峰”，是我国著名地质学家赵亚曾教授于1929年首先提出和确定的，认为它们是由于“地球内力构造作用”，一些巨大岩块山峰从很远的地方被搬运而来的。这一观点半个多世纪以来一直为国内外地学界所普遍接受，并在众多研究报告、专著、论文中被广泛采用，也是许多大专院校有关教科书、地质辞典和讨论、研究该区地质构造时不可缺少的典型例子。

1992年，何银武首先发现和报道了其中葛仙山“飞来峰”滑覆到距今约100万~200万年的第四纪早期砂砾石层之上，认为这是发生在第四纪早期的“飞来峰”，并得到有关研究者的支持。为了探个究竟，笔者等于1993年开始，曾先后多次到该区进行实地野外调查，在取得大量第一手资料基础上，通过全面的分析、对比和研究后，初步认定所谓的“飞来峰”，实际上是巨型冰川漂砾。

我们以11个巨型漂砾中的葛仙山为例说明。葛仙山巨型冰川漂砾长约6公里，宽2.5公里，高约200米~300米，海拔高度1000米~1200米，呈西北高东南低格局。分布面积约15平方公里，初步估算，其总重量超过120亿吨，这在目前世界上发现的巨型漂砾中也是极少见的。

组成巨型漂砾的岩石，为距今3亿年左右的二叠纪地质时期在海洋中形成的石岩，是当地老乡烧制石灰和制作水泥的优质原材料。按地层正常顺序，理应是处于下部的地层比较老，向上逐渐变新。但这里由于冰川作用使层序全被倒过来，出现了异常情况：有近3亿年历史的石灰岩巨型冰川漂砾，覆盖在距今仅100万~200万年左右形成的，且尚未完全固结的冰川堆积物之上，或覆盖在距今2亿年左右形成的三叠—侏罗纪地层之上；而其本身又被 100 万～200 万年冰川堆积物所覆盖。如果单从岩石新老看，自下而上形成“新→老→新”的奇特现象。

从岩石性质看，巨型漂砾的上、下为同一性质的冰川堆积物，均来自龙门山脊线附近的基岩，而与其现在附近基岩完全不同。成分异常复杂多样，搬运距离最少在 10 公里以上。夹在这上下两层冰川堆积物之间的岩石——巨型漂砾，却为岩性单一的石灰岩，同样在其附近也见不到这种性质的岩石，且破碎十分严重并又重新胶结在一起，形成巨大的山峰。这种石灰岩目前资料显示，它是来自龙门山主脊线附近及其以北地区，是由冰川长距离搬运才到达这里的，搬运距离超过 10 公里以上，也可以说是通过冰川作用从 10 公里以外地区漂过来的，落到现在的葛仙山一带的岩石上。

冰川漂砾对于广大地学工作者来说并不陌生，就是对“外行”人而言，也常常见到。因为它在冰川发育区可以说是俯拾皆是，随处可见。小的数米、10 余米，大的数十米，数百立方米也常见有报道。但葛仙山巨型漂砾达到 6 公里长、2.5 公里宽、200 多米高，过去还未见到过，也可以说连想都不敢想会是冰川搬运的结果。但客观存在的事实，不得不敦促你去大胆地想，去面对事实和不懈地努力去探索、去研究、去揭开它的奥秘。

如此巨大的漂砾既然是冰川搬运来的，显然不会是规模小的山谷、山麓冰川或冰帽冰川所为，必然是具有巨大规模的大冰盖才有可能。就像现代南极冰盖和格陵兰冰盖那样，属于统一的大冰盖，即整个青藏高原全为厚厚的冰层覆盖之下。

距今约 2 至 3 百万年左右的第四纪早期，全球曾发生一次惊人的降温事件。按照大的气候变动具有全球性的规律，当时在全球范围内，相同纬度、相当海拔高度和相似的地形地貌条件的大陆，都有可能发育大冰盖，即形成全球性泛大冰盖。这个大冰盖的存在，给整个地球带来深刻的影响，而在这一时期也发生了许许多多令我们今天几乎难以置信的事件，形成了种种地质奇观。四川龙门山的巨型冰川漂砾即是大自然留给我们的奇妙景观之一，它为我们探索自然界的奥秘，提供了绝好的材料。

关于青藏高原的隆起对周边地区的影响*

李吉均、方小敏、潘保田、赵志军、宋友桂

前面我们集中讨论了青藏高原 3.6MaB.P. 以来的隆升问题，其实新生代印度板块与亚洲板块碰撞以来隆升是多次发生的，而且影响范围不同。始新世的首次碰撞使冈底斯山隆起形成大片熔岩流，具有岛弧性质的冈底斯山南麓形成磨拉石沉积，藏北红层仍然很细，含大量石膏，说明高原隆升幅度和范围均很小，未能打破纬向分布的行星风系。当时喜马拉雅山并未隆起，故此期隆起几乎没有大的意义。23MaB.P. 以后发生的以主中央断层强烈活动和以花岗岩侵入为标志的喜马拉雅运动第 2 幕十分强烈，喜马拉雅山崛起，遍布青藏高原的古近纪夷平面解体隆升，初步计算可能达到 2000m 的隆升幅度，配合中亚副特提斯海（东端进入塔里木盆地西部）的大规模撤退以及南中国海的大扩张，亚欧超级大陆与大洋的对立激发了亚洲古季风的出现。临夏盆地 22—17MaB.P. 气候变得湿润温暖，湖泊扩展，森林植被很好，这是亚洲古季风盛行的标志。但是，发生在大洋中的事件和发生在大陆上的事件在推动亚洲古季风的形成中究竟何者占了主导地位不得而知，需进一步研究。我们说它是亚洲古季风阶段指的是没有现代意义的冬季风，也即不存在西伯利亚——蒙古高压。安芷生等最近也承认，只有到了 3.6MaB.P. 以后冬季风才兴起并在 2.6MaB.P. 以后大大强化，并把它归结为 3.6MaB.P. 青藏高原最新的一次强烈隆升。由此看来，中外学者的研究终于找到了汇合点。所不同的是我们认为亚洲夏季风的出现比 8MaB.P. 要早得多，至少从 22MaB.P. 即开始。这是刘东生等、施雅风等和金性春等早就指出的。关于8MaB. P. 亚洲及全球的干旱化与青藏高原隆升的关系是一个很有挑战性的问题。临夏盆地孢粉和湖泊地球化学分析表明，8MaB. P. 的干旱化十分明显，但这是一种全球性的现象，北太平洋粉尘记录也出现8MaB. P. 前后有近百万年的高粉尘通量时期，粉尘无疑也来自亚洲内陆同纬度的干旱区。临夏盆地风成石英砂在红层中含量也在8MaB. P. 猛增。陕北高原红黏土（即过去文献中常称的三趾马红土）风成起源现已确认，而且年龄越做越老，达到8.1MaB. P. 。但是，红黏土8MaB. P. 开始出现能代表亚洲季风的始现期或甚至青藏高原的强烈隆升吗？既然东亚夏季风22MaB. P. 即已开始，8MaB. P. 充其量只是强化而已。至于8MaB. P. 青藏高原是否强烈隆起的问题早已引起本文作者的高度重视。固然，临夏盆地确实没有8MaB. P. 高原强烈隆升的信息，但这也许是局部现象。因此，当我们90年代末在酒西盆地开展新生代沉积地层和环境变化历史的研究时就十分注意。结果发现，玉门砾岩沉积的起始年代为3.66MaB. P. ，与下伏的牛胳套组之间有一个大的不整合和沉积间断，缺失5—3.7MaB. P. 的地层，意味着发生了巨大的构造运动及随之而来的侵蚀，这就是前述的青藏运动A幕。与临夏盆地不同的是，下伏牛胳套组含大量砾石层，从沉积相来说8.2MaB. P. 开始从浅湖变成水下三角洲，6.5MaB. P. 后转为洪积扇砾石沉积，代表山地上升在8.2MaB. P. 即已开始，6.5MaB. P. 后山地明显升高。其实，孢粉分析2）说明在11—8.7MaB. P. 之间是一个以柏树为主的森林时期，8.7MaB. P. 之后草本植物成主要成分，代表干旱化开始。根据这些资料，说明祁连山西段8MaB. P. 已开始有隆升，比临夏盆地要早，但并不是强烈隆升。这一现象在六盘山也有响应，鄂尔多斯夷平面断开，六盘山开始上升。看来，8MaB. P. 的隆升是存在的，但绝对不能与3.6MaB. P. 的相提并论。

最近对六盘山以东朝那红黏土剖面所做的粒度分析表明，8.1MaB. P. 以来粒度变化与深海氧同位素变化在4.3MaB. P. 之前相关性很差，无法对比，4.3—3.5MaB. P. 略有相关，可视为过渡期，只是到3.5MaB. P. 之后相关性才显著提高，而2.6MaB. P. 之后连细节都能吻合（图2）。既然承认亚洲冬季风与青藏高原隆起有关，则作为冬季风指标的粒度变化与北半球冰量变化的同步性从3.3MaB. P. 开始正好说明高原在3.6MaB. P. 前后强烈隆升才是全球气候变化的最强烈的信号。近来贝加尔湖钻探计划在湖心位置获得了12MaB. P. 的粒度记录，并用粒度增大代表温暖时期，粒度减小代表寒冷时期。在8.5—8.8MaB. P. 发生粒度的转折，K. Kashiwaya等认为是这时喜马拉雅山—青藏高原隆升诱发印度季风的显示；在5.5—6.2MaB. P. 的回暖期是与临夏盆地孢粉记录一致的；在4MaB. P. 以后粒度出现了频繁的大幅度变化，这必然是与北半球进入冰期相关的。需要注意的是，在12MaB. P. 以来全球变冷、总体粒度减小的趋势下，4—1.2MaB. P. 是明显的粒度高值时期，因此，粒度变化似并不单纯受控于冷暖变化，而必然同时受到上新世晚期以来贝加尔断陷带构造运动增强和地形反差增大的影响。P. Tapponnier等早就提出印度板块挤压的远程效应远至贝加尔湖拗陷带，因此，贝加尔湖记录中对上新世晚期以来的构造响应更加明显。过分强调8MaB. P. 的高原隆升对气候变化的影响是不妥当的。另外，最近对青藏高原东缘龙门山山前地带的地貌和新构造运动研究也说明，大邑砾岩的ESR年龄为2.6—2.2MaB. P. ，基本与玉门砾岩相当，说明龙门山的强烈上升也应发生在3.6MaB. P. 前后。更有甚者，部分大邑砾岩还被主要由二叠纪灰岩组成的巨大推覆体（飞来峰）所推掩覆盖（图版Ò照片2和图3），说明2.2MaB. P. 之后构造运动也极为强烈，这些都是龙门山在青藏运动期间（3.6—1.7MaB. P. ）强烈活动的具体表现（见图3）。

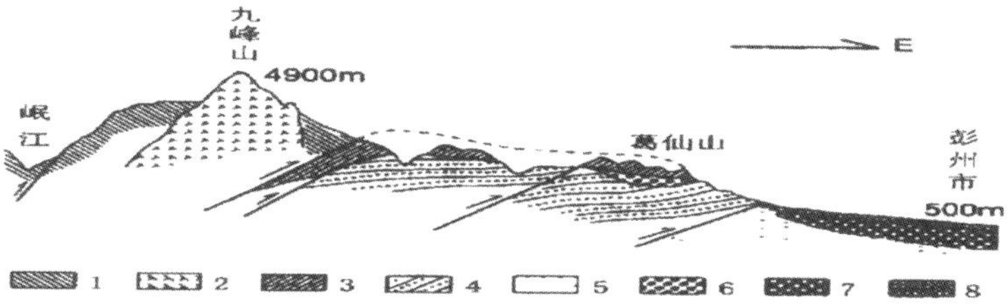

图3 龙门山前构造与地貌关系略图

1. 古生代变质岩 2. 彭灌杂岩 3. 二叠纪灰岩 4. 三叠纪砂岩和泥岩 5. 侏罗-白垩纪泥岩和砂岩 6. 大邑砾岩（2.66MaB. P.） 7. 早、中更新世砾石层 8. 全新世砂砾岩

Fig. 3 Relationship between structure and landforms at front of Longmen Mountains

值得注意的是，M. A. Cane 和 P. Molnar 目前也对 3—4MaB. P. 之间发生在印度尼西亚多岛海的事件给予极大关注，认为正是新几内亚在 5MaB. P. 之前开始的向北移动导致印度尼西亚海道的关闭，从而使赤道太平洋的暖水不能流入印度洋，印度洋表层海水温度降低 2b—3b，这就导致东非的干旱化，古猿从树林进入草原变成直立猿人，他们甚至认为，暖水改道北上使北太平洋增温，导致热带大气向高纬的热量输送减少，从而诱发北半球高纬区在 2.75MaB. P. 进入冰期。看来，无论在陆地或海洋目前都兴起了关注 3.6MaB. P. 发生的岩石圈变动引发大气和海洋环流大调整进而推动全球气候巨变的高度热情，必将推动全球变化的研究向更深的层次发展。北大西洋一统天下的观点正在被动摇，亚太地区受到更大的关注，这对科学来说只能是好事。

最后还值得一提的是，1.2—0.6MaB. P. 发生的昆黄运动使高原进入冰冻圈［1，3］，必将通过大量失热使北半球高纬高山在 0.9MaB. P. 前后冰川大面积扩张，0.1Ma 周期开始在全球成为主导周期，这种反馈机制也应进一步研究。

* 本文节选自《新生代晚期青藏高原强烈隆起及其对周边环境的影响》（《第四纪研究》2001 年 05 期）。

三、“刘邓潘”彭县起义历史文献

1. 起义主要将领

刘文辉

刘文辉（1895—1976），男，字自乾，法号玉猷。四川大邑县安仁镇人，生于1895年1月10日。

原国民党陆军二级上将。在川军中历任团长、旅长、师长、成都卫戍总司令等职。1927年后历任国民革命军第24军军长、国民政府军事委员会委员、四川省政府主席、川康边防总指挥、西康省政府主席兼全省保安司令等职。

解放战争时期加入民革、民盟。1949年4月下旬，刘文辉应中共中央南方局约请，请民盟中央委员曾庶凡全权代表赴香港商谈起义；派参谋长与邓锡侯商量统一川康起义事。1949年8月，刘文辉向周恩来报告起义准备、请示行动。周恩来电告：大军即将西指，积极准备，相机配合，不宜过早招致不必要损失。12月7日，刘文辉、邓锡侯潜出蓉城。12月8日，他俩同微服的潘文华相会于灌县。12月9日，刘文辉在彭县龙兴寺以西康省主席兼第24军军长名义和邓锡侯、潘文华联名向毛泽东、朱德发出起义通电，郑重声明：刘、邓、潘三部从即日起与国民党反动派断绝关系，竭诚服从中央人民政府和毛主席、朱总司令的领导。

1950年6月，刘文辉部国民革命军第24军与中国人民解放军第62军合并，历任西南军政委员会副主席、四川省政协副主席、林业部部长。第一、二、三届全国人大代表、第四届全国人大常委，第一届全国政协委员，第二、三、四届全国政协常委，民革中央常委，民革四川省委第二届委员会主任委员。1955年被授予国家一级解放勋章。1976年6月24日在北京病逝。

邓锡侯

邓锡侯（1889—1964），男，字晋康，道号玉齐。四川省营山县人，生于1889年6月22日。

原北洋政府骠威将军，国民党陆军二级上将。曾先后出任过护国军营长，川军团、旅、师长，国民党部队第28军军长、第22集团军总司令，川康绥靖公署主任及四川省政府主席，西南长官公署副长官等重要职务。

1949年10月1日，中华人民共和国成立后，邓锡侯等人受到蒋介石的冷落、排斥。12月7日，在蒋介石的政治诱骗和军事威胁的步步紧逼下，邓锡侯与国民党西康省主席、第24军军长刘文辉一起秘密离开成都，前往崇义桥（今新都区大丰镇），8日夜转移到彭县龙兴寺，策划起义。12月9日，邓锡侯、刘文辉与国民党西南长官公署副长官潘文华，在彭县龙兴寺联名向毛泽东主席、朱德总司令及全国人民发出起义通电，宣布脱离国民党政权，接受中央人民政府领导。在邓锡侯、刘文辉、潘文华率部起义的配合下，四川省省会成都市和平解放。30日，邓锡侯等起义将领和成都市人民群众一起，热烈欢迎人民解放军第一野战军贺龙司令员，王维舟副司令员率部胜利入城。后历任西南军政委员会委员兼水利部部长、西南军政委员会副主席、四川省人民政府副省长，中华人民共和国国防委员会委员，第一、二、三届全国人民代表大会代表，中国国民党革命委员会中央委员、中国国民党革命委员会四川省委员会副主任委员等职，1955 年被授予国家一级解放勋章。

邓锡侯在任西南水利部长期间积极促成了“官渠堰”（即今人民渠）的建设。1956 年 2 月 7 日官渠堰工程（1 ~4 期）完工，在彭县（今彭州市）谭家场举行盛大通水典礼暨劳模大会。邓锡侯主持典礼，对工程赞不绝口：“官渠堰现在灌田 100 多万亩，是我们以前想都不敢想的，这是共产党领导的结果。”官渠堰的建设结束了“干彭县”的历史。

邓锡侯 1964 年 3 月 30 日在成都病逝。

潘文华

潘文华（1886—1950），男，字仲三。四川省仁寿县文宫乡人，生于 1886 年 10 月 16 日。

原北洋政府植威将军，国民党陆军二级上将。历任川军教导师师长兼重庆市市长、国民党第 7 战区 23 军军长、28 集团军总司令兼川陕鄂边区绥靖公署主任、西南长官公署副长官等职。

1938 年 1 月 19 日，刘湘病逝，其军政权交潘文华掌握。这时潘文华与张秀熟、郭秉义有来往，在重庆与南方局的周恩来、董必武、林伯渠等多次交往。又通过所部中校秘书、地下党员甘树人与共产党长期保持联系。1938 年 5 月，周恩来在成都长发街和潘会晤后，周恩来派唐舞园到潘文华部队建立统战关系。1946 年国共和谈，毛泽东、周恩来到重庆。潘文华见到了毛泽东。蒋介石派特务进行捣乱，潘派人暗中保护毛泽东。其后，潘任西南行政副长官时，潘一直未接受过蒋介石的指挥。这期间与共产党的联系更为密切。西康省电台、阆中电台与延安电台互通情报。

1949 年 12 月 9 日，潘文华以西南行政副长官的身份和刘文辉、邓锡侯在彭县龙兴寺联名发出起义通电，宣布脱离国民党政权，接受中央人民政府领导。起义后，党中央任命潘文华为西南军政委员会常务委员。1950 年国家处于困难时期，潘文华向志愿军捐献寒衣款二千万元（当时币值）。

潘文华 1950 年 11 月 12 日在成都病逝。

2. 大事记

刘、邓、潘起义大事记

刘　德

一九三七年

8 月，毛泽东主席派张曙时以中共中央特派员的名义回四川做秘密工作，同时派李一氓随张返川，建立共产党与刘湘的正式联。一月之后，中共中央又派罗世文以中央代表身份来川与刘湘继续联系。

9 月，毛泽东主席在延安召见张志和，听取汇报川康一些将领的情况后，毛主席要张回四川做刘文辉等人的工作，一是要他们不要作蒋介石的忠实走狗，不要与共产党认真作对；二是要他们在国共战争中守中立；三是最好把他们拉过这边来共同革命。张志和遵照毛主席的指示，回川开展工作。

是年冬，八路军总部驻山西洪洞，邓锡侯率领出川抗日的第二十二集团军也驻此处。朱德总司令应邓邀请，多次给邓部团以上军官讲形势政策，讲游击战术。朱总司令还送邓一匹战马。当时。邓急需军用地图，周恩来把在平型关缴获的日本军用地图送给邓。使邓大为感动。

一九三八年

夏季，中共中央代表董必武，林伯渠、陈绍禹（王明）由陕北去汉口参加国民参政会会议路过成都，分别与刘、邓、潘会晤。董必武给他们讲了党的抗日救国方针，抗日民族统一战线，以及如何团结地方力量坚持抗战，反对蒋介石妥协投降的主张。

4月，中共中央派吴玉章在汉口会晤刘文辉。吴玉章向刘阐述中央“为动员一切力量，争取抗战胜利而斗争”的方针，指明抗日战争的前景。

周恩来通过刘文辉在汉口的联络人邹趣涛转告刘，希望他能够“变多宝为一宝”在抗日民族统一战线的旗帜下做出贡献；同时，赠刘一套《新华日报》合订本和社论集，让他全面了解共产党的方针政策。

一九三九年

4月，周恩来在成都乔毅夫家和潘文华会晤，向潘分析了形势，希望他通过川康朋友自身的团结，去促进西南地方力量的团结，共同反对蒋介石消极抗日、压制民主、排斥异己的政策；并表示共产党在政治上给予支持。

6月，周恩来派唐午园到潘文华部任联络员，潘委唐为“阆中绥署”政治部副主任。翌年唐调重庆，又派甘树人前来潘部，潘委以中校秘书名义，继续担任联络。

夏，中共南方局派董必武，林伯渠、王若飞在重庆曾家岩会晤刘文辉、潘文华，向他们分析了国内形势，阐释了抗战必胜、妥协必败的道理。

是年，八路军副总司令彭德怀在成都和邓锡侯会晤，向他们讲了抗日战争的形势，阐明了抗战必胜的道理。

一九四一年

春，共产党员李相符，田一平和杨伯恺会同刘文辉和民主人士邓初民、马哲民等人，在成都成立“唯民社”，宗旨为全民团结；坚持抗战，反对独裁，实行民主；并办报刊，开设书店，推动民主运动。

3月，南方局派华岗以中共代表的身份，到雅安去做刘文辉的统战工作。

一九四二年

2月，经张志和引见，周恩来在重庆机房街吴宅会晤刘文辉，对刘说：“当前全国人民的要求是：坚持抗战；反对投降；坚持团结，反对分裂；坚持进步，反对倒退。而关键则在于坚持民主，反对独裁”。并表示：“在反对蒋介石法西斯统治的斗争中，共产党愿意和国民党民主派合作，尤其希望西南地方的民主力量能同党密切联系，具体配合”。周恩来还说：“团结就是力量，须在国民党内部多做团结工作，通过川康朋友自身的团结，去促进西南地方民主力量的团结。团结是为了斗争。对蒋介石政府的一切反动政策措施，都须给与坚决反对何有效抵制。西南地方力量在现阶段有条件这样做，大胆行动起来，共产党愿意在政治上给予支持。”周恩来这次谈话，使刘明确了政治方向，增加了前进的力量。从此，刘文辉同共产党的关系，也就由一般的联系，进入到实际配合的阶段。

4月，周恩来在重庆曾家岩50号住所召见邹趣涛说：“我们请准党中央草拟了八路军与二十四军抗日合作协定十二条，现由我念你听，牢牢记住，尽快去雅安告诉刘文辉。如刘先生要记录可以，但记下熟记后当场付丙，以免意外，今后就根据这十二条，双方都要遵守履行条约义务”。邹据此到雅安向刘文辉作了口头传达。

同月，潘文华约王若飞到重庆山洞潘昌猷别墅密谈，商定双方进一步配合行动的问题。

6月，周恩来为了争取地方军队团结抗日，保持共产党与友军的联系，经党中央批准，向龙云，刘文辉、潘文华部派出联络员：一是派王少春到雅安刘的二十四军处，并设秘密电台与延安直接联系。随王前往秘密电台的有译电员、王的夫人秦惠芳，报务员杨作爱（1945年后为石励），一直工作到刘部起义；二是派钱松甫（仲仪）到阆中潘部，次年又派去钱的夫人江洪（李淑芳）任译电员。1945年7月，因潘怕担风险，南方局即令钱等撤回重庆。

冬，为了团结西南抗战力量，秘密筹组西南五省抗战政府，周恩来在重庆大阳沟范庄杨虎寓所，约刘文辉、杨耿光，杨啸天，章伯钧、邓初民和云南、广西的代表，计划筹建规模比福建人民政府还大的一个抗战政府，打算先设个筹备机构。根据刘文辉的建议，派邹趣涛在雅安设了个“雅属社会服务处”作掩护。

一九四三年至一九四四年

1943年，周恩来在重庆天官府街郭沫若家召见田一平，听取汇报有关潘文华的情况，指示田要努力宣传党的团结抗战的主张，揭露蒋介石破坏抗战和团结的阴谋，加强川康大团结的工作，要让川军团结起来，坚持抗战的立场，并吸收川军中的优秀分子加入共产党。

这年和1944年6、7月间，刘文辉两次派杨家桢到重庆同王若飞会晤。王为刘分析了情况，出了主意。后由杨转告刘。

1944年6、7月间，刘文辉在重庆潘文华寓所同王若飞会晤。王对刘说。蒋介石集团是外强中干，如果以眼还眼，以牙还牙，蒋就会知难而退；如果妥协退让，他就会得寸进尺直到把你消灭。

1944年冬，经张澜介绍，刘文辉、潘文华秘密参加了中国民主同盟。

一九四五年

2月，中共重庆工委派张友渔到成都做刘文辉的工作，帮助刘学习了解政治理论，国内外形势和共产党的方针政策达一个月之久，使刘思想认识有一定的提高。

4月，王若飞在重庆曾家岩召见杨家桢，说：“党重视与刘文辉的关系，我们对刘是抱有希望的，希望他能同我们一道前进。”并要杨不断做工作。

一九四六年

春，周恩来在重庆机房街吴晋航家，针对刘文辉徘徊不决的思想，恳切地对他说：局势无论如何演变，斗争总是不可避免的，对蒋介石一刻也不能放松警惕。现在是民主时代，望把西康的工作做好一些，以争取人民的支持。这使刘深受教育。

11月，刘文辉赴南京开会，蒋介石反共气焰嚣张，刘闻而担心。这时周恩来正要离开南京，知道刘的思想后，在百忙中又一次对刘进行工作，鼓励刘回去只要好好搞，赢得人民的支持，将来是有前途的，使刘受到鼓舞。

一九四七年

春，吴玉章、王维舟在离开重庆去延安时，还通知刘文辉，若有问题时，去找某某商量。

3月，中共中央决定暂时放弃延安。刘文辉此时对人民解放军能否取胜产生疑虑，对驻雅电台人员供应减少到几乎断炊，周恩察得悉后警告刘：如果认为不需要，请你们买张飞机票送到香港，包括飞机票钱都会给你们送来。不久，我军收复延安，刘才改变了态度。

一九四八年

1月，中国国民党革命委员会在香港正式成立，刘文辉被推为川康分会负责人，以杨宗文化名进行工作。

春，蒋介石派粮食部长俞飞鹏到成都，向邓锡侯要10万担军粮，邓推脱。事隔两日，蒋电召邓赴南京，借故撤掉他四川省主席职，邓对蒋大为不满。

7月，蒋介石把襄樊被解放、康泽被俘的账算在潘文华头上，10月撤去他川鄂边绥署主任职。潘对蒋十分气愤。

是年，张澜、李济深派杜重石从上海到成都，把张、李的密信送交刘文辉。

一九四九年

5月，中共中央军委决定，人民解放军第二野战军主力和华北第十八兵团，在第一、第四野战军各一部配合下，准备进军西南。

6月，中共川西边临时工作委员会成立，并建立了川康边人民游击纵队，准备在邛崃、大邑一带配合解放军作战。

7月，熊扬传达上级指示，组建中共雅安临时党组，由杨正南负责，张安国分管组织，胡立民分管宣传和统战，并在刘文辉部办《新康报》以策动起义，迎接解放。

同月，中共川东地下党在重庆临江门45号召开党的负责人会议，分析形势，交换意见，决定加强对国民党军包括刘、邓、潘等地方军的策动工作。

同月，中共川东特委书记肖泽宽到南京向邓小平，张际春等汇报四川情况。华中局常委、人事部部长钱瑛，根据中央指示，在武汉集中川东特委，川康特委的干部，派往二野前敌委员会，准备随军回川。

8月19日，二野刘伯承司令员、邓小平政委下达“川黔作战基本命令”。

同月，云南省政府主席卢汉派卓立到雅安找刘文辉，联系起义事宜。刘表示同卢采取一致行动。

8月24日，蒋介石从广州飞来重庆坐镇，29日上午在西南长官公署召开军事会议，妄图在西南一隅顽抗。刘文辉，邓锡侯亦参加了会议。

同月，二野情报处根据刘伯承、邓小平的指示，派遣一批敌工人员潜入四川国民党部队，进行瓦解敌军工作。黄实被派到邓锡侯、黄隐处进行策动。9月，又派周超（化名章浩然）到黄隐军长的第九十五军搞策动，在军直通信营设置电台与二野联系。10月初至11月，派来进行策反工作的还有朱德钦、林蜀秀、赵力钧等。

9月前后，王少春按党中央的指示，进一步做刘文辉的思想工作。刘终于明确表示要起义了。王便向中央汇报请示机宜，杨家桢也建议刘向周恩来请示今后的行动问题，陈述受蒋压迫，积怨难言，处境困难，只好暗作准备，已与邓锡侯等部约好决定投向人民，如何行动，请予指示。电报由杨拟就交王少春发出，这时，周恩来复电，大军行将西指。希积极准备，相机配合，不宜过早行动，招致不必要的损失。刘文辉此时与蒋展开周旋。等待时机起义。

10月，广州解放，李宗仁、阎锡山相继到达重庆。刘文辉、邓锡侯应李邀到重庆，共商西南防务大计。

10月下旬，王少春和刘文辉根据形势，商定了第二十四军起义的步骤和方法；研究了对付蒋介石的策略。刘对西康的军政作了重新部署后，即到成部联络邓、潘共同对付蒋介石，待机起义。

11月1日，第二野战军在刘伯承、邓小平指挥下，向西南进军。

11月15日，人民解放军解放了贵阳，拦腰斩断了国民党的“西南防线”。

11月21日，刘伯承、邓小平向西南四省国民党军政人员发出“四项忠告”，号召他们弃暗投明。

11月30日，人民解放军解放了重庆。蒋介石于当日拂晓飞逃成都，下午即在北较场召集张群、刘文辉、邓锡侯等军政要员开会，部署所谓“川西大决战”。

12月5日，周恩来电王少春：望即转告刘自乾（文辉）先生，时机已至，不必再作等待，蒋匪一切伪命不仅要坚决拒绝，且应联合邓，孙及贺国光诸先生有所行动；响应二野刘、邓两将军ll月21日的四项号召；行动关键在勿恋成都，而要守住西康、西昌，不让胡宗南部侵入；万一窜入，应步步阻挡，争取时日，以利刘、邓解放军赶到后协同歼敌。

12月6日，二野刘、邓首长命令第三、五兵团主力继续西进，占领乐山、大邑、邛崃一线，切断胡宗南集团和川境之敌退往云南的道路，会同由陕入川之第十八兵团及一野第七军等部，围歼胡部于成都地区。

12月7日，刘文辉、邓锡侯在周恩来的催促下，同时在蒋介石的威逼下，离开成都，当日午后到崇义桥，8日上午到龙桥，星夜赶到彭县龙兴寺。

12月8日，周恩来电刘（司令员）邓（政委）：“已电告我派驻雅安之王少春同志，要刘文辉派负责人携带密码呼波至前线找你们接头，建立直接电台联系。在未建立之前雅安台与京台每日通报两次，有报再经京台转你们。”

12月8日，中共四川地下党及二野派遣人员和各民主党派的人士先后到达彭县龙兴寺，从此，这里成了起义的指挥中心。

12月9日，国民党西康省主席刘文辉、西南军政长官公署副长官邓锡侯、潘文华率第二十四军、九十五军及二三五师在彭县通电起义，刘文辉7日离开成都时，派一副官将已拟好的起义电稿送雅安其军参谋长杨家桢，并嘱杨待通知后，再交王少春发出。杨于11日才接刘电，在原起义电稿上加潘文华名，把发电时间填为9日。交王发出。

12月10日，潘文华从灌县到彭县参加起义的领导工作。

12月11日，周恩来电王少春，催促刘文辉行动，并要刘部守住雅安，如蒋、胡大军压境，则应向雅安以离撤退，节节抗拒胡军南进。

同一日，各方人士在彭县龙兴寺举行会议，研究如何配合解放军歼灭胡宗南，开展政治攻势，以策动国民党其他部队的起义。为此成立综合小组，加强对上述工作的领导。

12月12日，二十四军代军长刘元瑄在雅安召开军政人员大会，举行起义仪式。西康省政府民政厅长代行省主席张为炯也通电宣布全省起义。

当天夜，驻守西昌的二十四军一三六师被贺国光部袭击，该部边撤边打，损失较大。

12月13日，中共中央电告刘（司令员）邓（政委）：刘文辉，邓锡侯及潘文华亥佳通电已转告你们，望注意了解他们的情况电告我们。

同日，驻成都市区的九十五军黄隐部向彭县转移。当晚，二十四军驻武侯祠的一个团遭到胡宗南部围攻到天明，因寡不敌众，除伤亡外，大都被俘。

12月14日，二十四军代军长刘元瑄等在雅安成立西康临时军政委员会（后改为临时军政会议），负责处理全省军政事务。

12月15、16日，胡宗南、王陵基约指挥10个团的兵力，分两路向雅安进逼，遭到二十四军的阻击。

12月18日，周恩来电告王少春转告张志和并转刘、邓、潘三先生，二野刘、邓来电转如下：我先头十七军与十军于铣日（十六日）攻占乐山、青神，正向西北发展中，战果待报。十一军、十二军今筱日（十七日）可到新津、彭山之岷江东岸地带，请以我占乐山、青神告少春。同时请转告刘文辉设法破坏通往西昌的桥梁。

12月21日，川鄂边区绥署副主任董宋珩和国民党第十六兵团副司令曾甦元在刘、邓、潘率先起义的影响下，率部4万余人在什邡通电起义。

同日，胡宗南在新津召开军长会议，决定向雅安、西昌夺路突围，胡则于23日乘飞机逃往海南岛。

12月22日，解放军三十六师进到黑竹关附近，与二十四军取得联系，完全截断了成雅公路。

12月24日，朱德总司令复电刘文辉，邓锡侯、潘文华慰勉有嘉，恳切指示他们遵守“约法八章”和“四项忠告”，改善军民关系和官兵关系，为协助解放军和人民政府肃清残敌，建立革命秩序而努力。

当天之前，国民党第十五兵团司令罗广文派出代表贾应华（兵团参谋长）和二十兵团司令陈克非派出代表段成涛（二军副军长）到彭县刘、邓、潘部起义中心联系起义事宜，于24日两兵团即联合在郫县起义。

12月27日，之前，由于解放军在成都西南向胡宗南残部发起攻击，经两天激战，全歼李文兵团，成都于本日即告解放。

同一天，刘文辉、邓锡侯、潘文华通过雅安王少春之电台，向毛主席、朱总司令、刘司令员、邓政委、贺司令员报告他们组成综合小组，策动董宋珩、罗广文、陈克非、李振等部起义及二十四军阻击蒋军的情况。

12月30日，人民解放军第十八兵团所部举行隆重的入城式，贺龙、李井泉率部进入成都市区，受到刘文辉、邓锡侯和潘文华的代表及其他起义将领和各界人士、广大人民群众的热烈欢迎。

一九五〇年

1月1日，贺龙司令员在成都市商业街励志社，邀集在成都的部分起义将领和民主人士开座谈会，对起义人员弃暗投明深为嘉勉，希望大家今后在中国共产党的领导下多为人民做贡献，重申了毛主席“凡为人民作了好事的，人民是不会忘记”的指示。

1月8日，西南军政委员会在重庆成立，刘文辉被任命为副主席，邓锡侯、潘文华为委员。

1月11日，人民解放军第十八兵团司令部、政治部召开欢迎成都外围及成都起义军官大会。贺龙司令员亲临讲话，向起义军官表示热烈欢迎，讲了对起义部队的改造方针，勉励大家虚心学习，改造自己，成为捍卫祖国的人民战士。

1月16日，中共西南局分别给中央与贺龙、李井泉、宋任穷、陈赓去电，对刘文辉、卢汉、邓锡侯，潘文华及所部的安排，提出了具体方案。

这年春，贺龙司令员在百忙中亲自做刘文辉、邓锡侯、潘文华，黄隐等将领的工作，向他们宣传中国共产党的政策，征求他们对工作的意见，关心他们及其家庭的生活情况。还亲自到刘文辉、邓锡侯家里看望他们及其家属。

1月23日，刘文辉致雅安刘元瑄、张为炯电，转告与贺龙详谈军政接管之事，向他们提出了具体的交接意见。

1月31日，贺龙致电刘文辉等，对率部起义、抗击蒋军进行嘉慰，并告刘：解放军将派廖志高政委、刘忠司令员来接管起义部队。

2月1日，解放军第六十二军在军长刘忠，政委廖志高的率领下进入雅安城，受到第二十四军起义将领和人民群众的热烈欢迎。

2月2日，成立"中国人民解放军雅安军事管制委员会"，廖志高任主任，刘忠任副主任。

同日，解放军西南军区派出以黄荣忠为团长（后加派安以文为副团长）的第三工作团40余人到雅安，教育改造起义之第二十四军。

2月中旬，根据我西南军区指令，第二十四军全部开到大邑整训。

3月5日，解放军川东军区派出军事代表到达起义之潘文华部二三五师，帮助教育改造该师起义官兵。

3月12日，我西南军区派出以段龙章为团长的第四工作团（初为30人，后又增加250人），到达起义之邓锡侯部第九十五军，进行教育改造工作。

4月，起义之第二十四军奉命配合解放军六十军围剿邛（崃）、大（邑）、崇（庆）西北地区的土匪。

6月13日，起义之第九十五军与人民解放军第六十军一七九师、一八O师及一七八师之一个团混编。原九十五军军长黄隐被任命为川西军区第三副司令员，原九十五军副军长谢无圻任一七九师师长，原二二五师师长于戒需任眉山军分区第三副司令员，原九十五军副军长杨晒轩任川西军大分校副校长，原九十五军参谋长沈铸东任川西军大分校副教育长。

6月17日，起义之第二十四军与解放军六十二军合编。原二十四军代军长刘元瑄被任命为解放军六十二军副军长、西康军区副司令员，原一三六师师长伍培英任独一师师长；原一三七师师长刘元琮任一八六师师长，原该军参谋长杨家桢任西南军大眉山分校副校长。

6月20日，起义之第二三五师与川东军区部队混编。原二三五师师长潘清洲被任命为大竹军分区第二副司令员，原该师副师长何鸾任大竹军分区第三副司令员。

12月，合编入解放军之二十四军及九十五军的部队，大部奉命出川，参加抗美援朝。

3. 电·信

刘文辉、邓锡侯、潘文华起义通电

北京毛主席、朱总司令并转各野战军司令暨全国人民公鉴：

蒋贼介石盗窃国柄廿载于兹，罪恶昭彰，国人共见。自抗战胜利而还，措施益形乖谬，如破坏政协决议各案，发动空前国内战争，紊乱金融财政，促成国民经济破产，嗾使贪污佥壬横行，贻笑邻邦，降低国际地位，种种罪行，变本加厉，徒见国计民生枯萎，国家元气断绝。而蒋贼怙恶不悛，唯利是图。在士无斗志，人尽离心的今天，尚欲以一隅抗天下，把川、康两省八年抗战所残留的生命财产，作孤注之一掷。我两省民众，岂能忍与终古。文辉、锡侯、文华等于过去数年间，虽未能及时团结军民，配合人民解放战争。然亡羊补牢，古有明训，昨非今是，贤者所谅。兹为适应人民要求，决自即日起率领所属宣布与蒋、李、阎、白反动集团断绝关系，竭诚服从中央人民政府毛主席、朱总司令与中国人民解放军第二野战军刘司令员、邓政治委员之领导。所望川、康全体军政人员，一律尽忠职守，保护社会秩序与公私财产，听候人民解放军与人民政府之接收，并努力配合人民解放军消灭国民党反动派之残余，以期川、康全境早获解放。坦白陈词，敬维垂察。

刘文辉、邓锡侯、潘文华叩

一九四九年十二月九日

朱德总司令复电

刘文辉、邓锡侯、潘文华诸将军勋鉴：

接读十二月九日通电。欣悉将军等脱离国民党反动集团，参加人民阵营，甚为佩慰。尚望通令所属，遵守中国人民解放军总部本年四月二十五日约法八章与中国人民解放军第二野战军本年十一月二十一日四项号召，改善军民关系与官兵关系，为协助人民解放军与人民政府，肃清反动残余，建立革命秩序而奋斗。

朱　德

一九四九年十二月二十四日

刘、邓、潘写给刘度一信

彭县刘县长大鉴：

此次文辉、锡侯、文华联名通电，谅在洞察之中，今后如何步调一致，如何竭尽所能，早日达成爱国、爱乡、爱人民之伟大使命，兹将今后重要工作竭诚为台端告。

一、北京十一月二十二日中华（国）人民解放军第二野战军司令员刘伯诚（承）将军向川、康、滇、黔四省广播，确为缩短战祸，减少生灵涂炭之号召。吾人素以人民利害为念，当无条件热烈响应，争取时间，迅速在行动上切实表态。

二、各县自卫总队、县警察、县公安人员，分别坚守原有岗位，维持地方安宁，保全现有的物资，以待解放军来时酌情处理。

三、即由各乡自卫队精选机警人员专门组织盘查哨，防止国民党反动派匪谍活动并多方侦察，提供重要情报。

以上三项确为目前迫切任务，敬希台端高瞻远瞩，忠实履行，地方幸甚，人民幸甚。并盼将各种情况随时见告，端此，即颂时绥。

刘文辉

邓锡侯

潘文华

1949 年 12 月 21 日

西康省临时军政委员会除旧布新八项规定代电

一九四九年十二月十六日

本省既经宣布解放，自应除旧布新。兹规定八项工作如次：
一、废除国民党党国旗及党徽；
二、废除各机关学校公共场所的蒋匪挂像，画像；
三、废除国民党统治时的反动标语，图书及宣传品；
四、废除国民党的国歌，代以义勇军进行曲；
五、各学校机关部队制新的图画、标语；
六、各学校部队应教唱义勇军进行曲及重要秧歌；
七、各机关学校悬挂五星红旗；
八、各校应分别组织宣传队、歌咏队，活报剧队等。
以上八项应即彻底执行。除分电外，合电遵照。
主任委员刘文辉、代主任委员刘元瑄。亥铣。民。印。

西康省政府秘书处转告贺龙嘉慰起义电致各厅处通报

一九五〇年一月三十一日

奉主席子俭锦电，以奉贺主任子寝电开：“刘文辉先生转西康省代主席张为炯先生、二十四军代军长刘元瑄，保安副司令王靖宇先生，你们此次在刘先生领导下举行起义，毅然脱离国民党匪帮，投向人民方面，不惜牺牲，抗击蒋胡残匪，辛勤戍边，使雅、康两属秩序得以不乱，至堪嘉慰。尚望继续维持治安，保护国家资财，整顿部队，准备交代，听候本会即将派出之代表廖志高政委、刘忠司令员前来接管为要。”等因。相应通报，请烦查照转知为荷。

4. 文告

西康省政府、陆军第二十四军司令部布告

一九四九年十二月十二日

本府、部治理西康军政十有余年，素以维护人民利益，完成民主革命为职志。惟因遭受国民党反

索　引

使用说明

一、本索引采用目与子目索引法，按索引条目汉语拼音字母顺序排列。

二、索引标目后的数字表示内容所在的页码。

A

B

C

D

E

F

G

H

J

K

L

M

N

P

Q

R

S

T

W

X

Y

Z

编后记

2004年9月，中共彭州市委、市人民政府根据中央、省、成都市关于开展第二轮地方志编修工作的指示精神和“党委领导、政府主持”的修志工作原则，发出《关于实施编纂〈彭州市志（1986—2005）〉方案的通知》，并成立《彭州市志（1986—2005）》编纂委员会，组建总编室。

按照实施方案，2005年5月完成《彭州市志（1986—2005）》基本篇目的拟定和承编单位任务分解；6月9日召开全市第二轮地方志编纂大会，启动《彭州市志（1986—2005）》续修工作。

按照部署要求，2008年初，应完成编纂工作总量的80%，因部门、单位的资料编写未能悉数完成，使工作的进度并不如意。对此情况市委、市政府及时地对编纂班子作了必需的调整，市志办也相应地调整了编纂人员和工作思路，修志工作开始步入正常轨道。然而，天有不测风云，2008年“5·12”汶川特大地震发生，彭州市是这次地震的重灾区。因抗震救灾，灾后重建工作的紧迫性，《市志》编修工作暂时中断。

2009年3月，修志工作继续开展，同时启动《彭州市抗震救灾志》的编写。为保证工作进度，市志办发出《关于进一步加强地方志编纂工作的通知》，加大对部门单位志的编写、修改的催收力度，同时加紧对志书编目的修定。在成都市志办指导下，几经修改，基本形成《彭州市志编纂纲目》。

2010年10月，志稿初编基本完成，但在编辑过程中发现，志稿存在篇章设置不当、部门行业杂陈、内容缺失、体例不备等情况，行文、语言更是不合规范，与志书要求相去甚远。几经讨论研究，决定改变原来的编辑制为分纂总纂制，并报编委会批准，江忠俊任总纂，袁玉泽、沈定芳、胡应树、江忠俊4人任分纂。分纂工作于2012年3月开始进行，全体编纂人员再次深入学习志书编纂规定、规范和要求，认真细致阅读部门、单位所撰原始资料，重新拟定《编纂纲目》。决定在编纂过程中采取走出去请进来，开门修志的方式，先后拜访了崇州市、温江区和都江堰市等志办，登门取经；邀请成都市志办编审处黄有良处长，《郫县志》总编曾祥林老师等多位领导和修志专家莅彭进行指导和解决处理志书编纂中出现的问题；积极参加区市（县）的志书终审评议会，认真听取领导和专家的评审意见，为我所用，以推进修志进度和提高志书质量。

2013年10月分纂基本完成，纂集后，分送各相关部门、单位审核，并要求签字确认。如有出入或不确者提出意见，提供材料。依据反馈意见，进行补充、修改，再次分送确认。为此再三后，遵照志书体例，规范地进行总纂。

2014年初，完成《彭州市志（1986—2005）》总纂初稿，送市编纂委员会审阅。同时，将志稿分送各相关部门和乡镇征求意见，更正史实，查缺补遗，完善志稿。在征求意见过程中，不少有识之士提出：我彭州乃人文荟萃之地，古今有多少诸如王勃、卢照邻、王闿运、骆成骧、秀熟老、叶圣陶这样的名人大家和诸如尹昌衡、贺维翰、覃育贤、李一氓、杨白鹿这样的乡梓贤达给彭州留下多少珍贵的诗词文联，都承载着丰富的彭州历史、文化、自然的信息，应该增设艺文篇。言之在理，遂查诸文籍史志、尽力筛选出部分能反映彭州人文历史、自然风光、人物风貌、人民斗争的篇章和民歌谣谚,反映时代精神的歌曲。然我等文学修养不够,所选未必精当,所幸能为后志新开一篇,以待后来博雅君子。

2014 年 5 月,市志修改稿送市编纂委员会复审。

2015 年 5 月,将复审后的修改志稿报呈成都市志办审阅。2015 年 8 月,成都市志办编审处返回《〈彭州市志(1986—2005)〉审读意见》。《意见》从小到一个字一个标点的使用,大到志书体例、行文规范,都详尽准确地指出错误,并提出修改建议。这为《彭州市志》的修改最有裨益。《意见》中鼓励之语:“通览全志,还算不错。资料比较丰富,做到这点难能可贵!这也就奠定了一部好志书的基础。”使全体编纂人员信心为之增强。总纂遵从《意见》认真地一一对照修改、调整、补充后,于 2016 年 5 月送呈成都志办申请终审。

2016 年 6 月 8 日,在成都市地方志审查验收委员会召开的验收会上,《彭州市志(1986—2005)》被验收组一致认为:对“篇章体”志书的写法把握较为到位。总体符合中指组《地方志书质量规定》和《四川省第二轮市县级志书编纂规范》要求,同意通过验收。并进一步要求:认真消化、吸收评审意见,进一步做好志稿修改完善工作,修改后按程序报批出版。全志仍由江忠俊执行修改完善工作,在修改完善工作中,编纂人员遵从终审专家的修改意见、建议,走访相关部门、单位,查阅档案,尽其所能补充资料,完善内容,调整节目,规范图表,工作于 2017 年 6 月完毕。2017 年 8 月报呈市志办编审处审核。8 月 7 日,成都市编审处下达《同意书》,《彭州市志(1986—2005)》编委会提请市政府报呈成都市政府批准出版。2017 年 9 月 7 日,成都市政府(成府函〔2017〕156 号)批准《彭州市志(1986—2005)》出版发行。

《彭州市志(1986—2005)》的出版经历市志办 8 位主任,历时十余春秋方得告成。这里面饱含着编委会全体人员的多少辛劳,个中滋味,如人饮水,赘述于此,以为车鉴。

《彭州市志(1986—2005 年)》的出版,在市委、市政府的领导下,得到了成都市志办和各位专家的悉心指导和帮助,得益于兄弟志办的经验交流,得益于全市各部门和驻彭单位的参与和支持。谨此表示深深的谢意。但因我辈学识浅薄,距离才、学、识“史家三长”的要求甚远。虽也尽心尽力,几经修改,志书仍难免有漏失错误之处,诚请识者不吝指教,以待补订。

《彭州市志(1986—2005 年)》编纂委员会

2018 年 2 月 10 日